张红 · 著

人格权各论

第二版

法律出版社
LAW PRESS · CHINA
—— 北京 ——

图书在版编目(CIP)数据

人格权各论 / 张红著. -- 2 版. -- 北京 : 法律出版社, 2024

ISBN 978-7-5197-7464-6

Ⅰ. ①人… Ⅱ. ①张… Ⅲ. ①人格—权利—研究 Ⅳ. ①D913.04

中国国家版本馆 CIP 数据核字(2023)第 002925 号

人格权各论(第二版)
RENGEQUAN GELUN(DI-ER BAN)

张　红　著

责任编辑 郑怡萍
装帧设计 李　瞻

出版发行 法律出版社
编辑统筹 法律教育出版分社
责任校对 郭艳萍
责任印制 刘晓伟
经　　销 新华书店

开本 720 毫米×960 毫米　1/16
印张 42.25　　**字数** 693 千
版本 2024 年 1 月第 2 版
印次 2024 年 1 月第 1 次印刷
印刷 天津嘉恒印务有限公司

地址:北京市丰台区莲花池西里 7 号(100073)
网址:www.lawpress.com.cn
投稿邮箱:info@lawpress.com.cn
举报盗版邮箱:jbwq@lawpress.com.cn
销售电话:010-83938349
客服电话:010-83938350
咨询电话:010-63939796

书号:ISBN 978-7-5197-7464-6
定价:138.00 元
凡购买本社图书,如有印装错误,我社负责退换。电话:010-83938349

二版序

民法典立法过程中，有关姓名权、肖像权、名誉权、隐私权和个人信息保护等具体人格权益的条文设计是《民法典》人格权编编纂的重要内容。本书初版于2016 年 8 月，致力于为民法典立法中的具体人格权的规范设计提供理论支撑。本书初版是作者《民法典人格权编立法论》(2020 年)中具体人格权条文设计和评述的重要基础。2020 年 5 月《民法典》通过以后，为了吸收《民法典》编纂过程中有关这一问题的立法经验，对《民法典》实施过程中的具体人格权规范解释适用有所助益，协同作者《人格权总论》第二版出版，构建体系性的《民法典》人格权编之理论基础，本书特增订第二版。

此次增订较之初版，第二版各部分除了根据《民法典》规定和判例学说变化有所修订外，还有如下两项重要的新增内容：

1. 增加第一章“生命权、身体权和健康权”。作者基于之前的考虑，未将生命权、身体权和健康权纳入本书初版。《民法典》第四编人格权编第二章规定了该内容。为了适应《民法典》人格权编解释适用的需要，本次修订特增加本章内容，以弥补体系之缺。本章多数内容不是有关人身损害赔偿的规定，而是随着社会发展产生的被广泛关注的新问题，如生命尊严、人体器官捐献、人体器官买卖、人体临床试验、人体基因、人体胚胎、性骚扰等。诸如此等问题传统民法体系难以辐射，需要吸纳新知以完成其教义学建构，进而成为中国民法学的新知。

2. 增加第六章第六节“个人信息保护”。《民法典》第四编人格权编第六章的标题为“隐私权和个人信息保护”，本章条文数为 8 条，第 1032 ~ 1033 条规定隐私权，第 1034 ~ 1039 条规定个人信息保护相关内容。由此可见，衍生于隐私权的个人信息保护已经取得了相对独立的法律地位，其重要性在互联网时代更加彰显，其与人民的生活更加密切相关。随着《个人信息保护法》的出台，有关个人信息保护的法律适用将更为重要。基于此，本次增加第六章第六节，就个人信息的认定、个人信息的处理、侵犯个人信息的法律责任以及《民法典》个人信息保护条文与《个人信息保护法》在法律适用上的关系等基本问题予以阐述。限于篇幅,本章只能就《民法典》第 1034 ~ 1039 条作教义学建构,无法囊括《个人信息保护法》的全部内容。

此次修订幸得叶鑫、陶鑫明同学大力协助,特此致谢。

张　红

2024 年 1 月

一版序

随着立法、判例与学说的发展,人格权的研究日益走向精细,更加面向实践。因此,对各种具体人格权进行缜密的法教义学阐释变得非常必要。作者《人格权总论》(2010)一书试图构筑人格权基本权利范畴,辨析其权利性质、权利主体、权利内容及特殊人格权保护等宏观命题,并探讨人格权之于整个法制体系与法治社会构建之基石性意义。作为《人格权总论》之后续研究成果,《人格权各论》一书一如既往,秉承立足中国司法实践、突出中国问题导向、坚持立法判例学说三位一体的研究方法,力求全面、准确、务实解释各主要具体人格权之规范运作,期待通过此等面向裁判的研究,提高中国司法对事关人之尊严与自由的此项基本权利的保护水准。

人格权犹如著作权、股权之类,乃诸种近似权利之集合,实为权利束。除去已被现行规范所规定的生命权、身体权、健康权、姓名权、肖像权、名誉权、隐私权等法益边界相对明确的人格权之外,衡诸国法、人情等仍需保护的人格法益,则由法官自由裁量纳入一般人格权之保护范围。本书不论及生命权、身体权和健康权等三项人格权,原因有三:一是我国学者多将其纳入侵权责任法体系进行详细阐述且积淀深厚;二是欧陆传统民法理论体系中阐述人格权时亦不包括上述三项权利;三是作者曾以此为题撰写过学位论文。故,本书只述及姓名权、肖像权、名誉权(自然人名誉权和法人名誉权)、隐私权等四种在当代社会法益重大且显示性较高之人格权。另,对于一般人格权之研究,作者已有专题研究计划,未来将勉力为之。对于所谓之信用权、荣誉权、贞操权等适用范围较窄或法益尚难明确之人格法益,暂未纳入研究范围。

“不改初心,方得始终。”实证法学的功夫贵在细致和耐心。较之物权、债权等传统民事权利,人格权是一项新型权利且变动不居,尤其需要综合立法、判例、学说进行研究,并深刻体察社会变迁与人之价值观念的转变,因而使得对上述四种人格权的解释适用变得更加艰难。规范研究之贡献贵在激活规范和发现规范进而使现行规范能够且可资适用,此即作者初心所在。然而时过境迁,任何规范研究皆难免“只能获得拍手片刻之间刹那的愉悦”。即便如此,作者仍初心不改,心意盎然处之并继续孜孜以求,以期始终如一。

张　红

2015 年 9 月

缩略语

《中华人民共和国宪法》	《宪法》
《中华人民共和国民法典》	《民法典》
《中华人民共和国民法总则》	《民法总则》
《中华人民共和国民法通则》	《民法通则》
《中华人民共和国产品质量法》	《产品质量法》
《中华人民共和国消费者权益保护法》	《消费者权益保护法》
《中华人民共和国国家赔偿法》	《国家赔偿法》
《中华人民共和国侵权责任法》	《侵权责任法》
《中华人民共和国妇女权益保障法》	《妇女权益保障法》
《中华人民共和国基本医疗卫生与健康促进法》	《基本医疗卫生与健康促进法》
《中华人民共和国民事诉讼法》	《民事诉讼法》
《中华人民共和国企业破产法》	《企业破产法》
《中华人民共和国海商法》	《海商法》
《中华人民共和国人民警察法》	《人民警察法》
《中华人民共和国人民武装警察法》	《人民武装警察法》
《中华人民共和国执业医师法》	《执业医师法》
《中华人民共和国老年人权益保障法》	《老年人权益保障法》
《中华人民共和国刑法》	《刑法》
《中华人民共和国未成年人保护法》	《未成年人保护法》
《中华人民共和国治安管理处罚法》	《治安管理处罚法》
《中华人民共和国消防法》	《消防法》

《中华人民共和国婚姻法》	《婚姻法》
《中华人民共和国居民身份证法》	《居民身份证法》
《中华人民共和国国家通用语言文字法》	《国家通用语言文字法》
《中华人民共和国收养法》	《收养法》
《中华人民共和国著作权法》	《著作权法》
《中华人民共和国反不正当竞争法》	《反不正当竞争法》
《中华人民共和国广告法》	《广告法》
《中华人民共和国商标法》	《商标法》
《中华人民共和国合同法》	《合同法》
《中华人民共和国物权法》	《物权法》
《中华人民共和国公司法》	《公司法》
《中华人民共和国食品安全法》	《食品安全法》
《中华人民共和国安全生产法》	《安全生产法》
《中华人民共和国专利法》	《专利法》
《中华人民共和国刑事诉讼法》	《刑事诉讼法》
《中华人民共和国行政诉讼法》	《行政诉讼法》
《中华人民共和国行政复议法》	《行政复议法》
《中华人民共和国行政处罚法》	《行政处罚法》
《中华人民共和国律师法》	《律师法》
《中华人民共和国统计法》	《统计法》
《中华人民共和国商业银行法》	《商业银行法》
《中华人民共和国邮政法》	《邮政法》
《中华人民共和国公证法》	《公证法》
《中华人民共和国注册会计师法》	《注册会计师法》
《中华人民共和国传染病防治法》	《传染病防治法》
《中华人民共和国网络安全法》	《网络安全法》
《中华人民共和国个人信息保护法》	《个人信息保护法》
《中华人民共和国反恐怖主义法》	《反恐怖主义法》
《中华人民共和国生物安全法》	《生物安全法》

《中华人民共和国公共图书馆法》	《公共图书馆法》
《中华人民共和国旅游法》	《旅游法》
《中华人民共和国电子商务法》	《电子商务法》
《中华人民共和国国际刑事司法协助法》	《国际刑事司法协助法》
《中华人民共和国法官法》	《法官法》
《中华人民共和国检察官法》	《检察官法》
《中华人民共和国监察法》	《监察法》
《中华人民共和国社会保险法》	《社会保险法》
《中华人民共和国国家情报法》	《国家情报法》
《中华人民共和国护照法》	《护照法》
《中华人民共和国澳门特别行政区基本法》	《澳门特别行政区基本法》
《中华人民共和国户口登记条例》	《户口登记条例》
《中华人民共和国公司登记管理条例》	《公司登记管理条例》
《中华人民共和国企业法人登记管理条例》	《企业法人登记管理条例》
《中华人民共和国私营企业暂行条例》	《私营企业暂行条例》
《中华人民共和国计算机信息系统安全保护条例》	《计算机信息系统安全保护条例》
最高人民法院《关于确定民事侵权精神损害赔偿责任若干问题的解释》	《精神损害赔偿解释》
最高人民法院《关于审理人身损害赔偿案件适用法律若干问题的解释》	《人身损害赔偿解释》
最高人民法院《关于贯彻执行中华人民共和国民法通则若干问题的意见(试行)》	《民通意见》
最高人民法院《关于审理不正当竞争民事案件应用法律若干问题的解释》	《反不正当竞争解释》
最高人民法院《关于审理涉及计算机网络域名民事纠纷案件适用法律若干问题的解释》	《域名纠纷解释》
最高人民法院《关于审理名誉权案件若干问题的解释》	《名誉权解释》
最高人民法院《关于审理名誉权案件若干问题的解答》	《名誉权解答》

最高人民法院《关于人民法院审理离婚案件处理子女抚养问题的若干具体意见》	《离婚案件子女抚养意见》
最高人民法院《关于变更子女姓氏问题的批复》(1951年)	《变更子女姓氏问题的批复》
最高人民法院《关于变更子女姓氏问题的复函》(1981年)	《变更子女姓氏问题的复函》
《中华民国民法典》	《民国民法典》
《德意志联邦共和国基本法》	《德国基本法》

简目

繁目

第一章　生命权、身体权和健康权

第一节　问题的提出

自1986年公布《民法通则》第98条首次规定了“公民享有生命健康权”起，学术界便对生命权、健康权与身体权的具体定义为何、权利性质为何、权利位阶所属地位如何等问题作了广泛且深入的探讨。因为原《民法通则》仅用一个条文对自然人享有的“生命健康权”作了宣誓性的规定，激起了学术界对于“生命健康权”究竟包含哪些权利的命题展开了广泛探讨。有学者认为“公民的生命健康权，是公民的生命权和健康权的统称”[1]。有学者则主张“生命健康权包含着公民所享有的生命安全、身体健康和机能完善的三种权利”[2]。此又引发了“身体权”是否属于原《民法通则》所规定的“生命健康权”，以及是否为一项独立人格权的探讨。有学者认为，自然人所享有的身体权，是一种区别于生命权与健康权的、独立的人格权。[3] 此后，虽然自然人享有生命权、身体权与健康权此三种相互独立的人格权业已逐渐成为学术界之通论，但对于生命权、身体权与健康权的权利涵摄范围边界究竟为何的问题，学术界亦不乏广泛的讨论。直至《民法典》的正式出台，以上争议似乎可在一段时间内得到一定程度上的缓和与平息，但学术界的探讨并不会随之彻底止步。

2020年发布、2021年施行的《民法典》在人格权编中以10个条文对“生命权、身体权和健康权”作了专章规定，较为宣誓性地规定了生命权（第1002条）、身体权（第1003条）与健康权（第1004条）的权利内容，并对涉及此三项权利的法定救助义务（第1005条）、人体器官捐献（第1006条）、禁止人体器官买卖（第1007条）、人体医学试验（第1008条）、基因编辑（第1009条）、性骚扰（第1010

---

〔1〕 李由义主编:《民法学》,北京大学出版社1988年版,第565页。

〔2〕 孙亚明主编:《民法通则要论》,法律出版社1991年版,第204页。

〔3〕 参见王利明主编:《人格权法新论》,吉林出版社1994年版,第184页;杨立新:《论公民身体权及其民法保护》,载《法律科学(西北政法学院学报)》1994年第6期。

条)、行动自由权(第1011条)等重要问题予以立法确认,初步达到了规范之间逻辑关系通畅、重点突出、宣誓性与实效性并重的效果。这是对既有立法与判例学说的归纳总结,体现了生命科技时代立法者对人之生命、身体与健康的高度关注,亦凸显了《民法典》的人文关怀、彰显了时代特色,有利于全面提升我国法律对生命权、身体权与健康权的保护水准。但基于完善我国人格权立法、增进此三项权利运用于司法实践实效的出发点,对于生命权、身体权与健康权的权利性质为何、此三项权利涵摄范围边界如何划分、公民的法定救助义务如何实现、生命医学科技试验所应遵循的法理原则如何塑造、性自主利益包含于此三项权利中的做法是否妥善以及其他一系列密切相关的问题,仍需从解释论的角度予以明确。另外,长久以来,传统人格权理论中攸关人之存在根本利益的生命权、身体权与健康权此三项物质性人格权,一直被认为并不具有积极利用的权能。但随着现代科学技术的日新月异,特别是生命科技、基因编辑等技术的突飞猛进,人之生命、身体与健康正被人们重新发现与审视,学术界应当如何对所面临的挑战进行探讨,《民法典》是否留有自然人积极利用生命权、身体权与健康权的权能空间,本书将对以上问题作探讨,希望有所裨益。

第二节　生命权、身体权和健康权的性质与特征

一、生命权的性质

(一)生命权是普遍且绝对的首要人权

世间万物,生命最为可贵。生命作为人之为人最为根本的前提,古往今来,世界各民族在各个历史阶段都对其有许多深邃的思考。先贤有云:"生,人之始也;死,人之终也;终始俱善,人道毕矣。"[1]生物学中,一切由物质(核酸、蛋白质等)和结构组成,具有新陈代谢、生长、发育、繁殖等能力的个体,便可定义为生物。生物的生命是指:"由高分子的核酸蛋白体和其他物质组成的生物体所具有的特有现象。"[2]在19世纪下半叶,恩格斯就在概括总结近代自然科学成果(以达尔文的进化论、施莱登与施旺的细胞学说和近代化学为代表)的基础上,运用唯物辩证法,首次科学地定义了生命——"生命是蛋白体的存在方式,这种

---

〔1〕《荀子·礼论》。

〔2〕《辞海》,上海辞书社1979年版,第1727页。

存在方式本质上在于这些蛋白体的化学组成部分的不断的自我更新”。[1] 法学理论中,生命权的存在前提当然是生命,具体而言,是人的生命利益。人的生命利益是指人体维持其生存的基本物质能力,是人最高的人格利益。

考察法学理论中生命权的沿革进程,可以发现,生命权滥觞于自然法学派的自然权利思想。自然法是以自然或者人之理性为基础、符合人之本性、不受时间与条件制约的法。[2] 自然法学者强调,在自然状态下,人依照自然法,享有生命、自由、平等和财产等与生俱来的自然权利。例如,卢梭所言,“人性的首要法则,是维护自身的生存,人性的首要关怀,是对于自身所应有的关怀”。[3] 又如,霍布斯认为,自然权利的首要基础是每个人竭尽所能地保护自身的生命,[4] 运用自己的能力和方式保全生命,实质上是保护自己的天性与自由。[5] 格劳秀斯亦指出:“上帝给人以生命,不是为了破坏它,而是为了保护它。为此,上帝赋予他尽情享受人身自由、个人尊严和支配自己行为的权利。”[6] 可见,生命权是一个人之所以被人们当作“同类”所必须享有的权利,亦为人权底蕴之所在。[7]

又观国际立法与各国国内法制,生命权作为人类享有的最基本的权利,已然成为各国与国际社会的共识。国际公约中,生命权被列为第一位人权,不得被任意剥夺。例如,《世界人权宣言》第 3 条规定:“人人有权享有生命、自由和人身安全。”又如,《公民权利和政治权利国际公约》第 6 条规定:人人固有的生命权,应受法律保护,不得任意剥夺任何人的生命。综观世界各国立法与司法实践,《德国民法典》将“生命权”置于“侵权行为”的专章当中,以规范侵犯生命权须负损害赔偿义务的方式,规定了公民所享有的生命利益。[8] 韩国宪法法院在其所作出的有关死刑是否违宪的判决书中亦肯认了生命权作为自然法的权利,是一

---

〔1〕 参见[德]恩格斯:《反杜林论》,人民出版社 1970 年版,第 78 页。

〔2〕 参见[英]戴维·M. 沃克:《牛津法律大辞典》,北京社会与科技发展研究所译,光明日报出版社 1988 年版,第 629 页。

〔3〕 参见[法]卢梭:《社会契约论》,何兆武译,商务印书馆 2003 年版,第 5 页。

〔4〕 参见[英]霍布斯:《论公民》,应星、冯克利译,贵州人民出版社 2003 年版,第 9 页。

〔5〕 参见[英]霍布斯:《利维坦》,黎思复等译,商务印书馆 1986 年版,第 97 页。

〔6〕 [美]莫蒂默·艾勤、[美]查尔斯·范多伦编:《西方思想宝库》,《西方思想宝库》译编,吉林人民出版社 1988 年版,第 952 页。

〔7〕 参见[英]A. J. M. 米尔恩:《人的权利与人的多样性——人权哲学》,夏勇、张志铭译,中国大百科全书出版社 1995 年版,第 158 页。

〔8〕 参见杜景林、卢谌:《德国民法典——全条文注释》(上册),中国政法大学出版社 2015 年版,第 666 页。

切权利的基础。[1] 在我国,2004 年 3 月,第十届全国人民代表大会第二次会议通过的宪法修正案,明确规定“国家尊重与保障人权”,首次将“人权”概念引入宪法。而生命权作为“首要人权”,当然在此次宪法修正案中得以彰显,受到我国《宪法》的肯认。《民法典》第 110 条将“生命权”列举在自然人所享有的民事权利的首位,并在第 1002 条中规定:“自然人享有生命权。自然人的生命安全和生命尊严受法律保护。任何组织或者个人不得侵害他人的生命权。”如此宣誓性规定,更是彰显了我国《民法典》“姓民为民”、充满强烈人文关怀的立法理念。总而言之,生命权作为保障“人之为人”的基本人权,是人享有其他一切权利的基本前提,已经被现代文明社会观念、国际公约、各国立法与司法确定为具有固有性与尊崇性的最高权利。

生命权,是一个人之所以被人们当作“同类”所必须享有的权利,此亦为人权底蕴之所在。[2] 死刑犯的生命权虽经特定的法律程序被剥夺,但并不减损其在死刑执行前享有生命权的主体资格。自然人所享有的生命权除具有普遍性之外,还具有优先性、绝对性、不可替代性的特点。首先,在所有的人格权中,生命权是至高无上的人格权。[3] 因此,当发生权利冲突时,自然人的生命权要优先于其他权利得到立法者与裁判者的考量,此种优先性也体现在《民法典》的规范的各处设置中:例如,《民法典》第 1254 条关于高空抛物致人损害的相关规定,在行为人难以确定的情况下,具有实施加害行为可能性的业主需对受害人承担适当的补偿责任,是为立法中生命权优先性理念的典例,并在司法实践中得到广泛运用。[4] 其次,自然人享有的生命权是一种绝对的、不可克减的权利。任何人都不得予以非法剥夺或限制他人的生命及生命权的行使,否则应承担相应的民事或刑事责任。《民法典》第 1002 条,用简短精练的文字对自然人享有的生命权予以规范,突出了生命权绝对性的特点,但宣誓性过强,失去了实操性,需要予以更加精细化处理。[5] 最后,因人之生命无法重复,一旦丧失,便不可逆转,

---

〔1〕 韩国宪法法院于 1996 年 11 月 28 日所作的判决。在该判决中,韩国宪法法院对刑法的死刑条款作出了合宪判决,但对死刑制度的违宪条件作了分析,提出了未来废除死刑制度的目标。参见韩大元:《生命权的宪法逻辑》,译林出版社 2012 年版,第 77 - 78 页。

〔2〕 参见[英]A. J. M. 米尔恩:《人的权利与人的多样性——人权哲学》,夏勇、张志铭译,中国大百科全书出版社 1995 年版,第 158 页。

〔3〕 参见杨立新:《人格权法》,法律出版社 2011 年版,第 347 页。

〔4〕 典型案例:湖北省武汉市中级人民法院民事判决书,(2017)鄂 01 民终 2469 号;陕西省西安市中级人民法院民事判决书,(2017)陕 01 民终 4620 号;上海市第一中级人民法院民事判决书,(2015)沪一中民一(民)终字第 2932 号等。

〔5〕 参见张红:《〈民法典各分编(草案)〉人格权编评析》,载《法学评论》2019 年第 1 期。

所以生命权具有不可替代性。康德曾言:“没有类似生命的东西,也不能在生命之间进行比较。”[1]无法简单运用功利主义对一个人生命的价值与存亡予以衡量,故民法对人之生命权的保护是整个民法体系的重中之重。

正因为生命权是人所普遍享有的首要的、最高的权利,生命权的价值基础在于对生命安全与生命尊严的维护,生命权的功能在于排除一切其他对生命安全与生命尊严的限制与妨害,故生命权是一种绝对权。同时,生命权相较于诸如与其在《民法典》专章中同列的身体权与健康权等其他权利而言,具有价值位阶上的优先性,即当生命权与其他权利发生冲突时,生命权的享有与行使,应当优先于其他权利。因为生命权保护的是人之生命,生命不存,权将焉附?只有生命权受到保障,其他权利的设置与功能才能具有意义。此次新冠疫情在国内肆虐时期,中国始终以“人民至上、生命至上”的理念凝聚社会共识,果断采取诸如区域交通封锁、强制检疫、优先调配医疗资源等方式,展现了国家捍卫生命安全与生命尊严的决心,取得了巨大成功,重新且生动地诠释了“生命至上”的国家理念。

诚然,将生命权宣誓并贯彻为“自然法”上的“第一位人权”,更有利于凸显生命的神圣与尊崇、维护生命的尊严,但这些著述与理念更多的是从道德与理性的角度去搭建“生命权”的崇高地位。而生命权作为一项人人所固有的、自然的、先在的权利,更应该从法律性、权利性的角度去建构生命权的内涵与外延、界分生命权的权利与义务。而且生命权的价值与功能不仅蕴藏于社会观念中,更须塑造于具体的法律制度与司法实践中。加之世事繁复,仅凭悬空的辞藻无益生命权的具体保护,切实维护个体生命权之利益更须于法学理论中的充分论证,以此裨益更具操作实效法律制度的建构。

(二)生命权在宪法与民法中的功能界分

基于生命权是首要人权的重要性与其所具有宪法权利与民事权利的基本属性,长久以来,生命权被宪法学者与民法学者所共同关注,相关著述可谓硕果丰厚。在学术界共同关注与探讨中,有些主张需要被特别重视。诸如许多宪法学者主张生命权明确入宪,认为只有生命权正式写入宪法后,才能彻底展现国家对于生命权的尊崇。[2] 亦有一些宪法学者将生命权解释为近似于“生存权”的概念,从而主张生命权应当包含精神文化生活的保障权能,[3]此无疑极大地扩大

---

〔1〕 [德]康德:《法的形而上学原理》,沈叔平译,商务印书馆 1991 年版,第 166 页。

〔2〕 参见上官丕亮:《生命权宪法保障的理论基础研究》,载《环球法律评论》2007 年第 6 期;上官丕亮:《论宪法上的生命权》,载《当代法学》2007 年第 1 期。

〔3〕 参见龚向和、龚向田:《生存权的本真含义探析》,载《求索》2008 年第 3 期。

了生命权的内涵,似乎也有“权利泛化”之倾向。而回顾我国《民法典》编纂历程,虽然围绕着人格权编是否应独立成编的探讨之声不绝如缕,但大多数民法学者对于生命权是民事权利的定性并无异议。而若要明晰生命权作为民事权利的功能与价值,须在宪法权利与民事权利此二不同场域中对生命权不同的功能与价值予以区分。

古罗马法学家乌尔比安曾言:“法律有的造福于公共利益,有的则造福于私人。公法见之于宗教事务、宗教机构和国家管理机构之中。”〔1〕查士丁尼则进一步指出:“法律学习分为两个部分,公法与私法。公法涉及罗马帝国的政体,私法则涉及个人利益。”〔2〕由此,公法与私法的划分长久以来都是大陆法系国家对法的一种分类方法。而宪法与民法作为公法与私法的典型代表,生命权在此二者中都得以集中体现。虽生命权在宪法中与民法中具有相同的名称,但同名却异质。生命权在这两个法律体系中,所包含的内涵、承载的利益与欲实现的目的都各不相同。

17～18世纪,受近代资产阶级启蒙思想家的感召,亦为适应反抗封建王权、解放人性的现实需要,西方早期的立宪主义力图在市民社会与国家权力之间建立一道“屏障”,从而抵御国家权力对市民社会可能的入侵〔3〕。洛克将生命与自由、平等、财产并列为自然法所保护的四种基本权利〔4〕,深刻影响了此后北美十三个州的独立与建国,美国的《独立宣言》宣告生命权为不可剥夺的权利。随后,美国在随后的宪法修正案中确立了“公民的人身不得侵犯”的原则。由此,生命权从“自然权利”演变为“法定权利”,开启了立法规范生命权的新时代。可见,生命权是近代立宪思潮与人权解放运动相结合的产物,首先被成文宪法确定为一种“法定权利”。我国《宪法》虽令人遗憾地未明文规定“生命权”,但并不妨碍学者运用宪法解释学去探寻宪法规范中所隐含的“生命权”的价值。〔5〕就此意义上言,倘若没有近代立宪制度的确立,便无成文宪法对生命权的赋权。宪法中生命权自产生之日起,便肩负起调整国家政治利益关系、维持市民社会与国家权利平衡的历史使命。宪法规定公民享有的生命权、平等权、自由权与财产权

---

〔1〕［意］彼德罗·彭梵得:《罗马法教科书》,黄风译,中国政法大学出版社1992年版,第9页。

〔2〕［罗马］查士丁尼:《法学总论——法学阶梯》,张企泰译,商务印书馆1996年版,第5－6页。

〔3〕参见林来梵、朱玉霞:《错位与暗合——试论我国当下有关宪法与民法关系的四种思维倾向》,载《浙江社会科学》2007年第1期。

〔4〕参见［英］洛克:《政府论》(下篇),叶启芳、瞿菊农译,商务印书馆1964年版,第6－7页。

〔5〕参见韩大元:《中国宪法学应当关注生命权问题的研究》,载《深圳大学学报(人文社会科学版)》2004年第1期。

等基本权利本身目的就在于划分国家与公民的空间，规范公权力的行使，进而维护私主体的自由。宪法中生命权的价值便在于保护公民的生命权免受国家权力的侵扰，这亦是宪法本身的目的之一。而且，宪法中的生命权的适用情况也相对狭窄，一般会被明确至当国家机关工作人员在行政行为中侵害公民生命权时通过国家赔偿与刑罚打击犯罪以保障公民生命权。

与之相反，民法作为市民社会的基本法，尊崇主体之间的平等与意思自治，调整范围仅限于私主体之间的横向关系。民法中的生命权是通过民法的行为模式与法律后果予以规范的，从而实现对生命权的保护。职是之故，民法中生命权的功能仅在于划分每位自然人享有生命权利、行使生命利益的空间，维系市民生活中的生命权秩序，并无对抗国家对公民生命权侵害的权能。质言之，宪法作为公法之典范，宪法中的生命权具有浓烈的“公权利”色彩，是一种包含双重义务的权利，体现的是一种国家与社会主体之间的关系，其目的是要求国家肩负不得侵犯并保障公民生命权的义务。而民法作为私法之代表，民法中的生命权体现一种私权关系，赋予了自然人对抗其他自然人非法侵害的“私权利”。由此可见，生命权的内涵在不同法律体系中大相径庭，遵循着传统的公法与私法之界分。但权利具有多重性，正如美浓部达吉之见，公法与私法中同一权利的不同表现，仅为权利面对国家与面对个人时的不一而已。[1] 此种见解亦契合了近代以后市民社会与国家政治的二元结构，被大陆法系传统法学奉为圭臬。经由宪法创制的权利并非都为公法性质的权利，[2]宪法中的权利与民法中的权利都在各自法律体系中独自运行，[3]故民法中的生命权与宪法中的生命权并非两种截然不同的权利，而仅为不同法律体系中的权利性质、权利内容的差异。

成文宪法规定生命权，主要是为与生命权有关的普通法律和行政机关义务履行提供合宪性审查的依据与标准。[4] 当前我国宪法审查程序启动较难、行政诉讼法受案范围有限等宪法实施机制方面存在不足，[5]加之宪法在个案中对公民生命权的司宪性匮乏，使宪法对生命权的保护仅停留在宣誓性的宪法条款层次，而难为公民所真正享有，[6]故对生命权的保护更需我国民法的规范。易言

---

〔1〕 参见［日］美浓部达吉：《公法与私法》，黄冯明译，中国政法大学出版社2003年版，第158－165页。

〔2〕 参见刘凯湘：《人格权的宪法意义与民法表述》，载《社会科学战线》2012年第2期。

〔3〕 参见张善斌：《民法人格权和宪法人格权的独立与互动》，载《法学评论》2016年第6期。

〔4〕 参见上官丕亮：《生命权宪法保障的理论基础研究》，载《环球法律评论》2007年第6期。

〔5〕 参见刘泽刚：《宪法生命权的界限》，载《华东政法大学学报》2013年第3期。

〔6〕 参见刘凯湘：《人格权的宪法意义与民法表述》，载《社会科学战线》2012年第2期。

之,生命权在我国法律体系中必须经由《民法典》进行“二次创设”,方可将赋权性宪法条文落实、转变为具有可操作性的请求权基础,更能凝聚起维护生命权价值的社会共同意志,方能彰显我国对“人民幸福”理念的贯彻与追求。

(三)私法与公法交融中的生命权

自19世纪末以来,随着生产力水平的大幅提升、政治制度的不断演进、社会观念的不断变革,传统市民社会内部力量出现分化,甚至打破私主体之间的平等关系[1]。传统市民社会所尊崇的契约自由与意思自治面临前所未有的挑战,尊崇极端“个人本位”的私权领域开始出现危机。传统的私法自治与自洽能力的下降,同时也为私法与公法的交融提供了契机。正如苏永钦教授指出,人类社会的现代化带动了公法与私法的调和,两者之间呈现“越来越多的交错”图景。[2] 一方面,现代社会的高度复杂化,“契约自由”逐渐沦为少数经济地位优越者压迫弱者的工具,苦于日趋严重的危险与加害行为的受害者无法获得足够的私法救济,使对人性的“尊重”异化为对人性的“挑战”,[3]传统的私法自治已无法满足对个体生命法益的保护需要。例如,收入差距的悬殊将部分人沦为经济地位上的绝对弱者,从而造成契约自由无从谈起,[4]甚至生命存在之必需都难以为继,进而危及个人生命;医疗机构的市场化、医疗服务合同的契约性,加之医疗资源的稀缺,使医院“见死不救”的事例屡见报端;工矿企业的林立,众多相对弱势地位的劳动者被迫与企业订立“生死合同”等。随着这种表面的自由与平等所掩盖的实质不公平的日益显露,传统的民法框架已不足以保护公民个体的生命利益,市民社会中原有的生命权秩序陷入了混乱。另一方面,公法在维持公权力领域秩序的同时,以主动的方式适度地进入私权利领域,意图以“福利国家”“行政给付”等方式恢复市民社会的秩序。公法上的生命权也从“消极的防御权”发展成为“积极的要求权”,它要求国家积极作为,以切实保障公民的生命权。[5] 由此,传统意义上的公法与私法“泾渭分明”的分野已经悄然改变。在此背景下,“私法的公法化”与“公法的私法化”便应时而生了。

---

〔1〕 参见林来梵、朱玉霞:《错位与暗合——试论我国当下有关宪法与民法关系的四种思维倾向》,载《浙江社会科学》2007年第1期。

〔2〕 参见苏永钦:《民事立法与公私法的接轨》,北京大学出版社2005年版,第74页。

〔3〕 参见梁慧星:《从近代民法到现代民法——二十世纪民法回顾》,载《中外法学》1997年第2期。

〔4〕 参见钟瑞栋:《“私法公法化”的反思与超越——兼论公法与私法接轨的规范配置》,载《法商研究》2013年第4期。

〔5〕 参见上官丕亮:《论宪法上的生命权》,载《当代法学》2007年第1期。

“私法的公法化”是基于社会利益，国家权力将原本属于私法调整的范围转变成为由公、私法共同调整或单独由公法调整的一种法律现象。[1] “私法的公法化”以诚实信用、公序良俗等原则限制私法自治，有助于民法开始关注社会福祉与实质公平的实现，从而鞭策推崇极端“个人本位”的传统民法开始转向兼顾“社会本位”的现代民法，[2] 人格权制度亦在此演进过程中应运而生。[3] “私法公法化”在个别性调整方面，要求国家权力以“行政监察”“公益诉讼”等方式主动介入；“私法公法化”在规范性调整方面，常表现为以强制性条款限制当事人的意思自治，以“管制”干预“自治”。[4] 此种现象在我国《民法典》总则编中亦有迹可循，例如，开宗明义地将“弘扬社会主义核心价值观”确立为立法目的与依据，开创了将民族的优秀传统美德和先进时代道德作为基本原则写入《民法典》的先河；[5] 将“绿色原则”这一倡导性条款确定为民法的基本原则之一，开启了环境资源保护的民法通道；由民政部门担任兜底性监护人，允许公权力介入监护制度等。

基于上述，本书认为在解释《民法典》中对于生命权、身体权和健康权的相关规范时，亦应遵循“私法公法化”的思路，基于现代民法的“社会本位”，对于包含生命权在内三种权利的内容、权利变动、权利消灭及权利救济等规范制度进行体系化解读，以回应现代社会飞速发展所引起的深刻变革，充分彰显《民法典》的时代特色。

二、身体权的性质

身体是人的物理存在，是迸发所有法律意涵的源泉所在。如果说生命权所维护的生命构成一切讨论的起点，那么身体权保护的身体便是承载这一切的载体。身体权与生命权一样，既属于宪法基本权利，也是一项具有固有性、绝对性的民事权利。身体权在立法上经历了从无到有、从依附于其他权利存在到独立的权利表达过程，反映了人们对身体认识的变迁。“我们有能力实现对身体的控制，但是有时却无法确定该如何控制，我们所获得的有关自己身体以及如何控制身体的知识越多，我们有关何为身体以及应当如何控制身体的确定性就越是

---

〔1〕 参见杨阳：《论私法公法化的逻辑本位及其限度》，载《河北学刊》2015 年第 6 期。

〔2〕 参见李龙亮、郭成：《社会本位——民法典的最佳选择》，载《河北法学》2002 年 S1 期。

〔3〕 参见王利明：《试论人格权的新发展》，载《法商研究》2006 年第 5 期。

〔4〕 参见龚刚强：《法体系基本结构的理性基础——从法经济学视角看公私法划分和私法公法化、公法私法化》，载《法学家》2005 年第 3 期。

〔5〕 参见肖爽：《论〈民法总则〉与私法公法化倾向》，载《新疆师范大学学报（哲学社会科学版）》2018 年第 4 期。

遭到侵蚀。"[1]

对身体的保护古已有之,《十二铜表法》第八表规定的同态复仇以行为人的痛苦作为损害的填补。尔后文明进步,肉体上的"以牙还牙、以眼还眼"演变为金钱赔偿之债,兼具罚金与抚慰金的赔偿发挥着惩罚侵害人、安抚受害人的功能。[2] 在沿袭罗马法的基础上,中世纪欧洲教会以教义夺取法律话语权,将人格权侵害行为之"过错"解释为宗教色彩极为浓烈的"罪恶",仍坚持对人之本体的保护。随后自然法学兴起,人文主义思潮焕发人的尊严与自由,身体与生命并为自然权利,使身体权直接跃升至自然权利范畴,身体权始成权利。但身体权却亦因此未予法定化,"成败"皆由此矣。实在法上的身体权系因人权运动的发展产生,如1942年《意大利民法典》将身体权规定于自然人章节、1960年《埃塞俄比亚民法典》在"人格权"部分规定"人身的完整性"等。尽管表述不一,但无疑是身体权保护的新阶段。我国法制发展过程对身体的保护亦大致如此。"身体发肤,受之父母",[3] 身体在"礼法"传统之下被压制,附属于家庭父权与国家君权。法律上对身体的保护亦以刑罚为主,忽视民事赔偿,如《唐律疏议》以笞四十惩戒相互斗殴者。[4] 元代虽有"烧埋银"制度,苛以刑事案件加害人生命赔偿责任,但其并非针对身体损害而设,而是关注苦主的实际利益。[5] 直至清末民初,欧风美雨影响华夏法制,民事立法中亦受当时外国民法典关于身体利益消极保护的规定。中华人民共和国成立以来至《民法通则》颁布,对人自身的保护并未求诸身体权的概念,而是对生命、健康加以强调。原《民法通则》第98条确认"生命健康权",并无身体权的表述,盖因当时学说大多认为"身体"与"人身"相差无几,可混用之,"身体"多作为"健康"的限定修饰而存在。[6] 身体权的成文规定最初亮相于2001年《精神损害赔偿解释》第1条第1款,其"下列人格权利"与"身体权"的表述显示,身体权的概念已为司法实践所接受。但颇为有趣的是,作为民事法律的原《侵权责任法》在其第2条极为广泛的权益列举中却未提及"身体权",直至2017年《民法总则》第110条才确立了民事立法上的身体权概念,并为《民法典》继受。古今中外身体权之发达简史表明,身体上载利益

[1] [英]克里斯·希林:《身体与社会理论》,李康译,北京大学出版社2010年版,第174页。

[2] 参见肖俊:《人格权保护的罗马法传统:侵辱之诉研究》,载《比较法研究》2013年第1期。

[3] 参见《孝经·开宗明义》。

[4] 参见钱大群:《唐律疏议新注》,南京师范大学出版社2007年版,第659页。

[5] 参见张群:《烧埋银与中国古代生命权侵害赔偿制度》,载《中西法律传统》2004年第00期。

[6] 中华人民共和国成立以来身体权在我国民事立法的发展过程,参见王竹、方延:《身体权学理独立过程考》,载《广州大学学报(社会科学版)》2012年第5期。

一直为统治者所重视，保护模式由刑事保护发展为民刑协同维护，将身体权塑造为消极性利益。

三、健康权的性质

健康权指以保持身体机能为内容的权利。[1] 《民法典》第 1004 条前半段规定自然人享有健康权，并将健康权的内容界定为“身心健康”，即生理健康与心理健康两部分。自然人有权维护其生理健康与心理健康，保持其身心机能的正常运转。但健康权并非纯粹的私权，《宪法》第 21 条规定，国家保护人民健康。基于基本权利的双重属性，国家对于公民的健康负有保障义务，公民对自身健康享有要求国家积极给付的权利。由此可见，健康权同时兼有基本权利和民事权利的性质。

从健康权的历史发展来看，其经历了发端于私法，但作为基本权利受到重视的发展历程。早在公元前 18 世纪的《汉穆拉比法典》中就有保护生命、健康、荣誉等具体人格要素的规定。在医学观念上，古希腊医师、西方医学奠基人希波克拉底认为精神和肉体相互影响，不能彼此独立存在。但中世纪的欧洲受基督教旨的影响，上帝统治人的内心精神世界，故健康的内涵只保留生理意义，医疗活动亦仅指肉体机能的修复。自然法学派虽将生命健康这一人之生物本体视为当然的自然权利，但其并非法定的民事权利，至多反映了一种朴素的法益保护观念。[2] 由此可见，彼时对于健康的认识存有局限，法律亦未将其视为权利对待。实证法上健康权的确立晚于作为基本权利的公民健康权。对自身健康的维护与疾病的治疗系个人事务，国家并无介入正当性。但随着工业社会的发展进步，生产环境的风险以及生活环境的污染严重威胁社会成员的健康状态，传染疾病的爆发、肆虐直接冲击传统的公共卫生秩序。国家不得不直面这一问题，而社会权理论在此期间的勃兴亦助推公民健康权的确立。[3] “二战”后国际人权运动的发展使公民健康权得以正式表达，为成员国提出国内立法的要求。《世界卫生组织宪章》“序言”规定：“享有最高可获致的健康标准是每个人的基本权利之一，不分种族、宗教、政治信仰、经济或社会状况。”《世界人权宣言》第 25 条正式规定了健康权：“（一）人人有权享有为维持他本人和家属的健康和福利所需的生活水准，包括食物、衣着、住房、医疗和必要的社会服务……”

健康权在我国法上最早见于原《民法通则》第 98 条确立的“生命健康权”，

---

〔1〕 参见王泽鉴：《侵权行为》，北京大学出版社 2016 年版，第 122 页。

〔2〕 参见蒋月、林志强：《健康权观源流考》，载《学术论坛》2007 年第 4 期。

〔3〕 参见李广德：《健康作为权利的法理展开》，载《法制与社会发展》2019 年第 3 期。

但并未作为一项独立的民事权利对待。2009 年《民法通则》修正时,该条亦未变动。直至 2010 年《侵权责任法》施行,其第 2 条详尽列举了本法所保护的民事权益类型,生命权与健康权并列其中,似乎表明了立法者立场的改变,将健康权作为独立民事权利对待。但此一来立法资料上并无证据支持,二来在 2010 年、2012 年连续两次修正的《国家赔偿法》中仍保留"生命健康权"的表述。虽然 2017 年《民法总则》第 110 条延续原《侵权责任法》第 2 条的规定,并列列举生命权和健康权,但 2018 年修正的《妇女权益保障法》第 38 条仍以"生命健康权"表述。由此可见,法制体系内部对于生命权、健康权以及生命健康权的认识尚未统一,或是由于公、私法域的沟通不畅所致。2019 年通过的《基本医疗卫生与健康促进法》第 4 条第 1 款明确表明"国家和社会尊重、保护公民的健康权",2020 年通过的《民法典》在第 110 条与第 1004 条确认自然人享有健康权,至此我国法制体系内部关于健康权之独立民事权利的认识统一。

第三节 生命权、身体权和健康权之基本构成

一、生命权、身体权和健康权的主体

生命权、身体权和健康权统称为物质性人格权,在法制史上最先受到保护,盖因其攸关人之生存基础,与人之尊严关系密切。物质性人格权的载体在于人的生理躯体具有不可分性,故三权聚于一身而权利主体统一。以下以生命权作为说明对象。

(一)自然人

正如马克思所言:"不是人为法律而存在,而是法律为人而存在。"〔1〕对人的保护与尊重乃是整个法律体系的起点与终点,私法语境下的自然人更是私法制度设计中的焦点。生命权虽以"不断自我更新的蛋白体存在方式"〔2〕为载体,但自然状态下的人之生命并不意味着被民法所认可的生命。

考察人类生命权制度的历史沿革,生命权的主体范围呈现出逐渐扩大以至

---

〔1〕 黎国智主编:《马克思主义人权理论概要》,四川大学出版社 1992 年版,第 36 页。

〔2〕 早在 19 世纪下半叶,恩格斯就在概括总结近代自然科学的成果(以达尔文的进化论、施莱登与施旺的细胞学说和近代化学为代表)基础之上,运用唯物辩证法,首次科学地定义了生命——"生命是蛋白体的存在方式,这种存在方式本质上在于这些蛋白体的化学组成部分的不断的自我更新"。[德]恩格斯:《反杜林论》,人民出版社 1970 年版,第 78 页。

包含全体自然人的特点。古巴比伦时期的《汉穆拉比法典》仅将奴隶视为“会说话的工具”，将奴隶的生命与动物的生命同列，可被随意杀戮、陪葬与献祭等。在“家父权”享有至高无上地位的罗马法中，家父对其子女享有生死大权，可以随意且无限制地对其体罚。[1] 家父子女的生命尚且如此，则其他卑亲、奴婢的生命自不待言。而中世纪的教会法对罗马法注入较为有限的平等理念，对其进行新的解释：农奴虽不可被任意体罚或杀戮，但其仍属领主的财产，可被转让或出卖。[2] 可见，欧洲封建时期的农奴享有有限的生命权，仅可免于被随意剥夺生命而已。简言之，在人类历史迈入近代社会之前，民法中的生命权的范围以身份等级为限，诸多具有生命属性的“人”并未享有生命权。随着资本主义的崛起，并经宗教改革、启蒙运动的洗礼，受个体主义、理性主义、平等主义思潮的熏陶，《法国民法典》首次明文规定了：“所有法国人均享有私权利”，进而使全体法国人均平等享有生命权，从而历史性地实现了生命属性上的“人”与民法上的“人”的统一。此后的《德国民法典》则创造了“民事权利能力”的概念，将生命属性上的“人”抽象为民法上的“人”，将一切“人”都纳入民事主体的范畴，从而使一切具有生命体的个人没有区别地享有了生命权。“法律只能涉及那些构成这个现实世界每一个自然人的属性问题，所以法律只能规定现世的生活。”[3] 至此，奴隶社会、封建社会中的“人可非人”的制度与理念被彻底否定，[4] 生命权不再是奴役者所专享的稀缺资源，而成为自然人与生俱来所普遍享有的人格属性，生物学意义上的具有五官百骸的每个自然人均成为生命权的主体。民法对自然人生命权的肯认，亦使民法具有了人文关怀的底色。

那么，以“不断自我更新的蛋白体存在方式”的动植物等自然体是否享有生命权呢？近几年，随着人与自然和谐发展的理念深入人心，有学者提出须重新定位人与动植物之间的关系，主张扩大法律权利的主体资格范围，将动物上升为有限的法律主体。[5] 而法律若赋予动物以主体资格，动物理应享有生命权。依本

---

〔1〕 参见[英]梅因：《古代法》，沈景一译，商务印书馆 1959 年版，第 78－82 页。

〔2〕 参见[爱尔兰]约翰·莫里斯·凯利：《西方法律思想简史》，王笑红译，法律出版社 2002 年版，第 100 页。

〔3〕 [德]汉斯·哈腾鲍尔：《民法上的人》，孙宪忠译，载《环球法律评论》2001 年第 4 期。

〔4〕 参见李拥军：《从“人可非人”到“非人可人”：民事主体制度与理念的历史变迁——对法律“人”的一种解析》，载《法制与社会发展》2005 年第 2 期。

〔5〕 参见江山：《法律革命：从传统到超现代——兼谈环境资源法的法理问题》，载《比较法研究》2000 年第 1 期；高利红：《动物不是物，是什么？》，载梁慧星主编：《民商法论丛》第 20 卷，金桥文化出版（香港）有限公司 2001 年版；徐昕：《论动物法律主体资格的确立——人类中心主义法理念及其消解》，载《北京科技大学学报（社会科学版）》2002 年第 1 期。

书之见,此种"自然体生命权"之观点,有权利主体过分扩展之嫌。自生态哲学的角度观之,"我们之所以这么做,最终是出于对人类全局的、长远的生存利益的终极关怀"[1]。人贵为天地万物间的尺度,人类对于动物的善待,实为对自身道德的要求与情感的满足。申言之,动物的权利并非伴其生而来的,而是为人所赋予的。考察大陆法系立法例之典范,于1988年与1990年先后进行修订的《奥地利民法典》与《德国民法典》都调整了"物之定义",特别是《德国民法典》所增补的第90条a款之规定:"动物不是物。动物应受特别法律的保护,除另有规定外,准用关于物的规定。"[2]此实为德国立法者为满足动物保护主义之呼声,而对立法上动物之定义所进行的技术处理而已。[3]依照我国现行民法立法体例,《民法典》总则编仅将自然人、法人与非法人组织确定为民事权利主体。我国《民法典》侵权责任编第1245条规定,饲养动物致人损害,饲养人或者管理人应承担侵权责任。可见,我国现行民法体系与制度并未将动物纳入民事主体的范畴,动物无法独立地承担权利、履行义务,亦无法对人类提出要求。若赋予动物以权利,而不苛以责任,则不符合民法之一般逻辑。若生命权主体随意扩展乃至泛化,势必将背离"生命权"的应有之义,甚至导致生命权权利话语的消解。正如德国民法学家迪特尔·梅迪库斯之见,在缺乏相关特殊规定的情况下,动物仍应作普通物来看待。[4]是故,民法应谨慎应对生命权主体扩大化的倾向。质言之,将动物从一般的物提升至特殊的物的做法,已足够满足日益高涨的关爱动物的社会观念,民法不必再赋予动物以生命权主体资格。

(二)胎儿

《民法典》第1002条仅肯认了自然人享有生命权,并未对胎儿所享的生命利益作出规范。在我国现行民法中,"胎儿"虽为一个法律概念,但并无相关法律对"胎儿"的概念予以具体规范。现代生命科技的发展延展了人类对于生命认知的时间轴,[5]生命自受精着床之日起便朝基因所决定的方向发育,受精卵期、胚胎期和胎儿期均为人之生命所必经的不同且连续的发展阶段,故"只因出

---

[1] 刘福森:《自然中心主义生态伦理观的理论困境》,载《中国社会科学》1997年第3期。

[2] 杜景林、卢谌:《德国民法典——全条文注释》(上册),中国政法大学出版社2015年版,第30-31页。

[3] 参见陈本寒、周平:《动物法律地位之探讨——兼析我国民事立法对动物的应有定位》,载《中国法学》2002年第6期。

[4] 参见[德]迪特尔·梅迪库斯:《德国民法总论》,邵建东译,法律出版社2013年版,第877-878页。

[5] 参见王洪平:《论胎儿的民事权利能力及权利实现机制》,载《法学论坛》2017年第4期。

生时间的纯粹偶然性而否定其权利是不公平的”。[1] 本书认为,为实现对“胎儿”各个阶段生命利益的全面保护,《民法典》的规范体系亦保留了胎儿生命利益的制度空间,故当解释运用《民法典》相关制度规范时,可参考《法国民法典》第16条之规范意旨,[2] 肯认胎儿所享有的生命利益,且民法须将胎儿的认定范围向前延伸至胚胎开始形成之日,即卵子受精着床。如此解释,也有利于回应当前越发普遍运用与发展的人工生殖辅助技术引发的法律问题。例如,在“无锡冷冻胚胎案”[3] 中,便产生了“‘冷冻胚胎’究竟是物还是人”的命题。而《民法典》第1002条的出台便可回答此问题,即冷冻胚胎并非一般的物,而是承载着胎儿的生命尊严、蕴含着发展为自然人的可能。

民法是否有必要肯认胎儿的生命利益？我国民法学者对此问题的探讨不曾间断,相关著述大致可划分为“肯定说”与“否定说”两种。持“肯定说”的学者基于“权利能力说”[4]“先期生命法益说”[5]“侵权责任说”[6] 等角度论述民法肯认胎儿以生命利益的必要性与正当性。而认同“否定说”学者所持的理由主要有以下三种:其一,胎儿不享有民事权利能力,故不享有生命利益的主体资格;[7] 其二,民法赋予胎儿生命利益几无实际意义,胎儿的生命利益不适宜用民法保护;[8] 其三,胎儿的生命利益与计划生育、优生优育等国策相悖,且与我国当前允许妇女堕胎的社会现实不符。[9] 本书不赞同“否定说”之观点,对此一一予以批驳。

第一,因胎儿非民事主体而断然否定其享有生命利益,此乃倒果为因。胎儿作为正在发展中的、潜在的人,仅因其尚未出生而将其认定为母体的一部分,从而否定其权利显然有违民法的公平理念。法律对“人”生命的保护与“人”是否

---

〔1〕 参见[日]四宫和夫:《日本民法总则》,唐晖、钱孟姗译,台北,五南图书出版股份有限公司1995年版,第47页。

〔2〕 《法国民法典》第16条规定:“法律应确保人的优先性,禁止一切对人的尊严的侵害,确保自生命开始时起对人的尊重。”参见《法国民法典　民事诉讼法典》,罗结珍译,国际文化出版公司1997年版,第3页。

〔3〕 江苏省无锡市中级人民法院民事判决书,(2014)锡民终字第01235号。

〔4〕 王洪平:《论胎儿的民事权利能力及权利实现机制》,载《法学论坛》2017年第4期。

〔5〕 杨立新:《人格权法》,法律出版社2011年版,第343页。

〔6〕 [德]卡尔·拉伦茨:《德国民法通论》(上册),王晓晔等译,法律出版社2013年版,第127页。

〔7〕 参见王利明主编:《人格权法新论》,吉林人民出版社1994年版,第299页。

〔8〕 参见李锡鹤:《胎儿不应有法律上利益——〈民法总则草案〉第16条质疑》,载《东方法学》2017年第1期;李永军:《我国〈民法总则〉第16条关于胎儿利益保护的质疑——基于规范的实证分析与理论研究》,载《法律科学》2019年第2期。

〔9〕 参见刘国涛:《司法实践中未出生者的民法地位》,载《河北法学》2003年第2期。

具有权利能力无关。[1] 民事主体经历了从“人可非人”到“非人可人”的历史沿革,[2]此皆出于人类自身发展需要而定夺。民法因人而设、为人所享,民法仅为保护人类生命权之手段而非目的。并且,我国《民法典》第16条采“法定条件解除说”,肯认了凡涉及遗产继承、接受赠与等关乎胎儿财产利益时,民法视胎儿具有民事权利能力。若依“举轻以明重”之当然解释方法,继承、赠与等事宜尚且在民法中将胎儿与自然人等同而视之,则胎儿之生命利益更不待言矣。是故,于侵害胎儿生命利益的特殊场合中,承认胎儿一定的民事主体地位,甚至将胎儿视为“尚未脱离母体的未来民事主体”,[3]具有合理性。此有利于保护胎儿的生命利益,符合当下人道及文明社会理念,合乎国际民法的发展潮流。[4]

第二,胎儿虽无法独立行使权利,但此并不意味着民法对胎儿生命利益的保护失去意义。“权利”是社会群体对权利主体的行为及要求的“承诺性赞同”。[5] 民法肯认胎儿的生命利益,除了为胎儿生命利益铺设民法的救济通道,更在于将胎儿的生命利益从“个人的意志要求”上升成为“社会群体的承诺性赞同”,从而警示他人不得侵扰胎儿之生命。近年来,由于经济社会的高速发展,交通事故、环境污染、医疗不当等侵害胎儿生命利益的纠纷频现司法裁判之案牍,但关于胎儿死亡赔偿金的诉求并未获人民法院的支持。[6] 观其裁判要旨,均以“胎儿娩出后有无生命体征”[7]作为判断行为人是否赔付胎儿死亡赔偿金的标准,而罔顾行为人的侵权行为与胎儿死亡的侵权后果之间的因果关系,最多以适当调高精神抚慰金的方式来弥补胎儿亲属的精神损失,[8]此种现象无疑有悖于民法的公平理念。而此种不公现象的产生,皆是由于我国立法对胎儿生命利益及其损害赔偿等问题未予以明文规定,是为亟待解决的“法律漏洞”。质言

---

〔1〕 参见[德]卡尔·拉伦茨:《德国民法通论》(上册),王晓晔等译,法律出版社2003年版,第127页。

〔2〕 参见李拥军:《从“人可非人”到“非人可人”:民事主体制度与理念的历史变迁——对法律“人”的一种解析》,载《法制与社会发展》2005年第2期。

〔3〕 参见《北京大学法学百科全书》编委会编:《北京大学法学百科全书——民法学·商法学》,北京大学出版社2004年版,第897页。

〔4〕 参见易军:《生命权:藉论证而型塑》,载《华东政法大学学报》2012年第1期。

〔5〕 参见张恒山:《论权利本体》,载《中国法学》2018年第6期。

〔6〕 典型案例:湖南省高级人民法院民事裁定书,(2017)湘民申1310号;河南省南阳市中级人民法院民事判决书,(2017)豫13民终3884号;广西壮族自治区梧州市中级人民法院民事判决书,(2017)桂04民终610号;河南省信阳市中级人民法院民事判决书,(2018)豫15民终832号等。

〔7〕 典型案例:重庆市第一中级人民法院民事判决书,(2016)渝01民终5395号;上海市浦东新区人民法院民事判决书,(2012)浦民一民初字第33978号。

〔8〕 参见河南省信阳市中级人民法院民事判决书,(2018)豫15民终832号。

之,仅凭《民法典》第 16 条此单一规定无法建构保护胎儿生命利益的完备机制,应当更加充分利用《民法典》的制度设计,对胎儿的生命利益予以精细保障。

第三,民法保护胎儿的生命利益与允许妇女堕胎的政策之间的矛盾冲突并非不可调和。“在某些道德中,这种行为受到道德上的排斥,而在另一些道德中则得到准许。”〔1〕民法对于胎儿生命利益的肯认与否及保障的程度须取决于特定历史时期下社会公共政策与维护胎儿生命利益之间的价值博弈,我们强调生命的诞生与发展是整个社会存在与发展的必要前提,但胎儿生命利益的维护须以现实社会生产生活所必需的共同道德为限。个体胎儿生命的诞生,也是国家生育控制权与父母生育权达成平衡的结果。〔2〕当“错误出生”“错误生命”等情况出现时,父母对是否产下残障胎儿的优生优育权应当优先于个体残障胎儿生命利益得到民法的保障,此亦符合人类社会“优生优育”为主流的人类生育价值取向。〔3〕当胎儿生命利益与父母生育权发生冲突时,基于母亲作为孕育主体与维护母亲身体健康的法理考量,应确认母亲的生育权优先于父亲的生育权的行使,〔4〕且胎儿生命利益的维护劣后于母亲生育权的行使。另外,可将违背母亲意愿的强制引产行为解释为刑法上的故意杀人罪,亦可达到胎儿生命利益与国家政策之间的博弈平衡。〔5〕

诚然,与自然人享有的生命权相比,胎儿的生命利益在权利的性质、内容与权利救济方面具有特殊性。首先,就权利的性质而言,胎儿的生命利益并不具有不可克减性的特点。如前所述,胎儿的生命依附于母亲的生命,胎儿的出生与否取决于父母的意愿与决定,当胎儿的生命利益与父母生育权及身体健康权利相冲突时,胎儿的生命利益并不具有优先性。即使是在禁止堕胎的国家和地区仍保留了妇女因生理与心理等原因可堕胎的例外规定。其次,胎儿尚在母体之中,无法表达自我意识,因而不享有对其生命利益的支配权能。例如,孕妇需实施具有较高风险的手术以期救治胎儿时,是否进行手术的决定权在于孕妇自己。但须注意的是,孕妇在接受可能危及胎儿孕育状态乃至生命的手术、医学实验等相关高风险活动时,应当尊重现有医学的条件与规律,遵循胎儿利益最大化的原

---

〔1〕［英］A. J. M. 米尔恩:《人权哲学》,王先恒等译,东方出版社 1991 年版,第 238 页。

〔2〕参见徐国栋:《出生与权利——权力冲突》,载《东方法学》2009 年第 2 期。

〔3〕参见张红:《错误出生的损害赔偿责任》,载《法学家》2011 年第 6 期。

〔4〕参见张红:《夫妻生育权冲突及其解决——从妻子私自堕胎引发丈夫索赔案出发》,载《咸宁学院学报》2010 年第 9 期。此观点已在我国司法判决中得到肯定,参见北京市海淀区民事判决书,(2013)海民初字第 23318 号。

〔5〕参见周详:《胎儿生命权的确认与刑法保护》,载《法学》2012 年第 8 期。

则,从而避免人类对生命态度的“滑坡”。[1] 最后,胎儿生命利益的特殊性决定了胎儿生命利益救济的间接性。胎儿受其生理发展阶段的局限,遭受侵害的胎儿无法直接对自身利益寻求救济。对此,本书赞同徐国栋教授之观点,我国民法应建构胎儿监护制度,[2]以胎儿的母亲及其他亲权人间接行使胎儿的生命利益。

二、生命权、身体权和健康权的客体

(一)生命权的客体

传统民法视域中生命权的客体仅为生命安全,只有当权利人的生命受到威胁或损害时,权利人方可行使生命权,因此生命权常被视为一种“防御性权利”,且对生命权的保护也仅限于对作为“不断自我更新的蛋白体存在方式”生命本身的保护。而《民法典》第1002条首次提出“生命尊严”的概念,开创性地将“生命尊严”纳入生命权客体范围之中,自此,生命权的客体包含了“生命安全”与“生命尊严”两项内容。此做法彰显了我国民法对人之生命尊严性的注重,超脱了传统理论对生命权属“防御性权利”的界定,[3]扩展了生命权的涵摄范围,亦为未来进一步维护生命尊严留有了上位法依据和制度空间。

“生命尊严”一词将“生命”与“尊严”二词紧密联系起来,将原本仅局限在生物意义上的“生命”上升到具有人格与道德伦理的“尊严”层面,对生命保护的目的与价值也提出了更具“尊严”的要求。考察康德的人权哲学理论,“人性本身就是一种尊严”,[4]“目的王国中的一切,或者有价值,或者有尊严。一个有价值的东西能被其他东西所代替,这是等价;与此相反,超越于一切价值之上,没有等价物代替,才是尊严”[5]。人与动物的本质区别,便在于人是具有尊严性、价值性的存在。[6] 可见,尊严对于“人之所以为人”的命题是具有终极意义的。对于每一位个体来说,“生命神圣应当被诠释为保护精神意义上的生命,而非仅仅是生物意义上的生命……要是缺乏一个有意识的人生,对于一个人自身而言,生或死都不再重要”[7]。倘若一个人缺乏自我意识、无法自主和自我决定,那么他只

---

[1] 参见张莉:《胎儿的准人格地位及其人格利益保护》,载《政法论坛》2007年第4期。

[2] 参见徐国栋:《罗马法中的胎儿保佐及其现代运用》,载《东方法学》2010年第6期。

[3] 参见王利明:《人格权法的新发展与我国民法典人格权编的完善》,载《浙江工商大学学报》2019年第6期。

[4] 参见[德]康德:《道德形而上学》,张荣、李秋零译,中国人民大学出版社2013年版,第239页。

[5] [德]康德:《道德形而上学奠基》,李秋零译,中国人民大学出版社2013年版,第56页。

[6] 参见韩大元:《中国宪法学应当关注生命权问题的研究》,载《深圳大学学报(人文社会科学版)》2004年第1期。

[7] James Rachels, *The End of Life: Euthanasia and Morality*, Oxford University Press, 1986, p. 26.

能沦为“手段”，而非“目的”，无法成为具有尊严的存在。因而，自我决定是尊严的价值基础。[1] 法学视域下的“人格尊严”，是指作为法律主体的人应当得到社会和他人的承认与尊重。[2] 《民法典》第990条第2款于列举具体人格权后规定“……自然人享有基于人身自由、人格尊严产生的其他人格权益”，“人格尊严”是我国《民法典》人格权体系中“一般人格权”的重要权源，发挥权利兜底保护的功能。民法中“人格尊严”涵摄的范围不以生命的起始为限，而是延伸至从保护胎儿的人格利益到保护死者的人格利益。生命尊严是人格尊严在生命权中的具体展开，是指人之生命应当得到社会和他人的尊重，其涵摄范围以人之生为始、以人之死为终。生命尊严贯穿人生命的始终，是人格尊严体系的基础。随着现代生命科技的飞速发展，人们对生命的认识也在不断深化，人们对“优生”与“优死”有同样的追求。现代医学的发达虽然在极大程度上延展了人类生命在生物意义上的长度，但仍无法保证人类生命的尊严，生命尊严应当为现代生命科技研究与运用的道德边界。生存与死亡为生命的两极，尊严而生、从容赴死皆为保障生命尊严的必然要求，选择有尊严的死亡也是生命尊严的应有之义。然而，因人无法选择自己的出生，亦无法主张自己不出生的权利，故彰显生命尊严的实质是保障权利人选择进行有尊严死亡的权利。只有充分保障和积极维护权利人选择进行有尊严死亡的权利，才能实现生命尊严的最终关切，才能完整且全面保障生命权。

按照学术界通说，“生命安全”价值在于维护人之生命的存续利益。而“生命尊严”价值实质体现为保护人选择进行有尊严死亡的权利。那么，“生命安全”与“生命尊严”此二者发生冲突时，必然会产生冲突，但此二者又均攸关人之存在。对此，本书认为不能用简单的价值位阶来排序“生命安全”与“生命尊严”，而应当注重个案衡量，审慎鉴别特定情境下优先保障何种利益。倘若如同黑格尔之言：“死必须来自外界：或出于自然原因，或为理念服务，即死于他人之手。”[3]那么除遭遇非法剥夺或被执行死刑外，人之生命只能因自然原因而终结。此观点忽视了人之“尊严”中作为价值基础的自我决定，并未妥善顾及生命尊严，显然是有失偏颇的。当“生命安全”与“生命尊严”产生冲突时，应当着重

---

〔1〕 参见刘召成：《基本权利对民法人格权构造的发展与限定》，载《福建师范大学学报（哲学社会科学版）》2020年第5期。

〔2〕 参见王利明：《人格权法中的人格尊严价值及其实现》，载《清华法学》2013年第5期。

〔3〕 ［德］黑格尔：《法哲学原理或自然法和国家学纲要》，范扬、张企泰译，商务印书馆2017年版，第90页。

“实际整合”,以实现两种客体均得以保障的局面。[1] 若此种冲突实属不可调和时,应当依人格权的权利基础为终极目的予以考察,即以保障人身自由与维护人格尊严作为利益衡量点。由于生命的存续是人享有其他权利的基本前提,因而通常情况下“生命安全”不得放弃。虽然法律并不能实际阻止人们随意放弃生命,但受传统伦理观念与生命道德思想的影响,“自杀”至少应当是不被法律所提倡的,也与《民法典》第992条确立的“人格权不得放弃”的精神相悖,并且“自杀”一般并不涉及“生命安全”与“生命尊严”的价值冲突。而对于那些身患不可逆转疾病、忍受着剧烈病痛折磨、仅凭医疗手段机械地维持生命、处于生命末期的患者来说,生物意义上的生命存续无益于其生命尊严的维护,甚至业已严重损害其作为人的尊严。此时,肯认患者拒绝维生治疗、选择遵循自然规律、保有人格尊严死亡的权利,并不侵犯患者的人格尊严,反而是生命尊严于最后时刻的彰显,帮助患者脱离“生不如死”的苦海。《民法典》第1002条对人之生命尊严的立法确认,肯认了人在生命安全与生命尊严冲突时的自我决定利益,使生前预嘱、临终关怀等不再是涉嫌违法或违背公序良俗的行为,确立了生前预嘱、临终关怀的合法地位,也保有了消极安乐死的立法解释空间。

(二)身体权的客体

身体是自然人进行社会活动的物质基础,身体所体现的人格利益,即为身体利益。[2] 身体权的客体是身体,具有完整性和完全性的特征。[3]《民法典》第1003条将身体权的内容界定为维护身体完整与维护行动自由。身体的完整性,除身体实质性完整外,是否还包括身体形式性的完整,学术界对此素有争论。[4] 身体的实质性完整,是指维护所有躯体组织及已经植入人体内的人造物的完整。此人造物是指已经植入身体内,已发生维护身体功能的物件,常见的如假牙、义肢、心脏瓣膜等。它们虽与天然生成的器官组织不同,但在人体内发挥着不可或缺的重要作用,加之现代医学的植入技术高度发达与移植手术的越发普遍,此类人造物理应为身体的重要组成部分。身体的形式性完整,是指自然人有权抵御违背自身意志的身体接触,常见如非法搜身、强行接吻等行为。[5] 考察《民法典》“生命权、身体权和健康权”的专章规范,立法者已将常见的非法搜身、性骚

[1] 参见李震山:《人性尊严与人权保障》,台北,元照出版有限公司2011年版,第92-93页。
[2] 参见杨立新:《人格权法》,法律出版社2011年版,第391页。
[3] 参见杨立新:《人格权法》,法律出版社2011年版,第391页。
[4] 参见王利明:《人格权法研究》(第2版),中国人民大学出版社2012年版,第316页;杨立新:《人格权法》,法律出版社2011年版,第399页。
[5] 参见杨立新:《人格权法》,法律出版社2011年版,第399页。

扰等侵害身体形式性完整的行为，纳入侵害身体权的范畴，可见，《民法典》所规定身体权的客体还包括身体的形式性完整。

《民法典》第1003条将“行动自由”纳入身体权的保护范畴，是对《民法典》第990条规定的“人身自由”此一般人格权的法理基础于身体权领域的具化。人身自由包括身体行动的自由与精神活动的自由，[1]而身体权中的行动自由仅强调对人之身体自由行动的保护。《民法典》第1011条，明文规定不得以非法拘禁、非法搜身来限制、剥夺个人的行动自由，否则行为人将承担相关民事责任。考虑到实践中此类行为对人身侵害后果的多样性，《民法典》并未细化民事责任的具体内容，既为自然人规定了较为具体的请求权基础，有利于司法实践的准确适用，亦保持了一定的开放性，涵摄具体的案件事实，值得肯定。

另外，自然人的民事权利能力终于死亡，这决定了死者无法享有身体权，遗体不能成为身体权的客体。但遗体作为自然人身故的遗存，具有较强的人格属性，寄托着人们对故人的情感，承载着社会的孝道风俗，难以被市场交易价值衡量，故遗体绝不可与一般的物等同。为了彰显民法之人文关怀，有必要对死者的遗体及遗骨、骨灰等遗存形态予以保护，但死者不具备主体资格，故民法应保护生者的相关利益。我国历来奉行“入土为安”“死者为大”的社会观念，死者的遗存形式遭到他人侵害，无疑会引起死者亲属的精神痛苦与精神利益的减损，故在司法实践中，可对此种情况的精神损害赔偿作出规定，并把个案具体的精神损害赔偿数额交由人民法院遵循抚慰为主，补助、处罚为辅的原则以自由裁量。[2]同时，对死者遗存形态的侵犯，亦可能会导致亲属对死者祭奠、丧葬之不便，[3]因此行为人须对遭到破坏的遗体、遗骨、骨灰等遗存形态承担恢复原状之责，若实属无法恢复，人民法院可酌情提高精神抚慰金的数额，以宽慰生者之痛苦。

（三）健康权的客体

健康权的客体是健康利益，是指一个人在身体和心理等方面都处于良好的状态。[4] 健康是身心的良好状态，但不包括人在社会适应方面的良好状态以及

---

[1] 参见王利明等撰稿：《中国民法典学者建议稿及立法理由——人格权编·婚姻家庭编·继承编》，法律出版社2005年版，第133页。

[2] 参见张红：《侵害祭奠利益之侵权责任》，载《法学评论》2018年第2期。

[3] 典型案例：北京市第三中级人民法院民事判决书，（2014）三中民终字第05390号；上海市第二中级人民法院民事判决书，（2010）沪二中民一（民）终字第971号；上海市普陀区人民法院民事判决书，（2012）普民一（民）初字第7420号。

[4] 参见黄薇主编：《中华人民共和国民法典人格权编释义》，法律出版社2020年版，第62页。

道德健康。[1] 健康所指的“良好的状态”并不等同于无疾病的状态,任何人不可能一生无病痛困扰。有观点认为,心理健康当然为法律所保护,但非由健康权完成保护任务,因为法律对任何权利的保护都间接保护了主体的心理功能,而在损害救济上亦由精神损害赔偿完成救济心理健康的使命。[2] 《民法典》第 1004 条之“身心健康”表述明显是将心理健康纳入健康权保护范围,亦即表明心理健康的享有是权利人健康利益的一部分。健康利益一方面体现为健康利益的享有和维护,即健康免受侵扰;另一方面体现为权利人积极追求健康状态的维持和恢复,如寻求附有法定救助义务主体的帮助等。

需注意的是,健康利益中的心理健康部分应当是以身体机能所体现的心理健康为准,而不是所有精神活动免受不利影响的“心理状态”[3],否则任何不悦的心情即可苛责他人的“侵权行为”,显然不妥。当事人遭遇纠纷必然心情不悦,若其在系争纠纷中获得精神损害赔偿,不悦的心情可被精神损害赔偿的反射效应所安抚。

三、生命权、身体权和健康权的具体内容

(一)生命权的具体内容

1. 保障生命安全

(1)生命存续功能。马斯洛将生存需求揭示为人类第一层次的基本需求,生存的欲望是人的本能。[4] 生存权作为法定权利,最先见于 1919 年德国的《魏玛宪法》中,又于“二战”后得到世界各国宪法的普遍肯认。[5] 我国《宪法》虽未明文使用生存权的概念,但《宪法》第 45 条赋予公民有从国家和社会获得物质帮助的权利,暗含了生存权的宪法价值。宪法中的“生存权”的权利主体为所有公民,义务相对人为国家。[6] 其功能在于要求国家对公民的财产权、劳动权、环境权等予以保障,必要时对公民进行救济,以保障公民的基本生存。宪法虽肯认公民有向国家提出生存请求的权利,但同时又准许国家对公民的此种请求予以否定,且常驳回个案中权利人的具体请求,实为一种缺乏国家强制性保障的生存

---

〔1〕 参见黄薇主编:《中华人民共和国民法典人格权编释义》,法律出版社 2020 年版,第 62 页。

〔2〕 参见李锡鹤:《民法原理论稿》(第 2 版),法律出版社 2012 年版,第 514 页。

〔3〕 陈甦、谢鸿飞主编:《民法典评注 · 人格权编》,中国法制出版社 2020 年版,第 107 页。

〔4〕 参见[美]亚伯拉罕 · 马斯洛:《动机与人格》(第 3 版),许金声等译,中国人民大学出版社 2007 年版,第 16 – 20 页。

〔5〕 参见徐显明:《生存权论》,载《中国社会科学》1992 年第 5 期。

〔6〕 参见龚向和、龚向田:《生存权的本真含义探析》,载《求索》2008 年第 3 期。

权。[1] 加之我国宪法缺乏可诉性，宪法中“生存权”的宣誓性要远大于可操作性。法谚有云：“无救济则无权利。”宪法中的“生存权”无法切实维护公民个体的生存利益。而民法中的生命权虽上承宪法中的“生存权”，但其内涵与救济力度又与宪法中的“生存权”大相径庭。

存续，即存在与延续。本书认为，生命存续功能是保障自然人维持其基本生存所必需的生活资料与生存条件的权益，是每位自然人对其生存利益所享有的具有绝对性的利益。自然人生存之必需不受侵犯与清偿，否则，行为人须承担民事责任。《民法典》第 1002 条规定自然人的生命安全受法律保护，虽出于立法条文须精简之目的，未明确使用“生命存续”的概念，但生命存续功能理应为“生命安全”的应有之义，并且生命存续功能的法理与价值之光散烁于我国私法规范体系中，例如，《民法典》第 1130 条规定，在遗产分割时，要为缺乏劳动能力又无生活来源的继承人特殊照顾，是对缺乏劳动能力又无生活来源者生存利益的保护；《民事诉讼法》第 250 条、第 251 条与最高人民法院《关于人民法院民事执行中查封、扣押 、冻结财产的规定》，均旨在保障被执行人及其抚养人在强制执行过程中的基本生存需要；《企业破产法》第 113 条将职工的工资、社保金、医疗费和补偿金等债权置于破产财产清偿顺序的首位，是为保护职工的生存利益。同时，民法中生命权的生命存续功能对自然人生存利益的救济力度相较于宪法中的“生存权”更为及时、有效。民法通过具体的规范条文将自然人的生命安全利益具化为保障生命的存续，赋予具体的请求权基础，使受害人能够得到足够的物质补偿。

诚然，自然人生命利益的私法保障于我国法律体系中已获彰显，但数量有限、各自孤立的私法规范无法涵摄现实生活中所有的生存利益纠纷，故《民法典》于专章中开门见山地明确自然人有权维护自身生命安全，提纲挈领地统合现行规范，以全面保障自然人的生存利益，确有必要。

(2)生命防卫功能。回顾此次《民法典》编纂历程中关于人格权是否独立成编及其成编后具体内容等相关问题的学术争议，有部分民法学者对于“自然人有权维护其生命安全”的规范意旨作出了不同理解，认为这般规定便是赋予了人民以对抗国家的“自卫权”，本书对此观点不予苟同。自然人的生命安全利益不容侵犯，法律禁止他人非法剥夺生命，《民法典》对于人之生命安全利益的强调使生命权当然包含了“维护生命”的功能，而此种维护自然人生命的权能当然

---

[1] 参见徐显明：《生存权论》，载《中国社会科学》1992 年第 5 期。

包含自然人可以采用“自卫”等方式维护自身生命安全的内容。[1] 此种“自卫”抑或“防卫”均是以保障人之生命利益为目的,且终须在法律允许的范围内行使,而非是鼓励民众与政府“作对”,亦非激发民众的暴力行为。如若否定生命权包含着“自卫”或“防卫”生命的权能,又当如何解释我国刑法与原《民法总则》中对于正当防卫制度规范的价值基础呢?本书认为,生命权的生命防卫功能是指自然人生命利益面临他人非法侵害或者危险之时,可采取防卫行动要求他人停止侵害或消除危险,以维护自己的生命安全,并可在一定限度内免于民事责任的权利。此种防卫行动包含了向公权力机关寻求公力救济或依法进行自力救济,要求他人停止侵害或消除危险。自然人于合理限度内行使自力救济,是合法行为,可获免责。如若自然人的防卫行为超出了必要限度,造成了不应有的损害,则是违法行为,须减轻刑事处罚或承担与过当行为相适应的民事赔偿责任。

当前我国法律所肯认的自力救济行为主要有两种:正当防卫与紧急避险。刑法上,正当防卫与紧急避险共同构成法定的违法阻却事由,其价值在于赋予主体防卫行为或避险行为一定的刑事责任的免责事由。[2] 而民法中的正当防卫与紧急避险则强调自然人针对不法侵害的紧急自救权,并在一定限度内免于民事责任,[3]其价值在于将相关争议妥善化解于民事裁判领域之内,从而避免其上升为对抗性较强的刑事案件,以民法手段有效解决民事主体之间的矛盾,进而助力和谐社会的构建。鉴于《民法典》第181条与第182条已经分别明确规定了正当防卫与紧急避险,《民法典》的侵权编并没有对此二者进行规范,是为立法者在当前立法背景下作出的正确选择。

(3)生命受救助功能。《民法典》对“生命至上”理念的贯彻,也体现在其对生命权中“生命受救助功能”的肯认。《民法典》第1005条将法定救助义务概括为一般条款,明确了负有法定救助义务的组织或个人应当及时救助生命权、身体权、健康权处于危难情形中的自然人。生命作为自然人之最高人格利益,理应受法律最严密的保护。[4] 而对身体权、健康权处于危难情形中的自然人怠于施救,极有可能会危及自然人的生命权,故本条将三者并列,以实现对人身安全的全面保障。

---

〔1〕 参见王利明:《人格权法研究》(第3版),中国人民大学出版社2018年版,第279页。

〔2〕 参见张明楷:《刑法学》(第4版),法律出版社2011年版,第188-191页。

〔3〕 参见孟勤国、张里安主编:《物权法》,湖南大学出版社2006年版,第77-79页。

〔4〕 参见张新宝:《〈中国民法典·侵权行为法编草案建议稿〉理由概说》,载《私法》2002年第2期。

就公法而言,国家基于特别立法理念,常通过一些专门性的法律、行政法规等要求特定的机构或人员(如警察、医师等)对人身安全遭受侵害或者处于危难中的自然人,负有法定的救助义务。就私法而言,民事主体一般并不负有救助他人的义务,故《民法典》未将普通民众的救助道德义务上升为法律义务,仅规定了负有法定救助义务的组织和个人的救助义务。当他人的生命遭受侵害或处于危难之时,是否施以救助,一般取决于个人自愿,除非存在明确的约定或者法定义务。例如,《民法典》第822条明确客运合同中承运人对急病、分娩、遇险的旅客负有尽力救助义务;《民法典》第1198条规定经营场所、公共场所的经营管理者应负安全保障义务;《海商法》第38条赋予船长在海难发生时对船上旅客的组织抢救义务等。反观现实生活,自然人生命危及之时,旁观者未伸出援手,导致自然人因未获救助而遭受人身重大损害,甚至丧失生命的新闻屡见报端,"小悦悦事件"为此种社会现实之典型。而又以"彭宇案"为例证,救助者不但未获感谢,反而可能被受助者指认为加害人。[1] 此种冷漠、不和谐的社会风气显然非立法者所愿,故《民法典》第184条赋予了善意施救者必要的责任豁免权,根本目的在于鼓励自然人于他人危难之际自愿施以援手,亦是《民法典》对社会主义核心价值观的贯彻。[2] 而《民法典》第1005条规定,不仅为自然人设置了具体的请求权基础,亦为我国《民法典》中的转介条款,[3]使法官在具体民事案件的裁判过程中可通过此通道条款斟酌适用其他管制性规范,例如,《人民警察法》第21条、《人民武装警察法》第28条、《执业医师法》第24条等。易言之,由于法定的救助义务完全来自其他公法性管制规范中的特殊规定,故本条于民事裁判中的具体适用仍需斟酌、参考其他法律的规定,以谋求个案裁判中的利益平衡。

2.维护生命尊严

(1)生前预嘱。凡人终有一死,死亡终是每位个体生命无法逃避、必须面对的终点。为更好地面对死亡,保全生命终结之时的体面与尊严,自主决定并选择人生离开的方式正被越来越多的人采用。生前预嘱(Living Will)发轫于美国的人权保护实践,在我国尚属新兴概念。2013年6月,于北京成立了全国首个推

---

〔1〕 参见房绍坤、张玉东:《论紧急救助情形下救助人不承担责任的条件——以〈民法总则〉第184条为分析对象》,载《比较法研究》2018年第6期。

〔2〕 参见王利明:《〈民法总则〉的本土性与时代性》,载《交大法学》2017年第3期;崔建远:《我国〈民法总则〉的制度创新及历史意义》,载《比较法研究》2017年第3期。

〔3〕 参见解亘:《论管制规范在侵权行为法上的意义》,载《中国法学》2009年第2期。

广生前预嘱的民间组织——“生前预嘱协会”。2017 年,著名作家琼瑶女士向社会公开其“生前预嘱”,希望其在此后生命将要结束之际能够免于维生手段的折磨。[1] 随着知名人士呼吁、名人示范效应等各方民间努力下,“生前预嘱”这一概念正越发被社会大众所普遍知晓,其所蕴含尊严死的价值理念亦越发激起民众的广泛认同,此是《民法典》强调“生命尊严”立法意旨的社会认知基础。

“生前预嘱”的概念尚未有法学上的确切定义,本书以为,在民法的视域中,“生前预嘱”可被定义为具备完全民事行为能力的自然人依照个人意愿、自主签署的关于指定其处于生命末期或临终时采用或拒绝某些医疗手段的书面意思表示。为便于对“生前预嘱”定义的理解与阐释,有必要将“生前预嘱”与“遗嘱”“安乐死”等相近概念予以对比。

第一,“生前预嘱”与“遗嘱”有三项重要区别:其一,嘱托内容不同,遗嘱在实践中主要用于遗嘱人生前对其死后财产的处置,而生前预嘱是预嘱人对其日后采取何种医疗方式的决定,不涉及财产的处分;其二,嘱托目的不同,遗嘱是遗嘱人完成对其死后财产安排的手段,而生前预嘱是预嘱人为了保持生命尽头的尊严与体面;其三,嘱托生效条件不同,遗嘱的生效以遗嘱人死亡为条件,而一般认为,生前预嘱以预嘱人“丧失医疗决定能力”为生效时间,即生前预嘱生效后,预嘱人仍然将在其所预选的医疗状态中存活。

第二,“生前预嘱”与“安乐死”虽然均是维护生命尊严的手段,同属于“尊严死”的下位概念,但亦具有重大差异:其一,二者性质不同,广义的安乐死包含积极作为的方式,即患者在医疗技术的帮助下加速自身死亡,而生前预嘱只是帮助预嘱人更体面地遵循自然规律;其二,二者适用条件不同,一般认为安乐死的适用对象应仅限于经医学鉴定无法救治且无法减轻病痛的完全民事行为能力人,而所有的完全民事行为能力人皆可成为生前预嘱的预嘱人;其三,二者采用方式不同,积极方式的安乐死多采取服用超出正常剂量镇静剂或麻醉剂等方式加速患者的死亡,而生前预嘱则是意欲遵循预嘱人意志选择或拒绝某些医疗维生技术手段,仍属于自然死亡。由此可见,“生前预嘱”相较于“安乐死”,采用的手段更加缓和与平静,更容易防范不当适用,也更有利于被社会大众所普遍接受,故生前预嘱制度在我国的引入与实践的阻力会更小。

综观域外关于生前预嘱的立法例,可为我国生前预嘱制度作借鉴。第二次世界大战所引发的社会变革思潮,一定程度上解构又延展了人类对死亡的认识。

---

[1] 参见白剑峰:《善终也是一种权利》,载人民网,http://opinion.people.com.cn/n1/2017/0324/c1003-29165468.html。

在美国,“死亡权”被认为是患者所应有的权利,美国国会于1990年通过了《病患自决法案》,肯认生前预嘱的法律效力。[1] 为应对人口老龄化所引发的一系列社会问题,2003年,德国联邦法院通过判决的方式确认了“预立医嘱”的法律效力,并于2009年将预立医嘱的相关制度规范整合进《德国民法典》中。[2] 再观生前预嘱制度的实效,主要有三层意义:第一,就个人层面而言,在自然人处于不可治愈或生命末期时,选择放弃复杂的医疗器械、药物维持生命,而采用更加平静、自然的方式面对死亡,既可摆脱病痛折磨、免于挽留生命躯壳所带来的不必要痛苦,亦可于生命终结时保存最后的体面与尊严,完成生命尊严的最终彰显。第二,就人道层面而言,生前预嘱完全遵循了预嘱人的个人意志,使其在“医疗决定不能时”仍然可享受自身自由意志所选择的医疗手段,满足了其自身面对死亡时方式选择的自由。第三,就社会层面而言,生前预嘱制度的规范建构与广泛实行,可避免稀缺的医疗资源不至于空耗,实现社会医疗资源的节约利用,这对于缓解我国当前所面临的人口老龄化趋势与医疗资源紧张无法短期弥合的局面,意义特为尤甚。

综观我国法律体系,可以发现,生前预嘱制度在我国当前法律体系中尚有一定的制度空间。第一,在民法视域中,《民法典》第130条规定了民事主体有权按照自身意愿依法行使民事权利,并且不受干涉。此规范当然不可直接简单地推导出人有“自杀”的权利,但是作为我国民事法律根本大法的《民法典》对于生前预嘱制度中预嘱人自由意志应该尊重,预嘱人选择采用或拒绝何种医疗维生技术属其意思自由,且并未侵犯他人任何权利。医疗机构与患者近亲属等按照约定遵循、执行预嘱人的生前预嘱,并不属于侵犯预嘱人生命权的行为。《民法典》第1002条将“生命尊严”新增囊括进生命权的范畴,亦极大地增强了民法中生前预嘱的正当性。医疗机构及其工作人员对于预嘱人生前预嘱的尊重与执行,亦可排除《民法典》第1005条关于“法定救助义务”规范的适用。第二,就刑法角度而言,虽有“故意杀人罪”“医疗事故罪”等罪名的存在,会使医务人员撤除维生技术的手段与预嘱人死亡的结果之间具有一定的因果联系。但在不涉及他人权益与社会公众利益的前提下,医务人员尊重预嘱人的意思自治,采用了“消极”或“不作为”的方式促使患者自然死亡,并未有任何法益遭受侵害。反之,如若医务人员在知晓生前预嘱的情况下未依照预嘱人的意志,而一味地使用预嘱人所拒绝的医疗维生手段,使预嘱人承受了不该有的痛苦,才是对法益的重

---

〔1〕 参见王龙、阚凯:《生前预嘱的立法问题研究》,载《医学与法学》2020年第3期。

〔2〕 参见韦宝平、杨东升:《生前预嘱的法理阐释》,载《金陵法律评论》2013年第2期。

大侵害。因此,医疗机构及其工作人员在遵循预嘱人生前预嘱的情况下,撤除或不使用某些医疗维生技术,不具有社会危害性,并不涉及刑法相关罪名适用问题。第三,在卫生法体系中生前预嘱制度并未打破医患双方权利义务的平衡。知情同意权是构建以患者为中心的和谐医患关系的基石,[1]而预嘱人对其缺乏医疗决定意志时的提前安排是患者同意权的应有之义。当预嘱人无法治愈或生命临终时,医疗机构与医务人员的救助义务应当劣后于其对预嘱人生前预嘱的遵循与执行义务,如此方可避免救助义务与患者意欲尊严死权利的冲突。

为早日实现我国生前预嘱制度的规范化与法治化,赋予自然人更多达致"尊严死"的方式选择,本书认为,应对生前预嘱设置严格的程序标准,以预嘱人的意思自治贯彻始终,并尝试对我国生前预嘱制度的基本框架作了如下思考。首先,因生前预嘱内容的特殊性,应当将预嘱人的主体资格严格限定在完全民事能力人的范围内。其次,为充分体现预嘱人的意思自治,避免生前预嘱的不当适用,生前预嘱人应当在其意识完全清醒,并且意思自由表达的前提下订立生前预嘱。再次,对于生前预嘱的内容,预嘱人既可采取自主明确约定拒绝或采用何种医疗技术或手段,亦可采用近似《民法典》第 33 条对于"意定监护"的规范,选择当自身处于医疗决定不能时的"医疗代理人"来保障自身生命尊严的实现。复次,关于生前预嘱的订立及变更、撤销方式。因生前预嘱对于每位个体皆意义重大,预嘱人应采取书面方式明确约定预嘱的内容。预嘱人可随时变更、撤销其生前预嘱,以充分遵循预嘱人的意思自治。又次,考虑到生前预嘱制度建立的初期,社会大众的认知水平与接受能力,鉴于公证制度对于预嘱等文件的真实性、合法性的巨大证明作用,可以考虑将公证作为生前预嘱的生效要件。最后,应由医疗机构的伦理委员会来认定预嘱人是否、何时处于病痛的不可治愈期或生命末期,并严格按照相应的医疗监督管理制度要求,在充分尊重预嘱人意思自治的基础上遵循预嘱人的预嘱内容,以致生命尊严之光的终极显现。

(2)临终关怀。根据经济学人智库(EIU)于 2015 年发布的《死亡质量指数报告》,中国仅在 80 个国家中位列第 71 名,在姑息治疗与医疗环境、人力资源、医疗护理的可负担程度、护理质量和公众参与水平等方面均低于世界平均水平,其中得分最低的便是护理质量。[2] 我国业已迈入"独子养老"与"人口老龄化"

---

〔1〕 参见杨丽珍:《"告知后同意":〈民法典〉第 1219 条第 1 款的解释论展开》,载《西北大学学报(哲学社会科学版)》2020 年第 6 期。

〔2〕 参见《报告称中国死亡质量指数排名倒数》,载搜狐新闻网,http://news.sohu.com/20151008/n422715963.shtml。

时期，社会大众对于探寻如何有尊严、更舒适地面对死亡的方式产生了极大需求，其中之一便是为临终病患提供舒适、温暖的医护环境与精神支持，帮助病患完成人生最后旅途的临终关怀。“临终关怀”，又称“安宁疗护”与“缓和医疗”。按照现代医学的定义，“临终关怀”是一种通过早期研判、减缓疼痛来预防与缓解患者的身心痛苦，从而改善临终者及其近亲属生命质量的临床学科。[1] 它与安乐死同属于人实现“尊严死”的方式，既相互联系又相互区别，主要体现在如下几个方面：其一，就死亡结果而言，安乐死集中表现为通过“作为”或“不作为”等人为方式来帮助临终病患摆脱疾病带来的身心折磨而无痛苦地死去，而临终关怀则注重采用生理与心理的医疗技术使病患在相对舒适安宁的状态里死亡，并不加速死亡结果的到来。其二，就二者时间跨度而言，安乐死更多体现在较短的时间内加速死亡，而临终关怀则是贯穿于人生临终阶段的全程。其三，就二者的适用对象而言，仅有少数无法减轻病痛又处于生命末期、医治无望的人才具有选择安乐死的资格，而每位处于临终阶段的人均可选择临终关怀。可见，基于伦理、道德、法律等各方面社会意识的考量，相较于“安乐死”，“临终关怀”与“生前预嘱”同样更易于被社会大众所接受。

我国临终关怀自 1988 年兴起，[2] 目前全国范围内业已建立了 200 余家临终关怀机构，[3] 虽然已经有所发展，但总体进程依然十分缓慢，步履艰难。造成这种局面的原因，除了社会相关配套制度仍然缺位外，还有就是临终关怀制度的价值基础理论也相对薄弱。本书将于下文对临终关怀制度的基础理论展开相关法学理论上的探讨，以期助力我国临终关怀事业的发展，促进临终关怀相关法律制度的进一步健全与完善。首先，临终关怀契合现代人权理念中“生命至上”的原则，是“生命安全”功能的具现。生命权乃人权之核心，生命系人之存在与发展的根本前提，生命的存续是人的根本利益。临终关怀并非提前结束临终之人的生命，而注重对临终之人进行身体与心理上的特殊照顾与治疗，从而减轻其临终之时的身心痛苦，是在维护生命存续的同时减轻痛苦，此乃对生命存续功能的坚守与展现，符合《宪法》第 33 条第 3 款关于“国家尊重和保障人权”的规范意旨。其次，临终关怀是“生命尊严”得以维护的手段，彰显着生命尊严的价值。现代维生医学技术的发展，以人工呼吸机、心肺复苏机和鼻饲等维系临终之人生

---

〔1〕 参见严勤、施永兴：《中国临终关怀服务现状与伦理探讨》，载《生命科学》2012 年第 11 期。

〔2〕 参见彭玉凌、冉伶、王蕾：《临终关怀的法哲学思考》，载《医学与哲学（A）》2017 年第 6 期。

〔3〕 参见谢莹、朱海林：《临终关怀本土化发展的困境与出路》，载《中国医学伦理学》2014 年第 3 期。

命的方法愈加普遍,亦应尊重临终之人对于死亡采取安静、祥和态度的选择。临终关怀通过心理干预、精神抚慰与医学护理等方面,尽力减少临终之人身心方面遭受的痛苦,本身便是对生命尊严的敬畏与维护,是对人格尊严的充分尊重。再次,临终关怀符合民法对于意思自治的尊崇,保障临终之人有权决定采用何种治疗方式的自由。临终关怀是根据当前医疗技术的现有水平对临终之人面临的健康情况予以审慎评估,提供相关医疗及临终关怀方案供临终之人参考选择。在充分保障医疗过程中知情同意权的前提下,具备完全民事行为能力的自然人对于其所认为的毫无意义的医疗手段当然有权选择放弃,这是对临终之人自由意志的充分尊重。若临终之人选择放弃采用某些医疗手段,出于对其意思表示的尊重,医疗机构及其工作人员便无进行强制医疗的义务,此并不涉及《民法典》第1220条关于医疗机构及医护人员"紧急抢救义务"的问题。最后,临终关怀未侵犯刑法所保护的任何法益,相关主体并不涉及刑事犯罪。临终关怀的本质是对临终之人提供身心上的抚慰,减轻其临终之时的痛苦,并非加速其死亡,故不涉及对生命法益的直接侵害。而放弃无意义的治疗或采用"安宁疗法"或"保守治疗"的方式,此目的在于维护临终之人的生命尊严、提高生命质量,故临终之人的近亲属与医疗机构及其工作人员缺乏刑法上的期待可能性,其行为并不构成遗弃罪与不作为的故意杀人罪。

当前,我国尚未制定专门的临终关怀法,临终关怀相关法律制度亦不健全。国家层面上,仅有原国家卫生和计划生育委员会(以下简称原国家卫生计生委)《关于印发安宁疗护中心基本标准和管理规范(试行)的通知》与原国家卫生计生委办公厅《关于印发安宁疗护实践指南(试行)的通知》两部规范性文件对临终关怀的部分内容作了较为详细的规制,而在其他规范性文件中仅是带有鼓励性、缺乏强制性的只言片语,例如,《老年人权益保障法》第50条关于鼓励为老年人提供临终关怀等服务的规定;国务院办公厅《关于支持社会力量提供多层次多样化医疗服务的意见》第2条关于支持社会力量举办安宁疗护等专业机构的指导意见;国务院《关于印发"十三五"国家老龄事业发展和养老体系建设规划的通知》中第五章第一节与第三节中对于加强临终关怀服务的相关规划意见等。此等规范性文件皆缺乏强制约束力,亦均未明晰临终关怀中各方的权利与义务,实践操作性较弱。而在地方层面上,我国部分地区作了积极探索,如《上海市社区卫生服务中心临终关怀科设置标准》等地方规范性文件的出台,以期在各自区域内较为全面地规制临终关怀的实施。可见,囿于国家层面统一立法的阙如,为应对临终关怀更加广泛的实际需求,我国当前临终关怀制度的实际运行带有明显的区域特征,并不利于统一的临终关怀制度的形成。为促进临终关怀制度的健康且可持续的发展与保障临终之人生命尊严的切实实现,本书建议,应以《民法典》第1002条作为上位法依据,[1]在总结、借鉴各地既有经验的基础上,尽快于国家层面上制定临终关怀法,在充分尊重临终之人意思自治的基础上严格规范临终关怀制度的各项实施流程,从而构建契合生命尊严理念、维护临终之际的温暖与祥和的临终关怀制度。

(3)消极安乐死。“安乐死”一词源自希腊文“Euthanasie”,字面意思为“善终”或“好死”。“安乐死”因其常与“杀人”相联系,故一直以来受到各国刑法学者的重视。相较于刑法学术界对于安乐死问题所展开的普遍且相对深入的探讨,民法学术界对此问题的关注度还缺乏足够的研究。参照大陆法系刑法学术界对于“安乐死”的划分,“安乐死”可被分为“纯粹安乐死”、“间接安乐死”、“积极安乐死”与“消极安乐死”四种类型。[2] 而本书认为,应当依照采取“作为”或“不作为”的方式进行划分,将安乐死大致划分为“积极安乐死”与“消极安乐死”。其中,“积极安乐死”是指为消除安乐死申请人所受的身心痛苦,遵循申请人的意思表示,于相对安详的状态中以积极的方式提前结束申请人生命的行为。而“消极安乐死”的概念涵摄范围较为狭窄,仅指身患疾病的安乐死申请人自愿提出申请、并经相关机构认可,采取撤除维生技术、任其自然死亡的行为,是一种实现“尊严死”的方式。“消极安乐死”相较于采取“作为”的积极安乐死而言,无疑在社会观念、道德伦理等方面更易被社会大众所接受。在刑法上,因我国法律并不肯认安乐死的合法性,司法实践中对于安乐死刑事案件的处理主要依照《刑法》第232条以“故意杀人罪”论处,但其量刑却几乎都是接近于“故意杀人罪”法定刑的下限。[3] 而民法中,因为“安乐死”常涉及以“作为”的方式加速安乐死申请人死亡,故“安乐死”与“生命权是否具有支配权能”的命题联系紧密,而生命权的支配权能也集中体现在人是否有权支配或者放弃生命的问题上。

如前文所述,生命权是普遍且绝对的首要人权,具有普遍性、优先性、不可替代性的特点,生命的存续是所有权利存在的前提,法律不允许“把生命直接作为

[1] 参见王利明:《民法典人格权编的亮点与创新》,载《中国法学》2020年第4期。
[2] 参见陈子平:《刑法总论》,中国人民大学出版社2009年版,第203-204页。
[3] 参见刘建利:《死亡的自我决定权与社会决定权——中日安乐死问题的比较研究》,载《法律科学(西北政法大学学报)》2013年第5期。

实现任何进一步目的之途径”。[1] 法律若允许对生命进行直接的支配,则会引起动摇人存在的风险,会引起对人本身的物化。观察《民法典》第1002条的规定,生命权的客体应当仅限于生命安全与生命尊严,无法推导出生命权具有支配权能。虽然人格权具备支配权能,但关系人之存在的生命权应为例外。现代生命科技的发展虽为人类利用自身的躯体构造提供了可能,但仍不得以人之生命作为直接试验或适用的对象。若法律允许人能像支配财产与其他人格利益一样直接、简单地支配自己的生命权,无疑会严重背离人性的尊严,反而会造成对作为价值基础的人格尊严的反噬。加之,亦如前文所述,出于现代民法对于“社会本位”的注重,本书认为,一般情况下生命权不具备支配权能。但出于实现“尊严死”的目的,民法应认可处于生命末期、身患绝症遭受生理与心理巨大痛苦的患者选择撤除维生技术、回归自然死亡状态的权利,即因《民法典》第1002条对于“生命尊严”的认可,为实现“生命安全”与“生命尊严”的“实际整合”,应当自维护“生命尊严”的角度肯认“消极安乐死”的合法性。

首先,就人权的角度而言,所有的医疗手段当以延长生命、减轻病痛为目标,但身患绝症、处于生命末期的患者所遭受的生理及心理的极端痛苦,远超常人之想象。相比于苦苦维持患者的生命,允许此种特定情形下的患者摆脱强行维持其生命存续的医疗手段,从而回归自然死亡的状态,进而减轻患者身心受到的巨大折磨,无疑是更加符合人道主义的,并不违背人权伦理。其次,从民法意思自治原则出发,只要患者具备完全民事行为能力并在意思表示自由且真实的情况下申请进行“消极安乐死”,就应当尊重患者进行此种意思表示的自由,此亦符合生命权专属于个体的天然特性。再次,就刑法的价值判断角度而言,在尊重病患“自我决定”基础上进行的消极安乐死行为能够阻却一般意义上的“嘱托杀人罪”的违法性,[2] 且正当的消极安乐死行为并不具备刑法意义上的社会危害性,故消极安乐死不属于刑法的规制范围。又次,纵观我国民事立法体系,出于对生命尊严的维护,《民法典》第1007条、第1008条、第1009条分别确立了“人体不得处分”原则与“人体试验应首先确保生命尊严”原则。[3] 可见,我国《民法典》实际上禁止的是对人身等利用行为时违背生命尊严的做法,而非此种行为本身。

---

〔1〕 参见[英]约翰·菲尼斯:《自然法与自然权利》,董娇娇、杨奕、梁晓晖译,中国政法大学出版社2005年版,第179页。

〔2〕 参见刘建利:《死亡的自我决定权与社会决定权——中日安乐死问题的比较研究》,载《法律科学(西北政法大学学报)》2013年第5期。

〔3〕 参见王利明:《人格权法的新发展与我国民法典人格权编的完善》,载《浙江工商大学学报》2019年第6期。

因此,我国民事立法体系是留有肯认特定情形中因维护“生命尊严”而放弃生命存续的制度空间的。最后,就现实的社会需求而言,人们对于安乐死的现实诉求屡见报端,患者或其家属在患者医治无望的情况下主动放弃治疗等消极安乐死的行为大量存在。若继续放任有关消极安乐死的法律空白,只会助长现实中安乐死在不法之地蔓延,不利于社会的和谐稳定。同时,消极安乐死的申请人及其家庭还常面临巨大的经济与精神压力,故此种情况下,停止对患者的医疗救助、保全患者最后的体面与尊严,不失为对患者的同情之举,彰显对生命尊严的尊重,亦符合患者的最大利益。另外,须着重强调的是,此种维护“生命尊严”的自我决定并非不受约束,而须被严格限定在一定范围内。以实现“尊严死”为目的、满足法定条件、遵循法定程序的“消极安乐死”不会扰乱社会秩序,且未违背社会道德,反而会使患者保有生命最后的尊严,得以从难以忍受的病痛折磨中获得解脱,减少患者家属的物质与精神负担,最大化地利用有限的医疗资源,并不违背社会公共利益,从而增加社会的整体幸福感。

尽管本书对于“消极安乐死”入《民法典》的夙愿未能达成,但基于《民法典》第1002条对于“生命尊严”的肯认,又鉴于社会公众对于“消极安乐死”的逐渐接受与迫切需要,本书认为,应当以《民法典》第1002条为未来消极安乐死的相关立法提供民事基本法的立法基础,从而合法化、规范化消极安乐死行为,从而切实维护人生命的尊严,进而达致生命权的全面实现。对于合法化、规范化的消极安乐死法律制度的框架,本书进行了如下民法学上的思考:其一,为切实保障消极安乐死申请人的意思自治,消极安乐死的权利主体应仅属于消极安乐死的适用对象,即患者本人,[1]应当在消极安乐死申请的意思表示领域绝对禁止代理制度的适用,以避免消极安乐死权利主体的扩大引起更大的社会波动,从申请主体的层面上杜绝消极安乐死被不正当利用的可能。其二,鉴于实践中迫切需要消极安乐死的主体特点,应当将消极安乐死的适用对象限于经医学鉴定无法救治且无法减弱身心所遭受剧烈痛苦的患者,且患者须为具有完全民事行为能力人,以避免可能的“滑坡效应”。[2] 其三,鉴于消极安乐死行为属于特定情形下“生命安全”与“生命尊严”冲突中进行的重大价值判断与选择,关乎到人之存在的根本利益,选择并进行消极安乐死的申请,必须出自消极安乐死适用对象本

---

〔1〕 参见申卫星:《从生到死的民法学思考——兼论中国卫生法学研究的重要性》,载《湖南社会科学》2011年第2期。

〔2〕 参见刘小平:《新兴权利的证成及其基础——以“安宁死亡权”为个例的分析》,载《学习与探索》2015年第4期。

人的真实且明确的意思表示,并应当以书面的方式提交。同时,应参照《民法典》第1008条之规定,申请人的书面申请须经相关主管部门批准与伦理委员会审查同意,且在患者实际执行安乐死前可以随时撤回。其四,鉴于消极安乐死以维护生命尊严为目的,消极安乐死的适用方法应遵循"尊严""安然"的原则,由专业人员与患者及其近亲属根据患者的具体情况予以决定。其五,为保障"消极安乐死"实现患者尊严赴死的目的,实施消极安乐死的执行主体必须是取得相关资质的医疗机构,且执行程序必须严格按照法律规定。其六,关于进行不当消极安乐死的法律责任。任何组织与个人必须严格依法执行消极安乐死,否则须承担民事责任与刑事责任。

(二)身体权的具体内容

1. 身体完整和安全的维护权

自然人享有维护身体完整与安全的权利,他人不得非法侵害。《法国民法典》第16条规定:"人之身体不得侵害。"我国《民法典》第506条第1款也规定了免除造成他人人身伤害责任的免责条款无效。可见,维护自然人身体的安全与完整是身体权的首要目标。当身体权遭受侵害时,权利人有权采取防御措施,排除侵害,以维护其身体的完整与安全。当身体权有侵害之虞,权利人也可以请求行为人停止侵害、排除妨害、消除危险。

2. 身体利益支配权

自然人所享有的身体权,还具备可支配其身体组成部分的积极权能,即自然人对自身身体利益的支配。当然,自然人行使身体利益支配权时,应当合法并且符合社会的善良风俗。

现代医学技术的突飞猛进,大大加深了科技与人身之间的融合程度。科技在不断完善身体机能的同时,以器官移植、整形、变性为代表的现代医学改造技术对人类身体极限的挑战亦越发剧烈。因此,现代医学科技为人类提供了更多的选择可能性,亦增加了身体受到伤害的可能。例如,自然人捐献其人体细胞、人体组织、人体器官时,虽是其自由,但难免会损害其身体健康,甚至危及生命,还会产生一系列的社会问题,故立法须严格限定自然人对其身体的处分行为。因此,《民法典》第1006条、第1007条建构了关于自然人行使身体支配权及遗体捐赠的自由与禁止的边界。

第一,自然人对身体的处分必须符合民法之公序良俗的要求,不允许对人体细胞、人体组织、人体器官及遗体的有偿买卖,否则其处分行为无效。此既为民法对人格尊严的保护,[1]亦符合社会的整体利益。我国《人体器官移植条例》第7条明确规定人体器官捐献应遵循“自愿、无偿”的原则,但其第10条仅将器官移植的接受者限定在“捐献者的配偶、直系血亲、三代以内的旁系血亲以及因帮扶等形成亲情关系的人员”范围内,由此导致了实践中关于“交叉移植”行为效力的争议。[2] 同时,现代科技的进步细化了自然人行使身体支配权的客体,不再局限于器官与遗体。因此,《民法典》确立允许无偿捐献、禁止有偿买卖的原则,并未限定接受者范围,同时将人体细胞、人体组织纳入自然人处分身体内容的制度安排,彰显了生命科技时代民事立法的时代价值,值得肯定。第二,自然人处分身体具有的高度风险性,须严格限定主体的民事行为能力资格与意思表示要件。为避免处分身体行为诱发道德风险,处分身体的主体须对该处分行为的后果具备完全的识别能力,故《民法典》第1006条第1款前半段否定了因年幼、精神障碍或智力缺陷等无民事行为能力人与限制民事行为能力人的主体资格。同时,为实现自愿原则,须明确权利人的意思表示需为真实,并要求捐献行为具有一定的要式性。但《民法典》删除了《民法典各分编(草案)》规定的人体捐献的撤回权,有悖于人体捐献行为的性质,不利于保障捐献者的合法权益,应予以调整。第三,《民法典》第1006条第3款对遗体捐献采“推定同意主义”,对已故自然人的遗体,除自然人生前表示不同意捐献外,其已成年近亲属可以书面形式共同决定捐献。此为立法者综合考量我国目前器官资源严重短缺的社会限制与社会公众利益的有心之举,以鼓励遗体捐献、弘扬社会主义核心价值观,值得肯定。另外,为确保人体捐献等活动切实遵循自愿、无偿的原则,并尊重自然人的生命健康,必须通过一系列特别的制度予以保障,例如,对有资格从事人体器官移植活动的医疗机构的限制、人体器官移植技术临床应用与伦理委员会的审查决定、国家行政机关的监督、刑事责任的威慑等,此乃公法范畴,故无须在《民法典》中加以规定。

3. 反对性骚扰

自然人的性利益可通过性自主利益获得保障。所谓性自主利益是指在法律

---

[1] 参见霍原:《论〈民法典〉对器官捐献自己决定权的规范回应》,载《学术交流》2017年第6期。

[2] 参见李娜玲:《关于非亲属间活体器官“交叉移植”的法律思考》,载《河北法学》2011年第5期。

与道德范围内,以自我意志支配性利益,维护性尊严和性纯洁的新型人格利益。[1] 此项权益已为德国、美国等国家或地区所肯认。[2] 《民法典》第1010条是侵权条款,规定于《民法典》人格权编的“生命权、身体权、健康权”章。但从第1010条内容来看,其未明确被侵害的具体民事权益,能否简单地依据体系解释,将其所侵害的民事权益认定为生命权、身体权、健康权? 但需要注意的是,体系思维要求应该尽量多地设置思维体系的要素,在多种要素的普遍联系中探寻一致性。[3] 由此,上述简单推理不无疑问。

纵观我国人格权立法史,采取了“成熟一个发展一个”渐进式的人格权立法策略,此次《民法典》人格权编立法亦遵循该立法策略,如未明确个人信息权。这说明在研究尚不成熟的情形下,即便有些法益需要强化保护,而为了避免激进立法带来的负面影响,仅能用概括性的条款进行原则性保护,而体例编排、立法用语可能仅是经过衡量后的权宜之计。换言之,没有完美的民法典,只有日益趋向完美的民法典。《民法典》第1010条的规范目的是保护民事主体的性权利。在体例编排上,将性权利视为“生命权、身体权和健康权”的下位概念。这种观点在司法实践中亦有拥趸者,如在有些类案中,侵权人通过网络聊天与被害人发生性关系,并致其怀孕,被害人为未成年人,侵权人构成强奸罪,在民事领域为健康权纠纷,侵权人因致使公民的身体健康权受损,应承担民事责任。[4] 但另有案例明确,强奸、性骚扰之侵权对象并不是生命权、身体权和健康权,而应是性自

---

〔1〕 此外,有学者提出以贞操权保护性自主利益,不为婚外之性交,有良好之操行,遵守此操行,谓之贞操。而国外认为贞操是表现心灵纯洁的一种道德体现,如英美法上并无贞操概念,而用性的纯洁性替代表达。而在我国,因受封建礼教的影响,贞操渐变为对女性不失身,在婚姻上从一而终的操守,强调男性对女性的性专权,而法律权益名称具有宣示意义,为避免认知上可能存在的误会,性自主利益不宜称为贞操权。参见[法]布封:《自然史》,沈玉友译,新世界出版社2015年版,第204页;王利明:《人格权法研究》(第3版),中国人民大学出版社2018年版,第646页;马强:《试论贞操权》,载《法律科学(西北政法学院学报)》2002年第5期;史尚宽:《债法总论》,台北,荣泰印书馆股份有限公司1954年版,第144页;徐升阳:《论贞操观》,载《中国性科学》1998年第4期;刘淑波主编:《民法各论》,中国政法大学出版社2014年版,第459页;杨立新:《人格权法》,中国法制出版社2006年版,第321页;郭卫华:《论性自主权的界定及其私法保护》,载《法商研究》2005年第1期。

〔2〕 《德国民法典》第825条肯认了性自主利益的民法保护,美国联邦最高人民法院在“MERITOR SAVINGS BANK, FSB, petitioner, v. Mechelle VINSON, et al.”中肯认了性自主利益的保护。

〔3〕 参见陈金钊:《体系思维的姿态及体系解释方法的运用》,载《山东大学学报(哲学社会科学版)》2018年第2期。

〔4〕 四川省宜宾市中级人民法院民事判决书,(2018)川15民终2213号;江苏省南通经济技术开发区人民法院民事判决书,(2017)苏0691民初143号等。

主利益,而且身体损失只是侵害性自主利益时可能附随而产生的。[1]

生命权、身体权和健康权是并列的三个概念,后两个概念与民事主体性权利关联度更高。身体权是指自然人维护其身体组织器官的完整性并支配其肢体、器官和其他组织的权利。[2] 由此看来,身体权主要是指保持身体器官的物质完整性的权利和在一定程度上自由支配身体的权利。此时,民事主体对性器官等支配是否属于身体权的涵射范围内?

人格权不同于财产权,人格权权利体系的发展与完善是随着社会认知和司法实践的积累而逐渐完成的,不同具体人格权的界分是理论界通过对实践归纳抽象而成的,权利之间的界限较为模糊,如果肆意对某一具体人格权扩大化解释,可能会吞噬其他权利的生存疆域,如隐私权的扩大化解释即为典例,进而动摇人格权的规范体系。基于此考量,身体权应被明确为物质性人格权,体现的是人的身体组织的外在完整性,而应对身体权中的支配权能进行相应的限制与剥离,否则会造成与人身自由权等重复,且亦应与生命权、健康权的权能范围等同视之,将其定为消极性、防御性的权利。而性权利则侧重于基于性纯洁、性快感而形成的精神性权利,而且以言语、图片、抚慰等带有性含义开展的行为,抑或意愿之外被强制妨碍的情形都处于身体权概念涵射之外。

侵害性权利之侵权行为会对受害者的身体健康造成损害,甚至会出现侵害他人生命权的情形。从侵害性自主利益的后果来看,可能会严重威胁受害人的身心健康,特别是当受害人为幼女的情形下。依据《未成年人保护法》第 1 条的规定,幼女身心健康不容侵犯,幼女的性健康应归属其中。过早性行为抑或不当性行为会对受害者身体造成伤害,并且性行为之加重后果亦会严重损害当事人身心健康,如怀孕堕胎等。如在一则案例中,周某强奸未成年少女,致受害者堕胎辍学,抑郁、拒绝出门见人、精神受到严重打击。[3]

一般认为,健康权是物质性人格权,以人的生命健康权益为客体,而且从具体人格权不宜过分扩张解释角度来看,法律意义上健康权一般不应包括心理健康,否则会将所有的精神损害赔偿纳入其中。在实践中胁迫、欺骗、迷奸等方式是侵害性自主利益的主要手段,这些手段的运用并不会侵害受害者的健康权,但为实现性权利保护之规范目的应将其定位为侵权。由此,为了实现性权利保护

〔1〕 广东省韶关市中级人民法院民事判决书,(2015)韶中法民一终字第 1166 号;江苏省淮安市淮阴区人民法院刑事判决书,(2017)苏 0804 刑初 259 号。

〔2〕 参见杨立新:《人身权法论》,人民法院出版社 2002 年版,第 398 页。

〔3〕 安徽省合肥市中级人民法院刑事判决书,(2005)合刑终字第 57 号。

的规范目的,应突破体例编排的客观限制。

法律必须要满足民众的期待,由此新型权利的法定化需要强调这项权利产生背后的社会原因。[1] 时代发展带来社会生活模式的因应转变和人格意识日益自觉,是新型人格权利益产生的重要基础。立法的科学性必然要求新型权利符合法理与逻辑,由此,新型人格利益需经过权利概念和实证标准的检验。现代社会侵害性权利的情形多发,引起了社会的普遍关注。性自主利益的立法保护既是对民众广泛诉请的回应,也是对人格权利规范痛点的重点施药。目前,《刑法》规制的是严重性暴力侵权,而《治安管理处罚法》等规制的是相对轻微的侵害性自主利益的行为,但民法相关规范则付之阙如。在社会生活中不时发生,据"女童保护"公益组织统计,从2013年至2017年,媒体曝光的性侵儿童的案例就多达1779起,有超过3174个受害人。2013年至2016年全国人民法院审结的猥亵儿童案例高达10,782起。[2] 而性犯罪报案率极低,据司法部调查,性侵犯的报案率只有7.6%,在各类案件的报案率中最低。[3] 可见,更多的严重侵害性自主利益的行为隐于冰山之下。轻微侵害性自主利益行为以性骚扰为典型。据调查,全国高校中性骚扰的发生概率为6.6%,重复发生率为51.4%。[4] 由此可见,侵害性自主利益已经成为社会重要的侵权类型,而在缺乏民法规范时,受害者很难获得周延保护,如在性犯罪情形下,受害者的民事损害赔偿问题。

基于传统观念,性作为极度隐蔽之事务,社会中很多人耻于谈性。即便是受害人,在遭受性侵害后,为了保护自己所谓声誉,抑或受制于内心的羞耻感,也常常默默忍耐,甚少寻求法律救助,上文所言性犯罪报案率低即为实证。特别在婚姻生活中,因为我国未明确性权利,但规定了夫妻之间的同居义务、忠实义务,这会对民众造成错误引导。在社会生活中,基于同居义务而产生的"性义务"成为了婚内侵害性利益的正当性说辞,婚内性侵权的受害者选择默不作声、自我说服的理由。由此可见,性权利的保护应当加强。对性权利的强化保护也是对我国女性伦理缺位的补强。我国女性伦理的缺位主要包括缺少性教育和引导;缺少

---

〔1〕 参见刁芳远:《新型权利主张及其法定化的条件——以我国社会转型为背景》,载《北京行政学院学报》2015年第3期。

〔2〕 参见《2018年统计数据:猥亵儿童,平均每天7起!》,载新浪网2019年1月9日,http://k.sina.com.cn/article_2881809832_abc4eda800100iols.html? wm=。

〔3〕 参见桑本谦:《私人之间的监控与惩罚——一个经济学的进路》,山东人民出版社2005年版,第237页。

〔4〕 参见王献蜜、林建军、金颖:《高校性骚扰发生现状及性别差异研究》,载《中华女子学院学报》2019年第5期。

男女性权利的平等;缺少对性自由的容忍;缺少对自然人性权利的尊重。

人格权请求权与侵权损害赔偿请求权的区分是人格权独立成编的具体体现之一,也为证成人格权独立成编的重要理论基础。为贯彻人格权独立成编的立法逻辑,在对人格权编各具体人格权进行规范解释时,应注意人格权的支配属性,如此方能契合我国《民法典》七编制的体例创新。在司法实践中,有诸多裁判将民事主体的性利益表述为贞操权,[1]更多地体现为防御属性。贞操本来是表现心灵纯洁的一种道德体现,[2]英美法上并无贞操概念,而用性的纯洁性作为替代表达。有学者提出以贞操权保护性自主利益,不为婚姻外之性交,有良好操行,遵守此操行,谓之贞操。不只女子有贞操,男子亦有贞操。[3] 但在我国,因封建礼教的影响,贞操渐变为对女性不失身,在婚姻上从一而终的操守,强调男性对女性的控制与性专权,权益名称皆具有一定宣示意义,为避免认知误会,性自主利益不宜称为贞操权。由此,民事主体的性利益宜被称为性自主利益。而《民法典》第1010条是从消极防御角度对民事主体性利益进行的保护,而未将其所保护之法益明确为性自主利益。

性自主利益本质上是人身自由权的具体化,是宪法上的基本权利在民事领域的映像,体现的是民事主体对自己性的一种支配力。依据性自主利益之内涵,民事主体作为性自主利益的享有者,可以根据自己的性偏好,在法律、道德秩序下,依据自己意愿选择是否开展性生活,以及与谁如何开展性活动。此处性活动应作扩张解释,包括具备性寓意的手势、语言、图文等事项。性行为深具社会伦理属性,我国传统道德体系强调"妇者,服也,以礼屈服"。丈夫安排、管控妻子的一切,其强调女性的性权利的依附性,以及其应隐藏在婚姻的帏帐后。即便到了现代,依据婚姻法,夫妻之间亦互负忠实义务。可见,性的背后受到多方面的钳制,其在生活中何以成为可以支配的标的?

随着社会发展,出现了"性爱与婚姻相分离,婚姻与亲子关系相分离",[4]这一现象日益普遍。其社会背景是个体对家庭的依赖变小,对社会的依赖越来越大,人类的生存方式从家庭本位向个人本位转变的条件已经成熟。性行为承载

---

〔1〕 广东省深圳市福田区人民法院民事判决书,(2015)深福法民一初字第2868号;北京市房山区人民法院民事判决书,(2016)京0111民初2291号;四川省阿坝县人民法院刑事判决书,(2015)阿坝刑初字第15号等。

〔2〕 参见[法]布封:《自然史》,沈玉友译,新世界出版社2015年版,第204页。

〔3〕 参见史尚宽:《债法总论》,台北,荣泰印书馆股份有限公司1954年版,第144页。

〔4〕 参见[英]哈特利·迪安:《社会政策学十讲》,岳经纶、庄文嘉、温卓毅译,格致出版社、上海人民出版社2015年版,第120页。

的功能不断减少。在原始社会,人类之间的性行为更多的是受欲望所支配,以享乐为目的。而进入文明社会,性行为开始作为生育的手段而存在。[1] 在这一时代,性行为已逐渐摆脱欢愉功能,而专司子嗣繁衍。我国古代社会认为,性欲望是扰乱社会结构的重要原因。[2] 时至近代,自由、平等已经成为性生活的标杆。性行为已经不负载生育的功能和义务。但是需要注意的是,正如任何自由都不是绝对的,性自主利益并非具备完全的可支配性,其应在法律和道德的框架内进行,具备一定的克减性。

《民法典》第1010条第1款防范的对象是性骚扰之侵权行为。而《民法典》第191条运用了“性侵”作为立法用语。在法律领域,性骚扰没有严谨的概念界定,一般是指除去强奸、猥亵等性暴力犯罪之外的侵权行为。[3] 性侵可直接解读为“侵害性权利”,从社会实践经验来看,性侵的涵射范畴超过了性骚扰。除性骚扰和前述的欺诈、诱惑侵害性自主利益外,在生活中常见的侵害性自主利益的类型可见如下:

婚姻正常存续期内配偶侵害性自主利益。在婚姻正常存续期间内,虽然丈夫不能成为强奸罪的主体,但丈夫亦可能会侵犯妻子一方的性自主利益。如在《涉及家庭暴力婚姻案件审理指南》中,最高人民法院明确规定了防止性暴力条款,并将其定义为侵权者强迫受害人以其感到屈辱、恐惧、抵触的方式接受性行为,或残害受害人性器官等性侵犯行为,是家庭暴力的四种类型之一。

在严重侵害性自主利益时,可能会出现民刑交叉的侵权类型,主要如下:其一,强奸侵害性自主利益。强奸犯罪是严重损害受害者性自主利益的行为,并扰乱了社会治安秩序,侵权人在承担民事责任的同时亦应负刑事责任。其二,猥亵、侮辱侵害性自主利益。基于《刑法修正案(九)》第13条,侮辱罪的侵害对象应为妇女,而猥亵罪并不受此限制,由此,同性猥亵、女对男之猥亵亦在此列。其三,强迫卖淫侵害性自主利益。被迫卖淫是性强迫的重要表现。此外,针对幼女这一特殊群体,除强迫卖淫侵害其性自主利益外,组织、引诱幼女卖淫亦是侵害性自主利益的行为。[4]

由上述类型化可见,侵权手段突破性骚扰的概念界定,包括性犯罪的情形,而且这些情形在社会生活中也十分常见,很多时候造成的危害也更为严重。此

---

〔1〕 参见周安平:《性的公权控制》,载《法学研究》2003年第5期。

〔2〕 参见费孝通:《乡土中国》(修订版),上海人民出版社2013年版,第460页。

〔3〕 参见温世扬:《民法典人格权编草案评议》,载《政治与法律》2019年第3期。

〔4〕 参见张红:《性侵之民事责任》,载《武汉大学学报(哲学社会科学版)》2019年第1期。

时对受害者进行精神损害赔偿等是民法救济的应有之义。如果固守性骚扰原本的概念,仅对性骚扰进行规制,必然无法周延保护民事主体的性自主利益。由此,为了更好地实现对规范客体的保护,面对《民法典》第 1010 条存在的规范漏洞,应通过扩张解释进行弥补。

(三)健康权的具体内容

1. 身心健康的维护权

健康权是对身心良好状态的保障,故其与生命权、身体权相异,健康权所具有的支配性在很大程度上体现为身心健康的维护权。[1] 健康状况下降时,自然人有权寻求医疗救治,以恢复健康状况。自然人的健康权受到侵害或处于危难之时,负有法定救助义务的组织或者个人应当及时施救。如前所述,当健康权受到不法侵害时,自然人有权在合理限度内寻求自力救济。若健康权已遭受他人侵害,则自然人有权请求行为人承担相应的民事责任。

2. 健康利益支配权

健康权是一种无须依赖他人的意思、仅凭权利人单方的意志即可实现的权利。但健康权是一种专属性极强的个人权利,不得随意支配,故在法律所限定的范围内且不违反公序良俗时,权利人方可支配自身的健康利益。例如,自愿从事具有一定受伤风险的体育竞技运动。《民法典》对自然人支配其健康利益作出的规范创新体现在两个方面。

(1)临床试验。《民法典》第 1008 条对人体医学试验的相关程序予以规定。自近代实验医学产生后,人类的活体医学试验业已成为医学研究的核心与关键。[2] 医学进步为人类带来诸多福利的同时,又增加了全人类的风险,特别是以干细胞移植、基因编辑等为代表的生命科技,对现行法律秩序产生诸多风险挑战,[3]人类终非试验所用的小白鼠。因此,须对人体试验的基本程序予以限制,将人体试验活动纳入正确的基本伦理原则的轨道。其一,人体试验的目的应纯正,即在于提高疾病的预防、诊断与治疗,不可夹杂其他不正当目的。其二,试验机构必须将人体试验的目的、用途及风险向受试者全面告知,并须征得受试者之同意。若受试者为未成年人或无同意能力的成年人对试验性质有理解能力并明

---

〔1〕 参见王利明:《人格权法研究》(第 2 版),中国人民大学出版社 2012 年版,第 330 页。

〔2〕 参见黄秀凤主编:《护理伦理学》,中国医药科技出版社 2016 年版,第 159 页。

〔3〕 参见王康:《人类基因编辑多维风险的法律规制》,载《求索》2017 年第 11 期。

确反对的,试验不得进行。[1] 其三,不得以强迫、欺骗、利诱等手段促使受试者接受试验,否则将构成对生命尊严的亵渎。其四,试验机构应在实验的全过程中,尽可能采取一切有效措施将受试者身心健康的损害程度降至最低,以彰显对人的尊重。其五,试验机构所要进行的人体试验,必须经由伦理委员会的审查同意,以保证人体试验的伦理正当性、科学性以及受试者的人格尊严。是故,本条明确规范人体试验须依法报经相关主管部门批准并经伦理委员会审查同意,保障受试者知情同意权的实现之做法,值得肯定。另外,《民法典》第1008条相比于《民法典各分编(草案)》第789条,将"禁止向接受试验者支付任何形式的报酬,但是可以给予其必要的补偿"予以删除,并增设"进行临床试验的,不得向受试者收取试验费用"之条文,是因实践中报酬与补偿并无明确之界限,而受试者已承受健康受损之风险,理应不再对其收取费用,故《民法典》的做法值得肯定。但《民法典》第1008条删除受试者及其监护人的受试意思表示的撤回与撤销制度的做法,令人遗憾。

(2)基因编辑。党的十九大报告提出,我国正日益走近世界舞台中央、不断为人类作出更大贡献。基因编辑是人类命运共同体所面临的共同的挑战。目前,基因编辑技术运用到人类自身,还存在不可预见性、不可逆转性与技术安全性的风险,也会引发对传统的自然秩序、人类伦理等社会秩序的冲击。跨越研究自由尺度即为侵害,甚至有损人作为主体的核心价值,从而根本上否定了科学研究的意义与价值。故寻求社会民众、疾病患者、科研机构、监管机构之间的利益平衡点,是当前基因编辑在人文社科研究领域的首要问题。

随着生命科技的不断深入和发展,基因不断被赋予新的内容。同时因基因携带着自然人健康、寿命等生命关键信息,被视为"生命的密码"。当前基因编辑技术便是破解该项密码的"钥匙"。我国于2016年12月1日实施的《涉及人的生物医学研究伦理审查办法》,规制内容仅为研究范围,而对于临床应用、基因治疗、基因增强等问题缺少具有实操性的规范,可见基因编辑技术相关的规章制度有待完善。须通过立法,明确基因编辑技术的使用途径以及使用规范,对违法者苛以责任,完善伦理审查机制、公众知情参与机制等配套制度,从而引导各方达成共识。

关于基因编辑的良法善治关键在于处理好法的谦抑性与开放性的关系,即

---

[1] 参见满洪杰:《关于受试者知情同意权的立法建议》,载《四川大学学报(哲学社会科学版)》2018年第3期。

一方面持高度谨慎和严格管制的立场,另一方面避免过度保守而使科学裹足不前。[1] 具体到民法领域,关于基因权利的性质与内容,尚待学术界探讨。《民法典》第1009条规定:"从事与人体基因、人体胚胎等有关的医学和科研活动,应当遵守法律、行政法规和国家有关规定,不得危害人体健康,不得违背伦理道德,不得损害公共利益。"《民法典》人格权编之所以从自然人享有的健康利益入手,作出人体基因编辑活动的禁止性规定,是因为:一方面,人体基因编辑活动专业性强、面临的健康风险充满不确定性,故应在程序上和内容控制上有严格的限制,需要专门法加以规制,但这明显不能纳入法典内部,所以《民法典》仅作出原则性规定,为后续专门法制定提供指引,包括尊重人格尊严、尊重知情同意权、尊重当事人的隐私以及正当程序等要求;另一方面,自然人享有的健康利益是人体基因编辑活动的"红线"所在,"不得危害人体健康"与"不得违背伦理道德,不得损害公共利益"分别代表健康权和公序良俗原则构成基因编辑的"禁区",故本条在此作为预防人体基因编辑活动造成不合理损害的条款存在。[2]

第四节 生命权、身体权和健康权侵权责任的构成及承担

一、责任构成

侵害物质性人格权的民事侵权行为适用一般侵权责任的归责原则。依据《民法典》第998条的规定,除物质性人格权外的其他具体人格权之侵权责任认定应考虑"行为人和受害人的职业、影响范围、过错程度,以及行为的目的、方式、后果等因素"。这就意味着侵害物质性人格权之侵权责任认定受《民法典》第1165条第1款调整,即过错责任原则。物质性人格权侵权责任构成采四要件说为宜,即加害他人物质性人格权的行为、受害人物质性人格要素受到损害的事实、加害行为与受到损害的后果之间存在因果关系以及侵权行为人具有主观过错四个要件。

---

〔1〕 参见田野、刘霞:《基因编辑的良法善治:在谦抑与开放之间》,载《深圳大学学报(人文社会科学版)》2018年第4期。

〔2〕 参见杨立新:《从生命健康权到生命权、身体权、健康权——〈民法典〉对物质性人格权规定的规范创新》,载《扬州大学学报(人文社会科学版)》2020年第3期。

(一)加害行为

1. 有意识的行为

侵害生命权、身体权、健康权的侵权行为需是行为人有意识作出的举动。行为人无意识的举动因其未受行为人意思支配,如外力的强制使行为人作出的“行为”,不具备可归责性。《三国演义》描述“杨修之死”时将枭雄曹操生性多疑的性格表现得淋漓尽致:“操恐人暗中谋害己身,常分付左右:‘吾梦中好杀人;凡吾睡着,汝等切勿近前。’一日,昼寝帐中,落被于地,一近侍慌取覆盖。操跃起拔剑斩之,复上床睡;半晌而起,佯惊问:‘何人杀吾近侍?’众以实对。操痛哭,命厚葬之。”曹操梦中杀人虽是其佯作伪装以威吓旁人,但不妨设若其的确罹患梦游症。以今视之,曹操在梦游中将人杀死,虽侵害他人的生命权,但杀害行为并不受曹操的意思支配,不是加害行为。《民法典》第 1190 条规定:“完全民事行为能力人对自己的行为暂时没有意识或者失去控制造成他人损害有过错的,应当承担侵权责任;没有过错的,根据行为人的经济状况对受害人适当补偿。完全民事行为能力人因醉酒、滥用麻醉药品或者精神药品对自己的行为暂时没有意识或者失去控制造成他人损害的,应当承担侵权责任。”据此,行为人对自己陷入无法控制自己行为的状态无过错的,应对受害人进行适当的补偿,但该法定补偿之债并非侵权责任之损害赔偿责任,并不表征行为人存有过错,更不代表行为人承担侵权责任。

2. 作为与不作为

直接以作为的形式侵害他人生命权、身体权、健康权的加害行为屡见不鲜,在此不赘。不作为的行为是否能够成为侵害他人物质性人格权的加害行为呢?“刑法是刑法法益产生的前置法从属性和刑法法益保护的前置法补充性的统一”[1]。《刑法》分则第四章规定侵犯公民人身权利、民主权利罪,其中第 232 条、第 233 条、第 234 条分别规定故意杀人罪、过失致人死亡罪以及故意伤害罪,法条对犯罪行为的描述均采取简单罪状的方式。逻辑上,作为与不作为的方式均符合该简单罪状,通说亦认可不作为方式的故意杀人行为。[2] 可以说,在民法与刑法均予以保护的法律利益范围内,若刑法将侵害该法益的行为评价为犯罪行为,则在民法侵权责任的视角下,该行为必然是加害行为。既然不作为的方式能够构成刑法意义上的犯罪行为,则不作为的行为亦能评价为侵权法上的加害行为。但应强调的是,以不作为方式侵害他人法律利益的行为之所以具有可

---

〔1〕 田宏杰:《立法扩张与司法限缩:刑法谦抑性的展开》,载《中国法学》2020 年第 1 期。

〔2〕 参见张明楷:《刑法学》(第 5 版),法律出版社 2016 年版,第 145 - 161 页。

归责性,是因为行为人负有相应的积极作为义务,正是因为行为人负有此项义务而不作为,才由此产生了相应的责任。[1] 域外诸多国家以各种方式认可了特定情况下某些主体的积极救助义务:1867 年《葡萄牙民法典》第 2368 条规定,在遭受暴力攻击时可向在场他人求助,若救助不会使自身暴露在危险中,则不救助者需对损失承担补充责任;《捷克斯洛伐克民法典》第 416 条要求救助义务人只有在重大情况组织其介入或介入将使其或与其关系密切的人暴露在危险中时,才能豁免介入义务;《法国民法典》第 212 条明确规定夫妻之间负有相互救助的义务。希腊、荷兰、德国虽未在其法典中规定有救助义务,但其司法实践均认可了不作为的责任,尤以德国侵权法之一般交易安全义务闻名;《美国第二次侵权法重述》在四种情形下规定了积极的救助义务。[2]

行为人的积极作为义务来源包括法律规定与当事人之间的约定。就法定义务而言,《民法典》第 1005 条规定:"自然人的生命权、身体权、健康权受到侵害或者处于其他危难情形的,负有法定救助义务的组织或者个人应当及时施救。"具体而言,我国《人民警察法》第 21 条、《人民武装警察法》第 28 条、《执业医师法》第 24 条、《消防法》第 44 条、《海商法》第 174 条及第 192 条等对各自特别法上的法定救助主体进行了规定;《民法典》第 822 条规定了承运人在运输过程中对患有疾病、分娩、遇险乘客的尽力救助义务,第 1059 条规定了夫妻之间的相互扶养义务[3],第 1068 条明确了父母保护未成年子女的义务,第 1198 条确认了经营场所、公共场所的经营者、管理者或者群众性活动组织者的安全保障义务,以上是对私法上救助主体的确认。应强调的是,若法定救助义务主体并非民事主体,而是行政机关及其工作人员,此时受害人主张负有法定救助义务的行政机关及其工作人员不积极履行法定救助义务的,应当提起行政诉讼或国家赔偿之行政赔偿诉讼。如在"沈某芝与赤峰市公安局红山区分局、赤峰市救助管理站"[4]一案中,法院认为,《人民警察法》第 21 条规定:"人民警察遇到公民人身、财产安全受到侵犯或者处于其他危难情形,应当立即救助……"2015 年 1 月 6 日,红山公安分局未将田某重送往医院救治或护送到救助管理站进行救助,

---

[1] 参见张明楷:《刑法学》(第 5 版),法律出版社 2016 年版,第 146 页。

[2] 参见杨垠红:《民事救助义务初论——兼谈刑法对侵权法的影响》,载《外国法制史研究》2005 年卷,第 485 页。

[3] 夫妻之间的相互扶养义务是否包括救助义务,对此理论上有不同观点,参见张莉琼:《夫妻间刑法作为义务的法理分析》,载《法学评论》2008 年第 2 期。

[4] 内蒙古自治区赤峰市中级人民法院行政判决书,(2016)内 04 行再 2 号。类似案件还可参见贵州省习水县人民法院行政判决书,(2016)黔 0330 行赔初 27 号。

2015 年 1 月 7 日,红山公安分局未将田某重送到医院救治、救助,上述行为应认定为行政机关未完全履行保护公民人身权的法定职责,构成违法。故红山公安分局对田某重的死亡应承担责任,根据本案的实际情况,综合确认责任承担比例为 60% 为宜。无论是行政机关及其工作人员,还是民事主体,认定其应否承担违反救助义务的赔偿责任,适用一般侵权责任的构成要件与减免责事由。前者如"王某奎、王某麟、郝某英诉庄河市公安局案"[1]中,庄河市公安局城关派出所在接到报警后,立即出警、处警,在姜某玲、姜某有、王某玉随同处警民警回派出所作调解笔录时,姜某突然从人群中冲出来,持刀捅刺王某玉左前胸两刀,致心脏破裂,失血死亡。姜某从背后盲点发动的刺杀行为,事发突然且过程时间极短,被害人及周围民警来不及提前反应。当时的处警状况为解决一件治安纠纷,由一般治安案件突发转变成严重刑事案件,该情形办案民警事前无法预见,姜某也不是治安案件的当事人,办案民警没有可能提前对姜某采取预防措施,案件属于突发事件。故而不应认为庄河市公安局行政行为违法并承担行政赔偿责任;后者如指导案例 140 号。[2]

对于作为合同内容的救助义务而言,不属于《民法典》第 1005 条的调整范围,但义务人不履行救助义务的,应当依合同约定承担相应的违约责任。应注意的是,《民法典》第 822 条所规定的运输合同中承运人对于乘客的救助义务属于法律的强制性规定,应认为是法定救助义务。[3]

此外,在刑法理论上,先行行为得构成作为义务的来源。[4] 先行行为是指行为人实施的行为使某种社会关系处于危险状态,行为人进而负有排除危险或防止损害发生的义务。典型者如驴友结伴穿越无人区、相约野河野湖游泳、共同饮酒等。民法上,若行为人的行为使受害人的生命、身体、健康处于危险状态,当这种危险转化为现实的对生命、身体、健康的威胁时,行为人负有救助义务。如

---

[1] 辽宁省大连市中级人民法院行政判决书,(2017)辽 02 行终 138 号。

[2] 李某月等诉广州市花都区梯面镇红山村村民委员会违反安全保障义务责任纠纷案,最高人民法院指导案例 140 号(2020 年);其明确"公共场所经营管理者的安全保障义务,应限于合理限度范围内,与其管理和控制能力相适应"。公共场所经营管理者本应对其场所内生命、身体、健康处于危难状态下的人负有法定救助义务,但诸如私自攀爬景区内果树采摘果实而不慎跌落致其自身损害的,经营管理者不承担损害赔偿责任,盖因受害人之行为可认定为与有过失或受害人故意,是为侵权责任之免责事由。

[3] 广西壮族自治区南宁市中级人民法院民事判决书,(2013)南市民一终字第 925 号;广东省广州市中级人民法院民事判决书,(2009)穗中法民一终字第 637 号。

[4] 参见张明楷:《刑法学》(第 5 版),法律出版社 2016 年版,第 152 - 159 页。

在“徐某等与彭某合生命权、健康权、身体权纠纷案”[1]中,法院认为共同饮酒人之间负有合理注意义务,并分为三个阶段,即饮酒过程中、送医过程中以及诊疗过程中。在饮酒过程中,行为人应对受害人是否异样负有合理注意义务,并在察觉异样时负有救助义务。

(二)过错

过错分为故意和过失,是行为人主观状态的描述。故意是指行为人明知自己的行为会使他人的权益受到损害,但仍放任或希望该损害结果发生的主观心态。过失是指行为人对于自己的行为将损害他人权益的认识上,应预见而未预见的主观状态,具体包括疏忽大意的过失和过于自信的过失。相较而言,故意比过失更值得苛责,无论是刑法对于故意犯罪的惩罚,还是侵权法上对于故意侵权的侵权责任,都较之于过失之责任更重,如惩罚性赔偿的适用情形要求行为人是明知不法事实的。

过错是关于人的主观状态的概念,在判断过错时存在较大的不确定性。这是因为主观的故意或过失并不能直接为法官所获,即使是已取得长足进步的脑科学研究也不能精准且稳定地将行为人的心理活动与主观认知表现出来。因此,关于过错的判定必须依赖于某些直观的参照标准,即行为。如前所述,侵权责任中的加害行为是受行为人意志控制的举动,因而行为本身在某种程度上即体现行为人的主观意愿。故意较于过失更容易判断,如殴打他人的行为很明显是行为人有意为之。

虽然《民法典》第 998 条在认定侵害物质性人格权之侵权责任时不考虑双方当事人的职业、影响范围、过错程度,以及行为的目的、方式、后果等因素,进而应依《民法典》第 1165 条第 1 款之过错责任原则进行归责认定,但《民法典》第 1002 条至第 1004 条在表述上并未体现过错原则的内容,而是以“任何组织或者个人不得侵害”加以严格规定。《民法典》第 1166 条规定,无过错责任原则的适用情形由法律规定,此时行为人的侵权责任构成不需要过错之要件。

(三)损害

损害是侵权责任的必备构成要件,对于侵权责任的承担,尤其是损害赔偿责任而言意义重大。无损害即无赔偿。德国学者 Mommsen 于 1855 年提出差额说,将损害界定为受害人有无损害事故时总财产之差额,统一损害概念,影响世

---

[1] 北京市第三中级人民法院民事判决书,(2018)京 03 民终 1531 号。驴友结伴出行的案例,参见四川省成都市中级人民法院民事判决书,(2018)川 01 民终 16375 号;相约野外游泳的案例,参见浙江省高级人民法院民事裁定书,(2016)浙民申 591 号。

界,但该说难以覆盖精神损害。随着社会与法律的发展,财产权与人身权蕴含的利益相互有所渗透,但仍然是利益划分的基本类型。以差额说之损害来确定人身侵害之损害,系将损害确定之方法与损害之本质混淆,使人身侵害的结果以财产损害为主,造成对人身侵害之损害性质认识的偏差,影响赔偿的合理性。从本质上说,损害系法律保护的权益所遭受的不利。[1] 当我们重新从权益损失这个角度去界定损害的本质,并将人身侵害中损害与损害计算区分时,会产生如下影响:其一,将损害的本质与法律保护的利益相联系,而不是"冷冰冰的"、去价值的财产差额,传达了损害赔偿的核心理念——权利救济;其二,将所隐含的损害与损害计算区分的原则在损害赔偿领域予以贯彻,表明损害的金钱评价困难不能作为否定救济的充分的理由,为民法赋权与救济的前后呼应提供了基础。从立法上,也指示了概括的损害赔偿额酌定条款的必要性。

1. 生命权

侵害生命权之损害结果体现为生命利益遭受侵害的后果。《民法典》第1002条规定,自然人的生命安全与生命尊严受法律保护。因此,侵害生命权的损害结果主要包括生命安全遭受侵害的结果以及生命尊严遭受侵害的结果。

生命安全体现在自然人的生命利益得以维持,不受侵害的威胁,包括自然人维持生命存续与保护自身安全。生命安全利益具有整体性,其内部无法进一步被划分,存在与消灭都是以整体姿态进行的。"只剩半条命"的形象说辞仅仅是描述健康状态不佳的比喻或是表达工作劳累的调侃而已。因此,生命安全的损害表现为其主体的死亡。

生命尊严的内涵具有不确定性,盖因"尊严"一词概括力极强,内容极其丰富。司法实践中,有法院将生命平等视为生命尊严的体现,如"按城镇居民标准计算吴某的死亡赔偿金符合法律规定,也体现了同命同价的生命尊严""统一城乡赔偿标准,系维护生命尊严应有之义";[2] 有的法院认为,对于罹患疾病的患者而言,其生命末期的生命质量即为生命尊严的主要体现,如"第二次手术又加重了手术创伤,延误了治疗时机,一定程度上影响了何某的生存期,也影响了何某生命最后阶段的生活质量和生命尊严"[3]。还有的法院认为,轻视生命,将生

[1] 学术界多将此称为"自然的损害",将"法律上的损害"界定为经过判断可得赔偿的损害,但个案中某损害是否能够获赔显然非损害概念可单独决定,从损害概念角度,所谓"自然的损害"才是我们探究的损害。

[2] 湖北省孝感市中级人民法院民事判决书,(2019)鄂09民终1315号;内蒙古自治区呼和浩特市新城区人民法院民事判决书,(2020)内0102民初173号。

[3] 湖南省张家界市中级人民法院民事判决书,(2018)湘08民终402号。

命视为儿戏的行为属于对生命尊严的侵害。在该案中,原告、被告双方因秧田放水一事争执,被告打了原告一巴掌,后双方矛盾激化,双双采取服用农药自杀的行为,后经抢救未有大碍。法院认为,原告、被告在纠纷发生时,应当互谅互让,选择如此极端方式是在践踏自己的生命尊严。[1] 但如此情形下,即使认定生命尊严遭受侵害,其行为人与受害人归于同一主体。

生命尊严彰显了民法对人之生命尊严性的注重,超脱了传统理论对生命权属"防御性权利"的界定。"生命权作为自然人最高的人格利益,理应受到法律最严密的保护,而这种保护越来越从强调自然人生命的安全与维系演进为生命安全和生命尊严并重。"[2]这表明,生命尊严注重生命利益的积极性方面。权威观点指出,生命尊严意味着生命过程中生命主体的尊严应获尊重,除消极侵害外,还包括有完全自我决定能力的自然人可以积极地明确表达不同意采取某种治疗手段的意思。[3] 实践中正在发展的"生前预嘱"即为著例。逻辑上,若权利人明确订立生前预嘱,行为人违反权利人预先指示的内容,坚持维生治疗措施的,可以评价为对生命尊严的侵害,由此导致的生命质量下降即为生命尊严的损害。[4]

另值得讨论的问题在于生命两端的延伸。首先,生命结束后,死者是否还存有生命利益?对此前文已有论述,此处不表。其次,自然人出生前,人体胚胎、胎儿是否享有生命利益?依前文分析,未来可能发展成为生命的特殊存在物的具体处置,应考虑生命尊严的价值。[5]《民法典》第 16 条规定,涉及遗产继承、接受赠与等胎儿利益保护的,胎儿视为具有民事权利能力,但胎儿娩出时为死体的,其民事权利能力自始不存在。该条但书情形下,胎儿并未降生,不存在生命权被侵害的可能,因为自始至终胎儿并未取得生命权。若行为人的侵权行为导

---

〔1〕 河南省信阳市中级人民法院民事判决书,(2013)信中法民终字第 722 号。

〔2〕 北京市第二中级人民法院民事判决书,(2020)京 02 民终 7645 号。

〔3〕 参见黄薇主编:《中华人民共和国民法典人格权编释义》,法律出版社 2020 年版,第 59 页。

〔4〕 需要强调的是,违反权利人生前预嘱指示的行为是否需要承担民事责任,还应当考察其他责任构成要件与社会公众的可接受度。如"中国安乐死第一案"中,王某成要求医生采用积极安乐死(与此相对,"生前预嘱"的内容常被称为"消极安乐死",程度上与可接受性上均轻于一般意义上的积极安乐死)的方式为其母亲注射特定药物,以结束其母亲的生命。事后,王某成、医生被以故意杀人罪之名提起公诉,但最后法院判处无罪。法院认为,被告的行为虽然侵害了受害人的生命权,但情节显著轻微,社会危害小,因此不构成犯罪。由此可见,直接冲击社会公众接受度的积极安乐死之责任问题尚且在违法认定与责任判处中"徘徊",遵循或违反落实生命尊严之生前预嘱的责任承担之认定更难一概而论。

〔5〕 参见黄薇主编:《中华人民共和国民法典人格权编释义》,法律出版社 2020 年版,第 59 页。

致胎儿流产或娩出时为死体,可能构成侵害孕妇的身体权、健康权之侵权责任。在“错误出生”(wrongful birth)的情况下,希望产下健康婴儿的父母,由于医院孕前体检失误(如不能怀孕而被建议怀孕)[1]或医院引产失败[2],而使残障婴儿诞生;或由于医院过错,未检查出胎儿患有疾病或天生缺陷,而如果检查出来胎儿患有疾病或缺陷的话,父母将决定堕胎;或由于医院或药商的过错,如错误输血[3]或错误用药[4]导致胎儿患上严重疾病而出生后为残障婴儿。与“错误怀孕”不同,错误怀孕的结果是健康的新生儿,而“错误出生”的结果是残障的婴儿。残障婴儿的降生不应视为是对生命完满性的侵害,其所引发的损害赔偿也不是因为残障婴儿与正常婴儿相比在生命利益享有上的不完全性,否则无异于承认残障人士低人一等,这是与现代法治文明根本冲突的。解释上,在“错误出生”案件中,被告行为侵害的是原告选择是否产下残障婴儿的优生优育权,包括财产与精神双重利益,属于《民法典》第 1165 条中的“民事权益”,而非生命权。

2. 身体权

侵害身体权的损害体现为身体利益的减损。《民法典》第 1003 条规定,自然人的身体完整和行动自由受法律保护,此处点明身体完整性利益与行动自由利益。第 1010 条是规制性骚扰的规则,第 1011 条是规制侵害行动自由和非法搜查身体的条文,前者保护性自主利益,在《民法典》编纂的过程中被纳入身体权的范畴加以保护,后者是第 1003 条的具体化,其中禁止非法搜查身体的利益是对身体完整性利益的拓展。有学者认为,非法搜查身体侵犯的是身体尊严,难以被第 1003 条纳入保护范围,因为非法搜查身体的行为至多只是触碰身体而并未破坏身体的完整性或是束缚行动自由,至多通过第 990 条第 2 款之解释将其纳入保护范围。[5] 实践中,非法搜查身体一般发生于超市保安怀疑顾客离开时夹带未付钱的商品,进而要求搜查顾客的情形,受害人可供救济的路径有一般人

---

〔1〕 BGHZ NJW 2000,1782,1783.

〔2〕 BGH NJW 1985,671,673.

〔3〕 BGHZ 8,243.

〔4〕 如 20 世纪 50 年代前后,孕妇服用“沙利窦迈度”(Thalidomide)之镇静剂,产生大量畸形胎儿,受害者遍及全球。See Robert Nilsson & Henning Sjostrom, *Thalidomide and the Power of the Drug Campanines*, A Penguin Special, Penguin Books Ltd. ,1972.

〔5〕 参见孙笑侠:《身体权的法理——从〈民法典〉“身体权”到新技术进逼下的人权》,载《中国法律评论》2020 年第 6 期。

格权(人格尊严权)[1]、身体权[2]、名誉权[3]等。以上救济路径均无不可,但名誉权救济受限较多,盖因名誉权之损害表现为受害人社会评价的降低。若非法搜查发生于商场办公室内,并不会引发第三人对受害人评价的降低,故难以名誉权救济。身体权救济路径主要通过解释权利人对自身身体的支配性利益进行,这实际上指向了身体尊严的范围,与一般人格权的救济路径并无本质区别。

对于身体完整性利益的损害,最为直接的表现在于致他人身体受损,包括身体组成部分的缺失、损坏等,如剃人毛发、抽取血液、伤人骨折等。医生在创伤手术的过程中将患者置之不理,任其器官暴露在空气中使患者器官坏死,此时医生的行为即以不作为的方式破坏他人身体完整。对于打人耳光的行为,难以将其评价为侵害身体权的行为,因为此时并未破坏身体的完整性,且难谓有损健康之状态,故不宜以身体权、健康权进行保护,但若打人耳光致使耳膜穿孔等轻微伤的除外。

对于行动自由利益的侵害,主要表现为非法拘禁行为。限制某人进入某一场所只是对自然人行动自由的消极限制,并不是对行动自由的损害。认定限制行动自由的行为构成对身体权的损害,需满足一定的时间条件。因发生纠纷而短暂控制他人的身体的,不是行动自由利益的损害,如双方发生口角并伴有轻微的肢体动作,一方紧抓住另一方的手臂以免矛盾激化,此时不宜评价为限制行动自由。[4] 第1011条规定的典型限制行动自由的行为是"非法拘禁",严重者可构成《刑法》第238条之非法拘禁罪。行为人采取欺骗等方式,骗取公权力机关对无辜者的人身自由进行非法限制,若公权力机关存有过错的,构成无意思联络之共同侵权。[5]

对于性自主利益的侵害,《民法典》第1010条规定:"违背他人意愿,以言语、文字、图像、肢体行为等方式对他人实施性骚扰的,受害人有权依法请求行为人承担民事责任。机关、企业、学校等单位应当采取合理的预防、受理投诉、调查处置等措施,防止和制止利用职权、从属关系等实施性骚扰。"该条本质上是一

---

〔1〕 上海市普陀区人民法院民事判决书,(2012)普民一(民)初字第3205号;重庆市第五中级人民法院民事判决书,(2016)渝05民终3902号。

〔2〕 河南省濮阳市中级人民法院民事判决书,(2018)豫09民终2846号;黑龙江省绥化市中级人民法院民事判决书,(2019)黑12民终463号。

〔3〕 广东省深圳市中级人民法院民事判决书,(2019)粤03民终1069号。

〔4〕 安徽省合肥市中级人民法院民事判决书,(2020)皖01民终4869号。

〔5〕 参见袁雪石:《民法典人格权编释论——条文缕析、法条关联与案例评议》,中国法制出版社2020年版,第240页。

条侵权损害赔偿责任条款。本款防范的对象是性骚扰之侵权行为。在法律领域,性骚扰并没有一个严谨的概念界定,一般是指除去强奸、猥亵等性暴力犯罪之外的侵权行为。性骚扰行为通常不会对受害人的身体造成损害,但却是对受害人身体的亵玩,可理解为对身体尊严的侵犯。

对于权利人对身体的支配利益的侵害,主要针对的是《民法典》第1006条规定的人体捐献。当一项权利存在积极的权利内容时,对该部分内容的侵害主要体现为权利人意志无法顺利实现。强迫、欺骗、利诱他人进行人体捐献的,无疑是对他人身体完整性的侵害。除此之外,人体捐献组织违反权利人的意愿拒绝其捐献、错配权利人的捐献对象的,构成对权利人身体自主支配利益的侵害。存有疑问的是,擅自将死者器官移植于拯救亟须救治的患者,这一行为是否违法?侵害的是何种权益?例如,某医生擅自将尚在眼角膜有效期内的死者眼角膜摘取,用于患者的眼疾治愈。该医生可能侵害了遗体上的某种权益、死者生前关于器官捐赠的意愿、死者近亲属对于死者遗体器官捐赠的意愿以及死者近亲属对于死者遗体完整性的情感利益。依《民法典》第1006条,死者配偶、成年子女、父母共同享有死者遗体器官的处分决定权,医生的行为侵害了死者近亲属的上述权益。

3. 健康权

侵害健康权的损害体现为身心健康状态的减损。如前所述,健康权兼具基本权利之社会权以及民事权利的面向。作为社会权的健康权,其主体有权要求国家在立法上落实保护公民健康的要求,在健康受到威胁时有权要求提供基本的健康保障。[1] 作为民事权利的健康权,实际上是权利人对于健康利益的享有与支配自由。行为人实施积极伤害的行为,若不影响权利人的身心健康状态,如扇耳光,不构成对健康权的损害。若伤害行为构成对生命权、身体权的侵害,则必然对权利人的健康造成损害。这是因为在伤害行为造成的损害结果上,健康权位于物质性人格权的最末端。健康状态的减损在表现上通常不如身体权那样直观,如饮用长期被污染的饮用水导致慢性病就是对健康权的损害。

权利人对自身健康利益享有支配的自由,可称为健康利益支配权,在医疗关系中即表现为对可能影响个人健康状况的各种行为知情同意和知情选择、请求制止或排除对个人健康状况危害的权利。[2] 《民法典》第1008条规定,参与人

〔1〕 参见陈云良:《健康权的规范构造》,载《中国法学》2019年第5期。

〔2〕 参见黄清华:《健康权再认识——论健康权的民事、社会和政治属性》,载《社会科学论坛》2016年第1期。

体临床试验的，进行试验的组织应向受试者或者受试者的监护人告知试验目的、用途和可能产生的风险等详细情况，并经其书面同意。告知的程度必须使受试者或其监护人清晰地知晓相关情况，能够客观冷静地评估风险，否则即侵害了受试者的健康利益，即使该试验并未对权利人的健康状态造成任何不良后果。

（四）因果关系

因果关系是将行为人的加害行为与受害人权益损害的结果连接在一起的构成要件，几乎是所有赔偿责任的基础。[1] 法律责任意义上的因果关系与事实层面的因果关系不同，其是在事实因果关系基础上依照一定的标准过滤后的法律评价，否则因果关系链条将所有行为均联系在一起，损及合理范围内的行动自由。无论是刑法学界还是民法学界，因果关系的判断都是一大难题，关键在于以何种标准确定因果关系。[2] 我国民法上因果关系理论经历了从"必然因果关系说"到"相当因果关系说"的发展过程。通说采相当因果关系说，即加害人的行为侵害了被害人的权利，并产生了损害。依常人的经验判断，侵害行为的出现通常有发生此种损害结果的可能时，即可认定二者之间存在因果关系。

二、侵害生命权、身体权和健康权的责任承担

人格权请求权作为绝对权保障的工具，侧重于事前预防。《民法典》第995条规定："人格权受到侵害的，受害人有权依照本法和其他法律的规定请求行为人承担民事责任。受害人的停止侵害、排除妨碍、消除危险、消除影响、恢复名誉、赔礼道歉请求权，不适用诉讼时效的规定。"在民法权利体系中，依照权利是原生或派生而来可分为原权与救济权。某些权利自身具备了请求他人为一定行为的效力，如基于合同所产生的履行合同请求权，被称为原权请求权。而救济权则是基于违反原权的义务而产生的，以保护原权为目的。救济权就是请求权，因为违反义务的人总是特定的，且救济权行使的效果并未直接支配义务人，而是请求义务人为或不为特定的行为。综观《民法典》人格权编的相关规范可以发现，我国《民法典》人格权编构建了全面的人格权请求权体系，形成了"事前防御＋事后救济"的完整权利保护方案。

（一）停止侵害、排除妨碍、消除危险

依据《民法典》第995条的规定，人格权受到侵害时，受害人即可依法请求

---

〔1〕 参见［德］克雷斯蒂安·冯·巴尔：《欧洲比较侵权行为法》（下卷），焦美华译，法律出版社2001年版，第498页。

〔2〕 参见陈兴良：《刑法因果关系：从哲学回归刑法学——一个学说史的考察》，载《法学》2009年第7期。

行为人承担民事责任。对比《民法典》第1165条的规定,第995条第1款并无行为人过错和损害后果的要求。故第995条第1款相较于第1165条而言,适用范围更广,可适用于尚未造成实际的人格权损害的情形。若生命权、身体权或健康权损害后果已经产生,权利人可结合适用《民法典》第995条第1款和第1165条,向行为人主张损害赔偿之侵权责任。

《民法典》第995条第1句所称"民事责任"包括预防性质和补救性质的民事责任承担方式。第2句列明"停止侵害、排除妨碍、消除危险、消除影响、恢复名誉、赔礼道歉请求权"不受诉讼时效调整。人格权请求权作为人格权人维护自身人格权益的积极防御权,作用于人格权遭受侵害或危险之时,且人格权请求权的要件较为宽松,尤其是不要求实际损害后果的出现。就此而言,"消除影响、恢复名誉、赔礼道歉"应不属于人格权请求权。此三者的适用前提在于人格权损害后果已实际发生,是"恢复原状"在人格权保护上的变通形式:行为人对不当评论和失实信息加以澄清,真相大白于世,还人格权人名誉;赔礼道歉虽不可被强制执行,但判决公开的宣示正义亦是对人格权人的安慰。[1] 由于此三者是对人格权损害后果的救济,对长时间前发生的人格权损害后果仍有救济的必要,以维护人格尊严的完整性,加强人格权的保护,故此三者不适用诉讼时效的规定,允许人格权人随时主张。结合《民法典》第179条承担民事责任方式的规定来看,权利人可在生命权、身体权或健康权受到侵害时,依法主张停止侵害、排除妨碍、消除危险的责任方式。

当行为人作出侵害行为,而仅对权利人的生命、身体或健康造成危险时,权利人有权请求行为人消除此危险。如甲的邻居乙为防窃贼正在院内安装高压电线,其中数根电线走线贴近甲家。乙的行为严重威胁甲及家人的生命权,甲有权请求乙消除危险,撤除高压电线或改采其他防盗措施。[2] 当行为人的侵害行为已作用于权利人,权利人的生命、身体或健康处于被侵害状态时,权利人有权请求行为人停止侵害行为,将妨碍加以排除。停止侵害、排除妨碍的责任承担方式及时制止侵害人格权的行为,是人格权请求权预防损害后果发生功能的直接体现。此外,这两种责任承担方式不仅适用于侵害生命权、身体权或健康权的情形,亦适用于生命权、身体权或健康权损害后果已然发生的场合,防止损害后果的扩大。

---

〔1〕 参见张红:《不表意自由与人格权保护——以赔礼道歉民事责任为中心》,载《中国社会科学》2013年第7期。

〔2〕 参见重庆市第五中级人民法院民事判决书,(2010)渝五中法民终字第3596号。

（二）人格权禁令

《民法典》第997条规定了人格权禁令制度。本条是为更好地实现停止侵害、排除妨碍、消除危险而进行的规定，是人格权请求权的程序保障。除本条规定外，《反家庭暴力法》第四章规定的“人身安全保护令”维护家暴情形下自然人的生命、身体、健康以及名誉等人格权益，亦是人格权禁令制度的组成部分。实践中，有法院据此作出“保护令”，“禁止被申请人骚扰、跟踪、接触申请人及其近亲属，禁止被申请人干预申请人正常的工作生活及禁止干预儿子江某甲正常的学习生活”〔1〕。

当权利人依据《民法典》第995条之规定请求行为人停止侵害、排除妨碍、消除危险而不奏效时，权利人可据本条规定向法院主张人格权禁令，及时制止侵害生命权、身体权或健康权的违法行为。通常而言，人格权禁令主要适用于在言论侵害人格利益的场合，如行为人拟在报纸上刊登不实言论诽谤人格权人。法院接到申请人的禁令申请后，需评估申请内容、提交的证据以及案件事实，权衡维护的人格权益与限制的其他利益后，作出是否发出禁令的裁定。

（三）损害赔偿

生命、身体、健康等人格利益客观上具有高度的关联性，对受害人生命权的非法侵夺时常会造成对受害人身体权、健康权的侵害。鉴于生命权、身体权、健康权同为优先于其他人格权的地位与“物质性人格权不得克减”的原则〔2〕，《民法典》第998条规定，只有在认定侵害生命权、身体权与健康权之外的人格权的民事责任时，才会结合行为人与受害人的过错程度、行为方式、影响范围等因素进行衡量，意味着在侵犯生命权、身体权与健康权的情形中，《民法典》人格权编所引入的“动态系统论”不得适用。因此，在具体个案中界定对生命权、身体权与健康权的损害赔偿时，无须结合上述复杂的参考因素加以衡量，而是可以直接认定行为人所应承担的民事责任。

1. 生命权

（1）生命的可赔偿性。生命是否具有可赔偿性向来是学术界争议的焦点，康德之言——“人的生命没有什么法律的替代品”，〔3〕被绝大多数大陆法系国

〔1〕 广东省广州市增城区人民法院民事裁定书，（2016）粤0183民保令字第1号。

〔2〕 参见王利明：《民法典人格权编的亮点与创新》，载《中国法学》2020年第4期。

〔3〕 参见［德］康德：《法的形而上学原理》，沈叔平译，商务印书馆1991年版，第166页。

家奉为圭臬,其主流通说为对生命权的侵害本身无法赔偿。[1] 返观我国学术界中“生命权不可赔偿论”的观点大致有如下三种:其一,生命至高无上,用金钱去代替或弥补侵犯生命权的损害后果,是对人之生命价值的误解;[2] 其二,用具体价格去衡量人之生命,是对人格尊严的侮辱,是对民法精神的亵渎;[3] 其三,对生命权的赔偿并不真正出于侵害生命行为的因果关系链条中,我国法律缺乏对生命权受害人本身的赔偿,实为一种“空权利”。[4] 对此,本书认为,上述否定生命具有可赔偿的观点要么是在抽象意义上过度拔高了生命的“无价”,要么是囿于法律适用方面的严苛逻辑,皆有悖于“有权利即有救济”的根本法理,忽视了现代民法可衡量个体生命价值的功能。而对于具体个案中的生命,民法是可以对此予以赔偿的。

首先,考察人类历史进程中关于生命遭受损害后救济制度的沿革,私法对于生命权的救济一直存在。在崇尚“同态复仇”的原始社会中,氏族部落对于将对某位成员生命的剥夺视为对整个部落或其近亲属利益的损害,[5] 而非仅局限于杀人者与被害人的关系。并且杀人者对于被害人的遗孀与孩子承担抚养义务的制度雏形已经出现。[6] 在罗马法等古代法制中,对于非法剥夺他人生命的行为除刑罚外,还苛以罚金。但对此部分的罚金究竟是属刑事罚金还是对死亡后果的民事赔偿并不明确。[7] 虽然刑事罚金与民事赔偿长期混同,但不可否认的是,私法对于生命权的救济自人类社会早期便已存在,并随着时代的变革而不断调整其自身内容。其次,人之生命权一旦遭遇侵害以致死亡后,便无法以自身行使救济权利,生命权的受害人因侵权行为导致其主体资格已经丧失,无法基于民法规定的请求权基础进行自我救济。私法对于生命权救济的局限并不必然意味着私法对于生命权的无能或无为。不可否认,关于非法剥夺他人生命权行为的法律规制,公法一直扮演着主要的角色。但须明确的是,私法具有对死亡后果进

---

[1] 参见[德]克雷斯蒂安·冯·巴尔:《欧洲比较侵权行为法》(下卷),焦美华译,法律出版社2001年版,第71页。

[2] 参见张新宝:《〈侵权责任法〉死亡赔偿制度解读》,载《中国法学》2010年第3期。

[3] 参见刘引玲:《对生命权的思考》,载张士宝主编:《法学家茶座》第15辑,山东人民出版社2007年版。

[4] 参见冯恺:《生命损害赔偿请求权理论再思考》,载《政法论丛》2004年第2期。

[5] 参见[美]孟罗·斯密:《欧陆法律发达史》,姚梅镇译,中国政法大学出版社2003年版,第35-38页。

[6] 参见[美]霍贝尔:《初民的法律——法的动态比较研究》,周勇译,中国社会科学出版社1993年版,第94页。

[7] 参见麻昌华:《侵权行为法地位研究》,中国政法大学出版社2004年版,第71页。

行金钱方面损害填补的功能，此是公法无可替代的。当然，认可抽象意义上的“生命无价”，既能保障私法对于抽象意义上人之生命的理性尊崇，亦能促使私法对于具象意义上个体生命的损害赔偿有更为清醒与审慎的探索。再次，现代社会的发展密切了人与人之间的联系，使每个人都处于其特定的社会网络之中。[1] 人之社会属性的加深，使个体生命的出生与死亡并非其“一己之利”，而是都会在一定范围内影响第三人的法益，从而使加害人侵害他人生命权的行为实则产生了“双重损害事实”，进而证成了“双重受害人说”，[2] 私法理应且必须对丧失生命权的受害人及一定范围内第三人的利益予以救济，而与受害人死亡联系最为紧密的当为其近亲属。又次，就民法自身的理论而言，死亡是某一特定时刻的事，死亡之时便是生命权遭受非法剥夺之时，因死亡而产生的生命权请求权便已存在，且生命权请求权所指向的权利客体会因受害人的死亡而转化为其近亲属等继承的客体。就逻辑而言，“一秒论”是成立的。最后，参考现代人力资本理论对于生命内涵价值的计算，民法可救济个体的、具体的生命价值。[3] 自过去（劳动投入）、现在（收入水平）、未来（预期收入）等三个维度对具体案件中的个体生命价值进行审慎衡量，为生命权遭受损害时的填补划定全面且充分的赔偿范围。

（2）生命权损害赔偿请求权主体。如前所述，生命于人具有不可替代性，死亡对人而言无法逆转，受害人的生命因遭受他人非法侵夺而失去时，其对生命权请求权便无法再行使。生命权损害赔偿的对象实际上并非受害人，而是与死者相关的生者。斯人已逝，赔偿对其几无意义可言，但对于侵权行为人和与死者相关的生者来说，利益攸关。因此，学术界对于生命权损害赔偿请求权的行使主体及其权利来源的相关问题，探讨不断，相关著述不一而足，大致可分为“继承主义学说”与“固有损害主义学说”两大派别。

“继承主义学说”的核心观点是，受害人有权主张赔偿，其死后继承人继承其主张赔偿的权利，主要有以下四种观点：其一，“行为人赔偿义务说”，其主张因行为人的侵权行为所引发的赔偿义务并不会随着受害人死亡而变得不复存在，赔偿应由受害人的继承人继承。[4] 其二，“同一人格继承说”，其主张受害人

---

〔1〕 参见李智超、罗家德：《中国人的社会行为与关系网络特质——一个社会网的观点》，载《社会科学战线》2012 年第 1 期。

〔2〕 参见曹诗权、李政辉：《论侵害生命权在民法上的责任》，载《法学评论》1998 年第 5 期。

〔3〕 参见李本森：《生命价值的法律与经济分析——中国生命赔偿法律的改革路径》，载《中国社会科学》2011 年第 6 期。

〔4〕 参见史尚宽：《债法总论》，台北，荣泰书局 1978 年版，第 141 页。

与其继承人存在纵向上的人格联系,继承人实际上继承的是受害人的人格与法律地位。[1] 其三,"间隙取得请求权说",其认为被害人在死亡之前获得了其对死亡侵权损害赔偿请求权,其死后该请求权便由继承人继承。[2] 其四,"死者人格权存续说",其认为应当在生命损害赔偿请求权的特殊场域内赋予被害人作为权利主体的资格,其人格仍然存在。[3]

仔细分析"继承主义学说"下的几种主要观点,可以发现,这些主张均是在"继承"的框架范围内,多以"继承"搭建受害人死亡赔偿请求权转向继承人的桥梁,而且具有较强的"拟制"倾向,本书对以上观点并不赞同:第一,侵权行为人对死者的侵夺生命的行为确实是其赔偿义务的发生原因,但死者的继承人并不属于行为人与受害人权利义务关系的范畴,以"继承"为媒介,实则说理有所不足。第二,虽然法律上的"拟制"安排并不少见,但受害人因死亡而丧失了主体资格,此种强行"拟制"死者主体资格仍然存在的观点,对于生者利益的保护实际上并无多大现实意义,亦不具备太多实践操作性。

与"继承主义学说"相比,"固有损害主义学说"具有更为通畅的学理论证与更强的实践操作性,对受害人生命权遭遇损害后的赔偿救济范围更加全面。"固有损害主义学说"的核心观点为受害人并不具有死亡损害赔偿请求权,而应明确受害人的近亲属基于固有损害而享有请求权,其主要有以下三种观点:其一,"抚养丧失说",其主张被抚养人因受害人死亡而失去了生活来源,侵权行为人应当对被抚养人予以赔偿。[4] 但此观点仅将死亡赔偿限定在"被抚养人生活费"的范围,而忽略了死者的"逸失利益"、救治死者所支出费用等损失。其二,"双重直接受害人说",其认为在生命权遭受侵害的情形中,受害人与受害人的近亲属皆是侵权行为的受害者,死者因丧失了主体资格而无请求权,但受害人近亲属享有不基于继承而获得的损害赔偿请求权。[5] 其三,"死者近亲属直接受害说",其主张死者近亲属的身份权与精神因死者的去世而遭受损害,侵权行为人要为此承担损害赔偿之责。[6] 虽然"固有损害主义学说"仍存在一些说理上

---

[1] 参见邱聪智:《新订民法债编通则》(上),中国人民大学出版社 2003 年版,第 166 页。

[2] 参见姚辉、邱鹏:《论侵犯生命权之损害赔偿》,载王利明主编:《民法典 · 人格权法重大疑难问题研究》,中国法制出版社 2007 年版。

[3] 参见孙鹏:《"生命的价值"——日本死亡损害赔偿的判例与学说》,载《甘肃政法学院学报》2005 年第 4 期。

[4] 参见王利明:《人格权法研究》(第 3 版),中国人民大学出版社 2018 年版,第 324 页。

[5] 参见杨立新:《侵权法论》,人民法院出版社 2004 年版,第 634 页。

[6] 参见曹诗权、李政辉:《论侵害生命权在民法上的责任》,载《法学评论》1998 年第 5 期。

的不足，诸如其对行为人侵害受害人生命权的单一侵权行为如何导致受害人与受害人近亲属共同享有死亡损害赔偿请求权问题论证上不够清晰，但本书认为“固有损害主义学说”明确受害人的近亲属以及受害人生前抚养的人为享有损害赔偿请求权的主体，更加符合现实生活中生命权遭遇侵害后的救济逻辑。第一，就财产利益损害填补的角度而言，死者的离去势必将造成与死者共处同一“利益共同体”中其他人在经济上的损失，如救治受害人的直接经济利益损失与受害人创造财富可能的间接经济利益损失，侵权行为人理应就此类损失承担赔偿责任。第二，就精神利益损害补偿的角度而言，在情感上与死者紧密相连的人必将会因死者的去世而遭遇身心的巨大痛苦，这是生者因自身精神利益遭受损害而享有的损害赔偿请求权，而不是由继承死者相关权利而来。第三，对于受死者生前抚养的人而言，行为人的侵害行为直接使其丧失了抚养的来源，此结果当然是行为人造成的损害后果之一。因此，本书认为，当生命遭受非法侵夺时，为实现个体生命内涵价值的全面赔偿，受害人的近亲属与受害人生前抚养的人应为生命权损害赔偿请求权的权利主体。

值得一提的是，“近亲属”这一概念于我国民法体系中是一个外延相对宽广的概念，根据《民法典》第 1045 条之规定，配偶、父母、子女、兄弟姐妹、祖父母、外祖父母、孙子女、外孙子女为近亲属。参考这一规范的涵盖范围，那些现实生活中与受害人长期共同生活的非近亲属被排除在此范围外。但是，此类“非近亲属”基于与受害人长期共同生活，确实与受害人共处同一“利益共同体”，也与受害人建立了紧密的情感关联，而民法将其排除在生命损害请求权的主体范围之外，显然有悖法之公平与正义。因此，本书赞同张新宝教授的观点，确定死亡赔偿请求权的主体时，不宜过分拘于《民法典》第 1045 条对近亲属的概念与范围的界定，而应注重“事实判断”，将那些“在事实上与死者形成了十分密切的共同经济关系与精神依赖关系”[1]的人，扩展解释为死者的近亲属。还须特别说明的是，依照《民法典》的现行规定，法定的抚养义务主要有：父母对未成年子女的抚养义务（《民法典》第 26 条）；成年子女赡养老人的义务（《民法典》第 1067 条）；非婚生子女的被抚养义务（《民法典》第 1071 条）；继父母对继子女的抚养义务（《民法典》第 1072 条）；特殊条件下祖父母及外祖父母与孙子女及外孙子女之间的抚养与赡养义务（《民法典》第 1074 条）；特殊条件下亲兄弟姐妹之间的抚养义务（《民法典》第 1075 条）；夫妻之间的扶养义务（《民法典》第 1059 条）

〔1〕 张新宝：《侵权死亡赔偿研究》，载《法学研究》2008 年第 4 期。

等。虽然具体语境中对于“抚养”义务的规范表达并不一致,但“抚养”、“赡养”与“扶养”的法定权利义务关系的主体均是“近亲属”。因此,一般情形中,“受害人生前抚养的人”常被包含于“受害人近亲属”的范围之中。另外,在受害人生命权被非法剥夺但无法确定其近亲属的特定情形中,应由特定的组织或个人先行代其近亲属行使生命权损害赔偿请求权,以保护受害人近亲属的利益,此于我国已早有相对成熟的司法经验,[1]应无疑义。

另外,针对特定情形中由受害人近亲属之外的人所支出的为救治受害人而负担医疗费等费用与为安葬受害人而负担的丧葬费用,《民法典》第 1181 条第 2 款中已经明确“支付被侵权人医疗费、丧葬费等合理费用的人有权请求侵权人赔偿费用”,此种主体亦属于生命权损害赔偿请求权主体的范围,但由于其请求权的来源主要基于其财产利益上的受损,在司法实践中并无甚多争议,故本书于此不作过多探讨。

(3)生命权损害赔偿的范围。民法理论中,对物质性人格权的损害赔偿包含以下两个方面:一是直接的财产损失与间接的财产损失,二是受害人近亲属的精神损失。直接的财产损失是指因救助受害人而可能产生的医疗费、护理费等,而间接的财产损失包括两个方面:其一,受害人遭受侵犯直至康复或生命结束期间所造成的误工损失;其二,受害人创造物质价值潜能,即“逸失利益”的损失,死亡赔偿金是对此损失的赔偿。[2] 受害人遭受侵害行为之时直至康复、死亡,其近亲属的精神无疑遭受巨大创伤,故有权请求行为人支付精神抚慰金。另外,为维护死者“生命”最后的尊严,受害人的近亲属有权请求行为人支付死者的合理的丧葬费用,以示民法对人之生命最细微之处的关怀。

立法上,我国原《民法通则》并未规定侵权人须对生命权丧失后果本身应负赔偿责任,使“撞残不如撞死”如此吊诡的社会道德观念一度甚嚣尘上,此显然有悖于民法之公平正义理念。此后,相继颁行的《民通意见》《道路交通事故处理办法》《产品质量法》《消费者权益保护法》以及最高人民法院《关于审理触电人身损害赔偿案件若干问题的解释》等都因民法理论的缺乏、法律术语的不统一等原因仍未能对生命权丧失的后果本身予以完善的救济。[3] 这些繁多乃至令人眼花缭乱又各自具有特殊调整范围的法律及司法解释,也造成法官在司法

---

[1] 参见高淳县民政局诉王某胜、吕某、天安保险江苏分公司交通事故人身损害赔偿纠纷案,载《最高人民法院公报》2007 年第 6 期。

[2] 参见张新宝:《〈侵权责任法〉死亡赔偿制度解读》,载《中国法学》2010 年第 3 期。

[3] 参见朱晔:《论人身损害赔偿请求权与继承》,载《环球法律评论》2006 年第 2 期。

实践中援引规范的混乱。因此,须结合《民法典》第 1179 条所规定的在“造成死亡的,还应当赔偿丧葬费和死亡赔偿金”的基础上,对生命权损害赔偿的范围予以更加精细的探讨,以整合既有的相关民事立法与司法解释,明确界定生命权损害赔偿的范围,从而严格限制司法实践中法官对于具体个案的自由裁量,进而实现民法对于生命权的全面救济。本书认为,生命权损害的赔偿范围主要包括以下几类。

第一类,为救治受害人所支出的常规费用。现实生活中,为挽救受害人的生命,常对受害人进行救治,因救治所支出的经济利益属于直接经济损失,此类经济损失亦属于身体权与健康权的损害赔偿范围。当然,具体个案中不一定发生因救治受害人所支出的经济费用。《民法典》第 1179 条将此类经济损失分类为医疗费、护理费、交通费等为治疗和康复支出的合理费用与误工费,与原《侵权责任法》第 16 条相比,明文增列了“营养费”为人身损害赔偿的项目。此类赔偿项目在学术界与实务界的争议不大,个案裁判中当以实际发生的支出为基础、以相关的司法解释与司法指导意见为计算标准确定行为人的赔偿金额。仔细分析此类直接经济损失,可以发现,侵权行为人对于此类损失的填补并非由于其对受害人生命权的侵害,而是基于其对受害人身体权与健康权的侵害。对于因救治受害人所支出的医疗费、护理费、交通费、营养费与因受侵害所失去的工作收入而言,此类损失皆发生于受害人死亡之前,其赔偿请求权的权源来自受害人的身体权与健康权的受损,此与受害人遭受的生命权损害实际上并无直接关联。但在受害人生命权遭遇非法侵夺的情形中,此类赔偿请求权因“继承”或“固有损害”而转至受害人近亲属享有,故本书将此类经济损失列入侵害生命权损害赔偿的范围中。

第二类,死亡赔偿金。原《民法通则》以明确规定“公民享有生命健康权”与“侵犯公民生命健康权的民事责任”的方式,开启了我国民法对生命权保护的历程。但由于受到“生命不可赔偿”理念的影响,而未规定死亡赔偿金,具体案件中受害人及其近亲属的相关利益未能予以妥善救济,引发了实践中的诸多问题。此后,司法实践中的困境引起了立法者与司法者的共同关注,“死亡赔偿金”“死亡补偿费”的概念被《国家赔偿法》和《道路交通事故处理办法》吸纳,明确为生命权损害民事赔偿的项目。但由于此时相关立法均未明确界定死亡赔偿金的性质,引起了实践界与理论界的巨大争议:有的人认为是对死者劳动潜能的赔偿;有的人认为是对近亲属的抚慰;有的人认为死亡赔偿金应包括丧葬费、医疗费,有的人认为死亡赔偿金不包括丧葬费和医疗费。对待死亡赔偿金的性质问题,最高人民法院也在较短的时间内出现了观念上的摇摆不定。《精神损害赔偿解释》（2001 年）中的第 9 条“精神损害抚慰金包括以下方式：（一）致人残疾的，为残疾赔偿金；（二）致人死亡的，为死亡赔偿金；（三）其他损害情形的精神抚慰金”将“死亡赔偿金”纳入“精神损害抚慰金”的范畴，而在之后出台的《人身损害赔偿解释》（2003 年）中的第 29 条与第 31 条又将“死亡赔偿金”视为“物质损害赔偿金”，如此一来，更加激发了针对死亡赔偿金性质问题的广泛的探讨。

围绕死亡赔偿金性质的问题，相关学术界争议大致可以分为三种主张。其一，“生命价值赔偿说”，该观点认为遭受生命权非法侵夺的受害人因行为人的侵害行为而死亡，行为人应对受害人未享有的“余命”予以赔偿。[1] 因该主张的核心理念是用经济利益去赔偿生命的剩余价值、是用“物质”去等价高贵的“生命”，所以引起了学术界一定的争议。[2] 其二，“惩罚性赔偿说”，该观点主张对于行为人侵犯他人生命权这一严重的侵权行为，法律应对此苛以惩罚性的赔偿责任，从而达到预防侵害生命权行为的目的。[3] “惩罚性赔偿说”将“死亡赔偿金”聚焦于行为人的侵权行为，使“死亡赔偿金”摆脱了“物质损害赔偿”与“精神损害赔偿”的范围，但实则本末倒置，轻视了受害人及其近亲属等相关主体遭遇的直接损害，违背了“损害填补”这一基本法理。其三，“遗属损失说”，该观点将目光回归至死亡赔偿的对象上，认为死亡赔偿金并非对死者的赔偿，而是对受害人死者有关的人所遭受的物质或精神方面损害的赔偿。[4] 此主张的理论基础实际上是建立在“固有损害主义”框架下的“继承丧失说”与“抚养丧失说”观点上的，将“死亡赔偿金”定性为对死者近亲属所遭受利益损失的填补。本书认为，“生命价值赔偿说”与“遗属损失说”皆具有一定的合理性。“生命价值赔偿说”坚守“生命具有可赔偿性”的理念，认为对被害人死亡结果本身的赔偿因被害人已死亡，而承继由被害人近亲属享有。同时，出于生命本身无贵贱的理念，“生命价值赔偿说”主张“同命应同价”。但若强调生命对于个体的平等性，而将生命权的损失界定为衡量死亡赔偿金多寡的唯一标准，似乎过于理想化，不利于具体情形下个体生命价值在赔偿意义上的判断，反而会背离公平原则。而“遗属损失说”则坚持行为人对于受害人死亡结果本身不负赔偿的观点，认为应从

---

〔1〕 参见杨立新：《侵权责任法》，法律出版社 2018 年版，第 218 页。

〔2〕 参见张潜伟：《生命的价值学说的价值与死亡赔偿——兼论精神损害赔偿的计算公式》，载《河北法学》2013 年第 3 期。

〔3〕 参见刘永光、吕静：《我国未成年人死亡赔偿制度研究》，载《贵州社会科学》2010 年第 11 期。

〔4〕 参见张新宝：《侵权死亡赔偿研究》，载《法学研究》2008 年第 4 期。

死者近亲属的角度去判断死亡赔偿金的金额，将死亡赔偿金的实际功能定性为维持死者近亲属所在地社会一般物质生活水平。[1] 但因“所在地社会一般物质生活水平”须根据死者生前收入水平、生活地经济水平等实际因素予以具体衡量，故是为引发“同命不同价”的关键。

于2009年公布的《侵权责任法》则对“死亡赔偿金”的性质问题作出了回应。原《侵权责任法》第16条与第22条延续《人身损害赔偿解释》(2003年)中的第29条与第31条的态度，将死亡赔偿金定性为生命权损害赔偿中的财产性损害赔偿，死亡赔偿金得以明确与精神损害赔偿并列。原《侵权责任法》还针对死亡赔偿金制度制定了一些特殊规则。该法第17条规定：“因同一侵权行为造成多人死亡的，可以以相同数额确定死亡赔偿金。”此条规范意旨为在同一侵权行为侵害多名受害人生命权时，为便于定分止争，法官可确定相同数额的死亡赔偿金，以缓和所谓的“同命不同价”引发的舆情争议。但须进一步说明的是，此“相同数额”的赔偿部分仅指死亡赔偿金，并不包含如救治受害人所支出的医疗费、营养费与丧葬费、精神损失费等项目。原《侵权责任法》的上述做法，也被《民法典》第1179条、第1180条与第1183条所承继。

关于死亡赔偿金的计算方式，《人身损害赔偿解释》(2003年)采用了类型化的计算方式，将受害人的户籍性质作为确定死亡赔偿金的依据。虽然对于具体主体丧失生命的民事赔偿而言，采取“同命不同价”的态度并不违背平等原则，死亡赔偿金的功能本就是维持受害人近亲属所在地社会一般物质生活水平，当然须结合不同地区、城乡差异予以具体衡量，从而达致实质公平。但是，以城乡户籍差异为主要判断标准的类别化计算方式的确过于粗略，且我国原有的城乡差异正日趋缩小，现代社会人口流动性剧增，故单纯依照受害人的户籍地来确定死亡赔偿金的计算标准的做法已经明显不合时宜。2019年4月15日，中共中央、国务院公布《关于建立健全城乡融合发展体制机制和政策体系的意见》，该意见第17条明确规定“统筹城乡社会救助体系”“改革人身损害赔偿制度，统一城乡居民赔偿标准”，对建立人身损害赔偿“同命同价”原则提出了明确要求。而后，最高人民法院于2019年9月2日下发《关于授权开展人身损害赔偿标准城乡统一试点的通知》，授权各省、自治区、直辖市及新疆维吾尔自治区生产建设兵团分院根据各省具体情况在辖区内开展人身损害赔偿纠纷案件统一城乡居民赔偿标准试点工作。由此，我国司法领域内针对人身损害赔偿“同命同价”与

---

[1] 参见张新宝：《侵权死亡赔偿研究》，载《法学研究》2008年第4期。

探索新的死亡赔偿计算标准的试点工作已拉开帷幕。为此,为救济受害人因死亡而丧失的"逸失利益",本书认为,死亡赔偿金的计算标准须在一定程度上进行个案识别,可以参考以下几种因素:受害人死亡时的年龄;受害人死亡前的收入情况;受害人家庭经济状况;受害人潜在的发展前景等。对此,可留待具体的判例学说发展以解决。

第三类,扶养费。对于受害人生前抚养的人来说,行为人对于受害人的不法行为导致其维持生活的利益落空。基于此,原《民法通则》第 119 条首次明确将"死者生前抚养的人必要的生活费"划入生命损害赔偿请求权的赔偿范围。《人身损害赔偿解释》(2003 年)第 28 条进一步细化了被抚养人生活费的计算标准,但原《侵权责任法》第 16 条只规定了"死亡赔偿金",而未规定被抚养人的生活费。此后,最高人民法院《关于适用〈中华人民共和国侵权责任法〉若干问题的通知》中规定将被扶养人生活费计入死亡赔偿金,此次《民法典》第 1179 条同样未规定被扶养人生活费。那么,被受害人生前抚养人的生活费是否独立于死亡赔偿金之外,是单独的生命损害赔偿请求权的赔偿项目呢?

本书认为,无论被抚养人生活费是计入死亡赔偿金还是能够单独请求,都仅是立法与司法层面对生命损害赔偿的计算安排而已。质言之,若将死亡赔偿金与被扶养人的生活费比喻成两杯水,死亡赔偿金的范围是否包含抚养费,仅仅是将抚养费的"杯中水"倒入死亡赔偿金的"杯子"里,并不意味着受害人生前所抚养的人对其所丧失的被抚养利益请求权的不存在。自二者的功能上的差别而言,死亡赔偿金包含救济死者"遗失利益"的功能,是救济受害人近亲属因受害人死亡而遭受的财产性利益损失。而被扶养人生活费是在于维系被扶养人基本的生存保障,是对被扶养人因受害人死亡而丧失的被抚养利益的救济,二者功能不同,可互相独立,亦不一定互相排斥。是故,受害人生前抚养人的生活费属于生命权损害赔偿的范围。

如前所述,胎儿享有生命利益,胎儿有主张因维系其生命利益存续之必要物质基础的权益。是故,本书认为,应当将"胎儿"纳入"受害人生前抚养人"的范围中,即肯认胎儿的生活费请求权。胎儿生活费请求权是指胎儿的抚养人因遭受侵害而丧失劳动能力甚至生命,胎儿的父母及其他亲权人有权要求侵权行为人给付一定的生活费。《德国民法典》第 844 条第 2 项末段规定:"即使该第三人在侵害发生时已被孕育成胎儿但尚未出生,也发生该项赔偿义务(在致人死亡的情形下第三人的赔偿请求权）。"[1]可见，德国民法已经肯认了胎儿生活费请求权。反观我国民法却没有明文赋予胎儿这一关乎生命维续的重要权利的请求权基础。但本书认为，可运用民法解释方法，在现行民法规范体系的框架中找寻胎儿生活费请求权基础的规范踪迹。复观我国《民法典》第 16 条之规定，使胎儿在继承遗产、接受赠与等经济性权利的获得已无障碍，而具有同质性的胎儿生活所必需的费用并未逸出《民法典》第 16 条的"射程"，应当被解释在"涉及胎儿利益保护的"范畴内。加之，胎儿应属于《民法典》第 16 条所规定的"死者生前扶养的人"的范围，民法应对维系胎儿生命的必要经济利益加以保护。而在我国的司法实践中，关于胎儿生活费请求权的相关案件同案不同判的现象大量存在。例如，在"王某钦案"中，人民法院在相关规范缺失的情景下，运用扩大解释的方法，将"死者生前扶养的人"解释为"死者生前实际抚养与应由死者抚养的人"，确认抚养人因死亡而尚未抚养的胎儿为应由死者抚养的人，[2]从而平等地保护了胎儿的生命利益，实为对生命权保护的续造探索。而在"马某、张某案""范某生案"等案中，人民法院又以"胎儿尚未出生，不具备民事能力"为理由否定胎儿生活费请求权的成立。[3] 本书认为，此种裁判路径忽视了胎儿与抚养人之间基于血缘关系而不因胎儿出生早晚发生实质性变化的抚养与被抚养关系。因此，鉴于减轻当事人诉累的诉讼效率考量，在侵害生命权损害赔偿的案件裁判中，应当将《民法典》第 16 条作为胎儿的生活费请求权基础，以统一司法裁判的尺度，达到法律效果与社会效果的有机统一。

第四类，丧葬费。"人的最高利益——生命在侵权行为法上的意义是很小的"，[4]于此"很小"的范围内，《民法典》第 1179 条仅在规范文义上确立了死亡赔偿金制度与丧葬费赔偿制度为生命权财产性损害赔偿的范畴。丧葬费是为办理死者丧事而支出的费用，它是因侵害生命权而产生的一种特殊损害，其表现形

---

〔1〕 陈卫佐译注：《德国民法典》（第 4 版），法律出版社 2015 年版，第 322 页。

〔2〕 参见四川省泸州市江阳区人民法院民事判决书，(2003) 江阳民初字第 356 号。人民法院肯认胎儿生活费请求权的其他典型案例：河南省南阳市中级人民法院民事调解书，(2010) 南民一终字第 362 号；江苏省沭阳县人民法院民事判决书，(2012) 沭民初字第 2769 号；浙江省台州市中级人民法院民事判决书，(2013) 浙台民终字第 572 号；山东省德州市中级人民法院民事判决书，(2014) 德中少民终字第 31 号等。

〔3〕 司法实践中，人民法院否认胎儿生活费请求权的典型案例：山东省济宁市中级人民法院民事判决书，(2014) 济民终字第 1313 号；安徽省亳州市中级人民法院民事判决书，(2010) 亳民一终字第 00590 号；安徽省宿州市中级人民法院民事判决书，(2013) 宿中民三终字第 00587 号等。

〔4〕 参见[德]克雷斯蒂安 · 冯 · 巴尔：《欧洲比较侵权行为法》（下卷），焦美华译，法律出版社 2001 年版，第 69 页。

式为具体的财产支出。[1] 丧葬费与死亡赔偿金皆是因侵害生命权而产生的一种特殊损害,因民法对于已死亡的人无法提供直接的救济。人死亡的瞬间不仅带走了个体的“曾经人格”,也撕裂了其与社会的各种关系。为此,以财产方式为死者办理丧事是对死者救济的唯一途径,但对于该笔财产支出,应由谁负担,却存在争议。对此,理论上有两种学说,分别是“赔偿实际损失理论”和“提前支付丧葬费利息理论”。[2]

“赔偿实际损失理论”认为侵权行为造成受害人的死亡,其丧葬支出的费用,是侵权行为所造成的财产损失,故应当予以全部赔偿。这一理论遵循“全部赔偿是侵权损害赔偿的基本规则”。易言之,赔偿以造成实际损害为限,损失多少,赔偿多少。[3] 显然,应用此种理论作为丧葬费赔偿的依据,赔偿数额较高。这一理论尽管抓住了丧葬费损害赔偿这一制度的内核,但忽视了侵害生命权中丧葬费赔偿这一制度的特殊性。丧葬费损害赔偿作为一项财产性损害,以赔偿实际损害为准,这一理论本身并没有任何不妥。然而,任何理论都应当以经验事实为依托。如果对所有的丧葬费用都予以赔偿,这不仅不符合社会公德,也加重了侵权行为人的责任。这极易导致某些死者家属借此故意大办丧事,以期扩大损害赔偿的范围。因此,对赔偿实际损失理论应有所限制,即明确全部赔偿只能是合理的支出,不合理的支出不应予以赔偿。

“提前支付丧葬费利息理论”认为,丧葬费不因侵害行为是否存在而支出与否,加害人的侵权行为使支付丧葬费的时间点前移,故在不法侵害致人死亡的赔偿项目中不应当包括此项费用。曾隆兴教授持此观点。[4] 但此种理论实质上是对丧葬费赔偿制度的否定,其将个体生命的自然死亡与遭受不法侵害而死亡等同,犯了形而上学的错误。事实上,丧葬费的支付不仅仅是为了给死者一个体面的葬礼,也起到给死者的近亲属提供一定的财产补偿和心理宽慰的作用。

鉴于上述两种理论均具有一定局限性,本书提出“赔偿合理实际损失理论”这一观点,该观点既是丧葬费赔偿制度科学合理建构的理论基础,也符合生活经验,是一种比较务实的理论。首先,丧葬费损害赔偿的非直接性决定了其只能获得合理实际支出的对价性赔偿。丧葬费赔偿不同于一般的侵权所造成的财产损

---

〔1〕 参见张新宝:《侵权责任法原理》,中国人民大学出版社 2005 年版,第 484 页。

〔2〕 参见石春玲:《死亡赔偿请求权基础研究》,载《法商研究》2005 年第 1 期;张新宝:《侵权责任法原理》,中国人民大学出版社 2005 年版,第 484 - 485 页。

〔3〕 参见杨立新:《侵权法论》,人民法院出版社 2005 年版,第 665 页。

〔4〕 参见曾隆兴:《现代损害赔偿法论》,1988 年自版发行,第 158 页。

失，侵权行为造成的财产损失一般具有直接的侵害性，是对某种权利暂时性或永久性的损害；而丧葬费赔偿是基于生命权丧失之后对死者最后“尊严”的救济，此种侵害并不具有直接性。申言之，尽管丧葬费赔偿制度属于生命权损害的财产赔偿制度范畴，但仍有其特殊性。特殊性就在于丧葬费用是用于死者的葬礼，而不是侵害生命权的直接损害。那么对丧葬费用的支出理应有所限制，即办理死者丧事所支出的费用应以必要且合理为原则。其次，丧葬费赔偿只需赔偿合理、必要的实际支出，是符合生活经验的。从民族心理和人的情感上来说，令受害人家属自行负担丧葬费是难以容忍的，即便是加害人自身也认为负担此项费用是天经地义的。自古以来我国的法律就规定，加害人应当承担死者的丧葬费，并对丧葬费赔偿的数额有所限制。〔1〕这是对死者家属借此大办丧葬的限制，以期协调死者最后的“尊严”与社会公序良俗之间的价值位阶。因此，该项赔偿费用是对一种社会经验法则的遵从。〔2〕最后，从域外法上看，大多数国家的法律都明确将丧葬费作为侵害生命权的法定赔偿项目，且赞同以合理、必要的实际支出为限。例如，《瑞士债务法》第 45 条第 1 项规定：“伤害致人死亡的，支付的赔偿金应当包括所支出的费用和丧葬费。”《德国民法典》第 844 条第 1 款规定：“在杀害的情形，赔偿义务人应向担负埋葬费的人赔偿埋葬费。”《俄罗斯联邦民法典》第 1094 条第 1 款规定：“对受害人死亡负有责任的人，应向支付丧葬费的人赔偿必要的丧葬费。”意大利最高法院在其 1977 年 5 月 21 日第 2121 号判决中也指出：丧葬费是死亡的相当结果，因此应给予赔偿。〔3〕综上所述，丧葬费作为《民法典》第 1179 条所明文规定的侵害生命权法定赔偿项目，只需赔偿合理、必要的实际支出，具有充分的理论依据和事实基础。在我国的法律规范中延续了丧葬费作为侵害生命权的赔偿项目之一的做法，对此我们应当充分肯定，但民法对丧葬费赔偿的项目和计算标准应在赔偿合理实际损失理论的指引下进一步明确。

我国民事立法中，丧葬费作为侵害生命权的法定赔偿项目，在原《民法通则》第 119 条已经予以明确。此后，一些相关的立法和司法解释亦对其赔偿项目和计算标准等作出了进一步的规定，但这些规定之间相互差别甚大，并未建立统

---

〔1〕参见张群：《烧埋银与中国古代生命权侵害赔偿制度》，载范忠信、陈景良主编：《中西法律传统》第 4 卷，中国政法大学出版社 2005 年版。

〔2〕参见张新宝：《侵害死亡赔偿研究》，载《法学研究》2008 年第 4 期。

〔3〕参见[德]克雷斯蒂安·冯·巴尔：《欧洲比较侵权行为法》（下卷），焦美华译，法律出版社 2001 年版，第 69 页。

一的丧葬费赔偿规则。规则的凌乱导致各地法院在处理此类纠纷时,往往难以统一赔偿标准,这极大地影响了司法的权威性与可预测性。在法律、行政法规层面,原《民法通则》第 119 条首次确定了侵权死亡赔偿需支付丧葬费,但未规定赔偿项目和计算标准。已经废止的《道路交通事故处理办法》第 37 条确定以"交通事故发生地"作为赔偿计算依据。《国家赔偿法》确定了丧葬费的计算标准,但是与死亡赔偿金一并计算,未突出丧葬费的独立性,且仅适用于国家赔偿的案件。《产品质量法》和《消费者权益保护法》都未规定丧葬费的赔偿项目和计算标准。直到 2004 年的《工伤保险条例》,其中第 39 条中规定"丧葬补助金为 6 个月的统筹地区上年度职工月平均工资",属首次确定丧葬费的计算标准,但仍未涉及赔偿项目。原《侵权责任法》第 16 条承继了原《民法通则》第 119 条的简约风格,未规定丧葬费的赔偿项目和计算标准,但在第 18 条第 2 款规定了丧葬费赔偿请求权的主体,是为一大进步,此次《民法典》第 1179 条与第 1181 条亦承袭了原《侵权责任法》的相关安排。而在司法解释层面,依据原《民法通则》第 119 条等条文的规定和立法精神,最高人民法院通过司法解释的方式对丧葬费赔偿制度的有关内容作出了一系列的规定,重要的有最高人民法院《关于审理涉外海上人身伤亡案件损害赔偿的具体规定(试行)》、《精神损害赔偿解释》(2001 年)和《人身损害赔偿解释》(2003 年)。这些司法解释是对原《民法通则》和《产品质量法》等法律中有关丧葬费规范的补充,但内部存在冲突。如在一起涉外海上侵权致死案件中,按照最高人民法院《关于审理涉外海上人身伤亡案件损害赔偿的具体规定(试行)》的赔偿标准计算的是"合理的实际支出,但以死者生前六个月的收入总额为限",而按照《人身损害赔偿解释》(2003 年)的标准则是以"受诉法院所在地上一年度职工月平均工资标准,以六个月总额计算",两者之间最终的数额会存在较大的差距。

丧葬费赔偿制度作为一项独立的制度,应当有其内在的逻辑体系,法律应对丧葬费的具体赔偿项目与计算标准作出统一自洽的规定。但是根据上述分析,法律、行政法规和司法解释之间就此存在差异,且有各自的调整范围,不成体系,甚至相互冲突。如《国家赔偿法》仅适用于国家赔偿案件,而《人身损害赔偿解释》(2003 年)适用于一切人身损害赔偿案件。就丧葬费赔偿制度而言,无论其在何种领域适用,都应具有体系的完整性,而不应因为适用领域的不同而肢解其内在的体系。此外,《国家赔偿法》第 34 条将丧葬费与死亡赔偿金一并计算,将其附属于死亡赔偿金制度,会造成丧葬费赔偿制度内在体系的混乱,并使其丧失独立地位。而在目前的实务中,《人身损害赔偿解释》(2003 年)第 27 条得到了较为普遍的应用。但从解释论角度来看，将原《侵权责任法》第 16 条中所规定的丧葬费与相应的司法解释或者其他法律、行政法规等规范相结合会得出不同的解释，即同一案件中的丧葬费赔偿数额会因规范不同而不同。如此“令出多门”，这不仅有害于该制度本身的逻辑自洽性，而且令法官在实务中茫然失措。

如何确定丧葬费的项目和标准，本书认为，此是一个技术问题。合理且合法的项目和标准不仅是现代法律精细化的要求，也是对生命最细微之处的“关怀”。《人身损害赔偿解释》（2003 年）第 27 条规定“丧葬费按照受诉法院所在地上一年度职工月平均工资标准，以六个月总额计算”。这一技术手段除了能方便此项费用的计算，提高司法效率之外，并没有任何实质的“人文关怀”。因此有必要对该规定予以突破，即以实际的合理支出为限。但“实际的合理支出”依旧显得过于空泛，需要法律对具体的范围予以相对明确。

丧葬费赔偿作为一项法定的侵害生命权之赔偿项目，是一个集合概念。因为葬礼作为生命的最后仪式，是有其生命传承的程序。但并不是葬礼程序所涉及的所有财产支出都属于法定的丧葬费赔偿项目，法律提供的只能是最基本的救济。结合《人身损害赔偿解释》（2003 年）实施生效之前的司法裁判，本书认为，我国丧葬费赔偿的项目有：为死亡人整理遗容费及寿衣费，〔1〕受害人家属采用高级寿衣装殓的，只赔偿一般标准的寿衣损失；运尸和火化费（还可能存在尸体冷藏停放费），〔2〕这是必须支出的费用，应当全额赔偿；骨灰盒（棺木）费；〔3〕丧祭用品费，〔4〕是指按照当地风俗必须支出的丧葬用品费，包括安排死亡人生前好友和亲属遗体告别仪式租用场地的费用；骨灰存放费或造墓及埋葬费，死者应当有其安息之所，该笔费用只赔偿一期骨灰盒放置费用，〔5〕必须采用土葬的，则适当赔偿安葬费；遗像及镜框费；〔6〕受害人亲属办理丧葬事宜支出的交通费、住宿费和误工损失。〔7〕

---

〔1〕 青海省湟中县人民法院民事判决书，（2003）湟总民初字第 102 号。

〔2〕 参见陈淑玲与重庆西南旅行社人身损害赔偿纠纷案[（2002）渝一民终字第 543 号]，载国家法官学院、中国人民大学法学院编：《中国审判案例要览（2002 年民事审判案例卷）》，人民法院出版社、中国人民大学出版社 2003 年版；谢某星、赖某兰诉太阳城游泳池有限公司服务合同纠纷案，载《最高人民法院公报》2003 年第 6 期。

〔3〕 上海市第二中级人民法院民事判决书，（2002）沪二中民一（民）终字第 674 号。

〔4〕 北京市朝阳区人民法院民事判决书，（2003）朝民初字第 18330 号。

〔5〕 上海市长宁区人民法院民事判决书，（2001）长民初字第 1009 号。

〔6〕 北京市顺义区人民法院民事判决书，（2000）顺民初字第 2839 号。

〔7〕 哈尔滨铁路运输法院民事调解书，（2003）哈铁民商初字第 53 号。

据我国法律及司法解释,近亲属享有当然的丧葬费赔偿请求权,[1]这是因为近亲属往往与死者之间具有经济上的牵连和情感上的依赖,一般都由近亲属来支出丧葬费及其他相关费用。对此,本书坚持认为应将丧葬费请求权的主体扩展至事实上与死者形成了十分密切的共同经济关系或精神依赖关系的人,以最大限度地维护相对人的利益。[2] 此外,还需思考的是除了近亲属或者与死者关系密切的人之外,是否还存在其他主体请求丧葬费赔偿之权利?本书认为,丧葬费赔偿之请求权主体的范围与其请求权基础具有天然的契合性,利益受损的一方自然可要求受有利益的一方返还其利益。至于利益受损的一方是否为死者的近亲属在所不问,因为尽管"法律没有规定谁对死者承担丧葬之责,习惯上由近亲属料理后事。就生命伦理以及善良风俗、社会公益而言,每一个与死者就近的人或单位,如亲属、朋友、邻居、所在单位、遗体发现者、国家,等等,都有义务为死者善后"[3]。这在域外的法律规定和实务案例中也得到了体现。王泽鉴先生也认为:"请求权人,为任何实际支出殡葬费之人,是否为被害人之继承人,在所不问。"[4]依据丧葬费赔偿的请求权基础,考虑丧葬费赔偿的社会关系因素和伦理因素,明确"实际支出丧葬费者享有丧葬费赔偿之请求权"是丧葬费赔偿制度的内在要求。《民法典》第 1181 条第 2 款对此问题已作出相应规定,明确了丧葬费赔偿之请求权主体是实际支付丧葬费者。

第五类,精神损失费。行为人非法侵夺受害人生命权的场合,除造成直接的财产损失与间接的财产损失外,亦会使受害人近亲属的精神利益遭受重大损害。根据《民法典》第 1183 条之规定,侵害他人人身权益,造成他人严重精神损害的,被侵权人可以请求精神损害赔偿。受害人近亲属因死者的去世而遭受身心的巨大痛苦,该损害的"严重"当属不证自明,故受害人近亲属可就受害人死亡以及其自身遭受的精神损害向侵权人主张精神损害赔偿。此种精神损害赔偿请求权实际并非来自受害人生命权的丧失,而是基于受害人近亲属精神利益的受损。诚然,金钱财务上的赔偿并不可能使受害人近亲属精神利益恢复如初,但异质金钱补偿有助于平复受害人近亲属精神创伤的作用不容忽视,此种精神补偿被称为"精神损失费"或"精神抚慰金"。

关于受害人近亲属精神损害赔偿的个案衡量标准,《精神损害赔偿解释》

---

〔1〕 参见屈茂辉、武彬:《受害人近亲属缺位的死亡赔偿法律问题》,载《法学》2008 年第 2 期。

〔2〕 参见张红:《死者生前人格上财产利益之保护》,载《法学研究》2011 年第 2 期。

〔3〕 石春玲:《死亡赔偿请求权基础研究》,载《法商研究》2005 年第 1 期。

〔4〕 王泽鉴:《民法学说与判例研究》(第 4 册),北京大学出版社 2009 年版,第 210 页。

(2001年)将个案裁判中“精神损害赔偿数额”的确定应参考的因素划定为:侵权人的过错程度;侵害的手段、场合、行为方式等具体情节;侵害后果;侵权人的获利情况;侵权人承担责任的经济能力;受诉法院所在地平均生活水平。但是,生命权损害赔偿领域中的精神损害赔偿与财产损害赔偿不同,其主要目的在于对受害人近亲属精神的抚慰,而非维持受害人近亲属的生活水平。死者近亲属遭受精神利益的重大损失,并不会因死者生前收入水平、职业等因素的不同而有所改变,个体生命利益在财产利益上的差异不应再度影响个体近亲属精神利益的损害赔偿。行为人对受害人的不法行为是否残忍、侵权行为的发生地为哪等因素的差异的确会给受害人近亲属造成不同程度上的精神痛苦。本书认为,鉴于精神损害赔偿的“抚慰性”,在确定生命权损害赔偿范围内受害人近亲属的精神损失费时,可部分参照适用《民法典》第998条关于认定人格侵权责任应考虑的主要因素之规定,采用“动态系统论”中各要素具有独立价值的观点,〔1〕应当以侵权行为具体方式为主计算行为人对受害人近亲属精神损失的赔偿责任。

2. 身体权

财产损失赔偿中因侵犯身体权而引起的财产损失,应责令加害人予以赔偿。我国以全面赔偿为原则,依照原《民法通则》第119条的规定,这种赔偿包括因此而损失的医疗费、误工费以及其他费用。2003年《人身损害赔偿解释》第17条规定,受害人遭受人身损害,因就医治疗支出的各项费用以及因误工减少的收入,包括医疗费、误工费、护理费、交通费、住宿费、住院伙食补助费、必要的营养费,赔偿义务人应当予以赔偿。受害人因伤致残的,损害赔偿还应包括因增加生活上需要所支出的必要费用以及因丧失劳动能力导致的收入损失,包括残疾赔偿金、残疾辅助器具费、被扶养人生活费,以及因康复护理、继续治疗实际发生的必要的康复费、护理费、后续治疗费。如果造成的是难以确定损失价值的身体损害,则应当参照相应的标准确定适当的赔偿标准,例如,损害、利用遗体而未经死亡公民近亲属同意的,可以比照正常使用遗体的标准,适当提高标准,予以赔偿。〔2〕

对身体权的侵害包括对身体实质完整的侵害、对身体形式完整的侵害以及对行动自由的侵害等三方面内容:其一,行为人以致人残疾、损害器官等方式侵害他人实质性的身体完整时,身体权的损害后果与健康权的损害后果往往会产生竞合,受害人有权请求行为人赔偿已经支出与将要支出的医疗费、康复费等费

〔1〕 参见王利明:《民法典人格权编中动态系统论的采纳与运用》,载《法学家》2020年第4期。
〔2〕 参见杨立新:《特殊纠纷案件的法理分析与法律判定》,吉林人民出版社1999年版,第150页。

用。严重者,受害人可请求精神损害赔偿。行为人造成他人残疾或丧失劳动能力的,受害人有权请求支付生活自助用具费、由其扶养的人所必需的生活费以及残疾赔偿金等费用,此时亦可主张精神损害赔偿。其二,行为人以无健康损害的殴打、非法搜身、性骚扰等方式侵害他人形式性的身体完整时,此时的侵害行为虽不产生直接的经济损失,但若使受害人造成了精神上的压力、焦虑、痛苦、不安等,仍可认定为发生损害,受害人有权只请求行为人赔偿相应的精神抚慰金。其三,当行为人非法限制他人行动自由时,受害人可以以其遭受直接经济损失为适用何种请求的标准,要求行为人赔偿损害。

3. 健康权

对健康权的侵害包括对生理健康状况的侵害与对心理健康状况的侵害两个方面。其一,行为人的行为降低他人的生理健康状况,如前所述,此时身体权常会伴随健康权而一同受损,受害人有权请求行为人赔偿相关的医疗费、康复费用、精神抚慰金等。若影响了受害人未来的劳动能力,受害人还可请求行为人赔偿由其抚养的人所必需的生活费用以及残疾赔偿金等。其二,行为人的行为仅对受害人造成精神上的刺激、恐惧、焦虑等情绪障碍,而不有损其他生理健康及躯体机能,如因目睹严重车祸而惊吓过度,[1]受害人可向行为人请求精神损害赔偿以及心理治疗康复费用。但因精神损害赔偿的存在与否及损害程度因人而异,人民法院须于具体的案件事实予以个案审查,以救济受害人遭损的心理健康。实证研究表明,首先是健康权精神损害赔偿诉求的支持与判赔数额受行为人主观状态的影响最大,其次是侵权后果的认定及受害人年龄、误工费预估等非规范评价因素,最终在结果上与身体权损害赔偿之医疗费用与残疾赔偿金标准相近。[2] 由此,与其他权利侵害之精神损害赔偿金的确定相似,今后应加强对司法实践经验的总结提炼。

---

〔1〕 参见王泽鉴:《人格权法——法释义学、比较法、案例研究》,北京大学出版社 2013 年版,第 108-109 页。

〔2〕 参见千金宗:《健康权案件精神损害赔偿金的实证研究》,西南大学 2017 年硕士学位论文,第 30-42 页。

第二章　姓名权

第一节　问题的提出

姓名（某些社会只有名无姓）是一种对自然人的称呼，系各个国家、社会识别及特定每一位自然人最普遍的方法。姓名作为表彰某一自然人之用，其与该自然人之关系，诚如歌德所言："姓名就如人之皮肤般密切。"〔1〕尊崇某姓名，即系尊崇取用该姓名之自然人；贬损某姓名，即系贬损取用该姓名之自然人。姓名是为自然人人格表征之一。常言道："大丈夫行不更名，坐不改姓"，姓名对于中国人而言，更具有表征人格特征或者张扬个性之功用。

姓名权可能是所有民事权利中最富传奇性和多义性的。姓名的产生可追溯到人类社会的诞生之初，经由各文明社会语言文字的演化，形成人类之独有符号。随着人类千百万年的演变，姓名权的功能及性质也在随着时代而变化。姓名是一种社会现象，也是一种语言现象，同时姓名以书面的形式出现，又是一种文字现象。这些现象的背后，姓名作为个人于社会中之指向性符号，承载起各种人格、身份利益，但这些利益在多大程度上能够被现有的姓名权所涵盖，成为法律的保护对象？换言之，现行的姓名权在历史与现实之间选择保护了哪些姓名利益？

历史上姓名的身份象征虽然已被削弱，但姓名中的姓所代表的身份意义却仍存在，如"孔"被认为是孔子的后代而受到尊重，国外也有诸如德国的"冯（von）"、法国和西班牙的"德（de）"、荷兰的"凡（van）"等贵族姓氏，其他姓氏一般不能改为这些特殊姓氏。而当下社会，此种特殊之姓是否存有法律上保护之必要身份利益？又侵犯姓名权是否存在损害身份利益之情形，若成立是否可请求身份利益之损害赔偿？

---

〔1〕［德］歌德：《歌德自传——诗与真实》，赵震译，志文出版社 1997 年版，第 203－204 页。

对于名而言,应考察是否允许存在平行使用的现象。就现有社会认识及实践表明,姓名之自然平行(非恶意混同)不被认定为姓名侵权行为,那么姓名权是否还是一项绝对权,其保护的是姓还是名?同时姓名权作为一项私权却受到来自行政上的多重干预,如"赵C案"、未成年子女姓名变更权案例等,姓名权作为私权的自由性何以体现?司法实践中还存在通过姓名权侵犯其他民事权利的案件,如侵害教育权〔1〕、名誉权〔2〕、隐私权〔3〕等。那么,姓名权与这些权利的区别何在?在具体的案例中到底是通过姓名权来保护当事人的权益,还是通过其他权利保护姓名权或者两者皆应得到保护?另外随着商业化社会的发展,姓名的商业利用问题日益凸显,〔4〕姓名权是否可作为一项财产权,其是否可以保护财产利益等问题也存在争议。

对于自然人姓名之重视与保护,见诸现代各个国家和地区之法律。德国、我国民法皆明文承认姓名权的存在。〔5〕我国《民法典》第1012条规定:"自然人享有姓名权,有权依法决定、使用、变更或者许可他人使用自己的姓名,但是不得违背公序良俗。"在法律无明文规定姓名权的国家(如法国与日本),均于判例与学说上肯定姓名权的存在,并与时俱进地发展其权利内容,可见姓名权于各国已普遍成为一项不可忽视之权利。姓名表征人格特征,姓名权为人格权之一种,〔6〕

---

〔1〕 该类型案例如:齐玉苓诉陈晓琪等以侵犯姓名权的手段侵犯宪法保护的公民受教育的基本权利纠纷案,载《最高人民法院公报》2001年第5期,第158-161页。"罗彩霞案",相关报道参见《罗彩霞:冒名顶替上大学案达成和解系解脱》,载网易新闻2010年8月14日,https://www.163.com/news/article/6E0U2QSS00014AED.html。

〔2〕 典型案例如:中华全国体育基金会等诉山西晨光实业公司等发布虚假广告侵犯名誉权案。参见最高人民法院中国应用法学研究所编:《人民法院案例选(1992年至1996年合订本)》(民事·经济·知识产权·海事、民事诉讼程序卷),人民法院出版社1997年版。

〔3〕 如对银行账户姓名的侵害可以构成对隐私权的侵害。

〔4〕 参见《姚明撤诉法院准许姚明诉可口可乐侵权案和解》,载新浪网,http://news.sina.com.cn/c/2003-10-21/1416961566s.shtml;郭德纲姓名权、肖像权纠纷案,北京市朝阳区人民法院(2006)朝民初字第18475、18476号民事判决书。

〔5〕 类似的规定如《德国民法典》第12条,《瑞士民法典》第29条。

〔6〕 参见[德]卡尔·拉伦茨:《德国民法通论》(上册)王晓晔等译,法律出版社2013年版,第158页;王泽鉴:《民法总则》,北京大学出版社2009年版,第111页;[德]克雷斯蒂安·冯·巴尔:《欧洲比较侵权行为法》,张新宝译,法律出版社2001年版,第102-103页;[德]迪特尔·梅迪库斯:《德国民法总论》,邵建东译,法律出版社2013年版,第795-800页;[德]汉斯·布洛克斯、[德]沃尔夫·迪特里希·瓦尔克:《德国民法总论》,张艳译,中国人民大学出版社2019年版,第314-317页;王利明:《人格权法研究》(第3版),中国人民大学出版社2018年版,第364-367页;杨立新:《人格权法专论》,高等教育出版社2005年版,第192-198页。

亦是宪法上基本权利〔1〕和国际人权公约〔2〕所确认。这些现象和案例都表明了姓名权功能及其保护利益存在的问题亟须理论上对姓名权功能及其保护利益进行阐明,以此指导制度构建和司法实践。

第二节　姓名权的性质与功能

一、姓名权的性质

(一)从姓名到权利

人类在其诞生之初如同其他动物一样处于混沌状态,基本上是靠动物原始的视觉、嗅觉和触觉区分彼此,没有强烈的个体意识,自然也不可能给每个个人冠以姓名。〔3〕随着人类的进化,原始人类开始有了相应的图腾观念,每个氏族都有了作为自己氏族代表的图腾。人类最初的交往发生在氏族部落之间,图腾就成为区分氏族的标志,氏族部落的人也以此作为本部落身份的标志与其他部落相互接触和交往。虽然当时还未产生姓名这个概念,但在实际上图腾起到了姓名的作用,成为人类最早的名字。〔4〕到了父系氏族社会,相比具象的图腾形式更先进的姓名形态出现了,即象征男子在氏族社会中居于统治地位的"氏",中国历史上著名的氏族包括"燧人氏""有巢氏""神农氏""伏羲氏""高阳氏""高辛氏""轩辕氏"等。〔5〕"氏"作为姓名的形态仍是作为群体意义上的指称。但是无论是图腾实物形式还是符号形式,最初的姓名形态承担着身份的归属功能,这在其后的奴隶社会以及封建社会中得到继承和演化。

原始社会中的姓名并没有表现出权利的形态,姓名到权利的过程是随着奴隶社会的建立而不断演化的。奴隶社会的建立使"氏"成为身份的象征,并演化

〔1〕参见张红:《一项新的宪法上基本权利——人格权》,载《法商研究》2012 年第 1 期。

〔2〕联合国《儿童权利公约》(Convention on the Rights of the Child)第 7 条第 1 项规定:"儿童出生后应立即登记,并有自出生时起获得姓名的权利,有获得国籍的权利,以及尽可能知道谁是自己父母并受自己父母照料的权利。"

〔3〕参见郭军宁:《姓名的由来》,载《寻根》2007 年第 3 期。

〔4〕图腾最初是以实物形态出现的,但人类与动物的区分进一步加大时,图腾符号化成为新的标志。参见郭军宁:《姓名的由来》,载《寻根》2007 年第 3 期。

〔5〕参见何晓明:《姓名的文化—社会功能》,载《湖北大学学报(哲学社会科学版)》2002 年第 5 期。

成身份等级的标识,只有拥有一定的封地和特殊地位的人才可称“氏”,[1]而奴隶作为劳动的工具,并没有姓名。姓名从其最初的身份归属的象征转化为一项特定群体独有的权利,这项特权是身份地位的象征,进而成为一种身份权。

(二)从身份权到人格权

奴隶社会姓名表征身份的功能即使到了人人都有姓氏的封建社会也仍然存在。魏晋南北朝时期的门阀制度使不同姓氏之间存在明显的高下之分。[2] 直到唐朝,安史之乱使汉魏以来的门阀制度彻底崩溃,唐宪宗元和年间编撰的《元和姓纂》在决定姓氏的先后顺序时,不再给过去的豪门世族以优先地位,连皇族李姓也不作特殊安排,各种姓氏一律按其在唐韵206部中的位置排列。这表明以姓氏来表明身份等级的社会功能开始逐步衰落。[3] 近代封建制度的彻底衰亡使姓名的身份依附性也随之消失,自然人以姓名与家庭和社会的其他成员进行交往,并在姓名上建立自己的社会形象和人格利益,[4]姓名权从身份权中独立出来,成为一项人格权。

国外也有类似的经历,例如西欧封建等级社会中,德国的“冯(von)”、法国和西班牙的“德(de)”、荷兰的“凡(van)”等都是代表贵族身份的标记。[5] 日本的姓氏曾经也是权势的象征,在名前冠用姓氏是当时统治阶级的特权,百姓有名无姓。姓名本身就担负一定的社会关系。[6] 在印度曾经推行的严格的种姓制度是姓名表征身份等级的最佳代表,其将所有的人分为婆罗门、刹帝利、吠舍、首陀罗四种种姓,此外还有一种“不可接触的贱民”。[7]

但随着由身份到契约的社会转型,姓名表征身份等级的功能逐渐衰落,同时对人权保护的呼声越来越高,姓名权保护的视角从身份权转向了人格权。其中

---

〔1〕“氏”也成为诸侯分封的方式,《左传·隐公八年》记有:“天子建德,因生以赐姓,胙之土而命之氏。”此时,氏的来源也更加广泛,图腾以外,氏的来源大约有以居住地名、方位、封国命氏等几种。参见郭军宁:《姓名的由来》,载《寻根》2007年第3期。

〔2〕参见何晓明:《姓名的文化—社会功能》,载《湖北大学学报(哲学社会科学版)》2002年第5期。

〔3〕参见何晓明:《姓名的文化—社会功能》,载《湖北大学学报(哲学社会科学版)》2002年第5期。

〔4〕参见姚辉:《人格权法论》,中国人民大学出版社2011年版,第155页。

〔5〕如德国作家约翰·沃尔夫冈·冯·歌德姓名中的“冯(Von)”,法国作家居依·德·莫泊桑和西班牙作家米格尔·德·塞万提斯姓名中的“德(De)”,荷兰画家文森特·凡·高姓名中的“凡(Van)”都表明他们出身于贵族世家。

〔6〕参见[日]滋贺秀三:《中国家族法原理》,张建国、李力译,法律出版社2003年版,第52-53页。

〔7〕参见崔连仲:《古代印度种姓制度》,载《历史研究》1977年第4期。

最早确认姓名权的是《德国民法典》。在该法典的总则中对姓名权的保护作了专门性的规定。其后,1907 年的《瑞士民法典》第 29 条对姓名权作了更为全面的保护。法国在共和历 11 年(1802 ~ 1803 年)1 月 2 日,明定一定姓名之主体,禁止他人使用同一之姓名,其判例认姓氏为家族之所有权,故姓氏之冒用人,视为一种所有权侵害人。1916 年 3 月 19 日,奥地利以敕令承认性质上为私权的姓名权并加以保护。[1] 1868 年以后,日本废除了封建等级制,于 1870 年决定:百姓都可以取姓,但由于滞后的习惯仍然在起作用,许多人不敢取姓。鉴于此,日本又于 1875 年规定:所有国民必须有姓。此后,日本国民才都有了姓,子承父姓,妇随夫姓,世代相传。[2] 至于姓名权的性质,一般均认为系属人格权之一。[3] 印度自 1947 年独立之后,也采取了一系列否定种姓制度的法律、政治和行政手段,其中宪法第 15 条规定:“任何人不得因种姓、宗教、出生地而受歧视。”第 17 条明文规定废除“不可接触制”。[4]

我国清末制定的《大清民律(草案)》不仅承认姓名权为私权,而且明确对其加以保护。1925 年民国政府制定的《中华民国民法(草案)》第 19 条、第 20 条对姓名权的保护也作了规定,其中第 20 条规定很有特色,即对姓名权的保护可以提起预防侵害之诉,但在司法实践中由于缺乏具体的操作标准而几乎没有实施。1929 年民国政府在正式制定民法典时,于第 19 条规定:“姓名权受侵害者,得请求法院除去其侵害,并请求损害赔偿。”正式建立了中国的姓名权民法保护制度。[5] 中华人民共和国成立后并未对姓名权制度进行系统的规定(散见于各种户籍人口管理规范之中),直到 1987 年实施的《民法通则》,才对姓名权(第 99 条)作出了私法上的正式规定,并在民事责任一节中规定了法律保护制度。同时《精神损害赔偿解释》(2001 年)第 1 条规定自然人因姓名权遭受非法侵害,向

---

〔1〕《意大利民法典》第 7 条,《土耳其民法典》第 25 条,《葡萄牙民法典》第 72、74 条,《瑞士民法典》第 29 条,《希腊民法典》第 58 条,《瑞典民法典》第 20、23 条(姓名法,SFS1982:670),《荷兰民法典》第 1:8 条,《泰国民法典》第 42 条。参见袁雪石:《姓名权本质变革论》,载《法律科学(西北政法学院学报)》2005 年第 2 期。

〔2〕参见纳日碧力戈:《姓名论》,社会科学文献出版社 2015 年版,第 169 – 170 页。

〔3〕参见[日]川井健:《现代侵权法研究》,日本评论社 1978 年版,第 223 页。

〔4〕为了保证低种姓人和贱民的教育和求职权利,印度还实施了著名的“保留政策”,不仅在议会两院为他们保留了一定比例的席位,而且在所有政府机构和国营企业中为他们保留 27% 的名额。另外,还给低种姓出生的学生一定比例的升学名额。在今天,印度人的身份记录里不再有任何关于种姓的记载。参见高鲲:《印度的保留政策和种姓矛盾》,载《南亚研究》1992 年第 2 期。

〔5〕参见杨立新:《人身权法论》,人民法院出版社 2002 年版,第 494 – 495 页。

人民法院起诉请求赔偿精神损害的,人民法院应当依法予以受理;第3条规定以侮辱、诽谤、贬损、丑化或违反社会公共利益、社会公德的其他方式,侵害死者姓名权,其近亲属因侵权行为遭受精神痛苦的,可向人民法院提起精神损害赔偿,这些规定进一步加强了对姓名权的法律保护。2009年公布的《侵权责任法》第2条更是明确将姓名权作为法律保护的民事权益,侵害姓名权应承担侵权责任。《民法典》于人格权编第1012条正面确认自然人享有姓名权。这样我国从法律上彻底将姓名权从身份权转化为人格权。

姓名权之所以被认为是自然人的人格权,是因为姓名是能够标表自然人作为存在的符号,这种符号能够同具体的人相联系。人的姓名的作用就在于使人们在一般交往包括法律交往中相互识别,〔1〕个人的姓名经过长期的使用,对该人来说,成为其人格象征,并成为其人格的一部分。这样就产生了保护姓名不受来自第三者侵害的意识。由此,作为人格权之一的姓名权逐渐得到了认可。〔2〕

从上可知,姓名权作为身份权的属性,在文明的变迁中经历着一场质的变革,实现了向人格权的成功过渡。而这一权利性质的转变,使姓名权的功能价值更加丰富,其保护的利益更贴近近现代以人为本的价值理念。

(三)从人格权到财产权

从姓名的身份权属性向人格权属性的转变可以发现,姓名的功能随着社会的发展而不断变化。按照传统人格权的一般理论,人格权性质的姓名权具有非财产性,它本身不具有直接的财产内容,也无法体现为确定的财产价值;姓名权的客体也不像财产权的客体那样可以转让和继承。〔3〕但是社会的发展对姓名权法律保护提出了新的挑战,即姓名等人格要素商品化的保护。随着信息传播的发达,广告宣传成为商品营销的重要手段,利用名人、明星的姓名、肖像进行广告宣传已经司空见惯。人格与财产的绝缘被打破,借助电视、网络等信息传播工具,姓名、肖像等人格要素的商业化利用价值越来越大,从而具有了财产权的性质。如果此时依然拘泥于姓名权不包含财产利益的传统民商法理论,姓名等人格要素的商业利用就会缺少法律的规制,相关当事人的权益无法得到充分的保护。这并不利于市场经济的发展,亦会对市场交易自由和公平的环境造成冲击。

---

〔1〕参见[德]卡尔·拉伦茨:《德国民法通论》(上册),王晓晔等译,法律出版社2013年版,第158页。

〔2〕参见[日]五十岚清:《人格权法》,[日]铃木贤、葛敏译,北京大学出版社2009年版,第9、116页。

〔3〕参见王利明、杨立新、姚辉编著:《人格权法》,法律出版社1997年版,第87-88页。

因而对于人格权中的财产利益,各国又对姓名权之规范加以进一步调整以适应时代之发展,如美国的公开权制度、德国的一般人格权制度等。我国则在《民法典》第1012条确认自然人有权依法许可他人使用自己的姓名,其中包括商业性使用。

人格要素的商业利用使姓名权——这一本来纯粹的精神性人格权——衍生出了财产利益,虽然各国对于此种财产利益的保护各不相同,但承认人格权中的财产利益并对其加以保护势在必行。就像姓名权当初从身份权向人格权过渡一样,社会经济的发展以及结构的转变会使一项权利体现出不同的利益价值。在这个媒体与商业不断发展的社会中,人格成为一种信息的载体,某人的声望与其姓名、肖像等人格特征相连。人格权的财产化体现了现代社会运用信息的不同方式,也是权利演变中的新的需要挖掘的课题。

姓名权财产属性的依据有很多,如功利主义理论认为,一种事物是否能够成为权利的关键在于它给人带来的快乐是否超过所带来的痛苦,是否能够增加整个社会的福利。从人格要素的商业利用的结果来看,被商业利用的人格权人以及商家的幸福都得到了增加,将姓名等人格要素商业利用中体现的财产利益界定为一项权利能增加整个社会的福利,所以对姓名上的财产利益进行保护也就有了正当性。[1] 而从自由意志理论所主张的个人对其自身存在与发展的自主控制和决定来看,人格要素的商业利用权应当由人格权所有人享有,对人格的发展和利用是人格权的应有之义。违背个人意志对人格的强制化商业利用侵犯了个人的自治,是对人格权的一种侵害,因而赋予姓名权人保护姓名上财产利益尤有正当性。[2] 经济激励理论的法经济分析表明法律制度的正当性在于是否对个体的行为有良好的激励和约束机制,使整个社会的效用提高。赋予姓名权人姓名上的财产利益一方面可以激励个体对其姓名进行进一步的发展和维护,另一方面通过许可制度也激励了商业利用人对姓名、肖像等人格要素的开发和投资,与权利人分享姓名、肖像等人格要素商业利用的利益。这样人格商业利用成为一种良性的产业,资源得到合理的配置,增加了社会整体的效用,因此赋予姓名权人财产利益的产权有其正当性。[3] 从信息论的角度来观察姓名的功能价

---

〔1〕 关于功利主义的论述详见[英]约翰·斯图亚特·穆勒:《功利主义》,叶建新译,中国社会科学出版社2009年版,第9-27页。

〔2〕 关于自由意志理论的论述详见徐向东:《理解自由意志》,北京大学出版社2008年版,第7-16页。

〔3〕 关于激励理论详见李春方:《激励理论研究》,辽宁大学出版社2004年版,第166-173页。

值,姓名从其表现形态上来看,不过是一种符号象征,但是这些符号象征承担了信息载体的作用。随着信息利用的发展,一方面信息保护是为了维护人格,另一方面信息的利用体现出了其财产价值,这体现出信息化社会对权利发展的影响[1]。

(四)姓名权发展的小结

姓名权的发展表明一项权利的内涵是随着社会时代的变迁而不断演变的。权利的本质是实现人们利益的法律上之力。[2] 姓名为自然人的人格要素之一,在民事立法上围绕其凝聚而起的权利,自然需对应保护姓名给予权利人所有之相关利益。民法理论中对权利的基本划分更多的是出于系统上属种明晰的考虑,并非对权利形态的固化。姓名权利的内涵包括这种权利所保护的人格利益与财产利益,两者都与姓名的使用密切相关。从我国《民法典》第 1012 条来看,姓名权本属于人格权体系,欲纯化姓名权及其他内容为特定人格符号(可以进行商业性使用)的人格权而独立出人格商品化权的学说观点,对现有姓名权体系甚至其他人格权利会产生割裂性的破坏,且难以找到对人格要素下财产利益保护更好的规范条款。[3] 法定权利作为利益的实现方式随着利益内涵的发展而衍生出不同的实现形式,这是权利流变的必然结果,也是权利应对社会发展的自我完善方式。为此,在分析姓名权利的内涵时不能拘泥于权利的一般学理分类,而是应从现实和法律规范出发,对姓名权利作出恰当的说明。

二、姓名权的功能价值

从姓名权的诞生历程及其性质演变来看,姓名权的功能价值之一就是表征功能。作为社会化的动物,人类需要不断交往,而交往本身是一个信息传递的过程,为了更好地传递信息,人们通过姓名和名称使人与人、人与社会、人与自然予以区分,从而使交往中的对象可以被他方认知和把握,便于信息的明确传递。姓名是一个蕴含巨大信息的客体,人们通过姓名权中的命名权、用名权和更名权的行使支配这一巨大信息客体所体现的利益,即姓名利益。姓名所蕴含的信息在历史的流变中具体表现为以下几种价值功能。

(一)身份定位功能

在姓名权作为身份权的时代,姓名的身份定位功能表现为身份等级的定位,

---

〔1〕 关于信息化理论详见郜峻、张利平主编:《信息素养与计算机信息检索》,北京航空航天大学出版社 2011 年版,第 151 页。

〔2〕 参见彭诚信:《主体性与私权制度研究——以财产、契约的历史考察为基础》,中国人民大学出版社 2005 年版,第 190 - 191 页。

〔3〕 参见温世扬:《析“人格权商品化”与“人格商品化权”》,载《法学论坛》2013 年第 5 期。

进而表现为身份归属的定位,我国封建时代的帝王的姓氏、分封诸侯的赐姓以及国外贵族的姓氏皆是如此。随着社会的发展以及封建制度的变革,姓名的身份等级定位功能逐渐衰落,但实际上,姓名表征身份的功能仍在一定程度上起作用,即使姓名表征身份等级的功能消失了,姓名的身份归属功能依然存在,尤其是在家族和亲属之间。一方面姓名中的家姓表明了家族的归属,另一方面姓名的使用,如某某的父亲或母亲以及谁谁的儿子或女儿本身就表明了亲属的关系。[1] 现代社会仍然存在一定意义上的姓氏家族,如"孔姓"被看作孔子后代的象征,虽然不是一种身份地位的象征,但在信息传递上是一种身份归属的表征。而中国的姓名一般由姓和名两部分构成,姓表明家族系统,而名则包含了家族成员的辈分。姓名成为连接各个家族成员的共同的纽带,对于维系各个成员的身份认同、情感共鸣具有重要意义。[2] 在现代中国社会,姓名所蕴含的身份归属与认同价值仍起到一定的作用,遇到同姓之人一般会表现出更为友好的态度,同时同姓之人在社会上取得的地位对于其他同姓之人而言也会在心理上产生作用。而名在现代社会中仍有着区分男女性别的身份定位功能,女性的人名多用阴柔委婉之字,如女性字、花鸟字、闺物字、粉艳字、柔景字、珍宝字、柔情字、女德字;而男性的人名多用英武博大之字,以表抱负、意愿、操守、长生不老、升官发财、与众不同。[3] 由此可知,由于传统历史文化的渗透,姓名的身份归属与认同作用在当今社会中仍然举足轻重。

（二）人格维护功能

作为社会化的人,在交往的过程中,姓名成为一个人的符号标志,人们通过姓名来识记一个人的特征,姓名承载着一个人的身份地位、社会贡献、信誉、名誉等社会评价,同时表征着一个人的个人追求、道德使命、行事风格等。因而姓名也是一个人的人格表征,对姓名权的维护也是对人格的维护。首先,姓名的决定、变更权使一个人可以自由地将自我的价值取向和道德追求体现在姓名之中。我国古代除姓名外,还有字、号等"辅助性姓名",姓、名、字、号作为符号体现了其享有者的人格特征。虽然字、号在现代社会已不多见,但艺名、笔名等"辅助性姓名"仍在使用,这在一定程度上也体现着姓名享有者的自我人格追求。《民法典》第 1017 条将这些"辅助性姓名"纳入姓名权的保护范围,正体现对其的周

---

〔1〕 参见[法]安德烈·比尔基埃等主编:《家庭史》,袁树仁等译,生活·读书·新知三联书店 2003 年版,卷 1 第 32 页,卷 2 第 890 页。

〔2〕 参见吴恒昌:《论公民姓名权的民法保护》,湖南大学 2010 年硕士学位论文,第 9 页。

〔3〕 参见徐一青、张鹤仙:《姓名趣谈》,上海文艺出版社 1987 年版,第 82－83 页。

全保护。其次,姓名的使用权使一个人将其特定的行为和事件与姓名符号相连接,如发表意见后的署名、留言的署名等。作为社会化的人,这些行为和事件与个人的人格相连接后便体现出名誉、隐私等人格利益。姓名作为符号将蕴含的这些“人格信息”传递给社会进而成为一个人的人格表征。即使是一个人死后,这些信息仍然被人们识记,死者的姓名利益也因此应当受到保护。当姓名为社会认可和接受后,姓名即为人的代名词,是身份、能力、品行等自然因素和社会因素的综合表征。故侵犯姓名权即是对人的侵犯,是对人格尊严的侵犯,维护姓名权就是在维护一个人的人格权。

(三)社会管理功能

法律的目的之一就是提供一个有序的环境并提供相应的公共服务〔1〕,社会的分工导致了社会管理的精细化,诸如户籍登记制度、身份证件签发、人事档案系统等制度的建立,其目的都在于建立起精细化的社会管理机制。由于姓名的表征功能,姓名的背后是一个实体的人的存在,因而姓名成为社会管理中的重要手段。无论是身份证还是护照都有对姓名的要求,这一方面增强了交往过程中信息传递的明确性,另一方面通过对姓名的管理巩固了社会运行的秩序性。通过姓名识别可以在社会交往中实现信息的有效交换,而这些信息的交换要保持其真实性和可靠性就需要国家的管理和规制。因而,虽然个人享有姓名的决定权和变更权,但是基于信息传递的真实性和一致性的要求,姓名的更改也是受到限制的,设想一个人如果能通过改名的方式而逃脱其责任,那么社会秩序的稳定性无疑也将受到冲击。正因如此,《民法典》第 1015 条、第 1016 条规定了对姓氏选取与姓名更改的限制。姓名也体现出社会的管理功能价值。

(四)商业利用功能

随着社会的发展,尤其是商业化社会的发展,信息的价值被进一步地挖掘和扩大,姓名蕴含着巨大的信息量,这些信息可以进行商业利用进而体现出财产价值。尤其是名人的姓名,由于其表征了名人的人格,诸如价值取向、道德追求等,因而通过名人的姓名进行商品宣传,借助名人姓名信息传递的广度,可以实现增加商品销售的目的。姓名的商业利用一般可表现为以下几种形态:一是姓名广告。以影视明星、体育明星为例,他们可以授权他人将其姓名用于产品的包装,装潢广告,或者电视媒体广告。这不仅可以提高企业的知名度,增加产品的附加值,扩大产品的影响力,激发消费者的购买欲望,从而给使用人带来经济上的利

〔1〕 参见崔雪丽:《美国宪法解释研究》,山东人民出版社 2011 年版,第 68 页。

益;而且可以使明星从许可合同中获得相应的许可使用费和其他利益,实现双赢。[1] 二是姓名商标。姓名商标是指以某个人的姓名作为某种商品或服务项目的商标。现代社会市场竞争的激烈使相同质量或用途的商品和服务并不必然能够获得相同的经济利益,生产者必须独辟蹊径才能赢得消费者的青睐,在市场中站稳脚跟。姓名商标便应运而生,如"李宁"运动服装、"邓亚萍"体育用品等,可以说这也是"名人效应"的必然结果。三是姓名出资,即姓名权人与某一市场主体签订姓名许可使用合同,由被许可人向姓名权人支付许可使用费,然后由姓名权人将获得的姓名权许可使用费出资,并获得相应的股份,如袁隆平农业高科技股份有限公司。[2]

(五)文化传承功能

人如其名、名实相符并非与生俱来,而是社会文化建构的结果。[3] 姓名的构建体现了相应的文化追求。无论是在中国古代还是近现代,命名本身都体现了一个国家和民族的文化特质。姓名并非简单的字词组合,而是体现特殊意义的符号体系。姓名的符号意义随着时光流逝、空间推移而变得模糊,不经过一定的阐释、解读,尤其是联想,就不能达意时,它就成为引申意义。此外,由于姓名解读者文化背景的不同,姓名的直接意义和引申意义也会有不同表现。[4] 这些姓名的直接意义和引申意义的解读构成一个国家或民族的文化象征。另外由于特定时代人物的影响,其姓名的识别和记忆,在一些国家或民族中得以成为某个时代文化的象征。如雷锋是特定时代的记忆符号,具有助人为乐、艰苦奋斗、为人民服务的道德意义和社会记忆联想。提到雷锋,社会中人便会联想到特定时代、特定人物以及特定时代所褒扬的特定人物所凝聚的思想品质及道德追求。正如提到鲁迅,人们会联想到"中华民族的脊梁""弃医从文的战士"等社会评价。提到"毛泽东思想""邓小平理论"便会联想到老一辈无产阶级革命家的丰功伟绩和思想品质等。[5] 姓名被烙上时代和文化的印记后,它便脱离了原有意义上的姓名系统,成为时代的标志、集体的记忆、道德的典范、崇尚的价值、追求的目标、努力的方向、仿效的楷模,甚至是民族的精神家园与灵魂的依归,成为社会记忆中的"类名"或"准公名"。[6] 姓名在此背景下超越了时空、个体,成为一

---

〔1〕 参见吴恒昌:《论公民姓名权的民法保护》,湖南大学2010年硕士学位论文,第9页。
〔2〕 参见刘国强:《谈谈姓名权"出资"的问题》,载《财务与会计》2005年第4期。
〔3〕 参见王歌雅:《姓名权的价值内蕴与法律规制》,载《法学杂志》2009年第1期。
〔4〕 参见纳日碧力戈:《姓名论》,社会科学文献出版社2015年版,第23-25页。
〔5〕 参见王歌雅:《姓名权的价值内蕴与法律规制》,载《法学杂志》2009年第1期。
〔6〕 参见王歌雅:《姓名权的价值内蕴与法律规制》,载《法学杂志》2009年第1期。

个国家或民族的精神追求和价值向导,从而起到文化传承的功能。

第三节　姓名权之基本构成

一、姓名权的主体

我国《民法典》第 1012 条对姓名权的主体进行了界定,明文规定姓名权为自然人所享有。《德国民法典》第 12 条亦系规定于"自然人"一节以下。[1] 我国对于法人、非法人组织的名称,《民法典》第 1013 条明文赋予其名称权,所以没有扩大姓名权保护主体范围的必要。

二、姓名权的保护对象

按照大部分国家户籍法之规定,一个人仅仅具有一个登记的姓名,但这并不妨碍其在现实生活中拥有其他称呼。如社会生活中常见的将自然人的姓与其职务、学位、头衔等相结合使用的情况,如"张教授""李医生",其在特定场合也具有明确的指代性。有些文化名人、艺人具有的笔名或者艺名这样的"化名",例如,著名之"鲁迅"为周树人之笔名,"小香玉"亦为陈百玲之艺名。[2]

包括上述"化名"及昵称、绰号,都可指向特殊个体,且在部分国家,与民事身份有关的文件须提及此等头衔、学位,甚至构成广义上的姓名。如在法国,由司法部部长依据 1872 年 1 月 10 日法令给予承认的古老贵族头衔,虽然不是姓名的组成部分,但是必须为与民事身份有关的文件所提及。在德国和意大利,分别于 1919 年 8 月 14 日、1922 年 10 月 28 日之前获得的贵族头衔,也是姓名的组成部分,必须为与民事身份有关的文件所提及。[3] 德国联邦最高法院于 1962 年 12 月裁决,学位(academic degree)构成广义的姓名组成部分,因为它们与狭义的姓名一样可以起到识别姓名持有者的作用。与民事身份登记相关的行政规章还规定,登记员在相关文件中必须提及学位[4]。而依我国现有立法,自然人

---

〔1〕 唯于德国实务上本条规定亦可类推适用于其他多种类型之姓名,如法人的名称、无权利能力社团的名称、商人的商号、公法机关名称、教会名称等。参见[德]迪特尔·梅迪库斯:《德国民法总论》,邵建东译,法律出版社 2013 年版,第 796 – 797 页。

〔2〕 参见李永军:《论姓名权的性质与法律保护》,载《比较法研究》2012 年第 1 期。

〔3〕 参见张学军:《论姓名的界定、特征、功能——以法律制度为中心》,载《浙江工商大学学报》2008 年第 3 期。

〔4〕 See A. Heldrich et al. , *Persons*, J. C. B. Mohr (Paul Siebeck), T. bingen and Martinus Nijhoff Publisher, 1995.

拥有的正式姓名,或者叫狭义上的姓名,仅指户籍登记之姓名[1]。对于头衔、昵称、绰号等,由于自然人一般没有将其当作姓名的意思和行为,同时与自然人身份、职务、生活状况联系甚密,不具有公开化和长期化的稳定性,也很难避免一般表述上的相似性,不应享有法律上的专有化利益。

对于笔名、艺名以及网名[2]等"化名"是否受法律保护,日本法上的观点认为,作家、艺术家、艺人等经常使用笔名、雅号、艺名等来取代真名。当这些通称广为人知的时候,就和真名一样受到姓名权的保护。[3] 我国的司法实践也采纳了这一观点。[4] 我国《民法典》第1017条对于笔名等通称的保护也规定了"具有一定社会知名度"的要求。[5] 然对于"化名"者,应自何时点起受保护?亦即于某人命(决定)某一化名时,该化名即受保护;或需不仅命(决定)某一化名,尚须有一定之事实存在者,该化名始受保护?对此问题,借用日本学者观点,似应以后者为妥当。盖"化名"与人出生时所给予之"姓名"不同,其通常系因从事某一职业而选定之名称,故在该名称(化名)下,其尚有实际从事该职业之必要。从而,对于化名之保护,其最早应自作家、投稿人、画家等人发表其作品,表演家初次登台之时点开始。"化名"如须如通常姓名般受到保护,则该"化名"须具有能使人联想到该特定之人之程度。[6]

---

[1] 参见《户口登记条例》第7条、公安部《关于启用新的常住人口登记表和居民户口簿有关事项的通知》第2条第3款。后者依所附的《常住人口登记表和居民户口簿填写说明》第4条第1款第4项,"姓名"即"本人姓名的全称"。参见张学军:《论姓名的界定、特征、功能——以法律制度为中心》,载《浙江工商大学学报》2008年第3期。

[2] 网名之特点,在于其自我设定上极大的自由性以及转让、抛弃、处分的灵活性。本书认为其形成、发扬与保护,与笔名、艺名等化名无二。当其具有对应稳定、形式特定且认同度广泛的条件时,应受姓名权上相同法律效果之保护。参见甘晓晨:《虚拟网络主体之间的名誉权纠纷——以网名为中心对一起典型案例的分析》,载《网络法律评论》2009年第1期;吕燕、张异琴:《关于网上人身权保护的几个问题》,载《社会科学研究》2002年第1期;费丞、魏仙桃:《网名作为人格要素的保护》,载《硅谷》2009年第16期。

[3] 参见[日]五十岚清:《人格权法》,[日]铃木贤、葛敏译,北京大学出版社2009年版,第9、116页。

[4] 典型案例参见罗林与广东飞乐影视制品有限公司案,北京市第一中级人民法院,(2006)一中民终字第6252号民事判决书。法院认为:"刀郎"一词具有新疆少数民族文化等含义,但因罗林以艺名方式推出其歌曲作品为公众所认知,"刀郎"一词不仅带有原有含义而且亦兼具"演唱者罗林"的特定署名含义。

[5] 但本条"足以致使公众混淆"的要件将不利于这些通称的保护,因为其忽视了这些通称与姓名一样具有自决利益。详细分析请参见张红:《民法典之姓名权立法论》,载《河北法学》2019年第10期。

[6] 参见[日]斋藤博:《人格权法的研究》,一粒社1979年版,第237-238页。

另有疑问的是,在签署法律文件或者合同、订立遗嘱时,使用除登记姓名之外的化名效力如何?拉伦茨认为,在公共场合使用自己选择的化名当为允许,但向国家机关作出意思表示签名时,则须用其依法取得的名字,并且在办理结婚登记、土地登记以及在法院起诉或者应诉时都必须使用取得的姓名。[1] 而波勒持相反观点,认为只要可以用来识别当事人,从而避免混淆不清即可。[2] 我国法律规定某些情况下自然人必须使用其正式姓名,如在有关法律文件上签名等。[3] 此属强制性规定,自无疑议。在除此之外的其他场合,有学者认为自然人于重要法律行为上负有使用其在户籍上登记的正式姓名的义务,以避免法律关系的混乱和权利义务主体的不明确,从而扰乱正常的社会经济秩序,损害其他公民的利益。[4] 亦有学者支持宽泛使用之学说,即只要能够识别是某一明确之自然人所签订的合同,意思表示就对谁发生效力。[5] 本书认为,此处考虑的主要是当事人的法律行为有效与否的问题,当事人不可以其未签署或不正确签署正式姓名为由进行非本人表意的抗辩。然而从避免纠纷、提高效率的角度出发,自然人在做出法律行为时所用的姓名应提倡为户籍上所登记的姓名。

三、我国民法上的姓名权内容

由于人格本身的复杂性,其从概念本身形成以来,对于概念内涵的争议就从未停止过。通常认为:"人格由'被认识的人之为人的那些属性或性质,例如生命、健康、身体、名誉等'构成,当法律确认或者赋予自然人的人格时,此种地位以及构成此种地位的全部要素即获得法律保障力,人格权即由此产生。"[6] 也有关于人格权的表述:"人格权是指民事主体所固有的、以维护主体的独立人格所必备的生命健康、人格尊严、人身自由以及姓名、肖像、名誉、隐私等各种权利。"[7] 又或者:"人格权,是指以权利主体的人格利益为客体的民事权利。"[8]

---

〔1〕 参见[德]卡尔·拉伦茨:《德国民法通论》(上册),王晓晔等译,法律出版社 2013 年版,第 160 页。

〔2〕 参见[德]卡尔·拉伦茨:《德国民法通论》(上册),王晓晔等译,法律出版社 2013 年版,第 160 页。

〔3〕 参见姚辉:《人格权法论》,中国人民大学出版社 2011 年版,第 157 页。

〔4〕 参见姚辉:《人格权法论》,中国人民大学出版社 2011 年版,第 157 页。

〔5〕 参见李永军:《论姓名权的性质与法律保护》,载《比较法研究》2012 年第 1 期。

〔6〕 Savatier, Métamorphoses Economique et SocialsduDroit Privéd' aujourdui, Ⅲ, n · 335. 转引自[日]星野英一:《司法中的人——以民法财产法为中心》,王闯译,载梁慧星主编:《民商法论丛》第 8 卷,法律出版社 1997 年版,第 176 页。

〔7〕 王利明:《人格权若干问题探讨——纪念〈民法通则〉颁布 10 周年》,载《法学》1996 年第 4 期。

〔8〕 王卫国主编:《民法》,中国政法大学出版社 2007 年版,第 34 页。

而对于姓名权之内容也有着同样的分歧。一般而言,姓名权的内容可通过其定义形式进行明确。我国学者借鉴或研究得出姓名权之定义方式,一般分为两种:一种是概括式定义,即从对于自身姓名上各种人格利益及自由之概括保护出发,如"姓名权为专用其名称之权利"[1],"姓名权意指人对于其姓名所享有之法律上利益"[2],"姓名权是以对该特征进行排他占有为内容的不可转让的权利"[3]等。另一种是采列举式定义,如"姓名权是自然人对于姓名设定、变更和专用的人格权"[4],"自然人决定、使用和依照规定改变自己姓名的权利"[5]以及"姓名权是自然人决定其姓名、使用其姓名、变更其姓名,并要求他人尊重自己姓名的一种权利"[6]。列举式的定义方式基本依据我国原《民法通则》上的规定而来。一般来说,概括式定义侧重强调自然人在姓名上享有法益,但具体享有何种法益,则采取一种开放的态度。而列举式定义则不同,它更倾向于将姓名权的各项权能具体化,从而使人们对于姓名权能够更好地把握。概括式定义虽然不够具体,但它却能够随着社会的发展而将更多的有关姓名权的法律现象囊括其中进行调整。列举式定义虽然"射程"不及概括式定义,但是它更加具体和稳定,因此更具有可操作性,更易于把握[7]。

从我国《民法典》第 1012 条的规定来看,我国民法上所确立的姓名权包括了姓名决定权、姓名变更权、姓名使用权。

(一)姓名决定权

为自己命名是自然人的基本权利之一。在表述上,姓名决定权亦被称为"自我命名权"。[8] 就我国姓名传统及现制而言,"姓氏"一般取自父母姓氏范围内,并由父母共同决定。自我选择或决定其他姓氏于实践中多有障碍,故"自我命名权"较为现实地体现了国内自然人姓名的决定范围。[9] 姓名的自我决定权是指在姓名的设定和变更方面,姓名权人具有自由决定权,任何第三者不得非

---

〔1〕 史尚宽:《民法总论》,台北,正大印书馆 1980 年版,第 110 页。

〔2〕 [日]川井健:《现代不法行为法的研究》,日本评论社 1978 年版,第 176 – 195 页。

〔3〕 [德]汉斯·布洛克斯、[德]沃尔夫·迪特里希·瓦尔克:《德国民法总论》,张艳译,中国人民大学出版社 2019 年版,第 314 – 315 页。

〔4〕 张俊浩主编:《民法学原理》,中国政法大学出版社 1991 年版,第 147 页。

〔5〕 马原主编:《民事审判实务》,中国经济出版社 1993 年版,第 208 页。

〔6〕 王利明:《人格权法研究》(第 3 版),中国人民大学出版社 2018 年版,第 364 页。

〔7〕 参见杨立新:《人格权法》,法律出版社 2011 年版,第 407 页;徐梦雅:《论姓名商业利用的民法保护》,中国政法大学 2012 年硕士学位论文。

〔8〕 参见杨立新:《人格权法》,法律出版社 2011 年版,第 410 页。

〔9〕 后文将就姓、名之不同变更情形及规制方法作具体论述。

法干预。此为人格发展和自我决定的重要表现形式,也是姓名权作为一项人格权的特殊之处,其他人格权基本上不存在设定方面的问题。[1] 自然人应当依法行使姓名权,户口登记条例规定婴儿的姓名由父母、亲属、抚养人或者邻居在婴儿出生一个月内向婴儿常驻地户口登记机关申报出生登记,并将其姓名记入户籍登记簿,在户籍登记簿上登记的姓名为正式姓名。因此,婴儿的姓名权决定权由其监护人行使,但这不是对自我命名权的否定,而是父母亲权的表现,是父母实施亲权的代理行为,表达的是命名者的期待、意愿以及其他社会心理。[2]

(二)姓名变更权

姓名变更权是姓名决定权的延伸。一般而言,变更姓名即权属所有人的自主决定的一种表现。但姓名涉及国家管理等公法上之利益,此种意义也适用于公法上的义务。所以,自然人是否有权任意变更其姓名,(相当意义上)是一个属于公法范畴的问题。[3] 《民法典》第 1012 条将其从决定权能中抽调出来,不仅是为表彰自然人自接受父母命名后再次自我决定的机会[4],同时设置"依照规定"的限制,也有公共利益上的考量,公民姓名设定或变更权利必须符合国家的法律和法规。[5] 这项权利在我国受到了严格的行政管制,如我国的户籍法等制度对姓名的变更做了管理上的规定。姓名由监护人决定,但是本人在具备完全民事行为能力后,有权对自己的姓名进行变更,这是姓名权的应有之义。一般而言,姓名的变更只要不违反法律的强制性规定和公序良俗都应允许。但是考虑姓名的变更会影响个人的权利义务关系,因此为了保护权利义务关系的稳定性和延续性,变更姓名需遵守一定的程序。这些程序是国家公权力对私权行使的干预,这种干预应当符合行政法的比例原则。[6]

(三)姓名使用权

姓名的使用权是姓名享有者的一种自由,其主要意义在于任何人不得干涉

---

〔1〕 参见李永军、项斌斌:《民法典编纂背景下姓名权与其他"人格权"的区分——兼及我国民法典人格权编的立法建议》,载《浙江工商大学学报》2019 年第 2 期;李永军:《论姓名权的性质与法律保护》,载《比较法研究》2012 年第 1 期。

〔2〕 参见纳日碧力戈:《姓名论》,社会科学文献出版社 2015 年版,第 1 页。

〔3〕 参见[德]迪特尔·梅迪库斯:《德国民法总论》,邵建东译,法律出版社 2013 年版,第 795 页。

〔4〕 参见杨洪逵:《单方变更未成年子女姓氏的行为无效——对一起变更子女姓名案的再思考》,载《人民司法》2000 年第 12 期。

〔5〕 参见李永军:《论姓名权的性质与法律保护》,载《比较法研究》2012 年第 1 期。

〔6〕 比例原则是许多国家行政法上一项重要的基本原则。学界通说认为,比例原则包含适当性原则、必要性原则和狭义比例原则三个子原则。行政法中比例原则是指行政权力的行使除有法律依据这一前提外,行政主体还必须选择对人民侵害最小的方式进行。比例原则对我国行政法治建设具有很强的借鉴意义。

和妨碍，同时也不得盗用或假冒，即当他人超越权限范围擅自使用自己姓名时，可以对此加以禁止。这是姓名权的本质，是很多国家的民法典作出规定的内容。[1] 我国《民法典》于第1014条中规定了"不得以干涉、盗用、假冒等方式侵害他人的姓名权"。自然人设立姓名是为了表现其个人特征，并与社会其他成员相区别，同时，只有以自己的姓名从事各种社会活动，才能为自己取得权利和设定义务。[2] 姓名享有者有权按照自己的意志决定自己的姓名如何被使用，在何处被使用，同时他人在不违背享有者意志的情况下，负有正确使用自己姓名的义务。[3] 这里的姓名不仅包括户籍上的姓名，还包括笔名、艺名等。

传统民法认为姓名权是人格权的重要组成部分，与自然人的人身不可分离，也不得由权利人抛弃。姓名权是非财产性的权利，它本身不具有直接的财产内容，其客体姓名也不能随意转让、赠与或继承。但是随着姓名商业利用问题的日益突出，姓名中的财产利益被挖掘，姓名享有者在一定程度上可以对自己的姓名进行商业利用，可以许可他人使用自己的姓名，并以此获取相应的财产利益。[4] 因此《民法典》第1012条特别列举了"许可他人使用自己的姓名"。

四、姓名权保护的利益

姓名权本质上是人格权，姓名与自然人的人格尊严联系紧密。自19世纪末20世纪初以来，大陆法系国家的民法大多规定对姓名权进行保护，其首要目的是保护姓名上的人格利益（精神利益）。而姓名、肖像等人格要素作为商标、商号以及用于广告宣传等商业活动的经济现象在现代经济中呈现日益增长的趋势。因此，姓名、肖像等人格标志已经在一定程度上成为具有经济价值的财产（财产性利益），[5] 即姓名权既承载了权利人的精神利益，又具有财产利益。[6]

（一）精神利益——同一性利益

根据德国法的理论，姓名具有特殊标记意义及人格承载功能，《德国民法典》第12条所述姓名权人有权使用特定姓名并禁止他人将这一特定姓名用于指称他人而造成混淆。此一法上利益被称为"同一性利益"，即姓名必须用于指称

---

〔1〕 参见［日］五十岚清：《人格权法》，［日］铃木贤、葛敏译，北京大学出版社2009年版，第9、119页。
〔2〕 参见王利明：《人格权法研究》（第3版），中国人民大学出版社2018年版，第379页。
〔3〕 此处使用的具体形式有"姓名的持有权""姓名的表示权""姓名不被任意使用权""请求他人正确称呼自己姓名权"等。具体情形，后文将作论述。
〔4〕 参见王利明：《人格权法研究》（第3版），中国人民大学出版社2018年版，第379－380页。
〔5〕 参见陈龙江：《德国民法对姓名上利益的保护及其借鉴》，载《法商研究》2008年第3期。
〔6〕 参见杨立新：《人格权法》，法律出版社2011年版，第409页。

姓名权人,而不得用于称呼他人从而引发混淆。姓名不仅是单纯的标志工具,也是对姓名权人人格的表达。因此,姓名权人希望防止别人和自己的混淆,亦即避免经由姓名的混用使他人的行为归属于自己,或者反过来自己的贡献、立场等却被归属于他人。[1] 例如,甲到处宣称乙的姓氏里所带的贵族称号标志"冯"是不正当的(明确的争执);雇主丙不理会女受雇人丁因婚姻而更改的姓氏,仍旧按丁婚前的姓氏称呼她(可推断出来的争执)。[2] 此一利益是从姓名在社会交往中作为个性化识别工具的区分功能推导出来的,而区分功能被认为是姓名最核心、最重要的功能。德国学者 Schwerdtner 亦指出,"姓名的唯一任务是它的秩序和区分功能"。[3]

(二)精神利益——个性化利益

而除"同一性利益"外,姓名权还有防止"归属上的混乱"[4]这一功能,此一功能主要是为了防止因姓名的使用而使公众误认为姓名权人与姓名所用于的产品、企业或机构之间具有某种实际上并不存在的联系。[5] 这种不被误认有错误联系的利益被学者称为"个性化利益"。[6] 例如姓名为"Zum Treppchen"之人,可要求自身姓名不为"Zum Treppchen"或无授权使用此姓名的另一人不得将其饭店命名为"Zum Treppchen"。[7]

"个性化利益"保护的提出主要是因为"同一性利益"上姓名权旨在防止用姓名指代姓名权人之外的"人"而造成人的混淆。对姓名的"个性化利益"的保护,旨在避免使用姓名指代"人"之外的"物",从而引发姓名权人和该"物"之间具有某种关系的错误认识——往往在"个性化利益"受到侵犯时,姓名所指向的权利主体并没有错误[8]——而正好相反,此种正确的、可被广泛认知的具体指向才是其宣传行为的目的。此外,《德国民法典》第二起草委员会的记录表明:在某个人并非将他人的姓名用于称呼自己,而是用于广告目的、称呼商品、招牌

[1] Vgl. Staudinger - Habermann(2004) § 12, Rn. 15.

[2] Vgl. Köhler, BGB Allgemeiner Teil, 27, Aufl. 2003, S. 310.

[3] Vgl. MünchKomm\Schwerdtner (2001) § 12, Rn. 39.

[4] Vgl. MünchKomm \ Schwerdtner (2001) § 12, Rn. 3; Staudinger - Habermann (2004) § 12, Rn. 15; Thorsten Funkel, Schuts derPers ö nlichkeit durch Ersatz immaterieller Schüden in Geld, München, 2001, S. 10.

[5] Vgl. MünchKomm\Schwerdtner (2001) § 12, Rn. 183.

[6] Vgl. Horst - Peter Götting, Pers ö nlichkeisrechte als Vermögensrechte, Tübingen, 1995, S. 86.

[7] BVerfG NJW 2007, 684.

[8] Vgl. Horst - Peter Götting, Persönlichkeisrechte als Vermögensrechte, Tübingen, 1995, S. 86.

等滥用情形时,《德国民法典》第 12 条的保护也应介入。[1] 至于“个性化利益”的精神内核,德国学者 Götting 从人的自我表现权角度进行了说明:

作为区分功能的补充,姓名的个性化功能对于人的自我表现具有重要作用,因为姓名对于姓名权人的作品、产品和贡献,或者在最宽泛的意义上对于物体或机构而言,是最显而易见的和最常用的标志,而姓名权人和这些东西之间具有精神上或经济上的紧密联系。通过使之个性化,姓名权人可以形象地展示其行为和影响,且该行为和影响体现了人格。换言之,未经允许用姓名来“标表”某一物的行为意味着对姓名权人人格形象的歪曲,因为该行为造成了姓名权人与该物具有某种联系的错误印象。鉴于此,同时考虑不受妨碍的自我表现权,《德国民法典》第 12 条不仅在用姓名指称错误的人(错误的“主体”)时,而且在用姓名指称“物体”时提供保护的做法看来也是正当的。依照德国联邦宪法法院的一则判决,“不受妨碍的自我表现权”系指“根据人的自主决定权,个人对其个人领域原则上能够不受限制地自主决定,其面对他人或公众如何表现以及是否和在多大范围内让他人对其人格进行利用”[2]。

(三)精神利益——自我决定利益

上述两种利益之保护,除德国法外,大多数国家制定有姓名权条款,或通过判例上升为法规范,[3]我国《民法典》第 1014 条亦将此利益保护包含在内。姓名与其他人格权所保护的利益关系密切,这和姓名在社会交往中作为识别工具和归属工具的功能有关。对别人进行描述和评论,通常需要姓名这一工具来确定具体人物的信息归属,而就当下社会而言,运用这一工具的场合、方式、对象的多样性实难详细总结。同时,提及他人姓名原则上是一种自由,而单纯的提及姓名,即使是用正确的姓名指称姓名权人,在某些情形下亦被认为是不当的,比如特定商业广告中被任意言及[4],或姓名被不符权利人意愿的方式称呼[5]。且当事人针对自身发展而享有之精神利益具有“社会最大容忍”下的不可裁剪性,故针对姓名的单纯使用而发生的其他有损自然人之人格利益或自由的侵权行为,救济路径可通过扩大解释姓名权条款予以保护,抑或通过一般人格权之规定对姓名利益予以保护。

---

〔1〕 Vgl. Horst – Peter Götting, Persönlichkeisrechte als Vermögensrechte, Tübingen, 1995, S. 86.

〔2〕 Vgl. Horst – Peter Götting, Persönlichkeisrechte als Vermogensrechte, Tubingen, 1995, S. 87 – 88.

〔3〕 参见袁雪石:《姓名权本质变革论》,载《法律科学(西北政法学院学报)》2005 年第 2 期。

〔4〕 BGHZ30, 7. 转引自[日]五十岚清:《人格权说》,一粒社 1989 年版,第 123 页。

〔5〕 经典判例为日本“NHK 日本语读法诉讼事件”,系日本最判昭和 63 年(1988 年)2 月 16 日判决。

由于《德国民法典》第 12 条将保护的利益限缩在以上两种类型,故德国通过 1959 年 Caterina Valente 案与 1981 年的 Rennsport – Gemeinschaft 案将“通过姓名的提及造成姓名权人名誉贬损、声望下降或隐私暴露”的损害,以及“未经允许在广告中提及他人姓名,侵害姓名权人对其姓名经济利益自主权”的损害纳入其一般人格权的保护范畴。[1] 就我国而言,我国民法规定了诸如名誉、隐私等其他具体人格权,姓名权人“名誉贬损、隐私暴露”的损失,可由其他具体人格权提供救济。而侵害姓名自主使用利益的,则可通过《民法典》第 1014 条的防止盗用条款予以解决。

而有关姓名的自我决定权,除对已有姓名之使用及被提及方式、场合、对象上的自我决定控制外,对姓名本身的决定,即取得变更之事,同样需要法律进行保护。日本学者认为,除有其宪法上的意义与基础外,私法上原理认为姓名自我决定权(不违反其意思而剥夺其姓名权利或不强制违反其意思而变更其姓名之权利)乃姓名权之权利的根源,且若将姓名认为是对自己人格之不可或缺的利益,则姓名之取得、保持、变更等阶段之权利保护性,即应被检讨且加以承认。[2] 我国《民法典》第 1012 条将姓名变更的自由权利予以确认及保护,不失为姓名权世界立法范围内的先进之举。

(四)财产利益——商业性使用

早期人格权系维护人之尊严与自由而存在,姓名权亦如此。然商品经济社会中,当自然人的人格符号反映在商品宣传、销售等环节上时,通过将该自然人特有的人格价值影响施加于市场,既增强了产品在市场上的号召力与可识别程度,同时也给该自然人带来了滚滚财源——通过合作、代言、商标命名等手段。对于姓名使用的市场化的运作,无疑使姓名权人享受到了其姓名通过市场价值交换而产生的独有利益。换言之,姓名、肖像、声音、隐私资料等个人特征本身所体现之财产价值,及个人对其人格特征为商业上使用,而获得一定之经济利

---

〔1〕 参见陈龙江:《德国民法对姓名上利益的保护及其借鉴》,载《法商研究》2008 年第 3 期。

〔2〕 参见[日]二宫周平:《姓名权和通用名称的使用》,载《坂大法学》第 44 卷 2.3 号上卷(1994 年 11 月)。

益。[1] 而根据经济利益界定的原则[2]，这种姓名上的财产性利益可进一步分为“经营利益或许可利益”[3]与“其他无形的认可性利益”[4]。

姓名权上财产利益的保护系属人格权所具有的财产价值的保护的一部分。美国法采取二元论之方法，将人格利益区分为隐私权（保护精神利益）与公开权（保护财产价值）。德国法建构在一元论的人格构造上，以一个同一的人格权包括精神利益及财产利益，不将财产部分从人格权分离出来变为一种独立的财产权。[5] 日本法兼采德国法与美国法，主要以类似于公开权的商品化权制度加以保护。而无论是采取何种保护方式，人格权，特别是姓名权所具有的财产利益应得民法之调整保护，此亦为《民法典》第993条、第1023条第1款所确认。

（五）小结——基于利益的保护体系描述

结合上述分析，并根据《民法典》第1012条的姓名权权能规定，就我国姓名权之现有及应有之利益覆盖，可对姓名权构架为以下利益与权能的体系分类，如表2-1所示。

---

〔1〕 参见王泽鉴：《人格权保护的课题与展望——人格权的性质及构造：精神利益与财产利益的保护》，载《人大法律评论》2009年第1期。

〔2〕 关于经济利益界定的原则，可列明如下：（1）确定数目的金钱能够完全补偿对该利益的侵犯。（2）当某原告获得了准确反映其所损失价值的总和的金钱后，应该没有进一步的损失感；如果原告还感觉到未获得补偿的损失，那么他的利益就不单纯是经济性的，或者除经济利益外，原告还有非经济性利益。（3）一项经济利益能够客观地估价，如果利益所有者对此还有主观价值时，则不能仅仅是经济利益。（4）它是一种交换意义上的利益；如果不存在对个人损失的（可评估）市场，那么他就没有遭受一项严格界定的经济利益之损害。See P. Cane, Tort Law and Economic Interests, 2nd edn. (Oxford, 1996), 5.

〔3〕 此种利用方式，一般有：（1）“工具性代言”，很大程度上可以望文生义；（2）“非工具性代言”，涉及名人在其主要活动领域并不依赖的产品；（3）“吸引注意力的工具”，涉及利用名人的名字或者形象，不以表明认证的形式同商品和服务建立联系。Rein et al. , *High Visibility*, 59.

〔4〕 此种利用方式，一般针对影响力大的公众形象，如在专业领域具有较高地位的人士、公共部门的执掌者和政客等。尽管这些人一般不愿意通过授权许可或者认可代言的交易等方式活跃地将个人形象进行商业交易，但他们仍然有可能被视为具有“认可价值”。Cf. Rein et al. , *High Visibility*, 49.

〔5〕 参见王泽鉴：《人格权保护的课题与展望——人格权的性质及构造：精神利益与财产利益的保护》，载《人大法律评论》2009年第1期。

表2-1 我国姓名权的利益与权能

<table>
<tr><th>积极权能</th><th>利益</th><th>消极权能</th></tr>
<tr><td>自由决定(变更)</td><td>自我决定(自由)利益</td><td>防止干涉</td></tr>
<tr><td rowspan="2">自由一般/商业使用</td><td>同一性利益</td><td>防止冒用</td></tr>
<tr><td>个性化利益</td><td rowspan="2">防止盗用</td></tr>
<tr><td>自由商业使用</td><td>财产性利益</td></tr>
</table>

根据这一体系,姓名权所保护的利益包括自由利益(此处更多的是对抗公权的作用,即对姓名行政管制的对抗,亦有在姓名使用之中,由于方式、场合之冲突而致权利人人格受损)、同一性利益(对身份一致性的要求,如冒用他人姓名发表粗俗、低劣的文章,造成他人受到嘲讽等)、个性化利益(姓名在非允许情形下与外在的物发生关联而造成损害,一般为通过对姓名的商业利用,如进行广告宣传等从而达到一定的商业目的)与财产性利益(姓名作为一种具有客观市场价值之对象,非允许而被利用,应有财产利用性之损害赔偿)。这四种利益都可以在姓名权之下得到保护,且客体的一致性,同一行为可能导致多种利益受到侵害,由此损害赔偿的范围也将不同,此时需要根据案件的具体情况进行具体的裁判。这个体系中姓名的人格维护功能、社会管理功能以及商业利用功能都有所体现,但对于身份定位和文化传承功能却没有明显的体现,这一方面是我国姓名权规定本身的限制,另一方面是因为身份定位和文化传承更多地体现为我国姓名权体系的附带价值,即通过保护姓名的自由利益、同一性利益、商业利益从而达成身份定位、人格维护、社会管理、商业利用、文化传承等众多的功能。

第四节 姓名权的自我决定利益

一、问题

承前所述,姓名权下的自我决定利益可分为,已然存在之姓名在社会交往中依自我决定之形式、场合进行使用而维护自身人格尊严的利益与将自身之姓名维持、变更以确定自身之对外符号的自由利益。此基于姓名之产生过程及进路而自然人应享有之。[1]

然其中问题,自然人出生之时其姓名取得一般系父母所为,自身固无选择。有关子女择姓称名的法上解释,不同国家学者多有不同见解[2],在我国子女行使姓名权以法定代理说为通说的情形下,[3]父母的择姓命名行为应当协商一致进行,若不能达成一致应当如何处理?另外,如果父母的择姓命名行为对子女的利益造成损害,法律应当如何介入调整?

自然人在取得姓名之后有变更姓、名的意愿,法律应当如何调整,是我国所面临的重要问题之一。在此问题中,公民所应享有之基本自由权利——姓名自我决定权与社会公共利益、国家行政管理所存的利益冲突贯穿始终。我国法上姓名权之内涵,依《民法典》第1012条文义解释,姓名决定和使用应依法行使,而对于姓名变更则必须依照《民法典》第1016条第1款依法向有关机关办理手续。其表明如上权能之行使应满足合法性要求。此外,姓名变更又分为姓的变更与名的变更,根据我国传统,姓表征家族血缘关系,名彰显个人人格,其中所蕴含的不同法律意义也决定了需将姓的变更与名的变更区分开来。但这种区分未能见诸中国现制之中,并导致学说与实务中对姓名变更问题进行了笼统的判断,更无法明晰姓名变更的内容与其合理限制范围。

《民法典》第1012条与第1016条中的"依法"改变姓名中的"法"如何理解?对此应当谨慎,否则法律、行政法规、规章条例、司法解释和地方性法规皆置喙其中。这些令出多门且效力层级各异的规定相互之间矛盾、抵触之处颇多,严重影响了法制与裁判的统一。[4] 从学说上看,我国学说对姓名权的研究历来较为薄弱,虽近年来有关此论题的研究逐渐引起重视,但多关注的是姓名的一般性问

---

〔1〕 姓名权之自我决定权亦发端于人格权中的自我决定权,此种见解参见[日]二宫周平:《姓名权与通称使用》,载《坂大法学》第44卷2.3号(1994年11月)。

〔2〕 天津市河北区人民法院行政判决书,(2004)北行初字第13号。

〔3〕 参见王利明:《人格权法研究》(第3版),中国人民大学出版社2018年版,第377页;杨立新:《人格权法》,法律出版社2011年版,第410页;姚辉:《人格权法论》,中国人民大学出版社2011年版,第155页。

〔4〕 如离婚后单方变更子女姓名之效力问题,涉及对《离婚案件子女抚养意见》第19条的理解,实务上就出现了截然不同的见解,有些人认为有效,参见杨晓霓、焦卫:《对一起变更子女姓名案的法律思考》,载《人民司法》2000年第9期;有些人认为无效,参见杨洪逵:《单方变更未成年子女姓氏的行为无效——对一起变更子女姓名案的再思考》,载《人民司法》2000年第12期。

题,如权利属性、权能、对姓名的保护(非法冒用与商业利用等),[1]而对姓名权中姓名变更之全面研究甚为罕见,[2]现有研究基本停留在以案说法的层面,未见全面总结判例学说之规范建构性研究。未成年子女随父姓或母姓在父母无法达成变更合意之时如何处理?自然人有无父母姓之外第三姓之可能?更名所需事由在管理规定上应作如何取舍?"姓名"又必须合乎哪些标准才能得到国家和社会的认可?这些问题都迫切需要得到理论上的明晰和指导,方能对实务操作有所裨益。

姓名之取得、变更为自我决定权之重要含义,然姓名在一般使用之中,日本法中出现的以"被正确称呼之利益"为代表之"正确使用之利益"成为争议较大的问题。德国法中商业广告的特殊提及问题与表示自己姓名之权利,亦为自我决定权中的一部分,值得关注。我国当下生活中也有此类案件出现,但是还没有出现完整的判决案例,所以运用案例比较之研究方法,以别国之案例来推演我国裁判的法律适用问题。

二、姓名取得

有关姓名取得,联合国《儿童权利公约》第 7 条第 1 款规定:"儿童出生后应立即登记,并有自出生起获得姓名的权利……"而新生儿之姓名确定——尤其是姓的取得问题——具体到我国法时,由《民法典》第 1015 条规定,但未明确父母对子女姓氏争议时当如何处理。至于命名应注意之问题,置于变更事宜一并加以讨论。

(一)姓之取得的历史沿革——近现代时期

在清朝,习惯上,我国子女均从父之姓。然不知生父之私生子及不知父母之弃儿,则在不得已之情形下从母姓或养父姓;又各人各有其姓,无论在何种情形下均不得改姓,擅自改姓时适用异姓乱宗之罪处罚,但由生父认领之私生子及恢

---

[1] 参见李永军:《论姓名权的性质与法律保护》,载《比较法研究》2012 年第 1 期;刘远征:《论作为自己决定权的姓名权——以赵 C 姓名权案为切入点》,载《法学论坛》2011 年第 2 期;刘文杰:《民法上的姓名权》,载《法学研究》2010 年第 6 期;章志远:《姓名、公序良俗与政府规制——兼论行政法案例分析方法》,载《华东政法大学学报》2010 年第 5 期;陈龙江:《德国民法对姓名上利益的保护及其借鉴》,载《法商研究》2008 年第 3 期;袁雪石:《姓名权本质变革论》,载《法律科学(西北政法学院学报)》2005 年第 2 期;张善斌、冯兴俊:《姓名权财产利益的法律保护》,载《法商研究》2002 年第 4 期;徐武生、徐铁岩:《对户籍立法中姓名权的若干问题的思考》,载《公安大学学报》2000 年第 2 期;潘华山:《公民姓名权的民法保护》,载《现代法学》1992 年第 2 期。

[2] 参见张建文、贾佳:《论我国姓名变更权的法律限制问题》,载《河北法学》2011 年第 3 期。

复生父姓之弃儿,则不在此限。此家族宗法制下尊崇男系血统之故。[1] 而命名则依各家族成制与地方习惯,并规避诸多禁忌。[2]

而清末民初,对于子女称姓之问题,在清末宣统三年(1911 年)之民律第一次草案(《大清民律(草案)》)、民国 4 年(1915 年)之民律亲属编草案、民国 14 年(1925 年)之民律第二次草案、民国 17 年(1928 年)国民政府法制局拟之亲属法草案,均未设任何规定。[3] 然民国 19 年(1930 年)7 月国民党中央政治局会议核定"亲属法继承法立法原则",其中就"亲属法先决各点审查意见书"第二点"夫妻及子女间姓氏"部分,决议如下:"……二、子女从父姓。三、赘婿之子女从母姓,但得设例外之规定。"后经研究,于草案第 1061 条、第 1080 条及第 1085 条就子女、养子女之姓氏分设规定,提经立法院第 120 次会议讨论通过,经国民政府于民国 19 年(1930 年)12 月 26 日公布,并于民国 20 年(1931 年)5 月 5 日施行。

中华人民共和国成立之后,于 1950 年 4 月 13 日颁行《婚姻法》,本部《婚姻法》并无关于子女称姓问题的规定,仅规定夫妻有各用自己姓名的权利。1980 年 9 月 10 日颁布的《婚姻法》中第 16 条规定,"子女可以随父姓,也可以随母姓",2001 年 4 月 28 日根据第九届全国人民代表大会常务委员会第二十一次会议《关于修改〈中华人民共和国婚姻法〉的决定》,《婚姻法》再次修正。此次修正较 1980 年《婚姻法》并无实质性变化,但去掉"也"字,凸显夫妻对于子女称姓问题上之法上平等,也符合我国婚姻法之基本精神。《民法典》第 1015 条规定"自然人应当随父姓或者母姓……"并确认了可在父母姓氏之外选取姓氏的三种情形。

(二)姓之争议解决方式考察

我国婚姻关系中夫妻各自享有保持自身姓氏之权利,而习惯上,如果双方约定了婚姓或者妻子使用夫姓也是允许的。主要问题产生于父母约定不成时子女

---

〔1〕 参见《(临时台湾习惯调查会第一部调查第三回报告书)台湾私法》卷 2,陈金田译,中国台湾地区文献会编印 1993 年版,第 241 – 242 页。

〔2〕 命名方法,有依:五行、伦序、即景、应梦、托庇、压胜、形象、赋性、假物、美词、典故、指姓等。而禁忌上,则有:尊讳(皇帝、祖先)、谬妄不敬、同宗同名、迷信等。参见陈金田译:《(临时台湾习惯调查会第一部调查第三回报告书)台湾私法》卷 2,中国台湾地区文献会编印 1993 年版,第 241 – 250 页。

〔3〕 至于夫妻称姓之问题,则仅于民律第二草案第 64 条规定:"妻于本姓之上冠以夫家之姓,并取得与夫同一身份之待遇。"对于上述四种草案,就夫妻与子女称姓之问题,几未设相关规定,究其原因,学者有谓:"可能是认为称姓问题在民间已相沿成习,并无争论,故无庸加以订定。"参见陈美玲:《亲属法上称姓问题之探讨》,载《法令月刊》第 33 卷第 3 期。

姓氏如何确定。由此可以考察夫妻双姓制国家所采制度,或有增益。

《德国民法典》规定,父母称不同之姓,且父母对子女有共同之监护权,然对子女应称何姓未能达成合意时,父母于子女出生一个月内不为确定子女出生姓之声明时,则由家事法院将该确定权给予父或母之一方行使。倘被委托(授权)之父母未于家事法院所定之期限内行使确定权,则该子女即取得被委托行使确定权之父或母之姓(《德国民法典》第 1617 条第 2 款)。[1] 盖身份登录官遇有子女已出生一个月,而父母仍未确定子女之出生姓时,其会将该情形通知该子女之住所或常住地之家事法院(《德国身份登录法》第 21 条 a),家事法院接到身份登录官之通知后,即依职权将子女出生姓之确定权委托与父母之一方行使。家事法院于裁定前,应听取父母双方之意见。且在可能之范围内,得让父母合意确定子女之称姓。[2]

夫妻共同收养子女或夫妻一方收养他方子女,一般以养父母之姓(famillienname)作为出生姓(《德国民法典》第 1757 条第 1 款前段),而夫妻双方并未称婚姓时,则由夫妻于收养宣告前向监护法院所为声明确定该养子女之出生姓,并准用《德国民法典》第 1617 条第 1 款规定。我国《民法典》第 1112 条的规定与之类似。

(三)小结

就国内类似问题,以德国等为借鉴,基于法治社会对于私人之间(家庭自治)之纷争,在尊重自治的基础上所推行的涉及社会稳定及发展的一定强制性,[3] 可由法院介入并加以解决。自然人应称何姓涉及自然人之人格,系属关乎个人之重大事项等立场,此类争议应由法院介入决定。至于法院介入后是径行解决子女应称父姓或母姓,还是仅决定将确定权给予父或母一方行使,倘被委托之父或母未于期限内行使确定权,则该子女称父或母之姓(系采德国之立法例)。此种方式似较为周延,因自法院确定权利人为父或母至正式向户籍管理

---

〔1〕 对于此种规定,基于复合姓会引发姓之连锁现象等问题,另倘将"姓"之决定委诸抽签之偶然方式,与"姓"系表彰个人之个性化与同一性之特色不符,从"姓"所具有之人格权属性观点,亦有不妥之处。故德国立法时未采取以父母复合姓作为子女出生之姓的方案。参见[日]床谷文雄:《战后家族法的立法现状与展望(1)》,载《坂大法学》第 44 卷 2.3 号上卷(1994 年 11 月),第 409 页。

〔2〕 家事法院之裁定,可不用附理由,父母对该裁定不得提出抗告加以撤销。至于家事法院判断基准,则只能由法院视具体案情综合判断。参见[日]床谷文雄:《战后家族法的立法现状与展望(1)》,载《坂大法学》第 44 卷 2.3 号上卷(1994 年 11 月)。

〔3〕 参见余延满:《亲属法原论》,法律出版社 2007 年版,第 3 页。

机关申请登记为止尚有一段时日，于此期间父与母就子女称姓仍有可能于双方自由意思而达成合意，经由该合意即可弭平双方因意见不同而产生之感情裂痕，促进家庭和睦。

而关于养子女之称姓，我国《民法典》第1112条规定，“养子女可以随养父或者养母的姓氏，经当事人协商一致，也可以保留原姓氏”，对于协商不成的处理问题，按现有法制无从解决。或可按婚生子女姓氏确定之途径，交由法院授予收养人以确定权，若养子女欲恢复原姓氏，可成年后自行申请变更登记。

三、姓名变更

《民法典》第1016条规定，民事主体决定、变更自己的姓名应当依法向有关机关办理登记手续，但是法律另有规定的除外。该条确立了姓名变更的一般原则，即“依法”变更姓名，该规定系将公法植入民法之转介条款。而在此前适用原《民法通则》第99条时，立法机关或司法机关并未制定出具体、统一的“规定”以作为自然人变更姓名之准绳，[1]这导致在规范体系上，法律、行政法规、规章条例、司法解释和地方性法规皆置喙其中，难免相互抵触。

我国姓名变更一般需到公安机关办理，亦有诉求法院为判决进行。[2] 公安机关一般按照《户口登记条例》、《居民身份证法》、公安机关的内部规定[3]等来进行操作。而法院判决特别是有关离婚后未成年子女的姓名变更问题主要依据最高人民法院的部分司法解释。[4] 这样一个复杂而凌乱的规范群给法之适用造成极大的困难。此外，姓名变更又分为姓的变更与名的变更。根据我国传统，姓表征家族血缘关系，名彰显个人人格，姓的变动多涉及家庭婚姻关系，而名的变动则主要起因于重名、字义粗俗等事由，其中所蕴含的不同法律意义决定了需

---

〔1〕 除下文所述的在全国适用的姓名变更规范外，各省市（含地级市）都制定了各自的户口（姓名）条例（实施细则），对姓名变更予以规制。仅笔者掌握的就有24个省市，42个地级市制定了各自的户口（姓名）条例。

〔2〕 河南省许昌县人民法院民事判决书，（2010）许县法民初字第6087号。

〔3〕 公安机关对姓名变更问题进行规范的特殊性文件有：1958年公安部三局《关于执行户口登记条例的初步意见》、1995年公安部《关于抚养人申请变更子女姓名问题的批复》、2002年5月公安部《关于父母离婚后子女姓名变更有关问题的批复》、2006年《关于父母一方亡故另一方再婚后未成年子女姓名变更有关问题处理意见的通知》、2008年公安部《关于对居民身份证姓名登记项目能否使用规范汉字以外文字和符号填写问题的批复》以及各地方公安厅、局所制定的操作办法、规则。

〔4〕 最高人民法院对于离婚后未成年子女姓名变更问题的司法解释有：1951年2月最高人民法院《关于子女姓氏问题的批复》、1981年8月最高人民法院《关于变更子女姓氏问题的复函》、1993年11月最高人民法院《关于人民法院审理离婚案件处理子女抚养问题的若干具体意见》。

将姓的变更与名的变更区分开来。可惜此种区分未能见诸现有法律,而地方规范对于此种区分亦做法不一。[1] 由此导致实务中对姓名变更问题进行了笼统的判断,无法明晰姓名变更的内容与其合理限制范围。

从学说上看,我国学说对姓名权的研究历来较为薄弱,虽近年来有关此论题的研究逐渐得到重视,但多关注的是姓名权的一般性问题,如权利属性、权能、对姓名的保护(非法冒用与商业利用)等,对作为姓名权核心问题之一的姓名变更之全面研究甚为罕见。姓名变更规制确有必要,框定规制限度,在姓名变更自由和管制之间寻求平衡,既满足个人姓名人格尊严与自由的维护,又有利于社会良性管控,是法学应该解决的问题。

(一)姓名变更规范述评

1. 姓名权变更上的自由利益

个人虽享有姓名权,可以决定姓名与变更姓名,但已经传播开来并成为个人社会符号的姓名,则不能随意更改。[2] 人的姓名绝不仅是社会交往的简单符号,其与民族国家、社会制度、历史阶段、婚姻形态、风俗习惯、语言文字、思维方式、价值观念等均密切勾连,承载着代表群体个体、表明登记身份、规范婚姻秩序、弥补命运缺憾、指代特殊事物、体现社会评价和凝聚文明精华等社会功能。[3] 特别是在中国历史上,姓名和姓氏制度早已发展成为一种极其复杂的社会制度和意识形态。姓氏认定的严格烦琐和社会宗教寓意,使中国人对姓氏意义的关怀远远超过世界上其他任何一个民族。[4] 可见,各国不同时期的个人姓名取舍都受到公权不同程度的控制。

限制公民的姓名自由利益的发展(姓名变更),一方面,是为了保护交易安全。实务上有判决指出,“一个人的姓名与其所进行的经济或其他社会活动是联系在一起的,随意改变姓名,就有可能引起社会秩序的混乱,并造成民事、商事

---

〔1〕 有将姓与名分开来进行规定的,例如,《福建省公安机关办理公民申请变更更正户口登记项目暂行办法》(闽公综〔2008〕515 号)第 3 条第 1 款,《关于印发〈江苏省常住户口登记管理规定〉的通知》(苏公规〔2016〕3 号)第 129 条、第 131 条。也有将姓与名混合起来予以笼统规定的,如《深圳市公安局姓名变更登记程序规定(试行)》(深公[人]字〔2003〕884 号)第 5 条规定了 9 种可以进行姓名变更登记的情形。

〔2〕 参见刘练军:《姓名权保护的度在哪里——评上海王某诉当地派出所侵犯其姓名权案》,载《上海政法学院学报(法治论丛)》2011 年第 2 期。

〔3〕 参见何晓明:《姓名与中国文化》,人民出版社 2001 年版,第 5 - 17 页。

〔4〕 参见钱杭:《血缘与地缘之间——中国历史上联宗与联宗组织》,上海社会科学院出版社 2001 年版,第 82 页。

等活动无序的局面”。[1] 有学者认为，“姓名之变更，对外可能影响交易之安全，对内可能损及变更者本身所确立之社会地位。而姓与名合为一体时，无论是名之变更或姓之变更，均使姓名带来变更之命运。因此，为保护当事人之利益，也为了维护交易之安全，姓与名之变更应尽量避免”。[2] 另一方面，是为了防止借由变更姓名达到侵害他人、欺诈或者犯罪。在我国实务上有例为证，被告河北王某，在原告湖南王某成为知名作家后，将自己的姓名改为湖南王某的名字，虽然法院在姓名变更的问题上认为“该改名行为符合法律规定”，因为“没有任何法律规定禁止他人使用与知名人士相同的署名”，但最终还是认为“与其改名行为相联系，不难看出：河北王某……借湖南王某在文化市场上的知名度来误导消费者，从而达到推销自己作品的目的”，从而认定构成不正当竞争。[3]

公民的姓名变更权一方面是人格权的重要组成部分，是自然人作为民事主体具有法律上的独立人格所必须享有的权利，[4] 自然人依照法律的规定更改自己的姓名，不受他人干涉是尊重公民基本人身权利的体现。而另一方面由于公民的首次姓名决定一般是由其监护人代为行使的，[5] 随着公民的成长及独立人格的塑造，对不适合自身的姓名或者有其他正当理由申请改名是公民行使其人身权的合理表现。在不损害国家或他人利益亦不违背社会公序良俗的情况下允许公民更改姓名，体现了对公民基本人身权利和自由的尊重。在法律规定的限度内允许公民行使权利和追求自由，体现了社会法治建设的成果。[6]

2. 我国姓名变更规范整理

依前述姓名变更规制之要求审视，我国现制中存在诸多规范，迫切需要整理，以再造出简单明了并具有可操作性的新规范。我国现有姓名变更规范整理如表 2－2 所示。

---

[1] 参见河南省焦作市山阳区人民法院行政判决书，(2005)山行初字第 4 号。

[2] 参见林秀雄：《论夫妻之称姓》，载林秀雄：《家族法论集(三)》，台北，汉兴书局 1994 年版，第 93 页。

[3] 参见湖南王跃文诉河北王跃文等侵犯著作权、不正当竞争纠纷案，载《最高人民法院公报》2005 年第 10 期。

[4] 参见王利明：《人格权制度在中国民法典中的地位》，载《法学研究》2003 年第 2 期。

[5] 参见阮忠良、丁晓华：《论姓名变更权的法律保护》，载《上海政法学院学报》2005 年第 1 期。

[6] 参见阮忠良、丁晓华：《论姓名变更权的法律保护》，载《上海政法学院学报》2005 年第 1 期。

表 2－2　我国姓名变更规范

规范	名称	内容
法律	《民法典》	第 1012 条　自然人享有姓名权,有权依法决定、使用、变更或者许可他人使用自己的姓名,但是不得违背公序良俗。
		第 1015 条　自然人应当随父姓或者母姓,但是有下列情形之一的,可以在父姓和母姓之外选取姓氏:(一)选取其他直系长辈血亲的姓氏;(二)因由法定扶养人以外的人扶养而选取扶养人姓氏;(三)有不违背公序良俗的其他正当理由。少数民族自然人的姓氏可以遵从本民族的文化传统和风俗习惯。
		第 1016 条　自然人决定、变更姓名,或者法人、非法人组织决定、变更、转让名称的,应当依法向有关机关办理登记手续,但是法律另有规定的除外。 民事主体变更姓名、名称的,变更前实施的民事法律行为对其具有法律约束力。
		第 1112 条　养子女可以随养父或者养母的姓氏,经当事人协商一致,也可以保留原姓氏。
	《国家通用语言文字法》	第 17 条　本章有关规定中,有下列情形的,可以保留或使用繁体字、异体字:……(二)姓氏中的异体字……
	《居民身份证法》	第 3 条　居民身份证登记的项目包括:姓名、性别、民族、出生日期、常住户口所在地住址、公民身份号码、本人相片、证件的有效期和签发机关。公民身份号码是每个公民唯一的、终身不变的身份代码,由公安机关按照公民身份号码国家标准编制。
		第 4 条　居民身份证使用规范汉字和符合国家标准的数字符号填写。民族自治地方的自治机关根据本地区的实际情况,对居民身份证用汉字登记的内容,可以决定同时使用实行区域自治的民族的文字或者选用一种当地通用的文字。

续表

规范	名称	内容
行政法规	《户口登记条例》	第17条　户口登记的内容需要变更或者更正的时候，由户主或者本人向户口登记机关申报；户口登记机关审查属实后予以变更或者更正。户口登记机关认为必要的时候，可以向申请人索取有关变更或者更正的证明。
		第18条　公民变更姓名，依照下列规定办理： 一、未满十八周岁的人需要变更姓名的时候，由本人或者父母、收养人向户口登记机关申请变更登记； 二、十八周岁以上的人需要变更姓名的时候，由本人向户口登记机关申请变更登记。
公安部内部规定	1958年公安部三局《关于执行户口登记条例的初步意见》	第5条Ⅱ　被遗弃的婴儿，其出生登记，应当根据收养人或者育婴机关的申报办理。其姓名、民族和出生日期均根据收养人或者育婴机关的意见确定，并以其申报出生登记的地方为出生地。
		第9条Ⅱ　公民申报变更姓名，可参照下列意见处理：(1)年满18周岁的人，要变更现用姓名时，应适当加以控制，没有充分理由，不应轻易给予更改。有充足理由的，也应经派出所长或乡长批准，才可给予更改。不好决定的，应报上一级户口管理机关批准。妇女原冠夫姓申请去掉夫姓，或称氏改为姓名的，以及僧、道、尼由法名改为俗名的，问明情况后即可给予变更。上述变更除妇女去掉夫姓和称氏改为姓名外，其余的人在更改后，仍应将原名在户口登记簿上保留，以备日后查考。(2)18周岁以下的人，申请由乳名改大名的，根据本人或者父母的申报即可给予变更。但被收养或被认领的人，年龄较大的须征得本人同意，才可给予变更。(3)机关、团体、学校、企业、事业等单位的职工需要变更姓名时，必须有所在单位人事部门准予变更的证明，才可给以变更。(4)依法被剥夺政治权利的分子和正在受刑事处分的分子，以及正在劳动教养的人，一律不准变更姓名。
		第9条ⅡV　公民因被收养、认领需要变更姓名、住址时，按变更姓名和迁移的有关规定办理。这类变更一般应有公证机关或者其他有关的证明。
	1995年《关于抚养人申请变更子女姓名问题的批复》(公户政〔1995〕074号)	依据《户口登记条例》第18条Ⅰ，户口登记机关可以根据父亲或母亲的申请并依照法定程序为其未成年子女变更姓名。

续表

规范	名称	内容
公安部内部规定	1995 年公安部《关于启用新的常住人口登记表和居民户口簿有关事项的通知》(公通〔1995〕091 号)	姓名——填写本人姓名的全称。少数民族和被批准入籍的公民,可依照本民族或原籍国家的习惯取名,但应本栏中填写用汉字译写的姓名。如本人要求填写本民族汉字或外文姓名的,可同时在本栏中填写。弃婴,可由收养人或收养机构按照上述原则为其取名。
	2001 年公安部《关于对中国公民姓名用字有关问题的答复》(公治〔2001〕60 号)	除依据《国家通用语言文字法》第 17 条有关规定,姓氏可以保留异体字外,应严格按照公安部《关于启用新的常住人口登记表和居民户口簿有关事项的通知》中"常住人口登记表和居民户口簿应使用国务院公布的汉字简化字填写"的规定办理。对于过去群众已使用繁体、异体或冷僻字登记姓名的,原则上可以保留。至于人口信息计算机管理系统汉字字库容量的问题,可考虑通过加强系统建设予以解决。 关于少数港澳同胞及华侨回内地定居入户时要求使用中英文夹杂或全外文名登记户口的问题。依据公通字〔1995〕91 号文件要求,须填写用汉字译写的姓名。如本人要求填写外文姓名的,可同时在该栏填写,但不允许填写中英文夹杂的姓名。
	2002 年公安部《关于父母离婚后子女姓名变更有关问题的批复》(公治〔2002〕第 74 号)	对于离婚双方未经协商或协商未达成一致意见而其中一方要求变更子女姓名的,公安机关可以拒绝受理;对一方因向公安机关隐瞒离婚事实,而取得子女姓名变更的,若另一方要求恢复其子女原姓名且离婚双方协商不成,公安机关应予以恢复。
	2006 年《关于父母一方亡故另一方再婚后未成年子女姓名变更有关问题处理意见的通知》(公治〔2006〕304 号)	对父母一方亡故另一方再婚要求变更未成年子女姓名的问题,公安机关应当区别不同情形,准予当事人及其监护人凭相关证明办理姓名变更手续……
	2008 年公安部《关于对居民身份证姓名登记项目能否使用规范汉字以外文字和符号填写问题的批复》(公复字〔2008〕6 号)	根据《中华人民共和国居民身份证法》第四条第一款、第七条第一款、第八条和第十条规定以及《中华人民共和国国家通用语言文字法》第九条、第十八条第二款规定精神,居民身份证姓名登记项目应当使用规范汉字填写,并与常住人口登记表和居民户口簿姓名登记项目保持一致。《公安部关于启用新的常住人口登记表和居民户口簿有关事项的

续表

规范	名称	内容
公安部内部规定		通知》(公通字〔1995〕91号)已经明确要求姓名登记项目使用汉字填写。公安机关发现常住人口登记表、居民户口簿或者居民身份证姓名登记项目未使用规范汉字填写的,应当请本人协助更正,并免费为其办理更正后的居民户口簿、居民身份证和变更姓名的证明文件。
司法解释	1951年2月28日最高人民法院《关于子女姓氏问题的批复》	父母双方不能达成协议时,自应以子女自己表示的意志为主。子女年幼尚无表示其自己意志的能力时,应从民间习惯,其出生时所用的姓氏不宜改变(将来户籍法有规定后从其规定)。如因离婚而引起对原生子女的姓氏争执,则按父母与子女的血亲关系并不因父母离婚而消灭;在离婚后不论子女随父或随母抚养,均不因以改变父母对原生子女依法律所应负担的抚养责任。父母所负的责任虽可因双方经济情况不同,或子女年岁的长幼而有所不同;但并不能因此说明抚养责任主要的属于哪一方面。浙江省高级人民法院所提"子女年幼不能表示意思者,可暂从主要抚养责任为定",将姓氏依抚养责任而变更,这显然是不妥当的。我们认为父母离婚,除因协议变更子女姓氏或子女年已长成得以自己意志决定其从父姓或母姓外,并无使其子女改变原用姓氏的必要。
	1981年8月最高人民法院《关于变更子女姓氏问题的复函》	夫妻双方离婚后,未征得另一方同意,单方面决定将子女姓名予以变更,这种做法是不当的,对于单方面决定变更子女姓名的当事人,人民法院应当说服其恢复子女原来的姓名。同时明确《婚姻法》第16条规定:"子女可以随父姓,也可以随母姓"。认为子女只能随父姓,不能随母姓的思想是不对的。

3. 我国姓名变更规范述评

《民法典》颁行之前的《民法通则》第99条确立了姓名变更的一般原则,即"依照规定"变更姓名,但是"依照规定"本身并没有被明确,其只是将公法植入民法的转介条款。[1] 根据我国法律效力位阶判断标准,此处之“标准”只能是宪法之下各种地方性法规及规章之上的法律规范。[2] 但立法机关或司法机关并未制定出具体、统一的“规定”作为公民变更姓名之准绳,而且还存在下位法僭越上位法,并令出多门、相互抵触之混乱现状。地方政策与公安部内部规定实质上否定了普通公民在一般情形下的姓名变更权。[3] 《民法典》第 1016 条规定自然人变更姓名应当依法向有关机关办理登记手续,但法律另有规定的除外。此处的“依法”不是对自然人履行登记手续的要求,因为自然人“向有关机关办理登记手续”是程序指引,不存在依据问题。“依法”所指为变更姓名的实质性要求,如《国家通用语言文字法》第 17 条所列保留或使用繁体字、异体字的情形。

实践中更名需到公安局办理,而公安局一般按照《户口登记条例》、《居民身份证法》、公安部内部规定或实务性指导(如《关于执行户口登记条例的初步意见》、《最新户籍管理实用手册》以及各地方公安厅、局所制定的操作办法、规则)等来认定更名是否被允许。[4] 这些法律和内部规定主要涉及成年人姓名变更,

---

〔1〕 对于原《民法通则》第 99 条的理解,亦存在户政管理机关依照规定享有对变更姓名予以实质审查的权力还是仅指公民变更自己的姓名只有通过特定程序而非经口头宣誓或者公证程序才产生法律效力的分歧。目前有学者呼吁按后者进行解释,其依据是既然法律承认公民可以自由决定自己的姓名,而变更姓名实属决定权的一种,因为“变更”与“决定”是种属关系;同时法律却赋予行政机关对于公民变更姓名予以实质审查的权力,户政管理机关可以对此设定若干限制性条件来决定是否准许变更,而这两方面彼此绝对排斥。参见刘练军:《姓名权保护的度在哪里——评上海王某诉当地派出所侵犯其姓名权案》,载《上海政法学院学报(法治论丛)》2011 年第 2 期。本书对此观点不予赞同,这种看法过于对立了姓名决定与姓名变更之间的关系,而剥夺了户政管理机关的实质审查权,亦同我国户籍管理体系相去甚远。根据字面文义,姓名决定为自由享有,而姓名变更受到规则限制,但实际上,两者在许多方面都受到一致的限制,比如姓名用字规范、表意是否触犯公序良俗等。仅姓名变更另有变更次数、申报材料、正当理由等限制,其中既有程序性要求,也有实质性要求。而户籍管理机关以公共利益与公序良俗为考量设置实质上的裁量权力,对于姓名这一兼具公法与私法性质的制度而言并无不妥。所以此条中姓名权的决定与变更的规定可理解为在姓名的变更问题上由于立法者的考量需要加入更多的规制因素,而有意表明需“依规定而行”,虽然将公法规制植入民事法律不太妥当,但绝非仅指姓名变更在程序上的特殊要求。

〔2〕 除表 2-2 所列的在全国适用的姓名变更的规范外,各省市(含地市级)都制定了各自的户口(姓名)条例(实施细则),对姓名变更予以规制,仅笔者掌握的就有 24 个省市,42 个地级市制定了各自的户口(姓名)条例。限于篇幅,不再列举。

〔3〕 参见阮忠良、丁晓华:《论姓名变更权的法律保护》,载《上海政法学院学报》2005 年第 1 期。

〔4〕 “闫某源改名案”中被告辩称未批准原告改名主要有以下三点理由:(1)根据《户口登记条例》第 17 条之规定,认为闫某源没有必要更名。(2)根据《关于执行户口登记条例的初步意见》第 9 条第 2 项之规定,闫某源的情况,不应轻易给予更名。(3)根据《最新户籍管理实用手册》第 24 条的规定,闫某源属于频繁姓名变更范围,不应再次更名。河南省焦作市山阳区人民法院行政判决书,(2005)山行初字第 4 号。

未成年人变更姓名特别是离婚后未成年子女的姓名变更问题主要依据1951年2月28日最高人民法院《关于子女姓氏问题的批复》、1981年8月最高人民法院《关于变更子女姓氏问题的复函》、1993年11月3日最高人民法院《关于人民法院审理离婚案件处理子女抚养问题的若干具体意见》和公安部1995年《关于抚养人申请变更子女姓名问题的批复》、2002年5月公安部《关于父母离婚后子女姓名变更有关问题的批复》、2006年《关于父母一方亡故另一方再婚后未成年子女姓名变更有关问题处理意见的通知》、2008年公安部《关于对居民身份证姓名登记项目能否使用规范汉字以及外文字和符号填写问题的批复》。这样一个复杂而凌乱的规范群给法之适用造成了极大的困难，表现在如下几个方面：

在全国规范层面，对姓的变更与名的变更不加区分。各地方有将姓与名分开来进行规定的，姓的变动多涉及家庭婚姻关系的变动，而名的变动则主要起因于重名、字义粗俗等事由，例如《福建省公安机关办理公民申请变更更正户口登记项目暂行办法》（闽公综〔2008〕515号）第3条第款、《江苏省常住户口登记管理规定》（苏公规〔2016〕3号）第129～131条。也有将姓与名混合起来笼统规定的，如《深圳市公安局居民姓名变更登记程序规定（试行）》（深公［人］字〔2003〕884号）第5条规定了9种可以进行姓名变更登记的情形。在禁止变更姓名的规范问题上，各地方所设限制条件并不相同。如《上海市户口管理暂行规定》（沪公发〔2000〕32号）第14条第1款第1项规定："未满18周岁或者已满18周岁但有特殊情况的，凭有关证明，可以更改姓名。但是正在被刑事处罚、劳动教养和其他正在羁押的人员，不予更改姓名。"《关于执行〈上海市户口管理暂行规定〉的实施意见》则将上述规定中的"特殊情况"明确为"十八周岁以上的居民因户口登记差错或重名过多而使工作、生活各方面造成不便，所起名字的谐音有损人格等特殊情况要求更改姓名的，凭本人书面申请、有关更改依据……向户口所在地派出所……申请更改"。此外，如前述福建省闽公综〔2008〕515号文第3条第3项、《浙江省常住户口登记管理规定》（浙公通字〔2020〕5号）第68条、第69条、辽宁省公安厅《关于加强居民户口登记项目变更更正管理工作的通知》（沈公指发〔2004〕84号）亦设定了类似但有区别的条件。

对于姓名变更之事由采列举式而非概括式或兜底式的规制方式，导致姓名变更行使范围固定化和狭隘化。当权利受到限制应当是明确其"不得为何"，而对于姓名变更的限制则在立法上成了"仅得为何"且没有一个兜底的条款，有悖法理。中国文化历来多元，人民的观念差异明显，加之社会生活瞬息万变，固化姓名变更的事由难以囊括所有人民变更姓名所需的事由，使解释者没有可变通操作的空间。

户政管理机关对姓名变更规制的自由裁量权过大。如《关于执行户口登记条例的初步意见》意见第9条第2项明确了适当控制更名的原则,同时提出了有充足理由才可给予更改,但是何谓“充足理由”却不确定,导致实务中户籍登记机关对此有较大的自由裁量权。申请者因无法提供所谓“充足理由”的证据而无法完成更名。[1] 自由裁量权本是为法之灵活化而设,户籍机关享有一定的裁量权应属合理,但裁量权的行使要依据具体情形,结合个案中申请人情况而定。

关于变更次数的限制,各地规定亦不一样。如山东省公安厅《关于规范常住户口管理若干问题的意见(试行)》(鲁公通〔2006〕302号)规定公民申请姓名变更登记,原则上只能办理一次。[2] 但是,《河北省公安机关户政管理执法工作规范》第177条规定:“未满十八周岁的公民申请变更姓名且理由正当的,原则允许变更两次;年满十八周岁的公民申请变更姓名且理由正当的,原则允许变更一次;有特殊原因再次申请姓名变更的,需报经市级公安机关户籍管理部门核准。”辽宁省公安厅《关于加强当前户口项目变更更正工作的通知》(辽公治〔2004〕84号)指出,原则上已办理完第二代居民身份证的公民一律不得更改人口信息主项,各地居民身份证受理部门在居民申请办理居民身份证时要向居民进行告知,并要求其核准相关项目,签字确认。[3]

(二)姓的变更

综观各国有关姓氏之法制及传统可知一般自然人之姓氏取得是基于血缘关系而来。唯此种强制取得的姓与任意取得的名融为一体成为姓名而作为个人代号与他人相区别并代表独特个性时,“姓”作为个人称呼的一部分,由此兼具了血缘性与人格性的两重特征。血缘性决定了姓氏选择范围的狭隘性,而人格性则决定了姓名权人对于自己姓氏从自身人格各个方面考虑是否合适的可能性。此二种特质决定了姓氏变更规范中最核心的问题——于我国现有法制内,姓氏

---

〔1〕 海南省三亚市中级人民法院行政判决书,(2001)三亚行终字第5号。

〔2〕 此外,规定原则上只能办理变更一次的还有福建省公安厅闽公综〔2008〕515号文件、湖北省恩施州公安局《关于进一步规范有关户籍项目管理工作的通知》、湖北省《潜江市公安局户籍业务办理工作规程》、河南省《洛阳市公安局办理户口工作规范》和辽宁省沈阳市公安局《关于加强居民户口登记项目变更更正管理工作的通知》等。

〔3〕 另外地方规范中一些具有显著特点的规定,如《福建省公安机关办理公民申请变更更正户口登记项目暂行办法》规定:已满18周岁的公民申请办理姓名变更登记被核准的,应在接到批准通知之后7日内,在指定地市级以上的报刊上发布姓名变更公告,并于30日后到派出所办理姓名变更登记手续。此为福建省特有的登报公示程序要求。

的选择范围究竟为何?

我国《民法典》第1015条规定:“自然人应当随父姓或者随母姓……”此为我国称姓制度最基本之规定。《民法典》出台以前,子女除选择称父姓或母姓,可否称父母姓氏之外的“第三姓”存有疑问。有观点认为,《婚姻法》“规定可以随父姓,可以随母姓,意味着姓氏只有随父或随母两种选择,无从选择姓第三姓”[1]。相似问题出现在我国收养制度中,《民法典》第1112条沿用《收养法》第24条的规定:“养子女可以随养父或者养母的姓氏,经当事人协商一致,也可以保留原姓氏。”此项条文中全然使用“可以”的表述,仅从文义表达,不排除养子女不从养父姓、养母姓,亦不使用原姓,即自称第三姓的情况。对于此条文,目前学者提出争议之处主要在于收养关系终止后被收养人是否可以恢复原来姓氏及被收养人的下一代要求恢复其原有姓氏的问题。[2] 而对于自称第三姓则缺少研究。迄今为止,仅有《民法典》第1015条所列举之“有不违背公序良俗的其他正当理由”存在解释空间,各地司法裁判及户政机关的工作规范对此看法尚待梳理辨析。鉴于此,讨论我国姓氏变更规范的理解,需要解决两个重要问题:一是在父姓与母姓范围之内的子女变更称姓的规范问题;二是在父姓与母姓范围之外称第三姓的问题。

1. 变更为父姓或母姓

(1)现有规范与实践

子女的姓氏在出生之时由父母约定,而后又变更为父姓或母姓的,从变更范围而言,属我国称姓问题“无异议”的区域。成年子女享有姓名权利,我国法律没有对成年子女变更称父姓或母姓进行限制性规定,因此成年子女可以依据自己的意思判断进行变更。存在争议的是未成年子女变更称父姓或母姓的问题。由于未成年人行为能力不完整,其姓名变更权利只能通过父母等监护人代为行使。一般于婚姻关系存续期间,父母对于子女的称姓变更没有冲突,如有冲突,则可参照《变更子女姓氏的复函》,以父母双方协商意见一致为准,不能形成一致意见的,子女出生时所确定的姓氏不宜改变。而在离婚、再婚、收养等亲属关系变动的特殊情形下,则会存在当事人对未成年子女称姓变更的争议,现分述如下:

有关离婚后子女改称父姓或母姓的问题,《变更子女姓氏问题的批复》中指

---

〔1〕 参见杨立新:《孩子能姓第三姓吗》,载新浪新闻,https://news.sina.com.cn/o/2003-06-24/1526261194s.shtml。

〔2〕 参见陈爱国:《浅谈姓名权的户籍立法问题》,载《山东公安专科学校学报》2004年第4期。

出:“父母离婚,除因协商变更子女姓氏或子女年已长成以自己的意志决定其从父姓或从母姓外,并没有使其子女改变原用姓氏的必要。”30 年后,《变更子女姓氏的复函》中指出:夫妻双方离婚后,未征得另一方同意,单方面决定将子女姓名予以变更,这种做法是不当的,对于单方面决定变更子女姓名的当事人,人民法院应当说服其恢复子女原来的姓名。

根据以上司法解释可得出两项规则:一是子女出生时所确定之姓氏原则上不宜改变。此为构建家庭稳固性之考虑,在倡导男女平等的今天,子女出生时的姓氏往往经过夫妻双方,甚至于家族之间的仔细权衡,符合亲属、家庭之中大多数人的利益需求。如果使其轻易变动,恐动摇家庭,徒增诉累。二是如夫妻双方意见一致,则可以变更子女的称姓;若意见不能一致,则适用规则一,保持子女姓氏不变。此中内涵,无疑是将父母之合意作为合理处理家庭事务与当然代表子女利益的判断出发点,作为打破我国自古男女尊卑有别传统、倡导新型家庭关系的用意,具有其合理性。然实务中对于《变更子女姓氏的复函》所确立的裁判准则,评价不一。支持者认为,有关未成年子女变更姓名的纠纷应遵循亲权原则,此是基于父母的共同亲权和法律对于血缘关系下形成的社会伦理传统的尊重。[1] 反对者认为此项解释过分强调离婚双方的权利,将父母合意作为处理家庭事务与代表子女利益之应然判断,而忽视子女生活中健康成长应有之利益。[2]

而实务中,一般情况下如“李某胜诉胡某离婚纠纷案”(以下简称“李某胜案”)和“邵某诉何某离婚纠纷案”(以下简称“邵某案”)。在“李某胜案”中,原告李某胜(男)诉被告胡某(女)要求法院判决离婚,并希望子女由自己抚养同时改姓为“李”。法院最终判决双方离婚,子女归胡某抚养,但依《婚姻法》子女可以随父姓,可以随母姓之规定驳回了李某胜对于子女改姓的诉求。在“邵某案”中,被告何某(男)要求独自抚养子女,并以子女姓名决定之时女方未征求其意见要求改变子女姓名。法院最终判决双方离婚,子女由邵某抚养,指出“子女可以随父姓,可以随母姓,原告虽有权将孩子随其姓,但应征求被告意见,以避免双方不必要的矛盾发生”。

此两案中法院即遵循上文所述之规则,当离婚双方不能达成未成年子女改姓合意时,子女姓氏保持不变。然此两案中具有共同特点,即未与未成年子女生

---

〔1〕 参见杨洪逵:《单方变更未成年子女姓氏的行为无效——对一起变更子女姓名案的再思考》,载《人民司法》2000 年第 12 期。

〔2〕 参见杨晓霓、焦卫:《对一起变更子女姓名案的法律思考》,载《人民司法》2000 年第 9 期。

活一方(案中为男方)要求子女改称自己的姓,且均在法院进行离婚裁判时提出。若是与未成年子女共同生活之一方于离婚之后,将子女改称自己的姓,情况则又有不同。

在“某某诉杨某某姓名纠纷案”(以下简称“杨某某案”)中,某某系被告杨某某(男)与尤某某(女)之子,在父母离婚后随母亲生活,因母亲重病而与其父协商请求抚养费不成,由尤某某代理诉至法院要求改姓为“尤”。法院认为原告某某之母尤某某与被告杨某某离婚时约定原告某某由其母亲尤某某抚养,原告某某要求将姓名改为尤某某,符合《婚姻法》规定,故支持了其改姓的请求。而在“李某军诉张掖市甘州区公安局违法登记案”(以下简称“李某军案”)中,张掖人李某军与其妻王某离婚,其子李某判由王某抚养,后王某将孩子改称姓“王”并进行登记。法院审理认为,李某军与其妻离婚以后,造成其父子感情发生隔阂,导致其子申请变更为母亲姓氏,其行为符合《婚姻法》关于“子女可以随父姓,也可随母姓”的规定。

上述两案中,同是离婚后子女称姓变更,为何在未能达成父母双方合意一致的情况下得到认可?细查法院之判决理由,适用法律时均回避了最高人民法院1951年《关于子女姓氏问题的批复》和1981年《关于变更子女姓氏问题的复函》,而从《婚姻法》第22条出发,并将子女利益作为重要考量,肯定了随子女生活一方当事人对于子女变更自己姓氏的要求。就法律适用的角度而言,《婚姻法》第22条为称姓选择规范,上述具体司法解释则为称姓选择后的变更规范,所以在变更裁判中直接适用《婚姻法》第22条实属不当。但实际上,除我国姓名登记制度上的漏洞外(见下文“姓名变更中的共通性问题”中,关于“姓名变更之申请主体”的讨论),由于司法解释认为子女称姓利益体现为父母(或其他监护人)意见之一致,若不能形成“变更的合意一致”,则只能认定“维持的合意一致”。在父母意见不能统一尤其是离婚的情况下,为保护子女利益只能部分否定最高人民法院的司法解释,而从称姓规范的基础条文重新出发。本书以为,基于我国有关改称父姓或母姓的两个原则,需要重新考虑的问题是在父母意见不一时,如何从规范的角度考虑子女之利益,从而实现子女称姓利益的最大化。

(2)结论

根据以上分析并结合目前形成的司法实务意见,有关父母离婚后未成年子女变更称父姓或母姓的问题,在规范原则上应秉持协商一致、权益平衡以及子女利益优先。一般情况下未成年子女变更称姓须生父母意见协商一致,若不能达成一致,应以规范可查的子女成长之优先利益为考虑。

关于我国称姓变更制度中未成年子女利益的判断,本书认为可以分为三个方面:一是子女具有判断能力时(依现有法制,可用行为能力划分之标准来衡量子女的判断能力,即限制民事行为能力人视为具有判断能力),参考其意见。毕竟姓氏之于自身,子女的意见对判断其改姓恰当与否具有重要价值。二是称原姓对子女产生的消极影响,如上文所述父或母存在对未成年子女虐待、伤害、性侵害、疏于照顾等情形,此种情况下称原姓会对子女产生精神上的压力与困扰,不利于未成年人成长。三是改姓对子女能够产生的积极意义,如上文案例中未成年子女改称主要抚养自己一方父或母的姓氏,一般而言有助于子女与其共同生活。

而以上三个方面,在法官实务裁量中,结合我国婚姻家庭发展之现状与民法精神,其选择亦应有先后之分:以子女的自身判断优先,子女无判断能力时,主要考虑称原姓对未成年子女的消极影响并考虑改姓所能带来的积极效应。换言之,改姓对子女所能产生的积极意义只能作为辅助参考而存在。

2. 离婚后当事人再婚,未成年子女改称继父姓或继母姓

(1)现有规范及实践

单以血缘关系进行区分的话,未成年子女改称继父或继母姓,即为父母双姓之外的"第三姓"问题。根据《民法典》第 1072 条第 2 款的规定,"继父或者继母和受其抚养教育的继子女间的权利义务关系,适用本法关于父母子女关系的规定",而一般未成年子女均受继父母的抚养教育。所以本书认为上述问题仍在父母姓氏选择范围之内。

现有规范中直接有关于离婚后一方再婚而要求随自己的子女改称继父姓或继母姓情形的,为《离婚案件子女抚养意见》的第 19 条:"父母不得因子女变更姓氏而拒付子女抚育费。父或母一方擅自将子女姓氏改为继母或继父姓氏而引起纠纷的,应责令恢复原姓氏。"同时,《变更子女姓氏问题的批复》和《变更子女姓氏问题的复函》也适用于此情形,即"两个原则"同样适用。另有父母一方亡故而另一方再婚后未成年子女称姓的问题,由《父母一方亡故另一方再婚后子女姓名变更的通知》规定:"一、以本人的劳动收入为主要生活来源的十六周岁以上未满十八周岁的未成年人,自主决定本人姓名的变更;其父亲和继母,或者母亲和继父要求变更其姓名的,必须征得其本人的同意。二、十周岁以上的未成年人的父亲和继母,或者母亲和继父经协商同意,要求变更该未成年人姓名的,应当征得其本人的同意。三、不满十周岁的未成年人姓名的变更,由其父亲和继母,或者母亲和继父协商一致后决定。"

以上规范内容与未成年子女改称生父姓或生母姓并无区别，仍是需要未成年子女的父母达成意见一致方可变更子女称姓。[1] 此种合意应达到何种明确程度，实务意见可参见“徐某与上海市某派出所要求履行法定职责纠纷上诉案”。该案上诉法院认为，虽然夫妻双方在婚前达成“若今后双方离婚，女方提出更改孩子姓名时，男方不得反对”的协议，但该书面约定对双方离婚后孩子是仅更改姓氏还是更改姓名，更改为何姓、何名并未达成一致意见，不能反映上诉人李某和第三人明确的意思表示。并且，第三人在被上诉人向其征求意见时，明确表示不认可书面约定的内容，不同意变更其子李某齐姓名。因此，被上诉人派出所认为离婚双方未就变更子女姓名达成一致意见，根据《变更子女姓氏问题复函》和《离婚后子女姓名变更批复》精神，告知上诉人不予办理变更其子女姓名的手续，并无不当。[2] 由此可知，实务中将《变更子女姓氏问题复函》和《离婚后子女姓名变更批复》中离婚双方达成一致意见才能变更未成年子女姓名的要求解释为须达成对未成年子女具体改成何名何姓的一致意见，笼统的一致同意变更姓名的协议不能作为未成年人姓名变更的依据。至于《父母一方亡故另一方再婚后子女姓名变更的通知》所论之情况，在于以继父或继母填补亡故之一方的空缺，实际上与一般情况下父母变更未成年子女称姓的规则一致。

(2)变更称继父、继母姓与各方当事人的平衡

有关夫妻离婚后未成年子女称继父姓或继母姓的问题，与前述父母离婚后子女变更称父姓或母姓的情形基本类似。然有特殊者，一是加入了继父或继母亲权利益的考量，基于其对未成年继子女的抚养照顾，可否享有与生父母相同的姓名利益。二是在重新组建家庭的情况下，未成年子女于姓氏上的利益如何得到保护。

首先是继父、继母对于未成年继子女的姓名利益问题。在很多情况下，继父母对未成年继子女视若已出，在姓名称呼一致上有着强烈的感情需求，但在法律层面，继父母与受其抚养教育的未成年子女形成的是拟制直系血亲关系，从社会伦理角度出发，拟制血亲关系让位于本源血亲关系，符合我国传统观念和道德模式，诉诸规范也并无不可。因此，较之利害关系，生父母对于子女的姓名利益仍

---

〔1〕 此类案件的一般情况参考“姚某云与姚某程子女姓名案上诉案”。在此案中，原、被告原系夫妻，1995 年 5 月经本院判决离婚，所生男孩姚某达由被告抚养。1996 年 9 月前，被告(姚某云)将孩子“姚某达”改名为“马某达”。原告姚某程则起诉要求恢复子女姓名。法院援引《离婚案件子女抚养问题意见》第 19 条，明确了父母一致意见是未成年姓名变更的依据，而此一致意见需要证据证明。参见云南省昆明市中级人民法院民事判决书，(2001)昆民终字第 1514 号。

〔2〕 上海市第一中级人民法院行政判决书，(2009)沪一中行终字第 303 号。

须放在优先位置。

其次是此种情况下未成年子女自身姓氏上的利益。融入新的家庭环境对于未成年子女而言,其原有姓氏对于自身的特殊意义更为明显,特别是在孩子年龄幼小,不谙人事之时,自身姓氏与父母不符,容易造成一系列的心理问题。但解决此问题并非必须通过扩张继父母对子女姓名利益上之权利来加以完成,事实上,如果生父母与继父、继母之间对于子女称继父、继母姓氏不能达成一致,可以折中选择称与子女共同生活一方的生父母的姓,这样既保证了子女于家庭之中称姓的一致性,也使各方当事人对子女姓名利益得到了平衡。

(3)结论

根据以上分析,有关父母离婚后未成年子女变更称继父姓或继母姓的问题,在基本规范上与未成年子女改称父姓或母姓一致,即在规范原则上秉持协商一致、权益平衡以及子女利益优先。一般情况下未成年子女变更称继父姓或继母姓须生父母意见协商一致,若不能达成一致,子女宜维持原姓。

然考虑子女融入新家庭之特殊状况,主要抚养照顾子女之一方若再婚,申请子女称自己姓时,若不能与生父母另一方协商一致,应维持称原姓。唯此种情形下,申请称与未成年子女共同生活一方姓氏而有证据显示对子女有利者,户口管理机关或法院结合具体情况,或可肯定此类子女变更称姓的情况。

3. 收养未成年子女变更称姓

现行民法就养子女称姓,规定于《民法典》第 1112 条(条文见前述),养子女可以称养父姓,可以称养母姓,亦可以保留原姓。然养父母对于协议保留原姓之未成年养子女,在形成收养关系后,得否要求其改称养父姓或养母姓?此问题于法律规范中无明文规定,仅于《关于执行户口登记条例的初步意见》第 9 条第 2 款中提到养子女更名的问题,“18 周岁以下的人,申请由乳名改大名的,根据本人或者父母的申报即可给予变更。但被收养或被认领的人,年龄较大的须征得本人同意,才可给予变更”。

结合我国相关规范意旨来看,准用《父母一方亡故另一方再婚后子女变更姓名变更的通知》之基本规则来进行解决较为妥当,即以本人的劳动收入为主要生活来源的 16 周岁以上未满 18 周岁的未成年养子女,自主决定本人称姓的变更,其养父母要求变更其姓的,必须征得其本人的同意;对于养父母要求 10 周岁以上的未成年养子女变更姓名的,应当征得其本人的同意;不满 10 周岁的未成年养子女姓的变更,由其养父母协商一致后决定。(原《民法总则》颁行之后,则以“八周岁”为区分无民事行为能力人与限制民事行为能力人的年龄标准)如此，一方面可以考虑收养家庭之和睦共处利益，另一方面可以满足未成年养子女自身意志的判断发展。而养父母离婚、再婚之情况下未成年养子女姓氏问题，可参考前文已确立之规范框架进行操作。

综上所述，在子女变更称父姓或母姓的问题上，成年人自得为之，未成年人之变更立足于父母协商意见一致，父母离婚后对子女姓氏问题不能协商一致而称原姓符合子女利益的，维持称原姓；若称原姓有不符合子女之最佳利益的法定事由，则可依一方当事人之申请为子女改姓。

父母离婚而与子女共同生活一方再婚的，子女称继父姓或继母姓须父母、继父或继母各方协商一致，协商不一致时则维持原姓。唯此时与未成年子女共同生活一方申请子女随其姓氏而有证据显示对子女有利者，可依一方当事人之申请为子女改姓。

父母离婚一方亡故而另一方再婚的，子女改称继父、继母姓氏仍按《父母一方亡故另一方再婚后子女姓名变更的通知》办理。收养关系中养父母对未成年养子女改姓要求，按上述批复规则办理。而养父母离婚、再婚的，养子女称姓变更问题同上述父母离婚、再婚规则即可。

4. 变更为"第三姓"

(1)"第三姓"存否之争。本书所指"第三姓"，盖指上述父母、继父母、养父母(及养子女原姓)之外的姓氏，而上述当事人之姓氏，均以正式户籍登记记载为准。上文已经提到，"第三姓"之问题，缘起我国以《婚姻法》第 22 条为核心的称姓制度的不完备，进而导致了各地户政管理与司法裁判的意见各有出入，造成姓名权人在变更利益上处于不确定状态的窘境。而针对"第三姓"问题所涉及的年龄段问题，成年阶段和未成年阶段均存在，然而所论及问题的关键已不再是变更称姓的合意与否，所以"第三姓"的存在与否是自然人在称姓选择上面临的共同问题。

在地方规范上，各地户政机关所持观点略有出入，有的不允许称父母姓之外的"第三姓"，并给出"其他特殊原因"的例外性条款，如《福建省公安机关办理公民申请变更更正户口登记项目暂行办法》以及广西壮族自治区《关于印发〈全区常住人口主要登记项目变更更正工作规范〉的通知》。而有的地方则持相反观点，如《潜江市公安局户籍业务办理工作规程》。可见在称"第三姓"的问题上，各地方所采态度并不统一，形成承认与否认的对立局面。而在否认第三姓的规范之中，又对具有血缘关系的祖辈姓氏可否变更规定不一，同时"其他特殊原因"之内涵界定亦无从得知。这些规定的差异性与模糊性给意图变更为父母姓氏之外的“第三姓”的当事人造成了极大的困扰,实践中也引起了颇多纠纷。幸《民法典》第1015条正面回应这一问题,确认“第三姓”存在的规范空间。

在此前的“倪某龙案”中,原告倪某龙自中学起就将姓名变更为“金某”,原告家人及左邻右舍多年也称原告“金某”。原告现以不喜欢自己的原姓名为由向被告公安机关申请变更姓名为“金某”。法院对此姓名变更原因进行了审理,认为原告虽有权变更自己的姓名,但其要求变更姓名为“金某”的申请不符合原《婚姻法》第22条“子女可以随父姓,可以随母姓”的规定。[1] 沈阳律某“第三姓”一案中,律某申请改姓为“耶某”,被告沈阳市公安局苏家屯分局依据原《婚姻法》第22条及辽宁省公安厅制订的辽公治〔2004〕110号《关于加强当前户口管理和户口登记项目变更更正工作的通知》不认可律某要求变更为第三姓的请求,律某诉至法院要求被告履行变更登记,其诉求于一审和二审中均遭驳回。[2]

此两案具有变更第三姓的一般代表性,唯“倪某龙案”中倪某龙使用“金某”之姓名已具有较长年限,获得相当程度的家庭与社会认同,在尊重权利自由、追求称呼上的一贯性与现制中对“第三姓”确有不同理解的情况下,本书以为可判决认可倪某龙之改姓申请,既满足当事人自我意志的实现,也可强调现行称姓制度弥补疏漏的紧迫性,而不应片面压制其改称姓名之请求。

而有关姓名权人家族本姓与父母姓氏之间子女从姓的选择问题,“上海某A变更姓名案”中,A向甲派出所提出申请,申请该所将其姓名由“王”变更登记为“万”,理由是:因其父亲随祖母姓“王”,其也随祖母姓,现申请随祖父姓“万”。甲派出所根据《上海市常住户口管理规定》第26条规定变更之情形,作出不予批准的审批意见决定。A遂起诉,亦没有得到法院的支持。[3] 而北京萧氏“第三姓”一案中,北京市海淀区黄女士于2003年多次到当地派出所为其新生儿登记户口,派出所工作人员均予以拒绝,理由就是新生儿的姓“萧”与父母双方姓氏均不相同。但本案中亦存在特殊情况,孩子的父亲本就姓“萧”,只是由于在一次户籍登记时出现错误,将“萧”误作“肖”,以后也就将错就错姓了肖。现在肖父想让自己的儿子恢复家族的本姓,结果却遭到拒绝。[4]

此两案中涉及在姓名权人家族事实上的本姓与国家户口正式登记姓氏间子女从姓的选择问题。结合上述规范论证中福建、广西的户政规范来看,“返祖

---

〔1〕 天津市河北区人民法院行政判决书,(2004)北行初字第13号。
〔2〕 辽宁省沈阳市中级人民法院行政判决书,(2005)沈行终字第252号。
〔3〕 上海市第一中级人民法院行政判决书,(2012)沪一中行终字第139号。
〔4〕 参见马桦、袁雪石:《“第三姓”的法律承认及规范》,载《法商研究》2007年第1期。

姓”得到了一定程度的认可。且在我国部分地区尚有后代子孙返祖归姓的风俗传统。于立法上承认此项良俗，于姓名权人、家族、社会并无明显消极影响。但考虑所涉姓氏变更牵动不同家族利益，唯须父母及上辈直系亲属协商一致并充分考虑子女利益，始得为之。

但在“王某隆案”中，公安机关起初以《关于执行户口登记条例的初步意见》第9条为依据，不同意将其名字改为“奥古辜耶”，但后来又同意了其更名申请。[1] 显然，“奥古辜耶”这一姓名无论是在姓的选择上还是在名的选择上都颇为新潮，甚至如何划分其中的姓名都难以言明。由此可知，我国实务上对“第三姓”的取舍尚未达成一定共识。

综合以上判例学说与地方规定可知，此前我国实践中对“第三姓”的规范问题并没有形成统一意见，在司法裁判中有的援引原《婚姻法》第22条规定并作缩小或扩大解释[2]，有的直接以地方户政管理规范进行裁量[3]，即从规范和实务出发都不能得出有关“第三姓”问题决定性的结论。而现实中“第三姓”的存在以及夫妻双姓制度例外的特殊处理，都需要明确“第三姓”法律上准确的定位。因此，如何理解《民法典》第1015条之规定，寻找于何种情况下可使“第三姓”入公民称姓选择之范围，成为一个问题。

(2)得称“第三姓”之特殊情形：域外法的经验。以国外制度观之，姓氏的选择问题在大陆法系国家规定得颇为严格。欧陆各国有关姓氏选择之立法可以分为两种模式：一是“婚生子女随父姓而例外随母姓”，这占了绝大多数；二是婚生子女联姓，西班牙和葡萄牙属之。20世纪70年代末，在男女平等原则的压力下，属于前一模式的欧洲国家，如瑞士、德国、法国等纷纷废除了婚生子女随父姓的制度，规定由父母双方协商决定婚生子女姓氏。2003年，欧盟法院指出，“(意大利之外的)其他大多数欧盟成员国，都赋予了父母以某种程度的选择权，尽管选择权一般都限制在父母双方的姓氏之内”[4]。

而在英美法系国家，由于其倡导自由开放，对姓氏取得于立法上基本持放任

---

〔1〕 北京市石景山区人民法院行政判决书，(2002)石行初字第15号。

〔2〕 天津市河北区人民法院行政判决书，(2004)北行初字第13号；上海市第一中级人民法院行政判决书，(2012)沪一中行终字第139号；北京市石景山区人民法院行政判决书，(2002)石行初字第15号。

〔3〕 辽宁省沈阳市中级人民法院行政判决书，(2005)沈行终字第252号；上海市第一中级人民法院行政判决书，(2012)沪一中行终字第139号。

〔4〕 Garcia Avello v. Belgium，[2004] ALL ER (EC) 740，Court of Justice of the European Communities，2003，paragraph 18，11.

态度,但实际生活中随父姓则是一般做法。2003 年,欧盟法院指出,“在欧盟,拥有最大选择自由的国家似乎是英国,它基本上没有子女应该如何从姓的法律规则(这与世界上适用普通法的其他很多国家是一样的)……在英国,父母可以在办理子女出生登记时选定任何一个他们希望的姓氏。不过,在现实生活中,选择父亲的姓氏占有压倒一切的主导地位”[1]。

同样的情况也发生在美国,1996 年学者肯尼迪指出:“继承父姓的习惯,(在殖民地时期)作为英国中世纪财产制度的重要组成部分来到了美国。直到今天,这一习惯还得到广泛的承认。(不过)随父姓的习惯并未提升到具有法律效力的高度。”[2]20 世纪 70 年代末到 80 年代初,夏威夷州、北卡罗来纳州和佛罗里达州的最高法院宣告,本州有关“要求子女必须随父姓的成文法”违反了宪法,因为它违反了“隐私权、正当程序和平等保护条款”,亦即“承认了父母给予子女命名的权利包括选择不同于其自己姓氏的姓氏之自由”。[3] 但不久其上述立场就受到了否定。1990 年,联邦第八巡回上诉法院就“父母是否拥有在子女出生(at birth)时,为其提供一个与法律上已经确定的父母没有任何联系的姓氏的根本性权利”这一问题(该纠纷发生于内布拉斯加州)时首先指出,“本国的习惯始终是婚生子女在出生时随父姓……虽然目前一些具有婚姻关系的父母,给子女提供了母亲的姓氏,或由父母双方姓氏共同组成的联姓……但是本国的传统还不能给下列立场提供支撑:隐私权可以扩张至父母给子女提供一个与得到法律承认的父母没有任何联系的姓氏之权。因此,原告们不得主张,依宪法修正案第 14 条隐私权条款,给子女提供第三姓的权利属根本权利……我们认为,目前的法律合理促进的正当国家利益至少有以下三种:提升子女福利方面的国家利益;确保公民的姓名不被为了非法目的的盗用;经济、高效保存相关资料方面的国家利益。具体地说就是,首先,立法机关应该相信,在大多数情况下,让子女至少得到合法证实的父母一方的姓,可以使子女的利益得到满足。其次,立法机关应该觉察到,如果缺乏诸如 71 - 640.01 条之类的法律规范,父母之外的其他人的姓氏就可能被出于故意误导的目的(如错误地暗示父子关系)的不适当的盗用。最后,立法机关应该断定,如果个人至少与得到合法证实的父母中的一方

---

[1] Garcia Avello v. Belgium, [2004] ALL ER (EC) 740, Court of Justice of the European Communities, 2003, paragraph 14.

[2] Shanon J. Kennedy - sjodin, *Note: South Dakota Supreme Court: Keegan* v. *Gudahl: The Child's Surname as a New Bargaining Chip in the Game of Divorce*, South Dakota Law Review, 1996, 175 (1996).

[3] Henne v. Wright, 904 F. 2d 1208, United States Court of Appeals for the Eighth Circuit, 1990.

拥有共同的姓氏,就可以更容易、更经济(cheaper)地核实出生资料并编纂索引……因此,我们驳回原告的如下主张:第71-640.01条限制了父母的权利,是违反宪法的"[1]。同时,美国学者弗甘(Foggan)指出:"通过将孩子确定为生物学意义上的父母之后代并指出孩子是某一特定家庭成员,让姓氏成为个人与核心家庭之间的纽带……如果成文法要求父母只能给孩子提供母姓、父姓、联姓,它就会促进婚姻和家庭生活。"[2]

据上可知,子女姓氏从父姓或者母姓,在市民习惯上有存在的广泛根基,在道德情感上具有联系家庭、增进认同的价值,而且于立法制度中亦有保护子女利益、避免盗用伤害、完善国家资料的重要法益。美国部分州中存在的限制"第三姓"的立法规范在法理和社会传统上得到了联邦法院的支持,同时明确了姓氏选择自由度的权利基础不能引申于其"享有自我控制而不被他人打扰之私领域"的隐私权条款,这是对姓氏制度认识的重要观点。

查与我国具有文化同源性的日本,日本法中对于姓之变更限于一定身份关系范围,又基于姓作为称呼之机能及为社会生活上的便利性,特殊情况下主张姓依自己意思为变更。[3] 其《户籍法》第107条第1款规定:"因不得已的事由拟变更姓时,须由户长及其配偶处的家庭裁判所的许可,申报其意旨。"此项规定即为日本法有关改姓的一般规定,其意义在于开启了可以依个人意思决定发动而为姓之变更的法律途径。[4] 而此种改换姓氏中,由于非因亲属法律关系变动之限制,自然将称"第三姓"的可能纳入其中。

对于第107条第1款规定"不得已之事由"为改姓与否的成立要件,解释上的重点在于如何理解"不得已之事由"。学者呗孝一认为此问题可归结于两种法益之平衡,即"确保称呼秩序一贯性的法益"与"尊重个人姓的变更意志与自由的法益";[5]另有学者千种达夫认为,"不得已之事由,应当从两方面加以考量:其一,由于姓的变更所带来的影响甚多,倘若恣意变更,将会对选举、课税等

---

〔1〕 Henne v. Wright, 904 F. 2d 1208, United States Court of Appeals for the Eighth Circuit, 1990. 1215.

〔2〕 Laura Anne Foggan, *Parent's Selection of Children's Surname*, 51 George Washington Law Review, May 1983, 588, 594.

〔3〕 参见[日]呗孝一:《姓氏的变更》,载《家族法第二卷著作选集》,日本评论社1992年版,第58-60页。

〔4〕 参见李悌恺:《姓名权之研究》,辅仁大学法律学系2010年博士学位论文,第145页。

〔5〕 参见[日]呗孝一:《姓氏的变更》,载《家族法第二卷著作选集》,日本评论社1992年版,第53-70页。

行政事务带来妨害,引起交易上的混乱,且有为了规避税赋及债务,或为隐匿其前科及犯罪而恶意使用这项制度的弊病……就此点而言,自然不应容许其任意地进行姓的变更;但其他方面,倘若继续使用该姓,对本人产生不便,且对社会而言也没有利益可言,则可以依本人的意思而容许其改变其姓。综上所述,是否该当'不得已的事由',应该就不许改姓的社会利益与容许改姓的个人与社会利益两者之间,公平地加以决定"[1]。

相较于日本法中更"名"所规定之"正当性事由"(见后文),应更严格一层地加以限制,法院裁判上亦特别强调此问题。例如,东京高裁指出,"……若无真的有不得已之事由,即不许其变更,然如可预见该姓已对个人之社会生活产生重大之障害,且强制其继续使用该姓,于社会观念上系属不当时,即属有姓之变更所具备之不得已之事由"。[2] 又如"姓……依然是我国国民社会生活上极为重要者……故姓之变更须客观上真的有不得已之事由时,始得允许之"[3]。

关于"不得已的事由"的具体适用,学者西川信雄认为有:(1)珍奇、难解、难读的情形。(2)已长年使用的姓而拟变更成为户籍上的姓的情形,如于某些场合长年使用与户籍姓不同的"通姓"拟变更为户籍姓。于事实上存在夫妻关系,该事实上的妻以事实上的夫姓作为通姓而长年使用,而在事实上的夫死后,该事实上的妻变更其姓为事实上夫的姓。与事实上存在亲子关系,该事实上的养子女以事实上的养亲姓为通姓而长年使用,而于养亲死亡后仍未能有合法的收养关系,该事实上养子女以通姓为户籍上的姓。(3)同一地区内有很多同姓的人。[4] 日本实务上有关上述第107条第1款于家事裁判中的适用,典型的案例有"暴力团成员更姓案"[5]"近亲性侵被害者更姓案"[6]"使用外国前夫之通称姓之妻更姓案"[7]等案件。

在"暴力团成员更姓案"中,申请人于1986年至1993年系暴力团成员,后脱离暴力团组织后自营建筑涂装产业。唯申请人之姓作为原暴力团成员已众所周

---

〔1〕 参见[日]千种达夫:《姓名的变更》,载《家族法总论》,有斐阁1959年版,第252页。

〔2〕 东京高裁昭和24年(1949年)5月19日决定。

〔3〕 东京高裁昭和24年(1949年)8月29日决定。

〔4〕 参见[日]西村信雄:《战后日本的民主化家族法》上卷,法律文化社1978年版,第114-117页。

〔5〕 宫崎家裁平成8年(1996年)8月5日审判,《家庭裁判月報》第49卷1号,第140页。

〔6〕 大阪家裁平成9年(1997年)4月1日审判,《家庭裁判月報》第49卷9号,第128页。另本案同时有声请"改名",法院亦为允许。

〔7〕 东京高裁平成9年(1997年)3月28日决定,《家庭裁判月報》第49卷10号,第89页。

知，对其事业的运营与更生有重大妨碍，故与其本生母亲商谈后，申请变更其姓为其母的旧姓。就此事实，法院认为基于现有姓名于客观上已对现实社会生活造成妨害及不利，应认定为有姓的变更之必要，加以变更为本人之更生所必要，故认为适用“不得已之事由”而允许其变更。

在“近亲性侵被害者更姓案”中，申请人自幼遭受近亲的性虐待，而其与施害人属近亲血缘关系，精神上颇为痛苦难耐。申请人平时自称“增村××”，并以此作为自己的通称使用，后申请变更姓名为“增村××”。法院认为申请人所属之户籍上的姓名会使申请人回想起幼时所受性侵害之情形，对其带来极强的精神上的痛苦，故认定此情形该当法定“不得已的事由”而允许其更改姓名。

在“使用外国前夫之通称姓之妻更姓案”中，日本女（姓“大崎”）于昭和60年（1985年）与韩国人洪正义结婚（该人平时则以“上野”作为其通称姓，希望以“上野正义”之姓名归化为日本人，并计划以“上野”作为夫妻之姓），并依照《户籍法》第107条第2项申报变更其姓为夫姓“洪”。结婚后，除公务必要场合外，该妻均以“上野”作为其通称姓使用，且夫妻二人育有三男一女，子女均不知父亲为韩国人，于学校和日常生活中均使用“上野”之通称姓。之后洪正义遭遇交通事故，导致归化一事搁置，并于平成8年（1996年）5月30日与妻协议离婚。此时，该日本籍妻并未依《户籍法》第107条第3项申请回复其姓为“大崎”，仍继续使用“上野”为姓，后申请变更其姓为“上野”。法院认为，倘若使该女子必须继续用“洪”为姓，将对其社会生活带来重大的妨碍，且强制其继续使用“洪”姓在社会观念上亦不妥当，既然其已经使用“上野”的通称有10年以上，判定本案申请人符合法定“不得已的事由”的要件。

上述日本判例学说指出了于特殊情形下自然人改姓并突破父母姓氏的可能情况，究其所蕴裁判意旨，是为公民遇有客观变故，而使其原姓或欲称之姓具有社会公共生活意义上之特殊内涵或对个人人格产生极为重大之影响，是为“不得已之事由”。由此可知，即便是允许改称“第三姓”的日本，其称“第三姓”亦不缘于主观上之喜好厌恶，纯以事实生活中原姓氏所带来的无法克服之重大障害为缘故。而我国姓氏概念较之日本更为简洁，且于婚姻关系中不受变动，故考量我国“第三姓”的问题似应更为严格和谨慎，对《民法典》第1015条第1款第3项“有不违背公序良俗的其他正当理由”认定应当从严。

（3）结论。本书以为，通过观察大陆法系、英美法系国家之规定，多在制度或理论上接受了父母双姓作为子女称姓选择范围之限制。而以我国姓名现状观之，虽有支持第三姓之观点，如“在姓名的传统功能逐渐衰落背景下，允许自然人改姓,有利于进一步发挥姓氏的区别功能,减少重名现象,解决确定姓氏发生的争议,确定亲子关系不明确的未成年人的姓氏,增强婚姻、家庭共同体的凝聚力,满足部分生僻姓氏、歧义姓氏、贬义姓氏等当事人改姓的意愿,最终促进和谐社会的建立",但其主要着眼于"避免重名""尊重公民人格自由"。[1] 若开放"第三姓",自然人可任意决定自己之姓氏(包括自造姓),一方面有向大姓继续集中,重名加剧之虞;另一方面则可能带来姓氏混乱,影响社会、家族之传承,无异于废姓,混淆姓与名的区别。[2]

而从保护公民自由权利角度来看,姓氏具有表征家族身份与血统、传承文化与凝聚家庭、保护人伦孝道并维护社会稳定的功能。故在强调"第三姓"的存在空间时,不应走向极端,甚至认为不必坚守"原则从父母之姓"。[3] 我国司法实践中亦提出"习惯上以及正常情况下,在正常的自然家庭关系中,姓只能为父姓或母姓,改的范围不能超出这两者,才能保持其传承性,亦符合人们对子女姓氏传承的普遍认知。从户口管理工作角度来看,姓只能为父姓或母姓亦有利于建立科学的适合社会经济发展的户籍管理制度"[4]。自然人表彰个人人格之自由,于姓名上主要突出在"名",故自我决定姓氏,特别是决定第三姓的自由利益,实难动摇姓氏于家庭、社会上的传统积淀功能与作用。

因此,原则上不允许"第三姓"。唯因社会变化甚巨,人之个性需求不断多样化,宜设置例外条款,允许若干特殊情形下可称"第三姓"。换言之,若存在因早期填写错误或其他原因而与祖姓不同欲改称祖姓且得到相关亲属同意的,或当再坚持父母姓氏将严重损及人格尊严及人格自由发展的,例如某人长期受到来自家族内的侵害而欲在形式上脱离该家族以走出阴影获得重生,或原称之姓确有"生僻、歧义、贬义"之情况存在,可允许其自称"第三姓"。此时"第三姓"的选用须从社会管理及文化发展的角度出发,由立法者综合不同利益作出最佳判断,即《民法典》第 1015 条第 1 款第 3 项所称"有不违背公序良俗的其他正当理由"。

(三)名的变更

如前文所述,"姓"于我国具有血缘性与人格性之双重性质,其变更受制于

---

[1] 参见马桦、袁雪石:《"第三姓"的法律承认及规范》,载《法商研究》2007 年第 1 期。

[2] 参见李予霞、牛占斌:《我的名字谁做主? ——论姓名命名权的自由与限制》,载《法律适用》2009 年第 6 期。

[3] 参见黄泷一:《姓氏选择、公序良俗与法律解释——最高法院第 89 号指导案例与姓名权立法解释评述》,载《法治研究》2018 年第 5 期。

[4] 辽宁省沈阳市中级人民法院行政判决书,(2005)沈行终字第 252 号。

可称姓之选择范围的狭窄性与变动时所涉当事人合意的严格性（未成年人阶段的称姓变更），自应从严。而"名"向来为表征人格特色，寄托喜好追求之外在符号，尽管我国部分地区遵照传统民俗中的行辈制度，凡同宗同辈者的"名"里使用一个固定的字或者偏旁，不同辈分则使用不同的字或者偏旁，世次整肃，秩序井然，绵延不绝。[1] 但当下中国城市化进程迅速，人口流动性大大增强，固有的大型家族呈现瓦解趋势，[2]"名"中的行辈制度也只能作为一种善良风俗留于民间，无法律上适用的强制效力。故改名一事，自应从姓名权人人格之正当利益出发予以考虑，即只需不违背公序良俗并无害他人利益，其修改应求从宽，不应当过度限制个人变更名字的权利。[3]

然现实状况距上述推理甚远，我国公民行使"更名"权利常有种种不利与困难。我国全国性统一适用的更名规范见于《关于执行户口登记条例的初步意见》第 9 条第 2 项规定，但其对于其表述的"充足理由"的内涵在实践中的理解并不明确一致。而有关"名"之规范性与适当性规范方面的内容仅见于《居民身份证法》第 4 条和 2001 年公安部《关于中国公民姓名用字有关问题的答复》中，且只有用字规范而无适当性之考量。

综上所述，有关"名"之变更，从规范上审视考量，须解决两个重要问题：一是改名需要在何种条件下进行；二是更改之后的用名应符合怎样的规范方为妥当，如用字、长度及表达内涵问题等。

1. 缘何改名——更名事由的讨论

（1）我国规范与实例。有关更名事由的规定，我国公安部三局《关于执行户口登记条例的初步意见》第 9 条第 2 款规定，"年满 18 周岁的人，要变更现用姓名时，应适当加以控制，没有充分理由，不应轻易给予更改……18 周岁以下的人，申请由乳名改大名的，根据本人或者父母的申报即可给予变更"。除了 18 周岁以下乳名改大名属当然允许之变更，在其余情况下，一方面"适当加以控制"似为倾向更名放宽，另一方面"没有充分理由，不应轻易给予更改"则又将更名的尺度收紧，而"充分理由"的不确定，导致实务中户籍登记机关对此有较大的自由裁量权。申请者因无法提供所谓"充足理由"之证据，而无法完成更名。[4]

---

〔1〕 中日姓名文化比较参见 http://res.50years.net/upload/antu/atbs/luru/jiazu/10.htm。转引自袁雪石：《姓名权本质变革论》，载《法律科学（西北政法学院学报）》2005 年第 2 期。

〔2〕 参见孙庆忠：《乡村都市化与都市村民的宗族生活——广州城中三村研究》，载《当代中国史研究》2003 年第 3 期。

〔3〕 参见张建文、贾佳：《论我国姓名变更权的法律限制问题》，载《河北法学》2011 年第 3 期。

〔4〕 参见海南省三亚市中级人民法院行政判决书，（2001）三亚行终字第 5 号。

又于地方规范之中,更名事由的规定形式概括为两类,一是明定更名事由,且严格地作为户政工作中更名管理的依据,如《福建省公安机关办理公民申请变更更正户口登记项目暂行办法》(福建省公安厅闽公综〔2008〕515号)中第3条第2款中规定,公民有符合其所列7项条件之一的,始可申请办理名字变更登记。二是直接依据《关于执行户口登记条例的初步意见》中的规定,于地方规范中仍然要求具有"需要充分理由",如青海省《西宁市公安局户籍管理工作规范》第5条第2款。较之这两种规范方式,相对难以确定内涵的"充分理由",对公民可为更名之事由进行列举无疑是一种进步,但在我国实务中一般对姓名变更权规范采取穷尽列举式的"何种情况得为"的模式(无兜底的条款),而非否定式的"何种情况不得为"的模式,导致了私权的空间固定化和狭隘化,且固化之姓名变更事由难以囊括所有人之所需,使解释者无变通操作空间,实际上是对私权的否定。实务上目前对更名事由的规定缺乏统一而明确的标准,而对于由此种不统一之认识引起的纠纷,我国法院却展示出了异常保守的态度。现就类似案件中的"更名事由"为关注,请参看下列案例:

在"蓓蕾案"中,原告蓓蕾小姐以"蓓蕾"的寓意是"没开的花",而今自己现成年,以再叫此名实在不妥为由申请改名,但户政机关不予批准。法院审理后认为:《上海市户口管理暂行规定》虽规定,有特殊情况可凭相关证明改名,但是《关于执行〈上海市户口管理暂行规定〉的实施意见》将上述规定中的"特殊情况"明确为"18岁以上的居民因户口登记差错或重名过多而使工作、生活各方面造成不便,所起名字的谐音有损人格等特殊情况要求更改姓名的,凭本人书面申请、有关更改依据向户口所在地派出所申请更改"。根据原《民法通则》第99条,公民改变自己的姓名必须"依照规定",原告改名事由不符上述规定,因而不予准许更名。〔1〕

在"安庆孙某应诉潜山县公安局上诉案"中,原告孙某应申请将其现用名"孙某应"更改为"孙某",其理由为现用名"孙某应"为儿时一算命先生所取,该姓名生僻怪异不雅。上诉法院认为:原告"孙某应"的姓名并无对其工作生活造成特殊不便的情形,其仅凭个人喜好即要求公安机关为其更改姓名,理由并不充分,潜山县公安局依据安徽省公安厅制定的《安徽省公安机关户政管理工作规

---

〔1〕 参见《成人"蓓蕾"请求更名被驳回》,载中国法院网2004年7月20日,http://www.chinacourt.org/article/detail/2004/07/id/125048.shtml。

范(修订)》(皖公通〔2009〕第54号)[1]中的相关规定拒绝为其更改姓名是正确的。[2]

在“高小妹姓名变更登记上诉案”中,高小妹向浦东公安分局申请变更姓名为“高丽华”,理由是“小妹”不能作为正式名字,无论是比其年龄大还是比其年龄小的人都称呼其为“小妹”,伤害了其感情。上诉法院认为上诉人高小妹姓名变更之理由均不构成2008年《上海市常住户口管理规定》第24条第1款规定的可以变更姓名的情形。在我国,以“小妹”为女子名字的情况并不罕见,按照社会公众通常理解,“小妹”两字亦不足以造成上诉人受歧视或伤及其感情的后果。故驳回其上诉,不认可其姓名变更申请。[3]

在“左某霞案”中,原告左某霞以“近几年来在使用左某池的名字,但未进行登记”为由要求更名,上诉法院首先否认了海南省公安厅作出的《关于更改姓名、年龄和民族问题的通知》[4]对姓名变更权行使限制的有效性,认为其被列为机密文件,且该通知的规定与《户口登记条例》的相关规定抵触,不能作为行政机关做出具体行政行为的依据。但是又认为原告左某霞未提供姓名变更行使原因的证据(相关资料和证明证实其在何种场合使用左某池名字的证据),因而不认可其姓名变更的申请。[5]

从以上案例及相关实例可以看出,自然人拟变更“名”的情况原则上有两种,一种系原“名”已造成生活识别上的困扰,如长期使用之姓名与户口登记上姓名不同(“左某霞案”“倪某龙案”“王某月事件”),或有难读、难认、重名等情况。另一种则是非因生活识别具有困难,而是为情感上之原因而改名,此原因可能系单纯不喜欢原名(“蓓蕾案”“高小妹案”“孙某应案”),或者单纯地喜欢某名(“王某隆案”),又或者其他命理上之原因等(“屈先生事件”)。在这些案件中,关于改名之理由,有的地方予以认可(“倪某龙案”“王某隆案”),但须提交一定的证据(“左某霞案”),亦有如“蓓蕾案”、“孙某应案”及“高小妹案”中对变更理由不予认可的。

---

〔1〕 该文件第7条第2项规定:“姓名变更应从严掌握。对无正当理由的,不得变更姓名。”

〔2〕 参见《姓名能否随意更改》,载安庆市中级人民法院网2010年12月24日,http://www.aqzy.gov.cn/content/detail/52a005b0259534200e00025f.html。

〔3〕 上海市第一中级人民法院行政判决书,(2010)沪一中行终字第8号。

〔4〕 海南省公安厅《关于更改姓名、年龄和民族问题的通知》(琼公通〔1999〕141号)规定:“对十六周岁以上的成年人的申请,原则上不予受理,但个别理由正当或情况特殊的,也要按规定,先由有关部门作出意见,最后由市(县)公安局审批。”

〔5〕 海南省三亚市中级人民法院行政判决书,(2001)三亚行终字第5号。

综合来看,在我国实务上,对于名的变更,系已造成实际生活识别上的困扰的,公安机关与法院的态度多倾向于允许变更,而基于人格情感尤其是基于自身感受申请更名的,多以失败告终。于此不禁引人深思:我国关于更名事由的规定与操作,特别是限制基于个人主观感受而为的更名行为,是否有侵害姓名权和人格尊严及有碍人格自由发展之虞?此番情形,一如上述有关姓氏变更问题,亦有"借鉴他山之石"之必要。

(2)域外法的规范参考——《日本户籍法》。日本法有关"名"的变更主要规定在《日本户籍法》第107条第2款:"因正当之事由拟变更名时,须取得家庭裁判所的许可,申报其意旨。"至于如何解读"正当之事由",一般将其与第107条第1款"姓"之变更事由即"不得已之事由"加以比较。就此问题,学者渡边雅道认为,"是否该当属于正当事由,为家庭裁判所的自由判断,其结果系依具体个案,当事人请求为名的变更的目的等个人利益与维持称呼上的法律秩序等社会利益加以考量而决定。至于比较利益要素及比重,因时代的推移而有所变迁,盖最近对于'名'而言,基于尊重个人的自由意思,且因电脑网络发达的缘故,于变更之后,个人的识别也变得比较容易,所以就维持称呼上法律秩序的考量上,其利益的比重已比较后退了"〔1〕。

就"正当之事由"要件的适用,日本学者千种达夫归纳的许可为名之变更的类型包括:袭名、珍奇、难解、难读、神官、僧侣、同姓同名、混同(男女性别或与外国人)、通称、出生申报错误、其他等类型。〔2〕而实务中所列举的事由主要有:基于营业上目的而有袭名的必要;因同姓同名致社会生活上产生重大妨碍者;成为神官或者僧侣者,或终止为神官或僧侣者(还俗),而有改名之必要者;珍奇之名、易被认为是外国人之名,或使用极其难解、难读之文字为名,于社会生活上有严重的妨碍者;归化日本的人有变更其名为日本风格之名的必要者。〔3〕

日本法中的更名事由规定,虽以列举式的客观事由(如前述)作为更名所需"正当之事由"的基准,但事关"正当之事由"的具体衡量仍属自由裁量范围,系概括之弹性条款,赋予解释者以操作空间,实务上诸多判例已对其予以具体化,形成了较为统一、稳定的见解,且倾向于个人利益与便利的优先。

---

〔1〕 参见[日]渡边雅道:《同一性妨害与户籍订正、姓名变更》,载《判例时报》第1027号(2000年6月),第62页。

〔2〕 参见[日]千种达夫:《姓名的变更》,载《家族法总论》,有斐阁1959年版,第266-275页。

〔3〕 昭和23年(1948年)1月31日最高裁民甲第37号回答作为改名的基准,该回答常被引用作为依据:奇妙之名;难以正确读出之名;有同姓同名而产生不便;易被误会为异性;易被误会为外国人;成为神官、僧侣(还俗);作为通称而经年使用(开始使用之年月);其他。

(3)结论。综上,基于姓名权为人格权之一种,名表征人格,与人之主观感受密切相关,处理更名问题不应拘泥文义字面,而应深刻探究权利主体内心真意及周遭环境,力贯保障个人人格尊严与人身自由之意旨。因此,对于姓名变更权行使事由,应当在维护社会管理秩序的前提下,对更名限制的比例采“改名从宽”原则。姓名变更原则上自由行使,对于“特殊情形”“充足理由”等不确定概念应由户籍机关依据具体情况而定,但以更名不损害公序良俗为兜底条款。[1]

2. 如何定名——名的适当性规范讨论

“名”作为公民生活于一定社会所识别之代号,且应依法进行户籍登记,基于社会使用文字的一般习惯与户籍行政作业上的考量,“名”亦需要符合一般社会观念的认可与限制。但当今社会个性张扬之盛,这一限制在个人利益与社会利益之间应取得何种平衡,乃是贯穿“名”之适当性规范始终的着眼点。一般而言,名的限制应从命名的文字限制与命名的适当性限制两方面入手,而文字限制又可分为字源与字数的限制,适当性限制则须从名的形、音、意与识别机能等方面进行规制。

(1)“名”之文字限制——字源与字数。我国公安部2001年《关于对中国公民姓名用字有关问题的答复》中对字源和字数作出了相关规定:“一、关于我国公民姓名可否使用繁体、异体及冷僻字的问题。除依据《中华人民共和国国家通用语言文字法》(2000年10月31日第九届全国人大常委会第十八次会议通过)第17条有关规定,姓氏可以保留异体字外,应严格按照公安部《关于启用新的常住人口登记表和居民户口簿有关事项的通知》(公通字〔1995〕91号)中‘常住人口登记表和居民户口簿应使用国务院公布的汉字简化字填写’的规定办理。对于过去群众已使用繁体、异体或冷僻字登记姓名的,原则上可以保留。至于人口信息计算机管理系统汉字字库容量的问题,可考虑通过加强系统建设予以解决。二、关于我国公民姓名字数是否需要限制的问题。依据《中华人民共和国民法通则》(1986年六届全国人大四次会议通过)第99条‘公民享有姓名权,有权决定、使用和依据规定改变自己姓名……’的规定,并考虑到我国民族众多,姓氏较为复杂,有关风俗习惯各异等诸多情形,户口登记机关不应也不便对公民姓名字数加以限制。三、关于少数港澳同胞及华侨回内地定居入户时要求使用中英文夹杂或全外文名登记户口的问题。依据公通字〔1995〕91号文件要求,须填写用汉字译写的姓名。如本人要求填写外文姓名的,可同时在该栏填

〔1〕2003年12月20日,深圳市公安局《关于实施〈深圳市公安局姓名变更登记程序规定(试行)〉的通知》。

写,但不允许填写中英文夹杂的姓名。”

同时《居民身份证法》第 4 条规定:“居民身份证使用规范汉字和符合国家标准的数字符号填写。民族自治地方的自治机关根据本地区的实际情况,对居民身份证用汉字登记的内容,可以决定同时使用实行区域自治的民族的文字或者选用一种当地通用的文字。”

根据以上文件要求,公民姓名一般应使用简化汉字填写,姓氏中之冷僻字或异体字,原则上可以保留,少数民族姓名可使用本民族语言与汉字并列登记,港澳同胞、华侨则可使用外文名字与汉字并列登记,但一般国内公民是否可以于户口登记中记载外文姓名或者使用外文与中文夹杂填写并未予以规定。以港澳同胞、华侨姓名登记之规则推之,一般国内公民不能使用中外文字夹杂的方式进行命名登记。且根据惯常生活观念来看,一般国内公民并无使用外文姓名并登记公示之必要。

实践中有关“夹杂使用”之争议的典型案例为“赵 C 案”。在“赵 C 案”中,户籍机关根据《居民身份证法》第 4 条以及公安部《关于启用新的常住人口登记表和居民户口簿有关事项的通知》(公通字〔1995〕91 号)的规定以姓名中含有英文字母“C”而不予登记。一审认为:原告赵 C 的“赵”是规范汉字,名“C”既是英文字母,又是汉语拼音字母,也是一种符合国家标准的数字符号,因此,原告赵 C 的姓名是符合法律规定的。原告赵 C 使用该姓名已有 22 年,在使用过程中未给国家、社会及他人造成不利;且原告进行身份证初始登记,经公安机关核准领取了第一代居民身份证,第二代居民身份证并不是第一次进行居民身份证初始登记,而是为了提高居民身份证的制作质量和防伪性。公安机关只要“复制”第一代居民身份证上的内容即可,而不是改变登录的内容。因此姓名权属于公民的人身权利,只要不违反法律、法规或规章的禁止性规定,不违反公序良俗,就可以使用。被告月湖公安分局应当允许原告赵 C 保留现有名字,并为其换发第二代居民身份证。一审法院的认定可谓合理,然而该案二审被上诉人赵 C 同意变更姓名后使用规范汉字依法申请,案件以和解撤诉了结,实为遗憾。[1]

“赵 C 案”引起了国内学界的强烈反响,有学者总结出此案中所涉及的三个争议问题:一是《居民身份证法》及《国家通用语言文字法》是否有对我国姓名权中的命名权作出限制性规定;二是如果没有法律的强制性规定,行政法规、行政

〔1〕 一审见江西省鹰潭市月湖区人民法院行政判决书,(2008)月行初字第 001 号;二审参见新华网:《中国首例姓名权案二审:赵 C 被判更改名字》,载搜狐新闻,http://news. sohu. com/20090227/n262494828_1. shtml。

机关的内部文件是否可以限制公民的基本权利；三是赵 C 姓名中使用英文字母是否危害社会公共利益、破坏传统文化。[1]

从居民身份证法与国家通用语言文字法的规定来看，其对命名作出了限制当属无疑。而行政法规、行政机关内部文件对基本权利予以限制，从法的效力阶层上看实属不当。至于赵 C 之姓名是否危害社会公共利益、破坏传统文化，本书以为，赵 C 个人之名虽未有妨于公共利益，但此种命名路径一开，其他新奇、古怪之名恐接踵而至，[2] 进而对我国社会秩序及传统中文之语言环境产生影响。故对于此种新"名"产生的社会效应，仍需进一步的调查研究。

如果将上述第一个问题引向深入，讨论姓名用字（命名自由）之基本权利的实现与限制问题，则可参考日本法上有关"名"之文字限制的判例学说。日本法中对"名"的选择限制规范中，有关"名"用字的常用平易性问题，于日本《户籍法》第 50 条规定："子女之名应使用常用平易文字（第 1 款）；常用平易文字的范围，以命令定之（第 2 款）。"依法务省命令决定的常用平易文字之范围，于《日本户籍法实行规则》第 60 条规定，使用于"名"中的文字包括"常用汉字、人名用汉字、片假名、平假名"。[3]

就对"名"的用字限制是否存在违宪的问题，东京高裁昭和 26 年（1951 年）4 月 9 日决定对此持否定态度："'名'不仅是被命名者个人自身的问题，同时也是与社会有关的问题，盖人如独居于孤岛，自不需要有'名'，然人即系容于社会共同生活，而于社会生活上，表示该人自己本身，及供他人特定指示该人所用的，这就是'名'……所以当命取人的'名'是，自非如筷子般拿放，纯属个人的私事。于此，将得用于'名'的文字限制在某范围内，应该认为是为公共福祉所必要。因此，本条的规定限制子女之名须用常用平易文字，且依该规定限制仅得使用当用汉字表的文字，并不违反宪法的规定。"[4]

对于《日本户籍法》第 50 条第 1 款规范之解释，即关于子女名用字的文字范围与常用平易文字的范围关系问题，"曾 0 案"的决定理由具有重要意义。本案

---

〔1〕 参见李予霞、牛占斌：《我的名字谁做主？——论姓名命名权的自由与限制》，载《法律适用》2009 年第 6 期。

〔2〕 据新闻报道，"赵 C 案"一审结束时，武昌的陈女士即准备再次为女儿争回姓名"陈 u 优"。一年前，她为自己刚出生的女儿取名"陈 u 优"，可为女儿上户口时，却遭派出所的拒绝。无奈之下，她只能将女儿的名字改为陈子优后上了户口。参见《"陈 u 优"父母欲效仿"赵 C"争回姓名权》，载《长江商报》2008 年 6 月 12 日。

〔3〕 参见李悌恺：《姓名权之研究》，辅仁大学法律学系 2010 年博士学位论文，第 161 页。

〔4〕 《日本家庭裁判月報》第 3 卷第 3 号。

中,札幌市人 X 拟将长男取名为“曽 0”,由于“曽”字非属《户籍法实行规则》第 60 条所规定文字的范围之内,区长拒绝受理出生申报。X 声明不服,一审、二审均认为“曽”系常用平易文字,认定区长拒绝受理本件出生申报为违法,命令区长应受理申报。后区长提起抗告,最高裁判所决定仍肯定下级审的见解,而驳回区长的抗告。日本最高裁判所认为:“《户籍法》第 50 条第 1 款之规定趣旨,并非把得使用于子女的名的文字限定于常用平易文字,而应认为其规定意旨系指常用平易文字得使用于子女之名。”[1] 亦即,户籍事务掌管者倘若以某文字系《户籍法实行规则》第 60 条所规定的文字以外的文字为理由拒绝受理使用该文字作为子女之名作为出生申报是不被允许的。

有关命名用字的文字限制,日本法上将姓名用字限于常用平易之文字,且用字类型亦有所限。此种限制缘于公共福祉之追求,维持社会之一贯秩序,倡导本国语言文化,同时满足户籍管理之资源有效利用。故我国采取同样之做法,对自然人姓名用字进行规范与限制,以平衡姓名权个人与公共之利益并无不妥。唯立法技术上仍需改进,将限制规范上升到法律层面,以符合我国法制系统之效力阶层。

(2)名之适当性限制——名的形、音、意与识别机能。关于“名”的适当性问题,我国立法中尚无明文规定。现有学说亦只是从公序良俗之角度出发泛泛而谈。[2] 参考我国台湾地区学理解释,其认为“名”之选用与姓之选用应有不同思考,因“名”系个人称呼,则个人拟与何种文字相结合并选用该文字作为“名”加以使用,实应让个人有更完全充分之自由。[3] 故除非个人所选用变更之名已明显涉及侵害他人权益,如“强”姓某人,若拟改名为“奸”,虽该姓名形意不雅,然仍应尊重其个人选择,唯其改名为“××”,而“××”系其前女友或女明星之姓名,该改名行为应认定为侵害他人权利,系权利滥用行为,自应禁止。又基于“名”所应具有之识别机能,倘若某人申请改名后与其直系血亲或兄弟姐妹同姓

[1] 日本最高裁判所判例集民集 57 卷 11 号,平成 15 年(2003 年)12 月,第 2565 页。

[2] 参见张建文、贾佳:《论我国姓名变更权的法律限制问题》,载《河北法学》2011 年第 3 期;章志远:《姓名、公序良俗与政府规制——兼论行政法案例分析方法》,载《华东政法大学学报》2010 年第 5 期。

[3] 用名的适当性在父母为子女命名、改名与姓名权人自我改名两种情况下亦有所区别,如下文举例所述自我改名为“强奸”,从尊重个人意愿的角度出发并考虑其对社会公益之影响,尚为可以,但父母若为子女取此姓名或改此名,考虑儿童成长与发展,此姓名恐颇为有害。故本书认为父母为子女命名或改名之时应加以更多关注,明显取名或改名不当的,应视为父母亲权滥用而加以限制。

名时,该"名"将丧失其识别功能,此种行为亦应认定属权利滥用之行为,应加以限制。[1]

但非侵害他人权利之"名",是否就必然可行?唯念父母为未成年人命名、改名之情形,从保护未成年人的角度出发,或应更加严格。故有关儿童改名中"名"的适当性,理应与父母命名中"名"的适当性立于同一标准。日本法一方面肯定父母命名的自由,[2]另一方面认为:"对于出生子女应取何名,不仅对该子女本身有重大的利害关系,其对于社会一般生活亦有很多的利害关系,故命名权人固有命名的自由,然不免应有从此二利害关系考量的内在制约,所以命名如难解、卑猥、使用上显然不便者,自不被允许。"[3]而作为考量人名文字是否恰当的问题,典型案例有日本平成6年(1994年)的"恶魔"事件。

1993年8月,东京都昭岛市某新生儿之父X询问市政府是否可以受理"恶魔"为人名登记,相关人员认为"恶"与"魔"均为人名用汉字表述的文字,故可以受理登记。X于同月11日提出"恶魔"为新生儿之名的出生申报,市政府人员加以受理。同月13日,东京法务局八王子支局通知昭岛市政府保留手续(不使用市长官印),并于同年9月28日发文指示昭岛市户籍科,将子女命名为"恶魔"并不妥当,应命申请人补正新名,于申请人未补正期间,以"名未定之出生申报"处理。X对于该不受理出生申报的处分不服,声请家庭裁判所审判,其声称,"恶魔"之名系《日本户籍法》第50条限制规定内的文字,且该名对于其子明显有好的影响,蕴含一旦听到该名,即不会被忘记的最高内涵,况且既已受理申报登记于户籍上,自不容许未经法定程序即加以涂销。对此,昭岛市长则以"恶魔"之名为社会通常观念上明显不适当的名,该当命名权的滥用,对照《日本户籍法》的趣旨,自然不容许使用。且身份事项栏目末尾未使用市长官印,故该"恶魔"之名仍处于未受理状态,虽该名记载于户籍簿上,然因系误载而加以涂销处理,于程序上不存在问题。就上述事实,东京家庭裁判所八王子支部平成6年(1994年)1月31日作出审判结论,认为昭岛市长应完成平成5年(1993年)8月11日

---

〔1〕据我国台湾地区报载,有男子刘某仁为向银行预借80万元新台币,竟以代父避劫为由,将自己的名字改成与在社会上颇有地位的父亲刘某标同名,再向银行借款,鱼目混珠让父亲背上债务,直到银行追债,经核对账户才知道是儿子搞的鬼,气得父亲报警处理。参见李悌恺:《姓名权之研究》,辅仁大学法律学系2010年博士学位论文,第246页注146。

〔2〕根据《日本户籍法》第52条的规定,父母作为子女出生申报的义务人。父母对出生子女命名,乃为出生申报的当然前提。

〔3〕东京家庭裁判所昭和49年(1974年)4月9日审判,《日本家庭裁判月報》第28卷3号,第56页。

的出生申报手续,将“恶魔”之名记载于长男的户籍名栏,并涂销身份事项栏“名未定”的记载。

本案中所争议的法律问题一是父母的命名行为是否容许行政的介入;二是将子女命名为“恶魔”是否系命名权的滥用以及户籍事务掌管者可否依职权涂销已登记的户籍之名。就第一个问题,本案的判决理由认为,若不容许一切行政的参与和干预,放任父母行使的话,这种立场并不妥当。而《日本户籍法》对于出生子女的命名,除规定应使用一定范围内的文字外,并不存在直接的法律规制。所以原则上,父母亲命名权可以自由行使,故市町村长的命名审查权应止于形式的审查权,对于内容及实质的判断自不容许。唯有例外情况,有亲权(命名权)滥用时,社会通常观念上明显地认为不适于作为“名”使用,从一般常识判断显著地脱离常轨时,或者显然有损“名”所具有的本来的机能时,户籍事务掌管者(市町村长)自得行使审查权,而拒绝受理名的申报。在第二个问题上,将子女命名为“恶魔”恐与申请人的意图相反,反而使孩子成为被欺负的对象,且极有可能进一步使孩子发生社会不适应,亦即本件命名从出生子的立场观察,系属命名权的滥用。对于第三个问题,依据日本户籍管理的实务操作,倘有使用《日本户籍法》第50条、《日本户籍法施行规则》第60条所规定以外的文字作为子女的名而为出生申报的,户政机关误加以受理,此时应促请申请人进行户籍订正的申请并催告其补正,倘若申请人未回应,即应按照户籍原来的记载,不得依职权加以消除或记载其他文字、字体。所以照此操作规范,“恶魔”本属于违法之名,原不应受理,但先既已受理,而申请人不回应时,自应当于户籍上登载“恶魔”之名。而昭岛市政府不依循此种做法,径行涂销“恶魔”名字的记载,实属违法行为。

家庭裁判所的审判结果出炉后,平成6年(1994年)年2月10日昭岛市提出抗告。同月15日该父亲X撤回申请,致使本案件裁判上的纷争告一段落。据报道,X撤回的理由有三:其一,事件至此导致子女无名状态持续已久,对子女并无好处;其二,律师费用等金钱花费负担过大;其三,饱受纷争的家人在精神上的疲劳达到了临界点。后同年3月,X重新申请将其子重新取名为“阿久魔”,最后同年5月,X申请将其子命名为“亚驱”,经昭岛市政府受理后,本事件宣告落幕。[1]

---

〔1〕《判例タイムズ》1486号,1994年(平成6年)5月11日,第56-61页。

(3)结论。综上可知,名的适当性问题似应交予公共机关自由考量,但须根据固有传统及社会一般观念予以判断。用名须于一般社会观念上具有适当性,是所谓不能妨及子女和他人之正当利益,不损及“名”所具有的社会机能。

有关悖俗更名,诚如前述日本实务上之“恶魔”案件法院所述,命名“恶魔”,就新生儿立场看,属于命名权的滥用,将极可能导致惹人注目之事件造成其对于社会之不适应性,命名权如此,姓名的变更也应如此。本书认为,于我国此种命名方式在“名”之适当性规范中并无不可,也没有限制的必要。

(四)姓名变更中的共通性问题

前文已分别就我国姓名变更中“姓”之变更规范与“名”之变更规范不同的规制方法与所需考虑之核心问题进行了讨论。然姓名登记问题中尚存许多要素属两者共有之,如申请登记之主体,禁止变更姓名的事由,以及变更姓名的可行次数等。此诸多要素于我国的姓名规范中并不完备,如申请主体于《户口登记条例》中的规定与民事主体行为能力制度的规定存在明显冲突,这也导致了申请姓名变更之实践中矛盾丛生,而变更禁止与变更次数亦有改进的必要。所以在此选择现存比较突出的问题进行讨论。

1. 姓名变更之申请主体

(1)我国规范与实例。有关姓名变更之主体,依《民法典》第 1012 条,任何人皆得变更自己之姓名。根据一般民法规则,完全民事行为能力人当属自己申请,未成年人行为能力不完整,其姓名变更一般只能通过父母等监护人代为行使。然而《户口登记条例》第 18 条规定:未满 18 周岁的人,由本人或者父母、收养人向户口登记机关申请变更登记;18 周岁以上的人,由本人申请。本条规定将申请之权利同样赋予未成年人,实属不妥。而观之地方规范,各地方对此之规定与上述《户口登记条例》第 18 条并不完全一致。如福建、广西等地规定 18 周岁以下未成年人的姓名变更由父母或监护人申请提出,18 周岁以上由本人申请提出。[1] 深圳市规定 18 周岁以下未成年人未变更过姓名的,经监护人同意即可申请更改姓名。[2] 河北省按行为能力区别申请人,即完全民事行为能力人由自己提出申请,不完全民事行为能力人由父母或其他监护人代为办理。[3]

---

〔1〕《福建省公安机关办理公民申请变更更正户口登记项目暂行办法》(闽公综〔2008〕515 号)第 3 条第 4 款、广西壮族自治区《关于印发〈全区常住人口主要登记项目变更更正工作规范〉的通知》(桂公通〔2010〕307 号)第 1 条第 3 款。

〔2〕《深圳市公安局姓名变更登记程序规定(试行)》第 5 条第 9 款。

〔3〕《河北省公安机关户政管理执法工作规范》第 178 条、第 179 条。

与姓名变更申请主体相关之规范文件还有公安部《关于抚养人申请变更子女姓名问题的批复》[公户政(1995)074号]和公安部《关于父母离婚后子女姓名变更有关问题的批复》[公治(2002)74号]。公安部《关于抚养人申请变更子女姓名问题的批复》规定:"依据《户口登记条例》第18条,户口登记机关可以根据父亲或母亲的申请并依照法定程序为其未成年子女变更姓名。"其立法考量应在于一般情况下夫妻一方之意思表示可以代表双方合意,但没有考虑离婚后存在的复杂情况。

而根据公安部《关于父母离婚后子女姓名变更有关问题的批复》,对于离婚双方未经协商或协商未达成一致意见而其中一方要求变更子女姓名的,公安机关可以拒绝受理;对一方因向公安机关隐瞒离婚事实,而取得子女姓名变更的,若另一方要求恢复其子女原姓名且离婚双方协商不成的,公安机关应当予以恢复。此与最高人民法院有关离婚后子女变更姓名问题的一系列司法解释保持一致,但由于只规定了父或母单方变更子女姓名的情形,因而前述"杨某某案"与"李某军案"中由子女提出变更要求,规避了公安部《关于父母离婚后子女姓名变更有关问题的批复》,完成了其姓名的变更。该规定存在制度上的漏洞。

(2)未成年子女的姓名变更权——特殊情形下的变更申请。当子女具有一定独立意志并可为意思表示时,其是否可以独立行使其姓名变更权?有学者认为,自然人对自己姓名决定权的行使,以其有民事行为能力为前提。[1] 类似的意见认为,公民决定自己的姓名需要以意思能力为前提,一旦未成年人具有表达自己意愿的意思能力时,其监护人不能妨碍本人行使姓名权。[2] 对于后者,有人评价道:"此观点于实践中过于缺乏可操作性,容易引起混乱,由于自然人智力发展水平的差异以及周围环境对其的影响,很难说一个年满10周岁的未成年人可以十分清楚地明白姓名的社会伦理含义。"[3]本书赞同此种说法,毕竟姓名事关重大,不仅是为个人称呼符号及人格标志,也涉及家庭、族群、社会的多方面利益,儿童对于姓名问题的判断是否与社会一般观念及文化传统相符,应慎重对待。简言之,成年公民的姓名自由之表彰的极致,也应止于社会的正常秩序与道德要求,更何况儿童对于姓名的不成熟的要求。

但是,仅依监护人之判断是否能带给未成年子女姓名上之最大利益?现阶

[1] 参见郑立、王作堂主编:《民法学》(第2版),北京大学出版社1995年版,第98页。
[2] 参见王利明、杨立新、姚辉编著:《人格权法》,法律出版社1997年版,第94页。
[3] 杜秋、陈绍锋:《未成年子女姓名权的法律思考》,载《南京人口管理干部学院学报》2004年第2期。

段我国监护人代为行使子女姓名权利时，受家长权威观念或一己私欲的影响，视子女为己物，常借子女姓名彰显自己个性，如"许多钱""张口笑""郑他他"等。名字寄寓了父母的期望，同时，与时代文化相呼应。名字求偏求怪，反映了父母标新立异的心态。并且，一个太过新奇独特的名字，会对子女的成长产生一些意想不到的影响，在一些时候会被同学起些不雅的绰号，这样一定程度上会在子女心理上造成影响。[1] 故监护人代未成年子女变更姓名的权利应受到一定限制，而首要的限制即源于基于子女利益考量的社会性观念。

基于以上分析，未成年子女不应享有单独的姓名变更申请权利，应由其法定代理人代为申请。然未成年子女是否完全没有自主进行姓名变更的机会？在我国，户籍管理机关享有户籍登记的实质与形式的双重审查权力，故考虑于规范上允许未成年子女于上述特殊情况下通过一方法定代理人申请变更登记，亦为可行。

(3)结论。通过以上考察，对于《户口登记条例》第 18 条之规定，应将未成年人之申请缩小解释为得到父母双方协商一致认可之申请；对法定代理人提出的申请应要求父母同时到场或提供双方形成未成年子女姓名变更合意的书面意见。于例外情况下，未成年子女可依称自身利益判断通过一方法定代理人申请变更登记或通过诉请法院宣告的方式来进行变更。对这些规范的分析并结合实务，本书认为姓名变更形式上的行使主体应分为以下两种类型：第一，年满 18 周岁的成年人与以本人的劳动收入为主要生活来源的 16 周岁以上未满 18 周岁的未成年人，可自主决定本人姓名的变更，由其本人行使姓名变更权。第二，未满 18 周岁的未成年人，由其本人申请（需有父母意见之书面证明）或由其父母、收养人（弃婴的姓名依收养人或者育婴机关的意见确定）代为申请变更姓名。于例外上依照法律规定，结合父母离婚、再婚等特殊情况与自身称姓更名利益，通过一方法定代理人申请变更登记或诉请法院宣告变更。

2. 姓与名的变更次数

姓名究竟可以变更几次？实务中有案例以频繁更名为由对姓名变更权进行限制，如在"闫才源案"中，原告闫才源，原名闫蕾，1989 年由闫蕾更名为"闫磊"，1998 年由闫磊更名为"闫才源"。现有申请更名为"闫宇奥能"，户籍登记机关援引《最新户籍管理实用手册》第 24 条之规定，认定其属于频繁姓名变更范围，不应再次更名。法院从姓名在实际生活中与个人的经济或其他社会活动相连，随

---

〔1〕 参见《80 后父母追新求异给子女多取怪名》，载凤凰网，http://news.enorth.com.cn/system/2007/09/07/.shtml。

意更名将造成民事、商事等活动无序的局面的角度出发,认定其频繁变更姓名,驳回了原告的诉请。[1]

我国《姓名登记条例(初稿)》[2]为了防止滥用姓名权、频繁变更名字现象的发生,于第20条规定:年满18周岁的公民依照规定申请办理名字变更登记的,以一次为限。又如上文所言,我国各地规范尚有规定姓名变更可为一次者,如山东省,[3]而河北省规定未满18周岁可变更两次,满18周岁只能变更一次。[4] 先不论此种简单化处理的规定是否合理,即便是各地差异化的"立法"就违背了基本的法制统一原则。

对于姓名变更的次数限制,日本法并没有明确规定,但在我国台湾地区根据不同情形对姓名变更的次数有明确的规定,其"姓名条例"第1条规定:台湾原住民之姓名登记已依汉人姓名登记者,得申请回复其传统姓名;回复传统姓名者,得申请回复原有汉人姓名。但以一次为限。第6条第2款规定,夫妻之一方得申请以其本姓冠以配偶之姓或回复其本姓;其回复本姓者,于同一婚姻关系存续中,以一次为限。第7条第2款规定,命名文字字义粗俗不雅或有特殊原因者申请改名者,以二次为限。但未成年人第二次改名,应于成年后始得为之。第9条针对条例实施前的学历、资历、执照及其他证件未使用本名者情形规定其可到户政事务所申请更正本名,但以一次为限。可知我国台湾地区相关规定中,对于第6条第1款中"被认领、收养,终止收养,原住民改汉姓造成家族误植,其他依法改姓"及第7条第1款中各种重名而须改名者,次数规定不详。

本书认为,基于"姓""名"的区分,有关"姓"的变更次数,从社会传统与血缘关系之稳定性上考量,原则上可规定为一次,而于未成年时期因婚姻家庭变动而有改姓,成年后因特殊原因仍需改姓者,可允许再改一次。而关于"名"的变更次数,于事实上名字造成生活识别上的困扰的,自应允许改名,次数以两次为限,但确有改名之必要的,可为两次以上;而于情感上之原因而改名的,限定次数有

---

〔1〕 河南省焦作市山阳区人民法院行政判决书,(2005)山行初字第4号。

〔2〕 公安部《姓名登记条例(初稿)》于2007年6月11日起草完成,随后下发各地公安机关组织研修,但至今未能正式施行,仅具学理研究之参考价值。

〔3〕 山东省公安厅《关于规范常住户口管理若干问题的意见(试行)》(鲁公通〔2006〕302号)。此外,规定原则上只能办理变更一次姓名的还有福建省公安厅闽公综〔2008〕515号文件、河南省《洛阳市公安局办理户口工作规范》和辽宁省沈阳市公安局《关于加强居民户口登记项目变更更正管理工作的通知》等。

〔4〕 《河北省公安机关户政管理执法工作规范》第177条。

利于节约社会成本，防止无端混淆，似以两次为恰。[1] 且上述“姓”与“名”变更次数之计算，在户籍登记设备技术允许的情况下，可分别予以记载，以保障公民姓名变更权利合理有序实现。

3. 姓名变更之禁止

无论是“姓”的变更还是“名”的变更抑或“姓名”的同时变更，都将带来姓名权人改换称呼，以新的面貌出现于社会之事实。欲通过改换姓名而逃避债务或公力惩罚、制裁的，《民法典》第1016条第2款规定“民事主体变更姓名、名称的，变更前实施的民事法律行为对其具有法律约束力”。

我国公安部三局《关于执行户口登记条例的初步意见》第9条第2项规定：(1)年满18周岁的人，要变更现用姓名时，应适当加以控制，没有充分理由，不应轻易给予更改。有充足理由的，也应经派出所长或乡长批准，才可给予更改。不好决定的，应报上一级户口管理机关批准。妇女原冠夫姓申请去掉夫姓，或称氏改为姓名的，以及僧、道、尼由法名改为俗名的，问明情况后即可给予变更。上述变更除妇女去掉夫姓和称氏改为姓名外，其余的人在更改后，仍应将原名在户口登记簿上保留，以备日后查考。(2)18周岁以下的人，申请由乳名改大名的，根据本人或者父母的申报即可给予变更。但被收养或被认领的人，年龄较大的须征得本人同意，才可给予变更。(3)机关、团体、学校、企业、事业等单位的职工需要变更姓名时，必须有所在单位人事部门准予变更的证明，才可给予变更。(4)依法被剥夺政治权利的分子和正在受刑事处分的分子，以及正在劳动教养的人，一律不准变更姓名。

上述规定采取的亦是“列举+一般条款”的规制模式，此种模式优点自不待言。但该规定所述之苛刻的更名程序甚为不妥。更名应经行政长官批准或单位证明，是对更名的严格限制。对于剥夺政治权利的人禁止更名亦无法律依据，而对反法治、反人权之劳动教养之人禁止更名更属违法之举。[2]

对于特殊主体行使姓名变更之禁止，我国台湾地区“姓名条例”第12条规定：“有下列情事之一者，不得申请改姓、改名或更改姓名：1. 经统计或羁押者。2. 受宣告强制工作或交付感训处分之裁判确定者。3. 受有期徒刑以上刑之判决确定而未受缓刑或易科罚金之宣告者。但过失犯罪者，不在此限(第1款)。前

---

〔1〕 基于实用主义的考量，原则上设置变更次数是较为妥当的方案。参见石冠彬：《姓名权行使纠纷的裁判规则及应然路径》，载《四川大学学报(哲学社会科学版)》2018年第3期。

〔2〕 有关劳动教养废除论的论述参见时延安：《劳动教养制度的终止与保安处分的法治化》，载《中国法学》2013年第1期。

项第二款及第三款规定不得申请改姓、改名或更改姓名之期间,自裁判确定之日起至执行完毕满三年止(第2款)。”其从目的来看,主要是为了避免不法人士通过更改姓名逃避犯罪查缉或再从事不法行为,影响社会秩序;从内容来看,主要包括三种禁止更名的事由,即经通缉或羁押者、受宣告强制工作之判决确定或者交付感训处分之裁定确定者,以及受有期徒刑以上之判决确定而未经宣告缓刑或未执行易科罚金者(但过失犯罪者,不在此限);从立法趋势来看,限制更改姓名的要件和期间有逐渐放宽的趋势,“姓名条例”经2003年6月25日的修改,增加了对第二种、第三种不得申请改姓、改名或更改姓名的期间,即自裁判确定之日起至执行完毕满5年止,2007年12月26日的修改,又将5年改为3年,[1] 2009年的修改则没有对此条作出变动。

对于禁止变更姓名之时限,仅限于姓名权人正在受刑事处分和正在进行劳动教养期间,而我国台湾地区相类似的规定则将不得申请改姓、改名或更改姓名之期间限定在自裁判确定之日起至执行完毕满3年止。相较而言,我国台湾地区“姓名条例”之规定更能降低受公力制裁之人重返社会即改头换面重新作恶的风险,增加公力制裁之威慑效果。[2] 而对于禁止变更姓名的事由应当以受到刑罚的性质和程序予以区分,考虑在现有禁止变更姓名的时间期限上略作延长。此外还应增加正在被通缉的人和正在被羁押的人、严重不良记录的人以及其他姓名信息对于秩序稳定关涉重大的人。

(五)结论

姓名变更系属重要之人格自由利益,是姓名权的核心内容,其对内攸关人格尊严,对外展示个人形象,更于社会管控方面意义重大,是一项公私法上的综合议题,《民法典》难以全面规定。本书尝试得出如下见解:

1. 姓的变更和名的变更应予区分,并适用不同的规则。姓的变更分为从父姓或从母姓及自称第三姓两种类型。对于从父母姓,夫妻离婚、再婚及收养未成

---

[1] 参见张建文、贾佳:《论我国姓名变更权的法律限制问题》,载《河北法学》2011年第3期。

[2] 罪行前科之自然人的姓名权利应受限制于何种程度,值得我国立法机关重新考虑。且在司法实践中,法院对于有前科之人的姓名变更态度不一。如李某江之子李某丰(原名李某一)曾因打人被劳动教养一年,于2012年9月被解除劳教即改名。而在“刘某豪诉许昌县公安局上诉案”中,刘某豪于2005年因诈骗罪入狱3年,刑满释放后于2010年以原有之姓名影响经商为由申请变更姓名而被拒绝,法院亦认为其变更姓名的理由与现行刑法规定的前科报告制度相冲突,不利于对其犯罪前科的查询和社会有效的教育监督,而不允许其变更姓名。参见河南省许昌市中级人民法院行政判决书,(2011)许行终字第23号。此案中当事人与李某丰情形类似,得到的结果却完全不同,是为我国有关禁止姓名变更时限制度确有必要进行规范规制。

年子女后姓氏变更问题,原则上离婚双方达成对未成年子女具体改成何名何姓的一致意见方为更改,意见不一时,应考量立法规定的子女称姓利益,且本源血缘关系应优于拟制血缘关系。

2. 对于第三姓问题,原则上禁止改称第三姓。但当改称第三姓系出于对先前错误登记之更正或重新改变生活环境等特别有利于更改主体之利益时,可由法官酌情揆理,依据《民法典》第 1015 条第 3 项允许更改。

3. 对于名的更改,在“列举 + 一般条款”的立法模式下,宜采改名从宽原则,但应符合命名规范性与适当性要求,法无规定之事由则以不违反公序良俗为底线。名的适当性问题须根据固有传统及社会一般观念予以适当限制。

4. 对于姓名变更之主体,满 18 周岁的由本人更改;未满 18 周岁应采意思能力标准,不应一味否决本人之姓名变更申请权。对于离婚后子女之姓名变更,应以维护子女利益为优先原则。

5. 对于姓名变更之次数,原则上姓为一次,名为两次,但在若干特殊情形下,可以允许突破次数限制。

6. 对于姓名变更的限制,宜增加现有制度内禁止变更的特殊主体,而不同主体于姓名变更上的限制以受到刑罚的性质和程序予以区分,并考虑禁止变更姓名的时限。

四、姓名的正确使用

基于姓名权人的自我决定利益保护,其有权对姓名的取得、变更享有法上允许的自由空间。而姓名确定后具有何种保持效力?姓名作为自然人特殊指向的重要符号,在社会交流中需要大量使用,而在交流过程中的音、形、排列形式应以何种方式表达,社会惯常之用法与地方习俗、个人意愿抗衡之下应如何取舍?在特定场合提及某人姓名,而非有破坏身份同一性利益与个性化之利益的意图引起其尴尬、焦虑,是否有法上规制的必要?

(一)姓名的保持权

其亦可表述为姓名的不更改权。盖因出生或其他原因获得姓名,原则上说对此拥有永久保持的权益,可以将此称为姓名保有权。[1] 由于没有复杂的家庭内部称姓变更制度,我国有关姓名保持权的视角多集中于现代化登记手段普及中发生的“不可输入或显示”之情形,例如我国山东菏泽曾发生 200 多名村民因

〔1〕 参见[日]五十岚清:《人格权法》,[日]铃木贤、葛敏译,北京大学出版社 2009 年版,第 124 页。

姓氏生僻而被迫集体改姓事件[1]。基于公安部规定,“对于过去群众已使用繁体、异体或冷僻字登记姓名的,原则上可以保留。至于人口信息计算机管理系统汉字字库容量的问题,可考虑通过加强系统建设予以解决”[2],可知已存之姓名的自我保持权是得到国家认可和保护的,而“赵 C 案”中当事人的姓名不予认可的原因,概其不属于我国汉字范畴,且各项有关姓名用字的法律规定已然出台(可对其行为作解释性限制),此种新奇之举不被认可亦属当然。故被迫更改姓名一事,实因技术手段落后造成,于法上并无缺陷可言。

(二)姓名的称呼权与记载权

姓名乃正当之指示手段,指明某人时,应使用其人之姓名。[3] 对于此所谓“姓名称呼权”或“姓名记载权”,较精确之用语应系“姓名正确称呼权”(自己之姓名被正确称呼之权利)或“姓名正确记载权”(自己之姓名被正确记载之权利)。然何种方式方能称之为“正确”?一方面,在一字多音多义,或者汉语中四声不同而有不同的表示意思时,以带有侮辱、贬低等目的来称呼姓名权人,实属侵权。[4] 而汉字的书写在传统上也有不同的字体形式,仅仅以书写形式的不同而认为侵犯姓名利益,在现实中实在难言合理。另一方面,对于某一文字要读什么音,应该尊重使用该姓名人的意见(当然所读之音,必须符合习惯用法,当事人不得自创独特读音。此问题上书写亦同,须尊重姓名权人之意愿)。此种权利对于我国语言表达差异较大地区的自然人(特别是少数民族)以及外国人(特别是有使用汉字的国家,如日本、韩国等),更显有重要性。

1. 姓名称呼权(姓名正确称呼权)

有关姓名被正确称呼之权利是否系法律上的权利而属“姓名权”之内容之一?引发此争议者系“NHK 日本语读法诉讼事件”[5]。

(1)案件事实。原告系具有韩国国籍之日本韩侨(牧师),姓名“崔昌华”,昭和 50 年(1975 年)8 月 26 日在北九州市厅记者俱乐部召开记者招待会,发表“为

---

[1] 参见刘远征:《论作为自己决定权的姓名权——以赵 C 姓名权案为切入点》,载《法学论坛》2011 年第 2 期。

[2] 2001 年中华人民共和国公安部《关于对中国公民姓名用字有关问题的答复》(公治[2001]60 号)第 1 条。

[3] 参见何孝元:《损害赔偿之研究》,台北,商务印书馆 1982 年版,第 152 页。

[4] 参见李永军:《论姓名权的性质与法律保护》,载《比较法研究》2012 年第 1 期。

[5] 日本最判昭和 63 年(1988 年)2 月 16 日判决,《最高裁判所の判例集》第 42 卷 2 号(1988 年 2 月),第 27-60 页。本案之第一审判决系福冈地裁小仓支部昭和 52 年(1977 年)7 月 1 日判决;第二审裁判系福冈高裁昭和 58 年(1983 年)7 月 21 日判决。中文资料之介绍参见孙森焱:《姓名权之保护——介绍日本判例》,载《司法周刊》第 423 期第 3 版。

在日韩国人、朝鲜人人权事项,致北九州市长公开质疑书”,席间向被告日本放送协会记者分发印有“崔(CHOE)昌(CHANG)华(WHA)”的名片。原告在同年9月1日向北九州市提出公开质疑书时,负责接待的同市公报室长称呼原告为“さいさん”(音“SAI SAN”,按即“崔先生”之日语发音),原告当场即予以更正为“CHOE CHANG WHA”。被告之记者当时亦在场采访。故被告记者应明知原告之姓名应以韩国语发音,且将采访结果向被告之北九州放送局报告时,亦提到此称呼问题。被告明知原告之姓名应用韩国语发音,竟于同年(1975年)9月1日及2日之广播中,仍以“さいしょうか”(音“SAI SHOU KA”,按即“崔昌华”之日语发音)称呼原告。原告因此提起诉讼,请求被告向原告道歉,并将道歉启事加以广播及刊载于报纸,且赔偿损害,而后被告应对韩国人及朝鲜人之姓名以韩语称呼之判决。

(2)第一审、第二审之判决。本案第一审及第二审均判决原告败诉,其基本立场系认为姓名被正确称呼之利益,并非法律上之利益,而仅系事实上之利益而已。唯于特殊情形,即倘借由该不正确之称呼以达其轻蔑、揶揄、诽谤该姓名所表彰之人之人格,则已构成侵害法律上所保护之人格利益,而属违法行为,斯时,被侵害人自得对行为人请求精神上痛苦之损害赔偿,并请求停止该不正确之称呼行为。至于本案件之情况,则不应为上述特殊情形。[1]

(3)原告之第三审上诉理由。原告提起第三审上诉之理由为:第一审及第二审判决否定日本国宪法保障基本人权之精神,以及日本国批准之国籍人权规约——有关市民及政治上权利之国际规约第27条所定不得否定少数民族使用其本身语言之权利。本案件人格权诉讼,乃因1975年9月1日向北九州市长提出公开质疑书,请求保障在日韩国人及朝鲜人基本人权(包含参政权)所衍生之侵害人权事件,希望借此获得“在日朝鲜人为人类、当为人类的、得过像人类般生活的权利”。朝鲜人的土地被侵夺,且自祖先代代相继取得的姓名亦被剥夺,甚至被强制带到日本。迄至今日,仍像犯罪人般,须按盖指印,须随时携带外国人登陆证,因此,希望在法律上能够像日本人般,生活得像人类或当作一个民族应该享有的相同权利。在此奋斗过程中,NHK将上诉人姓名以日本语发音,且

---

〔1〕 对第一审判决之评释,参见[日]漥田正彦《NHK日本語での訴訟第1審》,载《判例タイムズ》第367号(1978年11月),第275－278页,其赞同第一审判决之见解,认为本判决之结论系属正当。又其于该文278页写道:姓名被他人正确称呼之利益应不属姓名权之范畴,至于因特殊情形(以不正确之称呼达其侮辱之目的者)而被认为系违法行为者,系因该类行为已侵害名誉感情等法律所保护之人格利益,故所谓姓名被正确称呼之利益,某方面而言系因名誉感情等人格利益受法律保护之反射效果而同受保护而已。

明知上诉人民族语应如何发音,竟故意传播,迫使上诉人改名换姓,此系蹂躏上诉人人格及民族的生活上权利之行为。

(4)日本最高裁判所判决。就此一问题,日本最高裁判所则肯定姓名被正确称呼利益之权利性(唯应注意者,系判决之用语系使用"名被正确称呼之利益",而非使用"名被正确称呼之权利"[1])。其判决理由:姓名自社会生活观察,具有自不特定的他人中识别某个人的特定机能。自该个人观之,姓名同时为一个人受到尊重的基础,为该个人人格的表征,构成人格权的一种内容。因此,一个人受他人正确称呼姓名,当为侵权行为法则所保护之人格上利益。然此项利益与姓名不可与他人冒用之权利或利益有异,其性质上自侵权行为法上之利益而言,未必十分强固。盖因不正确称呼之类型,称呼者与被称呼者间个人的或社会的关系,因该不正确称呼所受不利益之有无或程度,当互有差异。就日本情形而言,正确称呼姓名,因汉字的日本语音有多样性,依记载之汉字而正确称呼其姓名,未必容易。故不正确之称呼之情形,当属不少。除该不正确之称呼明显系蔑称外,并非均具备违法性而构成侵权行为。就不正确称呼之行为,苟非违背该个人明示之意思而犹不正确称呼,或系具有恶意之不正确称呼等特殊情形,应认为是不具备违法性之行为的。另外,将外国人之姓名,依其民族语言,按日本语式来正确发音,通常极端困难,若勉强用该民族语音来称呼,社会上即会发生多种称呼法,对于姓名所具有社会生活中个人的识别机能,即不免遭受破坏。因此,对于社会上某具有一定知名度的外国人姓名,利用电视传播称呼时,存有不依民族语音而用的惯用方法,此项惯用方法又被社会一般观念所认同,为使日本大部分观众、听众容易了解起见,以该惯用方法称呼时,纵系违背该个人明示的意思,亦应认为系不具备违法性之行为,而不构成侵权行为。故最高裁判所之法律上意见虽与原审之见解有异,然就判决结果与原审实质上并无不同。

(5)小结。就某人之姓名应如何称呼(或记载),系"姓名被正确称呼之利益"与"姓名称呼之惯用的方法"二者产生冲突之问题,亦可谓系姓名所具有二种相对立功能面之显现。亦即,一方面,为有效地发挥姓名具有识别功能与特定的机能,须使第三人易于对该姓名发音,为此则依循"社会上所承认之惯用方法"以称呼某姓名,确有其必要;另一方面,基于"姓名被正确称呼之利益"系属

---

[1] [日]星野英一:《被正确称呼姓名的利益受到侵害的行为被判定为无违法性的事例》,载《法学教室》第95号(1988年8月)。

人格利益之内容之一，其与姓名持有者之独自性与个人性有不可分之关系。[1]故本案件日本最高裁判所即系在处理调和此功能冲突之问题。而对于本案件最高裁判所之见解，多数日本学者持肯定之态度。[2]然亦有认为：一般而言，关于外国人，承认其有姓名被正确称呼之利益之权利性，似为时尚早。[3]

就上述分析来看，姓名被“正确”称呼实属几方面因素之共同考量——国家规范性表述的要求，地方、民族特色以及当事人自主意愿——取得平衡的结果。而其中，当事人意愿不可超出前两种要素的限制，不可以自造读音、发声对抗他人依社会一般语言习惯的行为。就我国情况而言，《国家通用语言文字法》对标准化用语及文字予以明确规定，以普通话为基本规范用语，而涉及少数民族语言文字的问题，以宪法、民族区域自治法及其他法律的有关规定为准。[4]一般来说，使用普通话表述自然人姓名无违法性可言，但对于少数民族人士，于特定场合（如民族传统节庆、祭祀）须以特定文字与语言称呼时，此时即存在特殊的正确称呼的利益。至于进入我国境内的外国人应如何称呼的问题，一方面尊重其姓名本来的外国文字发音，另一方面在以汉语发音、表述其姓名时，依汉语与外国语正常转换的方式称呼，以主观上恶意或重大过失的态度进行转换者，伤害他人感情，应判断为姓名侵权。

同时，在姓名权人已经变更姓名的情形下，姓名权人有权要求其他人用变更后的名称称呼自己。[5]此种情形一般为夫妻离婚后妻子恢复其本姓，自然人被他人收养后改称养父母姓，之前姓名粗俗不雅而予变更等。他人不明其有变更

〔1〕参见［日］富田哲：《关于外国人姓名的称呼与表记——“在日韩国人姓名的日语读音判决”为契机》，载《日本の行政社会论集》第3卷3号（1991年），第62页。其认为就“姓名”中有关此种人格的价值问题，向来均以姓名冒用之案件类型为中心，对于不正确称呼（或不正确标记）之订正、停止请求或抚慰金之请求等问题，似亦应将之认为是人格的利益或人格权之问题，故应承认“姓名称呼权”亦系人格权之一种。

〔2〕参见［日］大森政辅：《姓名权论》，载井川健主编：《日本讲座现代家族法》第1卷，日本评论社1991年版，第33页；［日］斎藤博：《氏名を正确に称呼される利益》；［日］小林节：《氏名の惯用的な日本语读みによる呼称の违法性》；［日］塚原朋一：《最高裁判所の判例解説》，载《日本法曹時報》42卷5号，平成2年（1990年）5月，第1250页并谓“本判决认姓名被正确称呼之利益得成为侵权行为法上所保护之对象，就此点而言，有其划时代的意义”。

〔3〕参见［日］五十岚清：《人格权说》，一粒社1989年版，第70页。另附带言之者，以本诉讼作为契机，自1983年1月1日起，日本外务省对于韩国、朝鲜人之姓名乃采用其母语读之，至于电视及广播等媒体亦几皆仿效此一做法［参见［日］富田哲：《关于外国人姓名的称呼与表记——“在日韩国人姓名的日语读音判决”为契机》，载《日本の行政社会论集》第3卷3号（1991年），第63页］。

〔4〕《国家通用语言文字法》第2条、第8条、第9条、第12条。

〔5〕参见［德］迪特尔·梅迪库斯：《德国民法总论》，邵建东译，法律出版社2013年版，第797页。

情形而仍称呼者,尚无违法之可能。而恶意或有相当之注意义务者(如司仪在婚庆之重大场合而错误使用成婚人之曾用姓名,造成成婚人精神上之失落不快),亦应属姓名侵权。

2. 姓名记载权(姓名正确记载权)

基本上请求姓名被正确记载之权利与请求姓名被正确称呼之权利并无本质上之差异。[1] 盖某一文字应如何书写,与某一文字要读何音极其相似,均应尊重姓名权利人的意见。当然所书写的字形,必须符合习惯上的用法,当事人不得自创独特写法,或以错别字代替正确的文字。此外,就记载于户籍上之姓名系使用"错字"与"俗字"时,与相对应之"正字"加以记载,该行为自亦无违法性,当事人并无请求依该"错字"或"俗字"记载之权利。[2] 与此相对应的权利形态,也叫姓名真实公示权,即"姓名"系出生之时而申请登记与户籍并告确立。唯户籍登记记载与真实姓名有异时,姓名权人得申请进行订正。户籍上记载错误时,公法理应给予关系最深刻之利害关系人即姓名权人有订正申请权,唯此权利与私法性质上的民法姓名请求权不同。盖于户籍上为正确记载,不仅是该姓名权人之利益,同时也是社会之利益。[3]

3. 特殊的姓名自由利益——真实显示与不被提及

姓名的使用,用于社会交往一途,在授权问题上是自无必要的——因为社会已经形成了这样的观念:不带有恶意伤害目的而使用他人姓名无违于道德,亦无违于法律……"擅自使用他人姓名"虽然被广泛列为侵害姓名权的主要方式之一,但却不能从字义上去理解,而要大大地加以限缩,将其限定在侵害姓名主体身份一致性或姓名商业价值的擅自使用上。[4] 而巧妙避开一致性侵害与具有特定指向姓名的商业利用的场合,却利用到公开性的提及,此种对姓名的使用是否有侵犯到姓名权人自我决定之利益?抑或基于姓名公用上之意义,得到支持?

(1)自己姓名不被任意提及(使用)于广告中的权利。现今姓名权侵害中问

---

〔1〕 参见[日]大森政辅:《姓名权论》,载井川健主编:《日本讲座现代家族法》第1卷,日本评论社1991年版,第34页。然有认为对于姓名被不正确记载之情形,因系半永久地存留于纸面上,反而易于成为请求停止与订正之对象[参见[日]塚原朋一:《最高裁判所判例解说》,载《日本法曹时报》第42卷5号,平成2年(1990年)5月,第1252-1253页]。

〔2〕 参见[日]大森政辅:《姓名权论》,载井川健主编:《日本讲座现代家族法》第1卷,日本评论社1991年版,第34页。

〔3〕 参见[日]大森政辅:《姓名权论》,载井川健主编:《日本讲座现代家族法》第1卷,日本评论社1991年版,第32页。

〔4〕 参见刘文杰:《民法上的姓名权》,载《法学研究》2010年第6期。

题最突出的，当属自己的姓名在商业广告中被提及，但未形成对商品或服务的对象化宣传。由于商业广告具有特定的消费价值倾向，在广告中出现自然人的姓名，无论其是否存在对特定商品或者服务的推介，都将给消费者留下一种捆绑式的同一印象，即其存在与某种商业性质活动的关联。而这种关联无疑会对自然人的社会性形象造成影响，尤其是颇具名声的自然人（无论是商业上的还是其他领域），此种意外介入的商业印象会对其产生更多困扰。

例如，我国的“王海与四川协和纺织有限公司案”。1996 年 10 月，王海去往四川协和纺织有限公司（以下简称协和公司）下属协和商场一次，未购到假货。1997 年 1 月 21 日，协和公司在《华西都市报》刊登一则以“协和百货向中国人民拜年”为标题的广告，宣传特价优惠、折价酬宾、销售抽奖等，其中多有“打假英雄王海三到协和无功而返”的词句。王海认为此则广告严重侵害了其姓名权和名誉权，请求法院判决被告协和公司赔偿侵害姓名权、名誉权损失人民币 5 万元，参与诉讼的差旅费人民币 4800 元，支付消除影响、恢复名誉所需费用人民币 5 万元，并向自己赔礼道歉。被告协和公司辩称其广告并未贬低王海人格，亦不存在侵犯姓名权的事实。全国许多打假者皆称“王海”，协和公司广告词中涉及的“王海”是泛指，并不指向本案中原告王海，且“王海”可以怀疑我公司售有假货，我公司亦有澄清未售假货的权利，我公司并无侵害王海姓名权、名誉权事实，该广告词不构成对王海名誉权及姓名权的侵害。

一审法院认为，协和公司被诉的广告词“打假英雄王海三到协和无功而返”中的“打假英雄”为赞誉之词，“无功而返”是中性词，整段广告词意在说明协和商场无假货，未对王海实施侮辱、诽谤等行为，没有降低王海就其品质、信誉、才干、声望等获得的社会评价。且“王海三到协和”与未购到假货基本属实，故认为并不构成对王海名誉权的侵害。而该公司发布的广告词中“打假英雄王海三到协和无功而返”，没有实施干涉王海决定、使用、依照规定改变姓名的行为。协和公司以自己的名义对外宣传促销，也无假冒王海姓名的行为。对于广告词中出现“王海”的姓名，协和公司行为欠妥，但广告词中大部分内容均未涉及王海姓名，不属盗用王海名义以进行广告促销活动，而是以王海到协和公司未购到假货来证明该公司无假货的事实，协和公司并无盗用王海名义从事不利于王海、不利于公共利益的行为。因此，协和公司的该广告词不构成对王海姓名权的侵害。[1]

---

〔1〕 四川省成都市中级人民法院民事判决书，(1997)成民初字第 136 号。

王海不服一审判决,上诉至四川省高级人民法院。二审法院经审理认为:协和公司在广告中使用“打假英雄王海三到协和无功而返”的广告词,其创意基点是以王海在协和商场未购得假货这一基本事实,宣传协和商场所售货物品质优、无假货,以达到促销的目的,该广告词的文字,没有对王海实施侮辱、诽谤之意,也未因此降低王海就其品质、信誉、才干、声望等获得的社会评价,故协和公司对王海的名誉权未构成侵害。协和公司在促销广告中使用“打假英雄王海三到协和无功而返”广告词,虽然真实地反映了王海未购得假货的事实,但未征求姓名权人王海的同意,违反了1994年《广告法》第25条的规定〔1〕,其擅自使用王海姓名的行为侵害了公民以代表其身份,参与各种民事活动的姓名权,已构成对王海姓名权的侵害,故判令被上诉人登报道歉,并赔偿王海损失费人民币5000元。〔2〕

王海一案可谓商家利用其生平“踊跃打假”的一贯作风与其购物行为相结合,以达商业宣传效果。广告中以陈述事实为主,虽未发生姓名权人与商业产品或服务的确定性联系,但造成了王海对表达自己姓名所不欲的后果。此种利益受损虽不构成《民法典》第1014条之“盗用”“假冒”,但属“干涉”姓名权人自由利益之举。1994年《广告法》第25条对商业广告予以特别规制,商业广告中未经授权的姓名使用,无论其为商业代言抑或无涉提及,都受到法上的禁止。

早在德国的司法实践中,已将广告中使用姓名定性为一般“自由提及姓名”的例外。德国联邦最高法院赋予了姓名权人一项对在广告中使用姓名的排他性决定权,从而扩充了姓名权的权利范围。〔3〕 作为保护姓名权,并突破《德国民法典》第12条界限之裁判例,系著名的“卡特琳娜·瓦伦特案(Caterina Valente)”。该案系某公司于其义齿清洁及补强剂之广告文中刊载某一女歌手之使用经验谈,广告内容系一不知名女演员述说其像Catreina Valente一样尚未出名时,亦致力于舞台演唱。然而在一次演出中,因唱至单字(Pferde),不慎使假牙“脱口而出”,贻笑大方,导致其演艺事业一落千丈。被告厂商或有以此广告,影射Caterina Valente使用其产品的意味,却又不尽然。然其以Caterina Valente之名吸引读

〔1〕 1994年《广告法》第25条规定:“广告主或者广告经营者在广告中使用他人名义、形象的,应当事先取得他人的书面同意;使用无民事行为能力人、限制民事行为能力人的名义、形象的,应当事先取得其监护人的书面同意。”

〔2〕 四川省高级人民法院民事判决书,(1997)川民终字第170号。

〔3〕 Horst - Peter Gotting, Personlichkeisrechte als Vermogensrechte, Tubingen, 1995, S. 137.

者注意之意图,则昭然若揭(唯其广告文中载有"我虽不若伟大的同事'Caterina Valente'那样有名……"等语)[1]。就此一文章,Caterina Valente 以侵害姓名权为由提起诉讼。德国联邦最高法院认为,"广告人在本案中并没有为自己、自己的产品、给付或者获得通过该姓名所代表的他人的内在价值,所以并不存在未经许可的姓名使用"。[2] 但未侵害姓名权并不意味着不存在侵权行为,"被告没有妨碍原告的姓名权,所以姓名权保护的规则基于这个原因就不能使用,但是应该进一步审查,原告值得尊重的人格领域是否以其他方式受到侵害"。[3] 故判决认为本事件中被告人公司之行为虽未侵害《德国民法典》第 12 条所规定之姓名权,然因自己之姓名于特定商业广告中被任意言及,已构成"一般人格权"之侵害,权利人得禁止行为人使用其姓名,且除财产上之损害赔偿外,就精神上之损害赔偿亦得独立请求抚慰金。[4]

在其后之"赛车协会(Rennsportgemeinschaft)案"中,原告系广告企业,同时亦为许多赛车拥有者,借由在其赛车上附加其他事业之名称而获取酬金。在原告赛车的挡风玻璃上,均有表明原告公司名称之文字,而该公司名称含有原告之无限责任股东姓名(Georg L.)。被告为制造玩具车之厂商,在其产品包装上有一张原告赛车的照片。照片中之赛车虽系第三人作广告,然并未抹去 Georg L. 之姓名。联邦法院亦表示,将姓名用于广告目的,并非第 12 条意义下姓名权之侵害,而属于一般人格权侵害。理由在于,参与交易之人并不会认为该商品系原告所生产。[5]

在前述"卡特琳娜·瓦伦特案"中,联邦法院以该广告提及原告姓名,有损于原告之声誉,而肯定一般人格权之侵害。至"赛车协会案",联邦法院跨出重

[1] BGH GRUR 1959,430 – Caterina Valente.

[2] BGH,"Caterina Valente",BGHZ30,7 – 8.

[3] BGH,"Caterina Valente",BGHZ30,7 – 8.

[4] 参见[日]五十岚清:《人格权说》,一粒社 1989 年版,第 123 页。而在 1981 年的"赛车协会案"中,德国法院确立起一个原则:仅仅是在广告中使用姓名的行为,即便没有同时造成当事人声望的下降也构成对一般人格权的侵害。法院在此案的判决中明确提出,根据作为人格权的姓名权的本质,姓名权人有权自主决定是否以及在何种条件下将自己的姓名提供给别人使用。根据德国联邦最高法院的观点,该项目自主决定权源于"精神和经济上的自主决定"和"人格发展自由"这两项更高位阶的权利。Vgl. Bruno Seemann,Prominenz als Eigentum: Pararelle Rechtesentwicklung einer Vermarktung der Persoenlichkeit im amerikanischen,deutschen und schweizerischen Persoennlichkeitschutz,1. Aufl. Baden – Baden,1996,S. 135.

[5] Vgl. Bruno Seemann,Prominenz als Eigentum: Pararelle Rechtesentwicklung einer Vermarktung der Persoenlichkeit im amerikanischen,deutschen und schweizerischen Persoennlichkeitschutz,1. Aufl. Baden – Baden,1996,S. 135.

要一步,认为即使无贬损名誉之情事,在广告中使用他人姓名亦属一般人格权之侵害。[1] 联邦法院强调,姓名权人应享有是否以及在何种条件下将其姓名置于广告用途之决定权。联邦法院承认姓名指称之自由,唯广告中之姓名指称应属例外。擅自将他人姓名做广告使用所生之不法性,并非因其有损名誉,而是侵害姓名权人之决定权。

(2)自己姓名真实表示的权利。结合上文的分析,个人的姓名在典型的特殊场合(商业广告)有着不被任意使用的权利,而基于自我决定权下的"隐匿的权利"[2],姓名权人有权对自身姓名暴露所致后果进行评判而决定是否表达姓名,比如街边问卷、商业调查等。[3] 同样,姓名权人亦有充分表达自己姓名,不受他人干涉的权利。

有关此一问题,在德国联邦宪法法院尚有一特别案例,即 1996 年 3 月 24 日"表示自己姓名之权"(das Recht zur Nennung des eigenen Namen)裁定。[4] 该裁定之事实系某女 A 向青少年局表示其于孩童时期被其父 B 性虐待,并于电视节目中描绘该事,而因青少年局更新的资讯,B 乃请求 A 不得向第三人指控其性虐待,A 拒绝之,B 即对 A 提起不作为诉讼。地方法院驳回 B 之诉讼(因法院认定 A 所述之事实为真),然高等法院则判决 B 部分胜诉,即因 A 所述之事实为真,故 B 不得要求 A 不能提及从小被性虐待的言论,但 A 不得在表示 A 及 B 之姓名情形下,指述 B 对 A 性虐待,A 应以不表示姓名而以一种匿名的方式为之。对于高等法院之判决,A 提起宪法诉讼,主张其可以接受法院禁止其说出父亲 B 之姓名,但禁止其说出 A 自己之姓名是违宪的(违反《德国基本法》第 5 条第 1 款之言论自由与第 2 条第 1 款一般人格权之保护)。就此诉讼,德国联邦宪法法院裁判认为:与《德国基本法》第 5 条第 1 款第 1 句所保护之言论相关联之自己姓名之表示,受到言论自由与一般人格权之保护。故高等法院判决课予 A 不得于发表 B 对其性虐待有关之言论时提及自己姓名之义务,侵害 A 受《德国基本法》第 2 条第 1 款及第 1 条第 1 款、第 5 条第 1 款第 1 句所保护之基本权利。宪法法院乃将该高等法院判决废弃发回重审。

此案中,姓名权人所享有"真实表达自身姓名"的言论自由利益与所涉他人隐私利益的冲突成为联邦法院争辩之焦点,而借由言论自由而为的个人信息表

---

〔1〕 BGH GRUR 1981,846,847 – Rennsportgemeinschaft.

〔2〕 参见[日]二宫周平:《姓名权与通称使用》,载《坂大法学》第 44 卷 2.3 号(1994 年 11 月)。

〔3〕 参见刘文杰:《民法上的姓名权》,载《法学研究》2010 年第 6 期。

〔4〕 BVerfGE 97,391 – 408. 联邦宪法法院第一庭 1996 年 3 月 24 日裁定,1 BvR 131/96。

达最终占到了上风。下萨克森邦司法部长对宪法诉愿持支持态度,谓“宪法诉愿人被禁止的自己姓名的表达与此言论乃不可分离地结合着。提及真实姓名的言论表达有助于信任事实经过的真实性,并因此提高宪法诉愿人评价的重要性,而有增加对他人意见形成的影响力的效果……高等法院对于宪法诉愿人表示姓名所涉及的禁止要求系由《德国民法典》第1004条及第823条第1款所保护之一般人格权所导出的看法,忽略了宪法所要求的,就宪法诉愿人言论自由的重要性及原审原告之一般人格权的保护进行充分的个案衡量。争议的对象是真实事件的陈述,其与公众所涉及的问题有关……相对而言,父亲的一般人格权的重要性较小。宪法诉愿人遭受性虐待的公开叙述,若可能推断至其个人,可能会侵害其人格权。然而于此种情形,言论自由是否应该例外地为有利于一般人格权而让步,可以先保留不决定。因为宪法诉愿人的姓氏与名字是所谓的集合名,只有知道相当多其他事情才能归结出其父亲本人。”联邦法院亦认为:“言论自由基本权保障所有形式之言论表达及事实主张,以及其他表达的形式,当其为意见形成的前提。[1] 与言论有关之自己姓名之提及,固然不是独立的表达形式,也不是狭义的言论成分。其内容系作为自己而存在。因此标出姓名并非由此基本权的保护领域所导出。它毋宁是对言论本身,也对其加入的个人或公开的意见形成过程具有重要意义……自由发表言论是‘人类在社会中人格的直接表现’[2]……于说话者高度确认自我身份或描述自己命运的言论,表示姓名因此成为言论意涵传达之前提。”[3]

(3)自己姓名得到隐匿的权利。姓名在权利人不愿表达身份时,有其正当利益者,自得隐匿。此种利益归于姓名权或隐私权均为可行——于姓名权则为姓名上的自决利益,于隐私权则为个人信息之隐私利益。由于我国隐私权发展较晚,姓名权与隐私权的相关判例比较缺乏,在国外相关的典型案例有“受暴妇女姓名报道案”(THE FLORIDA STAR v. B. J. F.)[4]。

该案中,原告B. J. F因遭到性侵害而在佛罗里达州警局留有笔录,由于警局的疏忽而使佛罗里达《星报》的一名记者抄录了笔录内容,并在其报纸专栏上做了描述。而报刊内部有关于不能登出受性侵害的被害人的姓名的规定,因而报社对此也存在过错。在报刊登出后,原告母亲接到了一通声称要再强奸她一

---

〔1〕 BVerfGE 61,1 [8]; 85,23 [31].

〔2〕 BVerfGE 7,198 [208].

〔3〕《德国联邦宪法法院裁判选辑(十二)》。

〔4〕 Supreme Court of United States,1989. 491 U. S. 524,109 S. Ct. 2603,105 L. Ed. 2d 443.

次的电话,让她承受了莫大的精神压力,故而对此提出了诉讼。该案第一审法院判决支持原告的诉讼主张,确认原告的隐私权受到了侵害,但是经过上诉审法院、州最高法院直至联邦最高法院,最高法院推翻了原判决,认为被告佛罗里达星报是通过合法途径获取到案件信息(警局的疏忽不影响公开信息的合法性)而做出新闻报道的,符合宪法第一修正案之新闻自由法益。佛罗里达州法律的规定不能达其保护个人隐私权的目的而违宪,故不能援引,判定原判决废弃。[1]

在美国不存在姓名权等人格权的概念,而是借助隐私权和公开权的制度来保护大陆法系所谓的人格权等权利。但对隐私权保护的同时,美国也相当重视私权利的保护和新闻自由,而正如联邦最高法院给出的判决理由,本案涉及宪法第一修正案之新闻自由法益与个人隐私权之间的法益冲突的调和问题。最高法院最终认定信息取得的合法性并排斥了地方立法的合宪性,也表明在形式合法的前提下,新闻自由要高于个人隐私权的价值。虽然将受害人的姓名报道于报纸是对其隐私的侵害,但是新闻与言论的自由要求权利人负有一定的容忍义务,因而姓名如果包含在隐私之中,那么也应容忍新闻的自由报道。

由此可见,姓名权虽然与隐私权相连,但是此种联系受到新闻与言论自由的限制。姓名享有者的被报道是基于一定的事实,而对此种事实的报道受到新闻自由的保护且不侵害姓名权人同一性利益的保护,因此并不侵害其姓名权。

五、小结

姓名上的自我决定利益有别于传统姓名权所注重的姓名权人与其姓名之不可分性,多引申自宪法上人格尊严与人性自由的内容,而具体到部门法条文之中。基本上私权领域内对姓名自我决定利益的侵害,姓名权人可依《民法典》第1014条中避免干涉之条款予以防御,发生损害的,依《民法典》第995条请求损害赔偿;而与涉行政管理发生的姓名自我决定之干涉,则应由管理秩序与民众利益协调的更深层次考察。

人降世以来,自应依法取得姓名,而姓名内容的确定当有法律与传统的双重规制。姓名自为取得,因情事而须变动,在保障其充分的行为自由的前提下,也应符合社会管理规范与国家政策考量;而有关姓名的正确使用,由于姓名特殊的

〔1〕 参见潘维大编著:《英美侵权行为法案例解析》,高等教育出版社2005年版,第113页。

社会性一般使用之价值，一般场合下姓名权利人决定其姓名使用的自我意志应服从社会公众利益，而在商业使用与言论自由表达等特殊环境中，姓名权人隐匿与表达姓名的意思，须有充分的保障。

第五节　姓名权的同一性利益与个性化利益

一、问题

人的姓名的作用是使人们在一般交往包括在法律交往中相互识别〔1〕……姓名乃用以区别他人和自己的一种语言上的标志，将人予以个别化并表现于外，以区分个人。〔2〕另外，知名人士的姓名具有推销商品及服务的商业用途。〔3〕以上论述所指，即是姓名在个人参与社会活动中所具有的功能。〔4〕在身份识别的用途上，姓名用以区分个人；在商业推广的用途上，姓名则作为其他标识对产品或服务予以区分。前者体现了个体的人格尊严，后者则代表了特定人的商业价值，但就损害结果的表现来看，都是造成受众识别混淆进而导致权利人利益损失。

就围绕姓名造成识别混淆的侵害行为，我国《民法典》第 1014 条规定禁止对姓名的假冒、盗用。〔5〕学理及司法实务中的通说对此处“假冒、盗用”的理解是，假冒是指冒名顶替，使用他人姓名并冒充该人参加民事活动或其他行为；盗

---

〔1〕参见[德]卡尔·拉伦茨：《德国民法通论》(上册)，王晓晔等译，法律出版社 2013 年版，第 158 页。

〔2〕参见王泽鉴：《人格权法——法释义学、比较法、案例研究》，北京大学出版社 2013 年版，第 114 页。

〔3〕参见王泽鉴：《人格权法——法释义学、比较法、案例研究》，北京大学出版社 2013 年版，第 114 页。

〔4〕自姓名权与个人信息利益的区分角度而言，前者重在姓名识别功能与表征，后者重在信息自决的维护。参见张素华、宁园：《论姓名权与个人信息利益保护的区分》，载《河北法学》2019 年第 7 期。

〔5〕此外，《著作权法》第 53 条第 8 项，《反不正当竞争法》第 6 条第 2 项，《广告法》第 32 条，《商标法》第 9 条、第 32 条等，均规定在利用姓名时不得作混淆视听以产生姓名利益归属错位之不当使用。

用是指未经他人同意或授权,擅自以他人名义实施有害于他人和社会的行为。[1] 而比较法上对侵害姓名权行为的规定,一般使用的则是"冒用"、"无权使用"与"不当使用"等措辞。[2] 对《民法典》第 1014 条如此理解,问题有三[3]:

第一,假冒他人姓名,其对象是被假冒人之身份,但效果体现在以假冒身份实施的各种行为。而盗用他人姓名亦是在他人名义下强加其本人没有实施的行为。仅以加害人是否亲自"冒充"作为行为方式区别的判断依据,且并未说明两者有何区别,对侵害他人姓名权的责任成立认定有何意义?

第二,正因为在行为内涵定义时并未恰如其分地找到其背后的利益保护分割点,除了行为内涵上并无本质区别外,假冒和盗用在侵害结果以及相应的责任区分上没有说明。[4] 姓名权内涵同具人格利益与财产利益,如果说假冒与盗用在导致利益损害时并无分别,那么同时规定两者又有何意义?

第三,无论是假冒还是盗用,都是针对加害人的行为而言。但侵害行为的类型提取是不可能穷尽且完美的。在对侵害行为类型作出规范的同时,权益保护体系也需要有能吸纳全新类型的概括条款。对姓名使用权的侵害救济条款只作行为方式上的描述,未免有所缺失。

此外,该条所面对的更大的解释困难是,当加害人使用并非与姓名权人相同之姓名,而体现为读音、字形相似,或结合其他方式使其形象与姓名权人难以辨识时,假冒、盗用"他人姓名"的规定使姓名权人难以依姓名权条款得到保护;[5]

---

〔1〕 参见王利明:《人格权法研究》(第 3 版),中国人民大学出版社 2018 年版,第 387 - 388 页;杨立新:《人格权法》,法律出版社 2011 年版,第 415 页。实务中对侵害他人姓名权的行为类型的描述上亦主采这种说法,参见案例"庄鑫与中国电信股份有限公司泉州分公司、中国电信股份有限公司人格权纠纷案",福建省泉州市中级人民法院民事判决书,(2014)泉民终字第 660 号;"张万民与被上诉人国药集团新疆制药有限公司姓名权纠纷一案",新疆维吾尔自治区乌鲁木齐市中级人民法院民事判决书,(2014)乌中民一终字第 163 号;"何某、杨某姓名权纠纷一案",上海市第一中级人民法院民事判决书,(2013)沪一中民一(民)终字第 1838 号。

〔2〕 《德国民法典》第 12 条、《瑞士民法典》第 29 条第 2 款、《奥地利普通民法典》第 43 条、《意大利民法典》第 7 条。

〔3〕 通说有关"假冒、盗用"的理解虽不尽合理,但对目前司法实务并无太大影响,根据作者所搜集整理的案例来看,法院往往根据实际损害后果去进行侵权责任承担的具体分析,并不在乎对侵害姓名使用权的行为类型作出更细致严格的区分并形成判例学说。——笔者释

〔4〕 司法解释中规定的两种侵害姓名的具体行为也同时归入"假冒、盗用"之中,如已废止的《民通意见》第 141 条、第 149 条。

〔5〕 参见"马爱农与新世界出版社有限责任公司等不正当竞争纠纷上诉案",北京市第三中级人民法院民事判决书,(2014)三中民终字第 04839 号。法院最终依《反不正当竞争法》第 5 条判决新世界出版社有限责任公司承担赔偿责任。

更有甚者，加害人利用姓名决定及变更之固有权利，造成公共登记上姓名相同再进行使用〔1〕，或利用笔名、艺名拟定之自由，使用与他人相同姓名，谋取不正当利益〔2〕。此时，该条对“他人姓名”的假冒、盗用在条款文意上难以通达，又不能轻率否定形成相同姓名时自然人对姓名自主决定及使用之效力。

围绕姓名类标识产生的商业性混淆与个体姓名识别上的混淆不尽相同：人格平等且尊严无价，但个体所具有的商业价值却是可以得到评估的。在涉及姓名的其他标识性使用，特别是在姓名转换成为其他商业标识进行使用时，各部门法对原姓名权人权利保护的做法不一：作为广告形象的一部分而使用的姓名，《广告法》第 32 条采取了未经授权则全无的标准；在商号、企业名称的选择上，《反不正当竞争法》第 6 条第 2 项要求不得擅自使用他人的企业名称或者姓名，但仍以“引人误认为是他人的商品”作为违法必须构成要件；而在商标注册中，特别是对他人姓名进行加工形成商业标识的情况中，认定构成使用他人姓名侵权的，在构成要件认定上更为苛刻（姓名相同 + 知名度要求）。〔3〕面对这些部门法的特别规范，《民法典》第 1014 条禁止假冒、盗用他人姓名作为一般规范，具有怎样的内涵效力？现有立法及司法实务并不能回答这个问题。虽然通过特别法的适用能够在这些领域对姓名权人予以保护，但保护效力强弱不一，且《民法典》第 1014 条作为姓名权利保护的核心条款，如果在该条适用上出现问题，却在其他法律中得到了姓名利益上的保护，法规范的体系性与民事权利内涵的统一性就无法自圆其说了。

目前国内有关姓名权的学理分析，就其保护利益、权属本质以及一般侵权类

〔1〕参见湖南王某文诉河北王某文等侵犯著作权、不正当竞争纠纷案，载《最高人民法院公报》2005 年第 10 期。

〔2〕“广东飞乐影视制品有限公司与罗某侵犯著作权及姓名权纠纷案”，北京市第一中级人民法院民事判决书，（2006）一中民终字第 6252 号。

〔3〕“云迪及图商标争议案”，中华人民共和国原国家工商行政管理总局商标评审委员会商评字〔2009〕第 25683 号重审第 07111 号争议裁定书；“贝壳汉母案”，中华人民共和国原国家工商行政管理总局商标评审委员会商评字〔2010〕第 17044 号商标争议裁定书等。商标争议案中多运用“具有不良影响”条款对以近似名人姓名的商标注册进行裁定驳回，而没有认定是侵害他人的姓名权。

型等,皆多有珠玉在前。[1] 各特别法分支中涉及自然人姓名与广告、商标、域名转化利用规范的基本讨论也有相当沉淀。[2] 但有关上述姓名混淆问题的专题研究仍付诸阙如。本书需要研究的是姓名二重社会功能上所具有的不同利益的保护与现有《民法典》第1014条的解释如何协调,以及是否需要增补姓名权的内涵。下文即以姓名的个体识别功能以及姓名作为其他标识的识别功能入手,以姓名相同与姓名近似为侵害行为特征上的区别,综合我国判例学说,寻求对上述问题的合理解答。

二、冒用:个体识别混淆侵权

关于称谓使用的混淆,首先应依据姓名作为交往工具的特质确立两点前提:其一,需对所涉混淆的称谓进行使用。只有当所涉混淆称谓为不同个人所使用时,社会认知识别上才会发生混淆,否则不会产生侵权问题;其二,姓名在交往中出现混淆,需达到社会对混淆发生予以肯定的一般认识,但并不要求实际出现大面积的辨识错误。一来可以及时制止侵害结果扩散,减少损失;二来省去姓名权人举证麻烦,便于维权。

可以索引到明确个人身份的其他信息,如身份证号、医疗保险证号、驾驶证号、通信地址及方式等,虽可被人冒用,但这些信息乃是身份确认的社会规范性

---

[1] 参见张素华:《论姓名权纠纷的裁判乱象与类型梳理》,载《四川大学学报(哲学社会科学版)》2018年第3期;王利明:《论人格权商品化》,载《法律科学(西北政法大学学报)》2013年第4期;张平华:《人格权的利益结构与人格权法定》,载《中国法学》2013年第2期;王坤:《人格符号财产权制度的建构及其法律意义》,载《浙江社会科学》2013年第11期;隋彭生:《人格派生财产权初探》,载《北京航空航天大学学报(社会科学版)》2013年第5期;温世扬:《析"人格权商品化"与"人格商品化权"》,载《法学论坛》2013年第5期;温世扬:《论"标表型人格权"》,载《政治与法律》2014年第4期;刘召成:《人格权主观权利地位的确立与立法选择》,载《法学》2013年第6期;张红:《姓名变更规范研究》,载《法学研究》2013年第3期;李永军:《论姓名权的性质与法律保护》,载《比较法研究》2012年第1期;刘文杰:《民法上的姓名权》,载《法学研究》2010年第6期;陈龙江:《德国民法对姓名上利益的保护及其借鉴》,载《法商研究》2008年第3期;袁雪石:《姓名权本质变革论》,载《法律科学(西北政法学院学报)》2005年第2期;张善斌、冯兴俊:《姓名权财产利益的法律保护》,载《法商研究》2002年第4期;徐武生、徐铁岩:《对户籍立法中姓名权的若干问题的思考》,载《公安大学学报》2000年第2期。

[2] 参见曹新明:《姓名商标与姓名权客体冲突及合理避让研究》,载《甘肃政法学院学报》2019年第5期;丁相顺、杜民:《姓名权与商标权法律关系的符号学分析——以"乔丹"商标案为分析路径》,载《上海政法学院学报(法治论丛)》2018年第4期;马波:《制度语境与法律概念功能的界定路径分析——以在先姓名权保护为视角》,载《内蒙古社会科学(汉文版)》2014年第2期;丁颖、冀燕娜:《专门性域名争议解决机制中投诉人权益的认定》,载《知识产权》2013年第8期;杜小卫:《域名抢注及其法律规制》,载《河北法学》2008年第6期;鄢斌:《UDRP网络姓名权保护规则研究》,载《法商研究》2007年第2期。

要素，日常生活工作中不作交往性使用，在进一步的身份确认中，才会涉及。需要这些身份信息出现并确认时，也需要对姓名称谓进行确认。将这些要素纳入姓名权条款的保护，不符合姓名称谓的功能本质，也没有实际意义。[1]

在不同性质的主体之间存在称谓相同、近似，如自然人称谓与其他社会组织称谓相同、近似，一般来说很难产生辨识的混淆。比如，“李宁”作为自然人姓名，与作为社会组织的“李宁体育用品有限公司”不会发生辨认错误的情形。同样，自然人称谓与物品、动物名称重合者，也不会发生辨识上的错位。[2] 所以，存在混淆危险的，应限于自然人正式姓名、假名之间的讨论。

在现有的信息化大环境下，个人身份的识别除了姓名，还有诸如身份证件、电话号码、个人照片等，冒充他人需要全方位的捏造身份信息，这也使姓名权人较为容易发现他人的侵害行为，此类侵害也是《民法典》第 1014 条规定的典型“假冒”。但在图书、音像资料出版行业，姓名仍是重要的个人信息识别工具。

《著作权法》第 52 条第 3 项规定“没有参加创作，为谋取个人名利，在他人作品上署名的”应承担侵权责任，第 53 条第 8 项规定“制作、出售假冒他人署名的作品的”也应承担侵权责任。以上规定表明，虚构作者与作品联系的，都应当承担侵权责任，如果是侵害相同权利，放在同一条文中或许较为合适，如果不同，那么分别侵害的是什么权利，条文并未说明。有的法院认为此两者均是侵害署名权的规定[3]，也有法院认为他人姓名被冠以非其作品的行为并非侵害姓名权人的署名权，而是姓名权。[4]

署名行为意喻著作权人对其作品表彰其与作者具有创作联系，作品附有作者人身属性。但对于市场而言，读者在遴选文化产品时并不事先预知产品对其而言是否满意，优秀的作者无疑与优秀的商业品牌一般，能提起读者对该文化产品的兴趣与信心。署名权强调的是具有作品吸附的特殊人身属性，是特殊姓名权，署名行为体现出的商业价值并非姓名权人人格内涵中的商业价值，而是作者

---

〔1〕 王泽鉴认为，就我国台湾地区“民法”第 19 条规定而言，“凡在社会交易及生活上具有识别性功能的标志，均应纳入受‘姓名权’保护的范围”。参见王泽鉴：《人格权法——法释义学、比较法、案例研究》，北京大学出版社 2013 年版，第 118 页。

〔2〕 所以，将“以他人姓名称呼猫犬者”，不发生身份混淆错位，应视为不当使用姓名。在程度严重时，姓名权人亦可提出名誉权保护之诉，防御侵权人之不当行为。

〔3〕 “广东金融学院与蒋峰侵犯著作权纠纷上诉案”，广东省高级人民法院民事判决书，(2006) 粤高法民三终字第 339 号；“姜国与人民出版社、王晓辉侵害著作财产权纠纷案”，北京市第二中级人民法院民事判决书，(2011) 二中民终字第 20606 号。

〔4〕 “何国贵因姓名权纠纷案”，北京市第一中级人民法院民事判决书，(2010) 一中民终字第 20117 号。

精神投入作品中,使作品本身具有的商业价值。正因如此,署名权的侵害要考察对象著作权人与作品是否事实存在客观对应联系。由此可见,《著作权法》第52条第3项表达的是他人侵害真实著作权人署名权(并非假冒),第53条第8项则是著作权人侵害他人姓名权的假冒行为,其内涵与一般假冒他人的行为别无二致。

对于《著作权法》第53条第8项的禁止假冒规定,现实中较为特殊的情形则是,登记姓名或者使用的笔名、艺名相同、相似的,法院对是否构成假冒他人的意见并不统一。但一般来看,确有引起受众对作品来源的辨识混淆,此时能否通过姓名权条款对被假冒人予以救济?又,在许多文学影视作品中,出现了现实人物与虚拟人物之间的姓名相同或相近,是否会有混淆的发生?在具体情况的判断中,是否可依姓名权条款而保护现实人物姓名的独特性?

(一)使用相同姓名是否构成假冒

现实中同名同姓的情形并不少见,但在著作权的表达中如果是类似作品且对作者介绍语焉不详,则容易引起读者误认。假冒他人出版“伪书”或发行音像制品的,在我国屡见不鲜。[1] 其中最为有名的,则是“湖南王某文诉河北王某文等侵犯著作权、不正当竞争纠纷案”。该案中,湖南王某文是国家一级作家,其在1999年创作小说《国画》,口碑颇佳。而河北王某文原名为王某山,改名后发表了长篇小说《国风》。《国风》中作者的简介是“王某文,男,38岁,职业作家,发表作品近百万字,小说因触及敏感话题在全国引起较大争议”。湖南王某文后起诉中元公司、华龄出版社和叶某军以及王某山制作、出售假冒其署名的作品,侵害其著作权,且对原告构成不正当竞争。

就河北王某文假冒湖南王某文,法院认为:“尽管在《国风》一书发表前,湖南王某文已经成为知名人士,但没有任何法律规定禁止他人使用与知名人士相同的署名。《国风》一书的作者署名‘王某文’,其来有据,是正当行使著作权中的署名权,不是2001年《著作权法》第47条第8项(2010年修正后为第48条第8项、2020年修正后为第53条第8项)所指的假冒他人署名,不侵犯湖南王某文的著作权。”而对于河北王某文是否采取了不正当竞争手段,法院认为:“作为文化市场的经营者,作者往往通过在作品上署名,来传扬自己和自己的写作方式。消费者选购图书时,作品题材和作者是其考虑的主要因素。知名作家在作品上的署名,已经成为图书的一种商品标识,发挥着指引消费者作出消费决定的重要

---

[1] 参见《郭敬明不满伪书侵占市场,呼吁国家健全知识产权法律管理》,载新浪网,http://hb.sina.com.cn/art/ds/2012-06-11/81342.html。

作用。知名作家的署名一旦被借鉴、仿冒、攀附或淡化，就可能引导消费者作出错误的消费决定，从而影响到署名人的正当权益，因此这些行为属于不正当竞争。”于是裁判河北王某文并非假冒湖南王某文，但河北王某文构成对湖南王某文的不正当竞争，依法应当承担赔偿责任。[1]

在“罗林案”中，因歌手潘某峰发行的专辑署名“西域刀郎”，并采用了与“刀郎”罗林类似的商品包装风格，从而引起纠纷。潘晓峰辩称，“刀郎”本为新疆少数民族称谓，属国民之共有财富，人人均得使用，其自称“西域刀郎”也与罗林之“刀郎”不同，不存在仿冒侵权。法院认为，尽管“刀郎”一词具有新疆少数民族文化等含义，但因罗林以艺名方式推出其歌曲作品为公众所认知，“刀郎”一词不仅带有原有含义而且亦兼具“演唱者罗林”的特定署名含义。且潘晓峰专辑收录与罗林专辑曲风近似的歌曲，配以相近似的雪域背景，追求与罗林专辑近似的视觉效果，尤其在其专辑包装上标示演唱者潘晓峰“西域刀郎”艺名时，弱化使用“西域”，突出放大“刀郎”，其结果是对罗林“刀郎”艺名的使用和演唱者身份的假冒；且包装内部介绍上，尚有多处未将“刀郎”与“西域刀郎”进行区分。最终法院认定飞乐影视制品公司与潘晓峰侵犯了罗林的作品署名权和表演者权，而非援引姓名权条款对其进行保护。在对“刀郎”与“西域刀郎”之间的混淆方式进行认定时，法院认为：“潘晓峰在非罗林创作的作品上署名为‘刀郎’，在非罗林演唱的作品上标注‘西域刀郎’，虽在‘刀郎’前加注‘西域’，但由于‘西域’与‘刀郎’的含义相关，并未产生修饰或限制作用，‘西域刀郎’与‘刀郎’并不具有实质区别，加之在具体使用中‘西域’二字仅以印章方式置于‘刀郎’二字左上角，字体大小与‘刀郎’二字不同比例，故‘西域刀郎’与‘刀郎’基本相同。”[2]

但还需注意的是本案一审法院判决意见：“本案争讼的是冒名问题。对此，我国原《民法通则》规定了权利人有权制止假冒其姓名的行为，《著作权法》规定了署名权和假冒他人署名的法律责任，《反不正当竞争法》规定了经营者不得擅自使用他人姓名。上述法律均是针对冒名行为的法律规范，其中姓名权侧重于保护权利人的人格利益，制止假冒署名既保护人格利益也保护财产利益，制止不正当竞争则主要保护财产利益。对作者署名或者表演者署名的假冒，冒用者的目的不在于损害作者基于姓名的人格权益，而在于利用作者署名的影响推销自

---

〔1〕 参见湖南王某文诉河北王某文等侵犯著作权、不正当竞争纠纷案，载《最高人民法院公报》2005年第10期。

〔2〕 北京市第一中级人民法院民事判决书，(2006)一中民终字第6252号。

己的作品,所损害的是作者与作品的联系以及相应的财产权益,基于姓名权已不能给予有效的保护。侵犯署名权、不正当竞争之构成要件与侵犯姓名权之构成要件存在上述交集,相对于姓名权而言应属于特别规则。"[1]

以上案例中,无论自称姓名或是登记姓名与他人相同或是相似,行为人确有自身行使姓名权利的合法基础(自我表达之自由),即便是因他人过失而产生了混淆误认,造成损失的,拥有相同文字姓名的其他权利人并无加害或不作为之违法。但将自身身份特征(特别是严格的社会秩序角度)包装得跟他人一般无二,再将此身份投入社会交往,导致的后果必是在此因果关系下可期待的混淆状况及其不正当利益归属。此种行为本身即代表了对侵权后果的积极追求。此即梅迪库斯所谓"冒用他人姓名从事行为是指冒名者给出的姓名旨在指向某个特定的人,并且恰恰要使这个人接受私法上的约束"[2]。这是典型的制造辨识混淆而造成权利人之间法益失衡的行为。

如在"王跃文案"中,从王立山改名到创作《国风》进行出版发行,明显针对的是湖南王跃文的《国画》一书的影响力和市场价值。王立山之改名行为仅获得了使用该姓名的一般正当性。2020 年《著作权法》第 53 条第 8 项规定实则是保护姓名权人不被他人冒用姓名进行创作,并不关涉姓名权人的著作权问题。虽然湖南王跃文所受经济利益由 1993 年《反不正当竞争法》第 5 条第 3 项、第 20 条得到救济,但登记重名而加以权利滥用者,应当认定是冒名侵权行为,应对原告姓名权上的精神利益请求(赔礼道歉)予以考虑。但法院认为赔礼道歉民事责任是人身权利受到侵害时,侵权人承担民事责任的方式。由于各被告的行为不构成侵犯著作权,故对此项诉讼请求不予支持。[3]

对于相似姓名混淆的案例,则需要在裁判上作进一步的深入分析。法院积极将"西域刀郎"认定成为"刀郎"的冒用名,与相关法律规定密切相关。2020 年《著作权法》第 48 条规定:"有下列侵权行为的,应当根据情况,承担停止侵害、消除影响、赔礼道歉、赔偿损失等民事责任……(八)制作、出售假冒他人署名的作品的。"1993 年《反不正当竞争法》第 5 条规定:"经营者不得采用下列不正当

---

〔1〕 而关于署名权的判断,笔者赞同只有作者才享有在作品上署名的权利,在作品上冒他人之名并非侵犯他人署名权的行为。参见王利明:《人格权重大疑难问题研究》,法律出版社 2019 年版,第 460 页;王迁:《"署名"三辩——兼评"安顺地戏案"等近期案例》,载《法学家》2012 年第 1 期。

〔2〕 参见[德]迪特尔·梅迪库斯:《德国民法总论》,邵建东译,法律出版社 2013 年版,第 694 页。

〔3〕 有关赔礼道歉民事责任的适用,参见张红:《不表意自由与人格权保护——以赔礼道歉民事责任为中心》,载《中国社会科学》2013 年第 7 期。

手段从事市场交易,损害竞争对手……(三)擅自使用他人的企业名称或者姓名,引人误认为是他人的商品……”根据上述法律规定,只有将“刀郎”与“西域刀郎”等同起来,才能进一步认定存在“假冒他人署名的作品”,以及“引人误认为是他人的商品”。但此仅是法院在机械套用法律,还是称谓(姓名)“相似”性混淆类型的侵权并无存在空间?抑或《民法典》第1014条中的“冒用”姓名规定并不能解决此类问题?当“假名”伴随归属其下之作品成为商品进入市场时,该商品如何在消费群体中形成吸引力,符合消费者的品质预期,形成作品的相关联人物尤其是作者的标签效应是“假名”者所追求的目标。“罗林案”中法院认为“西域刀郎”在表达和包装上弱化“西域”,且“西域”没有限定、指向效力,表达的含义应当理解为潘晓峰作为作者,此时所使用的身份表达即为“刀郎”而非“西域刀郎”。故实际上判断的关键应是该作品信息所指向的作者是否为“刀郎”,而不是“刀郎”与“西域刀郎”存在怎样的具体差别。生活中另有包装上标明“××新著”“××续著”字样,实则是“××新”之作品的情形,〔1〕此时作品作者所欲表达的身份,按一般社会认知判断,也应是知名作家的身份。按这样的理解,采《民法典》第1014条、《著作权法》第53条第8项与《反不正当竞争法》第6条第2项中行为要件构成的严格解释,则较为妥当。

由上可知,“模仿”他人姓名是无法适用《民法典》第1014条之姓名冒用禁止条款的。分析此两案例的意义,在于突破字面文意的浅层纠缠,进一步追问在一般人看来的“相似”称谓是否为成立侵权的关键要素。姓名与其名义下的行为具有密切联系,姓名称谓在相似基础上是否构成混淆损害,不能孤立相关行为得出结论。具体而言,在“罗林案”中,“西域刀郎”与“刀郎”近似,两者署名下作品风格近似,商品包装也具有很多共同特点,结合起来就使受众产生了其是“刀郎”的错觉。故而可以认为,“西域刀郎”这一称谓并不有损于“刀郎”的姓名权,唯“西域刀郎”在推广其作品的行为中进行了全面性的模仿,最终造成了混淆的发生。在这一行为中,出现了姓名侵权以及不正当竞争行为。

因此,在有其他表意信息(特别是商品)辅助的情形下,该“相似”称谓与原称谓皆指向同一人,即等同于“使用他人姓名”(《反不正当竞争法》第6条第2项)。〔2〕尤其是在市场环境中,个人称谓相似,举不胜举。而在一般社会交往

---

〔1〕参见《冒名金庸开博发〈新越女剑〉金庸要告假冒者》,载新浪读书网,http://book.sina.com.cn/news/c/2007-04-18/1335213679.shtml。

〔2〕实际上,此处是因有不实描述或非经授权进行纪实性描述,导致被描写之姓名权人与该作品及作品中之描述发生不应有之关联。

中,尽合理之注意义务,对相似人物称谓进行识别,也是对正常社会活动参与者的一种基本要求。但在商家的各种销售手段下,消费者了解到的信息具有阶段性和诱导性。此种混淆行为属对消费者的欺骗性宣传,应认定为欺诈行为。[1] 消费者自可依据《消费者权益保护法》第55条规定,要求适用惩罚性赔偿。

(二)作品描写人物姓名混淆侵权

1. 写实性作品描写中的姓名混淆

作品中所出现的人物称谓重合乃是书刊、电影等作品中人物的姓名与现实中人物之姓名重合。[2] 此种情形,若以真实人物作传记、访谈类创作,多在未有姓名权人授权的情形下,创作有关该人之传记、人生感悟或捏造、暴露姓名权人之隐私等信息,是为对姓名权人人格上的不当堆砌。在"张艺谋案"中,由被告黄晓阳所著《印象中国:张艺谋传》一书,于2008年8月经被告华夏出版社出版发行,该书封面为张艺谋肖像,肖像下方署有"张艺谋"字样的手写签名。该书内容涉及原告张艺谋婚姻家庭、个人情感、事业成就等诸多方面。书中多处内容直接描述了原告张艺谋的婚姻生活及感情纠葛,且相关内容多以"他或张艺谋说"的描述方式出现。原告张艺谋以两被告以营利为目的,未经其授权许可使用其个人肖像、伪造其签名,道听途说、肆意捏造内容,并大肆对外公布其的隐私为由,侵害其肖像权、姓名权、名誉权,诉至法院要求赔偿。[3] 在"杨澜案"中,被告北京工业大学出版社于2009年12月未经杨澜授权出版发行了《杨澜给女人24堂幸福课》一书,作者为李文静。该书不但以杨澜的姓名命名,且在封面、页面使用了大量的杨澜肖像照片,通篇贯穿杨澜的经历、经验以及"杨澜认为"等表述形式。杨澜以被告出版社及作者通过强行将侵权作品与杨澜之间建立联系,使公众误以为这一联系的存在,以实现违法获利为由,诉至法院要求赔偿。[4] 在上述两则案例中,姓名权所受的侵害主要来源于未经姓名权人授权使用了姓名权人之签名("张艺谋案"),或似在"杨澜案"中,以杨澜第一人称的表述形式,将作品与杨澜之间建立错误联系。以上类型之侵权,亦涉及对姓名权人的名誉、隐私利益的侵犯。其对于人格上利益的其他侵害,应针对不同客体所受损失以寻求救济。

---

〔1〕 参见马瑞洁:《伪书的法律责任》,载《出版广角》2005年第4期。

〔2〕 参见王利明:《人格权法研究》(第3版),中国人民大学出版社2018年版,第382页。

〔3〕 北京市高级人民法院民事判决书,(2010)高民终字第411号。

〔4〕 参见《杨澜"被出书"案一审胜诉 获赔偿45万元》,载搜狐网,https://yule.sohu.com/20110920/n319906423.shtml。

2. 虚构作品描写中的姓名混淆

另外的情形是,作品与现实并无直接契合,但不脱离真实世界的基本架构,就创作者角度而言,分为创作者事先知道现实中此人的存在并以其为原型进行同名形象之创作、创作者事先知道现实中此人但改变其形象进行创作和创作者不知现实其人之形象而为创作。但在诉讼中此种分类之判断将会十分困难,因为单从主观意愿出发很难得出创作者是否存在恶意——作者创作的人物的姓名偶尔与实际存在的姓名一致,常常会给实际存在的人物带来麻烦,但此种行为不具有违法性,原则上受害人对这种姓名的使用只能容忍。[1] 原告难以证明被告存在主观恶意。一般而言,恶意创作某形象与现实中人物吻合,虽难以造成大众对现实中某个人的混淆误认;但对影射之人却可能造成形象上的影响(如对名誉权或私生活的侵害)。小说家、戏剧作家或电影编剧对于其作品中的人物使用现实中某个真人之姓名时,该真实存在人是否对上述小说家等提起禁止(或请求变更)使用该姓名并请求损害赔偿之诉讼?此涉及对“姓名之尊重”与“文学及艺术之创作自由”之对立的重大法益衡量问题。

有关这一问题,我国实务上案例鲜见。而在德国实务上,有人认为,在文学作品或者电影中使用他人姓名,非属姓名权之侵害,盖其不构成姓名使用,而仅为单纯之姓名提及(Name snennung)。此类情形,应借由一般人格权,就可能侵害私领域或名誉之情事,加以救济。[2] 法国裁判见解认为真实人物亦可与作品中虚拟人物发生混淆关系,但仅有“混淆之危险”尚不满足,须有因该混淆而有“损害”之情事[权利人须证明“足生损害之混淆危险”(confusion damageable)或有其危险之存在]。但其实质也是针对虚拟人物与现实人物姓名重合时,所投射的不良依附影响。[3] 例如,在法国一则案例中,知名电影导演 K 所制作上映之电影中,有一诱拐小孩之角色,该诱拐犯为取信于电影中小孩之双亲,而有一句“我是 S 公司之宣传部部长‘Henri Chemin’”的对白,然现实生活中,实际上确有 S 公司,且于同样部门之负责人姓名中就有“Henri Chemin”存在。就此一案例,巴黎第二审上诉法院判决命该电影导演与电影公司应给付“Henri Chemin”12,000 法郎之损害赔偿。[4] 对于“足生损害之混淆危险”,在多数裁判上,均认

---

[1] 参见[日]五十岚清:《人格权法》,[日]铃木贤、葛敏译,北京大学出版社 2009 年版,第 122 - 123 页。

[2] Vgl. Horst - Peter Götting, Persönlichkeisrechte als Vermögensrechte, Tübingen, 1995, S. 85.

[3] 参见李悌恺:《姓名权之研究》,中国台湾辅仁大学 2010 年博士学位论文,第 105 页。

[4] 巴黎高等法院 1974 年 3 月 16 日判决 J. C. P. ,1975. Ⅱ. 17935。

为应限于小说家等人就其著作中所使用之角色系属“可憎恶的”(odious)、“感觉不好的”(déplaisant)、“滑稽的”(ridicule)之角色时,权利人始得对小说家等人有所请求。例如,某称姓为“d'Arenberg”之公爵,对A电影公司起诉请求禁止A公司在其某部电影中继续使用该“d'Arenberg”之音声与表记并请求损害赔偿,法院最后驳回原告之请求,认为电影中以“von Arenberg”之姓登场之德军将领未必是被描述成“可憎恶的”或“滑稽的”角色。[1]

除上述要件外,对于创作者的主观过错要求判断,应有需要注意之处。小说作家等人于写作时已知悉该已存之人物,并有意地使该真实人物姓名于其作品中出现之事例不在少数,因不注意或因调查不周而出现的情况同样存在。此时法院裁判乃进一步求诸被告是否有故意过失存在。就后述情形,作家于写作当时可能不知有“可生损害”之混淆危险存在,唯其接到本人之抗议后,倘未为适当处置,则可能被认为是已具有故意过失。比如,作家D于其小说中有一上尉称“姓”为“Duglandier de la Bastie”的角色,该上尉后变成俘虏,然该上尉对于其被俘虏同伴间之脱逃计划,竟以不能突出其才能为由而拒绝参加该脱逃计划;而现实中,有一将领姓名为“Royer de la Bastie”之真实人物存在,且该人担任上尉时曾为德军所俘虏,并有几次试图脱逃的经历。其对该作家D提起诉讼,请求禁止该小说使用其“姓”、损害赔偿及登报澄清。第一审法院判决原告胜诉(损害赔偿金额为50万法郎),被告提起上诉,上诉法院认同原告大部分请求(然损害赔偿金额则减为仅赔偿1法郎)。值得注意的是,上诉法院针对“于取得同意或因不注意而使用某‘姓’时,对于‘可生损害’之混淆有所助力之场合”,肯定原告有提出异议权利问题上的意见评述。盖原审系认定倘被告调查现役军人名簿,既可避免发生混淆之危险,相对于此,上诉审并不认为就此点而言被告方面有何过失存在(因在现役军人名簿上,原告之姓名被揭载于“Royer”之处),但上诉审认为被告于知道原告提出抗议后,仍然未有适当处理,故认为被告有不注意之情事存在而存有过失。[2]

通过德、法两国司法裁判及学说,结合我国现有情况,可以发现,对于创作之文学作品、电影中的人物与真实人物姓名相同之情形(传记类作品除外),虽然在某些场合会引起读者(观众)对持有该姓名人士其经历、品行的误解,但很难产生对现实中人物身份定位的破坏之后果。换言之,此种姓名指称不会导致该姓名下自然人身份确定的混淆(将真实人物与虚构人物混淆起来是难以想象

---

〔1〕 谢努大审法院1962年3月13日判决Gaz. pal. 1962. Ⅱ. 158。

〔2〕 巴黎高等法院1957年7月10日判决D. 1957. 622。

的),自然不应交由控制身份属性的姓名权予以考量,而在创作人有主观歪曲故意时,对姓名权人的名誉、隐私造成侵害,自有相应权利类型予以保护。

三、盗用:姓名商业利用混淆侵权

使用与他人相同姓名会造成称谓混淆,而称谓混淆会导致行为、贡献归属(不管是法律意义上还是社会影响上)出现错误。[1] 在广告、商标、企业名称、网络域名等涉及姓名使用的场合,虽一般不会出现个人称谓上的混淆,但在携有知名人士姓名的广告、商标等上面却可能出现姓名权人未予授权使用其姓名的情形。在这种情形下标示出的姓名所指向的姓名权人是明确、特定的,只是这种姓名使用和姓名权人之间的关联性存在问题,导致称谓上利益发生分流与减损。

因而,姓名外化关联混淆的发生,需是限定在对姓名权人之称谓本身进行利用表彰的范围内,而非携有其姓名下一切行为的总结。换言之,姓名外化关联的混淆,不发生姓名权人身份错位与辨识混淆的结果,是为一般人对该关联关系与该姓名权人称谓下其他同质关联关系的混淆。

姓名权人若欲避免此种混淆发生,核心的内容即是控制他人对自身姓名的关联性使用。而此一控制的范围与力度,需符合称谓关联"混淆"的界定内涵。就范围而言,将他人姓名用于标示物品或社会组织,则易产生该人与标示对象间有一定关系之印象,但仅以产生错误印象为由即认为构成姓名权侵害,容易无限上纲至将一切借由姓名指称导致错误印象的行为均归属为侵害姓名权,势必应有所限制。[2] 而称谓关联"混淆"中所涉之关联关系,必须在该姓名下有其他相同性质之关联关系可与之类比,或按一般社会认知可予推知。这一类关联关系众多而活跃存在的,是为商业利用之场合。因此,称谓利益"混淆"的适用集中在了商业利用中姓名归属的不正确排除。申言之,在明知或可推知姓名权人决然不会允许其称谓存在与某项事业的关联关系时,此时应认定为不当使用他人姓名而非盗用他人姓名。[3]

而对于控制力度,即"关联性"的程度要求上,反映的则是姓名权人之称谓与商业利用中所标示出的文字符号的联系紧密程度。只有探知明确该文字符号所指即唯一的姓名权利人,才能进一步判断该关联关系是否导致称谓利益的"混淆"。在存有重名前提下,姓名权利人的明确,需通过实际情形具体推断;而商标之文字符号与姓名之间,若存在一定差异(相似关系),是否可得其确为姓

---

[1] 参见陈龙江:《德国民法对姓名上利益的保护及其借鉴》,载《法商研究》2008 年第 3 期。

[2] Vgl. Horst - Peter Götting, Persönlichkeisrechte als Vermögensrechte, Tübingen, 1995, S. 86f.

[3] BGHZ 26, 349.

名权人所持有之称谓,值得讨论;另外值得关注的是,在广告活动中,对姓名权人称谓的使用手法,也存在不同情况。厂商可借由特殊的广告手法,使遭到无权使用的姓名或肖像具有吸引消费者目光的作用,且不会引起该名人为商品"背书"之误认。[1] 这些侵权手法的不同,对姓名权人人格利益与经济利益的损害,需进一步研究。围绕以上两点,现针对姓名称谓在商业广告、商标使用、网络运用三个方面的具体问题,讨论称谓关联"混淆"在其中的形成与适法处理。

(一)商业广告中的姓名关联混淆侵权

1. 王海案

1996 年 10 月,上诉人王海去往协和公司下属协和商场一次,未购到假货。1997 年 1 月 21 日,协和公司在《华西都市报》刊登一则宣传商品优惠活动的广告,在众多广告词中写有"打假英雄王海三到协和无功而返"的词句。上诉人王海认为此则广告严重侵害了原告的姓名权和名誉权,诉求法院要求被上诉人赔偿其姓名权、名誉权损失,并赔礼道歉。被上诉人协和公司辩称其广告并未贬低王海人格,且全国众多打假者皆称"王海",协和公司广告词中涉及的"王海"乃是泛指,并不指向本案中原告王海。该广告词"打假英雄王海三到协和无功而返"不构成对王海名誉及姓名的侵权。

就可否认定是姓名侵权,一审法院认为:"该公司发布的广告词没有实施干涉王海决定、使用、依照规定改变姓名的行为。协和公司以自己的名义对外宣传促销,也无假冒王海姓名的行为……对于广告词中出现'王海'的姓名,协和公司行为欠妥,但广告词中大部分内容均未涉及王海姓名,不属盗用王海名义以进行广告促销活动,而是以王海到协和公司未购到假货来证明该公司无假货的事实。"因此,协和公司的该广告词不构成对王海姓名权的侵害。[2]

王海不服一审判决,诉至四川省高级人民法院。二审法院经审理认为:"协和公司在促销广告中使用'打假英雄王海三到协和无功而返'广告词,虽然真实地反映了王海未购得假货的事实,但未征求姓名权人王海的同意,违反了 1994 年《广告法》第 25 条的规定,其擅自使用王海姓名的行为侵害了公民以代表其身份,参与各种民事活动的姓名权,已构成对王海姓名权的侵害。"故判令被上诉人登报道歉,并赔偿王海损失费人民币 5000 元。[3]

---

〔1〕 Vgl. Horst – Peter Götting, Persönlichkeisrechte als Vermögensrechte, Tübingen, 1995, S. 209.

〔2〕 四川省成都市中级人民法院民事判决书,(1997)成民初字第 136 号。

〔3〕 四川省高级人民法院民事判决书,(1997)川民终字第 170 号。

2. 广告非授权使用姓名的严格限制

广告的内容中各表现要素有主次之分，姓名权人之称谓在广告中对该商品或服务宣传作用也要根据实际情形进行判断。正面推介、招揽消费者之广告形式的称谓利用，可谓"推荐商业活动"之关联关系的构建，非有允许时，姓名权人自得请求禁止。存在问题的是，在很多场合，因使用特殊的广告手法，其中并不表明姓名权人与商品之间的推介关系，却能借由名人姓名的呈现，吸引广告接受者的目光。

这方面的事例，美国法上常见的有"拒绝性代言"(disclaimer endorsement)。[1] 就此情形，美国实务上认为系对姓名之商业使用，成立公开权之侵害。[2] 其学者认为，若广告可以毫无限制地使用名人的人格特征，会造成消费者错误的印象，以为这些名人都同意其人格特征被广告使用，而且支持这些广告的商品。[3] 而在德国的司法实践中，已将广告中使用姓名定性为一般"自由提及姓名"的例外。德国联邦最高法院赋予了姓名权人一项对在广告中使用姓名的排他性决定权，从而扩充了姓名权的权利范围。[4] 目前德国学术界的通说见解也认为，当广告导致接受广告者产生一种姓名权人已同意该姓名之使用的错误印象时，即构成姓名权之侵害。[5]

由于我国姓名权具有"不当使用"防止之内涵，对此问题无须求助于一般人格权方法上的介入，结合美国、德国法上的观点，可以认为，在商业广告中使用他人姓名称谓，即使该使用行为并不形成直接的商业活动推荐的关联关系，只要形成"授权使用"之印象的，属于不当使用权利人姓名称谓。至于赔偿方面，对广告宣传中的商业活动并未形成直接推荐的，自然不能要求以代言使用之费用或剥夺其他商业机会之损失要求赔偿，应以自主决定性精神利益受损请求金钱赔偿。

(二)商标注册中的姓名关联混淆侵权

商标权人(注册申请人)运用与姓名称谓相同或类似构造方式建立的商标，

---

〔1〕 如酒商所作广告："知名美式足球后卫 Ira Idaho 或许是联盟最佳球员，但他从未尝试 Double D 啤酒。你为什么不?" See McCARHTY, § 5.4[A],5-25. 亦如"他是世界上最强大国家的总统，但他从未拥有一品脱的 Mansfild(酒名)"。McCARHTY, § 5.4[B],5-31.

〔2〕 参照同类型判决：Carson v. Here's Johnny Portable Toilets, Inc. ,698 F. 2d 831(6th Cir. 1983)。

〔3〕 Douglas G. Baird, Note, *Human Cannonballs and the First Amendment*: *Zacchini v. Scripps-Howard Broadcasting Co.* ,30 Stanford Law Review 1185 (1978).

〔4〕 Vgl. Horst-Peter Götting, Persönlichkeisrechte als Vermögensrechte, Tübingen, 1995, S. 137.

〔5〕 Vgl. Horst-Peter Götting, Persönlichkeisrechte als Vermögensrechte, Tübingen, 1995, S. 91.

一方面,希望该商标发挥其所标示的特定商品或服务对不同消费群体进行特定性指引的功能;另一方面,则是希望消费者受该姓名称谓下特定个体巨大影响力之吸引,提高其商业活动价值。[1] 就此两方面功能来看,对商品的区分不良,所生纠纷在于商标领域内标示之冲突,包括商标之间的冲突以及商标与企业名称的冲突。只有在第二种功能中,商标所表达出的与姓名权人具有关联关系失当,造成消费者的误解,才需要姓名权这一"在先权利"予以修正。商标权与姓名权之间的利益平衡,仍待学理与实务勠力完善。[2]

1. 基于姓名加工的商标注册侵权

在"乔丹商标异议复审案"中,商标评审委员会认定,运动员迈克尔·乔丹仅在篮球运动领域里具有一定知名度。"乔丹"为英美普通姓氏,在除篮球运动之外的其他领域里,"乔丹"并不与运动员迈克尔·乔丹具有唯一对应关系。申请人将被异议商标申请注册在绳索等商品上不会损害迈克尔·乔丹的姓名权,进而不会损害相应的商业权利。[3]

在"云迪及图商标争议案"中,争议商标的中文是申请人李云迪的名。商评委裁定认定争议商标由中文"云迪"、对应的汉语拼音及钢琴琴键、半个吉他图形组合构成,与申请人姓名在文字构成、呼叫、含义等方面相近,争议商标使用的钢琴等商品与申请人享有一定知名度的钢琴演奏领域存在较强的关联性,故争议商标易造成相关公众误认为争议商标与申请人存在特定关联,从而对申请人的姓名权造成损害。[4]

在"Iverson 及图等商标异议复审案"中,认定"Iverson"本身为普通美国姓氏,并非 Allen Iverson 的姓名全称,故对申请人姓名权的主张,未予支持。此案进入诉讼程序后,一审法院判决撤销了被诉裁定。一审判决认为,Allen Iverson 对其姓名享有姓名权。在案证据可以证明 NBA 篮球明星 Allen Iverson 在中国具有较高的知名度,且通常被称为 Iverson。第三人对 Iverson 与篮球之间的关系

---

〔1〕 参见陈志兴:《使用自己姓名作为商标注册不得有不良影响——"刘德华"商标确权案引发的思考》,载《中华商标》2013 年第 8 期。

〔2〕 参见马一德:《商标权行使与姓名权保护的冲突与规制》,载《中国法学》2018 年第 4 期。

〔3〕 参见中华人民共和国原国家工商行政管理总局商标评审委员会商评字〔2010〕第 08314 号异议复审裁定书。

〔4〕 参见中华人民共和国原国家工商行政管理总局商标评审委员会商评字〔2009〕第 25683 号重审第 07111 号争议裁定书。按照关于注册商标损害姓名权的一般审理标准,此案可以裁定姓名权理由不成立。但是,考虑到争议商标图样构成及指定使用商品情况,根据相关公众的一般认知,有可能会将争议商标与申请人联系起来。商标评审委员会裁定实际上考虑了李云迪作为知名人物的整体形象。

应有所认知。与第三人有关的企业实际生产篮球鞋产品且其企业网站中所作的宣传均在相关程序上指向NBA篮球明星Allen Iverson。故第三人具有不正当目的,构成对Allen Iverson姓名权的损害。〔1〕

结合上文中关于个人姓名称谓"相似"而有混淆之论述,发现商标与特定姓名权人的关联关系是否成立,需固定相应的客观标准。比如所在国对符号标示的一般社会认知程度、经济发展规范化阶段、文化习俗传统等。实际上,姓名的使用方式具有多种形式,如国人对西方人的姓名较不熟悉,有时姓氏较名字更具有识别作用,如大卫·贝克汉姆、比尔·克林顿等姓名中,姓氏往往比名字更为人熟知。〔2〕虽然在大部分情况下,需要姓氏和名字结合起来才能准确指向某一具体的自然人,但由于商标标识中可以附加图形或其他要素,商标所运用的商品或服务亦可以起到指向或暗示某一领域特定人士的作用,故仅标示出姓氏或名字亦存在能与某一自然人联系起来的情形。如以歌星的姓氏或名字加一麦克风图形、体育明星的姓氏或名字加一运动动作或运动器材等,再将其加以使用在与娱乐、体育相关的商品、服务上,完全有可能使公众将其与某歌星或体育明星联系起来。综上所述,商标整体之识别与姓名完全一致之识别应作同等考量,即商标整体形成的身份性指向明确时,此商标利用他人身份进行宣传的手段,视同直接利用他人姓名而注册商标。

而以他人姓名谐音商品或服务用途,作为商标注册的情况下(如"锅德刚""泻停封""流得滑"等),消费者一般不会认为姓名权人对商标文字构造具有授权性使用,并不会产生错误的关联关系认识,故难以通过姓名权对其进行异议。但是这种情况下,若涉及具有较高社会知名度的公众人物,商标的呼叫与公众人物的姓名读音完全一致,相关公众仍会将涉案商标与公众人物联系在一起,如不进行制止,则可能致使戏谑、影射他人之风盛行,有违我国所提倡之尊重道德。例如在"贝壳汉母BECOHAM商标争议案"中,商标评审委员会对申请人大卫·贝克汉姆依据姓名权提出的请求未予支持,但是认为申请人作为世界知名足球运动员已在中国享有较高声誉和影响力,申请人姓名中文译名"大卫·贝克汉姆"与"DAVID BECKHAM"亦已形成较为密切的指代、对应关系。争议商标与申请人姓氏及其中文翻译在构成、呼叫上相近,指定使用在避孕套等商品上,易使相关公众误认为使用该商标的上述产品经申请人授权或者存在其他特定联

〔1〕 中华人民共和国原国家工商行政管理总局商标评审委员会商评字〔2011〕第21810号异议复审裁定书;北京市第一中级人民法院行政判决书,(2012)一中知行初字第1384号。

〔2〕 参见刘粉宝:《已故名人的姓名(权)与商标权冲突的调整》,载《中华商标》2001年第3期。

系，从而对相关公众产生误导，有害于社会主义市场秩序及社会主义道德风尚。[1] 对此，应依据《商标法》第 10 条第 8 项中“其他不良影响”之条款进行处理。

2. 基于重名的商标注册侵权

在“刘德华商标争议案”中，内地“刘德华”于 2004 年在洗面奶、去污剂、化妆品、洗发液等商品上申请注册“刘德华”商标，2007 年该商标获准注册[后该商标几经转手，由广州市金栢丽保健品有限公司（以下简称金栢丽公司）取得]。2009 年，亨泰环宇有限公司（以下简称亨泰公司）提出撤销争议商标注册的申请，其主要理由包括争议商标侵犯了其旗下著名艺人刘德华的姓名权以及争议商标的注册具有不良影响，扰乱了市场竞争秩序。

2011 年 5 月，商标评审委员会作出裁定，该裁定认定：（1）“刘德华”是争议商标最初的注册申请人的真实姓名，也是亨泰公司旗下艺人刘德华的艺名，两人均依法享有姓名权。（2）争议商标与艺人刘德华姓名相同，后者已具有一定的社会知名度，其姓名已为公众所熟知，争议商标核定使用的商品与后者所从事的演艺事业及其商业价值有密切联系，故在实际使用中易使消费者产生联想，从而产生商品来源的误认，损害了广大消费者和艺人刘德华的合法权益，具有不良影响。综上所述，商标评审委员会依据《商标法》第 10 条第 8 项的规定，裁定争议商标予以撤销。[2]

金栢丽公司不服裁定，诉至法院并辩称公民将自己的姓名作为商标使用，哪怕与名人姓名相同，只要其是将商标交由经营者正常使用，其行为本身不具有恶意，法律就不应禁止该行为。法院认为，本案争议商标的原始注册申请人名叫刘德华，虽然法律规定公民有使用自己姓名的权利，但将姓名注册为商标的使用方式已非公民正当权利行使之必需。《商标法》第 10 条第 8 项规定，有害于社会主义道德风尚或者有其他不良影响的标志不得作为商标使用。在判断有关标志是否属于具有其他不良影响的情形时，一般应当考虑该标志或者其构成要素是否可能对我国政治、经济、文化、宗教、民族等社会公共利益和公共秩序产生消极、负面影响。如果有关标志的注册既损害特定民事权益，又可能对代表社会公共利益的广大消费者的合法权益产生消极、负面影响，则可以认定属于有其他不良

---

〔1〕 中华人民共和国原国家工商行政管理总局商标评审委员会商评字〔2010〕第 17044 号商标争议裁定书。

〔2〕 中华人民共和国原国家工商行政管理总局商标评审委员会商评字〔2011〕第 09341 号关于第 4143917 号“刘德华”商标争议裁定书。

影响的情形。因此，争议商标已经构成《商标法》第10条第8项所述的“有其他不良影响的”标志，不得作为商标注册和使用。[1]

现有商标审查中，“不良影响”条款的大量适用，使私权与公益、主动审查与当事人主张等范畴之间的界限模糊，有损法条适用的平衡性。[2] 该案裁判时，最高人民法院《关于审理商标授权确权行政案件若干问题的意见》已然生效，但商标评审委员会及法院的处理思路仍是立足于“刘德华”商标所带来的“不良影响”而适用《商标法》第10条第8项之规定。此种处理之立场，应是意识到姓名权人基于其姓名利用之权能而实现商标利益的机会平等性。但这种机会平等必须与权利人通过努力而获得的影响力形成充分的协调。上述案例中所针对的商标如果投入使用，虽有引起消费者误认其产品来源的隐患，但造成消费者损失的，更多的是产品本身质量低劣或质价不一，消费其中名人价值的部分要放到其次位置，即造成误认的“不良影响”乃是姓名权人称谓关联混淆的社会效果之一种，受到主要侵害的，仍是姓名权人之私人利益。

姓名权作为具体人格权之一，其负载的利益主要包括负载于人格中、维持身份一致性利益对姓名商业价值的独占的利益。由此，姓名权的保护范围是人的“身份一致性”利益及姓名商业价值的独占利益，即确保姓名主体对外形成正确的社会印象，不发生误认，以及独占地利用姓名所承载的商业价值。[3] 因此，判断诉争商标是否侵犯他人姓名权时必须以该姓名在先具有一定的知名度或者有明确之指向为前提。特定的姓名标志与个人形成对应关系，该姓名上所承载的商业利益也就唯一归属于该姓名权人。

由此我们应当认为，即使有相同姓名情形的存在，非知名一方注册该姓名的，属违反诚实信用原则而捏造该商标与知名一方或确切指向之人存在不实关联关系的，应由被侵权人通过《民法典》第995条、第1014条、第1165条、第1182条诉求权利回复并赔偿损失，而违法商标则依据《商标法》第9条、第32条请求撤销。

（三）域名注册中的姓名关联混淆侵权

1. 周立波案

2007年10月，一位叫岳彤宇的北京女士注册了域名“zhoulibo. com”。2011

---

〔1〕 参见陈志兴：《使用自己姓名作为商标注册不得有不良影响——“刘德华”商标确权案引发的思考》，载《中华商标》2013年第8期。

〔2〕 参见臧宝清：《关于姓名权与商标权冲突有关问题的思考》，载《中华商标》2013年第3期。

〔3〕 参见冯晓青、谢蓉：《商标注册不得侵犯在先权利之姓名权——易建联公司与“易建联”商标注册争议纠纷案解析》，载《中国法律》2012年第6期。

年5月10日,zhoulibo.com网站上显示要约出售涉案域名的信息。2011年9月,周立波以该域名主要部分与其姓名的汉语拼音完全一致,足以导致用户混淆为由,向亚洲域名争议解决中心投诉,要求将争议的域名转移至其名下。该中心于同年12月作出裁决,将该争议域名转让给周立波。2011年12月16日,岳彤宇向上海市第二中级人民法院提起本案诉讼。上海市第二中级人民法院在2012年4月27日作出判决,驳回原告岳彤宇继续持有和使用zhoulibo.com域名的诉讼请求。之后岳彤宇不服一审判决向上海市高级人民法院提起上诉,上海市高级人民法院在2012年9月作出终审判决,驳回岳彤宇的起诉,维持原判。

一审法院认为:其一,被告周立波对其姓名"周立波"及其拼音"zhoulibo"享有禁止他人擅自使用或禁止他人以不正当手段从事市场交易等经营活动的合法权益。其二,原告岳彤宇对涉案域名或其主要部分既不享有合法权益,又无注册、使用涉案域名的正当理由;且原告岳彤宇在明知涉案域名的主要部分"zhoulibo"与被告周立波的姓名"周立波"相近似,与被告周立波姓名的拼音"zhoulibo"相同,已足以使相关公众产生涉案域名与被告周立波相关联的误认的情况下,擅自将涉案域名与被告周立波相关联,并以人民币10万元要约高价出售的方式转让涉案域名,以期获得不正当利益。

故原告岳彤宇注册、使用涉案域名具有明显恶意,其注册、使用涉案域名的行为属于擅自使用他人姓名,足以造成相关公众误认的不正当竞争行为。依照《反不正当竞争法》第6条第3项,《反不正当竞争解释》第6条第2款,《域名纠纷解释》(2001年)第4条、第5条第1款第3项、第8条之规定,判决驳回原告岳彤宇的诉讼请求。[1] 二审法院支持一审法院的裁判论证,认定上诉人岳彤宇注册、使用涉案域名的行为属于擅自使用他人姓名,足以造成相关公众误认的不正当竞争行为,符合《反不正当竞争法》第6条第3项规定的情形。[2]

对于周立波域名争议一案,根据《反不正当竞争解释》第6条第2款的规定,只要具有一定市场知名度、为相关公众所知悉的名称都可以受到保护。这也与域名争议专门解决机制中关于受保护的姓名需满足"显著性和与商品服务联系的排他指向性"这些惯例要求十分类似。《中国互联网络信息中心域名争议解决办法》(以下简称《域名争议解决办法》,已失效)中对域名注册过程中受保护的姓名并未规定,但学者大多倾向于参考《统一域名争议解决政策》(以下简称UDRP)机制下商标权之标准来检验投诉人姓名能否受到保护。其具体标准主

---

〔1〕 上海市第二中级人民法院民事判决书,(2011)沪二中民五(知)初字第171号。

〔2〕 上海市高级人民法院民事判决书,(2012)沪高民三(知)终字第55号。

要有两个:首先要满足显著性,其次要满足引申意义。这两个要件必须同时满足,缺一不可。显著性通常是通过表明姓名权人声名卓著、其姓名具有明显特征易被识别来证明。一般而言,像作家、音乐家、演员这样的名人的姓名权益更容易获得保护,因为他们的名字更容易被人知晓,而且他们也有作品或商品服务向消费者提供,以自己的名字来区别商品的来源。而引申意义一般是姓名权人通过在商业活动中使用姓名或者通过使用姓名提供了商品或服务,因而在公众心目中形成了一种排他的指向性,能够使消费者将姓名与这种商品和服务固定地联系起来,从而具备商标的标识性特征。[1]

而对于具体侵权成立满足条件的认定,我国《域名纠纷解释》(2001 年)也在第 4 条对原告的权益认定、混淆相似性问题、被告与争议标的关系等作出规定,这与我国《域名争议解决办法》规定一致。之后在第 5 条还对被告行为恶意的认定情形作了相应规定。而且依据《域名纠纷解释》(2001 年)第 7 条之规定,构成不正当竞争的可以适用《反不正当竞争法》第 2 条第 1 款之规定。这意味着即使不构成擅自使用他人姓名,足以造成相关公众误认的不正当竞争行为类型,法院还可以依据公平、诚信原则判断抢注他人姓名的域名行为是否构成不正当竞争。

尽管将抢注他人姓名作为域名的行为可以纳入反不正当竞争法模式中加以规制,从而能够较好地保护具有姓名权益主体的财产利益,但这也并非意味着适用此一模式没有争议。反不正当竞争法一般主要规制的是商业经营者之间的竞争行为,能否扩大到无竞争关系的他人?对此问题,有学者尝试作了如下解释:其认为反不正当竞争法规范的是整个市场竞争秩序,不正当竞争行为的本质特征在于“损害其他经营者的合法权益,扰乱社会经济秩序”;只要域名持有人的抢注行为符合这个特征,即可以纳入反不正当竞争法模式规制范围。[2]

2. 鲁迅案

当域名持有人对于抢注域名并非出于商业目的,也并非有明显商业使用及其相关行动,或者是其对域名的不当使用更多地侵害到相关合法权益人的人格精神利益等情形时,就无法再选择适用反不正当竞争法模式。但我们可以根据《民法典》中关于姓名权的相关规定对其进行救济。

例如,梁华在 2004 年注册了“鲁迅. cn”、“鲁迅. 中国”等以鲁迅命名的 6 个

---

〔1〕 参见丁颖、冀燕娜:《专门性域名争议解决机制中投诉人权益的认定》,载《知识产权》2013 年第 8 期。

〔2〕 参见李扬:《网络知识产权法》,湖南大学出版社 2002 年版,第 216 页。

域名。鲁迅之子周海婴发现被告用鲁迅的名字抢注多个域名,并在网上公开叫卖,于是在2009年向北京市第一中级人民法院起诉,北京市第一中级人民法院在2009年10月判决被告停止使用以“鲁迅”名字命名的6个域名,但是驳回原告周海婴关于将这些域名转移至其名下的诉讼请求。而北京市高级人民法院在2011年3月对本案驳回上诉,维持原判。

一审法院认为:被告将鲁迅姓名注册为域名用于商业用途,或将鲁迅域名标价出售,既会对鲁迅后人包括周海婴造成精神痛苦,同时也会对中华民族感情造成伤害,属于《精神损害赔偿解释》(2001年)第3条第1项规定的以违反社会公共利益、社会公德的方式侵害死者姓名。因此,梁华将争议域名用于商业用途,以及将“鲁迅.中国”标价出售的行为,均构成侵权行为,依法应当承担停止侵害、赔偿损失的民事责任。同时,法院认定姓名权本身作为人格权的一部分,随着自然人死亡而消灭,不发生继承的问题。因此,原告周海婴虽对鲁迅先生的姓名、名誉等享有精神利益,但对于鲁迅先生的姓名却并无专有的权利。周海婴要求将争议域名移转至自己名下,无任何法律依据,法院不予支持。[1]

二审法院同样认定周海婴作为鲁迅的近亲属有权维护基于鲁迅姓名所形成的人格利益。而梁华将含有“鲁迅”的争议域名用于商业用途,以及将“鲁迅.中国”列入“域名出售或出租”列表的行为,属于以违反社会公共利益、社会公德的其他方式侵害死者姓名的行为,构成侵权。而且初审法院依据《域名纠纷解释》(2001年)第8条之规定判定被告梁华就其前述涉案行为承担相应的停止侵权、赔偿损失的民事法律责任,并无不妥。[2]

作为死者的继承人,除了对已故继承人的姓名享有重要的精神利益内容,还对此一知名姓名所蕴含的商业价值享有一定的财产利益,即继承人可以对死者的人格利益中的财产价值在不违背社会公序良俗的前提下进行支配和开发。未经继承人的许可,他人不能对其进行商业性使用。对于未经死者近亲属允许而对该姓名进行商业化使用的,死者近亲属有权予以制止,并有权提起诉讼,请求赔偿。因此如若域名持有人对以“鲁迅”名字命名的域名未经鲁迅继承人之许可进行了明显的商业使用,继承人可以通过主张不当得利的方式要求使用人返还其所获得的不当商业利益或是依据《民法典》第1182条之规定主张侵权损害赔偿。

而尽管继承人享有对已故被继承人姓名的各种精神、财产利益,但这并不意

[1] 北京市第一中级人民法院民事判决书,(2009)一中民初字第4747号。

[2] 北京市高级人民法院民事判决书,(2011)高民终字第76号。

味着有关被继承人姓名的域名就当然归属于继承人,因为作为对系争部分域名享有合法民事权益的范围更多地集中在对域名的商业性使用及授权和防止对域名的不当使用等被认定为具有恶意的情形等方面,而这并不妨碍域名持有人注册以后对域名的各种非商业性的合理使用情形。因此一审法院不认可原告要求被告移转系争域名的请求之做法值得赞同。

3. 正当利益下域名注册与姓名权益冲突

域名与姓名权益冲突的实质是域名注册人与姓名权人以及姓名权人之间的利益冲突,特别是在冲突双方对争议域名或其主要部分均具有一定民事权益的情形下,此时究竟谁可以享有该域名？依据何种标准来判断？面对这些合法权益冲突时,法律需要对各种利益的重要性做出估价或衡量,以及为协调利益冲突提供标准。

而目前我国的法律、法规一般都只是调整符合侵权行为和构成反不正当竞争法行为的域名争议纠纷案件,而对于均居合法权益的域名与姓名权益之间的合法冲突类型,无法纳入《商标法》等知识产权法律、《反不正当竞争法》或《民法典》的一般规制模式,而且目前我国司法实务中尚未出现对于此种权利冲突类型的裁判案例,这就需要我们扩展视线,将目光转向域外,寻求域外司法实务的相关实例,并合理借鉴域外实务的有意探索。

(1)“shell. de”域名争议案。德国虽然未就域名与姓名权益冲突的防范与解决问题制定专门的法律,但是德国的司法机关却对如何防范与解决域名与姓名权益冲突进行了有益的探索,其中最具有代表性的就是德国联邦最高法院对“壳牌股份有限公司诉安德烈亚斯・希尔案”(Shell Aktiengeseuschaft v. Andreas Shell)的审理与判决。

双方的争议由以被告的姓名注册为“Shell. de”网址而引起。原告是德国 Shell GmbH,是世界著名的 Shell oil Company(壳牌公司)的子公司。其母公司是两个字母商标的拥有者。被告是 Andreas Shell,其从“Shell. de”注册者转让获得这一域名,并且在“Shell. de”网址下用红色和黄色两种颜色建立了其企业的主页。原告以该行为是对其著名商标的侵犯以及对公平交易规则的违反为由,向法院提起诉讼。地区法院基本上支持了这些诉讼请求,上诉法院也驳回了被告的上诉请求。之后被告 Andreas Shell 针对该判决又向联邦最高法院提出上诉。

本案的疑难之处在于虽然原告是“Shell”这一标记的名称权人,但由于被告本身也是“Shell”这一标记的姓名权人,因而他对“Shell”这一标记的使用基本上不能被认定为无权使用。

对此,联邦最高法院指出,“一方面,如果姓名权人对姓名的使用会产生与同一姓名的其他拥有者相混淆的危险或可能,那么姓名权人在使用其姓名时负有某种私法上的义务,即只能以能够最大限度地排除该种危险的方式使用。另一方面,尽管考虑到同一姓名(名称)的多个权利人都主张其享有将该姓名(名称)注册为域名的权利时可能发生的冲突的数量巨大,运用简单而又公平的先注册原则能够有效地解决这一类问题,然而由于在这个案件中,各方当事人的利益在不同程度上都很重要,以至于不能适用先注册原则,相反,有必要在同一姓名的不同拥有者的利益之间进行平衡”。

所以尽管被告 Andreas Shell 根据先注册原则取得域名“Shell. de”,但联邦法院认为不能因此而排斥原告将其企业名称注册为域名的权利,并且被告的域名注册行为可能会造成与原告相混淆或误导公众进而侵犯原告的合法权益。基于这样的考虑,它支持了上诉法院关于要求被告在其域名中加上一个区别性的标识这一项判决内容。[1]

(2)“krupp. de”域名争议案和德国 Paderborn 地方法院类似案件。德国曾经有人以自己之姓名登记为企业之名称提供线上服务,并以其中之姓氏部分(Krupp),登记取得网域名称“krupp. de”,而原告为一历史悠久且极为著名之钢铁、机械制造企业,Krupp 不仅为企业名称之重要组成部分,且原告亦以之取得商标注册,原告认为被告以相同之名称取得网域名称,侵害其姓名权,因而要求被告应将该网域名称让与原告。

地方法院判决被告应将该网域名称移转让与给原告,Hamm 高等法院原则上亦肯定之,认为被告登记之网域名称侵害原告之姓名权。因原告为著名企业,不仅应避免混淆之危险,而且亦应保护其避免被淡化,是以其应享有禁止其他企业使用相同名称之权利;虽然被告有相同之姓氏与企业名称,然而尚不足以使其得以选择以此为网域名称,原告基于其长久以来使用与广泛之知名度,其姓名权应该较被告之姓名权享有较高之优先性,不能仅因被告登记网域名称在先,就丧失取得以 krupp 为网域名称之地位。此外,高等法院认为姓名权只是赋予权利人排除侵害与请求不作为之权利,加害人并无义务协调原告使其取得一定之法律地位,因此认为原告仅得请求被告不得继续使用该网域名称,而不得请求被告移转该网域名称给原告。

---

〔1〕 参见邵培樟:《域名与姓名权益冲突问题研究》,华中科技大学 2005 年硕士学位论文,第 28 - 29 页。

在 1999 年 9 月德国 Paderborn 地方法院所处理之另外一个案件，被告以其姓氏取得网域名称之登记，而原告则为某一地区著名之汽车商，其亦系使用自己之姓氏作为企业名称，并使用于信笺、广告等，其欲扩大自己之营业，以该名称申请网域名称时发现被告已经先取得登记，原告乃诉请被告放弃该网域名称。结果法院判决原告败诉。其理由认为：如果双方都有使用该名称之正当利益，则先取得登记者原则上并无放弃之义务，除非原告为具有知名度之企业，而且必须是全德国知名之企业，始得享有请求被告放弃该网域名称之权利。因为网络管理组织所登记之网域名称具有全国性之效力，因此必须具有全国知名度之企业，始能就网域名称之使用享有优越之受保护地位。而原告只是地区性之汽车商，因此其并不享有此地位。

由上述案例可知，不难看出联邦最高法院始终牢牢把握住了如何平衡原告与被告之间的利益这一核心问题。联邦最高法院的上述解决方案一方面并未完全否定被告作为姓名权人享有使用其姓名的权利，另一方面也对该域名注册可能产生与作为名称权人的原告相混淆、误导公众进而侵犯原告的合法利益的不利影响进行了限制，较为有力地保护了原告的合法利益。

在对域名中的姓名符号均享有合法权益情形下的域名权益人与姓名权人等其他合法权益主体之间相冲突之情形，由于先登记取得域名者有使用该域名之正当利益，其并不构成对其他拥有相同姓名或名称者的姓名权之侵害，因此原则上他人并不能要求其放弃系争域名。但是域名持有人在此种情况下也负有一定的法律义务，不仅不能基于域名网站作不恰当的商业利用，而且还要对其域名网页添加合理的技术、标识等，以达到在一般社会公众看来与知名个人、企业直接相关的商品、服务明显区分的效果。

而且在有限且严苛的例外情形中，亦即一方为具有高知名度之企业，基于该企业在社会上之高知名度（基本上限于在全国层面的影响力），一般网络使用者及社会大众容易误认为使用该网域名称的即为该知名之企业，而引起混淆误认，可例外容许该著名企业就其姓名或名称可以享有较为优越之地位，取得网域名称之使用权。

（3）我国裁判尺度上的把握具体如下：

第一，涉及域名与姓名称谓之纠纷中，在先合法权益应当受到优先保护，但其只有在受到或可能受到实质损害时才能够对抗在后合法权益，即只有在域名注册人将自己或与姓名相近似的字符注册为域名的行为给他人的在先合法权益——姓名权、商标权、企业名称权等造成了或可能造成实质损害时，才能够对注册人的域名权益做出限制乃至撤销。

此外,还应当结合在先存在的以同一姓名作为商标或企业名称的知名程度和影响力来认定该种域名注册行为是否对在先合法权益造成或可能造成实质损害。

第二,对于拥有同一姓名的多个自然人,其中一人先将该姓名申请注册为域名却遭到其他同姓名人异议的情形,则应该优先保护更为重要的合法权益。如果姓名权人对姓名的使用会产生与同一姓名的其他拥有者相混淆的危险或可能,那么姓名权人在使用其姓名时负有某种私法上的义务,即只能以能够最大限度地排除该种危险的方式使用。

对于注册人虽为善意但在客观上产生了与拥有同一姓名的名人或公众人物的实质性误导或混淆的危险,则可以要求在域名的具有标识性的部分增加一个具有区别性的字符,以与拥有同一姓名的名人或公众人物"保持距离";对于注册人具有恶意的域名注册,如为了利用拥有同一姓名的名人或公众人物的知名度或影响力来增加网站的访问量而进行注册并产生了实质性的误导或存在混淆的危险,则可以直接撤销该域名等。

第三,对于自然人以自己的姓名注册为域名,与此同时,拥有同一姓名的其他自然人以该姓名作为商标申请注册或作为企业名称申请登记,并且同时获准而引发的冲突,由于这三种情形都属于其他姓名权人对姓名的合法使用,因而不存在谁对谁的在先权利的侵犯问题,而只是该相同的客体姓名上承载的权利或利益的根据或权源不同,应当结合对姓名权人的主观方面和注册、登记行为的客观结果的具体考察来协调冲突。[1]

四、结论

基于上文关于姓名指代个人与姓名与商业活动、域名构建的关联性使用之分析,应认为:

1. 个人其他文字、数字性身份信息,如身份证、驾驶证、移动电话号码在被他人假冒使用时,并不能将其孤立起来视作侵害身份信息。这些身份信息并非作为一般日常身份交流而加以利用,且利用场合需结合姓名,故并无必要在姓名权条款中对此类信息单独予以规定保护。

2. 无论是与他人重名或者是姓名相似,都具有正常使用自身姓名以表彰自

[1] 参见邵培樟:《域名与姓名权益冲突问题研究》,华中科技大学 2005 年硕士学位论文,第 48－52 页。

身活动的合法内涵。唯通过仿冒其他身份特征的手段，有识别混淆之危险时，应认为仿冒者有《民法典》第1014条中的"假冒"姓名侵权行为，而不应过度关注其本来姓名或加以改造之假名，即"相似"姓名下的假冒混淆并没有法律上规定的必要，因为姓名称谓"相似"只是假冒姓名侵权中的一种进入路径，混淆危害才是确定侵权发生的核心标准。

3. 作品中人物与现实人物姓名相同的，若为纪实性或传记性作品，非有姓名权人授权的，属《民法典》第1014条"盗用"他人姓名，自无疑义。然虚构作品中出现与现实人物姓名一致或类似，造成读者对现实人物经历、品行的歪曲理解，虽不会导致姓名权人身份、行为混淆，但常有损于姓名权人之名誉、隐私等人格权益，自应有相对应之名誉权、隐私权进行保护。

4. 广告中非经授权使用他人姓名的，根据我国《广告法》第33条规定，自应禁止，但并不区分是否对该商业活动具有推介作用。故法院在判断广告中姓名权人之利益损失时，应区分姓名权人商业价值利用损失与自主决定性精神利益损失。

5. 商标与姓名权人是否具有特定联系，需要进行综合考量。对于对姓名文字进行改造的商标注册行为，如果使用该商标的商品或服务可以判断与特定人物存在联系，应认定存在侵害他人在先姓名权利，属违反《商标法》第9条、第32条。但纯属谐音他人姓名的商标，应属不当使用他人姓名；而重名人士之中对该姓名的商标注册，属侵害知名人士或该商标可特定对应之人的姓名权利，盗取他人身份一致性利益下对姓名商业价值独占的利益。

6. 抢注他人姓名作为域名的，在抢注行为有损于其他市场经营参与者的合法权益，扰乱社会秩序时，可通过《反不正当竞争法》第2条第1款予以规制；非出于商业目的而更多侵害姓名权人人格精神利益的抢注行为，则可通过《民法典》中姓名权有关条款对姓名权人的人格利益进行救济。而注册人与他人重名而申请注册的，则优先保护较为重要的合法权益。域名注册中注册人均具有一定民事权益时，在先合法权益应受到优先保护，除非其对在后合法权益造成实质性损害。拥有同一姓名之数人同时申请商标、企业名称与域名注册时，应结合对姓名权人的主观方面和注册、登记行为的客观结果来进行冲突协调。

提出重大限制，避免姓名权人于姓名上的自主控制利益损失，而其中财产利益的保护是其主要的方面。

第六节 姓名权的财产利益

一、问题提出

民法上的姓名权属于人身权的一种,性质上是非财产权利,即不直接具有财产内容,与权利主体人身不可分离的权利。传统民法中人身权与财产权共同构成了民法中的两大类基本民事权利。人身权包括人格权和身份权两大类,其中姓名权属于人格权。传统民法理论认为,人格权是指民事主体依法所固有的、以人格利益为客体的,为维护主体的独立人格所必备的权利。〔1〕依此种性质归属,姓名享有者似乎无法直接从姓名权中获得相应的财产利益,姓名权所保护的是人作为社会个体生存和发展基础的精神利益。〔2〕然而,现代商业化社会的发展已经使这一传统理论受到挑战,姓名上财产利益被不断挖掘,如利用姓名作为商标、商号,利用姓名进行广告宣传,利用姓名作为网络域名等。这些新的现象使姓名不仅体现精神性利益,而且蕴含着巨大的可商业化所产生的财产利益。为此,在我国也出现了许多关于姓名商业化利用问题的案件,如"姚明诉可口可乐公司姓名权、肖像权案"〔3〕"郭德纲姓名权、肖像权纠纷案"〔4〕"游本昌姓名

---

〔1〕 参见王利明、杨立新、姚辉主编:《人格权法》,法律出版社1997年版,第5页。

〔2〕 从我国现行民事立法及民法学说来看,民法所调整的是平等主体之间的财产关系与人身关系,其中的一个隐含的判断是人格权、身份权与财产权是分属于不同类别的权利。——笔者释

〔3〕 该案中姚明于2003年5月29日向徐汇法院递交诉状。诉状中称,可口可乐公司曾与姚明在美国的经纪人就姓名权、肖像权使用多次洽谈商业合作,但由于未达成共识,双方合作未成。然而两个月以后,市场上出现了大量外包装印有姚明肖像和姓名的可口可乐饮料。嗣后,姚明通过其代理人与可口可乐公司方面多次交涉,要求可口可乐公司对其侵权行为承担责任,可是都没得到令人满意的结果。为此姚明提起诉讼,请求法院判令可口可乐公司停止侵权,赔礼道歉,消除影响,而要求赔偿的精神损害抚慰金和经济损失却是人民币1元。最终该案在庭外和解撤诉。

〔4〕 该案中郭德纲以九洲出版公司出版、飞乐影视公司未经他许可,擅自使用其姓名和肖像发行《非著名相声演员郭德纲〈对口相声〉》DVD光盘和VCD光盘侵权制品,向法院起诉。此前郭德纲已另案起诉侵权发行、出版上述音像制品的行为,并获得了相应赔偿。

权、肖像权侵权纠纷案”[1]等生者姓名商业化利用问题[2],以及“鲁迅姓名权系列案”等死者姓名商业化利用问题。

前文业已明确了姓名上财产利益确有保护的必要,即姓名上财产利益保护具有正当性。我国《民法典》第993条、第1012条对此予以确认。为了解决这些新现象中出现的纠纷,如姓名享有者的姓名未经授权被强制商业利用姓名上财产利益保护的模式应该如何选择?侵权的构成要件、赔偿数额的计算、死者姓名上财产利益保护的一般规定与特别规定、保护的期限等如何设置,都是亟待解决的问题。

二、姓名上财产利益保护本土案例考察

(一)以姓名权保护姓名上财产利益的模糊性

我国司法实践中关于姓名上财产利益被侵害的典型案件有“姚明诉可口可乐公司姓名权、肖像权案”“郭德纲姓名权、肖像权纠纷案”“游本昌姓名权、肖像权侵权纠纷案”等。这些案件中权利人姚明的诉讼请求是“请求法院判令可口可乐公司停止侵权、赔礼道歉、消除影响,而要求赔偿的精神损害抚慰金和经济损失却是人民币1元”,最终庭外和解,可口可乐公司停止生产和销售相关的纪念包装产品,并表示虽然可口可乐公司是中国男篮的赞助商,但基于未事先征求姚明本人同意而将含有姚明肖像及姓名的图片用于可口可乐产品包装之事实,可口可乐(中国)饮料有限公司向姚明表示歉意。权利人郭德纲的诉讼请求是“要求两被告停止在其出版、发行的《非著名相声演员郭德纲〈对口相声〉》DVD光盘和VCD光盘上使用其姓名和肖像的行为,并没收销毁全部侵权制品;公开赔礼道歉以消除不良影响、恢复名誉;连带赔偿经济损失30万元”,但最终法院判决认为飞乐影视公司在未获得上述音像制品中郭德纲授权的情况下,在封面上标注“郭德纲”的姓名亦属对“郭德纲”姓名的不当使用,构成对“郭德纲”姓名权的侵犯,判决两被告停止在其出版发行的光盘上使用郭德纲的姓名和肖像,在一家北京市出版、全国发行的报纸上对郭德纲公开赔礼道歉,并赔偿郭德纲5万元。权利人游本昌的诉讼请求是“拆除并销毁印有游本昌姓名和肖像的广告牌、赔偿经济损失10万元和精神抚慰金5万元,并在指定报刊上公开赔礼道歉、

[1] 该案中济公扮演者游本昌以天津百仙家具工贸有限公司未经同意擅自将原告姓名和肖像用于被告生产的“百仙”家具宣传牌上,但此前原告经中间人天津煊宇文化传播公司及赵某某介绍曾参观被告的家居广场,并为被告拍摄了企业广告宣传照片。2003年1月16日,煊宇文化传播公司收取被告交纳的“游本昌肖像广告费”人民币10万元。

[2] 该三个案例均检索自“北大法意”中文法律信息数据库(http://www.lawyee.net/)。下文引用案例如未特别注明出处,也检索自该数据库。——笔者释

消除影响",法院最终的判决认为原告游本昌来到天津蓟县作为被告产品的形象代言人进行拍照并题词,应意识到是用于广告宣传的,被告使用原告的姓名和肖像进行营利并不违反原告可得推知的意思表示,故原告主张被告侵犯了其姓名权和肖像权理由不充分。

从上述案例可以看出,未经姓名享有者允许对姓名进行商业利用时构成侵权,且我国法律上认为是侵害了姓名享有者的姓名权,但未明确是姓名的精神利益还是财产利益。从各案的诉讼请求看,都认为应当停止侵权、赔礼道歉、消除影响,且赔偿经济损失和精神抚慰金(郭德纲案中虽未言及精神抚慰金,但从"公开赔礼道歉以消除不良影响、恢复名誉"也表明了对姓名权精神利益的侵害),但最终的判决却往往没有区分经济损失和精神抚慰金。

此前依据我国原《民法通则》第 99 条的规定,姓名权是否含有财产利益并未被明确,学理上也一般认为姓名权所保护的是与姓名有关的精神利益,不能将之物化,使其作为交易客体。〔1〕 而且认为姓名权具有非财产性,它本身不具有直接的财产内容,也无法体现为确定的财产价值;姓名权的客体也不像财产权的客体那样可以转让或继承。〔2〕 但也有学者提出在现代市场经济的冲击下,作为人格标识的姓名、肖像等也体现出一定的财产利益,而且应该由姓名权来保护〔3〕,但并未得到实务上明确的支持。

由于我国法院的判决说理往往不充分,判决中的赔偿并未明确是对姓名权的财产利益还是精神利益损害的赔偿。〔4〕 我国法院是否试图用姓名权涵盖姓名上的精神利益和财产利益,以此保护姓名未经授权被强制商业利用所侵害的

---

〔1〕 参见王利明、杨立新、姚辉:《人格权法》,法律出版社 1997 年版,第 5 页。

〔2〕 参见王利明、杨立新、姚辉:《人格权法》,法律出版社 1997 年版,第 87 - 88 页。

〔3〕 张善斌、冯兴俊认为,姓名权财产利益是指作为自然人人格标识之一的姓名被用作企业名称、产品或服务之标识,用作企业、产品或服务之宣传或姓名本身构成产品或服务一部分或全部时,能给拥有该姓名之自然人带来的物质利益。它与姓名权的精神利益相对应,构成完全意义上的姓名权的客体,由姓名权保护。详见张善斌、冯兴俊:《姓名权财产利益的法律保护》,载《法商研究》2002 年第 4 期。袁雪石构建了姓名权二元本质论,认为存在财产性姓名权和人格性姓名权,以此肯定姓名权中的财产利益,并由姓名权保护。详见袁雪石:《姓名权本质变革论》,载《法律科学(西北政法学院学报)》2005 年第 2 期。刘文杰认为姓名之上的利益包括维持身份一致性利益和对姓名商业价值的独占的利益,后者即为姓名上之财产利益,由姓名权保护。详见刘文杰:《民法上的姓名权》,载《法学研究》2010 年第 6 期。

〔4〕 依据现行法律规范赔偿可包括精神性赔偿和物质性赔偿,前者主要是精神抚慰金性质的精神损害赔偿;后者则包括为消除精神损害而支出的费用,如医疗费、心理咨询费、误工费、抚养费等,以及财产损害的填补,如财产毁损的赔偿(所有权的侵害),财产性权利,如用益物权受侵害的赔偿等。

姓名上财产利益,对此其态度并不明确。然而如果仅仅是对姓名权精神利益的赔偿,那么此种姓名的商业利用中对于精神损害赔偿的举证是艰难的,姓名享有者并没有因此受到严重的精神上之损害,相反可能因之而变得(或更加)出名〔1〕,因而笼统地以姓名权来解决姓名未经允许的强制商业利用问题很难区分保护的是姓名上的精神利益还是财产利益。而精神利益损害的救济方式与财产利益损害的救济方式是不同的,前者是人格尊严等的丧失,权利人可以主张侵权损害赔偿请求权;后者是财产的丧失,权利人可以主张侵权损害赔偿请求权、不当得利请求权或物上请求权,特殊情况下也可用合同上的请求权〔2〕。另外,认为姓名权内含财产利益是不是对传统权利体系划分的冲击也有待考察,因而对于姓名上财产利益如何保护之问题值得深入研究。

(二)死者姓名上财产利益保护的否定

在姓名上财产利益问题中,另一个值得思考的案件是"鲁迅姓名权系列案",其中"鲁迅姓名权案一"中民办学校绍兴县华艺外国语学校为体现在鲁迅故乡办学特色和学习鲁迅思想、弘扬鲁迅精神,学校董事会于 2000 年 3 月向绍兴县教委申请并获批准后正式改名为绍兴鲁迅外国语学校并面向全市招生。鲁迅之子周海婴与校方交涉鲁迅姓名权的许可使用问题,在失败后以绍兴鲁迅外国语学校以营利为目的,未经其许可擅自将鲁迅姓名使用于其校名中并对外广为宣传,其行为违反社会公共利益和社会公德,致使其精神上蒙受创伤为由,向绍兴市中级人民法院提起诉讼,要求法院确认绍兴鲁迅外国语学校的行为侵害了鲁迅的姓名权,并要求法院判令学校立即停止侵权行为、登报道歉。〔3〕双方争议的焦点是作为死者的鲁迅是否享有姓名权。

原告、被告双方从各自的角度论述死者姓名权保护与不被保护的理由,但绍兴市中级人民法院经审理后认为:我国原《民法通则》只规定了公民依法享有姓名权,但是对死亡人的姓名是否予以民法保护,则没有明文规定。公民的民事权利是以利益为内容,其中包含有人格利益。公民死亡后,虽然其不再具有民事权利能力,不再享有姓名权利,但从社会角度考虑,仍需对这种权利中的人格利益

〔1〕可能因此遭到精神损害的姓名商业利用的情形一般是用于宣传社会观念中被"歧视"的商品。但现实的举证仍然比较困难,尤其是社会名人之姓名被商业利用的情况,因为其通常已经将其姓名等人格商业化了。——笔者释

〔2〕如某歌星与某服饰公司签订了代言该公司外衣的合同,合同约定了歌星姓名、肖像等只能用于宣传服饰公司的外衣,结果服饰公司违反合同将歌星之姓名、肖像用于宣传其内衣,则可能构成违约而得行使契约上之请求权。——笔者释

〔3〕《鲁迅后人质疑鲁迅美术学院:凭什么抢注鲁迅商标》,载《北京晨报》2001 年 4 月 4 日。

加以保护。根据最高人民法院《精神损害赔偿解释》(2001 年)的规定,继续保护这种人格利益。在这种情况下,法律不是对死亡人的姓名权进行保护,而是对其姓名的人格利益进行保护。结合本案,姓名权人鲁迅在死亡后,其姓名的人格利益仍然受到民法的保护。当鲁迅的姓名人格利益受到他人的非法侵害时,其独生子周海婴作为近亲属有权请求人民法院追究侵权行为人的侵权民事责任。因此,周海婴可以作为原告起诉。

关于被告是否构成侵权的问题,绍兴市中级人民法院认为:被告依法向主管机关绍兴县教育委员会批准登记"绍兴鲁迅外国语学校"名称,有其主管机关绍兴县教育委员会颁发的"中华人民共和国社会力量办学许可证"为凭。因此,根据我国原《民法通则》第 99 条第 2 款之规定,被告依法享有名称权,有权使用自己的名称。被告使用绍兴鲁迅外国语学校名称,并未以侮辱、诽谤、贬损、丑化或者违反社会公共利益、社会公德的其他方式侵害死者鲁迅的姓名。被告将鲁迅的民族精神发扬光大,属于正当使用,并非侵害鲁迅姓名的人格利益。原告的诉讼请求依法不能成立,法院不予支持。[1]

周海婴不服一审判决,以"一审法院定性错误"为由向浙江省高级人民法院提出上诉。上诉人周海婴认为,原审法院认定鲁迅人格利益仍应受法律保护,上诉人有权请求追究侵权行为人的侵权责任。但同时又认定被上诉人使用校名没有违反社会公共利益,属自相矛盾,也违反我国原《民法通则》的相关规定。2001 年 12 月 18 日,周海婴委托其子周令飞和律师与校方协商,后达成庭外和解。周海婴对校方使用鲁迅作为校名的目的表示理解和支持,学校聘请周海婴为名誉校长,周海婴有权监督学校的行为规范。同日,周海婴向浙江省高级人民法院提出撤诉申请,次日浙江省高级人民法院裁定同意上诉人撤回上诉。[2]

在"鲁迅姓名权案二"中,前身为延安鲁迅艺院的沈阳鲁迅美术学院 2000 年 6 月向国家商标局申请注册校名商标,对"鲁迅美术艺术学院"、"鲁迅艺术文学院"、"鲁艺"和"鲁迅美术学院"共 4 个校名进行了商标申请。消息传出后,鲁迅之子周海婴即以鲁迅的姓名权被侵犯为由,要求撤销鲁迅美术学院的商标注册申请。[3] 但同时周海婴也向国家商标局递交了由鲁迅头像和姓名组成的"鲁

---

〔1〕 参见朱妙春:《著名、疑难案代理纪实——朱妙春律师办案辑》,知识产权出版社 2004 年版,第 291 页。

〔2〕 参见朱妙春:《著名、疑难案代理纪实——朱妙春律师办案辑》,知识产权出版社 2004 年版,第 293 页。

〔3〕 参见《周海婴称鲁迅美术学院侵鲁迅姓名权》,载中国新闻网,http://www.chinanews.com/2001-04-03/26/82915.html。

迅”商标图案,申请注册“鲁迅”教育类商标及酒类商标。但两者的结果截然不同,商标局对鲁迅美术学院申请的使用在“学校(教育)”服务上的“鲁迅美术学院”商标予以初步审定,并于 2001 年 11 月 21 日予以商标注册。但原国家工商行政管理总局则在 2001 年 8 月 9 日正式告知媒体,周海婴向其申请注册“鲁迅酒”商标一案经初审予以驳回,国家商标局有关人士强调:名人商标是一种特殊的商标,要考虑社会影响。根据我国《商标法》第 8 条第 1 款第 9 项规定,商标容易引起社会不良影响的不予以核准通过。[1] 鲁迅作为历史名人在整个文学界、教育界有较高名望,因此在审查与鲁迅有关的商标时均要遵循不损害鲁迅在中国人民心目中的形象的基本原则,将他的名字作为商标用在商业活动中,易造成伤害人民对其的深厚感情以及引起不良社会影响的后果,因此是不合适的。[2]

从“鲁迅姓名权案一”中可以发现死者姓名上具有人格利益被法院所承认,但人格利益是否包括财产利益则并未明确,且对于死者姓名上人格利益的保护,法院依据是否违反社会公益来认定侵权,实质上是将死者人格利益的保护范围狭隘化。因为死者的人格利益作为一项私权首先保护私益,在认定上应首先考虑是否侵害了死者人格利益并因此而影响死者后人的利益,在此基础上要考虑到死者人格利益行使的边界受社会公益的影响。另外,如果以社会公益作为侵权与否的标准,那么一般死者与名人死者将受到不平等的保护,因为就其影响而,言对一般死者人格之侵害很难谓之侵犯了社会公益。最后,将把鲁迅的姓名注册为商标认定为侵害公益也是值得怀疑的。

“鲁迅姓名权案二”中,商标局核准鲁迅美术学院的商标申请[3],而对鲁迅

---

[1] 此为 1993 年修订的《商标法》条文,现行《商标法》(2019 年修订)则在第 10 条第 1 款第 8 项规定,有害于社会主义道德风尚或者有其他不良影响的标志不得作为商标使用。根据有关规定,对驳回申请、不予公告的商标,商标局应当书面通知商标注册申请人。商标注册申请人不服的,可以自收到通知之日起 15 日内向商标评审委员会申请复审,由商标评审委员会作出决定,并书面通知申请人。当事人对商标评审委员会的决定不服的,可以自收到通知之日起 30 日内向人民法院起诉。

[2] 参见《鲁迅长孙申请注册鲁迅酒遭驳回》,载新浪网, http://finance. sina. com. cn/money/consume8/20041201/10331193745. shtml。

[3] 有人指出商标局之所以核准鲁迅美术学院的商标申请,是因为姓名等人格不同于财产利益,其不可以继承,其后人不能直接对其姓名、笔名享有冠名权、转让权等权利,所以像鲁迅、老舍等著名文学家的名声也非其后人所能继承的。它的价值是由所处时代、主体的人格魅力、其作品的广泛影响等诸多因素所决定的,应属公共资源。另外,校方认为将含有“鲁迅”姓名的“鲁迅美术学院”作为校名有其历史成因和公益性质,用鲁迅先生的名字命名,是要“朝着鲁迅的方向”前进。参见《鲁迅之子注册“鲁迅酒”被驳回三大谜团终于解开》,载新浪网, http://finance. sina. com. cn/d/20010811/94287. html。

后人申请的“鲁迅酒”的商标进行审核时则以此种商标损害鲁迅在中国人民心目中的形象,引起不良社会影响为由而驳回。与法院的逻辑相似,以是否违反社会公益作为死者姓名上之利益保护的标准会造成与法院判决中同样的困境。因而死者姓名上的利益,尤其是财产利益该如何保护,仍值得推敲和研究。

综上所述,根据我国《民法典》第1014条的规定,这里的盗用,针对姓名而言,应当解释为未经允许的使用。依社会的一般观念,若他人未经姓名享有者允许而使用其姓名,因未造成姓名享有者的损害,一般是允许的。[1] 特殊的情况是未经允许的使用造成了姓名享有者名誉、隐私受侵害等,由于法律上对名誉权、隐私权已有规定,因而属请求权聚合。[2] 但由于姓名权属于人格权,不具财产内容的传统理论,使未经允许商业化利用姓名的问题在此受到困境,姓名是不是一项财产在我国法律上未有规定,实务中笼统地用姓名权来保护姓名上财产利益之见解是否合理以及是否有深刻的比较法上的依据,仍然是一个需要深究的问题。

三、姓名上财产利益保护的本土化制度设计

(一)域外法的总结与参考

1. 美国公开权模式

美国早期沃伦和布兰代斯论文的论证基础就是普通法的版权制度,只不过他们强调的是隐私的人格尊严方面,而不是隐私可能的劳动成果方面。但是最终公开权使问题回到了原点,即隐私到底是精神利益还是财产利益。早在1960年普雷瑟(Prosser)教授《论隐私》(Privacy)一文就试图将隐私的商业利用划归为其区分的四种侵犯隐私行为的第四种——为了被告的利益,盗用原告的姓名或肖像。[3] 盗用理论[4]也成为不承认公开权情形下保护人格商业利用的方式。然而布鲁斯丁(Bloustein)教授在《作为人类尊严的一个方面的隐私:对普雷

---

〔1〕 具体的情况如取相同的名字,或未经姓名享有者允许而使用姓名但未造成损害的,如只是造成了姓名享有者正面或中性的评价,但刘文杰认为这也构成侵权,实则未弄清侵权需损害结果之存在为必要,详见刘文杰:《民法上的姓名权》,载《法学研究》2010年第6期。

〔2〕 刘文杰认为此时姓名权等只起兜底保护的作用。参见刘文杰:《民法上的姓名权》,载《法学研究》2010年第6期。这有违权利规定的本质,通过侵害姓名的方式达到侵害对方名誉的目的实际上同时侵害了姓名权和名誉权,这属于请求权的聚合。

〔3〕 参见王泽鉴:《人格权的具体化及其保护范围:隐私权篇》(上),载《比较法研究》2008年第6期。

〔4〕 但是普雷瑟(Prosser)认为讨论这项权利是否可以划分为财产权毫无意义,即使它本不是一项财产权,这项权利一旦受到法律保护,就成为一项有价值的权利,而原告可以通过出售许可的方式享有这种权利。

瑟院长的回答》一文中则提出了不同看法，其认为对于姓名、肖像的商业利用本身会带来对人格和尊严的羞辱、侮辱或贬损；并且认为财产只有在所在的社会保证个人能行使的对抗一切世人的支配和利用该财产的权利时才能成为交易的商品，因而隐私本身没有固有的商业价值。之所以允许个人阻止对其的人格商业化，不是因为其有商业价值，而是由于如果个人不享有这项权利，就是对人类尊严的贬损。[1] 布鲁斯丁（Bloustein）试图将人格尊严和财产利益统一在隐私权的概念之下，并且财产利益只是放弃隐私的附属利益。早期对公开权发展的不重视是有理由的，人格上精神利益与财产利益的区分实际上不是处处可行的，主要的问题是人格商业利用本身是一个混合型的问题，尤其是非名人的人格被商业利用，其受到更多的伤害是精神上的，而非财产上的。[2] 因而试图将人格商业利用所遭受的损害精确地划分为精神损害和财产损害是过于理想化的。在名人情形下，由于存在一个类似的人格商业化的市场，因而以公开权作为协调在保护财产利益上是有其借鉴之处的，但这并不意味着侵犯隐私权和侵犯公开权可以因此而清晰地区分。事实上，正如公开权的主要评述者麦卡锡（McCarthy）所言，若法院承认一种独特的法律权利，其损害赔偿金可以根据精神损害和商业损害的加总衡量，美国法律会更具有内在和谐性。同我们目前存在的“独立的”公开权和盗用范畴内的隐私权相比，情况可能会显得更为容易。[3]

2. 德国一般人格权模式

德国的一般人格权是一个包容性的概念，这与德国人格权发展的进路有关。以物权为中心构建的民法典排斥非物质损害的赔偿请求（与罗马法上伤害诉讼法相反[4]），这导致了在人格权保护方面的不足。而在经历战争的洗涤和全球化的以人为本哲学的浸染后，人格保护成为法治国家的必然。德国的司法能动主义以及法院的独立性和权威性都为一般人格权的发展提供了必要的条件。虽然《德国民法典》对姓名权作出了具体规定，但针对财产利益，尤其是死者人格上财产利益时，德国法院解决问题的路径依赖于一般人格权的扩大解释，而将民

---

〔1〕 Edward Bloustein, *Privacy as an Aspect of Human Dignity: An Answer to Dean Prosser*, 39 N. Y. U. L. Rev. 962, 987 (1964).

〔2〕 在商业发展过程中，除了通过名人进行商品宣传外，还有非名人的消费者体验式的宣传。如某壮阳药厂商，将一个普通人服药得到治疗的过程用于宣传并利用了其姓名、肖像等，则此处侵犯的更多的是精神利益，但却是人格强制商业化的行为。——笔者释

〔3〕 J. Thomas McCarthy, *The Rights of Publicity and Privacy*, 2d. ed., 2006, p. 26.

〔4〕 罗马法上伤害诉讼对人身、尊严和名誉有一个三位一体的保护。详见 H. Beverley - Smeth, A. Ohly and A. Lucas - Schloetter, *Privacy, Property and Personality*, Cambridge, p. 141 - 142。

法典中的姓名权限缩,这是基于一般人格权作为一个包容性的概念可进行总体囊括这一特征的合理选择。虽然在一般人格权模式下死者人格上财产利益的保护面临是否可以继承的问题,但随着不当得利法的发展,此问题也将得到缓和。因而一般人格权在德国的法律和社会背景中是可行的,但在我国并不必然。

3. 启示

在我国现有的人格权体系中,创设美国法上的公开权并无必要。一是我国属大陆法系国家,参考的法律多为德国法律,在权利体系中公开权的创设空间较小;二是通过解释的方式及未来立法的方式,亦可起到保护姓名上财产利益的目的。更为重要的是,我国没有公开权发展的社会根基。公开权在美国产生的社会根基是公司力量成为国家的中坚力量,在市场经济和功利主义的哲学的影响下,对姓名等人格特征进行商业利用并支付对价成为商业惯例。而且公开权本身的困境(无法在精神利益和财产利益之间划出一条泾渭分明的界限)也使移植本身将是可预期的艰难任务。

我国法律在形式上对人格权的保护是完备的,这不同于德国发展一般人格权时的情形。借鉴一般人格权的模式在现在看来也是不切实际的,但姓名等人格特征商业化利用的问题是实际存在的。从各国对姓名上利益保护的历史来看,其一般从一元模式出发发展出二元保护的模式(即使是德国的一般人格权模式,实际上也是与姓名权本身的保护区分的),这种二元模式主要是受前模式保护利益的单一和不足所致。但我国对姓名权已经有明确的规定,问题在于如何通过解释姓名权的性质与内涵,达到对姓名上财产利益保护的目的,因而在此情况下,我国应当采取一元保护的模式。

(二)以姓名权为原则

1. 案例再检讨

从我国的案例来看,司法实践中试图用姓名权来涵盖姓名上精神利益和财产利益的保护,但同时缺乏明确的说理而导致姓名上财产利益保护的模糊性。从法院判决的结果来看,未明确区分经济损失赔偿和精神损害赔偿,实际上是法院无法从规范中找到直接依据的妥协,同时对未经许可商业利用姓名等人格要素所侵害的精神利益和财产利益也很难做出明确的区分。这实际上表明了死者姓名上精神利益与财产利益间存在密不可分的关系,在侵害姓名上财产利益时也极有可能侵害其上的精神利益,如前述将姓名用于在有损其享有者形象的商品之上(如将形象阳光的歌手的姓名用于止泻药),因此通过姓名权对姓名上财产利益和精神利益进行一体化保护是更切实际的选择,只是需要对姓名权的内涵进行进一步地剖析，以此明确姓名权对精神利益和财产利益的同等保护。

2. 规范基础

原《民法通则》第120条规定："公民的姓名权、肖像权、名誉权、荣誉权受到侵害的，有权要求停止侵害，恢复名誉，消除影响，赔礼道歉，并可以要求赔偿损失。"这里的损害赔偿具体包括什么并未言明。《民法典》第995条规定的人格权请求权亦未明确。随着国际民事立法的发展，对精神损害追究民事赔偿责任的问题已为越来越多的国家所重视和确认，我国《精神损害赔偿解释》(2001年)第1条规定，自然人因下列人格权利遭受非法侵害，向人民法院起诉请求赔偿精神损害的，人民法院应当依法予以受理：生命权、健康权、身体权；姓名权、肖像权、名誉权、荣誉权；人格尊严权、人身自由权。违反社会公共利益、社会公德侵害他人隐私或者其他人格利益，受害人以侵权为由向人民法院起诉请求赔偿精神损害的，人民法院应当依法予以受理。2009年公布的《侵权责任法》第22条进一步规定："侵害他人人身权益，造成他人严重精神损害的，被侵权人可以请求精神损害赔偿。"《民法典》第996条更是肯认了违约精神损害赔偿请求权。姓名权之类的无形人身权利一般而言不会受到物质性的损害，因而请求精神损害赔偿为通常的救济途径。但姓名，尤其是社会名人的姓名蕴含着巨大的商业价值，侵权人对名人姓名权进行侵害就是想通过侵权行为为自己牟利。因此对侵害名人姓名权的行为处以赔偿物质损失，一方面可以更好地填补姓名权人的损害，另一方面也起到对侵权者的惩戒作用，对于名人姓名权保护的力度也更大。因而从解释上看，"赔偿损失"包括精神性赔偿和物质性赔偿。

另外，《民法典》第1182条进一步规定："侵害他人人身权益造成财产损失的，按照被侵权人因此受到的损失或者侵权人因此获得的利益赔偿；被侵权人因此受到的损失以及侵权人因此获得的利益难以确定，被侵权人和侵权人就赔偿数额协商不一致，向人民法院提起诉讼的，由人民法院根据实际情况确定赔偿数额。"此处侵害他人人身权益造成的财产损失并未明确是直接损失还是间接损失，从损失的计算方式来看，侵权人获益作为一种方式表明了侵害他人人身权益直接获益的可能性，因此对于该条中"财产损失"也可以解释为包含未经许可商业利用姓名等人格要素侵害姓名权等权益造成的财产损失。

3. 理论基础

姓名权的客体是姓名，但同一客体上可以存在多种利益，明显的例子是知识产权中的著作权，著作权的客体是智力劳动的成果，但其上既包含人身利益（精神利益），也包括财产利益，同样姓名权的客体姓名上精神利益和财产利益可以共存。因而以姓名权为原则对姓名上的精神利益和财产利益进行统一保护有其合理性。问题的关键在于姓名权体现财产利益,那么其是否冲击了人身权和财产权二元区分的理论体系?实际上,权利是法律赋予人实现其利益的一种力量,这种力量存在一定的边界,即权利行使的界限。但是权利的划分不是对权利边界的划定,权利的划分只是一种理论研究的手段,是人们更好理解权利的方式。然而权利随着社会的变化而不断变化,传统的权利划分会束缚权利体系的完善。权利的价值在于自由,其最终归属在于自由实现利益并对利益加以保护。设立姓名权的目的就是自由实现姓名利益并保护姓名利益。而姓名利益的实现依赖于姓名权的具体权能,因此根据《民法典》第1012条、第1014条的规定,可以对姓名权构架起一个利益与权能的体系,见表2-3。

表2-3 姓名权构架起的利益与权能体系

积极权能	利益	消极权能
自由决定(含更改)	自由利益	防止干涉
自由一般使用	同一性利益	防止冒用
自由商业使用	商业利益	防止盗用

根据这一体系,姓名权所保护的利益包括自由利益(此更多的是对抗公权的作用,即对姓名行政管制的对抗)、同一性利益(对身份一致性的要求,如冒用他人姓名发表粗俗、低劣的文章,造成他人受到嘲讽等)、商业利益(姓名上财产利益,通过对姓名的商业利用,如进行广告宣传等从而达到一定的商业目的)。这三种利益都可以在姓名权之下得到保护,且客体的一致性,同一行为可能导致多种利益受到侵害,由此损害赔偿的范围也将不同,此时需要根据案件的具体情况进行具体裁判。

另外需要注意的是姓名、肖像等往往会在案件中一并受到侵害,这与姓名、肖像符号表征实体的特征有关。但某人将某演员肖像悬挂于具有非营利性质的公厕门上,此时显然不是为了侵害其肖像权,更有可能是为了侵害演员的名誉权、隐私权等,因而肖像权在现行的法律体系中与姓名权一样保护的范围是兜底的[1],通过姓名、肖像侵害他人名誉、隐私的,应由名誉权和隐私权保护。但对姓名和肖像的商业利用却不能依靠其他权利来保护,姓名、肖像等人格要素体现

〔1〕 关于姓名权的兜底保护的详细论述详见刘文杰:《民法上的姓名权》,载《法学研究》2010年第6期。

出的财产利益仍需统括在姓名权、肖像权的保护之下，这与《民法典》第 993 条、第 1012 条、第 1018 条和第 1023 条的规定是一致的。虽然对名人而言肖像本身就表征了姓名，但姓名仍是一种单独存在的法益，这与姓名的文字言语有关。技术的发达，尤其是网络技术的发展，使文字与图形能够同时传播，但在现实宣传中，口头与书面文字的宣传仍是不容忽视的，此时肖像并不能取代姓名的作用，因此姓名的商业利用仍有单独保护的必要。

（三）死者姓名上财产利益保护的协调

对于死者姓名上财产利益问题主要是该利益是否得以继承，以及继承后如何保护的问题。前一问题涉及权利行使的主体，后一问题涉及权利行使的限制以及权利保护的期限。对此，《民法典》第 992 条与第 994 条有所回应。

1. 权利行使的主体

按照传统的民法理论，人的权利能力始于出生终于死亡，但是权利和利益是不同的，利益是可以存续的，只是需要新的权利架构进行调试。权利的实质是实现利益的力量，是一种行为的资质，人死后，行为不复存在，但并不代表利益的消亡。对死者人格利益的保护实际上是对死者人格尊严的维护，从德国对死者人格利益保护的立场来看，从"俾斯麦遗体偷拍案"的"鸵鸟政策"[1]，到 Marlene Dietrich 案[2]对死者人格利益保护的承认，人格尊严的保护成为死者人格利益保护的归结点。人格上财产利益与精神利益相联，对死者人格上财产利益的保护是生者的期望，也是对死者最后尊严的维护，更是法治国家的必然选择。然而利益犹存，主体已亡，利益的维护需要法律拟制新的代位主体，依据死者人格上精神利益和财产利益的性质界分，法律将死者人格上精神利益交由其近亲属行使，而将死者人格上财产利益交由其继承人行使。因此，姓名上的财产利益可以通过继承方式继续得到保护，死者姓名上财产利益的行使主体一般按照继承的方式处理。《民法典》第 992 条虽然规定人格权不得继承，但人格权上的财产利益不在其列。此外，《民法典》第 994 条确认了死者"配偶、父母、子女"以及"其他近亲属"的请求权主体资格。此外存在一些特殊情形，具体包括：(1)死者生前制定了其人格上财产利益保护和行使的对象，如作家或画家将自己的画作以及姓名等交由指定的人员管理，这时行使的主体不再是继承人；(2)死者生前将自己所有的财产利益都遗赠给他人的，由受赠人行使权利；(3)不存在继承人的时候，该姓名上的利益成为公共财产，但在行使上受到死者精神利益保护以及不

---

〔1〕 参见张红：《基本权利与私法》(第 2 版)，法律出版社 2020 年版，第 217－218 页。

〔2〕 BGH 1. 12. 1999 (1999).

正当竞争法等法律的规制。

2. 权利行使的限制

由于姓名上财产利益与精神利益是密切联系的,单纯地分割是不可行的,综合来看,死者姓名上财产利益的行使受到以下限制:

(1)由于姓名上财产利益与精神利益的紧密联系,死者姓名上财产利益的行使不能侵害死者姓名上的精神利益,同时也不得违背死者生前明确和可推知的对姓名商业利用的意思。这也是对死者人格上利益保护的协调,由于死者人格上的精神利益的行使者是死者的近亲属〔1〕,因此继承人在行使死者姓名上财产利益时应当考虑死者人格上的精神利益,以此得到协调。但这并不意味着继承人对死者姓名上财产利益的行使需要得到近亲属的同意,因为继承人权利的行使不一定会损害死者人格上的精神利益,同时近亲属可能存在恶意阻挠的意图或行为,这有可能违背死者生前希望继承人利用此权利获益从而得到生活保障的意愿。

(2)死者姓名上的财产利益不能作为债务或破产强制执行的对象(无论是死者的债务还是其继承者的债务),但是如果死者姓名上的财产利益已经转化为一项报酬请求权或损害赔偿请求权,这些金钱债权则可以成为执行的对象。由于姓名上财产利益与精神利益的紧密联系,姓名上财产利益通常是以一种消极形态出现的,其在转化之前并不表现出积极的财产利益,因而在转化之前并不适合强制执行。

(3)死者姓名上的财产利益授权给商业利用者使用时,不能同时许可给多个人使用,因为此时死者姓名上的财产利益作为一项财产不能同时由两个人使用,否则会造成商家的不正当竞争。

3. 权利保护的期限

由于死者姓名上财产利益与精神利益的密切关系,其类似于著作权的性质,因而保护的期限可以参考著作权的保护模式,这也被美国和德国所采纳。〔2〕因此类推适用我国《著作权法》第 23 条的规定,对死者姓名上财产利益的保护期

〔1〕 死者人格精神上利益的保护有“直接说”和“间接说”,但其行使者都是死者近亲属应无疑问。具体可参见张新宝:《名誉权的法律保护》,中国政法大学出版社 1997 年版,第 36 - 37 页;葛云松:《死者生前人格利益的民法保护》,载《比较法研究》2002 年第 4 期;张红:《死者人格精神利益保护:案例比较与法官造法》,载《法商研究》2010 年第 4 期;王叶刚:《论侵害死者人格利益的请求权主体——兼评〈民法典〉第 994 条》,载《清华法学》2021 年第 1 期。

〔2〕 如前所述,“美国学说多采取与知识产权相同的保护模式,即死后 50 年的保护期限,这被多数州采纳”,“德国法院类推使用了对非物质性利益的 10 年保护期的做法”。

限为50年。

但是即使确定了保护期限,如果在此期限内已经将死者的姓名商业化,如注册为商标,那么保护期限届满后,该如何保护该商标呢?一般认为过了保护期限,死者姓名已经成为社会公共资源,每个人都有利用的权利,但是在使用死者姓名时还要受到公序良俗和诚实信用原则以及社会公益等因素的影响。已注册的商标则受到知识产权法和不正当竞争法的规制和保护,其理论基础是:对于那些积极对死者人格商业化的,其权利的形态是扩展的,保护期限届满后可以通过版权、商标等获得另一种形式权利的保护;而那些消极对待死者人格商业化的(不愿将死者姓名商业化,如注册为商标等),其权利形态是防御的,那么保护期限可以提供一个绝对防御的期限,而期限届满后只能获得相对的防御,即在民法权利行使的一般限制中得到保护,如公序良俗和诚实信用原则以及社会公益等。

(四)损害赔偿的具体计算

此前的《民通意见》第151条规定:"侵害他人的姓名权、名称权、肖像权、名誉权、荣誉权而获利的,侵权人除依法赔偿受害人的损失外,其非法所得应当予以收缴。"从此条来看,我国承认了姓名、肖像等人格特征蕴含的财产价值,此处的"获利"无论是直接的还是间接的都表明了人格特征蕴含潜在的财产利益,但在保护上,却只承认"适当赔偿受害人的损失",此处的损失除了为消除姓名权、肖像权被侵害而支出的费用外,是否包括了姓名等之上的财产利益不得而知,而"非法所得"显然是侵害姓名权、肖像权等的获利,此处的"收缴"沿袭了我国计划经济时代的立法特征,对于一些权属不明的权益持一律采取收缴的态度,如《民法典》第318条规定遗失物自发布招领公告之日起1年内无人认领的,归国家所有。原《合同法》第59条规定当事人恶意串通,损害国家、集体或者第三人利益的,因此取得的财产收归国家所有或者返还集体、第三人。[1] 这显然不符合市场经济下保护个人权利的时代特征,但原《民通意见》第151条的规定也反映了姓名等人格上财产利益保护的困境,即姓名上财产利益往往是潜在的,这种潜在的利益只有被新的权利行使证明方可体现出真正的财产价值,如姓名被注册为商标,姓名被广泛地用于广告宣传,姓名被用于产品市场使用情况的调查中等。姓名上潜在财产利益转化为真正财产价值的过程中,加害人本身也付出了一定的劳动,但因为其劳动行为本身含有违法因素,因而得不到法律的承认。然

---

〔1〕 此处的"或者"表明即使侵害的是集体或第三人的利益亦可收归国家所有。

而加害人的获利除了强制商业利用他人姓名外,还付出了自己的其他劳动,如产品研发、产品生产、生产调查、销售等,因而加害人通过强制商业化利用他人姓名而获利并不能简单同其商品销售的获利等同。这里面涉及一个姓名上财产利益如何评估的问题,即姓名被强制商业利用后,商业的获利多少是因为姓名的缘故。因为我们知道一项商品卖得好,除了名人的宣传效应外,商品自身的品质也是至关重要的。

因而在新的法律规定出台之前,可将原《民通意见》第151条的“适当赔偿”理解为“合理赔偿”,而将非法所得收缴的规定删除,因为加害人的获利并非全部包含非法因素。“合理赔偿”体现了法官自由裁量的权利,但其原则是如果存在姓名商业利用的市场,则按照市场价格进行赔偿,如已经有名人将其姓名、肖像等商业用于某类商品,则可按以前的商业化案例,综合行业、品牌知名度、销售范围等进行赔偿或者按照该商品先前的姓名、肖像等人格商业化利用的案例来进行赔偿。若没有这样的一个市场,则按照类似知名度、影响力的人代言、宣传同类商品的价格来进行赔偿。

另外,《民法典》第1182条规定:“侵害他人人身权益造成财产损失的,按照被侵权人因此受到的损失或者侵权人因此获得的利益赔偿;被侵权人因此受到的损失以及侵权人因此获得的利益难以确定,被侵权人和侵权人就赔偿数额协商不一致,向人民法院提起诉讼的,由人民法院根据实际情况确定赔偿数额。”若将这一条“财产损失”解释为包括人格上财产利益的损失,那么损害赔偿的计算中,按获益计算实际是很困难的,因为侵权人对人格上财产利益的侵害并不一定是获利的全部原因,如前所述,名人姓名、肖像等人格要素商业利用的宣传作用固然对商品销售的好坏产生影响,但并不是全部的原因。而“侵权人因此获得的利益”中的“因此”二字表明了获益需要相当的关联性。[1] 因此最终在无法确定被侵权人受到的损失时,法官的自由裁量至关重要。

为了更好地说明损害赔偿的计算方式,可以对受侵害人进行类型化处理,根据不同类型受侵害人的状况,得出损害赔偿计算的不同方式,如表2-4所示:

---

〔1〕 而如果对于“侵权人因此获得的利益”中的“因此”二字作扩张解释,则可认为此处的损害赔偿是惩罚性的,但由于缺乏故意的要件,似乎仍不是很妥当。——笔者释

表 2－4　不同类型受侵害人的损害赔偿计算方式

类型	姓名被商业化利用意愿	赔偿范围	是否存在商业化的案例①	赔偿计算方式
名人	愿意	财产利益	是	同类市场价格计算②
			否	类似市场价格计算③
	不愿意	财产利益 精神利益（需举证且严格）④	是	同类市场价格计算 精神抚慰金按举证
			否	类似市场价格计算 精神抚慰金按举证
普通人	愿意	财产利益	一般普通人不存在商业化的案例，因而也就不存在任何市场价格	合理授权契约价格⑤
	不愿意	财产利益 精神利益（需举证但较宽松）⑥		合理授权契约价格 加大精神抚慰金赔偿

①确定市场价格的依据是是否存在姓名被商业化的案例。

②根据以前的商业化案例，综合行业、品牌知名度、销售范围等确定该类商品上将姓名、肖像等商业化的市场价格进行损害赔偿的计算。

③因不存在商业化的案例，因而只能按照类似知名度、影响力的人代言、宣传类似商品的价格来进行损害赔偿的计算。

④对于名人而言，其不愿意将姓名商业化进而主张精神损害赔偿时，如果其姓名、肖像等已经有商业化的先例，只是不愿用于某特定商品，那么其必须举证用于该特定商品造成了其严重的精神损害。

⑤由于不存在任何的市场价格可供参考，因而法官只能依据合理授权的契约进行自由裁量。

⑥对于普通人而言，由于其姓名在违背意志的情况下被曝光，其很有可能受到严重的精神打击，因而在举证责任上比起名人而言较宽松，但仍需必要的举证，同时由于根据合理授权的契约进行的赔偿一般仍较低，因此可以通过加大精神抚慰金的赔偿达到合理赔偿的目的。

死者姓名上财产利益被侵害时的损害赔偿一般按照生者的方式进行计算，但需要综合死者生前明确或可推知的意愿以及权利行使者的意愿，以此保证举证和赔偿的合理性。

第三章　肖像权

第一节　问题的提出

肖像权为人格权之一种。[1] 随着依法治国进程的不断加快，自然人的权利意识日渐增强，肖像权的保护越来越受重视，纠纷也越来越多。在当今社会"眼球经济"需求扩大和电子科技进步的背景下，肖像特别是公众人物的肖像越来越容易被获取和传播，并被广泛用于商业活动，其隐藏的巨大经济价值被发现并利用，因此而产生的肖像权侵权纠纷更是日益增多，并呈现类型多样化的趋势。有关肖像权法学建构的目标在于确立人与图片的同一性，这种同一性是如此的独一无二，就如同所有权一样。[2] 就现行立法和司法实务来看，立法模糊、司法标准不一等问题仍旧突出，学术界仍需努力以资完善。

从中国历史上第一部民法草案——1911 年《大清民律（草案）》算起，中国民法已经走过了 100 多个春秋，而人格权制度自中国民事立法开始即作为其中的重要一部分，亦历经百年的曲折发展。虽然中华人民共和国成立初期的数个民法草案未将肖像权考虑在内，但在改革开放的经济背景下，随着个人权利意识的觉醒以及摄影技术、传播媒体和名人现象的发展，至 20 世纪 80 年代，民事立法终于将肖像权作为一种具体的人身权纳入保护范畴。[3] 尽管 1982 年民法草案

---

〔1〕 参见［德］克雷斯蒂安·冯·巴尔：《欧洲比较侵权行为法》，焦美华译，法律出版社 2001 年版，第 70 页；［日］五十岚清：《人格权法》，［日］铃木贤、葛敏译，北京大学出版社 2009 年版，第 129 页；王泽鉴：《人格权法——法释义学、比较法、案例研究》，北京大学出版社 2013 年版，第 139 页；王利明：《人格权法研究》，中国人民大学出版社 2018 年版，第 422－423 页；姚辉：《人格权法论》，中国人民大学出版社 2011 年版，第 161 页；张红：《人格权总论》，北京大学出版社 2012 年版，第 196 页。

〔2〕 参见［德］法比安·施丹豪尔：《肖像权的起源：法学建构与早期图片科学法》，袁治杰译，载《法哲学与法社会学论丛》总第 18 卷，法律出版社 2013 年版，第 107 页。

〔3〕 参见何勤华、李秀清、陈颐主编：《新中国民法典草案总览》（下卷），法律出版社 2003 年版。1980 年 8 月 15 日《中华人民共和国民法草案（征求意见稿）》第 23 条第 2 项：公民的姓名权、名誉权、肖像权、著作权、发现发明权等人身权受法律的保护，任何人不得侵犯。

最终未能颁布实施,但立法者的努力可见一斑。我国现行的法律规范中涉及肖像权的立法主要包括:《民法典》人格权编第四章“肖像权”6个条文、《妇女权益保障法》第42条、《广告法》第25条。此外,最高人民法院司法解释及复函和相关部门规章就肖像权的使用问题亦加以规制。〔1〕

近30年来学者对肖像权之研究逐渐增多,既有宏观框架之思考〔2〕,也有解剖麻雀之笔触——如侵犯肖像权之加害行为类型〔3〕、肖像权之客体〔4〕、集体肖像〔5〕、死者肖像保护〔6〕等。然林林总总,不难发现三个特点:一为研究层次偏低,学者专文论述不多,重要刊载较为缺乏;二为研究热度退却,相对于其他具体人格权,如名誉权、隐私权,其受重视程度不够,尚无肖像权之专著;三为研究区间破碎,原《民法通则》颁行前后之研究多为肖像权保护之一般性问题,囿于彼时判例学说缺乏,现今之参考价值已然减弱。

司法实务中,《最高人民法院公报》1987年第1期公布的“卓某红诉孙某西、重庆市乳品公司侵犯肖像权纠纷案”是第一则人格权标志上的经济利益损害赔偿之诉,该案件的处理结果表明了司法实践中对肖像上经济利益保护的认可。此后的“叶某诉安贞医院、交通出版社、广告公司肖像权纠纷”〔7〕“蓝某野诉北京天伦王朝饭店有限公司和北京电影制片厂纠纷”〔8〕“张某芝诉江苏东洋之花

---

〔1〕《民通意见》第139条;《精神损害赔偿解释》(2001年)第1条、第3条;广播电视部《关于音像出版、发行工作中若干问题的通知》等。

〔2〕参见杨桂芳:《试论对侵害公民肖像权案件的审理》,载《法学评论》1988年第1期;吕彦:《公民肖像权若干问题探讨》,载《现代法学》1990年第4期;浦增平:《肖像权保护模式的比较研究》,载《法律科学(西北政法学院学报)》1992年第4期;李永军:《肖像权在中国法上的保护》,载《第九届“两岸民法论坛——海峡两岸民法典学术讨论会”论文集》(未出版),2011年6月。

〔3〕参见杨立新、尹艳:《侵害肖像权及其民事责任》,载《法学研究》1994年第1期;王兰萍:《对侵犯肖像权认定的思考——兼谈〈秋菊打官司〉的官司》,载《法律科学(西北政法学院学报)》1995年第6期;王成:《侵犯肖像权之加害行为的认定及肖像权的保护原则》,载《清华法学》2008年第2期;张红:《“以营利为目的”与肖像权侵权责任认定——以案例为基础的实证研究》,载《比较法研究》2012年第3期。

〔4〕参见隋彭生:《论肖像权的客体》,载《中国法学》2005年第1期。

〔5〕参见郭发产:《“集体肖像权”的法律问题——析姚明与可口可乐公司肖像权纠纷案》,载《法学》2003年第6期。

〔6〕参见朱妙春:《死亡人肖像权初探——鲁迅肖像权案评析》,载《法学》1998年第8期;张红:《死者人格精神利益保护:案例比较与法官造法》,载《法商研究》2010年第4期;张红:《死者生前人格上财产利益之保护》,载《法学研究》2011年第2期。

〔7〕《最高人民法院公报》2003年第6期。

〔8〕北京市东城区人民法院民事判决书,(2002)东民初字第6226号。

公司"[1]等案件,在不断明确肖像权保护的同时,更是就肖像权纠纷涉及侵权构成要件、侵权行为赔偿数额、不同侵权行为竞合的认定等问题予以一一明晰,以法官造法为路径不断完善我国肖像权保护的立法现状。法的生命在于其自我实践,此乃生活与法的互动发展。法的价值不是纸上正义,而是法本身实践于生活之中。良法的生命源于司法的经验与实践。因此,本书以北大法意为信息库搜集了近200多例有关肖像权侵权纠纷的案例,并从中选择了具有典型意义的30例作为分析样本,深度剖析有关肖像权纠纷中涉及的法律问题,如表3-1所示。

表3-1　30例具有典型意义的肖像权纠纷案

编号	案例名称及来源	法律焦点	裁判结果
1	"叶璇案" 《最高人民法院公报》 2003年第6期,第21-22页	肖像的认定	一审:驳回原告诉讼请求 二审:驳回上诉,维持原判
2	"李海峰案" 《最高人民法院公报》 2007年第2期,第33-38页	合理使用; 肖像权与名誉权	一审:名誉权侵权成立,赔偿精神抚慰金;使用肖像不构成侵权 二审:驳回上诉,维持原判
3	"卓小红案" 《最高人民法院公报》 1987年第1期,第23页	经济赔偿; 营利为目的	调解结案。协议:停止侵权、赔偿经济损失
4	"张柏芝案" 《人民法院案例选》 2006年第4辑	经济赔偿	一审:停止侵权、赔礼道歉、赔偿损失 二审:权利竞合依当事人主张为准,驳回上诉,维持原判
5	"任莹案" 《人民法院案例选》 2000年第1辑	肖像权与著作权; 营利为目的	消除影响、恢复名誉、赔偿精神损失。著作权人未经本人同意使用其肖像,构成侵权;以营利为目的非肖像权侵权要件

〔1〕 安徽省合肥市高新技术产业开发区人民法院民事判决书,(2003)合高新民一初字第137号。

续表

编号	案例名称及来源	法律焦点	裁判结果
6	“缪燕案” 《人民法院案例选》 2004年民事专辑	营利为目的; 肖像权与著作权	一审:停止侵权、赔偿精神损失。营利为目的不等于实际盈亏,发表应经肖像权人同意 二审:维持原判,驳回上诉
7	“贝贝案” 《人民法院案例选》 2002年第3辑	营利为目的; 损失赔偿	一审:停止侵权 二审:停止侵权、赔礼道歉、赔偿精神损失
8	“陈立中案” 北京市海淀区人民法院(1996)海民初字第2498号民事判决书	营利为目的; 肖像权与名誉权	赔礼道歉、赔偿精神损失
9	“长沙市威威婴儿用品案” 湖南省长沙市东区人民法院(1994)东民初字第93号民事判决书	损失赔偿	一审:停止侵权,赔偿经济损失 二审:撤销一审判决,同意被告对原告的自愿补偿
10	“阿衣木汗·阿不拉案” 新疆维吾尔自治区吐鲁番市人民法院(1995)吐市法民初字第3号民事判决书	肖像的认定	一审:驳回诉讼请求 二审:驳回上诉,维持原判
11	“陈雯瑜案” 上海市静安区人民法院(1997)静民初字第1696号民事判决书	营利为目的; 合理使用	驳回诉讼请求。新闻宣传报道使用肖像,非以营利为目的不构成侵权
12	“韩留贵案” 云南省昆明市中级人民法院(2002)昆民三终字第535号民事判决书	营利为目的; 合理使用	一审:停止侵权、赔礼道歉、赔偿精神抚慰金 二审:驳回上诉,维持原判
13	“臧天朔案” 北京市第二中级人民法院(2002)二中民终字第397号民事判决书	营利为目的; 经济赔偿	一审:停止侵权、赔偿精神抚慰金,两被告承担连带赔偿责任 二审:驳回上诉,维持原判

续表

编号	案例名称及来源	法律焦点	裁判结果
14	"杜久案" 黑龙江省哈尔滨市南岗人民法院(1994)南民字第 2261 号民事判决书	营利为目的; 损失赔偿	一审:停止侵权,赔偿经济损失 二审:驳回上诉,维持原判
15	"贾桂花案" 北京市海淀区人民法院(1993)海民初字第 3991 号民事判决书	合理使用	一审:驳回诉讼请求 二审:原告撤诉
16	"莫少聪案" 福建省泉州市中级人民法院(2005)泉民终字第 1178 号民事判决书	侵权构成要件; 损失赔偿; 肖像共同侵权	一审:停止侵权、赔礼道歉、赔偿损失,三被告负连带责任 二审:美多公司停止侵权、赔礼道歉、赔偿损失,另两被告不负连带责任
17	"刘德华案" 上海市中级人民法院(1993)沪中民初字第 73 号民事判决书	侵权构成要件	调解结案。停止侵权、赔礼道歉
18	"蓝天野案" 北京市东城区人民法院(2002)东民初字第 6226 号民事判决书	肖像权与著作权; 集体肖像; 营利为目的	支付肖像使用费、赔偿损失费。二被告的行为不构成侵犯肖像权
19	"乔义平案" 陕西省榆林地区中级人民法院(1995)榆民初字第 15 号民事判决书	合理使用; 营利为目的	一审:驳回诉讼请求 二审:驳回上诉,维持原判
20	"石油管道报社案" 河北省廊坊市中级人民法院(1999)廊民终字第 168 号民事判决书	侵权构成要件	一审:赔礼道歉、赔偿精神损失 二审:驳回上诉,维持原判
21	"卓玛案" 内蒙古自治区呼和浩特市回民区人民法院(1994)回民初字第 527 号民事判决书	肖像权与著作权; 死者肖像利益保护	驳回诉讼请求。不构成肖像权侵权

续表

编号	案例名称及来源	法律焦点	裁判结果
22	“杨顺英案” 云南省昆明市中级人民法院(2001)昆民初字第29号民事判决书	合理使用; 经济赔偿	侵犯肖像权,赔礼道歉。云南日报社不构成侵权
23	“吴穗湘案” 广东省广州市白云区人民法院(2000)云法民初字第1470号民事判决书	营利为目的; 侵权构成要件; 损失赔偿	赔礼道歉、赔偿精神损失
24	“王金荣案” 北京市崇文区人民法院(1999)崇民初字第1189号民事判决书	死者肖像利益保护	停止侵权、赔礼道歉、赔偿精神损失
25	“华赞案” 《人民法院案例选》 2001年第4辑	集体肖像	驳回诉讼请求。个人特征难以在集体肖像中凸显,故丧失其人格权存在之基础
26	“刘翔诉精品报社案” 北京市第一中级人民法院(2005)一中民中字第8144号民事判决书	营利为目的; 合理使用	一审:驳回诉讼请求,未构成侵权 二审:撤销原判。精品报社赔礼道歉、赔偿精神损失,另外两被告不构成侵权
27	“姚明诉可口可乐案” 中国民商法律网	集体肖像	原告撤诉。和解
28	“张馨予‘被丰胸’案” 北京市朝阳区法院网	侵权构成要件	赔礼道歉、赔偿经济损失和精神损失
29	“鲁迅肖像权案” 最高人民法院答复意见〔1998〕民他字第17号	死者肖像利益保护	调解结案。停止侵权、赔偿损失、赔礼道歉
30	“姚明诉武汉云鹤体育案” 湖北省高级人民法院(2012)鄂民三终字第137号民事判决书	损失赔偿	一审:停止侵权、赔礼道歉、赔偿经济损失30万元 二审:改判赔偿经济损失100万元

上述案例所反映的问题也正是学术界有关肖像权研究的主要问题:

1. 肖像权保护的客体〔1〕。客体是人格权研究中不可回避却又争论不休的问题,具体到肖像权中,其客体是什么?如果是肖像,保护死者肖像利益作何解释?因为肖像这种物质性的人格是与自然人共生的,一旦自然人死亡肖像便不复存在。如果是肖像利益,是否会误入利益客体的怪圈,类推出债权客体为债权利益,物权客体为物权利益?

2. 肖像权保护的内容〔2〕。依文义解释,《民法典》颁行前的原《民法通则》第100条及相关条文保护的是肖像使用权,但随着科技进步和网络社会的扩张,对肖像权的侵犯呈现不同方式,从肖像的制作到肖像侵权的救济,如何理解并完善系统而必要的肖像权权能保护规范,值得研究。

3. 侵犯肖像权是否以营利目的为前提〔3〕。传统观点依文义解释,原《民法通则》第100条规定,将"以营利为目的"作为肖像侵权构成要件。但司法实践中出现的肖像侵权案件并非皆以肖像用于营利,却也给权利人带来了精神利益损害。狭义解释需要更新,肖像侵权的构成要件值得重新探讨。

4. 肖像权的合理使用〔4〕。社会人权利的行使不可能毫无边界,当个人肖像权的保护与言论自由、社会公共利益存在冲突时如何平衡?肖像权合理使用的认定需要考虑的因素有哪些?

5. 肖像权的救济〔5〕。肖像权保护权利人的精神利益与财产利益,在尚无

---

〔1〕 参见隋彭生:《论肖像权的客体》,载《中国法学》2005年第1期;蓝蓝:《人格与财产二元权利体系面临的困境与突破——以"人格商品化"为视角展开》,载《法律科学(西北政法学院学报)》2006年第3期;李永军:《从权利属性看人格权的法律保护》,载《法商研究》2012年第1期。

〔2〕 该问题的研究主要有:[日]五十岚清:《人格权法》,[日]铃木贤、葛敏译,北京大学出版社2009年版;尹田:《自然人具体人格权的法律探讨》,载《河南省政法管理干部学院学报》2004年第3期;黄松茂:《人格权之财产性质——以人格特征之商业利用为中心》,台湾大学法律学研究所2008年硕士学位论文。

〔3〕 该问题的研究主要有:王成:《侵犯肖像权之加害行为的认定及肖像权的保护原则》,载《清华法学》2008年第2期;张红:《"以营利为目的"与肖像权侵权责任认定——以案例为基础的实证研究》,载《比较法研究》2012年第3期。

〔4〕 该问题的研究主要有:苏力:《〈秋菊打官司〉案、邱氏鼠药案和言论自由》,载《法学研究》1996年第3期;关今华:《权利冲突的制约、均衡和言论自由优先配置质疑——也论〈《秋菊打官司》案、邱氏鼠药案和言论自由〉》,载《法学研究》2000年第3期;张瀚涛:《肖像合理使用的理论探索》,载《学术交流》2006年第2期。

〔5〕 该问题的研究主要有:孙良国:《论人身权侵权获益赔偿的性质、功能与适用》,载《法律科学(西北政法大学学报)》2011年第4期;孙良国:《人身权侵权获益赔偿的构成要件及其适用——兼评〈侵权责任法草案(三审稿)〉第20条》,载《法学》2009年第12期。

专门的人格权立法背景下,侵权行为发生后如何主张民法上的救济,最大限度实现个人利益损失最小化是自然人最为关心的问题,也是困扰司法实务部门的难题,当然也成为学术研究需要解决的议题。除此之外,肖像权与其他民事权利的冲突与协调问题也日益凸显[1],法律的任务不单是设定权利类型,更要明确不同权利之界限,以应对权利主体之间可能存在的冲突。实务中出现的权利冲突类型不外是同种权利的不同主体之间冲突、此权利与彼权利之冲突以及法定权利与团体、社会公益之冲突,因此肖像权与隐私权[2]、肖像权与名誉权、肖像权与著作权,集体肖像问题[3]以及死者肖像保护问题[4]成为近年来学者研究的热点。"集体"和"死者"作为现实中客观存在的两种事实主体,其可否作为民法上的权利主体享有肖像权?如果肯定集体肖像权与死者肖像权的存在,那么"民事权利主体为自然人""自然人的民事权利始于出生终于死亡"等民法基本理论将被颠覆;如果否定,集体肖像和死者肖像被无故使用甚至用于商业营利活动的现实客观存在,其中的权利义务关系亟待法律调节,路径选择成为问题。

第二节 肖像权的客体

一、问题的缘起:"叶璇案"引发的思考

早在《民法典》出台之前,"何为肖像""如何构成肖像侵权"等具体问题并未

---

〔1〕 该问题的研究主要有:杨立新:《"艳照门"事件的人格权和侵权法思考》,载《政治与法律》2008年第4期;李永军:《肖像权在中国民法上的保护》,载《第九届"两岸民法论坛——海峡两岸民法典学术讨论会"论文集》(未出版),2011年6月。

〔2〕 参见杨立新:《"速度与激情"事件引发的民法思考》,载《河北法学》2012年第2期。

〔3〕 参见郭发产:《"集体肖像权"的法律问题——析姚明与可口可乐公司肖像权纠纷案》,载《法学》2003年第6期;王启扬:《华赞诉美国中国项目咨询公司侵害肖像权纠纷案——兼论集体肖像中个人肖像权的法律保护》,载《人民法院报》2000年10月3日。

〔4〕 参见张红:《死者人格精神利益保护:案例比较与法官造法》,载《法商研究》2010年第4期;张红:《死者生前人格上财产利益之保护》,载《法学研究》2011年第2期;张红:《民法典之肖像权立法论》,载《学术研究》2019年第9期;葛云松:《死者生前人格利益的民法保护》,载《比较法研究》2002年第4期;刘国涛:《死者生前人格利益民法保护的法理基础——读〈死者生前人格利益的民法保护〉后的再思考》,载《比较法研究》2004年第4期;田欣、蓝邓骏:《论肖像利益维护权的转化》,载《河北法学》2001年第3期;杨伏英:《论死者肖像权及其保护》,载《河北法学》2000年第2期;朱妙春:《死亡人肖像权初探——鲁迅肖像权评析》,载《法学》1998年第8期。

有明确规定,最高人民法院颁布的司法解释也未对此加以详尽说明。因此,实务工作中如何判断肖像权人与再现形式之间的关系成为一个很有争议的问题。北京市东城区人民法院于2002年审理的这起“叶璇诉安贞医院、人民交通出版社、广告公司肖像权纠纷案”[1]就很好地说明了这一问题。

在“叶璇案”中,原告叶璇在中国人民解放军空军总院星源激光医疗中心(以下简称激光中心)就脸部先天的青黑色斑痕进行治疗,治疗效果良好。2001年10月间,其发现在交通出版社的《北京交通旅游图》上刊登的安贞医院广告使用了原告治疗脸部斑痕前后的照片作为病案。后查《北京交通旅游图》已经十几次刊登这张照片,按地图上的记载,每次印数高达50万份。原告主张:被告安贞医院、交通出版社以及广告公司的上述行为侵害了原告的肖像权。并请求判令被告立即停止侵害,消除影响,赔礼道歉,并赔偿损失10万元。

被告安贞医院辩称:原告所诉的照片,是我院购买仪器设备时由供货方提供的。我院在委托被告广告公司发布的广告中,从病理角度使用了这张照片。这是一张局部照片,照片中人物的眼睛以上部分被遮挡,不能证明是原告。照片只占地图上很小一部分,不会带来严重影响,且我院使用这张照片也未获利,没有侵害原告的肖像权,不同意原告的诉讼请求。被告交通出版社和广告公司亦辩称,发布的广告中附带的这张照片为局部照片,根本无法辨认肖像人是谁,因此不构成对原告肖像权的侵害。

北京市东城区人民法院一审认为:将原告叶璇出示的其治疗前后原始照片与广告上使用的特定人眼部以下照片进行对比,可以推定,叶璇是广告使用照片上的原形人。法律规定的肖像权,基于公民的肖像而产生。原告叶璇所诉的这张照片不能反映特定人相貌的综合特征,不能引起一般人产生与特定人有关的思想或感情活动,因此不是法律意义上的肖像。叶璇据此照片主张保护肖像权,理由不能成立。综上所述,北京市东城区人民法院驳回原告叶璇的诉讼请求。原告上诉后北京市第二中级人民法院以同样理由驳回上诉,维持原判。

在本案中,三被告均辩称照片为局部照片,照片中人物的眼睛以上部分被遮挡,不能完整地表现肖像权人的面部,因此不能证明照片中的人物是原告。而本案的初审法院虽然通过科学技术手段最后认定该照片中的人就是原告,但因照

---

〔1〕“叶璇与首都医科大学附属北京安贞医院、人民交通出版社、北京城市联合广告艺术有限公司肖像权纠纷案”民事判决书,北京市第二中级人民法院2003年4月17日审结,《最高人民法院公报》2003年第6期(总第86期)。

片只有脸上的鼻子和嘴部分,不是完整的特定人形象,不能反映特定人相貌的综合特征并引起一般人产生与特定人有关的思想或感情活动,因此不是法律意义上的肖像。一审法院的判决理由也得到了二审法院的支持。然问题在于,若三被告最终仍旧不承认所使用的该蒙蔽了双眼的照片人物就是叶璇,而是单凭法院采用高科技手段予以鉴定得出为叶璇本人的结论,该结论既然是客观事实,为何不能以此为依据认定该照片上的肖像主体就是叶璇？肖像权主体自己能清晰辨认出该照片上的脸孔是其本人,是否就是认定肖像使用行为存在的充分条件？肖像认定的手段与标准与肖像权侵权的构成是否存在必然的因果关系？

在清楚肖像的界定后,需要进一步厘清的问题则是法律上肖像权所保护之对象究竟为与自然人"相伴而生,相随而亡"之相貌？抑或该肖像所承载之利益？甚至肖像权人对其肖像所有的自主决定权？[1]这也是肖像权纠纷发生时我们必须首先明确之问题——法律在保护什么,这是学术研究的切入点也是实务中认定肖像权侵权责任构成的前提条件。

二、前提问题:"肖像"的界定

(一)"肖像"的界定:肖像、外貌形象和肖像载体

1. 非法学意义上的界定

《辞海》对肖像的定义是"图像以肖其人者,谓之肖像。即将其人之姿态、容貌、表情等特征,精确表出之也。如绘画、雕刻、塑像、摄影、刺绣等为表出之方法"[2]。肖像,亦称写照、传神和写真。从字义上看,肖像乃比照人物而制成的与人物相似的形象。肖者,相似、像也;像者,比照人物制成的形象也。[3] 美术意义(或摄影)上的肖像,是指通过绘画、摄影等艺术手段,使肖像权人的人物形象在物质载体上再现的一种观赏造型作品。在《牛津高阶英汉双解词典》中,其对肖像的解释为(人或动物的)画像,照片;(尤指面部的)肖像。[4] 上述对肖像的定义主要从两方面来考察,一是强调肖像是对人的姿态、容貌、表情等客观真实的反映;二是对肖像表现形式之考察。虽然都是一般社会意义上的解释而并非法律上对肖像的定义,但对于在司法实务中认定肖像之构成具有重要参考价

---

〔1〕 参见刘春堂:《肖像权之侵害行为》,载《第九届"两岸民法论坛——海峡两岸民法典学术研讨会论文集"》(未出版),2011 年 6 月。

〔2〕 《辞海》,上海辞书出版社 1979 年版,第 1115 页。

〔3〕 参见杨立新:《人身权法论》,人民法院出版社 2002 年版,第 82、534 - 537 页。

〔4〕 《牛津高阶英汉双解词典》,商务印书馆 1997 年版,第 1143 页。

值。例如考量一幅绘画作品中原型人物是否为当事人之肖像等。

2. 法律规范上的界定

1876 年颁布的《德国美术著作物之著作权法》和《德国不法模作之照相保护法》提出肖像概念并且对肖像权的保护作了初步的规定。1896 年,柏林高等法院法官克思奈出版《肖像权论》一书,该书对肖像权法律保护提出新的观念,引起热烈的讨论。[1] 1907 年,德国立法机关颁布《德国艺术著作权法》,就肖像的保护特设规定以弥补当时法律规范之不足,并奠定了法律上肖像概念的基础。[2] 我国原《民法通则》第 100 条没有对肖像进行界定,其他法律上也只是采取列举的方式规定了侵犯肖像权的具体情形,这也导致如上"叶璇案"中法官需要结合案情中自然人形象所呈现的具体状态区别认定,参考标准不一、论据不一则容易导致对肖像构成之认定结果不一。《民法典》第 1018 条第 2 款明确了肖像的规范含义:通过影像、雕塑、绘画等方式在一定载体上所反映的特定自然人可以被识别的外部形象。

3. 法学理论上的界定

《民法典》出台以前,我国法律上没有对肖像的概念作出明确的规定,民法学界对此也见解不一,本书经过资料整合分析,总结出主要有以下几种:

从肖像的保护范围来看,第一种观点将肖像定义为自然人的面部形象。如王利明教授主持编写的《中华人民共和国民法典(草案)学者建议稿》第 336 条第 2 款规定:肖像是指通过绘画、照相、雕刻、录像、电影等造型艺术方式所反映的自然人的面部形象。此观点突出强调了物质载体上所体现的自然人的面部或以面部为主体的形象。如果一个载体中没有出现权利人的面部,但在足以令他人通过此载体所呈现的其他特征判断出该形象源自何人的情况下,权利人是无法通过肖像权受到侵害得以救济的,即肖像权保护的是自然人的相貌,不包括单纯的体貌。张俊浩教授更进一步指出,肖像是采用摄影或造型艺术手段反映自然人包括五官在内的形象的作品。[3] 第二种观点认为,肖像不限于自然人的面

[1] 参见龙显铭:《私法上人格权之保护》,台北,中华书局 1984 年版,第 93 - 94 页。

[2] 参见杨立新:《人格权法》,法律出版社 2011 年版,第 441 页。

[3] 参见张俊浩主编:《民法学原理》,中国政法大学出版社 1991 年版,第 149 页。持此观点的学者还有李永军:《民法总论》,中国政法大学出版社 2008 年版,第 85 页;尹田主编:《民法总论》,北京师范大学出版社 2010 年版,第 134 页;王卫国主编:《民法》,中国政法大学出版社 2011 年版,第 65 页。

部特征,具有可识别性的其他外部特征亦包括在内。[1] 以王泽鉴先生为代表,他认为肖像固以人之面部特征为主要内容,但应从宽解释,凡足以呈现个人外部形象者,均包括在内。[2] 第三种观点由隋彭生教授所主张,他认为肖像就是自然人外部形象本身。[3] 对此杨立新教授提出疑义,他认为肖像是通过绘画、照相、雕塑、录像、电影等艺术形式使自然人外貌在物质载体上再现的视觉形象。[4] 换言之,肖像不是公民外貌形象的本身,而是公民外貌形象的真实反映。

本书认为,肖像是自然人的形象的标志、标识,是自然人外貌形象(不限于面貌)的完整体现,肖像的清晰可辨性应该是其最为重要的特点,只要符合了这一特点,就应该能够认定其肖像,而不应该追求是否反映了面部形象。[5]

从肖像所体现的特征来看,一种观点认为客观性与真实性是肖像的本质特征。只要能使一般人从客观上判断出载体所表现之肖像为何人者就应当被认定是对肖像权人肖像的侵害。换句话说,凡是肖像载体能够客观真实地反映自然人的外部形象就构成肖像,也即肖像的客观真实性。例如,认为肖像是指以第三人可识别的方式再现个人之外在形貌者而言,至于通过何种形式呈现,则在所不问。[6] 这种观点强调肖像或者肖像载体对于肖像的真实反映,而不强调肖像再

---

〔1〕 这种观点得到杨立新、李永军等学者的支持,他们认为,肖像之像,不能仅仅指五官、面子,而是指自然人外貌形象在物质载体上的再现,当然主要是指人的面部形象,但不能仅理解为面子或者五官。转引自李永军:《肖像权在中国法上的保护》,载《第九届"两岸民法论坛——海峡两岸民法典学术研讨会"论文集》(未出版),2011年6月。

〔2〕 参见王泽鉴:《人格权保护的课题与展望(三)——人格权的具体化及保护范围(3)-肖像权》(下),载《台湾本土法学》第87期。

〔3〕 参见隋彭生:《论肖像权的客体》,载《中国法学》2005年第1期。

〔4〕 参见杨立新:《人格权法》,法律出版社2011年版,第441页。

〔5〕 参见张红:《"以营利为目的"与肖像权侵权责任认定——以案例为基础的实证研究》,载《比较法研究》2012年第3期。

〔6〕 参见黄松茂:《人格权之财产性质——以人格特征之商业利用为中心》,台湾大学法律学研究所2008年硕士学位论文,第62页。

现的表现形式。[1] 另一种观点则从肖像的法律特征角度概括肖像的含义,其认为肖像的法律特征必须包括:(1)须属艺术作品;(2)须属造型艺术作品;(3)须以自然人的形象为主题;(4)须描绘包括五官的形象;(5)须一般人足以辨认被描绘者究竟为何人;(6)戏剧角色造型照须不侵害导演和美工师的角色造型权;(7)须经本人或其法定代理人许可。[2]

结合《民法典》第1018条第2款而言,本书认为,首先,肖像是否属于艺术作品并不重要,只要是对自然人真实形象客观反映的表现形式均可,如果将其再现形式局限于艺术作品将缩小其范围,艺术作品是肖像的主要载体,但不是唯一载体,现实中不乏未经过作者发挥主观能动性再次创作的肖像呈现。例如,监控录像中载某人肖像的截屏,只能是一种实时记录而非艺术作品。其次,肖像应当以自然人的形象为主体。自然人的整体形象(包括面部形象)都可以作为肖像的内容,物质载体所再现的内容只要达到足以认定其与某一自然人的形象具有一致性即可,即使此肖像只是某一自然人外部形象的一部分。正如王泽鉴先生所云:"肖像固以人之面部特征为主要内容,但应从宽解释,凡注意呈现个人外部形象者,均包括在内,例如拍摄某模特众所周知之美腿作商品广告,当可辨识某人时亦得构成对肖像权之侵害。"[3]最后,肖像应当具有清晰的可辨别性。人是

---

〔1〕 持类似观点的有:江平认为,"肖像是自然人通过一定物质载体,运用绘画、造型艺术或其他形式将个人形象在客观上的再现"。参见江平主编:《民法学》,中国政法大学出版社2000年版,第292页。魏振瀛认为"肖像,是指以一定物质形式表现的自然人的形象"。参见魏振瀛主编:《民法》,北京大学出版社2016年版,第636页。另参见李显冬主编:《侵权责任法经典案例释论》,法律出版社2007年版,第722页。马原认为"肖像是指公民个人形象通过造型艺术或其他形式的客观再现,它反映肖像人的真实形象与特征,与人的人格不可分离"。参见马原主编:《中国民法教程》,人民法院出版社1989年版,第492页。王兰萍认为,肖像的表现形式是多种多样的,既可以是照片、画像,也可以是雕塑等。只要能够客观地表现特定人的具体的形神,并且画面是以表现该人物为主体的,都可称为肖像。参见王兰萍:《对侵犯肖像权认定的思考——兼谈〈秋菊打官司〉的官司》,载《法律科学(西北政法学院学报)》1995年第6期。张晶认为,"肖像不管是半身还是全身的,侧面的还是正面的,不管是全裸体的还是半裸体的,应该能被辨认出被描绘、被摹写的自然人究竟是谁。不能被辨认究竟是谁的街头体育运动雕像、人体艺术作品不是肖像"。这里所指能被辨认应当是指社会一般受众能通过肖像的载体辨认出被描绘者,因此不能使一般人在被描绘者与肖像权人之间产生直观的联想者不应当被视为肖像。参见张晶:《肖像权及其法律保护》,载《锦州师范学院学报(哲学社会科学版)》2003年第6期。

〔2〕 参见张俊浩主编:《民法学原理》,中国政法大学出版社1997年版,第139页。

〔3〕 参见王泽鉴:《人格权法——法释义学、比较法、案例研究》,北京大学出版社2013年版,第141页。

符号的动物,[1]符号的功能在于通过其自身指代另一物,姓名、肖像、声音等人格要素能够吸收人的人格价值和形象价值而被赋予独特的第二含义,成为具有指向性、将不同对象区别开来的符号。[2] 当在一张图片中某个人清晰可辨之时,人们在该肖像中所看到的是人格,一项主观的权利。[3] 法律保护肖像的初始目的就在于保护自然人的形象不被他人形象混淆从而贬低或者毁损自己的肖像,肖像作为自身与他人相区别的符号,如果某一物质载体的内容足以使人将其与某自然人发生联想,即便该肖像所反映的是他人的外貌特征,或者该载体仅再现了自然人肖像的某一部分但达到了肖像这一符号所具有的基本功能,此时肖像权人就应当获得排除自己肖像被非法贬损、使用的权利。因此只要能通过载体所再现的内容清楚地辨别其所反映的自然人形象属于谁即可。

4. 司法实务中的界定

理论上我们对"肖像"、"自然人外部形象"和"肖像载体"三者的区分存在一定的模糊和混淆,而此问题在"吴穗湘案"中得到了解答,本案的审理法院广州市白云区人民法院认为:肖像是通过绘画、照相、雕刻、录像等艺术形式使公民外貌在物质载体上再现的视觉形象。公民形象一旦固定在物质载体上,就成为肖像,公民本人对其肖像享有肖像权。这种物质载体可表现为图片、照片、绘画、雕塑等形式。使用有原告肖像的图片不属于使用原告肖像,是对肖像含义的错误理解。[4] 法院着重从本质特征上来界定肖像的含义,公民本身的外貌形象不构成肖像,只有这种外貌形象被固定在一定物质载体后得以再现才能称为肖像。[5] 这里是将公民的外貌形象与肖像相区分并且认为肖像必须为再现了公民外部形象的物质载体。也就是说,在肖像、自然人的外貌形象和再现自然人肖像的物质载体之间是有明确的区分的,即肖像必须包含自然人外部形象与肖像载体两部分内容,而自然人的外部形象是自然人本身给他人形成的一种视觉映像,肖像载体则是再现自然人外部形象的物质载体,这种物质载体是再现自然人肖像的物质手段,并且这种"手段"具有多样性,不限于照片、绘画等形式。

实务中肖像认定的困境在于如何认定"通过一定物质载体客观真实地反映

---

〔1〕 参见[德]恩斯特·卡西尔:《人论》,甘阳译,西苑出版社 2003 年版,第 46 页。

〔2〕 参见谢晓尧:《商品化权:人格符号的利益扩张与衡平》,载《法商研究》2005 年第 3 期。

〔3〕 参见[法]比安·施丹豪尔:《肖像权的起源:法学建构与早期图片科学法》,袁治杰译,载《法哲学与法社会学论丛》总第 18 卷,法律出版社 2013 年版,第 109 页。

〔4〕 "吴穗湘与中外运一敦豪广东分公司肖像权纠纷案"("吴穗湘案"),广东省广州市白云区人民法院民事判决书,(2000)云法民初字第 1470 号。

〔5〕 北京市第一中级人民法院民事判决书,(2018)京 01 民终 97 号。

自然人的外貌形象”,亦即连接该载体与自然人形象之间的“客观真实”标准如何衡量。对此有“阿衣木汗·阿不拉一案”[1],该案一审、二审均以照片中的形象是否具有“面部的”可识别性作为判断标准,由于照片中的人物是远距离呈现,且有的侧影、有的背影,甚至有的面部根本看不到,从而无法通过照片的内容判断其体现的是肖像权人之“肖像”。分析该案,首先该肖像的载体是争诉的照片,因而其表现形式为肖像的一般表现形式;此外,关于肖像的界定问题,法院认为照片中的人物形象均系远距离、陪衬性的影像,而人物的面部又看不清或看不见,因而不足以认定该照片所呈现之人为原告。只有他人通过照片中人物的面部形象能判断出其为肖像权人的话,此照片才可谓构成肖像权人的肖像。此案确定的肖像认定标准至少包含这一方面的内容,即肖像载体能够表现人物的面部形象从而使该载体所表现的内容具有可识别性,载体所表现的内容能够与肖像权人的肖像具有一一对应的关系。[2] 此案也是关于认定肖像是否具有清晰可辨性的实践证明。

在前文提到的“叶璇案”中,法官也详细重点论述了肖像的认定,尤其是肖像载体仅表现自然人肖像的部分内容时是否能构成自然人的肖像问题。法院认为,肖像是通过一定的物质载体再现某人的相貌特征,与原形人在客观上相互独立,并能为人力所支配的物品。其具有完整、清晰、直观、可辨的形象再现性或称形象标识性。画像、照片等载体,如果其内容不能再现原形人的相貌综合特征,导致一般人不能直观清晰辨认该内容就是某一自然人的形象并产生与原形人有关的思想或感情活动,这样的载体便不能称为肖像。这里强调的是载体所表现的内容能够完整、清晰、直观地表现原形人的相貌特征,诉争照片仅仅是以人的某一部分面部器官作为主体因而不具有完整性。另外,相片的内容是凭借高科技技术手段进行对比才确定属于某人肖像的一部分,因而不具有清晰与直观的可辨性,所以这一载体不能称为该原告叶璇的肖像,原告对这一照片所体现的内容不享有肖像权。另外,在“蓝天野案”[3]中,法官也从识别性的角度论证了在

---

[1] “阿衣木汗·阿不拉、阿不拉·卡德尔、阿合买提·阿不拉等与吐鲁番市食品饮料总厂肖像权纠纷案”(“阿衣木汗·阿不拉案”),新疆维吾尔自治区吐鲁番市人民法院民事判决书,(1995)吐市法民初字第3号,新疆维吾尔自治区吐鲁番地区中级人民法院民事判决书,(1996)吐地法民终字第39号。

[2] 参见张红:《“以营利为目的”与肖像权侵权责任认定——以案例为基础的实证研究》,载《比较法研究》2012年第3期。

[3] “蓝天野与天伦王朝饭店有限公司、北京电影制片厂肖像权纠纷案”,北京市东城区人民法院民事判决书,(2002)东民初字第6226号。

艺术作品中能够清晰再现表演者面部特征的人物剧照也是肖像。

透过上述案例,足见我国实务中仍将面部形象的呈现以及呈现的完整性作为认定肖像构成的决定性要件,而美国、德国等不少案例中对肖像认定的标准则相对宽泛,他们将肖像这一概念的中心界定于可识别性(Erkennbarkeit),即借助一定表现形式呈现可使人识别出本人。而最具可识别性的便是容貌(Gesichtszuge;features),但不以此为限。图像中无容貌者或容貌模糊者,也可通过其他身体特征(如姿态、举手投足方法、体格、嗓音、特殊发型〔1〕等),或者身体外之特征(服饰、装扮、姓名、球衣号码等)或物(如驾驶之车辆或骑乘之马匹〔2〕)识别出特定人,也属于肖像。而比较有争议的是关于模仿是否也可以作为肖像,在著名的"蓝天使案",被告在广告中利用了原告 Marlene 所主演电影中的著名场景,但原场景中原告被置换为与其装扮相仿的其他人,德国联邦法院认为,容貌虽不相似,但透过电影场景使人产生此设计特定名人的印象,同样属于侵害该名人肖像权的行为。〔3〕 德国联邦法院认为这种借助周围环境能使人产生错误印象者同样属于借助了原告的肖像,从而侵害了原告的肖像权,也就是说这种模仿行为也被纳入肖像的概念之中。从德国联邦法院的这一观点来看,即使没有使用某人的肖像,但借助一定的客观环境使一般人在侵权肖像与受害人肖像上产生了联想,同样属于利用了原告的肖像谋取了经济利益,因此这种模仿同样构成对肖像权人的侵害。

同样的案例也发生在美国,在"怀特诉三星电子公司(美国)案"(White v. Samsung Electronics American, Inc.)〔4〕中,被告三星公司在其广告中以一个机器人作为商品代言人,而该机器人的装扮与《幸运大转盘》(*Wheel of Fortune*)节目主持人凡娜·怀特(Vanna White)极为相似,因此第九巡回法院认为,习惯法上的公开权不限于对他人姓名及外观的侵害,只要未经权利人同意而为任何能够与权利人产生联想之行为,均属公开权之侵害。这一主张同样体现在以机器人进行模仿的"温特诉奥斯特国际公司案"(Wendt v. Host International, Inc.)〔5〕中,法院将被告公司所利用的机器人与原告具有相似性作为认定公开

---

〔1〕 BGH GRUR 1979,732,733 – Fuβballtor. 原告为知名足球守门员,被告以一张自原告背后拍摄的照片为其电视机做广告。法院认为,尽管争诉照片并没有原告的容貌,但从其体格、举止及发型,可辨认出原告,符合《德国艺术作品著作权法》第 22 条肖像的概念。

〔2〕 OLG Dusseldorf GRUR 1970,618 – Schleppjagd.

〔3〕 BJH NJW 2000,2201 – Der Blaue Engel.

〔4〕 White v. Samsung Electronics American, Inc. 971 F. 2d 1395(9th Cir. 1992).

〔5〕 Wendt v. Host International, Inc., 125 F. 3d 806 (9th Cir. 1997).

权侵害的理由。

虽然与中国实务中的认定相比,美国和德国的判例中将肖像的范围作了扩大解释,但其实质与我国大部分的学者观点是一致的,即追求肖像与自然人外部形象之间的关联性,如果侵权人所为行为足以使人将其与某人外部形象相联系,那么就应该将其视为肖像,虽然没有直接使用肖像权人的肖像,但是借助其他环境混淆肖像权人的肖像,同样是借助肖像权人的肖像进行谋利的行为。未来我国司法实务中认定以营利为目的使用他人肖像时,宜统一采此可识别性标准,只要肖像载体所呈现的自然人形象或者部分形象足以使人在该载体与这一自然人之间发生当然联想,那么就应当认为该肖像载体的内容因具有可识别性而构成肖像,而无论该肖像为何种表现形式,以及肖像的呈现方法、手段或载体何如,可以具体表现为照相、绘画、雕塑、电视、电影、电脑、漫画、纪念金币等。[1]

(二)"肖像"界定的特殊问题

1. 素描、雕塑是否构成肖像

素描绘画所呈现的图像一般都加入了作者的主观创作,而非对被呈现者外貌形象的直观再现,因此对于人物素描能否作为一种自然人肖像的再现形式,不无疑问。我国实务中所能呈现之观点在2009年的"尚先生诉朱传奇及吉林美术出版社侵权损害赔偿案"中,法院认为素描形式的肖像在客观性上较照片等其他影像形式的载体与原人物相差较大……创作过程受个人主观因素影响极大……本案中的肖像不能仅以其与尚先生形象特征近似来判断二者具有同一性,需要其他证据予以证明。[2] 可见法院在素描肖像认定中采用的是客观事实标准,即需原告举证该素描作品所呈现画像与原告本人肖像具有同一性。与上述可识别性理论相比,本案中法院的认定似乎加重了原告的举证责任。退言之,如果原告能证明该素描作品呈现的正是其本人肖像,就有权利禁止被告公开出版该素描作品吗?对此,我国学说上鲜有讨论。[3] 本书于此参考日本判例学说,以资借鉴。

日本有学者将素描绘画的制作和公开区别对待,其认为素描是作者或者画

---

〔1〕 对肖像的载体,或者说肖像表现形式的讨论实际上关乎肖像权的保护范围。肖像权的扩张保护能够有效保护其他具备识别性的人格利益。参见张红:《民法典之肖像权立法论》,载《学术研究》2019年第9期。

〔2〕 参见相关报道:《素描画像惹纠纷 肖像模特因证据不足败诉》,载中国法院网,https://www.chinacourt.org/article/detail/2009/03/id/348715.shtml。

〔3〕 在知网文库中查阅已发表文章,仅有一篇。参见毛爱东:《素描模特诉作者于法无据被驳回》,载《浙江人大》2009年第8期。

家个人基于其主观创意及技术所为,系具有一定程度变容的创造作品,纵令该素描绘画所呈现者与被描绘者极为相似,一般而言,对于被描绘者的面貌、姿态等的侵袭度非常弱,不会对其造成特别的负担或不安,自难与照相摄影相比拟。因此对于描绘他人外部形象而制作的素描绘画并不能构成肖像权侵权,而将该绘画予以公开时才有侵害之可能性。[1]

实务上,“林真须美案”可谓这一理论的践行者。本案的原告是咖喱饭毒杀案件中的被告林真须美,一名记者以素描插图(绘画)方式,描绘被告林真须美戴手铐及以腰绳捆绑而出庭的样子,将之刊登于周刊杂志之上。被告林真须美认为此等将其素描插图(绘画)公开,而且刊登于周刊杂志的行为,系侵害其肖像权的行为,提起本案诉讼。[2] 初审判决认为:“纵令以素描插图(绘画)方法而为容貌之描绘,因其描绘的正确性、写实性,以致该素描插图(绘画)上所描绘的容貌,得以容易判断系某一特定人的容貌时。换言之,即素描插图(绘画)若能达成人物特定机能时,该当素描插图(绘画)与该当个人之关系,应成立侵害肖像权。”上诉审中,最高裁判者认为:“任何人就描绘自己之容貌等之素描绘图(绘画),均享有不得任意加以对外公表的人格利益的解释。”由上述判决可以看出,法院显然系重视素描绘画之内容,而为违法性的判断,并非以任意对外公表本身为准。[3]

以笔或者绘画工具描绘自然人的外部形象做成的绘画或者雕塑等艺术作品,无论其再现形式如何,关键在于该作品是否能够使一般人直观地感知被呈现者为何人。根据上述可识别性理论,在该肖像载体上所呈现者与某人之间发生普遍的关联性即可认为构成肖像。日本的判决支持了这一观点:“任何人均享有肖像权,此项权利应加以保护的实质根据在于个人违反自己的意思,而取得自己的面貌或姿态等信息,或被利用者,有害该个人之自律性,并招来不得加以忽视之人格权被侵害。至于获得个人的面貌或姿态等信息的手段,究系已拍摄照片或是素描绘画为之,不能认为是认定有无侵害肖像权的根本问题,纵然以素描绘画方法而为容貌之描绘,因其描绘的正确性和真实性,以至于该素描绘画所描绘的容貌,得以容易判断系某一特定人的容貌时,应当认定成立侵害肖像

---

〔1〕 参见[日]佃克彦:《隐私权·肖像权的法律实务》,洪文堂,平成22年第2版,第252－253页。

〔2〕 大阪地判2002年(平成14年)2月19日判决,《判タ》1109号170页。

〔3〕 参见刘春堂:《肖像权之侵害行为》,载《第九届“两岸民法论坛——海峡两岸民法典学术研讨会”论文集》(未出版),2011年6月。

权。”[1]而对于未经艺术作品的模特(原型人)同意而公开展览、发表、出版等行为涉及肖像权与著作权之间的冲突与利益平衡问题,下文另有论述。

2. 以文字描写真实人物的面貌或容姿

在文学、小说或者剧本中,以真实存在的人员或事迹作为文学作品中的主人公及内容,就该真实存在人员之外部形象或内部气质等,透过文字而作详细、传神的描写,是否构成对肖像权的侵犯?这里首先要解决的问题就是这种以真实人物作为来源的文字描绘是不是损害了肖像,或者说权利人的肖像能否以这种文字载体之形式再现。对此,学理界虽有不同的声音,但通说认为文字描绘不能认为侵害他人的肖像权。刘春堂教授认为肖像是指采取摄影艺术或造型艺术手段,以反映或呈现自然人之面貌、容态等外部形象,将其固定在物质载体上,而得以视觉感知的作品。而以文字所描写之人的面貌或容姿等,并非阅读者的视觉所能直接感知,尚需阅读者通过文字描写,经过自己大脑的想象和再创造才能形成一个完整具体的形象。[2]“一千个读者就会有一千个哈姆雷特”说明每个人通过文字描述所形成的人物形象各异,即便是以真人为写作原型,读者所形成的人物形象也并非就是该原型的肖像。杨立新教授认为,肖像为造型艺术,为视觉形象,而非文字描写。[3]《辞海》云:图像以肖其人者,谓之肖像。[4]肖像载体所呈现之形式可谓多样,但肖像描写却仅是文学创作中的表达方式之一,非法律意义上之肖像。若所描述之面貌或姿态是采用侮辱、诋毁等语言文字,并且以一般人标准能判断出该描绘所指向的个体,那么权利人可提出名誉权侵害之救济而非肖像权。

三、肖像权的客体:肖像利益

(一)肖像权的客体

法律关系的客体可谓民法学和法理学研究之基础,但是这一理论在我国法学界却充满着歧见,不仅法理学界对其还远未形成逻辑严谨且有理论说服力之一致见解,部门法学对这一理论的理解和使用也是毫无约束。[5]对肖像权而言,其权利义务所指向的对象究竟为何亦是学术界争鸣不断、值得研究之难题。

---

[1] 大阪地2002年(平成14年)2月19日判决;大阪高裁2002年11月21日判决。

[2] 参见刘春堂:《肖像权之侵害行为》,载《第九届“两岸民法论坛——海峡两岸民法典学术研讨会论文集”》(未出版),2011年6月。

[3] 参见杨立新:《人格权法》,法律出版社2011年版,第445页。

[4] 《辞海》,上海辞书出版社1979年版,第1115页。

[5] 参见郑晓剑:《对民事法律关系“一元客体说”的反思——兼论我国民事法律关系客体类型的应然选择》,载《现代法学》2011年第4期。

1. 有关肖像权客体的争论：自主决定权、肖像、肖像利益

根据《民法典》第 1018 条、第 1019 条的规定，肖像权保护公民的肖像以及基于肖像所产生的肖像利益，而肖像利益既有与肖像权人人身密不可分的精神利益，又有肖像商业化利用所带来的财产利益。[1] 那么，肖像权的客体到底是应当界定为肖像利益，还是应界定为肖像本身，甚至是基于人身自由延伸的一种自主决定权？这是困扰实务的一大难题。

对于肖像权的客体争议点在于是肖像还是肖像利益，有学者主张肖像权的客体是公民的肖像。[2] 肖像权的客体是人身外部形象，肖像正是指人的外部形象，因而，肖像权的客体仍然是肖像。[3] 另有学者认为，人格权的客体是人格，而不是人格利益，其客体应当是相应的人格要素。例如，身体权的客体是身体，姓名权的客体是姓名，肖像权的客体是肖像，其余类推。[4]

相反观点认为，肖像权的客体是肖像所体现的人格利益，这种人格利益包含精神利益和财产利益两种因素，而肖像权法律保护的内容就是肖像权所体现的这种精神利益和财产利益。[5] 其理由为，一般而言，人格权是维护主体的独立人格，以人格利益为客体，基于人之为人这一主体要素所产生的权利。人不能作为民事法律关系的客体，不等于人身利益不能作为客体。人格权针对的不是一个人的自身身体，而是一系列典型的、个别性的、具体的人格利益。[6] 从人格权的客体为人格利益进而类推肖像权的客体为肖像利益。

本书认为，肖像权的客体应当是专属于肖像权，如果仅是肖像权人就肖像权是否及在何种条件下予以公开的决定权，显然不具有独特性。因为对于任何一种人格利益的保护，法律都将保护这一权利人的自主决定权，恰恰这种权利是基于肖像权所派生的一种附属权能。这种自主决定权仅具有决定是否使用及如何使用肖像的权利，这是随着人格标识商业化利用而具有的一种权能，也可以说是本书下文将论述的肖像权内容的一部分。任何一种权利对应唯一的一个客体，

---

〔1〕 参见王泽鉴：《人格权法——法释义学、比较法、案例研究》，北京大学出版社 2013 年版，第 139 页。

〔2〕 参见吕彦：《公民肖像权若干问题探讨》，载《现代法学》1990 年第 4 期。

〔3〕 “肖像是与人身不可脱离的外部形象，包括人的容貌和体貌。肖像权的客体是自然人人身的外部形象。”参见隋彭生：《论肖像权的客体》，载《中国法学》2005 年第 1 期。

〔4〕 参见张俊浩主编：《民法学原理》，中国政法大学出版社 1997 年版，第 134 页。

〔5〕 参见王利明、杨立新主编：《人格权与新闻侵权》，中国方正出版社 2010 年版，第 271 - 374 页；龙显铭：《私法上人格权之保护》，台北，中华书局 1984 年版，第 100 - 101 页；何孝元：《损害赔偿之研究》，台北，商务印书馆 1982 年版，第 157 - 158 页。

〔6〕 参见张善斌：《人格与人格权相关问题探讨》，载《法学评论》2011 年第 6 期。

自主决定权并不具有独特性,因而不能作为肖像权的客体。

对于客体肖像说的观点,本书认为也是不恰当的。首先,肖像权是一种精神性人格权,其区别于身体权、健康权、生命权等物质性人格权,后者的权利客体需要通过人体这种物质形式表现出来,前者则更多地表现为精神利益的形态。肖像主要体现为在固定载体上再现自然人的一种物质形态,其区别于法律所要保护和使用肖像的肖像利益,因此认为肖像权的客体是肖像并不恰当。[1] 其次,很多学者主张客体是肖像的理由都来自肖像本身越来越体现出其财产性价值。诚然,随着商业化发展,肖像尤其是公众人物的肖像会为肖像权主体提供巨大的财产性利益,“姚明诉可口可乐公司案”“张柏芝案”等都是最好的证明,但是这不能直接证明肖像权基础上的精神利益已被财产利益所取代,更不能证明肖像权的客体就是肖像。最后,人格权的客体具有统一性,我们在定义人格权客体时,其结论必须在各具体人格权的论证中起到一以贯之的作用。退言之,若在具体人格权中我们尚且能将这些具体的人格要素定义为人格权客体,那么在一般人格权中又该作何解释?一般人格权中各独立要素是否存在本就值得怀疑。[2] 同时,若肖像权的客体是肖像,以此类推,隐私权的客体是隐私,姓名权的客体是姓名,名誉权的客体是名誉等。看似流畅的推论却值得怀疑,以姓名权为例,在我国,姓名多由几个汉字符号组成,如果姓名权所指向的对象是姓名即汉字符号,那么全国同名同姓的人不胜枚举,几个汉字又如何可以体现权利个人的人格特征?另外,当一个人尚无姓名时,其姓名人格权也是存在的。

也有学者从人格的含义出发主张客体为人格。人格这一概念在法律上含义丰富,它既可以指具有独立法律地位的民事主体,亦可指作为民事主体的必备条件的民事权利能力。杨立新教授认为,人格也可指人格权的客体,并进一步将其解释为民事主体在人格关系上所体现的与其自身不可分离,受法律保护的利益。[3] 事实上是将人格与人格利益的概念混同。在将人格作为人格权客体时,其实质是等同于人格利益的概念。[4]

---

〔1〕 参见李丽峰、李岩:《人格权:从传统走向现代——理论与实务双重视角》,中国法制出版社2007年版,第206-207页。

〔2〕 参见李永军:《从权利属性看人格权的法律保护》,载《法商研究》2012年第1期。

〔3〕 参见杨立新:《人格权法》,法律出版社2011年版,第48页。

〔4〕 杨立新教授将人格利益的概念界定为:人格利益是人格权的客体,是指认为满足自己的生存和发展,之所以构成民事主体资格所必须具有的人格要素所体现的人格利害关系。并进一步指出人格权的客体必须是民事利益。参见杨立新:《民法总论》,高等教育出版社2007年版,第130页;杨立新:《人格权法》,法律出版社2011年版,第52页。

2. 本书观点:肖像权客体为肖像利益

人格权是一定历史范畴的社会概念,其权利的体现有赖于人与人之间的一种互动关系,保护的是人格尊严和人格自由。人格尊严并非人格本身,人格是外在表现形式,其背后所体现和承载的人格利益才是法律予以保护的客体。关于权利的客体,有学者认为,其不可以是利益,"利益乃是权利之'目的'所在,是权利作用于客体所达到的效果,而不应当是权利的客体本身"[1]。更有学者基于此推论:主体基于自身的各种需要对客体进行了合乎法律与伦理的支配(民事权利之行使),支配的结果产生了对主体有意义的并且为法律所认可的利益要求(物质利益或精神利益)。[2] 据此,权利人对肖像进行支配产生了肖像上的精神利益与财产利益,那么肖像权人若不行使其权利内容,肖像精神利益就不存在了吗?这显然是与人格尊严的人身性相悖的,肖像精神利益乃至人格尊严是人生来就客观存在的,不依赖于任何行为而产生。我们不主张任何民事权利客体都是利益这样的"一元客体说"[3],但也反对将利益完全排除到权利客体范畴之外的论调。正如主体的自由意志需要具体区分以达到对权利分类的目的,利益同样需要进行具体地区分以达到对权利分类的目的,否则所有的权利都可以被称为利益权。[4] 对肖像权而言,其权利客体就是主体的自由意志与利益的交汇点——肖像利益。

肖像权的客体是肖像利益。首先,肖像权作为人格权保护的一部分,人格权的客体定位为人格利益,所以肖像权的客体为肖像利益。其次,客体是肖像利益说并没有否定肖像所带来的财产价值,相反,绝大多数主张客体肖像利益说的学者都将财产利益和精神利益一同纳入肖像权保护的范畴。肖像财产利益并非为人的外貌本身所产生,而是其精神利益在市场经济社会中转换的派生利益。[5] 虽然肖像权所带来的财产利益在现代社会的表现越来越突出,但是肖像权更关

---

〔1〕 参见马骏驹:《从人格利益到人格要素——人格权法律关系客体之界定》,载《河北法学》2006年第10期。

〔2〕 参见郑晓剑:《对民事法律关系"一元客体说"的反思——兼论我国民事法律关系客体类型的应然选择》,载《现代法学》2011年第4期。

〔3〕 在"一元客体说"中,一种很有代表性的观点认为:"权利的目的指向利益,该权利对应的义务与其共同的指向也是利益,该权利义务关系为主要权利义务关系的民事法律关系,目的指向也是这一利益。因此,只有利益,才可能成为民事法律关系中所有权利义务的目的指向,只有利益,才是民事法律关系的客体。"参见麻昌华等:《论民法中的客体利益》,载《法商研究(中南政法学院学报)》1997年第2期。

〔4〕 参见方新军:《权利客体的概念及层次》,载《法学研究》2010年第2期。

〔5〕 参见杨立新:《人格权法》,中国法制出版社2006年版,第213页。

注的依然是作为社会人存在的个体精神利益。最后,将肖像权客体定位于肖像利益有利于解决一些特殊肖像权纠纷,如死者的肖像利益保护问题。自然人一旦死亡其肖像权利即宣告终结,再谈保护死者的肖像并无实质意义,保护的是其因生前肖像的存在而延续的对其继承人有价值的精神利益和财产利益,这种利益成为生者的一般人格权和无形财产权[1],肖像利益说便为死者近亲属主张权利提供了更为合理的依据。同时,在下文论及集体肖像权纠纷中也将引用该肖像利益说加以佐证。总之,我们认为将肖像利益作为肖像权保护客体更具有合理性,有利于肖像权纠纷的解决和对肖像利益的保护。正如"莫少聪案"[2]中法官所论证:"肖像权就是公民以在自己肖像上所体现的利益为内容的人格权。与其他人格权相比,肖像权的客体本身具有一定的财产利益因素,即可因使用而产生经济利益,在肖像的人格利益上,有精神利益,也有财产的利益,是自然人的人格标识。"

(二)肖像利益的具体化

"肖像权是自然人对在自己的肖像上所体现的利益为内容的人格权。肖像权保护的利益包括肖像所体现的精神利益和物质利益。"[3]这里并不是说肖像权的内容是肖像精神利益和物质利益,而是肖像利益具体体现在这两方面。权利的客体与内容是有所区分的。关于权利内容与权利客体之间的关系,比利时法学家让·达班(Jean Dabin)有一段精彩的论述:"权利的内容是在其方式和范围上界定它的东西:该权利包括了哪一项特权或哪一组特权。权利的客体是经过这样界定的权利所针对的东西。"[4]客体在题材上将权利定了位,而内容则确定了主体行使自由的范围。[5] 法律保护肖像权内容的重点在于保障肖像权的行使,其最终目的在于保障肖像权所享有的人格利益不受非法侵害,而这里所要讨论的则是肖像利益具体是指哪些利益,以明确法律所保护之对象。肖像权是一种具体的人格权,而人格权侧重反映主体的精神利益,具有人身专属性,无法转让,所以对肖像的保护必然体现出对权利人精神利益的保护。除此之外,因肖

---

[1] 参见张红:《死者生前人格上财产利益保护》,载《法学研究》2011年第2期。

[2] 福建省泉州市丰泽区人民法院民事判决书,(2005)泉民终字第1178号。

[3] 参见杨立新等:《中国媒体侵权责任案件法律适用指引——中国侵权责任法重述之媒体侵权责任》,载《河南财经政法大学学报》2012年第1期。

[4] 参见[法]雅克·盖斯旦、吉勒·古博:《法国民法总论》,陈鹏等译,法律出版社2004年版,第165-166页。

[5] 参见[法]雅克·盖斯旦、吉勒·古博:《法国民法总论》,陈鹏等译,法律出版社2004年版,第166页。

像作为一种标识性人格权,能够为商业目的使用进而体现出一定的财产利益。因此,法律保护肖像利益,具体而言就是保护肖像精神利益与肖像财产利益,这种精神利益和财产利益从根本上来说是作为肖像权保护对象的肖像所承载的具体内涵。

1. 肖像利益的核心:精神利益

在传统人格权理论上,人格权被归于非财产权,以体现人格尊严价值的精神利益(ideelle Interesse)为其保护客体,这是最初人们对人格权的认识,也是践行了康德经典的道德律令:永远把人类,包括你自己及其他所有的人,只当作目的而不是单纯的手段。[1] 德国早期实务认为,肖像权的目的是防范精神利益之侵害。对此有1910年“Graf Zeppelin案”(“齐柏林案”)为例,原告齐柏林是飞船发明人,被告烟草公司未经其同意,以原告的姓名及半身像向专利局申请商标登记。法院判决原告胜诉,并在判决理由中表示:与一定商品产生联结,系触犯一个情绪敏感之人,就某种程度上而言,这种将自己的肖像置于商品上惹人注目的行为并不符合每个人的品位。[2] 此判决反映了当时德国以道德观念为基础所构建的纯精神利益的肖像权内涵。“二战”以后,德国制定《德国基本法》,并在第1条和第2条创设一般人格权,为肖像权精神利益之损害救济提供了法律依据。[3] 我国台湾地区“民法”第18条第2项规定,人格权受侵害时,以法律有特别规定者为限,得请求损害赔偿或慰抚金。我国台湾地区学者认为民法对非财产上损害赔偿金额特别加以规定,目的在于避免人格价值商业化,且我国台湾地区1999年“民法”债编修正也致力于扩大慰抚金请求的基础,这使人格权更偏重精神利益的保护。[4] 而肖像权的性质是人格权,因此肖像权在受到法律保护之时也是偏重精神利益的保护,这与我国学者认为的肖像权的基本利益是精神利益之观点不谋而合。[5] 翻阅各国和地区之民事规定,亦得出肖像权重在保护权利人精神利益之结论。根据《意大利民法典》第10条的规定,[6] 对肖像的非法使用行为构成对名誉权的侵犯,而名誉权保护的正是权利人社会评价不被贬低之精神感受,以名誉权的形式为肖像权受侵害提供法律救济,正体现肖像权之创设重在精神利益维护。无论对肖像的保护是采取名誉权模式还是隐私权模

---

〔1〕 参见周辅成:《西方伦理学名著选辑》,商务印书馆1987年版,第372页。

〔2〕 RG vom 28. 10. 1910, RGZ 74, 308 – Graf Zeppelin.

〔3〕 参见张红:《人格权总论》,北京大学出版社2012年版,第33–36页。

〔4〕 参见王泽鉴:《民法学说与判例研究》(第2册),北京大学出版社2009年版,第180页。

〔5〕 参见杨立新:《中国人格权法立法报告》,知识产权出版社2005年版,第366页。

〔6〕 参见《意大利民法典》,费安玲译,中国政法大学出版社2004年版,第12页。

式,这都表明对肖像权的侵害构成对权利人精神利益的损害。《埃塞俄比亚民法典》第 29 条第 3 项表明对肖像权的侵害得请求精神损害赔偿。[1]

美国自 1905 年的“帕维斯基诉新英格兰生命保险公司案”(Pavesich v. New England Life Ins. Co.)[2]以来确立了肖像的隐私权保护模式,《加拿大魁北克省民法典》第 36 条更是直接规定[3]对他人肖像的使用、公开构成对隐私权的侵犯。隐私权保护权利人“思想、情绪及感受”不被干扰,使其免于精神痛苦,[4]将肖像作为隐私权保护之内容亦足见对肖像精神利益之重视。从我国现有法律规定来看,肖像权受到非法侵害时,权利人同样得依法请求精神损害赔偿。[5] 肖像权的精神利益是其作为人格权与生俱来的应然内容,无论是以隐私权、名誉权对肖像精神利益予以保护,还是德国以一般人格权对精神利益予以调整,或是采单列具体人格权模式,对精神利益的保护都是共同的。对肖像精神利益的保护,包含自然人对自己形象享有完整的权利,有权禁止他人未经同意的公开,更不允许非法毁损、恶意玷污。

2. 肖像利益的特殊性:财产利益

毋庸置疑,对肖像权之保护关注的核心是精神利益,但随着商业广告的发展,肖像所带来的财产利益也日渐得到司法实务的认可。在学术界,关于肖像权等人格权是否包含财产利益则经历了一个较长时期的争论。“肖像权是一种人格权,但也具有财产的性质”[6]的主张无疑是对传统人格权理论的一大突破和冲击。目前学术界对于由人格商品化所引发的财产利益之保护的正当性所作的解释和努力有两种视角,一种是在现有的人格权制度上对传统的人格权理论加以修正,最终通过人格权制度对肖像权等人格权的财产利益予以法律保护;另一种则是跳出人格权领域以全新的视角对这种财产利益予以保护,包括财产权观点和知识产权观点。

将财产利益保护问题内部消化的人格权观点具体又有三种路径:(1)扩大

---

〔1〕 参见徐国栋主编:《埃塞俄比亚民法典》,薛军编译,厦门大学出版社 2013 年版,第 5 页。

〔2〕 Pavesich v. New England Life Ins. Co.,122 Ca. 190,50 S. E 68(1905).

〔3〕 参见徐国栋主编:《魁北克民法典》,孙建江等译,中国人民大学出版社 2005 年版,第 6 页。

〔4〕 参见黄松茂:《人格权之财产性质——以人格特征之商业利用为中心》,台湾大学法律学研究所 2008 年硕士学位论文,第 26 页。

〔5〕 《精神损害赔偿解释》(2001 年)第 1 条、第 3 条。

〔6〕 参见王泽鉴:《人格权保护的课题与展望(三)——人格权的具体化及保护范围 - 肖像权(下)》,载《台湾本土法学》2006 年第 87 期;胡莲萍:《简论公民的肖像权》,载《中南政法学院学报》1991 年第 3 期。

解释路径,这种路径是一种最为直接的办法,故而得到许多学者的支持,[1]我国《民法典》亦持此立场。这种扩大解释的做法即直接将具体人格权的内容进行硬性扩张,法律授予权利人对特定人格要素进行商业化使用的权利。(2)创设新的人格权路径,这一理论则主张在传统的人格权理论框架内针对人格权的财产利益单独设立相应的子概念来承载人格权的财产利益保护重任,而传统的具体人格权继续对人格利益予以保护。例如德国学者提出的"经济人格权"、[2]我国学者提出的"财产人格权"[3]以及我国学者倡导的"商事人格权"[4]等概念。当然,这一概念的设定所保护的包括但不限于肖像财产利益,姓名、隐私等现有具体人格权及其他可能被商业化使用的人格权都可涵盖其中。(3)一般人格权保护路径,1907 年的《德国艺术著作权法》第 22 条规定肖像权为人格权的一种,是对民法典的一大重要突破,但该条主要保护的是个人就其肖像自我展示的权利,重在精神利益之维护。但自"Leserbrief 案"[5]和"Paul Dahlke 案"[6]以来,联邦法院承认一般人格权保护并最终将其纳入《德国基本法》,使一般人格权在商业利用之场域发挥其功能。[7]

关于肖像财产利益保护问题的外部消化思路的财产权观点实际上与美国法上人格权利益保护模式不谋而合。在美国,早期的人格利益的保护是通过隐私权来完成的,而人格要素商业化利用中产生的财产利益则是后来发展的公开权制度所保护的对象。将肖像等人格要素既作为人格权的客体而对其精神利益予以保护,又作为财产权的客体对其财产利益予以保护的观点大胆突破了传统人格权制度的藩篱,将人格权客体商业化利用所生财产利益从人格权制度中抽离而赋予其财产权的外衣,从而使每个人对自己的人格要素享有所有权。[8] 作为

---

〔1〕 参见江平主编:《民法学》,中国政法大学出版社 2000 年版,第 294 页;梁慧星:《民法总论》,法律出版社 2001 年版,第 130 页。

〔2〕 参见程合红:《商事人格权论:人格权的经济利益内涵及其实现与保护》,中国人民大学出版社 2002 年版,第 28 页。

〔3〕 参见黄立:《民法债编总论》,台北,元照出版有限公司 1999 年版,第 258 页。

〔4〕 参见程合红:《商事人格权论:人格权的经济利益内涵及其实现与保护》,中国人民大学出版社 2002 年版,第 13 页。

〔5〕 BGHZ 13,334 – Leserbrief.

〔6〕 BGHZ 20,345 = NJW 1956,1554 = GRUR 1956,427 – Paul Dahlke.

〔7〕 Julius C. S. Pinckaers, *From Privacy toward A New Intellectual Property Right in Persona*, Kluwer Law International, 1996, p. 7.

〔8〕 参见袁雪石:《姓名权本质变革论》,载《法律科学(西北政法学院学报)》2005 年第 2 期;蓝蓝:《人格与财产二元权利体系面临的困境与突破——以"人格商品化"为视角展开》,载《法律科学(西北政法学院学报)》2006 年第 3 期。

另一外部消化思路的知识产权观点则可谓绕开人格权、财产权二元权利体系另辟蹊径。因为肖像等人格要素的商品化与现有知识产权制度具有密切关系,实务中相当一部分肖像载体是以艺术作品的形式呈现,实现肖像权与著作权在物质载体上的竞合。因此,将自然人对其人格要素的商品化纳入知识产权制度中进行调整亦具有一定的合理性。这一做法也得到了一些国家和地区的支持,我国台湾地区的“商标法”规定,未经他人允诺,不得将他人的姓名和肖像作为商标申请注册;德国、荷兰、意大利则在著作权法中规定了肖像权人对其肖像的使用、公开的权利。[1]

本书认为,就财产权观点而言,虽然其将肖像定性为一种无形财产,从而利用财产权理论解决当前肖像商品化利用中财产利益在继承和转让上的困境,保证了人格权与财产权的二元权利体系划分界限,但仿佛忽略了一个事实,肖像权作为自然人之人身权必不可少的一部分,因自然人出生而存在,随自然人死亡而消失。财产权之存在与否则有赖于法律的保护,倘若法律不明文将肖像权纳入财产权保护体系中,当事人就无从寻求救济。因而,将肖像权所保护的部分利益刻意划归到财产权体系中,是与肖像权本质和财产权特性相违背的。

就知识产权观点而言,虽然比较法上对此有特别法的立法例,首先,肖像财产利益是随着肖像商品化的发展而产生的,而这种财产利益保护的现实需求在德国等地的民法典颁行之时并没有凸显,因而人格权法律保护的使命并没有通过民法典得以完成,随着这种财产利益保护需求的增大,各国只能通过判例或者特别法立法活动加以补遗。其次,对肖像权等人格权的财产利益保护的规定得以在商标法、著作权法中规定在于承载这种具有符号标志意义的人格要素的载体与承载作为知识产权客体的智力成果的载体界限的模糊与重合性,使肖像权等人格权被置于知识产权制度框架内予以调整。再次,将其置于知识产权制度下调整难以为权利人提供全面的保护,表现为其对人格财产利益的规范必然是分散的,而在人格要素商品化利用中也并非必然地与知识产权发生联系,而且各种人格要素的商品化与知识产权制度联系的紧密程度也有差别,肖像与著作权的关联性较之于姓名与商标权要高,因而导致保护力度的不平衡。[2] 最后,将财产利益纳入知识产权制度调整将导致著作权本身的财产内容与肖像权的财产

---

〔1〕 Julius C. S. Pinckaers, *From Privacy toward A New Intellectual Property Right in Persona*, Kluwer Law International, 1996, p. 13.

〔2〕 参见蓝蓝:《人格与财产二元权利体系面临的困境与突破——以“人格商品化”为视角展开》,载《法律科学(西北政法学院学报)》2006 年第 3 期。

利益难以区分,其权利主体不一致,因而不利于纠纷的解决。因此将肖像权纳入知识产权制度进行保护欠缺合理性和科学性。

就创设新类型的人格权而言,在现有人格权权利体系下创设新的人格权,专门调整人格权的财产利益这一做法实际与财产权的目的追求是一致的,都在于厘清人格权的精神利益与财产利益,但对这一财产利益内容的定性不一样,前者仍然将其定义为一种人格权,后者将其定义为一种财产权。肖像权首先体现的是精神利益内容,财产利益是基于精神利益所派生的,创设一个仅具有财产利益内容的人格权将是对人格权本质的误解。一个完全具有财产利益的权利如果解释为一种人格权将会与整个人格权传统理论格格不入,同样是对整个人格权理论框架的颠覆。这一主张至今也仅停留在学术探讨层面,并未得到各国立法和司法实务的认可。

就一般人格权和肖像权扩大解释的路径而言,采取何种模式主要在于各国对于人格权的具体规定。对于采取一般人格权对肖像权等人格权进行保护的立法自然是将人格要素商品化产生的财产利益归于一般人格权保护,而采取具体人格权保护模式则应将其解释为归于具体人格权保护。有学者提出若将肖像财产利益直接纳入肖像权保护体系,则肖像权作为人格权的一种制度本身将会对财产利益的转让和继承产生障碍。[1] 虽然按照传统的理论,人格权具有专属性,但这是以人格权仅具有精神利益为前提的,许多权利无法归类为纯粹的财产权或纯粹的人格权,例如,著作权受侵害时,著作人格权和著作财产权可以分别因受侵害事实获得赔偿,而包含了财产利益的肖像权等人格权的专属性同样是指其所包含的精神利益,如此,人格权中的财产利益继承和转让问题并无理论上的障碍。关于扩张肖像权内容难以在形式上区分财产利益与精神利益的问题,本书如此回应:当无肖像权具体权能行使时,法律对于这种精神利益和财产利益是同等保护的,区分毫无意义。而一旦权利人积极行使肖像权能或侵权行为发生,这种区分似乎才有意义。当权利人为商业目的使用时,其财产利益一般经由权利人与使用人协商确定,而这种经过权利人允许的情况下的使用行为自然不会发生对权利人精神损害的不利后果,即便有精神损害的结果也因为同意而获得免责;当肖像权受到侵害时,其经济利益一般也可以通过侵权人的商业利用目的、获利情况、侵权范围、权利人的经济损失作为衡量的依据。精神利益是肖像权的核心内容,因而对精神利益的保护应该是贯穿始终的,只要构成对肖像权的

---

[1] 参见蓝蓝:《人格与财产二元权利体系面临的困境与突破——以“人格商品化”为视角展开》,载《法律科学(西北政法学院学报)》2006 年第 3 期。

侵害就应该认为对肖像权的精神利益有所侵害,但这种损害是否应该赔偿则具体依据精神损害赔偿的规定加以调整。因此本书认为,对肖像权作扩大解释或者一般人格权保护模式是解决当前财产利益获得法律保护的最优解释和立论基础。这也是尊重现有《民法典》第 993 条和第 1018 条规范的应然解释结论。

四、小结:“叶璇案”回顾

肖像权所保护的利益核心是精神利益。在明确了这一点之后我们可以回溯到本节开篇提到的“叶璇案”中,叶璇的双眼被遮挡,虽然没有露出整个面部容貌,但是就叶璇个人及其最亲近的人来讲,已然清楚地认识和辨认出照片上就是叶璇本人,对叶璇本人的人格尊严已然造成了事实上的侵害,不论除此之外的公众是否认出这是叶璇,精神损害的事实已然发生。精神损害是一种人的内心感知,及对其本人工作、生活带来的客观影响,法院将其判断标准交由除本人之外的一般大众的认知显然不利于肖像权人精神利益的维护。

而对于认定该侵权行为是否构成对叶璇肖像财产利益的侵犯并需要予以经济补偿时,上述客观事实标准又难以体现财产利益的特征,且现实中的可操作性不强。因为财产利益是通过一定的方式将肖像再现在一定的载体上,这种载体在社会生活的流通中因为附着了一定的肖像而直接或间接产生了社会主体之间的财产流通。因此,是否侵犯肖像权人的肖像财产利益也有赖于其他社会主体的识别,若其他社会主体都无法识别,何谈财产利益的产生?美国曾通过一系列的案例〔1〕确立了“可识别理论”,即行为人未经允许使用他人具有可识别性的肖像或外貌,可使公众通过所使用的肖像或外貌联想到该他人,则行为人应承担侵权责任。这一理论同样适用于行为人所使用的图像、照片为该人所使用的具有可识别性的物品和使用与该人相似足以使公众误以为是该人的肖像或外貌的情形。事实上,可识别理论在我们前文所述司法实务中关于肖像的界定过程中已经被德国、中国的法院所采用,在认定侵犯肖像财产利益中具有重要意义。

综上所述,本书认为,“叶璇案”中,叶璇主张其肖像权受侵犯是成立的,法院应当判令三被告停止侵权、赔礼道歉,并结合叶璇本人的精神损害程度予以相应的精神损害赔偿,至于经济赔偿部分,因为一般公众很难认知其中的肖像权人为叶璇,即并未因为该肖像为叶璇本人而给三被告带来额外的经济效益,相应的

〔1〕 Motschenbacher v. R. J. Reynolds Tobacco Co. [498 F. 2d 821 (9th Cir. 1974)], Ali v. Playgirl, Inc. [447 F. Supp. 723 (S. D. N. Y 1978)], White v. Samsung Elect. Am, Inc. [971 F. 2d 1395 (9th Cir. 1992)], Onassis v. Christian Dior - New York, Inc. [472 N. Y. S 2d 254 (N. Y. Sup. Ct. 1984)].

叶璇本人的财产利益也并未损失，因此可以不予以经济赔偿。

第三节　肖像权的权能

权利是法律为了保护特定主体的特定利益而赋予其基于自己的自由意志为一定行为或不为一定行为的可能性。[1] 根据主体自由意志实现方式的不同，权利可以相应地分为支配权、请求权、形成权和抗辩权等类别。这种自由意志的实现方式就是权利的内容（权能）。就肖像权而言，肖像权人对自己的肖像享有专有权，既可以对自己的肖像权利进行自由处分，又有权禁止他人在未经其同意的情况下，擅自使用其专有的肖像。[2] 此前原《民法通则》第100条规定，“公民享有肖像权，未经本人同意，不得以营利为目的使用公民的肖像”，该规范在《民法典》出台之前一直被看作我国对公民肖像权保护的最直接规定。由此可见，在很长一段时间内，我国肖像权保护的权能主要是肖像的使用权。然而，肖像权的权能显然不止于此。学术界向来也是百家争鸣，主要形成三种不同的观点，包括“二元说”、“三元说”和“四元说”。

一、学术争鸣

（一）肖像权权能“二元说”

目前对肖像权权能采“二元说”观点学者并不多，张俊浩教授认为肖像权是自然人对于肖像的制作权和标表使用权。[3] 吕国强认为肖像权的权能应包括两方面内容，一是形象的再现权，而这种形象再现权是指每个公民享有是否允许他人通过造型艺术或其他形式来再现自己形象的专有权；二是肖像的使用权，即公民享有的对其肖像是否允许传播、复制、展览、用作广告或商标等的专有权。[4] 实际上，无论是再现权还是使用权，吕国强都将其定义为一种许可权，即是否许可他人对自己肖像的再现或使用的权利，其中并不包含自己对肖像的再现和使用的权利。因此，且不说该两种权能是不是已经对肖像权的内涵和权能有比较全面的概括，而仅仅就这种肖像的再现权和使用权内容的概括本身就是

---

〔1〕 参见方新军：《权利客体的概念及层次》，载《法学研究》2010年第2期。

〔2〕 参见彭万林主编：《民法学》，中国政法大学出版社1994年版，第152页。

〔3〕 参见张俊浩：《民法学原理》，中国政法大学出版社1991年版，第148页。

〔4〕 参见吕国强：《肖像权保护中的几个法律问题》，载《社会科学》1989年第7期；吴巨洪：《肖像权保护中若干问题的研究》，载《衡阳师范学院学报》2009年第5期。

不完整的。张华认为肖像权应包括再现权、使用权和许可他人使用权三种权能。[1] 郑立教授认为肖像权是指公民对自己的肖像享有的拥有、使用或许可他人使用的权利。[2] 虽然其列举了三种权能,但此使用权和许可他人使用权两者的区别在于使用的主体不同,实际上都为对肖像的使用权能。因而本质上也是一种“二元说”的观点。

(二)肖像权权能“三元说”

学术界主张肖像权的内容采“三元说”的学者比较多,但是各主张之间又略有不同。主要的论断有以下几种:(1)郭明瑞教授主张肖像权的三个方面内容应该是肖像制作权、肖像利益维护权和肖像使用权;[3] 也有学者将肖像利益维护权称为肖像请求权,这种肖像请求权是指当他人非法制作、非法使用自然人的肖像或者以恶意毁损、玷污、丑化自然人的肖像时,肖像权人有权请求行为人停止不法行为。[4] 中国人民大学民商事法律科学研究中心课题组编纂的《中华人民共和国人格权法草案建议稿》亦采此说,在肖像权一节中分别以第 45 条、第 46 条和第 47 条规定了肖像的制作、肖像的使用以及肖像利益的维护。[5] (2)王成教授认为,肖像权是指自然人享有的以自己肖像所体现的人格利益为内容的人格权。其内容包括肖像的使用、制作以及维护肖像所体现的精神利益。[6] 该观点与第一种观点的不同之处在于对肖像利益维护权的内容理解,后者认为是对肖像利益的维护,而前者则认为只对肖像权的精神利益予以维护。其根本在于对肖像利益的理解之不同。(3)王兰萍认为,肖像权属人身权,内容表现为肖像的创制权、肖像的占有权、肖像的使用权。[7] (4)我国台湾地区学者

---

[1] 参见张华:《关于肖像权若干问题的再思考》,载《河北法学》1994 年第 5 期。

[2] 参见郑立等主编:《民法学》,北京大学出版社 1994 年版,第 511 页。

[3] 参见郭明瑞:《关于肖像权保护的三个问题》,载《国联民商法网刊》2012 年第 1 期。类似的学说有:杨立新:《人身权法论》,人民法院出版社 2002 年版,第 508 页;江平主编:《民法各论》,中国法制出版社 2009 年版,第 276 - 277 页;韩松主编:《民法学》,中国政法大学出版社 2004 年版,第 281 页;田欣、蓝邓骏:《论肖像利益维护权的转化》,载《河北法学》2001 年第 3 期。

[4] 参见张晶:《肖像权及其法律保护》,载《锦州师范学院学报(哲学社会科学版)》2003 年第 6 期。

[5] 参见杨立新主编:《中国人格权法立法报告》,知识产权出版社 2005 年版,第 365 - 375 页。

[6] 参见王成:《侵犯肖像权之加害行为的认定及肖像权的保护原则》,载《清华法学》2008 年第 2 期。

[7] 参见王兰萍:《对侵犯肖像权认定的思考——兼谈〈秋菊打官司〉的官司》,载《法律科学(西北政法学院学报)》1995 年第 6 期。

则将肖像权侵害行为分为三种情形,即肖像的制作、公开和以营利为目的使用。[1] 此处的“公开”非美国法上之公开权,前者重在保护权利人精神利益,后者则是以维护肖像财产利益为主。

从“三元说”的主张来看,涉及的肖像权的权能表述主要包括:制作权(再版权)、使用权、公开权、利益维护权、占有权(拥有权)、排除他人干涉权、许可使用权。其中肖像的制作权与使用权毫无疑问地被学术界共同认定为肖像权的应然内容之一,但对于第三种权能仍未形成统一的见解,甚至可以说是五花八门。

(三)肖像权权能“四元说”

目前理论界主张“四元说”的学者较少,“四元说”主张者一般是在“三元说”的基础上增加“禁止侵害权”这一权能,将肖像权的积极权能和消极权能予以区分。王利明教授认为肖像权权能应采“四元说”,肖像权具有肖像享有权、肖像制作权、肖像使用权、禁止侵害权四个方面的权能。[2] 事实上这四种权能的列举是否妥当本身也存在疑问,而这一禁止侵害权与“二元论”者所主张的肖像请求权、“三元论”者所主张的肖像利益维护权的旨意也具有相同之处。不再赘述。

二、肖像权的权能:肖像制作权、肖像使用权和肖像利益维护权

任何一种独立的权利都可以认为具有两个方面的权能,即积极权能和消极权能。肖像权人一方面可依其享有的肖像权而为制作、使用、公开肖像等活动;另一方面又具有排除他人为制作、使用、公开肖像的行为。对比分析这些不同学说观点,本书总结肖像权的权能有以下 7 种。其中积极权能有:拥有权(占有权)、[3]

---

〔1〕 参见刘春堂:《肖像权之侵害行为》,载《第九届“两岸民法论坛——海峡两岸民法典学术研讨会论文集”》(未出版),2011 年 6 月;王泽鉴:《人格权法——法释义学、比较法、案例研究》,北京大学出版社 2013 年版,第 141 页。

〔2〕 参见王利明:《人格权法研究》,中国人民大学出版社 2018 年版,第 425 - 426 页。

〔3〕 主张拥有权(占有权)权能的学者有:郑立等主编:《民法学》,北京大学出版社 1994 年版,第 511 页;王兰萍:《对侵犯肖像权认定的思考——兼谈〈秋菊打官司〉的官司》,载《法律科学(西北政法学院学报)》1995 年第 6 期。

再现(制作)权、[1]使用权、[2]许可权、[3]发表(公开)权[4];消极权能有:(肖像)利益维护权、[5]禁止侵害权[6]。以下将对这7种权能进行全面地分析、梳理,以便从权能的角度更好地理解肖像权保护的必要性。

(一)肖像制作权——拥有权(占有权)和再现权

部分学者将肖像的占有权和制作权理解为两种互相独立的权能,认为肖像的占有权能是指公民拥有自己的肖像,未经肖像权人许可,他人不得拥有该公民的肖像,也不得侮辱性地损坏他人的肖像。[7] 而肖像的制作或者再现权能,是

---

〔1〕 主张再现(制作)权权能的学者有:张华:《关于肖像权若干问题的再思考》,载《河北法学》1994年第5期;张俊浩主编:《民法学原理》,中国政法大学出版社1991年版,第148页;彭万林主编:《民法学》,中国政法大学出版社1994年版,第152页;郭明瑞:《关于肖像权保护的三个问题》,载《国联民商法网刊》2012年第1期;田欣、蓝邓骏:《论肖像利益维护权的转化》,载《河北法学》2001年第3期;王成:《侵犯肖像权之加害行为的认定及肖像权的保护原则》,载《清华法学》2008年第2期;王兰萍:《对侵犯肖像权认定的思考——兼谈〈秋菊打官司〉的官司》,载《法律科学(西北政法学院学报)》1995年第6期;杨立新:《人身权法论》,人民法院出版社2002年版,第537页;韩松主编:《民法学》,中国政法大学出版社2004年版,第281页。

〔2〕 主张使用权权能的学者有:张华:《关于肖像权若干问题的再思考》,载《河北法学》1994年第5期;郑立等主编:《民法学》,北京大学出版社1994年版,第511页;张俊浩主编:《民法学原理》,中国政法大学出版社1991年版,第148页;彭万林主编:《民法学》,中国政法大学出版社1994年版,第152页;郭明瑞:《关于肖像权保护的三个问题》,载《国联民商法网刊》2012年第1期;田欣、蓝邓骏:《论肖像利益维护权的转化》,载《河北法学》2001年第3期;王成:《侵犯肖像权之加害行为的认定及肖像权的保护原则》,载《清华法学》2008年第2期;王兰萍:《对侵犯肖像权认定的思考——兼谈〈秋菊打官司〉的官司》,载《法律科学(西北政法学院学报)》1995年第6期;杨立新:《人身权法论》,人民法院出版社2002年版,第537页;韩松主编:《民法学》,中国政法大学出版社2004年版,第281页。

〔3〕 主张许可权权能的学者有:张华:《关于肖像权若干问题的再思考》,载《河北法学》1994年第5期;郑立等主编:《民法学》,北京大学出版社1994年版,第511页。

〔4〕 主张发表(公开)权权能的学者:[日]五十岚清:《人格权概述》,有斐阁2003年版,第128页;王成:《侵犯肖像权之加害行为的认定及肖像权的保护原则》,载《清华法学》2008年第2期。

〔5〕 主张肖像利益维护权权能的学者有:郭明瑞:《关于肖像权保护的三个问题》,载《国联民商法网刊》2012年第1期;田欣、蓝邓骏:《论肖像利益维护权的转化》,载《河北法学》2001年第3期;杨立新:《人身权法论》,人民法院出版社2002年版,第537页;韩松主编:《民法学》,中国政法大学出版社2004年版,第281页。

〔6〕 郭明瑞:《关于肖像权保护的三个问题》,载《国联民商法网刊》2012年第1期;王利明:《人格权法研究》,中国人民大学出版社2018年版,第426页;张晶:《肖像权及其法律保护》,载《锦州师范学院学报(哲学社会科学版)》2003年第6期。日本学者五十岚清从权利侵害的角度认为,肖像权是指未经本人许可,他人擅自将自己的肖像通过绘画、雕塑、相片等形式进行制作和发表时,可以对这种行为加以禁止的权利。参见[日]五十岚清:《人格权概述》,有斐阁2003年版,第128页。

〔7〕 参见王兰萍:《对侵犯肖像权认定的思考——兼谈〈秋菊打官司〉的官司》,载《法律科学(西北政法学院学报)》1995年第6期。

指运用一定的表现形式、手段将自然人的外貌形象固定在物质载体上,从而使自然人的外部形象转化为肖像,使用他人肖像必定是将他人外貌形象固定在一定物质载体上,比如擅自摄像。这种权利专属于肖像权人,但肖像权人可以将这种权利授权他人行使。本书认为肖像的拥有或占有权能实际表现为肖像的制作权能,因为制作权本身即包含两层含义,首先,权利人自己有权决定通过何种形式制作或者不制作肖像;其次,权利人有权决定禁止或允许他人制作自己的肖像。[1] 对肖像的占有或拥有必然是在肖像制作完成之后,肖像一旦被制作完成即具有物的性质,肖像权作为一种具体人格权和绝对权,它具有排除他人对其肖像为一切妨碍和干涉的权能,除非经其同意。这种占有权能不是肖像权本身所具有的,而应该被认为是肖像制作权能的派生和应然内容。在对肖像的制作权保护方面最为重视的是日本,无论在判例中还是学术上,日本肖像权保护的重心都落在肖像的制作上。在"京都府学联事件"[2]中,法院裁判的焦点便放在了能否禁止拍摄肖像:"作为这种私生活的自由的一部分,任何人具有未经同意其容貌、姿态不被擅自摄影的权利。不管这种权利是否可称为肖像权,至少,警察在没有正当理由的情况下,摄影个人的容貌等乃违反《日本宪法》的第 13 条之主旨,应不被允许。"任何人具有未经其同意,容貌、姿态不被擅自摄影的权利,虽然法院回避了如何命名这种权利,但在日本学术界,普遍被认可为对以肖像制作为中心的肖像权的保护。而事实上,从 1874 年肖像权的概念诞生之初,肖像的制作便被作为重要权能纳入考量。

(二)肖像使用权——许可权和发表(公开)权

根据学者的观点,许可权是指允许或不允许他人对自己肖像为制作、使用、公开等行为的权利。由此,许可权的内容为使用权权能所吸纳而不具有独立存在的价值,即许可权也就是学者主张的肖像使用的转让权。[3] 公开发表权是指对于已经制作的肖像(如已拍摄的照片等),禁止他人未经授权而擅自加以公开或使用的权利。[4] 这一主张即德国和我国台湾地区实务所主张的自主决定权,

---

〔1〕 参见王利明主编:《人格权法新论》,吉林人民出版社 1994 年版,第 375 页。

〔2〕 日本 20 世纪 60 年代,京都大学学生在举行游行示威活动中发生骚乱,警察使用照相机拍下混乱现场,并以此作为证据依照警察法起诉违法学生。学生则以《日本宪法》第 13 条之"幸福追求权"提出起诉,认为警察法规定即警察可以使用相机拍照即侵犯了公民的人格权。参见最判昭和 45 · 9 · 16,[大法庭]民集 24 卷 10 号 1410 页。

〔3〕 参见杨立新主编:《中国人格权法立法报告》,知识产权出版社 2005 年版,第 373 页。

〔4〕 参见刘春堂:《肖像权之侵害行为》,载《第九届"两岸民法论坛——海峡两岸民法典学术研讨会论文集"》(未出版),2011 年 6 月。

即认为肖像是保障个人的自主决定是否以及在何种条件下散布或公开展示其肖像的权利。[1] 王泽鉴先生将肖像的公开与以营利目的使用他人肖像并列作为肖像权权能,公开实质上是使用的一种表现形式,只是其使用不一定是以营利为目的而已。[2] 因此,本书认为,肖像公开的权利实际也与许可权一样属于使用权内容之一部分,公开发表权或者自主决定权没有独立存在的必要性,皆可由使用权涵盖。肖像权的使用权能,是指肖像一经制作即具有独立存在的价值,权利人对于已经制作完成的肖像具有决定如何使用或者是否使用的权利,公民可以在不妨碍他人的情况下使用自己的肖像,权利人还可以通过授权决定是否同意他人使用以及如何使用自己的肖像。《民法典》第1018条将"使用、公开或者许可他人使用"一并列举,虽不甚简洁,却也一目了然,有助于民众对《民法典》的学习与理解。

(三)肖像利益维护权——禁止侵害权、肖像请求权

肖像权是绝对权,任何人负有不得侵害的绝对义务,上文已论述,肖像权是以精神利益与财产利益为内容的权利,因此一旦肖像权受到侵害,权利人有为维护肖像权所体现的利益而提出请求救济的权利。肖像权的基本利益体现为精神利益,肖像利益维护权的内容首先是维护肖像的精神利益,其次是维护其财产利益。因肖像有赖于一定的载体呈现,因此在某种程度上讲,肖像又具有物的性质,这种载有肖像的作品可以为任何人所有,但并不是拥有该载体的人即对此作品有完整独立的权利。对肖像的任何歪曲、丑化、污损都将是对肖像权人人格形象的侵害,肖像权人可基于维护自身肖像利益之需求提出禁止侵害之请求。因此,肖像利益维护权实际上与当前学者所认为的禁止侵害权具有同一目的和功能,两者都是从权利保护和排他性方面来认识肖像权的这一权能,利益维护权内必然包含着禁止他人侵害的内容,但又不限于此。利益维护权尚具有通过自己积极作为而维持或提高自己的形象,从而增加自己肖像利益的财产价值等内容,当这种财产利益被侵害时可请求相应的损害赔偿,具有对内和对外两个方面的内容,对肖像权的保护更为全面,因此本书认为,既然禁止侵害权和请求权皆可归于利益维护权,则无单独列举之必要。

综上所述,肖像权的权能包含积极权能与消极权能。结合《民法典》第1018

---

[1] 参见黄松茂:《人格权之财产性质——以人格特征之商业利用为中心》,台湾大学法律学研究所2008年硕士学位论文,第175-176页。

[2] 参见王泽鉴:《人格权法——法释义学、比较法、案例研究》,北京大学出版社2013年版,第141页。

条第 1 款与第 1019 条的规定，肖像权之权能采“三元说”比较合理，并且此三种权能具体表现为肖像制作权、肖像使用权和肖像利益维护权。

第四节　“以营利为目的”与肖像权侵权责任认定

关于肖像权侵权责任构成要件，理论界主要以王利明和杨立新两位教授的观点为代表，王利明教授从传统侵权行为构成理论出发，主张侵害肖像权应满足“四要件”，即未经本人同意、存在非法利用他人肖像的行为、主观过错以及损害后果。[1] 杨立新教授认为，侵害肖像权责任构成只须以下“三要件”：有肖像使用行为、未经肖像权人同意而使用、无阻却违法事由而使用。[2] 本书与杨立新教授的主张一致，即只要证明侵权人已经实施了侵犯或妨害肖像权的行为，并且不存在合理使用，权利人即可以主张肖像权救济，而不必考虑行为人主观过错。因为这是基于人格权基础上的请求权，是一种绝对权，对此，本章第七节将有详细的论述。但是，无论上述何种观点都不再机械地将此前《民法通则》第 100 条中的“以营利为目的”作为要件之一，不得不说这就是理论研究超前于立法现状的进步之一。但是就司法实践来看，仍然有不少法官尤其是在各地的基层法院中，刻板引用法条规定，将营利性直接作为判定是否构成肖像侵权的要件之一。立法滞后性与实践机械性带来肖像权纠纷认定规则的模糊性也就不言而喻。幸而《民法典》纠正之，彻底结束这一不妥规则。

一、问题

在肖像权侵权案件中，困扰双方及法官的问题不是过错、损害和因果关系问题，而是侵害肖像权的加害行为如何认定的问题。[3] 因为，根据对原《民法通则》第 100 条进行文义解释，在认定肖像权侵权责任的加害行为之违法性判断上，有一个特殊的标准——加害人须以营利为目的。并且此种观点得到了诸

---

〔1〕 参见王利明：《人格权法研究》，中国人民大学出版社 2005 年版，第 457 - 464 页。

〔2〕 参见杨立新：《人格权法》，中国法制出版社 2006 年版，第 220 - 221 页。

〔3〕 参见王成：《侵犯肖像权之加害行为的认定及肖像权的保护原则》，载《清华法学》2008 年第 2 期。

多支持,认为“以营利为目的”应作为认定侵犯肖像权责任构成的要件之一。[1] 但同时反对的声音亦形成针锋相对之势,认为“以营利为目的”不应成为判断肖像权侵权责任是否成立的依据。[2] 为了使这一问题更具体呈现,先举一例加以说明。

在“刘艳诉《南方日报》、汪万里、《南方都市报》肖像权纠纷案”中,原审认为肖像权侵权责任的构成应具备三个条件:(1)须有使用肖像行为;(2)未经肖像权人同意而使用或虽经同意但未按肖像权人同意的适当方式使用;(3)无阻却违法事由。侵犯肖像权责任的构成并不以营利为必要条件,故被告构成对原告肖像权的侵犯。被告不服上诉,称根据原《民法通则》第 100 条的规定,侵犯肖像权责任构成条件有二:一是未经同意使用他人肖像;二是以营利为目的使用他人肖像。被告的新闻报道不以营利为目的,因此不能认定被告侵犯原告肖像权。二审认为,原《民法通则》第 100 条是授权性规范,并非肖像权侵权责任构成要件之规范。该条赋予公民肖像权,明确规定以营利为目的使用他人肖像,须经本人同意,但不能由此得出“不以营利为目的可以不经本人同意使用其肖像”的结论。一般来说,凡以营利为目的使用他人肖像而未经本人同意的,当然构成侵犯肖像权;不以营利为目的而擅自使用他人肖像的,也可认定侵犯了他人肖像权。报社因社会公共利益的需要,在新闻报道中可以合理使用公民的肖像,但原审被告对原告所作的人物专访并不涉及社会公共利益,不属于合理使用原告肖像的情形。因此原审被告的行为是侵犯肖像权的违法行为。[3] 本案值得关注的法律问题是,法院认为原《民法通则》第 100 条并不能作为认定侵犯肖像权构成要件的依据,不能当然推导出侵犯肖像权必须满足以营利为目的之要件。

为了更全面展现这一问题,本书收集了 108 例肖像权侵权纠纷案例,并在其

---

〔1〕 上海市卢湾区人民法院:《审理侵犯肖像权案的一些体会》,载《学习与辅导》1988 年第 3 期;杨桂芳:《试论对侵害公民肖像权案件的审理》,载《法学评论》1988 年第 1 期;吕国强:《肖像权保护中的几个法律问题》,载《社会科学》1989 年第 7 期;曲桂玲:《如何正确认定对肖像权与名誉权的侵权行为》,载《北京人民警察学院学报》1999 年第 2 期。

〔2〕 参见杨立新、尹艳:《侵害肖像权及其民事责任》,载《法学研究》1994 年第 1 期;王兰萍:《对侵犯肖像权认定的思考——兼谈〈秋菊打官司〉的官司》,载《法律科学(西北政法学院学报)》1995 年第 6 期;吴巨洪:《肖像权保护中若干问题的研究》,载《衡阳师范学院学报》2009 年第 5 期;何志:《侵权责任判解研究与适用》,人民法院出版社 2009 年版,第 264 页。

〔3〕 “刘艳与《南方日报》、汪万里、《南方都市报》肖像权纠纷案”(“刘艳案”),广东省中山市中级人民法院民事判决书,(2005)中法民一终字第 1003 号。参见《最高人民法院公报》2007 年第 2 期(总第 124 期)。

中选取了较具典型意义的24例作为分析样本，其中最高人民法院公报3例、[1]人民法院案例选编4例，[2]人民法院审判案例要览17例。[3] 在这24则案件中，

---

〔1〕 (1)“叶璇与首都医科大学附属北京安贞医院、人民交通出版社、北京城市联合广告艺术有限公司肖像权纠纷案”(“叶璇案”)，北京市第二中级人民法院2003年4月17日审结。参见《最高人民法院公报》2003年第6期(总第86期)。(2)“李海峰、高平、刘磊等与六安市公安局叶集改革发展试验区分局、安徽电视台、叶集改革发展试验区叶集实验学校肖像权纠纷案”(“李海峰案”)，安徽省合肥市中级人民法院2006年3月15日审结。参见《最高人民法院公报》2007年第2期(总第126期)。(3)“卓小红与孙德西、重庆市乳品公司肖像权纠纷案”(“卓小红案”)，四川省重庆市市中区人民法院1987年1月8日审结。参见《最高人民法院公报》1987年第1期；最高人民法院办公厅编：《最高人民法院公报案例大全》，人民法院出版社2009年版，第410页。

〔2〕 (1)“张柏芝与梧州远东美容保健用品有限公司肖像权纠纷案”(“张柏芝案”)，江苏省无锡市中级人民法院民事判决书，(2005)锡民初字第101号，以及江苏省高级人民法院民事判决书，(2006)苏民终字第109号，参见最高人民法院中国应用法学研究所编：《人民法院案例选》2006年第4辑(总第58辑)，人民法院出版社2007年版，第92页；(2)“任莹与周志丽、文化艺术报社、柏雨果肖像权纠纷案”(“周仁莹案”)，陕西省西安市碑林区人民法院1998年7月15日审结，参见最高人民法院中国应用法学研究所编：《人民法院案例选》2000年第1辑(总第31辑)，人民法院出版社2000年版，第122－128页；(3)“缪燕与徐芒耀、辽宁美术出版社肖像权纠纷案”(“缪燕案”)，上海市徐汇区人民法院2003年1月28日审结，参见最高人民法院中国应用法学研究所编：《人民法院案例选·2004年民事专辑》(总第48辑)，人民法院出版社2005年版，第363－372页，及 http://www.lawyee.net/Case/Case_Display.asp?ChannelID=2010100&keyword=&RID=49030；(4)“贝贝与陕西三资企业专修学院肖像权纠纷案”(“贝贝案”)，陕西省西安市中级人民法院2000年6月13日审结，参见最高人民法院中国应用法学研究所编：《人民法院案例选》2002年第3辑(总第41辑)，人民法院出版社2003年版，第194－201页。

〔3〕 (1)“陈立中与江西法制报社肖像权纠纷案”(“陈立中案”)，北京市海淀区人民法院民事判决书，(1996)海民初字第2498号；(2)“长沙市威威婴儿用品厂与田依可人肖像权纠纷案”(“长沙市威威婴儿用品厂案”)湖南省长沙市东区人民法院民事判决书，(1994)东民初字第93号；(3)“阿衣木汗·阿不拉、阿不拉·卡德尔、阿合买提·阿不拉等与吐鲁番市食品饮料总厂肖像权纠纷案”(“阿衣木汗·阿不拉案”)，新疆维吾尔自治区吐鲁番市人民法院民事判决书，(1995)吐市法民初字第3号，及新疆维吾自治区吐鲁番地区中级人民法院民事判决书，(1996)吐地法民终字第39号；(4)“陈雯瑜与上海画报出版社肖像权纠纷案”(“陈雯瑜案”)，上海市静安区人民法院民事判决书，(1997)静民初字第1696号；(5)“韩留贵与中国社会出版社肖像权纠纷案”(“韩留贵案”)，云南省昆明市中级人民法院民事判决书，(2002)昆民三终字第535号，参见国家法官学院、中国人民大学法学院编：《中国审判案例要览·2003年民事审判案例卷》，人民法院出版社、中国人民大学出版社2004年版，第316－319页；(6)“臧天朔与北京网蛙数字音乐技术有限公司、广州网易计算机系统有限公司肖像权纠纷案”(“臧天朔案”)，北京市第二中级人民法院民事判决书，(2002)二中民终字第397号，参见国家法官学院、中国人民大学法学院编：《中国审判案例要览·2003年民事审判案例卷》，人民法院出版社、中国人民大学出版社2004年版，第298－303页；(7)“杜久与《北方银潮》编辑部肖像权纠纷案”(“杜久案”)，黑龙江省哈尔滨市南岗区人民法院民事判决书，(1994)南民字第2261号，

判决书中明确将“以营利为目的”作为认定肖像侵权责任构成的案件有12例,[1]明确表示是否具有营利目的不影响肖像权侵权责任认定的案件有9例,[2]以其

及黑龙江省哈尔滨市中级人民法院民事判决书,(1995)哈民二终字第67号;(8)“贾桂花与北京电影学院青年电影制片厂肖像权纠纷案”(“贾桂花案”),北京市海淀区人民法院民事判决书,(1993)海民初字第3991号,及北京市第一中级人民法院民事判决书,(1995)中民终字第797号;(9)“莫少聪与广东省中山市美多化妆品有限公司、泉州新华都购物广场有限公司、厦门康纳利商贸有限公司肖像权纠纷案”(“莫少聪案”),福建省泉州市中级人民法院民事判决书(2005)泉民终字第1178号,参见国家法官学院、中国人民大学法学院编:《中国审判案例要览·2006年民事审判案例卷》,人民法院出版社、中国人民大学出版社2007年版,第315-322页;(10)“刘德华与上海华恒工贸实业公司肖像权纠纷案”(“刘德华案”),上海市中级人民法院民事判决书,(1993)沪中民初字第73号;(11)“蓝天野与天伦王朝饭店有限公司、北京电影制片厂肖像权纠纷案”(“蓝天野案”),北京市东城区人民法院民事判决书,(2002)东民初字第6226号,参见国家法官学院、中国人民大学法学院编:《中国审判案例要览·2004年民事审判案例卷》,人民法院出版社、中国人民大学出版社2005年版,第343-348页;(12)“乔义平与府谷县煤产品经营公司、府谷县邮电局肖像权纠纷案”(“乔义平案”),陕西省榆林地区中级人民法院民事判决书,(1995)榆民初字第15号,及陕西省高级人民法院民事判决书,(1996)陕民终字第40号;(13)“中国石油天然气管道局石油管道报社与刘卫东肖像权纠纷案”(“石油管道报社案”),河北省廊坊市中级人民法院民事判决书,(1999)廊民终字第168号;(14)“卓玛与内蒙古伊利实业股份有限公司、付国宝肖像权纠纷案”(“卓玛案”),内蒙古自治区呼和浩特市回民区人民法院民事判决书,(1994)回民初字第527号;(15)“杨顺英与云南日报社、云南邓川蝶泉乳品有限责任公司肖像权纠纷案”(“杨顺英案”),云南省昆明市中级人民法院民事判决书,(2001)昆民初字第29号,参见国家法官学院、中国人民大学法学院编:《中国审判案例要览·2002年民事审判案例卷》,人民法院出版社、中国人民大学出版社2003年版,第436-441页;(16)“吴穗湘与中外运一敦豪广东分公司肖像权纠纷案”(“吴穗湘案”),广东省广州市白云区人民法院民事判决书,(2000)云法民初字第1470号,参见国家法官学院、中国人民大学法学院编:《中国审判案例要览·2002年民事审判案例卷》,人民法院出版社、中国人民大学出版社2003年版,第442-446页;(17)“王金荣、王金华、王育红等与中国老年基金会北京崇文松堂关怀医院、北京公交广告有限责任公司、北京市公共交通总公司第七客运分公司肖像权纠纷案”(“王金荣案”),北京市崇文区人民法院民事判决书,(1999)崇民初字第1189号。以上案例数据均引自北大法意网,http://www.lawyee.net/Case/Case_Result.asp?Stype=case。

[1] 法院将“以营利为目的”作为是否构成侵犯肖像权判断标准的案例有:(1)1987年,“卓小红案”;(2)2000年,“贝贝案”;(3)2003年,“缪燕案”;(4)2005年,“莫少聪案”;(5)1994年,“杜久案”;(6)1994年,“长沙市威威婴儿用品厂案”;(7)1993年,“刘德华案”;(8)1995年,“乔义平案”;(9)2002年,“臧天朔案”;(10)1997年,“陈雯瑜案”;(11)2006年,“李海峰案”;(12)2002年,“蓝天野案”。

[2] (1)1998年,“任莹案”;(2)1996年,“陈立中案”;(3)2002年,“韩留贵案”,将以营利为目的作为判断责任大小的考量因素;(4)2006年,“张柏芝案”;(5)1999年,“王金荣案”;(6)2000年,“吴穗湘案”;(7)2001年,“杨顺英案”;(8)1999年,“中国石油天然气管道局石油管道报社案”;(9)1993年,“贾桂花案”。

他原因而不认定侵犯肖像权的案例有3例。[1]

肖像权与姓名权、名誉权等一样，是一种被广泛认可的人格权。从大陆法系国家和地区的民法典来看，营利性并非肖像权侵权责任的构成要件。以1907年的《德国艺术作品著作权法》第22条、第23条为开端，欧洲和拉丁美洲各国的著作权法或民法都相继承认了肖像权。在肖像侵权责任的认定上，许多国家和地区均通过法律予以明确，如《葡萄牙民法典》第79条、《越南民法典》第31条、《埃塞俄比亚民法典》第27条以及《巴西新民法典》第20条都认为，使用他人的肖像权必须征得他人的同意或者本人死亡或没有民事行为能力者应当征得有关人士的同意，并以此作为使用他人肖像行为的违法阻却事由。日本没有肖像权的明文规定，判例中发展出对肖像权保护的规则，认为肖像权包括精神利益与财产利益，但亦不承认将营利性作为肖像权侵权责任之构成要件。[2] 综观大陆法系主要民法，都没有以营利为目的作为非法使用他人肖像之侵权责任构成要件的规定。

虽然我国《民法典》不再保留原《民法通则》第100条的规范内容，但结合《民法典》第998条的规定来看，如何厘清"以营利为目的"在肖像侵权责任认定上的应然地位是需要探究的问题。故而，本节将按如下展开：一是如何认定肖像权以及肖像权侵权行为的营利性目的问题；二是我国理论和实践中关于"以营利为目的"作为肖像权侵权责任构成要件是一个悖论；三是探讨"以营利为目的"在我国肖像侵权责任制度上的应然地位问题。

二、概念界定："肖像权"与"以营利为目的"

（一）何谓"肖像权"

肖像是通过绘画、照相、雕刻、录像、电影等艺术形式，使公民的外貌得以在物质载体上再现，它反映肖像者的真实形象和特征，与人的人格不可分离。[3] 人对于其肖像的制作、使用等权利即可称为肖像权。但此并非严格的学理定义，

---

〔1〕 这些案例分别是：(1)"叶璇案"，因为举证不能，不能认为被告使用的照片是原告的肖像，因此不构成侵权；(2)"阿衣木汗·阿不拉案"，因为没有足够证据证明被告使用的肖像是原告的肖像，因此不认定侵犯肖像权；(3)"卓玛案"，法院认为："尽管恩和森的生活形象与所扮演的贝克托的形象无很大差别，但所扮演的贝克托的形象是特定历史人物的艺术形象，并不是恩和森个人形象在客观上的再现，因此，伊利公司的使用行为并不构成对演员恩和森肖像权的侵犯。"

〔2〕 参见［日］五十岚清：《人格权概述》，有斐阁2003年版，第163页；刘易、骆正言：《论肖像权的阻却要件——兼与日本人格权理论比较》，载《金陵科技学院学报（社会科学版）》2010年第2期。

〔3〕 参见张华：《关于肖像权若干问题的再思考》，载《河北法学》1994年第5期。

只是一种通俗的理解。日本学者五十岚清从权利侵害的角度认为肖像权是指未经本人许可,他人擅自将自己的肖像通过绘画、雕塑、相片等形式进行制作和发表时,可以对这种行为加以禁止的权利。[1] 对于肖像权之内容或者权能,较为全面的理解应当涵盖肖像权之积极和消极权能,主要包括肖像制作权、肖像使用权以及肖像利益维护权,本书在上文已有详细之论证,不再赘述。

既然肖像权的保护范围如此之广泛,故有学者根据原《民法通则》第 100 条认为,“参照肖像权利应有的内容和范围加以比较,不难看出我国民法对构成肖像侵权责任的规定过于狭小。表现在一是仅保护使用权,二是只加责于营利性使用,其他非营利性如以人格侮辱为目的的使用,以造谣诽谤为目的的使用等未及问津”[2]。肖像权属人身权,内容表现为肖像的创制权、肖像的占有权、肖像的使用权……原《民法通则》将肖像权的内容局限于以营利为目的,这是立法的缺憾。[3] 本书认为,肖像权的主要内容在于对肖像的使用,肖像权的使用既包括自己使用又包括授权他人使用,既包括授权他人非以营利为目的的使用,也包括授权他人以营利为目的的使用。

作为一种与人身不可分离的绝对权利,肖像权人具有排斥其他任何人对肖像权占有和利用等干扰的权利,法律保护肖像权的目的就是保护肖像权人对自己肖像的控制权。杨立新教授认为,“侵害肖像权中使用的肖像,包括一切再现自然人形象的视觉艺术作品及其复制品。这种使用,并非仅仅包括商业上的利用,而是包括一切对肖像的公布、陈列、复制等使用行为。商业上的使用和非商业上的使用,都可以是公布、陈列或复制”[4]。凡是使用他人的肖像都是非法的,不受法律保护的,但是如果得到肖像权人同意则可以使侵权行为的违法性得到修正。因此,不管他人使用自己的肖像是营利还是亏损,或者是否以营利为目的使用他人肖像都与侵犯肖像权的责任构成毫无关系。

(二)何谓“以营利为目的”

欲正确判定侵犯肖像权的构成要件中是否应包括营利性目的,首先须明确的是何谓“以营利为目的”。对此,原《民通意见》第 139 条规定:“以营利为目的,未经公民同意利用其肖像做广告、商标、装饰橱窗等,应当认定为侵犯公民肖

---

〔1〕 参见[日]五十岚清:《人格权概述》,有斐阁 2003 年版,第 128 页。

〔2〕 参见吕彦:《公民肖像权若干问题探讨》,载《现代法学》1990 年第 4 期。

〔3〕 参见王兰萍:《对侵犯肖像权认定的思考——兼谈〈秋菊打官司〉的官司》,载《法律科学(西北政法学院学报)》1995 年第 6 期。

〔4〕 参见杨立新:《人格权法》,法律出版社 2011 年版,第 457 页。

像权的行为。”此条是关于“以营利为目的”情形的具体列举,但非完全列举。事实上,肖像权的商业利用也绝非只有此三种情形,该条亦使用“等”字兜底,足以证明。故据此规定,何谓“以营利为目的”仍然是雾里看花。

在“刘翔与《精品购物指南》报社、北京精品卓越科技发展有限公司、北京中友百货有限责任公司肖像权纠纷案”中,刘翔的肖像被置于《精品购物指南》2004年第80期及中友公司第6届购物节宣传广告的封面,其诉至法院称肖像权受到侵害。对于被告提出刘翔肖像系新闻照片使用的抗辩,原审法院认为:“根据肖像与特定意义公共事件的关系,可以区分出独立于特定意义的公共事件的肖像和与特定意义公共事件相结合的肖像。肖像权是以肖像为前提存在的权利,法律对于两种肖像权的限制和保护范围不同,前者独立于特定意义公共事件的肖像属于权利人可依个人意志而自由决定支配的私人领域,一切违背肖像权人意志而利用其肖像的行为,都可能被视为侵权……于特定意义公共事件相结合的肖像是指权利人进入公共领域:其形象融入某公共事件,此时法律对权利人的肖像权授予限制,如果构成合理使用,即未经过权利人同意而使用其肖像也不构成对肖像权的侵犯。”《精品购物指南》及中友公司购物节广告封面上的刘翔照片源自新闻图片,是否属于非广告性质的合理使用?原审法院认为:“精品报社在《精品购物指南》中虽使用了刘翔的肖像,但不能让读者认为刘翔的肖像与购物节之间有广告性质的关联性,而中友公司在《精品购物指南》上发布广告但由于其不知道刘翔的肖像用于封面,因此也无法认为两者之间具有关联性,故而被告并未侵犯刘翔的肖像权。”〔1〕二审法院则对刘翔肖像与商业广告上的关联性进行了更为细致的审查,其认为:“广告法第十三条规定‘广告应当具有可识别性,能够使消费者辨明其为广告’,同时规定‘通过大众传播媒介发布的广告应当有广告标记,与其他非广告信息相区别,不得使消费者产生误解’。可见,报纸等新闻媒体发布广告,除广告本身应当具有可识别性外,还必须使广告与其他非广告信息之间具有不使消费者产生误解之标记区别……在《精品购物指南》封面上,虽然不存在‘利用刘翔肖像做广告’,但就封面的整体设计所反映出的整体视觉效果而言,确实足以令公众产生‘刘翔在为中友公司做广告’之误解,进而使刘翔人格受到购物节广告的商业化侵害。”故而认为《精品购物指南》报社应对其使用刘翔肖像的行为承担侵权责任。〔2〕

在“杜秋霞与广州市越秀区东山美心心联谊服务中心肖像权纠纷案”中,二

---

〔1〕 北京市海淀区人民法院民事判决书,(2005)海民初字第2938号。

〔2〕 北京市第一中级人民法院民事判决书,(2005)一中民终字第8144号。

审法院认为“上诉人未经被上诉人同意,擅自使用被上诉人的照片进行广告宣传,侵犯了被上诉人的肖像权,原审判决其承担相应的民事责任并无不当”〔1〕。在“莫少聪案”中,二审法院认为,“本案中上诉人美多公司系具有营利性质的法人单位,其在与被上诉人莫少聪的使用肖像广告合约期限届满后,未经被上诉人莫少聪同意,继续在其生产、销售的雨倩洗发露产品包装上使用了被上诉人莫少聪的肖像,该行为属于从事与其经营相关的宣传活动,显然具有营利目的,不属于法律许可的合理使用肖像行为”〔2〕。可见,在“莫少聪案”中,法院是从侵权行为人实施的行为以及该法人的性质来判断是否具有营利性目的的。美多公司是具有营利性质的法人单位,并且其使用莫少聪肖像的目的在于提升公司产品的市场影响力,从而获取营业利润。在肖像权使用合同终止后继续使用肖像的目的与合同终止前使用肖像的目的具有一致性,因此认定美多公司使用肖像的行为是以营利为目的的。

由此可见,在实践中,将他人肖像用于广告宣传是一种普遍的以营利性目的使用肖像的行为。在本书选用的25例肖像权案中,因侵权人将他人肖像用于广告宣传而引发的纠纷有23例。因此“以营利性目的而侵害他人肖像权是侵害他人肖像权的主要方式”,〔3〕对于营利性目的的认定一般表现为将他人的肖像用于广告宣传,从而增加自己产品或服务的市场认可度,进而获利的目的或行为。实践中营利性目的通常体现为:(1)以他人的肖像直接做商品广告;(2)以他人的肖像直接作为商品;(3)以他人的肖像做书籍等的装潢、封面;(4)将他人的肖像用于展览橱窗或者其他营利性的陈列;(5)将他人的肖像用于商品或服务的商标或者标记等。〔4〕故“以营利为目的”未经他人同意而使用他人肖像只是侵犯肖像权的一种具体表现形式而已。

---

〔1〕广东省广州市中级人民法院民事判决书,(2007)穗中法民一终字第3657号。

〔2〕福建省泉州市丰泽区人民法院民事判决书,(2005)泉民终字第1178号。参见国家法官学院、中国人民大学法学院编:《中国审判案例要览·2006年民事审判案例卷》,人民法院出版社、中国人民大学出版社2007年版,第315-322页。

〔3〕参见何志:《侵权责任判解研究与适用》,人民法院出版社2009年版,第262页。

〔4〕另有学者认为侵害肖像权的行为主要表现在:(1)擅自制作他人的肖像;(2)擅自拥有他人的肖像,即使不公开也构成侵权;(3)未经他人许可而擅自使用他人的肖像;(4)以侮辱的方式使用、破坏他人的肖像。参见申卫星主编:《民法学》,北京大学出版社2003年版,第604页。还有学者认为人格权商业利用的法律形式包括:(1)作价投资;(2)形象大使;(3)赞助用名;(4)用作商标。参见李林启:《人格权商业利用浅析》,载《中国经贸导刊》2010年第14期。“一般而言未经授权所为之肖像的作成;肖像的公开;肖像的营利使用均属于对肖像权的侵害行为方式。”刘春堂:《肖像权之侵害行为》,载《第九届两岸民法论坛——海峡两岸民法典学术研讨会论文集》(未出版),2011年6月。

三、"以营利为目的"作为肖像权侵权责任构成要件之悖论

(一)"以营利为目的"作为肖像权侵权责任构成要件有违宪法

《宪法》第38条规定:"中华人民共和国公民的人格尊严不受侵犯,禁止用任何方法对公民进行侮辱、诽谤和诬告陷害。"《宪法》规定人格尊严不受损害是人的基本权利,人格尊严系人格权之核心,说明人格权是一项基本人权。《宪法》第38条系宪法上关于人格权的一般性规定,与《宪法》第37条关于人身自由的规定共同构成宪法上一般人格权之条款。[1] 肖像权属于人格权的一种,亦属于基本人权,宪法之下位法贯彻宪法意旨而保护肖像权应是下位法立法及解释的基本原则,一切下位法皆不得违背此项基本宪法原则。

根据《宪法》第38条的规定,对公民进行侮辱、诽谤和诬告陷害是侵犯公民人格尊严之侵权行为类型的具体列举。但是,侵犯人格尊严的行为并不限于此条所列几种情形。在"以营利为目的"才能构成侵犯肖像权的逻辑推导下,对于非以营利为目的,而以侮辱、诽谤、诬告陷害等目的使用他人肖像的情形将不构成侵犯肖像权,加害人将不承担肖像权损害的侵权责任。事实上,无论是否以营利为目的,只要使用肖像进行侮辱、诽谤和诬告陷害,都是侵害基本人权的行为,如无法定的免责事由,都是法律应当禁止的。因此,如果坚持认为以营利为目的是肖像权侵权责任之构成要件,将使得原《民法通则》第100条之规定与《宪法》第38条之规定相冲突,从而在法理上致前者因违宪而无效。这显然绝非妥当。

(二)"以营利为目的"作为肖像权侵权责任构成要件与生活逻辑不符

在20世纪80年代改革开放初期,经济体制改革刚刚开启,以营利为目的使用他人肖像引发纠纷的情况日渐趋多。因此将营利置于认定肖像权侵权责任构成要件的地位在当时的学说和实务中也并未显得不合时宜。进入市场经济时代,公民肖像上所包含的财产利益得到凸显,因而以营利为目的使用肖像的情况和由此而引发的纠纷也随之增加。但是肖像权绝非只有经济利益,因为肖像权所归属的人格权本质上是一种以维护人之尊严与自由为核心的权利,有着不可或缺的精神利益。

对此,诸多学者不同角度的论述为其提供了有力佐证。史尚宽先生认为,"不应当以营利性为标准,否则非营利的侮辱性或其他不当使用他人肖像的行为,无法遏制,对肖像权人极为不利。且肖像权为绝对权,对其侵害发生人格权

---

[1] 参见张红:《一项新的宪法上基本权利——人格权》,载《法商研究》2012年第1期。

请求权的效力,不问及有无过失,对其侵害人得请求去除其侵害”[1]。何孝元先生认为,“营利与否,只是肖像财产化利用的一部分,作为人格权,只要未经同意,而就他人之肖像,公布、陈列或复制之者,皆为肖像权之侵害”[2]。《民法典》承继原《民法通则》的意旨,在对肖像的保护上,既要保护精神利益,又要保护财产利益,二者不可偏废,在肖像权所包含的精神利益和物质利益之中,精神利益作为人的人格尊严的基本内容,法律应当着重予以保护。[3] 从立法本意看,确定侵害肖像权的行为不在于是否以营利为目的使用公民肖像,而在于对不尊重公民的人格、不尊重公民对其肖像的决定权而擅自使用他人肖像行为的禁止。因此,无论出于何种目的,将公民肖像予以复制、传播、展览等均应征得本人的同意,否则就构成对肖像权的侵害。[4] 肖像权是一种体现人作为社会存在物的精神利益,我国民事法律将“以营利为目的”和“未经权利人同意”作为肖像侵权的构成要件,不仅有颠倒主次之嫌,也不符合我国肖像权保护的司法需要。[5]

假设原《民法通则》第100条是关于肖像权侵权责任构成要件的规定,即侵权责任的认定必须包含两个部分,一是未经肖像权人同意使用其肖像,二是以营利为目的使用他人肖像。据此,该条所包含另一种含义就是未经肖像权人同意,不以营利为目的使用其肖像,但造成权利人精神损害也就无法通过肖像权侵权损害赔偿请求权得到救济。如此,肖像权保护的内容和范围就过于狭窄,即只保护肖像权的财产利益,而肖像的精神利益将无法得到保障。这绝不是立法的初衷,也与生活逻辑大相径庭。

实践中存在诸多不以营利为目的而侵害肖像权的情形,如:(1)非法制作和拥有他人肖像;(2)侮辱、毁损他人肖像;(3)未经本人同意利用他人肖像。[6] 其中显著的例子就是,以侮辱性目的而使用肖像的行为在“以营利为目的”要件

---

[1] 参见史尚宽:《债法总论》,中国政法大学出版社2000年版,第156页。

[2] 参见何孝元:《损害赔偿之研究》,台北,商务印书馆1982年版,第160页。

[3] 参见张华:《关于肖像权若干问题的再思考》,载《河北法学》1994年第5期。

[4] 参见王兰萍:《对侵犯肖像权认定的思考——兼谈〈秋菊打官司〉的官司》,载《法律科学(西北政法学院学报)》1995年第6期。

[5] 参见吴巨洪:《肖像权保护中若干问题的研究》,载《衡阳师范学院学报》2009年第5期。认为“以营利为目的”不能作为认定是否构成肖像权侵权责任的必要要件的学者还有:胡莲萍:《简论公民的肖像权》,载《中南政法学院学报》1991年第3期;隋彭生教授认为,人格利益的首要体现并非财产利益,而是精神利益。以营利为目的才构成侵犯肖像权,偏离了人格权制度的本质。肖像权人基于人格尊严和人的自由,禁止他人再现自己的肖像,就为禁止非营利性的使用的理论提供了前提。参见隋彭生:《论肖像权的客体》,载《中国法学》2005年第1期。

[6] 参见何志:《侵权责任判解研究与适用》,人民法院出版社2009年版,第264页。

的逻辑推导下势必得不到法律的追究,受害者将无法获得赔偿。所谓侮辱性使用肖像行为,是指肖像使用人在使用他人肖像的时候,非以营利及欣赏等为目的,而是意图通过这一行为侮辱该人的人格(如将他人肖像悬挂于公共厕所门口)。[1] 此种情形下的未经他人同意而使用他人肖像的行为不被认为构成对肖像权的侵犯是有悖于肖像权保护目的的。虽然原《民通意见》第159条中明确"以侮辱或者恶意丑化的形式使用他人肖像的,可以认定为侵犯名誉权的行为",但并不能因此种将侵害肖像权精神利益的侵权责任吸收到名誉权侵权责任的做法,而认为侵犯肖像权应当以营利为目的作为侵权责任构成要件具有合理性。

(三)"以营利为目的"作为肖像权侵权责任构成要件与法律逻辑不符

侵害人格权的责任属于一般侵权责任,因此应当符合《民法典》关于侵权责任之规定,无论是四要件[2]还是三要件[3],"以营利为目的"都无法作为认定侵权责任的构成要件。有学者认为,"侵犯肖像权的构成要件是只要未经本人同意,加上以营利为目的而使用公民肖像,行为人就应该承担侵犯肖像权的民事责任,并进而归纳为违法行为的存在。而使用公民肖像是否违法,关键在于是否违背公民本人的意志"[4]。黄松茂从肖像权的内容角度认为,肖像权的内容为肖像权人对于是否及在何种情况下公开其肖像之自主决定权,而不局限于名誉或隐私,因此未经同意而公开他人肖像者,从未贬低他人在社会上的评价或侵犯其隐私,仍成立肖像权之侵害。[5] 而王成则从肖像权保护的基本原则角度认

---

〔1〕 参见杨立新:《人格权法》,中国法制出版社2005年版,第224页。

〔2〕 刘大庆认为,依据侵权责任四要件构成说,原《民法通则》第100条规定的"未经他人同意"属于对侵害肖像权违法行为的特殊要求;而"以营利为目的"则属于对侵权人主观状态的限制,即必须为故意。参见刘大庆:《保护公民肖像权的法律思考》,载《辽宁大学学报(哲学社会科学版)》1998年第5期。

〔3〕 参见申卫星主编:《民法学》,北京大学出版社2003年版,第604页;黄文平、王则柯:《侵权行为的经济分析》,中国政法大学出版社2004年版,第261页;杨立新、尹艳:《侵害肖像权及其民事责任》,载《法学研究》1994年第1期;张东:《侵害公民肖像权行为构成新论》,载《重庆商学院学报》1994年第2期;郭乃改:《论侵犯公民肖像权的构成要件》,载《河北法学》1992年第5期。

〔4〕 参见吕彦:《公民肖像权若干问题探讨》,载《现代法学》1990年第4期。持类似观点的有:"法律对公民肖像权的保护,着重于禁止未经本人同意的使用,只要是未经本人同意,只要是这种使用不是为了社会公益和公民自身的利益,就构成对公民肖像权的侵犯,而不管这种使用是否以营利为目的。"参见后力、王小咪:《公民肖像权若干问题的再思考》,载《法学》1992年第2期。

〔5〕 参见黄松茂:《人格权之财产性质——以人格特征之商业利用为中心》,台湾大学法律学研究所2008年硕士学位论文,第166页。

为,肖像权属于私权,除非有正当理由,任何对肖像权的使用都必须经得肖像权人的同意,因此,非以营利为目的本身不足以构成正当理由,需要具体分析各种对肖像的使用。也就是说,非以营利为目的本身不能成为肖像权侵权责任的免责事由或者说违法阻却事由。[1] 显然,对于肖像权侵权的认定除了需要使用了他人肖像,还要未经权利人同意,但"以营利为目的"并不必然是判断侵犯肖像权的要件。

对此有学者认为:"从立法体系和规范性质来看,查《民法通则》的立法体系,民事权利与民事责任分章规定,而第一百条列于民事权利一章,并未出现在民事责任部分之中。按照大陆法系成文法的立法传统与立法技术,置于民事权利一章之中,则其意图在于明确其权利的正当性。于此而论,该条规定应属权利属性规范,称其为侵权构成规范实属牵强。"[2] 有学者认为,根据原《民法通则》第 100 条只能推导出以营利为目的是作为是否需要他人同意的限制性条件,"只要是以营利为目的使用他人肖像,均需要他人的同意,否则即构成侵权。换言之,无论何种类型的肖像,在未经权利人同意时,不得营利使用"[3]。

原《民通意见》第 139 条曾规定:"以营利为目的,未经公民同意使用其肖像做广告、商标、装饰橱窗等,应当认定为侵犯公民肖像权的行为。"此条虽然也有规定在以营利为目的的前提下所实施的该条规定的行为应当认定为构成肖像侵权行为,但不能当然解释为此条将"以营利为目的"作为侵犯肖像权构成要件予以判断,只是对具体的侵犯肖像权行为的认定和解释而已。杨立新教授认为,此条的语言表述欠妥,由于立法技术和法律经验的局限性只能根据当时反映出来的在广告、挂历橱窗等商业行为中使用他人肖像的情况,并归纳出营利的共性。[4] 并且在《精神损害赔偿解释》(2001 年)和《民法典》中都不再强调"以营利为目的"作为侵权行为的构成要件,而是直接规定肖像权受到侵害的,受害人有权请求精神损害赔偿。

此外,《妇女权益保障法》第 42 条规定:"妇女的名誉权、荣誉权、隐私权、肖

---

〔1〕 参见王成:《侵犯肖像权之加害行为的认定及肖像权的保护原则》,载《清华法学》2008 年第 2 期。

〔2〕 参见何良彬、徐文波:《营利性不是肖像权的侵权构成要件——向剑波诉成都航天中学肖像权纠纷案》,载 http://rmfyb. chinacourt. org/public/detail. php? id = 98524,最后访问日期:2012 年 1 月 31 日。

〔3〕 参见王成:《侵犯肖像权之加害行为的认定及肖像权的保护原则》,载《清华法学》2008 年第 2 期。

〔4〕 参见杨立新:《人身权法论》,人民法院出版社 2002 年版,第 555 页。

像权等人格权受法律保护。禁止用侮辱、诽谤等方式损害妇女的人格尊严。禁止通过大众传播媒介或者其他方式贬低损害妇女人格。未经本人同意,不得以营利为目的,通过广告、商标、展览橱窗、报纸、期刊、图书、音像制品、电子出版物、网络等形式使用妇女肖像。"此条是对妇女肖像权保护的规定,但基本是依据原《民法通则》第 100 条和原《民通意见》第 139 条的法条而设计的,因此两者的立法思想和功能应当是一致的。《广告法》第 33 条规定:"广告主或者广告经营者在广告中使用他人名义或者形象的,应当事先取得其书面同意;使用无民事行为能力人、限制民事行为能力人的名义或者形象的,应当事先取得其监护人的书面同意。"本条亦是关于侵犯肖像权的具体情形的认定,但不能作为应当承认"以营利为目的"在侵犯肖像权责任构成上的地位的依据。

(四)司法实践经验再总结

承前文所述,在认定是否构成肖像权侵权责任的案件中,对于是否坚持"以营利为目的"作为构成要件之一,实务中出现了两种截然相反的结果。部分判决明确认为根据现行法应该将"以营利为目的"作为认定侵犯肖像权的条件之一,不具有营利目的的使用肖像权行为,即使未经权利人同意也不构成侵犯肖像权。在本书选取的 25 个案例中,将"以营利为目的"作为判断是否构成侵犯肖像侵权的案例有 11 个,占 44%。例如,2006 年"李海峰、高平、刘磊等与六安市公安局叶集改革发展试验区分局、安徽电视台、叶集改革发展试验区叶集实验学校肖像权纠纷案"("李某峰案")中,法院认为肖像权侵权责任构成要件有二:一是未经原告肖像权人的许可而擅自使用原告的肖像;二是被告以营利为目的而使用原告肖像。在《秋菊打官司》影片引发的"贾桂花诉北京电影学院青年电影制片厂肖像权纠纷案"中,法院认为被告主观上没有恶意,客观上也没有丑化原告的肖像,属于善意使用原告的肖像,因此不构成侵犯肖像权。在此案中,原告贾桂花败诉正是源于法院根据原《民法通则》第 100 条规定,将"以营利为目的"作为认定侵犯肖像权的构成要件。

另有部分判决认为,侵犯肖像权之侵权责任构成不是必须以营利为目的作为要件,只要符合未经权利人同意而使用其肖像,无论是否造成损害,无论是否以营利为目的,只要不具有违法阻却事由就应该无一例外地认定构成肖像权侵权。在上述 25 个案例中,有 8 个案例的审理法院明确表明是否具有营利目的不是作为判断是否侵犯肖像权的标准,占 32%。但是,在持此种观点的案例中,有部分法院同时认为“以营利为目的”可以作为认定责任大小的考量因素。[1]

在实务中,认定是否构成侵犯肖像权时法院皆将原《民法通则》第100条奉为金科玉律,在本书所述的25个案例中,每一个案例的判决书中都将此条作为审判依据。然而此条是对侵犯肖像权行为的界定,并非对侵犯肖像权构成要件的规定。依据此条不能必然得出侵犯肖像权只需要两个要件,此条只是概括了侵犯肖像权的典型形式,并不是对侵犯肖像权的构成要件的概括。1998年,最高人民法院召开的华北五省(市区)审理侵害著作权、名誉权、肖像权、姓名权案件工作座谈会确定:擅自使用他人肖像,不论是否营利,均可认定为侵害了他人的肖像权,不能认为侵害肖像权必须以营利为目的。[2] 这说明在司法实务中也已经开始转变传统的审判经验而排除“以营利为目的”在肖像权侵权责任构成中的决定性作用。

本书认为,肖像权作为一种绝对权利,具有对世性和排他性。法谚有云,“你的权利止于我的鼻尖”和“国王的权利止于我的柴扉”,任何人都有权做法律未禁止的事情,但以不侵害他人合法权利为限。在判断一个人是否违法或者侵权时应该以因果关系来判断,而不应该探究侵权人侵权的动机是否善意,侵权的目的是否营利。如果非以营利为目的使用他人肖像的行为构成违法阻却事由的话,那么将导致社会对肖像权保护意识的淡薄。既然非以营利为目的使用他人肖像的行为不构成侵权,那么权利人请求使用其肖像的人停止使用或者请求因使用其肖像而带来的精神损害就丧失了请求权基础,这就势必扩张社会无视公民肖像权的价值判断结果。从《民法典》第1019条第1款规定来看,只要未经权利人同意,则不得制作、公开、使用权利人之肖像,排除了“以营利为目的”的构成要件可能。《民法典》第998条虽然在认定侵害精神性人格权之民事责任时应考虑“行为的目的”,但本条并未直接规定“以营利为目的”的构成要件,而是旨在说明责任认定应当通盘考虑案件的具体情形。

四、“以营利为目的”作为判断肖像侵权责任大小之依据

(一)学说见解

“以营利为目的”虽不至于成为肖像权侵权责任的构成要件之一,但是其在

---

〔1〕“韩留贵案”,审理法院认为被告未经肖像权人同意而使用其肖像构成侵犯原告肖像权,而不以“以营利为目的”作为认定标准。但同时认为将“以营利为目的”与被告过错大小和对原告肖像的侵害程度等一起作为确定赔偿责任大小的因素,而不是认定侵权责任的要件之一。参见云南省昆明市中级人民法院民事判决书,(2002)昆民三终字第535号。

〔2〕参见张俊浩:《民法学原理》(上),中国政法大学出版社2000年版,第150页。

认定肖像权侵权责任上仍然具有重要意义。对此,我国学术上也并未舍弃“以营利为目的”这一重要的侵权责任承担确立依据,但应当如何准确定位“以营利为目的”在肖像权侵权责任认定中的地位,学术界也出现不同的声音。

杨立新教授将肖像权侵权责任的财产责任承担根据侵权人主观上是否具有营利目的而分情况处理,他认为肖像权本身含有财产利益,应当特别说明财产责任方式的适用,对于在非营利性目的的情况下侵害肖像权的按照精神损害赔偿的一般方法确定赔偿数额,而在营利性目的情形下侵害肖像权的,则应当按照肖像转让使用权的一般费用标准,确定赔偿数额。〔1〕 根据杨立新教授的主张,“以营利为目的”不能作为认定肖像权侵权责任的必要条件,其准确定位应当是作为损害赔偿金额确定的一个因素。以营利为目的实施的侵权行为所生损害应按照肖像转让使用权的一般费用标准确定赔偿数额,从而区别于非营利为目的情况下按照精神损害赔偿的一般方法确定赔偿数额。根据生活经验我们可以从感官上认知到肖像转让约定的费用一般会略高于法定的精神损害赔偿方法所确定的金额,因此“以营利为目的”仍然是作为了确定责任大小的一个重要依据,实务工作者在裁判损害赔偿数额时应当审查侵权人是否具有“以营利目的”这一主观因素。何志也提出,以营利为目的不应当是认定侵害肖像权的构成要件之一,而应当是确定损害赔偿数额的考虑因素之一。〔2〕

原《民通意见》第150条规定,对于侵害肖像权的损害赔偿责任大小是根据侵权人的过错程度、侵权行为的具体情节、后果和影响。这一点为《民法典》第998条基本吸收。原《民通意见》第151条规定,在侵害他人的肖像权而获利的情况下,除应该赔偿受害人的损失外,对于其所获非法利益也应该予以收缴。根据这两条法律规定,有学者认为,肖像权受到侵害,其精神损害赔偿数额的确定应当综合考虑侵权人的情况,包括侵权人的非法所得等因素,非法所得越多,其行为造成的影响越大,当事人心里痛苦就越大,因此也应该多赔。〔3〕 “侵权人的非法所得”显然不能等同于“以营利为目的”,前者强调的是侵权行为的结果,后者强调的是侵权人的主观因素,两者也并不必然具有因果关系,以营利为目的并不必然出现非法所得,获取非法所得也并非必须具有“以营为利目的”这一主观

---

〔1〕 参见杨立新:《人格权法》,中国法制出版社2005年版,第222页。

〔2〕 参见何志:《侵权责任判解研究与适用》,人民法院出版社2009年版,第263页。持类似观点有:“侵权行为人的盈利情况也应该作为确定侵犯肖像权的损害赔偿数额确定的考虑因素之一。”参见吕国强:《肖像权保护中的几个法律问题》,载《社会科学》1989年第7期。

〔3〕 参见张晶:《肖像权及其法律保护》,载《锦州师范学院学报(哲学社会科学版)》2003年第6期。

要件,但是大多数情况下侵权人都是在谋取非法利益的动机下而实施侵害他人肖像权的行为。既然侵权人的非法所得应当作为认定责任大小而非责任构成的要件,那么在确定侵权责任承担时也就不得不考虑“以营利为目的”这一主观因素。如此一来,其在肖像权侵权责任制度中的应然地位应当是责任范围确定依据,而非责任构成要件。

由此,在否定“以营利为目的”作为肖像权侵权责任构成要件的同时肯定了其作为确定肖像权侵权责任承担方式中的重要地位,即作为损害赔偿数额确定的一个重要考量因素。从学者的主张来看,“以营利为目的”主要是在肖像财产利益损害赔偿数额确定上发生影响力。赔偿损失理应包括精神损失和财产损失两者,尤其是在侵权人具有营利目的而使用他人肖像时。不以营利为目的情况下的肖像权侵权行为一般只侵害权利人的精神利益,不涉及财产利益的赔偿,因而按照现有的精神损害赔偿法律法规处理,但是以营利为目的情况下的损害赔偿则应当包括精神利益和财产利益的双重赔偿,那么财产利益的赔偿就不得不考虑侵权人的营利目的这一主观因素或者侵权人的违法所得情况。

(二)实务经验

与学术界许多主张一样,在司法实践中,法院也倾向于将营利性目的作为确定责任范围的依据。在本书所选取的25个案例的民事判决书中,部分判决书详细说明了支持肖像权人损害赔偿请求的依据和标准,还有一部分明确支持肖像权的财产利益的保护,但判决书中没有详细列明支持的理由。以下选取3个案例加以说明。

在“莫少聪案”中,福建省泉州市中级人民法院认为,“因侵犯肖像权的赔偿标准问题法律并没有明确的规定,原审法院参照双方广告合约中对使用肖像广告酬金的约定并考虑被上诉人莫少聪的社会知名度及侵权人的侵权行为的过错程度和可能给上诉人带来的经济利益来确定赔偿数额并无不当”[1]。这一做法其实与杨立新教授的主张不谋而合,二审法院认为原审法院根据肖像权使用合同约定的酬金和可能给侵权人带来的经济利益确定赔偿数额的判决并无不当,利用知名人物的肖像做广告的目的在于提升产品的知名度和销售量,明显具有营利目的,参照肖像使用合同的酬金确定赔偿金额实际是对肖像财产利益保护的体现,而综合考虑能给侵权人带来的经济利益也正是在这一营利目的下所实

〔1〕“莫少聪案”:福建省泉州市中级人民法院民事判决书,(2005)泉民终字第1178号,参见国家法官学院、中国人民大学法学院编:《中国审判案例要览·2006年民事审判案例卷》,人民法院出版社、中国人民大学出版社2007年版,第315-322页。

施的侵权行为发生的结果之一,因此依此标准确定赔偿金额实际上并没有将原《民法通则》第 100 条中关于以营利为目的作为肖像权侵权责任认定要件,但毫无疑问地肯定了其在侵权责任成立后责任承担中的地位,其应当作为以营利为目的情况下的肖像权财产利益赔偿的依据之一。从现实经验出发,未经他人同意而擅自将他人的肖像利益商业化利用都在不同程度上具有以非法手段获取利益的目的,因此将营利性的目的作为确定责任范围的依据有助于从根源上保护肖像权所体现的财产利益。

在"张柏芝案"中,初审法院江苏省无锡市中级人民法院认为,远东公司使用张柏芝肖像显然出于营利目的,对于以营利为目的的侵害肖像权的赔偿金额,不仅要考虑远东公司的过错程度,侵权行为的具体情节,侵权后果和具体影响,还要参照一般有偿使用张柏芝肖像的费用标准。索芙特公司聘请张柏芝担任其产品两年形象代言人所支付的酬金均已超过 200 万港币。因此,对于远东公司侵害张柏芝肖像行为的赔偿金额,该院酌定 100 万港币为宜。至于赔偿数额的问题,二审法院认为,生产销售单位聘请身为演员的张柏芝为产品代言,意在通过其影响力占领市场,获取利润。因此,远东公司在非张柏芝代言的产品上使用其肖像,既损害了张柏芝的精神利益,更损害其物质利益,原审法院参照有偿使用标准酌定 100 万港币赔偿数额并无不当。[1] 初审法院在确定肖像权损害赔偿金额时除了考虑一般要素外,还强调了参考有偿使用肖像权人肖像的费用的一般标准,也就是说,根据肖像使用费的一般标准确认肖像权的财产利益的赔偿标准,二审法院也肯定了其判决。在本案中,张柏芝与侵权人之间是存在肖像权使用合同的,但合同终止后侵权人继续使用肖像权人的肖像而产生损害赔偿,这种不正当使用肖像的行为不会产生精神上的损害,因为没有侮辱或者丑化权利人的肖像,使用肖像进行广告代言的行为也得到过权利人的同意,表明权利人并没有因此种方式使用肖像而受到精神痛苦,自然不会产生肖像权的精神利益的损害。那么本案中法院依据一般有偿使用肖像的费用和侵权人可能获得的经济利益确定赔偿金额是指在侵权人实施侵权行为具有营利目的的情况下对肖像权所体现的财产利益的赔偿。

在"刘某案"中,原审法院认为,至于精神损害抚慰金的金额,综合侵权人的

---

〔1〕"张柏芝与梧州远东美容保健用品有限公司肖像权纠纷案",江苏省无锡市中级人民法院民事判决书,(2005)锡民初字第 101 号;江苏省高级人民法院民事判决书,(2006)苏民终字第 109 号;参见最高人民法院中国应用法学研究所编:《人民法院案例选》2006 年第 4 辑(总第 58 辑),人民法院出版社 2007 年版,第 92 - 102 页。

过错程度、手段、行为方式、造成的后果、获利情况、承担责任的经济能力以及法院所在地平均生活水平等各相关因素,酌定精神损害抚慰金的金额为 1 万元。二审法院认为,南方都市报作为国内有影响的发行媒体,其发行量大、地域广,其对刘某做出部分失实的报道,擅自披露刘某隐私,在刘某肖像权、名誉权和隐私权同时被侵害且造成较大影响的情况下,原审关于《南方都市报》的侵权行为已造成严重后果的事实认定并无不当。原审确定精神抚慰金为 1 万元并不为过。[1] 此案中,法院在确定赔偿金额时同样考虑了侵权人获利的情况,而不同的是,侵权人获利的情况同样作为了精神损害赔偿确定的依据,这种审判实践也就与上文提及的学者张晶所主张的观点相对应。此观点也同时在"韩某贵案"中得到了支持,昆明市五华区人民法院经公开审理认为被告侵犯了原告的肖像权,而对于被告应承担的民事责任,法院则根据被告的过错大小和对原告的侵害程度,结合被告以营利为目的而出版《蓝镜头》一书这一事实,依法判决侵权人一次性赔偿韩某贵精神抚慰金人民币 3 万元。[2] 此案审理法院虽然也结合了侵权人以营利为目的出版《蓝镜头》一书这一事实支持了肖像权人的诉讼请求,在确定精神损害赔偿金时考虑到了侵权人的主观上所追求的营利目的,最终判决侵权人赔偿权利人精神抚慰金 3 万元。

综上所述,无论是学说见解还是司法实务经验总结,认为"以营利为目的"不应当作为肖像权侵权责任认定的必要条件者又都同时肯定了其在确定损害赔偿数额时所具有的重要意义,"以营利为目的"分别作为肖像财产利益赔偿依据和精神利益赔偿依据均有例可循,基于上文之分析,本书认为,无论是肖像权的精神利益还是财产利益受到侵害均应当考虑以营利为目的这一因素,对于确定纯粹的非以营利为目的情况下的肖像权侵权责任承担的范围,"以营利为目的"这一考虑因素实际是不发生作用的,而以营利为目的情况下的责任承担范围的确定必然是要考虑到"以营利为目的"这一因素的。而"以营利为目的"下实施的侵害肖像权的行为并不必然同时侵害到肖像权所体现的精神利益和财产利益,有可能只侵害其中一方面的利益,"张柏芝案"中就只侵害了肖像权的财产利益。因此,只要侵权人侵害肖像权的行为具有以营利为目的这一主观因素,在确定责任范围时就应该将其作为衡量因素。

---

〔1〕"刘某与《南方日报》社、汪万里、《南方都市报》肖像权纠纷案",广东省中山市中级人民法院民事判决书,(2005)中法民一终字第 1003 号。参见《最高人民法院公报》2007 年第 2 期(总第 124 期)。

〔2〕"韩某贵案":云南省昆明市中级人民法院民事判决书,(2002)昆民三终字第 535 号。

五、结论

由原《民法通则》第100条引发的以“以营利为目的”是否作为侵犯肖像权构成要件问题一直困扰着理论和实务界，原《民法通则》颁布以后，学者虽然也都对此问题有所讨论，但从理论和实践做全面梳理论述者甚少。本书通过研究肖像权纠纷的民事判决书，对“以营利为目的”在肖像权侵权责任认定上作了较为全面客观的阐述后认为，虽然学术界有不少学者主张以营利为目的应作为认定侵犯肖像权的构成要件，但随着经济社会的变迁发展，当前支持此主张的学者日益减少，大多认为以营利为目的是否作为构成要件其实是两种不同的价值判断的结果，体现了对肖像权保护侧重点的不同。以营利为目的作为侵犯肖像权构成要件更多地体现出对肖像权财产利益的保护。随着人格权保护意识的觉醒，对于肖像权的保护不仅要保护肖像权所体现的财产利益，同时对于侵犯肖像权造成的精神损害也应该予以赔偿。如果以营利为目的作为责任构成要件，那么肖像权人的人格尊严就难以得到有效保护，而精神利益是人格尊严中最重要的基本内容，肖像权的财产利益只是附属和派生的内容，不是基本内容。这种理论界观点的变化也同时体现在司法判决中，更多的法院不再将营利目的作为必要的构成要件。

不得不承认，肖像的使用在大多数情况下能为使用者带来一定的经济利益，因为以营利为目的而使用他人的肖像仍然是肖像使用的最主要形式，也是肖像权侵权行为的主要表现形式。因而以营利为目的在肖像权侵权责任制度中仍有其存在价值，学理上和实务上也有越来越多的声音主张以营利为目的应当作为确定责任范围的主要依据。但鉴于立法的模糊性，司法实践中同案不同判的现象仍然普遍存在，本书认为实务中务必要明确何谓“以营利为目的”，“以营利为目的”虽然不是认定侵犯肖像权的构成要件，但仍然是确定侵犯肖像权的侵权责任承担的重要依据，因而明确何谓“以营利为目的”具有前提意义。

第五节　肖像合理使用

肖像权是自然人以在自己肖像上所体现的利益为内容的具体人格权，具有人身专属性，是一种绝对权。自然人对其享有专有权体现在肖像制作、使用和利益维护几个方面，原则上讲，他人不经肖像权人同意无权使用其肖像。但是，无论何种权利均须受到一定的限制，肖像权中既包含了一定的精神利益同时也蕴藏相当的物质利益,不仅对肖像权本人意义重大,对他人乃至全社会都具有利用价值。现代社会很多正常的社会活动都离不开对人的肖像的利用,如果凡是制作和利用公民的肖像都须要经过公民本人的同意,势必会给正常的社会生活运转带来诸多不便,从而影响甚至危害国家和社会公共利益。因此,建立肖像合理使用制度是对个人和社会利益进行冲突协调的必然之选。《民法典》第 999 条、第 1020 条规定了肖像权的合理使用。

一、案例提出问题

(一)"蓝天野案"——特定人物剧照的使用

在"蓝天野案"[1]中,审理法院认为,二被告提出的剧照的使用、支配权属剧照的著作权人享有的观点,忽略了人物剧照的特性。根据前述可知,能清晰再现表演者面部形象特征的人物剧照是肖像,肖像多以作品形式存在,肖像作品上存在肖像权与肖像作品著作权的双重权利,两权利仅仅是聚合,不是吸收。肖像作品著作权的行使不能湮灭肖像权。电影也是属于肖像作品范畴,电影的著作权人在以电影播放形式行使著作权时无须征得表演者的同意,因表演者同意出演电影角色是就其肖像在播放该电影的范围内以电影的方式使用的允诺,但这种使用不是无限的。超出从事与使用或宣传电影作品有关活动范围的使用就要征得表演者的许可或有特殊约定,包括电影的人物剧照。基于此,可以认定被告北影厂作为《茶馆》的制片人,在未与原告就肖像使用范围进行特殊约定的情况下允许被告天伦王朝饭店使用涉案剧照超出了其合理使用范围。被告天伦王朝饭店由此对涉案剧照的使用存在权利瑕疵。合理使用的情况限于得到原告的同意。

法院在这里使用的"合理使用"一词是针对著作权人与肖像权人对该剧照使用范围之划分,合理与否在于双方合意而非一般意义上针对任意社会第三人或公众的合理使用,有混淆概念之嫌。因此,何为肖像合理使用有待进一步明确。这一案例也值得我们进一步思考,若使用者非天伦王朝饭店,而是另一不知名且与电影版权方无任何约定之第三人则如何认定?若使用的剧照非取自"茶馆"中,而是特型演员之剧照,如唐国强扮演的毛泽东、六小龄童扮演的孙悟空等社会认知度极高的人物呢?

(二)"贾桂花案"——社会实践的合理性

"贾桂花案"[2]审理法院认为,故事影片创作的纪实手法具有其他艺术表

---

〔1〕 北京市东城区人民法院民事判决书,(2002)东民初字第 6226 号。

〔2〕 北京市海淀区人民法院民事判决书,(1993)海民初字第 3991 号;北京市第一中级人民法院民事判决书,(1995)中民终字第 797 号。

现方式所不同的特点,采取偷拍暗摄以实现客观纪实效果的需要,也是常用的手法。只要内容健康,符合社会公共准则,不侵害他人合法权益,就不为法律所禁止。因此被使用的肖像不具有独立的经济和艺术价值,该肖像人物就不应享有禁止使用和索要肖像报酬的权利。否则,电影的纪实创作活动将根本无法进行。贾桂花在公众场所从事个体经营,身处社会公共环境之中,身份明确,形象公开。青影厂出于影片创作需要,拍摄街头实景时摄入其肖像,并无过错,虽有 4 秒钟形象定格,但摄制者主观上没有恶意,客观上也没有渲染贾桂花任何不完善之处。该人物镜头的拍摄与使用应被列入合理的直接允许的范围。贾桂花在影片中的形象非广告性质,也没有独立完整的商业价值,因而不是不可替代。部分人对其形象的议论,按照社会一般评价标准衡量,不足以给贾桂花造成法律意义上的精神损害。综上所述,未经贾桂花本人同意,拍摄并使用其肖像镜头,具有社会实践的合理性,且不违背现行法律关于保护公民该项权利的禁止性规定,故不构成对贾桂花肖像权的侵害。

法院的意见似乎可以认为:在艺术创作的过程中,通过写实的手法再现群众生活,只要不存在主观上的恶意,没有故意渲染当事人不完善之处,即便是没有事先征得当事人同意将其肖像用于艺术作品中也不构成对当事人的侵权,此种情况归于合理使用。但无主观恶意能否作为肖像权侵权的违法阻却要件?肖像权人的生活安宁如何维护?

(三)"乔义平案"——特定场面实况再现

"乔义平案"中,陕西省榆林中级人民法院经审理认为:乔义平称两被告使用其肖像在电话簿上作广告虽系事实,但并非为营利目的,而是根据县政府的统一安排,属正面宣传,对原告本人的形象和声誉丝毫没有歪曲和损害。原告乔义平在颁奖仪式上作为企业的负责人上台领奖属职务行为,拍摄反映领奖实况的照片属新闻摄影作品,该照片以奖杯和奖状为特定表现对象,不构成对乔义平肖像权的侵害。原告乔义平要求两被告停止侵害,赔礼道歉,赔偿损失,依法不予支持。[1] 陕西省高级人民法院经进一步审理,在肯定了一审法院判决的基础上进一步认为上诉人乔义平代表恒昌公司领奖属职务行为,该照片是以奖状和奖杯为特定的表现对象,对颁奖、领奖特定场面的实况再现,属合理使用,不构成对上诉人乔义平肖像权的侵犯。[2]

有关单位为了宣传和表彰先进人物、先进事迹,对特定场面进行实况再现,非

---

〔1〕 陕西省榆林中级人民法院民事判决书,(1995)榆民初字第 15 号。

〔2〕 陕西省高级人民法院民事判决书,(1996)陕民终字第 40 号。

以营利为目的使用当事人的肖像,并不构成侵犯肖像权。对先进单位和个人进行表彰宣传,没有丝毫地歪曲和损害当事人,有利于弘扬社会正面风气,属于肖像合理使用的范围。在“吴穗湘案”[1]和“刘艳案”[2]中,法官亦有类似论述。

(四)“李海峰案”——社会公益报道

“李海峰案”中,六原告按民警要求手举号牌与犯罪嫌疑人朱某某一起列队接受一起强奸(未遂)案件的混合指认,这一过程被民警摄像和拍照。次日,被告安徽电视台记者前往叶集公安分局采集新闻,叶集公安分局遂将本案指认过程的相关摄像资料等交给安徽电视台记者,未作任何交代。2005 年 4 月 16 日,安徽电视台“第一时间”栏目播报的新闻中出现李海峰等六原告手持号牌参与辨认的图像,面部无任何技术遮盖,时间约 2 秒。安徽电视台播报此新闻前未通知叶集公安分局和叶集实验学校。李海峰等六原告先后看到该条新闻,随后即向学校及叶集公安分局提出异议,未果,后被同学和其他人以“嫌疑犯”和“几号强奸犯”等字眼称呼。一审法院主张:肖像权是公民支配自己肖像的权利。原《民法通则》第 100 条规定,“公民享有肖像权,未经本人同意,不得以营利为目的使用公民的肖像”。因此,构成侵犯肖像权需要符合两个要件:一是未经许可使用公民的肖像;二是以营利为目的。被告安徽电视台和叶集公安分局均非以营利为目的使用李海峰等六原告的肖像,故不构成对六原告肖像权的侵犯。[3]如上文所述,以营利为目的作为侵犯公民肖像权的构成要件显然已为司法和学界所摒弃。但是,这里我们抛开法院判决就案件本身来思考,叶集公安分局给六原告拍照并录像的行为是否侵权?安徽电视台以法治新闻的形式播报该案件时,未经六原告同意播出了有清晰相貌的录像是否构成侵犯肖像权?

二、肖像合理使用之认定要素

相对完善的合理使用制度发轫于著作权法中,用以统筹兼顾、平衡协调作品的创作者、传播者、使用者之间可能存在相互冲突的因素。然而,合理使用作为一种事实行为也存在于肖像权保护的体系内,不仅有关公民个人的利益,而且有时还关系到国家和社会的公共利益。

---

〔1〕 广东省广州市白云区人民法院民事判决书,(2000)云法民初字第 1470 号。

〔2〕 “刘艳与南方日报社、汪万里、南方都市报肖像权纠纷案”,广东省中山市中级人民法院民事判决书,(2005)中法民一终字第 1003 号。参见《最高人民法院公报》2007 年第 2 期(总第 124 期)。

〔3〕 “李海峰、高平、刘磊等与六安市公安局叶集改革发展试验区分局、安徽电视台、叶集改革发展试验区叶集实验学校肖像权纠纷案”,安徽省合肥市中级人民法院 2006 年 3 月 15 日审结。参见《最高人民法院公报》2007 年第 2 期(总第 126 期)。

借鉴吴汉东教授对著作权合理使用制度的界定，[1]本书将肖像权的合理使用定义为：在法律规定的条件下，不必征得肖像权人的同意，又不必向其支付报酬，基于正当目的而使用他人肖像的合法行为。在这一定义中，两个核心概念决定了对合理使用的准确判断："正当目的"与"合法"，两者从实质意义与规范意义上搭建起了合理使用制度之框架。所谓合法，即主张合理使用抗辩需要有法律之明文规定。而我国肖像权保护之合理使用制度新立，学者唯有为法院的司法提供参考性意见，明晰构成合理使用的重要实质条件：正当目的。而所谓"正当性"又是一个需要法官发挥自由裁量权的概念，无法以法律的形式准确界定，因此本书建议从以下两方面因素予以考量。

（一）是否为社会公共利益使用

自1986年《民法通则》将肖像权纳入民法体系，未经本人同意，基于公共利益使用他人肖像是否构成肖像侵权的问题便得到学者们关注，至今否定性的回答已经得到学术界几乎一致的认可。[2]《民法典》第999条规定，为公共利益实施新闻报道、舆论监督等行为可以合理使用民事主体的肖像；第1020条第5项规定，肖像权合理使用情形包括为维护公共利益而制作、使用、公开肖像权人的肖像的其他行为。但大多数学者仅将公共利益作为一个笼统的概念予以提出，缺少具体分析，造成实务中理解各异的困境。代表性学者为杨立新和王成，前者将社会公共利益的需要归纳为：对先进人物的照片展览，自然人实施不文明行为而拍摄、公布予以善意批评，通缉逃犯而印制照片等。[3]然仅就上述归纳，亦有继续摸索之必要。例如，自然人之不文明行为可否随意拍摄、曝光，造成公民之私权侵犯，应由何人承担责任？后者将公共利益的范围界定为以下几种情况：使用逃犯的照片、使用公众人物的照片、新闻报道使用他人照片、科教等社会公益

---

〔1〕参见吴汉东：《著作权合理使用制度研究》，中国政法大学出版社2005年版，第145页。合理使用是指"在法律规定的条件下，不必征得著作权人的同意，又不必向其支付报酬，基于正当目的而使用他人著作权作品的合法行为"。

〔2〕参见王俐娜：《试论公民肖像权的法律保护》，载《政法论坛》1987年第5期；王兰萍：《对侵犯肖像权认定的思考——兼谈〈秋菊打官司〉的官司》，载《法律科学（西北政法学院学报）》1995年第6期；隋彭生：《论肖像权的客体》，载《中国法学》2005年第1期；王成：《侵犯肖像权之加害行为的认定及肖像权的保护原则》，载《清华法学》2008年第2期；李永军：《肖像权在中国法上的保护》，载《第九届"两岸民法论坛——海峡两岸民法典学术研讨会"论文集》（未出版）；杨立新：《"速度与激情"事件引发的民法思考》，载《河北法学》2012年第2期。

〔3〕参见杨立新：《人格权法》，法律出版社2011年版，第458页。

事业中使用肖像。[1] 报道公众人物事件、使用公众人物照片对于公众人物尤其是公务人员履职具有一定的社会监督作用,但凡涉及公众人物的照片都可以拍摄、刊登,于逻辑与实际皆存偏颇。对社会有益不等于符合社会公共利益目的,"雷某富不雅视频事件"[2]便是一例。因此,本书认为有必要结合具体情形将公共利益之内涵予以明确。

就公众人物与公共利益之关系而言,社会公众人物主要包括政治人物、社会活动人士、明星以及特定事件之焦点人物等,虽同为名人,但与社会生活的联系却不同。政治人物、社会活动人士等可统一归为公务人员范畴,他们执行公务的能力、行为和个人形象与国家、社会利益紧密相连;明星、特定事件之焦点人物更多与公众兴趣有关,他们甚至以公众对其曝光之接受程度作为衡量自身事业成功与否的标准。因此,根据其身份不同,肖像权的保护度亦有所区别。《民法典》第998条规定,认定侵害精神性人格权的民事责任应当考虑行为人和受害人的职业、影响范围等。这表明,职业的差异将会影响精神性人格权的民事责任认定。对公务人员肖像之使用仅及于其从事公务之时间、地点及事项,对报道其私人生活细节必须予以严格限制;而对于与公众兴趣有关之明星、特定事件之焦点人物,公众之正当知晓的权利仅受限于肖像权人之家门口。域外法中有关公众人物与公共利益权衡的典型案例当属"Caroline 案"[3]。德国联邦宪法法院肯定了 Caroline 公主系当代绝对历史人物,其散步、骑马、上街购物、与友人用餐等私生活照片不仅是一种纯娱乐的资讯,考虑到民众对于政治生活人物的此种兴趣是基于民主透明化和监督,有利于促进个人和公共意见的自由形成,因此这种照片的刊登和报道被认为具有正当性,属于新闻自由保护的范围。Caroline 公

[1] 参见王成:《侵犯肖像权之加害行为的认定及肖像权的保护原则》,载《清华法学》2008年第2期。

[2] "雷政富不雅视频拍摄于5年前　曝光63小时后被免职",载中国网络电视台,http://news.cntv.cn/china;王康位:《解读雷政富事件对媒体的启示》,载《新闻传播》2013年第1期;《社评:官员性丑闻的冲击将是深远的》,载《环球时报》2013年1月26日。

[3] 参见廖福特:《个人影像隐私与新闻自由之权衡——Von Hannover 及 Peck 判决分析与台湾借鉴》,载颜厥安、林钰雄主编:《人权之跨国性司法实践——欧洲人权裁判研究(一)》,台北,元照出版有限公司2007年版;陈仲妮:《论新闻自由与公众人物隐私权之冲突与调和——以欧洲人权法院卡洛琳公主诉德国案为中心》,东吴大学法律学系硕士在职专班法律专业组2008年硕士学位论文;吴志光:《新闻自由与所谓法人"政治人物标准"——由欧洲人权法院裁判谈起》,载《台湾法学杂志》2009年总第142期(2009年12月);刘静怡:《说故事的自由——从欧洲人权法院近年隐私权相关判决谈起》,载《台湾法学杂志》2010年总第146期(2010年2月)。转引自王泽鉴:《人格权法:法释义学、比较法、案例研究》,北京大学出版社2013年版,第441-454页。

主不服该判决遂向欧洲人权法院诉请救济,欧洲人权法院主张报刊所拍摄的照片显示的是原告的家居生活,原告在摩纳哥公国没有任何公职,也不替公国从事纯粹私人性质的活动,刊登此等照片只是满足了某些群众的好奇心而已。在此等情形下,言论自由应让位于肖像权的保护。"所拍摄的照片应有助于公共议题的公开讨论"成为新闻自由与肖像权保护之间利益权衡的一项重要指标,亦即公共利益的考量。

就偷拍与公共利益之关系而言,从"雷某富不雅视频事件"引发的"情妇反腐"成为民众乐此不疲讨论的话题,坊间甚至调侃其为廉政监督的一条捷径,通过公开其不检点之私生活影像,达到引起公众关注之目的进而实现对腐败问题的查处。但肖像权等人格权是人之为人的基本权利,不因个人之社会身份、财富等有所区分,任何人之人格权都应得到尊重。另外,公务人员之私生活状态可能反映其个人之道德情操,但与公共利益并无必然之联系,公民、媒体等行使社会监督权必须以尊重他人基本人格为基础,通过合法途径进行。现实中另一种较为普遍的偷拍则与监督违法有关。比如,未经明显提示而在公众场所安装摄像头用以监督违法犯罪维护社会治安、路遇不文明行为随手拍摄等。为了多数人之利益,对公共场所中的活动进行监督本身具有公益性,但将所拍摄之影像公之于众则可能涉及公民肖像权与隐私权的侵犯,摄像监督之主要目的在于预防犯罪和保存证据,预防犯罪在于安装行为本身之威慑力,与摄影内容之公开无关,保存证据更是针对惩罚不法人本身而言,更与公共利益无涉。因此,安装摄像头之监控行为及肖像之制作事关公共利益,具有合法性,而非经权利人允许之肖像公开则属侵权。路遇不文明偷拍行为,虽有为社会环境改良之初衷,却有"社会执法之嫌",并且不排除偷拍者将照片上传网络仅为博取公众眼球。因此,偷拍不文明行为并将之公之于众的行为与社会公共利益密切关联,但不能认定为对他人肖像之合理使用,社会文明更有赖自律。

有关公共利益之权衡,目前司法中提出的相对周延的权衡标准当属日本。大阪地判平 14・2・19("林真须美肖像权侵害案")的判决中提出考量违法阻却性的三要件:实施的公益性、目的的公益性、手段的相当性。[1] 这一裁量标准被日本法院判例沿用 40 年之久,直到 2005 年日本最高法院在平成 17 年的一个判决[2]中创造了更加细致精确的新标准,学者称为"六要素":被拍摄者的社会地位、被拍摄者活动的内容、摄影的场所、摄影的目的、摄影的方式以及摄影的必要

〔1〕 参见[日]五十岚清:《人格权法》,[日]铃木贤、葛敏译,北京大学出版社 2009 年版,第 138 页。
〔2〕 最高裁平成 17 年 11 月 10 日判决判时 1203 号。

性。综合考虑这六要素之后,倘若对被摄影者的肖像不受任意拍摄的人格利益所造成的损害,远远超过社会生活上能够容忍的限度,就可以认为肖像权受到了侵害。[1] 这一裁量标准不仅可操作性强,亦得到了学术界的首肯,也值得我国司法实务借鉴学习。

(二)是否为商业性质使用

是否为社会公共利益使用是判断肖像合理使用的重要标准但非唯一决定标准,现实中不乏与社会公共利益相关而仍受限使用他人肖像之情形。比如某医院开展减免费医疗而将病人治愈,为救治更多的相似病患并减少患者之经济负担,便以该病人病例之肖像用于其所散发之宣传广告中。诚然,救死扶伤乃社会公益,但无偿使用他人肖像作广告宣传却并不合理。合理使用本质上是无偿使用,其立法目的在于通过平衡不同主体之间利益,减少任何使用他人肖像都要本人同意之烦琐而对肖像权为一定限制。[2] 使用者所能得到的主要是一种非物质利益,即不具有营利性。但随着人格权商品化的发展,肖像权之经济利益日渐凸显,这种无偿使用他人之肖像获取自身之利益或扩大影响之行为显然与合理使用的初衷相违背,因此,以商业性质或受益目的使用不构成合理使用,这是理解《民法典》第999条、第1020条规范意旨的关键所在。在司法实践中则落实为:判断使用者是否从使用中获得"实质性利益"。所谓"实质性利益"是使用人在无须支付对价的情况下,以合理使用的手段取得必须通过授权使用或法定许可使用才取得的收益。[3] "实质性利益"的取得是对使用目的正当性的事实性否定,一旦法院能够认定第三人获取了"实质性利益",也就能排除合理使用的抗辩。因为,直接认定第三人侵权的目的合法性在举证过程中和法院的认定中都具有较大的主观性,存在一定的困难。在这样的情况下,实质性利益便成为一个客观的、可估量的考察因素。

未经肖像权人同意商业性使用他人肖像必然不成立合理使用,但非商业性使用也不必然即为合理使用,尚需考量使用人的主观意图、使用方式、给肖像权人带来的影响等具体情节。例如,使用者主观上存在过错,侮辱性使用他人肖像虽非营利却依然成立侵犯肖像权,如将某明星的肖像用于免费公厕的性别指示牌。虽然相关机构和人员并未从中获取实质利益,但将一自然人肖像用于厕所指示,难免让人非议导致其社会评价之降低,其行为具有侮辱性质,亦非合理使

[1] 参见骆正言:《论日本法中的肖像权保护》,载《日本研究》2010年第3期。
[2] 参见吴汉东:《著作权合理适用制度研究》,中国政法大学出版社2005年版,第215页。
[3] 参见陈立风:《著作权合理使用制度解析》,载《当代法学》2007年第3期。

用而是侵权。

三、肖像合理使用之立法规制

从各国和地区的立法例来看，相关立法早已将肖像合理使用制度以法律的形式予以确认。典型的立法例出现在意大利民法上。《意大利版权法》第97条规定："如肖像人为知名人士或在政府部门供职，或因司法、治安需要，或因科学、教育、文化方面的理由，或涉及公共利益和发生在公共场所的事实、事件，或与庆典有关，复制肖像不必经过肖像人许可。"该立法主要是通过列举的方式规定了特定身份之主体因执行公务、科学、教育、文化等社会公益目的以及公共场所中的事件而合理使用肖像的情况。《加拿大魁北克省民法典》第36条规定："使用他人的姓名、肖像、形象或者声音（为侵犯他人隐私），但向大众合理地公开信息的除外。"《埃塞俄比亚民法典》第28条规定："因肖像的属主为公众人物，或因他担任的公职，或因司法和警察活动的要求，或科学、文化和教育的利益证明复制自然人的肖像为正当，或肖像的复制与具有公共利益或发生在公共场合的事实、事件或仪式相关，则不要求有关人士的同意。"我国《澳门民法典》第80条亦规定："基于肖像人之知名度或担任之职务，或基于安全或司法方面之要求，或为着学术、教学或文化之目的，而有合理理由者，则无须肖像人同意；如该肖像系在公众地方、与公共利益有关之事实或公开进行之事实当中所摄得之影响之一部分，亦无须经肖像人同意。"美国则通过判例的形式将对自然人肖像权益的商业使用纳入公开权的保护中，包括对自己的姓名、肖像的身份进行商业使用的权利，它并不是一项绝对的权利。[1] 凡与新闻、公共事务、体育广播和报道、政治活动相关联而使用他人的身份的，属于例外。[2]

通过上述梳理我们可以发现，各国和地区虽然对肖像权保护采取的路径模式不同，但都对肖像权做出了一定的限制，而且多采用列举的方式明确肖像权合理使用的范围。从我国现行的立法体例来看，原《民法通则》以及其很长一段时间内颁行的若干司法解释并没有对肖像合理使用制度予以明文规定，不得不说是我国肖像权制度的一大缺陷。近年来，学者也充分意识到这一问题，积极进行理论探讨并提出立法建议，取得了一定的突破。全国人大常委会法工委公布的《中华人民共和国民法（草案）》（已失效）规定了在新闻报道中对肖像的合理使用，可谓进步。该草案的第四编第4条规定："因新闻报道等，可以合理使用自然

---

〔1〕 参见张瀚涛：《肖像合理使用的理论探索》，载《学术交流》2006年第2期。

〔2〕 参见李明德：《美国形象权法研究》，载《环球法律评论》2003年冬季号。

人的姓名、肖像或者法人的名称。”一方面,这一规定过于简单,一个“等”字似乎又将合理使用的判断交给了法官自由裁量,背离了构建合理使用制度的初衷;另一方面,“合理使用”这一概念属著作权中的舶来品,在肖像权制度构建中尚未明确,法律亦未有配套解释出台,将其直接用于人格权规定中难免有循环论证、模糊用词之嫌疑。因此,我国《民法典》第999条、第1020条直接进行列举,更加明确。我国《著作权法》第22~23条就公共利益与作者著作权之间可能存在之冲突予以规制,将合理使用行为以立法的形式确立了明确范域——共13种情形,为肖像权合理使用制度之进一步完善提供了借鉴。除去受文字、声音、表演等作品特殊性限制不可参考外,类比《著作权法》之规定,借鉴其他国家(地区)之立法,本书就肖像合理使用之范域作如下理解:

1. 为报道时事新闻,在报纸、期刊、网络、电视台等媒体中不可避免地使用他人肖像,即使新闻报道的内容失实或者不当,有可能构成侵害被曝光者名誉权或隐私权,也不会构成侵犯肖像权。另外,为记载或宣传特定公众活动比如参加集会、游行、庆典等活动时使用参与者的肖像也是合理使用。因为公民参与此类活动中,就意味着在一定程度上处分了自己的肖像权,对其肖像在此活动中加以使用不构成侵权。这种集体性的活动往往都具有相当的新闻价值,参加者将自己置身于这种场合之下,即应该意识到这种公众活动的记录和宣传价值,应当允许将自己肖像用于公开场合。当然还有一种情况,即在新闻采访中被采访人或者无意被摄入镜头的“路人”在主观上并不一定同意这一“出镜”行为。按照主体的不同分别进行分析:第一,若不同意该采访将其曝光,肖像权主体完全可以拒绝该采访事实的发生,一旦接受采访其应当预知到该行为的公开性,可以推断出其已然以实际行动默许肖像的公开。第二,关于“路人入镜”现象,也不宜认定为新闻采访侵权,首先,这种侵权行为的发生本身就具有不可预知性,法律不可以强求为不可为之事。其次,参照著作权,“以著作权之本质言,乃独占排他权,理论上任何人未经同意不得利用,即是合理使用亦然,否则与排他权有所不合。唯国家基于公益,不得不予著作权以限制,但所能限制者,仅是从实质违法之观点,予以阻却违法,并不能阻却其行为之侵害性”。[1] 肖像权亦然,合理使用制度的设计并不能排除侵害的发生,只是在通过利益权衡后,选择更大社会效益的发生。

2. 国家机关为执行公务、保障公共安全等使用当事人之肖像,如公安机关在

---

〔1〕 参见张静:《著作权法评析》,台北,水牛图书出版事业有限公司1983年版,第241页。

通缉令中使用被通缉者的肖像；司法机关在诉讼活动中作为证据而使用当事人的肖像等。值得注意的是，执行公务中所使用的公民肖像必须是该公务涉及的公民本人，有其他公民参与的，必须予以相应的说明，或采取必要的技术手段予以保护，否则也有可能侵犯其他当事人的人身权利。诚如前文所述"李海峰案"件中，李海峰、高平等几名中学生并非该强奸案件的当事人，更不是犯罪嫌疑人，其作为公民协助公安人员参与罪犯辨认环节，他们的合法权益理应受到法律保护。电视台在播出该段指认过程时，对犯罪嫌疑人本人的肖像做了技术处理却恰恰忽视了原告等人的人格权保护，导致观看新闻的普通群众误以为李海峰等人也是犯罪嫌疑人，从而致使其社会评价降低，侵害了原告的名誉权。同时，这种未经同意而曝光原告肖像的行为更是侵犯了其肖像权，使其精神利益遭到损害。

3. 基于科研、教育、为个人学习欣赏的目的在一定程度和范围内使用他人肖像。如为医学试验、法医学教学在课堂上向学员展示病人或者接受法医鉴定的受害人的肖像以及在专业报刊上展示病人照片等。

这里值得注意的是，肖像的使用必须是出于科研或教学目的，若是出于广告营利目的使用他人肖像则另当别论。如前文论及"叶璇案"中，虽然两级法院都以案件涉及的照片只有部分面部器官而不是完整的特定人的形象为由驳回了原告叶璇的诉讼请求，但是被告安贞医院将叶璇的病案照片用于其印刷在《北京交通旅游图》上的广告中的行为显然不是出于科研或者教学的目的，具有营利性，已然超过了合理使用的范围。

4. 为肖像权人自身的利益使用其肖像。例如，张某失踪，其亲属为了找寻相关线索，在大街小巷张贴张某的照片，事后张某认为该照片失真，非常丑陋，影响了其名誉，向法院主张其肖像权和名誉权受到侵犯，法院不予认可。

另外，为介绍、评论某一作品或者说明某一问题，善意使用他人之肖像；纪念馆、档案馆、博物馆、美术馆等为陈列或保存版本之需要，复制本馆收藏的肖像作品；为实施九年义务教育和国家教育规划而编写教科书，除肖像权人有特殊说明外，可使用他人已经公开之肖像，但应按照规定支付相应报酬，且该使用不得带有侮辱、贬低性等描述。凡有益社会公益的非营利性使用他人肖像行为都可以合理使用作为抗辩事由。值得注意的是，结合肖像权之特殊性，参照相关判例学说及上述判断合理使用的考量因素，还应将公众人物肖像之合理使用纳入法律规制范畴：媒体报道中使用具有新闻价值之公众人物肖像，其中国家公务人员等与社会公益有关的职业人员新闻报道止于公务所需之时间、地点和场所；明星、艺术家等与社会兴趣紧密相关之公众人物娱乐报道止于其所守护之私人生活领域。

四、案例分析与问题解决

通过上述分析,我们再次回归到案例的分析解决。对于“蓝天野案”,被告天伦王朝饭店主张采用该剧照予以装饰是为营造艺术氛围,而非营利使用的抗辩是站不住脚的。以优秀话剧作品、优秀演员之剧照作为饭店装潢的确是有益于艺术氛围的营造,文化气息浓厚,对社会而言是有益的。但对社会有益的并非都是为社会公益目的,二者不可等同。例如,某医院在治疗某种疾病上有奇效,治愈率非常高,为宣传其疗效将病患某甲的照片用于广告宣传中,以便治疗更多的病患显然对社会而言是有益的,但其并非为社会公益而是提高医院知名度以达到营利目的。该案中饭店使用蓝天野剧照的行为与该医院的广告行为无异,营造更好的氛围是其吸引顾客的方式之一,并以此达到营利目的。因此,天伦王朝饭店的使用行为并非合理使用。若被使用肖像或剧照为特定的历史人物的形象,例如,“在卓玛诉伊利公司等使用其父在影视作品中扮演的角色形象做广告侵害肖像权案”中〔1〕,恩和森扮演的贝克托早已为人们所熟知,在这种情况下,其个人形象已经被该特定历史人物的形象再现所覆盖,对于该剧照,扮演者在该剧照中已无独立之肖像权存在,自然不能再主张肖像权,更谈不到合理使用了。不仅演员恩和森,其他饰演特型角色的演员,如扮演毛泽东、周恩来、孙中山等有原型且其形象为公众所熟知的特定人物的演员,出于其展示的形象是特定历史人物的艺术形象,因此其也不能主张对剧照享有肖像权。〔2〕

对于“贾桂花案”,首先,人格权是一种绝对权,维护权利主体的人格尊严,侵权行为的认定与侵权人主观是否存在恶意无关,过失行为也可能构成侵权。例如,张某与李某系好友,张某为了恶作剧,私自将李某的扮丑照片贴满了李某经常活动的公共场所,影响了李某在该区域的正常活动,张某显然构成了对李某肖像权的侵犯,该案中,张某本身也并非恶意。其次,电影厂虽然采用的是纪实手法进行拍摄,或者说是艺术创作,但终究是为了公司的营利目的而从事该项活动,纪实只是其拍摄电影的一种手法,甚至可以说是日后电影上映之炒作方式。违背贾桂花的主观意志服务于电影厂的营利目的,显然不属于合理使用范畴。最后,法院认定这种纪实的拍摄并没有刻意渲染贾桂花的不完善之处,但非公众

---

〔1〕 内蒙古自治区呼和浩特市回民区人民法院民事判决书,(1994)回民初字第 527 号。

〔2〕 参见徐坤:《浅析影视剧照中肖像权的法律保护》,载《科技信息》2012 年第 1 期。

人物有获得安宁的权利。[1] 电影播放之后在客观上造成了贾桂花这一普通农妇的生活安宁被破坏,其与人无涉之平常生活被强制曝光于传媒大众,这显然造成了对贾桂花个人精神利益的损害,亦属实质利益损失。[2] 综上所述,法院认定的电影之摄制行为是合理使用,并不合适。

对于“乔义平案”,结合具体案情确系特定场面的实况再现,为了宣传和表彰先进人物、先进事迹,对特定场面进行实况再现,非以营利为目的使用当事人的肖像,有利于弘扬社会正面风气,应属合理使用范畴。该案的认定并无太大争议,但本书后文提到的我国台湾地区“车开小商死亡纪事案”却值得再思考。该节目所引用之画面也许在当时作为一次重大事故,具有新闻价值可作为时事新闻播出,以示对安全之警醒。但当时间经过,该事件即不具有公益性的新闻价值,多次重复播放便需要征得当事人之许可,否则构成对肖像权之侵犯。另外,“最高法院”还指出该播放行为属“正当行使权利,而不违反公共利益,可阻却违法”,重复播放亲人在案发地目睹捞起遭杀害之爱子尸体而痛不欲生的画面,有何公共利益而言?[3]无非以他人之痛苦博人眼球,撑起收视率,终究是为了营利的目的。

对于“李海峰案”,法院将“以营利为目的”作为侵犯公民肖像权的构成要件显有不妥。[4] 此处,抛开法院判决就案件本身来思考,叶集公安分局给六原告拍照并录像的行为是否侵权?安徽电视台以法治新闻的形式播报该案件,是否具有阻却违法性?本书认为,首先,配合公安机关案件的调查是每个公民应尽的义务,因此李海峰等在老师的带领下去叶集公安分局参与混合指认具有正当性,叶集公安分局对指认过程进行拍照和摄像是案件进展记录和证据记载的必要程序,本身既具有合法性,也具有社会公益性。但是,叶集公安分局是否有权利将该影像资料交予安徽电视台则另当别论。根据《公安机关办理未成年人违法犯罪案件的规定》第5条的规定:“办理未成年违法犯罪案件,应当保护未成年人的名誉,不得公开披露涉案未成年人的姓名、住所和影像。”如果该法条中的“未

---

〔1〕 参见[德]克里斯蒂安·冯·巴尔:《欧洲比较侵权行为法》(下),张新宝译,法律出版社2001年版,第124页。

〔2〕 据媒体报道,电影播出后,“有熟人嘲弄贾氏‘成了明星’,‘长那样还上电影’;其子在学校也遭人戏谑……”中央电视台《焦点访谈》1994年12月8日;《〈秋菊打官司〉肖像权纠纷有“说法”》,载《法制日报》1994年12月10日。

〔3〕 参见王泽鉴:《人格权法:法释义学、比较法、案例研究》,北京大学出版社2013年版,第360页。

〔4〕 参见张红:《“以营利为目的”与肖像权侵权责任认定——以案例为基础的实证研究》,载《比较法研究》2012年第3期。

成年人”指的是未成年犯罪嫌疑人,那么参与混合指认的无辜的未成年人是否更应该得到保护?在未征得未成年人及其监护人同意的情况下,公安局无权将记载有未成年人的姓名、肖像的资料予以公开,否则便是侵权。因此,叶集公安分局侵犯六原告的肖像权成立。其次,我国《未成年人保护法》第 103 条规定:“公安机关、人民检察院、人民法院、司法行政部门以及其他组织和个人不得披露有关案件中未成年人的姓名、影像、住所、就读学校以及其他可能识别出其身份的信息,但查找失踪、被拐卖未成年人等情形除外。”该法条中的“有关案件”中所保护之对象应包括混合指认人员。安徽电视台主张其播出行为是为了社会公众利益,但其行为明显不当,安徽电视台完全有时间和条件在播出前征得李海峰等原告的同意或者可以依据《未成年人保护法》的相关规定进行相关技术处理以达到“不能识别出其身份的信息”的效果,从而保护原告的肖像权和名誉权。但是安徽电视台并没有采取上述措施,因此其行为亦构成侵犯肖像权。

第六节　侵害肖像权之损害赔偿

一、问题的提出

肖像权是极易被侵害的一种民事权利,尤其是在现代社会,人们利用现代科学技术手段,比如摄像器材、手机、网络等侵犯他人的私生活领域制作、传播他人的肖像,或者利用 AI 等信息技术手段进行“换脸”等。更重要的是随着人格权商品化,擅自利用他人肖像谋取私利的行为越来越普遍,因此,肖像权的保护和法律救济显得格外重要。在司法实务中,一旦认定侵犯肖像权成立,停止侵害、消除影响、赔礼道歉也顺理成章地得以判决执行,但是关于赔偿损失这一项,因为其不仅涉及精神损害赔偿,还牵扯到肖像商品化带来的经济损失的赔偿。我国目前的法律并没有界定一个明确的认定标准,因此在实务工作中,不同的法官在认定中还存在一定的差别甚至有的显失公平。

本书收集和整理了 26 个有关肖像权纠纷的典型案例〔1〕的判决文书,将原告主张的诉讼请求与法院最终认定的责任承担予以梳理,发现原告请求的赔偿数额与法院所判决的赔偿数额之间存在极大的差距,那么,法院支持或驳回原告

〔1〕 在开篇列表中整理的 30 个案例中,“姚明诉可口可乐案”原告撤诉,双方和解;“卓小红案”“刘德华案”“鲁迅肖像权案”都是以调解结案,故该章节本书分析的判决书样本为 30 个案例中的 26 例。

诉求的理由何在？原告的诉讼请求中绝大多数都没有明确区分财产损失赔偿与精神损失赔偿，而是概言之"赔偿损失"，在法院的判决结果中则更多地认可了精神损失赔偿，缘何？而且本书整理发现，绝大多数明星肖像权被侵犯的案件中，一旦法院认定侵权成立，明星便会得到数额相当高的经济损失赔偿，而对于非公众人物的普通百姓侵权案件而言，最多就是精神损失费用的赔偿，那么，这种区分的法律、法理依据何在？一旦认定了经济损失赔偿，赔偿的数额大小又该如何确定？这些在实务工作中反映出来的问题，都有待本书下文的分析和论证。

二、侵害肖像权的精神损害赔偿

（一）我国精神损害赔偿数额确定的实务经验总结

上述 26 例案件中涉及精神损害赔偿案件的共 16 例，在这些判决中，除"韩留贵案"中法院认定的数额与当事人诉请数额一致外，其余 15 例案件中大多数最终认定的数额仅是诉求的十几分之一甚至是几十分之一，也有部分案件在认定侵权成立的同时驳回了精神损害赔偿的诉求，其依据是《精神损害赔偿解释》（2001 年）第 8 条的规定，那么何为"造成严重后果"？法律所规定的"酌定因素"该如何更好地运用到司法裁量中去而不是变成完全的法官个人主观酌定？

"韩留贵案"中法院"根据被告的过错大小和对原告的侵害程度，结合被告以营利为目的"予以判决；"臧天朔案"中法院认定的具体数额"根据二被告的过错程度、侵权行为的方式和损害后果等酌定"；"吴穗湘案"中"根据侵权行为的性质和程度"；"陈立中案"中"原告要求数额明显过高，法院视具体情节酌定"；"李海峰案"中法院认为"赔偿损失的幅度应当与侵权造成不良影响的范围相当"；"刘翔诉精品报社案件"中"千期专刊的发行使刘翔人格在较广泛的社会范围受商业化侵害，存在一定的侵权后果，而且刘翔本人并无过错，所以还应当赔偿适当的精神损害抚慰金"；"缪燕案"中"由于被告的侵权行为给原告造成了一定的精神损害，应当给予原告相应的精神损失费，具体数额可依据侵权人的过错程度、侵权行为的具体情节及对原告造成精神损害的后果等情况酌定"；"贝贝案"中法院认为"由于学院的侵权行为给贝贝造成了精神损伤，应当承担相应的民事责任"；"石油管道报社案"中报社的行为"使读者对原告无偿献血的善意行为产生了误解与猜测，事实上侵犯了原告的肖像权，给原告造成的精神损失，应予赔偿"；"杨顺英案"中法院主张"照片的使用并未使杨顺英的社会评价降低，未产生严重后果……杨顺英请求精神抚慰金的赔偿不予支持"；"王金荣案"中赔偿精神损失费用"根据侵权人的过错程度、侵权行为的具体情节、后果和影响予以确定"；"合影照片分割案"中，法院直接以《精神损害赔偿解释》（2001 年）

第10条规定之因素“酌定”数额。

从上述判决案例中,我们似乎看到各法院在认定精神损害赔偿过程中都是粗糙地套用法律的规定,而对于是否造成“严重后果”以及得出裁判结论的过程未予以详细论证。同时又鉴于精神损害赔偿在性质上的特殊性,其针对的不是财产价值的赔偿而是对权利受侵害之人遭受的精神痛苦所给予的物质抚慰,这种通过物质因素来衡量精神损失的补偿方式本身就难以客观权衡,最终导致诉讼请求与最终认定数额之间的巨大落差。[1] 这导致的一个最直接的后果便是公民的法治信仰被动摇。因为一旦绝大多数权利主张者的可期待利益经过法院的裁决后被不断缩小,试想还有多少人会因为肖像权被侵害,精神利益遭到损失而耗费人力、物力诉诸法律。

(二)精神损害赔偿的请求权基础

肖像权作为公民重要的人格利益,一旦产生精神损害无法通过恢复原状等救济方式使得受害人恢复到原有的精神状态,因此法律规定以金钱赔偿的方式对此种精神损害做出抚慰,以制裁不法行为人,并对受害人予以抚慰,民事责任分类中称为精神损害赔偿。[2] 这种赔偿针对的仅为精神痛苦以及因此而起的心理形态的损害,不包括侵权人应赔偿给受害人因此而支付的费用及其他实际损失。[3] 精神损害赔偿的界定历来都是各国司法实务中在解决侵权问题时遇到的一大难题,一般只有在具有明确的法律依据时法院才得以认定,这就涉及请求权基础问题。请求权基础,王泽鉴先生将其阐释为:“解题的主要工作,在于探寻支持一方当事人,向他方当事人有所主张的法律规范。此种可供支持一方当事人得向他方当事人有所主张的法律规范,即为请求权规范基础(Anspruch－snormengrundlage),简称请求权基础”(Anspruchsgrundlage)。[4] 请求权基础的寻找是我们处理具体纠纷的核心工作,对肖像权纠纷而言亦如此。然而回顾我国民事立法进程,在2001年《精神损害赔偿解释》和2009年公布的《侵权责任法》出台之前并无精神损害赔偿之法律规定,值得一提的是最高人民法院在

---

〔1〕“李海峰案”中,原告主张每人10万元的精神损失费用赔偿,最终法院以侵害名誉权为由判决每人6000元精神损失费;“臧天朔案”中原告请求20万元精神损失赔偿,最终法院判决赔偿精神抚慰金1万元;“吴穗湘案”中,原告请求6万元的精神损失赔偿,最终法院判决赔偿精神损失费6000元。

〔2〕参见王利明:《人格权法研究》,中国人民大学出版社2018年版,第700页。

〔3〕参见唐德华主编:《最高人民法院〈关于确定民事侵权精神损害赔偿责任若干问题的解释〉的理解与适用》,人民法院出版社2001年版,第5页。

〔4〕参见王泽鉴:《法律思维与民法实例》,中国政法大学出版社2001年版,第50页。

1999 年 11 月 29 日颁布的《全国民事案件审判质量工作座谈会纪要》(法〔1999〕231 号)中曾指示精神损害赔偿数额不宜过高,作为法院内部之原则性规定,但作为被侵权之肖像权人,却难以找到提起精神损害赔偿之规定。权利人可据《民法典》第 995 条、第 996 条和第 1183 条主张精神损害赔偿。在此前,不少地方法院结合本身审判实践,对精神损害赔偿之量定做了有益尝试:

重庆市高级人民法院《关于审理精神损害赔偿案件若干问题的意见(试行)》(渝高法发〔2000〕14 号):公民肖像权遭受损害的,精神损害赔偿金额一般不超过 1000 元;侵权行为情节恶劣、后果严重的,赔偿金额为 1000 ~ 5000 元。

福建省高级人民法院《关于审理人身损害赔偿案件若干问题的意见》(2000 年):首先,明确受害人因精神上遭受一般的痛苦而提出精神损害赔偿的,不予支持;其次,根据侵权人的主观过错程度、侵害手段、侵权行为所造成的后果,侵权行为分为一般侵权行为、严重侵权行为、特别严重侵权行为;最后,根据侵权行为的严重程度不同确定不同的赔偿标准,一般侵权行为的精神损害赔偿在 1000 ~ 10,000元酌情判定;严重侵权行为的精神损害赔偿在 10,000 ~ 50,000 元酌情判定;特别严重侵权行为的精神损害赔偿在 50,000 ~ 100,000 元酌情判定。

山东省高级人民法院《关于审理人身损害赔偿案件若干问题的意见》(2001 年 2 月 22 日):将精神损害区分为一般性精神损害和严重损害,受害人因侵害行为影响正常工作、生活、学习的,为一般性精神损害;受害人因侵害行为导致工作失误、学习成绩下降、生活无常或者自杀等严重后果的,为严重损害,二者的赔偿标准自然也不同。一般性精神损害赔偿标准为 1000 ~ 3000 元;严重精神损害,赔偿标准为 3000 ~ 5000 元;侵害人侵害行为特别恶劣、受害人的伤害程度特别严重或社会影响特别大的,可根据实际需要,适当提高上述赔偿标准,但判决前必须呈报高级人民法院复核。

上述地方法院之意见就精神损害赔偿数额之量定根据损害后果不同制定了一个浮动标准,为基层法院的司法活动提供了相对统一的裁判标准。但是也存在一定的问题:首先,进行有益探索,制定类似标准的法院尚占少数;其次,各省市之间精神损害赔偿量定参考因素之间的差异导致各地可能出现同案不同判现象;最后,不同省市之间确定的浮动数额差距较大,最高限额在 5000 ~ 100,000 元,落差之大极不利于司法统一和公民肖像利益之公正维护。

鉴于此,2001 年最高人民法院出台的《精神损害赔偿解释》是第一部具有全国性司法效力的精神损害赔偿规定,第 1 条规定侵犯公民之肖像权得向人民法院起诉请求赔偿精神损害,是目前最直接的法律依据;第 3 条规定以侮辱、诽谤、贬损、丑化或者违反社会公共利益、社会公德的其他方式，侵害死者肖像致其近亲遭受精神痛苦的可以向人民法院起诉请求赔偿精神损害；第 8 条将精神损害赔偿的范围限定在造成严重后果；第 10 条明确精神损害赔偿数额量定的参考因素：(1)侵权人的过错程度，法律另有规定的除外；(2)侵害的手段、场合、行为方式等具体情节；(3)侵权行为所造成的后果；(4)侵权人的获利情况；(5)侵权人承担责任的经济能力；(6)受诉法院所在地平均生活水平。然而系统分析上述规定，大多是从宏观层面为侵犯肖像权之精神损害赔偿提供了法律依据和原则性规定，难以为司法裁判具体个案所用。

四川省高级人民法院《贯彻执行〈最高人民法院关于确定民事侵权精神损害赔偿责任若干问题的解释〉的意见》(川高法〔2002〕118 号)明确“严重后果”之界定，并结合本地实际情况制定侵犯肖像权之精神损害赔偿最高限额。凡具备下列情形之一的，应认定为因侵权致人精神损害造成严重后果：造成受害人自杀自伤的；造成受害人精神失常的；严重影响受害人正常工作、生活的；在公共场所公然侮辱、贬损、丑化受害人的肖像导致受害人社会评价降低的；其他致人精神损害造成严重后果的。其精神损害抚慰金的数额标准原则上应掌握在 500 ~ 50,000 元的幅度内。以获取经济利益为目的侵犯他人精神性人格权利的，精神损害抚慰金的数额不受上述最高限额 50000 元规定的限制，其具体赔偿数额应根据侵权人获利的多少而定。

北京市高级人民法院《关于侵害知识产权及不正当竞争案件确定损害赔偿的指导意见及法定赔偿的裁判标准》第一章第 25 条规定：“侵害著作人身权及表演者人身权情节严重，且适用停止侵权、消除影响、赔礼道歉仍不足以抚慰原告所受精神损害的，应当判令支付精神损害抚慰金。精神损害抚慰金一般不低于 5000 元，不高于 10 万元。”

《陕西省石泉县人民法院审委会审判工作会议纪要》(2006 年 8 月 11 日)规定，因民事侵权致人精神损害，造成严重后果的，精神抚慰金可分为四个等级：一级 15,000 ~ 20,000 元，二级 10,000 ~ 15,000 元，三级 5000 ~ 10,000 元，四级 1000 ~ 5000 元；若在以上规定的最高限额内仍不足以给当事人精神抚慰的，经该院审判委员会讨论决定，可在 20,000 ~ 50,000 元范围内决定赔偿数额。

云南省高级人民法院《关于审理人身损害赔偿案件若干问题的会议纪要》(2009 年 8 月 1 日)规定：精神抚慰金的赔偿数额，一般不得超过 50,000 元，情况特殊的不得超过 100,000 元。

(三)精神损害赔偿确定的域外法借鉴

德国法上，德国联邦法院于 1958 年在著名的“骑士案”中，强调人格尊严的神圣性和人格自由发展的重要性的同时，肯定了《德国民法典》第 847 条关于侵害他人自由的规定应类推适用精神自由受损害的情形，受害人得以请求精神损害赔偿。联邦法院对人格权遭侵害受害人请求精神损害赔偿提出了两个标准：一是以其他方式之补偿不适当或不充分；二是侵害人须有重大过失或客观上对受害人有较大的人格侵害，二者必据其一。[1] 1967 年德国司法行政部在《损害赔偿规定修正补充草案》中将《德国民法典》第 823 条修正为："故意或过失不法侵害他人生命、身体、健康、自由、名誉，或以其他方法伤害他人之人格权益的，应当承担损害赔偿责任。"同时将《德国民法典》第 847 条修正为："Ⅰ. 人格权受侵害者，关于非财产上损害，得请求以相对的金钱，赔偿其所受的损害；但依第 249 条规定之恢复原状为可能而且充分，或对受害人以金钱以外的方法为补偿者，不适用之，轻微的侵害，不予斟酌。赔偿的金额应依其情况，特别应依侵害及过失的程度决定之。Ⅱ. 前项请求权不得让与或继承，但依契约承诺或已起诉者，不在此限。"[2] 德国立法将精神损害赔偿作为一种补偿性救济措施应用于人格权侵权责任方式中，赔偿数额的大小主要参考侵权后果与侵权人的主观过错程度，这一标准相对我国的司法解释中规定的参考标准而言较为明确简单，法院在实务操作中参考的弹性因素较少，可操作性更强。瑞士民法对人格权的保护可以说是较为完善的。关于精神损害赔偿的相关规定也明确地纳入民法典中。1907 年制定的《瑞士民法典》第 28 条规定："(1)任何人在其人格遭受侵害时，可以诉请排除侵害；(2)诉请损害赔偿或给付一定数额的抚慰金时，只有在本法明确规定的情况下始得允许。其中第(2)项揭示出受害人有请求抚慰金的权利，虽然这种权利的行使以法律的明文列举为限，而肖像权不在此限。"[3] 但该规定却为抚慰金作为一种独立的主张责任方式存在提供了直接的法律基础。直到 1911 年《瑞士债务法》颁布，该法第 49 条规定："(1)因过失侵害他人人格关系，应负损害赔偿责任；(2)人格关系受侵害时，以其侵害情节及加害人过失重大者为限，得请求抚慰金。"第 49 条的规定显然已经使得精神抚慰金的求偿范围突破了《瑞士民法典》第 28 条第 2 项的规定，即肖像侵权案件得以请求精神抚慰金。瑞士法的规定简洁明确，将请求抚慰金的条件限定在侵害行为和行为人本身主观过错程度，同德国法规定类似，可操作性较强。

---

〔1〕 参见胡平：《精神损害赔偿制度研究》，中国社会科学院研究生院 2000 年博士学位论文，第 14 页。

〔2〕 参见王泽鉴：《民法学说与判例研究》(第 1 册)，北京大学出版社 2005 年版，第 54 - 55 页。

〔3〕 参见曾世雄：《损害赔偿法原理》，中国政法大学出版社 2001 年版，第 320 页。

美国采用隐私权与公开权的二元模式对肖像权的精神利益和财产利益分别保护。各州在精神损害赔偿方面通过判例的形式也有明确的规定,弗吉尼亚州在“沃马科诉埃尔德里奇案”(Womack v. Eldridge)[1]中即认定:其他州法院对于没有实质损害之精神上痛苦,可否以精神上痛苦直接请求赔偿,所为之判决并不一致,但大部分法院认为,如果系故意或重大过失并以非常极端使人无法忍受之行为,造成他人精神之痛苦,可以单独请求精神上之损害赔偿。《美国侵权行为(第二次)重述》第46条亦有相同之规定。其要件为:(1)行为人如有非常极端且令人难以接受之行为;(2)其行为出自故意或重大过失;(3)且该故意或重大过失之行为,使人产生十分严重之精神上痛苦,始构成精神上痛苦之侵权行为。如果同时产生身体上之损害,亦为可为求偿之范围。只要符合以上第46条规定的三要件,产生精神上的痛苦便可单独请求损害赔偿。而关于被告的行为是否是“令人无法忍受之行为”,法院一般先依据原告提供的证据,以一个正常合理人的方式来判断,如果有可能认为属于“令人无法忍受之行为”则再交予陪审团作为事实判断的一部分加以认定,若陪审团认定并非“令人无法忍受”将驳回原告之诉。当然,如若法官已然以最有利于原告之解释方式仍认为不可能得到原告所欲求的结果,则直接驳回原告之诉。由此,我们可以看出,美国法将精神损害赔偿的请求限定在一个更为严格的范围且有规范化的认定标准和方法。

(四)综合分析

综上所述,通过对我国立法、司法以及国外立法例的梳理、研究,本书认为,我国有关精神损害赔偿尤其是肖像权的精神损害赔偿应当从以下几个方面加以理解与完善。

1. 侵犯肖像权所致的精神损害程度需有一个司法上统一的划分。[2] 主要分为严重的精神损害、一般的精神损害。一般的精神损害结合现有相关法律规定,原则上就不再适用赔偿抚慰金的救济方式,而是采用停止侵害、赔礼道歉等承担责任的形式对受害人予以救济。对于严重的精神损害,可以参考是否存在受害人自杀、无法正常生活、严重影响工作和学习而导致工作失误或学习成绩显著下降等因素来认定赔偿的数额。

2. 精神损害赔偿制度严格来讲不是真正的损失赔偿而是一种补偿,是以金

---

[1] Supreme Court of Virginia, 1974 215 Va. 338, 210 S. E. 2d 145. 转引自潘维大:《英美侵权行为法案例解析》(上),台北,瑞兴出版社2002年版,第58-62页。

[2] 参见胡平:《精神损害赔偿制度研究》,中国社会科学院研究生院2000年博士学位论文,第137页。

钱的支付抚慰被侵权人因其非财产价值被侵害所生的痛苦、失望、怨愤与不满,[1]因此在决定赔偿数额时应充分斟酌被侵害人的情感。肖像权不同于保护社会评价的名誉权,社会评价是否因为肖像侵权而降低只能作为影响赔偿数额的因素而不能作为判断的标准。同样,是否以获取经济利益为目的也不应作为精神损害赔偿裁量的因素,否则将导致明星等公众人物之精神损害之赔偿与普通百姓之赔偿数额之间的巨大差距,而精神人格之保护不可因人而异。

3. 为了克服精神损害赔偿无法可依及法官随意扩大自由裁量权的弊端,本书建议更多的地方法院根据对以往判例的分析研究,参考当地上一年度本地的平均生活水平制定一个浮动的精神损失赔偿参考数额,不仅有利于统一司法标准,而且有利于双方当事人基于赔偿数额的可预期性进行和解。但是应当注意的是这种标准的制定首先不得与最高人民法院司法解释和《民法典》相冲突,精神损害赔偿数额量定的参考因素以司法解释列举的六种为限,上位法未规定兜底性条款,下位法不得随意"创新"。另外,制定参考数额和标准并不代表审判结果的"一刀切",法官在面对具体肖像侵权案件中侵权人的过错、造成的精神损害严重程度等个案因素予以调整,使最终的赔偿金额既能达到对侵权行为的惩罚和预防功能,又能起到抚慰被害人的功效。诚如王泽鉴所言:"慰抚金之表格化或定额化,除具有使慰抚金客观化之作用外,尚可减少争论,于诉讼外和解,甚有助益,自不待言。然而,如上所述,慰抚金之基本机能在于填补损害及慰抚被害人精神或肉体上之痛苦,须就个别案件,斟酌一切情事,始能实现慰抚金制度之目的。"[2]

三、肖像权商业化利用下经济损失赔偿的量定

肖像权不仅包括精神利益也包括财产利益,因而肖像权于商业化利用下所生侵权损害赔偿范围不仅应包括精神利益的赔偿,也应当包括财产利益之赔偿,精神利益赔偿可依据现有的关于精神损害赔偿之规定处理,上文已有论述。而对于财产利益损害赔偿数额之确定在实务上表现出迫切的需要。

(一)我国经济损失赔偿认定的实务工作总结

本书将26份判决书样本进行分析研究,其中涉及经济损失赔偿的共14例[3],

---

[1] 参见王泽鉴:《人格权法:法释义学、比较法、案例研究》,北京大学出版社2013年版,第493页。

[2] 参见王泽鉴:《民法学说与判例研究》(第2册),北京大学出版社2005年版,第268页。

[3] 26例样本中,法院明确表示支持或不支持肖像利益经济损失赔偿的这14例案件分别是:"张柏芝案""莫少聪案""蓝天野案""臧天朔案""陈立中案""杜久案""长沙市威威婴儿用品案(一审)""张馨予'被丰胸'案""任莹案""刘翔案""缪燕案""杨顺英案""王金荣案""贝贝案"。

并根据法院在认定过程中所持理由予以如下归类分析,以期发现我国在司法判决中的判决要旨和尚存在的问题。

1. 演员、明星等肖像侵权案件中的经济损失赔偿以肖像使用费为主

代表案例是“张柏芝案”、“莫少聪案”和“蓝天野案”。“张柏芝案”中,法院确定经济赔偿数额的参考标准是:“索芙特公司聘请张柏芝担任其产品两年形象代言人所支付的酬金均已超过200万港币。因此,对于远东公司侵害张柏芝肖像行为的赔偿金额,该院酌定100万港币为宜。”“莫少聪案”中,二审法院认为:“因侵犯肖像权的赔偿标准问题法律并没有明确的规定,原审法院参照双方广告合约中对肖像广告酬金的约定并考虑被上诉人莫少聪的社会知名度及侵权人的侵权行为的过错程度和可能给上诉人带来的经济利益来确定赔偿数额并无不当。”也就是说法院裁定25万元的肖像权赔偿金主要还是依据莫少聪本人的广告酬金即使用费来认定,其他因素也作为参考。“蓝天野案”中,法院认为“天伦王朝饭店使用了有原告形象的集体肖像应向原告支付使用费,使用费的具体数额,由法院根据具体数额酌定为6000元”。至于另外赔偿的1040元的经济损失费则是指其为主张权利而支出的公证费、查询费等。以上几个案件,法院以一种假定的“许可使用费”作为确定经济损失的参考标准,即根据该权利人肖像权许可费的一般市场价格,若得到其许可而使用可能会支付的数额即为该侵权人的不当得利数额,应当予以剥夺。德国的司法实务常用的也是“合理许可费计算法”,即由加害人向受害人赔偿受害人许可商业利用时通常可获得的合理的许可费。[1]

2. 因肖像侵权造成的经济损失不包括间接损失

代表案例是“臧天朔案”和“陈立中案”。“臧天朔案”中法官只支持了1500元因主张权利而支付的公证费,对于臧天朔主张的其他损失,法院认为:“原告臧天朔提供的关于北京京达房地产开发公司解除合同、造成其经济损失的证明材料,与二被告实施的侵权行为间没有必然的因果关系,不予采信。”虽然两被告的侵权行为给臧天朔的个人形象带来相应的负面影响,但这种负面影响与臧天朔其他商业代言合同的签订与履行并不具有直接的因果关系,其中的影响因素可能会有很多,法院保护权利人的经济利益,但不支持或然性的可期待利益赔偿。“陈立中案”中,原告主张“由于气愤过度,身心健康受到极大的伤害,被迫辞去了六部拍片邀请,造成了很大的经济损失”。法院每一项判决都要求于法

---

〔1〕 具有开创意义的是保罗·达尔克(Paul Dahlke)案判决,参见陈龙江:《人格标志上经济利益的民法保护:学说考察与理论探讨》,法律出版社2011年版,第34页。

有据,这种主张或利益损失首先与侵权行为之间不能建立必然的因果关系,再就是存在举证的不能。最值得一提是"姚明诉武汉云鹤体育案"中,湖北省高级人民法院法官在案例评析中指出:民事损害赔偿,要求损害结果与侵权行为之间存在一定的因果关系,不能完全根据权利人因其他商业机会所获收益来直接确定本案发生的实际损害赔偿金额。由于广告代言费虽是名人一定时期的收入来源甚至主要收入来源,但并不是唯一来源,更不能将其直接作为计算因他人侵权行为所受实际损失的参考标准。据此,在权利人被侵权期间因侵权所受损失及侵权人因侵权所获利润都无法确定的情况下,由人民法院根据实际情况酌定赔偿数额。[1] 分析该判决,侵害他人人身权益造成财产损失的,按照被侵权人因此受到的损失赔偿,但是损害赔偿并非指"可能损害",而是限定在与侵权行为有直接因果关系的损失。

3. 法院虽认定一定数额的经济赔偿,但未列明相关依据

代表案例是"杜久案"、"长沙市威威婴儿用品案(一审)"、"张馨予'被丰胸'案"和"任莹案"。"杜久案"中要求被告赔偿经济损失 1000 元;"长沙市威威婴儿用品案"一审法院判决被告赔偿损失 5000 元;"张馨予'被丰胸'案"中判决被告赔偿经济损失 1 万元;"任莹案"中法院在判决分析中认为"……要求各被告停止侵害,并予以经济赔偿,理由正当,依法予以支持",但在最后的判决结果中却没有经济损失赔偿此项。本书认为,造成上述粗糙判决的原因在于:首先我国没有就侵犯肖像权的经济损失赔偿数额如何界定给予明确立法;其次就是法院的审判素质有待提高;最后是我国没有形成充分的判例库,在无明确法律依据时人民法院缺乏参考对象。

4. 因肖像使用行为的违法性否认经济损失赔偿

代表案例是"贝贝案"。该案二审法院西安市中级人民法院认为:"因学院使用贝贝肖像的行为属于非法,故贝贝请求学院支付肖像使用费的请求不予支持。"本书认为,二审法院的该认定是没有依据的,法院既然认定"该广告的直接效应是学院的影响扩大,生源增多,收入增大",那么应以该收益作为对原告的损失赔偿。退一步讲,如果被告取得的是非法收益,而原告又并未因该侵权行为受到经济损失,那么也应当依据原《民通意见》的第 151 条将非法收益予以收缴,而不是如判决中一样对该经济收益不做任何处分,这样无法发挥法律的威慑作用,不利于肖像权的保护。

---

〔1〕《湖北高院判决姚明诉武汉云鹤公司侵犯人格权及不正当竞争案》,载《人民法院报》2012 年 11 月 29 日。

5. 因缺乏财产损失的事实证明而驳回经济损失赔偿诉求

代表案例是“刘翔案”、“缪燕案”、“杨顺英案”和“王金荣案”,法院在经济利益赔偿计算上存在困难或异议时,以不存在事实依据或举证不力驳回经济赔偿损失诉求成为“解决问题”的方式之一。以“杨顺英案”为例,原告主张:经济损失赔偿150万元,其中的118.78万元系对企业1996年至2000年各年利润乘以5‰相加得出。对此计算方式法院认为:“一方面企业未与肖像权人约定以上利益分配方式,另一方面因肖像使用给企业带来的利润如何作为肖像权人损失原告未向法庭举证。”本书认为这两项否定理由都站不住脚。首先,侵权形式是未经许可使用他人肖像用于商业广告,本就是“未经许可”的侵权行为,又怎么可能要求有使用前的“利益分配方式”的约定;其次,“被侵权人的损失难以确定,侵权人因此获得利益的,按照其获得的利益赔偿”是我国原《侵权责任法》明文规定,原告在无法确定损失的情况下,即可以参考该企业的利润数额来确定,其间的因果关系原告无须证明。至于乘以5‰的比例是否合适,法院可以根据企业因使用杨顺英肖像作为商业广告后的利润增加数额以及该企业一般广告代言支出进行酌情裁量。

(二)经济损失赔偿的请求权基础

除前述所列举有关肖像侵权保护的法条外,我国现行法律制度中最直接保护权利人肖像财产利益的当属《民法典》第1182条:“侵害他人人身权益造成财产损失的,按照被侵权人因此受到的损失或者侵权人因此获得的利益赔偿;被侵权人因此受到的损失以及侵权人因此获得的利益难以确定,被侵权人和侵权人就赔偿数额协商不一致,向人民法院提起诉讼的,由人民法院根据实际情况确定赔偿数额。”本条系原《侵权责任法》第20条改造而来,在原“损失——获益——酌定”的顺序上有所变化。有学者指出,原《侵权责任法》第20条所称的“财产损失”首先是指侵害人身权而引起的附带财产损害,例如,医药费、误工费、名誉损害带来的业务收入下降、消除侵害所支出的成本等,但是该“财产损失”是否也包括人格标志上经济利益之损失,则存在疑问。[1] 本书认为,这里的“财产损失”应当解释为包括因人格利益受侵犯而造成的损失,可以作为肖像利益受损主张经济损失赔偿的请求基础。因为生命权、健康权等本身不具有财产价值,对其侵权并不会导致加害人本人因侵权而获益,因此,“侵权人因此获得利益”指的正是肖像权、姓名权等具有人格标识上经济利益的权利在未经许可的情况下

---

〔1〕 参见陈龙江:《人格标志上经济利益的民法保护:学说考察与民法探讨》,法律出版社2011年版,第281页。

用于商业目的而给权利人本身造成的直接损失。当然,这种损失是否可以与侵权人获益画等号,仍有待下文论述。原《民通意见》第151条规定:"侵害他人的姓名权、名称权、肖像权、名誉权、荣誉权而获利的,侵权人除依法赔偿受害人的损失外,其非法所得应当予以收缴。"[1]上述法条成为侵害权利人肖像经济利益得主张经济损失赔偿的最直接法律依据,依此规定,在权利人能证明其损害或行为人获益的情况下,依《民法典》第1182条主张侵权损害赔偿即可。在权利人不能确定其损害数额或行为人获益数额且双方不能协商一致的情况下,则依靠法院酌定。原《民通意见》在《民法典》出台后被废止。但《民法典》第1182条是否会导致权利人经过经济计算后故意制造损失或获益难以计算的假象以求得更好的诉讼结果?进一步的完善有待深层次理论依据的探讨和域外成熟立法的借鉴。

1. 侵权损害赔偿请求权

在市场经济高速运转的今天,人格标志上的经济利益也日渐凸显,未经他人的许可强制将其肖像用于商业广告、商标等行为,侵犯了权利人自主决定是否将其肖像投入商业使用的人格利益,同时侵犯了权利人基于其肖像使用而获取经济利益的权利。而原则上,这种未经同意而以营利为目的的使用行为可以直接被认定为存在过错,依我国的《民法典》第1165条的规定,该侵害行为可引起侵权损害赔偿请求权。传统损害赔偿的理念为"填平原则",基于该理念的损害赔偿称为"补偿性赔偿"。侵权责任法的功能具有多重性,但其最主要也是最基础的功能便是救济功能,侵权法"通过对不当行为人导致的损害承担责任的方式来威慑他们并进而有助于阻止未来的侵权行动"[2]"损害赔偿法依据其正义价值基础旨在实现完全填补受害人所遭受的损害,但同时也应当避免超出在损害填补之外给受害人带来利益"[3]。基于此,我们可否考虑这样一种情况:如果侵权人因为侵害他人肖像权而获取的利益远远高于肖像权人所能证明的损害数额,此时如果依侵权损害赔偿请求权主张救济,是否会导致侵权人因此而获益,当违法成本小于收益时,经济人的选择将会是不断地侵权,至此,法律的威慑力

---

〔1〕 经2008年12月8日最高人民法院审判委员会第1457次会议通过,自2008年12月24日起施行。该决定第24条废止了最高人民法院《关于贯彻执行〈中华人民共和国民法通则〉若干问题的意见(试行)》中的部分条款,分别是第88条、第94条、第115条、第117条、第118条、第177条,废止理由是与原《物权法》有关规定冲突,第151条并未在此被废止。

〔2〕 Kenneth S. Abraham, *The Form and Function of Tort Law* (3rd ed.), Foundation Press, 2007.

〔3〕 参见[德]海尔穆特·库奇奥:《损害赔偿法的重新构建:欧洲经验与欧洲趋势》,朱岩译,载《法学家》2009年第3期。

不在,侵权责任法的救济功能也难以实现。

在德国,侵权法明确承认侵权法的威慑功能对损害赔偿定性有影响以及该功能的权利保护价值。德国联邦最高普通法院在"Caroline 案"中明确认为:"本案中,加入以金钱消除损害的数额不能使被告有所感受,则原告将面临自己的人格毫无顾忌地被人强制商业化而无法得到保护。'有所感受'……更为恰当的理解应当是:对于侵害人格权的营利来说,以金钱消除损害的数额恰恰是一个克星,只有这样,才能达到惩戒的目的,从而满足保护受害人的人格权的要求……在这类案件中,金钱消除损害的数额必须要能够真正起到有效地抑制侵权行为的作用……"因此,肖像权上经济利益的保护,可以但不能完全依赖于侵权损害赔偿。

同时,我们上述讨论侵权损害赔偿还有一个前提是,原告本来会同意将其肖像用于商业目的,这样才会有损害的产生进而存在损害赔偿;如果肖像权人本就不愿意也不可能将其肖像用于商业利用的场合,那么也就不存在经济损失(因主张权利而在诉讼过程中产生的费用另论)的可能,既然无损害,侵权损害赔偿也就无从谈起。德国通说也认为损害赔偿请求权是要赔偿受害人财产的损失,原告本来会同意将其肖像用于商业目的,是产生损害赔偿请求权的条件。[1] 法国法院的一些判决也持相同立场。[2] 既然权利人反对系争场合的肖像商业利用,不能主张损害赔偿请求权,法律又是以维持公平为起点和基础,因此,需要其他的理论和请求权基础来平衡这种利益失衡。

2. 不当得利返还请求权

不当得利旨在调整无法律上原因的财货变动,不以加害人具有故意过失为要件,其目的在于去除加害人的不当得利,不以被害人受有损害为必要。[3] 我国《民法典》第 985 条规定:"得利人没有法律根据取得不当利益的,受损失的人可以请求得利人返还获得的利益。"《德国民法典》第 812 条将不当得利区分为给付型不当得利和非给付型不当得利。王泽鉴认为,非给付型不当得利请求权,指受益非系受损者的给付而生的不当得利请求权。[4] 例如,甲擅自以乙女的照

---

〔1〕 德国联邦法院在"Paul Dahlke 案"和"Herrenreiter 案"判决中确立的立场,得到了许多后续判决的支持。相关理论支持参见 Vgl. MünchKommBGB/Rixecker, 4. Aufl., § 12 Anh. RdNr. 207。

〔2〕 CA Paris 20. 6. 2001, CCE 2002, comm., No. 49, p. 35:"如果一个人一方面声称那些有争议的相片歪曲了他,因为此种损失只有在他同意公开肖像时才会发生。"

〔3〕 参见王泽鉴:《不当得利》,北京大学出版社 2009 年版,第 27 页。

〔4〕 参见王泽鉴:《不当得利》,北京大学出版社 2009 年版,第 112 页。

片作为杂志的封面女郎,大为畅销,获巨利。在这种情况下,甲的收益与乙的损失不是基于乙的给付行为而是基于甲的非法使用行为。基于非给付型不当得利请求权理论作为侵犯肖像权经济赔偿数额的量定基础,虽然未使受害人获得损害赔偿,却使侵犯人所得的利益被返还。[1]

在德国,联邦法院 1958 年在著名的"骑士案"判决中曾确定将肖像的商业化意愿作为不当得利返还请求权的限制条件,"只有肖像权人本来愿意为了获得报酬而签订肖像利用许可合同的情况下,上述请求支付合理的许可费的侵权损害赔偿请求权或不当得利返还请求权才能成立"。[2] "原告没有遭受财产上的不利益,因此,不具备《德国民法典》第 812 条以下条款规定的不当得利返还请求权的发生条件,即财产转移"。[3] 但这种保护往往导致只有名人、模特、专业演员的肖像经济利益得到保护,因为只有他们才会有明确的意愿将自己的肖像用于公开的商业目的,但是肖像权上的经济利益本是人人都应当享有的,任何人都有权利决定是否将其肖像利益转化为一种财产权。这种主动权本应掌握在权利人手中而不是侵权人手中。因此,德国的理论界认为司法的这种限制条件与不当得利法的功能不符合,非给付型不当得利返还请求权之目的不在于补偿权利人的财产减少,而在于剥夺侵权人的不当财产获利。[4] 这也是不当得利返还请求权与损害赔偿请求权赔偿的重要区别。到 2006 年的"Oskar Lafontaine 案"判决中,德国联邦法院接受了上述理论界意见,抛弃了上述限制条件。至此,德国关于肖像经济利益保护的方案为:未经许可商业利用肖像的行为构成对肖像权和一般人格权之财产权内涵的侵犯,对此,受害人既可基于以过错为条件的侵权损害赔偿请求权,也可基于侵犯型不当得利返还请求权,请求加害人偿还该使用行为通常所需支付的许可费;这些请求权的发生,不取决于肖像权人原本是否愿意和原本是否能够为了获得一笔许可费而允许他人商业利用其肖像。[5] 这一裁判方案对我国的肖像侵权司法实践也产生了重要影响,为我国保护肖像权的财产利益提供借鉴。

3. 基于非真正无因管理的获利返还请求权

侵权损害赔偿以补偿被侵权人的损失为原则,不当得利返还请求权返还的

---

〔1〕 参见[德]迪特尔·梅迪库斯:《请求权基础》,陈卫佐等译,法律出版社 2010 年版,第 202 页。

〔2〕 参见陈龙江:《人格标志上经济利益的民法保护:学说考察与民法探讨》,法律出版社 2011 年版,第 38 页。

〔3〕 BGHZ 26,349,353354.

〔4〕 [德]M. 雷炳德:《著作权法》,张恩民译,法律出版社 2005 年版,第 586 页。

〔5〕 Vgl. BGH,JZ 2007,475,476 – Oskar Lafontaine.

数额以合理许可使用费用为限,同样不足以剥夺加害人的获利。[1] 例如,甲擅自将明星乙的照片用于一种新型产品广告,乙之前的一份代言合同大约 100 万元,即可证明损失 100 万元,但是这次的新产品尤其适合乙代言,因为使用乙的肖像后,其利润增加了 200 万元。此时,如果按照损害赔偿请求权或不当得利返还请求权,乙只能在 100 万元范围内主张请求权,甲在支付其违法成本之后仍能获得 100 万元的收益,这 100 万元的差额极有可能成为甲甚至是其他企业追逐非法利益的动力,法律的威慑力和维持公平正义的理念难以实现。我国民法早前采取的解决方案是按照原《民通意见》第 151 条的规定,侵害他人的姓名权、名称权、肖像权、名誉权、荣誉权而获利的,侵权人除应适当赔偿受害人的损失外,其非法所得应当予以收缴,即以公权力介入私权利的利益分配以达到私人之间的"公平"。

域外法的解决方案之一就是将这种故意侵权的情形作为民法上"非真正的无因管理"[2],从而有了剥夺加害人全部获利的救济方法。《瑞士民法典》第 28 条 a 款第 3 项规定:"人格权被害人得依无因管理规定向侵权人请求返还因侵害所得利益。"所谓无因管理规定指瑞士债法第 423 条:"管理事务非为本人的利益而为之时,本人仍能有权取得因事务管理所得的利益。对管理人的替代给付及免其责任,本人以受有利益为限,负其责任。"[3] 德国法认为:"如若侵害人获得高于客观价值的收益,则受侵害权利的所有人只能依据第 687 条第 2 款[4]的规定取得高出部分的收益。"在日本,在侵害了他人的商品化利益而获得巨大收益的情况下,最有力的学说也是认可德国法的做法将其作为准事务管理进行处理。[5] 我国台湾地区"民法"第 177 条第 2 项也明确规定:"前项管理于管理人明知他人之事务,而为自己之利益管理者,准用之。"其立法理由是:"然而本人依侵权行为或不当得利之规定请求损害赔偿或返还利益时,其请求之范围却不

---

[1] 参见王泽鉴:《人格权保护的课题与展望(三)——人格权的具体化与保护范围——姓名权》(中),载《台湾本土法学杂志》第 86 期(2006 年 9 月)。

[2] 所谓非真正无因管理,也称准无因管理,是指管理人明知系他人的事务,却故意作为自己的事务加以管理,此时明知而有意干预他人事务,目的上纯粹是为自身的利益。参见黄立:《民法债编总论》,中国政法大学出版社 2002 年版,第 183 页。

[3] 参见王泽鉴:《人格权法:法释义学、比较法、案例研究》,北京大学出版社 2013 年版,第 558 页。

[4] 该条具体内容是:"某人虽知道自己无权将他人的事务当作自己的来对待却这样做的,本人可以主张基于第 677 条、第 678 条、第 681 条、第 682 条而发生的请求权。本人主张这些请求权的,依照第 684 条第 1 句对管理人负有义务。"参见《德国民法典》(第 2 版),陈卫佐译,法律出版社 2006 年版,第 274 页。

[5] 参见[日]五十岚清:《人格权法》,[日]铃木贤、葛敏译,北京大学出版社 2009 年版,第 150 页。

及于管理人因管理行为所获致之利益；如此不啻承认管理人得保有不法管理所得之利益，显与正义有违。因此宜使不法之管理准用适法无因管理之规定，使不法管理所生之利益仍归诸本人享有，必能除去经济上之诱因而减少不法管理之发生。"[1]通过行使准无因管理上的请求权，实现了禁止从不当行为中获利的功能，对侵害人格利益商业化权利的行为具有一定的震慑作用。欲真正实现"私人的事情私法解决"，域外法中非真正无因管理的相关规定值得借鉴。我国《民法典》第979条第2款规定："管理事务不符合受益人真实意思的，管理人不享有前款规定的权利，但是，受益人的真实意思违反法律或者违背公序良俗的除外。""前款规定的权利"即管理人的必要费用请求权。

经济损失赔偿的提起可能会因所依据的请求权基础不同而存在数额上的差距，当以不当得利或准无因管理请求利益返还时，其与损害赔偿重叠部分不得一并请求。

（三）本书见解

最高人民法院在解释《民法典》第1182条之前身——原《侵权责任法》第20条时也意识到依据侵权损害赔偿原则，侵权人有可能获得额外收益，因此指出"在适用本条计算损失和利益时，不应当得出侵权人所得利益可以大于被侵权人所受损失的结论。如果允许侵权人所得利益可以大于被侵权人所受损失，则会导致非法侵害他人权益获益被合法化的后果，这与原《侵权责任法》的立法本意是相违背的。因此，人民法院在根据实际情况确定赔偿数额时，计算损失和利益的方法和原则，应该是被侵权人所受损失等于或大于侵权人所得利益，而不能相反。否则，只能会纵容侵权行为"[2]。但是，损失与收益都是客观的存在，不会因为计算的方法和原则而变动，相反，能改变的应当是活动的方法和原则。结合我国目前的司法实务工作，关于肖像权商业化利用下经济损失赔偿数额的认定在各地区、各法院仍然存在不同的认定标准，甚至出现相同案件不同判决的情况，肖像权纠纷的司法统一有待进一步完善。因此，根据我国的立法现状以及对国外司法经验的考察，本书认为，在经济赔偿方面，除因主张权利所支出的客观费用外，其他经济损失的赔偿数额的确定方法和原则可参考以下建议方案：假定肖像权人的经济损失是A，侵权人因侵权取得的收益为B，法院认定经济赔偿数额为C。其一，侵权人只对肖像权人产生损害，自己并未获益，即$A>0, B=0$，则C的数额由法院根据侵权行为的具体情节酌定数额，尽可能达成$C=A$。其二，

[1] 参见王泽鉴：《债法原理》，北京大学出版社2009年版，第280页。

[2] 参见《中华人民共和国侵权责任法条文理解与适用》，人民法院出版社2010年版，第159页。

侵权人只使自己获益,但并未对权利人造成损害,即 A = 0,B > 0,则 C = B。其三,侵权人既获得了收益,也对权利人造成了损害,此时分为以下几种情况:(1)若损害大于等于收益,即 A≥B,权利人通过侵权损害赔偿请求主张损失数额C = A。(2)若损害小于收益,即 A < B,依我国目前法律规定,则经济赔偿数额 C = A 或 C = B。(3)若损害难以确定,现阶段依我国法律规定经济损失赔偿数额 C = B;若损害与收益的数额都难以确定,双方也无法达成协议,则由法官根据案件的具体情况酌定。但不能因数额认定的困难而拒绝受理案件或无理由驳回经济损失赔偿的诉讼请求。

诚然,上述赔偿数额的认定方案只是本书参考我国现行法律规定,兼顾法院司法的统一性和原告肖像权保护的重要性而拟定。随着社会发展,肖像权保护意识的增强和域外更多合理立法及司法经验的借鉴,侵犯肖像权的民事责任体系将不断完善。

第七节　肖像权保护中的利益平衡

利益冲突有待法律规制,然而下文所述肖像权领域中的利益冲突却存于法律无明文规定之地带——或虽有被法律基本原则覆盖,却无具体法律规则加以规范。此即德沃金所言之“在法规典籍中没有清晰的法规加以确凿判决的案件”(Hard Cases),[1]拉伦茨称之为“规整漏洞”(Gesetzlücke),是指应予规整的问题欠缺适当的规则。[2] 规整漏洞导致疑难案件中的利益冲突问题有待法官自由裁量权之发挥,而利益冲突又充满个案色彩,不存在集合了所有法益而制成的阶层图表,能使法官轻而易举地得到指引。因此,利益冲突的解决仍需诉诸个案中具体利益衡量的解释方法。[3] 由于利益归属主体之不同所产生的冲突已然危及共同生活的和平,因此,“必须取向于正义,透过利益权衡化解这些利益冲突”[4]。

---

[1] Ronald Dworkin, *Hard Cases*, Harvard Law Review, Vol. 88 (1975), S. 1057 – 1109. 转引自林立:《法学方法论与德沃金》,中国政法大学出版社 2002 年版,第 12 页;孙海波:《疑难案件的法哲学争议——一种思想关系的视角》,载《法律科学(西北政法学院学报)》2013 年第 1 期。

[2] 参见[德]卡尔·拉伦茨:《法学方法论》,陈爱娥译,商务印书馆 2003 年版,第 251 页。

[3] 参见张新宝:《侵权责任法立法的利益衡量》,载《中国法学》2009 年第 4 期。

[4] 参见黄茂荣:《法学方法与现代民法》,法律出版社 2007 年版,第 442 页。

一、肖像权与肖像作品著作权之间的利益平衡

（一）肖像权的行使侵犯著作权

汤某委托张某为其拍摄了一组艺术写真，后张某授权汤某可将其拍摄的照片用于汤某个人写真集的出版、发行及展览。《汤某人体艺术写真》（以下简称《写真》）一书出版后，张某发现书中136幅照片为其所摄，而版权页却署名“汤某”，张某认为其署名权受到侵犯。此外，张某称汤某改动了其所摄之39幅照片，破坏了作品的完整性，侵犯其保护作品完整权。故起诉要求汤某赔偿损失20余万元。法院认为，汤某作为汇编人对汇编作品《写真》一书享有著作权，其中包括于汇编作品上署名的权利，《写真》一书封面内侧折页标注“摄影张某”等内容，张某作为摄影作者的身份已得体现，因此汤某并未侵犯张某的署名权。但汤某擅自对涉案39幅摄影作品的部分人体、背景和道具进行剪裁，损害了张某对作品之构思和艺术追求，破坏了作品完整性，应向张某赔礼道歉，并支付合理报酬。〔1〕

汤某委托张某为其拍摄写真，当该写真以照片形式呈现，其不仅为张某摄影成果之表达形式，也是汤某个人肖像之物质载体。张某对该套摄影作品享有著作权，而汤某在该案件中既是所摄作品之原型人，享有肖像权，同时又是《写真》汇编著作权人，其艺术创作自由应予以保护。当汤某使用其个人肖像的艺术写真加以自由创作发表时，这种自由便应止于对张某摄影作品著作权的尊重与保护。于是，在此种情形下，肖像权与著作权发生了冲突，对于这种冲突如何解决，我国法律并无明文规定，需针对个案加以利益衡量。

（二）著作权的行使侵犯肖像权

《民法典》第1019条第2款规定，肖像作品权利人不得在未经肖像权人同意下“以发表、复制、发行、出租、展览等方式使用或者公开肖像权人的肖像”。在“缪燕诉徐芒耀及辽宁美术出版社侵犯肖像权”一案（“缪燕案”）中，被告徐芒耀及辽宁美术出版社将以原告缪燕为模特创作的裸体画像公开出版。一审法院认为，原告缪燕作为聘用的教学模特，依据其与美院签订的《合同制模特工作协议》（以下简称《模特工作协议》），以自身人体形象供学院师生绘画学习，被告徐芒耀作为美院的教授，根据学院安排之课堂教学任务，享有对原告之人体肖像制作权，徐芒耀据此创作《双女人体》一画，符合《模特工作协议》约定，并享有该画

---

〔1〕 北京市高级人民法院民事判决书，（2003）高民终字第1006号。参见原晓爽：《我的照片，谁享有权利——摄影作品中肖像权与著作权的关系》，载《人民法院报》2012年3月21日。

之著作权。然而,学院与原告及徐芒耀之间并未对超过《模特工作协议》规定之使用作出另外约定,故徐芒耀在《模特工作协议》规定之外使用《双女人体》一画应征得肖像权人同意。现徐芒耀擅自将《双女人体》一画向出版社投稿,并以此取得稿酬,超出了《模特工作协议》规定范围,侵害了原告肖像权。针对双方争执之焦点“如果合同上没有明确约定肖像权作品究竟可不可以发表”,二审法院进一步认为,肖像权作为公民的专有民事权利,不能以默示的方法来确认对该权利的放弃。[1]

除绘画作品之公开外,随着人体艺术摄影之新潮,由其引发的模特与摄影者之间的纠纷也随之增加,2004 年北京发生一案颇有代表性。被告杨先生支付一定报酬由原告方女士为其担任裸体摄影模特,双方未就该作品的使用范围和方式做出约定。被告将该组照片展出,后由网络登出、且被人体艺术作品集收录。模特方女士备受压力,并向法院提起肖像权、名誉权之诉。[2] 法院最终以照片中缺乏肖像人的清晰完整形象而否认了肖像权侵害。若肖像清晰完整原告对肖像权之主张或得肯定? 参考“缪燕案”之结论,似应作同般处理。

类似权利纠纷还可因私人情谊而生。在“王宏峥案”中,原告小眉与王宏峥关系密切,为见证双方感情,女方同意由被告为其拍摄人体裸照并制作油画,用于被告个人收藏。分手后,原告得知这组油画被展览发表,并被公开拍卖。随即诉讼主张保护自己的肖像权、名誉权和隐私权。一审判决被告败诉并赔偿损失 30 万元,二审维持原判。法院认为:“如果签订有相关协议或小眉确为专职或兼职人体模特,那么王宏峥作为涉案油画的著作权人,有权依据双方协议或行业惯例利用小眉的人格权。”小眉只是基于亲密朋友关系同意画家拍照,并同意制成油画用于个人收藏,但并未允许其他行为,因此认定画家构成了侵权。[3]

这种以人体模特为原型进行艺术创作的行为在现实中遭遇肖像权与著作权利益冲突的案件很多,从 1989 年中国美术馆全国首届人体油画大展引发的模特主张肖像权和隐私权之诉,[4] 到 2012 年“王宏峥案”,不一而足。由于缺乏法律明文规定,实践中裁量标准不一,造成了同案不同判的问题。虽绘画作品与摄影

---

〔1〕“缪燕与徐芒耀、辽宁美术出版社肖像权纠纷案”,最高人民法院中国应用法学研究所编:《人民法院案例选》2004 年民事专辑(总第 48 辑),人民法院出版社 2005 年版,第 363 页。

〔2〕《裸模改行后起诉原合作画家获赔 30 万》,载新浪网,http://news. sina. com. cn/s/2012 - 03 - 25/020924169460. shtml。

〔3〕《“女友”裸照变油画拍卖　画家赔 30 万》,载《新京报》2012 年 7 月 23 日。

〔4〕参见徐俊峰:《人体画展之后的法学思考——本刊记者与张佩霖教授及部分师生座谈》,载《法学杂志》1989 年第 2 期。

作品对肖像权人之反映与再创作程度不同,但其就肖像权人之精神人格反映当为一致,表现为严格的肖像自我控制。在“缪燕案”中法官认为,“不能以默示形式主张当事人放弃肖像权”,即著作权的行使必须以当事人的明示同意为前提。而在“王宏峥案”中,法官却主张“如果订有协议或作品原型人确为专职或兼职人体模特,那么著作权人便有权依据双方协议或行业惯例〔1〕利用该模特人格权”。在无明确约定的情况下专业人体模特的肖像权让位于著作权之行使,如果画家证明小眉属专职或兼职模特,则画家依行业惯例将该作品予以展览、发表则不构成侵权。

(三)利益平衡之权源基础:肖像权与著作权之区别

当一项智力创作以人物肖像为素材、原型时(如绘画),该成果即成为肖像权与著作权共同的表现形式,二者的财产利益尚可通过协议的形式予以区分,但精神利益部分却难以合同方式妥善分离。当著作人格权与肖像人格权产生冲突时,二者所保护之精神利益如何平衡成为难点。欲妥善平衡肖像权与著作权之利益冲突,必须追本溯源,透析二者之理念差异,方能对解决问题有所裨益。

著作权之立法理念于不同法系之间相去甚远。大陆法系国家(地区)将“人格价值观”作为其著作权立法的哲学基础,作品不是随便一种商品,是对思维的固定,是作者人格的反映和延伸。〔2〕 对于著作权的权利属性,无论是后来发展中以法国为代表的“二元论”〔3〕还是以德国为代表的“一元论”〔4〕,在保护作者个人精神权益的立场上都是相同的。〔5〕 这一理论更重视作者著作人格权的保护,但所谓“作者人格的反映和延伸”亦指作品这一智慧创造成果。

---

〔1〕 中央美术学院教授、城市设计学院副院长王中在接受采访中透露,国际国内的行业惯例都很少跟人体模特签约明确作品范围,“最多是劳动保障协议”。参见《裸模改行后起诉原合作画家获赔30万》,载新浪网,http://news.sina.com.cn/s/2012-03-25/020924169460.shtml。

〔2〕 康德提出了著作权属于人格权的学说,该学说得到德国诸多学者的支持和发展,代表性人物有:Johann Caspar Bluntschli、Georg Beseler、Max Lange、Otto von Gierke 等。参见刘春田、刘波林:《著作权法的若干理论问题》,载《法学家》1987年第2期;[德]雷炳德:《著作权法》,张恩民译,法律出版社2005年版,第26页;吴汉东:《著作权合理使用制度研究》,中国政法大学出版社2005年版,第12页。

〔3〕 这一理论认为著作权既包括人格权,又包括财产权,二者共同构成著作权的内容,但应采用不同的规则予以保护。我国的立法思想类似于该说。李琛:《知识产权片论》,中国方正出版社2004年版,第33页。

〔4〕 “一元论”又细分为“人格权说”和“著作权一元论”,德国通说采后者,认为著作权保护的是经济利益和人格利益两大利益群体。[德]雷炳德:《著作权法》,张恩民译,法律出版社2005年版,第28页;张红:《人格权总论》,北京大学出版社2012年版,第10页。

〔5〕 参见吴汉东:《著作权合理使用制度研究》,中国政法大学出版社2005年版,第18页。

无论是重视作者人格权保护抑或强调作品的财产性,作品都是这一权利存在的基础,著作权不是每个公民都实际享有的权利,只有进行了创作活动并创作出作品的人才能享有著作权,它存在于人的脑力延伸载体之中,[1]因此著作权是"后来权利",著作人格权体现的是一种派生利益。[2] 反观作为基本人格权之一种的肖像权,它从自然人诞生的一刻即存在,具有天然的合理性,是人之为人的基本权利之一,任何自然人都享有并不得剥夺。从法益位阶来讲,基本权利高于派生权利。

另外从法的价值位阶来看,著作权之保护具有维护社会公益,促进文化发展之功能,系以实现文化繁荣,激励创作为主要价值选择;肖像权作为民法所保护之基本人格权,是以维护个人基本尊严、实现人之自由价值为最高宗旨。二者虽同为法律价值目标实现的重要考量因素,但从近现代法制之价值发展观之,相对于自由,秩序价值大致还是处于派生和从属地位,当二者存在不可调和的冲突时,个人自由价值的实现当优先考虑。[3]

有关肖像权与著作权利益之平衡,我国台湾地区在判例分析中提出的论证曾得到我国部分学者的支持与印证[4]。该判决主旨在于"肖像权系人格权,为宪法所保障之基本权,著作权为财产权之一种,故前者优先于后者得到保障"[5]。这一理论可以用来解释当著作财产权之行使与肖像权保护相冲突时,以尊重肖像权为优先。但是当复合型著作人格权与肖像权相冲突时,此解释未免武断。著作权既有财产权部分,更有彰显创作人之人格利益内涵的著作人格权,一幅优秀作品的价值实现有赖于作者著作人格权的行使。对肖像权而言,其权能不应局限于维护人格精神利益不受侵犯,也体现在肖像权商业化利用所带来的财产利益,是精神利益与经济利益的有机结合。因此,肖像权具有经济利益,著作权也并非只有财产价值,不能武断归类,简单比较。

(四)肖像权与著作权利益冲突的解决——人格权与行业特质的契合

结合前述案例以及目前实务中所存争议事项,著作权与肖像权之间存在的冲突主要体现在委托作品中的肖像权行使的界限。对模特肖像权而言,根据模特的身份不同而应有所区分:从业模特收取报酬以供艺术家临摹、创作,双方之

---

[1] Regelsberger ,Pandekten ,Bd. I,1893 ,S. 197.

[2] 参见栗劲等主编:《中华实用法学大辞典》,吉林大学出版社 1988 年版,第 326 页。

[3] 参见朱景文主编:《法理学》,中国人民大学出版社 2008 年版,第 67 - 68 页。

[4] 参见李永军:《肖像权在中国法上的保护》,载《第九届两岸民法论坛——海峡两岸民法典学术讨论会论文集》(未出版),2011 年 6 月。

[5] 我国台湾地区台北"地方法院"民事判决 2005 年度诉字第 1653 号。

间有行业惯例予以约束;而志愿、偶然成为艺术家作品中的原型人并不能称为真正意义上的模特,二者之间不存在一种默示的肖像使用合同关系。因此,似乎不能笼统立论认为,“自然人接受作为人体模特的约定,视为放弃以其人体形象制作的作品的肖像权”[1],而应具体情况具体分析。

1. 委托作品中的著作权保护

《著作权法》第19条规定:“受委托创作的作品,著作权的归属由委托人和受托人通过合同约定。合同未作明确约定或者没有订立合同的,著作权属于受托人。”上述“张某诉汤某侵犯署名权和保护作品完整权案”中,著作权原则上归摄影人张某享有,但双方依约定将该套摄影作品的出版、发行和展览的著作财产权交由汤某使用收益,则对双方皆具约束力。依据《著作权法》第10条规定,案中所涉之署名权和保护作品完整权属著作人格权,不得转让。汤某在行使肖像权与取得授权的著作财产权时须履行尊重张某著作人格权之义务,因此应在写真集中凸显张某署名。另汤某为写真作品之二次创作(汇编成册)时,在未经张某的同意下对作品进行修改、裁剪,破坏了原著作权人之作品构思和艺术追求,侵犯了张某保护作品完整之权利。

在存在合同约定的情况下,肖像权人与著作权人之权益分配及对该作品利用应限于合同约定的范围和方式,合同效力依《民法典》第153条之规定不得违法悖俗,亦不得有损公益,合同约定之外著作权人得依《著作权法》第10条之规定维护其著作权能之完整;在不存在合同约定的情况下,委托作品的著作权依《著作权法》第17条之规定归摄影师等创作者所有,肖像权人可以在尊重作者著作人格权的前提下,基于委托目的使用该作品,而以营利为目的使用因与著作财产权相冲突,必须经著作权人同意。同理,著作权人就该作品行使发表权、著作财产权等肖像公开权能时,必然涉及与肖像人格权之冲突,亦须经肖像权人同意。

2. 以受有酬劳者为原型的肖像作品

随着社会进步,“人体是美的象征”这一观念得到了社会的普遍认可。人体模特作为人体绘画、摄影等创作的关键人物,发展成了一种紧俏的职业。除了对艺术本身的追求外,相对其他职业来讲,偏低的入职门槛、较高的劳务报酬也是

[1] 参见杨立新主编:《中国人格权法立法报告》,知识产权出版社2005年版,第376页。

吸引诸多模特入行的重要因素,“羡多金,奋然投奔”。[1] 既然以此为业,便应该对自身的职业之特殊展示性具有清晰认识,法院有理由推定其对于该行业惯例服从遵守,并作为案件认定的考量因素。[2] 目前国际国内的行业惯例都很少跟人体模特签约明确作品使用范围,模特原则上不可以对以其为原型的绘画作品、雕塑作品、摄影作品主张肖像权,因为当他同意成为模特的时候,就视为已经让渡了作品中的肖像权。[3]

此外,艺术作品的价值就是在于使人产生精神享受,促使人类精神文明的发展。任何一名从业人体模特和职业画家对艺术作品的公开性应该有相当之认识,如果双方就作品的使用方式和范围另有约定,则从约定;若无约定则著作权人有权将该作品为艺术上之使用,包括发表和展览,但不应包括复制、发行等营利性使用。[4] 因为模特所收取的报酬为劳务费而非肖像许可使用费,一方的营利不能以牺牲和无偿利用他人肖像为代价,必须经过肖像权人的另行许可,支付相应费用。因此,在“缪燕案”中,既然模特缪燕与学校有合同约定“用于教学目的”,被告徐芒耀的公开出版行为超过了缪燕明示许可的范围,因此学校有违约责任,徐芒耀则构成侵权。

3. 以无偿提供肖像者为原型之作品

因为对于艺术的理解和认识不同,再加上各自的精神、经济追求不一样,艺术家笔下的模特除了上述以此为业收取劳务报酬的职业模特以外,也有向往艺术,自主自愿的临时模特,此外亦有与作者基于私交而志愿担当的临时模特。在这些情况下,双方绝少于合作前签订权责分配合同,一旦该作品的经济利益被开发,不排除模特主张从该成名画作中分羹取利。又因著作权人在未经作品原型人同意的情况下将作品公开发表、复制、出版,违背初衷,为个人营利所用,多致纠纷。上述“王宏峥案”中,双方争辩焦点之一即是画家王宏峥与原告小眉的关系,以及小眉的身份。参考小眉所陈专供个人收藏之证词及其与画家系恋人关系而非职业人体模特的身份,推断小眉之意应是该作品不被公开。即使无此陈

---

〔1〕 参见刘海粟:《人体模特儿》,载《南京艺术学院学报(美术与设计版)》2006年第2期;京晨:《揭秘人体私拍》,载《政府法制》2010年第28期;付欣:《先签协议·后按快门——人体摄影怎样与模特签协议》,载《中国摄影家》2006年第1期。

〔2〕 典型者,如影视演员肖像权与剧作照上著作权的重叠。参见刘承韪:《影视演员肖像权纠纷的实证研究》,载《山东科技大学学报(社会科学版)》2019年第1期。

〔3〕 《裸模改行后起诉原合作画家获赔30万》,载新浪网,http://news.sina.com.cn/s/2012-03-25/020924169460.shtml。

〔4〕 参见张俊浩主编:《民法学原理》,中国政法大学出版社1997年版,第142页。

辩,以恋人身体为素材进行艺术创作之作品一般被认为仅用于私人收藏而非大众共享之艺术品。没有事先声明或约定不可主张小眉默示放弃其作品中肖像权;此外,行业惯例应为本行业内部因长期活动形成的不成文规则,对行业内部成员方具有一定约束力。小眉本非职业人士,便不可推定其对行业惯例知悉并受到行业惯例的约束。因此本书认为,以非模特从业人员为原型进行艺术创作之作品在未得到肖像权人同意的前提下,画家不得以行使个人著作权为由将该画作发表、展览或获取收益,否则构成侵犯他人肖像权、隐私权及名誉权。

综上所述,以他人为原型之艺术创作,无论是摄影作品还是绘画作品,合法肖像使用应由双方当事人达成协议,约定肖像使用范围、方式、报酬等具体内容。[1] 当疏于约定时,法官在裁量中即须结合当事人身份、是否受有报酬等具体案情分析解决;至于规则完善方面,可借鉴德国 1907 年《艺术著作权法》(KUG)第 22 条之规定:人的肖像权仅于得被绘像(摄影)本人的同意,始得传播或展示,受有报酬者,视为同意。绘像(摄影)者死亡后 10 年,散播或公开其肖像应得该人亲属的同意。同时,该法对应得同意原则设有例外规定:这种为“更高之艺术利益”之散布不得侵害被绘像(摄影)者或其死后亲属之正当利益。

二、集体肖像纠纷

(一)问题的提出

案例一:2000 年“华赞案”。原告华赞为美国未来趋势国际集团的主席兼总裁,1998 年 5 月 2 日,原告所属集团聘用温跃宽担任其国际策略专家,并由其负责筹建集团公司所属的上海代表处信息部。聘用期间,温跃宽随同原告出访美国,与包括原告等 4 人一起和美国国家贸易局局长 Carol T. Crawford 女士合影留念。1999 年 10 月被告成立上海办事处,由温跃宽担任该办事处的首席代表。被告上海办事处成立时,将该办事处首席代表温跃宽随原告等人出访美国期间与美国贸易局局长的合影一并印在该办事处的资料上并对外广为散发。原告诉称,由于被告的侵权行为,致被告成功地将原属原告的大量客户转移至被告处,故请求判令被告停止侵权,赔礼道歉,赔偿原告精神损失人民币 200 万元。[2]

案例二:2003 年“姚明案”。我国著名篮球运动员姚明向法院起诉可口可乐(中国)有限公司侵犯其肖像权。纠纷源于目前可口可乐公司市场上热卖的一种瓶身上印有中国篮球队队员姚明、巴特尔和郭士强肖像(姚明居中)的可口可

---

〔1〕 参见杨立新:《人格权法》,法律出版社 2011 年版,第 450 页。

〔2〕 参见王启扬:《华赞诉美国中国项目咨询公司侵害肖像权纠纷案》,载《人民法院报》2000 年 10 月 3 日。

乐产品。姚明诉称,他只与百事可乐公司签约,授权该公司使用其肖像。而可口可乐公司未经他本人同意擅自使用其肖像和姓名并用于商业销售,侵犯其肖像权和姓名权,故要求可口可乐公司停止将其肖像和姓名用于产品外包装的行为,在全国性媒体上公开道歉,并要求1元钱的“精神和经济损失”。[1]

可口可乐公司则表态说,根据他们和中国篮球协会的协议,他们有权使用至少3个以上中国队成员在一起的照片。因为当中国队队员一起穿着国家队球衣时,他们代表的并不是他们自己,而是中国队。案件的关键方,国家男篮的商务总代理中体经纪管理公司(以下简称中体公司)则称,国家体委1996年出台的505号文件,强调现役运动员的所有无形资产归国家体委所有,其中包括姓名权、肖像权。中国篮球管理中心对运动员肖像使用权也有规定,中体公司拥有国家队的“集体肖像权”。根据这些文件,该公司在3年前代理中国男篮与可口可乐公司签约,授予可口可乐公司相关产品享有“中国男篮唯一专用饮料称号”,同时还拥有中国男篮的整队肖像使用权。

上述两则案例引发的问题是,当同一载体上呈现两个以上自然人肖像时,针对该肖像所呈现之特殊形式,法律上是否应另设一“集体肖像权”专门规制?个人对该集合之肖像得以如何使用?法律上如何认定第三人未经所呈现之全体肖像权人同意的使用行为?对于上述问题,实务上大多承认集体肖像利益有保护之必要,并就集体肖像与个人肖像之间的关系予以阐释,但就具体利益平衡方案存在重大分歧。[2] 而学术上的争鸣则主要集中在立法中有无设定“集体肖像

---

〔1〕 相关详细报道参见王镜宇、徐济成:《小巨人肖像上了可口可乐罐》,载《新民晚报》2003年5月16日;高兴:《可口开百事无事》,载《新民晚报》2003年5月17日;胡克群:《姚明起诉可口可乐》,载《上海法治报》2003年5月26日。

〔2〕 除上述案例外,实务中还存在大量涉及集体肖像的典型案件:(1)“蓝天野诉天伦王朝饭店有限公司等肖像权、名誉权案”,北京市东城区人民法院,(2002)东民初字第6226号;(2)“许七华与谢冬艳肖像权纠纷案”,广东省广州市中级人民法院,(2006)穗中法民一终字第598号;(3)《三军仪仗队维权　终审多获赔70万》,载中国法院网,https://www.chinacourt.org/article/detail/2006/07/id/213727.shtml;(4)“盈方体育传媒广告(北京)有限公司等与贵人鸟(中国)有限公司等侵犯商业赞助权和赛事经营运作权纠纷上诉案”,北京市第二中级人民法院,(2008)二中民终字第1505号。

权”之必要,[1]甚至有学者提出应当另设“形象权”以弥补仅自然人享有肖像权之局限。[2] 新型权利之设立需存于重大而鲜明的利益之上,而利益价值之衡量需遵循严格的法学方法。从《民法典》的规定来看,似乎不能体现上述方案。于此须解决以下问题:何为肖像,何为集体肖像?应否于立法中设定“集体肖像权”?若否,集体肖像之利益分割问题又该如何解决?

(二)集体肖像与“集体肖像权”

前文已明确肖像的概念及认定标准,然而何谓集体肖像?有关集体肖像的概念,王利明教授认为,所谓集体肖像,是指数个人的肖像并存在一个载体上,构成一个完整的、独立于个体的肖像。集体肖像虽然由多个肖像构成,但该多个肖像本身并不具有独立性,其不过是整体的一个部分,而且共同构成一个肖像,即集体肖像。[3] 此种观点视集体肖像为单一对象,而忽略了肖像本质上之独立人格特征。肖像个体通过某种形式构成整体而独立于整体,个体肖像之聚合呈现方形成集体肖像。自然人的肖像一旦呈现,其本人便对该肖像拥有法律上之权利,财产利益可让与而不被剥夺。因此,虽有集体肖像之事实,其中个体肖像上之权依然独立存在。

集体肖像为个人之肖像集合体,主要通过不同成员生理特征和精神面貌的综合来展示该整体的外在形象,具有独立性和统一性的双重特征。在法律上,各权利人应就其个人之肖像享有独立权利;在表现形式上,集体肖像又具有不可分割性,权利人在使用集体肖像中的个人肖像时不可避免地会使用到他人的肖像。[4] 作为一个特殊整体,集体肖像在商业化使用中所带来的经济利益使其独立使用的价值亦逐渐呈现,这种独立个体肖像与集体肖像统一使用之间的矛盾导致了众多纠纷,前述“姚明案”即为例证。

---

〔1〕 有学者在论著中明确提出“集体肖像权”这一概念,参见李永军:《肖像权在中国法上的保护》,载《第九届“两岸民法论坛——海峡两岸民法典学术研讨会”论文集》(未出版),2011 年 6 月;王利明:《人格权法研究》,中国人民大学出版社 2018 年版,第 441 页;张国光:《特殊肖像权民法保护研究》,湖南大学 2007 年硕士学位论文。也有学者提出否认“集体肖像权”,参见杨立新:《人格权法》,法律出版社 2011 年版,第 444 页;郭发产:《“集体肖像权”的法律问题——析姚明与可口可乐公司肖像权纠纷案》,载《法学》2003 年第 6 期;关中烈:《姚明肖像权纠纷的法律思考》,载《广西政法管理干部学院学报》2004 年第 4 期。

〔2〕 参见杨祥:《集体肖像权刍议》,载《人大法律评论》2012 年第 1 期;袁博:《我国形象权纠纷案件类型化研究》,载《上海政法学院学报(法治论丛)》2011 年第 5 期。还有倡导构建“共同肖像权”的学术观点,参见武若杨:《论共同肖像权》,北京理工大学 2016 年硕士学位论文。

〔3〕 参见王利明:《人格权法研究》,中国人民大学出版社 2018 年版,第 441 页。

〔4〕 参见姚彦吉:《论集体肖像中的个人肖像权》,载《辽宁行政学院学报》2005 年第 6 期。

集体肖像为事实概念,法律中是否应有“集体肖像权”之位置,有待商榷。权利依附主体而存,《民法典》第 1018 条规定“自然人享有肖像权”,仅自然人才能成为肖像权的主体。依我国现行民法,自然人以外其他主体享有具体人格权须法律明定之,比如法人之“名誉权”(《民法典》第 1024 条)。既然法律未认可非自然人享有肖像权,那么“集体肖像权”这个概念便无从谈起。更何况“集体”本就是一个量的集合概念,集体并不等于法人,集体人群不得以集体人格受到侵害为理由请求救济。[1]

在姚明与可口可乐的争议中,可口可乐与体育总局及中国篮球协会协议所指之“集体肖像权”实质上就是国家体育总局或中国篮球协会对国家男篮全体成员之肖像使用、收益之权利。此种使用、收益权利并非独立权利,而由全体队员之个人权利让渡为国家体育总局或其他单位在一定的范围内统一使用、收益所生。所需明确的是,此集体肖像利用之关系中不存在一个整体的集体肖像权,权利主体仍为个体之自然人,若该集体中的个体拒绝让渡肖像权,集体即无法使用和收益该肖像上之利益。国家体育总局为行政主管机关,其制定关于商业使用受其管理之运动员姓名、肖像等人格要素之文件在法律位阶上属于规范性文件,规范性文件不存在剥夺公民基本法上权利之效力。[2] 因此,集体肖像因其表现形式上的不可分割性而客观存在,“集体肖像权”却难以成为一个法律认可的权利类型而受到保护。有关集体肖像的纠纷归根结底是个人肖像权的让渡与权利行使范围的问题,应在现有的权利类型框架下通过利益衡量方法定分止争。

(三)集体肖像纠纷的解决

各种利益在通过法律制度以及其他方式能得到很好保护时,不一定要创设一个“权利”,只要明确以什么方式来实现这种法律保护即可。针对疑难案件,无论是司法还是理论研究应该首先从“解释论”入手。虽然我国法律没有必要创设“集体肖像权”,但是集体肖像客观存在。肖像权属于私权,遵循法不禁止即自由的原则,在与禁止性法律规定无关时,权利人得依其意思自治。任何人都不得未经本人同意而违背其意志将其亮相于公众。个体对集体肖像之使用势必与他人“是否亮相于公众”之自由意愿及利益分配产生冲突,具言之有以下情形。

---

〔1〕 参见王泽鉴:《人格权法:法释义学、比较法、案例研究》,北京大学出版社 2013 年版,第 59 页。

〔2〕 参见郭发产:《“集体肖像权”的法律问题——析姚明与可口可乐公司肖像权纠纷案》,载《法学》2003 年第 6 期。

1. 有明显特殊人物而非突出整体之肖像集合

此为集体肖像中人数不多,个人肖像皆可清晰辨认,且有明显之突出人物(明星、官员等)而整体性不强。该集体肖像中之个体自然享有就该集体肖像于个人使用之权利,唯应征得其他人同意。至于个体形象是否被突出显示,则非侵权构成要件而是责任量定之参考因素。在"姚明案"中,可口可乐公司未经许可使用三人之聚合形象(拼接而成),同时侵犯该三人之肖像权;在"华赞案"中,法院直接抹杀集体肖像中个人人格权之做法亦有待商榷。也有学者指出,使用集体合影照是否构成肖像侵权应视行为人故意的指向区别对待:温跃宽一方将该四人合影用于办事处资料宣传,其意图明显指向美国贸易局局长而非原告华赞,所以,被告实为侵犯该局长之肖像权,应由其本人诉求。但是,肖像权作为重要之具体人格权,是一种绝对权,依其内容对一切未经同意而公开其肖像之行为,原则上均得予以禁止,特别是基于商业目的所为之公开。温跃宽非允使用载有原告肖像之合照,成立肖像权侵害,至于动机为何,在所不问。且在司法实践中,行为人之故意(动机)指向在没有特殊说明情况下,难以举证,此仅事关损害赔偿之具体事宜,对侵权责任之构成无本质影响。

2. 无明显特殊人物而突出整体之肖像集合

该集体肖像中一般人数众多,作品中的个体本身就存在一定的组织联系,每个个体肖像都清晰再现但又未被突出显现且无宣传特殊意义上之人物,如班级合影、与会人员合影等。就集体肖像成员内部而言,个体有权在不损害他人利益前提下使用该集体肖像而无须经过他人的同意,如在其个人传记中使用其初中毕业合影或公开与会合照,此原则亦适用于前类集体肖像,是为正当使用。就外部关系而言,集体肖像成员之外的任何第三人,对于该集体肖像都负有不可侵害之义务。若第三人以营利为目的使用集体之肖像,无论其是否有所指向都应当经过集体中的全部个体同意。例如,张某为高三(1)班之毕业照提供服装赞助,若张某以此照片作为其广告宣传,则需与该班级达成合意,未经允许的使用即为侵权。该班照片中任何清晰再现之同学皆有权诉求,而在诉讼程序上,应比照公示催告程序,自第一位原告提起诉讼后,责成该原告于一定的期限内通知其他原告,确定其他人是否愿意参与诉讼,或者公示一定的期限,如果在此期限内其他人不来参与本项诉讼,则视为放弃诉权,如果参与诉讼的原告过多,可依《民事诉讼法》及相关司法解释,采代表诉讼方式维权。

3. 不突出个人而形成标识化整体之肖像集合

集体肖像中,虽然每个个体的肖像没有清晰呈现,但其组织整体形象达到可识别程度,成为固定化之团队形象。此种情形下要看该组织成员是否授权集体享有一定范围内肖像的排他性使用权,例如,美国球员在入选国家队时每个球员都会通过一份合同与美国篮协就商业授权达成一致,其细节如下:"作为国家队一员,我同意美国篮协有权在全国范围内为商业目的使用(并授权他人使用)我的姓名、别名、生平、签名、声音、肖像及其他可辨认的特征(总称'球员特征'),美国篮协的赞助商只能在'团队'的前提下使用球员特征(每项物品上至少要显示球队5名球员的特征)。"[1]在这种情况下,如果赞助商没有按照约定的范围使用或者赞助商以外之第三人使用球员的集体肖像,个体则可主张肖像权救济。如果组织成员并没有授权集体在一定范围内的肖像排他性使用权,而该集体肖像亦不足以达到个体可被识别的程度,那么该使用行为不构成侵权。

综上所述,对于集体肖像问题,立法尚无必要单设集体肖像权,司法中可运用现有规定,在认定确有肖像再现的前提下,结合具体案情实现案件妥善处理:在集体肖像中,利用集体肖像中清晰个体肖像及利用个体可识别之整体肖像,个体唯他人同意时享有该集体肖像之使用权利,任何第三人对于该集体肖像都负有不可侵害之义务;而利用仅具有整体可识别性之肖像,组织成员授权有集体肖像排他性使用权的,第三人不得违法使用。

三、死者肖像利益保护

(一)问题的提出

本书整理的案例样本中,涉及死者肖像的包括"卓玛案"、"王金荣案"和"鲁迅肖像权案",但是不同的案件法院所选择的处理方式并不相同,甚至会回避问题的解决。

1."卓玛案"

原告卓玛主张:被告伊利公司未征得其同意使用其父亲的剧中肖像做广告的行为导致其父亲恩和森的声誉受到损害且给家庭带来一定的精神痛苦。故诉至法院,要求消除影响、赔礼道歉并赔偿经济损失。法院将事实查明和认定的重点放到了艺术形象与个人肖像之间的区分上,进而认为,尽管恩和森的生活形象与所扮演的贝克托的形象无很大差别,但所扮演的贝克托的形象是特定历史人物的艺术形象,并不是恩和森个人形象在客观上的再现。因此,伊利公司为其产品伊利牌奶茶粉做广告所使用的《马可·波罗》电影中恩和森所扮演的部

---

[1] 参见《美国"梦之队"队员和美国篮协的合同中有关商业授权的章节》,载搜狐网,http://yaoming.sports.sohu.com/06/28/news209562806.shtml。

落酋长贝克托的镜头，并不构成侵犯演员恩和森的肖像权。[1] 法院此时并没有将恩和森去世的客观事实列为案件审理中的考量因素，这是刻意回避还是默认了原告卓玛当然具有主张其父亲肖像权被侵犯并要求经济损失赔偿的权利？

自然人从出生时起到死亡时止，具有民事权利能力。以此逻辑推理，肖像权属于民事权利，死亡后自然人亦不再享有肖像权。但是自从 1989 年天津“荷花女案”到该案（1994 年），最高人民法院又相继出台的司法解释对死者生前的人格利益的法律保护问题多有涉及。这其中包括最高人民法院 1989 年《关于死亡人的名誉权应受法律保护的函》（已失效）认为：“吉文贞（艺名荷花女）死亡后，其名誉权应依法保护，其母陈秀琴亦有权向人民法院提起诉讼。”最高人民法院 1990 年《关于范应莲诉镜永祥等侵害海灯法师名誉权一案有关诉讼程序问题的复函》中认为：“海灯死亡后，其名誉权应依法保护，作为海灯的养子，范应莲有权向人民法院提起诉讼。”最高人民法院 1993 年的《名誉权解答》（已失效）第 5 条规定：“死者名誉受到损害的，其近亲属有权向人民法院起诉。近亲属包括：配偶、父母、子女、兄弟姐妹、祖父母、外祖父母、孙子女、外孙子女。”上述规定虽然都明确其规制的对象是名誉权或者名誉，但卓玛案中法院关于死者肖像权这一问题的处理方式让本书不得不推定为：其将关于死者肖像权问题的处理类比名誉权的相关规定，认为死者仍然具有肖像权，且其近亲属有提起诉讼的资格和请求损害赔偿的权利。

公民的民事权利始于出生终于死亡，肖像权与名誉权亦如此，自然人死亡后，其人格权当然归于消灭，但其所承载和保护的利益并不当然归于消灭，这点在 1993 年的《名誉权解答》（已失效）中已经做出修正，即侵害的是死者名誉（利益）而非名誉权，对于肖像人格来讲，侵害的自然也是肖像利益而非肖像权。在明确了这一点之后，我们还要思考，名誉是一种社会评价，是否有一个客观公正的评价影响的不仅是其本人，还可能波及其亲属、家庭、同事等与之有亲密关系的人，尊重死者的名誉体现的更是一种善良的社会风俗，法律有相当的规制必要。但对于死者的肖像而言，未经允许使用死者肖像，将其用于营利行为，本身并不会直接影响生者的利益，一般也不会造成社会评价的降低，对善良风俗的影响也是微乎其微，那么我们有必要将肖像利益类比名誉利益加以规制和保护吗？二者保护的方式和力度是否也可类比适用？

---

〔1〕“卓玛与内蒙古伊利实业股份有限公司、付宝国肖像权纠纷案”（“卓玛案”），内蒙古自治区呼和浩特市回民区人民法院民事判决书，(1994)回民初字第 527 号。

2.“王金荣案”

“王金荣案”中，被告将原告的母亲孙静岐在该医院治疗期间拍摄的照片挂在公交车上，作为宣传被告松堂关怀医院的广告。四原告认为：“在未征得我母亲授权和亲属的同意下，以营利为目的，擅自使用我母亲的肖像，给我们造成了精神上的痛苦，侵犯了我们的合法权益，要求三被告停止侵害，赔礼道歉，销毁复制版，赔偿经济及精神损失 2 万元。”法院认为，肖像权随着公民的死亡而消灭，但其肖像的使用权并未消灭，并且死亡公民的肖像使用权应由死亡公民的近亲属来行使。死亡公民的肖像对其近亲属有着精神、情感及经济上的特定利益。未经死亡公民生前授权或其近亲属同意，擅自使用死亡公民肖像的行为，违反了法律规定，应当予以禁止。法院判决四原告各获得 4000 元精神损失赔偿，对于经济损失部分未向法院提供证据证明而不予支持。[1]

法院论证中只是简单地指出“参照最高人民法院有关人身权保护的有关司法解释的精神，应该对死亡公民的肖像使用权予以保护”。但至该案受理的 1999 年，与此有关的司法解释本书在卓玛案中已经列明，这些司法解释都是关于死者名誉的保护问题，没有明确涉及死者肖像利益的保护，法院如何将其类推适用至该案中显然需要充分合理的论证。同时，法院既然认定肖像权随着自然人死亡而消灭，那么为什么还存在作为其权能一部分的肖像使用权？死亡公民的近亲属取得该肖像使用权的法律和法理依据是什么？上述案件中被告医院是在原告母亲死亡之后未经原告同意拍摄了照片，但是并未用于广告而是用于医院内部病例研讨资料使用，在这个过程中，作为死者的子女，原告可否禁止该拍摄行为即行使肖像制作权？在这种情况下，原告并不存在严重的精神损害和相应的经济损失，其是否还有向法院提起诉讼的诉权基础？

3.“鲁迅肖像权案”

“鲁迅肖像权案”中原告周海婴（鲁迅之子）起诉称：被告绍兴越王珠宝金行于 1996 年 8 月、9 月未经原告同意制售圆形和方形鲁迅肖像金卡礼座，并于同年开始销售，其单价为 935 元。金卡正面除中间有鲁迅肖像外，其右侧有“绍兴近代贤人图”和落款为鲁迅的对联：“横眉冷对千夫指，俯首甘为孺子牛”，鲁迅肖像左侧写着：“绍兴市越王珠宝行承制”和“9999 纯金”字样。金卡背面是鲁迅的生平简介：“鲁迅（1881—1936），原名周树人，号豫才，绍兴人。中国现代文学的

---

〔1〕“王金荣、王金华、王育红等与中国老年基金会北京崇文松堂关怀医院、北京公交广告有限责任公司、北京市公共交通总公司第七客运分公司肖像权纠纷案”（“王金荣案”），北京市崇文区人民法院民事判决书，(1999)崇民初字第 1189 号。

奠基人,伟大的文学家、思想家、革命家。”被告未经其同意,以制作“近代贤人”为名,以获取利润为目的,制售鲁迅肖像金卡礼座,显然侵犯了鲁迅的肖像权。请求被告停止侵权,向原告赔礼道歉,以保护其合法权益。

此案经绍兴市中级人民法院审判委员会讨论,倾向于立案受理。但因此案涉及鲁迅的肖像权,且法律上又没有明确规定,故向浙江省高级人民法院请示。浙江省高级人民法院就此案能否受理、如何受理、死亡公民的肖像保护是否受一定的限制、哪些人可以提起诉讼等问题向最高人民法院书面请示。最高人民法院答复:公民死亡后,其肖像权应依法保护。任何污损、丑化或擅自以营利为目的使用死者肖像构成侵权的,死者的近亲属有权向人民法院提起诉讼。鲁迅之子周海婴的起诉符合1991年《民事诉讼法》第108条规定的条件,绍兴市中级人民法院应当受理,受理后以调解结案为宜。如调解不成,法院可根据本案实体审理的情况确定是否承担责任或如何承担责任。[1] 2000年8月21日,绍兴市中级人民法院开庭审理,双方就死者是否享有肖像权展开激烈辩论。鉴于被告不承认侵权,并提出原告的诉讼主体资格问题,原告代理人在庭上追加了一项诉讼请求,即根据被告的不当得利,要求法院责令其给予一定的经济赔偿。2000年12月6日,原、被告双方经两次庭审,并在法院主持下达成调解协议,被告赔款1.5万元,赔礼道歉,停止侵权。

该案之后的2001年3月最高人民法院颁布了《精神损害赔偿解释》,其中第3条规定:“自然人死亡后,其近亲属因下列侵权行为遭受精神痛苦,向人民法院起诉请求赔偿精神损害的,人民法院应当依法予以受理:(一)以侮辱、诽谤、贬损、丑化或者违反社会公共利益、社会公德的其他方式,侵害死者姓名、肖像、名誉、荣誉;(二)非法披露、利用死者隐私,或者以违反社会公共利益、社会公德的其他方式侵害死者隐私;(三)非法利用、损害遗体、遗骨,或者以违反社会公共利益、社会公德的其他方式侵害遗体、遗骨。”至此,对于包括肖像利益在内的“死者人格利益保护近亲属说”得到了理论界和司法实务界的普遍认可。但对于侵犯死者肖像上所承载之财产利益的情况,该理论难以贯通,因为对于死者肖像的营利使用并不一定带来其近亲属的人格尊严和精神利益的损害,上述“鲁迅肖像权案”便是例证。鲁迅的肖像被用于纪念币的发行中,无论是从该纪念币发行的目的还是使用肖像的方式来看,都具有正面的积极向上的宣传功能,鲁迅亲属并不因此而产生人格的贬损和精神损失,唯有被告存在经济上的不当得

---

〔1〕 最高人民法院《关于周海婴诉绍兴越王珠宝金行侵犯鲁迅肖像权一案应否受理的答复意见》,〔1998〕民他字第17号。

利的可能性。在鲁迅先生去世后,这种肖像上的财产利益是否仍然属于其人格的延续?还是已经通过继承的形式由其继承人享有?

通过对上述三个案例的解构,将其总结提炼出以下几个亟待解决的问题:(1)死者的肖像利益是否要保护?其法理依据和请求权基础何在?(2)如果死者肖像利益需要保护,该如何保护?现有的有关死者名誉保护的模式是否适用于肖像利益?(3)考虑到侵犯死者肖像权利益的方式和程度不同,法律所能提供的救济方式该作何区别?比如侮辱性使用死者肖像和将死者肖像用于营利目的,在损害赔偿上有何区分?

(二)死者肖像利益受保护的请求权基础

美国法中采用的是隐私权与公开权的二元保护模式,将肖像权的精神利益与财产利益区分。当生者的肖像权受侵犯时,可根据具体案情寻求隐私权和公开权的双重救济;而一旦死者肖像利益遭受侵害时,如前述精神利益由隐私权保护,不具有继承性而导致其继承人无法依隐私权提起诉求,只能以其所继承的公开权受到侵犯提起损害赔偿之诉。这种处理模式虽然带来了司法上的便捷但因其以美国特殊的人格权二元保护模式为基础,所以对我国的司法借鉴意义并不是很大。似乎德国的相关立法和司法经验更值得研究,也引起了学术界的广泛讨论。《德国民法典》第1条只规定了自然人的权利能力始于出生,但并未规定终于死亡。因此有学者主张自然人死亡后仍然享有肖像权,死者肖像受保护的法律依据是死者的肖像权。[1] 德国的实务工作中关于死者肖像的精神利益部分,可由其生前所指定之人或者近亲属代为行使不作为请求权,财产利益部分则由继承人行使其权利。必须注意的是,德国这种保护模式是建立在否定我国民法上所确立的自然人民事权利能力始于出生终于死亡这一基本前提之上的,因此认为死者仍具有肖像权受到我国学者的质疑。

大多数学者从自然人作为民事权利主体的权利能力理论出发否认德国这种法律保护的法理基础是死者享有肖像权这一主张,他们认为赋予死者权利不仅与传统的民法关于权利能力理论相冲突,而且在救济方法上也有致命的弱点。[2] 刘心稳教授对此解释为:是维护社会秩序、社会利益和已故自然人的生存亲属及相关人员利益的需要,并非是已故自然人仍有民事权利能力,仍享有真正的民事权利。[3] 有学者则认为可以参考魏振瀛教授关于保护死者名誉所提

---

〔1〕 参见田欣、蓝邓骏:《论肖像利益维护权的转化》,载《河北法学》2001年第3期。

〔2〕 参见葛云松:《死者生前人格利益的民法保护》,载《比较法研究》2002年第4期。

〔3〕 参见刘心稳:《中国民法学研究述评》,中国政法大学出版社1996年版,第93页。

出的“死者近亲属名誉说”[1]进行论证,并认为根据这一理论实际上死者肖像利益维护权已经转化为死者近亲属的名誉权。肖像权是一种体现精神利益和财产利益的人格权,自然人死亡后,其生前肖像所体现的财产利益可以被其近亲属继承。人格权部分具有与自然人人身不可分离性,其体现精神利益的人格权部分会随着主体资格的消亡而不再受到保护,当他人非以营利为目的侵害死者肖像利益时,死者近亲属不能以死者肖像权受到侵害为由行使救济权,在这种情况下,由于他人行为往往会造成对死者社会评价的降低从而波及死者近亲属的社会评价,或直接造成死者近亲属社会评价降低,这样侵犯死者肖像的行为就转化为了侵犯死者近亲属的名誉权,因而他们可以行使名誉利益维护权寻求救济。[2]

甚至有人抛弃了在肖像权法律保护体系的原有架构内去找寻死者肖像利益获取法律保护的理由,认为不管是现有的人格权法还是借助著作权法都无法使死者的肖像获得全面有效的保护,从而提出在肖像权以外设立“形象权”加以保护。在侵犯死者肖像利益问题上,其认为形象权与肖像权、姓名权是这样一种关系:对死者的姓名、肖像的商业利用侵害了死者继承人的形象权,而不侵害姓名权或肖像权。[3]

本书认为,若通过近亲属名誉权路径来保护死者肖像所承载的精神利益,必须是在该不当使用行为已经达到了近似于他人直接对死者近亲属进行侮辱、诽谤等行为所可能造成的精神损失程度,这样死者近亲属才能以名誉权受损为由提起诉求达到维护死者肖像利益的目的。这对死者肖像利益而言显然不够全面。抛弃现有的人格权架构新设立一种“形象权”的方案也不够妥当,人格权中的姓名权、肖像权、名誉权和隐私权都会和形象权存在一定的冲突和交织,因为对这些具体人格权的侵犯往往会造成个人形象的降低或损毁,法院在认定过程中也会存在对权利竞合的论证,反倒是造成了不必要的负担。

《民法典》第994条规定,死者的配偶、子女、父母或其他近亲属在死者肖像

---

[1] 魏振瀛教授认为死者名誉获得法理保护的基础实质上并非死者的名誉,而是死者近亲属的名誉权得以保护所造成的表象,认为死者与其近亲属有直接的人身关系,死者的名誉直接影响其近亲属的名誉,当死者的名誉受到侵害时,其近亲属的名誉亦受到损害,也就是说不法行为同时损害了死者及其近亲属的名誉,但死者不具有权利能力,不能作为民事主体,因而该损害赔偿请求权得以消灭,但死者近亲属的仍可以行使名誉权损害赔偿请求权。参见魏振瀛:《侵害名誉权的认定》,载《中外法学》1990年第1期。

[2] 参见田欣、蓝邓骏:《论肖像利益维护权的转化》,载《河北法学》2001年第3期。

[3] 参见董炳和:《论形象权》,载《法律科学(西北政法学院学报)》1998年第4期。

遭受侵害时,享有相应的请求权。死者的肖像遭受侵害无外乎精神利益与财产利益遭受侵害之意。侵害死者肖像上的精神利益,主要包括两种情形:一种情形是因侵害死者的肖像精神利益使生者蒙羞,生者的名誉直接受损。在这种情况下可以直接认定是名誉权损害。另一种情形是对死者肖像的不当使用使死者本来余存的良好形象被破坏,损害了生者对死者的敬爱追慕之情,是对生者一般人格利益的侵害,得寻求一般人格权之请求权基础。[1]

侵害死者肖像上的财产利益,是对继承人获得的死者人格财产权的侵犯。这是一种独占的无形财产权,可自己使用或授权他人使用。同时继承人行使此项权利应不得违背死者明示或可推知的意思,法官在具体个案中有必要判断是否要对继承人有关此项权利的行使进行限制。[2]

(三)死者肖像利益的法律保护

1. 诉权主体

诉权在权利体系中具有基础性的作用,其他的权利只有通过诉权的行使才能得到保障,才能成为一项可以预期的利益。[3] 如上文所述,肖像权利因原权利主体的死亡而发生了权利主体的转换,在死者肖像利益纠纷中,由谁来承接这一利益并能够以诉讼的形式采取救济措施,享有诉权的主体是谁?其请求权基础为何?这也是死者肖像利益研究中值得明确的问题。

在死者人格上财产利益维护方面。我国《民法典》继承编规定,遗嘱继承优于法定继承,即被继承人生前有关于财产处分的意思表示时,继承发生的序位以被继承人的意思表示为准,若无遗嘱则按法定继承的序位进行遗产的分配,第一顺序为配偶、子女、父母,第二顺序为兄弟姐妹、祖父母、外祖父母。只有在没有第一顺序继承人的情况下,才能由第二顺序继承人继承。既然我们认为死者肖像利益上的财产利益是一种无形财产,可以被继承,那么在继承发生后也应当秉承死者生前意思表示优先的原则,然后按照继承法中规定的序位进行。

在死者人格上精神利益维护方面。自然人一经死亡,其精神损害即不复存在,因此,以死者精神利益损害为由抚慰金的客观基础消失。但如果请求权的提起发生在死者生前则另当别论。甲生前肖像权被乙侵犯,如果甲与乙达成赔偿协议但尚未履行或者在甲提起诉讼救济过程中死亡,则有关精神损害赔偿部分

---

〔1〕 参见张红:《论一般人格权作为基本权利之保护手段——以对“齐玉苓”案的再检讨为中心》,载《法商研究》2009 年第 4 期。

〔2〕 参见张红:《死者生前人格上财产利益之保护》,载《法学研究》2011 年第 2 期。

〔3〕 参见周永坤:《诉权法理研究论纲》,载《中国法学》2004 年第 5 期。

数额甲的继承人依然得以主张。我国的相关立法主要是针对自然人死亡之后侵权行为发生的救济途径,《名誉权解答》(已失效)第5条规定,死者名誉受到损害的,其配偶、父母、子女、兄弟姐妹、祖父母、外祖父母、孙子女、外孙女可以作为原告起诉。《精神损害赔偿解释》(2001年)第7条规定:"自然人因侵权行为致死,或者自然人死亡后其人格或者遗体遭受侵害,死者的配偶、父母和子女向人民法院起诉请求赔偿精神损害的,列其配偶、父母和子女为原告;没有配偶、父母和子女的,可以由其他近亲属提起诉讼,列其他近亲属为原告。"上述规定为《民法典》第994条所吸收。从法理观之,上述原告范围的确定不是依继承法则而是依以血缘为基础的亲属关系;从文义观之,该确定原告范围的依据中,原告的起诉无先后顺序之分,地位平等。[1] 这样就可能存在死者肖像上的精神利益和财产利益维护的主体分离。比如,死者生前与自己的弟弟关系更好,立下遗嘱将自己的遗产交由其弟继承,那么其弟就享有了继承权,死者肖像上的财产利益亦由该继承人享有,但是当死者的肖像被侮辱性使用时,能优先主张精神损害赔偿的却只能是死者的配偶、父母和子女。

对于上述问题,本书认为,首先,死者生前立有遗嘱或者有其他明确的意思表示的,以其意思表示为准;其次,若死者无明确的意思表示的,《民法典》第1127条规定的第一序位继承人当然享有死者肖像上的财产权利,同时也可以依法提起精神损害赔偿;对于第二序位继承人等其他近亲属,宜考虑他们是否在死者生前与之共同生活、同甘共苦等,必要时也可以不受继承序位的约束,比如前述案例中的弟弟也可以作为死者肖像利益中的诉权主体。

2. 救济方式

(1)停止侵害。在死者的肖像被不当使用时,权利人有权要求行为人停止侵害,既可以直接向行为人提出请求,也可以请求法院颁发禁令,禁止行为人实施侵害行为。也就是说,停止侵害请求可以先于执行。例如,某医院在网上发布广告将B生前在医院就医前后的照片以对比的形式呈现,而该病属于家族的遗传病,是该家庭不愿公开的隐私信息。B的儿子发现该侵权行为发生时,既可以请求医院和网站停止该涉嫌侵权的广告发布,也可以请求法院制止该信息的发布。人格权的侵害能够产生难以挽回的损害后果,所以一旦发生损害,为了防止损害的进一步扩大,有必要及时制止损害。[2]

(2)恢复名誉。请求恢复名誉一般适用于名誉权受侵害的情形,但是在侵

---

〔1〕 参见张红:《死者人格精神利益保护:案例比较与法官造法》,载《法商研究》2010年第4期。

〔2〕 参见王利明:《人格权法研究》,中国人民大学出版社2018年版,第662页。

害隐私权、肖像权、死者肖像利益等情形下,常常也会伴随名誉受损,故此时也可以请求恢复名誉。例如,在美国著名的"奥·布瑞恩案"(O' Brien v. Pabst Sales Co.)[1]中,若被告是在奥·布瑞恩去世之后将其肖像用于啤酒广告而被其子女或其他关系密切之人发现,其子女或者其他关系密切之人可以在诉讼中请求要求被告酒厂恢复奥·布瑞恩的名誉。因为一旦将其肖像用于啤酒销售广告中,则意味着其实际上是赞同销售啤酒的,这与奥·布瑞恩生前的个人意志和信念是相违背的。

(3)赔偿精神损失。依《精神损害赔偿解释》第7条规定,死者肖像利益被不当使用,侵犯的是死者近亲属的一般人格利益,死者的配偶、父母、子女可提起精神损害赔偿的诉求,其他与死者生前有密切关系的人也享有该诉权。关于精神损害赔偿的数额,应参照假设死者生前所受类似或差不多损害情况下可获赔数额确定,一般不得超过生前可获赔数额。具体数额的分配宜考虑各原告感情受到伤害的程度以及各原告与死者生前的关系,如是否共同生活、是否同甘共苦、是否有过重大过节等因素酌定,而不宜平均分配。[2]

(4)赔偿经济损失[3]。当原告发现被告非法利用被继承人的人格特征获益时,原告享有对被告的侵权损害赔偿请求权。此种侵害对于原告而言并非是现实的财产被侵占或毁损,而是预期的收益被侵占,此与一般的财产损害不同,因为损害之前并无确定数额的利益。对此,德国"Marlene Dietrich案"[4]采取合理授权契约所得为标准,值得肯定。在具体数额确定上宜参照现实交易中与死者具有大致相当名气的人或死者生前以其人格特征做商业推广的使用费。

针对获益情况,原告亦可主张被告返还不当得利,因为死者人格特征上的财产价值属于原告通过继承而得来的无形财产权之对象,未经原告授权或基于其他合法原因,被告取得应为非法,因此应当返还此种侵害他人无形财产权之获益。此非给付性不当得利返还请求权与损害赔偿请求权构成竞合,由原告选择适用。在"鲁迅肖像权"案中,鲁迅之子并不希望鲁迅这样的历史性人物的肖像用于营利目的,将此视为对鲁迅肖像的亵渎,因此参照商业推广使用费的标准来

---

[1] 124 F 2d 167 (5th Cir. 1941),奥·布瑞恩是一名美国20世纪30年代最为著名的足球运动员之一,他同时也是"美国联合青年"这一组织的成员,该组织的宗旨之一是反对年轻人饮酒,奥·布瑞恩一直都拒绝代言啤酒和含酒精饮料的销售。

[2] 参见张红:《死者人格精神利益保护:案例比较与法官造法》,载《法商研究》2010年第4期。

[3] 参见张红:《死者生前人格上财产利益之保护》,载《法学研究》2011年第2期。

[4] BGH NJW 2000,2195.

计算经济损失有欠妥当,以不当得利主张利益返还请求权更为合适。

3. 保护期限

将死者肖像财产利益视为遗产由继承人继承可以解决死者近亲属权利来源的理论问题,但是美国1979年的“卢戈西诉环球影业案”(Lugosi v. Universal Pictures)中上诉法院提出问题:“如果一个人在其有生之年利用自己姓名和肖像的机会是可以继承的财产,那么是否可以假设,如果第一代继承人也和其前辈一样没有利用同一机会,那么这种利用机会就自动地转归他的后代继承人吗? 历史上的公众人物的遥远后代是否能因他人未经其授权而在商业上利用其著名的先人的姓名和肖像而获得赔偿呢? 如果不能,分界线是什么? 谁可以划分这一界限?”〔1〕我国法院在“李某名称权案”〔2〕中以超过20年诉讼时效期间作为驳回原告诉请之理由令人费解。因为,既然姓名上的财产利益可被继承,那么继承人对这种财产利益所享有的权利就是一种绝对权而非请求权,不适用诉讼时效。肖像财产利益同理。在前述美国“Lugosi案”中,加利福尼亚最高法院的伯德(Bird)大法官主张将公开权与著作权类比,认为应该将死后公开权的存续期间限制为50年。〔3〕 本书赞同此观点,既然我国著作权法对著作财产权的保护是死者终身加死后50年(《著作权法》第21条),那么在新的立法出台之前,此规则可以类推适用至死者肖像财产利益的保护。

---

〔1〕 25 Cal. 3d 813,603 P. 2d 425,160 Cal. Rptr. 323 (1979). 转引自肖森华:《美国姓名、肖像商业化权利保护的定性辩论——兼述公开权的艰难发展》,载《重庆工学院学报(社会科学版)》2008年第6期。

〔2〕 《李A、李B、李C、李D、李E诉被告北京李某笔业有限公司姓名权纠纷案》,北京市第一中级人民法院2003年6月19日判决(二审)。转引自张红:《人格权总论》,北京大学出版社2012年版,第392页。

〔3〕 Bird法官的这一观点被加利福尼亚州民法典全盘接纳,参见Cal Civ. Code § 990。转引自陈龙江:《人格标识上经济利益的民法保护——学说考察与理论探讨》,法律出版社2011年版,第149页。

第四章　自然人名誉权

第一节　问题的提出

名誉权为人格权之重要一种,且在诸多人格权类型中,名誉权较早在世界范围内得到认可和保护。[1] 在大陆法系,名誉权“在罗马法的侵权行为诉讼制度的法中得到认可,并且为近代大陆法所继承”[2];在英美法系,名誉权及其侵权研究经过较长时间的发展已经形成较为完备的制度体系。名誉权的保护问题已经成为世界各国法制建设尤其是人格权制度构建的重大课题。在我国,1986 年《民法通则》对名誉权制度做出了初步的规定,随后也相继出台了一些相关的司法解释和解答,2009 年公布的《侵权责任法》彻底厘清了名誉权和隐私权的保护模式。《民法典》第 1024 条至第 1030 条较为系统地规制了名誉权,但并未完全解决名誉权保护制度不完善的问题。

学术界对名誉权的研究由来已久,[3] 但仍有较大的拓展空间。其中,判例研究的方法逐渐引起我国学者的关注。“例以辅律,非以破例”,对于名誉权案例的研究有助于了解名誉权制度的实务运用状况,以资完善制度之用。本章将只针对自然人名誉权进行研究,法人名誉权另列一章以作深入探讨,故本章提及名誉权,若无特别指出,均是限定在自然人名誉权保护制度领域内讨论此问题。

---

[1] 《德国民法典》和《瑞士民法典》制定之初就有关于名誉权的规定。其中《德国民法典》第 823 条第 2 款规定违反保护他人法律的侵权损害赔偿责任,立法之初是为了使该条结合《德国刑法》第 185 条以下的侮辱、诽谤罪保护名誉。《瑞士民法典》甚至专列人格权一章,对名誉权等人格权进行规定。——笔者释

[2] [日]五十岚清:《人格权法》,[日]铃木贤、葛敏译,北京大学出版社 2009 年版,第 16 页。

[3] 参见张新宝:《名誉权的法律保护》,中国政法大学出版社 1997 年版;张民安主编:《名誉侵权责任》,中山大学出版社 2008 年版;张民安主编:《名誉侵权的法律救济:损害赔偿、回应权、撤回以及宣示性判决等对他人名誉权的保护》,中山大学出版社 2011 年版;张民安主编:《名誉侵权的抗辩事由——事实真实、公正评论、绝对或相对免责特权等对行为人名誉侵权责任的免除》,中山大学出版社 2011 年版等。

在我国立法确立名誉权保护近30年来，自然人名誉权的案例积累量多，[1]本书着重选择了106例来源较权威的案例（《最高人民法院公报》21例、《人民法院案例选编》27例、《审判案例要览》54例及《审判指导参考》4例）来研究我国自然人名誉权实务运作的现状。案件涉及自然人名誉权纠纷的方方面面，包含自然人名誉侵权的基本问题的认定，如名誉权的概念，名誉侵权责任构成的认定等；名誉权与隐私权等其他具体人格权的竞合问题；文学作品侵权、新闻侵权及网络中的名誉侵权问题；名誉权保护与言论自由、舆论监督的冲突协调问题。形形色色的案件，裁判标准看似紧扣法律规定，但也暴露了不少的问题，例如，法官自由裁量的空间较大，特别是侮辱、诽谤的认定，新闻侵权的认定，名誉权与舆论监督冲突的协调等方面；判决缺乏有力的论证说理过程；判决理由过于拘泥于法律表面文义。本章将立足于典型案例，在研究自然人名誉权保护相关理论的基础上，分析案例，运用判例研究方法这一有力工具，为自然人名誉权制度体系的完善提供可行方案。

第二节　名誉权保护在我国的发展与规范体系

一、我国现行名誉权保护制度的域外法论述及其历史发展

改革开放之前，苏联民事立法及其理论深刻地影响了我国的民事立法。"苏俄民法虽然承认对于包括名誉、尊严在内的人格权之保护，但是却不承认对名誉等人格权损害的金钱赔偿，从而导致民法对于名誉权的规定形同虚设。受此影响，我国民法学术界对名誉权研究极少，至于司法上的实践恐怕是完全谈不上的"[2]。改革开放之初，我国曾起草《中华人民共和国民法典草案》，四易其稿，由于继受了苏联民法规定与理论，起草者虽明文表示名誉权等人格权应受法律保护，但却没有规定侵害名誉权所应承担的具体责任，民法学术界也一直同意对于人格权精神损害的金钱赔偿。碍于当时民法所涉及面极为广泛，甚难提出一部完整的民法典，所以先行制定了一系列的单行法，1986年公布的《民法通

[1] 以"名誉权"为内容在"北大法意"搜索引擎中进行搜索，结果显示共有1793件名誉权纠纷，其中民经类的名誉权侵权案件共计1319件。这只是官方公开的少部分名誉权纠纷案件，全国各地法院受理和审结的名誉权纠纷案件远在此数之上。

[2] 王冠玺：《两岸名誉权保护与言论自由的界限》，台北，元照出版有限公司2001年版，第26页。

则》就是在这样的背景下出台的。原《民法通则》并未承认一般意义上的“人格权”,也即一般人格权,但是对名誉等具体人格权做出了详细的规定,特别是名誉侵权的精神损害之金钱赔偿得以确立。那时,我国虽未制定统一的民法典,但制定的一系列单行法就法律体系和结构上而言,均受到了大陆法系尤其是德国民法理论传统的深刻影响。在名誉权方面,从承认具体人格权的地位、承认名誉损害金钱上的精神损害赔偿到名誉侵权行为构成的四要件说,甚至是对新闻侵权的司法解释、名誉侵权民事责任的抗辩事由无不体现德国人格权理论的影响。不同的是,我国名誉权保护有自己的特色,例如,对于法人名誉权的直接规定、名誉权保护与新闻自由的平衡等,这些都反映了我国当时社会民情的特殊需求。原《民法通则》第 101 条对于人格尊严的规定与《瑞士民法典》第 28 条第 1 项中的规定“人格被不法侵害者,可提出去除侵害之诉求”[1]有异曲同工之妙,人格尊严应当是一般人格权的内容,但原《民法通则》所规定之人格尊严也并不意味着我国民法对于一般人格权的承认。原《民法通则》在规定名誉权这一概念的时候,实际上就包含了一般人格权的内容,这就导致了名誉权内容的膨胀。[2]名誉权内容的膨胀还体现在起初原《民法通则》并未规定隐私权,后来最高人民法院的司法解释认为隐私权需要加以保护,于是隐私权保护的内容被强加给名誉权。[3] 这一问题直到 2009 年公布的《侵权责任法》对隐私权予以规定才得以解决。至此,我国名誉权规范才逐渐还原了其本来的面目。《民法典》在吸收上述立法成果的基础上加以损益,以 7 个条文建构名誉权的享有、侵权免责事由以及更正删除请求权等名誉权规范体系,较为全面。近年来,英美法系法律传统在名誉权保护方面的影响逐渐加强,例如,公众人物的名誉权保护、言论自由与名誉权的平衡,甚至是真实恶意原则的引入与否等,但这些影响至今也只是体现在学说与极少数的司法实践中。

二、名誉权保护在我国法律上的体现与发展

(一)立法层面之考察——名誉权在私法上的保护

名誉权在私法上之保护主要体现在民事立法中[4],这主要是指《民法典》的相关规定。在其出台前,则为原《民法通则》、《民通意见》及《侵权责任法》等。

---

[1] 《瑞士民法典》,殷生根译,法律出版社 1987 年版,第 7 页。

[2] 参见杨立新:《人格权法》,中国法制出版社 2006 年版,第 233 页。

[3] 参见王利明、杨立新:《人格权与新闻侵权》,中国方正出版社 2010 年版,第 341 页。

[4] 名誉权侵权立法层面之考察本包括私法和公法两种,但公法上之保护主要见侮辱、诽谤罪等具体罪名的设定,其规定较为明晰,在此不作赘述,直接切入私法层面的立法考察。

1986 年的《民法通则》在我国立法上首次确立了名誉权的地位:该法第五章民事权利的第四节,即人身权一节中,名誉权和生命健康权、姓名权与名称权、肖像权、荣誉权、婚姻自主权并列为人身权之六大具体权利。原《民法通则》第 101 条明确规定,公民、法人享有名誉权,公民的人格尊严受法律保护,禁止用侮辱、诽谤等方式损害公民、法人的名誉。原《民通意见》第 140 条又对侵害公民和法人名誉权的行为做出了初步认定。

在确立名誉权的人身权属性基础之上,原《民法通则》又在第六章"民事责任"之第三节"侵权的民事责任"中对侵害人格权的民事责任做出规范,原《民法通则》第 120 条明确规定公民名誉权受到侵害的,可以请求侵权人停止侵害、恢复名誉、消除影响以及赔礼道歉,并可要求赔偿损失,原《民通意见》又对赔偿损失等做出了一定的解释。除此之外,第六章第四节"承担民事责任的方式"当然适用于名誉权侵权。上述规定确定了名誉权侵权的民事责任方式。

原《民法通则》出台实施 20 余年后,2009 年《侵权责任法》出台。2009 年《侵权责任法》对于民事主体合法权益之保护、侵权责任之明确以及侵权行为之预防和惩罚具有重要的意义,其第 2 条明确规定了侵害民事权益应当承担侵权责任,而名誉权与姓名权、荣誉权、肖像权、隐私权、婚姻自主权并列为六大人身权之一种。同时名誉权侵权责任之认定及分摊、责任的减轻和免除等可直接适用 2009 年《侵权责任法》之一般规定。

《民法典》吸收了单行民法时代的名誉权保护规范,结合司法实践中的审判经验总结,新设名誉权侵权免责规范,增加更正删除权的规定,对民事主体的信用评价单独规制。

除此之外,关于名誉权保护的内容还散见于《妇女权益保障法》《澳门特别行政区基本法》《消费者权益保护法》等法律规定中。

(二)司法解释层面的规范考察

为了规范法院裁量名誉权案件的标准、解决各级人民法院在名誉权纠纷案件中出现的共同问题以及回答名誉权个案中的疑难问题,最高人民法院 30 余年来共出台了 19 个关于名誉权问题的司法解释,主要包括以下几类。

1. 名誉权案件解答、解释类

针对各地人民法院在审理名誉权案件中遇到的适用法律的具体问题,最高人民法院先后于 1993 年、1998 年、2001 年发布了《名誉权解答》《名誉权解释》《精神损害赔偿解释》。

前两个解答和解释对名誉权案件的受理、管辖、原被告主体的确定、侵害责任的认定以及一些具体侵权的情形做出了规定,对各地人民法院的审判具有重大的现实指导意义。

《精神损害赔偿解释》对于侵害具体人格权提起精神损害赔偿案件的受理、死者近亲属精神损害赔偿的诉请、精神损害的责任承担、赔偿数额等问题进行了较为详尽地规定,其都可适用于名誉权侵权案件,为各地人民法院在精神损害赔偿问题上的处理设定了基本的规则。

2. 个案答复类

个案答复是相关名誉权司法解释的主体部分,最高人民法院针对各地上报的名誉权案件疑难问题解决的请示函做出一系列复函及复函群。按照内容的不同,个案答复又具体包括以下几类:

(1)死者名誉权保护问题类复函。这类答复具体包括:最高人民法院《关于死亡人的名誉权应受法律保护的函》(已失效)、最高人民法院《关于范应莲诉敬永祥等侵害海灯法师名誉权一案有关诉讼程序问题的复函》,其中"荷花女案"和"海灯案"的回复确立了死者名誉权应当保护的基本原则。

(2)报道侵权问题类复函。这类答复具体包括:最高人民法院《关于徐良诉上海文化艺术报社等侵害名誉权一案的复函》、最高人民法院《关于刘兰祖诉山西日报社、山西省委支部建设杂志社侵害名誉权一案的复函》、最高人民法院《关于广西高院请示黄某仕冠、黄德信与广西法制报社、范宝忠名誉侵权一案请示的复函》。通过上述案件的复函,基本确立了新闻报道侵权认定和违法阻却的"真实性"与"相当性"原则。[1]

(3)文学作品侵权问题。这类答复具体包括:最高人民法院《关于胡骥超、周孔昭、石述成诉刘守忠、遵义晚报社侵害名誉权一案的函》、最高人民法院《关于刊登侵害他人名誉权小说的出版单位在作者已被判刑后还应否承担民事责任的复函》(已失效)、最高人民法院《关于朱秀琴、朱良发、沈珍珠诉〈青春〉编辑部名誉权纠纷案的函》、最高人民法院《关于胡秋生、娄良英等八人诉彭拜、漓江出版社名誉权纠纷案的复函》、最高人民法院《关于邵文卿与黄朝星侵害名誉权案的函》、最高人民法院《关于都兴久、都兴亚诉高其昌、王大学名誉权纠纷一案的请示报告》。通过上述案件的复函,明确了文学作品创作应尊重他人的名誉权,并对侵害名誉权的各种情形进行了认定。

(4)其他。除上述答复外,最高人民法院《关于王水泉诉郑戴仇名誉权案的

---

[1] "真实性"和"相当性"原则涉及言论自由、媒体监督与名誉权保护的冲突与协调之重大问题,详见下文分析。

复函》对超越职权行为侵权案件做出判定；最高人民法院《关于中国人民解放军第四医大附属西京医院、樊代明和杨林海名誉权纠纷一案的函》（1995 年 7 月 19 日）对医务活动侵权个案做出了认定；最高人民法院《关于王美华、包头市新材料应用设计研究所诉神州经济技术开发公司名誉权纷指定管辖的复函》（1991 年 4 月 20 日）、最高人民法院《关于烟台绿叶制药有限公司与武汉爱民制药厂武汉市药品检验所侵犯名誉权、著作权纠纷一案指定管辖的通知》、最高人民法院《关于李谷一诉〈声屏周报〉社记者汤生午侵害名誉权案执行问题请示的复函》对个案中的管辖权问题和执行问题做出了回复。

第三节　名誉权理论基础

一、名誉内涵之澄清

“名誉”之内涵是我们研究名誉权保护制度之本源。我们日常生活所称名誉与法律意义上的名誉并非当然一致，两者差别明显。只有分清彼此，才能够还法律上“名誉”之本来面目，促进名誉权之合理保护。本书将从语义上的名誉和法律上的名誉，以及名誉感是否应当得到保护等方面结合案例对这些问题一一澄清。

（一）语义上的“名誉”

在我国，“名”和“誉”自古就有出处，在古人眼中，“名”和“誉”都有名誉的意思，指好的名声，如《墨子经》记，“誉名美也”。做动词时，“名”与“誉”皆有美名之义，《孙子 · 地形篇》，“故进不求名，退不避罪，唯民是保”，《孟子 · 告子（上）》，“今闻广誉施于身，所以不愿人之文绣也”。《墨子 · 修身篇》中亦言及：“名不徒生、而誉不自长，功成名遂，名誉不可虚设，反其身者也。”在此所提及的名誉概念，即指声名、好的名声，事实上与现代的理解并无区别。

《辞海》解释名誉为：“名为命名，誉为美誉，有令名始获美誉，因谓令名曰美誉。”[1]而《现代汉语词典》中名誉被解释为：“个人或集团的名声或名义上的。”[2]后一种意思使用如名誉会长、名誉博士等用法。可见，辞书对于名誉的解释观点相同或相似，但语义上的解释并不能将名誉概念的明确内涵与其精神意指完整展现出来。

---

〔1〕 杨立新：《人身权法论》，中国检察出版社 1996 年版，第 513 页。

〔2〕 中国社会科学院语言研究所词典编辑室：《现代汉语词典》，商务印书馆 1978 年版，第 788 页。

名誉的起源原本就有内外之分,名誉的内在根源是每个人追求自己名誉的根源,是每个人自己的名誉心、求名心、好名心的根源,归根结底就是每个人追求荣誉、光荣而避免耻辱或舆论谴责的根源。反之,名誉的外在根源是给予名誉的根源,在于每个人给予他人和他人给予自己名誉,也就是社会、众人和领导人给予每个人名誉的根源。[1] 名誉概念本身具有多面性和不确定性,而法律乃是为保护特定的利益而设,讲究的是确定性和体系性,这就不可避免地导致法律意义上的名誉与语义上的名誉之侧重点存在偏差,甚至是巨大的区别。

(二)法律上的"名誉"

《牛津法律大辞典》将名誉定义为:"名誉是对于人的道德品质、能力和其他品质(名声、荣誉、信誉或身份)的一般评价。"[2]《布莱克法律辞典》则定义为:"名誉是关于一个人特性或者其他品质的共同的或一般的评价。"[3]从两者的定义可以看出其所采取的是评价说。民法学术界对于名誉在法律上的定义一般有四种学说:声名说、个人评价说、社会评价说以及个人评价和社会评价综合说。

就声名说而言,杨敦和即认为名誉是指个人凭其天赋、家世、功勋、财富、品德、学历及地位等各种人格上之特质,在他人心目中所具有的声名及荣誉。[4] 个人评价说亦即人格尊严说,认为名誉是指公民的人格尊严,公民的人格尊严应该受到法律的保护,是公民的名誉权的重要内容。社会评价说一般认为名誉是指社会上人们对于公民或法人的品德、情操、才干、声望、信誉和形象等方面的综合评价。《民法典》第1024条第2款规定,"名誉是对民事主体的品德、声望、才能、信用等的社会评价"。个人评价和社会评价综合说则认为名誉有两种含义:一是内部的名誉,指对个人的内在价值,即人格价值本身的评价;二是外部的名誉,指对个人外在的价值,即人格价值的社会评价。[5]

目前为止,我国民法学术界对于名誉的法律上之定义的通说为社会评价说。杨立新教授指出,名誉是人们对自然人或法人的品德、才能及其他素质的社会综

---

〔1〕 孙英:《名誉本性论》,载《东南大学学报(哲学社会科学版)》2007年第2期。

〔2〕 [美]戴维·M.沃克:《牛津法律大辞典》,北京社会与科技发展研究所译,光明日报出版社1988年版,第768页。

〔3〕 "Comment or general statement of a person with respect to character or other qualities." See Black's Law Dictionary, West Publishing Co., p. 1171 – 1172.

〔4〕 参见杨敦和:《论妨害名誉之民事责任》,载《辅仁法学》第3期。

〔5〕 参见王佑明:《我国法律对名誉权的保护》,载《江西法学》1993年第1期。

合评价。[1] 王利明教授指出，名誉是他人对自然人或法人的社会评价。[2]

（三）小结

语义上的名誉是就广义上而言的，包含自然人的内部名誉与外部名誉，同时照顾到了名誉的主观性和客观性。而法律意义上的名誉定义采社会评价说，不可避免地认为法律所保护的名誉乃是客观名誉，是外部名誉，是第三人对于特定民事主体的人格价值的评价。各种定义虽然对评判的内容看法不一，实质上只是罗列角度不同而已，落脚点依然是"社会评价"四字。那么，法律意义上的名誉难道真是彻底的客观名誉，排除了对于主观名誉，亦即名誉感的保护了吗？

我国部分早期的学者大多认为名誉感应为法律所保护。名誉感为与地位相当之自尊心（对于自己价值之情感），应以客观标准决定之。特别富有自尊心者，无须顾及。[3] 而我国当代学者大都认为名誉固然包含名誉感，但将名誉感纳入名誉权法律保护的范围难言妥当，名誉权客体的名誉不应包含名誉感。法律保护名誉权的目的在于使受害人的社会评价不因他人非法行为而降低，以维护公民和法人在社会生活中的地位和尊严，保持人与人之间正常的交往和秩序。[4]

许多学者不支持保护名誉感的主要理由有：事实上的精神损害是因人而异的，而不同的人遇到相同的侵害其名誉的情况可能出现不同程度的精神损害。但是，法律认定和救济的精神损害不能完全因人而异，而需要一定的同一性，否则将无法做到公平。法律上救济的精神损害主要考虑客观标准，适当参考受害人主观方面的情况，就客观标准而言，社会评价之降低以及降低的程度是重要的参考因素。如果不存在社会评价的降低，即使受害人主张精神损害，也不构成名誉侵权。

应该强调的是，名誉感是自然人人格尊严的重要内容，但是人格尊严并非名誉权的客体，而是一般人格权的客体。名誉感作为人格尊严的具体内容是可行的，但硬将名誉感认为是人格尊严，进而解释成名誉权的客体，势必造成法律概念的混乱，混淆一般人格权与具体人格权的界限，从而导致在实务上适用法律的混乱。[5] 同样，若能厘清名誉与名誉感，则能够根据我国《民法典》第990条第

---

〔1〕 参见杨立新：《人格权法》，法律出版社2011年版，第502页。

〔2〕 参见王利明主编：《人格权法新论》，吉林人民出版社1994年版，第401页。

〔3〕 参见史尚宽：《债法总论》，荣泰印书馆1978年版，第147页。

〔4〕 参见王利明、杨立新、姚辉：《人格权法》，法律出版社1997年版，第115页。

〔5〕 参见杨立新：《人格权法》，法律出版社2011年版，第505页。

2 款对人格尊严之宣示来保护名誉感。就本质上而言,如若行为人使用了侵害名誉权的言词,但是并没有使受害人的社会评价降低,通常认为受害人的名誉情感(人们对于自身的人格价值所持有的主观评价)受到了伤害。此时名誉权侵权并不成立,但是公民的人格尊严受到损害,行为人应当承担民事责任。不过,责令侵害他人人格尊严的行为人承担的责任不能简单地套用侵害名誉权的责任形式,因为其本身没有构成对受害人的名誉权的侵害,也就不适用消除影响、恢复名誉的责任形式。〔1〕 但是这并不妨碍行为人需根据实际情况对受害人所受人格尊严之侵犯承担精神损害赔偿责任,而具体赔偿与否以及数额之认定则要根据具体案情而定。

实务上对于名誉感是否应当受到保护进行处理的案例不在少数。在"杨某书诉中国画报出版社、陈某、张某祥案"中〔2〕,杨某书多年来从事木板年画创作,其作品多次荣获国家级、省级比赛的奖项,曾被全国多家媒体报道,在民间艺术(木板年画)创作领域内享有较高的知名度。2006 年 1 月中国画报出版社出版了《杨家埠年画之旅》一书,作者以走访杨家埠的所见、所闻、所感为主线,对杨家埠年画进行了全面、系统的介绍。本书在若干章节介绍并对杨某书进行了评价,如杨某书既不会画,也不会刻板,他甚至不印画……好学、精明、敢作敢为等,随后作者的评价为,"在我看来,与其说杨某书是一位艺术大师,倒不如说他是一位社会活动家、一位年画组织者、一位年画策划人和经营人。以上这些因素兼备,他创造出了一个杨家埠年画的品牌,一个大师的神话"等。原告杨某书认为三被告侵害了其名誉权,而一审法院北京市海淀区人民法院认为三被告之行为未使用侮辱、诽谤性的语言,无法认定存在侵犯杨某书名誉权的故意,不会因为作者个人的感受使杨某书的社会评价降低,现杨某书认为张某祥所述内容侵犯其名誉权属于其个人的主观感受,故三被告未侵害杨某书的名誉权。二审法院同样认为三被告个人观点和见解不具有任何权威性,影响力也相当轻微,完全不足以对杨某书的名誉造成任何实质性影响,不能仅仅因为这种言论本身的存在而认定其构成侵犯名誉权。此案中,法院认为如果行为人的行为没有造成原告的社会评价降低,即使原告主观感受名誉降低,亦不构成侵害名誉权,即名誉感不在名誉权保护范围之内。

---

〔1〕 参见王利明、杨立新、姚辉:《人格权法》,法律出版社 1997 年版,第 115 页。

〔2〕 国家法官学院等:《中国审判案例要览 · 2008 年民事审判案例选》,中国人民大学出版社、人民法院出版社 2009 年版,第 134 – 139 页;北京市第一中级人民法院民事判决书,(2007)一中民终字第 8868 号。

在李某泰、郑某琴诉金华日报社、陈某[1]一案中,1996 年 10 月 15 日,原告李某泰、郑某琴以申请人名义向兰溪市公证处提出关于请求亲子验证的申请,将其子李某列为被申请人。1997 年 2 月 5 日,兰溪市公证处做出(97)浙兰证民字第 6 号亲属关系公证:"根据浙江省高级人民法院浙高法医物(1997)1 号法医技术鉴定书,兹证明申请人李某泰是关系人李某的父亲,申请人郑某琴是关系人李某的母亲。"《金华时报》记者陈某根据公证处提供的《司法信息》以及对李某泰的采访发表了《你是我们的亲生儿子!》一文。文中隐去了当事人的真实姓名,文中内容与公证申请报告、公证申请表、法医技术鉴定书、公证书及叶某平所作情况介绍,李某泰所作叙述的内容、情节基本相符。1997 年 3 月 25 日,李某泰向《金华日报》呈上《关于〈你是我们的亲生儿子!〉一文严重失实,公布隐私,严重侵害名誉权,要求速严肃处理的报告》,要求陈某公开认错、赔礼道歉并登报,赔偿精神损害费 8000 元。一审中,浙江省金华市婺城区人民法院认为,判断是否损害名誉只能以客观标准来衡量,即该行为对某公民的社会评价是否起到贬低的作用。而本案中没有证据证实原告的社会评价有被贬低的影响,原告的名誉并未受到损害。二审法院金华市中级人民法院进一步指出,该文中的当事人均使用化名,当事人的工作单位也已隐去。文章中没有恶意侮辱他人人格、诽谤、损害他人名誉的内容,故上诉人的名誉权没有受到侵害。该案作为隐私权与名誉权竞合的重要案例,法院认为第三人无法将文中所描述事项与原告联系在一起,原告认为的名誉侵权只是自身感受的精神痛苦,并不代表社会评价的降低,是不支持名誉权保护名誉感的又一案例。当时,隐私权并没有得到法律的规定而此案中被告是否侵害原告的隐私权实需商榷。在另外两个涉及人格尊严的案例"杨某诉北京天九伟业文化传媒有限公司案"[2]和"陈某诉徐州市新佳商业有限公司案"[3]中,法院指出,承担侵犯人格(尊严)权的民事责任必须同时具备具有侵犯人格尊严的损害事实、行为具有违法性、行为人主观上具有过错以及违法行为与损害事实之间存在因果关系四个要件,其中具有侵犯人格尊严的损

---

[1] 国家法官学院、中国人民大学法学院编:《中国审判案例要览·2000 年民事审判案例卷》,人民法院出版社、中国人民大学出版社 2002 年版,第 330 页;浙江省金华市中级人民法院民事判决书,(1999)金中民终字第 524 号。

[2] 国家法官学院、中国人民大学法学院编:《中国审判案例要览·2005 年民事审判案例卷》,人民法院出版社、中国人民大学出版社 2006 年版,第 386 页;北京市东城区人民法院民事判决书,(2004)东民初字第 3244 号。

[3] 最高人民法院中国应用法学研究所编:《人民法院案例选》2006 年第 1 辑(总第 55 辑),人民法院出版社 2006 年版,第 86－92 页。

害事实尤为重要,无损害即无责任。而人格尊严确实具有一定的主观因素,反映出民事主体对自身价值的认识,不同的民事主体基于地位、能力、年龄以及文化程度等方面的差异,主观上尊严感会有所不同,人格尊严是主客观评价的结合,其是否受到侵害不能仅以自我感觉作为评判标准,还应当有客观评价为依据。一方面表明人格尊严具有客观的考察标准,其取决于一定时期的社会上大多数人的价值判断,并会随着社会的进步不断发生变化;另一方面意味着人格尊严权不应被滥用,因为权利之间总会存在冲突,法律必须对过于膨胀的权利进行限制,以使包括人格权在内的个人权利与其所负有的社会责任协调一致,维护整个社会的基本秩序。

从以上实务案例可以看出,我国司法实践对于名誉感是否纳入名誉权保护存在一致的看法,且日趋成熟。法院大多认为对于名誉的侵害应当以客观的社会评价被降低为标准,而主观感受上的名誉情感的损害需证明其外在的名誉受到了影响方可以得到保护。另外,名誉感是否应该纳入人格尊严的范畴得到法律的保护,法院做出了肯定的回答,但是法院同时以名誉侵权的案件标准来处理该类型案件,认为有关人格尊严的案件中,受害人人格尊严是否受到侵害不能仅以自我感觉作为评判标准,还应有客观评价作为依据。此种见解在当前基本合理,但是,法院亦经常将人格价值的降低、侮辱诽谤言词的存在与名誉感侵害认定结合在一起,似乎名誉感与名誉的侵权认定混淆视之,用社会评价标准来代替人格尊严减损的客观标准,使得名誉感受保护的可能性大大降低。简言之,在实务上,即使法院认可人格尊严(名誉感包含其内)须受保护,但由于其客观损害难以认定,故名誉权侵权大行其道,而人格尊严侵权几乎不获认可。

二、名誉权概念的内涵与边界之厘清

(一)名誉权概念之内涵

在名誉概念逐渐清晰的基础之上,我国民法学术界对于名誉权概念的定义通说亦万变不离其宗。王利明教授指出,名誉权乃是自然人或法人所享有的就其本身属性和特点所表现出来的社会价值而获得社会公正评价的权利。[1] 杨立新教授认为,名誉权是指自然人或法人就其自身属性和价值所获得的社会评价,享有的保有和维护的具体人格权。其同时指出,名誉权的内容包含以下几项权利:名誉保有权、名誉利益支配权和名誉维护权。[2] 张新宝教授认为,名誉权

〔1〕 王利明主编:《人格权法新论》,吉林人民出版社1994年版,第409页。

〔2〕 参见杨立新:《人格权法》,法律出版社2011年版,第507页。

是由民事法律规定的民事主体所享有的获得和维持对其名誉进行客观公正评价的一种人格权。[1]

目前学术界对名誉权认识的角度和内容不尽相同,但毫无疑问的是,名誉权的客体为名誉,名誉权即为免除名誉所遭侵害之权利。结合上述对名誉的界定,把侵害名誉理解为“使他人的社会评价降低的一种行为”[2]较为合理,因而名誉权应指公民和法人对其应有的社会评价所享有的不受他人侵害之权利。

学术界对于名誉权的特点也多有论及,除却民事权利共同拥有的法定性、客体特定性之外,名誉权也有其独特的个性。第一,名誉权主体的专属性,亦即名誉权在我国民法上为自然人和法人所专有,且不可转让和继承。第二,名誉权具有非财产性。根据权利内容属性的不同,人格权可以分为财产性人格权和非财产性人格权,姓名、肖像等人格权有被商品化利用的可能性,而名誉、隐私等人格权无法直接体现财产利益,其主要反映的是一种人格尊严。然而,名誉权虽为非财产性权利,却也与财产相关联。这不仅表现为名誉权受损害之后主体会因补救损害而受到一定的经济损失,同时还可能导致自然人招聘、晋级、提薪等受到影响,导致法人社会信誉的降低、利润减少,均可使其财产受到损害。[3] 第三,名誉权具有绝对性,根据权利对世性的不同,民事权利可以基本划分为绝对权和相对权。名誉权属人格权之应有之义,人格权属于绝对权,因而名誉权亦属于绝对权。名誉权具有绝对性,即名誉权人可对抗除自己以外的一切人,他人都负有不得侵害名誉权人名誉的义务。第四,名誉权具有受限性,任何一种权利的行使都有一定的限度,尤其是当名誉权与言论自由、舆论监督、出版自由等宪法性权利及公共利益相冲突时,其应受到法律的一定限制。名誉权的受限性又称“可克减性”,“是指名誉权在一定条件下受到限制,这种限制往往来自国家的公权,也可来自与其存在冲突的其他权利或者自由,与生命健康等绝对性权利相比具有相当的弹性”[4]。名誉权的这一特性已在相当多的案例尤其是媒体监督与名

[1] 参见张新宝:《名誉权的法律保护》,中国政法大学出版社 1997 年版,第 29 页。
[2] [日]五十岚清:《人格权法》,[日]铃木贤、葛敏译,北京大学出版社 2009 年版,第 17 页。
[3] 参见杨立新:《人格权法》,法律出版社 2011 年版,第 509 页。
[4] 郭卫华:《新闻侵权热点问题研究》,人民法院出版社 2000 年版,第 41 页。

誉权冲突案例中得到印证。[1]

(二)名誉权边界之厘清

《民法典》第1024条第1款前半句仅宣示"民事主体享有名誉权",未对名誉权之确切内涵做出规定。名誉权的外延自原《民法通则》颁布后的一段时间内并不确定,甚至有过度膨胀的倾向,此点在前文已经指出。在论述名誉权保护体系之前,本书认为实有必要厘清名誉权之边界,明晰名誉权与荣誉权、隐私权相互之关系,竞合之处理方法,以及名誉权与相关权利之权衡机理,此乃构建名誉侵权保护体系之基础,也乃其归宿所在。

1. 名誉权与荣誉权

按照现行法的规定,名誉权与荣誉权同为人身权的权利类型,但是学术界在荣誉权作为民法基本权利的正当性、荣誉权的定位以及荣誉权与名誉权的关系上仍然存在很大的分歧,这足见两者关系的紧密性和复杂性。

荣誉权在我国《民法典》第1031条已有明确规定:"民事主体享有荣誉权。任何组织或者个人不得非法剥夺他人的荣誉称号,不得诋毁、贬损他人的荣誉。"该条原身为《民法通则》第102条。以后者为基础,学术界对于荣誉及荣誉权进行了不同的界定,大体可以分为两种:一种为积极评价说,如"荣誉是特定人从特定组织获得的专门性和定性化的积极评价"[2],荣誉为"特定民事主体在社会生产、社会活动中有突出表现或突出贡献,政府、单位团体或其他组织所给予的积极的正式评价"[3]等。另一种为奖励说或光荣称号说,如"荣誉就是公民或者法人光荣的名誉,它的表现形式是获得嘉奖或者是光荣称号等"[4],"公民的荣誉是公民在学习、生产、工作或战斗中表现突出、成绩卓著、立有功勋而获得的光荣称号"[5]等。前者侧重的是对荣誉的本质分析,后者则侧重荣誉的外

---

[1] 此类案例的典型代表有"上海广客隆商品批发集散中心与长宁时报社名誉权纠纷案",最高人民法院中国应用法学研究所编:《人民法院案例选》(民事卷1992-1999年合订本),中国法制出版社2000年版,第856页;"刘兰祖诉山西日报社、山西省委支部建设杂志社侵害名誉权案",最高人民法院民事审判庭编:《民事审判指导与参考》(第2卷),法律出版社2000年版,第76页;"湖北省造纸公司与湖北法制报社、李汉江名誉权纠纷案",最高人民法院中国应用法学研究所编:《人民法院案例选》(民事卷1992-1999年合订本),中国法制出版社2000年版,第775页。这三个案例都以舆论监督的正当性和合法性而未认定媒体侵权。

[2] 张俊浩主编:《民法学原理》,中国政法大学出版社1991年版,第155页。

[3] 杨立新:《人身权法论》(修订版),人民法院出版社2002年版,第876页。

[4] 王利明主编:《新闻侵权法律辞典》,吉林人民出版社1994年版,第133页。

[5] 李由义主编:《民法学》,北京大学出版社1988年版,第571页。

在表现形式——荣誉称号等。[1] 综合观之,荣誉应是外在表现为公民、法人所获得的荣誉称号等,实际上是公民、法人被有关机关、机构所认定的积极评价。相应地,荣誉权则为公民、法人所享有的不为他人非法剥夺荣誉称号的权利。此种界定既综合了学术界的不同观点,亦与法律的规定相契合,同时也体现了荣誉权的特殊性。

对于荣誉权的性质即荣誉权在民法中的定位问题,现行法并未直接明确规定,学术界目前也存在较大争议。现行法上涉及荣誉权的法条主要有《民法典》第110条、第1031条,《精神损害赔偿解释》(2020年)第1条、第3条等。从法条的规定来看,《民法典》第110条位于"民事权利"章中,立法者将荣誉权置于名誉权与肖像权这两大人格权的中间似乎想表明荣誉权亦属于人格权之一种,而《民法典》第1031条位于"人格权编",表明立法上将明确荣誉权为人格权之一种。

但学术界对荣誉权是否为一种独立的民事权利存在不同的声音。主流观点为肯定说,其认为荣誉权为人身权之一种确属无疑,但究竟为何种人身权又分为三种意见:第一种为人格权说,代表人物如张俊浩教授,认为荣誉权与人的尊严密切相关,应划归于尊严型精神人格权。[2] 第二种为身份权说,代表人物如王利明教授,认为荣誉不是社会给予每个公民或法人的评价,而是在各项活动中授予成绩卓越有特殊贡献的公民或法人的,因而荣誉权并非每个公民或法人都享有的。尤其是荣誉权的取得有赖于主体实施一定的行为,做出一定的成绩,可见他不是公民生来或法人成立后就依法享有的。因此荣誉权不是人格权而是身份权。[3] 第三种为双重属性说,其认为荣誉权是兼有身份权和人格权两种属性的权利,其中身份权是其基本性质,只是在某种意义上反映社会对某一民事主体的评价,具有人格方面的因素。[4]

与之相对,不少学者开始检讨肯定说的论点,[5] 质疑荣誉权的民事权利属

---

〔1〕 参见杨立新:《人身权法论》(修订版),人民法院出版社2002年版,第875页。

〔2〕 参见张俊浩主编:《民法学原理》(修订第3版),中国政法大学出版社2000年版,第152－154页。

〔3〕 参见王利明主编:《人格权新论》,吉林人民出版社1994年版,第11页。

〔4〕 参见马原主编:《中国民法教程》,人民法院出版社1989年版,第497页。

〔5〕 参见唐启光:《荣誉权质疑》,载《华东政法学院学报》2004年第2期;王明革:《试论荣誉权在民法中的地位》,载《华北水利水电学院学报(社科版)》2008年第3期;姚明斌:《褪去民法权利的外衣——"荣誉权"三思》,载《中国政法大学学报》2009年第6期;鲜晓、宁定一:《名誉权性质初探》,载《新余高专学报》2009年第1期。

性,提出否定说。如"荣誉并非人人都可能享有,也并非人人都必须具有,它是一种并不具有普遍意义的特殊人格或精神利益,因此不应以具有普遍意义的民事权利形式加以确认和保护",且"比较法研究的结果显示,大多数国家或地区的民法典均不将荣誉或荣誉权列为独立于名誉权的民事权利"[1]。本书基本赞同此种观点,荣誉权与名誉权虽然具有紧密的联系,且多数情形下荣誉权的评定标准会与名誉权的评定标准重合或被其包容。但在当今社会,基于社会分工专业化而授予荣誉称号或奖励的情形亦不在少数,因而两者评定的标准并不完全重合。综上所述,荣誉权与名誉权虽然具有紧密的联系,但仍应对两者加以合理的区分。

2. 名誉权与隐私权

我国原《民法通则》没有将隐私权作为一项独立的具体人格权予以规定,早期实务多以名誉权来保护隐私权。最高人民法院在制定《民通意见》时,根据保护自然人隐私权的急迫需要,采纳学者的主张,采取了变通方法,对侵害他人隐私权造成名誉权损害的,认定侵害名誉权追究民事责任。1993 年 8 月 7 日公布的《名誉权解答》(已失效)第 7 条第 3 款明确规定:"对未经他人同意,擅自公布他人的隐私材料或以书面、口头形式宣扬他人隐私,致他人名誉受到损害的,按照侵害他人名誉权处理。"[2]另外,《精神损害赔偿解释》(2001 年)第 1 条第 2 款规定:"违反社会公共利益、社会公德侵害他人隐私或其他人格利益,受害人以侵权为由向人民法院起诉请求赔偿精神损害的,人民法院应当依法予以受理。"在这期间,我国民法一直未将隐私权认为是一种具体人格权,只是作为一种"具体人格利益"予以保护。直至 2009 年《侵权责任法》正式确认隐私权,隐私权的具体人格权地位才在我国民法中予以正式确立。《民法典》第 1024 条与第 1032 条分别对名誉权和隐私权作出正面规定,明确区分了二者。

然而,我国长期以来将隐私权纳入名誉权侵权体系予以保护,使两者的界限模糊不清。实质上,名誉权与隐私权之法理、侵权构成等侧重点各不相同,联系与冲突并存。在隐私权独立出来之后,名誉权逐渐还原了其本来的模样,但实有必要从法理和实务经验上探讨两者之密切联系与冲突之体现与协调,使二者规范体系更加明晰。

(1)名誉权与隐私权法理之比较分析

就侵害后果而言,侵害名誉权一方面必然造成受害人人格的贬损、名誉的降

---

〔1〕 张新宝:《名誉权的法律保护》,中国政法大学出版社 1997 年版,第 44 页。

〔2〕 杨立新:《人格权法》,法律出版社 2011 年版,第 595 页。

低,降低权利人的社会评价,给权利人带来不良社会影响,使受害人丧失应有的合法权益,此种利益也可能包含附带性的财产损失;另一方面会给受害人造成精神上的痛苦和心理上的伤害。侵犯隐私权的主要后果主要表现在以下方面:第一,导致受害人精神痛苦,造成精神损害,甚至可能导致精神或其他方面的疾病。第二,有的侵犯隐私权行为还会给权利人带来人身和财产安全的侵害。第三,有的侵犯隐私权行为在给权利人带来精神痛苦的同时,也会给权利人造成不良社会影响,降低社会对其的评价,这就造成侵权竞合,即构成隐私侵权的同时构成名誉侵权,需要强调的是这不是侵害隐私权的损害结果,而是侵害名誉权的损害结果。而名誉权与隐私权侵权竞合的问题乃是法院裁判的难点。此为厘清名誉权和隐私权边界的重要内容,也是问题的关键。

(2)名誉权与隐私权之冲突与协调——以名誉权与隐私权竞合之处理为线索

在原《侵权责任法》确认隐私权独立地位之前,隐私权案件均以侵害名誉权案件的形式加以处理。在审判实践中,由于对于隐私的法律保护长期采用间接保护方式,法院审理中将之归为名誉权案件,并以当事人名誉受到损害为侵权构成要件,久而久之造成人们在关于隐私权与名誉权法理观念上的混淆,认为当事人侵害隐私,只有致使相对方当事人名誉受损、社会评价降低的才构成侵权,否则不能追究当事人的民事侵权责任。如上文提到的“李某泰案”中,由于新闻媒体采用当事人的化名,且报道的内容没有贬低当事人的名誉,不会降低受害人的社会评价。法院认为,对当事人均使用化名,当事人的工作单位也已隐去,表明被告已注意努力保护当事人的隐私权。本案法官混淆了隐私权和名誉权侵权的判断标准,认为侵害隐私的行为须为行为人将受害人的隐私公布并为第三人知晓,侵害名誉权固然需要第三人知晓侵害名誉的行为事实,但是侵害隐私权的行为包含着公开和不公开的方式,对于私生活秘密以及私人信息的刺探亦可以侵害受害人的隐私权。因此,“李某泰案”的裁判结果在原《侵权责任法》确立隐私权后实值得商榷。在名誉权与隐私权竞合的案件中,往往是受害人的隐私权受到了侵犯,从而引发名誉权受损的后果。如在“甘某寿诉乌鲁木齐都市消费晨报社、新疆经济晨报社、尹某钟案”[1]中,法院认为以书面、口头形式宣扬他人隐私,或者捏造事实公然丑化他人人格,以及用侮辱、诽谤等方式损害他人名誉,造成一定影响的,应当认定为侵害公民名誉权的行为。上诉人都市消费晨报社在

---

〔1〕 最高人民法院中国应用法学研究所编:《人民法院案例选》2007年第3辑(总第61辑),人民法院出版社2008年版,第131－137页。

都市晨报上刊登《七台警方 QQ“钓”杀人嫌犯》的报道,在没有征得被上诉人同意的情况下,擅自披露了被上诉人甘某寿的女儿即被害人的真实姓名、年龄及与他人同居、有两性关系等情况,侵犯了被上诉人甘某寿女儿的隐私权。该案虽是在原《侵权责任法》颁布之前裁判,但法官已经开始承认隐私权,指出公民的隐私权是指公民享有的不愿公开个人生活秘密和个人生活自由的权利,并对隐私侵权做出了认定。同类型的案例还有“侯某义诉新疆都市消费晨报社案”[1],在该案中法院指出,都市报社刊登的《牛皮癣缠了我30年》一文,虽使用化名侯某,但报道中有关侯某的病史、住址、治疗情况等内容与侯某义的情况相同,足以使熟知侯某义的人认定报道中的侯某即侯某义本人,故都市消费晨报社提出其使用的是化名、一般读者无法确定人物的真实身份的上诉理由不能成立,法院不予支持。侯某义患病多年,其身心痛苦及压力是显而易见的,而都市消费晨报社在刊登文章前未经侯某义本人同意,擅自将其患病隐私公之于众,更加深了其精神痛苦和精神压力,都市消费晨报社该篇文章与侯某义采取过激错误行为存在一定因果关系。都市报社未对报道中的内容进行审查核实,文章中部分失实之处极易引起与侯某义熟悉的人的误解,从而降低侯某义在公众中的社会评价。综上所述,都市消费晨报社侵害侯某义名誉权的事实存在,应当承担该案的侵权民事责任。

在行为人的侵权行为同时侵害了受害人的名誉权和隐私权时,侵权要件上会存在交叉,但并不影响各自侵权成立的认定。对他人名誉的侵害势必会造成人格的贬损、名誉的降低,而对他人隐私的侵害则未必有此后果,甚至有时会提高他人的声誉。例如,某夫妇自幼收养了一个父母双亡的孤儿,为了孩子的心灵不受创伤,他们一直对其隐瞒这一事实。一位知情者违背他们的意愿把这件事向社会披露,这显然是侵犯了这对夫妇的隐私,但他们的名誉并不会因此受损,反而可能会得到社会广泛赞扬。因此,在认定名誉和隐私侵权行为时应以各自的构成要件作为衡量基准,并对各自构成要件有清楚的认识,即使二者存在交叉,也可明显地做出是侵害名誉权还是侵害隐私权,抑或同时侵害二者的认定。

3. 名誉权与舆论监督权——名誉权与言论自由冲突之协调

近年来,新闻报道特别是舆论监督侵权的高发生率让新闻界和法律界人士

---

[1] 最高人民法院中国应用法学研究所编:《人民法院案例选》2007年第1辑(总第59辑),人民法院出版社2007年版,第151-157页。

格外关注。据统计,在我国的新闻官司中,70% 以上是侵害名誉权案件。[1] 1992 年最高人民法院报告指出:“人民法院审理名誉权案件,严格区分侵害名誉权与正当的舆论监督的界限,既保护当事人的权利,又支持正当的舆论监督。”[2] 然而什么是正当的舆论监督?什么是不正当的舆论监督?正当与不正当的界限何在?相关的学理探讨和司法实践也逐渐丰富、成熟,并确立了一些诸如“司法应该向舆论监督倾斜”等重要理念。[3] 但是,这些理念往往是在对已经存在的新闻舆论监督侵害名誉权的行为事实进行探讨之后形成的,至于如何正本清源,把新闻舆论监督作为本体,解析其与名誉权的冲突根源,深入探究解决舆论监督与名誉权冲突的方法将是避免和处理新闻报道侵害名誉案件的理论基础。

(1)舆论监督权概述——以言论自由为中心。舆论监督最早源自西方的新闻自由理论。英国政治家密尔顿在 1644 年发表的《论出版自由》一书中指出,唯有保障包括出版权利、报道权利等在内的言论及出版自由,才能使真理战胜邪说。[4] 舆论监督有广义和狭义两种理解,广义而言,舆论监督是对社会一切不良现象的监督;按照狭义的理解,舆论监督是对国家机关及其工作人员滥用权力等不正当行为的监督。本书采广义解释,认为舆论监督乃是利用传播媒介发表各种意见和言论,对社会的政治和文化生活进行批评、实行监督的权利。[5] 舆论监督可能引发公民与媒体的言论自由权与公民、法人的名誉权的冲突。从本质上来说,舆论监督与名誉权的冲突乃是言论自由与名誉权这一民事权利的冲突。

戴维·凯瑞斯在《美国言论自由的历史与现实》演讲中指出:“我认为之所以如此并非由于法律规定了这些规则或结果,而是由于人们对这些问题使用的规则或其审理结果不存在争议。所以,即使某种结果看起来似乎是法律所规定的,实际上仍然是一个价值判断,只不过人们已接受了这种判断而不再怀疑罢了。”[6] 在此处,戴维·凯瑞斯认为一些权利之间存在冲突,言论自由和名誉权

---

〔1〕 参见司成秀:《新闻舆论监督如何避免名誉侵权》,载《青海师范大学学报(哲学社会科学版)》2008 年第 2 期。

〔2〕 《最高人民法院公报》1992 年第 2 期(总第 30 期)。

〔3〕 参见黄明涛:《宪法上舆论监督权对名誉权侵权责任的规范影响——基于近期司法实践的考察》,载《浙江学刊》2019 年第 2 期。

〔4〕 参见[英]密尔顿:《论出版自由》,吴之椿译,商务印书馆 1958 年版,第 48 - 52 页。

〔5〕 参见王利明、杨立新主编:《人格权与新闻侵权》,中国方正出版社 2000 年版,第 2 页。

〔6〕 [美]戴维·凯瑞斯:《美国言论自由的历史与现实》,载《清华法学》2002 年第 1 期。

便是这么一对存在冲突的权利。两者产生和发展的时代和背景迥异,但不可避免地在特定的历史时期交汇在一起而互起冲突。如何界定两者的关系和位阶,调和两者的矛盾成了民主社会的主题之一。

在现代民主社会,言论自由常是名誉权案件的抗辩事由之一。现实处理的矛盾在于是直接以价值衡量来决定保护言论自由抑或偏向于名誉权的完整保护,还是从技术规则层面上将言论自由价值细化为名誉权侵权的豁免或抗辩规则之一。这也造成了现实裁判过程中,虽然司法裁判结果存在很大程度上的一致性,但是裁判书意见却大相径庭。

首先,我们需要澄清的是名誉权与舆论监督、言论自由位阶之争。我国《宪法》第35条规定:"中华人民共和国公民有言论、出版、集会、结社、游行、示威的自由。"同时在第41条规定了公民对于国家机关及其工作人员的批评监督权,第47条规定:"中华人民共和国公民有进行科学研究、文学艺术创作和其他文化活动的自由。国家对于从事教育、科学、技术、文学、艺术和其他文化事业的公民的有益于人民的创造性工作,给以鼓励和帮助。"相应地,我国《宪法》第38条规定:"中华人民共和国公民的人格尊严不受侵犯。禁止用任何方法对公民进行侮辱、诽谤和诬告陷害。"在此,《宪法》虽确认了应该尊重人格尊严及自由,但并没有明确规定名誉权的相关内容。据此,在我国一些学者看来,言论自由相对于名誉权应具有逻辑上的优先性。[1]支持这一观点的理由包括言论自由属于宪法性权利,自然优先于名誉权这一民事权利。但是有观点认为,言论自由与其他权利冲突时,对言论自由的保障并不是绝对的。这是一种言论自由相对保障观,认为公民在行使言论自由时不得侵犯他人的合法权益,否则构成侵权。这种观点在我国学界占主流地位,同时也得到司法实践的支持。我国《宪法》第51条规定:"中华人民共和国公民在行使自由和权利的时候,不得损害国家的、社会的、集体的利益和其他公民的合法的自由和权利。"从这个意义上讲,言论自由相对保障的观点是有宪法依据的。

但是,即使我们承认言论自由和名誉权是同一位阶的基本权利,亦并不妨碍我们在具体案件中对二者进行价值衡量。根本的问题在于言论自由这一宪法性权利难以直接作为裁判的依据,纯粹讨论二者的位阶高低对于问题的解决无济于事。在未穷尽现有民事规范资源之前,将名誉权纠纷提升到基本权利的层面进行法益衡量实质上是本末倒置。从某种意义上来说,价值衡量或权利配置是

---

〔1〕 参见苏力:《〈秋菊打官司〉案、邱氏鼠药案和言论自由》,载《法学研究》1996年第3期。

立法过程中应该充分考虑的问题,现实的司法裁判是对相关衡量和配置的具体践行而已。这就提醒我们在解决名誉权纠纷时应立足于现有的规则,进行法律范围内的司法创造,所谓的自由裁量也应保持在合法合理的范围之内,而不是笼统地将权利一分高低从而"一统江山"。

其次,需合理设计舆论监督所包含的言论自由价值细化为名誉侵权的抗辩(豁免)事由的路径。在现实案例中,法官是在充分分析名誉侵权四要件的基础上,结合"社会公众""舆论监督"等豁免事由来综合做出最后的裁判结论,这也是司法实践的常态,比较符合我国的民情和伦理。考虑到国内媒体的特殊性,在名誉权问题上,我们不再是去考虑如何实现言论自由与名誉权之间的平衡,而是从完善名誉侵权的基本要件入手,也就是说,从非常技术性的角度入手,尝试建立一个相对比较完整的名誉侵权体系。[1] 这便牵涉如何准确理解与适用《民法典》第 1024 条至第 1028 条。如果我们能够清楚理解名誉侵权的规则,至少可以在一定程度上约束司法的恣意,缓解现行名誉权制度设计所带来的"胜者通吃"("一统江山")的局面。

(2)名誉权与言论自由协调之道。对于二者的冲突,学术界多有分歧,就整体而言,都在不同程度上认同了价值衡量的可取之处。主张价值衡量的学者以公法学者居多,多数民法学者分析的立足点在于完善名誉侵权的要件和规则,主张穷尽现有的民事法律资源,同时避免在解决现实名誉权纠纷时价值衡量的滥用。

第一,权利冲突抑或权利均衡。在名誉权和言论自由的冲突中,苏力教授认为言论自由具有初始权利的地位,也就是说,表意者只要不是有意或者恶意利用这种言论伤害他人或有重要过失并从中获利时,即使他们的权利行使伤害了他人的某些利益,也应当受到宪法的保护。[2] 在这里,苏力代表了公法学者分析社会问题的一个宏观视角,从权利冲突的高度来探讨名誉权和言论自由二者的位阶问题。但正如上文所言,纯粹的位阶高低评判对于实际纠纷的解决往往没有多大的益处。不能简单地依靠价值的统一处理类似的问题,现实裁判结果的差别便是明证。言论自由在很大程度上是伴随民主政治而产生的,在与民主政治息息相关的领域发生名誉权和言论自由的冲突,对于言论自由采取最小限度的限制成为公认的理念。而两者发生在市民社会中的冲突则可以依据具体法律规则加以解决,此时两者就是"同等重要"的权利了。

---

〔1〕 参见汪庆华:《名誉权、言论自由和宪法抗辩》,载《政法论坛》2008 年第 1 期。

〔2〕 参见苏力:《〈秋菊打官司〉案、邱氏鼠药案和言论自由》,载《法学研究》1996 年第 3 期。

与苏力教授相对,关今华教授认为两个权利之间可以找到一个互不侵犯的界限。在案件处理中,对两种权利的冲突应运用权利制约机制进行权利均衡,并侧重对弱者的保护,不宜多用权利制约的手段解决纠纷。[1] 权利均衡的重要性还在于它能够限制行使言论自由权时所产生的极端化现象。具体地说,人们在行使言论自由时,不得侵犯他人的名誉权、肖像权等人身权。目前,我国司法制度改革不能抛弃"以事实为根据,以法律为准绳"的基本原则,不能对以言论自由优先权作为处理案件的原则加以倡导,个别依权利位阶裁判的案例不具有正确的示范作用。法院在处理个案时应认真注意适用宪法,站在更新更高的角度,同时兼顾事实和法律,运用权利均衡的方法解决不同权利产生冲突的问题,不宜多用权利制约的手段解决纠纷。[2]

通过以上辩争我们可以看出,权利冲突高度的探讨,与其说是在突出解决之道,不如说是从不同的角度做出价值衡量,并没有很好地体现到现实的裁判规则之中,我国的司法实践或许是更贴近现实的做法。硬性规定表达自由优位、讲求私法的概括性条款的弹性适用以及制度化配置的建议等,无异于引入更高标准的规范。一言以蔽之,理论界关注的是司法机关如何才能实现在宪法层面上"守经"。至此,我们应当明确,无论如何都不应该怀疑强调宪法价值的意义,只不过面对此类问题时,研究者应该将权利主张置于特定的权力结构中,从技术价值以及制度等角度进行综合分析,才不至于使价值思考流于无法落实的空谈。[3]

第二,要件完善之可能性与途径。我国当前实务更倾向于立足于现有的民事侵权规范,综合考虑案件的各种因素,结合名誉侵权四要件,通过逻辑论证来得出案件最后的裁判结果。在这里,民事侵权纠纷所适用的抗辩与豁免事由得到了现实的应用。应该说这有利于名誉权纠纷的解决,我们所要做的是结合现实的案例裁判经验,通过分析现有规定的不足,提出合理的解决方案,以推动名誉侵权规范的完善,尤其是名誉侵权构成要件的完善。

作为基于过错责任的侵权行为,名誉权侵权以过错为要件。通说认为,过错的判断应采主客观判断标准相结合的方式。名誉侵权通常将过错区分为故意与

---

〔1〕 参见关今华:《权利冲突的制约、均衡和言论自由优先配置质疑——也论〈《秋菊打官司》案、邱氏鼠药案和言论自由〉》,载《法学研究》2000 年第 3 期。

〔2〕 参见关今华:《权利冲突的制约、均衡和言论自由优先配置质疑——也论〈《秋菊打官司案、邱氏鼠药案和言论自由〉》,载《法学研究》2000 年第 3 期。

〔3〕 参见熊静波:《利益衡量抑或要件思考——名誉权与表达自由冲突的解决之道》,载《华东政法大学学报》2011 年第 6 期。

过失，分别加重各自的程度要求。主观恶意被当作认定侵权成立的要素之一。被告如果能够预见侵害行为会给原告的名誉造成损害，却放任了损害后果的发生，则认定有过错。我国有的学者指出："对于新闻侵权行为人重大过失与轻微过失的区分也有一定意义。首先，在主观上有重大过失可令其承担较重的侵权责任，督促其今后更加谨慎地尽到对他人的注意义务……其次，在报道涉及公务人员和公共利益有重大关系的事件时，行为人主观上只存在重大过失或者故意才承担民事责任，以保护公民的民主权利和舆论监督的正常进行。"〔1〕在司法裁判过程中，如何认定故意和过失并不是一件简单的事，往往要结合案件的各种因素，并以其他要件为佐证，才能得出相对可靠的意见。

就抗辩而言，我国在《民法典》出台前对名誉侵权抗辩事由并没有做出明确而详细的说明。为了弥补这一法律漏洞，最高人民法院在1998年的《名誉权解释》中首次确立了两种名誉侵权责任的抗辩事由制度，即相对免责特权的抗辩制度和公正评论的抗辩制度。〔2〕补充不仅简单，而且没有对其他抗辩事由做出规定。《民法典》第1025条、第1026条规定了"新闻报道、舆论监督"的名誉侵权免责以及除外情况，第1027条第2款规定了不以特定人为描述对象的文艺作品名誉侵权免责。抛开一般民事侵权行为都有的抗辩理由不谈，比如正当防卫、紧急避险、自助、受害人同意、风险自负、共同过错、协议免责和诉讼时效届满等，名誉侵权还有其特有的抗辩事由，其中，事实真实的抗辩及公益性言论抗辩尤为重要。真实性抗辩在下文将作详述。就公益性言论抗辩而言，一种是绝对豁免，政府官员在履行政府职责时的言论或陈述，比如司法程序中检察官的陈述或者立法程序中议员们的辩论均是无须承担法律责任的。另一种是相对豁免，它需要具备一定的条件：第一，必须有充分的对社会有效的理由来披露，比如说推荐工作、信用报告及警察调查；第二，相关信息必须和该社会有效的理由具有关联性，被诉侵害名誉权的言论必须符合其披露是为了实现该社会有效的目的；第三，被告必须出于善意，也就是说，他合理地相信他所说的是确切的。〔3〕对于出于社会公共利益而发表的言论做出一定程度的豁免是广泛承认的做法。〔4〕

在真实性抗辩方面，《名誉权解答》(已失效)第8条提出了基本真实、基本

---

〔1〕王利明、杨立新主编：《人格权与新闻侵权》，中国方正出版社1995年版，第590页。

〔2〕参见张民安主编：《名誉侵权的抗辩事由：事实真实、公平评论、绝对或相对免责特权等对行为人名誉侵权责任的免除》，中山大学出版社2011年版，第14页。

〔3〕参见汪庆华：《名誉权、言论自由和宪法抗辩》，载《政法论坛》2008年第1期。

〔4〕司法实务中对"公益性言论"的认定所存在的问题，详细分析参见陈阳：《网络名誉权纠纷中"公益性言论"的司法认定》，载《河南大学学报(社会科学版)》2019年第5期。

属实、基本内容的区分标准,肯认真实抗辩事由,但现实生活中如何具体区分这三种情况仍旧需要进一步的思考。在司法裁判过程中,认定真实与否往往要结合"侮辱、诽谤"等情况,很少能单独做出判断。所谓真实性标准只是针对事实陈述的判断标准,而对于意见表达是否侵害名誉则是一个更加主观的判断。再者,基本属实成立抗辩事由需以无"侮辱他人人格的内容"为前提,"侮辱"标准本就是一个带有道德评价的词语,究竟何为侮辱实难判断。

此外,针对事实陈述和意见表达,许多学者在主张追究侵害人责任和防范名誉侵权时都提出了合理查证、陈述义务。但是这一义务的运用学术界颇有异议。合理查证、陈述义务是否会导致言论自由的事前限制,从而削弱舆论监督的效力一直是一个值得担心的问题。出版物的事前限制源自英国历史上一项令人印象深刻的制度:出版许可制(the practice of licensing the press),这一制度曾严重阻碍了英国的言论自由。[1] 而且,言论的事前限制常使出版物成为官方的喉舌,成为政府的附属物,而不是民主政治的重要组成部分。当然,日常报道和出版物也应当符合最起码的真实性要求。本书认为,合理查证、陈述义务应当区分公益性言论和非公益性言论,前者只需承担最低限度的义务,后者应适当提高。毕竟在现代社会,特别是中国,个人对于名誉的重视程度有着其特殊的伦理背景。将个人的私生活曝光于大众眼皮底下并非己愿,个人和媒体等在发表非公益性言论时应当时刻注意合理查证、陈述的义务,满足真实性和公正评论的要求。

综上所述,真实性抗辩适用应遵循以下方式:首先,诽谤和侮辱应区分开来。对于擅自披露或宣扬他人隐私或生理心理疾病的,应绳之以侵犯隐私权的责任,而不应统统以侵犯名誉权论处。其次,对于涉嫌诽谤的言论,真实性可以作为言论发表人的第一道防线。若真实性不保,则应先区分被报道人的身份。若属公众人物或准公众人物,则言者仅在具有实际恶意的情况下才应承担责任;若属一般性的私人,则言者对其所发表言论的真实性应满足一般理性人的注意标准,否则即应承担过失责任。最后,在必要时可进行个案法益衡量。通常比较的对象包括:"一方面是有关事件对公众的意义、咨询利益的重大性及其强度,另一方面则是受影响人格法益的类型(私人范围或工商活动)及其严重性(扭曲及诋毁式报道),造成侵害的手段与其追求的目的间应维持适当的关系。"[2] 只有在认真遵循上述方式对个案的法律关系和利益冲突进行仔细辨识、梳理和衡量,才能

---

[1] 参见宋献慧:《版权保护与表达自由》,知识产权出版社 2011 年版,第 137 - 139 页。

[2] [德]卡尔·拉伦茨:《法学方法论》,陈爱娥译,商务印书馆 2003 年版,第 283 页。

够在充分保障言论自由的基础上达到言论自由与名誉保护二者之间的动态平衡。

第四节　名誉权侵权责任认定与损害赔偿

一、责任构成

侵害名誉权的民事侵权行为是一种基于过错责任原则认定的一般责任侵权行为。依据《民法典》第995条、第998条以及第1024条的规定,未就名誉侵权之构成要件进行明确规定。而《名誉权解答》(已失效)第7条第1款规定了“行为违法性”要件,应当如何理解其在名誉侵权中的定位,成为应当回答的问题。违法性要件在名誉权的认定中,没有起到特殊作用;名誉权与其他具体人格权在受侵害方面,没有体现出实质差别。《民法典》不是现有法条的单纯罗列,而是体系化的有机整合。因此,必须处理法典内部的不协调部分。没有必要将其作为特例保留单独的违法性要件。名誉权侵权构成采四要件说为宜,即构成名誉侵权必须具备侵权行为人侵害他人名誉权的行为、受害人名誉受到损害的事实、侵害名誉权的行为与名誉受到损害的后果之间存在因果关系以及侵权行为人具有主观过错四个要件。

(一)侵害名誉权的行为

1. 作为与不作为

以作为的方式侵害他人名誉构成名誉侵权自无异议,但是,不作为能否构成名誉侵权一直存在争论。否认说认为,任何不作为行为都不可能构成对他人名誉或名誉权的侵害。张新宝教授就认为,在侵权行为法领域,绝大多数的加害行为都是积极的作为行为,就侵害名誉权的行为而言,则全都是积极的作为行为。只有行为人做出了某种积极的行为(如侮辱、诽谤)才可能构成侵害名誉权。这是由名誉权的性质所决定的。名誉权作为人格权之一种,人格权作为绝对权或者对世权,其实现并不需要他人的帮助,任何其他人只要履行自己不作为的义务(不做出积极的行为侵害他人的名誉)即可。因此,侵害名誉权的行为必须是积极的作为行为。[1] 此外,因果关系的难以认定也是采否认说的原因之一。肯定说认为,侵害名誉权的行为不仅可以作为方式为之,亦可因不作为而成立侵权。

---

〔1〕 参见张新宝:《名誉权的法律保护》,中国政法大学出版社1997年版,第116页。

杨立新教授就指出,侵害名誉权的基本行为方式是作为方式,这是因为名誉权是绝对权,任何人都负有不得侵犯的不作为义务。行为人违反这种不作为义务,就构成了作为的侵权行为,例如,诽谤、侮辱以及其他侵害名誉权的行为都是以作为的行为方式进行的。但是,在特殊的情况下,法律赋予了具有特殊身份的人(包括自然人和法人)保护他人名誉权的义务。在这种情况下,行为人未尽积极义务,应当采取积极措施防止侵害他人名誉权而未为之,这种不作为行为也构成侵害名誉权的违法行为。[1]

本书赞同不作为行为也可以侵害名誉权的说法。绝对权具有对世性,其所面对的不特定的民事主体负有不得侵害的消极义务,亦即可以要求一般人不为一定行为的权利。绝对权人享有对于作为权利客体的事物直接支配并享受其利益的权利,而对应的不特定的民事主体则负有不得干涉或妨碍绝对权人行使绝对权的消极义务,这就是典型的绝对权法律关系中的权利义务模型。然而在特殊情形下,行为人基于其特殊身份或者一定的行为而负有积极维护绝对权的义务,若未尽到积极义务,则可能侵害民事主体的绝对权。此种情形下,不作为与作为都侵害了一定的权利义务关系,是一定损害结果发生的原因。那么,在哪些情况下可能存在以不作为方式侵害他人的名誉权呢?在名誉权理论中,一般认为名誉权的内容包含以下几项权利:名誉保有权、名誉维护权以及名誉利益支配权。[2] 从名誉权的权能可以看出,不特定的第三人对于享有名誉权的主体并不负有法定的作为义务,以保持或增进该主体的名誉,保护民事主体名誉权的作为义务只可能发生于行为人因先行行为或是存在特殊身份、特殊关系的情形之中。行为人基于先行行为而产生作为的义务,违反该作为义务而不作为,构成不作为的侵害名誉权行为,多发生于新闻以及文学侵权领域。

最高人民法院最先在《关于朱秀琴等诉〈青春〉编辑部名誉权纠纷案的复函》(〔1992〕民他字第1号)中指出:《青春》编辑部在发表侵权小说以后,“不采取措施为原告消除影响,致使该小说继续流传于社会,扩大了不良影响,侵害了原告的名誉权”。这是我国司法解释最早的关于确认不作为方式侵害名誉权的侵权行为的法律依据。[3] 随后,《名誉权解答》(已失效)规定:“编辑出版单位在作品已被认定为侵害他人名誉权或被告知明显属于侵害他人名誉权后,应刊登声明消除影响或采取其他补救措施;拒不刊登声明、不采取其他补救措施或继

〔1〕 参见杨立新:《人格权法》,法律出版社2011年版,第514页。
〔2〕 参见杨立新主编:《中国人格权法立法报告》,知识产权出版社2005年版,第387页。
〔3〕 参见杨立新:《人格权法》,法律出版社2011年版,第514页。

续刊登、出版侵权作品的,应认定为侵权。”在黄某冠、黄某信诉广西法制报社、范某忠名誉侵权案(2000)〔1〕中,被告范宝忠依据检察机关制定的文书起草了《法官黄某冠、黄某信徇私舞弊被逮捕》一文,发表于《广西法制日报》。后经审判,二被告被法院宣判无罪,但对二被告并未进行后续报道和更正报道。原告故诉请赔礼道歉、消除影响、赔偿损失,此案经最高人民法院复函后支持原告诉求,理由主要有:(1)被告撰写、刊登的新闻报道虽然依据的是检察机关制定的文书,但文书认定的事实并非确定的事实,被告的文章未用“涉嫌”二字,属肯定性语言,显属不当。(2)报道内容严重失实,报道内容已被法院判决否定。(3)检察院的职权行为被公开纠正后,被告拒绝进行后续和更正报道,主观上有放纵和扩大损害后果的故意,侵害了原告的名誉权。

基于特殊关系或特殊身份而负有保护他人名誉权的特殊作为义务,因违反该作为义务,而构成不作为的名誉侵权行为的情形也多发于新闻、文学领域,网络领域也颇为多见。最高人民法院《关于侵害名誉权案件有关报刊杂志社应否列为被告和如何适用管辖问题的回复》[法(民)复〔1988〕11 号]指出:“报刊杂志对所发表的稿件,应负责审查核实,因此其稿件如侵害了自然人的名誉权,作者和报刊杂志社都有责任。”从该复函中我们可以看出,如若报刊杂志没有尽到合理的审查义务,也即没有履行其积极的审查核实义务,则构成不作为的侵害名誉权的行为,这是由报纸、杂志特殊的地位所决定的。在“李某政诉安徽法制报社侵害名誉权案”〔2〕中,被告刊登的《一起诈骗的背后》及其他评论文章涉及原告,且内容失真,给原告及其家属带来极大的精神痛苦,原告诉至法院请求停止侵害、赔礼道歉、消除影响、恢复名誉、赔偿损失,法院支持了原告的诉讼请求,主要理由为:(1)安徽法制报社约请他人撰写稿件,并派员同往采访,是正当行使舆论监督权利的行为。(2)安徽法制报社应遵循新闻宣传必须客观、真实的原则,对所报道的事件事实负责。(3)报社采编人员未认真核实《一起诈骗的背后》一文,致使这些事实基本失实。(4)安徽法制报社在决定发表该稿前,没有依发稿程序的规定进行审核,且以未经审核的稿件内容为依据,编撰《编者按》和《艰难》评论文章,抨击李某政,致其名誉受到不法侵害,且已造成不良的社会影响,直接侵害了李某政的名誉权。(5)安徽法制报社确认存在失实事实后,仍不予以公开更正,消除影响,使其侵害行为处于一种继续状态,并致受害人蒙受

---

〔1〕 最高人民法院民事审判庭编:《民事审判指导与参考》(第 1 卷),法律出版社 2001 年版,第 141 - 147 页。

〔2〕 安徽省高级人民法院民事判决书,(1996)皖民终字第 56 号。

更大的精神痛苦。实务中类似的案例还是很常见的。

在网络领域,网络服务提供商的删除义务,就会发生基于特定身份职责的不作为名誉侵权行为。在“孙某某案”[1]中,2011 年 7 月,孙某某发现“百度贴吧——上海邮政贴吧”内有侮辱、诽谤其的帖子,经向北京百度网讯科技有限公司投诉后,北京百度网讯科技有限公司进行了删除。嗣后,类似侵权帖再次出现,孙某某认为,其再次发现侵权帖后曾通过朋友向北京百度网讯科技有限公司投诉,但未得到北京百度网讯科技有限公司的及时处理,导致孙某某名誉受损。法院认为,网络用户利用网络服务实施侵权行为的,被侵权人有权通知网络服务提供者采取删除、屏蔽、断开链接等必要措施。网络服务提供者接到通知后未及时采取必要措施的,对损害的扩大部分与该网络用户承担连带责任。被上诉人在收到上诉人书面投诉后的第二天即删除了系争网贴,被上诉人对于第三人的侵权行为依法不应承担责任。因此,若网络服务提供商没有尽到其所应承担的删除义务,导致受害人名誉受损的,应承担名誉侵权连带责任。

综上所述,不仅以作为的方式侵害他人名誉致使他人名誉受到损害的会构成名誉权侵权,在特殊情况下,侵害名誉权的行为也可以由不作为的方式构成。在判断上依然可以依据侵权四要件来进行案件分析。应该注意的是,不作为成立的侵权行为亦须与侵害他人权利之间有因果关系。也就是说,若是有所作为可以防止结果之发生,因其不作为致使他人权利受到侵害时,则不作为与权利侵害之间有因果关系。

2. 名誉侵权行为的具体分析

在侵害名誉权的行为方面,《民法典》第 1024 条第 1 款规定:“民事主体享有名誉权。任何组织或者个人不得以侮辱、诽谤等方式侵害他人的名誉权。”第 1025 条虽规定新闻报道、舆论监督的名誉权侵权免责,但自本条列举的除外情形中可知:虽为新闻报道、舆论监督,但“捏造事实、歪曲事实;对他人提供的失实内容未尽到合理审查义务;使用侮辱性言词等贬损他人名誉”亦为侵害名誉权的违法行为。第 1027 条规定,“行为人发表的文学、艺术作品以真人真事或者特定人为描述对象,含有侮辱、诽谤内容,侵害他人名誉权的,受害人有权依法请求该行为人承担民事责任”。此前,原《民通意见》第 140 条规定:“以书面、口头等形式宣扬他人的隐私,或者捏造事实公然丑化他人人格,以及用侮辱、诽谤等方式损害他人名誉,造成一定影响的,应当认定为侵害公民名誉权的行为。以书

---

[1] 上海市第二中级人民法院民事判决书,(2012)沪二中民一(民)终字第 1775 号。

面、口头等形式诋毁、诽谤法人名誉,给法人造成损害的,应当认定为侵害法人名誉权的行为。"《名誉权解答》(已失效)第7条规定:"以书面或口头形式侮辱或者诽谤他人,损害他人名誉的,应认定为侵害他人名誉权。对未经他人同意,擅自公布他人的隐私材料或以书面、口头形式宣扬他人隐私,致他人名誉受到损害的,按照侵害他人名誉权处理。因新闻报道严重失实,致他人名誉受到损害的,应按照侵害他人名誉权处理。"

侵害名誉权的方式主要为侮辱、诽谤两种,我国立法亦是如此规定,学理上还存在新闻报道失实、评论不当、文学作品使用素材不当以及无证据而错告或诬告等其他侵权方式。另外,在原《侵权责任法》承认隐私权之后,以书面、口头等形式宣扬他人的隐私,将以侵害民事主体的隐私权加以处理,若行为人在宣扬他人隐私的同时侵害了受害人的名誉权,则为隐私权与名誉权竞合的情形,因此,承认隐私权的独立性,以书面、口头等形式宣扬他人的隐私致他人名誉受到损害的,也就不适宜作为侵害名誉权的其他行为方式。其他侵害名誉权的方式尚无特定的类型,须根据实务的发展,按照保护名誉权的宗旨判断。在下文中,本书将选取一些典型案例,加以探讨。

(1)侮辱。《民法典》第1024条确定了侮辱的具体表现方式。对于侮辱的定义与构成要素,我国法律上没有论及。理论上认为,侮辱行为是指侵害人以文字、语言、行为等方式公开贬低他人人格、毁损他人名誉的违法行为,其具体又可以分为书面侮辱、口头侮辱、暴力行为侮辱3类。

书面侮辱是指以书面文字或图画形式辱骂、嘲笑他人,贬损他人人格的行为。[1] 口头侮辱是指以口头语言对他人进行嘲笑、辱骂,使他人蒙受耻辱,贬低他人人格的行为。书面侮辱和口头侮辱的区别在于,行为人采取书信、大字报等可以长时间保存的文字信息来实施其特定的侮辱行为,因此一般来说,书面侮辱往往会造成更加明显、严重的名誉贬损后果。问题在于书面侮辱和口头侮辱如何与书面诽谤和口头诽谤区分开来。本书认为,侮辱是言论者对其所针对之对象的一种看法或评价,属意见表达范畴。作为意见表达的侮辱性言词系主观评价,无法检验真伪,而诽谤是将某些事实归罪于某人的詈骂。[2] 诽谤无论是散布一些针对受害人的虚假事实,还是基于虚假事实所发表的不当评论,本质上都是"无中生有",使第三人对受害人产生一种被误导的"确信",从而贬损受害人的名誉。在现实案例中书面和口头侮辱更加具有隐晦性,如何判断行为人的意

---

〔1〕 参见王利明主编:《民法·侵权行为法》,中国人民大学出版社1993年版,第285页。

〔2〕 参见杨立新:《人格权法》,法律出版社2011年版,第521页。

见表达是否构成了对于受害人的侮辱,贬损了其名誉权,往往较难认定。有些案例中侮辱与诽谤性的言词是交织在一起的。如在“薛某林诉杨某风案”〔1〕中,被告杨某风用红漆在原告房门、门边墙壁和楼下独用车库门上打叉并写上“此房不吉利,买去必死人,全家死光光”的大字,还将门锁灌进胶水,此事引起了周围住户的议论。法院认为被告的言语明显具有侮辱、贬低、诅咒的内容,其针对的不仅是房屋财产本身,还致被上诉人的人格尊严在其居住的小区范围内形成了负面的影响。在该案中,被告所书写的内容实质上亦带有诽谤的性质,乃是一种“无中生有”,容易让人产生原告房屋不吉利的确信,只是在实务判断中,诽谤意味稍弱而已。是以,在司法实践中对于侮辱行为的认定并没有固定的标准,法院宜根据具体情境、行为人的言词性质、心理状态来进行综合判断。

暴力行为侮辱是指行为人实施一定的暴力行为或以暴力行为相威胁,导致受害人的人格受到贬损,从而侵犯受害人名誉权的行为,如在超市等公共场合对受害人进行搜身,强令受害人从其胯下穿过等。暴力侮辱行为常常与侵犯受害人的身体权与生命权联系在一起。暴力侮辱行为所侵害的客体不限于名誉权,还包括一般人格权,这一般发生在暴力侮辱行为未造成其社会评价降低的情形。暴力侮辱的案件在现实中并不少见,在“倪某璐、王某诉中国国际贸易中心侵害名誉权纠纷案”〔2〕中,法院认为,被告的工作人员怀疑二原告偷拿了市场的货物,本应依照法定程序提交法定机关调查处理,但却在没有确凿证据的情况下,在公共场合叫住二原告,问其是否将未交费的货物带出市场。问话虽然是婉转的,但其贬义却是显露的。这问话不仅足以使二原告感到自己的社会地位已遭贬低,而且也实际影响了对二原告品德、声望、信用等方面应有的社会评价。因此,这种问话已使二原告的名誉受到损害。被告的工作人员又根据市场的无效公告,声称有权检查二原告的物品,将二原告带进市场内继续逼问。在此情况下,尽管形式上原告自行打开提包、解开衣扣、摘下帽子让市场工作人员查看,但其实质是市场工作人员对顾客的搜查。这种搜查只有法定机关才有权行使,上述行为已严重侵害了二原告依法享有的名誉权。一般来说,暴力侮辱的案件较容易与诽谤行为相区别开来,行为人并没有“无中生有”之意,而是其行为本身无论传达怎样的信息,都已经视为对受害人名誉的贬损。

此外,在实际案例的考察中,侮辱又可以分为直接侮辱和间接侮辱。所谓直

---

〔1〕 最高人民法院中国应用法学研究所编:《人民法院案例选》2007年第2辑(总第60辑),人民法院出版社2007年版,第131-136页。

〔2〕《最高人民法院公报》1993年第1期(总第33期)。

接侮辱,即侵害人公开针对受害者直接进行言语和行为的侮辱。如在“赵某平诉龚某娥侵犯名誉权案”[1]中,被告在原告去被告所在单位澡堂洗澡时闯入浴室,辱骂、推拉原告,后又在浴室外当着原告的学生、同学和同事面,以不堪入耳的言词辱骂原告,这就是典型的直接侮辱。[2] 而所谓间接侮辱,是指侵害人虽未对受害者进行直接的言行侮辱,但是通过其他手段和方式产生了侮辱的实际效果,造成了受害者名誉的毁损。如在“姚某阳诉周某龙利用传呼机留言侵害名誉权案”[3]中,被告利用原告的传呼机号码及密码,使凡传呼原告姚某阳的人都能听到一句粗话,并使传呼机失去传呼功能。此种侵权方式即属间接侮辱,构成名誉权侵权。[4]

(2)诽谤。在名誉权侵权行为中,诽谤为世界各国所公认为一种。在英美普通法中,名誉损害有两种形式:诽谤和诋毁,而诽谤则在其中占据重要地位。[5] 在大陆法系中,诽谤亦作为侵害名誉权的行为。然而各国对于诽谤之定义与侵权构成的认定并不一致。《牛津法律大辞典》中诽谤的定义是指向第三人传播虚构事实而致他人声名狼藉。[6] 英美普通法以书面形式作为诽谤的一般要件,口头形式需在有特别损害的情形下方得起诉。大陆法系中,法国法上构成诽谤侵权需包括四个要素:第一,从特定的事件中显现出被告的断言和暗讽;第二,这个事件必须是带有损害原告荣誉和名誉性质的;第三,这个断言或暗讽必须是针对原告的;第四,被告是有意造成损害或者具有“恶意”。当原告能证明前三项要件后,就可推断被告是有意诽谤,但这个推断是可推翻的。同时,法国法上的诽谤性故意包括了对于陈述真实性的过失,而真实性是诽谤之诉的抗

---

[1] 最高人民法院中国应用法学研究所编:《人民法院案例选》(民事卷 1992－1999 年合订本),中国法制出版社 2000 年版,第 803 页。

[2] 直接的侮辱形式多种多样,除辱骂等方式外,还可以是具体的行为。如“张某诉李某臣、李某广名誉权毁损案”中,侵害人未直接进行言语的攻击,但是将屎糊在原告脸上,故意让受害者难堪,当众使其出丑,法院最后认定该行为为侮辱行为,侵害了受害者的名誉权。参见河北省唐山市路南区人民法院民事判决书,(2011)南民初字第 1070 号。

[3] 最高人民法院中国应用法学研究所编:《人民法院案例选》(民事卷 1992－1999 年合订本),中国法制出版社 2000 年版,第 859 页。

[4] 此外,本案中的另一个亮点是由于传呼的留言具有易灭失性,原告向法院申请诉前证据保全,由人民法院对被告输入的骂人留言进行了电话录音,并责令被告自动消除了骂人的留言信息,停止了侵害。此案反映出在利用现代通信工具进行名誉权侵害时,受害者在对自身名誉进行救济时,可选择多种有效的方式快速消除影响。

[5] 方红:《IT 时代英美诽谤法的新发展》,载《经济师》2003 年第 9 期。

[6] [美]David M. Walker:《牛津法律大辞典》,李双元等译,法律出版社 2003 年版,第 314 页。

辩事由,但是涉及个人私生活的除外。[1]

相比以上国家,我国立法对诽谤概念并无明确界定,但通过相关的法条阐述和相关司法解释的补充形成了虚假陈述事实明文载入法律,作为诽谤法定构成要件的鲜明特色。

1980 年《刑法》第 138 条将"捏造事实"列为诽谤罪要件。1988 年最高人民法院就贯彻原《民法通则》发布司法解释,关于侵害名誉权行为,第 140 条列举有"捏造事实"的特征。把陈述事实之虚假直接作为诽谤的法定构成要件,只有谎言才能构成诽谤。1993 年《名誉权解答》(已失效)第 7 条阐明新闻失实与侵害名誉权之联系和区别,规定"新闻报道严重失实,致他人名誉受到损害的,应按照侵害他人名誉权处理"。关于批评文章,则规定为"基本内容失实,使他人名誉受到损害的,应认定为侵害他人名誉权"。这些规定逐步确立了虚假陈述为诽谤法定要件的地位。

在司法实践中诽谤案例大量存在,法院裁判也日渐成熟,对于诽谤的认定取得了一定的共识。在余某中诉《新闻出版报》社案[2]中,原告余某中陆续发表文章,对苏联出版的小说《钢铁是怎样炼成的》一书进行了分析、评论。被告新闻出版报社发表署名文章,认为余某中"项庄舞剑""借题发挥""批评的用心值得怀疑……"等,并在"编者按"中把原告对剧本编校方面提出的批评说成是"大是大非的问题"。原告认为被告侵犯了其名誉权,提起诉讼。法院认为,诽谤是指为了毁坏他人名誉,无中生有捏造事实并加以散布的行为。经查,被告文章和"编者按"中,凡涉及原告余某中之处,均引用余某中评论文章中的原话,不存在捏造事实的情况。因此《新闻出版报》社的行为不构成诽谤。在"邵某智诉何某生、何某汉、南宁市星河根叶肥厂案"[3]中,被告南宁市星河根叶肥厂在与南宁市地产开发总公司合作开办公司过程中,由于双方意见不一致产生矛盾,被告写信向政府及有关部门反映情况,请求领导协调,原告认为被告该行为侵犯了其名誉权,遂提起诉讼。法院认为,必须注意把通过正当途径向有关领导或有关部门反映问题与散布他人隐私、捏造事实公然丑化他人人格,以及以侮辱、诽谤等方式侵害他人名誉的侵权行为严格区分开来。至于所反映的问题是否属实,领导

---

[1] 参见苏兆勇:《论侵害名誉权行为的认定》,载《新学术》2008 年第 2 期。

[2] 《最高人民法院公报》2003 年第 2 期(总第 82 期)。

[3] 国家法官学院、中国人民大学法学院编:《中国审判案例要览·2000 年民事审判案例卷》,人民法院出版社、中国人民大学出版社 2010 年版,第 77－83 页;北京市海淀区人民法院民事判决书,(2007)海民初字第 11203 号。

是否给予协调,有待于接受反映情况的部门领导去核实查证。这种行为与向社会公然散布虚假事实损害他人名誉有本质的区别。在唐某诉唐某某、唐某某某名誉权侵害案[1]中,被告唐某某在村支部召开全体党员会议就餐时,对原告唐某进行辱骂,说其偷鸭、偷鹅,其言词没有事实依据,且在一定范围内造成了不良影响,法院认定其属于诽谤;被告唐某某用大字报的形式公然对原告唐某进行诽谤,亦对原告唐某构成了名誉侵权。而在本案中,被告提出反诉,认为原告对其进行诽谤,侵害了其名誉权。法院最后认定原告的行为也属于诽谤,其理由就是唐某没有事实根据,怀疑并散布被告唐某某借公谋私,给被告唐某某名誉造成一定损害。可见,诽谤认定之难点在于侵害人诽谤的内容有无事实依据以及诽谤的内容是否已经经过过分夸张而严重偏离事实,进而才能结合侵害行为是否具有公开性、是否造成损害结果、行为与损害结果之间有无因果关系等因素对侵权行为加以认定,而陈述事实的虚假与他人名誉受到损害的事实紧密联系则是其不可或缺的法定要件。

此外,由于侵害人在诽谤时往往会编造一些无中生有的事实,夸大情节,并加以广泛传播,因而诽谤造成的损害后果与侮辱相当,甚至超过侮辱,受害者往往会受到较大的精神损害。如在"张某某诉贠某某名誉权侵权案"[2]中,被告贠某某仅凭其夫与原告的一张合影照片,就大肆宣扬二人有不正当男女关系,并配有照片、文字向过往路人解说,造成原告无法正常工作和生活,原告的精神也受到极大的影响。最终法院认定被告行为属于诽谤,在判令被告停止侵害、赔礼道歉、恢复名誉的同时,对原告进行精神损害赔偿。

(3)其他方式。除侮辱、诽谤外,现行法律规定对侵害名誉权的其他行为并没有明确的指向。一般来说,司法实践也无须认定某一侵犯受害人名誉权的行为是侮辱、诽谤之外的其他特殊行为类型,并以此来进行裁判,往往只需根据行为的具体情况来审查其是否构成名誉侵权行为要件,以受害人社会评价是否降低来断定行为人的行为是否侵害了受害人的名誉权即可。但在学理上,侵害名誉权的行为除侮辱、诽谤行为之外,还包括其他几种行为,根据上述法律和司法解释,学者认为主要有以下几种:第一,新闻报道严重失实。《名誉权解答》(已失效)第7条第4款中的"因新闻报道严重失实,致他人名誉受到损害的,应按照侵害他人名誉权处理",即属此类规定。此已为《民法典》第1025条所吸收。第二,评论严重不当。如果评论人员对他人的某种行为或某种事实所作的评论严

---

[1] 湖南省资兴市人民法院民事判决书,(2011)资民一初字第134号。

[2] 陕西省渭南市临渭区人民法院民事判决书,(2011)临民初字第00944号。

重不当,致他人名誉受到损害的,将构成对名誉权的侵害。第三,以书面、口头等形式宣扬他人的隐私,致他人名誉受到损害的。亦有学者认为,第三人重复传播不利于受害人名誉的真实事实也可以作为独立的侵害名誉权的其他行为类型。[1] 本书认为,无论是新闻报道失实还是评论严重不当,抑或不当的重复传播行为皆为侮辱诽谤的体现方式,并不足以成为侮辱诽谤之外独立的侵害名誉权的行为方式。然而,在司法实践中,新闻领域侵害名誉权的案件多有发生,且已经形成了一套独有的裁判规则,故而本书仍将其单独提出加以分析。另外,实务中也有一些特别的案例,很难将它们纳入侮辱、诽谤之列,是否可以认为其构成侵害名誉权的其他方式也值得商榷,在此本书也会列举一些案例加以探讨。

第一,新闻报道严重失实行为致使名誉权受损的情形。参考《名誉权解答》中的规定,失实主要是指报道事实与实际情况严重不符。在这种情况下,新闻单位一旦违反了新闻报道的真实性原则,就有可能承担名誉权毁损的责任。从本质上来说,新闻报道失实就是传播虚假事实,造成受害人名誉权的损害。故而《民法典》第1025条科以媒体等行为人合理核实的义务。然而,新闻报道也是行使舆论监督的重要途径,新闻报道失实也有着自己独特的判断标准以及抗辩事由。在司法实践中,新闻报道侵犯受害人名誉权的案例也是数不胜数,如"徐某诉《上海文化艺术报》、赵某昌侵害名誉权纠纷案"[2]、"胡某超、周某昭、石某成诉刘某忠、贵州省《遵义晚报》社侵害名誉权纠纷案"[3]、"李某一诉某《周报》社、汤某午报道文章侵犯名誉权纠纷案"[4]、"李某政诉某报社侵害名誉权案"[5]、"刘某祖诉某日报社、某杂志社侵害名誉权案"[6]、"黄某冠、黄某信诉《广西法制报》社、范某忠名誉侵权案"[7]、"夏某清诉某报社、某周末报社、某日报社案"[8]、"李某强诉某晚报社案"[9]以及"余某中诉《某出版报》社侵害名誉

[1] 参见张新宝:《名誉权的法律保护》,中国政法大学出版社1997年版,第126-127页。

[2] 《最高人民法院公报》1990年第4期(总第24期)。

[3] 《最高人民法院公报》1992年第2期(总第30期)。

[4] 最高人民法院公报中国应用法学研究所编:《人民法院案例选》(1993年第1辑),人民法院出版社1993年版,第103页。

[5] 祝铭山主编:《名誉权纠纷(典型案例与法律适用)(5)》,中国法制出版社2003年版,第192页;安徽省高级人民法院民事判决书,(1996)皖民终字第56号。

[6] 最高人民法院民事审判庭编:《民事审判指导与参考》(第2卷),第76页。

[7] 最高人民法院民事审判庭编:《民事审判指导与参考》(第1卷),第141页。

[8] 祝铭山主编:《名誉权纠纷(典型案例与法律适用)(5)》,中国法制出版社2003年版,第153页;江苏省淮阴市中级人民法院民事判决书,(2000)淮民终字第323号。

[9] 祝铭山主编:《名誉权纠纷(典型案例与法律适用)(5)》,中国法制出版社2003年版,第110页;江苏省常州市新北区人民法院民事判决书,(2000)新民初字第181号。

权纠纷案”[1]等。对于新闻报道失实的认定以及其特殊抗辩事由将在下文名誉权侵权抗辩事由以及新闻媒体侵权部分详加论述，在此不赘。

第二，事实属实，但评论行为不当造成名誉权受损的情形。此种情形一般发生于新闻报道及文学作品侵权中，《名誉权解答》第 8 条对此有规定，评论人针对事实发表评论时应采合理原则，不能突破侮辱、诽谤的界限，否则将构成侵权。此为《民法典》第 1025 条所吸收。是以此种情形亦是侮辱、诽谤的特殊类型，实务案例亦多遵循此一思路裁判。在李某诉《新生界》杂志社、何某明侵害名誉权纠纷案[2]中，被告何某明在被告单位《新生界》杂志社发表文章，文章内容与历史史实不符，造成了对原告之父的不公正评价，原告认为其侵犯了其父的名誉权。法院认为，被告何某明在报告文学中叙述我国当代科学史上的重大事件时，理应尊重事实，在对著名历史人物的经历和人品做出评价时应当持客观、慎重的态度。但是何某明在其撰写的《科学大师的名利场》一文中，却从政治、学术、人品等方面对李某光进行了不恰当的描写，许多情节缺乏客观事实根据。《科学大师的名利场》一文的发表客观上影响了公众对李某光的公正评价。在“杨某书诉中国画报出版社、陈某、张某祥案”[3]中，被告既总结了杨某书的不凡之处，又对杨某书的成名发表了自己的感想和评论，法院认为，此种个人观点和见解不具有任何权威性，影响力也相当轻微，评论内容并没有涉及具体的事实，亦没有使用侮辱、诽谤性的语言文字，不会因为作者个人的感受使杨某书的社会评价降低，故依法认定陈某在书中所发表的言论亦未构成对杨某书名誉权的侵犯。可以看出，法院在认定评论是否不当时依旧是看行为本身是否构成了对于受害人的侮辱、诽谤，以此来认定行为人是否侵犯名誉权。对于合理评论原则的具体内容与规则，将留待下文抗辩事由部分加以论述。

第三，实务中一些特殊的侵害名誉权的案例。在实务中有一些特殊的有关名誉权的案例，并不是侮辱、诽谤的典型情形，甚至很难将其与侮辱、诽谤联系起来，我们也无法将它们简单地归为新型的侵害名誉权的方式，毕竟它们只是一些零星的、单独的案例。然而对它们进行分析有助于我们分析一些疑难案例，并试图去发现一些侮辱、诽谤之外的侵害名誉权的行为方式的规律。本书整理的相

---

[1] 《最高人民法院公报》2003 年第 2 期（总第 82 期）。

[2] 《最高人民法院公报》1998 年第 1 期（总第 53 期）。

[3] 国家法官学院、中国人民大学法学院编：《中国审判案例要览·2000 年民事审判案例卷》，人民法院出版社、中国人民大学出版社 2010 年版，第 77－83 页；北京市海淀区人民法院民事判决书，（2007）海民初字第 11203 号。

关案例有张某珍诉杨森案[1]、张某诉李某案[2]、姚某阳诉周某龙利用传呼机留言侵害名誉权案[3]以及冯某忠诉聂某英、石家庄市公证处、宋某龙案[4]。

在张某珍诉杨某案中,原、被告系夫妻关系,原告发现被告与汪某的合影照片及汪某的病历、检验报告单后,怀疑被告有外遇,经常与被告发生纠纷,并采取了一些过激行为。被告由此认为原告精神失常,并通过武汉市精神病医院将原告强行送入精神病院。原告认为被告的行为使其名誉受到损害,使其精神受到极大创伤。法院经审理认为,被告以原告行为反常为由将原告送入精神病医院,理应告知原告亲属,并求得谅解,但被告并未征得原告亲属同意,强行将原告送入精神病医院,在居住地居民中造成了不良影响,被告的行为侵害了原告的人格尊严,造成原告较大的精神痛苦,其行为主观上有过失,客观上造成了对原告名誉权的侵害,应承担相应的法律责任。从更宽广的意义来讲,"被精神病"是对受害人人格尊严的侵犯和人格的贬损,从这个意义上来讲是可以将其纳入侮辱行为之列的。但这也并不是毫无疑问的,若将侮辱之内涵无限扩大,侮辱、诽谤之外的行为方式也就无存在的余地了。在张某诉李某案中,原、被告争论的焦点是"被告所生的孩子是其婚前性行为所致"这一情况是否侵害了张某的人格权。本书赞同法院的意见,此种行为并没有违反夫妻之间的忠实义务。然而,被告婚后通奸并生下非其丈夫亲生的孩子是否侵犯原告的名誉权呢?此种行为又是否是侮辱、诽谤之方式呢?抑或此类案件是否应归入一般人格权案例呢?按照中国的伦理传统,通奸并生下他人之子不仅损害了被害人的人格尊严,更是对其名誉的贬损。在一般人格权未获一般保护的情形下,可以以名誉权制度保护之,此种行为方式和侮辱、诽谤是有一定区别的。在姚某阳诉周某龙利用传呼机留言侵害名誉权案中,原、被告曾共同承包水电站并产生纠纷,被告周某龙利用原告的传呼机号码及密码,使凡传呼原告姚某阳的人都能听到一句骂人的粗话,并使传呼机失去传呼功能。原告诉请被告停止侵害,恢复名誉,消除影响,赔礼道歉,赔偿经济损失和精神损失,这得到了法院支持,最终调解结案。法院认为被告周某龙利用传呼机的留言功能,通过拨打原告呼机号码(包括暗码代号)输入骂人的粗话留言,不仅造成原告传呼机失去正常使用功能,而且使打传呼与原告联系

---

[1] 最高人民法院中国应用法学研究所编:《人民法院案例选》2002 年第 3 辑(总第 41 辑),人民法院出版社 2003 年版,第 188 – 193 页。

[2] 最高人民法院中国应用法学研究所编:《人民法院案例选》2010 年第 4 辑(总第 74 辑),人民法院出版社 2011 年版,第 101 – 106 页。

[3] 祝铭山主编:《名誉权纠纷(典型案例与法律适用)(5)》,中国法制出版社 2003 年版,第 35 页。

[4] 河北省石家庄市桥西区人民法院民事判决书,(1994)西法民初字第 164 号。

的人听到骂人的粗话，从而损害了原告的人格形象和名誉。在本案中，被告未对公民进行直接的侮辱、诽谤，而是利用现代通信工具的特殊功能，通过改变公民传呼机密码，输入粗话留言的行为来损害原告的名誉，和典型的侮辱、诽谤行为显然是不同的。在冯某忠诉聂某英、石家庄市公证处、宋某龙案"中，被告为达非法目的，谎称健康活在人世的原告已故，被告石家庄市公证处在没有确实证据证明原告死亡的情况下，不认真调查便轻率地在公证书上注明原告已故。在这起名誉权纠纷中，法院认为，被告聂某英、宋某龙为达到房产顺利过户的目的，谎称健康活在人世的冯某忠已故，且为了阻碍公证处调查，明知冯某忠所在的工作单位而不向公证处提供，使公证处做出了失实的公证书。在主观上被告聂某英和宋某龙是出于故意，客观上造成了侵害冯某忠名誉权的后果。被告石家庄市公证处在接受被告聂某英的申请之后，应当对公证的内容及申请人所述情况进行认真的调查核实，在没有确实证据证明冯庆忠死亡的情况下，不认真调查便轻率地在公证书上注明冯某忠已故，在主观上有过失。由于失实的公证造成了冯某忠的名誉受到损害的结果，失实的公证与冯某忠名誉受到损害的结果有因果关系，被告公证处应当承担一定的责任。于此有争议的是，被告之行为是否为诽谤之表现形式，该行为是否为虚假事实之传播？本书认为，诽谤行为并不需要虚假事实之散布，只要被告捏造了虚假事实并为第三人所知晓，导致原告名誉值贬损，即为诽谤之表现形式。失实公证以及新闻报道中经常出现的“被死亡案例”应属于诽谤之类型。

（二）受害人名誉受到损害的事实

现实损害是任何民事侵权行为构成都必须具备的要件，无损害即无侵权。该损害是侵害合法的民事权利和利益所产生的后果，具有客观真实性、确定性和法律上的可补救性。侵权行为导致的损害可以分为财产损失、人身损害、人格损害和精神损害等。对于特定的侵权行为的构成，只需要存在其中一种或几种损害事实就可成立。就名誉权侵权而言，一般认为，违法行为可能造成的损害后果包括受害人社会评价的降低、精神损害以及附带性的财产损失。

1. 社会评价的降低

其中名誉损害，即受害人社会评价的降低是构成名誉权侵权责任的必备损害事实，也是名誉权受到损害最直接的损害后果。没有受害人社会评价的降低也就不存在名誉损害，名誉权侵权责任也就无从谈起。受害人社会评价是否降低，不能以被害人的主观感觉来决定，而应依客观标准来决定。

（1）行为人的名誉侵权行为须指向特定的受害人。现实案例中，指名道姓是最明显的对特定受害人的指向,也是最容易认定的。但并不是所有指名道姓的事实均能被认定为是特定的受害人,也应结合行为人行为的具体情节来判定。在彭某明诉洪某才案[1]中,法院指出,小说《秋天》中确有一个虚构的洪某才,但没有对他进行具体描写和刻画,反映不出他的年龄、性别、外貌等特征。这篇小说中只有36个字涉及洪某才,而这36个字所在的段落不是把洪某才作为特定的人具体描写,而是对张某海看到陈大仙庙修得金碧辉煌及庙前的石板上刻着修庙捐款人的名单后心理活动的描述。现实生活中的洪某才是人称"红枣大王"的企业家,小说中的洪某才是贩过毒、开电子游戏厅搞赌博的不法分子。平江县没有陈大仙庙,更没有那么多人为修庙捐款的事,当然也不存在"红枣大王"洪某才为陈大仙庙捐款之事。因而,本案没有足够的证据和理由表明小说中的洪某才就是生活中的特定人物洪某才,仅以名字相同认定彭某明创作的小说《秋天》构成对被上诉人洪某才名誉侵权,证据不足。本书支持法院的观点,即使行为人指名道姓,仍需审查行为事实的具体情形来判断其是否确切地指向某位受害人。有些情形是虽未指名道姓,但通过相貌、语言、行为等特征以及生活和工作环境的描述足以使人认定为某人,也可以认定为指向特定的受害人。该种情形需结合侵害名誉的违法行为所发生的时间、地点、情景细节来判定,对于人物的泛指并不能认定为指向特定受害人。在徐某诉《上海文化艺术报》、赵某昌案[2]中,被告的文章使用"老山英模",虽没有点被批评人的名,但老山英模中只有徐某一个人参加了上海金秋文艺晚会演出,故可以判定该侵权行为依旧是指向特定的受害人徐良。司法案例中最难判定的案例是以真人为素材创作小说、剧本等文学艺术作品通过影射的方式对某个特定的受害人的名誉进行贬损。在胡某超、周某昭、石某成诉刘某忠、贵州省《遵义晚报》社案[3]中,被告刘某忠因与三原告素有矛盾并怀疑攻击自己的匿名油印件出自三原告之手,曾扬言要以铅印的文章报复。被告在创作《周西成演义》中,采用姓相同名相近、体型外貌等突出特征相似的方法把作品中的三个人物与三原告联系起来加以丑化,使熟悉三原告的读者一看便知这三个反面人物是影射三原告的,在当地给三原告的人格尊严造成不良影响,使三原告的名誉受到损害。该案例中,被告还公

---

〔1〕 国家法官学院、中国人民大学法学院编:《中国审判案例要览·2009年民事审判案例卷》,人民法院出版社、中国人民大学出版社2010年版,第77-83页;北京市海淀区人民法院民事判决书,(2007)海民初字第11203号。

〔2〕 《最高人民法院公报》1990年第4期(总第24期)。

〔3〕 《最高人民法院公报》1992年第2期(总第30期)。

开对他人说过把三原告写进演义中是有原因的,法院结合小说描述的内容以及行为人的过错较容易认定行为人的行为指向特定的受害人。而现实案例并非都这么简单明了,此案例可供借鉴的是,我们可以根据事件发生的前因后果、行为人影射的内容之特定性以及过错方面来判定影射的对象是否为特定的受害人。

(2)侵害行为需受害人以外的人知悉。名誉是社会公众对特定人的评价,损害名誉权的行为只有为受害人以外的人知悉才能导致受害人的社会评价降低。如果侵害行为没有被受害人以外的人知悉,就谈不上社会评价的降低,更不可能构成侵害名誉权。在邵某智诉何某生、何某汉、南宁市星河根叶肥厂案〔1〕中,被告虽然在信中指名道姓,也用了些过激言词,但并没有采取侮辱、诽谤方式去公然损害上诉人名誉,丑化上诉人人格,亦没有在社会上广为散布,故不构成对被告的名誉权的侵犯。侵权行为为第三人所知悉,在名誉权领域只需有一人以上知晓即可,此种知晓应为实质上的知晓,例如,行为人对受害人用日语进行辱骂,不懂日语内容的第三人即使在场,也不能认定该行为为第三人所知晓。又如,行为人用双方才知道含义的侮辱性行为进行人格攻击,第三人不知道其意旨的,仍不构成为第三人知悉的情形。再者,知悉的第三人为行为人的配偶,此种情形,因为特殊夫妻关系之感情需要,仍不构成名誉权侵权。这在英美法系国家亦是如此,夫妻之间的陈述是用作对免责特权的保护的。〔2〕关于内部刊物和内部资料引起的名誉权纠纷,《名誉权解释》(已失效)第 2 条规定,机关、社会团体、学术机构、企事业单位分发本单位、本系统或者其他一定范围内的内部刊物和内部资料,所载内容引起名誉权纠纷的,人民法院应当受理。另外,如果行为人所实施的侮辱、诽谤行为因为受害人的过错而使第三人知悉的,此种情形行为人应免责。

在能够判定行为人的名誉损害行为指向特定对象并为第三人知悉后,并不能当然地认定受害人的社会评价被降低。第三人对于受害人的社会评价是一种客观评价,但依旧是第三人的主观感受的集合。名誉为无形之物,因此受害人社会评价是否降低,被降低的程度如何很难被外在量化。对于如何判定受害人社会评价是否降低,学者也多有主张。王利明教授认为,我们应当采纳英美诽谤法

---

〔1〕 国家法官学院、中国人民大学法学院编:《中国审判案例要览 · 2009 年民事审判案例卷》,人民法院出版社、中国人民大学出版社 2010 年版,第 77 – 83 页;北京市海淀区人民法院民事判决书,(2007)海民初字第 11203 号。

〔2〕 张民安主编:《名誉权的抗辩事由——事实真实、公正评论、绝对或相对免责特权等对行为人名誉侵权责任的免除》,中山大学出版社 2011 年版,第 36 页。

所创立的“公示规则”。“公示规则”指出,只要因被告的原因而使其诽谤行为公示给第三人,为第三人所知悉,即导致原告社会评价的降低,应认为构成毁损名誉。[1] 张新宝教授亦支持这样一个观点:考虑到名誉权的特殊性质和受害人承担名誉损害事实举证要面对难以克服的困难,应该免除受害人对于名誉损害事实发生的举证责任,而采取推定的方法确认损害事实的存在,受害人应提供证据证明针对自己的诽谤和侮辱行为已经为自己以外的第三人所知。[2] 学术界通说认为只要有侵害行为,并为第三人所知,受害人不必证明有实际损害发生,即可请求将该侵害予以排除。此种处理方法在日本民法中亦有采用。日本判决就指出,在新闻报道引起名誉损毁时,刊载该内容的报刊得到发行,在读者处于有可能阅读该报道的状态时,可以认为该报道客观上导致被报道人的社会评价降低。[3] 在此涉及的核心内容是举证责任的问题,名誉权损害事实的证明若采取举证责任倒置规则,并结合名誉侵权行为违法性阻却事由的运用,即可处理好行为人与受害人之间的权利平衡问题。因此实务中,判断名誉侵权行为的存在和其是否为第三人所知晓就是问题之关键所在。

2. 精神损害

名誉权侵权行为中,受害人的社会评价降低并不一定会有精神损害,二者之间没有必然的联系。受害人精神痛苦损害的产生有两种情形:一是侵害名誉权之行为造成受害人社会评价之降低,同时造成受害人精神之痛苦;二是名誉权侵害行为并未造成受害人社会评价之降低,但造成受害人精神痛苦之产生。此两种情形下精神痛苦损害都会产生。而且,受害人的社会评价客观上未被降低,即使其名誉情感受到损害,侵害名誉权也不成立。因此,名誉损害是必备的和主要的,精神损害是可能出现的,并是由名誉损害这一前提事实所决定的。[4] 精神损害是公民名誉权受到侵害后出现的一种特有的精神现象,其为名誉权毁损的侵害后果之一当属无疑。精神损害是一种主观的精神状态,具有很大的主观性,性格、思维等方面不同的人对于同一侵害名誉权的行为会有不同程度的反应,有的受害人会受到严重的精神损害,有的受害人可能仅受到轻微的精神损害,甚至有的人并无精神损害。同时,受到精神损害时有的人有明显的表现,但在多数情况下这种外在的反应并不明显,让受害人举证证明自己所受的精神损害是十分

[1] 王利明:《人格权法研究》,中国人民大学出版社 2018 年版,第 504 页。

[2] 张新宝:《名誉权的法律保护》,中国政法大学出版社 1997 年版,第 138 页。

[3] 参见[日]五十岚清:《人格权法》,[日]铃木贤、葛敏译,北京大学出版社 2009 年版,第 23 页。

[4] 参见郭卫华等:《中国精神损害赔偿制度研究》,武汉大学出版社 2003 年版,第 199 页。

困难的。本书以为,精神损害的存在与否,受害人需承担一定的举证责任,不宜采用事实推定的方法,同时应赋予法官一定的自由裁量权。至于损害程度不能完全以外在表现来确定,应当综合各种因素,如侵害人的过错程度、侵害情节和手段、社会影响大小等判断,并且要参照一般情况下一般受害人的精神痛苦的表现。关于精神损害赔偿的赔偿标准,《名誉权解答》第10条就规定,公民提出精神损害赔偿要求的,人民法院可以根据侵权人的过错程度、侵权行为的具体情节、给受害人造成精神损害的后果等情况酌定。从《民法典》第998条与第1000条的规定来看,《民法典》对侵害人格权的民事责任仅规定了大致的范围和参考标准,即采取了自由裁量原则。另外,我国司法裁判虽未对精神损害赔偿数额形成一致的看法,但裁判标准日趋成熟。如在"傅某明、傅某麟诉余某均案"[1]中,法院指出,精神损害包括侵权行为所造成的受害人社会评价的降低及因人格受到损害而产生的精神痛苦。是否造成社会评价降低并不是事实上有没有降低,而是指依客观社会道德标准受害人的名誉是否产生了贬损,故只要侵权行为为第三人所知即可推定产生了损害结果。由于精神损害是一种无形损害,只能根据侵权人的过错程度、侵害手段、场合、行为方式及当地生活水平等因素综合考量。

其中,受害人社会评价的降低与精神损害不是一一对应的关系,但社会评价降低的程度对精神损害的程度判断具有一定的参考价值。如在黄某梅诉窦某案[2]中,原告黄某梅认为"粗暴地用饮料泼洒我的行为,公然贬损我的人格,具有明显的侮辱性质,系侵害我的名誉权的行为,致使我的精神遭受重大损害"。然而法院认为窦某的行为并没有造成黄某梅的名誉权受到侵害,自然也就没有支持其精神损害赔偿的请求。在本案中,窦某之行为并未针对黄某梅,虽然造成黄某梅被当众泼饮料之后果,黄某梅纵然感到精神痛苦,但一则窦某之行为没有降低其社会评价,二则就一般人正常感受而言,此种行为并不足以造成精神损害,法院不支持原告之诉求。

3. 附带性的财产损失

名誉权作为具体人格权之一种,侵害名誉权的行为并不会造成直接的财产损失,因此财产损害并不是名誉权受侵害的直接后果,而是一种附带性的损害后果,是在有些情况下名誉受损的间接后果。例如,名誉受损致使被解雇、收入减

---

〔1〕 浙江省金华市中级人民法院民事判决书,(2002)金中民一终字第360号。

〔2〕 最高人民法院中国应用法学研究所编:《人民法院案例选》2007年第2辑(总第60辑),人民法院出版社2007年版,第131-136页。

少等。可能出现的附带性财产损失的范围包括:(1)受害人为了治疗严重的精神损害而支出的医疗费用、咨询费用;(2)受害人因为名誉权受到损害,可得的收入之减少或者丧失;(3)受害人为了维护自己的名誉权,针对加害人的侵权行为而澄清事实和进行诉讼支付的必要费用。[1] 对于是否存在财产损失、财产损失的数额,受害人负举证责任。

(三)名誉侵权行为与受害人受到的名誉损害之间存在因果关系

法律上的因果关系是指损害结果和造成损害结果的原因之间的关联性,它是各种法律责任中确认责任归属的基础。[2] 《名誉权解答》第7条第1款规定,名誉权侵权责任中的因果关系是侵害名誉的违法行为与损害后果之间的因果关系。对于因果关系的判定,学说众多,通说认为应采相当因果关系说,即必须加害人的行为侵害了被害人的权利,并产生了损害(被害人社会评价降低、心理痛苦以及财产上的损失),亦即依常人的经验判断,当该种侵害行为出现通常均有发生此种损害结果的可能时,该行为人之行为与损害间具有相当因果关系。[3] 然而在名誉侵权领域,侵害名誉的违法行为可能会导致三种不同的损害后果,三种后果产生条件各有不同,且受害人存在不同的举证责任,在探讨违法行为与损害后果时应区别对待。有学者指出,在侵害名誉权的案件中,侵害他人名誉权的行为与社会评价之降低的损害后果之间的因果关系是不证自明的,无须进行特别的举证,而侵害名誉权的行为与精神损害、附带性的财产损失之间的因果关系需要受害人加以证明。[4] 与此不同的是,有学者认为,应特别注意在侵害名誉权的因果关系上不能特别强调其必然性的直接因果关系,因为有些侵害名誉权损害事实的出现不是侵害行为直接导致的,不具有必然性。侵害名誉权行为与损害结果之间的因果关系也具有多样性。[5] 事实上,侵害名誉的违法行为并不总是直接作用于侵害客体而出现损害事实,有时是经过社会的或心理的这一中间过程才出现名誉损害、精神损害以及财产损失这些损害事实。上述两种观点虽表述不同,但差别仅是论述的角度不同,两者都承认了名誉侵权领域违法行为与不同损害后果之间因果关系的区别,具有多样性。一般来说,存在名誉侵权行

〔1〕 参见张新宝:《侵害名誉权的损害后果及其民事救济方式探讨》,载《法商研究(中南政法学院学报)》1997年第6期。

〔2〕 参见王利明:《侵权责任法研究》(上),中国人民大学出版社2010年版,第372页。

〔3〕 参见王冠玺:《两岸名誉权保护与言论自由的界限》,台北,元照出版有限公司2001年版,第86页。

〔4〕 参见张新宝:《名誉权的法律保护》,中国政法大学出版社1997年版,第151页。

〔5〕 参见杨立新、朱呈义、薛东方:《精神损害赔偿》,人民法院出版社1999年版,第108页。

为即推定存在社会评价的降低,两者之间有直接因果联系,但不是不证自明的,当事人仍应负一定的举证责任,法院也有审查义务。例如,在顾某云诉林某芳案中,被告在非讼代理中为调查取证,拿取原告的作业本去做鉴定,后返还并说明真实情况。原告认为在其同学中造成不良影响,侵犯其名誉权。此案中,原告社会评价确有降低,但与被告的调查行为并无因果关系,其中,班级老师没有说明可以掩饰借本鉴定的理由,没过几天就泄密,班上同学互相传言顾某云写匿名恐吓信,致使顾某云情绪低落,心情沉重,停学一星期,老师的行为与其名誉受损有着一定的联系,但由于老师的行为并非侵权行为,所以无需担责。通过此案可以看出,受害人的名誉受损与违法行为之间的因果关系在一般情况下可以直接推定,但也须根据具体案情进行分析。又如,在尤某有诉洛阳市尤东村民委员会案[1]中,某村委会即被告发现该村新宅基证没有发放,该项工作原由原告负责,被告经会议决定将多年来未发新宅基证的原因以书面形式张贴出去告知村民,后部分村民到原告家中就清宅办证情况吵闹、谩骂。此处,村民的谩骂、侮辱导致了原告的社会评价降低,但村委会张贴告知书的做法与侵害尤某有的名誉权才有直接的因果关系,是以应认定为村委会侵害了原告的名誉权。

受害人的精神损害与名誉侵权行为之间的因果关系必须由受害人加以证明。在名誉权侵权行为中,受害人出现精神痛苦的表现各异,导致精神痛苦的原因也并非只有名誉侵权行为,在举证中,我们应注意多因一果、多因多果的情况,分清不同责任人的责任份额,如文学作品侵权中作者与报刊之间责任的分担等。对于受害人的附带性财产损失与名誉侵害行为是否存在因果关系,受害人也应负举证责任。

(四)行为人有过错

在我国,名誉侵权行为是一般侵权行为,采取的是过错原则。名誉权毁损的成立原则上要求加害人必须具有过错,此已被我国司法解释承认。我国学术界基本认可名誉权侵权的归责原则为过错责任原则,但对于加害人的主观态度是否包括过失尚有不同意见。我国法律虽未明确规定过失情况下应承担侵害名誉权之责任,然而故意和过失当属过错应有之义。在名誉权纠纷案件中,很多情形下被告都会以主观上没有损害他人名誉的故意来作为抗辩的理由,如杂志社、报纸等刊载文章侵权中经常出现此种抗辩。但在上述侵权中[2],如果杂志社、报

---

〔1〕 最高人民法院中国应用法学研究所编:《人民法院案例选》2004 年民事专辑(总第48 辑),人民法院出版社 2005 年版,第 131 - 136 页。

〔2〕 安徽省合肥市中级人民法院民事判决书,(1995)合民初字第 22 号等媒体侵权案件。

纸等新闻媒体机构对新闻报道或刊载文章没有尽到合理审查之义务,或因其他严重失误等原因给他人名誉权造成损害的,仍可认定侵权成立。日本民法亦认为名誉毁损的成立原则上要求加害人必须具有故意或过失。[1] 在我国司法实务中也存在过失侵害他人名誉权的案例,如在李某国诉张某荣、营口市清真西寺案[2]中,法院即认为被告张某荣听信传言,草率写出告示,称原告经营的豆油中兑有荤油,其行为虽然持续时间不长,并予更正,但损害事实已经发生,造成了影响销售额的后果,其更正的通告亦没有达到立即消除影响的社会效果,损害了原告的名誉。该案中,被告在没有进行调查的情况下,即宣告原告豆油中掺有荤油,致使原告名誉受损,存在过失。在苏某涌、李某光诉南京亚华大酒店、兴城市公安局案[3]中,兴城市公安局工作人员崔某真在执行职务中,在没有任何证据的情况下,在众人面前几次强调原告苏某涌有问题,并激苏某涌"没有问题你敢把你媳妇找来吗?"崔某真所说的"不敢找媳妇"虽未明确具体指的是什么,但使人误认为可能是男女之间的问题,致使原告名誉受损。同时,南京亚华大酒店将原告一同入住的男房客错误登记为女性,致使崔某真对原告产生怀疑。在本案中,两被告均无损害原告名誉的故意,而是出于过失导致了原告名誉受损的后果,属于存在过错,应当认定为侵害了原告的名誉权。法院判决中认为被告行为虽未直接也并非故意,但它是本案得以发生的起因,采取的就是这一观点。从上述两个案件我们也可以看出,被告是否存在过错,原告一般不负举证责任。本书以为,如同名誉受损采取推定的方式一样,在认定存在名誉侵权行为的同时可推定行为人存在过错,这是判定行为人是否存在过错的客观标准,当然,行为人提出证据证明自己不存在过错即可推翻法院的推定。有学者指出,采取推定方式判断行为人是否存在过错有一个例外情况,即对于公众人物名誉权的侵害,需要受害人对加害人的故意或重大过失进行证明。[4] 事实上,在此种情形下,加害人的过错依旧可以采取推定的方式加以确认,只是在舆论监督的情形下,公众人物负有一定的容忍义务,以保证言论自由,这和过错的推定并不相抵触,适用相应的抗辩事由即可。再者,美国"真实恶意"原则将英美法系传统中的举证责任倒置,这一做法并没有得到各国的公认,实不可取,我国亦未采纳之。

在过错程度的要求上存在一般公民与公众人物的区别。我国虽然没有承认

---

[1] 参见[日]五十岚清:《人格权法》,[日]铃木贤、葛敏译,北京大学出版社 2009 年版,第 22 页。

[2] 陕西省西安市中级人民法院民事判决书,(1996)西民初字第 869 号。

[3] 辽宁省兴城市人民法院民事判决书,(1996)兴泉民初字第 258 号。

[4] 参见张新宝:《名誉权的法律保护》,中国政法大学出版社 1997 年版,第 149 页。

“真实恶意”原则，但对公众人物的名誉权保护做出了区别对待。一是对于一般公民的名誉侵害，只要加害人有过错便具备了侵权行为之构成的主观要件；对于公职人员或者社会公众人物的名誉之侵害，要求加害人具有故意或重大过失的主观要件。二是反映在民事责任上，因重大过失或者故意侵害他人名誉权的应承担较重的民事责任，而因一般过失侵害他人名誉权的，则可承担较轻的民事责任。[1] 一般认为对于公众人物的名誉侵害，公众人物有一定的容忍义务，只要是在正当的舆论监督范围内，行为人不存在故意或者重大过失的侮辱、诽谤性质的言词，就不构成名誉权侵权。如在高某松诉雅虎香港控股有限公司案[2]中，法院即认为雅虎公司发布的文章虽然内容不同或者不完全相同，但是文章的主题均不属于对高某松个人品质的褒嘉，且文章中存在许多贬损性的文字。应当说，雅虎公司的上述做法超越了客观报道、正当监督的范畴，已造成高某松的社会评价降低的法律后果，构成了对高某松名誉权的侵害。本案中，雅虎公司只有超越了正当监督的界限，存在重大过失，才构成对高某松的名誉权的侵害。

(五)名誉侵权的抗辩事由

为了保护个人名誉权，各国法律对侵害他人名誉权的行为多有规范，对侵害他人名誉权者给予民事或刑事上的制裁，我国法律概莫能外。此外，通过法律制裁之规定虽然可达到保护自然人名誉权之目的，其对于言论自由之不利影响恐须一并考虑。为均衡二者对立矛盾的立场，立法者遂通过抗辩事由之设计来限缩侵害名誉权之民事法律责任成立的范围，让原本侵害他人名誉权之言论得因符合某种抗辩事由之规定成为合法的言论，仍旧享有言论自由的保障，以求兼顾言论自由与名誉权之保障。我国民法中也不例外地对抗辩事由做出了规定，《民法典》第 180 条规定了不可抗力，第 181 条规定了正当防卫，第 182 条规定了紧急避险，第 184 条规定了紧急救助。而对于名誉权侵权的抗辩事由则在人格权编第五章专门集中规定，以下本书将对名誉权侵权责任特有的抗辩事由作一探讨。需要特别指出的是，本书所称的“抗辩事由”采广义理解，既包括对构成要件的否认(包括违法阻却事由)，也包括在构成要件完整的情形下对加害人法律责任的减轻或免除。

《民法典》出台前，我国名誉权侵权的抗辩事由散见于若干法律与司法解释

---

〔1〕 参见王利明、杨立新：《人格权与新闻侵权》，中国方正出版社 1995 年版，第 590 页。

〔2〕 国家法官学院、中国人民大学法学院编：《中国审判案例要览 · 2004 年民事审判案例卷》，人民法院出版社、中国人民大学出版社 2005 年版，第 349 – 354 页；北京市朝阳区人民法院民事判决书，(2002)朝民初字第 04336 号。

中。《名誉权解答》(已失效)第 7 条到第 9 条,[1]《名誉权解释》(已失效)第 2 条、第 4 条到第 9 条,[2]最高人民法院《关于刘兰祖诉山西日报社、山西省委支部建设杂志社侵害名誉权一案的复函》,[3]最高人民法院《关于广西高院请示黄仕冠、黄德信与广西法制报社、范宝忠名誉侵权一案的复函》[4]等一系列的规范文件中都有关于名誉侵权抗辩事由的规定。

综合以上规范的规定以及学术界的论述[5],名誉权侵权的抗辩事由可分为真实抗辩、公正评论、当事人允诺、权威消息来源、依法履行职权(特权)与正当防卫。此处论述的抗辩事由仅指在侮辱、诽谤等一般情形下名誉权侵权案件的抗辩事由,媒体侵权、文学作品侵权、特定职业行为侵权等特殊侵权的抗辩事由将在下文再做具体分析。

1. 事实陈述——真实抗辩与合理查证义务

所谓事实真实(truth)抗辩,也称正当理由(justification)抗辩,有学者将其定义为"行为人能够证明他们所陈述的事实是客观的、真实的事实时,则即便他们陈述的是对他人名誉具有毁损性质的陈述,他们也不用对他人承担名誉侵权责任"[6]。但我国《名誉权解答》(已失效)第 8 条不仅规定判断是否成立名誉权侵权需依据内容基本真实、基本属实抑或基本内容失实,还要参考是否有侮辱他人人格的内容,《名誉权解答》(已失效)第 7 条和第 9 条也有类似的规定。可见,我国的真实性抗辩标准不仅要求行为人所作的陈述是客观真实的,而且不得包含侮辱性质的毁损他人名誉的内容,其含义与上述学理性定义有所区别。

真实性抗辩为世界各国名誉侵权立法与实务所普遍采纳,其中,英美法系真实标准较为发达。英国最早不承认真实性抗辩,有所谓"越真实越诽谤"(the greater the truth, the greater the libel)的原则。1843 年英国《诽谤法案》规定代表公众利益的真实陈述可免除责任。英国 1952 年颁布了名誉毁损法令,其中对抗辩有明确规定,随后抗辩的类型不断发展,现代英国的名誉权法规定的抗辩理由

---

〔1〕 这三条主要涉及新闻、批评文章与文学作品的发表侵害名誉权,体现的是"真实"这一抗辩事由。

〔2〕 其中,第 2 条涉及内部刊物是否会侵害名誉权,第 4 条、第 5 条及第 8 条涉及依法行使职权,第 6 条涉及权威消息来源,第 7 条涉及受害人同意,第 9 条涉及公正评论。

〔3〕 该复函涉及新闻真实标准与正当的舆论监督。

〔4〕 该复函亦是涉及新闻真实标准与正当的舆论监督。

〔5〕 参见张红:《民法典之名誉权立法论》,载《东方法学》2020 年第 1 期;姜战军:《中、英名誉权侵权特殊抗辩事由评价、比较与中国法的完善——兼评英国〈诽谤法案 2013〉对名誉权侵权特殊抗辩事由的改革》,载《比较法研究》2015 年第 3 期。

〔6〕 张民安、杨彪:《侵权责任法》,高等教育出版社 2011 年版,第 300 页。

有正当理由、公正评论、特许权等7种,其中正当理由就是指真实性抗辩,现代英国诽谤法已将真实性作为诽谤诉讼的首要抗辩。《侵权法重述》(第2版)第581A条规定:"就事实而作具有诽谤性之陈述公布者,如该陈述为真实者,行为人毋须就诽谤而负责任。"[1]这也是对真实性抗辩的描述。

在英美诽谤诉讼中,普通法的真实性抗辩规则是预设被告陈述的事实是虚假的,被告抗辩其陈述是真实的,即只要被告能证明其言词是真实的,就可全面抗辩原告的诉讼请求,即使被告主观存在恶意。普通法认为,如果行为人能够举证证明其做出的对他人名誉具有毁损性的陈述是真实的,则行为人就不用就其陈述对他人承担名誉侵权责任,他人要想使行为人承担名誉侵权责任就需要证明行为人在做出陈述时对陈述存在某种过错。[2] 不过真实性抗辩已经在很大程度上被"苏利文诉纽约时报案"发展出的"真实恶意"原则所吸收了。现在它已经成为诽谤法的宪法理论框架的一部分,因而要求原告在案件之初即对被诉言论的虚假性做出证明。在法律上,如果某件事情不是假的,那么它就是真实的。根据苏利文诉纽约时报案,原告负有最初的证明责任。

在英美法中,对于事实真实的要求,只需这种真实是基本的真实(substantial true),而非完全到细枝末节的真实。所谓真实,不必每一细节均相符合,只要与诽谤性有关部分大体无误。[3]《英国1952年名誉损害法令》(Defamation Act 1952)中规定"媒体在行使真实和公正评论的抗辩事由时,没有必要证明有关事实的每一个细节的真实性,只要基本事实是真实的即可"[4]。也就是说,如果被告能够证实所有真实的事实都基本是真实的,那么事实真实的抗辩就能成立。

可以看出,在证明真实的举证责任上,英美两国是存在差异的。在英国,原告无须证明言论的真实性,也就是不承担举证责任。"原告无须证明被告的言论是错误的,法律假设它们是错误的,被告只能申辩和证明言论是真实的,来反驳这种假设"[5]。起初,美国继承了普通法系的这一传统,在"苏利文诉纽约时报案"之后,美国对于真实的举证责任配置发生了转变,在涉及公众人物的诽谤案件时,如果原告不能证明诽谤性言论是虚假的,则要承担败诉的结果,体现了

---

[1] 美国法学会:《美国法律整编·侵权行为法》,刘兴善译,司法周刊杂志社1986年版,第466页。

[2] 参见张民安主编:《名誉侵权的抗辩事由——事实真实、公正评论、绝对或相对免责特权等对行为人名誉侵权责任的免除》,中山大学出版社2011年版,第50页。

[3] See Hanson, Libel and related torts, op. Cit. p. 82. 转引自杨敦和:《论妨害名誉权之民事责任》,载《辅仁法学》第3期。

[4] 侯健:《舆论监督与名誉权问题研究》,北京大学出版社2002年版,第85页。

[5] David Price, *Defamation Law*, *Procedure & Practice*, Sweet & Maxwell, 1997, p. 54.

保护言论自由与公民名誉权的平衡。

如前文所述,我国民法亦肯定真实性抗辩,对于真实的要求也是只要达到基本真实即可,且不得有侮辱他人人格的内容。举证责任采取“谁主张,谁举证”的原则,由原告证明行为人的陈述是虚假的,被告如要证明自己陈述的正当性,需提供证据证明其陈述具备基本真实的要求。在论及“真实”的含义时,张新宝教授将其区分为事实上的“真实”和法律上的“真实”,“完全真实”与“基本真实”,〔1〕这种区分是厘清名誉权保护中真实性抗辩的基本前提。这一分类值得赞同,把事实真实和法律真实加以区分,如同道德与法律之区分一样,失实的事实内容如果无关受害人的名誉权,就无须受法律之谴责,而真实性抗辩乃是对于行为人在做出一定陈述时,须尽一定的“合理查证(注意)义务”,如没有尽到此等义务,损害了受害人的名誉,需承担相应的民事责任。在司法实践中,对于基本真实抑或基本失实的认定乃是难点,实务案例众多,但对事实的真实性法官具有较大的自由裁量空间,尚无权威的统一标准。本书认为,考察行为人的言论是否符合基本真实的要求可以从言论客观程度、性质等方面做一个整体的考察。如在李某政诉安徽法制报社案〔2〕中,法院认为,被告安徽法制报社为组织报道临泉县人民检察院办理张某文诈骗案所遭遇的种种阻碍,以期引起社会关注,约请他人撰写稿件并派员同往采访是正当行使舆论监督权利的行为,但其应遵循新闻宣传必须客观、真实的原则,对所报道的事件事实负责。但由于采编人员未认真核实事后形成的《背后》一文中“一个幽灵”一节中涉及原告李某政的有关事实和该文“家破人亡”一节中有关李某才之女李某梅之死的事实,致使这些事实基本失实。安徽法制报社在决定发表该稿前又未依发稿程序的规定进行审核,且依此未经审核的稿件内容为依据,编撰《编者按》和《艰难》评论文章,先后分别与《背后》上、下部分一同编排于《青天游》第 104 期、第 105 期上刊载发表,抨击李某政,致其名誉受到不法侵害,已造成不良的社会影响,直接侵害了李某政的名誉权。本案中,法院即认为事实必须满足客观的要求,若其基本内容不符合基本的客观情况,则可认为基本失实,超越了正当舆论监督的范围,应承担名誉权侵权责任。在李某珍、李瑞某诉湘西土家族苗族自治州团结报社、湘西广播电视报社、覃某长等案〔3〕中,被上诉人湘西土家族苗族自治州团结报刊载由覃某长、阙某斌写的《他从北京载誉归》和湘西广播电视报刊载唐某写的《孝顺“儿

---

〔1〕 张新宝:《名誉权的法律保护》,中国政法大学出版社 1997 年版,第 176 – 178 页。

〔2〕 安徽省高级人民法院民事判决书,(1996)皖民终字第 56 号。

〔3〕 湖南省湘西土家族苗族自治州中级人民法院民事判决书,(2000)州民终字第 171 号。

子"敬老记》两篇报道主要内容属实,是宣传罗某发敬老养老先进事迹的正面报道,其目的是宣传先进典型,弘扬中华民族敬老养老的传统美德。虽然"孤寡老人""四个孩子不幸都已夭折"提法部分内容与客观事实有不符之处,但只是在很小的范围内有一定的影响。两篇报道也没有诽谤、贬低上诉人李某珍、李瑞某、向某莲人格和名誉的文字,且无证据证实上诉人有损害结果存在。故李某珍、李瑞某、向某莲称湘西土家族苗族自治州团结报、湘西广播电视报刊载被上诉人阙某斌、覃某长、唐某所写的文章失实,损害其名誉权的主张不能成立。从本案可以看出,即使文章内容存在失实之处,但文章的性质并无侮辱、贬低原告的人格和名誉的内容,且是为了弘扬正面典型,从整体上看仍然符合基本真实的要求。

此外,对于行为人的陈述是否存在暗示的事实,以及暗示的内容是否损害受害人的名誉权,我们也应做出全面考察,不能以偏概全,应审查行为人是否尽到了合理查证的义务,并结合行为人的过错来判断其是否侵害了他人的名誉权。如在傅某明、傅某麟诉余某均案[1]中,法院即认为,尽管"这是余某均的红榉三合板,同志们,是真是假","这是'喇叭'(被上诉人余某均的绰号)出售给我的108元/张的红榉三合板,请大家看看真假"等文字从字面上看没有直接写明被上诉人现在经营商行售假,但从立黑板的场地及被上诉人所开商行经营三合板(装潢材料商行的字号中含有"老余"字样)的情况综合分析,这段文字存在一种暗示(这种暗示能为一般人所理解),即暗示存在"被上诉人所开商行出售三合板与售假有关"的事实。但由于两上诉人没有证据证实老余装潢材料商行与售假有关,所以这种暗示的事实是虚假的。这种暗示足以使受害人及知悉者所认识,从而对被上诉人的名誉构成不利的影响,故这种暗示实质上具有诽谤性。被告仅凭自己的猜测即认为其购买的三合板为不合格产品,没有尽到合理的注意义务,其所作陈述虽不做肯定描述,但其描述所暗示的内容已经能够让一般人将原告与售假联系在一起,不具备真实性的要求。另在董某海诉青年时报社案[2]中,作者在对《青年时报》所作的关于原告的两篇报道中,第一篇报道中指出,马某亮因为阻拦董家建墙,被董家四兄弟打死,而根据目击村民们的说法,直接导致马某亮死亡的原因是在清华大学读行政管理学博士的董家小儿子董某海

---

〔1〕 浙江省金华市中级人民法院民事判决书,(2002)金中民一终字第360号。

〔2〕 国家法官学院、中国人民大学法学院编:《中国审判案例要览·2009年民事审判案例卷》,人民法院出版社、中国人民大学出版社2010年版,第77-83页;北京市海淀区人民法院民事判决书,(2007)海民初字第11203号。

用压瓦的椽木砸在马某亮头上。该段内容传达给读者的含义系董某海导致马某亮死亡。此时该案正在司法机关侦查期间,是否因董某海的行为导致马某亮死亡尚处于未知状态,且根据2007年3月5日丽水市人民检察院对董某海做出的不起诉决定书可知,董某海参与其家庭违章建房并参与扭打,但并未直接伤害致被害人马某亮死亡,情节显著轻微,危害不大,不认为是犯罪。第二篇报道写到,董某海读行政管理专业就是为了做官,让自己和家里人扬眉吐气……不懂做人的基本道理等,该文系建立在第一篇报道基础上的后续报道,旨在通过对董某海成长经历、性格特点的剖析,引起读者对于董某海迷失于乡村权力场、卷入山村命案的讨论,极具暗示意味。在本案中,新闻报道显然没有尽到合理查证义务,在事实尚无定论的情形下所作的关于原告的描述有让一般读者都能看出其有认为董某海为凶手且品行不端的暗示,不符合事实真实的要求,降低了原告的社会评价。而张某诉京华时报社案[1]是对中国管理软件学院发生暴力事件、有学生和老师受到攻击的事实进行描述,并不涉及对事件的评述。报道中的内容有的是记者亲眼所见的现场描述,有的是对他人叙述的引用,结合2006年7月21日公安机关所作询问笔录,报道内容基本属实。关于"询问"和"讯问"的区别,虽然属新闻记者在报道中的错误,但原告并不能够证明被告对此存在恶意,也不至于对普通社会公众产生误导,是以此处报道虽具有一定的暗示意味,但与日常所见的新闻采访报道并无不同,不能使一般读者误解暴力事件为原告所为,符合基本真实的要求。

2. 公正评论

在现代民主社会,得受公评之事项与国家利益、民众福祉有密切联系,针对公众事务,意见的自由发表与讯息广泛的交流乃是促进社会民主深化的重要机制,因此民众对得受公评之事项为善意而适当之评论,即纵有妨害他人名誉之情形,基于社会公益的理由仍可以此作为抗辩。上文论述的"真实"标准乃是作为事实陈述的抗辩理由而存在的,而公正评论之抗辩是为意见表达所设计的,以捍卫言论自由。因此,在适用公正评论抗辩之前,需要判断某一言论是否为意见表达。在美国,1984年联邦上诉法院哥伦比亚特区巡回法庭从"奥尔曼诉伊万斯案"(Ollman v. Evans)中总结出了判断言论是否为意见表达的Ollman测试标准,它认为判断一段言论是否为意见表达可以从四个方面予以考察:"(1)该陈

[1] 国家法官学院等:《中国审判案例要览·2008年民事审判案例选》,中国人民大学出版社、人民法院出版社2009年版,第128-133页;北京市第二中级人民法院民事判决书,(2007)二中民终字第16297号。

述能否证明对错？(2)这些词语的通常含义是什么？例如，叫某人火鸡(turkey，愚蠢的人)，通常不代表某人长有羽毛'咯咯'叫，称某人为笨蛋(moron)，通常不代表某人的智商水平低于常人。(3)该陈述的新闻背景是什么？是存在于刊登新故事的报纸扉页中，还是存在于读者习惯于寻找观点的社论中。(4)该陈述的社会背景是什么？听众期待听的是对事实的陈述还是对观点的评论，他们是在听一个科学家的报告还是听一个抗议集会上的争吵。"[1]以此为依据，结合一般社会认知可以认为，意见表达代表了行为人自己的观点，这种言词是没有正确与否的区分的，而事实陈述是能被证伪的。然而现实中，行为人的陈述有时是基于事实而为的评论，或是夹叙夹议，事实与意见难以做出截然的区分，法院得自由裁量之。

在判断陈述为意见表达的基础上，适用公正评论抗辩仍需具备一定的条件。在英国，"被告以此进行抗辩要具备四个条件：(1)必须是发表评论而不是陈述事实；(2)评论必须有充分的事实作为基础，也就是评论必须建立在真实事件的基础上；(3)评论必须为一个公正的人(fair - minded person)所正确理解，这是一个有关客观性的测试；(4)评论的主题必须与公共利益有关"[2]。在美国，公正评论是作为抗辩事由"对观点的保护"(protect of opinion)中的一类存在的，需要符合以下条件：(1)此评论是对观点的论述，即这个论述不能被判断对错；(2)此名誉毁损性评论集中于合法的公众利益；(3)评论以事实为基础。[3] 综上可知，公正评论需具备四个构成要件：第一，行为人做出的具有名誉毁损性质的陈述不是对某种事实的陈述而是对某种观点的陈述；第二，行为人的评论必须是建立在某种真实性的事实陈述的基础之上或者建立在某种免责特权场合做出的陈述基础之上；第三，行为人只能对涉及公共利益的问题或者对社会关心的问题做出评论；第四，行为人对他人或他人的行为做出的评论被认为是公正的。[4] 最高人民法院在1998年8月31发布的《名誉权解释》中指出，"消费者对生产者、经营者、销售者的产品质量或者服务质量进行批评、评论，不应当认定为侵害他人名誉权。但借机诽谤、诋毁，损害其名誉的，应当认定为侵害名誉权。新闻单位对生产者、经营者、销售者的产品质量或者服务质量进行批评、评论，内容基本属

---

〔1〕 Don R. Pember, *Mass Media Law*, 2003 - 2004 ed., MeGraw - Hill, 2002, p. 212.

〔2〕 David Price, *Defamation Law, Procedure & Practice*, Sweet & Maxwell, 1997, p. 63.

〔3〕 Ke1th R. Evans, *The Law of Defamation in Singapore and Malaysia*, Malaya Law Journal Pte. Ltd., 1988, p. 60.

〔4〕 参见张民安主编：《名誉侵权的抗辩事由——事实真实、公正评论、绝对或相对免责特权等对行为人名誉侵权责任的免除》，中山大学出版社2011年版，第19-20页。

实,没有侮辱内容的,不应当认定为侵害其名誉权;主要内容失实,损害其名誉的,应当认定为侵害名誉权”。此项规定只是消费者对产品与服务质量的评论的免责,因为消费者对此等事项的评论涉及公共利益,但没有指出何种程度的评论才是合理的评论,一则规定粗陋,二则公正之标准本身并无一致意见。本书认为,评论者主观上出于诚意,且评论依据于一定的真实事实是“公正”最基本的要求。

3. 受害人同意

在人格权侵害(当然包括名誉权的侵害)中,如若有当事人的同意,原则上侵权行为的违法性就遭受阻却。受害人同意较多地发生于新闻报道领域,通常表现为两种情形:一是受害人明确请求损害,如受害者将有损自己名誉的照片主动提供给报社(此种情形较为少见);二是受害人默示承担损害结果,如明知对方为记者并接受采访,问题回答中涉及损害自己名誉的事实。在美国法上即认为与一位记者谈论相关事件这一行为本身即意味着对发表的认可。正如第四巡回法院上诉法庭在一个经典案例中所指出的:“(原告)是在一次将要用来发表的采访中对新闻界做出上述声明的,从这一点来看,原告很难指责新闻机构既发表了他的谈话,又发表了别人对他的指控——哪怕在其他情况下他可以对发表这一指控本身表示反对——因为他的谈话本身就是对这一指控的回答。”[1]但是,新闻媒体与记者的报道应当符合受害人同意的内容,超越其范围即认为其侵害了受害人的名誉权。在李某某诉郝某白、《兰州晨报》社、甘肃《现代妇女》杂志社案[2]中,被告郝某白撰写涉及原告李某某隐私的文章并公开发表在报刊上,虽经李某某同意,但李某某对被告郝某白具体写什么、怎么写,写到什么程度并不知晓。被告在没有将写成的文章交由原告认可的情况下使用其真名并配上其照片,公开发表在《兰州晨报》和《现代妇女》杂志上,给原告李某某工作生活造成不便,构成名誉侵权。

可见受害人同意需满足严格的条件。张新宝教授认为,将受害人同意作为抗辩适用于我国有关名誉权纠纷的案件中,应具备以下构成要件:(1)作为受害人表示的“同意”是其真实意思,而不是受到欺诈、胁迫等而表示的不真实意思;(2)行为人不得具有显著的恶意;(3)传播不利于受害人名誉权事实的内容不超

---

〔1〕[美]唐纳德·M.吉尔摩、杰罗姆·A.巴龙、托德·F.西蒙:《美国大众传播法:判例评析》(第1版),梁宁等译,清华大学出版社2002年版,第212页。

〔2〕最高人民法院中国应用法学研究所编:《人民法院案例选》2000年第1辑(总第31辑),人民法院出版社2000年版,第116-121页。

过受害人同意的内容和范围;(4)受害人同意的意思表示一般应当在发表有关不利于其名誉的事实之前做出,事后的同意是一种追认,也可承认其效力。[1]当然,只有当事人允诺侵害人实施的侵害行为不与公序良俗和法律规定相违背时,此种承诺才得法律准许。此类案例在国内外尚不多见,[2]因为几乎没有当事人意欲使自己的名誉和社会评价受到毁损。

4. 权威消息来源

在英美法系中,对权威消息报道的免责属于有条件的特权之一种。在美国,对司法程序中证人的宣誓和口供、律师的陈词、法官的宣判、有关案件的审理、法院的判决书、陪审团的判决书、法院的观点、裁决令和大陪审团对某人犯罪的控告书的报道,都享有有条件的特许权。《侵权法重述》(第2版)中对这一特权的说明是:"如果报道的是政府的公共活动或者某些与公共事务有关的公开会议,只要该报道是真实新闻事件本身准确而公正的描述,抑或是对事件进行可控范围内合理的简化,即使描述中有损害他人名誉的内容,仍然可以不用承担责任。"[3]可以说在大部分国家,有条件的特许权均包括对立法程序、司法程序以及行政措施的报道。"之所以要称为有条件的特许权,是因为在符合以下条件时,才能在诽谤诉讼中运用这个抗辩事由:第一,这种权利仅仅适用于某些特定的会议、听证会、诉讼、报告和报告书。第二,报道必须是对这些会议及报告所涉内容的公平、正确和真实的叙述。在过去,还有第三条限制,那就是包含有毁损名誉的指控的报道,是为了告诉民众才出版或播出的,不仅仅是为了伤害原告。但是今天普遍认为第三条限制已经不适用,被告出版或者播出报道的动机已经无关紧要。"[4]

权威消息来源亦称为"合理引用"。如果行为人根据来自权威部门的材料或结论做出某种陈述,并相信其为真实,即使其损害了他人的名誉,仍可以其陈述具有权威来源而得免除民事责任。《名誉权解释》(已失效)第6条规定了特许权报道:"新闻单位根据国家机关依职权制作的公开的文书和实施的公开的职权行为所作的报道,其报道客观准确的,不应当认定其侵害他人名誉权;其报道失实,或者前述文书和职权行为已公开纠正而拒绝更正报道,致使他人名誉受到损害的,应当认定为侵害他人名誉权。"《民法典》第1026条所列举的第1项

---

〔1〕 参见张新宝:《名誉权的法律保护》,中国政法大学出版社1997年版,第160页。
〔2〕 参见[日]五十岚清:《人格权法》,[日]铃木贤、葛敏译,北京大学出版社2009年版,第23页。
〔3〕 《侵权法重述:条文部分》,许传玺等译,法律出版社2012年版,第260－267页。
〔4〕 Don R. Pember, *Mass Media Law*, 2003－2004 ed., McGraw－Hill, 2002, p. 203.

“内容来源的可信度”也具有权威消息来源的意涵。司法实践中相关的案件也不在少数,如在孟某非诉海口晚报社、冯某清案[1]中,《海口晚报》发表的《真是咄咄怪事》和《孟某非及其亲属骗购解困房受到处理》两篇报道,其材料源于政府职能部门的情况汇报、情况报告和处理意见,无作者主观编造、侮辱孟某非人格的内容,故其报道不构成对孟某非名誉权的侵害。在黄某冠、黄某信诉《广西法制报》社、范某忠名誉侵权案[2]中,被告仅依检察机关文书报道,且在法院判决被告无罪后拒绝进行后续更正报道,主观上有放纵和扩大损害后果的故意,侵害了原告名誉权。另在肖某美诉福建日报社、三明日报社、黄某成案[3]中,原告及其助手没有医疗机构执业许可证而非法行医,被泰宁县卫生管理部门处罚,对此原告并没有提出异议,并已由泰宁县人民法院依法强制执行。而原告至今没有充分证据证明其所提供的“东南中医药研究所所长”“客座教授”“高级研究员”等相关职称和职务证书的真实性、合法性和有效性,因此《福建日报》和《三明日报》的报道并没有侮辱原告人格的内容,属于正常新闻报道;从整个事件的全过程及名誉侵权的构成要件来看,报社并未对原告构成名誉侵权。可见,新闻媒体在消息来源确信为权威或基本真实之前应进行审查,因其没有尽到合理查证义务致使报道内容失实的,应承担侵害名誉权的民事责任。

按我国的社会实际及司法经验,权威消息来源应包含以下几个方面:(1)法律、行政法规和规章认定的事实;(2)人民法院的终审裁判文书认定的事实;(3)合法的仲裁机构认定的事实;(4)行政机关在正式文件和正式行政程序中认定的事实;(5)执政党的正式文件、出版物认定的事实和执政党正式向社会发布的事实;(6)国家立法、行政、司法、监察机关在其新闻发布会、记者招待会、白皮书、蓝皮书等上发布的事实;(7)国家立法、行政、司法机关在其正式出版物(如国务院公报、最高人民法院公报)上发布或者认定的事实;(8)公民、法人关于自身活动以书面(如广告宣传材料)或口头方式(如答记者问)公布的有关材料。

5. 依法行使职权

依法履行职务的行为亦可作为名誉权侵权的免责事由,其主要是指国家机关工作人员根据法律授权依法行使其权力的职务行为不会构成名誉权侵权。《名誉权解释》(已失效)也已明确指出,“国家机关、社会团体、企事业单位等部

---

〔1〕 海南省最高人民法院民事判决书,(1997)琼民终字第42号。

〔2〕 最高人民法院民事审判庭编:《民事审判指导与参考》(第1卷),法律出版社2001年版,第141-147页。

〔3〕 江苏省南京市鼓楼区人民法院民事判决书,(2003)鼓民初字第1927号。

门对其管理的人员作出的结论或者处理决定,当事人以其侵害名誉权向人民法院提起诉讼的,人民法院不予受理"〔1〕。除此之外,检察机关的侦查行为、司法机关的审判行为等也都不会构成名誉权侵权。

此种抗辩事由在媒体或个人依据国家机关发布的调查报告或裁判结果进行报道而造成的侵权案例中表现非常明显,〔2〕在这些案件中,国家机关及其工作人员因为依法履行职务而免责,而即使国家机关经过调查对其之前发布的文书进行修改,原则上也不能将其列为被告。

依法行使职权并非享有绝对的特权,其与英美法中特许权抗辩存在交叉,包含绝对特许权抗辩和一部分的相对特权抗辩。我国法上享有绝对特权的有:人大代表不用对其在人大会议上的发言承担法律责任,对于立法文件审议的发言也在此列;单位依据职权对自己管理的干部、职工做出涉及个人品德的评价属于正当行使权利的行为,即使评价有不当之处,也不能认为是侵害名誉权,当事人如有不服,应按照有关规定进行申诉,但是如果超出职权的范围,恶意散布有损他人名誉的言论,则构成侵权;司法机关做出司法裁判的行为;公务人员执行公务的行为,又称职务上的合法行为。职务上的合法行为抗辩事由的成立须具备以下两个条件:第一,须是依法律授权实施的,即行为人有实施行为的权力;第二,须行为的实施不违反法律,即行为人实施的行为合乎法律的要求。在英美法中,相对特权之一为当事人有义务(duty)或有利益(interest)做此陈述,而且言论的接受者与其陈述有"义务或利益"上的关联,〔3〕如"对警察或调查官员报告犯罪行为,向雇主提供其想雇佣的人的相关情况"。如在杨某某诉第四军医大学第一附属医院案〔4〕中,第四军医大学第一附属医院对杨某某疾病的检查、诊断、治疗和按规定逐级上报是履行正常的医疗职责的行为,也是对患者和社会负责。樊某某在杨某某病危的情况下,向其所在单位有关领导及其亲属通报初诊病情,并未向其他人散布,第四军医大学第一附属医院及樊某某的行为是正常的医务活动,没有违反有关法律、法规和规章制度,也就不存在侵害杨某某名誉权的问题。《名誉权解释》(已失效)规定,"医疗卫生单位的工作人员擅自公开患

---

〔1〕《名誉权解释》第4条。

〔2〕"湖北省造纸公司诉湖北法制报社、李汉江的新闻报道侵害名誉权纠纷案",最高人民法院中国应用法学研究所编:《人民法院案例选》(民事卷1992－1999年合订本),中国法制出版社2000年版,第775页;"黄仕冠、黄德信诉《广西法制报》社、范宝忠名誉侵权案",最高人民法院民事审判庭编:《民事审判指导与参考》(第1卷),法律出版社2001年版,第141－147页。

〔3〕David Price, *Defamation Law*, Procedure & Practice, Sweet & Maxwell, 1997, p. 80.

〔4〕祝铭山主编:《典型案例与法律适用——名誉权纠纷》,中国法制出版社2003年版,第61页。

者患有淋病、麻风病、梅毒、艾滋病等病情,致使患者名誉受到损害的,应当认定为侵害患者名誉权。医疗卫生单位向患者或其家属通报病情,不应当认定为侵害患者名誉权”。

应注意的是此免责事由的例外,即如若国家机关及其工作人员在履行职权时没有履行自己应尽的注意义务或超出了一定的界限,造成了受害人名誉的毁损,那么就有可能承担名誉权侵权责任。如在李某某、高某某、刘某某等诉六安市公安局叶集改革发展试验区分局、安徽电视台、叶集改革发展试验区叶集实验学校侵害名誉权、肖像权纠纷案〔1〕中,公安分局因在执行侦查任务结束后未尽到“特别提醒义务”而被法院认定构成侵权。另在苏某涌、李某光诉南京亚华大酒店、兴城市公安局案〔2〕中,兴城市公安局工作人员崔某真在执行职务中,在没有任何证据的情况下,在众人面前几次强调原告苏某涌有问题,超出了依法履行职权的界限,侵害了原告的名誉权。在石某梅诉上海住电装管理有限公司、YUTAKAFUJII 案〔3〕中,公司依职权对其管理的人员做出的结论或者处理决定并不意味着法律赋予公司可以随意地对职工做出与事实不符的贬低评价的权利。公司仍然应当以事实为基础,客观地对职工做出合理的评价,现被告上海住电装管理有限公司在没有事实依据的情况下,擅自使用含有贬低原告人格的词语做出结论且还将该结论告知其他单位,会使其他单位对原告产生合理怀疑,属于滥用职权的情形,给原告名誉带来了损害,构成名誉侵权。

6. 正当防卫

在学术界主张将正当防卫作为侵害名誉行为的抗辩事由并不占主流,就目前掌握的资料来看,只有王泽鉴先生与五十岚清对此做出了论述。王泽鉴先生虽然认为正当防卫乃是名誉权侵权的违法阻却事由之一,但在我国台湾地区实务中尚未见为防权利受损而为侵害他人名誉的正当行为。其举出的例子为,甲不法公开乙的隐私,乙以足以侵害甲的名誉的言词加以反驳,依具体客观情事,不逾必要程度时,得成立正当防卫。〔4〕 五十岚清指出,在《日本民法典》的侵权行为中,正当防卫也是违法阻却事由(《日本民法典》第 702 条第 1 款)。具体来

---

〔1〕《最高人民法院公报》2007 年第 2 期(总第 244 期)。

〔2〕国家法官学院、中国人民大学法学院编:《中国审判案例要览 · 1998 年民事审判案例卷》,人民法院出版社、中国人民大学出版社 1999 年版,第 412 – 415 页;辽宁省兴城市人民法院民事判决书,(1996)兴泉民初字第 258 号。

〔3〕最高人民法院中国应用法学研究所编:《人民法院案例选》2008 年第 2 辑(总第 64 辑),人民法院出版社 2009 年版,第 122 – 127 页。

〔4〕参见王泽鉴:《人格权法》,北京大学出版社 2009 年版,第 187 页。

说正如这样的例子：对他人足以引起侵害自己名誉权的言行，为了对自身进行保护而予以反击，结果损害了他人的名誉。[1] 两位学者所论述的名誉侵权的案例皆带有“以牙还牙”的意味，其论述是否成立，本书将根据民法上正当防卫的内涵与各国（地区）实践加以论述。

（1）民法上的正当防卫。民法与刑法上的正当防卫都是作为违法阻却事由存在，世界上一些主要国家对于两个部门法上的“正当防卫”多采取了一元立法的模式，具体来说，有的是民法典不作规定，而直接援用刑法典有关正当防卫的规定，如法国最高法院 1992 年 4 月 22 日的判决中明确规定“刑事法官承认行为人所实施的行为属于正当防卫，不得再在民事法院对进行必要防卫的人提起任何损害赔偿诉讼”[2]；有的是民法典仅作简单的宣示性规定，有关正当防卫的概念及构成要件均援用刑法典的相关规定，如《瑞士债法典》第 52 条第 1 款对正当防卫仅作简单规定：“实施正当防卫对侵害者造成损害的，不承担赔偿责任。”[3] 而有关正当防卫的概念和适用条件则在刑法典中规定，如《瑞士刑法典》第 33 条；或者是民法典规定了正当防卫的概念及适用条件，但与刑法典上的规定基本相同。例如，《德国民法典》中正当防卫的法律定义和《德国刑法典》中正当防卫的法律定义在文字上是一致的。又如，《日本民法典》第 720 条第（1）项：“为防卫自己或第三人的权利，不得已而对他人的侵权行为实施加害行为者，不负损害赔偿责任。但是，不妨碍受害人对实施侵权行为者请求损害赔偿。”《日本刑法典》第 36 条规定：“为了防卫自己或第三人的权利，对于急迫的不正当侵害不得已所实施的行为，不处罚。超出范围限度的行为，可以根据情节减轻或者免除处罚。”[4]

我国《民法典》第 181 条规定：“因正当防卫造成损害的，不承担民事责任。正当防卫超过必要的限度，造成不应有的损害的，正当防卫人应当承担适当的民事责任。”该条肯定了正当防卫可以作为民法上的违法阻却事由，但对其概念与如何适用未加规定。《刑法》第 20 条规定相对明确：“为了使国家、公共利益、本人或者他人的人身、财产和其他权利免受正在进行的不法侵害，而采取的制止不法侵害的行为，对不法侵害人造成损害的，属于正当防卫，不负刑事责任。正当

---

〔1〕［日］五十岚清：《人格权法》，［日］铃木贤、葛敏译，北京大学出版社 2009 年版，第 23－24 页。

〔2〕《法国民法典》（下册），罗结珍译，法律出版社 2005 年版，第 1103－1104 页。

〔3〕《瑞士债法典》，吴兆祥等译，法律出版社 2002 年版，第 12 页。

〔4〕杨秀朝：《民法上正当防卫限度条件的立法与适用——兼论侵权责任法相关条款》，载《求索》2010 年第 9 期。

防卫明显超过必要限度造成重大损害的,应当负刑事责任。”我国民法和刑法虽同时对正当防卫作出了规定,但《民法典》的规定略显简单。学术界对于民刑上正当防卫的关系之论述少之又少,似乎认为正当防卫在两个部门法上是一以贯之的。从两个部门法的条文来看,也并未将正当防卫的民刑性质做出刻意区分。但是,我国在正当防卫上的一元立法模式并不意味着在民事侵权领域适用正当防卫这一违法阻却事由可以完全套用刑法的规则。在侵权行为法中,正当防卫应有其独特的内涵和更适合于私法属性的适用规则。

在合理的限度内保护自己或他人免受侵权行为人的侵犯不构成侵权行为,正当防卫(self or private defense)是各国都认可的抗辩事由。[1] 在民法上,我们依旧可以从防卫动机、防卫起因、防卫时机和防卫限度四个方面对正当防卫加以考察。在防卫动机上,采取防卫行为所针对的民事侵权行为人的主观恶性、人身危险性以及行为本身的攻击性、杀伤力等较之于犯罪行为要轻,侵权行为所造成的损害较小,尤其是财产损害,民法上应把防卫动机限定在防止自己或他人的权利遭受不法侵害,重点强调可保护的个人利益。在防卫起因上,行为人遭受了不法侵害行为。对于阻却行为不法性这一点来说,我们必须排除通过加害无辜第三人来保护自己免受正在遭受的不法侵害,因为这构成了对第三人的“侵权行为”。[2] 根据绝大多数人的观点,作为正当防卫对象的加害行为必须是积极的作为,仅不作为尚不够。[3] 在防卫时机上,行为人须是遭受了正在进行的不法侵害。民法上的正当防卫禁止报复行为,因此它只能是防卫行为,只有当加害行为正在进行时才谈得上防卫,这与刑法上的正当防卫有所不同。在防卫限度上,我国民法对正当范围的限度与刑法有一定的区别,主要是“必要的限度”和“造成不应有的损害”。刑法上有特殊防卫权,而民法则无,乃是保护私权不受肆意践踏。防卫行为是否合理不能仅从目的—手段关系的角度考虑,即必须考虑情势所须的最缓和的防卫方式,防卫者还须在防卫行为所保护利益与因防卫行为而受到威胁的利益之间进行权衡。[4]

---

〔1〕 参见[德]克雷斯蒂安·冯·巴尔:《欧洲比较侵权行为法》(下),张新宝译,法律出版社 2001 年版,第 612 页。

〔2〕 参见[德]克雷斯蒂安·冯·巴尔:《欧洲比较侵权行为法》(下),张新宝译,法律出版社 2001 年版,第 615 页。

〔3〕 参见[德]克雷斯蒂安·冯·巴尔:《欧洲比较侵权行为法》(下),张新宝译,法律出版社 2001 年版,第 615 页。

〔4〕 参见[德]克雷斯蒂安·冯·巴尔:《欧洲比较侵权行为法》(下),张新宝译,法律出版社 2001 年版,第 617 页。

(2)名誉权上的正当防卫。哪些利益可以通过正当防卫途径加以保护,在民法上并非是毫无争议的,生命、身体的完好性,身体自由和物之所有权属于当然的"可防卫客体"。相反,名誉是否具有可防卫性,观点就大不相同。[1] 故而有必要对相关国家的立法与实务加以考察,以探求在名誉权领域适用正当防卫的可能性。

美国法上存在"答复权"制度,其又被称为"自我抗辩"。如果某人被侵害了名誉,他可以不采取进行一场成功诉讼的方式,而是同样用诽谤性的方式回敬对方的诋毁。这种情形多发生在新闻报道领域。一些权威人士主张大众媒体有权公布对名誉攻击言论的答复,而且可以免于诽谤诉讼。在某些诉讼中,如果原告的控诉是在报纸上做出的,此报纸就有权利登载被告的答复,否则"答复权"对被告将没有用处。如果被告拒绝使用媒体,将没有人能够看到或者听到答复。[2] 美国法上的"答复权"有点类似于正当防卫这一抗辩事由,在名誉权的正当防卫中,行为人必须是出于自证清白,且回应的言论应与对方发表的诽谤性言论相当。在日本,因为正当防卫或保护正当利益而认可其为阻却违法事由的典型案例有最高裁判所昭和 38 年 4 月 16 日的判决(《民集》17 卷 3 号第 476 页)。在此案中,日本最高法院认为,为了保护正当的利益不得已损害了他人的名誉、信用时,其行为与他人的言行相比在方法、内容上如果没有超出适当的范围,可以认为缺乏违法性。在东京地判 12·6·26 判夕 1116 号第 226 页的案件中,东京都东村山市市议员 A 被怀疑扒窃后坠楼死亡。围绕这一案件,因为 A 的遗属在周刊杂志上发表了"A 被创价学会杀害",创价学会的会长就在《圣教新闻》上发言说:A 的扒窃是事实,坠楼死亡系自杀的可能性较大,说是创价学会策划谋杀,简直是无稽之谈。A 的遗属等认为该发言是对自己的名誉毁损,将创价学会告上法庭,但法院认为这是对先行发生的名誉毁损行为的正当反驳。

目前为止,支持名誉权侵权的正当防卫抗辩的国家并不多见,案例则更为少见。应该来说,以牙还牙方式的争辩一般都成立对受害人的名誉毁损,但是在新闻报道等领域是可以存在正当防卫抗辩的。行为人针对他人的名誉毁损性质的言论可以提出辩驳,只要是在他人毁损性质的言论相当的范围内且是出于自证清白的目的,即可构成此抗辩。根据民法上正当防卫的成立要求,该反驳的言论不能超出一定限度,同时,行为人必须是出于辩驳,即维护自己名誉的目的而发

---

〔1〕 参见[德]克雷斯蒂安·冯·巴尔:《欧洲比较侵权行为法》(下),张新宝译,法律出版社 2001 年版,第 613 页。

〔2〕 Don R. Pember, *Mass Media Law*, 2003 – 2004 ed., McGraw – Hill, 2002, p. 218.

表相关言论,且应该是针对正在发生的名誉损毁言论发出。现实生活中此类案例并不多见。在“张某诉俞凌风网络环境中侵犯名誉权纠纷案”[1]中,原告针对被告在网络上发表的一系列针对原告的攻击文章进行的反击属于正当防卫的范畴,但非常遗憾的是,由于原告的反击言论超出了适当的界限,其最终被法院认定为不当言论。

二、损害赔偿

赔偿损失是现代民法中最为重要和主要的承担侵权民事责任的方式,我国侵权行为法中广泛地规定了这一方式。赔偿损失,是指加害人的行为造成他人财产损失、人身伤亡或者精神损害,以加害人的财产来赔偿受害人所受到的损失的一种民事责任方式。正如上文所述,名誉权侵权行为可能造成受害人内部的精神痛苦之损害及附带性财产损失,损害赔偿的目的正在于弥补这两种损失。现行法律及有关司法解释已对损害赔偿做出明确认定。财产损失一般较易认定,而精神损害赔偿的认定及赔偿数额的确定等是当前实务中的一大难题。[2]

(一)附带性财产损失范围与数额的确定

正如上文所述,侵害名誉权的行为可能造成一些附带性的财产损失。对于附带性的财产损失进行赔偿一部分是出于弥补受害人受损的名誉之需要,一部分则是为弥补其因名誉侵权行为导致的直接和间接的财产损害。法院在认定赔偿损失时需要界定财产损失的范围和数额。在名誉侵权责任中,受害人名誉权受损的直接财产损失一般来说比较少见,名誉的受损并不直接表现为财产的受损,而是社会评价的降低导致财产利益的流失,此种财产利益的损失既包括现有利益的损失还包括可得利益的损失。现有利益如受害人为了治疗严重的精神损害而支出的医疗费用、咨询费用,以及受害人为了维护自己的名誉权,针对加害人的侵权行为而澄清事实和进行诉讼支付的必要费用;可得利益的损失如受害人名誉权受到损害后可得收入之减少或者丧失,这些均在要求被告赔偿财产损失的范围内。对于赔偿数额的认定应根据填补损失的原则,对行为人侵害名誉权造成的财产损失进行全额赔偿,但原告需举证证明其损失有事实依据。在赔偿金额的估算上也有一定难度,一方面需要确认受害人的某些利益在正常情况

---

〔1〕《最高人民法院公报》2001 年第 5 期(总第 73 期)。

〔2〕作者通过案例检索分析发现,受害人在诉讼请求中一般都会提出精神损害赔偿的要求,且数额一般较大,也会提供一系列证据。但因精神损害具有很强的主观性,其往往不易认定,更无法完全用金钱的数额加以量化,于是各地法院在精神损害赔偿的认定中一般具有较大的自由裁量权。

下是肯定可以得到的，另一方面又需确认受害人没有得到这些利益完全是侵权行为所造成的。如果受害人获得某种利益本来就只是一种可能性，那么他后来未能获得就不能算作现实的损失，而只是想象中的损失，不应列为赔偿内容。如王某生诉张某峰、江苏省南京工程高等职业学校、招商银行股份有限公司南京分行、招商银行股份有限公司信用卡中心案〔1〕中，王某生因被告张某峰、信用卡中心的侵权行为导致其在银行征信系统存有不良信用记录，该不良信用记录对王某生从事商业活动及其他社会、经济活动具有重大不良影响。虽然在查清事实后信用卡中心已经把王某生的不良信用记录删除，但损害已经实际发生，给王某生实际造成了精神上的痛苦，妨碍了其内心的安宁，其社会评价也必然因此而降低。法院支持了王某生为解决本案纠纷必然支出一定的交通费用，但对其要求的失业保险金损失以无事实依据为由予以驳回。实务中财产损失赔偿数额的认定是裁判的难点。在茅某芳诉罗某蓬、胡某虹、河南文艺出版社等案〔2〕中，经济损失的赔偿总金额为 13 余万元，系原告因侵权行为而产生的经济损失和因诉讼而支出的合理费用。据判决书认定，包括原告医疗费 1707 元、误工费 20,104 元、因诉讼而支出的证据公证和办理回国签证的费用 4662 元、交通费 43,247 元、食宿费 11,859 元、通信费 5198 元和律师代理费 50,000 元(均为人民币并略去角、分)，都有真实有效的支付凭证为依据。关于因诉讼而支出的合理费用可否列为损失，以前虽然有不同意见，但是自 1988 年“徐良名誉权案”以后，把诉讼费用列入赔偿范围已很常见。

(二)名誉权精神损害赔偿范围与数额的确定

精神损害赔偿是民事主体因其人身权利受到不法侵害，使其人格利益和身份利益受到损害或遭受精神痛苦，要求侵权人通过财产赔偿等方法进行救济和保护的民事法律制度。〔3〕《民法典》第 995 条确认了名誉权受损受害人可以请求行为人承担民事责任。《精神损害赔偿解释》(2001 年)第 1 条中规定的可以请求精神损害赔偿的内容包含了名誉权。《名誉权解答》第 10 条确认了受害人名誉权受损的可以请求精神损害赔偿，并对确定精神损害赔偿时可参考的因素作出了规定，但是并未对侵害名誉权精神损害赔偿的范围和数额进行详细的规定，在实务中也留待法官进行自由裁量。

确定是否赔偿精神损害，除应考虑受害人是否有精神损害赔偿的请求外，还

〔1〕《最高人民法院公报》2008 年第 10 期(总第 144 期)。

〔2〕上海市第一中级人民法院民事判决书，(2000)沪一中民初字第 301 号。

〔3〕杨立新、薛东方、穆沁编著：《精神损害赔偿》，人民法院出版社 1999 年版，第 5 页。

应当有适当的标准,对此有不同的主张和做法。一是适当范围说,主张侵害名誉权限于适当的范围以内,没有加以扩散,没有超出适当范围的,不应予以赔偿。至于适当范围,就是指加害人与受害人之间,超出这一范围让第三人知道就是超出适当范围。二是后果痛苦说,该说主张适当范围说不能接受,因为它解决不了侵害名誉权虽在适当范围,但对受害人造成了严重的精神痛苦的救济问题,因而主张无论侵害名誉权在什么范围发生,只要造成了受害人精神痛苦的,就应予以赔偿。三是侵权行为出现说,主张适当范围说和后果痛苦说都无法确切掌握,因而主张侵害名誉权的行为一旦出现,就应赔偿。[1] 正如上文所述,在名誉权侵权中,只要毁损名誉的行为为第三人知晓,即可判定受害人遭受了精神痛苦,但是受害人的精神痛苦程度是否达到了应当给予精神损害赔偿的程度,须按照个案进行分析。《名誉权解答》规定,公民提出精神损害赔偿要求的,人民法院可根据侵权人的过错程度、侵权行为的具体情节、给受害人造成精神损害的后果等情况酌定一个可行的方案。例如,行为人是否为故意,侮辱、诽谤行为是否为在公众场合进行,受害人是否产生了明显的精神痛苦反应等都是极可能需要承担精神损害赔偿的要素。如在赵某平诉龚某娥案[2]中,被告在原告脱衣准备洗浴时,闯入浴室,辱骂、推拉原告,引起围观;后又在浴室外,当原告的学生、同学和同事面以不堪入耳的言词辱骂原告,给原告带来很大的精神压力,造成原告精神障碍,原告为此到精神卫生中心进行过治疗。被告的行为侵犯了原告的名誉权,应承担民事责任,故判决被告赔偿原告精神损失费 2000 元。在本案中,被告公开故意辱骂原告,且长达 1 小时,以一般人精神感受即可知被告会有较强的精神痛苦反应,应该受到精神损害赔偿。然而问题的关键在于受害人主张精神受到损害,但社会评价未降低的,仍旧不能构成名誉权侵权。此时精神损害赔偿不能成立。因此在名誉权侵权案件中,只要认定了名誉权侵权,法院一般都会根据原告的诉求判决赔偿精神抚慰金[3],那么精神损害赔偿金的多少才是法官自

---

[1] 参见杨立新、朱呈义、薛东方:《精神损害赔偿——以最高人民法院精神损害赔偿司法解释为中心》,人民法院出版社 2004 年版,第 290 页。

[2] 祝铭山主编:《精神损害赔偿纠纷》,中国法制出版社 2004 年版,第 105 - 109 页。

[3] 如《最高人民法院公报》中的"王发英与刘真、《女子文学》编辑部、《法制文学选刊》编辑部、中国水利电力文学艺术协会、《文汇月刊》编辑部等(1989 年第 2 期)""陈秀琴与魏锡林、天津今晚报社(1990 年第 2 期)""徐良与《上海文化艺术报》、赵伟昌(1990 年第 4 期)""胡骥超、周孔昭、石述成与刘守忠、贵州省遵义晚报社(1992 年第 2 期)""倪培璐、王颖与中国国际贸易中心(1993 年第 1 期)"等案件都会在认定构成名誉权侵权的同时判决赔偿精神损失,只是数额不同而已。

由裁量的重点。

《精神损害赔偿解释》(2020年)第9条规定了确定精神损害赔偿数额的七个考量因素,另外第7条、第8条规定了致人残疾、死亡和其他情形下的精神抚慰金形式。但从实务来看,赔偿数额仍然是法院自由裁量的结果。确定精神损害赔偿数额的标准是审判实践中的一大难题。德国民法学者曾建议将精神损害赔偿金的确定表格化,依一定标准决定赔偿数额,但未能成行。日本学者倡议抚慰金定额化,实行中也存在很多问题。因而一般均采由法官斟酌案情确定的办法。在我国,民法学家和法官多数倾向于有一定幅度又不定死的确定数额的标准,其中,公民之间的或公民侵害法人并未获利的精神损害赔偿,其数额的确定,由法院制定若干个不同的赔偿数额幅度斟酌案情确定之。[1]

第五节　名誉权保护问题的类型化分析

一、特殊主体名誉权问题的分析

(一)死者名誉保护

死者名誉保护问题为当今世界各国所面临的重大人身权课题之一,英美法系和大陆法系多国都已确立了死者名誉保护的一般模式,而在我国,死者名誉保护的基本模式还未完全建立。但随着死者名誉侵害案件的增多,学界和实务界对死者名誉侵权问题的争论也越来越激烈。我国《民法典》第994条对死者名誉的保护进行明确规定。在此之前,相关司法解释已经明确死者名誉权或名誉利益应得到保护,但在死者名誉保护的模式以及如何保护等重大理论构建问题上,司法解释以及相关判例都存在一定的矛盾和含混之处。死者名誉保护问题依然是我国人格权法中亟待破解的难题之一。

(二)公众人物名誉权

公众人物名誉权的保护问题也是一个世界范围内的热点问题,中外公众人物名誉权保护的现状也不尽相同。有学者的调查研究数据显示,至2002年,中国和美国在媒体侵权诉讼中,作为被告的媒体败诉率相差很大,在中国约为69%,美国仅约8%,由此可见,美国媒体名誉侵权诉讼的审理较多偏向于保护

---

[1] 参见杨立新、薛东方、穆沁编著:《精神损害赔偿》,人民法院出版社1999年版,第117页。

言论权,而中国法院则更偏向于保护名誉权。[1]

随着我国公众人物名誉权纠纷的不断增多,[2]公众人物名誉权的保护与言论自由、舆论监督的冲突越来越突出。公众人物作为与公共利益密切联系的一类特殊民事主体,其权益的保护在立法上仍属空白,如何平衡公众人物名誉权保护与言论自由、舆论监督之间的关系是目前我国法学界亟须解决的问题。

1. 公众人物理论概述

(1)公众人物的界定。在范志毅案[3]中,法院判决书中首次出现"公众人物"一词,这被认为具有重大意义。此后各级法院开始逐渐效仿,将公众人物的名誉权与一般公民的名誉权加以区分,"公众人物"一词越来越多地出现在各级法院的判决书中。但是我国现行法律法规还没有公众人物的法律概念,理论界对公众人物也有一定的争议。[4]

通过参考国外公众人物的界定,本书认为,公众人物应是在一定范围内为社会公众所熟知和关注,其言行举止与社会公共利益密切相关,个人信息也具有一定公共兴趣性的社会人员。最主要的是一些影视界、体育文艺界的明星、劳动模范以及与老百姓生活息息相关的政府官员。同时应注意,公众人物并不是完全"公共的",其纯粹私人性质的言行不应纳入公共范围,其合法权益不能因其特殊身份而受限制甚至是遭受不法侵害。

(2)公众人物的分类。公众人物本身是一个具有相对意义的概念,所指的"在一定范围内"界限也比较模糊。因此,根据不同的标准对公众人物进行基本分类,有利于进一步明确其范围,合理平衡公众人物名誉权的保护与舆论监督之间的关系。

第一类,自愿型公众人物和非自愿型公众人物。按照主体的主观意愿不同,

---

[1] 参见陈志武:《媒体言论的法律困境——关于新闻侵权诉讼的实证研究》,载怀效锋主编:《法院与媒体》,法律出版社 2006 年版,第 74 页。

[2] 唐季礼与芮艳红、青年时报社、成都商报社等名誉权纠纷案,上海市第一中级人民法院(2004)沪一中民一民(初)字第 13 号民事判决书;余秋雨诉萧夏林名誉侵权案,北京市东城区人民法院(2003)东民初字第 1807 号民事判决书等。

[3] 上海市静安区人民法院民事判决书,(2002)静民一(民)初字第 1776 号。

[4] 主要的争议内容参见苏力:《隐私侵权的法理思考——从李辉质疑文怀沙的事件切入》,载《清华法学》2019 年第 2 期;李延枫:《论名誉权诉讼中的公共利益原则——基于对公众人物理论的反思》,载《北方法学》2020 年第 1 期;朱友好:《民法典编纂视野下公众人物理论的反思与抛弃》,载《湖北社会科学》2020 年第 1 期。

可将公众人物分为“自愿型公众人物”和“非自愿型公众人物”。[1] 前者主要是指主观上直接追求或放任自己成为公众人物并在客观上成为公众人物的人，典型的如影视明星、著名主持人、政治家等。后者成为社会公众关注的对象往往不是其主观追求或放任的结果，而是由于某些具有新闻价值的重大事件经过媒体的大肆报道而使当事人被动成为所谓的公众人物，在他们“出名”之前或“出名”时并没有做出过任何愿意成为公众人物的意思表示。例如，一名奋不顾身的救人英雄，被媒体大量宣传后家喻户晓。

第二类，政治公众人物和社会公众人物。按照社会角色的不同，可以将公众人物分为政治公众人物和社会公众人物。这种分类主要是从我国国情和人们的普遍认识出发，将政府公职人员单独列为一类政治性公众人物。而社会公众人物主要是指除政治领域外的公众人物，主要包括影视明星、歌星、劳动模范、知名学者等。这种分类的意义在于：前者更多地涉及国家利益、公共利益和舆论监督问题；后者则是因为其具有一定的知名度，因而在社会生活中引人注目，主要涉及公众兴趣问题。[2]

2. 我国公众人物名誉权保护的法律建构

(1)理论前提——公众人物名誉权之特殊性。在现实中，公众人物的身份与普通公民的身份确有不同。同时，在信息大爆炸和数字化的今天，各类信息对公众人物和普通公民名誉的影响也存在较大差异。在名誉权的法律保护上，其主要表现为公众人物名誉权的特殊性：

第一，公众人物名誉权主体的特殊性。公众人物大多因担任公共职务而握有一定权力，从而影响人们的日常生活，或者因从事演艺、歌唱事业而受到众人的追捧，其拥有频繁的曝光率、广泛的知名度，其言行也多与社会公共利益密切相关。同时，公众人物所获得的精神和物质利益也在很大程度上超过普通民众，所以人们在名誉权的保护上往往会根据权益主体的不同而将公众人物与普通公民区分开来。[3]

第二，公众人物名誉权与财产利益联系的紧密性。名誉权作为人格权之一种，其本身并不具有直接的财产内容。但是由于公众人物的影响力和号召力，往

---

〔1〕 参见洪波、李轶：《公众人物的判断标准、类型及其名誉权的限制——以媒体侵害公众人物名誉为中心》，载《当代法学》2006 年第 4 期。

〔2〕 参见王利明：《公众人物人格权的限制与保护》，载王利明、葛维宝主编：《中美法学前沿对话——人格权法及侵权法专题研究》，中国法制出版社 2006 年版，第 9 页。

〔3〕 参见韩反修：《论公众人物名誉权的特殊保护》，郑州大学 2006 年硕士学位论文。

往能够凭借自身的良好形象和名誉获取更多的财产利益。因而一旦出现与某个公众人物相关的负面报道,其社会评价被降低,就有可能给其带来比一般民事主体更大的财产损失,甚至使其丧失自己的事业,因而公众人物的名誉权与财产性利益具有紧密的联系。

第三,公众人物名誉权与言论自由的冲突性。言论自由是公民不可缺少的基本权利之一,同时也是保障和促进国家、社会稳定发展的动力。而名誉权作为人格权之一种是随着人格权的发展而不断发展的,名誉权的保护只是在"二战"以后,社会经济条件的变化,特别是报刊、广播电视的发展导致滥用言论自由,造成了空前绝后的损害后才被提上法律保护议程的。[1]

由于名誉权保护的价值取向是公民个人利益的维护,其更侧重于保护个人利益以及个人在私生活中的自主权,而言论自由则侧重于社会公共利益的保护。同时,由于公众人物的个人言行举止和个人信息与公共利益密切相关,所以公众人物必然会受到社会媒体的普遍关注,媒体的报道对于公众人物的形象和名誉可能会产生不良的影响,进而侵害公众人物的名誉权。因此,言论自由与公众人物的名誉权不可避免地存在冲突。

(2)基本原则——公众人物名誉权保护之适当限制。公众人物都有特殊的社会身份和地位,享有更多的精神和物质利益,从权利义务对等上来说,人们普遍赞成公众人物在行使名誉权保护时应受到一定限制。同时,出于保障公民知情权、满足合理的公众兴趣、平衡言论自由与名誉权冲突等因素的考量,[2]对公众人物名誉权保护进行限制应具有现实性和合理性。

我国的司法实践已逐渐认同上述观点,如2009年的杨丽娟诉《南方周末》报社侵害名誉权案(以下简称杨丽娟案),法院审理后认为杨某娟及其父母多次主动联系并接受众多媒体采访,属"自愿型公众人物",新闻媒体的报道并未违反法律规定,对于可能的轻微伤害,杨某娟应当予以容忍。[3] 可以看出,公众人物对媒体的适当监督应有一定的容忍义务已被我国判例所确立,这一原则应在

---

〔1〕 如在德国法中,德国法院在20世纪50年代才通过判例承认了一般人格权,对公民的名誉、隐私等予以保护。参见张新宝:《中国侵权行为法》,中国社会科学出版社1998年版,第310页。

〔2〕 参见张新宝:《名誉权的法律保护》,中国政法大学出版社1997年版,第22页;王利明:《公众人物人格权的限制与保护》,载王利明、葛维宝主编:《中美法学前沿对话——人格权法及侵权法专题研究》,中国法制出版社2006年版,第1-20页;郑瑜:《公众兴趣与公众利益》,载《当代传播》2006年第6期;张名章:《论传媒道德的合理倾斜——以公众兴趣与个人隐私为例》,载《中共成都市委党校学报》2007年第4期等。

〔3〕 参见陈堂发:《10年:媒体侵权诉讼的"公众人物"理念》,载《新闻记者》2009年第12期。

公众人物名誉权保护的理论研究中有所体现。

(3)具体模式——区分社会公众人物和政治公众人物的保护。从整个社会的平衡来看,我们确实需要对公众人物的名誉权保护做出某些限制,但这并不意味着要无限制地牺牲公众人物的名誉权。公众人物需要履行一定的容忍义务,但不能因此而苛刻地要求公众人物对任何社会舆论不分场合、不分程度地容忍。因而,公众人物容忍义务边界的确定是处理公众人物名誉权保护与新闻媒体监督和公众知情权冲突的关键。[1] 本书认为,应对不同类型公众人物名誉权保护做不同处理,合理调整公众人物名誉权与言论自由之间的冲突。只有这样才能使社会舆论监督的作用最大化,同时也可避免损害公众人物名誉权情形的发生。

第一,社会公众人物名誉权的保护。在我国公众人物名誉权侵权的司法实践中,大多数案件都会涉及新闻媒体的各种报道对社会公众人物名誉产生消极影响的情形,而新闻媒体侵害社会公众人物名誉权的行为则主要表现为诽谤。[2] 在具体案例中,一旦法院认定诽谤成立,那么往往意味着媒体的报道违背了真实性原则,即报道的内容具有非真实性。

但是在媒体报道的真实性判断上,我国理论界和实务界尚未达成统一认识。在此我们可参考我国台湾地区规定的合理查证义务来判断媒体报道是否会造成侵权。[3] 在合理查证的义务下,只要新闻报道者在此范围内履行了正常合理的查证义务,则不属于侵害公众人物合法权益的情形。如果新闻媒体在报道后发现报道内容失实,能够及时刊登更正说明或者致歉申明,使人们能够了解事实真相或者消除对公众人物的不良看法(如范志毅案),则法律应该宽容以待,倾斜保护媒体言论的监督以促进社会进步。但是,如果新闻媒体或新闻工作者没有尽到该审查义务,不实言论直指某公众人物,并贬低其名誉,使其社会评价降低,则不实言论的发表属于"严重过失"行为,法院应该认定构成侵权。

综上所述,新闻媒体对社会公众人物进行负面报道须遵循两大原则:一是新闻报道内容基本属实;二是报道内容须与公众人物在社会中所处的角色相关。如果公众人物某方面的私人生活与其在公众中所处的角色无关,则该私人生活事项并不属于公众利益所要关切的内容,不能以公众人物的名誉权为代价来满

---

〔1〕 参见蔡琴:《论公众人物的容忍义务》,湖南大学 2009 年硕士学位论文。

〔2〕 有学者将诽谤分为广义和狭义,狭义的诽谤是指故意捏造和散布虚假事实损害他人名誉的行为;广义的诽谤除故意侵害他人名誉权的行为之外还包括因过失散播虚假信息侵害他人名誉权的行为。参见魏永征、张鸿霞主编:《大众传播法学》,法律出版社 2007 年版,第 144 页。

〔3〕 参见张红:《事实陈述、意见表达与公益性言论保护——最高法院 1993 年〈名誉权问题解答〉第 8 条之检讨》,载《法律科学(西北政法大学学报)》2010 年第 3 期。

足公众的猎奇心理。[1]

第二,政治公众人物名誉权的保护。在我国法律对人民监督权作出明确规定的前提下,政府官员类公众人物的名誉侵权纠纷解决的关键也在于舆论监督与公众人物名誉保护冲突的解决。[2] 对于政治公众人物的名誉权纠纷,可以在借鉴美国“真实恶意”原则的基础上对新闻媒体的行为加以一定限制。同时应该注意的是,虽然这一原则有利于促进我国舆论监督体制的健全,但是我们应结合我国国情,“严格区分侵害名誉权与正当舆论监督的界限,既保护当事人的权利,又支持正当的舆论监督”。[3] 因而我国在以“真实恶意”原则作为判断媒体是否侵害政治公众人物名誉权的同时,应增强媒体的自律意识,避免媒体对监督权的滥用,尤其在涉及一些重大事件的报道中,媒体应自觉履行查证义务。由此才能一方面维护舆论监督,另一方面防止过于偏向社会舆论监督而导致政府官员毫无个人名誉权可言。

3. 综合分析

“公众人物”一词在我国出现得相对较晚,目前我国立法上也没有对公众人物的人格权进行十分明确的规定,仅《民法典》第998条中认定精神性人格权之侵权责任时应考虑“行为人和受害人的职业”可作此理解。但是近10年来,在法院审理的名誉权侵权案件中关于公众人物的案件却并不少见,通过范志毅案和杨丽娟案,我国司法判决中先后出现了“公众人物”和“自愿型公众人物”的表述。通过对我国公众人物名誉权纠纷的案例进行对比分析,我们可以发现公众人物胜诉的比例远超过新闻媒体胜诉的比例。这反映出我国在公众人物名誉权的保护上确实具有一定的倾向性,对公众人物名誉权的保护力度似乎超过对新闻自由、言论自由的保护。

由于公众人物与公共利益或公众兴趣紧密相关,因而立法和司法实务都应

---

〔1〕 参见刘言浩:《公众人物的名誉权保护——唐季礼诉青年时报社等名誉权纠纷案》,载万鄂湘、张军主编:《最新损害赔偿法律文件解读》,人民法院出版社2005年版,第129-135页。

〔2〕 参见徐迅:《中国新闻侵权纠纷的第四次浪潮——官方机构及公务人员诉媒体现象对法治建设的挑战》,载《中国新闻侵权纠纷的第四次浪潮——一名记者眼中的新闻法治与道德》,中国海关出版社2002年版,第19-33页;董军:《舆论监督与政府官员名誉权冲突及其法律解决方案——以辽宁“西丰警方进京拘传记者事件”为例》,兰州大学2008年硕士学位论文,第25页;汪庆华:《名誉权、言论自由和宪法抗辩》,载《政法论坛》2008年第1期;张红:《事实陈述、意见表达与公益性言论保护——最高法院1993年〈名誉权问题解答〉第8条之检讨》,载《法律科学(西北政法大学学报)》2010年第3期;兰洁:《舆论监督与公众人物名誉权的冲突与平衡》,载《新闻世界》2011年第5期。

〔3〕 参见《最高人民法院公报》1992年第2期(总第30期)。

对公众人物人格权(主要为名誉权)的保护进行一定的限制。而我国的情况正好相反,且直至近几年我们才开始关注公众人物名誉权的讨论与制度设计及改进。因此,我国引入公众人物理论是非常有必要的,同时明确公众人物的定义并将其类型化势在必行。整体上看,公众人物最初源于美国,其与美国联邦宪法修正案及言论自由密切相关,但是我国的社会文化历史和宪法发展现状并不适合直接在宪法层面引入公众人物理论。因而,我们应一方面完善名誉权保护的立法,另一方面通过司法解释和典型案例指导制度灵活处理司法实践中的相关实际问题。

二、特殊侵权行为类型的分析

名誉权侵权案件在司法实务中的表现形态可谓纷繁复杂,除法定的侮辱、诽谤等基本侵权表现外,其具体形态也随着时代、科技、媒体的发展而日益增多。

对令人眼花缭乱的名誉权侵权个案进行分类,并从相同或相似的个案中提取公因式,进而构建类型化的分析模型,有助于我们从深层次分析不同类型的名誉权侵权成立的具体标准、免责事由、责任承担等诸多问题,而这些问题也多是名誉权侵权实务处理中的难点问题。

特别侵权类型是对同种类别的名誉权毁损情形进行抽象后所形成的,适用较为特殊的侵权认定标准、违法性阻却事由、责任分摊方式的侵权类别。特别侵权的构成仍不能脱离上文所述的名誉权侵权的四个构成要件,只是在不同的类型中应适当变动和调整相应的构成要件。同时,特别侵权类型并非完全与一般侵权类型,即侮辱行为、诽谤行为相隔离,特别侵权类型中的侵权手段仍有可能是侮辱或诽谤,但是其侵权的形式已经表现得较为丰富。鉴于特别侵权背后所涵盖的法益冲突的特定性及其认定的特殊性,将其与一般侵权类型分而论述。

(一)新闻侵权

新闻侵权主要是指新闻单位或新闻从业人员及其他组织和个人违反新闻法规和其他法律规范,在新闻采访、写作、编辑、发表过程中侵犯公民和社会组织的人格权和其他权利,造成他人名誉权损害的行为。

在当前新闻媒体迅猛发展的时代,由新闻报道及评论引起的名誉权毁损案件日益增多,新闻侵权的形式也愈加多样。由于新闻行业传播的迅速性、广泛性,新闻报道或评论所造成的名誉权侵权后果一般都比较严重,往往会给当事人造成极大的精神痛苦。新闻侵权的具体认定、违法阻却事项、责任分摊等问题在司法实践中有着较强的现实意义。

同时,“强调对公民或法人人格尊严的保护往往会限制舆论监督和言论自由的开展,而强调对新闻自由的保障又往往造成公民或法人在名誉权方面的重大牺牲”[1],如何协调新闻监督与名誉权保护的冲突也是新闻侵权问题研究中的难点所在。

1. 表现形式

基于新闻侵权案件规制的需求,最高人民法院在司法解释中对新闻侵权的具体表现作出了认定,结合名誉权侵权案例的实践,新闻侵权的表现形式主要有以下几个方面:

(1)基本内容严重失实。新闻报道内容严重失实,进而侵害了他人名誉权的,毫无疑问,侵害人应当承担名誉权毁损之责任。此类侵权的责任主体除发表报道的作者外,往往还包括新闻出版机构。

一般而言,所谓严重失实,应指新闻机构及其新闻工作人员在没有任何依据的情况下发表报道或者任意听信传闻而不作适当审查使报道内容严重偏离实际。如在徐某诉《上海文化艺术报》、赵某昌侵害名誉权纠纷案[2]中,一审及二审法院经调查一致认为,赵某昌对传闻不调查核实,致使文章内容严重失实,主观上存有过错,客观上诋毁、贬低了原告的人格,造成不良后果,构成名誉权侵权。而《上海文化艺术报》未审查核实即发表严重失实的文章,贬低了原告的人格,使其受到多方指责,直接起到了扩大不良后果的作用,其行为不仅仅是工作失误,而且主观上亦有过错,侵害了公民的名誉权。

本案属于报道严重失实的典型代表,记者道听途说即撰写文章,报社未经审核就发表,由此造成侵权。本案中的情形已十分接近诽谤,即其行为性质类似于捏造事实,但在侵害人的主观意图上仍存在明显的不同,因而该行为还未构成诽谤。

(2)基本内容失实。与严重失实相对应的就是基本内容失实,新闻报道基本内容失实并造成损害的同样应承担侵害名誉权责任。

基本内容失实一般表现为新闻媒体机构及其新闻工作人员在新闻报道中单方信任其信息来源,未对其获取的信息做必要、全面的审查和核实,使基本内容脱离实际或无法举证证明其内容的真实性,从而产生名誉权毁损。

---

[1] 张刚:《新闻侵犯名誉权问题研究》,山东大学2009年硕士学位论文,第7页。

[2] 本案的焦点在于:(1)批评文章虽没有点被批评人的名,但显然是指一知名人物,该文章严重失实,这是否构成了对该知名人物名誉权的严重侵害?(2)报社对发表在其刊物上的批评文章是否负有核实内容真实的义务?(3)批评文章侵权的作者和发表文章的刊物如何分担侵权责任?参见徐某诉《上海文化艺术报》、赵某昌侵害名誉权纠纷案,载《最高人民法院公报》1990年第4期。

此外，在基本内容失实的前提之下，新闻报道的评论超出限制的亦有可能加重其侵权责任。李谷一诉南阳《声屏周报》社、汤某午报道文章侵犯名誉权纠纷案就是上述两种情形结合的代表案例。在本案中，被告汤某午通过电话采访等手段获取信息，撰写了采访报道文章，引题为“有人说她得了可怕的病，有人干脆说她已经自杀，舆论莫衷一是”，正题为“著名歌星韦唯接受本报电话采访道出个中原因”，副题为“她得的不是生理上的病，而是各种因素在她心灵上造成了创伤”，被告南阳《声屏周报》社刊载并发往全国联网报刊的其他报刊，报道文章未经核实，给原告造成了一定的负面影响。〔1〕法院在审理中认为：《声屏周报》社发表的由汤某午撰写的“著名歌星韦唯接受本报电话采访道出个中原因”一文，涉及李谷一与韦唯之间的问题，未经全面调查、核实，其基本内容失实，结论性语言不能成立。同时，报道中使用的“不知心怀何意”“明显险恶”“愤愤宣告”“大胆的谣言”“也是有诈”“如此荒谬”“嫉恨”“刻意制造”等语，虽不构成对原告的侮辱，但因与事实不符，故加重了对原告的侵害程度。而被告报社在向联网报刊送发刊登该文的报纸时，在该报道四周标出框线，并加注“请转载”的字样，扩大了侵权范围。法院因此认定作为作品审核、发稿单位的《声屏周报》社不认真履行其职责，导致基本内容失实的侵权作品在报纸上登载并在社会上扩散，对侵害原告的名誉权负有主要责任。汤某午身为新闻工作者，不尽职责，偏听一面之词，导致其文章基本内容失实，损害了李谷一的人格和名誉，侵权成立。

另外，应当注意的问题是，如若新闻报道违反真实性原则，那么新闻机构以行使正当舆论监督为抗辩理由也无法得到法院支持，这一论断已经得到相关判例的支持。如在李某政诉安徽法制报社侵害名誉权案中，虽然被告辩称其约请他人撰写稿件并派员同往采访是正当行使舆论监督权利的行为，但由于报社采编人员未认真核实事件，被告报社在决定发表该稿前亦没有依发稿程序的规定进行审核，从而致使报道内容基本失实，故侵权依然成立。〔2〕本案就反映出新

---

〔1〕本案的焦点在于：报社记者是否有对其报道消息全面审查及核实的义务；报社向联网报刊发送报道时，标注“请转载”是否扩大了侵权范围；报社是否侵害了公民名誉权等，法院的判决对这些问题都做出了肯定的回答。本案详情参见最高人民法院中国应用法学研究所编：《人民法院案例选》（民事卷 1992－1999 年合订本），中国法制出版社 2000 年版，第 778 页。

〔2〕本案的焦点在于：如何界定新闻报道失实的尺度；如何划定舆论监督和侵犯他人名誉权的尺度；报社与作者构成共同侵权时，侵权责任如何划分等。此外，本案中原告提出了自己因名誉权毁损而住院治疗，诉请医疗费用。虽然其未得法院支持，但是由此案件引发的损害公民名誉权的赔偿范围包括哪些项目以及如何认定侵权造成的身体健康损害等问题也是本案的亮点所在。参见中国高级法官培训中心、中国人民大学法学院编：《中国审判案例要览》（1997 年民事审判案例选），中国人民大学出版社 1998 年版，第 388 页。

闻机构的舆论监督亦应严格遵守真实性原则。

(3)内容属实,但评论不当。新闻报道的内容属实,但新闻媒体及其新闻工作人员的评论不当,超出一定限度的,该新闻报道仍有可能构成侵权。

基本事实是否属实一般可根据当事人的举证加以认定,但是评论是否超出一定限度则较难确定。很多情形中,若能认定侵害人明显带有毁损他人名誉的主观意图,则评论的内容即为不当。如在殷某与上海某企业管理有限公司名誉权纠纷案〔1〕中,被告在其主办的网站上发布涉案的"声明""报道",文章中多处提及原告,并使用了"背信弃义""以身试法""手段是如此之卑劣""居心是如此之恶毒""欺诈""触犯法律""对道德与正义的犯罪"等偏激用词。虽然被告辩称其发布的"声明"均建立在事实的基础上,但未提供证据加以证明,退言之,即便"报道"中涉及的事实属实,被告对于原告的用词也超出了适当的限度,明显带有贬损原告名誉之含义。故法院认定被告上述行为已构成对原告名誉权的侵害。

但在内容属实、评论不当的时候,新闻媒体机构仍有可能以舆论监督为理由抗辩成功,这种情况也已得到相关判例的支持。如在徐某玉、陈某绘与南阳电视台、徐某、白某名誉权纠纷案〔2〕中,南阳电视台通过热线对市民徐某芳老人因房产争议与其二儿子徐某玉有矛盾的新闻素材进行了采访,并依此制作播放了《白发老人的伤心事》。节目中主持人言词的表达源于徐某玉之父徐某芳本人,其言词及证据来源真实,在播放采访节目中显现徐某芳老人及老人其他儿子、女儿与邻居的言词,并播出对徐某玉所作所为的看法和评论。在节目结尾处,主持人添加了自己对事件的评论,用词过激,甚至使用了不当的语言,言词确有不妥。〔3〕 但法院最终认定电视台在针砭时弊、弘扬社会正气方面进行宣传报道,主观上并无故意,客观上虽对当事人有一定影响,但尚达不到侵害名誉权、人格权的程度。

上述两案反映出当新闻媒体机构发布新闻报道或类似的新闻公开性消息时,一旦突破合理评论的限度,便会构成侵权;但假如其报道属于合理的舆论监督,而报道的内容涉及社会公益并属实的话,即使报道配发的评论不当,新闻媒

〔1〕 上海市普陀区人民法院民事判决书,(2011)普民一(民)初字第1876号。

〔2〕 河南省南阳市中级人民法院民事判决书,(2011)南民一终字第13号。

〔3〕 在本案中,主持人在节目最后说道:"据说,现在徐大伯想要回自己的房子希望还是很大的,这点呀,咱们大家伙不用担心,不过呢,房产恢复认定以后,我看徐大伯应当对二儿子说一句话,快滚,马不停蹄地滚,想滚多远就滚多远,我在这儿还想补充一句,什么玩意儿,甭说对不孝子眼不见为净了,对影响到咱正常生活的噪声也必须毫不犹豫地请它走开。"

体机构及其新闻工作人员也有可能免除名誉毁损之责任。

2. 抗辩事由

在新闻侵权中，新闻出版机构往往会以主观无恶意来进行抗辩，因此在此种情形下认定名誉权侵权的关键不在于四要件的构造，而在于新闻出版机构是否对新闻报道未尽合理审查之义务以及其评论是否超出必要之限制。是否尽到合理审查义务主要针对的是新闻报道中事实的真实性问题，而评论是否适当主要考察的是意见表达的客观公正性。[1] 合理审查以及适当评论在成为新闻侵权认定关键标准的同时，也是解决新闻舆论监督与名誉权冲突的一把利器。

(1)真实性抗辩。真实性是新闻的基本原则，是新闻的生命线。[2] 美国知名媒体人士沃尔特·李普曼指出："我认为最有生命力的假设是新闻和真相并非同一回事，而且必须加以清楚地区分……只有当社会状况达到了可以辨认、可以检测的程度时，真相和新闻才会重叠。"[3]一般而言，经过的环节越多，二者之间的距离就越远，"新闻"内容就越失真。[4] 因为新闻是对变动着的客观世界的反映，所以新闻真实是一种动态的真实、过程的真实、阶段性的真实。同时，由于新闻的时效性特点，新闻报道的阶段不准确甚至失实往往在所难免。对于真实，新闻界提出了三个概念，即客观真实、法律真实与新闻真实。而在新闻侵害名誉权中，应将新闻言论所指的对象区分为公益性和非公益性，公益性报道的查证属实义务的严格程度，较之非公益性报道应有所宽容，但两者仍以基本真实为原则。[5]

(2)相当性抗辩。所谓相当性原则是在真实性原则的基础上提出的，即新闻机构及其工作人员无法证明新闻报道中事实的真实性，但其有相当的理由确信其为真实的时候，侵权行为仍不成立。[6] 此原则亦可以成为新闻侵权的抗辩事由之一，当新闻机构及其工作人员对新闻报道等已做合理审查，确信事实真实

---

〔1〕 参见张红：《事实陈述、意见表达与公益性言论保护——最高法院 1993 年〈名誉权问题解答〉第 8 条之探讨》，载《法律科学（西北政法大学学报）》2010 年第 3 期。

〔2〕 有学者从新闻专业的角度对新闻的真实性作过一些颇有价值的探索，认为之所以会出现报道失实，是因为新闻报道同真实之间本来就存在先天性的矛盾。参见蒋亚平等：《新闻失实论》（下册），中国新闻出版社 1986 年版，第 301－302 页。

〔3〕 [美]沃尔特·李普曼：《公众舆论》，阎克文、江红译，上海人民出版社 2002 年版，第 283 页。

〔4〕 参见匡敦校：《新闻名誉侵权中的新闻报道失实研究——以新闻真实性为中心》，载《法商研究》2005 年第 2 期。

〔5〕 参见张红：《事实陈述、意见表达与公益性言论保护——最高法院 1993 年〈名誉权问题解答〉第 8 条之探讨》，载《法律科学（西北政法大学学报）》2010 年第 3 期。

〔6〕 参见[日]五十岚清：《人格权法》，[日]铃木贤、葛敏译，北京大学出版社 2009 年版，第 37 页。

时,新闻侵权的可能性几乎无法存在。与真实性原则相似,相当性抗辩原则上仍适用于公益之事,而对于私人之事,相当性的要求会有所提高。

(3)官方依据报道抗辩。新闻机构及其工作人员根据国家机关依职权制作的公开文书和公开执行职权行为所作的报道,内容客观准确的不构成名誉权毁损。现实生活中,新闻机构进行舆论监督时往往会依据官方文件或行为进行报道,而官方信息也会发生不准确或变更的情形,当新闻报道的时效性与信息真实性冲突时,很多当事人认为自身名誉遭受侵害而提起名誉侵权诉讼。

在新闻机构以官方依据报道进行抗辩时,相似情形案例的相关判决结果却大相径庭。如在湖北省造纸公司诉湖北法制报社、李某江的新闻报道侵害名誉权纠纷案〔1〕中,被告李某江根据省清理整顿公司领导小组办公室及省监察厅等部门对原告湖北省造纸公司调查后形成的《情况简报》编辑的"省造纸公司违法经营问题初见端倪",副标题为"不正当牟利达七百余万元"一文(以下简称"倪文")刊登在《湖北法制报》上,原告认为文章严重失实,对其名誉造成损害,一审法院支持原告诉求。但此案经上诉后中级人民法院撤销一审判决,其认为:湖北法制报社发表的记者李某江写的"倪文",主要是反映湖北省造纸公司在经营活动中存在违法行为,报道的内容基本属实,不构成对湖北省造纸公司名誉权的侵害。〔2〕 而在另一案情较为相似的黄某冠、黄某信诉《广西法制报》社、范某忠名誉侵权案〔3〕中,主审法院经最高人民法院复函后支持了原告诉求,认为被告撰写、刊登的新闻报道虽然依据的是检察机关制作的文书,但文书认定的事实并非确定的事实,被告的文章未用"涉嫌"二字,属肯定性语言,显属不当,因而侵权成立。〔4〕

十分明显的是,上述两案中的新闻媒体都依照官方信息对事件进行了报道,且报道的内容符合客观准确的要求,但前者未构成侵权,后者却被认定为侵权,而法院的理由仅仅为文章未采"涉嫌"二字,因此上述黄某冠案的判决存在一定

---

〔1〕 最高人民法院中国应用法学研究所编:《人民法院案例选》(民事卷 1992 - 1999 年合订本),中国法制出版社 2000 年版,第 775 页。

〔2〕 参见最高人民法院中国应用法学研究所编:《人民法院案例选》(民事卷 1992 - 1999 年合订本),中国法制出版社 2000 年版,第 775 页。

〔3〕 最高人民法院民事审判庭编:《民事审判指导与参考》(第 1 卷),法律出版社 2001 年版,第 141 - 147 页。

〔4〕 参见最高人民法院民事审判庭编:《民事审判指导与参考》(第 1 卷),法律出版社 2001 年版,第 141 - 147 页。

的问题。同时黄某冠案被认定为侵权的另一个原因在于原判决被撤销后，新闻机构未进行更正报道，这的确有违司法解释的要求，这一行为应属侵权无疑，但法院的前一理由值得商榷。

(4)合理评论抗辩。民众在理性范围内，对关涉社会公共利益的特定事项作评论，无客观上恶意的侮辱、诽谤行为，为合理评论。合理评论人不应承担责任。[1]

而根据《名誉权解答》第8条之规定，我国法律基本上将评论内容达到侮辱的程度作为名誉权毁损成立的基准，但是合理评论在司法判决中的认定标准并没有得到统一。[2] 如在宣某诉吴某源、《艺术评论》杂志社名誉侵权纠纷案中，法院认为学术评论和批评应当遵循客观、公正的原则以保证其正当性，而不能借学术评论对他人的人格进行攻击和贬损。法院认定《"纳西古乐"是什么东西?》一文中的"东西"一词有明显的轻蔑和侮辱之意，在把"纳西古乐"界定为"假文化"的前提下将其称为"东西"，就具有对原告和"纳西古乐"明显的轻蔑和侮辱之意。文章评论超出学术评论范畴，文章措辞尖锐，明显贬低、损毁了原告宣某的名誉，已构成名誉侵权。[3] 而在与其案情较为相似的由学术争论所引发的方某华诉许某海名誉侵权案中，法院认为《不只是说方义华》一文的中心思想是评论我国部分主旋律电影质量不高，思想性与艺术性结合不完满的问题，旨在提醒电影创作人员、生产决策人员要予以重视。虽然该文以公开指名的方式提到方某华本人的作品及创作活动，但主要是将其作为一种现象来加以分析评论。虽然个别用词略显尖刻，使方某华个人感情受到影响，但仍属于文艺批评的范畴。对于一种社会现象或一部作品，应该允许进行正常的、善意的批评议论。[4] 此外，在余某中诉新闻出版报社侵害名誉权纠纷案[5]中，法院也认为，就学术讨论而言，对不同的意见应该有一定的容忍度，只要双方的争论不违反法律的禁止性规定，都不应承担法律责任。

由此可见，同样是评论性的文章，不同法院基于不同落脚点作出的判决结果

---

[1] 参见张红:《民法典之名誉权立法论》，载《东方法学》2020年第1期。

[2] 参见张红:《事实陈述、意见表达与公益性言论保护——最高法院1993年〈名誉权问题解答〉第8条之探讨》，载《法律科学(西北政法大学学报)》2010年第3期。

[3] 由于此案经过上诉审，故此案参见云南省丽江市中级人民法院民事判决书，(2004)丽中民一初字第10号；云南省高级人民法院民事判决书，(2005)云高民一终字第88号。

[4] 参见张西明、康长庆:《新闻侵权:从传统媒介到网络——避免与化解纠纷的实践指南》，新华出版社2000年版，第99页。

[5] 《最高人民法院公报》2003年第2期(总第82期)。

也有所区别。在“宣某案”中,法院认为批评性文章是对名誉权的贬损,而上述方某华案中,法院则认为文艺批评属于学术探讨的范围,不构成名誉侵权。本书认为,“宣某案”中的意见不符合合理评论之要求,其并不能构成侮辱,法院的判决是值得怀疑的。

同时应该注意的是,“为了公共利益”是公正评论的应有之义,针对纯粹私人事务做出的评论是不能得到合理评论抗辩原则保护的。只有在表达者评论的动机是促进社会事务的良性发展时,法官的判断才有利益衡量的基础。

3. 责任承担

在因新闻报道引发的名誉权毁损案件中,作者和新闻机构都应承担侵权责任,但是作者为新闻机构工作人员,作品属于职务行为结果的除外。上述个案中,法院在责任认定及分摊中,一般都会以过错程度、侵害结果等因素衡量责任的分配。

但是在具体诉讼中,经常会出现受害者只诉作者或者新闻机构的情形,此时的侵权责任应如何分摊呢? 对此,《名誉权解答》第 6 条明确规定:“因新闻报道或其他作品发生的名誉权纠纷,应根据原告的起诉确定被告。只诉作者的,列作者为被告;只诉新闻出版单位的,列新闻出版单位为被告;对作者和新闻出版单位都提起诉讼的,将作者和新闻出版单位均列为被告,但作者与新闻出版单位为隶属关系,作品系作者履行职务所形成的,只列单位为被告。”

但是在早期的李谷一诉南阳声屏周报社、汤某午报道文章侵犯名誉权纠纷案中,在原告未起诉韦唯的情况下,法院起初通知韦唯作为共同被告参加诉讼,这是不符合名誉权诉讼的基本理论的。但值得认可的是,法院最后以追加韦唯为共同被告依据不足为由撤销了韦唯为共同被告的通知。在 1993 年《名誉权解答》出台后,这一问题在司法实务中基本得到了妥善处理。[1]

此外,在名誉侵权责任承担中还会涉及提供新闻信息及材料者的责任认定及分摊问题,对此,《名誉权解释》第 7 条已作出明确规定:“因提供新闻材料引起的名誉权纠纷,认定是否构成侵权,应区分以下两种情况:(一)主动提供新闻材料,致使他人名誉受到损害的,应当认定为侵害他人名誉权。(二)因被动采访而提供新闻材料,且未经提供者同意公开,新闻单位擅自发表,致使他人名誉受到损害的,对提供者一般不应当认定为侵害名誉权;虽系被动提供新闻材料,但发表时得到提供者同意或者默许,致使他人名誉受到损害的,应当认定为侵害

---

〔1〕 新疆维吾尔自治区昌吉回族自治州中级人民法院民事判决书,(1999)昌中民终字第 447 号。

名誉权。”

在这一问题上典型案例较少，但在相关案例中仍可以看到这一问题的影子。例如，在上述李谷一案中，原告虽未将韦唯作为被告一并起诉，但韦唯作为消息提供者是被动接受采访，如能查证新闻稿件是经韦唯审查同意后才发表的，那么韦唯亦有可能承担相应责任。又如，在辽宁日报社与上海中远汇丽足球俱乐部有限公司名誉权侵权纠纷案〔1〕中，一神秘中间人提供给新闻机构的消息被证实为虚假的事实，如若受害者能查实此中间人并对其提起诉讼，那么该中间人亦应承担名誉权侵权责任。

4. 特别问题之隐蔽性拍摄材料是否构成侵权

在近期的名誉权毁损案件中出现了新闻媒体通过隐蔽性拍摄的方式获取新闻资料并加以报道，被拍摄者提起名誉权侵权的诉讼案件。司法实务中一致认为，如若新闻媒体的报道属于正常的舆论监督，且报道内容客观真实、评论合理的，相关新闻报道都不构成名誉权毁损。

例如，在马某与湖南经济电视台名誉权纠纷案中，被告所属的《百姓说话》栏目对长沙市黄兴路步行街上的火锅店底料原材料情况进行暗访调查并制作成节目分期播出，该节目对部分火锅店存在的问题进行了报道。节目中虽有涉及原告所经营的长沙市天心区全味鲜小涮锅火锅店招牌的画面，但被告的拍摄行为只是对公共场所场景的正常拍摄，是对客观场景的客观展示，且被告在报道中没有对原告所经营的全味鲜小涮锅火锅店进行任何采访、报道和评价，未对其招牌进行拍摄特写，也未对其店面及店内陈设进行拍摄，因而法院最终认定虽然新闻机构采取了暗访的手段获取素材，但新闻报道不构成侵权。〔2〕

又如，在北京某食品有限公司与北京电视台名誉权纠纷案中，被告制作播出的节目主要由事件当事人周某懿叙述事件经过、穿插话外音、采用隐性采访方法录制的与原告工作人员的交涉经过以及结束语四部分构成。法院认为周某懿的叙述基本是其本人真实的意思表示，而被告所添加的话外音以及结束语仅仅是被告对此事件所发表的一种评论性意见，且并不存在侮辱性的内容；关于被告记者采取隐性采访方法获取视听资料并进行播出的行为，我国现行法律中并不存在相关的禁止性规定。因而该新闻报道不构成侵权。〔3〕

---

〔1〕 上海市第一中级人民法院民事判决书，(2002)沪一中民一(民)终字第1213号。

〔2〕 湖南省长沙市开福区人民法院民事判决书，(2011)开民一初字第376号。

〔3〕 北京市东城区人民法院民事判决书，(2004)东民初字第3054号。

(二)文学作品侵权

在司法实务中,文学作品侵害他人名誉权的纠纷日益增多,故《民法典》第1027条进行了专门规制。由于文学作品具有一定的虚构性,因而此类文坛官司也引起了许多文学界以及小说界的争论。虽然文学作品具有虚构的本质特征,但不能否认作者通过文学作品损害他人名誉权的现实存在。同时文学作品侵权也涉及文学创作自由和名誉权保护的冲突及协调问题,亦是名誉权侵权研究中的一个重要课题。

1. 文学作品侵权的理论基础

文学作品依托于现实,但同时又具有虚构性。[1] 文学作品包括小说、纪实文学、报告文学等多种,根据文学作品内容与现实之间的关系,我们可以将其分为三类:第一类是基本符合事实的纪实文学或者人物传记;第二类是介于虚实之间,既有现实又有虚构的文学作品,主要为小说、报告文学等;第三类是基本虚构的文学作品,以小说为主。

文学作品的创作手法并非简单描写现实中的人和物,其一般会运用想象、补充等手法对现实素材进行拼凑。人类的思想是自由的,作家在现实的基础上经过充分的想象与虚构创作出的文学作品属于文学艺术的一种合理表现形式,而文学创作正是体现了一种艺术表现的自由。[2]

但是,正是由于文学作品多样化的分类及其虚构性的特征,作者在文学作品创作过程中对于小说所依据事实的遵循容易受到文学创作自由的影响,进而使文学作品,尤其是以原型人物为创作基础的文学作品中原型人物的名誉受到损害。文学作品侵害名誉权就是作者通过文学表达的方式侵害特定人的人格权的侵权行为,作者在创作的文学作品中确有侮辱、诽谤原告或宣扬原告生活隐私的

---

〔1〕 参见[美]弗拉基米尔·纳博科夫:《文学讲稿》,申慧辉等译,生活·读书·新知三联书店2005年版,第4页;童庆炳主编:《文学理论教程》(修订2版),高等教育出版社2004年版,第8页等。

〔2〕 一般认为,所谓艺术表现自由,是公民的表达自由之一。它是公民在法律规定或认可的情况下通过艺术形式表达情感、反映愿望、显示信念、展现情趣、追求美感、传播信息、教育大众、娱乐身心等而不受非法干涉约束、制裁的自主性状态。创作自由成果的表现形式可以是诗歌、小说、戏剧……创作自由是公民精神解放的重要形式,它意味着公民有发展自己的艺术风格、艺术审美情趣的自由,有决定文学或艺术创作的内涵和形式的自由。文艺创作的权利与自由意味着权利主体可任意选择题材、形式和方法进行文艺创作,自由发表其创作成果并获得由此带来的权益,不受非法限制。文学艺术创作是公民的自由,国家对公民在文学、艺术事业中有益的创作性工作,给予鼓励和帮助。参见甄树青:《论表达自由》,社会科学文献出版社2000年版,第59-60页;朱国斌:《中国宪法和政治制度》,法律出版社1997年版,第262页;韩德培主编:《人权的理论与实践》,武汉大学出版社1995年版,第615页;杨立新主编:《侵权行为法案例教程》,中国政法大学出版社1999年版,第153页。

违法内容的即可被认定具有违法性。[1]

2. 文学作品侵权的立法梳理

在域外法上,《美国侵权法》第二十三章规定了诽谤法,诽谤的构成要件有四:第一,关于原告的不实或贬损性的言论;第二,过错地将该言论公开给能明白其诽谤含义的第三人;第三,在一些案件中,被告对于言论不实存在过错;第四,证明损害的存在或该言论本身是可诉的。而当诽谤指向一个群体或虚构小说人物时,必须判定诽谤言论是否与"原告"有关。[2] 文学作品侵权的这一标准在Bindrim v. Mitchell[3]中得到了充分的体现。在本案中,被告辩称西蒙医生并不会让读者联想到保罗。但法院认为,西蒙医生与保罗之间的区别仅仅在于一个是精神病医生,一个是心理医生,任何认识保罗的人都可以看出小说中的西蒙医生就是保罗。法院还认为,该书即使以"小说"的面貌出现也没有用,决定被告是否诽谤的标准是一个正常的人在读此书时,是否能看出书中人物就是原告。由此判定侵权成立。

其他国家和地区立法一般是通过对出版物的限制性规定来达到保护他人人格权的目的。如《瑞典出版自由法》第4条规定:"依第一章阐述的一般出版自由的意义,凡属下列情况的任何一种依法可受惩罚的陈述,均应认为是印刷品的非法陈述:……12. 威吓或侮辱那些具有特殊种族、肤色、民族或种族血统的人,或那些持有特殊宗教信仰的人……"

在我国,除《民法典》第1024条至第1027条等适用于所有名誉权侵权的法律规定外,专门针对文学作品侵权的立法并不多,截至本书编写时,涉及有《民法典》第1027条和《名誉权解答》第9条:"撰写、发表文学作品,不是以生活中

---

[1] 如有学者认为,国家法律保护公民、法人的人格权,公民的人格尊严不受侵犯。作者侵权,就是通过小说中的人物,对该人物进行侮辱、诽谤或宣扬隐私,使现实中人物的人格因此而受到损害。这是违背法律规定的。参见杨立新:《人身权法论》(修订版),人民法院出版社2002年版,第344页。

[2] 参见王军、高建学编著:《美国侵权法》,对外经济贸易大学出版社2007年版,第342页。

[3] 20世纪90年代,美国作家米歇尔(Mitchell)在参加完心理医生保罗主持的关于"病患裸体治疗"(nudeeneountertherapy)的研讨会后,创作了一篇与之相关的短篇小说《触摸》(*Touching*),故事以这次研讨会为素材,描写了一位叫西蒙的医生也开展病患裸体治疗研讨会,而且在会上使用了淫秽不堪的话语,保罗对此提出起诉,认为米歇尔的这篇小说损毁了他的名誉,被告声辩《触摸》是虚拟性的小说,所以自己不应该承担名誉侵权责任。审理此案的法官同意了被告的抗辩事由,也认为小说本身就不是真实的,但同时法官又认为,由于被告也参加了那个研讨会并且认识原告保罗,因此推断被告在创作小说时怀有"实际的恶意",主观上有故意诽谤的动机,判定被告仍然存在名誉侵权的责任。这就是美国著名的小说名誉侵权案Bandmin v. MitChell。See Bindrim v. Mitchell, 155 Cal. Rptr. 29 (Ct. App. 1979).

特定的人为描写对象,仅是作品的情节与生活中某人的情况相似,不应认定为侵害他人名誉权。描写真人真事的文学作品,对特定人进行侮辱、诽谤或者披露隐私损害其名誉的;或者虽未写明真实姓名和住址,但事实是以特定人或者特定人的特定事实为描写对象,文中有侮辱、诽谤或者披露隐私的内容,致其名誉受到损害的,应认定为侵害他人名誉权……"

3. 文学作品侵害名誉权的认定标准

在文学作品侵害名誉权的认定上,已有学者提出自己的标准,[1]但是从一般侵权行为的四大要件看,文学作品侵害名誉权的认定基本也不会超出这四大方面。就四要件的认定而言,事实与因果关系在名誉权诉讼中一般较易认定,而行为违法与行为人主观过错的认定则较难把握。名誉权诉讼中的言论保护往往取决于对此二要件的把握,违法性与过错成为二者衡量的工具。[2] 结合文学作品自身的固有特点,文学作品侵害名誉权的认定标准应有以下四个方面。

(1)内容的违法性。从侵害名誉权的角度出发,文学作品内容的违法性主要是指作者不是出于对艺术创作自由的追求进行创作,而是以损害他人名誉为最终目的,主要通过各种文学作品的表现方式对他人进行侮辱、诽谤或者是揭露他人的隐私,致其名誉受到不应有的损害。同时鉴于文学作品种类的多样性,文学作品内容的违法性也应按照文学作品类别的不同进行区分认定:

第一,纪实文学。纪实作品一般为原型作品,即较多地依赖于原型人物和既有事实创作出来的作品。判断作者是否构成侵害他人名誉权,直接按照法律规定的要素进行认定即可。一般而言,作者通过纪实文学这种书面形式对特定的人进行侮辱、诽谤或者揭露其隐私,从而产生使他人的社会评价明显降低等不良影响。如在朱某琴、朱某发、沈某珠诉唐某《太姥山妖氛》诽谤案[3]中,作者唐某在中长篇纪实小说《太姥山妖氛》中使用受害人的真实姓名、真实住址,以社会上的谣传和捏造的事实为基础,对受害人进行诽谤,描写受害人生前担任民兵

---

[1] 如在小说侵害名誉权中,杨立新教授认为小说侵权责任的认定有四个基本特点:第一,侵权的主观过错须有确定性;第二,小说塑造的人物须有排他性;第三,小说内容须具有违法性;第四,损害事实的无形性。并且杨立新教授还强调了极易构成侵权的历史小说名誉侵权的构成要件应包括侵害他人人格权的故意,确有影射的事实,确有侮辱、诽谤等丑化人格的言词及确有损害他人名誉、隐私等人格利益的后果。参见杨立新:《人身权法论》(修订版),人民法院出版社2002年版,第340页。

[2] 参见张红:《事实陈述、意见表达与公益性言论保护——最高法院1993年〈名誉权问题解答〉第8条之探讨》,载《法律科学(西北政法大学学报)》2010年第3期。

[3] 《最高人民法院公报》1990年第2期(总第22期)。

营长期间,横行乡里、肆意抓人关人、吊打村民、抢人钱财,扫荡他人婚宴、逼死新郎、逼疯新娘的情节,致使受害人名誉受到严重损害。这种情形的侵权在司法审判中是比较容易认定的。

第二,创作型文学。创作型文学主要包括完全想象虚构的作品,以及不用现实中人物的真名真姓,却反映了现实中对某类人某些事的观点立场的作品。与纪实文学侵害名誉权的认定相比,创作型文学内容的违法性认定属于司法实务中的一个难点,如王某藩诉古某兹《穷棒子王国》侵害名誉权案〔1〕以及胡某超、周某昭、石某成诉刘某忠遵义晚报社侵害名誉权案〔2〕就是此类疑难案件的典型代表。

判断创作型文学作品是否侵权的关键在于认定作品所描述的对象是否可以合理地指向现实中的真实人物。对此本书认为,作者固然可以借创作文学作品来表达自己对现实人或事的褒贬好恶,但是若读者通读此作品能毫无悬念地联想到现实中某个具体的人,并且作者针对此角色使用了侮辱、诽谤性的语言,使此人在社会上的评价较之前明显降低,使其精神饱受打击,那么作者就构成侵害名誉权。

创作型文学作品内容的违法性主要体现在作品中贬损的人物与现实人物的基本一致性上,这种一致性就是小说中描述的人物具有特定的指向性。一致性的认定可以从两个方面把握。一方面,作品中的人物与现实中的某个特定人的居住环境等个人信息基本一致。如"谭某诉徐某鹏《送礼怪招》侵害名誉权案〔3〕中,小说描述的人物的基本信息与谭某长的基本信息完全一致,当然会使谭某长所在地的固定人群认为小说中的人物即谭某长。另一方面,读过此作品的人都会认为作品中的人物为现实中的某个特定的人。如在胡某超、周某昭、石某成诉刘某忠遵义晚报社侵害名誉权案"〔4〕中,虽然此小说非描写真人真事,但通读该小说后熟悉三原告的读者便知作者是在隐射、侮辱、丑化三原告,由此当然可以判定一致性成立。

(2)作者的主观恶意。根据英美法,在毁损名誉的诉讼中并不要求被告陈述的内容是虚假的,只要被告所实施的行为在第三人看来是对原告名誉的贬损,

---

〔1〕 张新宝、康长庆:《名誉权案件审理的情况、问题及对策》,载《现代法学》1997年第3期。

〔2〕 《最高人民法院公报》1992年第2期(总第30期)。

〔3〕 云南省高级人民法院民事判决书,(2000)云高民终字第115号。

〔4〕 《最高人民法院公报》1992年第2期(总第30期)。

就可以构成毁损名誉。[1] 反之,即使行为人所散布的言词内容虚假,若行为人并无恶意,且客观上没有使原告名誉受损,亦可不构成对名誉权的侵害。[2] 虽然我国的民法体系区别于英美法体系,但英美法上对于毁损名誉言简意赅的认定是值得我们借鉴的。

作者的主观恶意主要是指作者创作文学作品并非简单地用以抒情言志、针砭时事,而是另有所图,主要指其有侮辱、诽谤或揭露他人隐私的故意。作者具有主观上的过错,在民法上包括故意和过失。[3] 对于主观上的过错,在司法实践中也是较难查明的,作者往往会以原告"对号入座"、捕风捉影等来加以抗辩。所以法官在审理相关名誉权案件时应对此持审慎的态度,严格采过失责任原则[4]对此加以认定。

所谓故意,是指作者明知道自己的作品发表出去会给某人带来不良影响,仍然为之,对于损害后果,作者是积极追求的,现实中某人的社会评价因此而降低正是小说作者的最终目的所在。而所谓过失,包括疏忽和懈怠,行为人对自己行为的结果应当预见或者能够预见而没有预见的为疏忽;行为人对自己行为的结果虽然预见了却轻信可以避免的为懈怠。[5] 二者都是加害人对于注意义务的违反。

此外应注意的是,文学作品过失侵权在很多时候是由于作者对作品写作素材的处理不当引发的,因而对于过失作品侵权的处理应当结合损害事实或者后果来分析,结合小说内容的违法性来厘清责任。因此,对文学作品侵害他人名誉权的认定,在主观恶意上应当区别故意、过失,而具体过错应结合小说内容违法性具体分析,不能"一刀切",否则文学作品的创作会举步维艰。

(3)作品的公开性。文学作品的公开性也是文学作品侵权的重要认定标准。若作者只是基于某种特定的目的创作了小说,没有对外发表也没有为第三人所知悉,那么无论小说内容如何侮辱、诽谤,都无法构成侵害他人名誉权,因为

---

[1] 参见梁书文等编著:《审理名誉权案件司法解释理解与适用》,中国法制出版社 2001 年版,第 136 页。

[2] 具体案例为 Radcliffe v. Evans 1982 Q. B. 524,参见梁书文等编著:《审理名誉权案件司法解释理解与适用》,中国法制出版社 2001 年版,第 137 页。

[3] 参见江平主编:《侵权行为法研究》,中国民主法制出版社 2004 年版,第 147 页。

[4] 自己责任,也称直接责任,是指由行为人自己承担责任的情形;倘非出于故意、过失,纵然损害他人,亦不承担责任。自己责任是民法三大原则之一,个人只对自己的行为负责,而对他人的行为绝不负责。梁慧星:《民法总论》(第 3 版),法律出版社 2007 年版,第 41 页。

[5] 参见杨立新:《侵权行为法专论》,高等教育出版社 2005 年版,第 111 页。

此种创作属于作者的自由意志表达或者隐私。因而文学作品侵害他人名誉权的关键一步是作品的公开发表或公布,即向不特定的多数人公开,至少应向除作者以外的第三人公开。只有通过这种传播方式才可能对小说中特指人物的名誉权造成损害。

此外,若作者只是自己创作了一篇包含侮辱、诽谤他人内容的作品,并未将之发表,但是被第三人拿去传播。本书认为,此种情形下,作者没有发表的行为,亦没有通过发表来损害他人名誉的故意,因此作者当然可以免责,由此产生的名誉权侵权责任应由第三人独自承担。

(4)名誉受损的客观性。在文学作品侵权的认定中,还应特别注意名誉受损的客观性。假如受害者无法举证证明其因文学作品而遭受名誉损害,那么作者亦不应承担侵权责任。

司法实务在判定文学作品侵权时往往会忽略名誉客观受损这一因素,这极有可能会影响侵权成立与否的判断。如在王某藩诉古某兹《穷棒子王国》侵害名誉权案"[1]中,作者提出了20余份材料力图证明王某藩是一个理应受到贬损的人,但是法院的判决并未对这些材料进行回应。那么假如王某藩在现实中本身就道德败坏、品行恶劣、社会评价不良,文学作品发表以后,所谓的受害人王某藩的名誉就没有明显降低,也就无法认定名誉权毁损的成立。而在此案中,法院认定侮辱、诽谤的构成,并没有认真调查所谓受害者是否真的遭受名誉毁损,法院的判决显失妥当。

4. 文学创作自由与名誉权保护的冲突及协调

文学艺术创作的自由是我国公民在宪法上的一项基本权利,宪法上的基本权利条款在私法关系中应当具有"绝对的效力",[2]对于作者的创作自由应当通过法律进行保护。而现实中却出现了较多的文坛官司,于是文艺诽谤案和名誉权诉讼在中国便有一种积极的意义:一种新的以公民权益(名誉、肖像、姓名、隐私、著作权)为基础,兼顾公益道德的司法审查制度正在逐步取代业已漏洞百出的出版审查。而这种司法审查的核心则是现代社会不可避免的多元化利益立场的冲突及其一时的均衡与消解。[3]

作家固然享有宪法权利的法律保障,但其并不能由此而忽略自己的注意义

---

[1] 张新宝、康长庆:《名誉权案件审理的情况、问题及对策》,载《现代法学》1997年第3期。

[2] 张红:《基本权利与私法》,法律出版社2010年版,第56页。

[3] 参见冯象:《政法笔记》,江苏人民出版社2004年版,第194页。

务。对于一种权利的保护必然是对另一种权利的削弱,[1]作者的创作自由诚然是要进行保护的,但是对这种自由的放任又极有可能造成他人名誉权的损害,因此二者之间存在一定的冲突。在这一冲突的协调中,侮辱与诽谤的认定恰似一道鸿沟,将作者的表达自由与名誉权隔离开来,[2]而上述文学作品侵害名誉权的认定标准也会有助于厘清创作自由和侵权的关系。但总体上看,自由总归是要付出代价的,建立在损害他人合法权益基础上的自由也不能谓之真正的自由,作者在进行文学创作时必须受到一定的限制。此外,对于创作自由与名誉权保护冲突的解决需要辅之利益平衡的解释方法,即文学作品侵权的关键还是要回归到对侵权构成的严格把握上,对于文学作品侵害名誉权官司,最重要的是从主观恶意及小说内容违法性的认定上入手,严格把握侵权理论依据,以此来实现法律对文学作品的合理规制。

5. 综合分析

《民法典》第1027条仅对文学艺术作品名誉侵权作了客观行为上的描述。实际上,在文学作品侵犯名誉权的认定上应严格把握内容的违法性、作者的主观恶意、作品的公开性、名誉受损的客观性等几大标准,并坚持利益平衡的解释方法。只有同时达到上述标准,文学作品方能构成侵害名誉权。

法律以及司法实务在处理文学创作自由与名誉权保护时应建立一系列相应的评判规则。如果没有明晰的规则,文学作品的创作者将被置于危险的境地,甚至会使作者以牺牲自己作品的创作自由为代价而换取一时的平安,这将对文化市场的繁荣产生极大的负面影响。

在法律未对相关规则作出明确、充足规定的前提下,司法实务工作者在审判实践中应从法释义学的角度对这些规则作出明确的解释说明,探求立法者的应有之义,在不断完善法律理解的同时解决实务问题,使文学创作的群体能够根据法律实务建立起来的规则对自己的行为进行准确合理的预测,在发挥文学想象空间的同时也为自己购买一份终身平安保险。

(三)网络侵权

随着网络的普及与深入,互联网逐渐成为人们沟通各种信息的重要载体。但随之而来的问题是,人们在网络上不受约束地传播图片、影片,发表言论时极易侵害他人权利,其中尤以侵害名誉权所造成的损害为重。

同时,当发生网络名誉权纠纷时,人们一般习惯于用线下的相关权利涵盖网

---

〔1〕 参见苏力:《〈秋菊打官司〉案、邱氏鼠药案和言论自由》,载《法学研究》1996年第3期。

〔2〕 参见甄树青:《论表达自由》,社会科学文献出版社2000年版,第273页。

上的法律权利，认为传统侵权法完全可以调整网络。但是，由于线上线下传播方式与技术手段的不同，网络侵害名誉权在责任主体、侵权客体、归责原则、责任构成及责任形态等方面存在一定的特殊性，因而网络侵权亦是名誉权保护中的一个较为重要的课题。

1. 网络侵害名誉权的特殊性

针对网络侵害名誉权这种侵权类型，学术界尚存争论，有的学者甚至还提出了“网络名誉权”的概念。[1] 但是整体上看，所谓网络名誉权可以解释为网民在网络环境下依法享有的保有和维护名誉的权利，虽然其名誉权的主体、客体和内容由于网络的特殊环境而具备了一些自身的特征，[2] 但其实质上仍等同于传统名誉权。因而本书认为，我们没有必要在名誉权外再多加创设一个网络名誉权，只需在名誉权保护的研究中对网络侵害名誉权这种侵权类型的特点稍加注意即可。

在传统名誉权概念的基础上，结合网络侵害名誉权的特定性，网络名誉侵权行为可以被定义为侵权行为人在网上登载包括文字、图片、声音、动画等各种利用电脑技术制作的作品对与现实生活中的民事主体相联系的网络“虚拟人”实施侮辱、诽谤等行为，造成“虚拟人”在网络上的评价降低或者其所对应的民事主体在现实生活中的社会评价降低，造成严重后果并应当承担民事责任的行为。[3] 而网络侵权行为的认定标准与传统名誉权侵权的认定基本一致，即采四要件构成即可。与传统名誉权相比，网络侵害名誉权具有以下特殊性：

---

〔1〕 关于网络名誉权能否成立，学界也有不同的观点。如有的学者提出网络名誉权是名誉权在网络环境下的延伸，并且名誉权是人类最原始、最重要的人格权，在任何环境中均应受到保护，尤其在网络空间的名誉权不仅应当受到保护，而且更应当加强，理由是它们相对于传统民事领域中的名誉权来说更容易受到侵害，更加脆弱。但也有学者对此提出一定的质疑。参见郭卫华等：《网络中的法律问题及其对策》，法律出版社 2001 年版，第 145 页；张新宝主编：《互联网上的侵权问题研究》，中国人民大学出版社 2003 年版，第 24 页等。

〔2〕 有学者对网络名誉权的特征进行了研究，他们认为：第一，传统名誉权作为基本的人格权之一，任何人都是其权利主体，但是在网络环境下，有与虚拟主体相对应的真实主体才能真正成为网络名誉权的权利主体；第二，同传统名誉权相比，网络名誉权的客体虽然同样是名誉，但却具有了网络社会的属性；第三，网络侵权后果具有现实性，但在网络环境中，即使是侵权行为人与被侵权人互不认识，行为人因不满被侵权人的观点和看法，在网上对其发表措辞不当的言论，内容达到侮辱、诽谤的程度，在一定条件下仍然构成侵犯名誉权。具体参见屈茂辉、凌立志：《网络侵权行为法》，湖南大学出版社 2002 年版；周丽：《网络空间的名誉侵权探析》，广西师范大学 2007 年硕士学位论文，第 4 页；王眉：《网络传播中的名誉侵权问题研究》，中国广播电视出版社 2008 年版等。

〔3〕 参见杨太兰、徐华：《网上侵犯名誉权问题初探——从一起网上侵犯名誉权案件谈起》，载《人民司法》2001 年第 11 期。

第一,侵权主体具有不特定性。网络侵害名誉权的责任者除了侵权言论的发布者,也可能包括网络接入提供商、网络内容提供商和网络服务提供商等众多不特定的网络服务提供商。网络侵权言论的发布者自应承担侵权责任,但是网络服务提供商的责任在很多情形下不易认定。这主要是因为网上海量信息的存在以及言论传播的即时性,网络服务提供商不可能对网上所有的信息都作严格的审查,此时若对其采取严格的合理审查义务,则势必会影响互联网信息传递的及时性。但在很多情形下,网络服务提供商未尽到合理审查义务的,则会同侵权言论发布者一起承担责任。如在王某诉张某奕网络侵害名誉权案〔1〕及王某诉北京凌云互动信息技术有限公司网络侵害名誉权案〔2〕中,被告张某奕将王某的真实姓名、工作单位、家庭住址、与其他女性有"婚外情"的信息在"北飞的候鸟"网站中进行披露,而被告北京凌云互动信息技术有限公司在其下属的大旗网设置专题网页,进行调查走访并对当事人真实身份进行披露,扩大了该事件的传播范围,两被告的行为最终都被认定为侵害了原告的隐私权及名誉权。

第二,侵权内容传播迅速而广泛,扩大损害后果。由于互联网的全球性,网络侵权的言论或行为借助网络这一平台后,其传播便具有了无限的空间,这使侵权信息的传播范围被无限扩大。〔3〕 如在铜须门事件〔4〕中,一位丈夫在网上发表了一封约5000字的长信,痛斥了一位疑似与他妻子有染的学生。随即有数百人在未经事实验证的前提下加入攻击的行列,短短几天人数发展到数万,就损害后果而言,无论是在产生的速度上,还是在损害后果的范围与严重性方面,网络都起到了一种放大作用。

第三,网络侵权的易发性。互联网为人们能够以较低成本迅速向全球传播信息提供了一个有效的途径,网民随时都能上网参与到开放的网络世界中,很多人上网使用的网名均是虚拟的。且网民在互联网上建立个人主页通常是免费的,不需要与网络服务者订立正式的合同,也无须提供自己的真实个人信息,这使受损的权利人很难确定真正的侵权行为人。同时,由于网络特有的属性,网上发表的信息随时都可能被改写或删除,调查取证也比较困难,侵权主体的真实身份往往难以查明。如在很多由个人纠纷引发的网络名誉权侵权案件中,法院需

〔1〕 北京市朝阳区人民法院民事判决书,(2008)朝民初字第10930号。

〔2〕 北京市朝阳区人民法院民事判决书,(2008)朝民初字第29276号。

〔3〕 参见贾文中、黄瑞华:《试论信息法的体系》,载《情报理论与实践》1997年第1期。

〔4〕 《魔兽世界惊爆"铜须门"》,载搜狐新闻网,http://news.sohu.com/20060429/n243059990.shtml。

要对侵权证据进行严格的审查才能确认网络侵权是否发生。[1]

2. 网络服务提供商的侵权责任

在网络侵害名誉权的案件中,通过网络途径发布侵权言论或进行侵权行为的直接侵害人的侵权责任一般易于认定。但在很多案例中,特定网络平台的经营者即网络服务提供者由于自身的不作为或者审核不严格而导致侵害范围的扩大或者侵害后果加重的,也要承担一定的侵权责任。

由于现行网络监管法律制度的不完善以及网络侵权中举证较为困难等因素的困扰,网络服务提供商侵权责任的认定是网络侵害名誉权领域的重难点问题。

对于我国《民法典》第 1197 条中,网络服务提供商"知道或者应当知道"其服务下的网络用户具有侵权情形的认定,最高人民法院《关于审理利用信息网络侵害人身权益民事纠纷案件适用法律若干问题的规定》第 6 条规定了 7 个小项。这主要是针对目前网络暴力泛滥,网络服务提供者管理水平较低,而受害人往往难以控制侵害事态发生的情形。在此基础上,网络服务提供者应当在符合其技术水平的基础上更多地关注其控制范围内的网络信息,在保证言论自由的情况下与用户积极沟通,避免用户的名誉遭受侵害。

3. 网络表达自由与名誉权保护的冲突与协调

网络对人类的通信传播方式乃至生活方式产生了深刻影响,网络表达自由与名誉权保护之冲突本质上仍属于言论自由与名誉权冲突的范畴。在面对言论自由这项宪法性基本权利与名誉权冲突时应如何取舍亦是一个世界性的难题。[2]

对此,英国曾有判例认为对言论自由的损害不得大于受保护权利方面的利益。当言论自由和名誉权发生具体冲突时需要从"两权平衡"的精神出发来进行协调。[3] 同时,在平衡的过程中还存在一个法律利益的选择:应先满足最重要的和需要优先考虑的利益,然后使其他利益做出最小的牺牲。[4]

[1] 上海市浦东新区人民法院民事判决书,(2011)浦民一(民)初字第 15559 号;河南省郑州市惠济区人民法院民事判决书,(2011)惠民一初字第 665 号;湖南省长沙市雨花区人民法院民事判决书,(2011)雨民初字第 804 号;上海市第一人民法院民事判决书,(2011)沪一中民一(民)终字第 1012 号等。

[2] 参见张新宝:《互联网大国面临的法律问题》,载《中国律师》2004 年第 5 期。

[3] 参见 Open Door Counselling and Dublin Woman Well Centre and Other 诉爱尔兰一案,1992 年 10 月 29 日,申请号 1423/88 及 142335/88(欧洲人权法院),第 73 段。转引自丹尼尔·西蒙斯:《对言论自由的可允许限制》,载《国际新闻界》2005 年第 4 期。

[4] 参见袁冰:《数字版权》,载郑成思主编:《知识产权文丛》第 2 卷,中国政法大学出版社 1999 年版,第 12 页。

其实,“在经济利益、社会利益多元化的现实格局下,人们话语表达的多元化是一种社会的必然。网络恰恰为这种表达的多元化提供了一个极好的公共话语平台。网络传播中话语权的民众化,使信息提供者与接收者建立在严格限制基础上的关系彻底解体,信息自由传播和自由表达真正得以实现”〔1〕。因此在协调网络言论表达自由与名誉权保护的冲突时,“需要遵循既要防止有害信息的泛滥,又不破坏这种多样性的原则,即既要追究网络名誉权侵权责任,又要最大限度地保障网络言论自由,在保护个体的名誉、尊严和维护言论自由之间寻求一个合理的平衡”〔2〕。

正如上文所述,面对日益多样化的网络名誉权侵权形式,基于名誉权保护之现实需要,我们可以在现阶段以利益平衡为基准,优先考虑名誉权保护之选择;而随着网络侵权规则的建立以及互联网道德风尚的提高,我们就应逐渐将平衡的天平侧重于言论自由的保护。

(四)其他特殊侵权行为类型

上述新闻侵权、文学作品侵权、网络侵权是特别侵权类型中的典型,除此之外另有一些名誉权特别侵权的表现形式,在此作简要梳理。

1. 劳资纠纷中的名誉侵权

劳资纠纷中的名誉权毁损虽然未得到我国立法及司法解释的明确规定,但是现实判例中已对此问题有较多回应。此种特别侵权类型常见于劳资双方在雇用、聘用合同解除中产生的纠纷,一方采取多种言行的名誉毁损方式对另一方名誉权进行侵害。

在劳资纠纷名誉侵权案件中,有的表现为劳资一方通过直接发布毁损另一方名誉的言辞进行名誉权侵权。如在前文所述刘某德诉南通市天业律师事务所侵害名誉权案〔3〕中,在双方协商解除聘用合同后,被告在双方合同关系已经解除、对原告于聘用期间表现已有评价,在无证据充分佐证的情况下刊登解聘启示,认为原告“不能胜任律师职务”“给本所的信誉造成不良的影响”。其单方评价作为解聘启示内容公之于众,足以使公众对原告做出不良猜测,降低了原告的社会评价,构成了对原告名誉权的侵害。

而在很多情形下,劳资一方可能会通过一些更为隐蔽的方式对另一方做出不公正评价甚至诋毁以达到毁损名誉之目的。如在徐某诉上海宝钢冶金建设公

〔1〕 王眉:《网络传播中的名誉侵权问题研究》,中国广播电视出版社2008年版,第121页。

〔2〕 李玥竹:《网络环境中的名誉权侵权问题研究》,吉林大学2009年硕士学位论文,第33页。

〔3〕 江苏省南通市中级人民法院民事判决书,(1998)通民终字第1247号。

司侵害名誉权纠纷案[1]中,原告系被告职工,经被告机构经理批准辞职。原告在求职期间多次未被录用,后发现是因被告在退工时注明"因违纪被解除劳动合同"所致。法院在审理中认为,劳动用工单位应对劳动者实施管理并对劳动者的劳动、工作情况做出客观、公正的评价,否则将有可能构成侵权。被告在与原告解除劳动合同关系后,又以徐某尚未正式办理退工手续即不来上班属于违反劳动纪律为由,再次做出解除劳动合同的决定,并在退工通知书中记载"因违纪被解除劳动合同",致使徐某在求职市场上存在不良记录,其行为缺乏依据并具有过错,这种不实记载是对原告劳动、工作情况的负面评价,事实上降低了对徐某的社会评价,并对其求职、就业产生了一定的负面影响,因而用工单位的侵权成立。[2]

2. 医疗纠纷中的名誉侵权

医疗纠纷中产生的名誉权毁损一般由医疗卫生单位公开患者的病情引发,对此《名誉权解释》第8条明确规定医疗卫生单位按规定通报病情的,一般不构成侵权。但是医疗卫生单位及其工作人员未尽到为病人病情进行保密的义务或故意公开患者病情的,一般构成侵权。

在医疗纠纷引发的名誉权纠纷中,由于医疗卫生单位一般都按照相关程序和规定进行医疗普查或通报特定的病情,因而由其承担责任的情形并不多。例如,在朱雀饭店诉西安医科大学第一附属医院身体普查行为侵害名誉权纠纷案[3]中,被告西安医科大学第一附属医院根据市、区卫生防疫部门的文件规定,对西安朱雀饭店的45名女职工进行了普查,结果有25名女职工被诊断患有"尖锐性湿疣"。25名女职工去第四军医大学第一附属医院、西安医科大学第二附属医院复查,结果无一人患此病。原告朱雀饭店认为西安医科大学第一附属医院普查有误,致使这25名女职工的名誉和身心健康受到严重侵害,饭店的名誉和正常工作也受到了损害,要求被告立即为饭店和25名职工恢复名誉,退赔非法所得及赔偿经济损失。但法院认为被告根据市、区卫生防疫部门的文件规

---

[1] 《最高人民法院公报》2006年第12期(总第122期)。

[2] 本案的争议在于:第一,用工单位是否有权对职工做出评价。第二,用工单位对劳动者做出不实、不良的评价,足以影响劳动者今后的就业求职和工作生活的,是否构成对劳动者名誉权的侵犯。从法院的判决中,我们可以看出,用工单位当然有权对职工做出评价,但其评价必须通过合法的途径表达,且评价应做到公正。此外,用工单位故意或者过失对劳动者做出不实、不良的评价,造成了劳动者名誉毁损,并影响劳动者工作生活的,亦应承担侵权责任。

[3] 最高人民法院中国应用法学研究所编:《人民法院案例选》(民事卷1992－1999年合订本),中国法制出版社2000年版,第752页。

定,组织具有主治医师以上资格的大夫对饭店女职工进行身体普查,其行为是合法的。且其既无侮辱妇女人格之故意,又未随意捏造事实,普查后也未发现有宣扬隐私或侮辱人格等不良行为,因而被告不构成侵权。

又如,在杨某某诉第四军医大学第一附属医院对其病症无根据地诊断为怀疑艾滋病病毒感染侵犯名誉权案〔1〕中,原告杨某某对被告第四军医大学第一附属医院在治疗过程中怀疑其患艾滋病,遂通告其单位并按国家规定逐级上报,后经鉴定不是艾滋病,原告以名誉权受侵害为由要求赔偿损失。一审判决支持原告诉求,但二审法院认为第四军医大学第一附属医院对杨某某疾病的检查、诊断、治疗和按规定逐级上报是履行正常的医疗职责的行为,也是对患者和社会负责。樊某某在杨某某病危的情况下,向其所在单位有关领导及其亲属通报初诊病情,并未向其他人散布。第四军医大学第一附属医院及樊某某的行为是正常的医务活动,没有违反有关法律、法规和规章制度,事实上不存在侵害杨某某名誉权的问题,故改判被告不构成侵权。〔2〕

3. 特定职业行为的名誉侵权

在特定职业行为造成的名誉权侵权情形中,尤以律师行业的职业行为引发纠纷的情况较多。但因为律师接受代理人的委托,或进行法律调查,或起草、发布法律文书时一般都会按照职业行为要求进行,所以相关判例通常都会支持从事合法职业的行为不会构成侵权。例如,在顾某某诉林某芳侵犯名誉权案〔3〕中,被告林某芳在非讼代理中为调查取证,拿取原告的作业本去做鉴定,后返还并说明真实情况。原告顾某某认为该行为在其同学中造成不良影响,侵犯其名誉权。法院认为被告的行为属于律师的正当职务行为,不构成名誉侵权。〔4〕

又如,在清华染织公司诉香港协营公司、花都市新华镇法律服务所向其客户

---

〔1〕 最高人民法院中国应用法学研究所编:《人民法院案例选》(民事卷 1992 - 1999 年合订本),中国法制出版社 2000 年版,第 807 页。

〔2〕 本案中的一个细节应引起注意,那就是患者所在单位的领导在职工大会上公开宣布了医院通报的病情,故而导致患者患病的消息得到广泛传播。因此本案中如患者起诉该单位领导,那么可以认定该领导有主观的过错和侵权的行为,侵权结果与侵权行为之间因果关系成立,该领导应承担名誉权侵权之责任。

〔3〕 最高人民法院中国应用法学研究所编:《人民法院案例选》(民事卷 1992 - 1999 年合订本),中国法制出版社 2000 年版,第 827 页。

〔4〕 本案的一个焦点问题在于律师在非讼业务中的调查取证鉴定行为是否超越了其职权,对此本书认为,律师的业务包括接受非诉讼事件当事人的委托,提供法律帮助。同时,被告取走原告的语文抄写本进行鉴定,属于民事代理中的取证行为,并非刑事意义上的侦查行为。因而被告的行为没有超越职权,属于正当职务行为。

散发终止业务来往侵害名誉权案中，原告清华染织公司（以下简称清华公司）与被告香港协营公司（以下简称协营公司）在合作经营过程中发生纠纷，被告协营公司委托被告花都市新华镇法律服务所（以下简称法律服务所）向其客户散发终止业务来往的函件，造成原告陷入停产。原告诉请停止侵害、赔礼道歉、赔偿损失，得一审、二审法院支持。后经再审，再审法院认为协营公司委托法律服务所所发函件中提及的内容与广东审计师事务所的查账报告中反映的清华公司的账目状况基本一致，该函在文字上不存在诋毁、诽谤清华公司的名誉，协营公司的行为不构成侵害清华公司的名誉权。原一审、二审判决认定协营公司与法律服务所恶意串通，共同侵害清华公司的名誉权，判决协营公司赔偿清华公司的损失，法律服务所承担连带赔偿责任不当，依法予以纠正，故撤销一审、二审判决，驳回原告诉讼请求。〔1〕

但假如律师从事特定职业行为时未尽合理审查之义务，造成其发布的声明、公告等内容与事实严重不符的，亦有可能承担侵权之连带责任。如在李某平诉南京艺术学院、江苏振泽律师事务所侵害名誉权纠纷案〔2〕中，原告与被告学院约定原告自主经营艺术培训中心，被告学院聘任其为副主任，后原告一直以该身份对外签订合同。后被告律所律师以受委托名义发表声明称原告未经授权，使他人认为原告系行骗。法院认为被告南京艺术学院、江苏振泽律师事务所发布的律师声明内容与事实不符，造成原告李某平社会评价的降低，属于捏造事实公然丑化他人人格，损害他人名誉，构成对李某平名誉权的侵犯。而被告江苏振泽律师事务所接受被告南京艺术学院的委托发布涉案律师声明未尽其必要的审查义务，侵犯他人名誉权，应承担连带责任。

---

〔1〕 参见最高人民法院中国应用法学研究所编：《人民法院案例选》（民事卷 1992－1999 年合订本），中国法制出版社 2000 年版，第 837 页。

〔2〕 《最高人民法院公报》2008 年第 11 期（总第 145 期）。

第五章　法人名誉权

第一节　问题的提出

一、现行规范

我国《民法典》第1024条第1款第1句规定:"民事主体享有名誉权。"该条明确赋予了法人具有独立于自然人的名誉权。从第1014条来看,法人的名称权与自然人姓名权遭受侵害的救济方法相似。回顾《民法典》出台之前的规定,1988年《民通意见》第140条第2款规定:"以书面、口头等形式诋毁、诽谤法人名誉,给法人造成损害的,应当认定为侵害法人名誉权的行为。"第150条、第151条规定了侵害法人名称权、名誉权、荣誉权与侵害自然人姓名权、肖像权、名誉权、荣誉权适用相同的赔偿依据。《名誉权解答》第7条规定了侵害名誉权的责任认定,第10条规定了侵害名誉权的责任承担形式包括停止侵害、恢复名誉、消除影响、赔礼道歉、赔偿损失。《名誉权解释》第7条规定了提供新闻材料侵权的认定,第9条规定了消费者、经营者、销售者的侵权责任认定,第10条规定了侵害名誉权的赔偿计算标准。此在基本法律上肯定了在我国法人享有名称权、名誉权与荣誉权。以上规定鲜有关于法人名誉权的明确规定,大多需要类比侵害自然人名誉权来认定侵害法人名誉权,由于法人与自然人的目的与价值基础的不同,只是简单适用自然人的人格权制度并不能有效保护法人的名誉权。

我国《反不正当竞争法》第11条规定:"经营者不得编造、传播虚假信息或者误导性信息,损害竞争对手的商业信誉、商品声誉。"此条是对经营者的商业信誉和商品声誉进行保护,对于商业信誉与商品声誉的性质归属,目前多数学者认为属于商誉。但是商誉作为普通法系的概念,其与法人名誉的关系有待厘定。总的来说,目前关于法人名誉权的法律规定较为粗略,导致在解释上一直存在分歧,而且司法解释因其较低的位阶不并利于法人名誉权的制度构建。

二、法人名誉权理论研究现状

人格权的研究在近几年逐渐成为理论界的热点,但是关于法人人格权这一特殊性质的人格权目前研究并未深入，法人名誉权的理论专著更是寥若晨星。虽然立法已经赋予了法人名称权、名誉权、荣誉权，然而上升到法人人格权的层面，法人人格权的存废之争在学术界一直没有停止过，对于法人是否享有一般意义上的人格权成为近30年来的一项重大争议问题。[1] 法人是否享有人格权，法人人格权的权利属性以及保护的客体，法人的人格权具体包括什么权利，学术界一直存有很大争议。尤其是名誉权这一人格尊严属性明显的权利如何赋予法人享有，其中的合理性一直困扰着民法学者。现今的理论研究中，否定说没有跟上人格权发展的脚步，仍用自然法学派的观点作为否认法人享有人格权的理论基础。而肯定说的论证却是"因为法人享有人格权因而享有名誉权"，而对于法人为何享有人格权，为何享有某项具体的人格权却并未论证透彻。概念不明晰导致了立法较为保守，对于司法实践的指导作用有限，也不利于实现审判结果的统一。

三、法人名誉权司法保护实践

通过在北大法意网以及人民法院公布的案例中进行查找，我们选取了其中62个较为典型的侵犯法人名誉权的案例进行整理归纳。1986年《民法通则》规定法人享有名誉权之后，1987年至1999年共有17个案例，[2] 其中来自《最高人

〔1〕 史尚宽先生与胡长清先生都承认了法人的具体人格权，认为法人可以享有不以自然人身体之存在为前提的具体人格权，如名誉权、名称权、信誉权、精神的自由权等，但是否定了法人的一般人格权。参见史尚宽：《民法总论》，中国政法大学出版社2000年版，第153页；胡长清：《中国民法总论》，中国政法大学出版社1997年版，第107页。王利明教授过去一直赞成法人享有一般人格权，但现认为一般人格权具有专属于自然人的特性，应当限于自然人。参见王利明：《人格权法研究》，中国人民大学出版社2018年版，第138页。

〔2〕 "上海新亚医用橡胶厂与武进医疗用品厂、西安康达医疗保健用品公司诉西北工商报社、陕西省医疗器械公司侵害法人名誉权纠纷案"；"朱雀饭店诉西安医科大学第一附属医院身体普查行为侵害名誉权纠纷案"；"湖北省造纸公司诉湖北法制报社的新闻报道侵害名誉权纠纷案"；"四川省建材工业科学研究院诉朝阳水泥厂以其原名宣称是该厂产品监制者侵犯名誉权案；北京百龙绿色科技企业总公司、天津市天磁公司、唐山富豪集团公司等诉韩某刚案"；最高人民法院民事判决书，(1996)民提字第2号；最高人民法院民事判决书，(1996)经终字第96号；上海市卢湾区人民法院民事判决书，(1997)卢经初字第134号；四川省高级人民法院民事判决书，(1997)川民终字第170号；最高人民法院民事判决书，(1998)知终字第2号；江苏省淮安市人民法院民事判决书，(1998)淮民初字第6号；北京市朝阳区人民法院民事判决书，(1999)朝民初字第4628号；安徽省芜湖市中级人民法院民事判决书，(1999)芜中经终字第32号；四川省眉山地区中级人民法院民事判决书，(1999)眉中民终字第4号；四川省成都市中级人民法院民事判决书，(1999)成民终字第1150号；江苏省宜兴市人民法院民事判决书，(1999)宜民初字第1108号。

民法院公报》的有2个；2000年至2012年的案件共有46个，[1]出自《中国审判案例要览》的案件有6个。可见，侵害名誉权案件的发生在相关法律规定以及司法解释出台后呈增长态势，现实中侵害法人名誉权的案件大量发生。在63件案件中，终审法院为中级人民法院的有40件，终审法院为高级人民法院的有9件，终审法院为最高人民法院的有3件。可见，法人名誉权侵权案件涉案标的较大，

---

[1] “深圳市腾讯计算机系统有限公司诉北京千橡互联科技发展有限公司案”；“扎兰屯农药制品有限责任公司诉大连瑞泽农药股份有限公司案”；“浙江首例微博侵权案”；湖北省黄冈市中级人民法院民事判决书，（2000）黄民初字第34号；北京市第一中级人民法院民事判决书，（2000）一中民终字第1438号；上海市第一中级人民法院民事判决书，（2000）沪一中民终字第1447号；四川省高级人民法院民事判决书，（2000）川民终字第168号；海南省高级人民法院民事判决书，（2000）琼民终字第61号；山东省高级人民法院民事判决书，（2000）鲁经终字第317号；山东省青岛市中级人民法院民事判决书，（2001）青知终字第5号；甘肃省张掖市中级人民法院民事判决书，（2001）张民终字第241号；广东省广州市中级人民法院民事判决书，（2001）穗中法民终字第3392号；四川省广汉市人民法院民事判决书，（2001）广汉民初字第1225号；浙江省衢州市中级人民法院民事判决书，（2001）衢中民一终字第128号；海南省海口市中级人民法院民事判决书，（2002）海中法民终字第106号；福建省泉州市中级人民法院民事判决书，（2002）泉民终字第1764号；浙江省衢州市中级人民法院民事判决书，（2002）衢中民一终字第257号；上海市第一中级人民法院民事判决书，（2002）沪一中民一（民）终字第1213号；浙江省绍兴市中级人民法院民事判决书，（2002）绍中民终字第256号；江苏省淮安市人民法院民事判决书，（2002）淮民终字第240号；上海市第二中级人民法院民事判决书，（2002）沪二中民一（民）终字第1921号；最高人民法院民事判决书，（2002）民一终字第78号；广东省佛山市中级人民法院民事判决书，（2004）佛中法民三初字第38号；广东省佛山市中级人民法院民事判决书，（2004）佛中法民三初字第35号；广东省佛山市中级人民法院民事判决书，（2004）佛中法民一终字第667号；上海市高级人民法院民事判决书，（2004）沪民终字第7906号；安徽省合肥市中级人民法院民事判决书，（2005）合民一终字第267号；广东省高级人民法院民事判决书，（2005）粤高法民三终字第275号；宁夏回族自治区高级人民法院民事判决书，（2006）宁民一终字1736号；广东省广州市中级人民法院民事判决书，（2007）穗中法民一终字第3328号；广东省广州市中级人民法院民事判决书，（2007）穗中法民一终字第3329号；北京市朝阳区人民法院民事判决书，（2008）朝民初字第09030号；云南省昆明市中级人民法院民事判决书，（2008）昆民三终字第768号；北京市第二中级人民法院民事判决书，（2009）二中民终字第07460号；上海市第一中级人民法院民事判决书，（2009）沪一中民二（民）终字第3472号；上海市闵行区人民法院民事判决书，（2009）闵民一（民）初字第10151号；上海市第二中级人民法院民事判决书，（2010）沪二中民一（民）终字第1262号；上海市第二中级人民法院民事判决书，（2010）沪二中民一（民）终字第806号；湖南省长沙市开福区人民法院民事判决书，（2010）开民一初字第252号；上海市第二中级人民法院民事判决书，（2010）沪二中民一（民）终字第737号；上海市第一中级人民法院民事判决书，（2011）沪一中民一（民）终字第2033号；河南省郑州市中原区人民法院民事判决书，（2011）中民一初字第769号；上海市浦东新区人民法院民事判决书，（2011）浦民一（民）初字第5330号；河南省高级人民法院民事判决书，（2011）豫法民二终字第44号；上海市第二中级人民法院民事判决书，（2011）沪二中民一（民）终字第1023号；河南省郑州市中级人民法院民事判决书，（2012）郑民一终字第88号。

审理较为复杂,审级较高。在63件案件中,上诉的案件有47件,上诉率74.6%;二审改判的案件20件,改判率31.7%;调解结案的案件有3件。可见,在司法审判实践中存在上诉率高、改判率高、调解率低以及审判难度较大的问题。在63件案件中,原告胜诉的案件有30件,胜诉率47.6 %;其中获得经济赔偿的有26件;获得赔偿的比例较高,但是赔偿的名义以及计算标准存在较大差异。

从案例整理中发现,司法实践中存在对侵害法人名誉权的认定不统一的问题。在纷繁复杂的侵权行为模式下,法院对于司法解释规定的"内容基本属实"与"主要内容失实"的认定没有统一明确的裁判标准,如"湖北省造纸公司诉湖北法制报社的新闻报道侵害名誉权纠纷案"[1]。此外,有些法院在认定侵害法人名誉权时要求侵权内容必须有侮辱、诽谤的言词,如"北京吉普汽车有限公司与广东经济电视台、卢某国案"[2]。

法人名誉权侵权案件中,对法人名誉权的侵害往往造成其经济利益的直接损害。在司法实践中,对于经济损失的证明较为困难,且具体赔偿的范围以及数额的计算没有统一的标准,赔偿数额从1元至100万元不等,法官常常因为原告无法主张其损失全部因为被告的侵害名誉权的行为导致,从而"酌情"判决具体赔偿数额。如在"江西江中制药厂、庞某琪、谢某萍等与青岛双龙制药有限公司、王某军、付某霖等侵害名誉权案"中,对于一审河南省高级人民法院判处的100万元的赔偿,二审最高人民法院仅判定"酌情"减至30万元,此数额的来由则未详尽论述。[3] 在个别案件中法院甚至支持了原告的名誉损失费的请求,如在宜兴市中兴网络发展有限公司与联想(北京)有限公司一案中,江苏省宜兴市人民法院判令被告赔偿原告名誉损害赔偿金2万元。[4]《精神损害赔偿解释》(2020年)第1条规定:"公民以人身受到侵犯为由提出国家赔偿申请,依照国家赔偿法第三十五条的规定请求精神损害赔偿的,适用本解释。法人或者非法人组织请求精神损害赔偿的,人民法院不予受理。"但是关于"名誉损害赔偿金"的性质以及法人是否能够主张非财产损害赔偿仍然值得探讨。

此外,对于侵害法人名誉权的责任制度设计的不健全,以及对法人名誉受损的经济利益弥补的不足和混乱使相关法律不能起到预防和教育作用,导致此类案件的频发。法人较自然人而言具有先天不同的属性,法人名誉权不仅与财产

---

〔1〕 湖北省武汉市中级人民法院民事判决书,(1991)武民二上字第51号。

〔2〕 北京市朝阳区人民法院民事判决书,(1999)朝民初字第4628号。

〔3〕 最高人民法院民事判决书,(1998)知终字第2号。

〔4〕 江苏省宜兴市民事判决书,(1999)宜民初字第1108号。

权的关系更加紧密,对于公共利益亦会产生重要影响,这也导致了法人名誉侵权诉讼较自然人名誉侵权诉讼更加特殊和复杂。

通过案例整理发现,在 63 件案件中,存在竞争关系的主体侵权案件有 18 件,消费者不当行使评论权的侵权案件有 5 件,网络侵权的案件有 10 件,报社、出版社、广告公司等媒体侵权的案件有 13 件,因其他权利纠纷导致侵权的案件有 14 件,在上述案件中竞争对手侵权与消费者侵权多与网络和媒体构成共同侵权。同时,在上述侵权案件中往往纠缠着利益的衡量,即舆论监督权与法人名誉权、言论自由权与法人名誉权、消费者知情权与法人名誉权等,如何在天平两端寻求一个利益的平衡点,既能对法人进行有效的监督又能维护竞争关系的有序以及维护法人的正常发展,是一个在立法以及司法实践过程中需要共同探讨的课题。

四、法人名誉权理论的研究价值

法人的名誉权对于法人来说蕴含商业利益,法人往往能够通过良好的社会声誉以及消费者的认可获得更大的市场份额,能为法人带来无形财产利益。对于法人名誉权的研究能够完善人格权的理论体系,摆脱人格权的伦理性桎梏,论证法人人格权存在的理论基础。保护法人的名誉权,确定其与消费者权益保护的边界,完善消费者的诉求表达机制,明确企业的社会责任,能为消费者提供更安全、更能满足其需求的产品。明确法人名誉权保护与言论自由的边界,能够在保护法人良好声誉的同时保障言论自由这一宪法权利,为商业活动提供舆论监督,保障公民知情权。面对侵权主体繁多且行为多样化的众多案件,明确侵害法人名誉权的构成要件,并根据侵权主体、侵权类型的不同制定有差别的、更有效的责任制度能减少法官在法律原则性规定前的迷茫状态,避免法官僵化、刻板地套用简陋的法律规定,为法人名誉权能得到切实有效的保护提供制度依据。

第二节　法人名誉权相关理论问题

一、法人的本质——人的团体,财产的集合

法人是法律拟制抑或可以看作哲学中唯名论与唯实论之争的一部分。[1] 对于法人的本质,历史上曾有争论,主要包括“法人拟制说”“法人否定说”“法人

〔1〕 参见[美]梯利:《西方哲学史》,葛力译,商务印书馆 1995 年版,第 183 页。

实在说”,最早的是以德国历史法学派萨维尼(Savigny)为代表的“法人拟制说”。该学说认为,权利主体只限于自然人,法人只是基于现实需要,由国家以法律形式赋予,是一个技术性的概念,其主体地位是由法律拟制的,它本身无意思能力、行为能力,只能由法人的机关代为执行相关事务。[1]“法人否定说”的代表人是德国法学家耶林(Jhering)。该学说认为,法人在社会上没有独立的人格,其权利最终将落实到其组成者的自然人身上,法人只是为处理多数主体之间的法律关系而于法律上的抽象技术而已。[2]“法人实在说”的代表人物为德国日耳曼法大师基尔克(Gierke)。依照“法人实在说”,由人组成的团体是一个实实在在的组织体,它在法律上的人格是团体固有的,无论法律是否赋予,团体像自然人一样也具有思维能力,能够认识建立在物质基础上的精神性文化发达的规律。[3]

德国学者托马斯·莱塞尔(Tomas Raiser)就法人本质的不同学说提出一种十分客观的评价。他认为,“应将它们理解为从不同的侧面对法人制度及其背后所存在的社会现象所作的不同的解释,由于他们各自只澄清了某一侧面,故而他们可以相互并存,并可相互补充,而其中任何一种学说都不具有绝对正确性”[4]。目前法人否定说已经逐渐被摒弃,而“法人实在说”和法人拟制说虽各有其正确性但又各有缺陷。法人拟制说认为法律可以创制主体的观点有利于建构开放的民事主体体系,但是却忽视了法人本身具有的成为独立民事主体的特性;法人实在说意识到法人与自然人并列的独立意义,但也低估了法律规范对组织体获得民事独立主体地位的作用,以及国家对其进行限制和引导的功能。

从法人形成的历史脉络来看,法人源于团体人格,古罗马时期开始出现团体,但是当时的团体并未形成现代意义上的法人。法人在12~13世纪创造初期,主要用于维护教会财产合法性的需要。[5] 1900年《德国民法典》第一次规定了法人制度。促使立法上承认法人制度的主要原因还应归结到商品经济的发展,特别是19世纪的工业革命的发起,各种形式的法人团体陆续出现,法人作为群体智慧的集聚,拥有自然人难以达到的能力。法人独立的财产以及股东的有

---

[1] 参见[德]罗尔夫·克尼佩尔:《法律与历史——论〈德国民法典〉的形成与变迁》,朱岩译,法律出版社2003年版,第62-63页。

[2] 参见郑玉波:《民法总则》,中国政法大学出版社2003年版,第171页。

[3] 参见[日]石田文次郎:《祁グラム》,三省堂1935年版。转引自何勤华:《西方法学史》,中国政法大学出版社1996年版,第259页。

[4] [德]托马斯·莱塞尔:《德国民法中的法人制度》,张双根译,载《中外法学》2001年第1期。

[5] 参见高留成:《法人制度历史探源》,载《社会科学论坛》2006年第2期。

限责任刺激人们将资金投入风险相对可控的公司法人。其参与主体的广泛性、财产的独立性以及责任的有限性要求法律明确对这些法人主体进行规范,同时为了确保革命成果,立法上开始逐渐承认法人制度。由此可见,法人独立的人格获得了法律的认可。

因此,法人是基于人类需求而产生的,是自然人结社自由的体现,是群体智慧的结果,法人的权利是自然人权利的扩张和延伸。法人作为组织体是确实存在的实体,拥有独立的意志以及权利能力,但是与自然人一样,法人最初的主体地位之获得也需要法律的承认。法人的独立意志必须借助多数决的原则由成员的意志上升而成并由特定机关负责执行;其由自然人成员组成,承载了自然人的意志与情感但却无法还原到其组成的成员;法人为了特定的目的而设立并运营,其拥有的财产以及行为的能力较自然人更强大,为了确保法人与自然人的平等地位就需要更多地对法人权利能力和行为能力进行明确的限制。

二、法人名誉权的前提性问题

(一)法人名誉、名称等相关权利归属

我国原《民法通则》开创性地承认法人享有名誉权、名称权,并且准用关于自然人名誉权、名称权的规定,目的在于将法人的名誉权、名称权划入相同性质的权利范畴。对于自然人名誉权、名称权的权利归属,虽然法律没有明确规定,但是学术界通说认为其属于人格权的范畴。那么法人的名誉权、名称权是否当然属于人格权,目前仍然存在争议。法人的名誉权、名称权具有双重属性,即财产属性与专属于主体的人身属性,是其作为法律主体必不可少的权利,不仅标志着法人本身,还能为主体带来更多的交易机会进而获得更大的经济利益。其双重属性以及何为第一性的问题引发了对于此类权利的归属的争议。此外,法人本身没有精神感受的组织体特性也为权利的化归带来了不可规避的论证困难。

目前对于法人的名誉权、名称权的权利归属主要存在两种观点:一种观点认为应当列入无形财产权的范围进行保护;另一种观点认为应当归入人格权的范畴。下面本书通过对两种观点的介绍和分析以明证法人名誉权、名称权等相关权利的归属。

1. 财产权说

财产权说的观点认为,法人只能享有财产性的权利,而无法享有伦理性权利。如狄骥所言,“对个人以外的其他实体赋予一种理智和意志,这只能是花言

巧语和博取欢心的比喻,而丝毫没有其他意义"〔1〕。持该种观点的学者认为,我国基于民商合一的理论基础而承认法人享有名称权、名誉权、荣誉权,但是以上权利不符合人格权的基本理论,将其定义为财产权更为适当。以上权利由知识产权法、《反不正当竞争法》进行保护,不但有利于维护理论统一以及避免法律适用冲突,而且能够更加体现法人相关权利的"商"的性质和财产方面的利益,也能够更好地保障舆论批评和监督的言论表达以及新闻出版自由。这种观点以有力的论据论证了人格权具有专属性,而法人的名称可以转让、继承,同时名誉也会一同转移。"对人格的侵害不可避免地带来财产的损失,对财产的侵害也不可避免地造成精神痛苦,这只能说明财产权与人格权的紧密联系,而不能径行得出'人格权可以包含财产利益,财产权可以包含人格利益'的结论。更不能以此为依据将法人的商号权、商誉权、信用权、商业秘密权等仅具有财产权性质的权利推导为所谓的人格权。"〔2〕

法人并非只有营利性社团法人,也并不是所有法人只具有财产属性。对于公法人和财团法人,以及公共利益价值愈加明显的企业法人,仅仅通过财产权或者商事人格权来保护法人的相关权利是不周延的。无论是法人的名称还是名誉都是伴随法人的产生而产生,伴随其消灭而消灭的,名誉和名称都必须依附于法人才得以存在,法人有且只有一个与其他法人区别的名称。法人名称可以转让或继承,但是法人转让名称时必须与营业一起转让,或者在营业终止之后转让。自此,法人不得再使用此名称,此名称成为受让者专属的权利。因此,名称转让之后仍不能摆脱它的专属性以及人格权属性。

2. 人格权说

(1)商事人格权说。此种观点认为法人的相关权利定义为商事人格权更为恰当。程合红认为:随着社会的发展变化,部分人格权已经逐渐成为商业活动上的重要客体。人格权的商业利用对传统的人格权制度与理论造成了冲击。一方面,于普通的人格利益之外,又分离、形成了一种包含经济利益在内的相对独立的人格利益——商事人格利益,人格权发展成为维护商事人格利益的,兼具财产权属性、具有财产价值的商事人格权;另一方面,为适应商业活动的需要,这些人格权必须具有一定的可转让性与继承性,而且在权利的保护上能够适用相应的

---

〔1〕 [法]莱翁·狄骥:《宪法论——法律规则和国家问题》(第1卷),钱克新译,商务印书馆1962年版,第329页。

〔2〕 钟瑞栋:《"法人人格权"之否认——兼评我国〈民法〉草案关于"法人人格权"的相关规定》,载《厦门大学法律评论》第7辑,厦门大学出版社2004年版。

财产权救济方式,以维护人格权在商业利用中所产生的经济利益。[1] 此类观点将商事人格权看作人格权的新发展,是一种随着人格要素商品化而产生的试图突出人格权商品化属性的权利概念。但是,这种权利概念作为一项商事权利,在外延上并不周延,而且人格权本身理论的发展已足以解决商品化的问题,而非发展出新型的权利概念。此类观点称法人的名称为"商号",法人的隐私为"商业秘密",法人的名誉为"商誉"。但是商号权、商誉权本身的属性目前仍然存在争议,仍无法解决此类权利为财产权还是人格权的归属问题。

(2)法人人格权说。法人人格权说目前成为此种权利归属的通说,各国学者也普遍承认法人享有人格权。但是对法人缘何享有人格权的论证略显粗陋。毕竟人格权的核心是精神利益,而法人作为无精神感受的组织体很难证明其精神利益的存在。当前学术界主流观点认为作为组织体的法人与作为心理实体的自然人虽有区别,但这并不能成为其作为名誉权承载主体的障碍。法人虽为拟制主体,但由自然人组织而成,或者按自然人的意志组建而成。法人虽无荣誉感,但作为法人这一团体的成员有荣誉感。诋毁法人声誉将直接伤害其成员之感情和经济利益。若否认法人名誉权,相关权利义务的承载者必然是众多的、单个的团体成员,这将使法律关系复杂化以及给司法活动带来诸多不便。既然法人之人格可以被拟制,法人的人格利益也可以被拟制,法人应当是这种人格利益的承载者。[2] "自然人个体以团体一员的资格来参与社会生活,丰富、发展和完善自己的人格。授予法人以人格权,具有一种工具性的价值,它服务于自然人的人格保障的最终目的。保护法人的人格权与保护自然人的人格权处于不同的价值位阶上。"[3]"像公司这样具有经济性质的组织一旦被法律授予法人资格,则此种法人组织在享有法人人格和民事主体资格的同时也享有名誉权。"[4]

欧洲主要国家立法受限于当时的认识对法人的人格权并未明确保护,但是在司法实践以及理论研究层面都承认法人在一定程度享有人格权。学者们还对这种理论做出进一步的阐述,认为对法人授予人格权是历史形成的,与不同时代

---

〔1〕 参见程合红:《商事人格权——人格权的商业利用与保护》,载《政法论坛》2000 年第 5 期。

〔2〕 裘石:《企业法人名誉权保护专题研讨会综述》,载《法学》2005 年第 3 期。

〔3〕 薛军:《法人人格权的基本理论问题探析》,载《法律科学(西北政法大学学报)》2004 年第 1 期。

〔4〕 张民安主编:《名誉侵权责任》,中山大学出版社 2008 年版,第 165 页。

对团体与个人之间的关系的不同理解相对应。[1] 但是法人人格权的范围要受到法人团体性质的限制。总的来说，承认法人可以享有某些类型的人格权已经有至少半个世纪的历史。拉伦茨认为，“法人的权利能力充其量只不过是部分权利能力，即具有财产法上的能力”。承认法人拥有部分人格权，如姓名权以及名誉权，只不过不具有伦理性的人格权，不享有一般人格权。[2] 梅迪库斯认为：“法人具有一个受保护的名称。在其他方面，虽然法人不享有与自然人同样宽泛的人格权，但是法人的人格权也受法律保护。”[3] 日本学者四宫和夫认为：“既然法人具有独立的社会性实体，就不得不承认其具有名称权、名誉权等人格权。”[4] 王泽鉴认为，法人能成为财产权、人格权等的主体，但是要受到法律及其自身性质的限制。对于生命、身体、健康等专属于自然人的权利法人不得享有，但是姓名、名誉（商誉）、信用、隐私（商业秘密）等，法人则得以享有。[5]

（二）法人与一般人格权

通过上述观点可以看出，法人拥有的人格权都被明确列举和限定。但是概括称法人拥有人格权却因为一般人格权的存在而棘手。因为人格权包括具体人格权以及一般人格权，对于一般人格权法人是否享有争议较大。一般人格权是实在法上除已经明文规定的具体人格权之外的“其他人格权”，是一种补充性的人格权。一般人格权是各种其他人格权产生的规范基础，它是吸收新型人格法益的口袋，其精神内核是人格尊严和人格自由发展。

“二战”后，德国为补充民法典对人格保护尤其是名誉权保护的不足，德国联邦最高法院与德国联邦宪法法院共同基于《德国基本法》第 1 条第 1 项以及第 2 条第 1 款创设一般人格权。[6] 德国的一般人格权是对人格尊严和人格自由的保护，是具体人格权创设的标准。德国联邦最高法院指出，法人一般人格权是《德国基本法》第 2 条第 1 款规定的基本权利在民法中的体现。[7] 但是对于法人为何享有一般人格权，德国联邦最高法院并没有进行论证，因此也引发了关于

---

〔1〕 Davide Messinetti, *Diritti della personalita*, in Enc. Dir. XXXⅢ, Milano, 1983, 404ss. 转引自薛军：《法人人格权的基本理论问题探析》，载《法律科学（西北政法大学学报）》2004 年第 1 期。

〔2〕 参见尹田：《论法人人格权》，载《法学研究》2004 年第 4 期；［德］卡尔·拉伦茨：《德国民法通论》（上册），王晓晔等译，法律出版社 2013 年版，第 182 页。

〔3〕 ［德］迪特尔·梅迪库斯：《德国民法总论》，邵建东译，法律出版社 2013 年版，第 822 页。

〔4〕 ［日］四宫和夫：《日本民法总论》，台北，五南图书出版公司 1995 年版，第 100 页。

〔5〕 参见王泽鉴：《人格权法：法释义学、比较法、案例研究》，北京大学出版社 2013 年版，第 57 页。

〔6〕 BGHZ 13, 334 – Leserbriefe; BVerfGE 54, 148 – Eppler.

〔7〕 参见沈建峰：《一般人格权研究》，法律出版社 2012 年版，第 118 – 119 页。

法人是否享有一般人格权的争论。

在我国,有不少学者主张法人应享有一般人格权。杨立新认为:“在一般人格的内容上,法人一般人格权的基本内容仍然是人格独立、人格自由和人格尊严三大利益,只是在具体内容上略有不同。法人的人格独立,也体现为其人格平等性……法人的人格自由体现在其意志自由上……法人的人格尊严与自然人有所不同,但是,它同样是指对法人人格的尊重,是对法人的共同价值确认的一种观念。”〔1〕王利明原来认为法人的一般人格权具有高度的抽象性与概括性,法人一般人格权作为一种渊源权,从中引申出各种具体的人格权。法人一般人格权的客体,是民法所保护的法人在社会关系中所享有的法人人格独立与人格平等的人格利益。〔2〕但王利明现在认为一般人格权具有专属于自然人的特性,应当限于自然人,法人不具有一般人格权。〔3〕

学术界亦有不少学者主张法人不应享有一般人格权。史尚宽与胡长清都承认了法人的具体人格权,但是否定了法人的一般人格权。徐国栋在其主持编纂的《民法典(草案)》中规定了法人的具体人格权,但没有规定其享有一般人格权。〔4〕尹田认为法人一般人格权在民法上没有价值,“仅就侵害法人一般人格权的表现而言,如果认定其有表现为对‘法人人格独立’(财产独立、经营自由)以及‘法人人格平等’的侵害,则这些侵害行为只能由国家权力实施(非法干涉企业自主经营、无偿划拨其财产、非法限制其经营范围等侵害)”〔5〕。一般人格权是为了适应自然人人格发展的无限可能性才发展出来的制度。但是法人是为了实现自然人的特定目的而设立的,法人无法享有一般人格权是因为法人无法拥有如自然人一样广泛的利益范围。

本书认为,人格尊严与人格自由属于最上位的宪法价值,是对人性的尊重与保护,人格尊严与人格自由的含义抽象,目前并没有明确的定义,而且其内涵随着时代的发展而不断变化。人格尊严与自由的内涵丰富且以自然人的精神感受为中心,法人作为组织体原则上不宜享有一般人格权,但是我们不能因此否认法人具有被尊重的权利以及意思表达与意思形成之自主权。对于具体人格权,目前通说认为,不以自然人之身体存在为前提的人格权,如名称权、名誉权、精神的

〔1〕 杨立新:《人身权法论》(修订版),人民法院出版社 2002 年版,第 386 - 387 页。

〔2〕 参见王利明等编著:《人格权法》,法律出版社 1997 年版,第 40 页。

〔3〕 参见王利明:《人格权法研究》(第 3 版),中国人民大学出版社 2018 年版,第 138 - 139 页。

〔4〕 参见徐国栋主编:《绿色民法典草案》,社会科学文献出版社 2004 年版,第 116 页。

〔5〕 尹田:《论一般人格权》,载《法律科学(西北政法大学学报)》2002 年第 4 期。

自由权等，法人可以享有。[1] 王泽鉴认为："就人格权而言，生命权、身体权及健康权系以自然人的身体存在为前提，自非法人所得享有者，但名誉权、信用权及姓名权等法人仍得享有之。"[2]对于一般人格权具有的兜底性作用，法人并不同于自然人有无限发展的人格空间以及人格利益。虽然随着实践的发展，法人的人格利益亦有发展的空间，但是之后出现的可以为法人享有的人格利益可以通过具体人格权的列举来进行保护。如果具体人格权是一般人格权的具体化，那么不能享有一般人格权的法人拥有具体人格权的理论基础是什么？有种观点认为，法人享有的具体人格权只是一种"拟自然人"的现象，是一种法律上的拟制。由于法人的名称、名誉等与自然人有现象上的相似性，所以这种拟制就个别具体制度而言有其法律技术上的妥当性。但是一般人格权作为一种抽象的具有价值判断的权利，由于法人与自然人的价值属性不同，因而不能享有。[3]

（三）法人享有具体人格权的逻辑推演

1. 人格权的新发展：对财产利益的保护

从权利的工具性理论来讲，人格权是用来保护人格利益的工具，从来不只局限于其伦理性。人格权起初是基于人格自由、人格尊严、人格平等而产生，具有强烈的伦理意义以及人身依附性，但随着自然人人格要素逐渐具有财产属性，人格权便自然需要保护因此而衍生出的财产利益。随着商品经济的发展，人的伦理价值从"人的属性"中逐渐被剥离出去，使其"外在于人"，并进而成为法定权利的客体结果。人格要素的经济利益保护已成为人格权保护的重要内容，伦理性不再是人格权的全部核心内容。因此，对于能够使主体获得更多的交易机会和更高的社会信任度与知名度的名称和名誉，其经济利益的保护需求更甚。

因此，单纯基于人格权的伦理性而将法人排挤到人格权的体系之外已经不适应实践的发展以及人格权本身的演变。法人人格的承认以及法人人格利益的存在需要人格权对法人进行扩张性保护。

2. 法人的人格利益

法人具体人格权的承认或否认不能将其与自然人人格权置于同等的出发点，不基于法人的个性以及人格权的细化而笼统地用自然人人格权的标准去评判甚至去否定法人具体人格权的存在，其合理性是难以自圆其说的。虽然法人

---

〔1〕 参见史尚宽：《民法总论》，中国政法大学出版社 2000 年版，第 153 页；胡长清：《中国民法总论》，中国政法大学出版社 1997 年版，第 117 页。

〔2〕 王泽鉴：《人格权法：法释义学、比较法、案例研究》，北京大学出版社 2013 年版，第 137 页。

〔3〕 参见沈建峰：《一般人格权研究》，法律出版社 2012 年版，第 128 – 130 页。

的权利能力受到法律规定以及性质的限制,只能在法律允许的范围内享有权利承担义务,法人不能享有专属于自然人的权利,如生命权、身体权、身份权等。但是法人并非只享有财产性的权利。我国台湾地区"民法"第 26 条规定:"仅按法人与自然人有同一之人格,若非亲属之权利义务专属于自然人之性质者,应使法人亦享受之,并不专限于财产上之权利义务也。"邱聪智教授认为,"如果权利的发生虽以身份行为为基础,但其权利内容为财产权的,法人仍然能够享有"[1]。

法人作为组织体不具有精神感受,但是可以具有精神利益。精神利益是以精神需要对象为实际内容的利益类别,是社会评价反映到人,对人以正面的引导,以名誉、尊重、信誉等的回馈。[2] 对于精神利益的理解,应当跳出狭义的生物学的范畴落脚到广义的法律维度中进行解读。精神利益狭义上是指自然人基于人脑而具有的精神感受愉悦和安宁的利益。从广义上讲,精神利益是指人格利益,基于人格要素而具有的排除他人侵害的不作为请求权益。法律学上的精神活动,是与法律上的财产流转活动相对应的活动,包括生理上或心理上的活动和维护精神利益的活动。[3] 而精神利益的丧失或减损是指权利主体维护其人格利益、身份利益的活动受到破坏,因而导致其人格利益造成损害,这种精神利益主要就是指权利主体的姓名(名称)、肖像、名誉、荣誉、商业秘密等。这种损害不以权利主体是否具有生物形态而有所不同,所以自然人可以受到精神损害,法人也可以受到精神损害。[4]

法人作为一个人的集合,其本身不能拥有精神感受,但其本身承载了自然人的精神期待与精神需求。本书认为,凝结自然人期待与感情的法人,其良好的社会形象需要法律予以保护。对于常见的社团法人公司来讲,公司文化逐渐成为公司软实力的重要部分,公司通过公司宗旨的指引以及公司氛围的培育,会使其员工产生强烈的归属感以及荣辱与共的决心。公司通过经营向社会提供产品和服务,良好的公司形象、优质的产品和服务质量会吸引一批忠实的消费者,消费者会对该公司寄予品牌信任感。对于财团法人而言,其为了一定的目的而筹集并使用资金,良好的社会形象是其吸引成员的重要途径。以公益基金会为例,社会公众向慈善基金会捐款之后,款项作为财团法人的财产与捐款人分离,但是捐款人将自己的慈善之心寄予该慈善基金会,基金会成为自然人传达关爱的媒介。

---

〔1〕 邱聪智:《民法总则》(上),台北,三民书局 2005 年版,第 160 页。

〔2〕 参见徐金平:《精神利益的类别和层次》,载《沧桑》2010 年第 4 期。

〔3〕 参见周利民:《论法人的精神损害赔偿》,载《政法论坛》2002 年第 3 期。

〔4〕 参见王婷:《法人人格权的精神损害赔偿制度研究》,河北大学 2010 年硕士学位论文。

如果基金会的名称被冒用作商业用途或者被贬损，社会大众的公益心理会因此感觉痛苦、失落。以上并不是为了证明法人具有精神感受，因为这些感受是自然人发出，而由法人承载，因此，法人不可以因此种感受被损害而要求精神损害赔偿。这个问题将在后文展开详细论述，在此不作赘述。

此外，我国法人组织的主体广泛，不仅包括营利性法人，而且包括大量的非营利性法人，如机关法人或者公益法人。对于这些法人组织，营利并非其主要运营目的，其社会公共利益的目的性更为明显。对这些组织人格利益的损害造成的财产损失是其次的，但是对其正常的运作会产生重大不利，单纯的财产损害赔偿也很难使其损失得到弥补。由此，将法人的相关权利纳入财产权的范围并使用财产权损害的赔偿方式不利于周延地保护法人的相关权利，而将其放入人格权的范围似乎更为妥帖。

3. 法人可享有的具体人格权

法律从来不是一成不变的，只要符合实践以及基本的法律逻辑，我们就可以技术性地运用自然人的人格权制度来保护与其类似的法人的人格权。就目前而言，法人仅享有部分具体人格权，其与自然人主体相关权利具有相同的外部属性。法人制度产生于自然人相关制度逐渐完善之后，法人与自然人一样作为法律主体，很多权利都是类比自然人的规定适用。二者不仅权利性质类似，而且法人的名称同自然人的名称一样，是对主体本身的表彰，是主体区别于其他主体的标志。对于自然人名称的冒用或者侮辱，可能会造成自然人经济利益和精神利益的损害，而对法人名称的冒用会令社会主体误认，进而分担了本该属于权利主体的交易机会与市场份额，而且冒用者的产品服务质量也往往导致公众对权利主体的误评。同样地，法人同自然人一样拥有获得社会公正评价以及不得贬损的权利，都可能通过良好的名誉获得更多的经济机会或者更加舒畅的生活环境。名誉权对于二者而言，都是为保护其社会评价以及蕴含在其中的经济利益，对二者名誉的诋毁都会造成主体社会评价的降低以及可能的经济利益的损害。

此外，基于立法成本考虑，对法人准用自然人名誉、名称等相关规定并针对法人的特殊性制定特殊条款进行保护，不仅减少了立法成本，而且同样符合权利的性质和立法逻辑。毋庸置疑，法人名称、名誉在很大程度上体现的是法人的财产性，但基于这一原因就将法人人格权纳入财产性权利的范围是值得商榷的。我国《民法典》总则编第三章中规定，将法人分为营利法人、非营利法人以及特别法人，而非营利法人中包含事业单位和社会团体法人，虽然这一分类具有严重的计划经济的痕迹，但公益性组织还是被认为包括在我国法人分类中的社会团体法人中。这一类公益性的法人组织,其设立的目的并不在于盈利,有很大一部分是基于公共利益或公共事务的需要,不涉及财产利益,但是该组织的名誉又会对其以后的发展造成较大的影响,甚至会决定该组织的发展前景。如果将法人名誉权纳入财产权的保护范围,就会造成对此类组织在立法上的漠视,这对于本来在立法上就没有得到应有重视的社会公益组织而言无疑是雪上加霜,会对我国刚刚起步的公益事业造成新一轮的打击。即使抛却非营利性法人,单就营利性法人而言,仅用财产法对法人的名誉进行救济不能兼顾法人名誉的人格属性,毕竟法人的名誉被侵害之后并不是仅通过金钱即可以弥补,还需要其他的非财产的责任方式对法人的名誉权进行救济(后将论及),而且财产法弥补性的救济方式也不足以救济具有人格属性的法人的名誉权。因此,放弃法人人格权制度而仅寻求财产法上的救济需要单独立法,不仅浪费立法资源,而且更加不利于法人名誉的全面保护。

(四)小结

综上所述,法人可以拥有法律规定的且性质上可为法人享有的具体人格权。名誉权不属于以自然人生命或心理特性的存在为前提这一类型,其是能为法人所享有的,它是一种与自然人享有的人格权相类似的人格利益。“为保证法人能够与其他自然人、法人顺利地进行交流,这个团体或组织或共同体也将在事实上要求拥有某些交往性的权利,法人名誉权即属于此限。”[1]此外,随着法人制度的深入发展,法人具体人格权的范围会越来越广,侵害法人具体人格权的纠纷也会越来越严重。有学者更是认为不仅法人名誉权等一系列的具体人格权应得到支持,法人的一般人格权也应该得到体现。[2] 事实上,一些国家的民事立法已经逐步将法人名誉权、名称权、荣誉权和商业秘密等纳入法人人格权的范围,而且认为“法人的一般人格权是法人人格权发展的必然趋势”[3]。对于法人一般人格权能否享有的问题需要在新的社会实践理论基础上继续求索。

法人名誉权这类对法人具有特殊价值的权利类型不以自然人生理或心理属性特征为前提。如果基于自然人的判断标准将其否定,那么对法人名誉权造成损害后所产生的财产和精神上的损害则难以得到救济。同时,因法人名誉权造成的财产性损害又往往是巨大的,有些甚至是决定企业成败的关键所在,特别是

---

〔1〕 杜晶:《论法人人格权之肯定》,载《研究生法学》2007 年第 2 期。

〔2〕 参见许中缘、颜克云:《论法人名誉权、法人人格权与我国民法典》,载《法学杂志》2016 年第 4 期。

〔3〕 马俊驹、余延满:《试论法人人格权及其民法保护》,载《法制与社会发展》1995 年第 4 期。

对于某些公益类的法人,对其名誉权的损害往往是致命的。因此,必须有一个制度来保障法人名誉权益的实现,而不能将其进行全盘否定。

根据我国法律规定,法人人格权的外延包括法人名称权、法人名誉权、法人荣誉权,此外,类似于自然人的隐私权,法人的商业秘密也属于法人人格权的范畴,但是商业秘密已经在知识产权领域中研究较为透彻,在此便不再赘述。下面系统介绍法人的名称权、名誉权以及荣誉权,并借此以明确法人名誉权的边界。

三、法人名誉权

(一)何为"法人名誉权"

如前文所述,当前我国学界对于名誉权定义采社会评价说,"名誉权是指公民和法人就其自身属性和价值所获得的社会评价,享有的保有和维护的人格权"〔1〕。具体至法人,法人名誉是社会对于法人的全部活动的总的评价。企业法人作为一种营利性的组织,其名誉也主要是针对其信用、生产能力、运营能力、资产情况、管理水平以及员工素质等方面。而作为非营利的其他法人,其名誉的内容更多指的是对其效率、态度、质量以及人员素质等方面的评价〔2〕,虽然两者有重合的地方,但是各有侧重,对其保护也应采取不同的态度。名誉所保护的社会评价不因法人主体的意志而转移,而是通过法人的经营活动以及法人提供的商品或服务,社会大众基于此而给予法人公正、客观的评价。不同的法人,社会给予的评价也不同,如知名企业与不知名企业拥有的形象、声誉和地位不同,社会评价的增减与法人的自我评价、成员的自我感受无关。社会评价的内容因法人类型的不同而有所区别,法人原本的形象与是否造成社会评价降低密切相关,如果一个企业本身信用低下,因此被指摘相应内容的,如果没有夸大或者无中生有即不构成社会评价的降低。社会评价的降低与否以及降低的程度同样对侵权责任的构成以及责任承担有重大影响。

名誉权作为人格权具有专属性、绝对性,基于名誉保护的是社会评价因而具有社会性,此外名誉权还具有非财产属性。〔3〕 张民安认为,名誉除是一种社会评价外,还可以看作一种财产,行为人侵犯他人名誉除了可以产生非财产性质的损害,还可以产生财产性质的损害。〔4〕 对于名誉权的非财产属性可以如是理

〔1〕 杨立新:《人身权法论》,中国检察出版社 1996 年版,第 521 页。

〔2〕 参见罗东川:《论名誉权的概念和特征》,载《政治与法律》1993 年第 2 期。

〔3〕 参见刘静编著:《姓名权名称权肖像权名誉权荣誉权损害赔偿》,中国民主法制出版社 2001 年版,第 96 页。

〔4〕 参见张民安主编:《名誉侵权责任》,中山大学出版社 2008 年版,第 116 页。

解:名誉权不具有财产性,但是却蕴含财产利益。作为对社会评价的保护其本身不具有直接的财产内容,但是良好的声誉能够赢得更大的信任度以及更多的交易机会,如果对名誉进行贬损,其主体往往会因此丧失本该得到的经济利益。商品化人格权又称为“形象权”,是通过授权他人使用自己或自己创造的虚拟形象或者其他人格符号,如姓名、声音、举止动作等进而获得的商业利益。〔1〕 人格标志通过授权他人使用而获得收益,从而使人格权从仅具有精神利益的桎梏中摆脱出来,人格权蕴含的财产利益也得到法律保护。

(二)法人名誉权的相近概念——商誉权

1.商誉权的界定

商誉权是源于普通法的概念,其英文“goodwill”在《牛津法学大辞典》中解释为“某行业拥有的优良品质”。〔2〕 19世纪,普通法系没有明确的名誉、名誉权概念,对名誉的保护是放在“诋毁之诉”这样一个诉因之下进行的。诋毁之诉仅保护名誉本身,即尊严和受人尊重的声望,而不保护由此导致的金钱上的损失。这样的诉讼要是适用于公司,原有的名誉的概念就显得不相适应,于是就引入了商誉权的概念。商誉有经济学、会计学、法学的定义,但是现代普通法系逐渐接纳了会计学对商誉的定义,认为商誉是指可以产生超出一般收益和创造额外价值的一系列无形资产。《加利福尼亚州民事诉讼法》规定:“商誉包含了企业自然增长的利益,这些利益是由于该企业拥有良好的地理位置,拥有诚信可靠的名声、先进的技术、质量良好的产品和其他任何能够保留旧客户和吸引新客户的有利条件而获得的。”〔3〕因此,普通法系的学者认为商誉是通过各种要素协同而产生,而与名誉有关的要素只是其中的一部分。

对于商誉的权利归属,目前总共有三大类观点:第一类观点认为商誉权属于财产权。财产权说中又包括三种观点,一种观点认为属于无形财产权〔4〕,无形财产权说对于商誉主要采取会计学定义。1992年财政部与原国家经济体制改革委员会联合颁发的《股份制试点企业会计制度》第37条规定:“无形资产包括专利权、商标权、专有技术、土地使用权、商誉等。”同年,财政部发布的《企业会计准则》和《企业财务通则》两个规范性文件都规定,无形资产是指企业长期使

〔1〕 参见温世扬:《析“人格权商品化”与“人格商品化权”》,载《法学论坛》2013年第5期。

〔2〕 参见[美]戴维·M.沃克主编:《牛津法律大辞典》,北京社会科技与发展研究所译,光明日报出版社1988年版,第381页。

〔3〕 Cal. Civ. Proc. Code §1263.510(b)(West 2007).

〔4〕 参见吴汉东:《论商誉权》,载《中国法学》2001年第3期。

用，但是没有实物形态的资产，包括土地使用权、非专利技术、商誉等。第二类观点认为商誉属于一种独立的财产权，“是商法人经济能力的社会评价，已演化为具有价值形态的财产利益，因而从表现为一般人身利益的名誉中分离出来，并受到法律的特别保护。这种新型的民事权利显然有别于人身权范畴中的名誉权”[1]。第三类观点认为商誉权属于复合财产权[2]，具有财产权与人格权的双重特征。第二类观点认为商誉权属于知识产权。[3] 这种观点类似于复合财产权说，因为通说认为知识产权具有财产权和人格权双重属性。商誉权是关于商主体的社会评价，与知识产权客体是信息、呈现为非物质形态的特征相符合。第三类观点认为商誉权属于人格权。其中又包括两种：一种认为属于商事人格权[4]，自然人和法人拥有的商号、商誉、商业秘密、商业信用等利益和自然人的姓名、肖像乃至声音等人格标识用于商业目的时产生的经济利益都属于商事人格权的保护范围；另一种认为属于法人名誉权[5]，是一种特殊化了的名誉权。无论是哪种观点，商誉具有人格与财产双重属性已经成为共识，只是财产权说认为商誉的财产属性属于商誉的本质属性。

2. 司法实践中“商誉”一词使用的泛化

商誉权作为理论上的概念，在我国立法中并未明确出现。目前我国对于商誉的损害主要通过《民法典》《反不正当竞争法》《商标法》《产品质量法》《消费者权益保护法》《刑法》的一些笼统的规定进行保护。由于商誉权在理论界尚未界定明确，因此在司法实践中对于“商誉”一词的运用也往往较为随意。

目前司法实践中“商誉”一词不仅出现在侵害法人名誉权的纠纷中，也出现在商业诋毁、商标冒用以及法人名称权冒用等反不正当竞争纠纷中。法人名誉权纠纷中对于名誉与商誉的概念的使用具有随意性与模糊性。在广州市合生元生物制品有限公司与陈某安、王某山、广州三投文化传播有限公司一案[6]以及上海仁易印刷科技有限公司与上海鼎晟印刷科技有限公司一案[7]中，原告共性地以商誉权受到损害为由提起法人名誉权侵权之诉。对于法人的名誉与商誉的区别，在北京市顺义区人民法院审理的北京美驰建筑材料有限责任公司与北

〔1〕 吴汉东：《论商誉权》，载《中国法学》2001 年第 3 期。
〔2〕 参见关今华：《精神损害的认定与赔偿》，人民法院出版社 1996 年版，第 172、177 页。
〔3〕 参见梁上上：《论商誉和商誉权》，载《法学研究》1993 年第 5 期。
〔4〕 参见于泱：《论商誉权及其法律保护》，四川大学 2005 年硕士学位论文。
〔5〕 参见张新宝：《名誉权的法律保护》，中国政法大学出版社 1997 年版，第 35 页。
〔6〕 广东省广州市中级人民法院民事判决书，(2007)穗中法民一终字第 3329 号。
〔7〕 上海市第二中级人民法院民事判决书，(2010)沪二中民一(民)终字第 1262 号。

京世纪春天房地产开发有限公司一案[1]中,北京市顺义区人民法院就认为,“北京世纪春天房地产开发有限公司(以下简称世纪公司)在网站上发表不实言论的行为已经构成对北京美驰建筑材料有限责任公司(以下简称美驰公司)商誉权的侵权,又因商誉权是法人名誉权的重要组成部分,所以,世纪公司在网站上发表不实言论的行为也已经构成对美驰公司名誉权的侵犯,世纪公司应当依法承担侵权责任”。这一判决将商誉权作为名誉权的组成部分予以认定。在佛山市中院审理的HIH Chemical Company Limited、南海市谢边确保时防水涂料厂诉化学工业出版社一案[2]中,原告主张,“企业的商誉是从企业的名誉派生出来的一种民事权利,损害企业法人的名誉必然损害商誉,被告侵犯其商标及附着在其上的商誉”。两原告根据《民事诉讼法》《商标法》《民法通则》《出版管理条例》的有关规定以侵犯名誉权(商誉权)为由向法院起诉。被告辩称,“原告关于被告侵犯其商誉权的表述混乱,被告不是原告的竞争对手,不存在《反不正当竞争法》规定的侵犯商誉权的问题”。法院认为,“本案属于由于出版物的有关内容失实引起的侵犯企业法人名誉权纠纷案件。企业法人的名誉权必然包含该企业法人的商业信誉和商品声誉等(商誉)”。虽然最终法院并未支持原告的诉讼请求,但是判决书中法院及当事人对商誉与名誉的关系的认定,说明在法律工作者中对商誉与名誉关系在认识上存在分歧。在“成都轻工大厦诉商务早报社案”[3]中,在上诉审中,上诉人主张被上诉人承担其“除经济损失之外的名誉及商誉损失100万元”,针对此处上诉人对于名誉及商誉的关系的认定基础则无从考证。

“商誉”亦在商标权纠纷中较多适用。例如,“深圳市地狱火电脑设备有限公司与余某涛商标权纠纷案”[4]。该案涉及深圳市地狱火电脑设备有限公司(以下简称地狱火公司)生产的红黑色鼠标垫及包装上使用的冒火的骷髅头图形与余某涛申请注册的第4202814号“地狱火”图形商标存在极大的相似性,构成对余某涛依法享有的商标专用权的侵犯问题。法院认为,对于余某涛要求赔礼道歉、消除影响的诉讼请求,因余某涛没有提供证据证明地狱火公司的行为给余某涛造成商誉上的损害,故余某涛有关赔礼道歉、消除影响的诉讼请求缺乏事实和法律依据,法院不予支持。又如,“中粮集团有限公司与烟台盛龙华夏长城

---

[1] 最高人民法院民事判决书,(2004)民终字第7906号。

[2] 广东省佛山市中级人民法院民事判决书,(2004)佛中法民三初字第38号。

[3] 四川省高级人民法院民事判决书,(2000)川民终字第168号。

[4] 北京市第一中级人民法院民事判决书,(2012)一中民终字第14519号。

葡萄酒有限公司、北京万瑞红远投资有限公司不正当竞争纠纷案"[1]。本案中，烟台龙华厦长城葡萄酒瓶有限公司（以下简称烟台公司）在涉案葡萄酒瓶贴上突出使用的"长城""长城之星"字样，与中粮集团有限公司（以下简称中粮集团）持有的第70855号、第1447904号注册商标在外观上构成近似，原告中粮集团认为被告侵犯了其对第70855号、第1447904号注册商标所依法享有的注册商标专用权，向法院主张被告损害其商标权并构成不正当竞争。法院经审理认为被告具有故意攀附中粮集团注册商标商誉的主观恶意，侵权成立。

此外，"商誉"还用于法人名称权侵权诉讼。例如，"上海奇能服饰发展有限公司与上海新世界股份有限公司、昆山圣罗兰制衣实业有限公司企业名称纠纷案"[2]。本案中，原告认为被告昆山圣罗兰制衣实业有限公司超越合同约定，未经许可在女装上使用上海奇能服饰发展有限公司企业名称，将作为男装品牌定位的SATCHI品牌使用于女装，损害了品牌形象，给上海奇能服饰发展有限公司造成了非常恶劣的影响，要求被告公开登报致歉。对此项诉讼请求，法院认为原告未举证证明被告的不正当竞争行为侵害了其商誉，因而对此项请求不予支持。

由上述案例可知，目前对于商誉权的损害主要是通过《反不正当竞争法》及相关单行法对其进行保护。目前，商业诋毁行为作为不正当竞争手段之一是对商誉进行损害的主要行为方式。此外，在对经营者的名称权、商标权等进行侵害时往往会因同时出现对经营者社会评价的降低或者产品的混同而同时侵害了经营者的商誉。

3. 域外法上对商誉的保护

英美法系国家主要通过判例法来对商誉权进行保护，并且主要是将商誉权作为一项财产权进行保护。在美国，法院认为商业信誉是一种与商誉主体的人身密不可分的财产权而应受保护，该财产权包括基于此商业信誉将来可能发生的利益期待。自20世纪中后期，美国逐步制定了反不正当竞争法规制商业诋毁行为，如《拉纳姆法》（the Lanham Act）第43条（15 U. S. C. § 1125）(a)(1)项下规定："任何主体在商业活动中，在任何商品或服务或任何商品容器上商业使用任何文字、术语、名称、符号、图案或任何它们的组合或虚假来源表示，虚假或引人误解描述事实，虚假或误导性表述事实……应在任何认为自己由此受到或者可能受到损害的主体提起的民事诉讼中承担法律责任。"[3]在英国，法院将商

---

[1] 北京市昌平区人民法院民事判决书，(2012)昌民初字第14023号。

[2] 上海市第二中级人民法院民事判决书，(2012)沪二中民五(知)终字第77号。

[3] 《美国商标法》，杜颖译，知识产权出版社2013年版，第52-53页。

誉定义为“形成习惯吸引的力量”“商誉作为财产权利,不能独立存在”。[1]

大陆法系国家主要是通过侵权法或反不正当竞争法来保护商誉。[2] 大多数大陆法系的国家,包括德国、奥地利、希腊、葡萄牙、西班牙、日本等,都采用反不正当竞争法的形式来保护商誉权,其中不乏规制商业诽谤的立法例,如2004年《德国反不正当竞争法》第4条不正当竞争列举中第7款规定“贬低或诋毁其他竞争者的标志、商品、服务活动或个人关系或商业关系”,在第6条对比较广告加以规定,“比较广告不得以不正当方式利用或损害其他竞争者使用的标志的声誉”。[3]

1993年世界知识产权组织制定的《对反不正当竞争的保护示范法草案》第5条以《保护工业产权巴黎公约》的相关条款为依据,规定了诋毁商誉的不正当竞争行为:“凡在工商活动中损害或可能损害他人企业或其活动,尤其是对该企业提供的产品或服务的信誉的虚伪或不正当的说法,应构成不正当竞争行为。”[4] 从不同角度看,商誉主要包括产品或服务的信誉或声誉,主要放在不正当竞争领域进行保护。

4. 商誉权与名誉权的辨析

通过定义我们可以看出,法人的名誉权与经营者的商誉权在本质上是一致的,都属于对社会评价的保护。作为法人不可剥夺的特定权利,二者都体现了特定的人格利益和财产利益,都为特定的法人所特有,都与法人的经济利益密切相关,都是对社会公正评价的维护。因此,商誉权属于法人名誉权的一种特殊形态,只是二者保护的主体范围略有不同。详细来讲,二者有如下差异:

(1)保护侧重点的差异。[5] 商誉权作为经营者的竞争优势,更偏重于对财产利益的保护。法人的名誉权作为有法人资格的组织体享有的具体人格权,不仅保护法人的财产利益,还注重对法人人格利益的损害进行弥补,在非营利法人的保护中,人格利益保护的意义更甚。

(2)产生时间的差异。法人名誉权作为一项基本的人格权,在法人产生之

---

〔1〕 参见梁上上:《论商誉和商誉权》,载《法学研究》1993年第5期。

〔2〕 参见王晓晔:《竞争法学》,社会科学文献出版社2007年版,第154页。

〔3〕 参见邵建东:《德国新〈反不正当竞争法〉(2004年7月3日)》,载《中德法学论坛》2006年第11期。

〔4〕 吴汉东:《论商誉权》,载《中国法学》2001年第3期。

〔5〕 有学者从侵权行为出发,认为侵犯法人名誉权案件往往涉及公共利益,而商业诽谤案件不涉及公共利益。参见张鸿霞:《侵犯法人名誉权与商业诽谤行为辨析——以公共利益为视角》,载《江西社会科学》2016年第5期。

时即享有。无论法人的经营状况如何,法人都享有获得公正客观的社会评价的权利,而不被随意贬损。而商誉权保护的是一种经过长期积累获得的社会良好的评价,并且这种评价可以为法人带来良好的可信度以及更多的交易机会和财产收益,具有无形资产的价值。

(3)保护的主体范围的差异。商誉权作为一种积极的社会评价区别于名誉权保护的一般性的社会评价。法人产生伊始便具有获得社会公正评价并不得被妄自贬损的权利;而商誉权作为企业法人长期经营积淀的结果,是一种良好的、积极的社会评价,并不是所有的法人都能具有商誉权。此外,也并不是所有拥有商誉的都是企业法人。个人以及非法人组织既可以成为经营者,也可以通过良好的经营成为商誉权的主体,但是限于主体性质却很难获得受法律保护的法人名誉。再有,商誉的主体需是经营性主体,即营利性法人,商誉是营利性主体从事商事经营活动积累的声誉,而法人的名誉权主体既包括营利性法人又包括众多的公益性法人等。

(4)侵权主体的差异。目前学术界主要是从侵权主体来区分法人名誉权与商誉权的,如果侵权主体是竞争对手,但是一般会按照特别法——《反不正当竞争法》的规定进行保护。如果侵权主体不是有竞争关系的经营者,那么对法人的商誉则要按照法人名誉权的规定进行保护。

虽然法人的名誉权与商誉之间存在一定的差异,但本质都决定了事物属性的根本,二者在本质上的一致性决定了商誉属于名誉权的一种,是特殊化了的名誉权。对于法人而言,商誉在拥有良好声誉的法人主体中与名誉具有同质性。

四、法人名称权

法人名称是法人区别于其他民事主体的重要标识。“法人名称是指法人及特殊的自然人组合等主体在社会活动中,用以确定和代表自身,并区别于他人的文字符号和标记。”[1]《民法典》第 1013 条规定,“法人、非法人组织享有名称权”。法人名称权是法人具体人格权重要的类型之一,“法人名称权是法人对其名称所享有的权利”[2]。根据《民法典》第 1013 条的规定,权利人可“依法决定、使用、变更、转让或者许可他人使用自己的名称”。作为决定了法人主体资格并与法人须臾不可分离的人格利益[3],保护法人名称权具有重要的意义,因为一旦法人丧失了名称权将影响其继续存在的根基,而名称权被侵犯则会带来

---

〔1〕 杨立新:《人身权法论》(修订版),人民法院出版社 2002 年版,第 511 页。
〔2〕 王利明:《人格权法研究》(第 3 版),中国人民大学出版社 2018 年版,第 398 页。
〔3〕 参见周龙杰:《法人人格权立法问题之思》,载《社会科学战线》2012 年第 5 期。

一系列的经济、声誉的损失,影响其经济效益和社会效益。

(一)我国法人名称权的立法规定

立法上对法人名称权是随着我国改革开放的深入发展而逐步开始重视的。

改革开放以前,由于计划经济下对非公有制经济发展的不重视,关于公司名称的规定只在1950年颁布的《私营企业暂行条例》中有所涉及,该条例第3条第2款规定:“公司名称应标明其种类。企业非系公司组织者不得使用公司名称。”作为最早涉及企业名称的行政法规,该规定过于简单,主体范围仅限于私营企业,实践指导性较差。

改革开放以后,随着对各市场主体的重视,对于企业名称的规范性要求逐渐提高。1982年8月和1985年6月,国务院分别颁布了《工商企业登记管理条例》和《工商企业名称登记管理暂行规定》,在《工商企业登记管理条例》第6条中规定:“工商企业只准登记和使用一个名称。在同一市、县境内,不得使用已登记的同行业工商企业的名称。”该条规定了一定范围的企业名称专用权,使法人名称权的保护有了可参照的标准。1986年通过的《民法通则》在第五章第四节“人身权”中的第99条第2款规定,“法人、个体工商户、个人合伙享有名称权。企业法人、个体工商户、个人合伙有权使用、依法转让自己的名称”。这一规定使法人名称权第一次得到了民事基本法的承认,名称权作为法人具体人格权的性质得以确立。

为进一步贯彻原《民法通则》对法人名称权的保护,国务院于1988年6月和1991年7月相继颁布实施了《企业法人登记管理条例》和《企业名称登记管理规定》。《企业法人登记管理条例》第10条第1款规定:“企业法人只准使用一个名称。企业法人申请登记注册的名称由登记主管机关核定,经核准登记注册后在规定的范围内享有专用权。”《企业名称登记管理规定》第3条第2句规定:“企业名称经核准登记注册后方可使用,在规定的范围内享有专用权。”这两个条例都强调了对法人名称专用权的保护,企业名称管理保护的法律得到了进一步的补充和加强。

随着市场经济的快速发展,出现了对法人名称权新的侵权方式,特别是“傍名牌”现象日益严重,市场不正当竞争行为不断加剧。1993年12月施行的《反不正当竞争法》正式将企业名称权纳入其保护范围,在该法第5条第3项中规定,擅自使用他人的企业名称或者姓名,引人误认为是他人商品(包括服务)的行为,是一种不正当竞争行为。这就将法人名称权纳入了更大的保护范围,对其保护更为全面。而1994年7月实施的《公司登记管理条例》第11条“公司名称应当符合国家有关规定。公司只能使用一个名称。经公司登记机关核准登记的公司名称受法律保护”进一步强调了对法人名称权的保护。为了使《反不正当竞争法》更具有可操作性,2007 年出台《反不正当竞争解释》对有关企业名称的问题进行了相应的确定,该解释第 6 条将企业名称权定义为:“企业登记主管机关依法登记注册的企业名称,以及在中国境内进行商业使用的外国(地区)企业名称。”此外,最高人民法院《关于审理注册商标、企业名称与在先权利冲突的民事纠纷案件若干问题的规定》第 2 条等相关司法解释中都有关于法人名称权的规定。

在《民法典》中,除人格权编一般规定适用于名称权保护外,第 1013 条正面确认了法人、非法人组织名称权的享有以及权能,第 1014 条和第 1017 条规定了名称权与姓名权相同的保护方式,第 1016 条则规定了名称决定、变更和转让的程序与效力。可见,《民法典》的名称权规范体系仍不甚完整。

通过以上对我国法人名称权的立法的介绍可以看出,我国法人名称权制度主要由《民法典》、《反不正当竞争法》、《企业法人登记管理条例》、《企业名称登记管理规定》、《公司登记管理条例》和《反不正当竞争解释》等民事基本法和配套的相关司法解释、行政法规和部门规章组成。可以说我国已经构建起了初步的法人名称权保护框架,特别是在《反不正当竞争法》和配套司法解释出台后,通过不正当竞争手段对法人名称权进行侵犯的现象得到一定的缓解。但是现行对于法人名称权的相关立法仍存在一系列的问题,例如,立法位阶差距大造成适法的准确性差,规定不统一引起审判尺度差异性大,条文过于分散导致找法的难度性高等。这些立法上的不足导致了实践审判中的困境,以下将针对这一问题展开论述。

(二)司法实践中的法人名称权案件

为了探讨司法实践中的法人名称权案件,本书选取了 12 个案例[1]进行研

---

〔1〕 参见《最高人民法院公报》1994 年第 1 期(总第 37 期);上海市第一中级人民法院民事判决书,(1999)沪一中知初字第 23 号;《最高人民法院公报》2001 年第 1 期(总第 69 期);江西省赣州市章贡区人民法院民事判决书,(2003)章民一(3)初字第 1125 号;上海市第二中级人民法院民事判决书,(2004)沪二中民五(知)终字第 1 号;广东省广州市中级人民法院民事判决书,(2005)穗中法民三知初字第 652 号;河南省洛阳市中级人民法院民事判决书,(2006)洛民五初字第 22 号;吉林省高级人民法院民事判决书,(2006)吉民三终字第 145 号;北京市海淀区人民法院民事判决书,(2006)海民初字第 7073 号;江西省赣州市中级人民法院民事判决书,(2007)赣民三终字第 2 号;上海市第一中级人民法院民事判决书,(2008)沪一中行终字第 367 号;浙江省杭州市中级人民法院民事判决书,(2010)浙杭知终字第 111 号。

究,通过对案例的总结,可以发现,司法实践中法人名称权案件具有如下特征:

1.“搭便车”现象严重。在司法实践中,名称权受到侵害的往往是知名企业,该企业在同行业具有较大的影响力和号召力,通过“傍名牌”“搭便车”的形式能在更大的范围内提升自身的品牌知名度、取得他方的信任,能直接或间接给企业带来较大的经济利益。因此,现实中通过此种方式侵权的案件也较多,在所选取的12个案件中就有9例是通过利用对方的知名度来提升自身知名度从而谋求经济利益的。在上海罗芙仙妮化妆品有限公司(以下简称罗芙仙妮公司)与上海市工商行政管理局金山分局一案中〔1〕,罗芙仙妮公司法定代表人在香港特别行政区注册登记了法国欧莱雅集团有限公司,法院审理后认定:罗芙仙妮公司使用“法国欧莱雅集团有限公司”企业名称,其本质是欲使用“欧莱雅”这三个中文文字,其不但含有知名企业字号的核心文字,还有知名企业投资人的所属国名,作为普通消费者,难以与欧莱雅股份有限公司相区分。法国欧莱雅集团有限公司在香港特别行政区的注册成立系为了规避国内对企业注册的严格审查,具有规避法律的主观恶意性,也可以认定该系列运作的真实目的是傍用“欧莱雅”的驰名企业名称,使消费者混淆,存在不正当竞争行为。知名企业名称具有特殊性,加强对于知名企业的名称权的保护,对此种“傍名牌”和“搭便车”的现象予以规制,更有利于维护市场交易的秩序,也是对消费者的一种间接保护,因此,应在今后予以足够的重视。

2.法人名称权与知识产权相冲突现象突出。侵害法人名称权的重要方式之一就是通过侵犯对方知识产权的方式进行,尤其是通过对商标的侵害。知名商标或知名法人名称蕴含巨大商业利益,侵权人一般通过将其名称作为商标申请注册或将他人已经注册的商标作为法人名称进行使用等方式,引起消费者的误解。在司法实践中,受害企业一般会以企业名称权和商标权受到侵害为由提起侵权之诉,而法院也会依据《反不正当竞争法》和《商标法》等法律法规进行裁判。这一现象表明法人名称权的保护不能仅仅依靠单一的手段,还需要综合利用竞争法、知识产权法等手段。在尚朋堂电化股份有限公司与广州尚朋堂电器有限公司(以下简称广州尚朋堂)一案〔2〕中,原告诉称,“尚朋堂”是原告于1998年经国家工商总局商标局注册取得的商标,2004年11月被告广州尚朋堂以“尚朋堂”为字号注册成立。原告认为,被告广州尚朋堂无正当理由将原告的注册商标“尚朋堂”作为企业字号使用,致使消费者误以为其销售的产品与“尚

〔1〕 上海市第一中级人民法院民事判决书,(2008)沪一中行终字第367号。

〔2〕 广东省广州市中级人民法院民事判决书,(2005)穗中法民三知初字第652号。

朋堂”商标之间存在关联性，被告的行为具有主观恶意，其借助于合法的形式，对原告享有的在先权利构成了损害，被告刻意通过混淆两者的不同，误导消费者，以“搭便车”的方式来提高自己产品的销量，谋取不正当利益。法院审理后认为，被告广州尚朋堂在商品包装上已经标明自身的注册商标，双方企业名称字体也不一样，最终认定被告广州尚朋堂在商品上规范地标注企业名称，是正当行使自己的合法权利，并没有突出与原告注册商标文字相同的企业字号，不会引起混淆和误认。

在这类法人名称权与知识产权特别是商标权相冲突的案件中，判断的关键在于认定企业名称权的使用是否会使相关公众产生对原告、被告双方之间存有联系的误认和对商品来源的混淆。作为受不同法律调整的权利，二者同等重要，对这类案件的良好解决能够取得一举两得的效果。

3. 高校、科研院校被侵权日益增多。随着高校、科研院校或其他事业单位参与市场开发，进行科研合作的逐步展开，针对这类主体的名称权侵权案件呈现日益增长的趋势。“从 2008 年国家工商总局商标局了解到，含有‘清华’字样的商标注册申请有 480 件，含有‘北大’字样的商标注册申请有 277 件，含有‘复旦’字样的商标注册申请有 49 件，含有‘浙大’字样的商标注册申请有 4 件，但事实上这些商标中绝大多数都与大学无关。”[1] 由于高校、科研院校的专业性和高公信力，以这类主体进行宣传往往更容易取得消费者或合作者的信任，因此很多企业在没有取得授权许可的情况下，通过对这些高公信力的单位名称的冒用或盗用，谋取非法利益。在浙江大学与浙江大学科慧软件有限公司一案中[2]，法院审理认定：浙江大学作为一所具有悠久历史的知名高校，经过长期的建设、发展和积累，其名称已经具有相当强的显著性和非常高的公众识别度。同时，为了促进科技成果的转化和产业化，浙江大学也可以发挥其科技和人才优势创办下属科技企业，参与市场竞争。“浙江大学科慧”的字号中包含“浙江大学”的名称字样，相关公众在看到“浙江大学科慧”的字号时，并不会把“浙江大学科慧”看作一个不可分割的整体，而是会特别注意到“浙江大学”的字样并产生合乎常理的联想，即该公司与浙江大学之间存在一定的关联关系，从而对市场主体及其商品或服务的来源产生混淆和误认。可以说法院对于侵害高校、科研院校的认定标准是相对宽松的，以普通理性人的“合理联想”为判断的依据也是有一定的道理的，这一宽松的标准能在更大的程度上保护具有相当知名度的非营利性组织，这

[1] 王凤民：《企业名称权及法律保护》，载《哈尔滨商业大学学报（社会科学版）》2008 年第 3 期。

[2] 浙江省杭州市中级人民法院民事判决书，（2010）浙杭知终字第 111 号。

不仅有利于制止他人攀附或利用高校、科研院所等知名度谋取更多的商业机会、获得不当的商业利益,也可以避免其法人名称的显著性和公众识别度受到淡化,以保护其在消费者心目中独特的商业价值和良好的社会评价。

除上述特征外,法人名称权案件还呈现侵权形式网络化、侵权方式多样化等特点,因此对于司法审判机关的审判能力有较高的要求。但是立法上存在的不足容易导致司法机关容易造成适法错误、标准不一,严重影响司法审判机关的公信力。因此,应在立法上予以完善,为司法审判提供较为合理的法人名称权保护体系。

(三)法人名称权立法模式的选择

1. 国外法人名称权的立法模式

(1)民商法典保护模式。法人作为重要的民事主体之一,而名称权又是人格权的一项不可忽视的权利,将法人名称权规定在民商法典中是传统大陆法系国家的典型做法。在德国,法人制度最早是通过《德国民法典》确立的,但是德国法人的人格权的确立过程却步履维艰。《德国民法典》第一次草案只赋予法人独立的财产权,第二次草案对法人的民事权利进一步开放,不仅赋予法人所有财产的能力,起草委员会还提议赋予法人名称权,使法人适用于关于自然人名称权的规定。该提案虽然获得了大多数学者的同意,但是仍然有学者对此提出质疑,也正是因此第二次修改并未通过法人名称权的规定。因此,德国将法人的名称权放在商法中予以规范。《德国商法典》采概括式的立法对法人名称权进行了原则性的规定,并辅之以公司法、合作社法、股份法等民商事基本法对法人名称权进行全面的保护。1907 年《瑞士民法典》第一次对法人的人格地位作了一般规定,该法典第 53 条规定:"法人能享有一切权利,承担一切义务。但如性别、年龄或亲属关系等,并以自然人之天然性质为其前提者,不在此限。"[1]在此一般性规定之外,瑞士又通过债权债务法对法人的名称权进行专章规定。《日本商法典》则采取专章的形式对法人名称权进行保护,在其第一编中的第四、五章就有关法人商号与名称的一系列规定。

(2)竞争法保护模式。法人名称作为代表法人的重要形式,对法人本身具有重要的意义,特别是在市场竞争日益激烈的今天,遏制法人名称被冒用和盗用对维护市场秩序、构建良好的竞争氛围有较大的促进作用。为了规范法人名称的不正当竞争行为,一些国家在其竞争法中将相关行为予以限制,防止法人名称

[1] 《瑞士民法典》,殷生根、王燕译,中国政法大学出版社 1999 年版,第 18 页。

权的滥用、冒用和盗用等不正当竞争行为的发生。诸如日本的《不正当竞争防止法》、匈牙利的《禁止不正当竞争法》和德国的《反不正当竞争法》等。

(3)特别法保护模式。这一保护模式下,对法人名称权的规定主要是从传统的民商法规范单独列示,针对这一问题进行专门立法,这一保护模式在瑞典1887年颁布的《商业登记、商业名称、商业代理法》中就有所体现,而荷兰、英国等国也有关于法人名称权的专门立法规定。这一立法模式的最大特点在于保护力度大,规定较为全面,能使法人名称权保护体系更为完善。

(4)知识产权法保护模式。这一保护模式下,法人名称权被视为一种无形财产权而归属于知识产权的保护框架内。而对于法人名称的保护又往往分散规定于该国的知识产权单行法中,如英国和德国等国的《商标法》,法国、西班牙等国的《工业产权法》以及美国的《兰哈姆商标法》等都对法人名称作出相关规定。

从上述对法人名称权保护模式的简要介绍中可以看出,法人名称权的保护是可以从多个角度、多个层次、多个方面进行的,运用综合的手段对法人名称权进行保护能够充分发挥立法的整体效应。当然,国外的立法模式仅能作为一种参考,选择适合我国立法实情的保护模式并进行完善是我们应解决的首要问题。

2. 我国法人名称权的立法选择

从上文对我国法人名称权的立法梳理中可以看出,我国已经初步建立起了法人名称权的保护框架,并且这一保护模式涉及《民法典》、竞争法、行政法以及知识产权法等,可以说是一种综合性的保护模式。但是,我们也得承认由于立法技术的粗糙,对于这一权利的立法保护仍需要进一步完善。《民法典》和《反不正当竞争法》虽然都有关于法人名称权的原则性规定,但是过于概括,很难精确指导实践操作。《企业法人登记管理条例》、《企业名称登记管理规定》和《公司登记管理条例》等行政法规、部门规章虽然具有较为明确的指引性规范,但是立法位阶低,适用范围小,对于非法人组织以及非营利组织的名称权保护明显不周,特别是在侵权的后果以及相应的救济手段方面更是缺乏立法支持,难以实现全面保护。

选择何种保护模式是一种立法政策的考量,是选择专门性的立法模式,抑或在保持现有的综合性立法模式的基础上进行完善,涉及立法传承、逻辑体系和配套法律的构建等方面的问题。首先,鉴于我国一直采取的是将法人名称权分散规定于各个法律法规中的综合性保护手段,另行制定一部有关法人名称权的专门性立法并不符合我国立法的趋势,这要解决专门性法律与原有法律之间的冲突矛盾,立法成本过高和立法详略如何得当等问题。其次,从人格权法律体系而言,单独为法人名称权进行专门立法是否能够在体系上得到圆满解释值得怀疑,如此我国法律上的法人名誉权等是否也需要进行专门立法,这种专门立法的形式如果处理不当会造成体系混乱、冗杂等诸多缺点。最后,鉴于综合性保护手段的多样性和全面性,专门性立法虽然有其自身的优势,但是,如何在该法中体现多角度、多维度和多层次是需要较高的立法技术的,配套法律法规的不完备将会影响这种立法模式的科学性,而建立这种较为完善的体系耗时过长,不符合立法的效率性要求。因此,在现有的体系下进行完善更符合我国的立法现状,提高具有可操作性的法规的位阶,扩大其适用范围,加强各法律法规的规范性,如此能够在较短的时间内为法人名称权提供更强有力的保护。

第三节　法人名誉权制度发展简史

在立法上构建法人名誉权制度有其现实的必要性,《民法典》虽对此已有规范,但是今后在立法上应该如何完善法人名誉权制度是值得我们深思的问题。法人名誉权在我国立法史上是有迹可循的,我国以后对于其制度的设计应该遵循已有的立法规律,这样才能在立法逻辑上得以自洽。同时,作为大陆法系的传统权利,法人名誉权在大陆法系国家的发展有其独特性,各国对于法人名誉权所采取的态度和立法例不同,对国内外立法的检讨可以让我们更清晰地把握法人名誉权的发展脉络。

一、我国法人名誉权的立法沿革

法人名誉权在我国立法上的确立和法人名誉权在学术界的争论一样,经过了一个曲折的过程,法人制度从《民国民法典》时期就已经有所体现,但是中华人民共和国成立以后并没有延续这一做法,有关法人名誉权的相关立法大体上经历了忽略期、确立期和发展期三个时期。

(一)清末民国时期

我国从秦朝到清朝的封建法律为了维护等级制度和统治秩序或多或少出现了对诽谤的规定。秦代法律有所谓“以古非今者族”的规定;汉代《九章律》中设立了“欺谩”“诬罔”罪;《唐律》对侮辱尊长者予以严厉制裁;清律将卑幼侮辱尊长、仆人辱骂主人规定为严重犯罪。《大清民律(草案)》借鉴了日本关于名誉权的规定,虽然并未真正颁行,但为后期民国时期的民法典所承继。《大清民律草案》第一编总则,分为“法例”“人”“法人”“期间”“时效”“权利及行使”“担保”

等章，法人制度被引入。此外，《大清民律草案》第960条、第961条[1]对名誉权受到侵害的救济予以明确规定。

清末的《大清印刷物专律》是我国第一部对名誉权作出较详细规定的法律，其中设定了“诽谤”专章，将诽谤分为普通诽谤（对普通人的诽谤）、讪谤（对皇帝、皇族和政府的诽谤）和诬作，其中对讪谤的处罚最重。[2] 虽然这部法律中不乏对封建特权阶级以及皇权的维护，但是其中闪耀的注重群体独立于个人名誉之思想之光为后期立法提供了指引。此后，在《民国民法典》中，关于人的规定仿效《德国民法典》的规定，将人分为两章，分别规定自然人和法人的相关内容，而且《民国民法典》对于法人制度青睐有加，甚至对原《民法通则》中没有规定的社团法人和财团法人都有相应的规定。可以说，《民国民法典》已经构建出了一个具有现代法人制度特征的框架，[3]但是对于法人名誉权的相关内容并没有相关的规定，对于法人名誉权的立法也因法人制度的刚刚引进以及没有现实保护的必要而没有得到相应的体现。

（二）中华人民共和国的名誉权立法发展

在中华人民共和国成立初期，囿于特定的历史原因，整个名誉权制度在立法上都处于被忽略的状态。改革开放以后，苏联学术界思想的转变和法人制度在我国的发展促进了对法人人格权的确立，学术界对于法人具有的人身属性的权益开始慢慢重视。佟柔教授在其统编的《民法原理》中确立了人身权为“生命、健康、姓名、荣誉等权利，以及著作权、发现权、发明权等与人的姓名、荣誉直接联系、不可转让的权利”[4]。这是对民事主体人身权内容的初步界定，虽不涉及法人名誉权的内容，但是这为法人名誉权在立法上的确定提供了学理基础。并且随着人格权概念的清晰和法人制度的确立，法人人格权制度的立法也开始正式步入正轨。1986年颁布的《民法通则》将民法的调整范围扩展至民事主体间的财产关系和人身关系，并在第五章中对民事主体的人身权进行了专门的规定，其中第101条明确了法人享有名誉权并受法律保护。原《民法通则》的颁布正式确立了对法人名誉权的保护，并一直延续至今。

---

〔1〕《大清民律（草案）》第960条规定：“侵害他人之身体、自由或名誉者，被害人于不属于财产之损害，亦得请求赔偿相当之金额。”第961条规定：“审判衙门因名誉，被害人起诉，得命加害人为回复名誉之适当处分以代损害赔偿，或于回复名誉外更命其为损害赔偿。”张新宝：《名誉权的法律保护》，中国政法大学出版社1997年版，第209页。

〔2〕参见张新宝：《名誉权的法律保护》，中国政法大学出版社1997年版，第53页。

〔3〕参见吴静静：《〈民国民法典〉与比较法学》，载《云梦学刊》2007年第5期。

〔4〕佟柔主编：《民法原理》，法律出版社1983年版，第201页。

原《民法通则》颁布实施后,无论是在立法上还是在学理上,法人人格权的问题都引起了越来越多的重视。1993 年和 1998 年最高人民法院相继颁布的《名誉权解答》和《名誉权解释》在立法上进一步明确了法人名誉权的相关问题,提高了司法的可操作性。而随后由王利明、梁慧星和徐国栋教授分别主持编纂的民法典草案中都有关于法人人格权的相关规定,虽然各自的侧重点不同,但是都承认了法人名誉权。2004 年由全国人大常委会法工委出台的《中华人民共和国民法(草案)》中,其第六章民事权利明确规定了"法人享有名称、名誉、荣誉、信用等权利"。《民法典》第 990 条规定民事主体享有所列举的具体人格权,自然包括法人在内。而且随着法人具体人格权的确立,有些学者则进一步推动法人人格权向一般人格权发展。[1] 可以说,这一阶段是法人名誉权的快速发展期,并且随着研究的深入,法人名誉权的问题随着现实的发展将会越来越得到重视。

从上述的梳理可以看出,我国法人名誉权的发展大概经历了忽视期、确立期和发展期三个阶段,无论是纯学术上的讨论还是立法实践中的尝试都向我们展示了法人名誉权的重要意义,而且随着我国法人制度的逐渐完善和法人名誉权制度的重要性在现实中的体现,对于法人名誉权的研究将会越来越深入,这是符合我国现实国情的,也是符合我国法人名誉权立法发展的轨迹的。因此,我们应对法人名誉权的相关问题予以足够的重视,以保护法人的相关权益。

正如本章开篇所论述的,当前我国对于法人名誉权的保护主要由《民法典》、相关司法解释、案例以及辅助于商事、知识产权和刑法领域的相关法律法规组成,它们共同界定了有关法人名誉权案件领域的诸多概念和理论问题,共同构成了较为完整的对于法人名誉权保护的法律体系,为法院审理法人名誉权案件提供了法律依据。但是同时我们也应该看到,我国目前对于法人名誉权的立法保护是不足的,法人名誉权保护的问题一直没有引起立法者的重视是个不争的事实,在现行的立法规定中,这些法律和司法解释具有条文简单、规定过于原则性、可操作性不强等特点,法院在审理此类案件时所引用的法律依据有限,容易造成司法审判的不足。

在市场经济条件下,对法人名誉权的侵害方式呈多样化的趋势。我国民事法律和相关司法解释关于法人名誉权的规定都是在 2001 年之前确立的,随着市场经济的成熟和市场竞争的加剧,这些过于原则性的规定已经难以适应现实司

---

[1] 参见王利明等编著:《人格权法》,法律出版社 1997 年版,第 40 页。

法实践的需要，特别是在《消费者权益保护法》和《反不正当竞争法》等法律法规出台后，由于产品质量或者企业提供的商品、服务存在缺陷或不足，并且在法律难以短时间内弥补自身损失的心理落差下，消费者采取过激的言行来维护自身权益的案件时有发生，并且由此引发舆论监督与法人名誉权保护相冲突的事件不在少数，且随着市场开放程度的加深，这种现象有愈演愈烈的趋势。[1] 人民法院在针对市场交易中出现的有损法人名誉权的行为适用民法规定和《反不正当竞争法》等法律时缺乏具体的条款可资援引，往往只能适用一些法律基本原则，如公平和诚实信用原则进行判决，而这又会造成审判的公信力下降等弊端。

在司法实践中如何把握认定构成侵害法人名誉权的尺度，如何较好地解决消费者权利与法人名誉权保护、新闻舆论监督权与法人名誉权保护，以及在现行复杂的网络环境下如何加强法人名誉权的保护等问题是法院审理此类案件的重点和难点所在，也需要立法进一步明确和加强。

二、法人名誉权制度的域外研究

（一）大陆法系国家和地区

1900 年实施的《德国民法典》继承了法人制度，但是对于法人人格权的相关内容却没有相应的体现，虽然其第二次草案中曾规定对法人名称权的保护，但是这种扩张却受到了学术界的强烈批判，最终立法机关只能妥协，放弃对法人名称权的保护。[2] 但是随着法人制度的完善和现实社会的需要，特别是在基于法人良好声誉或社会评价所带来的巨大商业利益的驱动下，德国学术界和立法界也逐步转变其思路和做法。德国学者迪特尔·梅迪库斯认为："法人具有一个受法律保护的名称。在其他方面，虽然法人不享有与自然人同样广泛的一般人格权，但是法人的人格也受到法律保护。"[3] 同样，卡尔·拉伦茨也承认法人具有某些人格权，比如姓名权以及名誉权，只不过法人不是伦理意义上的主体，没有一般人格权。[4] 而在司法实践中"按照联邦最高法院的一项可资赞同的判例，如果法人为维护其作为团体或营利企业所享有的社会名声，而需要借助于人格权之保护手段时，那么法人就应享有人格权"[5]。这说明虽然在立法上没有明确规定，但是在司法实践中，德国是承认法人名誉权的保护的。

---

〔1〕 Cal. Civ. Proc. Code § 1263.510(b)(West 2007).

〔2〕 参见马俊驹：《法人制度的基本理论和立法问题之探讨》（下），载《法学评论》2004 年第 6 期。

〔3〕 [德]迪特尔·梅迪库斯：《德国民法总论》，邵建东译，法律出版社 2013 年版，第 822 页。

〔4〕 参见[德]卡尔·拉伦茨：《德国民法通论》，王晓晔等译，法律出版社 2013 年版，第 182 页。

〔5〕 [德]托马斯·莱塞尔：《德国民法中的法人制度》，张双根译，载《中外法学》2001 年第 1 期。

《瑞士民法典》是承认法人的一般人格权的典范,其中第 53 条规定法人可以享有除因其天然性质不能享有的人类的权利之外的所有权利,对法人人格权进行了一般性的规定,同时债务法也高度体现了对人格权的全面保护(包括非财产损害赔偿的全面化)。

不承认法人一般人格权而仅仅承认法人名誉权、名称权等一些具体的人格权,该规定以日本、俄罗斯等为代表。日本承认法人人格权制度,其在商法中明确对“商号”的保护性规定一直被认为承认法人人格权制度的典型。日本学者四宫和夫认为:“既然法人具有独立的社会性实体,就不得不承认其具有名称权、名誉权等人格权。”〔1〕《日本民法典》第 723 条规定:“对毁损他人名誉者,法院因受害人请求,可以命令代以损害赔偿或与损害一起实行恢复名誉的适当处分。”〔2〕该项规定并没有区别自然人名誉权与法人名誉权,可见日本民法并没有排除法人可以享有名誉权。俄罗斯将名誉与商誉作为两个独立的概念规定于《俄罗斯民法典》中,其中第 152 条第 1 款至第 6 款规定了公民的名誉、尊严和商业信誉,第 7 款规定了法人的商誉,并明确此规定适用于公民。我国台湾地区借鉴了瑞士民法对于法人人格权的规定,其民法第 18 条、第 19 条、第 184 条、第 194 条和第 195 条构成了人格权保护的体系,将法人名誉权纳入人格权保护范围。在我国台湾地区学术界,学者同样认为:“团体既然具有法律人格,则对其人格利益的保护当然产生人格权。”〔3〕“凡不以自然人之身体存在为前提者,如名称权、名誉权、秘密权、肖像权乃至于精神的自由权等,法人均得享有,亦即就法人而言,除其性质所限范围之外,可以享有以权利主体的尊严及价值为保护内容的人格权。”〔4〕

1964 年《苏俄民法典》虽然并没有人格权相关概念的出现,但是该法第 7 条规定:公民和社会组织的名誉和威望受到损害时可以要求法院辟谣,其补救措施类似于传统民法中的排除妨害。〔5〕 1978 年修改的《匈牙利民法典》则对人格权立法采取专章的规定,共设置了 10 个条文,相比其他国家和地区的规定,其最大的特点在于大大扩展了人格权的范围,包括生命、姓名、身体、健康、肖像、名誉、荣誉、尊严、自由、个人生活秘密等。并且对于人格权的规定除专属于自然人外

〔1〕 [日]四宫和夫:《日本民法总则》,台北,五南图书出版股份有限公司 1995 年版,第 100 页。

〔2〕 《日本民法典》,王书江译,中国法制出版社 2000 年版,第 128 页。

〔3〕 胡长清:《中国民法总论》(上册),商务印书馆 1993 年版,第 117 页;施启杨:《民法总则》,台北,三民书局 2000 年版,第 130 页。

〔4〕 史尚宽:《民法总论》,中国政法大学出版社 2000 年版,第 153 页。

〔5〕 参见黄黎玲:《论法人人格权及其民法保护》,载《广西师范大学学报》2006 年第 4 期。

其他均能适用于法人。[1] 1995 年颁布的《越南民法典》第 633 条（侵害生产经营者名誉、尊严的损害赔偿）规定："公民、法人及其他主体有侵犯生产、经营者的名誉、威信的行为而给生产经营者的生产、经营活动造成损害时，有侵权行为的公民、法人及其他主体必须承担损害赔偿责任。"[2]1976 年的《民主德国民法典》专设了第五编"保护生命、健康及财产免受损害"，其中第 327 条规定了因人格权受侵犯产生的请求权，该条第 1 款规定了公民应受尊重的人格权，特别是他的荣誉、名誉、肖像、姓名、著作权或创造性活动产生的其他类似的应予保护的权利受到侵犯时的请求权，第 2 款规定"企业可以比照第 1 款享有这种请求权"。同样，这也就意味着该法典间接地赋予了法人名称权、荣誉权、名誉权等几种人格权。[3]

（二）国际法中的商业诽谤制度

商业诽谤主要是指诽谤商事主体的商誉的行为。对这种行为的单独规制既是为了保护商事主体通过经营积累的良好的信誉，更重要的是为了维护市场秩序，避免恶性竞争，对这种行为的严格规制有利于引导商事主体通过良好的经营和产品质量赢得市场竞争力，而不是靠贬低他人以抬升自己的竞争力。如果缺乏良好的竞争导向，市场将陷入混乱的泥沼。因此，我国《反不正当竞争法》第 11 条对侵害经营者的商业信誉、商品声誉的诽谤行为提出禁止，以维护市场竞争秩序。在国际上，出于对此种违反竞争秩序行为的规制建立了商业诽谤制度。根据《保护工业产权巴黎公约》第 10 条之（2）的规定，商业诋毁行为的定义为"在经营商业中具有损害竞争者的营业所、商品或工商业活动的商誉性质的虚伪说法"（false allegation）。世界知识产权组织《反不正当竞争示范条款》第 5 条第 1 款规定："在工业或商业的活动中，对他人企业或其活动，特别是对该企业提供的产品或服务诋毁或可能诋毁的任何虚假或不合理陈述，构成不正当竞争行为。"世界知识产权组织对《反不正当竞争示范条款》第 5 条第 1 款的规定做出了如下解释："（1）与误导行为（misleading）一样，诋毁商誉（discrediting）行为的目的是通过传播某种信息影响消费者的决定。但与误导行为不同的是，诋毁商誉的行为不是对自己的商品或服务进行虚假的或欺骗性的陈述，而是对他人的企业或产品、服务、工商业活动传播虚假信息。（2）虚假陈述或不公正的陈述具有诋毁商誉的后果。所陈述的内容并不要求完全不真实，如果批评被夸大了，或

---

〔1〕 参见［匈］格奥尔格·拉茨：《〈匈牙利民法典〉的修改》，载法学教材编辑部《民法原理》资料组编：《外国民法资料选编》，法律出版社 1983 年版，第 126 页。

〔2〕 《越南民法典》，米良译，云南大学出版社 1998 年版，第 158 页。

〔3〕 参见马俊驹：《人格与人格权理论讲稿》，法律出版社 2009 年版，第 237 页。

者采用的措辞是贬低性的,也可能构成损害,此外,真实但不完全的陈述也可能具有上述效果。(3)虚假或不公正的陈述不需要产生实际的贬损商誉的后果,也不要求恶意。而禁止损害的有效保护是免除(权利人)对实际损害、可能损害、虚假陈述承担举证责任。(4)虚假陈述可以在比较广告中、在自己的商品的促销活动中声称他人的产品不'安全',不具有同类产品的性能、为达到某种技术要求、价格高于实际价格,或者散布竞争对手的资产、信贷等不真实的信息。(5)本规定并未像《巴黎公约》第10条那样将(商业诋毁)行为的范围限于竞争者。"这一条文的解释试图对现实情形进行列举并从中抽象出构成要件,但是正如德国联邦宪法法院指出的,竞争方式的不可预见的多样性及变化性导致这一工作难以达成。[1]

三、法人名誉权的立法路径

法人制度和名誉权制度的发展有其自身的规律和特点,综合上述的国外立法和理论研究的梳理可以看出,各国针对自身国情需要对法人人格权的态度不一,有承认法人一般人格权的,那么法人名誉权当然被包含在里面,也有只承认法人具体人格权的,而法人名誉权一般也会被包括在其中。可以看出,无论是采用哪一种立法模式,对于法人名誉权的保护都持肯定的态度,只是保护的力度和方式不同。因此,我国在立法上确立保护法人名誉权制度是符合各国立法趋势的,对于这一立法思路应予以肯定。

在立法上法人名誉权制度已经得到确立,接下来就是如何对这一制度进行细化和完善的问题,就目前看来,在具体的条文定位和运用上,有两条道路可行。一是通过在立法上承认法人名誉权并对其进行专门规定的路径;二是通过在部门法,如《反不正当竞争法》《消费者权益保护法》等对法人名誉权问题进行立法构建的路径。这两个路径是作为立法者应考虑的重要问题。《民法典》中人格权独立成编,从其中条文来看,这意味着立法者选择了前一路径。

第四节　法人名誉权民法保护制度构建

一、法人名誉权保护的主体制度

(一)权利主体

当团体只是人的简单集合体时,只有个人才有独立的人格,而团体的人格是

---

〔1〕 BVerfG GRUR 1972,360 – Grabsteinwerbung.

不能显现出来的。在解释团体时,乌尔比安认为:“团体独立的性质,虽然由于它的成员组成全部改换,也不影响其独立存在。”[1]在现实中我国存在大量的类似合伙、基金会、个人独资企业、个体工商户、农村承包经营户、法人联营组织等非法人组织。我国所有的法人组织形式的名誉权都可以通过《民法典》第1024条的规定进行保护。在美国,公司和合伙以及工会都可以成为法人名誉权的主体,但是其他组织以及地方当局、中央政府机构、某种政党组织等不具有名誉权。[2]

1. 具有法人资格的组织

关于法人的规定,我国《民法典》第57条规定:“法人是具有民事权利能力和民事行为能力,依法独立享有民事权利和承担民事义务的组织。”第58条规定了法人应当具备的条件:(1)依法成立,即法人的组织形式以及成立的程序需按照法律规定进行;(2)有必要的财产或者经费,这是法人独立承担责任的保证;(3)有自己的名称、组织机构和住所,用以区分其他法人主体来表明其性质与特殊性。从法人成立的条件来看,法人需要有独立的财产才能够独立地承担民事责任。

理论上根据权利行使范围不同将法人分为公法人与私法人,私法人又包括社团法人与财团法人;按照法律制度实质分为营利法人与公益法人。[3] 按照文义来讲,法人名誉权的主体是用来保护法人的名誉,保护具有法人资格的组织体的名誉的。但是前已论述,法人人格权的有无并非以法人拥有人格为逻辑前提,法人的名誉之所以受到保护是因为法人有独立于其组成人员的人格利益存在。因此,法人资格的享有并不是判断一个组织享有名誉权的前提。

(1)财团法人的名誉权。财团是被赋予法律人格的、以实现捐助人特定目的为目标的财产的集合。[4] 财团并没有组成人员的意义,仅为捐助目的而存在,财团法人的机构只是财团财产的管理机构,财团因此没有自主意思、利益创造,更遑论财团意思形成或组成人员的机关监督。[5] 如果法人的名誉是承载了其组成人员的情感与依赖,并且法人拥有独立于其成员的名誉,那么财团法人没有组成人员,其名誉权保护的权源何在?

---

〔1〕 周枏:《罗马法原论》,商务印书馆1994年版,第269页。

〔2〕 参见张民安主编:《名誉侵权责任》,中山大学出版社2008年版,第119页。

〔3〕 参见邱聪智:《民法总则》(上),台北,三民书局2005年版,第195页。

〔4〕 参见[德]汉斯·布洛克斯、沃尔夫·迪特里希·瓦尔克:《德国民法总论》,张艳译,中国人民大学出版社2019年版,第321页。

〔5〕 参见邱聪智:《民法总则》(上),台北,三民书局2005年版,第196页。

对于基金会的性质,我们国家没有采用财团法人一说,而是将基金会纳入非营利性法人的范畴中。1988 年 9 月 27 日国务院发布施行的《基金会管理办法》第 2 条第 1 款规定:“本办法所称的基金会,是指对国内外社会团体和其他组织以及个人自愿捐赠资金进行管理的民间非营利性组织,是社会团体法人。”之后被 2004 年国务院通过的《基金会管理条例》取代,其中第 2 条规定:“本条例所称基金会,是指利用自然人、法人或者其他组织捐赠的财产,以从事公益事业为目的,按照本条例的规定成立的非营利性法人。”

在实务上,非营利性法人可作为诉讼主体提起名誉侵权之诉。例如,在中国青少年发展基金会诉香港《壹周刊》诽谤希望工程案[1]中,被告香港《壹周刊》以“千里追查七千万元下落希望工程善款失踪”为题,在封面标题、编辑推介评语及内页文章中称有 7000 万元善款失踪,并有“向贫农开刀”“‘掠水’情况到处都有”等字眼或标题。文章影射基金会贪污及行政管理不当。该文发出后,中国青少年发展基金会在港资金募捐数额骤减,原定的海外基金会捐助活动也终止,造成基金会几千万元的损失。中国青少年发展基金会因此控告出版公司、编辑张某虹和文章作者屈某妍,追究声誉损失。2000 年香港特别行政区高等法院判决《壹周刊》诽谤罪名成立。《壹周刊》赔偿希望工程名誉损失 350 万港元,赔偿希望工程捐款损失 135 万港元。

与中国青少年发展基金会的事件类似的“郭美美事件”也曾引发社会对红十字会的质疑。2011 年 6 月 21 日,新浪微博上一个名叫“郭美美 Baby”的网友颇受关注,这个自称“住大别墅,开玛莎拉蒂”的 20 岁女孩,其认证身份居然是“中国红十字会商业总经理”,其真实身份也众说纷纭,有网友称她是中国红十字会副会长郭某江的女儿,由此引发社会对红十字会的运营以及募捐款项去向的质疑。对红十字会的信任危机导致慈善款项的募集数额骤减,也使红十字会不得不迎着公众的目光加紧改革,增加透明度与公开度,真正对公众负责。该事件可谓是社会公众监督权的胜利。作为监督主体,合理的质疑是值得鼓励的,毕竟公益事业汇聚的是社会的爱心与人道关爱,善款能否落实到位是社会关注的问题。在近年慈善丑闻频发的背景下,面对公众岌岌可危的信任,慈善事业不仅要自身公开透明,从法律角度,更是要避免慈善机构再遭遇流言的打击。因为对财团法人名誉的毁损,较少会造成直接的经济损失,但往往会使其丧失公众的支持,导致吸收会员的能力下降,难以募集到资金或获得财政上的援助。因此,公

---

[1] 参见徐讯:《用爱心筑起的希望工程不容诋毁——中国青少年发展基金会状告香港〈壹周刊〉诽谤》,载《新闻记者》1995 年第 8 期。

益法人的名誉同样需要保护，只是鉴于基金会更多地涉及公共利益，因此对社会舆论监督以及过激言词的容忍度应当更高。

（2）政府机构法人的名誉权。我国《民法典》第 97 条规定："有独立经费的机关和承担行政职能的法定机构从成立之日起，具有机关法人资格，可以从事为履行职能所需的民事活动。"对于政府机关法人是否可以享有名誉权目前存在争议。同意说的观点认为，公法人同样可以作为独立的主体参与民事活动，可以享有名誉权。侵犯国家或公共行政机构的名誉，损害的是表现为公共机构的可信赖性以及相应的行政管理效能等诸如此类的国家利益，赔偿金因此应当归于国家所有。但是同意说的观点都认为公法人基于公共利益的考量需要受到更多的限制。意大利法院曾经明确承认对国家名誉的保护。意大利某电影制片商在一部电影中攻击伊朗军队的暴行，后来证明这一指责根本就是无中生有，意大利法院判决制片商向伊朗支付 5 亿里拉的损害赔偿。[1] 反对公法人具有名誉权的主要是从舆论自由的保护着手，代表性国家为美国。

提起美国政府名誉权相关的案件，比较典型的有"曾格案"以及"沙利文案"。在"曾格案"中，1733 年曾格在《纽约新闻周报》中因风格犀利引发当局不满，总督威廉·科斯比爵士（Sir William Cosby）指控曾格"对政府进行无耻中伤和恶毒谩骂，试图煽动反政府情绪"，曾格因"煽动闹事"罪名被捕。当时美国殖民地法律对诽谤罪的解释认为只要发表有损于当局的言论，就构成诽谤，法庭甚至把"越是事实，越是诽谤"作为通则。汉密尔顿作为辩护律师，在法庭做出如下经典辩护词："陈述无可非议的真相乃是每一个生来自由的人所享有的神圣权利。只要不违背事实，就不能算作诽谤，只有'虚假的、恶意的和煽动性的'谎言才构成诽谤。"最终曾格被无罪释放。通过"曾格案"确立了"对政府官员进行批评的权利是新闻自由的支柱之一"的共识。[2] 1923 年，芝加哥市政府认为《芝加哥论坛报》中涉及诋毁芝加哥市形象，称芝加哥市即将瓦解的报道有损其在证券市场的形象，因而提起诽谤诉讼。伊利诺伊州高级法院为了防止人民惧怕对政府的批评、监督，最终判决芝加哥市政府败诉。[3] 而"沙利文案"是美国在政府名誉保护与言论自由中价值衡量的里程碑式案例，但其诉讼主体是自然

---

〔1〕 意大利最高法院 1992 年 12 月 5 日第 12951 号判决。转引自薛军：《法人人格权理论的展开》，载《上海财经大学学报（哲学社会科学版）》2011 年第 6 期。

〔2〕 参见《曾格案件：美国新闻自由的开端》，载《人民法院报》2012 年 5 月 4 日。

〔3〕 See Kent R. Middleton, Bill F. Chamberlin, The Law of Pubilc Communication Longman Publishing Group, 1994, p. 73.

人而非政府。综合以上三个案例可以看出,美国政府作为与公共利益密切相关的主体,是可以作为名誉侵权的原告的,但在言论自由与舆论监督面前,政府主体的名誉需要做出一定的容忍和让步。

我国在处理政府机构名誉权纠纷时,实务偏向于肯定政府机构法人的名誉权。例如,在齐齐哈尔市二轻局诉戴某及《南方周末》等10家报社名誉侵权案中,记者戴某采访数月,写出《工人投票罢免渎职厂长,某市连发三起血案》,《南方周末》于1995年3月27日全文刊发,全国多家报刊转载。齐齐哈尔市二轻局认为该报道"助长了无政府主义思潮的泛滥","报道的发表使局领导的威信下降,工作上指挥不灵",并"使二轻局和市委、市政府蒙受了不白之冤","使人们对齐齐哈尔市的社会治安和投资环境丧失信心",故提起名誉侵权之诉。2001年11月13日,哈尔滨中级人民法院一审判决该报道"严重影响了齐市党政机关的形象和社会稳定",判令戴某、《南方周末》等向二轻局"赔礼道歉"。[1] 又如,在广西北海市交警支队诉《南方周末》名誉侵权案中,《南方周末》刊登了《做好事招来的横祸》等3篇文章,对"刘秋海事件"[刘某海称自己救人(陈某俐)却反被陈诬陷为肇事逃逸,银海区交警支队以及北海市交警队出具了交通事故责任认定书,责任认定为刘某海肇事,并扣押了相关车辆]做出倾向性报道,称刘某海蒙冤北海,交管部门违法办案。北海市交警支队认为《南方周末》在"刘秋海事件"的报道中对其行政行为的批评损害了其名誉、形象,故向北海市中级人民法院起诉《南方周末》,称被告"在未征得原告核实及同意的情况下,实施失实报道,词语内容有针对性诬蔑、恶毒攻击意图,损害原告的声誉、形象,属侵权行为。原告要求依法责令被告为原告恢复名誉,消除影响;要求依法责令被告用刊登在该报上同样版面篇幅公开登报赔礼道歉,发往海内外,特别是北京市、广西壮族自治区、广东省。并要求赔偿18万元的经济损失"。广西壮族自治区北海市中级人民法院和广西壮族自治区高级人民法院均认定侵权成立。一审对本案缺席判决被告赔偿原告北海市公安局交警支队名誉损失费2万元。

以上两例个案从侧面证明我国承认公法人的名誉权。认为其名誉权可以通过诉讼主张,将双方置于平等的民事诉讼的原告、被告两方,避免政府机关通过公权力对公民、法人以权力打压的形式维护名誉,有利于引导政府行为的转变。但是在目前政府职能转变尚未完成、法院独立性不够的背景下,如何能有效保护

---

〔1〕 参见张思之:《媒介在审判席前的抗辩(上)——戴煌与〈南方周末〉等媒体被诉名誉侵权案录》(上),载《中国律师》2000年第12期;张思之:《媒介在审判席前的抗辩(上)——戴煌与《南方周末》等媒体被诉名誉侵权案录》(下),载《中国律师》2001年第1期。

政府的名誉权以及社会公众的监督困难重重。目前政府的公信力遭到公众的质疑,面对社会问题,公众往往从坏的方面解读政府,在此种情况下,消极诋毁的言论会让政府如履薄冰。但是政府的公信力不能通过强迫公众对言论负责而树立,如此无异于缘木求鱼。在当今大政府小社会的社会背景下,如果要求公众对针对政府的言论负责,可能会造成"寒蝉效应"。综上考虑,在目前的社会背景下,我国暂不具备保护公法人名誉权的条件。

2. 非法人组织的名誉保护问题

非法人组织应当是固定性的组织,而不是具有临时性的松散的组织,如同一个宗教的教众或者同一个民族的人或者出于某种爱好集合在一起的团体。明确非法人组织是否享有法人名誉权之前需要明确非法人组织是否具有民事权利主体资格,能否成为权利的主体,进而再讨论名誉权应当归于该非法人组织还是归于其组成人员。我国非法人组织包括:个体工商户、农村承包经营户、个人合伙、法人联营等。

关于非法人组织是否可享有名誉权的问题,在承认法人名誉权的学者中又分为两种观点:一种观点认为法人和非法人组织均可享有名誉权。因为从我国《民法典》的规定来看,法人组织和非法人组织都被视为民事主体,其名誉权受损时,当然有权要求获得赔偿。杨立新教授持此种观点,他认为"法人和其他组织具有人格,当然享有名誉权,对其名誉权进行侵害造成精神利益的损害,应当承担赔偿责任"。[1] 张新宝教授认为,"个体工商户、农村承包经营户、个人合伙、法人联营等所受名誉权保障之地位与法人相同"。[2] 魏振瀛教授认为,我国民法保护的名誉权主体广泛,不仅保护法人的名誉权,也保护个体工商户、个人合伙、私营企业的名誉权。[3] 《美国侵权行为法(第二次)新编》第562条规定:"发布有关合伙或非法人组织之诽谤事项者,应有如发布有关法人之诽谤事项而负责。"王泽鉴先生认为:"姓名权的主体应扩张及于法人及无权利能力团体(包括无权利能力社团)。我国台湾地区相关规定进一步肯定法人以外其他无权利能力之团体得为人格权及姓名权(名称)的主体,并受宪法保障。"[4]《美国侵权法复述(第二版)》第562条规定:"任何人,一旦对合伙或非法人组织做出具有名誉毁损性质的陈述,行为人就应当就其陈述承担有如对法人诽谤的责

〔1〕 杨立新:《侵权法论》(第3版),人民法院出版社2005年版,第341页。
〔2〕 张新宝:《名誉权的法律保护》,中国政法大学出版社1997年版,第35页。
〔3〕 参见魏振瀛主编:《民商法原理与实务》,北京大学出版社1996年版,第346页。
〔4〕 王泽鉴:《人格权法:法释义学、比较法、案例研究》,北京大学出版社2013年版,第137页。

任。”对于公司或者合伙组织而言,英美法系国家的侵权法认为,它们享有名誉权,当它们的名誉权受到毁损时,它们作为一种经济组织或者商事组织有权向法院起诉,要求法院责令行为人就其名誉毁损行为对自己遭受的损失承担侵权责任。[1]

另一种观点则认为,非法人组织能否享有名誉权有待商榷。王利明教授采此观点,他认为“名誉权的主体只有公民和法人,对于无法人人格之团体,团体之名誉,为其成员之名誉,故行为指向家庭或合伙等的,应视为侵犯该组织各个成员的名誉”。[2] 这一观点将非法人组织视为自然人的特殊结合形式,不作为民事主体对待。大陆法系保护法人的名誉权大致是因为法人拥有权利能力,因而可以成为名誉权之主体,但是非法人组织因为不具有权利能力因而不具有名誉权。

本书认为,虽然非法人组织属于民事主体,但为了保持理论的一致性,将《民法典》第1024条中的“民事主体”理解为不包括非法人组织在内的自然人、法人,即采用否定说的观点更为恰当。毕竟法人人格权的主体离不开“人格”的享有,此“人格”即民事主体资格,即必须拥有法人资格才能主张法人名誉权。而我国对于法人的界定主要限定于独立责任,经营性的法人更是只局限于承担有限责任的公司,属于相对狭隘的法人主体制度。而在其他多个国家或地区中关于非法人组织的民事主体资格并不以有限责任为要件。德国私法上的法人包括国库、社团、财团及其他人的团体(由《德国民法典》之外的特别法规定,如《德国股份法》中的股份有限公司)。德国除法人之外,拥有权利能力的社团必须符合法律的规定并在社团登记簿登记方可享有权利能力,登记具有创设权利能力的效力。德国无权利能力的社团适用于关于合伙的规定。德国广泛的无权利能力社团使德国法院做出了与立法明显矛盾的应用,对于完全符合法人条件的无权利能力社团在可能的范围内对其适用关于法人社团的规定。日本判例已逐渐承认无权利能力的非营利性的社团也具有权利主体资格,基本上可适用社团法人的规定。而成为社团实体的必要条件是团体内部以多数表决原则为活动组织原则。我国台湾地区对于非法人团体也出现承认其权利能力的趋势。目前德国的合伙已被赋予民事主体资格。德国已登记社团独自承担债务且社员本人不用对社团的债务负责,但合伙中的合伙人本人作为连带债务人对外承担责任。

(1)法人有限责任标准将合伙企业拒之门外。美国合伙企业享有名誉权的

---

[1] 参见张新宝:《名誉权的法律保护》,中国政法大学出版社1997年版,第35页。

[2] 参见王利明、杨立新编著:《侵权行为法》,法律出版社1996年版,第176页。

前提是具有独立的主体资格。从各国和地区的立法情况考察,大陆法系大部分国家和地区的立法均不将法人成员有限责任作为法人的特征。如俄罗斯、法国、日本、我国澳门特别行政区、意大利、韩国、蒙古国、阿尔及利亚和荷兰等,其中俄罗斯的立法典型地反映了这种发展趋势。[1] 1995 年,在自由市场经济条件下制定的《俄罗斯民法典》规定了承担各种责任形式的法人组织,除有限责任公司和股份有限公司之外,还包括无限公司、两合公司、补充责任公司。《蒙古国民法典》第 21 条第 4 款规定:公司、合伙、合作社以及这些组织的所有者投资的机构,是设立者或参加者对其独立财产保留权利的法人。《意大利民法典》在第二编第二章"法人"中规定法人包括公司与合伙。法国系列商事组织法认为,企业组织体之有无法律人格与企业成员承担责任的方式无任何牵连关系。法国 1978 年修改民法典时,将原来狭义的民事合伙改造为广义的民事组织,涵盖所有商业组织,包括民事合伙和商业合伙。同时承认商事合伙具有法人资格(经登记的都为法人),但民事合伙(未登记的合伙,也称"隐名企业")不具有法人资格。

我国立法并未赋予合伙企业法律人格。其只能具有一定形式的权利能力,[2]如诉讼权利能力。2015 年《民诉解释》第 59 条规定:在诉讼中,个体工商户以营业执照上登记的经营者为当事人。有字号的,以营业执照上登记的字号为当事人,但应同时注明该字号经营者的基本信息。营业执照上登记的经营者与实际经营者不一致的,以登记的经营者和实际经营者为共同诉讼人。第 60 条规定:在诉讼中,未依法登记领取营业执照的个人合伙的全体合伙人为共同诉讼人。个人合伙有依法核准登记的字号的,应在法律文书中注明登记的字号。全体合伙人可以推选代表人;被推选的代表人,应由全体合伙人出具推选书。我国对于起字号的合伙赋予了其诉讼主体地位,实行诉讼能力与权利能力分离的模式。大陆法系国家大多采用两种权利分离的模式。人们对于法人范围的认识以及与此相适应的立法落后于社会现实的状况导致了人们只能在诉讼过程中进行弥补,而这种弥补只能在诉讼过程的自身范围内寻找依据,这种分离由此产生。目前法人的范围正在逐渐扩大,随着人们认识的发展,有限责任并不是法人主体地位的评价标准,《德国民法典》第 14 条第 2 款赋予了本无权利能力的无限公司、两合公司以及合伙公司权利能力。合伙在大陆法系的其他国家多半属于法

---

[1] 参见马俊驹:《法人制度的基本理论和立法问题之探讨》(中),载《法学评论》2004 年第 5 期。

[2] 合伙企业拥有自己的名称和住所,可以自己的名义拥有财产,合伙企业事务执行人对外代表企业,具有诉讼主体资格。

人,具有权利能力。[1] 诉讼作为一项活动,其结果必须有主体去承担,拥有诉讼主体资格但是却无法承担责任的状况是一种怪象,是不符合法理逻辑的。因此,我国将来立法的趋势或将赋予合伙企业法人主体地位。

(2)其他非法人组织体名誉的保护方式。我国目前对于非法人组织的名誉的保护主要是通过自然人名誉权保护以及《反不正当竞争法》中对经营者商业信誉和商品声誉的保护。《反不正当竞争法》第 11 条是对商主体名誉的特别法保护,但是该法保护的主体范围并不局限于法人主体,而是适用于所有的商事主体。非法人组织体受到出于打击或竞争目的的诽谤的,无论是否起字号都可以援引该条主张保护,该条作为名誉权保护的特别法,非法人组织得以援引,暗示了我国法律对非法人组织名誉权享有的肯定,只是非法人组织由于人格的欠缺不能享有法人名誉权,只能参照法人名誉权适用。《反不正当竞争法》第 11 条的弊端在于,对并非竞争对手的侵权人的侵权行为难以通过该条主张权利。此时就要援引《民法典》关于自然人名誉权的规定,在定损赔偿等问题上类推适用法人名誉权的相关规定。如此是因为个人合伙、个体工商户等的经营行为可以被侵害,但是这些行为在指向其经营行为时因为其规模较小、人格不独立等问题直接与其经营的自然人密不可分,自然人可以对其经营行为的诽谤属于对其自身名誉的贬损为由主张权利。但是此举的弊端在于,非法人组织的规模并不一定拘泥于小范围的主体,组织体无法或不愿申请成为法人的,其组织体的特性则无法获得体现,而且也因为内容并未明确指向自然人而容易引发名誉确权争议。

在域外法领域,非法人组织的名誉权逐渐得到法律的认可。日本对于没有权利能力的社会团体造成名誉毁损时,法院认可了对该社团的无形损害(抚慰金)进行赔偿的实例。[2] 但是作为团体,必须具有当事人能力[3]。王泽鉴、曾隆兴认为对于不具有权利能力的社团,其不仅享有名称权,同样享有名誉权。[4]

(3)小结。法人名誉权只是名誉权中以法人为权利主体的名誉权,只是通

---

〔1〕 参见蒋学跃:《法人制度法理研究》,法律出版社 2007 年版,第 76 页。

〔2〕 参见东京地判昭 3.1.31《判例タイムズ》507 号第 7 页[中野民主商工会],东京地判 44・12・16《判例タイムズ》579 号第 29 页[都教组练马支部],浦和地判平 6・5・13《判例タイムズ》1501 号第 52 页,该上诉审・东京高判 7・11・29《判例タイムズ》1557 号第 52 页[崎玉司法书士会],前桥地判平 9・2・18《判例タイムズ》1630 号第 106 页[地区都市计划民主研究会]等。

〔3〕 参见《日本民事诉讼法》第 29 条。否定当事人能力的案例有那霸地判昭 50・10・21《判例タイムズ》807 号第 83 页[日本共产党冲绳委员会]。

〔4〕 参见王泽鉴:《人格权法:法释义学、比较法、案例研究》,北京大学出版社 2013 年版,第 179 页;曾隆兴:《详解损害赔偿法》,中国政法大学出版社 2004 年版,第 350 页。

过主体的特殊性对名誉权的限缩,并不意味着组织体的名誉权只能通过法人名誉权来保护,也不意味着其他非法人组织体不能享有名誉权。

非法人组织拥有独立的字号之后,以字号的名义开展经营,其间会建立独立于自然人的名誉,该名誉如同非法人组织体的名称一样受保护毋庸置疑。但是由于非法人组织不具有法人的主体资格因而不能享有以法人为主体的法人名誉权。非法人组织体的名誉应受保护,但是自然人名誉的保护方式存在不足,法人名誉权的保护在基本法理逻辑上又难以自证。因此对于这个问题的解决我们希望能通过重构法人制度来寻找突破口。根据我国当前立法,法人以有限责任为前提,这样的法人资格确实不符合当今时代发展的潮流,也导致了同样作为组织体的非法人组织无法随着法人名誉权制度的逐渐成熟而受到更好的保护。德国以登记来判断社团为法人的标准受到了学术界的激烈批判,学术界认为未经登记的社团也可以拥有部分权利能力,以登记为法人评判标准属于神化法人制度和登记制度。[1] 以登记为法人权利能力标准尚受到此种批判,可见我们将法人仅限定在有限责任的承担更保守、僵化。因此我们可以将法人从有限责任的桎梏中解脱出来进而更大范围地保护各组织体的名誉权。此外,对于立法不适于赋予法人主体地位的组织体,其组织体独立于其成员的名誉仍应受到保护,此时可以参照法人名誉权的相关规定进行类推适用,全面保护各种组织体的名誉。

3. 法人成员与法人的名誉权的竞合

法人名誉权并非来自自然人名誉权的让渡,因此,保护法人的名誉权并不影响自然人名誉权的诉求。如何区分名誉权的诉求在于法人还是在于自然人抑或二者兼有才是解决此问题的关键。在现实生活中,法人成员与法人休戚相关,一个名誉贬损的行为可能间接造成对方的损害,对于间接的损害是否应当保护同样值得探究。

(1)对法人的贬损间接导致成员的名誉贬损的情形。前面我们已经讲到,法人的本质是实在的组织体,并不仅仅是法律拟制的工具,法人越来越成为自然人精神感受的承载,因而对于法人的贬损往往也会让部分自然人感受到精神痛苦。在很多家族式的企业法人中,该企业不仅是家族谋利的工具,同样也因为其传承性而凝结了情感和荣耀,而且此类企业通常以家族成员的姓或名来命名,对家族企业的产品或企业形象进行贬损,势必也会造成其家族社会评价的降低。那么当法人的名誉遭到毁损时,其成员是否可以因为自己的名誉受到了贬低而

---

〔1〕 参见龙卫球:《民法总论》(第2版),中国法制出版社2002年版,第410页。

主张个人名誉权呢?

名誉权的侵害必须要求具有贬损的内容具有明确的指向性,否则因果关系的链条将无法成立。如果对法人的贬损不能被公众直接落实到对具体某个成员的评价的,则不能认定对成员名誉的贬损。虽然法人的组成人员往往为此感到精神痛苦,但是由于名誉权不保护名誉感而且我国对精神损害的赔偿必须要基于法律的明确规定,因而这种精神感受不能通过名誉权予以直接保护,只能通过对法人损失的弥补以及名誉的恢复予以慰藉。

承认法人的名誉权并不排斥其组成人员的名誉权,如果证明该贬损的内容能够具体指向该自然人或者在该自然人的面前公然诽谤其所在法人,进而导致该自然人的评价降低的,该自然人仍然可以独立主张名誉权。而且如果诽谤内容既有针对法人的也有针对自然人的内容,自然人同样拥有主张其名誉权受损的权利。

(2)对法人的个人成员名誉贬损导致法人名誉贬损的情形。在某些时候,对法人的个人成员私生活或个人品行的贬损也会因为该成员的特殊性进而影响法人的名誉。针对法人的高管或者法人代表的诽谤无疑是对其个人名誉的侵犯,但是法人某些个人成员基于其身份的特殊性,他们很多时候需要代替企业、法人进行活动,他们本身形象的好坏也会对其所在的企业、法人造成影响。因此,《公司法》第八章专门规定公司的董事、监事以及高级管理人员的资格及义务并对他们的品行提出具体要求。法人的个人成员的名誉与公司的名誉息息相关,在对企业、法人的高管或法人代表进行诽谤导致法人的财产因此受到损害时,赋予法人保护自身名誉的诉权无疑有助于弥补企业、法人因此而受到的财产损害。但是其中需要注意的问题是,何种情形下企业、法人可以享有诉权?而且法人享有诉权之后,高管、法人代表作为自然人是否仍有诉权?

对于第一个问题,对法人成员的诽谤造成侵害法人名誉的,必须综合考虑行为的性质和严重性、贬损内容跟法人业务的相关性、侵权的环境、该成员在法人中的地位、对法人形象的影响、该行为所追求的目的以及是否会引起公众对法人的合理想象且行为人主观上放任此种消极评价的产生等因素。此外,侵权的成立还要求原告证明该内容实际造成了其财产损失的结果,如股价降低等。日本曾有支持法人对其成员的诽谤得以主张法人名誉侵权的判例,对大公司的董事长进行个人诽谤的某周刊杂志的报道,法院认可了其对公司的名誉毁损,判处精神赔偿费即抚慰金500万日元。[1]

对于第二个问题即自然人此时的诉权问题,有人认为如果双方都有诉权,可能会导致对一个侵权行为的双重制裁,是不公平的;有人认为自然人名誉权的损害赔偿主要是精神损害赔偿,责任方式主要是赔偿精神损害抚慰金。而法人名誉权的损害赔偿主要是财产损害赔偿,责任方式主要以赔偿企业因诽谤所遭受的经济损失,并不承担精神损害赔偿责任。二者赔偿范围相去甚远,两者的诉权互不干涉[2]。本书认为,法人对名誉权的主张并不排斥自然人的名誉权主张,只是对于损失的证明以及赔偿部分不能重复主张,而且此类诉讼合并审理有利于节约诉讼成本。

举例以明证:最高人民法院(1996)经终字第96号民事判决书关于成都恩威集团公司、成都泉源堂制药有限公司与宋某南、李某涛一案中,原审法院认为:"宋、李二人通过一定场合及由泉源堂公司利用各种传媒,宣称是'妇女卫生洗涤剂'、恩威牌'洁尔阴洗液'的研制者,不仅涉及薛某新个人的荣誉,同时由于薛某新在恩威公司的特殊身份以及恩威公司与'洁尔阴洗液'技术成果的密切关系,其行为影射了恩威公司的企业形象和商品声誉,泉源堂公司及宋某南、李某涛已共同构成对恩威公司的法人名誉权的侵害……恩威公司起诉提出的泉源堂公司及宋某南、李某涛侵犯恩威公司企业名誉权及泉源堂公司、宋某南、李某涛反诉提出的恩威公司侵犯泉源堂公司企业名誉权及宋某南、李某涛个人名誉权的诉讼主张均成立,该院予以支持。"本案中,法院认同薛某新的特殊身份导致的对法人名誉的影射,对法人名誉权的侵权成立。

(二)侵权主体

1. 侵权主体类型

侵害法人名誉权的主体较为广泛,按照主体的性质分为自然人、法人和非法人组织。但是这种方法不容易体现出各侵权主体的特殊性,因此可以根据侵权主体身份不同分为消费者侵权、媒体不实信息侵权、竞争对手侵权、网络侵权、国家机关侵权以及其他主体侵权等。侵权主体侵权的主观动机不尽相同,对法人名誉的侵害程度也大相径庭,因此不能一概而论,后文将对此问题进行详尽论述。对侵权主体进行区分的目的在于不同主体的侵权能力不同,侵权的主观目的不同,因而对其责任的追究也要体现差距,如此才能在各种价值衡量的过程中找到较公平、公正的解决方法。

---

[1] 参见东京高判6·9·7《判例タイムズ》1517号,第40页。

[2] 参见李艳军、杨婧:《对法定代表人诽谤的认定与救济》,载《哈尔滨学院学报》2005年第11期。

在名誉侵权中,自然人主体主要会涉及消费者[1]出于产品、服务纠纷而通过不正当的渠道泄愤报复;或者法人内部的劳动者基于劳动纠纷或者合同纠纷而通过贬损行为予以报复;或者记者出于职务行为而发表的具有贬损内容的报道。在媒体因发布不实信息侵权的情形中,会涉及多种主体,如出版者、发布者、转载者等。在竞争对手侵权中,竞争对手不一定是法人,只是其行为的目的是出于降低对手的竞争力。在网络侵权中,除信息的发布者之外还会涉及网络服务提供商以及其他对网站的内容具有审查义务的主体。在国家机关侵权中,侵权的主体是在非行政行为的过程中对法人名誉权造成损害的机关法人。其他主体还包括某些出于其他目的而造成法人名誉权贬损的自然人或法人。

2. 职务行为中的责任主体

在“蒙牛诽谤门”中,“未来星”负责人安某利用网络诽谤伊利,其本人已对其不法行为承担了刑事责任,而蒙牛集团作为用人单位仅以安某的上述行为并未向公司报告为由推脱似乎有失公允,因为安某的行为是其在工作期间为了提高蒙牛产品的销量而进行的职务行为。《民法典》第1191条第1款第1句规定:“用人单位的工作人员因执行工作任务造成他人损害的,由用人单位承担侵权责任。”实践中应当如何把握“因执行工作任务”与“非因执行工作任务”的界限?侵权责任法所谓“因执行工作任务”相当于日本民法所谓“执行职务”,因此,人民法院判断被使用人[2]是否属于“因执行工作任务”时,可以参考日本等法院判断属于“执行职务”之“行为外观”理论。按照“行为外观”理论,使用人单位通过使用工作人员被使用人而扩展其活动范围,并享受其利益,且工作人员执行职务之范围非与其交易之第三人所能分辨,为保护交易之安全,工作人员之行为在客观上具备执行职务之外观而造成第三人损害时,单位使用人即应承担赔偿责任。因此,所谓工作人员使用人“因执行职务”或者“因执行工作任务”,不仅指工作人员被使用人执行单位使用人之命令、委托职务本身或者执行职务所必要的行为,即使滥用职务或利用职务上的机会及与执行职务之时间或处所有密切关系之行为,在客观上足以使他人相信工作人员被使用人执行职务者,即使是为自己的利益所为之违法行为,均应认定为“执行职务”行为[3]。所以,安某的行为构成职务行为,除本人要对其行为负责之外,蒙牛作为用人单位也应当承担侵

---

[1] 此处的消费者也可能是广义的消费者,即并未发生直接合同关系的社会大众。

[2] 此处的被使用人即用人单位责任中的被雇用者,使用人即用人单位。

[3] 参见邵世星、杨会新、王琼等:《溃败的商业道德——蒙牛“诽谤门”思考》,载《中国检察官》2010年第11期。

权责任。

二、法人名誉权侵权责任构成要件

《民通意见》第150条规定："公民的姓名权、肖像权、名誉权、荣誉权和法人的名称权、名誉权、荣誉权受到侵害，公民或者法人要求赔偿损失的，人民法院可以根据侵权人的过错程度、侵权行为的具体情节、后果和影响确定其赔偿责任。"《名誉权解答》第7条规定："是否构成侵害名誉权的责任，应当根据受害人确有名誉被损害的事实、行为人行为违法、违法行为与损害后果之间有因果关系、行为人主观上有过错来认定……"因此，在判断一个行为是否构成侵害法人名誉权时应当紧扣侵权行为的违法性、行为人的主观过错、损害结果以及行为与结果之间的因果关系这四个方面。侵犯法人名誉权的主体的多样性和行为的复杂性，以及言论自由与名誉保护价值取舍的困扰使法人名誉侵权案件的个案裁判差距较大，本书希望通过对构成要件的分析以寻求在法人名誉侵权案件中较为普遍的解决思路与方法。

（一）行为违法性

对于行为违法性的认定，通常采取行为违法说与结果违法说，目前通说采用的是结果违法说[1]。尤其是对人身权、人格权的侵权中，一旦侵权结果发生，除非行为人能够证明具有违法阻却事由，否则应当承担相应的损害赔偿责任。名誉的侵害体现为社会评价的降低，在认定行为违法时涉及与言论自由的衡量。

正如前文所述，侵害法人名誉权的行为可以作为的方式进行，也可以不作为的方式进行，依事实陈述与意见表达之区别来适用不同的认定标准。我国《民法典》第1024条采弹性列举规定，自然人名誉权侵权中除侮辱、诽谤之外的其他侵权方式，同样适用于法人名誉权侵权。

1. 行为具有毁誉性

（1）诽谤与侮辱。法人名誉权范畴之诽谤与侮辱，其基本含义与自然人名誉权范畴并无二致，但在具体判断时仍有其特殊之处。就事实陈述的诽谤而言，对法人的虚假陈述需要对法人的营利有影响，如诽谤法人的经营能力、经济效益、产品质量、服务质量、履约信用、经营行为、法人的财产等方面的内容都会让人认为法人缺乏经营的能力或信用，导致别人不愿与其交易。而法人拟制主体的性质，使其名誉被诽谤多以书面之方式进行，但有时暗示性的问题以及影射也可以造成社会公众对法人信誉的猜测进而减少对其的信任度。就意见表达的侮

---

〔1〕　参见王泽鉴：《人格权法：法释义学、比较法、案例研究》，北京大学出版社2013年版，第186页。

辱而言,目前学术界基于对侮辱的不同界定而对法人能否被侮辱存在争议。英国学者肯尼斯·斯密斯和丹尼斯·丁·凯尼认为:“法人,作为原告,能够对其遭受的各种侵权行为提起诉讼,但是显然对于某些类型的侵权行为如侮辱或凌辱(assault),由于其本质属性决定了法人不可能受这种侵权行为的损害。不过,法人对由此给其生产经营活动造成的损失,仍有权提起诉讼。”[1]本书认为,侮辱的构成并不要求必须以虚假的事实为基础,只要评论的言词过激或者使用攻击性、贬损性词语,出乎社会公众的道德准则,即构成对他人的侮辱。因此法人也可以成为侮辱的对象。侮辱既可以语言构成,也可以行为等方式构成。语言形式的侮辱主要是语言中运用了辱骂性语言与丑化性语言。[2] 前者包括带有辱骂色彩的词语,辱骂用词的衡量除常见的用词之外还要根据法人的特点,针对法人的行业等断定,比如称法人是黑心商人等。在司法实践中,法院在法人名誉侵权案件中频繁使用“侮辱”一词[3],且《名誉权解释》第9条第2款规定:“新闻单位对生产者、经营者、销售者的产品质量或者服务质量进行批评、评论,内容基本属实,没有侮辱内容的,不应当认定为侵害其名誉权;主要内容失实,损害其名誉的,应当认定为侵害名誉权。”其中同样采用了“侮辱”一词。法人虽然在性质上可以被侮辱,但是并非所有带有辱骂性或攻击性的言词都构成法人名誉侵权。毕竟侮辱是针对意见表达而言,个人拥有表达自己对事物的观点和看法的权利。意见表达是主观意向的外露,无真伪可言,故只要是对于可公评事项进行评论,应无须考虑、推敲其遣词造句。梁治平对“何为合理评论”之论述就颇为到位:“批评就是表达见解,就是褒贬人、物。真正的批评往往是令人不快甚至令人难堪的。但这是批评的性质使然,也是批评的价值所在。批评可以有不同类型,采取不同方式,展示不同风格。它既可以是温和的,也可以是尖锐的;可以迂回曲折,也可以直截了当;既可以是严谨的、缜密的,也可以是大胆的、夸张的。批评的言词既可以是学术性的,也可以是文学性的;既可以是科学的,也可以是

---

[1] Denis Keenan, *Smith and Keenan's English Law*, Publisher Longman, p. 200.

[2] 参见林爱珺:《舆论监督与法律保障》,暨南大学出版社2008年版,第76页。

[3] 上海市卢湾区人民法院民事判决书,(1997)卢经初字第134号;北京市朝阳区人民法院民事判决书,(1999)朝民初字第4628号;北京市第一中级人民法院民事判决书,(2000)一中民终字第1438号;广东省广州市中级人民法院民事判决书,(2001)穗中法民终字第3392号;海南省海口市中级人民法院民事判决书,(2002)海中法民终字第106号;最高人民法院民事判决书,(2002)民一终字第78号;广东省佛山市中级人民法院民事判决书,(2004)佛中法民一终字第667号;安徽省合肥市中级人民法院民事判决书,(2005)合民一终字第267号;福建省高级人民法院民事判决书,(2009)闽民一(民)初字第10151号。

艺术的;既可以是中和的,也可以是辛辣的甚至刻薄的。只要不是恶意捏造事实、揭人隐私或者无端谩骂,批评的天地宽广无际。这就是言论自由的含义。"[1]因此,当某种涉及法人的言词表达尖刻、激烈,但内容基本真实时,不宜认定为侵害了法人的名誉权。一方面,此时造成法人的财产损失往往是因为真实的事实对法人的不利益,而非言词的激烈;另一方面,法人因涉及社会公共利益,且其本身无法具有精神感受,不能如同自然人般因为单纯的侮辱性言词使其产生羞耻感与痛苦感因而受到保护。正因如此,在"国贸中心诉吴某光案"中,即使吴某光对国贸中心使用了"混账话""恬不知耻""流露出扎根深远的洋奴意识"等表述,法院也不认定此系侮辱。[2] 因此评论乃主观意见、价值判断的表达,是否适当应作较宽松的认定,其措施得为尖锐,带有情绪或者感情,对错与否,能否为多数人所认同,在所不问,唯不能做人身攻击。[3] 在法人名誉侵权领域,出于法人的公共利益相关性,如果主体做出激烈言词的基础并非虚假的事实,其他社会主体并不会单纯因此谩骂言词便降低对法人的评价,所以不构成对法人名誉权的侵害。

(2)打假、举报失实、诉讼等民事侵权问题。打假、举报、诉讼等问题是否构成名誉侵权应当按照行为人的主观意图判断,如果行为人是出于一定的事实依据而为,且没有明显的过错的,不宜认定为侵害名誉权。但如果确无证据而错告他人,造成被告人名誉权损害的,构成侵害名誉权。但是将错告内容不仅反映给有关组织,而且还向其他人扩散,造成被告法人名誉损害结果的,应承担民事责任。[4]《名誉权解释》第 5 条规定:"公民依法向有关部门检举、控告他人的违法违纪行为,他人以检举、控告侵害其名誉权向人民法院提起诉讼的,人民法院不予受理。如果借检举、控告之名侮辱、诽谤他人,造成他人名誉损害,当事人以其名誉权受到侵害向人民法院提起诉讼的,人民法院应当受理。"

(3)"搭便车"行为。"搭便车"行为是法人名誉权侵权不同于自然人名誉权侵权的特殊方式,为使论述更加具体,请看以下两个案例:

案例一:"四川省建材工业科学研究院诉朝阳水泥厂以其原名宣称是该厂产品监制者侵犯名誉权案"。本案中,原告四川省建材工业科学研究院原名叫

---

[1] 梁治平:《名誉权保护与言论自由:宣科案中的是非与轻重》,载《中国法学》2006 年第 2 期。

[2] 参见张红:《事实陈述、意见表达与公益性言论保护——最高法院 1993 年〈名誉权问题解答〉第 8 条之检讨》,载《法律科学(西北政法大学学报)》2010 年第 3 期。

[3] 参见张红:《事实陈述、意见表达与公益性言论保护——最高法院 1993 年〈名誉权问题解答〉第 8 条之检讨》,载《法律科学(西北政法大学学报)》2010 年第 3 期。

[4] 参见杨立新主编:《中国人格权立法报告》,知识产权出版社 2005 年版,第 390 页。

作“四川省建材工业科学研究所”,1992 年依法定程序更名为现名“四川省建材工业科学研究院”,但在建材行业内仍习惯称其原名。1996 年 6 月初至 8 月中旬,被告都江堰市朝阳水泥厂在其对外宣传其产品的介绍资料,以及在都江堰市电视台上所做的宣传其产品的电视广告中,都称其产品由“四川省建材工业科学研究所”监制。原告认为被告的行为侵害了其名誉而起诉。都江堰市人民法院经审理认为:“法人的名称须经注册登记始合法有效,受法律保护。更名后,就已丧失了对其前名的专用权、独占权,在此意义上,其前名已不再受法律保护。但存在于该名称之上的权利(无形财产权)并未随之消失,仍然由原告依法继续享有。同时,由于建材行业都知道‘四川省建材工业科学研究所’就是特指现在的原告,被告在广告宣传中称其产品由四川省建材工业科学研究所监制,导致他人理解为由原告监制,对原告的信誉造成一定的不良影响,构成对原告名誉权的侵害,被告应依法承担相应的民事责任。”

案例二:“上海锦江汽车服务有限公司诉上海西洋摄影有限公司、上海西洋摄影有限公司第二分公司、上海智高广告有限公司(以下简称智高公司)名誉侵权案”。[1] 本案中,被告智高公司于 2002 年 3 月 18 日在《新闻晨报》B15 版(广告版)上刊登广告。内容为:扫墓包车专线,锦江国宾车队,平均每人 40 元。原告(上海锦江汽车服务有限公司)看到后,认为广告内容对其公司下属国宾车队造成极坏的影响,损害了原告的名誉权。一审、二审法院均认为原告下属国宾车队是为社会所公认的接待国宾的特殊车队,其名称也为社会所认可,在公众心目中有较高的声誉。智高公司作为广告的发布者对于广告主要求发布的扫墓包车广告未经必要的审查程序,刊登此广告致使原告的名誉受损,应承担相应的责任。

在上述两个案件中,原告通过自身的经营树立了良好的形象和声誉,他人未经允许便通过虚假宣传的形式使社会公众误以为二者之间的关系,公众通过对原告的信任进而对侵权人产生错误的信任。此种行为针对的主体明确,并通过行为向不特定的公众传达了有关被侵权主体的事实内容(认为侵权人与被侵权人之间的虚假关系),侵权人对此行为有过错,并且造成了被侵权人名誉贬损的结果,因此此种行为符合名誉侵权责任的构成要件。类似的行为还包括冒用他人的商标、商品名称、包装和装潢、企业名称、产品质量标志名称等使公众产生误认的行为。此类行为通过搭乘他人已积累的良好的声誉之便来谋求自身的利

---

〔1〕 一审判决书:上海市杨浦区人民法院民事判决书,(2002)杨民一(民)初字第 813 号。二审判决书:上海市第二中级人民法院民事判决书,(2002)沪二中民一(民)终字第 1921 号。

益,免去了积累声誉的成本投入,这对其他市场主体是不公平的。此类侵权行为主要是对他人商标、名称的侵害并附带产生了名誉侵权后果,构成了两种权利的交叉。但是,由于我国法律通过《反不正当竞争法》《商标法》等对名称权、商标权的侵权行为进行了特别规定,因而认定法人名称权、商标权侵权更为恰当。在以上两宗案件中之所以认定为名誉侵权,主要是因为二者不符合法人名称权的形式构成要件,因而通过名誉权的形式予以保护。

2. 内容经公开

名誉侵权要求降低社会评价,因此贬损性的内容必须经过公开为他人所知。公开行为或称散布行为,既可以通过语言、文字或图像等为之,也可以通过各种媒介进行,如口头、文件、网络、报纸等,无论采用哪种方式,都需要将名誉毁损的信息让第三人知晓,第三人理解该信息并对被贬损者的形象产生了贬低的错误认识。美国将这种公开行为也称为"传递"或"传播",是指消息(信息)在人们之间的交换或者流动、扩散。《美国侵权行为法(第二次)重述》第 559 条对此种传播行为进行了定义:"传播消息致使他人的社会评价降低,或阻碍第三人与其交往,而损害该他人之名誉者,为诽谤性消息之传播。"

对于公开的对象或范围,必须是不特定的第三人,此不特定的第三人只要是与被侵权人相关的人即可,并不要求扩散至全部不特定的第三人。[1] 而第三人知晓并对内容所指向的特定人评价的降低在某些情形下并不一定构成侵权。在后面的抗辩事由中我们将会提到人们应当有一个自由陈述的空间,在家庭范围内小距离的言词不应当要求人们对此负责,否则将会使人们长期处于紧张、恐惧的状态,而这是不符合法律的初衷的。

在法人名誉侵权案件中,将带有名誉贬损的内容在公司内部传播的形式很常见,如在公司网站上公布具有贬损其他法人的内容,或者员工在法人内部网站散布关于本法人的名誉贬损性内容。《名誉权解释》第 2 条规定:"有关机关和组织编印的仅供领导部门内部参阅的刊物、资料等刊登的来信或者文章,当事人以其内容侵害名誉权向人民法院提起诉讼的,人民法院不予受理。机关、社会团体、学术机构、企事业单位分发本单位、本系统或者其他一定范围内的内部刊物和内部资料,所载内容引起名誉权纠纷的,人民法院应当受理。"

法人作为一个整体,关于在其内部的传播是否属于公开的问题,本书认为法

---

〔1〕 参见大判大 5・10・12《民録》22 辑第 1879 页,大判昭 2・12・17 法律评论 17 卷民第 160 页,金泽的判昭 30・8・18《下民集》6 卷 8 号第 1641 页。转引自[日]五十岚清:《人格权法》,[日]铃木贤、葛敏译,北京大学出版社 2009 年版,第 22 页。

人内部的组成人员的独立性并未被法人掩盖,其相对于法人也是独立的个体,能够做出独立性的判断与评价。因此在“米乐美公司诉贺某名誉侵权案”[1]中,法院对于贺某在公司内部散发相关内容认为“属公司的内部管理事宜。该电子邮件的某些措辞虽然使用不当,但能够获取该电子邮件的仅限于公司员工,公司外部其他人并不能知晓,因此该电子邮件未能造成原告社会评价降低,故不能认定构成对原告名誉权的侵害”,此判决理由没有意识到公开的实质以及社会评价的评判标准。虽然本案中对该公司的贬损内容只有本公司的员工才能获取,但是员工对公司的评价亦属于社会评价的一部分,而且员工有独立判断且具有扩大贬损内容的极大可能性。

对于重复传播已经公开的诽谤事实而并未增加新的诽谤内容的情形是否构成名誉侵权,并不能一概而论。重复传播行为如果仅是对他人公开的内容予以转述,并未增加新内容,法律对此种行为的容忍度较宽,毕竟重复传播人较之捏造事实诽谤他人之侵权人和首先传播之人或者公然侮辱他人人格之人,具有较少的可非难性。绝大部分重复传播都不是基于故意,而是基于好奇或者关注。正是考虑到这一点,法律在实体法上为重复传播人提供了若干抗辩事由以及举证责任上的优待(后文将会论及)。但是重复公开人在原来内容的基础上增加了新的内容或者发表不当评论的,对于该超出部分侵权与否的判断则要按照新的基于事实抑或评论的侵权判断标准进行划分。

3. 内容指向被侵权人

对于名誉权的侵害要求必须有明确的指向性,因为如果不具有明确的指向性,就不会产生明显的损害。明确的指向性是指通过表述足以认定属于某一法人主体。明确的指向性并不必须指名道姓,如果陈述采用疑问句、反问句或者其他方式将贬损性的内容隐含在表面陈述之中,只要是一个有理性的人或者是了解一定事情的人便能从中看出所指向的对象的,即构成特定的指向性。对于采用暗示的表述方法来进行名誉贬损的,应当以合理之人能够从中识别出贬损所指向的是被告法人即可。对于何为“合理之人”,借鉴“米歇尔诉宾得瑞姆案”(Mitchell v. Bindrim)[2]中法官对“合理之人”的界定为“了解原告之人”,只要看到或听到该贬损内容的人能够认出所指的是权利人即可。

(二)行为人主观上有过错

法人名誉权侵权构成要件的过错与自然人名誉权侵权构成中的过错相同,

[1] 江苏省苏州市中级人民法院民事判决书,(2010)苏中民终字第0246号。

[2] Mitchell v. Bindrim,444 U.S. 984(1980).

包括故意和过失两种形式，其区分的意义在于根据过错程度可以判断是否有减轻责任的情节。法人的行为往往涉及公共利益，人们对其行为具有合理的重大的兴趣。法人涉及公共利益的事物属于可受公评之事，社会主体对其进行评论时的注意义务要求不宜过高。就故意而言，法人多具公众人物之类似属性，故在法人名誉权侵权中，侵权人需具故意或重大过失，且由被侵权人承担举证责任。就过失而言，《日本民法典》明文规定：过失侵害他人名誉，应负赔偿责任。英国侵权法对于过失的认定有一项著名的“邻居原则”（the neighbor principle）〔1〕，提出这个原则的法官把可能受到伤害的他人比作邻居，指出人们必须尽到合理的注意义务以避免任何可以合理地预见会伤害到自己邻居的行为。在侵权法里，多数人的注意义务水平是所谓合理人（a responsible man）标准，而专业人士对于自己的专业行为则应该承担较高水平的注意义务。

以图尔克（天津）传感器有限公司与青岛九鑫工贸有限公司名誉侵权纠纷案〔2〕为例，图尔克（天津）传感器有限公司（以下简称天津图尔克）根据青岛瑞普电气有限责任公司（以下简称瑞普公司）的要求对该公司送检的一只TURCK-BI0.8G05AN6X型号的传感器进行鉴定，并向该公司出具了“关于假冒TURCK产品的鉴定证明”，上诉人天津图尔克将这一鉴定结论向瑞普公司出具，导致该公司停止向青岛九鑫工贸有限公司（以下简称九鑫工贸）支付货款，造成九鑫工贸可预期利益的减少或迟延取得。二审法院认为：“该送检产品本身表明系图尔克瑞士厂生产，并非天津图尔克公司生产，天津图尔克称该产品已经被淘汰，那么对于该产品是否为假冒的鉴定，上诉人应当在了解出厂日期的基础上，依照与之相关的图尔克产品资料并与相同类型的产品进行比对，才可以得出准确的鉴定结论。但是上诉人天津图尔克在没有向瑞普公司了解送检产品出厂日期等资料情况下，得出了送检产品系假冒TURCK产品的鉴定结论，上诉人的该鉴定结论是不慎重的，尽管上诉人是应瑞普公司的要求无偿地进行鉴定，但是无偿鉴定行为也不能免除其审慎审查的义务。该鉴定结论并没有指向九鑫工贸，不能说明其有损害九鑫工贸商业信誉的直接故意。天津图尔克对九鑫工贸属于名誉侵权的过失侵权。根据上诉人侵权行为的情节、被上诉人因诉讼支出的费用等因素酌定赔偿2000元。”

而在归责原则方面，目前我国对名誉侵权责任的设计采用的是过错责任。美国著名的侵权行为法学者理查德·A.爱泼斯坦主张诽谤应当适用无过失责

---

〔1〕 See R. Owen, *Essential Tort Law*, 3rd edition, Wuhan University Press, 2004, p. 2.

〔2〕 山东省青岛市中级人民法院民事判决书，(2001)青知终字第5号。

任,他认为一个没有名誉保护的世界将会存在更多的诽谤与公众欺骗,偏重保护言论自由而忽视对名誉的保护同样不利于言论自由的长远发展。[1] 此观点可资参考。

(三)损害结果

损害不同于损失,二者属于属种概念,侵权责任的成立以损害而非损失为要件。对法人名誉权的损害结果包括两方面,一方面是法人社会评价的降低,另一方面是法人因此遭受财产损失,如交易机会的减少、股价下跌、客户退货、贷款额度被缩减等。

名誉侵权构成的必要条件是社会评价降低,而非财产损害的发生。一方面,法人的种类繁多,除营利的企业法人外还有公法人和公益法人,这些法人并不以获取经济利益和实现财产价值为宗旨或唯一目的,它们还必须考虑对自己进行公务和公益活动的影响,而这一影响与财产利益往往是无关的。另一方面,对营利性法人来讲,名誉贬损的行为可能因为情节轻微、尚未造成法人财产的损失,或者造成的潜在经济损失对于侵权人来讲是难以预期的,出于公平考虑不宜施加给侵权人侵权责任。

对于法人名誉的实际损害结果往往难以证明,如果因此否定法人名誉救济的权利无疑对法人名誉的保护是不利的。我国可以适当借鉴美国对于损害的推定,在不能明确证明损害存在的情形下,只要是侵权行为的不法性成立,即可推定侵权责任的成立,至于是否能够证明造成财产损失,出于财产损害赔偿"填补损失"的原则只影响损害赔偿的数额确定。推定损害原则存在例外,即在重复传播的情形下,由于重复传播人的主观恶性显著低于名誉贬损内容的首次传播者,对于重复传播行为是否造成了对受害人更大的损害,应当由受害人加以举证和证明,以求在实体法上实现被侵权人与重复传播人的诉讼权利义务的公平。

1. 社会评价降低

在名誉侵权领域,社会评价降低是名誉侵权责任成立的必要条件。社会评价的降低主要指第三人在得知侮辱、诽谤的内容之后误信为真而对被侵权人产生了不信任或者蔑视,进而拒绝与其交往。法人拥有的良好的社会评价属于法人作为一个实体所应当享有的精神利益,法人虽没有精神痛苦之感受,但是仍然享有精神利益或人格利益。而法人的社会评价被降低,破坏了其应有的精神利

---

〔1〕 See R. A. Epstein, *Was New York Times v. Sullivan Wrong?*, 53U. Chicago L. Rev. 782(1986).

益的平衡和保有,使法人受到主要为非财产形式的损害。

名誉侵权的特性要求名誉毁损性的陈述需要被第三人知晓并造成对主体的评价降低。但是评价存在于第三人心中,是否降低以及降低的程度只能通过外化的行为表现来推断,很难精确量化,而且社会主体对外物的评价容易受到个人观念、价值标准、社会主流观点、舆论环境等诸多因素的影响。而第三人的反映在多大程度上是由消极信息的传播产生的,即消息传播者对损害后果发生的原因力究竟有多大是无法衡量的。因此如果要求权利人在起诉时举证证明其社会评价被降低显然对权利人来说施加了过大的负累。所以,对于名誉损害的认定应当设立一个明确有效的原则。

一般来讲,无论社会公众心里对法人的评价是否表现出来,当贬损法人名誉的言论为社会公众所知悉,就必然会影响社会公众对法人名誉的评价,因此以第三人知悉为社会评价的评判标准更具可操作性。只要证明名誉贬损的陈述以一定方式公开,不必证明实际损害的发生即可主张侵权责任的成立。我国司法实践中对于损害的存在需要原告证明或者由法官根据实际情形来判断行为是否导致了社会评价的降低,这对于成立社会评价降低的认定缺乏统一的标准。此种情形应当根据个案情况以及当时的社会观念看是否足够达到贬损对某人的评价,而不要求举证证明社会评价的实际降低。

名誉权保护的是社会评价而非名誉感,因为名誉感作为主体的主观感受很难证明,也难以统一标准。但是名誉受损的程度会因主体地位的不同而存在差异,地位越高越重视名誉,遭到贬损之后损害也更大,但是这并不意味着地位低的主体不受名誉权保护。[1] 例如,一个知名企业与一个社会信誉度差的企业相比,前者可能会因为被指未偿还到期债务而名誉受损,财产损失的数额也往往较大,而这对于本身欠缺诚信的后者来说,社会公众往往不会对其产生更低的评价,即使造成损害,其损失的幅度也相对较小。如在上海锦江汽车服务有限公司诉上海西洋摄影有限公司、上海西洋摄影有限公司第二分公司、上海智高广告有限公司名誉侵权案中[2],上海锦江汽车服务有限公司以其经营的专门迎接国宾的车队被放在扫墓包车广告中侵害其良好的声誉为由提起诉讼。一审、二审的法院经审理查明之后均认为,“本案原告下属国宾车队是为社会所公认的接

---

〔1〕 参见大判明 38.12.8《民录》11 辑第 1665 页。转引自[日]五十岚清:《人格权法》,[日]铃木贤、葛敏译,北京大学出版社 2009 年版,第 22 页。

〔2〕 一审判决书:上海市杨浦区人民法院民事判决书,(2002)杨民一(民)初字第 813 号。二审判决书:上海市第二中级人民法院民事判决书,(2002)沪二中民一(民)终字第 1921 号。

待国宾的特殊车队,其名称也为社会所认可,在公众心目中有较高的声誉",并最终判定被告承担名誉侵权责任。上海锦江汽车服务有限公司将其车队打造成国宾车队,无论是营销策略还是车队的质量,都为其付出了超过一般车队所付出的成本,在业界形成了良好的声誉和形象,但是被被告歪曲滥用于扫墓包车且价格低廉,无疑是对其品牌价值的歪曲和贬低。

2. 财产损害

名誉权往往不能带来直接的财产利益,对其侵害也是通过社会评价降低进而导致的交易机会减少、信用贷款额度降低等损失类型,与直接的财产损害存在差异,侵害名誉权的行为并不直接指向受害人的财产,这种财产损失也不必然出现,属于我们所称的"附带的财产损失"[1]。在此种损失中既有现有利益的损失又有预期利益的损失。现有利益的损失包括法人名誉被侵害之后,法人为了恢复名誉或者减少名誉侵权为其带来的消极影响而积极恢复名誉或者采取其他维权措施直接花费的费用,如自费刊登澄清启事、调查取证费用、律师费用、诉讼费用等;预期利益损失是通过社会评价的降低,法人主体丧失了交易机会,进而导致财产应当增加而未增加的情形。在当今信息时代,对法人的诽谤主要通过各种媒体进行,传播迅速,且民众对社会清誉的重视越来越高,在供大于求的市场环境下,拥有较差的社会评价的市场主体往往被排挤,使主体丧失了交易机会、市场份额甚至潜在客户群,如果名誉不能得到恢复,那么潜在的影响是巨大的。侵权法侧重的是对已确定发生或合理预见的即将发生的客观损害的弥补,如果被侵权人无法举证证明其受到财产损失,那么其很难得到金钱赔偿。毕竟一方面法律要避免法人主体通过名誉侵权诉讼达到实际炒作之嫌浪费司法资源;另一方面很多时候法人很难证明自己的名誉被损害之后实际受到损害的财产数额,因为法人很难证明其损失之中名誉侵权行为的原因力大小。

(四)违法行为与损害结果之间有因果关系

我国台湾地区学者曾世雄认为:"因果关系系以万物之事理为其基本内容,以逻辑推理之方法推论其关系之事项。"[2]在侵权法中,因果关系是侵权行为与损害结果之间的逻辑关系,是认定侵权构成与损害赔偿问题的关键内容。

名誉的贬损以及相应的经济损失与名誉毁损行为之间的因果关系很难证

---

〔1〕 张新宝教授将名誉权的损害后果主要区分为人格损害(所谓外在的人格损害)、精神损害(所谓内在的人格损害)和附带的财产损害。参见张新宝:《名誉权的法律保护》,载《中青年法学文库》,中国政法大学出版社 1997 年版,第 135 页。

〔2〕 曾世雄:《损害赔偿法原理》,中国政法大学出版社 2001 年版,第 95 页。

明，因为法人社会评价的降低以及交易机会的减少往往由竞合的原因造成，除舆论作用之外还会受到法人的产品质量、营销手段等的影响，而贬损性语言的舆论传播效果也受到当时的社会关注焦点以及舆论环境影响。如客户退货可能是名誉贬损的结果，也可能是其本身产品质量的原因或者共同构成。如果要在诸多影响社会评价的因素中厘定贬损性语言对社会评价降低的原因力，存在诸多困难。当加害行为导致损害结果发生之后，即使没有这一行为，此损害结果同样会因为其他原因而造成，那么在这种情况下，因果关系会不会被阻断需要我们对法人名誉侵权中的复杂的因果关系进行研究。[1] 在复杂的因果关系判断中可以借鉴近因原则。近因原则是指只有当侵权人的行为是造成被侵权人遭受损害最合理、最主要的原因时，法院才能责令侵权人对被侵权人承担侵权损害赔偿责任。[2] 在近因原则的确定中，侵权人可以损害是其侵权时无法合理预见的来主张免除近因原则的适用。能否合理地预见，采取的标准应当是社会公众的合理预见标准或者因其特殊身份提高或降低其预见的标准。即使侵权行为与损害之间有主要因果关系，如果所有损害都让侵权人赔偿，会出现责任无限扩大的危险。因此要赔偿到何种程度是妥当的，取决于政策性价值判断。[3] 尺度的把握赋予了法官较大的自由裁量权。对于原因竞合的侵权，日本德本镇教授认为，对受害人要求的因果关系的证明，只要就因果关系的存在表示出相当程度的盖然性即为充分。[4] 在社会评价降低的因果关系的认定上，无须当事人举证，只要证明贬损法人名誉的言论为社会公众所知悉，就可以推定造成法人社会评价的降低。但是财产损害赔偿的主张需要由原告来证明其损害是由名誉贬损行为造成的。

三、法人名誉权的侵权责任

侵权责任的施加是侵权行为人对其侵害他人民事权益行为所应当承担的不利益；侵权责任具有填补损害、预防、教育和惩戒功能以及分担损失与平衡社会利益的功能。[5] "有权利必有救济"，侵权责任通过对被侵权人损害的弥补，以及对侵权人的惩戒甚至惩罚来落实和保障权利的行使。法人的名誉权既然得到我国《民法典》的明确承认，那么配套的法律救济手段便不可或缺。在名誉侵权

---

〔1〕 参见田韶华：《论侵权责任法上可得利益损失之赔偿》，载《法商研究》2013 年第 1 期。
〔2〕 参见 Mark F. Grady，Proximate Cause Decoded，50 UCLA L. Rev. 293（2002）。
〔3〕 参见［日］森岛昭夫：《权利侵害法讲义》，有斐阁 1987 年版，第 285 页。
〔4〕 参见［日］德本镇：《关于企业的权利侵害责任》，一粒社 1974 年版。
〔5〕 参见张新宝：《侵权责任法》（第 2 版），中国人民大学出版社 2010 年版，第 7 页。

案件中,市场主体良好的名誉利益保有的权利与其他主体表达自由的权利之间的价值衡量是名誉侵权责任制度设计不可规避的衡量因素。如果名誉侵权责任采用惩罚性的措施,一方面,有利于增加侵权主体的侵权成本进而减少侵权,维护良好的秩序;另一方面,损害赔偿只是通过侵权人的损失来弥补被侵权人,社会总财富并未因此得到恢复,若过分加重侵权人的责任,所产生的惩戒作用可能会限制社会中的人的自由。[1] 如果责任偏重对实际损害的弥补,一方面,避免了被侵权人因此获得额外的利益,避免道德风险的发生;另一方面,却难以遏制诋毁法人名誉的行为,尤其在法人难以短期内证明实际损失存在时,造成对被侵权人不公。因此,我国应当衡量各种因素,结合国外的经验教训与法人名誉侵权的特性,准确理解我国《民法典》第995条、第1028条及第1182条。

(一)损害赔偿之责任方式

在民事侵权领域,损害赔偿不同于刑事责任,其宗旨在于对损害的填补。对于损害赔偿应当达到的目的,法国的判例及学说中认定,损害赔偿的目的在于使被害人能再处于如同损害行为未曾发生之情况。[2] 《德国民法典》第249条规定:负赔偿义务者,应恢复损害事故未发生时应有之状况。法国和德国的规定不免使人疑惑:恢复原状应当恢复的状态究竟是"原有状态"还是"应有状态"? 原有状态即损害发生之前的状况,而应有状态是指如果损害不曾发生,被害人应当所处的状态。两者的区分意义在于,是否将受损害事物本身可能发生的变动考虑其中,如事物的孳息是否纳入恢复的范畴。本书认为,恢复原状恢复的应当是应有之状态,如在违约损害赔偿中,违约人恢复的应是契约能够顺利履行的情形下受损害方应当达到的状况,唯有如此方显公平。

恢复原状虽然成为损害赔偿的主旨,但是在某些情形下,恢复原状已不可能发生,如对身体、人格的损害无法恢复到如未发生一般,抑或恢复原状的花费甚巨,坚持恢复原状既不经济也不公平。金钱赔偿的方式逐渐被接纳并成为近代侵权法上主要的责任方式。无论是对财产的损害抑或对人身的损害,虽然金钱赔偿存在一定的弊端,但是却成为实用的责任方式。尤其在人格权侵权领域,金钱赔偿并不能使被侵害的人格恢复到未受侵害的状态,人格是无价的,不能以金钱衡量的,但是在权利无法恢复到如未发生一般时,权利人内心平衡的恢复则成为救济的目的,而此种恢复在很多情形下是可以通过金钱达到的。法人名誉权

---

〔1〕 参见[德]福克斯:《侵权行为法》(第5版),法律出版社2004年版,第2页。

〔2〕 R. Savatier, traité de la responsabilité civile,第2版,第2册,1951年,第177页第601段。转引自曾世雄:《损害赔偿法原理》,中国政法大学出版社2001年版,第15页。

既具有人格性又具有财产性,良好的声誉往往能够为法人带来更多的交易机会或经济利益。而一旦法人的名誉权受到损害,不仅会发生人格权的损害,即社会评价的降低,也会造成财产损害。

1. 财产损害赔偿

顾名思义,财产损害赔偿是对被侵权人受到的财产损害的赔偿,其中包括所受损害以及所失利益两部分。

对于损害赔偿的原则,大陆法系侧重于对损害的填补,秉承"完全赔偿"与"禁止得利"原则,以使被侵权人恢复到侵权行为未发生时应有的状态。[1] "完全赔偿"[2]是对被侵权人的全部损害通过相应方式的利益予以全部填补。但是完全赔偿在现实中并不能完全实现,民法上的救济只是经过裁剪的有限范围的救济。[3] 在立法者追求"完全赔偿"的路径中不能否定基于对当事人利益衡量而对损害范围进行裁剪,分为"可赔偿损害"与"不可赔偿损害",在各种法律技术工具裁剪之后,赔偿义务人赔偿的损失仅包括可预见到的、由其过错导致的、与其违约行为有直接因果关系的直接被侵权人的损失。[4] "禁止得利"也即损益相当,是古罗马法学谚语中"任何人不得因他人不法行为获利"(neminem cum alterius detrimento et iniuria fieri locopletiorem)原则的要求。[5] 但是,所失利益是对尚未实际发生的利益损失的补偿,是基于一系列的假设事实的基础之上,对这种是否发生尚不确定的利益赔偿范围不能无限扩展,否则对侵权人来讲是不公平的。因此,财产损害赔偿数额既要使被侵权人获得全部补偿又要不失对侵权人的公平,这对司法实践的判定提出了较难要求。

法人的名誉无法同商标、自然人的姓名、肖像般通过授权使用获得经济利益,名誉权带来的财产利益是间接的。财产上之损害赔偿弥补的是被侵权人因侵权行为导致的财产的减少或应当增加而未增加的部分,是对侵权行为前后状态差额的计算。法人名誉权的财产损害包括现有财产的减少,如他人解除合同导致之前为合同投入的成本损失,股价下跌的损失,因侵权行为造成的停工、停产损失以及为维权所花费的合理费用;也包括本应增加而未增加的财产损失,如因侵权行为造成客户退货、产品滞销等可预期利益的损失;还包括法人因为社会

---

〔1〕 参见曾世雄:《损害赔偿法原理》,中国政法大学出版社 2001 年版,第 15 页。

〔2〕 Vgl. Medicus / Lorenz, Schuldrecht Ⅰ, 18. Aufl. 2008, Rn. 624. [德]迪特尔·梅迪库斯:《德国债法总论》,杜景林等译,法律出版社 2004 年版,第 430 页。

〔3〕 参见姜战军:《损害赔偿范围确定中的法律政策》,载《法学研究》2009 年第 6 期。

〔4〕 参见姜战军:《损害赔偿范围确定中的法律政策》,载《法学研究》2009 年第 6 期。

〔5〕 Pomponius D. 50. 17. 206.

评价被降低而造成品牌价值下降、潜在的交易机会丧失、难以开发新客户等潜在损失。引起社会轰动的“三鹿事件”、“双汇事件”和“奥的斯电梯事件”即向我们展示了名誉丧失对企业整体造成的不可估量的影响。因此,大部分被侵害方都会请求数额不等的经济损失赔偿,而大多请求赔偿的数额都较大,往往是几万元到几千万元不等。在“重庆万昌房地产投资开发有限公司与重庆日报报业集团纠纷案”中,重庆万昌房地产投资开发有限公司请求赔偿的损失是3300万元。而在兴运(成都)实业有限公司诉北京周林频谱仪总公司、黑龙江法制报社和中国卫生信息报社一案中,一审法院一度判决被告赔偿数额达580万元。对于被侵权人能够明确举证证明的其因侵权行为造成的现有财产损失,侵权人应当予以赔偿并无异议,但是对于应增加而未增加的部分如何确定赔偿数额,则存在一定的困难。

通常情况下,原告在主张其所遭受的损害赔偿数额时,需要提出证据证明损害的存在及数额。然而,实践中常有损害的存在能够被证明,而损害的具体程度却不能够被精确确定的情况,具体赔偿额的确定也是一个颇具挑战性的问题,[1]名誉侵权损害赔偿对于此问题表现尤为明显。第一,侵害法人名誉权往往会造成法人财产上的损失,其中既有可以明确计算的如贷款被拒绝、货物被退回、合同被解除等可期待、可计算的损失,也包括潜在客户和顾客减少等难以明确计算的预期利益的损失。侵权人承担赔偿责任的范围应当如何限定方为公平?第二,在因果关系部分提到,名誉贬损行为与经济损失之间的因果关系较为复杂,存在一果多因的竞合情形。财产损失并非完全由名誉侵权行为造成,在客户因产品质量瑕疵退货的同时,法人也相应地减少了成本投入,按照禁止得利的原则,此节省的成本应当从财产损失中扣除,那么侵权人承担的赔偿数额应当如何计算?第三,客户退货、合同解除等部分的财产损失是因为第三人拒绝与被侵权人往来而造成的,法院要求名誉侵权人承担因第三人违约造成的损失的请求权基础何在?第三人的介入是否造成了损害上的远隔性问题?

(1)所失利益赔偿范围的确定。所失利益,又称“消极损害”[2]或“可得利

---

〔1〕 参见张家勇、李霞:《论侵权损害赔偿数额的酌定——基于不正当竞争侵权案例的考察》,载《华东政法大学学报》2013年第3期。

〔2〕 被侵权人因名誉侵权行为造成既存利益的减少被称为“积极损害”,本应该获得的利益因侵权行为而丧失的为“消极损害”。

益损失”[1]。所失利益常见的类型为因商业侵权行为导致交易机会丧失造成的损失,如因实施侵害他人商业秘密等不正当竞争行为、垄断行为、非法干预他人的交易和商事活动等产生的利润损失[2]。所失利益一般发生在合同领域,侵权法上的可得利益损失主要有以下情形:其一,因侵害人身权而造成的可得利益损失,如因劳动能力的丧减或生命的消逝而导致的未来收入损失等;其二,因侵害财产权益而造成的可得利益损失,如因经营性财产遭受毁损而造成的利润损失等[3],且侵权领域将所失利益纳入赔偿范围的,需要有法律或司法解释的明确规定。

在司法实践的适用中往往存在对于某项未发生利益是否该赔偿的争议。例如,在漯河装饰材料有限公司与中国农业银行股份有限公司漯河分行名誉侵权纠纷[4]中,中国农业银行股份有限公司漯河分行(以下简称农行漯河分行)(一审被告)出于过错将漯河装饰材料有限公司(以下简称漯河装饰材料公司)(一审原告)误登记为信用不良单位,致使漯河装饰材料公司未能取得林业治沙项目贴息贷款以及其他巨大损失。对于未能取得林业治沙项目贴息贷款损失的赔偿问题成为本案的争议焦点。一审法院在原告提出“2004 年 5 月 17 日,中国农业银行河南省分行下发豫农银办发(2004)368 号文件,把漯河装饰材料公司列为该项目的扶持对象,总贷款额为 2500 万元,贷款期限为 5 年,按同档次常规贷款利率计算由政府进行贴息,当年申贷 1500 万元”的证据支持下,判定由被告赔偿原告贴息贷款损失 4,387,500 元。一审被告提出上诉,对于此项判决内容称“漯河装饰材料公司获得的仅仅是贴息贷款的‘推荐权’,并不能必然据此获得贷款审批,原审法院混淆了‘推荐权’和‘必然获得审批’的概念。另外,贴息损失属可得利益损失,不属侵权的赔偿范围”。二审法院经审理认为:“漯河装饰材料公司虽被列为 2004 年林业治沙贴息贷款项目的扶持对象,但并不意味着必然能取得贴息贷款,能否取得贴息贷款存在一种或然性。综合考虑农行漯河分行的过错及漯河装饰材料公司因此遭受的损失,本院判令农行漯河分行按漯河装饰材料公司所主张的贴息损失 4,387,500 元的一半,即 2,193,750 元对漯河装饰材料公司进行赔偿。”该案中对于原告未获得的贴息贷款的损失是否应当

---

〔1〕 柯和贵:《可得利益损失类型认定标准》,载《中国合同法论坛论文汇编》,中国会议 2010 年 4 月版,第 209 页;田韶华:《论侵权责任法上可得利益损失之赔偿》,载《法商研究》2013 年第 1 期。

〔2〕 参见田韶华:《论侵权责任法上可得利益损失之赔偿》,载《法商研究》2013 年第 1 期。

〔3〕 参见田韶华:《论侵权责任法上可得利益损失之赔偿》,载《法商研究》2013 年第 1 期。

〔4〕 河南省高级人民法院民事判决书,(2011)豫法民二终字第 44 号。

赔偿的问题存在质疑,二审法院的判决认为此贴息贷款并非必然获得,因此对于贴息贷款的利息予以部分赔偿。法院此项判决的逻辑似乎并不周延,但是却提醒我们思考对于侵权领域中可得利益的赔偿是否要求该利益获得的必然性问题。

可得利益的赔偿问题之所以会存在争议,是因为其不像实际已经发生的损失在填补损害的赔偿原则下理所应当赔偿,其作为一种并未实际发生的利益损失是否该赔需要论证其可获赔偿性,以实现对双方的公平。因此应当对可得利益的赔偿范围予以一定的限制和明确。

对于所失利益赔偿范围的限制,两大法系国家和地区的立法和司法实践均对此作了有益探索,在以下两个方面基本达成共识:其一,该种损失应具有客观确定性;其二,该种损失应属于因果关系范围内应予赔偿的项目。[1] 其中"可确定性"的认定标准通常分为一般人的标准(抽象计算法[2])以及赔偿权利人的实际情况标准(具体计算法[3])或侵权人的标准。对于确定性认定的认识出发点不同,赔偿结果往往差距较大。在域外法上,采用抽象计算法的典型为美国。在美国,按照一般人的认定标准,原告只需要证明可得利益损失具有合理的确定性即可,而不需要证明其具有绝对的确定性,更不需要还原为数学意义上的精确性。[4]

我国对于确定性的标准在侵权法领域并未明确规定,在违约领域对于合同预期利益的赔偿,我国《民法典》第584条明确规定:"当事人一方不履行合同义务或者履行合同义务不符合约定,造成对方损失的,损失赔偿额应当相当于因违约所造成的损失,包括合同履行后可以获得的利益;但是,不得超过违约一方订立合同时预见到或者应当预见到的因违约可能造成的损失。"其中对于预期利益的可确定性标准,确定时间是合同订立时,而不是违约时,主体标准为违约人,但违约人对于违约给对方造成的损失不能以自己没有预见到为托辞,因为法律

[1] See Paul Mcdonald & Daniel J. Murphy, *Recovery of Lost Profits Damages: All is not Lost*, Manie Bar Journal Summer, 2009. 转引自田韶华:《论侵权责任法上可得利益损失之赔偿》,载《法商研究》2013年第1期。

[2] Esser – Schmidt,第一册之2,第203页。转引自曾世雄:《损害赔偿法原理》,中国政法大学出版社2001年版,第159页。

[3] Esser – Schmidt,第一册之2,第203页。转引自曾世雄:《损害赔偿法原理》,中国政法大学出版社2001年版,第159页。

[4] See Robert L. Dunn, *Recovery of Damages for Lost Profits*, 6th ed., Westport, Conn. Lawpress Corp., 2005, p. 16 – 24.

对于这一预见性施加了一个应当预见性标准，即按照客观实际以及一般人的认知应当预见到违约行为可能给对方造成的损失。如一方违约未交付萝卜，按照一般人的标准在一般情形下，他只能预见到对方损失了转卖这批萝卜的差价利润，但是如果对方实际是艺术家，欲用这批萝卜制作艺术品，此时让违约人支付这批艺术品因违约方违约而不能制成的损失，显然对违约人是不公平的。违约领域如此，在侵权领域亦可参考这一认定标准。

对于可得利益的损失，名誉侵权案中往往是由第三方退货或解除合同导致的被侵权人的损失。出于对权利人的保护，我国法律保留了被侵权人对合同利益损失选择向违约方主张违约损害赔偿以及向侵权人主张侵权损害赔偿的权利。被侵权人因为名誉被侵权人损害，使第三人对被侵权人的履约能力、产品质量等产生不信赖并解除与被侵权人的商业合作，造成被侵权人机会利益的损失，此种损失并非名誉侵权的直接结果，在性质上属于反射损害，因此其赔偿应当有法律的明确规定，否则不予赔偿。《名誉权解释》第10条规定："因名誉权受到侵害使生产、经营、销售遭受损失予以赔偿的范围和数额，可以按照确因侵权而造成客户退货、解除合同等损失程度来适当确定。"对这一法条进行详细分析，名誉权财产损害赔偿的范围以生产、经营、销售损失为限；造成生产、经营、销售损失的众多原因力中，必须有证据证明该损失确因名誉侵权造成，即存在直接的因果关系；其赔偿的数额要根据原告提出的具体类型的损失数据并结合其他情节来适当确定，这些具体的损失类型可以是客户退货、解除合同造成的损失以及其他的可以举证证明的损失。从该条可以看出，最高人民法院对于此类案件赔偿数额确定的审慎态度，毕竟法人名誉权的主体往往是大型的法人组织，案情一般比较复杂，且涉及的金额较大，因此如果不能明确对可得利益损失赔偿范围的限制，对于司法实践的影响会是巨大的。

具体到司法实践中，参考域外法上的经验以及我国合同领域对于可确定性的认定标准，在名誉侵权领域，可确定性的标准可以从以下几个方面来确定：第一，损失是基于经营而获得的利润。可得利益的基础应当是基于日常的经营获得的有较大盖然性的利益，而非反常的、偶然的、受市场行情影响波动较大的利益，如股价上涨等。第二，可得利益发生的较高盖然性，可得利益应当是在被侵权人已经为此种利益的获得投入了一定的人力、物力的基础上的，而不是仅停留在理论层面。此时，原告应当举证证明其投入的相关成本以及利益获得的较高盖然性，但是此种较高盖然性并不等于必然，毕竟未来存在太多的不可抗力等不确定性因素。在英美法系国家，只要求原告为可得利益损失的事实提供一个合理的依据,对于确定性的程度只要求有较低的盖然性标准即可,这是我国司法将来努力的方向,但是目前判断仍以谨慎为宜。第三,此种利益的损失与名誉侵权行为之间有直接的因果关系。只有可得利益的损失是在名誉侵权的直接作用下才发生的,而不是由于市场变动或经营管理等问题导致时,此利益损失才可能被纳入赔偿范围。第四,特殊情势的证明,如果某项利益的获得在一般情势下并不会发生,但是原告能够举出明确的证据证明(如合同等)其已经为此做出了前期工作,此时也应当认定此种利益损失。但由于侵权人在侵权之前与被侵权人之间的接触较少,因此在可预见性标准的判断上应采客观标准,即对无法预见的(而不是未预见到的)特别损害不承担责任。[1] 但是如果一般情势认定标准对被侵权人明显不公平时应当允许特殊情形存在,原告的证明程度比依据一般情势可能造成的损失的要求高。

对于以上原告提供的证明其某项损失即将发生的可确定性依据,还需要法官结合经验、商事习惯或者逻辑推理来最终判断该利益是否属于应当赔偿的可得利益范围。

(2)所失利益赔偿数额的计算。无论是英美法系还是大陆法系,都不要求原告举证证明具体的损失金额,例如,在 GHK 协会诉梅耶集团公司案中,法官指出,"法律只要求受害人为所失利益金额的计算提供一个合理的基础,即使这个计算结果只是近似的……如果损害的事实是确定的,则允许法官在表明损失数量的确信的证据的基础上推论损失的数量"。[2] 毕竟要求原告证明尚未实际发生的损失的具体数额存在困难,因此所失利益赔偿的数额应当由原告提供一定的证据,然后由法官结合各种情势做出最终的赔偿金额。

在所失利益的各种类型中,对于利润损失的赔偿是常见的赔偿类型。确定赔偿数额首先应确定损失的利润数额,确定方法包括:如果原告能够证明其销量因侵权行为而减少的确定数额,则法院可以根据其产品利润率或者行业一般利润率或者酌定的合理利润率,将两者的乘积作为原告所受实际损失的数额[3];或者委托专业机构进行审计得出更加科学的数字。如在"王某、中国计算机世界出版服务公司、生活时报社与北京恒升远东电子计算机集团名誉侵权纠纷

---

〔1〕 参见田韶华:《论侵权责任法上可得利益损失之赔偿》,载《法商研究》2013 年第 1 期。

〔2〕 参见田韶华:《论侵权责任法上可得利益损失之赔偿》,载《法商研究》2013 年第 1 期。

〔3〕 参见杨建成等:《知识产权侵权赔偿额的证据认定》,载蒋志培主编:《知识产权民事审判证据实务》,中国法制出版社 2008 年版。

案"[1]中,一审法院委托北京瑞文成联合会计师事务所对北京恒升远东电子计算机集团1998年销售利润率进行审计。在"深圳市腾讯计算机系统有限公司与北京千橡互联科技发展有限公司、刘某名誉侵权纠纷案"中,对于损失的证明,深圳市腾讯计算机系统有限公司出具了北京名牌资产评估有限公司对以侵权日为基准日的无形资产损失达653万元的评估报告,该份报告被法院采信具有证明效力。

通过以上方法得出的利润并非都能获得全部赔偿,因为作为一种生产经营成果,需要各种生产要素结合,在整个过程中任一阶段都会造成利润无法实现的问题,而名誉侵权只是因为法人社会信誉度降低之后对销售以及贷款等造成的影响。在造成生产经营终端或在一定程度受阻的情况下,经营者也会相应地减少人力和物力的投入。[2] 因此,1988年《民通意见》第150条规定:"公民的姓名权、肖像权、名誉权、荣誉权和法人的名称权、名誉权、荣誉权受到侵害,公民或者法人要求赔偿损失的,人民法院可以根据侵权人的过错程度、侵权行为的具体情节、后果和影响确定其赔偿责任。"《民法典》第998条与之相近。在成都轻工大厦诉商务早报社名誉侵权[3]一案中,对2个月停业损失的计算,二审法院(四川省高级人民法院)判决书的认为:"根据川会公审(2001)130号审计报告,1999年1月1日至7月23日(214天)联营方式销售毛利日均为2932.38元;专柜方式销售毛利日均为279.58元。按照以上损失计算标准,轻工商场的停业损失为221,625.24元[(2932.38元/天+279.58元/天)×69天]……虽然商务早报社在其《轻工大厦濒临倒闭》报道刊登后,即于7月24日和7月27日在相同的版面位置连续刊发了'特别致歉''郑重致歉',向轻工商场赔礼道歉,力争挽回因其侵权行为对轻工商场名誉侵害造成的影响和损失,但仍未能阻止停业2个月造成损失的事实发生,故不能免除其责任。但考虑到轻工商场客观上存在近2年经营困难的事实,商务早报社主观上属疏忽性过失且有积极挽回影响的行为,也基于为了社会利益需要充分发挥新闻传媒的作用,而对其过失性错误社会需要给予必要的宽容态度的认识,故可以减轻商务早报社的赔偿责任。对此,轻工商场应予谅解,商务早报社应当吸取教训。根据前述精神,结合本案实际,商务早报社应向轻工商场赔偿经济损失11万元。"

---

[1] 北京市海淀区人民法院民事判决书,(1999)海民初字第3538号。

[2] 参见柯和贵:《可得利益损失类型认定标准》,载《中国合同法论坛论文汇编》,中国会议2010年4月版,第209页。

[3] 四川省高级人民法院民事判决书,(2000)川民终字第168号。

如果原告不能举证证明具体的财产损失数额,应当如何赔偿?

如王泽鉴所言,对名誉这一非物质性的人身权益进行侵害时,很难确定财产损失。[1] 如果不能确定财产损失数额便完全不予赔偿对于维护公平以及制止侵权行为的再次发生不利。因此如果原告不能举证证明具体损失数额,可根据受侵权程度和具体情节酌定。如晋江美斯达电子玩具有限公司与东莞长安沙头大诚五金塑胶制品厂纠纷[2]一案中:被告东莞长安沙头大诚五金塑胶制品厂在没有认真调查的情况下,便认为原告晋江美斯达电子玩具有限公司的经销处广东吉之岛百货有限公司销售的火箭发射玩具车侵害其外观设计专利权,并向原告的18家办事处和经销商发出"律师函"进行恐吓。福建省晋江市人民法院认为被告的行为构成名誉侵权,"原告要求被告赔偿其商业和商品信誉损失、销售损失,因损失金额难以计算,故对被告侵权损害的具体金额,参照被告实施侵权行为的社会影响,侵权的手段和情节,侵权的范围,被告的主观过错程度以及给原告造成的商业信誉损失等因素酌情予以确定,以10万元为宜"。二审法院对一审法院的赔偿数额确定方法予以支持,但认为赔偿损失10万元款额略高,判令东莞长安沙头大诚五金塑胶制品厂赔偿美斯达公司商业信誉损失、商品信誉损失、销售损失、为调查侵权行为而支出的费用等经济损失59,200元。

酌定赔偿额时除将侵权构成的具体情形作为参考依据外,还可以借鉴商誉损害赔偿的判定标准。商誉损害的判断一般通过评估确定,即由相关鉴定机构或专业的评估机构进行鉴定或评估后给出参考值,由法官在酌定赔偿额时结合其他因素予以综合考虑。除通过评估法确定受损商誉的价值外,商誉损失还可以采取替代方式加以确定,即参考原告重新进行广告宣传等资金投入情况确定。[3] 最高人民法院明确要求各级人民法院"适用法定赔偿时要尽可能细化和具体说明各种实际考虑的酌定因素,使最终得出的赔偿结果合理可信"[4]。因此,法官在根据侵权行为的具体情节得出最后的赔偿数额时应当通过对酌定因素的说明来提高赔偿数额判决的可信性。以上损害赔偿数额的确定方法主要是通过差额法来确定的。差额法,即以侵权行为发生前后被侵权人的利润差额计

---

[1] 参见王泽鉴:《人格权法:法释义学、比较法、案例研究》,北京大学出版社2013年版,第536页。

[2] 福建省泉州市中级人民法院民事判决书,(2002)泉民终字第1764号。

[3] 参见张家勇、李霞:《论侵权损害赔偿数额的酌定——基于不正当竞争侵权案例的考察》,载《华东政法大学学报》2013年第3期。

[4] 最高人民法院《关于当前经济形势下知识产权审判服务大局若干问题的意见》第4部分第16条。

算赔偿金。弗里德里希·蒙森的假设差额说〔1〕长期在司法实践中对损害赔偿数额的确定占据统治地位,〔2〕其将损害定义为两个差额,即假设致损事实没有发生的话受害人现在的财产总额减去受害人现有的财产总额得出的差额就是损害。〔3〕其中酌定法是对这一差额的酌情确定。但是除被侵权人财产差额确定方法之外,还有以下两种常见的损害赔偿确定方法,即侵权人获利法以及特定金额赔偿法。如《商标法》第63条规定:"侵犯商标专用权的赔偿数额,按照权利人因被侵权所受到的实际损失确定;实际损失难以确定的,可以按照侵权人因侵权所获得的利益确定;权利人的损失或者侵权人获得的利益难以确定的,参照该商标许可使用费的倍数合理确定。对恶意侵犯商标专用权,情节严重的,可以在按照上述方法确定数额的一倍以上五倍以下确定赔偿数额……"《反不正当竞争法》第17条规定:"经营者违反本法规定,给他人造成损害的,应当依法承担民事责任。经营者的合法权益受到不正当竞争行为损害的,可以向人民法院提起诉讼。因不正当竞争行为受到损害的经营者的赔偿数额,按照其因被侵权所受到的实际损失确定;实际损失难以计算的,按照侵权人因侵权所获得的利益确定。经营者恶意实施侵犯商业秘密行为,情节严重的,可以在按照上述方法确定数额的一倍以上五倍以下确定赔偿数额。赔偿数额还应当包括经营者为制止侵权行为所支付的合理开支。经营者违反本法第六条、第九条规定,权利人因被侵权所受到的实际损失、侵权人因侵权所获得的利益难以确定的,由人民法院根据侵权行为的情节判决给予权利人五百万元以下的赔偿。"我国《民法典》第1182条规定:"侵害他人人身权益造成财产损失的,按照被侵权人因此受到的损失或者侵权人因此获得的利益赔偿;被侵权人因此受到的损失以及侵权人因此获得的利益难以确定,被侵权人和侵权人就赔偿数额协商不一致,向人民法院提起诉讼的,由人民法院根据实际情况确定赔偿数额。"但是以上两种方法都存在不足。侵权人获利法中,被侵权人举证困难、获利计算方法复杂,而且名誉侵权行为往往是损人不利己的行为,侵权人本身并没有获利。特定金额的赔偿法往往容易导致被直接套用。

---

〔1〕差额说首倡于1855年《日耳曼法》。Friedrich Mommsen, Zur lehre von dem Interesse, Braunschweig, 1855, S. 3.

〔2〕参见叶金强:《论侵权损害赔偿范围的确定》,载《中外法学》2012年第1期 。

〔3〕参见曾世雄:《损害赔偿法原理》,中国政法大学出版社2001年版,第119页。王泽鉴:《人格权法:法释义学、比较法、案例研究》,北京大学出版社2013年版,第466页。

2. 非财产损害的赔偿

(1)法人的非财产损害赔偿。损害不仅包括财产损害还包括非财产损害,二者均有恢复原状之必要。如《日本民法典》第710条规定:"不问其是损害他人的身体、自由、名誉或财产权,依前条规定应负损害赔偿责任的人,对财产以外的损害亦应赔偿。"顾名思义,财产损害是指财产的减少或应当增加而未增加。但是对非财产损害的范围界定,目前存在争议,主要有两种观点:一种观点从狭义上理解非财产损害,认为非财产损害即精神损害,法国判决或学说如此,我国有学者亦同。[1] 另一种观点将非财产损害从广义上理解,认为非财产损害与精神损害属于属种概念,前者的范围较后者广泛。[2] 我国《精神损害赔偿解释》(2001年)第5条规定:"法人或者其他组织以人格权利遭受侵害为由,向人民法院起诉请求赔偿精神损害的,人民法院不予受理。"采取广义说的观点认为法人虽不能主张精神损害赔偿,但是可得主张除精神损害赔偿之外的其他非财产损害赔偿。

目前国内外通常认为名誉被侵害的,被侵权人得以主张恢复名誉的适当救济,此种救济方式与生理上的精神概念无关。学者邱聪智认为法人的名誉、信用、姓名及竞业禁止权利受到损害的,不能说它不能主张恢复处分的非财产上的损害赔偿。一些国家或地区的学说或判例开始支持法人的非财产损害赔偿请求。日本最高法院认为,法人因名誉被侵害而产生的无形损害,只要可以以金钱衡量都应当承认法人的非财产损害赔偿请求权。日本的一些法院虽然认为名誉权受到侵害的法人可享有非财产损害赔偿请求权,但又认为这种请求权不同于慰藉费的损害赔偿请求权,且要以造成的无形损害可以用金钱评价为前提。

本书认为,应当从广义上理解非财产损害,很多财产损失之外的损害并不必然导致生理或心理的痛苦,如时间的浪费、商誉的降低等。法人的组织体特性使其不具有精神痛苦但是法人拥有人格利益(精神利益),当法人的名誉被侵害时,受到的不仅仅是财产损害,还包括良好、公正的社会评价的损害,这种评价可能是一种潜在的尚未转化成直接经济收益的良好的影响力,在财产损害制度中因其尚未发生且无法确定损失金额而无法主张赔偿。因此应该承认法人在受到侵害后,对其所遭受的非财产损害(或无形损害)也享有不同于慰藉费的损害赔偿请求权。

---

[1] 参见王泽鉴:《人格权法:法释义学、比较法、案例研究》,北京大学出版社2013年版,第477页;曾世雄:《损害赔偿法原理》,中国政法大学出版社2001年版,第293页。

[2] 参见曾世雄:《损害赔偿法原理》,中国政法大学出版社2001年版,第292页。

非财产损害的救济方式多样,通过赔偿方式可将其分为恢复名誉的非财产损害赔偿以及金钱性质的非财产损害赔偿[1]。当侵权人拒绝为被侵权人恢复名誉或者难以恢复的,被侵害法人可以主张侵权人代以一定的金钱赔偿以资恢复名誉。王泽鉴先生认为当今民法对于非财产损害赔偿的原则在于,“凡应赔偿的损害,无论是财产损害抑或非财产上之损害,均应恢复原状。当非财产上之损害难以恢复原状时,以法律有规定时,使得请求相当金钱的赔偿”。[2]

虽然我国《精神损害赔偿解释》(2001 年)否定了法人主张精神损害赔偿请求权,但是在宜兴市中兴网络发展有限公司与联想(北京)有限公司名誉权纠纷案[3]中,江苏省宜兴市人民法院在判决书中关于法人得以享有非财产损害赔偿的论述可堪借鉴:“企业法人名誉受到侵害,其损失不仅仅是财产损失,也包括非财产损失。所谓非财产损失,主要表现为法人信誉的降低、形象的损坏以及由此而带来的外部经营环境的恶化。这种非财产损失,有的可能立即转化为财产损失,如因客户退货、解除合同而造成的损失。而更多的是一种潜在的损失,并不立即以财产损失的形式表现出来,但这种损失是客观存在的。基于企业法人名誉与企业财产利益直接而密切的联系,这种损失可能长远地影响着企业财产利益的实现。因此,对这种损失,应给予受害人必要的补救……判决联想(北京)有限公司给付宜兴市中兴网络发展有限公司名誉损害赔偿金人民币20,000 元。”在判决书的论证部分,我们看到了法官对于法人名誉的肯定,赋予了法人名誉更高程度的尊重以及长远利益损害的弥补,为我们主张法人可得享有非财产损害赔偿的观点提供了有力的论据。

(2)非财产损害之金钱赔偿。非财产损害赔偿与财产损害赔偿的区别不仅在于对不同损害形式的不同的赔偿方式,而且在功能上也存在差异。财产损害赔偿的功能注重对损害的弥补,而非财产损害赔偿在填补损害之余,承担一定程度的惩戒功能与慰抚功能[4]。非财产损害之金钱赔偿按其作用分为可填补性之非财产损害赔偿、慰抚性之非财产损害赔偿、惩罚性之非财产损害赔偿。日本最高法院在 1964 年 1 月 28 日的判决中指出:“法人的名誉受到侵害时,即使产生的是无形损害,对上述损害只要有可能进行金钱评估,即适用民法第 710 条。”

---

[1] 参见邱聪智:《民法总论》(上),台北,三民书局 2005 年版,第 260 页;曾世雄:《损害赔偿法原理》,中国政法大学出版社 2001 年版,第 302 页。

[2] 参见王泽鉴:《人格权法:法释义学、比较法、案例研究》,北京大学出版社 2013 年版,第 477 页。

[3] 江苏省宜兴市人民法院民事判决书,(1999)宜民初字第 1108 号。

[4] 参见曾世雄:《损害赔偿法原理》,中国政法大学出版社 2001 年版,第 308 页。

法人名誉权，是指法人享有社会对其信誉以及生产、经营、销售产品和社会服务过程中进行良好评价的权利，也即社会对其的评价。那么法人名誉受到诋毁时，如果并未造成实际的财产损失，法人是否可以基于社会评价的降低主张非财产损害之金钱赔偿呢？

通常来说，名誉侵权中如果没有明确的经济损失是不能获得赔偿的。在《联合国国际货物销售合同公约》（CISG）项下，商业声誉的损害本身是不可赔的。[1] 张新宝教授亦认为"单纯的人格损害或者说对受害人社会评价之降低，是不能通过赔偿的方式进行救济的"[2]。

但是国内外对于没有实际财产损失的被侵权人予以赔偿的情形确已存在。在北京美驰建筑材料有限责任公司与北京世纪春天房地产开发有限公司一案中[3]，原告采取聘请调查公司进行市场调查并进行公证的方式证实了其社会评价的降低，其调查结果表明，在阅读了相关信息后，公众对北京美驰建筑材料有限责任公司商誉的评价已经降低，而法院最终判决中包含了潜在经济损失。该案或许能够为由于名誉损害、社会评价降低带来潜在商机损失这一问题提供一定借鉴。

在"布朗－威廉森烟草公司诉沃尔特·雅各布森与 CBS 案"（Brown & Williamson Tobacco Corp. v. Walter Jacobson and CBS）中，1981 年联邦贸易委员会发布报告纠正了 1975 年关于原告的不实报道，但是 CBS 却刊登了沃尔特·雅各布森的文章，将两篇报道合一，并在报道中称原告是撒谎者（"They're not slicksters，they're liars"），原告起诉要求被告承担损害赔偿、惩罚性损害赔偿以及宣示性救济。伊利诺伊州北方地区法院审理此案。法官认为被告提供的相关数据统计没有足够的证明力，并且其歪曲了政府的报告，他们称原告是"liars"属于事实陈述而非意见表达，构成真实恶意。由陪审团在没有任何证据证明原告由于被告的毁损行为而遭受了经济损失的情况下判决 CBS 承担 300 万美元的一般损害赔偿金以及 200 万美元的惩罚性损害赔偿金，判决沃尔特·雅各布森承担 5 万美元的惩罚性损害赔偿金。一审被告提起上诉称原告并没有举证证明其实际的财产损失。原告对香烟产生的社会问题的报道对原告作为香烟制造商的损害只是本质诽谤（libel perse），因此应当给予原告 1 美元的象征性损害赔偿。上诉审法院认为，一审被告的行为已经足以构成他人对原告的评价降低。上诉

---

〔1〕 参见刘瑛：《CISG 项下违约商誉损失赔偿实证研究》，载《理论与现代化》2011 年第 6 期。

〔2〕 张新宝：《名誉权的法律保护》，中国政法大学出版社 1997 年版，第 190 页。

〔3〕 最高人民法院民事判决书，(2004) 民终字第 7906 号。

审法院根据原告遭受的实际损害(actual damage)的程度确定一个假定的损失赔偿额(presumed damage)为100万美元,并维持了惩罚性赔偿数额的判决。

除此之外,侵害法人名誉权的非财产损害赔偿还存在惩罚性损害赔偿与象征性损害赔偿,以下本书将对其进行探讨,以考察其在我国法中的可行性。

惩罚性赔偿制度。现代学理对于公法与私法划分的解释使任何类型的"罚金"都属于公法并由国家垄断,而对于"私人"只留下损害赔偿的领域。对"罚金"的简单化删除,割裂了处罚与赔偿两者之间联系的脉络,而为了弥补由此带来的缺漏,则构建了"精神损害"的概念。用斯奇巴尼教授的话说,对于人的尊严的侵犯,应该说不是一种"需要赔偿的损害"(danno da risarcire),而是"应该使得被侵犯的人重新得到满意"(offesa da soddisfare)。[1] 从此种层面来理解,如果按照通说,法人因为其特殊性而不能享有精神损害赔偿请求权,那么如何能使法人在名誉受到损害后重新得到满意?是否有必要通过建立惩罚性损害赔偿制度使得法人的名誉权也能得到较好的保护?

如果说加重赔偿责任仍然重在弥补性,那么惩罚性损害赔偿金就是在受到的实际损失之外的对侵权人的惩戒。惩罚性赔偿是损害赔偿的一种,与补偿性损害赔偿相对,是指当被告以恶意、故意、欺诈或放任之方式实施加害行为而致原告受损时,原告可以获得除实际损害赔偿金之外的损害赔偿[2]。惩罚性损害赔偿运用于侵权行为人的主观恶性可构成惩罚性损害赔偿,但尚不足以构成刑事犯罪的情形。惩罚性损害赔偿与罚金的区别主要在于,罚金是一种行政处罚甚至刑事处罚,其缴纳的对象是国家,而惩罚性赔偿金设定的价值是对严重违反法律和社会公德的行为进行惩罚,其支付对象是被侵权人而不是国家。

惩罚性损害赔偿是对被告的惩罚,如果被告没有故意或过失的情形,即不应进行惩罚性损害赔偿。惩罚性损害赔偿使原告在获得弥补损害的补偿之后加上惩罚性赔偿金,构成不当得利。惩罚性赔偿金的适用违反了损害赔偿的"禁止得利"原则,因此其适用必须有法律的明确规定。目前我国对惩罚性损害赔偿的主要规定有:我国《消费者权益保护法》第55条规定:"经营者提供商品或者服务有欺诈行为的,应当按照消费者的要求增加赔偿其受到的损失,增加赔偿的金额为消费者购买商品的价款或者接受服务的费用的三倍;增加赔偿的金额不足五百元的,为五百元。法律另有规定的,依照其规定。经营者明知商品或者服

---

〔1〕 参见[意]桑德罗·斯奇巴尼:《罗马法的体系与契约外责任诸问题》,载《桑德罗·斯奇巴尼教授文集》,中国政法大学出版社2010年版。

〔2〕 参见张新宝、李倩:《惩罚性赔偿的立法选择》,载《清华法学》2009年第4期。

务存在缺陷,仍然向消费者提供,造成消费者或者其他受害人死亡或者健康严重损害的,受害人有权要求经营者依照本法第四十九条、第五十一条等法律规定赔偿损失,并有权要求所受损失二倍以下的惩罚性赔偿。”我国《食品安全法》第148条第2款规定:“生产不符合食品安全标准的食品或者经营明知是不符合食品安全标准的食品,消费者除要求赔偿损失外,还可以向生产者或者经营者要求支付价款十倍或者损失三倍的赔偿金;增加赔偿的金额不足一千元的,为一千元。”我国《民法典》第1207条规定:“明知产品存在缺陷仍然生产、销售,或者没有依据前条规定采取有效补救措施,造成他人死亡或者健康严重损害的,被侵权人有权请求相应的惩罚性赔偿。”2003年最高人民法院《关于审理商品房买卖合同纠纷案件适用法律若干问题的解释》第8条规定,“具有下列情形之一,导致商品房买卖合同目的不能实现的,无法取得房屋的买受人可以请求解除合同、返还已付购房款及利息、赔偿损失,并可以请求出卖人承担不超过已付购房款一倍的赔偿责任:(一)商品房买卖合同订立后,出卖人未告知买受人又将该房屋抵押给第三人;(二)商品房买卖合同订立后,出卖人又将该房屋出卖给第三人”。第9条规定,“出卖人订立商品房买卖合同时,具有下列情形之一,导致合同无效或者被撤销、解除的,买受人可以请求返还已付购房款及利息、赔偿损失,并可以请求出卖人承担不超过已付购房款一倍的赔偿责任:(一)故意隐瞒没有取得商品房预售许可证明的事实或者提供虚假商品房预售许可证明;(二)故意隐瞒所售房屋已经抵押的事实;(三)故意隐瞒所售房屋已经出卖给第三人或者为拆迁补偿安置房屋的事实”。第14条规定:“房屋实际面积小于合同约定的,面积误差比超过3%部分的房价款由出卖人双倍返还买受人。”通过上述规定可以看出,我国对惩罚性损害赔偿主要适用于对欺诈行为的惩罚。[1]

侵害法人名誉权是否应当建立惩罚性赔偿制度在于价值的衡量,因为这不仅涉及言论自由,同样也影响市场竞争的活跃度。惩罚性赔偿金过度适用会使市场噤若寒蝉,不利于对法人经营者的监督。同样地,法人良好声誉的积累需要耗费大量的时间与财力,一旦被诽谤将会使敏感的消费者难以再对其产生信任感,因此仅对损失的弥补以及仅一次的声明或拨乱反正很难将被侵害者的名誉恢复到侵权之前的状态。对于补偿性损害赔偿金被告可以提前估计,但是惩罚性损害赔偿却无法客观估计。

象征性损害赔偿制度。象征性损害赔偿也称名义上的损害赔偿金,是指法

〔1〕 参见张红:《侵权责任之惩罚性赔偿》,载《武汉大学学报(哲学社会科学版)》2020年第1期。

院认定原告权利受到侵害或被告未履行对原告的义务,在法理上应获但没有实质损失或未能证明损失数额,而判定被告支付给原告的一笔小数额的金钱。这一笔小数额的金钱通常为1美元〔1〕。在郑州市迪尔制冷设备有限公司诉六安市天马电器设备有限公司名誉权纠纷案〔2〕中,被告以原告的名义向一客户销售TSJ-1水晶棺一台,并向该客户出具盖有原告公章的出货单一份。该水晶棺存在质量问题,被告冒用原告名称,侵害了原告的名称权、名誉权。原告要求被告赔偿经济损失1元。法院判决被告赔礼道歉、恢复名誉,按照原告的要求赔偿1元。原告在这种情形下并非真正造成了1元的损失,只是基于我国特殊的文化伦理道德观念,原告认为这1元的赔偿和公开道歉已经可以抚慰他们的精神痛苦。法院判处被告支付1元给原告,就表示法律对原告的权益和人格的肯定和保护,对被告行为的谴责。对原告来说,这本身就是一种极大的精神抚慰,只不过它主要是通过法律的威信、法律对道德的影响来实现的。可见,象征性损害赔偿在人格权救济上有独特功能,我国在名誉侵权领域中有必要引入象征性损害赔偿制度,如此有利于定分止争,促进社会和谐。

3. 赔偿责任的减轻或加重

(1)赔偿责任的减轻

及时消除影响并道歉。我国《香港特别行政区诽谤条例》第3条和第4条规定,在报刊诽谤诉讼中,及时的道歉既可以作为免责抗辩的理由,也可以作为要求减免赔偿的证据。我国的相关法律应当借鉴《香港特别行政区诽谤条例》的上述规定,在对更正方式、时限及效力作出规定的同时,还要规定行为人及时做出的更正和答辩可以使自己减轻或免除责任。〔3〕

原告本身的不名誉。卡夫(Cave)在"斯科特诉桑普森案"(Scott v. Sampson)中指出:"原告承受的损害的大小几乎完全要依靠他从前的名誉状况来衡量。决定损害赔偿金额的陪审团必须了解原告过往的名誉状况,一个没有名誉的人是不能够被侵害名誉的。"〔4〕在有的国家,被告若提出证据证明在做出毁损性陈述之前原告并没有享受很高的评价,也可以减少赔偿的数额,已经失去的名

〔1〕 参见[美]文森特·R.约翰逊:《美国侵权法》,赵秀文等译,中国人民大学出版社2004年版,第60页。

〔2〕 河南省郑州市中原区人民法院民事判决书,(2011)中民一初字第769号。

〔3〕 参见杨立新、蔡颖雯:《论商业诽谤行为及其民事法律制裁》,载《河南省政法管理干部学院学报》2004年第5期。

〔4〕 张民安主编:《名誉侵权责任》,中山大学出版社2008年版,第96页。

誉是没有什么价值的。[1] 此种减轻责任的标准并不是有意将原告分为三六九等,法人在人格上也同自然人一样是独立、平等的,只是其本身的名誉状况不同,相同程度的诋毁行为造成的损害程度就不同,本身名誉状况较差的原告其名誉基数较低,相同的名誉减损率情形下,其名誉减损量小于名誉状况更好的原告。

被告的地位。在各种侵权行为中,只有名誉侵权行为会因当事人的品行、品格和地位等情况的不同而导致损害的轻或重、赔偿的多或少。[2] 一个社会地位较高的被告做出的名誉毁损性陈述比地位低下的被告做出的类似陈述更有分量。[3] 在法人名誉侵权案中,侵权主体构成中有很大一部分是法人的员工或消费者,相对于法人或者其他侵权主体形式,显然其陈述的影响范围更小,因此承担的侵权责任也应当相应减轻。

(2)赔偿责任的加重

主观恶意加重赔偿责任。如果侵权人基于恶意侵犯法人的名誉权,相比于主观过错程度较轻的侵权行为应当给予更重的赔偿责任。但是将过错程度纳入赔偿数额确定的因素不等于惩罚性赔偿制度,虽然其主要目的仍在于对故意侵权行为的惩戒,以发挥侵权责任的吓阻功能。此时的加重责任不是通过双倍或更高倍于损失数额的赔偿,而是使故意侵权人承担责任范围更为广泛,或承担更高的损失比例的赔偿。

(二)金钱给付以外的救济方式

我国原《民法通则》曾于第 120 条规定:"公民的姓名权、肖像权、名誉权、荣誉权受到侵害的,有权要求停止侵害,恢复名誉,消除影响,赔礼道歉,并可以要求赔偿损失。法人的名称权、名誉权、荣誉权受到侵害的,适用前款规定。"此种列举并不符合逻辑统一要求,毕竟消除影响与恢复名誉都是侵权责任所要达到的目的,而赔礼道歉从其他域外法角度显然属于恢复名誉的方式,因而此种并行列举的方式并不科学。《日本民法典》第 723 条规定:"对毁损他人名誉者,法院因受害人请求,可以命令代以损害赔偿或与损害一起实行恢复名誉的适当处分。"《德国民法典》第 249 条第 1 款对受害人人格权的保护就是以恢复原状这种非金钱的赔偿方式为原则的,这种方式的具体内容十分广泛,包括消除影响、

---

〔1〕 参见[澳]RP. 巴金斯・戴维斯二世:《名誉侵权责任制度研究》,罗小兰译,载张民安主编:《名誉侵权责任》,中山大学出版社 2008 年版,第 49 页。

〔2〕 参见[英]哈维・麦克格雷戈:《名誉侵权的损害赔偿(二)——本身可予起诉的口头诽谤和书面诽谤》,李天甲译,载张民安主编:《名誉侵权责任》,中山大学出版社 2008 年版,第 88 页。

〔3〕 参见[英]哈维・麦克格雷戈:《名誉侵权的损害赔偿(二)——本身可予起诉的口头诽谤和书面诽谤》,李天甲译,载张民安主编:《名誉侵权责任》,中山大学出版社 2008 年版,第 101 页。

恢复名誉和赔礼道歉，却不以此为限。相比之下，我国原《民法通则》的列举反倒显得不完整、不系统。[1] 因此，我国《民法典》第995条第1句概括地表述为“人格权受到侵害的，受害人有权依照本法和其他法律的规定请求行为人承担民事责任”。

1. 恢复名誉救济

对于非财产性的损害，恢复原状能更好地使被侵权人的权益恢复到如同未发生损害一般，实现权利主体对于自己的权益乃至实际生活目的所要达到的利益。[2] 恢复名誉作为非财产损害赔偿中恢复原状在名誉侵权领域的运用，通过合理、恰当的方式恢复被侵权人受损的名誉能够较好地弥补被侵权法人的精神利益的重新平衡。[3]

恢复名誉是救济的目的而非具体的责任形式，应当通过适当方式达成。我国台湾地区恢复名誉的方式为登报谢罪的适当处分。关于这项责任的适用，一般由法官根据具体情况进行认定，在实务中主要有登报道歉以及要求败诉的加害人承担费用并刊登判决内容等方式。日本恢复名誉的适当处分包括公开法庭的道歉、在报纸上刊登道歉启事、交付道歉状、撤回侵害名誉言词的通知等。恢复名誉的适当处分并无形式限制，目的是向不特定的人传达更正了的名誉毁损内容的陈述，以除去此种侵权状态。

2. 赔礼道歉

赔礼道歉具有明显的中国特色，法律通过责任的追加将这种道德责任上升到法律责任。赔礼道歉在我国民法中同停止侵害与恢复名誉并列，其意图似乎在于对被侵权人的慰藉与安抚，是一种精神层面的救济方式。[4] 我国台湾地区用的是“道歉声明”一词，道歉声明适用于事实陈述违法的情形，对意见表达的部分出于对言论自由的维护而受到较高的保护。

赔礼道歉可否强制执行，是否侵犯言论自由之不表意自由？赔礼道歉与不表意自由存在一定的冲突，其合宪性在域外法上具有较大争议。宪法规定的言论自由包括不言论的自由，强迫败诉的被告登报赔礼道歉是对他人不言论自由的侵犯，此外，道歉内容的公布会造成公布人社会评价的降低。张新宝教授认

---

〔1〕 参见李承亮：《损害赔偿与民事责任》，载《法学研究》2009年第3期。

〔2〕 Vgl. Dieter Medicus, Naturalrestitution und Geldersatz, JuS, 1969, 449.

〔3〕 有观点认为，恢复原状性质的责任方式对于法人名誉侵害的救济效果并不理想。参见郑春灵：《法人名誉权的非财产损害赔偿研究》，载《北京邮电大学学报（社会科学版）》2018年第6期。

〔4〕 有学者认为对于法人而言，难谓其有“精神损害”，故而赔礼道歉仅作为衡平性责任。参见蔡立东、杨晔：《赔礼道歉责任与法人名誉权的救济》，载《广东社会科学》2016年第1期。

为:“赔礼道歉不以公开进行为要件,这是赔礼道歉与消除影响、恢复名誉的重要区别。加害人既可以以公开的方式向受害人赔礼道歉,也可以以秘密的方式向受害人赔礼道歉。是否以公开或者秘密的方式进行,由人民法院的判决或者当事人的约定来决定。如果赔礼道歉的是以公开的方式进行的,这种民事责任方式也就具有了消除影响、恢复名誉的功能。”[1]

赔礼道歉同时具有补偿受害人和惩罚侵害人的双层属性。从补偿受害人的层面来看,侵害人赔礼道歉,特别是公开赔礼道歉,可以在一定程度上使受害人的名誉得到恢复,这个意义上的赔礼道歉也是一种广义上的恢复原状。而从惩罚侵害人的层面来看,让侵害人承担赔礼道歉的民事责任,其实就是迫使其认错、谢罪,这个意义上的赔礼道歉就不单纯是一种恢复原状了,甚至超出了侵权行为法的基本目的——填补损害。[2] 在域外法上,赔礼道歉在英美法中并不主动施加给侵权人,但是如果侵权人主动为之的可以减免赔偿责任。德国不得请求道歉启事,但是可以要求侵权人撤回“事实陈述”部分。日本民法规定法院得命恢复原状之适当的处分,谢罪公告并未违反《日本宪法》第 19 条关于良心自由的规定。赔礼道歉的内容应当适当,不应当包含对加害人人格尊严有损的内容。此外,道歉的适用受当地的法律文化影响较大,英美德否定道歉启事的适用是对人格尊严和言论自由的维护,日本肯定道歉启事的合宪性是民族性格所致,而韩国一反传统则是受其民族因素影响,我国注重公开的正名,因此广泛适用赔礼道歉。[3]

第五节　法人名誉权保护的特殊问题

一、消费者的权益诉求与法人名誉权保护

《消费者权益保护法》第 6 条第 2 款、第 3 款规定:“国家鼓励、支持一切组织和个人对损害消费者合法权益的行为进行社会监督。大众传播媒介应当做好维护消费者合法权益的宣传,对损害消费者合法权益的行为进行舆论监督。”第 15 条规定:“消费者享有对商品和服务以及保护消费者权益工作进行监督的权

[1] 张新宝:《名誉权的法律保护》,中国政法大学出版社 1997 年版,第 188 页。

[2] 参见李承亮:《损害赔偿与民事责任》,载《法学研究》2009 年第 3 期。

[3] 有关恢复名誉和赔礼道歉的详细论述,参见张红:《不表意自由与人格权保护——以赔礼道歉民事责任为中心》,载《中国社会科学》2013 年第 7 期。

利。……”消费者相对于法人而言,似乎是处于弱者地位。但是在产品质量信任危机的今天,法人的维权能力虽然高,但是面对社会舆论对弱者的同情,其优势地位相比于消费者却并非强者。近年来不断出现消费者因为产品、服务的质量问题采取过激行为主张权利,通过媒体传播这些激烈的言词,企图利用媒体“要挟”法人获得更大的赔偿或者单纯的泄愤、“讨说法”,由此引发的法人与消费者的名誉侵权案例时有发生。

虽然《名誉权解答》和《消费者权益保护法》等法律法规的相继出台为此类案件提供了相应的指引,但是对于法人对消费者的容忍限度以及消费者的言词达到何种激烈程度方构成侵害法人的名誉权问题仍然依赖法官的自由裁量。因此,本书希望通过类似案例的对比,发现实务中存在的问题以及可供借鉴之处,为以后类似案件的处理找到一个相对合理的处理途径,在追求个案公正的同时,维护司法的一致性、权威性。

(一)案例引入

1. 南京常锦房地产开发有限公司诉周某金法人名誉权纠纷案

本案中,原告所售商品房质量合格,但因所建房屋表面粉刷层开裂,双方交涉多次无果,被告遂多次堵塞原告售楼处,并拉写有“一生的血汗钱买这样的危房吗?”的横幅,还与一名叫陈某生的业主共同在所穿的衣服背面和自己的轿车上写上“一生的血汗钱,买中南麒麟锦城的房子,楼板裂了,烦死了”的标语。原告以名誉权受损为由起诉被告,江苏省高级人民法院终审判决原告败诉。法院认为,公民、法人的名誉权受法律保护,但消费者有权对生产者的产品质量进行批评、评论。此外,被告在发现所购房屋的楼板有裂缝后,有权要求原告进行处理。被告发现楼板裂缝后到南京常锦房地产开发有限公司(以下简称常锦公司)售楼处门口拉条幅的行为,是在检测部门的检测报告出来之前,其行为符合一般人的正常反应。再者,涉案房屋楼板的裂缝虽然不影响结构安全,但由于该裂缝处存在渗水现象,直接影响房屋的正常使用,故被告在其轿车上写上“一生的血汗钱,买中南麒麟锦城的房子,楼板裂了,烦死了”也符合一般人的正常反应,并未诽谤或诋毁原告,且被告只实施了 4 次上述行为,不足以构成对原告名誉权的损害。但同时法院也认为周某金到常锦公司售楼处门口拉条幅的行为过激,方法欠妥,不宜提倡。[1]

---

〔1〕 江苏省南京市中级人民法院民事判决书,(2006)宁民一终字 1736 号。

2. 吉林富华公司诉张某琴法人名誉权纠纷案

本案中,被告在注射原告生产的“奥美定”美容产品后,面部痛苦不堪,其后虽经两次手术抽取仍然未能解除病痛,于是便投书国家信访局和各级食品药品监督局反映情况,同时她还接受了中央电视台“生活”栏目的采访,在“搜狐”网上撰文披露“奥美定”产品存在不良反应。原告以被告寄给国家信访局的投诉信上有关声称原告带有黑社会性质,以及诸如此类的言辞为证据将张某琴告上法庭。法院审理后判决被告败诉。其理由是:被告的投诉信和网上撰文宣称的原告具有黑社会性质等言词与事实严重不符,或是对原告不利且没有证据证实的事实性描述,或是对原告产品持贬义的评论性语言,均非对事实的客观性描述,构成诽谤,造成原告的社会评价降低,影响了企业的社会形象,进而给其经济效益带来了负面影响,已经构成了对原告名誉权的侵害。[1]

3. 北京百龙绿色科技企业总公司、天津市天磁公司、唐山富豪集团公司等与韩某刚名誉权纠纷案

本案中,韩某刚并非以上 3 家公司生产的矿泉壶的直接消费者,但是他作为目标消费者之一,韩某刚于 1993 年 10 月至 1994 年 9 月,先后在《太原日报》《山西日报》《工人生活报》《保健纵横报》等报刊上发表了《当心矿泉壶的副作用》《矿泉壶、诓人乎?》等文章,并在上述文章中称,据有关专家研究结果,矿泉壶的矿化、磁化、灭菌装置有害,进而得出矿泉壶有害的结论,同时提醒消费者“慎用”“当心”。韩某刚在文章中还对矿泉壶企业所做的一些广告提出了批评,认为这些广告宣传欺骗消费者并违反广告法,其中对北京百龙绿色科技企业总公司、唐山富豪集团公司的广告词予以引用进行批评。生产矿泉壶的企业认为其生产的矿泉壶符合国家质量检验标准,而韩某刚根据仅凭其从有关报纸、杂志摘抄的资料就认定矿泉壶有害,证据不足,而且超出了科普探讨和舆论监督的范围,已构成对其名誉权的侵害,北京百龙绿色科技企业总公司等遂以侵犯名誉权为由将韩某刚告上法庭。法院终审判决原告败诉,其理由是:韩某刚从维护消费者权益角度出发,以撰文发表的形式,对矿泉壶的作用、出水性质以及人工矿泉水形成的技术构成进行探讨和质疑,并对使用矿泉壶的后果提出警示,是引述了有关资料及学术界专家的研究结果,其主观上并无侵害他人名誉权的故意,其文章主旨是对矿泉壶的作用、功能进行分析,属公民行使舆论监督权的一种方式。在其文章中虽有某些结论和用语不当,对矿泉壶的声誉可能造成一些不良的影

---

〔1〕 参见“中国新闻侵权案件精选与评析”课题组编著:《中国新闻(媒体)侵权案件精选与评析 50 例》,法律出版社 2009 年版,第 270 页。

响,但不足以构成对被上诉人企业法人名誉权的侵害。[1]

(二)法人的容忍义务

上述3个案件都是关于消费者与法人名誉权的典型案例,在国内引起了很大的关注与反响,但审判结果迥异。消费者在自己合法的权益遭受损害时应如何正确表达自己的诉求,在司法审判上如何寻求消费者诉求与法人名誉权保护的平衡,需要法官依靠职业素养进行断定。一般来说,消费者在权益受侵害时应该通过消费者协会或者其他法定纠纷解决机构来寻求帮助,但是由于我国消费者争端解决机制并不完善,很多情况下解决的结果并不能达到消费者的预期,消费者积潜心底的不满情绪往往在这种落差下逐步激化,加之目前网络曝光以及网络暴力的横行,导致消费者寄希望于非正常的网络暴力形式来发泄不满、解决问题。从公众的心态来讲,舆论总是容易同情弱者,对公民名誉的侵害容易引起公众的同情心,但是对于消费者对法人的诋毁,公众作为广义的消费者往往默认此种行为,这也对法人名誉权的维护带来了诸多困难。因此,法院在对此类案件进行司法裁判的时候应持谨慎的态度,因为这不仅关系到司法的公信力,还会影响社会对于类似案件的价值判断和公众的行为准则的确立。

通过上述案例可以发现,在侵犯法人名誉权认定上,法官的裁量结果很大程度上取决于消费者行为过错程度和违法性以及对法人社会评价的影响的判定。在"常锦公司诉周某金法人名誉权纠纷案"中,法院认为:"被告到常锦公司售楼处门口拉条幅的行为以及被告在其轿车上写上'一生的血汗钱,买中南麒麟锦城的房子,楼板裂了,烦死了'的行为符合一般人的正常反应,并未诽谤或诋毁原告,且被告只实施了4次上述行为,不足以构成对原告名誉权的损害。"在"吉林富华公司诉张某琴法人名誉权纠纷案"中,法院则认为,被告的投诉信和网上撰文宣称的原告具有黑社会性质等言词与事实严重不符,均非对事实的客观性描述,构成诽谤,客观上损害了原告人的法人名誉,使原告的社会评价降低。在"北京百龙绿色科技企业总公司、天津市天磁公司、唐山富豪集团公司等与韩某刚名誉权纠纷案"中,法院则认为,韩某刚从维护消费者权益角度出发进行探讨和质疑,是引述了有关资料及学术界专家的研究结果,其主观上并无侵害他人名誉权的故意,其文章主旨是对矿泉壶的作用、功能进行分析,属公民行使舆论监督权的一种方式。在其文章中虽有某些结论和用语不当,对矿泉壶的声誉可能

〔1〕 参见北京百龙绿色科技企业总公司、天津市天磁公司、唐山富豪集团等与韩成刚名誉权纠纷案,载北大法意网,http://www.lawyee.net/Case/Case_Display.asp?RID=26932,最后访问日期:2014年3月5日。

造成一些不良的影响,但不足以构成对被上诉人企业法人名誉权的侵害。可见,在判断消费者行为过错程度以及违法性上,法院通过查明案件事实对消费者主张的内容是否真实以及是否有侮辱法人人格的内容进行判定,并且对消费者行为违法性的标准设定得相对宽松。但是在对法人社会评价的影响的判定上往往依赖于法官个人的主观判断,缺乏相对明确客观的标准。

因此,在对是否构成侵害法人名誉权的司法认定上应重点考虑以下几个方面:首先,对消费者行为的过错程度和违法性进行判定,即对消费者诉求的尺度是否合理的判断。《名誉权解释》第 9 条规定:"消费者对生产者、经营者、销售者的产品质量或者服务质量进行批评、评论,不应当认定为侵害他人名誉权。但借机诽谤、诋毁,损害其名誉的,应当认定为侵害名誉权。新闻单位对生产者、经营者、销售者的产品质量或者服务质量进行批评、评论,内容基本属实,没有侮辱内容的,不应当认定为侵害其名誉权;主要内容失实,损害其名誉的,应当认定为侵害名誉权。"因此要先解决消费者是正常的批评、评论还是无理的诽谤。尤其对于购买了产品和服务的消费者而言,其对企业产品、服务的评论只要不是表现为恶意的侮辱、诽谤,则不构成侵害名誉权,即对消费者的评论是否构成侵权的评价标准应设定得较为宽松。在"常锦公司诉周某金法人名誉权纠纷案"中,法院认定业主对商品房质量的诉求是一种批评、评论,其依据的是客观事实,且没有借机诽谤、诋毁的言行,虽然言行过于激烈,但仍不构成对开发商名誉权的侵害。而在"吉林富华公司诉张某琴法人名誉权纠纷案"中,被告在投诉信中则有虚构事实对原告进行诽谤的意思,因此法院判定其侵权。在这两个案件中,法官对于这一问题的判断是正确的,根据客观事实发表的意见和想法,即使言词过于激烈亦不能上升到诽谤或者诋毁,但是如果是有意对事实进行虚构,企图通过虚构的事实对对方进行诽谤或者诋毁则是超出理性范围的不法行为,不应得到法律的保护。其次,考虑如何认定消费者的诉求对法人社会评价的影响。对法人社会评价的影响存在于第三人的思想和情感之中,可能外化为第三人的态度或者行为而影响到第三人与受害人的关系,也可能不外化为任何直接或间接的行为,因此,对其强度范围等通常难以进行量化的分析,在这样的情况下,所谓的社会评价降低这样一种似乎是客观性的损害结果其实往往是不可捉摸的。[1] 其是否降低、影响程度有多大,在现行的法律法规和相关的司法解释中并没有确立明确的标准,大多数时候依靠审判人员的专业素养进行判定,但由于法官素质、

---

〔1〕 参见姚辉:《人格权法论》,中国人民大学出版社 2011 年版,第 164 页。

生活阅历和审判经验等存在的差异，不同法官作出的判断往往是不同的，这种单凭法官的内心确定的标准往往不能让当事人信服。考虑到名誉损害事实举证责任的困难，为避免依靠法官主观确认的难度和不确定性，应该免除受害人对名誉损害事实发生的举证责任，受害人只要证明名誉贬损的陈述以一定方式公开，不必证明实际损害的发生即可主张侵权责任的成立。此外，法院在对这一问题进行审判的时候应该体现保护弱者的司法理念。与法人相比，消费者在各方面都处于相对劣势的地位，因此对于法人名誉权保护上法律应向弱势的消费者倾斜，一方面能提高消费者的权利意识，符合社会的善良风俗；另一方面也能督促商家改进自己的做法，自觉维护消费者的合法权益。[1]

理性的读者并不会因为消费者的激烈言词或侮辱性字眼来影响对法人的评价，作为一个有理性的人，总是基于事实做出评价，只要不是杜撰或歪曲的事实，往往不会产生降低法人社会评价的结果。例如，肯德基等外国快餐在中国并没有因为公众评论其为“垃圾食品”而影响其销量，人们仍然会出于便捷、口味等因素选择去肯德基等快餐店消费，甚至网络上传言称肯德基使用的鸡有多个翅膀、多条鸡腿也没有对肯德基产生实质影响，肯德基也并未追究这一言论的名誉侵权责任。

二、媒体未尽合理的注意义务侵害法人名誉权

2021年《安全生产法》第77条规定：“新闻、出版、广播、电影、电视等单位有进行安全生产公益宣传教育的义务，有对违反安全生产法律、法规的行为进行舆论监督的权利。”《价格法》第37条第2款规定：“新闻单位有权进行价格舆论监督。”上述法律规定构成了消费者与新闻媒体有权表达相关言论，进行舆论监督的法律依据。

新闻媒体是保证社会能够良性发展的最佳监督者之一，是保障公民权利得以实现的主要方式。近年来，依靠媒体的力量将事件“炒红”进而影响社会总体价值取向，甚至影响司法审判的事件时有发生。借力媒体成为很多人与法人斗争的有力武器。而随着我国法制的进一步健全，各媒体也会大力开展各种维权活动，曝光社会的种种不公，对各种事件予以渲染和评论，为弱者申冤呐喊。因此，很容易发生与法人名誉权保护相冲突的事件。从上文对案件主体结构的分析中也可以看出，法人与媒体间的名誉纠纷占了法人名誉权案件的40%左右，

---

[1] 参见高琨：《侵害名誉权的认定——兼评消费者言论自由与经营者名誉权保护》，载《商业文化（学术版）》2007年第4期。

媒体不当言论侵权成为侵犯法人名誉权的主要形式。新闻媒体作为社会的监督者、合法权益的维护者,应如何把握法人名誉权的尺度,法院在进行司法裁判时又应以什么为标准进行认定等问题值得我们思考。《民法典》第 1026 条详细列举了媒体合理审查义务的认定因素,需要我们准确理解。

为了规范新闻媒体行业,减少媒体不当言论侵害名誉权的发生,我国相关行政部门相继颁布了一系列规范管理新闻媒体的行政法规,如《出版管理条例》《音像制品管理条例》《电影管理条例》《广播电视管理条例》《报纸管理暂行规定》《报刊刊载虚假、失实报道处理办法》等。上述所列法规都涉及新闻监督与名誉权保护的冲突与协议,都禁止新闻媒体以侮辱和诽谤等方式对名誉权造成侵犯,在一定程度上缓和了二者之间的矛盾,但是新闻舆论侵害名誉权仍大量发生。下面结合几个案例进行阐述。

(一)案例引入

1. 兴运(成都)实业有限公司诉北京周林频谱仪总公司、黑龙江法制报社和中国卫生信息报社案[1]

本案是最高院第一次审理的新闻媒体侵害法人名誉权案件。在此案中,原告诉称,两家报纸于 1994 年 11 月先后发布消息称,作为原告主要产品的多源频谱治疗仪系剽窃北京周林频谱仪总公司(以下简称周林公司)的科研成果产品,是无效的专利,这一消息直接导致原告的客户纷纷提出取消合同的要求,其销量骤减。实际情况是周林公司误认为两公司产品的专利号码相同,实则不同,兴运(成都)实业有限公司不存在侵权现象。最高人民法院审理认为,两家报纸对于周林公司提供虚假情况以及没有充分根据的观点不作核实即予以报道,认定其成立新闻侵权,承担部分民事责任。

2. 重庆万昌房地产投资开发有限公司与重庆日报报业集团、重庆现代企业服务中心名誉权纠纷案[2]

在此案中,原告指责重庆日报报业集团在 2000 年 1 月 12 日至 4 月 12 日相继发表了有关原告的《手持电警棍、威胁要电人》、《万昌公司电警棍被封存》、《事实胜于狡辩——全国最大的名誉权索赔案件庭审记录》和《一份畸形的起诉书——全国最大的名誉权索赔案的幕后新闻》4 篇报道,利用自己操作的媒体歪曲事实报道,文中还出现"狡辩、抵赖、漫天要价、唯恐天下不乱"等侮辱、诽谤语言,致使重庆万昌房地产投资开发有限公司(以下简称万昌公司)名誉受损。最

[1] 最高人民法院民事判决书,(1996)民提字第 2 号。

[2] 最高人民法院民事判决书,(2002)民一终字第 78 号。

高人民法院审理后认定，重庆日报报业集团发表的文章从标题到内容，以多处不当言词贬损万昌公司正当的诉讼行为和声誉，没有坚持新闻报道应当具有的客观立场，损害了原告的名誉权，应当承担相应的民事责任。

（二）媒体的真实查证义务

基于过错认定的过程中，不同主体适用的标准不同，区分媒体与其他主体对于侵权行为的认定是十分必要的。现实中，媒体可能因为某些原因积极侵害法人的名誉权，如出于满足读者的猎奇心理或其他。

从新闻侵害名誉权的特殊责任构成来讲，主要表现为新闻侮辱、新闻报道严重失实、批评文章基本内容失实、新闻评论不当等行为。《名誉权解释》第6条规定："新闻单位根据国家机关依职权制作的公开的文书和实施的公开的职权行为所作的报道，其报道客观准确的，不应当认定为侵害他人名誉权；其报道失实，或者前述文书和职权行为已公开纠正而拒绝更正报道，致使他人名誉受到损害的，应当认定为侵害他人名誉权。"第7条规定："因提供新闻材料引起的名誉权纠纷，认定是否构成侵权，应区分以下两种情况：（一）主动提供新闻材料，致使他人名誉受到损害的，应当认定为侵害他人名誉权。（二）因被动采访而提供新闻材料，且未经提供者同意公开，新闻单位擅自发表，致使他人名誉受到损害的，对提供者一般不应当认定为侵害名誉权；虽系被动提供新闻材料，但发表时得到提供者同意或者默许，致使他人名誉受到损害的，应当认定为侵害名誉权。"根据上述两个条文我们可以得出以下几点结论：第一，新闻单位报道的内容应与事实相符或基本相符，其可以根据权威机关的文书或公开的职务行为进行报道，但不能随意编造，同时其报道的主要内容要与事实基本相符，可以有细节上的小出入，但应保证其主要内容与事实相符而没有明显的故意诋毁的内容。第二，新闻报道应以客观、公正为原则，不能做出内容不实、侮辱他人的报道。在上述案例2中，被告重庆日报报业集团对于原告就没有坚持公正的报道，而且内容充满侮辱性质的语言。第三，侵权人故意或过失的情况下都应承担相应的民事责任。在上述案例1中，新闻媒体应对其报道事件的真实性进行相应的判断和调查，而不能完全根据一方当事人的意思予以报道，这种明显的过失也应承担相应的民事责任。

我们知道一般所有反映法人问题的报道都会或多或少地对法人的名誉权造成侵害，给其名声带来负面的影响。如果一味为了避免新闻侵权的发生而要求新闻媒体在权威机关对法人的问题做出定论后才予以报道，这种过分地苛求报道的真实性和合理性会大大降低新闻监督的积极性和时效性。给予新闻媒体一定的自由,让其对事件进行自主的判断并进行选择性的报道是公共利益的需要,这应该作为司法裁判的原则之一。[1] 媒体作为公众的喉舌,当公众的言论表达和新闻出版自由与法人的名誉保护发生冲突时,给予新闻媒体更多的自由度,让它能够更多地反映、揭露法人生产经营中的问题,披露其他法人在其管理、科研和公益活动中的问题,以维护社会公共利益,尤其是消费者的合法权益。任何反映法人问题的报道,任何人对法人的舆论监督与批评,都会给其名声带来负面影响。如果完全要求这样的报道、监督和批评百分百真实、妥当,是较为困难的。做出这样的要求将会损害公共利益。为了公共利益之需要,对法人等的报道、监督、批评以基本真实和基本公正为限。

但保护舆论监督不等于漠视道德以及法律对法人享有的公正社会评价的维护。为了避免媒体滥用舆论监督权,新闻媒体对其发布的信息应有审查的义务,而这一义务要根据内容来具体对待,审查对象针对生产者、经营者和销售者的产品质量或服务质量进行的批评、评论是否客观公正,一般不宜作过分严格的要求。比如对于遣词造句不准确、非恶意的偏激言词、评价标准高于一般标准等情形,应当给予适当的克制和容忍,因为产品质量或服务质量与大众生活紧密相关,产品安全涉及公共利益,应当将之置于公评之下,这也是舆论监督的正当要求。对产品质量或服务质量的评价和辩论应当是开放、畅所欲言的,作为一个企业应当接受公众舆论和消费者的严格监督,以保障广大消费者的权利,并促进企业产品质量和服务水平的提高,促进社会进步。正因如此,企业负有容忍批评的义务。而现实中,一般情况下在新闻监督与法人名誉权保护中法院会倾向于前者,营造一种良性的舆论环境,社会也需要这样的监督促进发展。但是在上述这两个案例中,最高人民法院都认定了新闻报道侵害了法人的名誉权,这向新闻工作者敲响了警钟,也向我们说明了“法律给予公益性言论较大自由,但并非放纵此种言论,其亦应遵循基本真实原则”[2]。

因此,既要鼓励新闻监督,又要坚持保护法人名誉权,如何平衡二者是值得我们思考的。在司法裁判中可以从以下几点进行把握:第一,新闻监督的出发点应该是善意的,其是为了社会公共利益的需要而不是为了哗众取宠提高新闻关注度,即要对事件进行公正的报道,而不是恶意地诋毁法人的名誉权。[3] 第二,

---

[1] 参见张若冰:《商主体名誉权与新闻报道权之利益权衡》,载《长春大学学报》2007 年第 7 期。

[2] 张红:《事实陈述、意见表达与公益性言论保护——最高法院 1993 年〈名誉权问题解答〉第 8 条之检讨》,载《法律科学(西北政法大学学报)》2010 年第 3 期。

[3] 参见杨立新主编:《人格权法立法报告》,知识产权出版社 2005 年版,第 199 页。

新闻报道的内容应该建立在真实可靠的基础上，新闻媒体应对所报道的事件进行核实，特别是对于一些可能造成重大影响的事件，应展开深入调查，而不能主观臆断或歪曲事实甚至捏造事实，刻意迎合读者的需要。亦即《民法典》第1026条所列举的合理审查认定要素。第三，新闻媒体不能对法人的名誉权故意加以丑化、侮辱，应注重其言词是否有不良的倾向性，分清是实事求是的批评还是刻意的诽谤。此为《民法典》第1025条明确规定的新闻媒体名誉权侵权场景。《民法典》第1028条规定了权利人请求新闻媒体更正、删除不当报道的权利，未规定回应权。目前较好地避免报道偏离真实的做法是媒体仅提供平台，将双方的意见公平地展示，交由公众评判是非。媒体对法人名誉的侵害不仅因作为行为而构成，如果媒体拒不履行法定义务同样会构成不作为侵权。若媒体公布的信息被确认为侵害他人名誉权或被告明知侵害他人名誉权之后应采取补救措施并停止刊登，如果拒不补救的，构成不作为侵权。

媒体对其他主体发布的涉及名誉侵权内容的转载、刊登也可能构成对他人名誉权之侵害。这也涉及媒体的合理审查义务。判断此种行为是否构成名誉侵权时仍然要求媒体履行相关的真实查证义务。如果转述的事实内容是权威的来源，转述媒体有理由相信其为真实的，不构成名誉侵权；但是如果媒体未经查证而直接转述的，则构成过失侵害法人的名誉；如果媒体明知被转述的内容中含有名誉侵权内容而仍转述的，则构成名誉侵权故意。转述行为只涉及对事实部分的转述，如果媒体对其他媒体报道的内容不仅转述还存在不当评论的情况，则要根据言论内容本身是否构成名誉侵权的标准来衡量。

三、网络的虚拟性与法人名誉权的保护

从大量的司法实践判例的实证分析中可以看出，侵犯法人名誉权的主体已经逐渐从传统的媒体慢慢过渡为网络这种新型媒体。网络的出现和普及让公众有了一个更好的平台实现自由表达的权利。“自从表达自由成为一项以法律加以保护的权利以来，网络无疑是迄今为止人类为达致这个价值目标所提供的最充分和有力的工具及途径。”[1]作为一种新型的表达渠道，网络具有一定的优势，它可以在一定程度上保证《宪法》第35条规定的关于公民言论自由权利的实现，保障个人表达自由价值的实现，同时网络也提供了一个良好的交流平台，促进公众言论和思想的自由交流，也使更多的民众参与到公共事务的监督和讨

---

〔1〕 姚辉：《Internet与表达自由——对“恒升诉王洪案”的评析》，载王利明、葛维宝主编：《中美法学前沿对话——人格权法及侵权法专题研究》，中国法制出版社2006年版，第378页。

论中来,推动良好社会秩序的形成。

与此同时,网络又具有一定的弊端。与传统媒体相比,网络具有匿名性、即时性、传播高效性等特点,网民通过微博、个人主页、QQ 等途径自由发表言论,网络服务提供商不能事先进行审查,对网民发表的文字和图片等具有较低的审核能力,而且随着即时发布和上传的流行,网络服务提供商对网民的言论的控制力更为低下,一旦侵犯法人名誉权的事实发生,其造成的影响和范围往往难以控制,其对法人名誉造成的损害有时是致命的。

网络对法人名誉权的侵权主体主要集中于网络服务提供商与网络用户。随着网络技术的发展,网络传播信息的手段和形式越来越多样,网络侵权主体侵犯法人名誉权的方式也呈现多样化的趋势:作为网络服务提供商,其主要是在网上发布不实信息以及在为用户提供网络服务时由于未履行注意义务而造成侵权;作为网络用户,其一般通过个人主页、博客、微博、即时聊天工具、电子邮件、聊天室以及论坛等平台发表言论或者转载他人的言论,造成对法人名誉权的侵害。网络服务提供商、网站所有人对于点击率的追求使他们往往追求夸张、偏颇的标题,对内容疏于审查。而网络的匿名性使网络用户在网络上发表的言论很难追究责任,进而助长了各种不负责任的言论的传播。更有甚者编造虚伪事实或夸大、歪曲事实真相,利用民众对违反道德、法律行为的厌恶绑架民意,通过不知情网民的转载从中谋取虚假的声望或者不正当的经济利益。近年来,通过网络爆料实现网络反腐的案件逐渐增多,如"微笑局长杨某才案""雷某富不雅视频案"。在网络高调反腐的同时,网络也被某些人用来谋取非法利益,如 2013 年全国公安机关集中打击网络有组织造谣传谣等违法犯罪专项行动中的犯罪嫌疑人以"反腐英雄""维权斗士"之名行敲诈勒索之实,利用手中掌握的网络资源大行造谣、敲诈勒索的违法犯罪行为。他们利用他人对保有良好社会形象的需求心理以及网络民意的盲目无序,将公民、法人的名誉视若无物,谋取私利。此种行为的恶意程度已超出了对言论自由与名誉权保护二者价值衡量的必要,此种恶意贬损他人名誉的行为应当受到严厉打击。

《民法典》有对规制网络侵权行为作出一系列规定,如第 1194 条规定:"网络用户、网络服务提供者利用网络侵害他人民事权益的,应当承担侵权责任";第 1195 条规定:"网络用户利用网络服务实施侵权行为的,权利人有权通知网络服务提供者采取删除、屏蔽、断开链接等必要措施……网络服务提供者接到通知后……未及时采取必要措施的,对损害的扩大部分与该网络用户承担连带责任";第 1197 条规定:"网络服务提供者知道或者应当知道网络用户利用其网络服务侵害他人民事权益,未采取必要措施的,与该网络用户承担连带责任”。如何规范网络言论,减少其对法人名誉权的侵害,实现网络言论与法人名誉权保护的和谐统一是减少侵害法人名誉权案件发生数量的重要一环,针对这一问题,下面结合案例进行分析。

(一)案例引入

1. 恒升集团诉王某案[1]

本案被认为是我国首例网络侵犯法人名誉权案件。在此案中,被告王某在北京中关村安特明科技有限责任公司(以下简称安特明公司)购买1台恒升集团生产的笔记本电脑,后因维修与安特明公司发生纠纷。于是王某将自己这一经历写成《请看我买恒升上大当的过程》一文,发表在四通立方的BBS上,随后其又在互联网上开设个人主页,题目为“声讨恒升,维护消费者权益”,该主页设有“文献收录”“签名声讨恒升”等栏目。《请看我买恒升上大当的过程》一文及其他几篇相关文章也被收录在内。《生活时报》和《微电脑世界周刊》的记者分别在各自的报纸杂志上发表名为《消费者网上诉纠纷,商家E,随后其又律师函》和《谁之过? 一段恒升笔记本的公案》两篇文章。此事件影响较大,引起了广泛的关注。原告恒升集团以“侵害法人名誉权”将被告王某、《微电脑世界周刊》和《生活时报》诉诸法院,法院终审判决王某侵犯法人名誉权成立,法院认为:公民、法人的名誉权受法律保护,个人在行使言论自由权时,不得损害他人的权益。国际互联网的高度开放性虽给人们提供了更广阔的舆论空间,但无论何人在互联网上发表言论与看法时,仍应恪守上述原则。网上言论的发布者必须对其向社会扩散言论的客观公正性负责。

2. 网易公司诉王海在线及文章撰写人韩某一案[2]

在该案中,原告网易公司在其网站上推出“夺宝奇兵”活动,被告王海在线针对该活动在其网站上公开登载了《“夺宝奇兵”谁夺谁的“宝”?》一文,并在网站上转载了韩某所写的《网上惊报黑幕!?》。韩某的文章认为网易公司利用“夺宝奇兵”活动行骗,是一种“赌局”和“肮脏的黑箱操作”。该文章被国内主要门户网站转载,原告遂将王海在线和韩某告至法院。法院审理后认为,虽然韩某在没有相关证据的情况下撰文对网易公司及“夺宝奇兵”活动进行了不当评论,但究其文章内容,仍属特定消费者参加该活动真实感想的表述,仅其中若干表述方

---

[1] 张新宝、唐一平:《网上商业诽谤第一案:恒升诉王洪等侵权案评析》,载易继明主编:《私法》第2辑第1卷,北京大学出版社2002年版。

[2] 参见王眉:《网络传播中的名誉侵权问题研究》,中国广播电视出版社2008年版,第132页。

式明显不当而已;虽然王海在线未对该文进行审核即予以全文转载且发表,具有明显过失,但仍属基于对普通消费者反映情况的相应反馈。韩某及王海在线的相应文章虽然对网易公司的名誉造成了不良影响,但综合衡量网易公司因该活动的受益、韩某等普通消费者的费用付出和正当质疑权利以及普通个人言论的轻微公信力和一般网站的有限影响力,实难认定此种不良影响会对网易公司造成实质性的重大损害,判决两被告删除相关报道并进行书面道歉,驳回了网易公司经济赔偿的要求。

(二)网络媒体环境下言论自由的限度

上述两个案例都是网络服务商刊登消费者对于自己消费经历与体会的描述,但是二者判决结果迥异。在恒升集团诉王某案中,法院认为:“公民、法人的名誉权受法律保护,个人在行使言论自由权时,不得损害他人的权益。国际互联网的高度开放性虽给人们提供了更广阔的舆论空间,但不论何人在互联网上发表言论与看法时,仍应恪守上述原则。网上言论的发布者必须对其向社会扩散言论的客观公正性负责。”[1]而在网易公司诉王海在线及文章撰写人韩某案中,法院却认为:“虽然韩某在没有相关证据的情况下,撰文对网易公司及其‘夺宝奇兵’活动进行了不当的评论,但究其文章内容,仍属于特定的消费者参加该活动后的真实感想,仅是其表述方式明显不当而已。”

可以看出,在上述两个案例中,法院对于网民在网上发贴表达自己感想过程中表现的过激语言的容忍态度是不同的,案例 1 认为应坚持“客观公正原则”,案例 2 则认为应维护网民的监督批评的权利。网络作为不同于报刊、电视和广播等传统媒体的新型媒体,网民的言论自由应该得到相应的维护,法院在恒升集团诉王某案中的态度过于严格,而网易公司诉王海在线及文章撰写人韩某案的判决更为合理。恒升集团和网易公司都是以营利为目的的企业法人,网民对其提供的产品或服务有不满的情绪有权进行正当的批评和评论,只要这种批评或评论是基于客观的事实,至于网民的批评或评论中出现较为情绪化、过激的言语,应当是能够被容忍的。而且随着网络理性的逐渐形成,网民对于信息的检索和甄别能力已经有了较大的提高,盲从和跟风的现象已经大为减少,这种较为宽松的做法更有利于网民参与社会监督,促进公共事务的讨论。作为法人,当它提供的产品或服务被质疑时,其同样可以利用网络开放的平台进行正面的回应,参与讨论、正确引导,通过具有说服力的证据向公众证明真实的状况,而这也有利

〔1〕 最高人民法院民事判决书,(2000)一中民终字第 1438 号。

于法人在公众面前树立良好的形象，有利于法人的长远发展。

对于网络服务提供商而言，案例1中并没有将网络服务提供商列为被告，案例2中虽然将王海在线列为被告，但其仅被判承担停止侵权和赔礼道歉，无须对原告进行经济赔偿。可以看出，法院对于网络服务提供商较网民采取了更为宽容的态度。《民法典》第1195条第1款、第2款规定："网络用户利用网络服务实施侵权行为的，权利人有权通知网络服务提供者采取删除、屏蔽、断开链接等必要措施。通知应当包括构成侵权的初步证据及权利人的真实身份信息。网络服务提供者接到通知后，应当及时将该通知转送相关网络用户，并根据构成侵权的初步证据和服务类型采取必要措施；未及时采取必要措施的，对损害的扩大部分与该网络用户承担连带责任。"这说明法律并没有规定网络服务提供商有进行事前审查的义务，而是要求其在事后得到通知的情况下采取必要措施防止侵权范围的扩大，如果网络服务提供者未被提示，或者经过提示之后即采取必要措施的，网络服务提供者就不承担责任。《民法典》第1197条规定："网络服务提供者知道或者应当知道网络用户利用其网络服务侵害他人民事权益，未采取必要措施的，与该网络用户承担连带责任。"该条是对网络服务提供商在明知的情况下认定其主观具有过错，视为与侵权人构成共同侵权，承担连带责任。作为民事权益的一种，法人名誉权当然应该得到同样的保护，在法人名誉受到侵害时，可以要求网络服务提供商采取必要措施防止侵权范围的扩大，同样，网络服务提供商具有侵权的故意时应承担相应的民事责任。

网络作为新型的言论平台，"如果设置某种'过滤'机制，只允许那些建设性的'良好'意见发表出来，最后的结果却是'恶劣'的意见被封杀的同时，它所反映出的问题我们也将无从知晓。因为任何社会都难免有不满情绪，而不满之中又往往包含着改善机制所需要的智慧和动力。"[1]所以应该给予其更多的发展空间，当网民和网络服务提供商的言论或行为造成法人名誉权的侵害时，应正确区分是基于客观事实的评论抑或无中生有的污蔑和诽谤。司法实践中应更加注重对于网络自由言论权的维护，给予公众更多参与社会监督的机会，并通过判决规范网络媒体的报道，促使网络服务提供商积极履行合理注意义务，同时引导良好的网络文化的形成，构建网络理性。对于恶意利用网络诽谤他人、造谣生事的行为，应当予以严厉打击。2013年9月，最高人民法院与最高人民检察院发布《关于办理利用信息网络实施诽谤等刑事案件适用法律若干问题的解释》，将诽

〔1〕 迟阳光：《网络媒体是否应轻易为名誉侵权担责》，载《青年导报》2004年11月10日。

谤罪在网络环境下的认定加以细化。其中第1条采取列举的方式,对《刑法》第246条中"捏造事实诽谤他人"的规定进行了类型化和具体化。包括:(1)捏造损害他人名誉的事实,在信息网络上散布,或者组织、指使人员在信息网络上散布的;(2)将信息网络上涉及他人的原始信息内容篡改为损害他人名誉的事实,在信息网络上散布,或者组织、指使人员在信息网络上散布的。只要符合该解释规定的上述两种情形之一,即可认定为"捏造事实诽谤他人"。明知是捏造的损害他人名誉的事实,在信息网络上散布,情节恶劣的,以"捏造事实诽谤他人"论。该解释对于诽谤行为在何种情形下构成诽谤罪的"情节严重"做了相应的解释,为有效保护他人的名誉提供指导,同时也避免"诽谤罪"认定的随意性侵害言论的自由表达,真正做到网络言论"有法可依"。

四、竞争对手侵权与法人名誉权保护

2010年7月14日始,蒙牛"未来星"品牌经理安某(内蒙古蒙牛股份有限公司市场二部未来星负责人)花费28万元左右雇用北京博思智奇公关顾问有限公司共同商讨炒作打击竞争对手——伊利"QQ星儿童奶"的相关事宜,并制定一系列网络攻击方案。这些网络攻击手段包括:寻找网络写手撰写攻击帖子,并在近百个论坛上发帖炒作,煽动网民情绪;联系点击量较高的个人博客博主撰写文章发表在博客上,并通过"推荐到门户网站首页""置顶""加精"等操作,以提高影响力;以儿童家长、孕妇等身份拟定问答稿件,"控诉"伊利乳业公司,并发动大量网络新闻及草根博客进行转载和评述。2010年7月16日,操纵某报刊发布了第1篇所谓"深海鱼油造假严重"的新闻,随即网上相继出现大量宣传"深海鱼油不如地沟油"的攻击性文章,矛头直指伊利"QQ星儿童奶",煽动消费者抵制加入了深海鱼油的伊利"QQ星儿童奶"。[1]

当竞争者诋毁他人商誉时,将构成毁誉规制的对象。这种诋毁或批评多以商业言论的形式表现出来,如果这种诋毁或批评事关重大公共利益,必须在宪法范围内对毁誉行为规制进行审查。实务上,以蒙牛"诽谤门"、"上海新亚橡胶厂诉武进医疗用品厂损害名誉权纠纷案"为代表的案例即属该类情形,法院虽在判决中以名誉权侵权来处理,但其在论证上的问题亦颇值注意。

商业主体是否有言论自由?如果法人能够像自然人一般拥有人格权,那么法人或其他经济组织有没有宪法规定的我国公民所享有的言论自由?企业、法

〔1〕 参见司法部律师司编:《全国律师优秀案例精选》,中国人民大学出版社1993年版,第171-183页。

人能否独立地发表言论？其言论是否受法律的保护？当其侵害到别人的利益时，是否要对自己的言论负责？在现实中，企业、法人可以自己的名义做广告或者开新闻发布会等，但是我国法律并未明确规定“商业言论自由”一词。商业言论自由是指公民为商业目的而传播商品或服务信息的自由（或权利），其内容是关于商品或服务信息，其目的具有商业性，其表现形式多为广告。作为一个法律用语，它源于美国联邦最高法院与言论自由相关的案例。商业言论的概念最早出现在美国1942年的“双面广告案”中，该案第一次将商业言论与第一修正案所保护的言论自由相联系。本书认为，我国法律应当明确赋予商业主体言论自由，因为现实中广告铺天盖地，在法律上应当对这些行为予以定性，法律不应过分落后于现实。而且基于权利、义务、责任关系的逻辑思路，只有商业主体有言论自由，而当此权利行使违反了社会公共利益以及别人的合法权益时便应当承担责任。因此，基于这种逻辑思路，商业诽谤就是对商业言论自由的滥用，承认商业言论自由将使商业诽谤行为的理论体系更完善。

此外，制止竞争对手之间互相诋毁与防止名誉权诉讼被滥用问题也成为法人名誉侵权诉讼中不可忽视的两个问题。在市场经济尚未完善，行业巨头之间关于市场份额的争夺逐渐白热化阶段总免不了互相诋毁的口水战，其中，名誉被视若草芥，更有借名誉侵权诉讼意图免费打广告之滥用诉权的行为。出现这种现象的原因不仅在于我国市场机制的不完善，更多的是因为市场主体权利意识的淡薄，且执法主体缺乏对这些不正当竞争方式的有效监管。因此，在司法实践中，对于此类行为应当严加规制，避免诉讼成为市场主体做广告的工具，应当用强有力的判决对商业竞争主体之间的诋毁行为施加较重的责任，以促进我国健康市场机制的建立。

五、国家机关侵害法人名誉权的情形

（一）案例引入

1989年2月2日起，重庆市技术监督局（以下简称技监局）、重庆市工商行政管理局（以下简称工商局）在重庆市邮政大楼举办“重庆市首次伪劣商品大汇展”。在汇展开幕式上，主办单位技监局、工商局邀请在渝的新闻单位和有关部门举行新闻发布会。在汇展的伪劣商品中，陈列有国营泸州罐头厂的竹笋罐头。2月5日，《重庆晚报》（以下简称《晚报》）在头版以“歪货曝光亮丑励新——市技术监督局公布一批伪劣商品”为题的报道中称：“泸州罐头食品厂生产的竹笋罐头，不适合人食用。”2月16日，《西南工商报》（以下简称《工商报》）在头版以“让群丑亮相歪货曝光——重庆市举办首次伪劣商品大汇展”为题的报道中称：

"泸州罐头厂生产的竹笋罐头不宜人类食用。"以上两篇报道的作者均为《晚报》记者、《工商报》特约记者徐某。泸州罐头厂在经过改制之后凭借竹笋罐头在罐头行业低迷的经济环境下每年利润达100万元。在此报道之后，1989年3月下旬，石家庄全国春季订货会上泸州罐头厂竹笋罐头的订货数量不到100吨，同比减少300多吨。泸州罐头厂办公室的人员遭群众围攻。3月25日，销往东北的30吨竹笋罐头船运至朱羊溪转运火车时，被车站人员拒绝办理运输手续。但实际上，起因是技监局在对某商店的罐头进行检验时发现被抽检的8瓶泸州罐头厂的竹笋罐头中有两瓶存在漏气现象和净重未达到规定指标，其余9项指标合格，检查结果为不合格。而这批产品是某商店出售的超过保质期3年的产品。

原告起诉技监局、工商局、《晚报》、《工商报》、徐某要求赔礼道歉、恢复名誉，对于损失的20万余元，鉴于同样有市场的原因，因此象征性要求被告赔偿3万元。

对于两局的被告资格，两局认为自己的行政行为属于不可诉的行为，人民法院无权受理。原告认为被告并非行政行为，因为其新闻发布会属于信息公告的性质，没有行政相对人，应当属于民事行为，法院有审判权。审理中法院采纳了原告的观点。

在经过2年6个月的艰苦诉讼之后，这场影响较大的官司终于告结。一审判决书写道："本院认为，重庆市工商行政管理局、重庆市技术监督局依法对市场抽样检查，是行使国家赋予的职权，不存在侵权问题"；"但记者徐某根据重庆市技术监督局对泸州罐头厂竹笋罐头的检验报告，未加限制地称：该厂所生产的竹笋罐头不宜人类食用，使报道与实际情况不符，严重地影响了该厂的名誉权，应负主要责任。至于《晚报》、《工商报》对徐某的稿件未严格审查核实即刊登应负一定责任"。判决《晚报》、《工商报》、徐某的行为侵犯了泸州罐头厂的名誉权。在该判决生效后1个月内《晚报》《工商报》分别在自己的报纸上刊登声明，向原告赔礼道歉，以消除影响、恢复名誉。在该判决生效后1个月内由《晚报》、《工商报》和徐某三被告共同赔偿泸州罐头厂经济损失500元。其中，由徐某负担200元，两报各负担150元。[1]

(二)国家机关作为侵犯法人名誉权的主体

此案赔偿数额的公正与否暂且不论，明确的是对于两局的审判结论有失公正。在当时政府部门不能成为民事侵权的主体，这受制于当时行政权力受规制

---

〔1〕 参见司法部律师司编：《全国律师优秀案例精选》，中国人民大学出版社1993年版，第171－183页。

程度较差的形势。我们不妨假设将这个案子放到今天来审视。如今政府部门公布问题产品越来越多,这无疑是政府在行使监管职权、对社会大众负责。但是如果在职权行使的过程中审查不当,错误公布了合格产品不合格,那么政府是否应当成为侵害法人名誉权的责任主体?该诉讼属于行政诉讼还是民事诉讼?

政府机关的行为拥有较强的公信力,如果政府机关疏于查证而做出错误行政行为,如公布不合格产品以及查封等行为都会更容易使公众怀疑法人的产品和服务。在可替代产品众多的当下,消费者没有耐心去等待真相的澄清,而是"远离是非,避之则吉""宁可信其有",由此会给法人的信誉、品牌带来巨大的冲击,导致相比于其他侵权主体更大的损失。因此,政府机关理应成为名誉侵权的主体,如果其行为导致了法人名誉的损害,即使其本身没有主观贬损法人名誉的故意,但是疏于较高程度的合理查证义务的过失行为也应当因此承担侵权责任。

第六节 结论与展望

是否承认法人名誉权,最终是一个立法政策选择的问题。我们所关注的是如何保护法人的正当利益。法人名誉权作为法律赋予法人的一项重要权利,对法人的发展起至关重要的作用,在立法上应对该权益予以相应的重视。现行的《民法典》已经将法人名誉权作为一项独立的民事权利,并将其纳入民法的调整范围。但是多年的司法实践中也暴露出现行立法规定原则性过强、可操作性低、指导意义弱等不足,导致司法审判的认可度低、经济赔偿数额确定依据不统一等弊端。在侵害法人名誉权的数量不断增加、侵权方式多元化、舆论侵权和网络侵权案件不断攀升等情况下,在立法上强化对这一权利的保护显得尤为重要。

首先,应完善《反不正当竞争法》《商标法》《专利法》等法律法规中对于法人名誉权的保护,扩大法人名誉权的保护范围,通过整合已有的零散的规定,实现法人名誉权保护的系统化。其次,由于法人名誉权的案件的侵权主体较为集中,可以在相关的配套法律、法规或司法解释中将损害法人名誉权的行为进行类型化规定,采用概括加列举式的规定将各个类别的侵权行为加以禁止。再次,应明确规定侵害法人名誉权的行为人所应承担的具体法律责任,明确侵害法人名誉权的赔偿数额,针对不同的侵权手段、情节、影响范围和造成的损失等因素确定不同的赔偿幅度,并对主观恶性大的侵权人加以惩罚性赔偿。最后,由于这类案件的处理结果会产生较大的示范效应,因此司法实践中对于这类案件的审理应该更加谨慎。法院应该针对个案进行系统的具体分析,针对不同案件的特点通过侵权构成四要件进行考量,对行为人造成的后果进行评估,对是否造成法人社会评价的降低加以判断,进而裁判是否构成侵权,并对损害的经济赔偿进行恰当的处理。当然,这类案件的司法审判的尺度需要通过更多司法实践经验和裁判结果的示范才能渐渐得到把握,要求法院在现今能够准确地把握每一个法人名誉权的尺度不合情理,本文目的也不在于能够指导司法裁判,仅希望在立法上和司法实践中能加大对此类案件的关注,使法人名誉权制度得到较好的落实。

第六章　隐私权和个人信息保护

第一节　问题的提出

随着现代信息社会的高速发展，数字杂志、数字报纸、数字广播、手机短信、移动电视、网络、数字电视、数字电影、触摸媒体等新兴媒体日益普及，国家、企业和个人可以迅速地收集、整合、处理和传送有关他人的各种信息资源，或作为商品加以利用，或作为个人信息加以传播。在不经意间，"人人得为隐私的被害人，而人人亦得为加害人"。[1] 在现代社会中，人们在享受信息技术带来的便利的同时，个人隐私与个人信息的泄露也日益频繁，这使越来越多的人开始意识到自身隐私的重要性。

社会公众的隐私意识的加强，特别是大量隐私纠纷的出现，必然要求法律对此做出回应。然而在高速发展的社会中，法律的滞后性是不可避免的。我国原《民法通则》无隐私权之规定。实践中，在 2001 年《精神损害赔偿解释》发布之前，隐私一直是通过名誉权来进行保护的。[2] 在 2001 年《精神损害赔偿解释》发布之后，其第 1 条第 2 款规定，行为人必须"违反社会公共利益、社会公德"，并侵害他人隐私。这一规定对于隐私之保护无疑过于严苛。[3] 欣喜的是，2009 年公布的《侵权责任法》第 2 条第 2 款明确将隐私权规定为民事权利之一种，使隐私权获得了与其他具体人格权同等的法律地位。《民法典》第 1032 条、第 1033 条与第 1039 条专门规定隐私权保护。这无疑是我国法律保护隐私权的一大进步。

作为具体人格权的隐私权具有重要价值。美国学者艾伦·韦斯丁 Alan F. Westin 认为隐私具有四项功能，即个人自主（personal autonomy）、情感释放

〔1〕 参见王泽鉴：《人格权的具体化及其保护范围·隐私权篇》（上），载《比较法研究》2008 年第 6 期。

〔2〕 参见《民通意见》第 140 条；《名誉权解答》第 7 条第 3 款。

〔3〕 参见张红：《〈侵权责任法〉对人格权保护之述评》，载《法商研究》2010 年第 6 期。

(emotional release)、自我评估(self-evaluation),及有限度与受保护的沟通(limited and protected communication)。[1] 王泽鉴则以此为基础,认为隐私权具有以下价值:(1)人之尊严及自主决定。隐私权的价值在于个人自由和尊严的本质,体现于个人自主,不受他人的操纵及支配。(2)情感释放。隐私具有情感释放(松弛、解脱)的价值。社会生活产生紧张,片刻的幽静、孤独或松弛有助于确保身心健康。(3)自我评估。隐私有助于自我评估,使个人得回想以往的经验,规划未来,检讨旧的思维而有所创新。(4)有限度及受保护的沟通。隐私提供给个人得在拥挤的生活环境中有一个有限度与受保护的沟通,即个人得自由与其认为值得信赖之人分享私密,相信其私下所透露的事物将不会被公开。[2] 张新宝则认为保护隐私权有以下四个方面的社会意义和立法旨趣:(1)维护个人的安宁与安全感,实现个人与社会的基本和谐,以达到整个社会安定的目的。(2)维护自然人的人格尊严,使其免受精神痛苦。(3)保护自然人的隐私权,树立良好的社会道德风尚,匡正新闻出版业界的职业行为。(4)为某些高科技产品的开发、利用提供价值评价标准。[3]此外,另有学者如阿丽塔·L.艾伦和理查德·C.托克音顿[4]、曾隆兴[5]、屠振宇[6]等都在各自的著作中论及隐私权的价值,其核心内容与前述观点基本类似。

隐私权具有重要的内在价值及不同的社会功能,有利于保障人的尊严、促进人的自由。具言之,隐私权具有三个层面的价值:(1)个体层面——维护人之尊严和个体自主。现代社会,如果人没有了隐私,即意味着个人自我性的丧失。美国学者卢丁·杨(Leontine Young)曾指出:"没有了隐私,就没有了个性。如果一个人从来没有机会独立面对自己的思想和感受,那么谁也不会知道他在想些什么,他的感受是什么。"[7]而且,个人的隐私之于人之尊严也是极其重要的,隐

---

[1] Alan F. Westin, *Privacy and Freedom*, Atheneum, 1967. 转引自周汉华主编:《个人信息保护前沿问题研究》,法律出版社 2006 年版,第 5 页。

[2] 参见王泽鉴:《人格权的具体化及其保护范围·隐私权篇》(上),载《比较法研究》2008 年第 6 期。

[3] 参见张新宝:《隐私权的法律保护》(第 2 版),群众出版社 2004 年版,第 17-20 页。

[4] 参见[美]阿丽塔·L.艾伦、理查德·C.托克音顿:《美国隐私法:学说、判例与立法》,冯建妹等编译,中国民主法制出版社 2004 年版,第 10-12 页。

[5] 参见曾隆兴:《详解损害赔偿法》,中国政法大学出版社 2004 年版,第 251-254 页。

[6] 参见屠振宇:《宪法隐私权研究:一项未列举基本权利的理论论证》,法律出版社 2008 年版,第 176-187 页。

[7] [美]阿丽塔·L.艾伦、理查德·C.托克音顿:《美国隐私法:学说、判例与立法》,冯建妹等编译,中国民主法制出版社 2004 年版,第 53 页。

私权使个人能够在其尊严空间内释放感情或者进行自我评估而不被人所打扰，确保个体对其物理空间或者精神空间的绝对主宰。(2)社会层面——实现信息共享与隐私利益的互动。任何权利都有其绝对的空间及相对自由的空间，隐私权是一项人格权，但某些具体的隐私信息具有商业价值或者涉及公共利益。此时，隐私权保护应有所限制，对于某些如公共人物的隐私权或者涉及公共利益的个人隐私，应遵循权利的可克减性理论，[1]以实现隐私权的个体性和社会性的统一。(3)技术层面——为科技的发展提供价值评价标准。科学技术的发展本身具有盲目性，如不加以限制，极易产生重大危害，如电子监听技术的发展及其产品的不当利用，会对公民的隐私权构成严重的威胁。故隐私权的彰显可以为科学技术的发展提供具有人格意义的价值评价标准，从而使科学技术真正为人类的共同福祉服务。

既然在现代社会隐私权具有如此重要的价值，那么对隐私权的研究就是法律学者所不能回避的问题。虽然隐私权已经被我国法律确认为一种具体人格权，但只有规范文本在实践中良态运行，且能有针对性地解决具体隐私权纠纷时，才能使这一权利具有生命力。学术研究的重要作用之一就是实现应然与实然的对接，运用各种解释学方法对规范文本进行正确解读，以实现理论与实务的双向互动。就隐私权的理论研究而言，“什么是你的贡献?”这个问题仍然不可逃避。[2] 本书认为，以下问题值得探讨：(1)我国隐私权保护的历史脉络。法律规范具有历史延续性，对这一问题的研究将有助于我们寻找隐私权保护中真正的中国问题。(2)隐私权保护的基本理论。任何一项具体的权利都应有其理论支撑。隐私权保护的基本理论，应当包括隐私的内涵，隐私权的内涵、性质、主体和内容，隐私权与其他权利的关系等。(3)隐私权侵权责任的构成及承担。这主要立足于我国民事领域，对在司法中的隐私权侵权责任之构成要件和责任承担方式进行研究，为在司法中正确判断隐私权侵权提供行之有效的标准。(4)隐私权侵权的具体类型。这是对隐私权侵权行为的体系化研究，这一研究需要建立在对实务中大量案例的分析的基础之上，通过大量的实证分析，寻找出侵害隐私权的具体行为类型。

此外，20 世纪 50 年代以来，以微电子、电子通信和计算机技术为核心的信息技术革新浪潮引发了一系列技术革命，推动人类从工业社会迈入信息社会。

---

〔1〕 参见王利明：《隐私权的新发展》，载《人大法律评论》2009 年第 1 期。

〔2〕 参见苏力：《送法下乡——中国基层司法制度研究》(修订版)，北京大学出版社 2011 年版，第 215 页。

在信息时代,信息以前所未有的深度和广度被开发利用,其亦成为与物质、精神财富一样重要的资源。不可否认的是,个人信息的利用推动了社会进步,但同时也难免造成信息主体权利受到威胁甚至侵害。在多元化的价值冲突语境下,法律是在无限需求和有限资源之间寻求平衡的最佳机制,通过利益衡量观察不同利益上下位阶之关系,并能做出合理化的保护安排。

第二节　隐私权在我国法上发展之历史脉络

在我国,隐私权作为一项独立的民事权利,经历了一个漫长而曲折的发展过程。任何一项研究都必须尊重客观对象的历史延续性,否则只是“沙基筑塔”“空中楼阁”——无甚意义。自1987年《民法通则》实施至《民法典》施行,包括隐私权在内的人格权益在我国法律规范内逐步建立并丰富起来。2010年,隐私权在我国法上真正成为一项具体的基本民事权利。那么这一民事权利的诞生,在法律上遵循了怎样的逻辑,又是如何演进的,其是否具有阶段性特征呢?在深入进行隐私权探索之前,这是我们所要解决的前瞻性问题。结合法条和案例,本书认为,隐私权在我国法上的历史演进大致可以分为以下三个阶段。

一、第一阶段(1987～2001年):名誉权保护时期

隐私权的概念古已有之,但是自中华人民共和国成立以来,除婚姻家庭方面的法律外,我国民事基本法迟迟未能制定,因此法律意义上的隐私权自然无从谈起,也无甚主张。[1] 1987年以前,我国对于隐私权的保护,可以说处在一个漫长的空白期,人们只能从零星的几部法律中找到其模糊的身影。其中包括1979年制定的《刑事诉讼法》,该法第111条规定,法院对涉及个人隐私的案件,不得公开审理。1982年制定的《民事诉讼法(试行)》第58条也规定,涉及个人隐私之证据应当保密,需向当事人出示的,不得在公开开庭时进行。第103条规定,涉及个人隐私的案件不公开审理,当事人申请不公开审理的离婚案件,可以不公开审理。1982年施行的《宪法》第38条规定,中国公民的人格尊严不受侵犯。第39条规定,中国公民的住宅不受侵犯。第40条规定,中国公民的通信自由和通信秘密受法律的保护。这些法律的规定体现了一定的保护隐私的意识,但是从

---

〔1〕 参见张新宝:《我国隐私权保护法律制度的发展》,载《国家检察官学院学报》2010年第2期;杨立新:《人格权法》,中国法制出版社2006年版,第302页。

其用语中不难发现它们并未对隐私权进行直接确认。这些法律,特别是《宪法》的规定,其最大的作用就在于肯定了法律对保护隐私的需求,为以后隐私权在法律上的建立留下了余地。

有学者认为,我国对隐私权概念和重要性的认识始于20世纪80年代。[1]诚然,只有作为民事基本法的原《民法通则》制定之后,我国法上的隐私权才正式进入发展轨道。因此,对我国法上隐私权的追溯应当从1986年《民法通则》的公布开始。原《民法通则》第101条规定:“公民、法人享有名誉权,公民的人格尊严受法律保护,禁止用侮辱、诽谤等方式损害公民、法人的名誉。”在这一年里发生了两起著名的案件,即“女经理案”[2]和“杨某案”[3]。在“女经理案”中,被告人曲某因与原告女经理洪某在工作中发生了矛盾,其趁洪某外出之际,翻阅洪某忘记上锁的日记,发现洪某在日记中记载了她对初恋男友的眷恋之情。于是曲某将相关内容记录下来,罗织成了证明洪某道德败坏、生活作风不端正的材料,复印数份,寄送组织、纪检、监察等有关部门,又召开公司职工大会,并在会上宣读洪某日记中的部分内容,还对其作了歪曲解释。洪某为了维护自己的隐私权和名誉权,向法院提起诉讼,要求法院判令被告停止侵害、赔礼道歉、赔偿损失。之后法院认定曲某的行为构成侵权,支持了原告的诉讼主张。该案判决的请求权基础就是原《民法通则》第101条,法院创造性地将侵害隐私权的行为解释为侵害名誉权,使得隐私权也受到法律的保护,此案是我国最早的通过名誉权来保护隐私权的案件。

随后,1988年4月2日,最高人民法院颁布施行了《民通意见》,该意见第140条第1款规定:“以书面、口头等形式宣扬他人的隐私,或者捏造事实公然丑化他人人格,以及用侮辱、诽谤等方式损害他人名誉,造成一定影响的,应当认定为侵害公民名誉权的行为。”这是我国正式将宣扬他人隐私的行为规定为侵害名誉权行为的法律。之后,1993年《名誉权解答》第7条第3款规定:“对未经他人同意,擅自公布他人的隐私材料或者以书面、口头形式宣扬他人隐私,致他人名誉受到损害的,按照侵害他人名誉权处理。”第9条第2款规定:“描写真人真事的文学作品,对特定人进行侮辱、诽谤或者披露隐私损害其名誉的;或者虽未写明真实姓名和住址,但事实是以特定人或者特定人的特定事实为描写对象,文中有侮辱、诽谤或者披露隐私的内容,致其名誉受到损害的,应认定为侵害他人

---

〔1〕 参见王四新:《论我国隐私权立法与实施的完善》,载《攀枝花大学学报》1997年第1期。

〔2〕 杨立新:《民法判解研究与适用》(第8集),人民法院出版社2004年版,第312－313页。

〔3〕 刘海涛、郑金雄、沈荣:《中国新闻官司二十年》,中国广播电视出版社2007年版,第95页。

名誉权。”这一司法解释延续了《民通意见》第 140 条的规定,将侵害他人隐私的行为认定为侵害名誉权的行为。但是,这一司法解释在侵权行为的方式上有所突破,增加了两种侵权行为类型,分别是“未经他人同意,擅自公布他人的隐私材料”致他人名誉受损的行为以及发表“披露”隐私内容的文章且损害他人名誉的行为。1993 年《名誉权解答》的规定虽扩大了认定侵权行为的范围,在一定程度上加强了对隐私的保护,但其认定的行为类型还是没有逃出“公开他人隐私”的范畴。

1998 年,最高人民法院颁布了《名誉权解释》,对实践中侵害名誉权的具体问题进行了解答,其第 8 条指出:“医疗卫生单位的工作人员擅自公开患者患有淋病、麻风病、梅毒、艾滋病等病情,致使患者名誉受到损害的,应当认定为侵害患者名誉权。医疗卫生单位向患者或其家属通报病情,不应当认定为侵害患者名誉权。”该解释将医疗卫生领域侵害患者隐私的行为纳入名誉权的保护范围。需要注意的是,虽然该解释只列举了四种病情,但如果擅自公布患者其他病情并损害其名誉的,也应当认定为侵害名誉权的行为。

在这一阶段,通过这些司法解释,我国将隐私权纳入名誉权项下进行保护,规定揭露、宣扬、公布他人隐私的行为为侵害他人名誉权的行为,而此阶段有关隐私的案例多以宣扬隐私、侵害名誉的案件为主。

在“李某泰案”[1]中,1997 年 3 月 5 日,被告金华日报社在《金华日报》第 3 版刊登了叙述原告李某泰一家通过亲子鉴定明确儿子系原告夫妇亲生一事的《你是我们的亲生儿子!》一文。该文通过改名换姓等“技术手段”,隐匿原告等主要人物身份,公布了原告亲子鉴定确认儿子 DNA 并进行公证等私事,原告认为被告金华日报社侵害了其隐私权、名誉权,要求其赔礼道歉、消除影响并赔偿原告精神损失费 1 万元。一审法院认为,根据现有证据不能证实被告的行为造成原告的社会评价降低,故被告的行为未侵害原告的名誉,原告的诉讼请求无事实根据及法律依据,依法不予支持。而二审法院支持了一审法院的判决,驳回上诉,维持原判。

该案是对原《民法通则》第 101 条及《名誉权解答》第 7 条的直接运用,对我国隐私权保护具有重要的参考价值。本案认定,由于社会公众不知其为受害人的隐私,公开匿名受害人隐私的行为未使受害人的名誉受损失,而不构成侵权。

---

〔1〕 浙江省金华市中级人民法院民事判决书,(1999)金中民终字第 524 号。国家法官学院、中国人民大学法学院编:《中国审判案例要览(2000 年民事审判案例卷)》,中国人民大学出版社 2002 年版,第 330 - 336 页。

这是这一时期最典型的案例，显然与该阶段我国隐私权保护的法律模式有着必然的联系。由于我国法律通过名誉权来保护隐私，对于宣扬隐私的行为只有在侵害被害人名誉的情况下才能予以认定，这就使擅自公开他人隐私但未造成他人社会评价降低的行为逃脱了法律的制裁。同样地，在“陈某阳案”中，法院认为由于被告揭露的是真实的事实，不存在侮辱、诽谤的情节，故不构成对原告名誉的侵害，而隐私权又寓于名誉权之中，故不存在侵犯名誉权、隐私权的情况。可见在这一时期，无论是法律还是司法实践，都认为侵害他人隐私的行为，只要不造成对他人名誉的贬损，就不构成侵权。但是众所周知，对于名誉权的保护要以客观损害标准来判断，必须存在当事人社会评价降低的事实，但在很多情况下，侵犯他人隐私权的行为并不造成对他人名誉的贬损，这就使公民很大一部分隐私权得不到法律的保护，这无疑是我国隐私权保护的一大漏洞。

以上这些案件的出现使人们越来越意识到通过名誉权间接保护隐私权的方法已经无法满足人们对其人格尊严和人性自由的追求，而司法实践也越来越呈现出其缺乏“底气”的态势。因此为了应对新形势下隐私保护的需要，法律也做出了相应的调整，以《精神损害赔偿解释》（2001 年）的出台为标志，我国法上隐私权的发展进入了第二个阶段——隐私利益保护阶段。

二、第二阶段（2001 ~ 2009 年）：隐私利益保护时期

最高人民法院于 2001 年出台了《精神损害赔偿解释》，该解释第 1 条第 2 款规定：“违反社会公共利益、社会公德侵害他人隐私或者其他人格利益，受害人以侵权为由向人民法院起诉请求赔偿精神损害的，人民法院应当依法予以受理。”从这一司法解释中可以看出，法律将隐私作为一种独立的人格利益加以保护，改变了之前的通过名誉权来保护隐私权的模式，变间接保护为直接保护，这对隐私权在我国法上的发展起到了不可磨灭的推动作用。同时值得一提的是，2005 年 8 月 28 日发布的《妇女权益保障法》第一次在我国法上提出了“隐私权”的概念，该法第 42 条第 1 款规定：“妇女的名誉权、荣誉权、隐私权、肖像权等人格权受法律保护。”无独有偶，我国台湾地区最早也是通过妇女权益保障法提出法律上隐私权的概念的。虽然《妇女权益保障法》只规定了妇女这一特殊群体的隐私权受到法律保护，其保护的范围不具有一般主体的普适性，但是这一法律的出台还是为之后隐私利益变为独立的隐私权留下了空间。其后，2009 年 2 月 28 日通过了《刑法修正案（七）》，该修正案在 1997 年《刑法》第 253 条后增加一条为第 253 条之一，规定“国家机关或者金融、电信、交通、教育、医疗等单位的工作人员，违反国家规定，将本单位在履行职责或者提供服务过程中获得的公民个人信息,出售或者非法提供给他人,情节严重的,处三年以下有期徒刑或者拘役,并处或者单处罚金。窃取或者以其他方法非法获取上述信息,情节严重的,依照前款的规定处罚。单位犯前两款罪的,对单位判处罚金,并对其直接负责的主管人员和其他直接责任人员,依照各该款的规定处罚。"自此,非法提供公民个人信息罪及非法获取公民个人信息罪成为法定罪名,顺应了信息时代对于保护个人信息的需求,同时也扩充了我国法上隐私权的概念范畴。

在这一时期,随着信息技术特别是互联网技术的发展和普及,网络侵害隐私权的案例层出不穷,人们迫切需要出台法律对网络隐私进行保护。自2000年以来,立法机关制定了多部法律保护网络隐私,其中比较重要的是2002年11月15日起施行的国务院《互联网上网服务营业场所管理条例》,该条例第15条规定,"互联网上网服务营业场所经营单位和上网消费者不得进行下列危害信息网络安全的活动:(一)故意制作或者传播计算机病毒以及其他破坏性程序的;(二)非法侵入计算机信息系统或者破坏计算机信息系统功能、数据和应用程序的;(三)进行法律、行政法规禁止的其他活动的"。2005年3月20日起施行的信息产业部(现已整合划入工业和信息化部,下同)《互联网IP地址备案管理办法》第16条规定:"信息产业部和省通信管理局及其工作人员对IP地址分配机构报备的IP地址信息,有保密的义务。信息产业部和省通信管理局及其工作人员不得向他人提供IP地址分配机构报备的IP地址信息,但法律、行政法规另有规定的除外。"2006年3月30日起施行的信息产业部《互联网电子邮件服务管理办法》第3条规定:"公民使用互联网电子邮件服务的通信秘密受法律保护。除因国家安全或者追查刑事犯罪的需要,由公安机关或者检察机关依照法律规定的程序对通信内容进行检查外,任何组织或者个人不得以任何理由侵犯公民的通信秘密。"第9条规定:"互联网电子邮件服务提供者对用户的个人注册信息和互联网电子邮件地址,负有保密的义务。互联网电子邮件服务提供者及其工作人员不得非法使用用户的个人注册信息资料和互联网电子邮件地址;未经用户同意,不得泄露用户的个人注册信息和互联网电子邮件地址,但法律、行政法规另有规定的除外。"这些法律、法规的出台,显示出我国隐私权保护新领域——"网络隐私"的出现,虽然在这些法律中没有直接提出互联网领域内"隐私权"的概念,但是其中体现出的对于网络隐私的重视态度,也是我国隐私权发展进程中的重要进步。

在这一时期,虽然《妇女权益保障法》提出保障妇女的隐私权,但是由于该法只是具有社会性的特别法,不是民事法律范畴的人格权法或者侵权法,不能适用于一般主体。故这一时期立法的特点是：隐私权逐渐独立于名誉权，成为单独的“隐私利益”，人们能够以“隐私利益”为诉由，请求人民法院支持其精神损害赔偿的诉讼请求，因此，这一时期被称为隐私利益保护时期，相较于前一时期完全通过名誉权来保护隐私的做法，独立的隐私利益体现了人们对隐私权认识的发展。

这一时期出现的典型案例有：“死亡博客案”〔1〕和“陈某卿案”〔2〕。在轰动一时的“死亡博客案”中，原告王某状告天涯社区、大旗网等主体，认为它们公布原告姓名、工作单位、婚外情等隐私的行为，侵害其隐私权和名誉权，要求其停止侵害、消除影响、赔礼道歉，并赔偿精神损害抚慰金。法院经审理认为，网站设置专题网页，进行调查走访，披露当事人的真实身份，将网页与其他网站相链接，扩大了事件在互联网上的传播范围，使不特定的社会公众得以知晓，网站的行为显然侵犯了王某的隐私权。并且被告披露王某隐私的行为，致使王某的名誉权亦受到侵害。因此，法院判决被告停止侵害、赔礼道歉并赔偿原告精神损害抚慰金。在本案中，法院分别认定了被告的行为侵害原告的隐私权和名誉权，隐私权作为独立的判决理由出现在了判决书中，这显然是因为立法上规定隐私利益独立于名誉权，所以在司法实践中隐私权也逐步脱离名誉权开始成为独立的判决依据。但是在“陈某卿案”中，被告缪某华因怀疑其妻即原告陈某卿与他人有染，而秘密安装录音机，偷录原告与他人通话并制成录音带 10 盒，派发给原、被告的亲友及原告住所地和所在单位人员。原告认为被告的行为严重侵害了其隐私权和名誉权，要求原告停止侵害、赔礼道歉、具结悔过，并赔偿原告精神损失费 10 万元。本案终审法院认为，被上诉人为达到其私人目的，以录音带的形式宣扬上诉人的隐私，侵害了上诉人的名誉，其行为具有违法性，造成上诉人的社会评价降低的损害后果，依法应承担侵害名誉权的法律责任。可见在本案中，虽然当事人分别以侵害隐私权和名誉权为诉由提起诉讼，但法院还是通过认定名誉权侵权来对隐私权进行保护。

这两个案件体现出这一时期司法实践的一个重大特征，即隐私权已经作为独立的诉讼理由开始出现，但由于法律规定的缺失，法院判决缺乏统一的依据，导致隐私权案件的判决不一致，有的案件以隐私权作为判决理由，但更多的案件

---

〔1〕北京市朝阳区人民法院民事判决书，(2008)朝民初字第 29277 号；北京市朝阳区人民法院民事判决书，(2008)朝民初字第 29276 号；北京市朝阳区人民法院民事判决书，(2008)朝民初字第 10930 号。

〔2〕广东省佛山市中级人民法院民事判决书，(2005)佛中法民一终字第 411 号。

还是通过名誉权来进行判决。这样的现象在这一时期层出不穷,如"李某强案"(以名誉权为判决理由)、[1]"马某诉马村居民小组案"(以名誉权为民事裁定理由)、[2]"周某芳案"(以名誉权为判决理由)、[3]"周某、娄某诉新闻报社案"(以名誉权为判决理由)、[4]"陶某诉B单位案"(以人格尊严为判决理由)、[5]"侯某义案"(以名誉权为判决理由)、[6]何某强案"(以隐私权为判决理由)、[7]"甘某寿案"(以隐私权和名誉权为共同之判决理由)。[8] 在这些案例中,虽然有的案例以隐私权为判决理由,但更多的法院还是认为"在我国法上隐私权不是一项独立的人格权,归属于名誉权的范畴"[9]。这是由于在这一时期,法律上隐私利益虽然已经独立于名誉权,成为独立的诉由,但是这一诉由仅由一个精神损害赔偿的司法解释进行规定,似乎底气不足,可操作性也不强。这导致了法院判决存在偶然性和临时性的缺陷。并且,法律将隐私权这一独立的人格权利作为人格利益来进行保护,显然力度不够,利益的保护程度明显低于权利,利益只具有防护其不受侵害的消极权能,而隐私权特别是现代法意义上的隐私权应当具有主动行使的积极权能。因此,鉴于时代的发展,隐私权纠纷的逐步增多,我国隐私权迫切需要得到一般法的承认。

三、第三阶段(2010年至今):隐私权保护时期

2009年公布的《侵权责任法》第2条规定:"侵害民事权益,应当依照本法承担侵权责任。本法所称民事权益,包括生命权、健康权、姓名权、名誉权、荣誉权、

---

〔1〕 参见最高人民法院中国应用法学研究所编:《人民法院案例选》2002年第4辑总第42辑,人民法院出版社2003年版,第178-187页。

〔2〕 一审:海南省澄迈县人民法院民事裁定书,(2007)澄民初字第109号;二审:海南省海南市中级人民法院民事裁定书,(2007)海南民二终字372号。

〔3〕 湖南省长沙市开福区人民法院民事判决书,(2007)开民一初字第1841号。

〔4〕 一审:上海市黄浦区人民法院民事判决书,(2009)黄民一(民)初字第3462号;二审:上海市第二中级人民法院民事判决书,(2010)沪二中民一(民)终字第750号。

〔5〕 上海市卢湾区人民法院民事判决书,(2000)卢民初字第2525号。

〔6〕 新疆维吾尔自治区乌鲁木齐市中级人民法院民事判决书,(2005)乌中民一终字第419号。参见最高人民法院中国应用法学研究所编:《人民法院案例选》2007年第1辑总第59辑,人民法院出版社2007年版,第151-157页。

〔7〕 重庆市黔江区人民法院民事判决书,(2008)黔法民初字第284号。

〔8〕 新疆维吾尔自治区昌吉回族自治州中级人民法院民事判决书,(2006)昌中民一终字第826号。参见最高人民法院中国应用法学研究所编:《人民法院案例选》2007年第3辑总第61辑,人民法院出版社2008年版,第131-137页。

〔9〕 重庆市黔江区人民法院民事判决书,(2008)黔法民初字第284号。最高人民法院中国应用法学研究所编:《人民法院案例选》2002年第4辑总第42辑,人民法院出版社2003年版,第178-187页。

肖像权、隐私权、婚姻自主权、监护权、所有权、用益物权、担保物权、著作权、专利权、商标专用权、发现权、股权、继承权等人身、财产权益。”第22条规定：“侵害他人人身权益，造成他人严重精神损害的，被侵权人可以请求精神损害赔偿。”第62条规定：“医疗机构及其医务人员应当对患者的隐私保密。泄露患者隐私或者未经患者同意公开其病历资料，造成患者损害的，应当承担侵权责任。”该法的颁布标志着隐私权在我国法上的正式确立，法律对隐私权的保护从特殊主体扩大到了一般主体，隐私权正式从人格利益上升为独立的人格权利。隐私权作为人格权的一种受到法律的保护从此再无疑虑，该法在我国隐私权的发展历史上无疑是一部里程碑式的法律，从此开启了隐私权作为独立人格权受法律保护的时代。

《侵权责任法》实施之后，我国又出台了多部法律对隐私权进行保护。其中较为重要的有：《刑事诉讼法》第188条规定：“人民法院审判第一审案件应当公开进行。但是有关国家秘密或者个人隐私的案件，不公开审理；涉及商业秘密的案件，当事人申请不公开审理的，可以不公开审理。不公开审理的案件，应当当庭宣布不公开审理的理由。”2011年修正的《居民身份证法》在2003年《居民身份证法》第13条之后增加1款作为第13条第2款，该款规定：“有关单位及其工作人员对履行职责或者提供服务过程中获得的居民身份证记载的公民个人信息，应当予以保密。”同时，在第四章“法律责任”中新增1条作为第19条，该条规定：“国家机关或者金融、电信、交通、教育、医疗等单位的工作人员泄露在履行职责或者提供服务过程中获得的居民身份证记载的公民个人信息，构成犯罪的，依法追究刑事责任；尚不构成犯罪的，由公安机关处十日以上十五日以下拘留，并处五千元罚款，有违法所得的，没收违法所得。单位有前款行为，构成犯罪的，依法追究刑事责任；尚不构成犯罪的，由公安机关对其直接负责的主管人员和其他直接责任人员，处十日以上十五日以下拘留，并处十万元以上五十万元以下罚款，有违法所得的，没收违法所得。有前两款行为，对他人造成损害的，依法承担民事责任。”2013年1月1日起实施的卫生部《性病防治管理办法》（卫生部令第89号）第36条第3款规定：“医疗卫生机构不得泄露性病患者涉及个人隐私的有关信息、资料。”第48条第2款规定：“医疗机构违反本办法规定，未按照有关规定报告疫情或者隐瞒、谎报、缓报传染病疫情或者泄露性病患者涉及个人隐私的有关信息、资料，按照《传染病防治法》有关规定进行处理。”第51条规定：“护士在性病诊疗活动中违反本办法规定泄露患者隐私或者发现医嘱违反法律、法规、规章、诊疗技术规范未按照规定提出或者报告的，按照《护士条例》

第31条的有关规定进行处理。”这些法律法规配合了民法领域的原《侵权责任法》,确认隐私权受法律保护的新的立法形势,通过其他部门法和特别法的规定来加强对隐私权的保护,在一定程度上弥补了原《侵权责任法》这种宣示性保护隐私权做法的不足。

《民法典》之人格权编第六章为“隐私权和个人信息保护”,其中第1032条、第1033条与第1039条分别确认隐私之概念与隐私权之享有、隐私权侵权行为类型以及国家机关及其工作人员的隐私保密义务。这些专门性规定结合人格权编一般规定(人格权侵权民事责任承担、死者人格利益保护等)的内容,较为完整地构建了隐私权保护规范体系。

从2010年开始,隐私权案件逐年增加,网络隐私、信息隐私等新型隐私权侵权案件开始增多,同时基因隐私案件也开始出现。其中典型的案件有:“中国基因歧视第一案”〔1〕、“张某淼案”〔2〕和“倪某某诉陈某某案”〔3〕。在“中国基因歧视第一案”中,周某等3名学生由于在公务员考试体检中被检测出为地中海性贫血基因的携带者而被取消录用资格,于是该3人将组织体检的公务员机关告上法庭。2010年6月4日,佛山市禅城区人民法院开庭审理此案,判决宣告原告周某等3人败诉。2010年8月11日,佛山市中级人民法院做出终审判决,驳回上诉,维持原判。本案虽以败诉告终,但对我国隐私权的发展具有重大意义。基因信息作为一种重要的个人信息,属于隐私的范畴,非法检测公民基因信息构成对公民隐私权的侵害,该案的出现将基因隐私问题带入我国司法实践之中。再看“张某淼案”,该案原告张某淼、厉某芬认为被告上海上房物业管理有限公司(以下简称上房物业)在小区公告栏内张贴本案当事人之间关于物业服务合同纠纷的法院判决书的行为侵害了他们的隐私权,故提起诉讼。本案的终审法院上海市高级人民法院认定,隐私权是指自然人享有的对其个人的,与公共利益、群体利益无关的个人信息、私人活动,以及对私有领域进行支配的具体人格权。本案中,上房物业张贴的法院判决书系经公开审判,判决的是张某淼、厉某芬是否应当支付物业管理费一事,其内容与小区其他业主有一定联系。而且,上房物业在张贴该判决书时用黑色颜料涂盖了张某淼、厉某芬的姓名和所住楼号,可以看出上房物业主观上并无侵犯张某淼、厉某芬隐私的故意,客观上也未侵犯其隐

〔1〕 张新宝、翟羽燕:《中国隐私权保护的现状与展望》,2012年人格权之基本理论及立法研讨会会议论文。

〔2〕 上海市高级人民法院民事判决书,(2011)沪高民一(民)申字第403号。

〔3〕 上海市徐汇区人民法院民事判决书,(2013)徐民一(民)初字第5269号。

私,因此法院驳回了申请人的再审申请。该案是以隐私权为独立诉由的案件,虽然法院判决原告败诉,但是从法院的判决理由中不难看出,法院对隐私概念的判断以及公共利益对隐私权的限制有了较深的认识。在"倪某某诉陈某某案"中,当事人明确以隐私权为诉由提起诉讼,而法院也最终认定被告人拨打骚扰电话、发送垃圾短信的行为侵害了原告的隐私权。隐私权在这一时期已经随着立法的完善成为受法律保护的独立的人格权。以隐私权为独立案由的案件大量出现,为以后的人格权法立法,具体规定隐私权的概念、范围以及隐私权的保护方式,作了实践中的准备。

综上所述,从2010年《侵权责任法》实施开始,隐私权作为独立的民事基本权利受到了法律的肯定。原《侵权责任法》通过一般侵权行为保护隐私权,但是由于规定隐私权的民事基本法——人格权法的缺位,导致法律上隐私权的概念、范围等具体问题不明,使原《侵权责任法》对隐私权的规定流于形式,实践可操作性不强。《民法典》的出台使这一局面得到了改善,但我国法上对隐私权的规定也很难谓之完善。但无论如何,原《侵权责任法》确定隐私权独立人格权的地位无疑翻开了我国法上隐私权发展的新篇章,对《民法典》人格权编隐私权的规范设计有着积极意义。

四、小结

我国法上的隐私权是经历了一个从无到有的漫长发展过程的。通过研究我们发现,法律上隐私权概念的发展始于20世纪80年代,1987年施行的《民法通则》规定了法律保护与隐私权有关的肖像权、名誉权等具体人格权,1988年的《民通意见》正式将隐私放入名誉权项下进行保护,真正开始了我国法上隐私权保护的发展历程。其后的《名誉权解答》以及《名誉权解释》,延续了《民通意见》的做法,继续通过名誉权保护隐私,这一时期的案例也多为宣扬他人隐私侵害名誉的案件。直到2001年《精神损害赔偿解释》的出台,才将隐私利益独立出来,变名誉权的间接保护为隐私利益的直接保护,但是由于该解释将违反社会公共利益、社会公德作为隐私利益受法律保护的前提,对隐私保护的判断标准过高,同时法律规定也缺乏实际的可操作性,使法官在判案中大多数还是以名誉权作为判决理由,隐私权并未真正独立于名誉权,法律上的隐私权概念也并未真正确立。2010年实施的《侵权责任法》明确提出了隐私权的概念,规定隐私权受法律的保护。该法的出台虽然确立了隐私权作为具体人格权的独立地位,但是由于当时规定隐私权的基本法——人格权法的缺位,我国法只是宣示性地规定法律保护隐私权,对隐私权的内涵、范围以及保护方式都未作具体规定,这就导致在具体实践中法官直接保护公民的隐私权还是存在很多困难。而这一时期新的隐私权侵权行为类型开始出现,隐私权纠纷的增多迫切要求立法者完善法律对隐私权的保护,改变我国隐私权无统一立法、规定零散、法律缺乏可操作性的现状,建立起宪法、法律、特别法联动保护隐私权的规范体系。《民法典》明确了隐私权的概念、范围及保护方式等内容,加大力度推动规范隐私权的特别法,尤其是《个人信息保护法》的制定,配合现有的法律规定,完善法律对隐私权的规制。现如今隐私权在我国法上已经取得了具体人格权的地位,并且学界也逐渐认识到隐私权是一种独立的宪法基本权利,[1]具有开放性的隐私权,必然在实践的推动下不断地向前发展。

第三节 隐私权的基本理论

一、隐私的概念及内容

(一)概说

隐私同隐私权是既相互联系又相互区别的两个概念,对隐私内涵的界定是研究隐私权的基础。什么是隐私?隐私具有哪些内容?这些是隐私权研究的逻辑起点和不可规避的问题。因此,本书将以对隐私概念及内容的界定作为研究隐私权基本理论问题的起点。

在我国学者的很多著述中,常出现将隐私和隐私权这两个概念混用的情况,这是对隐私概念的误用。由于“隐私”一词是地地道道的“舶来品”,是对英语中“privacy”一词的移译,而在牛津英语词典中“隐私”含有选择或权利的含义。因此,有的学者认为隐私同隐私权的概念实际上是互通的,因为隐私本身就具有权利的内涵。但实际上这种理解是不准确的,隐私作为一种客观存在和事实状态,从其本质上来说应当是隐私权的客体,是隐私权所指向的对象,隐私权是规范及价值层面上的权利,而隐私则是权利的客体。

英语世界对于隐私的研究一般可分为三个方面:首先,隐私意识,即不同文化和时代背景下人们所认识到的;其次,隐私概念,即作为民族或个人言语中所使用的;最后,法律意义上的隐私。[2] 隐私意识伴随人类的诞生而出现,与羞耻

[1] 参见张红:《一项新的宪法上基本权利——人格权》,载《法商研究》2012 年第 1 期。
[2] 参见[澳]杜博妮:《英语世界隐私概念综述》,刘畅译,载《南开学报(哲学社会科学版)》2005 年第 1 期。

感有关。[1] 正如进化论学者查尔斯·达尔文和哈维洛克·埃利斯所说的那样，羞耻是人性的根基，[2]隐私意识也源于最基本的人性需求。从远古时代人们开始遮蔽身体，到奴隶及封建社会的不平等的隐私观，再到资本主义兴起，个人意识觉醒，异族文化融合，人们对隐私的重视逐步上升，法律意义上的隐私开始出现。而如今，由于信息技术的发明，各种新型隐私纷至沓来。隐私成为热门的学术研究对象，关于隐私的研究涉及法学、心理学、社会学、哲学等多个学科领域，出于知识范围所限，本书所研究的隐私是法学领域内的隐私，即我们通常所说的作为隐私权客体的隐私。

隐私对于个人的意义至关重要，作为社会中的人，个人同他人的关系可以用同心圆来表现。最核心的圆是个人的"绝对隐私"，一般情况下是不会与任何人分享的私人秘密。第二个圆是生活中的"相对隐私"，虽然不会同社会大众分享，但可以同具有某些亲密关系的人，比如说家人之间进行分享。第三个圆是更广泛的隐私，可以同更大范围内的人进行分享。依次类推，之后的圆中的隐私意义逐步弱化，直到个人完全被社会所"吞噬"。由此不难看出隐私对于个人存在的重要意义，甚至可以说，隐私是形塑出"个人"这一独立个体的关键。难怪道格拉斯(Douglas)法官在"怀特案"中会说"独处是必要的，人格由此发展而来"。[3] 可见隐私是形成人格的基础。正是由于隐私所具有的重要意义，隐私权才从人格权体系中独立出来，成为不可替代的重要权利，隐私问题成为隐私权研究中不可回避的首要问题。

(二)隐私的概念

1. 域外法上的观点

在英语中"privacy"一词来自拉丁语的"privatus"，其意为"远离公众生活，脱离公职，特指个人而言"。"privacy"的词根为"private"，与英语中的"丧失"(privation)以及"剥夺"(deprivation)二词相同。在早期英语中，"私人"一词一般具有消极含义，其意指"非公共的"，即与任何公共事物无关。[4] 那时要完全脱离公共事务，意味着被剥夺和丧失权利，形容某人是"隐私的""完全私人化的"，

---

〔1〕 1977年，卡尔·德·斯内德(Carl D. Schneider)首次将隐私意识同羞耻感联系起来。参见Carl D. Schneider, *Shame, Exposure, and Privacy*, 1-8, Beacon Press, 1977。

〔2〕 See Carl D. Schneider, *Shame, Exposure, and Privacy*, 9, Beacon Press, 1977.

〔3〕 White v. United States, 401 U. S. 745, 763 (1971).

〔4〕 参见《牛津英语词典》，牛津大学出版社1996年版，第515-519页。

在当时不具有任何褒义,波斯纳将隐私称为“贱民的命运”。〔1〕直到19世纪末,“隐私”才与政治和法律联系起来,人们将它与现代意识及先进文明挂钩,这才使隐私被逐渐赋予了较高的积极价值。〔2〕

法学领域内的隐私,从其诞生至今的100多年来尚无一个公认的定义。沃伦(Warren)和布兰迪斯(Brandies)二氏是从幽居、独处的权利,即减少社会交往,从公众中退出这一层面上来使用隐私概念的。可见法学上隐私最初的含义是保持安静独处的生活状态。当然也有学者从不同的角度定义隐私,如汉娜·阿伦特(Hannah Arendt)就认为:“隐私保证了心理和社会的深度,容纳了那些在公共场合无法持续存在的事物;其通过确定边界,加强公共领域,来确保其同一性;它保护了生活中神圣与私密的空间。”〔3〕这是利用公私领域的二分法来定义隐私的。自从古希腊时期苏格拉底和亚里士多德将私领域从国家与社会中分离出来,隐私就必然是属于私领域的概念,因此也可将隐私称为“个人自主领域——存在和活动范围不触及他人的领域”。

艾伦·韦斯丁在其1967年的著作《隐私与自由》中指出隐私存在四种主要状态:匿名、孤独、拘谨和亲密,他的这种论述为后人所广泛引用。〔4〕1980年鲁斯·戈文森就认为,隐私是一种用以区别他人的结构,而非一种要求、心理状态或控制形式,其与秘密、孤独、匿名有关。〔5〕这实际上是利用个人与他人的区别来对隐私进行的定义。从隐私所具有的区分个人与他人的功能来看,隐私应当是指对个人亲密关系的自决与控制,是对自己与他人接触的限制或保护,其包括身体接触和信息接触。〔6〕而隐私就具有以下四种功能,即个人自由、情感释放、自我评价以及有限度和受保护的人际交往。〔7〕可见隐私具有自我实现和人际交往的功能,对内控制私人亲密关系,塑造自我;对外控制人际交往,实现自我,形成个人与他人的人际关系。

现代社会,随着信息技术特别是计算机技术的发展,个人信息逐渐从私领域

〔1〕参见[美]理查德·A. 波斯纳:《正义、司法的经济学》,苏力译,中国政法大学出版社2002年版,第276页。

〔2〕参见[澳]杜博妮:《英语世界隐私概念综述》,刘畅译,载《南开学报(哲学社会科学版)》2005年第1期。

〔3〕[美]汉娜·阿伦特:《人的境况》,王寅丽译,上海人民出版社2009年版,第39-44页。

〔4〕See Alan F. Westin, *Privacy and Freedom*, The Bodley Head Ltd., 1967, p. 31-32.

〔5〕See Gavison, Ruth, *Privacy and the Limits of Law*, Yale Law Journal: 421-471.

〔6〕参见[美]阿丽塔·L. 艾伦、理查德·C. 托克音顿:《美国隐私法:学说、判例与立法》,冯建妹等编译,中国民主法制出版社2004年版,第8-13页。

〔7〕See Alan F. Westin, *Privacy and Freedom*, The Bodley Head Ltd., 1967, p. 32-39.

中凸显出来，体现出独特的价值。各国的立法及司法实践为了应对新环境，创设出了一种新的隐私类型：信息隐私。正如在德国，领域理论逐渐弱化，转而趋向信息自主，通过扩大信息的概念发展出以信息自主权为核心的隐私规范体系。[1] 因此，有的西方学者指出，隐私是指自己所控制的个人信息。[2] 这是从信息层面对隐私进行的解释，通过扩大解释信息的内涵以期囊括所有的隐私类型。但本书认为这种界定很难谓之全面，隐私最原始的定义就是私人领域，主要包括身体和住宅等，而无论怎样扩大信息的内涵都实难将之概括在内。

隐私是一个具有开放性的概念，是对一大堆价值和权利的一般性标签。[3]《韦氏大辞典》概括隐私的内涵主要包括以下三个方面：第一，独立于其他公司和个人的状态或性质；第二，未经批准不受监视或观察；第三，隐居、私宅、私人事务和秘密环境等。

综上所述，隐私的内涵主要包括以下三点：(1)独处、不受打扰的状态；(2)自由控制的私领域（包括住宅、身体、日记等）；(3)个人信息（包括人体生物信息、历史记录等）。从隐私的词源和历史发展以及比较法上学者对隐私不同角度的认识，我们虽然无法得到精确、唯一的隐私概念，但也为我们进一步认识隐私提供了帮助。

2. 我国法上的观点

我国传统上"君君臣臣，父父子子"的社会结构和伦理观念导致长期以来在我国一般民众对于上位者的君主和家长是没有隐私可言的，其保有的仅是所谓"夫妻之事不可言"的男女阴私。[4] 由于我国传统文化对于隐私的贬低和排斥，早期的隐私权研究将隐私和阴私完全等同，[5]认为所谓隐私就是指男女两性关系的有关事宜。但随着对隐私研究的深入，这种观念已为学术界所抛弃，隐私包含但不等同于阴私的观点已成为大家的共识。

---

〔1〕 参见王泽鉴：《人格权法：法释义学、比较法、案例研究》，北京大学出版社2013年版，第238页。

〔2〕 参见黄芬：《隐私与隐私权概念的思考》，载《大连海事大学学报（社会科学版）》2007年第2期。

〔3〕 参见[美]阿丽塔·L. 艾伦、理查德·C. 托克音顿：《美国隐私法：学说、判例与立法》，冯建妹等编译，中国民主法制出版社2004年版，第13页。

〔4〕 在中国古代，儒家宣扬"非礼勿视，非礼勿听""乐而不淫，哀而不伤""存天理灭人欲"，但同时他们也承认夫妻之事乃人伦之本，是为正道，需要尊重和保护。《醒世姻缘传》第15回中就指出："夫妇之情，人伦之本，此谓之正色。"故而，中国传统上所保护的隐私仅指男女阴私，这种观点也对现代中国隐私发展产生了长远的影响。

〔5〕 参见《法学词典》，辞书出版社1985年版，第872页。

我国隐私权研究始于20世纪90年代初,至今30年左右。[1] 随着社会不断发展和研究不断深入,关于隐私的内涵也得出了丰硕的成果。对于隐私的定义,冯菊萍和张俊浩认为,“隐私是指私人生活中不愿他人所知的私人信息”。[2] 张新宝认为:“隐私,是指私人生活安宁不受他人干扰,私人信息保密不受他人之非法搜集、刺探和公开。其包括私生活安宁及私生活秘密两个方面。”[3] 王利明认为:“隐私是指公共利益之外的自然人免受外界公开和干扰的私人秘密和私生活安宁的状态。”[4] 杨立新认为:“隐私是与公共利益无关的个人私生活秘密,它所包容的内容,是私人信息、私人活动和私人空间。”[5] 张新宝对我国隐私内涵的学说进行了总结,他认为我国学界对隐私内容的观点有三种:第一,“信息说”,即认为被保护不愿公开的信息是隐私;第二,“信息+安宁说”,即认为隐私限于保护私生活安宁与私人信息;第三,“信息+安宁+决定说”,即认为隐私包括了个人信息、生活安宁以及对个人私事的决定。第三种无疑是现阶段我国学界对隐私内涵认识比较全面的观点,这种观点也获得了我国很多学者的赞同。[6]

当然也有学者从其他角度来定义隐私,比如马特就从公私领域的划分角度对隐私进行定义,他认为“隐私应当界定为,与公领域相区别的私生活领域”[7]。我国也有学者主张不应当对隐私进行统一的一般性定义,应保留隐私的不确定性和开放性。如王泽鉴就指出,传统见解认为隐私系对于个人自我独处而言的,具有消极的意义,而新近见解则认为隐私系指对个人资料的控制,具有积极的意义。因为隐私具有开放性的特征,其内涵具有不确定性,能够随着社会的发展而不断延伸,这固然会造成法律适用上的不确定,但正因为如此,才能适应社会经

---

〔1〕 参见王秀哲:《隐私权概念的检讨与重构》,载《福建政法管理干部学院学报》2007年第2期。

〔2〕 参见冯菊萍:《隐私权探讨》,载《法学》1998年第11期;张俊浩主编:《民法学原理》(修订版),中国政法大学出版社1997年版,第316页。

〔3〕 张新宝:《隐私权的法律保护》(第2版),群众出版社2004年版,第7页。

〔4〕 王利明:《隐私权概念的再界定》,载《法学家》2012年第1期。同样,王利明教授也肯定隐私首先应当包含个人没有公开的信息、资料等。参见王利明:《隐私权内容探讨》,载《浙江社会科学》2007年第3期。

〔5〕 杨立新:《人格权法》,法律出版社2011年版,第598页;杨立新:《关于隐私权及其法律保护的几个问题》,载《人民检察》2000年第1期。

〔6〕 比如张新宝、高圣平、徐亮就是这种观点的支持者。参见张新宝:《隐私权的法律保护》(第2版),群众出版社2004年版;高圣平、徐亮:《隐私权的逻辑构建》,2012年人格权之基础理论及立法研讨会会议论文。

〔7〕 马特:《隐私语义考据及法律诠释》,载《求索》2008年第5期。

济的变化,才能对隐私权的侵害提供必要的保护。[1]

在我国的司法实践中,法院也有关于隐私概念的论述。比如在著名的"死亡博客案"中,法院指出:"隐私一般是指与特定人的利益或者人身相联系,且权利人不愿为他人所知晓的私人生活、私人信息、私人空间及个人生活安宁。"[2]在"泄露业主住址案"中,法院指出:"公民的住址属于公民的个人信息,公民的个人信息在本人不愿意公开的情况下属于个人隐私的范畴。"[3]而在"编修族谱纠纷案"中,法官认为"隐私即指个人的不愿公开的私事或者秘密,从法律角度讲,亦即与他人或公共利益生活无关的私人数据、私人事务、私人领域中的信息。"[4]这些观点无疑受到了我国学界关于隐私内涵界定的影响,也体现出法院对隐私概念的看法。

综上所述,本书认为学界对于隐私内涵界定的区别主要在于以下两个方面:第一,对于隐私的物质载体"私"的界定不同。学者对于"私"的内涵和外延有着不同的认识,有的学者认为"隐私"之"私"仅包括个人信息在内,期望通过扩大解释"信息"的内涵来概括"隐私";有的学者将对私事的自主控制,即对私领域决定的自由纳入"私"的范围;而大多数学者则赞同将个人信息和私生活领域都包括在"私"的概念范围之内。第二,对于隐私的表象形态"隐"的认识不同。有的学者认为"隐"是当事人的一种主观心理,即主观上"隐藏信息不愿被打扰的"心理状态;而有的学者则强调"隐"是一种客观表现,是当事人对自己之"私"进行保护和控制所呈现出来的一种客观状态。因此,为了解决什么是隐私这一问题,本书采用学界通常的做法,通过对"私"和"隐"的界定来明确"隐私"的概念。

3. 隐私概念的再界定

(1)对于"私"的界定:首先,对"私"的界定,是建立在公、私领域二分法的基础之上的。所谓"私",是相对于国家、社会的"公"而言的私人生活。这里的"私"具有"个人的事"的含义,有的学者借此将"私"定义为"只涉及个人,与公共利益、群体利益无关的事情"[5]。这固然将"私"的外延进行了明确区分,但

---

〔1〕 参见王泽鉴:《人格权法:法释义学、比较法、案例研究》,北京大学出版社2013年版,第238页。

〔2〕 北京市朝阳区人民法院民事判决书,(2008)朝民初字第10930号。

〔3〕 广东省深圳市宝安区人民法院民事判决书,(2010)深宝法民一初字第1034号。

〔4〕 湖南省资兴市人民法院民事判决书,(2011)资民一初字第214号;湖南省郴州市中级人民法院民事判决书,(2012)郴民一终字第136号。

〔5〕 杨立新:《人格权法》,法律出版社2011年版,第303页;高圣平、徐亮:《隐私权的逻辑构建》,2012年人格权之基础理论及立法研讨会会议论文。

有一点需要强调,即所谓“只涉及自己”,这里的“涉及”和“影响”的范围要进行限制,此处密尔的理论值得借鉴。密尔在其《论自由》一书中指出:“所谓只影响本人,其影响是指最初的,最直接的那部分。”因为我们处于一个普遍联系的世界,从哲学上来说,单纯涉己、与公共利益和群体利益无关的事情是不存在的,“整个人际关联甚为复杂,个人的举动,在情感、好恶和利益上通常会影响到他人,如对此种影响的范围不加适当的限制,则涉己和涉他的边界将难以确定,而个人自由的外延也将无法确立”〔1〕。因此,这里的“私”是指最初只涉及个人的事情,至于之后是否与公共利益、群体利益相联系并不影响“私”的成立。同时由于隐私是一种事实状态,因此从另一个层面上来说,这里的“私”是与“公开状态”相对应的,即个人从公共生活中“自我退避”的一种状态,这种状态包括了完全自我封闭、离群索居式的“零社会关系”状态,也包括相对隐退的“部分社会关系”状态。

其次,在明确了对“私”的界分之后,还要了解“私”所指向的“个人的事”包括哪些,即所谓的“私”有哪些内容。现在学术界一般认为“私”包含私人秘密、私生活、私人空间、私人信息等内容。但由于隐私是一个不断发展的概念,如王泽鉴先生所说的那样,正是由于隐私的这种开放性,法律才得以对隐私权提供必要的保护。因此本书认为,隐私的“私”主要包含私领域、私事和个人信息,但又不仅限于这几种的范围,应当对“私”做抽象的理解,保留其不确定性和开放性,以应对未来的新发展。

最后,所谓的“私”是一种客观存在,其必须是真实的,不是杜撰的,必须能与某个特定的人相联系。“私”具有很强的人身关联性,只有存在将某种事实与特定主体联系起来的现实可能性时,才将其称之为“私”,即“私”能够直接或间接识别出当事人的事实状态。

综上所述,那些具有私人性质及高度人格特质的事实即为“私”。

(2)对于“隐”的界定:对于隐私之“隐”主要存在这样一个问题,即所谓“隐”到底是指某一事实所呈现出的不被人知的外观或状态,还是当事人不愿公开的主观心理?这一问题存在争议。如果是前者,则法律上的隐私必须具备某种秘密的外观,如采取某种保密措施;如果是后者,则法律上的隐私由个人的主观心理所决定,人人不同,难有同一标准。德国法上对隐私权的保护似乎倾向于前者,判断某一事实是否属于隐私需要当事人对该事实采取一定的保密措施,

---

〔1〕[英]密尔:《论自由》,程崇华译,商务印书馆1959年版,第10-12页。

“无法从客观上识别出当事人的保密意图的，原则上可以去知悉他人的信息”[1]。而我国有些学者则认为，隐私的“隐”当然是指当事人不欲他人所知和介入的主观心理。[2]《民法典》第1032条第2款对应的表述是“不愿为他人知晓”，似乎仅体现了“隐”的主观性。

对于这一点，本书采折中的观点。首先，隐私的“隐”当然具有主观性。因为隐私具有高度的属人性特征，每个人对于自己隐私的内涵以及外延都有不同的认识。不同的时代、民族和文化背景会导致各个群体之间不同的隐私观念，即使是在相同的时代、民族和文化背景中，由于个人经历、家庭环境和受教育背景的不同，个人对隐私的认识也千差万别。比如有些人将姓名、外貌等相当公开的个人信息都视为个人隐私，而不欲他人所知（如阿拉伯妇女在公共场合必须以纱巾蒙面）；而有的人则对自己的婚恋史、犯罪记录等具有高度敏感性的个人信息，都不视为隐私（如明星利用自己的绯闻炒作）。因此，隐私具有相当的主观性，受个人主观心理所影响。但同时，作为法律意义上的隐私，也必须具有一定的客观性，具有某种可识别的外在表现形式，能为一般公众所认可。否则法律将陷入混乱，失去其保护隐私的功能。

对于这二者的调和，本书认为可以采用“合理隐私期待”理论。首先，当事人要表现出自己对隐私的期待，主观上有认定其为隐私的意志；其次，当事人的这种隐私期待必须是合理的，是能为社会一般观念所接受的。满足后者，即为社会大众所公认的，如性行为、身体隐秘部位等当然属于隐私范畴；但在某种情况下，即使不能满足后者，由于当事人本身的特质，如离群索居、特殊的宗教信仰等，特定当事人对某些事实仍然具有合理隐私期待（如在中国社会保护穆斯林妇女的容貌隐私）。

当然还应注意到，“隐”包含了自主控制的含义在内，即当事人可以决定是否公开自己的隐私，以及公开的范围、内容、对象等事项。当事人可以选择不向任何人公开自己的隐私，也可以向一部分人公开自己的隐私。比如夫妻之间、家庭成员之间或者某些具有亲密关系的人之间相互公开隐私，这些隐私会由于公开而成为“共同隐私”，但在公开范围之外仍属于个人隐私的范畴，同样当事人也可以选择向所有人公开自己的隐私。个人享有对自己隐私的控制权，才能更

---

〔1〕 霍尔斯特·埃曼：《德国法中一般人格权的概念和内涵》，载《南京大学法律评论》2000年第1期。

〔2〕 参见高圣平、徐亮：《隐私权的逻辑构建》，2012年人格权之基础理论及立法研讨会会议论文；可欣：《论隐私权》，吉林大学2007年博士学位论文。

好地保护私生活安宁,实现自我,塑造人格。

综上所述,个人有意就某种事实进行保密是为"隐",而这种"隐"需为社会公众所认可,通过"合理隐私期待"理论来进行判断。

(3)特殊问题探讨:关于隐私概念的界定,还有一些特殊问题需要探讨。首先,一个事物是否属于隐私与其是否受到法律保护是两个不同的概念。一般意义上,姓名、身高、体重、电话等都是个人隐私,但在不同的情况下这种隐私受到不同程度的限制,其是否受法律的保护以及保护程度如何,要根据事件的性质、严重程度,通过个案利益衡量来进行判断。如在一般生活中出于关心而问及他人姓名、电话等信息,由于是否告知的权利在于主体自己,故不构成对隐私权的侵害;而在政府收集公民个人信息建立数据库的情况下,则要根据该信息的使用及结合可能性来进行判断,如果该信息的结合可能性极高,存在暴露个人完整"人格图像"的高度危险时,则法律倾向于保护隐私,而当这种信息的结合可能性低,或采取了必要措施进行防范时,法律则倾向于保护政府建立数据库所体现的公共利益。

其次,对于违法和不道德的行为是否属于隐私,学术界不无争议。有的学者认为应当对隐私进行合法性判断,将隐私分为合法隐私和非法隐私,对于那些严重违法或违反道德的隐私,法律是不予保护的。〔1〕但本书认为,对隐私进行合法性判断本身就是一个伪命题。一个事物合法与否,是在客观事物同法律规范之间进行的比较衡量,而隐私本身就是一种客观存在或事实状态,根本就不存在合法性判断的问题。判断一个事物是否属于隐私不需要判断其是否合法,即无论这一事实合法与否,只要其属于隐私的范畴,当事人就可以主张隐私权。〔2〕而国家或公权力机关对属于违法事件的隐私的调查,是法律出于公共利益的考量而对隐私进行的限制。

记载了违法内容的信息属于隐私。如在德国的"日记案"中,联邦宪法法院

---

〔1〕 参见李秀芬:《论隐私的法律保护范围》,载《当代法学》2004年第7期。

〔2〕 认为违法、不道德事物应当排除出隐私的观点,实际上是受到了我国传统文化的影响。因为在我国传统上隐私多不具有积极的意义,所谓"难言之隐""羞于启齿""不可告人"等多用来形容不光彩甚至违法的事情,在这种背景下,有私必揭、"家长里短"、"街谈巷议"被人们所普遍认可。上述论述使国人从心理上认为,由于违法或不道德的行为具有可谴责性,故任何人对其进行揭露都是"惩恶扬善",不存在侵害隐私。这种观念在过去以宗族为基本社会单位、宗族具有一定的社会管理职能的时代是行得通的,但到了现代法治社会,宗族不再具有社会管理的权能,需要通过制度来管理社会,此时这种观念就会贬低制度的权威,鼓励私罚现象,扰乱社会秩序。

承认,记载了犯罪事实的日记是当事人的隐私,甚至是隐私的核心领域,但法院同时认为,出于刑事侦查的需要,法庭可以调查这种隐私,甚至将其作为证据出示。[1] 这就回到了上一个问题,即以违法事实为物质载体的隐私仍然属于隐私的范畴,但法律是否对它进行保护、保护程度如何,需要法官在个案中通过利益衡量来予以判断。同样,刑事犯罪记录也是当事人的隐私,触犯过刑法的人也有权回归社会开始新生活,这就要求法律赋予其隐匿过去错误的权利。[2] 犯罪记录是个人隐私,当事人有不公开和防止他人非法刺探的权利。

而随着人权意识的发展,在现代法治国家中普遍确立了"禁止自证己罪"原则。如在《美国宪法第五修正案》中就有"禁止自证己罪"的规定,1993 年修订的《法国民法典》第 9 条也规定"任何人都享有对其无罪推定的权利"。可见,"现代社会赋予了隐私以很高的价值,即使其隐匿的是'不光彩'的信息",当事人仍然对其享有隐私权。[3] 这种当事人不为他人所知的犯罪事实也属于隐私的观点,并不是鼓励犯罪或隐藏犯罪,而是出于人性的考量,禁止强迫当事人暴露自己的隐私,即使这种隐私的内容是违法犯罪行为。因为一旦施加给当事人公开这种隐私的义务,甚至否定违法事实属于隐私,就会纵容私设法庭、私人执法、私人侦探等行为,会产生践踏法律尊严、扰乱社会秩序的严重后果。最后,举重以明轻,既然违法犯罪事实都属于隐私的范畴,那么不道德行为,如某人的婚外恋行为,当然也属于个人隐私。

(三)隐私的内容

隐私的主观性导致不同的时代、国家和个人对隐私内容的认识各有不同。但作为一个法律概念的隐私,在同一时代相同的物质生活条件下,应当是有一个相对确定的边界的,故现代隐私也应当有其特定的内容。张新宝就将隐私的内容分为生活安宁和生活秘密两个方面,[4] 这是以隐私的功能为标准对隐私内容进行的分类。这一分类虽然比较周延,但却过于抽象,人们难以从中得出隐私具体包含哪些事物。还有学者将隐私分为无形隐私、动态隐私和有形隐私,[5] 这种分类固然有其学理上的价值,但仍然难逃过于抽象的窠臼。结合《民法典》第 1032 条第 2 款的隐私定义即自然人的私人生活安宁和不愿为他人知晓的私密

---

[1] Bverf GE 80,367 – 383.

[2] 参见[美]理查德 · A. 波斯纳:《正义、司法的经济学》,苏力译,中国政法大学出版社 2002 年版,第 260 页。

[3] 参见马特:《隐私语义考据及法律诠释》,载《求索》2008 年第 5 期。

[4] 参见张新宝:《隐私权的法律保护》(第 2 版),群众出版社 2004 年版,第 7 页。

[5] 参见王纯明:《论隐私权的法律保护》,载《法制日报》1998 年 8 月 1 日。

空间、私密活动、私密信息,本书认为,应当依据不同的物质载体和存在形式对隐私进行分类,包括私领域、私事和个人信息。[1]

1. 私领域

私领域又称私人空间,是个人所欲保留的空间,或从公共生活中隐退而形成的私人空间范围。私领域的范围很广,既包括承载个人隐私的物理空间,也包括个人基于生存与发展需要而与他人保持的心理距离(空间)。例如,个人的住宅、身体、行李、私家车、箱、包、日记等都属于私领域的范畴。

最早的隐私意识表现在对身体隐秘部位的遮挡,身体作为个人自主支配的最重要的部分,当然属于私领域的范畴。随着现代隐私的发展,人们对身体隐私的保护已不仅仅限于基于"知羞耻""掩外阴"的观念而遮蔽身体隐秘部位,还包括保有自己身体的完整与自主支配自己的身体。个人身体不仅不能被他人非法窥探,个人的血液、组织等也不能被他人任意提取和破坏。

住宅作为个人生活的堡垒,历来就是个人隐私最核心的部分。个人的生活起居主要在住宅中进行,人们回到住宅就表示其脱离了公共生活,在住宅中人们往往会表现出非常私人的不会在公众面前表现的举止和行为。住宅是人们放松和表达自我的私人空间,毋庸置疑属于私领域的范畴。而值得注意的是,传统上"隐私止于家门之前"的观念已有了新的突破。[2] 在著名的"摩纳哥公主案"中,德国联邦最高法院就指出,在公共场所中也存在隐私。当事人表达出退避的意愿,并基于对场所隐蔽性的信任做出不会在公众面前表现的行为时,就存在隐私,对这种隐私的判断和保护要在个案中根据具体情况进行。[3] 在现代生活中,"粗野的大众传播媒体"利用各种摄像手段和电子声光技术,能够获得各种场合下的个人隐私,而信息技术的发展又为扩大这种隐私的传播提供了手段,往往造成更加严重的后果,这就使得在公共场合下保护个人隐私有了与过去时代不同的重要意义。

私领域不仅包括物理空间,还包括心理空间。虽然人类是"社会的动物",但任何人都有退出大众、自我独处的需要,这对保持生活安宁,实现人格自由发

---

[1] 我国司法实践支持此观点,如在"曹某诉马某等案"中,法院就认定隐私是一种与公共利益、群体利益无关的,当事人不愿他人知道或他人不便知道的个人信息,当事人不愿他人干涉或他人不便干涉的个人私事或当事人不愿他人侵入或不便他人侵入的个人领域。一审:江苏省金坛市人民法院民事判决书,(2011)坛民初字第348号;二审:江苏省常州市中级人民法院民事判决书,(2011)常民终字第1391号。

[2] 参见李延舜:《公共场所隐私权研究——法理、要素及类型》,载《法学论坛》2018年第6期。

[3] BGHZ128,1;BGHZ131,332; BverfGE 101,361 – 396.

展尤为重要。[1] 在很多情况下，对私领域的侵害并不涉及侵入住宅、身体等物理性的侵害，而像公共车辆上的广告传送、街头的传单发送、强使患者获知自己的隐性基因疾病等，此时侵害的是个人不愿意被打扰，想同他人保持距离的心理空间。

2. 私事

私事是指那些具有私人性的，群体利益、公共利益之外的私人事物和私人事务。首先需要明确的是私人事物和私人事务是两个不同的概念。私人事务是一种动态的隐私，具体指个人活动，主要包括个人家庭活动、婚姻活动、社会交往以及男女性行为等一切私人事务。而私人事物是一种静态的隐私，是一种客观存在的事实，如某人的宗教信仰，参加社团状况，录影带、图书借阅状况等。

私人事物和私人事务往往表现为隐私的一体两面，包括在私事的范畴，属于隐私的内容。举例来说，我国宪法保护公民的通信自由和通信秘密不受侵犯，公民打电话、发邮件的行为就属于个人活动，是私人事务，而公民的电话和邮件中所涉及的内容，就是一种客观存在的事实，属于私人事物。[2] 对公民通信行为的干扰和妨碍，就侵害了个人活动，是对私人事务的妨害，侵害通信自由；对公民通信内容的刺探和公开，就侵害了个人的私人事物，有损通信秘密。

个人所有不愿公开和他人介入的活动和事实都受到法律的保护，任何对私事的公开、刺探或非法干预都构成对隐私的侵害。还应注意到，私事中包括个人活动。个人活动是一种动态的隐私，具有产生发展和变化的过程，会受到时间的影响，本来已经不是隐私的由于时间的经过又可能变成隐私，关于这一点，将在下文中详细论述。

3. 个人信息

个人信息是指关于个人的一切情报和资料。要理解个人信息，首先要解决什么是“信息”这一问题。信息是对英文“information”一词的移译，该词的词根为“inform”，分开来看为“in” + “form”，意为“以某种形式”。故信息是指以某种形式表现出来，用以交流和记录的东西。[3] 因此，个人信息是指通过一定的

---

〔1〕 参见王利明：《生活安宁权：一种特殊的隐私权》，载《中州学刊》2019 年第 7 期。

〔2〕 比如妻子为获得丈夫出轨的证据，窃听丈夫的电话，妻子的这种窃听行为本身，如果妨害了丈夫打电话的自由，就构成对丈夫私人活动的侵害，而妻子通过窃听行为，获知的丈夫对第三者的情感，就属于丈夫心理状态的客观存在，是一种私人事物，因此，这种窃听构成对丈夫私事的侵害。总体来说，事物是一种客观存在，而事务是一种个人活动。

〔3〕 参见邓宏、薛惠锋：《试论信息概念的分类定义》，载《西安电子科技大学学报（社会科学版）》2002 年第 1 期。

物质载体所表现出来的,关于个人的一切资料和情报。个人信息同私事和私领域最大的不同就在于它必须是以一定的形式所表现出来的个人情况。[1]

个人的所有情况都可能成为个人信息,如姓名、身高、体重、家庭住址、电话号码、健康状况、遗传特征、婚恋历史、教育背景、家庭背景、兴趣爱好、犯罪历史、生活经历、财产状况、银行卡密码等,无论是以传统的纸质媒介,还是现代的电子数据形式,只要能通过某种物质载体表现出来就属于个人信息的范畴,非法搜集、利用和公开个人信息构成对个人隐私的侵害。

信息隐私是现代隐私开拓出的新领域,也是隐私发展过程中的一个必然结果。现代技术特别是计算机技术的发展,导致大量收集和贮存个人信息成为可能,大型的个人信息数据库的产生使某些原本不具有敏感性的个人信息也因为同其他信息结合在一起而产生了保护的价值,故现在对个人信息的保护,不再是将信息作阶层上的划分提供不同程度的保护,而是以信息的使用和结合可能性为标准,在个案中通过利益衡量来予以确认。

个人信息包括人体生物信息、生活经历信息等种类。在人体生物信息中,基因信息、指纹信息是其主要内容,而生活经历信息则包括个人的刑事犯罪记录、教育记录、个人履历等内容。这些信息构成了庞大的个人信息系统,这些信息集合在一起,不仅能描绘出一个人曾经的生活经历,甚至能表现出一个人完整的"人格图像"和生物特征,而这些都是个人隐私最重要的内容。技术的进步在给传统隐私带来挑战的同时,也为隐私发展提供了新的空间,个人信息由于其紧密的人身关联性和对个人人格的重大影响,显然应当属于个人隐私的范畴,是现代隐私的重要内容。

二、隐私权的概念

(一)域外法上的观点

美国法上的隐私权的概念滥觞于《论隐私权》(*The Right to Privacy*)一文。该文并未给出隐私权的定义,而是评价性地指出隐私的实质是人类价值的缩影,文中将隐私权视为人类尊严不可分割的基础和权利,是对人平等尊重的一种人

---

[1] 在现实中常出现将资料、资讯、信息混用的情况,但严格来说这些概念是有所不同的,对其使用应当进行区别。资料是客观存在的信息,不依赖于人的主观意志,是原始的客观的,而资讯是人们在获得资料后,在脑海中的主观反映,是相对的主观的,需要经过资料"接收者"的感官判断方能形成。但是由于世界各国语言表述上的差异,以及翻译的不同,对于资料、资讯、信息的概念使用多有混淆,为了行文的方便,本书在引用比较法上的资料时将保留其原有之称谓,而其他一概以信息概括。

格权。[1] 该文作者将托马斯 ·库利(Thomas Cooley)法官在侵害财产权案件中所提出的称为独处权(right to be alone)的权利引入精神生活中,指出“生命之权利已变为享受生活之权利——不受打扰的权利……每个人都有权决定他的思想、观点和情感,在多大程度上以何种方式与他人交流”[2]。这是最初人们对隐私权的认识,总结起来我们可以将其称为“独处说”。随后在隐私权理论的发展中,美国学术界形成了众多关于隐私权概念的学说,除“独处说”之外,主要还包括 “秘密说”、“社会关系说”和“控制说”。

“秘密说”认为,隐私权主要在于保障私生活秘密,具有隐秘性的特征。理查德 · 波斯纳(Richard · A. Posner)法官就指出,隐私至少含有两个层面的利益:一是独处的利益;二是信息的隐秘性利益,任何违背主人意志对个人秘密的揭露,都构成对隐私权的侵害。[3] 艾伦 · 韦斯丁认为,隐私权具有“保留性”(reserve),是指个人凭借自己的意愿来对自己的信息进行控制,通过向他人披露自己有限的信息创建舒适的“心理距离”,以实现维护人格尊严的目的。故隐私权是指“个人、团体和机构决定怎样、在多大程度上与他人交流有关自己信息的权利”[4]。

“社会关系说”认为,隐私权是对人与人之间社会关系的控制。罗伯特 · S. 格斯坦(Robert S. Gerstein)指出,隐私权并不仅仅指向单独的个体,同时还指向人与人之间的关系,对人与人之间关系的维护是隐私权的使命之所在。[5] 詹姆斯 · 雷切尔斯和杰弗里 · 赖曼也认为,“隐私权让我们享有控制他人接触的权利,这种接触包括信息的接触”[6]。

“控制说”认为,隐私权是对个人隐私的自主控制权。朱莉 · 英尼斯在其《隐私 · 亲密 · 独处》一书中指出:“隐私权是个人对其私人领域的一种控制状

---

[1] 参见[美]阿丽塔 · L. 艾伦、理查德 · C. 托克音顿:《美国隐私法:学说、判例与立法》,冯建妹等编译,中国民主法制出版社 2004 年版,第 16 页。

[2] Samuel D. Warren&Louis D. Brandies, *The Right to Privacy*,4 Harv. L. Rev. 193(1890).

[3] See Richard A. Posner,*The Economics of Justice*,Harvard University Press,1981,p. 272 - 273.

[4] Alan F. Westin,*Privacy and Freedom* ,The Bodley Head Ltd. ,1967,p. 7.

[5] See Robert S. Gerstein,*Intimacy and Privacy*,in *Philosophical Dimensions of Privacy*:*An Anthology*, Cambrige University Press,1984,p. 265.

[6] James Rachels, *Why Privacy is Important*, Philosophy & Public Affairs 4 (1975); Jeffrey H. Reiman,*Driving to the Panopticon*: *A Philosophical Exploration of the Risks to Privacy Posed by the Highway Technology of the Future*,Santa Clara Computer and High Technology Law Journal 11 (1995).

态,包括是否允许他人对自己进行亲密接触的决定和对自己私人事务的决定。"[1]《布莱克法律词典》也指出,"自决性隐私权"(the right of decisional privacy)是指个人控制自己的事务和个人决定不受干扰、窥探和侵入的权利。[2]美国法上隐私权的这种控制范围很广,包括生育、婚姻、家庭、子女教育、性行为、安乐死、个人信息等内容。

日本学者五十岚清主要根据"《宴会之后》案"的意见,将隐私权定义为"私生活(个人的生活领域)不被他人随意侵入,不欲他人所知的私生活事实和信息有不被公开的权利",同时他还指出,此定义并不排斥将隐私权看作"个人信息自我控制权"和"自我决定权"的见解。[3] 而我国台湾地区学者论著所载有关日本新闻总编前田雄二对隐私权利的认识,其认为可以将隐私权概括为保护个人私生活秘密的权利。"人,无论是谁,都有不愿为他人所知的部分私生活。这些生活私事如被窥见或者公开发表,便会让人觉得羞耻和不愉快,那些被期待'沉默的过去的事'一旦暴露,便会构成对隐私权的侵害。"[4]

(二)我国法上的观点

我国的隐私权研究经历了20多年的发展,产生了丰硕的成果。对于隐私权的概念,主要形成了以下三种观点。

第一种观点认为,隐私权是一种与生活秘密密切相关的权利,持这一观点的学者分别从不同的角度对隐私权进行了定义。佟柔教授将隐私权定义为生活秘密权,是一种以自己的私生活秘密和生活自由为内容的,禁止他人非法干涉的人格权。[5] 这是从禁止非法介入的角度定义隐私权。王冠教授认为,隐私权是指隐瞒纯属个人的私事和秘密,未经允许不得公开的权利。[6] 这是从禁止任意公开的角度定义隐私权。还有学者指出,隐私权是指自然人对自己私生活的秘密信息进行独立支配与控制的一种人格权。[7] 这是从信息自主权的角度对隐私权进行的定义,并认为隐私权的主体是自然人。与之相对的则是将隐私权定义为一种自然人和社会组织对其信息加以保护和控制的权利。按其主体之多寡,分为集体隐私权和个人隐私权。集体隐私权指组织同机构自主决定自己的信息

[1] Julie C. Inness, *Privacy, Intimacy, and Isolation*, New York, Oxford, 1992, p. 58.

[2] See *Black's Law Dictionary*, West Publishing Co., 2004, p. 1233.

[3] 参见[日]五十岚清:《人格权法》,[日]铃木贤、葛敏译,北京大学出版社2009年版,第160页。

[4] 吕光:《大众传播与法律》,台北,商务印书馆1985年版,第65页。

[5] 参见佟柔主编:《中国民法》,法律出版社1990年版,第487页。

[6] 参见王冠:《论人格权》(上),载《政法论坛》1991年第3期。

[7] 参见郭卫华、常鹏翱编著:《人身权法典型判例研究》,人民法院出版社2002年版,第14页。

在何时、何地，以何种方式以及在何种程度上向外传播的权利。[1] 这同样是从信息自主权的角度定义隐私权，但不同的是，其认为隐私权的主体除自然人之外，还包括组织和机构。

第二种观点采列举的方式，认为隐私权是一种包括了所有隐私利益的抽象的概念和权利。根据对隐私内容的不同认识，也产生了不同的见解。如张新宝教授认为，隐私权是指自然人依法享有的私人生活安宁与私人信息秘密依法受到保护，不被他人非法知悉、利用、搜集、侵扰和公开的一种人格权。[2] 王利明教授认为，隐私权是指自然人享有的，与公共利益无关的个人信息、个人活动以及私有领域进行支配的一种人格权。[3] 杨立新教授也指出，隐私权是指自然人依法享有的，针对其个人的、与公共利益无关的私人信息、私人活动和私人空间自主进行支配的具体人格权。[4] 此外，在司法实践中，也有法官指出，"隐私权是指自然人支配并保有其与公共利益无关之个人信息、私人活动不被他人非法知悉、利用和公开的权利"[5]。还有判决指出，隐私权属于公民享有的其个人与公共利益、群众利益无关之个人信息、私有领域及私人活动进行支配的人格权。[6]

第三种观点不采隐私权之表述。如徐国栋教授认为，不应采隐私之表述，而应用"私生活权"，因为在产生这一权利的美国话语背景中，"privacy"（私生活）的含义比中文"隐私"一词的含义要广得多，他认为，私生活权是自然人控制关于自己的资料之流转并维持自己的私人自治的权利。[7] 而我国台湾地区学者何孝元教授提出"秘密权"的概念，他指出"（所谓）秘密权者，乃就私生活中于工业上不欲人所知之事实，有不便他人得知之权利也"[8]。

王泽鉴认为隐私权概念当然有其存在的必要，因为从释义学上来说，仍需要

---

〔1〕 参见陈宝林、穆夏华：《现代法学》，重庆出版社 1990 年版，第 150 页。

〔2〕 参见张新宝：《隐私权的法律保护》（第 2 版），群众出版社 2004 年版，第 12 页。

〔3〕 参见王利明：《人格权法研究》，中国人民大学出版社 2005 年版，第 562 页。

〔4〕 参见杨立新：《人格权法》，中国法制出版社 2006 年版，第 304 页。

〔5〕 上海市徐汇区人民法院民事判决书，(2012)徐民一(民)初字第 6891 号；上海市徐汇区人民法院民事判决书，(2012)徐民一(民)初字第 6889 号；上海市徐汇区人民法院民事判决书，(2012)徐民一(民)初字第 6890 号。一审：江苏省金坛市人民法院民事判决书，(2011)坛民初字第 348 号；二审：江苏省常州市中级人民法院民事判决书，(2011)常民终字第 1391 号。

〔6〕 四川省泸州市龙马潭区人民法院民事判决书，(2002)龙马民初字第 1599 号；上海市静安区人民法院民事判决书，(2013)静民一(民)初字第 141 号。

〔7〕 参见徐国栋：《民法总论》，高等教育出版社 2007 年版，第 337 页。

〔8〕 何孝元：《损害赔偿之研究》，台北，商务印书馆 1982 年版，第 116 页。

一个可以涵盖诸种权益的抽象概念,其应当具有开放性,能够进一步具体化。因此,“为了给法律的解释适用提供一个可参照的标准”,他将隐私权定义为“个人对其私领域的自主权利” 。他指出,隐私权由两个核心领域构成,一为私密领域,二为资讯自主。而隐私权的主体应当是个人,但亦存在扩大于法人团体的趋势。[1]

(三)隐私权的内涵

基于上文的论述可以发现,学术界对于隐私权概念的认识主要存在以下三个方面的分歧:第一,主体认识不同。隐私权的主体是仅指个人还是包括集体?如果是指自然人,那么包不包括死者?这都是在对隐私权主体进行认定时所存在的问题。第二,对其客体,即隐私的内容认识也不同。有的学者认为隐私是指私生活秘密[2];而有的学者则认为隐私包括私生活安宁和私生活秘密两个方面[3];更有学者指出,隐私包含私人信息、私人活动和私人空间这三个方面的内容[4]。对隐私内容的不同认识也造成了对隐私权的不同定义。第三,对其权能属性的认识不同,由此产生了“分离说”和“控制说”两种不同理论。“分离说”认为,隐私权主要是保持自我独处,排除他人干扰的权利,具有消极、被动的防御权能。[5] 而“控制说”则认为,隐私权主要着重于一种对个人的控制和决定权,具有积极、主动的控制权能。

以上这三个方面的分歧,涵盖了权利的三要素,即主体、客体和内容。对这三个方面的不同认识,也决定了隐私权是一种什么样的权利,具有何种内涵和外延。《民法典》第1032条对前两个问题有明确的规定。至于隐私权的内容,《民法典》第四编第六章“隐私权和个人信息保护”中仅有隐私权保护的规定,而《民法典》第993条则留有隐私权许可使用的解释空间。本书认为,首先,从主体上来说,隐私权的主体是自然人,不包括法人和其他组织,但不应否定死者的隐私受保护;其次,从客体上来说,基于上文的分析,隐私权的客体应当包含私领域、私事和个人信息三个方面,但由于隐私的开放性,其又并不仅限于这三个方面;最后,从权能上来说,现代意义上的隐私权不再局限于仅在侵害发生时得以对抗

---

〔1〕 参见王泽鉴:《人格权法:法释义学、比较法、案例研究》,北京大学出版社2013年版,第244-245页。

〔2〕 参见何勤华、戴永胜主编:《民商法新论》,复旦大学出版社1999年版,第140页。

〔3〕 参见张新宝:《隐私权的法律保护》(第2版),群众出版社2004年版,第7页。

〔4〕 参见王歌雅:《隐私保护与法治文明》,载《光明日报》2003年4月15日。

〔5〕 王利明教授赞同这一观点,他甚至认为应当专门设置一个“个人信息资料权”独立于隐私权之外。参见王利明:《隐私权概念的再界定》,载《法学家》2012年第1期。

侵害的消极、被动的权利，而是具有了积极的权能，特别是在信息隐私权出现之后，个人信息自主赋予了隐私权积极控制和自主决定的权能，如对个人信息的控制、知情、更正和修改的权利。

因此，基于以上的分析，本书较为赞同王泽鉴对于隐私权的定义，即隐私权是指自然人对个人隐私的自主权利。隐私的内容包括私领域、私事和个人信息三个方面，但并不排除其向更广范围发展的趋势。

（四）隐私权的性质

1. 隐私权具有民事权利和宪法基本权利的双重属性

“隐私权是民事侵权行为法和美国宪法上的一个法律概念。”[1]可见，隐私权具有民事权利和宪法基本权利的双重权利属性。美国法上之隐私权起源于侵权行为领域，1965 年通过“格列斯伍德诉康尼狄格州案”（Griswold v. Connecticut）[2]正式宣告隐私权为宪法上之基本权利。该案通过“投影理论”确认在联邦宪法第一、第三、第四、第五及第九修正案等规定的“光影”中都存在对隐私权的保护。之后作为宪法上基本权利的隐私权，其涵盖范围被不断扩充，增加了如堕胎隐私权、生育自主权、婚姻隐私权等内容。在德国法中，隐私权是对一般人格权的具体化，属于民事权利的一种，联邦宪法法院则通过一系列的判决确定了隐私权属于宪法基本权利的范畴，[3]并指出其宪法上的规范基础在于《德国基本法》第 1 条第 1 款和第 2 条第 1 款关于一般人格权的规定。

由上可知，将隐私权从一般民事权利上升到宪法权利并赋予其宪法基本权利的地位，已成为国际上隐私权发展的主流趋势。虽然我国宪法尚未明文规定隐私权，甚至民事领域中的隐私权也是自 2010 年 7 月 1 日起实施的《侵权责任法》颁布之后才得到确认的。而隐私权作为高层次之人格权，应同其上位概念人格权一样，上升到宪法高度成为宪法之基本权利，这样才能更好地对抗公权力对个人隐私的侵害，其请求权基础可追溯至《宪法》第 33 条第 3 款所规定之“人权”、《宪法》第 37 条第 1 款规定之“人身自由”以及《宪法》第 38 条规定之“人格尊严”。

隐私权所具有的宪法基本权利及民事权利的双重属性，使隐私权既为主观防御权的一种，可对抗国家公权力，亦是一种客观价值秩序，得以对抗他人，并获

---

〔1〕［美］理查德·A. 斯皮内洛：《世纪道德：信息技术的伦理方面》，刘钢译，中央编译出版社 1999 年版，第 167 页。

〔2〕Griswold v. Connecticut, 381, U. S. 489（1965）.

〔3〕比如“日记案”“人口普查案”等，参见 BverfGE 80, 367 – 383, BverfGE 65, 1。

得国家的保护。单纯的民事权利无法对抗来自国家公权力的侵害,而单纯的宪法基本权利又无法落实隐私权保障私生活的功能。故现代意义上的隐私权应当具有民事权利和宪法基本权利的双重属性。

2. 隐私权是一种具体人格权

对于隐私权是一般人格权还是具体人格权,学术界不无争议。从美国法来看,隐私权是一个包含了名誉权、姓名权、肖像权等多项权利的集合型权利,并由于隐私权的开放性和不确定性,其保护范围还在随着实践的发展而不断扩充,似乎隐私权具有我们所说的一般人格权的功能。而在德国法中,隐私权是一般人格权的具体化,属于一般人格权的概念范畴。

那么在我国法上,隐私权该如何定位呢？其到底是一般人格权还是具体人格权呢？这一问题虽在《民法典》中有明确的答案,但仍有理论上论证的必要。本书认为,隐私权应该属于具体人格权。首先,在我国的法律体系中,一般人格权是一种兜底性权利,是对具体人格权的补充。《民法典》出台前《侵权责任法》第 2 条第 2 款采列举的方式列举法律所保护的人格权,而这种列举的方法往往难以穷尽,难免挂一漏万,如果没有一般人格权兜底,就会使整个人格权体系丧失包容性和开放性,人格权制度将难以适应时代的发展。因此,基于一般人格权在我国法上的重要地位,隐私权显然不能也不应当像美国法那样成为一般人格权的替代,发挥一般人格权的作用。其次,隐私权作为一个规范的法律概念,显然应当具有其独特的内容和权利边界,否则隐私权将失去其存在的价值。美国法上并无一般人格权和具体人格权的概念,故其利用具有开放性的隐私权概念行使一般人格权的功能。但是,我国法上是存在一般人格权和具体人格权的划分的,并且我国的隐私权是为了应对时代的发展,而在其他诸如姓名权、肖像权、名誉权等具体人格权之后才为法律所肯认的;其在编排中也与其他具体人格权并列,故并不存在通过隐私权来行使一般人格权功能的需要。因此,为了保证隐私权本身的独立价值和我国法律体系的完整,我国法上的隐私权应当属于具体人格权的范畴。最后,隐私权作为一种具体人格权,具有支配权和绝对权的权利属性,其权利主体能够依自己的意愿支配自己的隐私,而义务主体是除权利主体之外的一切人。但是权利主体在支配自己的隐私权时,要受到公序良俗原则的约束,并且不能完全放弃自己的隐私权,否则个人人格将无法存在,人格尊严更无从谈起。

3. 隐私权是一种基本人权

联合国《世界人权宣言》第 12 条规定:“任何人的私生活、家庭、住宅和通信不得任意干涉,他的荣誉和名誉不得加以攻击。人人有权享受法律保护,以免受这种干涉或攻击。"《公民权利及政治权利国际公约》第 17 条也规定:"一、任何人之私生活、家庭、住宅或通信,不得无理或非法侵扰,其名誉及信用,亦不得非法破坏。二、对于此种侵扰或破坏,人人有受法律保护之权利。"可见从法律上来看,隐私权是一种基本人权。

杰弗瑞·雷曼(Jeffrey H. Reiman)曾说,隐私权是一种保护人之所以为人的权利。[1] 江平教授也指出,一个人如果没有隐私,那么它与动物将没有任何区别。[2] 隐私权是人类生而应当享有的基本人权,任何一个人,其再具社会性,都不可能是一个完全暴露于公众的"透明人",每一个人都有隐藏一部分自我和自公众中隐退的需求。隐私权保护的正是人们的这种需求,它保障人们个人独处和形塑自我的私人空间,也保障人们与他人交流、和谐共处的人际关系。从个人来看,隐私权是个人不可或缺的基本权利,从社会来看,其更具有调节和稳定社会关系的极高价值。社会发展到今天,新的技术使个人隐私无处遁形,隐私已较过去受到了更多的侵害,人们的隐私意识也随之逐渐提升,这就更需要在法律上将隐私权作为一种基本人权,从人权的角度看待隐私权和提供保护。

三、隐私权的主体

对于隐私权的主体,我国学术界素来存有争议。其争论的焦点主要在于,隐私权的主体一定有自然人,但包不包括法人和其他组织?死者能否成为隐私权的主体?作为隐私权的特殊主体——公众人物,他们又有哪些特点,其隐私权该如何保护?结合《民法典》第 994 条与第 1032 条而言,本书的基本观点是,隐私权的主体是生存的自然人个体,不包括法人和其他组织,也不包括死者。

(一)隐私权的主体是自然人个体

对于隐私权的主体,学术界通说认为是单个的自然人,不包括法人和其他组织。[3] 但也有学者持不同观点,比如王泽鉴就认为,隐私权的主体为个人,同时亦有扩大于法人团体的趋势。[4] 《民法典》第 1032 条将隐私权的主体规定为自然人。

---

〔1〕 See Jeffrey H. Reiman, *Privacy, Intimacy, and Personhood*, in *Philosophical Dimensions of Privacy: An Anthology*, Cambrige University Press, 1984, p. 300, 314.

〔2〕 参见江平主编:《民法学》,中国政法大学出版社 2007 年版,第 73 - 74 页。

〔3〕 参见张新宝:《隐私权的法律保护》(第 2 版),群众出版社 2004 年版,第 12 页;王利明:《人格权法研究》(第 3 版),中国人民大学出版社 2018 年版,第 5 页;杨立新:《人格权法》,中国法制出版社 2006 年版,第 304 页。

〔4〕 参见王泽鉴:《人格权法:法释义学、比较法、案例研究》,北京大学出版社 2013 年版,第 245 页。

首先,从隐私权的价值基础来看,隐私权的功能,或者说法律设置隐私权的目的在于保护人格尊严和人格自由发展,维护人与人之间的正常人际交往,保护个人形塑自我的空间和权利。而法人作为个人为一定目的而成立的组织体,仅是个人实现目的的手段或工具,很难谓其具有需要法律保护的人格尊严,同样也很难想象法人需要一个自我独处的形塑自我的私人空间。王泽鉴认为,“法人或其他组织体不包括在内(隐私权主体),盖因其为人或财产的组织体,而无私生活可言”。[1] 因此,不存在为法人设置隐私权的必要。

其次,从隐私权的源起来看,隐私权作为一个独立的法学概念起源于19世纪末。当时“粗野的大众传播媒体”疯狂地刺探个人隐私,造成黄色新闻流行,个人隐私无处遁形,给受害者及其家庭带来了严重的精神痛苦。为了维护个人之利益,隐私权应运而生。可见隐私权从其诞生之初就是用来保护个人的,正是由于个人会因隐私的泄露而产生精神痛苦,才有了保护隐私权的必要。众所周知,只有个人才会产生愉悦、痛苦、快乐或悲伤的情绪,而法人或其他组织作为法律拟制的人,无论如何都不可能产生这样的情感,因此,法人不会因隐私的泄露而产生精神痛苦,也就无所谓保护法人的隐私权。

最后,从隐私权的权利属性来看,隐私权作为一种具体人格权,属于人身权的范畴,而法人所享有的商业秘密权,虽然从外观上看同隐私权有很多相似之处(如都具有秘密性、隐蔽性的特征),但从其本质来说,与其将之称为人格权倒不如将之称为财产权更为妥当。因为法人商业秘密权的客体更多的指向物质性的东西,如客户资料、发明专利等,其价值可被量化,同财产利益直接发生联系。因此,法人所具有的商业秘密权是一种财产权,这与隐私权的权利属性不符。

基于上文的分析,隐私权是一种具体人格权。对隐私权的侵害会产生财产损害和精神损害的双重后果,而法人作为组织体并没有精神感受,也就不存在因为隐私被侵害而产生精神损害的可能。诚然,法人也存在需要保护的秘密,但通过商业秘密权保护即为已足,而商业秘密权又属于财产权的范畴,因此法人不是隐私权的主体。

(二)隐私权的主体是生存的自然人

对于死者并非隐私权的主体这一观点,其实已经不存争议。自然人享有权利的前提和基础是自然人的权利能力,而自然人的权利能力始于出生、终于死亡。因此,从死亡时开始,死者不再享有其生前的一切权利,自然也就不能作为

---

〔1〕 参见王泽鉴:《人格权法:法释义学、比较法、案例研究》,北京大学出版社2013年版,第269页。

隐私权的主体。《民法典》第994条规定死者的隐私受保护，实践中亦不乏存在保护死者隐私的案例。那么死者隐私的性质为何，如何保护死者的隐私，才是死者隐私保护的焦点。

我们通过一个案例来分析这一问题。2006年我国发生了一起关于死者隐私保护的案件——“甘维寿案”。[1] 本案原告甘某寿因其已死亡的女儿的姓名、年龄、两性关系等隐私被泄露而提起诉讼，要求三被告乌鲁木齐都市消费晨报社、新疆经济晨报社及记者尹某钟赔礼道歉、消除影响并赔偿精神损失费50,000元。一审法院经审理认为，被告公开原告已故女儿甘某某隐私的行为，侵犯了原告女儿的名誉权利，使原告及其家人在丧失亲人后再次遭受了心理和精神痛苦。因此，被告应赔礼道歉、停止侵害并赔偿原告的损失。从法院的论述中不难发现，一审法院承认原告的女儿即死者甘某某的名誉权受到侵害，采直接保护死者人格权的“直接说”立场，同时法院又认定对死者隐私的侵害，还使死者近亲属，即原告及其家人产生精神痛苦，原告有获得精神损害赔偿的权利，这又是采通过保护死者近亲属之利益来保护死者的“间接说”立场，故可以判定，一审法院就保护死者隐私的问题坚持的是“混合说”的立场（既承认死者之人格权，又承认死者近亲属之权益，而这两者都因侵害行为而受损，故皆应保护）。[2] 而二审法院却作出了不同的认定，二审法院终审判决认为：在未征得被上诉人同意的情况下，擅自披露被上诉人甘维寿的女儿，即死者甘某某的隐私的行为侵犯了被上诉人甘某寿女儿的隐私权。这里推翻了一审法院所采纳的“混合说”立场，认定上诉人的行为侵害了被上诉人已故女儿的隐私权，直接承认了死者的隐私权，采取了“直接说”的立场。

法院的这种摇摆和同案不同判的现象，是由于立法模糊和理论上对于死者隐私保护认识不明造成的。本书在拙作《人格权总论》中已就死者人格利益问题进行专章论述，[3] 在此不赘。基于《人格权总论》的论述，本案中被告对原告已故女儿隐私的侵害，实际上是对包括原告在内的近亲属追思爱护死者的一般人格权的侵害，死者在此时已不享有隐私权，而原告基于这种一般人格权受到侵

---

〔1〕 新疆维吾尔自治区奇台县人民法院民事判决书，(2006)奇民一初字第524号；新疆维吾尔自治区昌吉回族自治州中级人民法院民事判决书，(2006)昌中民一终字第826号。参见最高人民法院中国应用法学研究所编：《人民法院案例选》2007年第3辑总第61辑，人民法院出版社2008年版，第131－137页。

〔2〕 关于保护死者人格利益的“直接说”“间接说”“混合说”的论述，参见张红：《人格权总论》，北京大学出版社2012年版，第357－396页。

〔3〕 参见张红：《人格权总论》，北京大学出版社2012年版，第357－396页。

害,产生精神痛苦,可以提起诉讼,要求精神损害赔偿。故本书认为,死者不享有隐私权,对死者隐私的保护实际上是对死者近亲属追思爱护死者的一般人格权的保护,通过赋予死者近亲属这种一般人格权,一方面,厘清了隐私权的主体不包括死者;另一方面,明确了近亲属提起死者隐私诉讼的请求权基础——一般人格权,这既有利于死者隐私保护,又有利于隐私权权利体系的构建。

最后需要指出的是,隐私权的主体固然是生存的自然人个体,但这是针对其权利主体而言的,由于隐私权是绝对权、支配权,就义务主体而言,隐私权的义务主体是指除权利主体之外的一切人,既包括自然人也包括法人和非法人组织。

(三)特殊问题探讨——公众人物的隐私权

隐私具有主观性,对某一个人来说是隐私的东西,对另一个人来说就可能不是。隐私也具有属人性,同样一个事物对某人来说是隐私,但对另一人来说可能变为公共信息,“披露相同事实的行为可能完全取决于作为其对象的人”。[1] 也就是说,个人的身份对于个人隐私权的保护将产生重大甚至决定性的影响。《民法典》第998条规定,认定侵害隐私权之民事责任应当考虑行为人与被害人的职业因素。公众人物(public figure)与公共利益相联系,具有强大的社会影响力,其隐私较一般人而言不可避免地受到了更多的限制。

不可否认的是,公众人物的隐私权范围比一般人更为狭窄,这是讨论公众人物隐私权问题的意义所在。但是要使公众人物的隐私权理论发挥其真正的价值,还需要解决以下两个问题:第一,如何区别公众人物和一般人,公众人物的概念为何,其内部该如何分类;第二,基于任何一个人在一定范围内的隐私都应当受到法律的保护,那么对公众人物的隐私该在何种范围内进行限制,又该如何保护。解决这两个问题是本书单独讨论公众人物隐私权的目的,也是下文将要展开论述的内容。

1. 公众人物的概念

我国现行法律和相关司法解释尚未对公众人物及其相关概念进行规定,但在实践中不乏涉及公众人物的判决。2002年的“范志毅案”是我国第一个正式提出“公众人物”概念的实务判决,该案指出了作为一个具有社会普遍关注度的公众人物,其对一定限度地公开自己隐私的行为负有容忍义务。

“范志毅案”的出现引起了我国理论及实务界的重视,展开了关于公众人物

---

[1] See Samuel D. Warren & Louis D. Brandies, *The Right to Privacy*, 4 Harv. L. Rev. 193(1890).

隐私权问题的探讨。虽然法官在本案的判决中指出范志毅作为我国著名球星属于社会公众人物，却并未对“公众人物”这一法律概念进行界定，那么什么是民法上所称的“公众人物”呢？从美国的几个案例中，我们也许能够获得大致认识。

在 1940 年的“西德斯诉 F – R 出版公司案”（Sidis v. F – R Publishing Corp.）中，[1]美国法院就已经提出“公众人物”的概念。在 1964 年的“沙利文诉纽约时报案”（New York Times Co. v. Sullivan）中，[2]联邦最高法院大法官首次提出了“公共官员”（public official）的概念，指出在对公共官员这一特殊群体进行隐私和名誉权保护时，要同一般主体进行区别，并将“真实恶意原则”引入对“公共官员”的隐私权保护判断中，这为之后“公众人物”概念的完善和发展奠定了基础。

之后在 1967 年的“巴茨诉柯蒂斯出版公司案”（Curtis Publishing Co. v. Butts）中，[3]联邦最高法院首次明确了“公众人物”的概念。在该案中，法官基于对公众人物不同角度的理解，形成了两种不同的观点：一种观点以首席大法官沃伦（Warren）为代表，其认为“公众人物是指，在涉及公众事件、公共问题的观点和行为上涉及公民之程度，与政府官员在同一事情上的观点和行为涉及公民之程度相当的人”[4]。这一观点是对“沙利文诉《纽约时报》案”的延续，其利用“公共官员”的概念来定义“公众人物”，并认为只有那些与“公共官员”涉及公民的程度相当的人才能被称为“公众人物”。另一种观点以哈兰（Harland）大法官为代表，其认为“所谓公众人物是指那些涉及正当和重要的公共利益问题的人”。这一观点完全摆脱了“公共官员”概念的影响，认为只有那些涉及重大公共利益的人才是“公众人物”。[5] 这一观点的提出为公众人物概念的确定带来了重要的影响，其明确了公共利益是区别“公众人物”与一般人的关键，可以说，“公众人物”是那些与公共利益问题密切相关并具有广泛社会影响力的人。

随后在 1974 年著名的“格茨诉罗伯特 · 韦尔奇案”（Gertz v. Robert Welch, Inc.）中，[6]联邦最高法院对公众人物进行了分类，将公众人物分为“完全性公众人物”和“有限性公众人物”。所谓“完全性公众人物”是指那些普遍的、著名

---

〔1〕 Sidis v. F – R Publishing Corp., 113 F. 2d 806 (1940).

〔2〕 See New York Times Co. v. Sullivan, 376. U. S. 130(1964).

〔3〕 Curtis Publishing Co. v. Butts, 388 U. S. 130(1967).

〔4〕 Curtis Publishing Co. v. Butts, 388 U. S. 130(1967).

〔5〕 Curtis Publishing Co. v. Butts, 388 U. S. 130(1967).

〔6〕 Gertz v. Robert Welch, Inc., 418 U. S. 323, 351 (1974).

的,具有强大社会影响力并经常出现于公众面前的人;而“有限性公众人物”是指在特定事件中,自愿出现在公众面前并希望影响舆论的人。这是根据公众人物涉及公共利益的程度不同所进行的分类。

在我国也有学者对公众人物进行了分类。如张新宝教授就将公众人物分为“自愿型公众人物”和“非自愿型公众人物”。“自愿型公众人物”是指那些基于自己的主观意愿而成为公众人物的人,包括政府高级官员、明星、主持人等;而“非自愿型公众人物”是指并非基于自己的主观意愿而成为公众人物的人,比如某个重大刑事案件的受害者、重大历史事件的亲历者等。根据主体成为公众人物的主观意愿不同,对“自愿型公众人物”和“非自愿型公众人物”的隐私权保护力度也不一样,一般而言,对“非自愿型公众人物”的隐私保护力度更大,而“自愿型公众人物”的隐私就会受到更多的限制。[1] 王利明教授也通过对美国相关案例的分析,将公众人物分为“完全目的公众人物”(public figure for all purpose)和“有限目的公众人物”(limited purpose public figure)。“完全目的公众人物”是指那些具有很大权力和影响力的人,如美国总统;而“有限目的公众人物”是指这种公众人物在一定范围内具有影响力和社会关注度,明星是其典型代表;“非自愿型公众人物”(public figure involuntarilty)是指那些本身不是公众人物,也无意成为公众人物,但因某些事件的发生,而偶然卷入其中成为公众人物的人。[2]

其实不管如何分类,对公众人物的界定都受到以下两个因素的影响。第一,公共利益。这是公众人物界定的关键,任何一个公众人物都应当与公共利益相联系,具有相当的社会影响力和公众关注度。第二,主观意愿。这是对公共利益相关标准的补充,一个人如果因为卷入某个偶然事件而为公众所关注,一旦他不愿成为公众人物而从这一事件或影响中退出,那么他作为公众人物的身份就将大打折扣,甚至不能再将其认定为公众人物。基于以上的分析,本书认为,公众人物指的是那些与公共利益相联系的,具有相当社会影响力和社会知名度的人,包括高级政府官员、明星大腕、当代历史人物、艺术家等。

2. 公众人物隐私权的限制与保护

法律之所以要对公众人物的隐私权进行限制,主要原因有二:其一,由于公众人物往往与社会公共利益密切相关,基于公共利益的考量,势必要牺牲掉其个人的一部分隐私,比如在日本的“署名狂与杀人前科案”的判决中,[3] 法院就指

---

〔1〕 参见张新宝:《隐私权的法律保护》(第2版),群众出版社2004年版,第94-96页。

〔2〕 参见王利明:《公众人物人格权的限制和保护》,载《中州学刊》2005年第2期。

〔3〕 最判昭41·6·23《民集》20卷5号第1118页。

出“对国会议员及其候选人，判断其是否适合，几乎有必要对其整个人格进行考察”，可见由于政府高官等公众人物涉及重大公共利益，其隐私权势必受到限制。其二，公众人物通过自己强大的社会影响力和社会关注度，从社会公众中获得了比一般人更多的利益，因而就必然因为这种影响力和关注度而付出相应的代价，可以说，公众人物利用自己的关注度所获得的利益，正是支撑法律限制其隐私权的正当性基础。

在“西德斯诉F－R出版公司案”中，[1]作为数学神童的西德斯，曾被媒体广泛报道，之后其隐姓埋名生活了30年，30年后媒体却又将其挖出，并对其贫困潦倒的生活进行了大肆渲染，西德斯不堪其扰，以侵犯隐私权为由提起诉讼。法院判决指出，西德斯曾是公众人物，其作为公众人物的特质虽历经多年但仍在某些事上存在，公众对其后续生活的关注有其正当性，故媒体的行为不构成对西德斯隐私权的侵害。这一案件实际所表达的就是美国法认为媒体对公众人物，即使是过去的公众人物，就公众兴趣相关事实进行报道的行为合法。

我国亦有学者指出，只要公众人物的某一生活事实具有新闻价值（news worthness）或有公共的合理兴趣（ligistimate public interest），即使所披露的是与社会无关之个人信息，也不构成侵权。[2] 本书对这一观点持不同意见，不能笼统地说只要具有“新闻价值”或“公众之合理兴趣”，就能够任意披露公众人物的隐私。因为所谓的“新闻价值”或“公众之合理兴趣”的概念过于宽泛，甚至可以说所有被新闻报道的事实皆具有“新闻价值”，以此作为判断是否侵害隐私权的标准，形同未对公众人物之隐私给予任何保护。其实，即使是对公众人物，“公开他的隐私，根据其目的，其被允许的范围也是存在合理的界限的”[3]。因此，对公众人物隐私权的限制和保护要区分不同的情况来判断。

对于政府高官这种自愿型公众人物而言，由于其权力大，涉及公共利益范围广、程度深，其隐私权可能就受到更为严格的限制。如上文日本法院认为，基于国会议员选举、监督的需要，甚至可以对其整个人格进行考察。但这并不意味着“高官无隐私”，任何一个人都对其一定范围内的隐私享有获得法律保护的权利。例如，在“重庆书记不雅照案”中，网民将重庆市北培区委书记雷某富的性爱视频在网上广泛传播的行为就构成了对其个人隐私权的侵害。众所周知，两性关系是个人最隐秘的事情，属于隐私的核心领域，公开两性性爱视频的行为无

[1] Sidis v. F－R Publishing Corp.，113 F. 2d 806（1940）.

[2] 参见王利明、杨立新主编：《人格权与新闻侵权》，中国方正出版社2010年版，第417－418页。

[3] 东京地判昭39·9·28《下民集》15卷9号第2365页。

疑侵害了受害人的隐私权。即使该案中网民传播该视频的目的在于打击贪污受贿的官员,但是这种通过侵权行为来曝光某一官员隐私的方式是不可取的,一旦允许这种以暴制暴的方式,将使得私罚、私判横行,法律秩序将荡然无存。每个官员都将惶惶不可终日,不仅不能很好地履行职责,甚至不能正常生活。故虽说政府高级官员的隐私权会受到比较严格的限制,但绝对不允许以存在“新闻价值”或“公众之合理兴趣”为由而任意侵害其隐私。对政府官员的监督必须由相关职能部门来进行,即使是上文中所提到的基于“考察国会议员的目的而搜集其隐私”,也必须是依法授权、依据明确之法定目的,并不得公开(只能在必要范围内公开并于一定时间经过之后予以销毁)。

而对于一般的自愿型公众人物,其隐私权就不会像政府高官那样受到如此严格的限制,比如“杨丽娟案”。[1] 2007 年杨丽娟追星一事轰动全国,《南方周末》对杨丽娟追星事件进行了深入报道,披露了杨丽娟的个人私事、杨家的家庭关系,特别是对自杀的杨父的人格和生活经历进行了深入分析,杨丽娟以该报道侵害其名誉权为由提起诉讼。法院审理认为,杨丽娟追星事件被众多媒体争相报道,成为公众广泛关注的社会事件。杨丽娟及其父母多次主动联系并接受媒体采访,均属于自愿型公众人物。涉讼文章从表面上看的确涉及了杨父的个人隐私,但当这一隐私与社会公众关注的社会事件相联系时,自然成为公众利益的一部分。杨丽娟应对这种披露行为所可能造成的轻微损害予以容忍。法院的这一判决有两点值得关注:其一,某人自愿暴露于公众,并涉及社会事件时,该人成为自愿型公众人物;其二,这一公众人物对与该社会事件相关的个人隐私的披露,负有容忍义务。这就与高级官员不同,高官的隐私权因其职务、职位的不同,可能受到相应的限制,比如对其职务范围内的事实,即使是私事公众也有权监督,同时级别越高的官员,其应当受到的限制就越多。但一般的如杨丽娟似的公众人物,仅就与其涉及的社会事件有关联的隐私,才受到比一般公众更严格的限制。可见在这里,媒体披露之隐私是否与该社会事件相关联,才是判断媒体是否侵害杨丽娟隐私权的关键。

对于非自愿型公众人物,对其隐私权的限制应该更少,保护力度也应该更大。比如某些重大历史事件的亲历者,在报道该事件时可能会被披露一部分隐私,该人可能对一定范围内的披露行为负有容忍义务,但一旦该人表现出从该事件中退出并期望隐匿于人海之中的意愿时,法律就应当对他这种隐退的意愿进

---

[1] 广东省管州市中级人民法院民事判决书,(2008)越法民一初字第 598 号;广东省广州市中级人民法院民事判决书,(2008)穗中法民一终字第 3871 号。

行保护,这时再披露其相关之隐私,就构成对该人隐私权的侵害。

《民法典》第998条规定:"认定行为人承担侵害除生命权、身体权和健康权外的人格权的民事责任,应当考虑行为人和受害人的职业、影响范围、过错程度,以及行为的目的、方式、后果等因素。"本条在公众人物隐私权限制保护上,仅考虑到"受害人的职业"因素,不甚完美。在具体的司法实践中,仍应当结合其他考量因素综合判断。本书认为,对于公众人物隐私权的限制和保护,应当考虑以下三个因素:

第一,时间因素。一个人不可能永远暴露于公众之中,而公众人物也可能因为时间的经过而隐退,比如政府官员退休、卸任,某一社会事件因为时间的经过而不再具有社会关注度等。在这种情况下,经过时间的流逝,原来的公众人物也可能成为一般人,比如在"沃尔斯顿诉读者文摘协会案"(Wolston v. Reader's Digest Assn, Inc.)中,[1]法院就强调"我们相信经过16年的时间流逝,我们不应再认为上诉人是一个公众人物"。因此,只有在某一个人还是公众人物,或者其所涉及的事件具有相应的社会关注度和影响力的时间范围内,其隐私权才受到相应的限制,一旦超出该时间范围,对其隐私权的保护就应当恢复到同一般人相同的水平。

第二,事件因素。根据事件的性质和严重程度不同,对于公众人物隐私权的限制和保护程度也不尽相同。比如某些社会影响大、社会关注度广、涉及公共利益多的社会事件,相关人员的隐私在事件范围内就可能受到更多的限制。但对于某些特殊事件,比如刑事犯罪案件,当事人可能因为一时的社会关注而成为公众人物,对于他们的隐私权还是应当给予相当程度的保护。

第三,主体因素。正如上文所述,对于不同身份的公众人物的隐私权,应当给予不同程度的限制和保护。[2] 政府官员隐私权的限制相对严格;影视明星在其职业范围内,其隐私权也受到相当程度的限制;而对于卷入偶然社会事件的公众人物,对其隐私权的限制只能限定在与事件相关的范围之内。同样,主体的主观意志也是参考标准之一,特别是对于那些非自愿型公众人物,如果其表达出自公众目光下隐退的意愿,那么法律应当尊重主体的意志,不能再允许泄露相关隐私,并要给予其隐私权与普通人相同的保护。

---

〔1〕 Wolston v. Reader's Digest Assn. Inc. ,443 U. S. 157 (1979).

〔2〕 参见喻军:《以身份为核心的国家工作人员隐私权限制》,载《求索》2019年第3期;喻军:《论政府官员隐私权及其规制——以绝对隐私、相对隐私为切入点》,载《政治与法律》2013年第5期。

四、隐私权的权能

权利本身是一种资格,是一种主体获得利益的法律手段。[1] 而隐私权则是指自然人对自己的隐私所享有的自主权利。从这一角度来看,隐私权是自然人对自己隐私享有的占有、支配的资格和利用其获得利益的法律手段。[2] 作为一种新兴的扩张性权利,单纯的不受打扰的自由权已经不能概括隐私权的权利内容,现代意义上的隐私权已从传统的"let to be alone"的权利转变为了"self - control"的权利。从内容上来看,隐私权已不再仅是消极的独处权利,其具备了积极的自主控制权利,故而隐私权既具有消极防御的权能,又具有积极能动的权能。

权利之权能即权利之内容,为对权利客体的支配与控制,隐私权的权能即对隐私的支配与控制。其权能的发展体现了隐私权保护范围的发展,在现代社会,特别是进入信息时代之后,信息隐私成为隐私权保护的新兴领域,因而对信息的自主控制也就成为隐私权不可或缺的内容之一。作为具体人格权的隐私权,具有支配权、绝对权以及对世权的权利属性,从消极方面来讲,其具有排除他人妨碍的效力,而从积极方面来讲,则具有对隐私进行直接支配的效力。排除其中任何一个方面,隐私权都是不完整的,仅具有消极权能的隐私权已不符合现代隐私权的题中应有之义。可以说权能完备,权利方能完备,因此隐私权同时具有积极权能与消极权能,是现代隐私权发展的结果,是我们充分认识隐私权所不可忽视的两个方面。

(一)隐私权的积极权能

1. 隐私自决权

隐私自决权是由信息自主权发展出来的概念,包括隐私隐瞒权、隐私处分权和信息自主权这三个方面的内容。

(1)隐私隐瞒权

隐私隐瞒权,是指权利主体对自己的隐私进行保密的权利。权利人有权保护自己的隐私(无论是对其有利还是对其不利)不被他人知晓,这种隐瞒是维护个人人格利益的需要,是避免公民成为"透明人"所必要的手段。

(2)隐私处分权

权利主体对自己隐私的处分权包括两个方面的内容。其一,隐私公开权,即

---

〔1〕 参见张文显主编:《法理学》,法律出版社 1997 年版,第 113 页;朱景文主编:《法理学》,中国人民大学出版社 2008 年版,第 439 页。

〔2〕 参见高圣平、徐亮:《隐私权的逻辑构建》,2012 年人格权之基础理论及立法研讨会会议论文。

权利主体将自己的隐私对外公开的权利,权利人有权公开自己的隐私,如公开自己的日记、允许他人进入自己的卧室等。这里需要注意的是,权利人一旦公开了自己的隐私,至少在公开的范围内形同放弃了这部分隐私权,他人对这部分隐私的知悉和介入都不再构成对其隐私权的侵害。其二,隐私许可权,即权利主体能够授权他人使用自己的隐私。权利主体对自己隐私的处分权,只能是有限度地处分,根据"人格权不得转让"的理论,隐私权是每个人与生俱来的基本人权,与人身紧密相连,不能因为授权而转为他人所有。但同时理论界也承认"人格权能为债权效力之授权"的说法,即对隐私权这种人格权,权利主体不仅可以向他人公开自己的隐私,同时还可以授权他人使用自己的隐私。只是此时相对人获得的是债权请求权,不会因为被权利人许可使用而成为这部分隐私的权利主体。每个人都只对自己的隐私享有隐私权,获准使用他人之隐私只能在授权范围内进行,同时也不得享有排除他人干涉或代为决定的权利。这种授权使用通常是通过合同来实现的,建立在当事人协商的基础之上,这既符合现代人格权商品化的发展趋势,解决了隐私权之经济利益转化的问题,同时又兼顾了具有不同隐私意识的人的利益。由于授权建立在协商的基础之上,权利人能从许可使用中获得多少经济利益完全由当事人决定,这就既保护了隐私意识高的部分人的利益,又尊重了相对不那么重视自己隐私的那部分人的意志。因此,《民法典》第 993 条"民事主体可以将自己的姓名、名称、肖像等许可他人使用"中的"等"包含"隐私"这一人格要素。

(3)信息自主权

信息自主权是指权利人对于自己之个人信息得自主决定于何时、何地在何种范围内公开的权利。这一概念来自德国法,德国联邦宪法法院(BVerfG)于 1983 年 12 月 15 日的"人口普查案"(Census Act Case)之判决中,基于《德国基本法》第 1 条第 1 项规定之"人性尊严"以及第 2 条第 1 项规定之"人格发展自由"创设出了一项宪法上的权利——"个人信息自主权"。作为隐私权内容之一,信息自主权包括了主体对自己信息的知悉、控制、查阅、修改和删除等多项内容,是隐私权为应对信息时代所不可或缺的重要权能,受到法律的特别保护。但信息自主权并非毫无限制的。换言之,个人并非个人信息之绝对主人,既然人在社会中发展,则个人信息无非社会现实之反映,不能单独与个人连结。法律为解决个人与社会之紧张关系而形塑出一个与社群相关的、与社区结合之个人。个人原则上应因"重大之公共利益"(compelling public interest)而接受对其个人信息自主权的某些限制。

2. 隐私使用权

隐私使用权也是隐私权积极权能的一种,是一种权利主体对自己的个人隐私积极利用,以满足自己的物质及精神需要的权利。这种使用是一种自主使用,而非他人使用,第三人经过权利人授权的使用是一种基于契约关系而产生的权利,并非行使相应隐私权的权能。随着现代社会的发展,各种人格权客体逐渐具有了商品价值属性,隐私也成为人们掌握并且能够利用的客体之一。例如,人们公开发表自己的日记、利用自己的私生活经历创作文学作品,以满足自己的精神或者物质追求;利用自己的身体进行绘画或拍摄摄影作品;展示自己的住宅或利用自己的卧室拍摄电视节目等都是对自己隐私的合理使用。但由于个人身处于社会之中,这种公开的隐私利用行为势必对他人之生活产生影响,故这种合理使用必须被限定在一定的范围内,不能超越公序良俗的要求和法律的规定,超过的就属于违法行为。比如利用自己的裸体拍摄淫秽录像带,未经共同隐私所有人的同意公开共同之隐私的行为都属于非法的隐私利用,应为法律所否认。

(二)隐私权的消极权能

隐私权的消极权能即隐私维护权,如果说上文所述皆是从积极角度对隐私进行控制和利用的权利的话,那么隐私维护权就是从消极的角度维护信息保密、私生活安宁之状态的权利。隐私权是绝对权、对世权,也就是说,隐私权的义务主体是除权利主体以外的所有人,义务主体负有不得干涉、刺探他人隐私的义务。所谓的隐私维护权就是维护个人的这种信息保密、私生活不被干涉的“独处”状态的权利,其具有以下几种情形:(1)维护个人信息秘密,禁止他人非法刺探、收集、利用和传播个人信息;(2)维护个人私事自主,他人不得非法跟踪、拍摄个人活动,不得对个人之私事非法介入和侵扰;(3)维护私领域秘密,禁止他人窥探、侵入、监视或者违法闯入他人之私领域。以上在《民法典》第1033条细化为“(一)以电话、短信、即时通讯工具、电子邮件、传单等方式侵扰他人的私人生活安宁;(二)进入、拍摄、窥视他人的住宅、宾馆房间等私密空间;(三)拍摄、窥视、窃听、公开他人的私密活动;(四)拍摄、窥视他人身体的私密部位;(五)处理他人的私密信息;(六)以其他方式侵害他人的隐私权”。隐私维护权保证个人自公众退避,隐于大众目光的精神需求能够获得其他主体的尊重,施加给其他主体不得干涉的义务。这是隐私权作为个人独处的权利所必须具备的效力,是隐私权之积极权能所赖以存在的前提。[1]

---

〔1〕 个人隐私只有具备“隐”的状态,才能成立,隐私维护权维护的就是隐私的这种“隐”,故而其是上述之自决权、利用权的前提条件。

同时隐私权亦是一种典型的支配权，按照支配权的权利属性，权利人不需义务人为一定行为即可直接行使权利，但当义务人违反不作为义务时，基于隐私之维护权，隐私权人有权要求义务人排除妨碍或消除危险，产生损害的还可以要求其赔偿损失。这是基于隐私权之性质所自然延伸出来的效力。隐私权具有消极防御的权能，这通常表现为个人秘密不被打扰的状态，应该说这是隐私权存在的常态，可一旦这种常态被打破，隐私防御权即启动，以求恢复隐私权被破坏之前的圆满状态。故而隐私权的消极权能表现为隐私维护权，通常来说该权利是静止的，是维护者隐私之“隐”的状态的权利。但当隐私权被不法侵害时，该权利就体现为一种救济权，赋予当事人要求义务人为或不为一定行为的权利，以恢复自己隐私权之圆满状态。

（三）小结

综上所述，现代意义的隐私权具有积极权能与消极权能两个方面的内容。隐私权的积极权能具体是指隐私的自主决定与积极利用的权利，而隐私权的消极权能则是指权利主体维护自己的隐私不可侵犯，并在受到侵犯时寻求救济的权利。过去隐私权作为单纯的消极权利，权利人只有在其权利受到侵害时才能发动隐私权，而在一般情况下，隐私权则只能作为自然权利存在，仅具有被动防御的功能。但随着社会的发展和人格权商品化浪潮的到来，以及隐私权作为宪法之基本权利的地位越来越为世界各国法律所肯定，隐私权必然由一种消极防御权转型成一种自主控制权。法律将隐私权看作一种消极防御权来予以保护，实际上走的是一条“先污染后治理”的路子，即只有当隐私权受到侵害或有受侵害的可能时才对这种侵害进行抵抗或者补偿。而将隐私权看作一种自主控制权则不同，权利人得依自己的意志利用自己的隐私，可以自主决定和处分自己的隐私，通过对自己隐私的知悉和控制，权利人可以事先预防侵害行为，还能够有效地利用自己的隐私利益满足个人的精神及物质需求，这使法律对隐私权的保护走上了“可持续发展”的道路。这样的转变同时还体现出了人们隐私意识的变化，“先污染后治理”的路子体现了人们隐私意识淡薄，法律也不重视对隐私权的保护；而“可持续发展”的道路则体现出个人隐私意识的提升，法律开始重视对个人的自由与人性尊严的保护。总而言之，隐私权是一种既具有积极权能又具有消极权能的人格权利，只有将这两方面的内容结合在一起，才能真正认识隐私权。

五、隐私权与其他相关权利

上文中对隐私权的概念、主体、权能和性质的讨论，皆属于对隐私权这一法律概念内涵的界定。而一个严格的法律概念,不仅要有一个清晰、确定的内涵,还需要有一个明确的外延。确定隐私权同其他权利的关系,就是明确隐私权的权利边界,划分隐私权的保护"范围",从而构建严格、精确的隐私权法律概念。

在我国,就隐私权同其他权利关系而言,隐私权通常易与名誉权发生混淆,易与知情权发生冲突,前者本书第四章名誉权部分已有论述,此处将主要对后者进行探讨。

(一)由案件引发的问题

案例一:2002年9月,广东省佛山市发生了这样一起案件,被告缪某华因怀疑其妻陈某卿与他人有染,遂秘密安装了录音机,偷录陈某卿与他人通话并制成录影带10盒,派发给陈某卿及自己的亲友及陈某聊住所地和所在单位人员,陈某卿认为缪某华的行为严重侵害了其隐私权和名誉权,故向法院提起诉讼,要求被告缪某华停止侵害、赔礼道歉、具结悔过并赔偿损失。[1]

案例二:2012年,重庆市北培区委书记雷某富,被人在网上曝光了一系列不雅照片和性爱视频,爆料者称其社会关系复杂,并且存在贪污受贿情形。随着这一组不雅照的曝光,纪检以及公安部门随即介入调查,雷某富于2013年2月6日被依法逮捕,重庆市第一中级人民法院在同年6月19日公开开庭审理雷某富受贿一案,最终判决雷某富有期徒刑13年,剥夺政治权利3年。[2]

案例三:现实中发生过这样的情况,从小跟随母亲长大的甲某不知其生父为何人,而实际上甲某是其生父与其母通奸所生的私生子。甲某之生父曾有过婚外情的事实一直无人知晓,属于其个人隐私,而婚姻法又规定,未成年人有知悉其生父并获得其教养的权利,甲某希望获得其生父的信息,并要求其履行抚养义务。

通过以上案例不难发现,作为维护个人私生活秘密的隐私权,在实践中常常与知情权发生冲突。丈夫对妻子是否忠诚的知情权,与妻子对自己私事的隐私权会发生冲突;官员对自己性爱照片的隐私权,同公众监督官员、了解官员品行的知情权会发生冲突;甚至未成年子女对自己生父母的知情权,与生父母对自己婚外恋行为的隐私权也会发生冲突。但实践中法院对这种冲突往往束手无策,甚至予以回避,这体现出我国法上对隐私权与知情权概念认识不清,并且法律上缺乏解决二者之间冲突的协调机制。为了更好地认识隐私权,协调隐私权与知

---

〔1〕 广东省佛山市中级人民法院民事判决书,(2005)佛中法民一终字第411号。

〔2〕 参见《重庆北碚区委书记不雅照爆料记者称愿提供证据》,载人民网,http://politics.people.com.cn/n/2012/1122/c14562-19656292.html。

情权的冲突,我们需要解决以下三个问题:第一,什么是知情权?第二,隐私权与知情权有哪几种冲突形式?第三,在具体操作中协调知情权与隐私权的冲突,应该考虑哪些因素?

(二)冲突与协调

要解决隐私权与知情权冲突的问题,首先就必须了解什么是知情权。我国学界通说认为,知情权(the right to know)即“知的权利”,又被称为“知悉权”“了解权”,是指公民知悉其应当知悉之事实的权利,它最先是作为公民运动的产物,在19世纪40年代由美国记者肯特·库柏在一次公众演讲中提出〔1〕。知情权存在广义和狭义之分,广义的知情权是指公民知悉信息的权利;而狭义的知情权则是指公民知悉政府信息的权利。〔2〕这里所探讨的知情权,显然是指广义的知情权,即公民对于各种其应当知道的信息所享有的知悉的权利。

隐私权与知情权是既相互联系又相互区别的两个概念。一方面,作为保密之权利的隐私权和作为知悉之权利的知情权,从本质上来就不可避免地会发生背离和冲突;另一方面,作为包含信息自决权在内的现代意义上的隐私权,必然以知悉自己的信息为其不可或缺的内容。从这个意义上来说,隐私权与知情权又存在一定的联系和融合。同时一个有趣的现象是,隐私权起源于沃伦和布兰迪斯二氏对于猖狂的新闻报道的不满,而知情权却恰恰诞生于新闻界,比隐私权产生整整晚了半个世纪,这对概念的融合与冲突,似乎从其诞生之初就已注定,而对它们冲突的协调也正是法律学者在研究隐私权问题时所不可回避的重要课题。

隐私权与知情权的冲突,按照隐私权权利主体的不同可以分为以下三类:第一,知情权与公共官员隐私权的冲突,有的学者将其称为“知政权与隐私权的冲突”,〔3〕指的是公民对国家机关工作人员的相关活动及个人资料的知情权与公共官员的隐私权的冲突;第二,知情权及其他公众人物隐私权的冲突,这又被称

〔1〕 参见王利明主编:《人格权法新论》,吉林人民出版社1994年版,第488页。

〔2〕 参见王利明主编:《人格权法新论》,吉林人民出版社1994年版,第489页;谢怀栻:《外国民商法精要》,法律出版社2002年版,第30页;张新宝:《隐私权的法律保护》(第2版),群众出版社2004年版,第84页;杨立新:《人格权法》,中国法制出版社2006年版,第310页;王利明、杨立新主编:《人格权与新闻侵权》,中国方正出版社2010年版,第415-416页。

〔3〕 参见张新宝:《隐私权的法律保护》(第2版),群众出版社2004年版,第86~90页;王利明:《人格权法新论》,吉林人民出版社1994年版,第489页;杨立新:《人格权法》,中国法制出版社2006年版,第310页。

为“社会知情权或公众知情权与隐私权的冲突”,[1]指的是社会公众对其有兴趣的社会现象及事物的知情权与相关公众人物之隐私权的冲突;第三,知情权与个人隐私权的冲突,有的学者将之称为“民事知情权或个人信息数据知情权与隐私权的冲突”,并认为它指的是公民对自己事物的知情权与他人之隐私权的冲突[2]。本书的定义与其略有不同,本书认为知情权与个人隐私权的冲突,不仅包括公民对个人信息的知情权与隐私权的冲突,还包括公民对他人事物的知情权与隐私权的冲突,如丈夫对妻子是否出轨的知情权与妻子对自己私事的隐私权的冲突等。

有学者曾经指出,知情权主要是一种政治权利或社会权利(公权),但其同时也具有一定之民事权利的性质(私权)。[3] 本书赞同这一观点。因此,不难看出,知情权同隐私权的冲突实际上体现为两种情况:第一,隐私权与私权的冲突;第二,隐私权与公权的冲突。所以在处理隐私权与知情权的协调问题时,就应当分情况来讨论。

第一,隐私权与私权的冲突实际上对应的是知情权与个人隐私权的冲突。在上述案例中,案例一和案例三是其典型情形。在案例一中,丈夫对妻子是否忠诚的知情权与妻子保守自己秘密的隐私权发生了冲突;而案例三中,孩子知悉自己生父的权利与生父隐瞒自己出轨行为的隐私权发生冲突。针对这种情况,法律在协调隐私权与知情权的冲突时,应当遵循这样一种思考路径,即根据事件性质的不同进行权利的平衡。在案例一中,丈夫窃听妻子电话的行为构成对妻子隐私权的侵害,即使《民法典》规定夫妻双方互负忠诚义务,丈夫也不得以此作为侵害妻子隐私权的理由。因为如果妻子不忠,法律可以通过准予丈夫离婚并给予一定补偿的方式来弥补丈夫受到的伤害,但这绝不足以支撑丈夫窃听妻子隐私以侵害妻子隐私权之行为的正当性。故在这种情况下,丈夫的知情权要让位于妻子的隐私权,这是法律出于基本伦理道德方面的考量所得出的结论。而案例三的性质则完全不同,这里是可以实现隐私权与知情权之协调的。本案中,甲某可以从其生母处获知自己的生父为何人,并在获知该信息之后不公开或在必要范围内公开自己生父婚外恋的隐私,这样既满足了未成年人知悉自己生父

[1] 参见张新宝:《隐私权的法律保护》(第2版),群众出版社2004年版,第86页;杨立新:《人格权法》,中国法制出版社2006年版,第311页。

[2] 参见张新宝:《隐私权的法律保护》(第2版),群众出版社2004年版,第87页;杨立新:《人格权法》,中国法制出版社2006年版,第311页。

[3] 参见张新宝:《隐私权的法律保护》(第2版),群众出版社2004年版,第85页。

的知情权的需要,又保护了其生父的隐私权。同样针对家族成员患有某种难于启齿的遗传疾病这种情况,其他具有相同遗传基因的家族成员为了治疗或预防这种疾病,能够在该家族成员范围内知悉其他成员患病的隐私,并不得将这一隐私在家族成员范围之外进行公开。这样既保护了其他成员对自己身体情况的知情权,又保护了已患病成员的隐私权。但是需要注意的是,在这种情形下,其他成员是否享有知情权要视病情的严重程度与该病能否提前预防和治愈等情况而定。

第二,在隐私权与公权冲突的情况下,对应的是知情权与公共官员及其他公众人物隐私权的冲突,案例二是其典型情形。此时需要考虑公共利益与主体特性等因素,通过比例原则和合目的性原则来进行协调。在案例二中,官员雷某富对自己性爱照片的隐私权,同公众监督官员、了解官员品行的知情权发生了冲突。关于这一问题,本章在讨论公众人物之隐私权时就有所涉及,公众确实有知悉官员与职务相关之个人信息的权利,但这种知情权绝不应通过违法行为来实现。这里公众知悉官员隐私的知情权虽然有公共利益存在,但通过比例原则进行衡量后可知,通过挖掘官员性爱视频的隐私来实现监督官员的目的,并不符合比例原则的要求,也有违法治精神。因此,此案中爆料人的做法侵害了雷某富的隐私权,并且其不得以公众知情权作为免责的抗辩。在面对这种公众人物的隐私权与知情权的冲突时,必须明确以下几点:首先,行使知情权的主体必须是社会公众,任何机关和个人不得出于个人目的收集和公开公众人物的隐私;其次,必须要存在重大之公共利益,对公共官员隐私的披露必须是要出于对官员的监督或者考核等目的,而对明星等其他公众人物隐私的知悉,必须是以满足公众之合理兴趣为目的(这里判断公众之合理兴趣,必须考虑事件性质、时间范围、当事人主观心态等因素);最后,要符合比例原则的要求,比例原则是进行利益衡量时运用最多的原则,如果实现公共利益存在其他对当事人伤害更小的手段,那么就不得选择侵害隐私权的手段。

六、小结

本节主要介绍了隐私权的基础理论问题,隐私权独特的权利属性,导致它与其他具体人格权的不同。在探讨隐私权问题时最重要的就是明确什么是隐私,哪些属于隐私权的保护范围。故本章所要探讨的核心问题是:什么是隐私?什么是隐私权?为了解决以上这两个问题,本章从隐私权的构成要件出发,分别依次讨论了隐私权的客体、内涵、性质、主体、内容以及与其他权利之关系这样六个方面的问题,从而希望得出一个完整的,且具有精确内涵以及外延的隐私权概念。

隐私是隐私权的客体,要界定隐私权的概念就必须先界定隐私的概念。对于什么是隐私,学术界存在多种理论。本书认为,所谓“私”是指那些具有私人性质及高度人格特质的事实;而所谓“隐”就是指个人有意就自己之某种事实,进行保密的主观心理和客观状态。故所谓隐私,即个人有意进行保密的那些具有私人性质及高度人格特质的客观存在。隐私的内容包括私领域、私事及个人信息。而隐私权即自然人对自己隐私的自主权利,其保护范围随着时代的发展而不断地发展、变化。隐私权的主体是生存的自然人个体,不包括死者也不包括法人团体。权利主体对自己之隐私享有积极控制的自决权能和使用权能,也享有消极防御的维护权能。现代意义上的隐私权已不再是传统上仅具有消极意义的独处的权利,而变为了同时具有积极控制与消极防御的自主权利。

隐私权概念最早滥觞于美国,是为了应对“野蛮的大众传播媒体”而诞生的权利。从世界各国的法律演进来看,隐私权均是先诞生于侵权法领域,再逐步通过判例和法律解释上升成为一种宪法基本权利的。我国已明确将隐私权确认为一种具体的人格权利,使其从名誉权的阴影中走出来,成为受法律保护的独立的人格权。而我国《宪法》也明确规定,法律保护公民之通信自由、通信秘密,保护公民住宅不受侵犯,这就使我国隐私权作为一种宪法基本权利具有了规范基础,故在我国法上,隐私权也能成为一种宪法基本权利。隐私权是人生而为人的权利,是基本人权之一种,为宪法和法律所保护,具有民事权利和宪法基本权利的双重属性,是现代人格权体系中所不可忽视的一种重要的具体人格权。

隐私权是一种极富时代特征的权利,它的权利属性决定了它必然被深深打上时代的烙印。隐私权这一法律概念的内涵与外延随着时间的推移和社会环境的变化在不断地发生着变化。因此,我国构建的隐私权概念必须具有充分的包容性,以应对现在及将来之社会变迁。故将隐私权界定为一种自主权利符合现代隐私权发展的必然趋势。对于隐私的内容,即隐私权保护的范围,本书抛弃了传统的领域理论,而以隐私存在之物质载体的不同为标准来对其进行分类,并加入了个人信息作为隐私的重要内容,以期尽量构建一个周延合理的隐私权概念体系。但同时我们也必须承认,任何一种对隐私及隐私权的定义都不可能一直是精确且周延的,只能说,在现在以及可预见之将来,隐私权是一种对自己隐私的自主权利,其范围包括私领域、私事以及个人信息,但同时也不排除其未来向更广之范围发展的可能性。

第四节 隐私权侵权责任的构成及承担

一、问题之提出

(一)隐私权保护之立法现状

1. 宪法对隐私权的保护

隐私权是一种重要的基本权利,受到国家宪法的保护。2004 年《宪法》修正,新增的第 33 条第 3 款规定“国家尊重和保障人权。”同时《宪法》第 38 条也规定:“中华人民共和国公民的人格尊严不受侵犯。禁止用任何方法对公民进行侮辱、诽谤和诬告陷害。”这 2 个条款均可作为宪法上隐私权的请求权基础,突出隐私权作为基本权利可与公权、私权对抗的属性,选择后者则类似于德国立法模式,隐私权借由一般人格权上升为基本权利。从我国实际出发,本书认为,宜选择《宪法》第 33 条第 3 款作为宪法上隐私权的规范基础。[1]

如果说以上两个条款使我国隐私权得成为宪法之基本权利的话,那么实际上,在我国《宪法》中还有关于隐私权保护的具体规定。《宪法》第 37 条规定:“中华人民共和国公民的人身自由不受侵犯。任何公民,非经人民检察院批准或者决定或者人民法院决定,并由公安机关执行,不受逮捕。禁止非法拘禁和以其他方法非法剥夺或者限制公民的人身自由,禁止非法搜查公民的身体。”第 39 条规定:“中华人民共和国公民的住宅不受侵犯。禁止非法搜查或者非法侵入公民的住宅。”第 40 条规定:“中华人民共和国公民的通信自由和通信秘密受法律的保护。除因国家安全或者追查刑事犯罪的需要,由公安机关或者检察机关依照法律规定的程序对通信进行检查外,任何组织或者个人不得以任何理由侵犯公民的通信自由和通信秘密。”以上这些条文分别从人身自由、住宅以及通信这三个方面规定了对于公民隐私权的保护,这就使我国隐私权作为一种基本权利在宪法层面上获得了承认和保护。

2. 民法对隐私权的保护

我国原《民法通则》并未对隐私权进行规定,仅在第 101 条中规定:“公民、法人享有名誉权,公民的人格尊严受法律保护,禁止用侮辱、诽谤等方式损害公民、法人的名誉。”其后,最高人民法院 1988 年的《民通意见》(已失效)第 140 条

---

〔1〕 参见张红:《一项新的宪法上基本权利——人格权》,载《法商研究》2012 年第 1 期。

中规定:“以书面、口头等形式宣扬他人的隐私,或者捏造事实公然丑化他人人格,以及用侮辱、诽谤等方式损害他人名誉,造成一定影响的,应当认定为侵害公民名誉权的行为。……”而《名誉权解答》(已失效)第7条以及第9条中规定,对于擅自公布、宣扬以及披露他人隐私并侵害他人名誉的行为,应按照侵害他人名誉权来处理。这使长期以来我国都是通过名誉权来实现对隐私权的保护。虽然后来最高人民法院通过的《精神损害赔偿解释》(2001年)第1条规定隐私是一种独立的人格利益,受害人可以此为由请求精神损害赔偿,但并未改变我国缺乏对隐私权直接进行规定的民事立法的现状。[1]

这种民法保护缺失的现状直到2010年《侵权责任法》施行才真正得到扭转。原《侵权责任法》第2条规定,侵害隐私权应当承担民事责任。至此,隐私权才真正为我国法律所承认,在民事领域中获得了法律的保护。《民法典》吸收以上规定,专设三个条文保护隐私权。

3. 刑法、行政法和诉讼法对隐私权的保护

我国《刑法》第252条规定:“隐匿、毁弃或者非法开拆他人信件,侵犯公民通信自由权利,情节严重的,处一年以下有期徒刑或者拘役。”第253条规定:“邮政工作人员私自开拆或者隐匿、毁弃邮件、电报的,处二年以下有期徒刑或者拘役。犯前款罪而窃取财物的,依照本法第二百六十四条的规定定罪从重处罚。”第253条之一规定:“违反国家有关规定,向他人出售或者提供公民个人信息,情节严重的,处三年以下有期徒刑或者拘役,并处或者单处罚金;情节特别严重的,处三年以上七年以下有期徒刑,并处罚金。违反国家有关规定,将在履行职责或者提供服务过程中获得的公民个人信息,出售或者提供给他人的,依照前款的规定从重处罚。窃取或者以其他方法非法获取公民个人信息的,依照第一款的规定处罚。单位犯前三款罪的,对单位判处罚金,并对其直接负责的主管人员和其他直接责任人员,依照各该款的规定处罚。”其中第253条之一为《刑法修正案(七)》(2009年修正)所增加的内容(该条现经《刑法修正案十一》修正)。自此,非法提供公民个人信息罪及非法获取公民个人信息罪成为了法定罪名,这是我国法律在保护隐私权工作中的一项重大进步。另外《刑法》第245条规定:“非法搜查他人身体、住宅,或者非法侵入他人住宅的,处三年以下有期徒刑或者拘役。司法工作人员滥用职权,犯前款罪的,从重处罚。”从以上这些条文中

---

[1] 此处仅将隐私权作为一种人格利益而加以保护的做法是不全面的,同时《精神损害赔偿解释》只是一个关于精神损害赔偿的司法解释,它并不能代替法律发挥隐私权保护的功能,同时该解释的规定也仅是从一个方面保护了隐私权,并未真正将隐私权从名誉权的阴影中解放出来。

可以看出,我国刑法对于公民的身体、住宅、通信的隐私进行保护,侵害这些隐私构成犯罪的将受到刑事处罚。

《民事诉讼法》第71条规定:"证据应当在法庭上出示,并由当事人互相质证。对涉及国家秘密、商业秘密和个人隐私的证据应当保密,需要在法庭出示的,不得在公开开庭时出示。"第137条规定:"人民法院审理民事案件,除涉及国家秘密、个人隐私或者法律另有规定的以外,应当公开进行。离婚案件,涉及商业秘密的案件,当事人申请不公开审理的,可以不公开审理。"第159条规定:"公众可以查阅发生法律效力的判决书、裁定书,但涉及国家秘密、商业秘密和个人隐私的内容除外。"《刑事诉讼法》第111条第3款规定:"公安机关、人民检察院或者人民法院应当保障报案人、控告人、举报人及其近亲属的安全。报案人、控告人、举报人如果不愿公开自己的姓名和报案、控告、举报的行为,应当为他保守秘密。"第188条规定:"人民法院审判第一审案件应当公开进行。但是有关国家秘密或者个人隐私的案件,不公开审理……"《行政诉讼法》第54条规定:"人民法院公开审理行政案件,但涉及国家秘密、个人隐私和法律另有规定的除外。涉及商业秘密的案件,当事人申请不公开审理的,可以不公开审理。"《行政复议法》第23条规定,行政复议机关不得将涉及个人隐私的证据及其他相关材料,提供给申请人或者第三人查阅。《行政处罚法》第64条规定,行政机关举行听证会的应当公开进行,但涉及个人隐私的除外。这些规定体现了我国法律在程序上对个人隐私所进行的保护。

4. 特别法对隐私权的保护

在我国法上涉及隐私权保护的,除以上之宪法、法律外还存在许多特别法以及单行法规,主要有:《未成年人保护法》《消费者权益保护法》《妇女权益保障法》《收养法》《律师法》《人民警察法》《执业医师法》《统计法》《商业银行法》《邮政法》《公证法》《注册会计师法》《传染病防治法》《计算机信息系统安全保护条例》等。这些特别法分别从不同的主体以及行业出发规定了特殊领域中对隐私权的保护问题。但是这些特别法立法比较分散,大多只有1~2个条文涉及隐私权的保护,存在诸如《隐私权法》这样专门针对隐私权进行规定的法律,这同时也体现出我国在隐私权保护立法上存在不足。[1]

(二)立法现状评述

1948 年联合国大会宣布的《世界人权宣言》第 12 条以及 1966 年的《公民权利和政治权利国际公约》第 17 条均规定了对于个人隐私的保护,这两个条文明确了国家负有保护个人隐私权的积极义务。[2] 除了要求个人隐私不受非法或任意干涉外,还要求国家立法采取积极措施保证这种权利的实现。在国际法上隐私权是被当作人权来加以保护的,属于人权中人身人格权利的范畴。[3] 而世界性的人权文件均要求各国在国内法中对人权保护进行规定。各国的立法实践,经过了几十年的发展,大体形成了四种人权设置模式:第一,宪法设置;第二,法律设置;第三,宪法人权一般条款 + 法律设置;第四,宪法人权一般条款 + 人权法设置。[4] 从上文介绍的我国隐私权保护之立法现状来看,我国法是通过"宪法人权一般条款 + 法律设置"的模式来将作为人权的隐私权放入法律规范之中的。本书认为,我国法的这种选择是适当的,其理由主要有二:第一,现代意义上的隐私权既是私权又是宪法基本权利,不仅能够防止私人之侵害,同时能够对抗国家公权力。隐私权的这种权利属性要求宪法对其进行确认,因此,我国宪法通过设置人权一般条款的方式来为宪法上的隐私权提供请求权基础的做法是适当的。第二,"宪法 + 法律"的规范模式使我国法上对隐私权的保护更富灵活性,民法、刑法、行政法以及诉讼法的分别规定,可以对隐私权施行具体的不同层次的法律保护。

我国对于隐私权保护的规范体系,分为 3 个层次,即宪法保护、法律保护和特别法保护。从现有之立法来看,这种隐私权保护的规范体系已经初具雏形,但

---

[1] 例如,在未成年人隐私权的保护上,《未成年人保护法》第 63 条确认了未成年人的隐私不得为他人或组织所披露。但该条文只关注到隐私权的消极权能,而未基于未成年人之特殊性,关注未成年人隐私权的积极权能,不利于周延保护未成年人的隐私权益。参见张红:《民法典之隐私权立法论》,载《社会科学家》2019 年第 1 期;李延舜:《论未成年人隐私权》,载《法制与社会发展》2015 年第 6 期。

[2] [澳]曼弗雷德·诺瓦克:《民权公约评注》,毕小青、孙世彦等译,生活·读书·新知三联书店 2003 年版,第 288 页。

[3] 人权主要包括了人身人格权利、政治权利与自由以及经济社会文化权利这三个方面的基本内容。参见[瑞典]格德门德尔·阿尔弗雷德松、[挪威]阿斯布佐恩·艾德编:《〈世界人权宣言〉:努力实现的共同标准》,中国人权研究会组织译,四川人民出版社 1999 年版,第 1 – 3 页;夏勇:《人权概念起源》,中国政法大学出版社 1992 年版,第 1 – 2 页;苏明主编:《中国人权建设》,四川人民出版社 1994 年版,"导言"部分;李步云:《社会主义人权的基本理论与实践》,载《法学研究》1992 年第 4 期。

[4] 参见龙卫球、郑永流、程春明:《中国宪法应如何设置人权》,载《政法论坛》2003 年第 6 期。

我国现有法律对隐私权的保护却实在很难谓之完善。第一,缺乏统一立法,法律规定过于零散。我国关于隐私权的法律保护虽然以民法为主,但在涉及宪法、刑法、行政法、司法解释以及其他地方性法规和部门规章时,法律规定过于零散、内容重复甚至存在相互矛盾的情形,这是由于缺乏统一的立法所造成的。隐私权归根结底是一种人格权,主要应当通过民事立法来对其进行保护,在我国没有宪法诉讼以及宪法审查制度的情况下,只能通过民法保护模式来对隐私权进行保护。[1] 第二,救济方式缺乏可操作性。《民法典》虽然规定了隐私权受到法律的保护,但对侵权责任之构成要件、法律保护的范围以及责任承担方式等均未予明确规定,这就使在法律上对该权利进行救济缺乏实际可操作的方式。

基于上文的论述可以发现,对于隐私权法律保护问题的研究回归到了民法保护的层面上。我们当然不否认作为人格权之一种的隐私权,其保护不仅是民法的任务,而是在各法律领域中都受到重视与保障,[2]但其法律保护应当以民法为核心来进行。只有在民法上对隐私权的概念、范围、侵权责任构成等内容进行规定,其他法律法规才能从不同的层次以及角度对隐私权提供保护。可以说隐私权的法律保护体系是一个以民法为主,其他法律同民法相互配合发挥作用的规范体系。因此,基于我国之立法现状,对于隐私权保护问题的研究将主要立足于民事领域来进行。

(三)主要问题

本节所要解决的主要问题是隐私权侵权责任的构成及其责任承担。本章所要论述的主要问题有:第一,如何认定是否构成对隐私权的侵害?从一般侵权责任的构成要件出发,对侵害行为、过错、损害结果和因果关系展开论述,发现在责任认定中所存在的问题,给实务判断侵害隐私权责任构成提供路径。第二,隐私权保护的例外情形有哪些?寻找法律允许侵害隐私的情形,即明确加害人在针对隐私权侵权时存在哪些抗辩事由。第三,侵害隐私权存在哪些民事救济方式?即民法规定在存在隐私权侵权行为时,加害人应当承担哪些侵权责任,区分财产损害和精神损害,并分别加以论述。

二、侵害隐私权责任的构成要件

侵权责任的构成必须具备一定的必要条件,这些必要条件即侵权责任的构成要件。侵权责任构成要件之理论,是对各国立法及司法实践的高度概括,亦是

---

〔1〕 参见张新宝、翟语艳:《中国隐私权保护的现状与展望》,“人格权之基本理论及立法”2012 年研讨会会议论文。

〔2〕 参见施启扬:《民法总则》(修订第 8 版),中国法制出版社 2010 年版,第 101 页。

对归责原则的系统化阐述。[1] 不同的归责原则导致了责任构成要件认识上的差异。在适用无过错责任时,不以当事人的过错为责任构成要件;而在适用过错推定责任时,虽然当事人的过错是侵权责任构成要件之一,但无须受害人举证证明,加害人承担不能证明自己无过错的侵权责任。但是即使同样在适用过错责任原则的情况下,各国立法对责任构成的认识也存在差异。如法国法认为构成侵权责任仅需损害结果、因果关系和过错三要件;而德国法则主张构成侵权责任需行为的违法性、损害结果、因果关系和过错四要件。[2]

我国学者基于对原《民法通则》第 106 条第 2 款和原《侵权责任法》第 6 条第 1 款这两个法条的语义分析,以及对我国民法之法律渊源和法律传统等因素的考量,认为在我国法上一般侵权责任的构成要件宜采四要件说,[3] 即采过错责任原则的侵权责任,其构成要件包括以下四个方面:加害行为、损害结果、因果关系以及过错。

学术界通说认为,侵害隐私权的行为是一般侵权行为,应采过错归责原则来认定其侵权责任。[4] 故侵害隐私权责任应包括四个构成要件:第一,加害行为,即侵害他人隐私权的侵权行为;第二,过错,即加害人故意或过失侵害他人的主观过错;第三,损害结果,即加害行为所造成的财产损害及精神损害;第四,因果关系,即加害行为和损害结果之间的因果关系。下文兹就以上四个构成要件展开论述。

(一)加害行为

1. 行为之违法性

所谓行为之违法性概括而言,是指具有责任能力之自然人、法人或其他组织,给他人或社会造成损害的行为,具有违反法律之性质。侵害隐私权的行为是具有违法性的。首先,隐私权是受法律保护的民事权益,侵害隐私权的行为即直接违反了法律的规定,侵害了他人的合法权益;其次,从隐私权之权利属性来看,隐私权属于绝对权,除权利人之外,其他任何主体均负有不得侵害的义务,行为人违反该法定义务即构成违法;最后,侵害隐私权的行为,往往是通过违反公序

---

[1] 参见王利明主编:《民法·侵权行为法》,中国人民大学出版社 1993 年版,第 35 页。

[2] 参见张民安:《作为过错侵权责任构成要件的非法性与过错——我国过错侵权责任制度应当采取的规则》,载《甘肃政法学院学报》2007 年第 4 期。

[3] 参见杨立新:《侵权损害赔偿》,法律出版社 2010 年版,第 83 页;张新宝:《侵权责任法》,中国人民大学出版社 2010 年版,第 27 – 28 页;谢邦宇、李静堂:《民事责任》,法律出版社 1991 年版,第 12 章。

[4] 参见张新宝:《隐私权的法律保护》,群众出版社 2004 年版,第 355 页。

良俗或社会公共利益的手段来进行的，因而这种行为需要受到法律的否定性评价。因此，侵害隐私权的行为不论是从法律之明确规定，抑或公序良俗的角度来考察，都具备违法行为的特征，符合侵权责任构成之行为违法性的要求。

2. 加害行为之类型

侵害隐私权的行为通常表现为积极作为的行为，如《民法典》第 1033 条所列举之若干行为方式。由于隐私权是保护他人之私生活安宁、秘密以及不受干扰的权利。因此义务主体负有不得任意侵害他人隐私的不作为义务。只要义务主体不为积极之侵害行为，即为履行义务；反之，如果义务主体违反这种不作为义务，即构成对隐私权的侵害。

近年来，随着时代的发展，在某些特殊情形下，不作为行为亦得构成对他人之隐私权的侵害。例如，在网络侵害隐私权的案件中，《民法典》第 1195 条第 2 款规定，网络服务提供者负有在接到受害人通知后，及时采取有效措施防止损害扩大的义务，如果网络服务提供者未能及时采取措施造成损害扩大的，应就扩大之损害同利用网络侵害他人隐私权的加害人一起承担共同侵权责任。此时网络服务提供者即基于法律之规定负有了积极作为的义务，如果不履行该义务，则同加害人一起构成对他人隐私权的侵害。同样，在收集他人信息建立信息数据库的情况下，个人享有查阅自己信息的权利，那么信息之保有人负有提供权利人查阅的义务，如果其无正当理由而拒绝履行此义务即构成对权利人隐私权的侵害。因此，我国法律应当承认，在一般情况下侵害隐私权的行为表现为积极作为的行为，但同时应当承认，在法律有特殊规定的场合，不作为的行为亦构成对隐私权的侵害。

在最高人民法院的司法解释中，侵害隐私权的行为包括公布、宣扬和披露这三种。这三种行为可以通过书面的形式进行，也可以通过口头的形式进行，即只要将他人之隐私以书面或口头的方式对外公开即构成对他人隐私权的侵害。从这三种行为的表述来看，其代表的仅是一种侵害隐私权的行为样态，即公开他人隐私的行为样态，而这三者只是在用词和表达方式上略有差异而已。但实际上，对隐私权的侵害远不止这一种行为样态。根据前文对隐私的界定，隐私既是一种事实也是一种状态，它不仅是个人生活秘密的事实，亦是个人生活安宁不受打扰的客观状态。因此，对隐私权的侵害，不仅表现为对个人生活秘密这种事实的公开，亦表现为对个人生活安宁不受打扰状态的侵入。从这个意义上来说，对隐私权的侵害除包括公开之行为样态外，还应当包括侵入之行为样态。这是传统上对隐私权侵权行为类型的分类。但是，近年来，随着隐私权保护范围的扩张以及个人信息自主权的确立,对个人信息自主的侵害也成为一种新的隐私权侵权行为类型。下面兹就这三种行为类型分别予以论述。

(1)公开型

公开他人之隐私的行为构成对他人隐私权的侵害。这种行为类型属于美国法上普罗瑟教授对侵害隐私权行为类型化中的第二种,即公开揭露使人困扰的私人事实(public disclosure of embarrassing private facts about the plaintiff)这一类型。隐私权亦可被解释为一种秘密权,即维护自己的隐私保密不被他人所知的权利。从这一意义上来说,对他人隐私的公开当然构成对其隐私权的侵害,我国法律亦明确规定存在这种侵害隐私的行为。[1] 因此可以说,在我国法上,公开型的侵权行为样态是一种最无争议的侵害隐私权的行为类型。[2]

这里有一个问题值得注意,即公开的范围。换言之,即公开到何种程度才构成对隐私权侵害。在美国法上,只有对社会公众或非常多的人的公开,方得构成公开他人私生活而侵害隐私权的行为。《美国第二次侵权法重述》第652D条之评述a对这一标准作了说明,该重述指出"美国第二次侵权法整编(重述)"第652D条所称之对他人私人生活的公开,是指向社会一般公众的公开,或向非常多的人的公开。美国的司法实践也秉承了这一观点,他们认为,公开他人私人生活而构成隐私权侵权的,同造成他人名誉贬损的隐私权侵权不同——在这种情况下公开的范围应当更广,加害人不得因向受害人以外之任何一人公开即被认为构成侵权,而需向社会公众或非常多的人公开方得成立隐私权侵权责任。至于公开的范围则视案件之具体情况,由法官在个案中予以衡量。[3]

这里我们应当看到,美国法上的隐私权同我国法上的隐私权概念殊为不同。

---

〔1〕 在我国的司法解释中表述为"公布"、"宣扬"和"披露"的行为。

〔2〕 在我国法上典型的公开型侵害隐私权的案例有:"李某强案",最高人民法院中国应用法学研究所编:《人民法院案例选》2002年第4辑(总第42辑),人民法院出版社2003年版,第178-187页;"马某诉马村居民小组案",一审:海南省澄迈县人民法院民事裁定书,(2007)澄民初字第109号;二审:海南省海南市中级人民法院民事裁定书,(2007)海南民二终字372号。"韩某贵案",云南省昆明市中级人民法院民事判决书,(2002)昆民三终字第535号;国家法官学院、中国人民大学法学院编:《中国审判案例要览》(2003年民事审判案例卷),人民法院出版社、中国人民大学出版社2004年版,第316-319页。"戴某军案",云南省昆明市中级人民法院民事判决书,(2001)昆民终字第345号;国家法官学院、中国人民大学法学院编:《中国审判案例要览》(2002年民事审判案例卷),人民法院出版社、中国人民大学出版社2003年版,第462-465页等。这些案例将在后文详细进行论述。

〔3〕 Vogel v. W. T. Grant Co. 327 A. 2d 133,134,137 (Pa. 1974); Beaumont v. Brown 257 N. W. 2d 522,531-532 (Mich. 1977); Dancy v. Fina Oil & Chem Co. 3 F. Supp. 2d 737,738,740 (E. D. Tex. 1997).

在我国已经将隐私权同名誉权、姓名权和肖像权等具体人格权利并列的情况下，对于公开他人隐私，侵害隐私权行为的认定标准，同美国法也不应当完全一样。本书认为，在我国法上，对于公开到何种范围方得认定构成隐私权侵权，应当同名誉权侵权采同样的标准，即只要加害人向权利人以外的任何一人公开了他的隐私即构成对其隐私权的侵害。具言之，在该隐私绝对保密无任何一人知晓的情况下，只要向权利人以外的任何一人公开，即构成公开型侵害隐私权行为；而在该隐私只在小范围内为人所知（如家庭成员内部）的情况下，只要公开超过已知范围，即构成公开型侵害他人隐私权行为。

（2）侵入型

侵入型是与公开型相对应的隐私权侵权行为类型。这种行为侵害的主要是个人私生活安宁、不被打扰的状态。如果说公开型隐私权侵害要求公开的内容必须为他人之隐私，即具有私人性质的与公共无关的私人事务的话，那么侵入型则无此要求，即使侵入所获得的信息是与公共相关的信息，比如窃听到的夫妻谈话是关于时事新闻的内容，这种行为本身也构成对他人隐私权的侵害。这是由于侵入型隐私权侵害的标准主要是通过空间来进行判断的。

隐私权保护个人独处、形塑自我的精神需求和生活安宁的基本诉求，从一开始就被表述为一种独处的权利。这种独处从某个方面来说是通过一定空间来实现的，这种空间既可以是个人之住宅、私人办公室，也可以是他人的身体和私人联络工具，并且这种空间不仅限于物理空间，亦得包括个人之精神空间，比如个人有不受垃圾短信侵扰的精神空间等。因此，侵入型侵害他人隐私权的行为往往表现为对他人之私领域的侵害，它的判断标准同公开型的判断标准不尽相同。如果说公开型的判断标准主要是在于公开的事实是否属于个人之隐私的话，那么侵入型的判断标准就是侵入的空间是否属于个人隐私的范围。非法侵入他人住宅、私人汽车、书包或者侵害他人身体的行为，构成侵入型侵害隐私权的行为。随着实务判例的发展，现在的私领域的范围也在不断地扩大，已经不再局限于个人住宅或其他私人场所，在公共场合下对他人的监听、跟踪、拍摄等也可能构成对他人隐私权的侵害。如果非法侵入他人之私领域是为了获得他人信息的话，那么即使获得的信息不属于个人之隐私，也得构成侵入型隐私权侵害。

（3）对个人信息自主的侵害

对个人信息自主的侵害，是随着现代隐私权保护范围的扩张而新发展出的侵害隐私权之行为类型。基于上文的论述，个人信息自主权包括个人对自己信息的知悉、查阅、修改和删除等权利。对这种权利的侵害有时甚至可以体现为一种不作为的方式,因此侵害个人信息自主权的行为很难归属到传统意义上的公开型或侵入型的行为类型中去。如侵害个人信息之查阅权、侵害个人信息之删除权等情况就不属于侵入型或公开型的侵害隐私权行为之任意一种类型。故本书认为宜将其单独列出,作为一种新的侵害隐私权之行为类型予以认定。

(二)过错

隐私权侵权行为为一般侵权行为,应采过错责任原则。因为,在我国《民法典》的规定中,采无过错责任原则的行为皆须有法律的明确规定。而且,对于侵害隐私权的行为,《民法典》第998条规定认定行为人承担侵害除生命权、身体权和健康权外的人格权的民事责任,应当考虑行为人的过错程度,亦即隐私权侵权责任认定需要考虑行为人的过错程度。换言之,过错是必须存在的要件。因此,当事人的过错为侵害隐私权责任的构成要件之一。

过错分为故意和过失。所谓故意应与刑法上之故意具有相同的含义,即侵权法中的故意分为直接故意和间接故意两种,直接故意是指加害人明知并且有意造成损害结果发生的主观心理,而间接故意是指加害人明知并放任损害结果发生的主观心理。而过失也分为两种情况,即疏忽大意的过失,其是指能够预见却因为疏忽大意而没有预见损害结果的发生的主观心理;以及过于自信的过失,这指的是已经预见却轻信能够避免的主观心理。

故意能够构成隐私权侵权应当无争议,而对于过失能否构成隐私权侵权,本书采赞同的观点。举例来说,在公权力主体为重大之公共利益而收集公民之个人信息建立个人信息数据库时,法律要求该公权力主体采取必要的保密措施,但该公权力主体却基于对自己设施或技术的盲目自信而未采取相应的保密措施,造成了公民个人信息的大量泄露,此时该公权力主体就构成因过于自信的过失而造成对个人隐私权的侵害。再如,在日本实务判决中存在这样的案例,因为从某大楼之窗户望出可窥视邻地之私领域内的相关情形,而判决被告构成隐私权侵权,要求其在该窗户上安装遮掩设置。[1] 此案中被告安装窗户并非出于侵害他人之隐私之目的,并不具有故意的主观过错,但他安装窗户时应当预见这扇窗户会造成对他人隐私之侵害的结果,却因为疏忽大意而没有预见,因此构成了疏忽大意的过失,也侵害了隐私权。综上所述,在隐私权侵权责任构成的过错这一要件中,既包括故意的过错也包括过失的过错。换言之,加害人故意或过失侵害他人隐私的,皆构成侵害他人隐私权之侵权责任。

---

〔1〕 参见京都地判昭42·12·5『判例タイムズ』506号第26页。

(三)损害结果

侵权责任的成立以损害的发生为必要,损害赔偿以受有实际损害为要件,若无损害则无赔偿。[1] 可见在侵权法中以确实的损害结果为构成要件,[2] 这是由侵权责任法的立法目的所决定的,国家设置侵权责任法是为了弥补受害人所受之伤害,并尽量使其权利恢复到未受伤害前的圆满状态。故侵权责任以弥补伤害为原则,而不以惩罚为原则。侵权责任的构成以实际之损害为要件,而加害人绝不应因未产生任何之损害的行为而承担侵权责任。在我国的司法实务中就曾经出现以不存在确定的、实际发生的损害事实为由,而判决原告败诉的案例。[3]

隐私权作为一种具体的人格权,其损害既包括财产损害又包括精神损害,并以精神损害为主。法律赋予个人隐私权用以保护个人幽居独处、不被打扰以及生活安宁等精神利益。个人的隐私权一旦被侵害,即会造成他人焦躁不安、恐慌难过、羞耻害怕等精神痛苦和精神伤害。此时法律所保护的权益以及人之所以为人所当然应当享有的权益受到了侵害,加害人当就此种损害而承担侵权责任。虽然侵害隐私权的行为以精神损害为主,其损害结果却不仅只包含精神损害,还应当包含财产损害,而这种财产损害多为间接财产损害,比如因侵害隐私权行为而造成误工所受的损失、被单位开除所受的损失、精神受伤害生病就医所造成的损失等。

侵害隐私权的行为以实际受有损害为要件,在司法实践中,这种损害须由受害人举证,再由法官根据个案之具体情形来判断加害人应当承担的责任范围。

(四)因果关系

一般来说,因果关系分为两种类型:第一,责任成立因果关系,即侵害行为与权益受损害之间的因果关系,例如公开他人日记与他人隐私权受损害之间的因果关系;第二,责任范围因果关系,这是指权益受损害与损害之间的因果关系,比如日记被公开,导致隐私权受损害与受害人因此而误工、住院或者家庭关系破裂等损害之间的因果关系。这里所讨论之因果关系是侵害隐私权之加害行为与隐

---

〔1〕 参见王泽鉴:《侵权行为》,北京大学出版社 2009 年版,第 175 - 176 页。

〔2〕 至少在我国法中是这样,在英国法上,某些侵权行为的成立不以受有损害为必要,如擅自步入他人之土地(Tresspass to land),此时法官往往判决少量之赔偿,以宣誓权利人之权利。参见 Williams and Hippel, *Foundation of Law of Tort*, p. 56。转引自王泽鉴:《侵权行为》,北京大学出版社 2009 年版,第 175 页。

〔3〕 参见 A 诉 B 隐私权纠纷案,上海市杨浦区人民法院(2011)杨民一(民)初字第 4795 号民事判决书。

私权受损害的损害结果之间的因果关系,即责任成立因果关系(责任范围因果关系则是在责任承担时所应当考量的因素)。无论是哪一国的法律均将因果关系作为侵权责任的构成要件。那么在这里讨论的侵害隐私权之责任构成,当然应以因果关系为其构成要件而加以论述。

对于因果关系的认定,我国通说采相当因果关系说。[1] 关于相当因果关系的判断,王伯琦曾有过精辟的解说:"无此行为,必不生此损害,而有此行为,通常即足生此损害者,即为有因果关系。若无此行为,必不生此损害,有此行为,通常亦不生此损害者,即为无因果关系。"[2] 基于相当因果关系说的理论来判断行为与结果之间是否存在因果关系,需要通过两个步骤来进行。第一,判断条件关系,即行为是否是结果不可或缺之条件。通常通过"若无,则否"(but for)的公式来进行判断。具言之,即若无此行为则必不生此损害,就认为行为是权益受损害的必要条件。第二,判断"相当性",即行为通常足以造成损害的发生。一般通过通常人之知识经验来进行判断,也就是说,若有此行为则通常认为足生此种损害,则该行为与结果之间具有"相当性"。那么联系起来,即判断侵害隐私权的行为与损害后果之间是否具有因果关系,首先要判断若无此行为结果是否必然不会发生,然后再判断依通常之观点有此行为是否足以发生此结果,若以上两者皆为是,则可认定侵害行为与隐私权受损害的结果之间具有因果关系。

根据我国民法上"谁主张,谁举证"的原则,受害人负有证明自己隐私受损害同加害人之加害行为之间具有因果关系的举证责任。但通常来说,这种因果关系,法官根据案件事实都能比较直观地得出结论。因此,实务上受害人的这种举证通常比较简单,只需证明事实的经过与所造成之结果即可。这里需要注意的是,往往侵害隐私权的案件并非单独提起,在它与其他诸如名誉权侵权等诉由一并提起时可能出现多因一果的情况,这就需要法官在判案时分别判断两个侵权责任的构成要件,视具体情况决定是否成立两种侵权。

三、侵害隐私权的抗辩事由

我国最高人民法院 2014 年《关于审理利用信息网络侵害人身权益民事纠纷案件适用法律若干问题的规定》中首次在网络环境下对是否构成侵害隐私权的行为人抗辩事由作出规定,其内涵基本可以推广到侵害隐私权的一般情形之下。现结合已有司法实践,对其内涵予以解说。

---

〔1〕 参见魏振瀛主编:《民法》,北京大学出版社、高等教育出版社 2010 年版,第 656 - 658 页。

〔2〕 参见王伯琦:《民法债编总论》,台湾编译馆 1997 年版,第 77 页。

（一）已公开的事实和权威信息来源

1.“傅某案”[1]

在公开型侵害隐私权的案件中，构成侵权的最基本条件是公开的事实属于隐私的范畴，否则根本无法成立对隐私权的侵害。已公开的事实由于其已向社会大众公开，不再具有隐私性，故不属于个人隐私。因此，已公开的事实往往能够作为加害人的抗辩事由，免除加害人的侵权责任。

（1）案情简介

在我国司法实践中的“傅某案”是通过已公开的事实这一抗辩事由使加害人免责的典型案例。1997年8月28日，本案原告傅某在益都医院进行二次隐睾手术时，手术中麻醉出现问题导致傅某患缺氧性脑病，完全丧失了生活能力。原告傅强及其父母同益都医院就此开始了长达数年的医疗侵权纠纷。在此期间在傅某及其父母的同意下，《法制日报》、中央电视台等新闻媒体面向全国对傅某事件进行了公开报道。在这些报道中，对于傅某患有“隐睾”的病名及相关手术过程都有所涉及。其后，1999年益都医院院长助理被告王某华根据傅某的住院及手术资料撰写了《良知·理智·法治——有关傅强医疗纠纷的了解与思考》一文，分别于1999年5月10日和13日发表于《联合日报》和《山东卫生报》。随后傅强及其父母以该文侵犯傅强隐私权、名誉权为由，提起诉讼。

（2）法院判决举要

在本案的判决中，法院指出，由于在涉诉文章发表之前，傅某患“隐睾”的病情及相关手术情况已被多家媒体报道，且为公众所知，使本属于傅某隐私的内容成为大众公知的事实，失去了隐私所必须具备的隐秘性特征，故这部分内容已不再成为隐私。而被告文章所叙述的事实皆是之前报道范围内的事实，为对已公开事实的再次报道。因此，被告之行为不构成对傅某隐私权的侵害。

可见在“傅某案”中，法院肯定了已公开事实由于缺乏隐秘性而不再属于个人隐私的观点。故判决对已公开事实的再次报道不构成对个人隐私权的侵害。因此，被告可以此作为抗辩事由而阻却违法。

2.“信访文件登报案”[2]

“信访文件登报案”是我国发生较早的一起名誉权纠纷案件。虽然本案原

---

[1] 参见山东省济南市历下区人民法院民事判决书，（1999）历民初字第276号。

[2] 参见陕西省西安市碑林区人民法院民事判决书，（1999）碑民初字1676号；陕西省西安市中级人民法院民事判决书，（2000）西中法民二终字第0204号；陕西省西安市中级人民法院民事判决书，（2000）西民再终字第80号。

告是以被告侵害自己名誉权为诉由而提起诉讼的,但本案涉及原告与他人之房屋纠纷并多次上访的事实,属于原告之个人私事,是原告的隐私,被告未经原告同意公开这一事实是否构成对原告隐私权的侵害,是研究本案时所应当注意的。[1] 并且法院在判断新闻媒体根据权威信息来源所做的报道是否不构成侵权这一问题时所提出的观点,亦值得我们关注。

(1)案情简介

本案被告陕西日报社下属之《三秦都市报》记者周某曾根据西安市信访局文件编写了本案原告同案外人有关房屋纠纷的报道,并登载于《三秦都市报》第5版。该报纸发行后,原告以涉案报道侵害其名誉权为由提起诉讼。本案经历三审:一审判决被告侵权行为不成立;二审推翻一审判决,认定被告之行为侵害了原告的名誉权;再审法院支持了二审判决,认定被告之行为构成对原告名誉权的侵害。

(2)法院判决举要

本案一审法院认为,被告陕西日报社报道的文章其内容源于西安市信访局文件,且报道内容与信访文件记载之事实一致,故被告之行为不构成对原告名誉权的侵害。而二审法院却推翻了一审判决,认为西安市信访局所做关于原告与案外人土地使用权纠纷之文件是给有关领导和部门报告用的,并未向社会公开,被告陕西日报社将信访文件中的有关内容予以引用并公之于众构成对原告名誉权的侵害。再审支持了二审法院的观点,认为被告的行为侵害了原告的名誉权。

本案虽然是一个以名誉权为诉由的案件,但同时也涉及对原告之个人隐私的公开可能构成对原告隐私权的侵害,并且在法院的判决中涉及了新闻媒体是否能以权威信息来源作为免责之抗辩事由的问题,故实有探讨之必要。根据上文的论述,一审法院和二审法院对于这一问题存在不同的看法:一审法院认为,根据信访局文件这样一个权威信息来源所做的报道不构成侵权;而二审法院则认为,信访局文件只对内部公开和使用,并未向社会公开,依据该文件内容所为之报道亦构成侵权。那么对于具有权威信息来源的事实,新闻媒体是否能报道,是否能以其作为隐私权侵权之抗辩事由呢?美国法上的一个判例值得我们关注。

---

[1] 在该案件发生时,我国法上的隐私权还是通过名誉权来进行保护的,法律未明确规定隐私权,故很多侵害隐私权的案件,都是通过名誉权来进行诉讼和审判的。

3. “B. J. F 诉佛罗里达星报案” [The Florida Star v. B. J. F(1989)][1]

(1)案情简介

The Florida Star v. B. J. F 是一起新闻媒体报道强奸案受害人之姓名是否构成隐私权侵权的案件。根据美国佛罗里达州法律的规定,任何新闻媒体不得报道性侵害案件被害人之姓名。而本案的原告 B. J. F 是一起性侵害案件的受害人,其曾向警察局报案,该警局根据 B. J. F 的报案,将报案之情况使用 B. J. F 的真实姓名做成报告,并将该报告放入警局新闻室内,且未限制新闻记者进入新闻室或使用该报告。本案被告 The Florida Star 报社从警局新闻室获取该报告后,根据该报告的内容,以 B. J. F 的真实姓名公开了其报案的详细情况。B. J. F 遂以其侵害隐私权为由提起诉讼。

(2)法院判决举要

本案原审佛罗里达州法院判决侵权成立,并认为佛罗里达州关于不得公开强奸案件受害人之姓名的法律合宪。该案最终上诉到美国联邦最高法院,联邦最高法院的多数意见推翻了州法院的判决,其判词中指出:“新闻媒体因信赖政府机构所公开之事项而为报道的,不应因政府本身是否得为公开此一事项而受限制。新闻媒体为维护公众之‘知情权’,而从政府机构已公开的事项中获得的信息,即可为报道。”从美国联邦最高法院的判决中不难发现,美国法承认新闻媒体可以权威信息之来源作为隐私权侵权的抗辩事由,即新闻媒体基于对信息权威机构处的信任而为报道,即使报道的内容属于他人之隐私,也因该信息来源之权威性而免责。

4. 综合分析

综上所述,对于已公开的事实,由于其丧失了隐秘性,而不再属于个人隐私的范畴(起码在公开的范围内是如此)。故对已公开事实的再公开行为不构成隐私权侵权。因此可以说,已公开之事实属于我国法上侵害隐私权案件的抗辩事由。

但对于公开的范围以及得否免责的判定,还应当在个案中根据案件的具体情况予以考察,比如在著名的“死亡博客案”中,[2]法院就对在某些范围内公开的个人信息的再次披露或使用行为是否构成隐私权侵权进行了论述。法院认

---

〔1〕 The Florida Star v. B. J. F 491 U. S. 524 (1989).

〔2〕 参见北京市朝阳区人民法院民事判决书,(2008)朝民初字第 29277 号;北京市朝阳区人民法院民事判决书,(2008)朝民初字第 29276 号;北京市朝阳区人民法院民事判决书,(2008)朝民初字第 10930 号。

为,在社会生活中,公民为了交往的需要,常常主动将姓名、工作单位、家庭住址等个人信息告知他人,而这些信息有时也会被他人通过一定途径知晓和利用。对于此种在一定范围内已经公开的个人信息,行为人再对其进行主动披露、使用等行为是否构成侵犯隐私权,应当视行为人对这些信息的取得方式、披露方式、披露范围、披露目的以及披露后果等因素综合考量进行认定。也就是说,虽然已公开的信息可以作为隐私权侵权的抗辩事由,但对于是否构成侵权,在司法实践中,法院还应当根据事件性质,就个案之具体情况分别予以判断。

对于权威信息来源是否能作为隐私权侵权的抗辩事由,在法律上其实还存在争议。在美国法上,其实务判例认为,新闻媒体合法地从权威机构处获得的信息即可为公开的报道,而不构成隐私权侵权。这实际上是美国法倾向于保护言论自由的一种表现。美国联邦最高法院所采的这一观点一经提出就受到了学者的批评,他们认为其以衡量为名,实采绝对主义判断基准,[1]注重于对言论自由的保护,而使得在新闻领域中法律对隐私权的保护名存实亡。

本书认为,在我国法上"权威信息来源"不得作为隐私权侵权的抗辩事由。因为隐私权侵权的判断不以信息来源是否合法或权威为标准,合法地从权威机构处获得信息亦得构成对他人隐私权的侵害,而从非权威机构处取得的信息有时也可阻却违法。这是由于判断公开行为是否构成对隐私权的侵害,主要是以该公开的事实是否属于个人隐私为标准来进行的,新闻媒体即使从权威机构处获得他人之隐私并予以公开也构成对他人隐私权的侵害。就上述公开强奸案受害人之姓名的案件来看,公安机关当然负有保守受害人信息不被泄露的义务,可一旦该信息不慎泄露并被新闻媒体合法取得,该新闻媒体就该信息进行报道的行为也构成隐私权侵权,需要承担侵权责任。同样以"信访文件登报案"为例,由于信访文件记载之内容并未向社会公布,属于他人之隐私,即使新闻媒体合法地获知了该文件的内容,可是其明知该事实属于他人隐私而仍然报道的行为,亦构成了对他人隐私权的侵害,加害人不得以该内容有权威来源(政府机关)为理由而主张抗辩。

(二)本人之承诺

本人之承诺是侵害隐私权的抗辩事由。因为隐私权的权利人享有许可他人使用自己隐私的权利,被许可人在许可的范围内使用他人隐私的行为是合法行为,不构成对他人隐私权的侵害。以下兹就上文已提及的"李某泰案"对这一问

---

〔1〕 参见王泽鉴:《人格权法——法释义学、比较法、案例研究》,北京大学出版社2013年版,第439页。

题进行论述。

1.“李某泰案”[1]

(1)案情简介

“李某泰案”是媒体侵害隐私权的典型案例。在该案中,《金华日报》匿名公布了李某泰一家进行亲子鉴定的隐私,原告李某泰及其妻子以金华日报社的这一报道行为侵害了他们的隐私权、名誉权为由,提起诉讼。在本案中值得注意的是,金华日报社记者在报道该新闻之前曾对李某泰本人就该事件进行过采访,此处就涉及李某泰是否对该记者之报道行为进行了授权,如果进行了授权,那么该授权能否作为加害人侵害隐私权的抗辩事由等问题。

(2)法院判决举要

法院在判词中指出:“被告金华日报社记者,在向原告李某泰当面进行口头采访时,有证据能够证明李某泰对该记者的记者身份是明知的,且李某泰未拒绝记者的采访要求并接受了采访。基于新闻采访的目的是新闻报道之用,同时根据李某泰的文化程度、知识水平以及社会阅历等诸方面进行考量,李某泰对就亲子鉴定的事实接受采访将被新闻公开报道一事,应该是明知或应该能够知道的,他并未在报道前加以阻止,故可视为其同意就此一事实进行新闻报道。”也就是说,法院认定李某泰通过默示的形式对报社报道亲子鉴定一事进行了承诺。

遗憾的是受限于当时的立法和时代,法院并未对本人之承诺能否作为侵害隐私权的抗辩事由这一问题发表意见,仅是指出报社采访李某泰本人的行为已尽到了法律要求之调查义务,而不应再要求媒体履行更为严格的类似于司法调查的调查义务,故媒体报道的形式、内容均不违法。虽然法院就本人承诺能否构成隐私权侵权之抗辩事由并未给出解答,但本书认为,法院在判决中将李某泰本人是否授权作为判决因素进行考量的行为本身就体现出法院具有认同本人之承诺可作为侵害隐私权的抗辩事由的意图。那么在现在隐私权已经能够作为独立之诉由而提起诉讼的情况下,法律就应当允许加害人以本人承诺作为隐私权侵权的抗辩事由。

2.综合分析

本人之承诺是隐私权侵权的抗辩事由。在存在本人承诺的情况下,侵权行

[1] 参见浙江省金华市中级人民法院民事判决书,(1999)金中民终字第524号;国家法官学院、中国人民大学法学院编:《中国审判案例要览》(2000年民事审判案例卷),人民法院出版社、中国人民大学出版社2001年版,第330－336页。

为的违法性即被阻却,承诺可以明示[1]和默示的形式进行(如“李某泰案”中的情况)。同时,本人的承诺可以是事前的承诺也可以是事后的承诺(如在日本的“逆转案”中,就曾讨论过是否存在事后承诺的情形[2])。在存在本人承诺的情况下,被承诺人在承诺范围内公开他人之私事或进入他人之私领域的行为,就不构成隐私权侵权。但本人之承诺同时还涉及承诺的范围和效力的延续等问题。举例来说,就上文之“李某泰案”来看,即使李某泰本人承诺,并得以此阻却违法,但这种抗辩也只对李某泰一人有效。因为报道的事实是属于李某泰一家的家庭隐私(或说“共同隐私”),如果在没有明示或可推知李某泰之家人亦承诺可以将此隐私予以公开的情况下,报社仅得对李某泰一人免责,而对其家人仍需承担隐私权侵权责任。[3] 而对于承诺之效力延续的问题,例如就某个以真实人物为原型所撰写的纪实小说,在发表前曾取得该原型人物的承诺,但对于小说再版该承诺是否仍然有效,就是一个涉及承诺之效力延续的问题。这一问题尚需立法及司法实践继续发展来给予解答。

虽然本人之承诺可以作为隐私权侵权的抗辩事由,但如果强势机构(如医院、保险公司、银行等)为了避免隐私权侵权,而大范围使本人放弃自己的隐私权(如在签订的格式合同中规定“本人放弃隐私权,允许某某机构任意使用”等条款),由于这种授权违反了公序良俗原则的要求,则可能被认定为是无效的,在存在这种授权时加害人亦不得以本人之承诺为由而主张抗辩。

(三)公共利益

公共利益常常可以作为侵害隐私权行为的抗辩事由。在日本著名的“逆转案”判决中,法官就指出“当社会公众对某一事实的关注,属于正常的关心范围,且了解这一事实符合社会之整体利益时,为了社会公共利益而将该私事予以公开,这种公开行为是应当得到允许的。”[4]作为侵害隐私权之抗辩事由的公共利益,往往包括公众知情权、言论自由、舆论监督、犯罪侦查以及治安管理等多个方

---

〔1〕 我国司法实践存在一个反面例证——“王某霞案”。在本案中法院认定,原告王某霞,将合同中规定的授权医院无偿使用自己整容手术照片的条款划去的行为,意味着王某霞并未授权医院使用自己美容手术的照片,故医院将王某霞之美容照片擅自提供给记者的行为,属于擅自公布王某霞隐私的行为。这个案例可以从反面证明,要使用他人之隐私,须获得本人的承诺,而本人之承诺,亦可作为隐私权侵权的抗辩事由。

〔2〕 参见东京地判昭 62·11·20『判例タイムズ』1258 号第 22 页;东京高判平元·9·5『判例タイムズ』1323 号第 37 页;最判平 6·2·8『民集』48 卷 2 号定 149 页。

〔3〕 这里涉及家庭内部的隐私权侵权情形,对于该问题将在本章第六节详细进行论述。

〔4〕 参见东京地判昭 62·11·20『判例タイムズ』1258 号第 22 页;东京高判平元·9·5『判例タイムズ』1323 号第 37 页;最判平 6·2·8『民集』48 卷 2 号定 149 页。

面,以下兹就具体案例进行分析。

1."杨丽娟案"[1]

(1)案情简介

发生在2007年的"杨丽娟追星事件"曾在当年轰动全国,《南方周末》报在其第10版发表了一篇题为《你不会懂得我伤悲——杨丽娟事件观察》的文章,对"杨丽娟追星事件"进行了深入报道,大量披露了杨丽娟的家庭关系、生活私事等个人隐私。最终杨丽娟将南方周末报社告上法庭。本案经历两审,均以原告方败诉告终。这个曾经沸沸扬扬的案件之所以为法律学者所关注,是因为其中体现出了我国法院在判断公共利益同个人隐私之间发生冲突时该如何协调的一些重要观点。

(2)法院判决举要

法院判决原告败诉的主要理由是,杨丽娟追星事件在当时是为公众所广泛关注的社会事件。杨某娟及其母亲在事件发生后曾多次主动联系媒体对此事进行"爆料",这使她们成为"自愿型公众人物",并从中自然派生出了公众知情权。南方周末报社对于杨某娟及其父母私事的报道,特别是对杨父个人隐私的报道,从表面上看确实涉及公开了个人的隐私材料,但此时披露的相关隐私是揭示杨某娟事件悲剧性和反常态性的关联要素。当某一隐私同公众所关注的社会事件相联系时,这一隐私就成为公共利益的一部分。南方周末报社对这一隐私的报道,即使在一定程度上侵害了杨父之隐私权,但对这一轻微之损害,杨某娟等亦应予以容忍。也就是说,法院认为,对于"自愿型公众人物",新闻媒体在报道中披露与该社会在事件相关联的隐私时,公众具有正当理由的知情权要高于个人之隐私权。此时,公共利益就成为了隐私权侵权的抗辩事由。

2.综合分析

对于隐私权侵权行为的判断,其实很难找到一个统一的标准。世界各国的隐私权抗辩事由一向都是根据案件之具体情况,采多元性的抗辩事由理论。在判断是否构成隐私权侵权责任时,利益衡量理论日益成为当今的主流。所谓利益衡量理论是指,关于隐私之侵害,当保护隐私的利益大于侵害隐私的利益时,则侵权责任构成。那么在以公共利益为理由而侵害个人隐私的情况下,法院就需要判断该公共利益是否大于法律保护个人隐私的利益,如果大于,则此公共利益之目的足以成为侵害隐私权之抗辩事由;反之,则虽然存在公共利益,但其也

---

〔1〕 参见广东省广州市中级人民法院民事判决书,(2008)越法民一初字第598号;广东省广州市中级人民法院民事判决书,(2008)穗中法民一终字第3871号。

不足以成为侵害个人隐私的抗辩事由。

这里能够作为抗辩事由的公共利益通常包括属于公众合理关心范围的公众知情权的需要(如上述之“杨丽娟案”的情况),舆论对于政府高级官员的合法监督(如国外对总统、国会议员等高级官员在选举时和执政时,对其相关之个人隐私的披露),以及基于刑事犯罪侦查的需要而对犯罪嫌疑人进行监视、监听和跟踪等(日本法上就有相关的实务案例,认为基于犯罪侦查的需要而对嫌疑人私领域的侵入不属于对个人隐私权的侵害〔1〕)。虽然此时加害人可以主张公共利益的抗辩,但是否能够减轻或免除侵权责任,还需要法院在个案中通过利益衡量的方式进行判断。

(四)特殊问题探讨——时间经过与隐私权保护

对于时间经过与隐私权保护,主要存在两个方面的问题:第一,已公开的事实,经过时间流逝的隐私权回复问题。已公开的事实,从其本质上来说已经不属于隐私的范畴,然因漫长时间之经过,逐渐被周遭淡忘而不复记忆时,再度对其进行发掘报道是否构成对隐私权的侵害?第二,公众人物因为时间之经过的隐私权回复问题。对于公众人物,其隐私权在很大程度上受到比一般人更多的限制,但是由于时间之经过,其已从大众视野隐退多年,新闻媒体对其私事的再度报道是否构成隐私权侵权?对于这两个问题,还是通过几个案例来进行分析。

1.“韩某贵案”〔2〕

(1)案情简介

本案原告韩某贵曾于20世纪70年代因“反革命罪”被判处有期徒刑,后又于20世纪80年代被改判无罪。本案被告中国社会出版社分别于1998年版和1999年版的《蓝镜头》一书中刊登了题为“现行反革命韩某贵”的照片,该照片是1977年由政法机关拍摄的韩某贵在受审时的真实照片。韩某贵以被告之行为侵害了他的肖像权、隐私权、名誉权、姓名权为由向法院提起诉讼。

(2)法院判决举要

虽然本案原告同时以隐私权、肖像权、姓名权、名誉权受侵害为由提起诉讼,但遗憾的是,法院在本案判决时仅对被告之行为是否构成对原告之姓名权的侵害进行了认定,对隐私权问题由于受当时法律的局限而未作论述。但该案对研

---

〔1〕 参见札幌地判昭57·11·8『判例タイムズ』1080号第103页。

〔2〕 参见云南省昆明市中级人民法院民事判决书,(2002)昆民三终字第535号;国家法官学院、中国人民大学法学院编:《中国审判案例要览》(2003年民事审判案例卷),人民法院出版社、中国人民大学出版社2004年版,第316-319页。

究时间流逝的隐私权保护问题仍具有重要意义。首先本案涉及对已经过10多年的当事人的刑事犯罪记录的披露，当事人是否得因漫长时间之经过而主张不得再对其隐私进行披露？同时本案还涉及已公开事实的再披露问题。本案原告韩某贵的涉案照片是在1977年由政法机关拍摄，并在原昆明市中级人民法院门口公开过的照片。对这种已公开的事实，其经过时间的流逝，隐私权是否能够回复，对其的再度公开行为是否构成隐私权侵权？对于这几个问题，我国法院并未做解答，因此，本书转而寻求比较法上的判例，希望从中获得启发。

2.“西德斯诉F－R出版公司案”[Sidis v. F－R Publishing Corp.(1940)][1]

(1)案情简介

著名的“Sidis案”发生在1940年的美国。本案原告Sidis在幼年时期曾是闻名美国的数学天才儿童，但他在其后的生活中并未能在数学领域中继续发展，并且曾经因为犯罪而被判入狱。后来Sidis改名换姓重新生活，并任职于某公司。被告某杂志社发现了Sidis，并对其之后的生活经历，特别是现在的窘困生活现状进行了详细的报道。Sidis以被告之报道侵害其隐私权为由向法院提起了诉讼。

(2)法院判决举要

本案一直上诉到了美国联邦最高法院，法院最终判决Sidis败诉。其在判决理由中指出，Sidis曾经是受公众关注的人物，其作为公众人物的特质在相关事务上虽历经多年仍然存在。故社会公众对其后续发展的关注存在正当的理由，因而此时公众知情权所代表的利益要大于对个人隐私权进行保护的利益。也就是说，在此处法院倾向于保护公众知情权和言论自由，认为社会大众对曾经是公众人物的Sidis的后续发展的关注具有受法律保护的正当理由，而基于这种正当理由，公众的知情权要高于个人的隐私权。此时，我们可以判断，美国法对时间流逝公众人物隐私权的回复问题是持否定态度的。[2]

---

[1] Sidis v. F－R Publishing Corp.,113 F. 2d 806 (1940).

[2] 在“Sidis案”中，美国联邦最高法院的判词似乎表达出这样一种态度，即一日为公众人物则终身为公众人物。社会大众对曾经是公众人物的人，不论时间的流逝，对其后续发展的关注都是具有正当性的，而在这种正当性基础上的公众知情权和言论自由，就要高于个人的隐私权。虽然美国法院反复强调，言论自由和隐私权在受法律保护的权利位阶上是不分高下的，个案中选择保护哪种利益，要通过利益衡量来进行。但从其所作出的判例中，我们还是会发现，在美国法上似乎更加重视对言论自由的保护。

3. “麦考文诉里德案”[Mclvin v. Read(1931)][1]

(1)案情简介

本案原告曾经是一名妓女,曾被指控犯有谋杀罪,但之后被无罪释放。原告在经历这些事件后决定改过自新重新做人,故其来到新的地区嫁作人妇,开始了新的生活。原告现在生活圈中的朋友皆不知道原告过去的生活经历,原告在结婚之后过着平静、幸福的生活。但在原告被宣告无罪的 7 年后,被告以她为原型拍摄了一部电影,该电影真实地反映了原告过去“令人羞耻”的生活经历,并且电影中还使用了原告的真实姓名,使原告的朋友第一次得知了原告过去的“令人讨厌”的生活经历。原告认为被告的行为严重侵害了她的隐私权,故向法院提起诉讼。

(2)法院判决举要

加利福尼亚州法院判决认为,被告在其电影中使用原告的真实姓名的行为侵害了原告的隐私权。因为,被告在原告改过自新,重新开始长达近 10 年的平静生活之后,又在叙述原告过去生活经历的电影中使用原告的真实姓名,这一行为违反了“我们所知的任何道德规范”,并侵犯了任何人都不得剥夺的、受美国宪法所保护的、原告追求幸福的权利。从这个案件中我们发现,美国法院对于将那些过去的事实在漫长时间经过后而再度公开的行为,是认定为侵害他人之隐私权的。

4. 综合分析

时间经过对隐私权当然会产生影响,虽然我国现在的法律及司法实践还未对这一问题进行解答,但国外的相关规定却值得关注。在法国刑法上,对名誉的损毁,就 10 年以前的事实得排除真实性的抗辩,即以 10 年之前的事实损害他人名誉时,不得以真实性而主张免责。这是明文规定人格权利得因时间之经过而回复并受保护的法律。[2] 那么对于隐私权是否得因时间之经过而回复,并重新获得法律的保护这样一个问题,本书认为是需要分情况来进行讨论的。

在本章第三节对公众人物的论述中提到,对公众人物的隐私权的限制要考虑时间因素,比如经过长久之时间,公共官员早已退休、原来的公共事件不再受公众关注或者曾经的公众人物已经退出大众视野多年时,此时对他们隐私权的保护就应当回复到一般人的水平。在这时再对其与公共利益无关的隐私进行报

---

[1] Mclvin v. Read 112 Cal. 285,287 p. 91 (1931).

[2] 参见王泽鉴:《人格权法——法释义学、比较法、案例研究》,北京大学出版社 2013 年版,第 270－271 页。

道，就构成对其隐私权的侵害（本书不同意美国法院关于“Sidis 案”的判决，Sidis 虽然曾经是公众人物，但其已退出大众视野多年，媒体对其之后生活的跟踪报道，应当构成对其隐私权的侵害。因为此时 Sidis 已经不具有公众人物的身份，也未再经由这一身份获得比一般人更多的利益，故其当然不应比一般人负有更高的隐私容忍义务。美国法院的这一判决是更多地保护言论自由的法律传统所造成的，考虑我国的法律传统和现实情况，对美国的这一判例的观点，我国实不应当采纳）。时间之流逝对于公众人物的隐私权当然是有影响的，如果一个人作为过去的公众人物已经退出大众视野多年，尤其是那些非自愿型公众人物，此时他们已不再是公众人物，那么对他们隐私权的保护程度就理所当然的要比他们作为公众人物时高，甚至也不排除其隐私权完全回复，获得一般人的保护水平的可能。

对于已公开的事实所涉及的隐私权是否能因时间之经过而回复的问题，只能在个案中根据各种因素，通过利益衡量的方式来进行判断。但上文所提到的“Mclvin 案”还是能给我们带来一些启示。在某人曾经为人所知的不光彩的生活经历过去多年之后，尤其在她现在身边之人对这些事实毫不知情的情况下，为了保护个人追求幸福的权利，这些曾经公开过的事实就又变回了原告的隐私，他人再对其进行公开的行为就构成了对当事人隐私权的侵害。这就符合了上述法国刑法对于名誉权回复问题的规定。隐私权同名誉权一样，都是具体人格权之一种，既然名誉权得因时间之经过而回复，隐私权当然也可因时间之经过而回复。至少可以说，法国刑法的这一规定对我国法律解决时间经过对隐私权保护之问题具有启发意义。

四、侵害隐私权的责任承担

我国《民法典》第 995 条第 1 句规定，人格权遭受侵害的，受害人有权依法请求行为人承担民事责任。《民法典》第 179 条所规定的民事责任承担方式包括以下几种：(1)停止侵害；(2)排除妨碍；(3)消除危险；(4)返还财产；(5)恢复原状；(6)修理、重作、更换；(7)继续履行；(8)赔偿损失；(9)支付违约金；(10)消除影响、恢复名誉；(11)赔礼道歉。从法律规定来看，以上除(6)、(7)、(9)均可作为隐私权侵权的责任承担方式。但侵害隐私权的责任承担方式主要还是停止侵害，消除影响、恢复名誉，赔礼道歉和赔偿损失这 4 种。

停止侵害，是在民事领域承担侵权责任的首选方式。它要求对民事权益的侵害正在进行，如侵害已经施行完毕，则不可能再要求承担停止侵害的侵权责任。对于隐私权侵权而言，比如加害人正在公开他人的隐私信息，或正在对他人之私领域进行监视、侵入等行为的,受害人可以要求加害人立即停止侵害行为,以防止损害的继续扩大。这里值得说明的是,侵权法规定,在网络领域侵害隐私权的,网络服务提供者在收到受害人的通知后,应及时采取有效措施避免损害的扩大,若其未能及时采取有效措施而致使损害扩大,则须就扩大的损失同加害人一起承担共同侵权责任。

消除影响、恢复名誉,这也是一种隐私权侵权的责任承担方式。这种责任承担方式同赔礼道歉一样,由于隐私权的特殊性,其承担的方法与侵害名誉权时的责任承担方法有所不同。例如,在新闻媒体侵害隐私权时,权利人可以要求加害人将已经出版发行的报纸、杂志或者书籍收回、销毁,也可以要求网络或者电视传播媒体停止播出侵害他人隐私权的节目。这是一种变相的消除影响、恢复名誉的方式,同名誉权的责任承担方式不同,它不要求加害人在公开场合对受害人之名誉进行澄清,而是要求加害人将涉及侵权的物品收回或销毁。[1] 这样一方面维护了隐私权人的利益,另一方面又防止可能出现的对隐私权的二次侵害。

赔礼道歉,是对人格权进行侵害时承担责任的一种重要方式。由于隐私权的特殊性,其不像名誉权那样要求赔礼道歉要公开进行,隐私权的权利人一般希望自己的隐私不再被更多的人知晓,故对隐私权人的赔礼道歉可以私下进行,以防止对隐私权的二次伤害。

赔偿损失,是承担隐私权侵权责任的最主要的方式。它主要包括对财产损害的赔偿和对精神损害的赔偿。在隐私权侵权中,财产损害主要表现为一种间接的损害,即受害人因为隐私权受损害而导致的误工的损害、住院治疗支出医疗费用的损害以及为了避免损害的发生和扩大而支出其他费用的损害等。对财产损害的赔偿只要有证据能够证明的,法院一般都会予以支持(当然这里法院还会考虑责任范围、因果关系等因素)。

在隐私权侵权中,最重要的当然还是精神损害赔偿。《精神损害赔偿解释》(2001 年)第 1 条第 2 款规定:"违反社会公共利益、社会公德侵害他人隐私或者其他人格利益,受害人以侵权为由向人民法院起诉请求赔偿精神损害的,人民法院应当依法予以受理。"也就是说从那时起,隐私权受到侵害的受害人就可以提起精神损害赔偿请求。《民法典》第 996 条规定违约行为侵害隐私权的,不影响

---

〔1〕 这同停止侵害的责任承担方式也不同,停止侵害只要求加害人停止正在进行的侵害行为,而并不要求其将已经散布出去的涉及侵害他人隐私权的物品收回。因此,本书认为在隐私权侵权责任中,应当保留消除影响、恢复名誉的责任承担方式,只是其在承担的方法上同侵害名誉权的承担方法略有不同。

精神损害赔偿的请求。

对隐私权进行精神损害赔偿，与其说“赔偿”不如说是一种“补偿”，因为赔偿往往具有一种等价交换的含义，会使人们产生人格权益是可以用金钱来进行衡量的误解。实际上我国法律规定，对隐私权等人格权利进行精神损害的金钱赔偿并不是等价的估量每个人人格的价值，而是希望在个人的人格权益受到伤害时，能够通过金钱而获得一定的抚慰和补偿，同时也通过要求加害人支付一定的金钱而对其进行惩罚，并起到警示社会的作用。因此，精神损害赔偿的数额绝不是个人人格的价值体现。根据《精神损害赔偿解释》(2001 年)第 10 条所提六要素，在确定隐私权侵权的精神损害赔偿数额时，受诉地法院的经济发展水平不应当成为考量的因素，因为每个人的人格都是平等的，不能因为各地经济发展水平不同就对不同人之人格给予不同的补偿。而且从我国现在的精神损害赔偿数额普遍只有几百到数万的这样一个水平来看，对受害人精神损害的赔偿也没有必要因为地域的不同设置不同的标准。因此，对于侵害隐私权的精神损害赔偿数额的认定，主要应当考虑以下几个因素：第一，侵权人侵权的具体情况(侵权人的主观恶意、行为手段和场合等)；第二，受害人受伤害的程度(受害人因隐私权被侵害而遭受的具体精神伤害)；第三，事件的严重程度(如事件的社会影响程度、传播范围等)。现在我国精神损害赔偿的数额普遍偏低，而法院在判决中往往也未给出确定赔偿数额的具体理由，这使得在司法实务中赔偿数额的确定往往具有任意性。虽然赔偿数额的确定是一个法官自由心证的过程，但出于司法实务公正性的要求，还是需要一个相对明确的标准的，这一标准不仅要符合我国的国情，也要有利于对个人人格的保护，这需要建立在大量的实务判决积累的基础之上，是有待我国法律继续发展和完善的问题。

五、小结

隐私权侵权行为属于一般侵权行为，其责任构成应当符合我国《民法典》所规定的一般侵权责任构成的四要件，即加害行为、主观过错、损害结果和因果关系这四个构成要件。由于隐私权的保护范围随着时代的发展而在不断地变化，其加害行为的种类也会随着时移世易而发生改变。从目前的情况来看，侵害隐私权的加害行为主要有公开型、侵入型和侵害信息自主三种类型。侵害信息自主的行为类型即现代隐私权发展出的新的侵权类型。加害人只要符合上述三种行为之一种，出于故意或过失造成了隐私权受损害的结果，即构成隐私权侵权责任。但如果加害人存在违法阻却事由，则可能阻却行为之违法性而免除责任。基于上文的分析，侵害隐私权的行为主要存在以下三种违法阻却事由，即已公开的事实、本人之承诺和公共利益的需要。已公开的事实由于不再属于隐私而阻却违法,对它的利用或公开不构成隐私权侵权;本人之承诺会使获得承诺的人公开或利用他人之隐私的行为成为合法行为,故而也不构成对他人隐私权的侵害;在公共利益的抗辩中,则需要法官进行利益衡量,当公共利益大于个人隐私权受保护的利益时,则可以作为侵害隐私权行为的违法阻却事由。

民法对于隐私权的保护主要还是通过设置侵权责任的方式来进行的。我国《民法典》所规定的大部分责任承担方式都可以作为隐私权侵权责任的责任承担方式,但主要的还是停止侵害,消除影响、恢复名誉,赔礼道歉和赔偿损失这四种。其中又尤以赔偿损失为其主要的责任承担方式,而在赔偿损失中,对于隐私权侵权又会涉及精神损害赔偿的问题。我国法律设置精神损害赔偿制度是为了抚慰受害人及其近亲属的心理,补偿其精神损害,并同时对社会起到警示作用。故精神损害赔偿绝不是对个人人格利益的等价交换,而是通过补偿金钱的方式对个人的精神予以抚慰。精神损害赔偿数额的确定是一个需要法官根据具体案件进行自由裁量的问题,需要大量审判经验的积累。而其数额确定的原则,也将随着隐私权侵权实务案例的增加和法律的完善而日趋完善。

第五节　隐私权侵权的具体类型

隐私侵权类型的研究以对我国隐私权侵权案件的分析为基础,结合相应的国外判例,叙述侵害隐私权的几种形态。这里所进行的并非严格的类型化工作,而是根据被侵害的利益以及侵害行为样态,对现有的隐私权侵权行为进行适当的分类并给予相应的讨论。

根据上文的分析,侵害隐私权的加害行为有公开型、侵入型以及对个人信息自主的侵害这样三种类型。这三种加害行为分别对应了三种隐私权侵权样态,即对私领域的侵入、私事被公开以及侵害个人信息自主。下文将根据以上的分类,结合《民法典》第 1033 条列举的侵权行为类型,就我国现有之实务案例以及相关的比较法判例展开论述。

一、对私领域的侵入

(一)侵入他人住宅

住宅被称为个人生活的堡垒,是传统上个人隐私的核心部分,当然属于受法律保护的私领域的范畴。我国《宪法》第 39 条规定:“中华人民共和国公民的住宅不受侵犯。禁止非法搜查或者非法侵入公民的住宅。"这一规定在相当程度上是为了保护公民的隐私而设置的。

未经他人允许非法进入他人住宅构成对他人隐私权的侵害。比如在"彭某其、程某利诉广州市德昇物业管理有限公司物业管理纠纷案"〔1〕中,法院就认为:虽然原告擅自改变涉案房屋的主体结构,导致房屋存在安全隐患,但被告德昇物业管理有限公司没有经过原告的允许擅自进入其房屋进行检查,并将检查的结果和房屋装修部分的照片予以公告,其行为超越了服务者履行义务的范围,是不当的。考虑被告侵害原告隐私权的主观过错不深,且情节轻微,尚未造成严重的后果,故判决被告尽快清除涉案公告,但无须向原告承担损害赔偿责任。显然这里法院认定被告未经允许进入原告房屋的行为侵害了原告的隐私权,但由于情节轻微,未造成严重后果,故只需承担消除影响的责任。

在 2002 年 8 月 18 日晚,我国还发生了一起严重侵害公民住宅隐私的案件——"黄碟案"。〔2〕 当日延安市宝塔公安分局万花派出所接到群众举报称新婚夫妻张某夫妇于万花山乡一诊所内观看黄碟。随后三民警以看病为由进入张某家中强行进行搜查,并带走丈夫张某。该案虽然未能成诉,却在当时被媒体广泛报道,引起了各方强烈关注。不论公安机关对张某进行拘留行为是否合法,单就公安机关无正当理由及合法授权就闯入公民住宅的行为而言,严重侵害了公民的住宅隐私,违反我国宪法禁止非法搜查公民住宅的相关规定,构成对公民隐私权的侵害。

非法窥视他人住宅,在他人住宅内安装录像设施等行为亦构成对他人私领域的侵害(关于录像偷拍行为,将在下文中详细进行论述,在此不赘述)。在现代的社区环境中,从自家之窗户窥探他人住宅的情况也颇为常见,在日本也有这样的案例,即因为从他人住宅或建筑物的窗户中可看到自己住宅中的情况而向法院起诉,主张这种开窗的行为侵害到了自己的住宅隐私权。一般这样的案例,根据具体之案件性质,法院多认为基于现代居住条件的限制很难保证住宅的绝对隐私,开窗行为一般不构成对他人隐私权的侵害。〔3〕 但也有这样的判例,对企业打算在住宅区建设 4 层建筑的行为认定,"在这样的区域内从保护居住环境

---

〔1〕 一审:广东省广州市海珠区人民法院民事判决书,(2008)海民三初字第 94 号;二审:广东省广州市中级人民法院民事判决书,(2008)穗中法民五终字第 2253 号。

〔2〕 参见《夫妻家中看黄碟事件:公民权利终于得到保护》,载新浪网,http://news.sina.com.cn/s/2003-01-05/0921862639.shtml? from=wap。

〔3〕 参见千叶地判昭 47·1·26『判时』664 号第 64 页。

的角度来看,特别应充分保护私人住宅内的隐私",故责令企业将4层建筑的阳台减半。[1]

再如,"钢梁案"中,原告诉称,被告建筑商未经自己的允许在自家窗外建设装饰用管钢梁,威胁自己的人身、财产安全并侵害自己之隐私权,而要求被告拆除钢梁。这类案件虽常常涉及隐私权的保护,但一般很难认定被告的行为侵害了原告的隐私。我国法院对于"钢梁案"的判决中,一审法院认为原告以窗外钢梁侵犯其人身、财产安全和隐私权为由诉请被告拆除该钢梁,因无合同依据及损害后果,法院不予支持;二审最终系以被告违约为由判决被告将涉诉钢梁上移。可见对于这类案件,法院多从行为人之主观心理及案件发生环境来进行判断,受现代居住条件之限,一般很难认定隐私权侵权。

同时值得注意的是,在我国法上,侵入他人住宅情节严重的可能构成非法侵入住宅罪,发生在2004年的"黄某成案"[2]即这样一起案件。本案被告黄某成酒后强行闯入被害人路某枢的家中,并砸坏被害人家中的贵重物品,法院判决被告黄某成非法闯入他人住宅,其行为已构成非法侵入住宅罪,依据《刑法》第245条第1款的规定,判决被告人黄某成犯非法侵入住宅罪,处有期徒刑1年6个月。可见对隐私权的保护系由各个部门法合力完成的,侵害隐私权情节严重的也将受到刑法的惩罚。

(二)侵害他人身体隐私

个人身体的隐秘部位属于个人私领域的范畴。对身体隐私的保护是由传统的"知羞耻、掩外阴"的观念所发展而来的。恶意暴露、搜查他人身体隐秘部位,即构成对他人隐私权的侵害。

超市因怀疑顾客盗窃而擅自对顾客进行搜身的行为属于侵害顾客的身体隐私。例如在"钱某案"[3]中,超市员工解脱钱某裤扣,对其身体隐秘部位进行检查的行为即构成对钱某隐私权的侵害。同样在"倪某璐案"[4]中,超市擅自将倪某璐带到办公室对其解衣查看的行为,亦构成对倪某璐身体隐私的侵害。

因发生纠纷、扭打而恶意暴露他人身体隐秘部位的行为,也构成对他人隐私

---

〔1〕 参见仙台地决昭51・1・25『判例タイムズ』973号第115页。

〔2〕 一审:安徽省蚌埠市怀远县人民法院刑事判决书,(2004)怀刑初字第185号;二审:安徽省蚌埠市中级人民法院刑事判决书,(2004)蚌刑终字第145号。

〔3〕 一审:上海市虹口区人民法院民事判决书,(1998)虹民初字第2681号;二审:上海市第二中级人民法院民事判决书,(1998)沪二中民终字第2300号。

〔4〕 参见《最高人民法院公报》1993年第1期(总第33期);最高人民法院办公厅编:《最高人民法院公报案例大全》,人民法院出版社2009年版,第421页。

权的侵害。在“王某案”[1]中，被告王某因怀疑原告杨某与自己丈夫有染，而故意将原告的衣物撕破，使其身体隐秘部位暴露在众人面前，构成对原告隐私权的侵害。本案的审理法院认为，被告的行为致使原告身体之隐秘部位暴露于众，给原告造成了恶劣的影响，判决被告侵权行为成立，根据当时的法律承担侵害名誉权的侵权责任。[2] 而在“徐某某诉王某某案”[3]中，被告王某某为了泄愤，当众脱掉原告徐某某的衣物，而构成了对原告隐私权的侵害。[4]

男性擅入公共女浴室、女桑拿房对女性身体进行窥探，也构成对女性身体隐私的侵害。在“陶某诉B公司案”[5]中，B公司保安擅入女浴室，撞见出浴的顾客陶某，窥见其身体，即构成对陶某身体隐私的侵害。值得注意的是，本案发生在2000年，在该案审理的年代，隐私权尚未作为一个独立的人格权来进行保护，故法院在判决时未采纳原告提出的隐私权的诉由，而是利用人格尊严这样一个宪法权利来对原告陶某之隐私权进行保护，这在当时不可谓不具有一定的进步意义。

（三）录音、窃听行为侵害他人隐私

与他人私下的谈话也属于个人隐私的范畴。在现代随着科技尤其是电子信息技术的发展，私自窃听、窃录他人谈话的情况也有所增多。我国《宪法》第40条规定：“中华人民共和国公民的通信自由和通信秘密受法律的保护。除因国家安全或者追查刑事犯罪的需要，由公安机关或者检察机关依照法律规定的程序对通信进行检查外，任何组织或者个人不得以任何理由侵犯公民的通信自由和通信秘密。”这虽然是保护公民通讯秘密和自由权利的规定，但也从一个方面表现出我国法律对于窃听他人谈话行为的否定。从私法上来看，侵害他人隐私的窃听行为多表现为对他人私领域的侵入。

比如发生在2002年的“陈某卿案”[6]就是典型的窃听、窃录侵害他人隐私权的案件。法院最终判决被告缪某华侵权行为成立，应对原告赔礼道歉并赔偿精神损失费。在日本法上还出现过这样的案例，即房东在出租屋内安装窃听装

---

〔1〕 参见天津市河东区人民法院民事判决书，(1999)东民初字第2565号。

〔2〕 这是由于当时隐私权是放在名誉权项下进行保护的。

〔3〕 参见重庆市秀山土家苗族自治县人民法院民事判决书，(2010)秀民初字第130号。

〔4〕 由于本案原告系以名誉权为由提起诉讼的，故法院也以名誉权为由进行判决。但这并不表示，本案中恶意暴露他人身体隐秘部位的行为不构成对他人隐私权的侵害。

〔5〕 参见上海市卢湾区人民法院民事判决书，(2000)卢民初字第2525号。

〔6〕 一审：广东省佛山市南海区人民法院民事判决书，(2004)南民一初字第2716号；二审：广东省佛山市中级人民法院民事判决书，(2005)佛中法民一终字第411号。

置,法院认为被告侵害了原告“过宁静生活的权利”,故判令被告向原告支付精神损失费。[1]

(四)摄像头与私领域的侵害

在现代社会,我们的生活无时无刻不处于监视之下,随处可见的摄像头往往打着保护安全的名头侵害着我们的隐私,难怪有人将这个时代称为“隐私已死的时代”。由于摄像头侵害私领域的案件屡见不鲜,故在这里将其单独列出,作为一种侵入私领域的行为特别进行讨论。[2]

摄像头侵害他人隐私,常常发生在雇主与雇员关系中。[3] 在“朱某华诉谢某辉案”[4]中,朱某华是普安公司员工,其在2011年8月16日上午与同事柳某等人在公司房间更衣时发现房间内安装有摄像机并正在进行拍摄,随即朱某华等人报案,之后以该行为侵害自己隐私权为由向法院提起诉讼。法院判决指出,被告谢某明知公司员工平常会在涉案房间内更衣,还仍在该房间安装摄像头,并在未告知员工的情况下对该房间进行监视,其行为构成对原告朱某等人的隐私权的侵害,要求被告承担侵权责任并赔偿原告精神损失。[5]

夫妻之间也存在这种情形的隐私权侵权。比如在“李某诉陈某平案”[6]中,被告陈某平为了获得丈夫出轨的证据,雇人偷拍其在住宅内洗澡的情况。法院认为对于私人住宅“除司法机关的侦查部门依法享有监视、拍摄他人住宅内活动的职权外,任何其他人均负有不作为的义务,只要作为即违法”。本案被告偷拍他人在私人住宅内洗澡的情况,构成对原告隐私权的侵害。

邻里之间也存在摄像头侵害隐私权的情形。如在“张某诉潘某案”[7]中,原告、被告两家为邻居关系,被告因与原告发生纠纷而在与原告公用区域安装摄像头监视原告行为。法院认为,被告安装之摄像头的监控范围属公用区域,包括了与原告日常生活有密切关联的公用部位,被告的上述行为侵害了原告的隐私权。

我国法上其他摄像头侵害隐私权的实务案例还包括学校安装摄像头对学生

---

〔1〕 参见东京高判昭56·2·23『判例タイムズ』999号第59页。

〔2〕 参见刘史丹:《隐私权的新发展——私人摄像头侵犯隐私权案件的审理思路与判断要素初探》,载《法律适用(司法案例)》2017年第12期。

〔3〕 刘春堂教授认为,一些公司在一定限度内采取摄像的方式进行监控应当允许,参见刘春堂:《民商法论集(三)》,台北,元照出版有限公司2016年版,第293页。

〔4〕 参见广东省广州市中级人民法院民事判决书,(2012)穗中法民一终字第1138号。

〔5〕 参见广东省广州市中级人民法院民事判决书,(2012)穗中法民一终字第1138号。

〔6〕 参见四川省泸州市龙马潭区人民法院民事判决书,(2002)龙马民初字第1599号。

〔7〕 参见上海市徐汇区人民法院民事判决书,(2010)徐民一(民)初字第6327号;上海市第一中级人民法院民事判决书,(2011)沪一中民一(民)终字第288号。

隐私的侵害[1],物业公司安装摄像头涉嫌监控小区业主[2]等。随着社会的发展,各种监控手段越来越发达,个人更多地暴露在他人的目光中是一种不可避免的趋势。国家出于社会治安的考虑对公共区域和涉密区域进行监控是无可厚非的。但正是由于技术发展对隐私权侵害的日益严重,这种利用摄像头等技术进行监控的行为才更应当受到法律的严格限制。我们应当明确,除了少数几个公权力部门出于公共利益的需要而采正当手段进行监控外,其他任何个人和团体均不得利用摄像头监控他人,以真正地保护公民安宁生活和追求幸福的权利。

(五)骚扰电话、垃圾短信侵害他人私领域

法律保护隐私权很大程度上是为了保护个人私生活的安宁,而执拗的骚扰电话和垃圾短信会构成对公民私生活安宁的侵害。在我国,这类侵权的典型案例有"李某花诉陈某案"[3]。在该案中原告李某花因被告多次通过拨打骚扰电话或发送手机短信的方式对其及其家人进行辱骂,以侵害其一般人格权为由向法院提起诉讼。法院经审理认为,被告陈某拨打骚扰电话辱骂原告的行为构成对原告人格权的侵害。本案虽未提及隐私权,但实际上原告的这种人格利益属于隐私的范畴,该案实际上是通过一般人格权保护了原告的隐私权。而在"倪某某诉陈某某案"[4]中,当事人则直接以被告之垃圾短信、骚扰电话侵害其隐私权为由提起诉讼。本案被告陈某某频繁拨打骚扰电话及发送大量骚扰短信给原告,且内容低俗下流,严重干扰原告的正常生活,原告以其行为侵害隐私权为由提起诉讼。法院判决指出:"公民的隐私权受到法律保护。隐私权当然包含公民个人生活自由权及生活安宁的权利。被告在获取原告手机号码后,频繁向原告拨打骚扰电话及发送大量骚扰短信,严重干扰了原告个人生活自由及生活安宁,构成对原告隐私权的侵害。"可见在我国法上,骚扰电话和骚扰短信是侵害隐私权行为的典型类型。在日本法上还曾经出现过这样的判例:一已婚男性为追求曾经与其发生过性关系的女性,而不断地通过拨打骚扰电话的方式对其进行纠缠:对于他的这种行为,日本法院判决认为,"任何人都享有隐私不受侵害、过平静生活的权利,从被告的行为来看,其侵害了原告的这种人格权"。故被告

---

[1] 参见《高中生接吻录像被曝光续:法院称监控符合规定》,载搜狐新闻网,http://news.sohu.com/20041118/n223043347.shtml。

[2] 参见上海市徐汇区人民法院民事判决书,(2012)徐民一(民)初字第6891号;上海市徐汇区人民法院民事判决书,(2012)徐民一(民)初字第6889号。

[3] 河南省西平县人民法院民事判决书,(2010)西民初字第1267号。

[4] 参见上海市徐汇区人民法院民事判决书,(2013)徐民一(民)初字第5269号。

侵害原告隐私权的侵权责任成立。[1]

垃圾短信,尤其是垃圾广告的行为,得构成对他人私领域的侵害。每个人都享有自我独处、自我决定的隐私权,这种权利不仅保护个人物理空间不受他人侵入,同时也保护个人的精神空间不被他人任意打扰。在现代社会,由于手机的普及,我们每个人每天都会收到很多垃圾短信,这种传送垃圾短信的行为侵害了个人的"不知情权"(The right not to lithen, Recht auf Nichtwissen),属于强使他人接受信息的行为(Aufdrigen von Informationen)。这种行为侵害了个人之私领域,包括精神的私领域和手机、电话形成的物理的私领域,构成对他人隐私权的侵害。垃圾短信侵权所具有的受众广、个体侵害少的特点,导致在我国实务中尚无类似案例。在德国法上曾经发生过判决违反原告意愿向其家中信箱投递广告的行为侵权的案例,肯定了个人有拒绝获得信息的权利。[2] 同样在日本法的"地铁广告播送案"中,虽然三审都判决原告败诉,但法官同样肯定了每个人都有不受他人或自己不想要之刺激扰乱平静心灵的权利,而这一权利从广义上属于隐私权。[3] 因此,我们认为个人享有不受自己不想要之信息打扰的精神安宁的权利,故发送垃圾短信的行为亦构成对个人隐私权的侵害。

二、对私事的公开

(一)日记、信件被公开

在私事被公开的这种隐私权侵权行为样态中,未经他人允许擅自公开他人日记、信件中所记载的内容,是这类侵权行为的一种主要情形。但由于受害人多不愿继续扩大自己私事的传播范围使自己之隐私遭受二次侵害,故在我国司法实务中鲜见这类案件,发生在20世纪末的"李某强案"[4]是我国法上少见的这类典型案例。该案原告李某强,因被告羊城晚报社未经其同意将其写给广西壮族自治区党委书记的信件公开,并在报道中存在对其进行侮辱的言词,以被告侵害其名誉权及通信秘密权为由向法院提起诉讼。本案历经三审,一审支持,二审驳回,再审维持了一审判决。其中一审法院认为,被告未经原告的同意擅自公开

---

〔1〕 参见最判平元·12·21『民集』43 卷 12 号第 2252 页。

〔2〕 BGHZ106,299.

〔3〕 参见王泽鉴:《人格权法——法释义学、比较法、案例研究》,北京大学出版社 2013 年版,第 274-275 页。

〔4〕 参见最高人民法院中国应用法学研究所编:《人民法院案例选》2002 年第 4 辑(总第 42 辑),人民法院出版社 2003 年版,第 178-187 页。

其信件构成了对原告通信秘密权及名誉权的侵害。[1] 当时的立法背景是，隐私权并不是一个独立的人格权，其正经历着从名誉权中脱胎而出的过程。而我国宪法中所规定的通信秘密权是对信件被公开这种隐私权侵权行为进行规制的主要法律依据，当时的司法实践能够考虑到以通信秘密权来对当事人之隐私进行保护，这不可不谓是一种进步。

多年前网上出现了已故文学家钱钟书先生私人信件将被公开拍卖的消息，该批信件是由收件人李某强先生委托拍卖公司进行拍卖的，该消息一出即在社会上造成轰动，使钱钟书先生之遗孀，百余岁的杨绛先生不得不出面维护自己及家人的权利。2013 年 6 月 3 日，北京市第二中级人民法院裁定拍卖公司不得拍卖钱钟书先生的涉案信件。[2] 撇开该案涉及的物权与著作权纠纷不谈，单论拍卖他人之私人信件的行为——该行为无疑属于侵害他人隐私的侵权行为。私人信件同私人日记一样记载了他人不欲公众知晓的个人私事，属于个人隐私的范畴，对他人私信、日记的窥探属于侵入私领域侵害隐私权的行为，而擅自将私信、日记进行拍卖、发表则构成公开私事的隐私权侵权，本案即属于此类侵权。钱先生及其家人写给他人的私人信件，虽然在一定范围内为收件人所知，但绝不属于已公开的信息，仍属于钱先生及其家人的隐私，将这种隐私进行拍卖就等同于将其中记载的私事对他人公开，构成对当事人隐私权的侵害。

（二）犯罪前科被公开

犯罪前科是否属于隐私的问题历来就存在争议，在我国法上目前也尚未达成一致。我国《民事诉讼法》第 156 条规定：“公众可以查阅发生法律效力的判决书、裁定书，但涉及国家秘密、商业秘密和个人隐私的内容除外。”但是，对于刑事犯罪记录本身是否属于个人隐私、是否应当禁止公众查阅的问题，法律尚未给出统一的答案，我国司法实务上也未有明确的解答。比如在前述的“韩某贵案”[3]中，被告中国社会出版社发行的《蓝镜头》一书公开了韩某贵曾被认定为“现行反革命”而被判刑的犯罪记录，但该案由于年代所限，仅就被告的行为是否侵害了原告的肖像权进行了认定，未涉及原告诉称的隐私权问题，故无法从中得出法院对于公开他人刑事犯罪记录的行为是否构成侵害隐私权问题的观点。

---

[1] 这里需要注意的是，由于本案原告李某强曾经主动向其他报社提供该信件，故再审法院并未认定原告的通信秘密权被侵害，而是以名誉权为理由进行判决的。

[2] 参见北京市第二中级人民法院民裁定书，(2013)二中保字第 9727 号。

[3] 参见云南省昆明市中级人民法院民事判决书，(2002)昆民三终字第 535 号；国家法官学院、中国人民大学法学院编：《中国审判案例要览》(2003 年民事审判案例卷)，人民法院出版社、中国人民大学出版社 2004 年版，第 316－319 页。

同样在之后2012年判决的“薛某诉李某案”[1]中,法院也未对公开原告之刑事犯罪记录是否构成隐私权侵权的问题进行判定。因此,从我国现有之立法以及实务状况来看,刑事犯罪记录是否属于隐私的范畴仍是一个值得探讨的问题。这里我们不妨借助比较法上的案例来对其进行认识。

在日本法上,刑事犯罪记录是否属于隐私也是一个存在争议的问题,但从现有的日本隐私权判例来看,认为刑事犯罪记录属于隐私的判例占据主导地位。例如前述的“前科调查案”[2]以及“《逆转》”的判决[3]皆认为犯罪前科具有隐私性,公开犯罪前科的行为可能构成对隐私权的侵害。而在德国著名的“雷巴赫士兵案”中,德国联邦宪法法院根据利益衡量论作出了不同的判决。联邦宪法法院第一次判决认为:“电视台除对案情之报道外,还以纪录片的方式,在时间上毫无限制地报道犯罪行为人的私事。其播出足以确认行为人身份的重大刑事犯罪节目,依通常之观点,系认为危害行为人再社会化的权利,违反宪法保障人格权的规定。”[4]而在雷巴赫士兵杀人案过去30年后,又有电视台将该案做成纪录片并即将播出,雷巴赫士兵杀人案的犯罪行为人向法院起诉要求禁止该片的播出,本案最终上诉到德国联邦最高法院。这一次联邦最高法院认为,虽然节目的播出可能损害当事人再社会化的权利,但一般人格权并未赋予犯罪行为人要求公众不得再议论其行为的权利,而且该电视台播出的纪录片采取了措施,更改了犯罪行为人的姓名,根据利益衡量理论,法院认为不应禁止该节目的播出。[5] 可见,对于刑事犯罪记录,法院一般肯定其具有隐私的性质,但公开犯罪行为人的刑事犯罪记录是否构成隐私权侵权,需要根据利益衡量理论在具体案件中进行判断。比如,公开某刑事案件可能侵害犯罪行为人的隐私权,但由于其系基于重大之公共利益如言论自由的需要而阻却违法,行为人可不承担侵权责任。同时我们还应注意,犯罪前科在很大程度上属于犯罪行为人的隐私,对其公开法律应进行限制,除重大之公益目的要求外,还应当要求如无必要不得公开行为人之姓名,以保护行为人的隐私、保护其回归社会重新做人的权利。

---

〔1〕 参见上海市浦东新区人民法院民事判决书,(2012)浦民一(民)初字第28271号。

〔2〕 参见东京地判昭50・9・25『判例タイムズ』819号第69页;大阪高判昭51・12・21『判例タイムズ』839号第55页;最判昭56・4・14『民集』35卷3号第620页。

〔3〕 参见东京地判昭62・11・20『判例タイムズ』1258号第22页;东京高判平元・9・5『判例タイムズ』1323号第37页;最判平6・2・8『民集』48卷2号第149页。

〔4〕 BverfGE 35,202.

〔5〕 BverfGE AfP 2000,160.

（三）共同隐私被公开

共同隐私又被称为相关隐私，是指与个体隐私相对应的、涉及两个以上自然人的隐私。[1] 共同隐私的主体是指那些基于共同生活或者共同工作等事实而享有共同隐私的自然人。共同隐私虽然称为“共同”，但其与物权法上的共同共有不一样，实际上仍是每个自然人对自己的隐私享有隐私权，但由于这一隐私涉及他人，故在行使涉及共同隐私的隐私权时需征得其他隐私权人的同意。共同隐私包括夫妻间的共同隐私、家庭成员间的共同隐私、恋人间的共同隐私以及因其他关系而形成的共同隐私。

侵害共同隐私的行为在现代屡见不鲜，如 2000 年发生的“戴某军案”[2]就是夫妻一方侵害他方共同隐私的典型案例。2000 年第 4 期《知音》杂志刊登了一篇名为《如何评说：这道“婚姻不等式”引发的爱情对抗》的文章。该文章根据该案原告戴某军之妻王某的描述，叙述了戴某军同王某在婚姻中的矛盾和情感纠葛，文中涉及大量对二人婚姻关系及原告的隐私描写，原告认为被告《知音》杂志社刊登该文侵犯了他的名誉，请求法院判令被告停止侵害、恢复名誉、消除影响、赔礼道歉，并赔偿精神损失费 11 万元。

在该案中最富争议性的问题是报道由夫妻一方公开的夫妻私生活事实是否构成对他方的隐私权的侵害。该案经两审结案，两审法院均在判决中指出，被告未经原告的同意，根据原告妻子王某的描述大量公开了原告的隐私，侵害了原告的隐私及名誉，应当承担侵权责任。也就是说，在涉及共同隐私的公开时，单个隐私权人在行使自己之隐私权时，根据诚实信用原则和禁止权利滥用原则，不得损害其他隐私权人的权利，对共同隐私进行处分时应当征得其他隐私权人的同意。

根据以上的观点，前述之“李某泰案”[3]也值得我们关注。该案被告公开的原告一家进行亲子鉴定的事实，属于原告家庭成员之间的家庭隐私。若被告想要主张侵权责任不成立的话，则必须征得原告一家三口的同意，若任何一人不同

---

〔1〕 参见张新宝：《隐私权的法律保护》，群众出版社 2004 年版，第 207 页；杨立新：《人格权法》，中国法制出版社 2006 年版，第 307 页。

〔2〕 参见云南省昆明市中级人民法院民事判决书，(2001)昆民终字第 345 号；国家法官学院、中国人民大学法学院编：《中国审判案例要览》(2002 年民事审判案例卷)，人民法院出版社、中国人民大学出版社 2003 年版，第 462 - 465 页。

〔3〕 参见浙江省金华市中级人民法院民事判决书，(1999)金中民终字第 524 号；国家法官学院、中国人民大学法学院编：《中国审判案例要览》(2000 年民事审判案例卷)，人民法院出版社、中国人民大学出版社 2001 年版，第 330 - 336 页。

意,对于这种家庭隐私即不得公开。同样对李某泰本人而言,若其想要公开这一家庭隐私,也需获得其家庭另外两位成员的同意,如未经过他们的同意即公开则构成对其家庭成员隐私权的侵害。当然在本案中,法律不应对记者设置过高的调查义务,记者经李某泰本人同意,法律即可推定其获得家庭其他成员的同意,除非有明显证据能够证明记者存在明知其家庭其他成员不同意而仍为公开的情况,否则记者可因本人之承诺而免责。

同样“姑息养奸案”[1]亦是我国典型的侵害家庭隐私的案件。本案被告江苏教育电视台未经原告同意将原告家中发生的姐夫强奸小姨子的事件进行播出,原告两姐妹以被告之行为侵害了她们的家庭及个人隐私为由向法院提起诉讼。本案的审理法院支持了原告的诉讼请求,判令被告之行为侵害了原告及其家庭的隐私权。由此可见,在我国司法实践中是承认共同隐私的存在的。同时值得注意的是,在共同隐私的侵权类型中,不止有外人对共同隐私的侵害,享有共同隐私的当事人之间相互侵害隐私权的案例也屡见不鲜,“诸某群案”[2]就是其中的典型。在该案中,原告诸某群因其母亲和兄弟到学校辱骂原告并公开原告与被告之间的家庭私事而向人民法院提起诉讼。本案虽是以名誉权为诉由并进行判决的案件,但实际上我们不难看出,即使是家庭成员公开属于家庭内部的隐私亦得构成对其他成员隐私权的侵害。

(四)异性关系被公开

这里所谓的异性关系是指除夫妻关系以外的男女两性关系。虽然不正当异性关系多少应当受到道德的谴责,但其还是属于隐私的范畴。擅自公开他人不愿为人所知的异性关系,可能构成对他人隐私权的侵害。[3]

2007年发生的著名的“死亡博客案”[4]即这种公开型隐私侵权的典型案例。本案由一封死亡博客引起,原告王某的妻子姜某因不堪丈夫外遇而选择自

---

〔1〕 参见江苏省南京市鼓楼区人民法院民事判决书,(2005)鼓民三初字第366号;最高人民法院中国应用法学研究所编:《人民法院案例选》2006年第4辑(总第58辑),人民法院出版社2007年版,第103-107页。

〔2〕 一审:上海市徐汇区人民法院民事判决书,(2008)民一(民)初字第3814号;二审:上海市第一中级人民法院民事判决书,(2009)沪一中民一民终字第1428号。

〔3〕 如在“张某案”中,被告到原告张某的单位劝告原告不要插足他人婚姻,实际上存在公开他人不正当两性关系的可能,虽然本案法院最终以证据不足定案,但该案还是证明了在我国法上擅自公开他人不正当两性关系的,会构成对他人隐私权的侵害。

〔4〕 参见北京市朝阳区人民法院民事判决书,(2008)朝民初字第29277号;北京市朝阳区人民法院民事判决书,(2008)朝民初字第29276号;北京市朝阳区人民法院民事判决书,(2008)朝民初字第10930号。

杀,死前将丈夫外遇的事实写成博客并在网上公开。随后丈夫王某遭到了网民疯狂的“人肉搜索”,网上将王某与他人外遇的情形进行详细描述并附有照片,使王某及其家人遭到了大量的谩骂、威胁。王某随后以大旗网、天涯社区以及张某乐公开自己隐私的行为侵害自己的隐私权、名誉权为由向法院提起诉讼。最后法院认定,除天涯社区已经履行了自己的删除义务不构成侵权外,大旗网和张某乐均构成侵害王某的隐私权。

同样在早期的“杨某案”中,《小说林》杂志由于公开了杨某早年与他人恋爱的私事构成对杨某隐私权的侵害。[1] 另外,性骚扰行为也属于异性关系的一种,遭受他人性骚扰的事实属于当事人的隐私。在“姜某兰案”[2]中,原告姜某兰曾遭受被告谢某俊的性骚扰,原告将这一情况反映给了单位领导时某,并表示不愿为他人所知,仅让领导了解。而被告时某却在单位召开职工大会时公开此事,并在谢某俊的要求下,允许姜某兰同谢某俊进行对质,致使姜某兰不堪其辱,当场自杀(未遂)。其后姜某兰以时某、谢某俊及自己所在单位的行为侵害了自己的隐私权为由,向法院提起诉讼。本案经过两审,法院最终判决认定,“原告姜某兰有权要求所有人在公众场合对直接关系到她的所谓‘性骚扰’事件保持沉默,而无论谢某俊是否实施过性骚扰行为、实施过怎样的性骚扰行为,这些细节的真实性和可信度对原告隐私权的构成没有任何影响”。而被告等人在公开场合将此事进行宣扬的行为构成了对原告隐私权的侵害,应当向原告承担侵权责任。同样,当事人与他人交往的事实、其感情经历也属个人隐私之范畴。在“孙某案”[3]中,被告公开谈论原告孙某与自己女儿交往的私事,并使用“第三者插足”等言论,侵害了原告的隐私权。法院在判词中称:“两被告虽未在大庭广众叙述原告孙某是第三者,但其向他人讲述的内容超出追索购房款的目的,已构成宣扬他人隐私。”异性关系在中国人的观念中实属隐私之重要组成部分,由于其极强的私密性,在大多数情况下擅自公开他人之异性关系都构成对他人隐私权的侵害。即使不正当的异性关系需受道德的谴责,法律也绝不允许个人擅自宣扬,禁止私罚、保护隐私系法治社会之核心价值。

(五)其他私事被公开

在我国法上其他私事还包括个人身世经历、被虐待的事实、电话往来记录、

---

[1] 参见《杨沫 1963 年哈尔滨行》,载哈尔滨新闻,http://news.my399.com/system/20110321/000153413.html。

[2] 一审:江苏省通州市人民法院民事判决书,(2002)通民初字第 1113 号;二审:江苏省南通市中级人民法院民事判决书,(2002)通中民一终字第 1470 号。

[3] 参见辽宁省沈阳市中级人民法院民事判决书,(2005)民(1)权终字第 49 号。

社交聊天记录、堕胎流产的事实等,凡当事人不愿公开,不愿为他人所知的均属于个人私事,违背当事人主观愿望的公开行为皆构成对他人隐私权的侵害。其他私事被公开侵害隐私权的案件在我国法上典型的有“变性人案”[1],该案系媒体侵权案件,是由于媒体公开报道原告患有“易性癖”进行变性一事而引起的隐私权纠纷。“电话详单查询案”[2],这是由于被告向原告所在公司公开了原告所用号码通讯往来的电话详单而引起的隐私权侵权纠纷。“电信公司黄页侵权案”,[3]这是由于原告认为被告免费发送的电话黄页未经自己的允许公开了自己的电话号码和家庭住址而引起的隐私权侵权纠纷。“孙某、娄某诉新闻报社案”,[4]这是新闻媒体未经允许报道当事人不欲人知的身世的隐私权侵权案件。“信访文件登报案”,[5]这是被告公开了原告与他人的房产纠纷而引起的侵权案件。“孙某苹案”[6],这是被告擅自公开原告孙某苹的裸照所引起的隐私权纠纷案件。“廖某诉曾某案”[7],这是被告非法获取并公开原告的银行交易信息而引起的隐私权侵权案件。“MSN 聊天记录案”[8],该案是由于被告人擅自窥探了原告的 MSN 聊天记录,并将其内容告知原告之未婚夫及其家人,致使原告婚事告吹而引起的隐私权纠纷案。“周某芳案”[9],本案系因被告擅自将未成年原告周某芳接受特殊教育矫正并遭受虐待的事实予以公开,而引起的隐私权纠纷案,本案法院明确法律保护未成年人隐私,被告应承担侵权责任。“史某案”,[10]

---

[1] 参见最高人民法院中国应用法学研究所编:《人民法院案例选》2000 年第 1 辑(总第 31 辑),人民法院出版社 2001 年版,第 116 - 121 页。

[2] 参见上海市普陀区人民法院民事判决书,(2011)普民一(民)初字第 1049 号

[3] 一审:江苏省如皋市人民法院民事判决书,(2010)皋开民初字第 0829 号;二审:江苏省南通市中级人民法院民事判决书,(2011)通中民终字第 0952 号。

[4] 一审:上海市黄浦区人民法院民事判决书,(2009)黄民一(民)初字第 3462 号;二审:上海市第二中级人民法院民事判决书,(2010)沪二中民一(民)终字第 750 号。

[5] 参见陕西省西安市碑林区人民法院民事判决书,(1999)碑民初字 1676 号;陕西省西安市中级人民法院民事判决书,(2000)西中法民二终字第 0204 号;陕西省西安市中级人民法院民事判决书,(2000)西民再终字第 80 号。

[6] 一审:上海市普陀区人民法院民事判决书,(2008)普民一(民)初字第 1423 号;二审:上海市第二中级人民法院民事判决书,(2009)沪二中民一(民)终字第 451 号。

[7] 参见北京市海淀区人民法院民事判决书,(2009)海民初字第 11219 号。

[8] 一审:上海市徐汇区人民法院民事判决书,(2008)徐民一(民)初字第 3165 号;二审:上海市第一中级人民法院民事判决书,(2009)沪一中民一(民)终字第 1431 号。

[9] 参见湖南省长沙市开福区人民法院民事判决书,(2007)开民一初字第 1841 号。

[10] 《史可诉诺贝广告有限公司北京分公司侵害名誉权案》,载法意科技 2014 年 3 月 10 日,http://www. lawyee. net/Case/Case_Display. asp? ChannelID = 2010100&keyword = % CA% B7% BF% C9&RID = 26162#。

本案被告未经原告史某的同意召开记者招待会公开了原告堕胎的事实,法院判决认定原告史某虽系已婚,且由报纸报道在先,但堕胎、人工流产的事实在我国现阶段仍属于个人不愿公开的秘密,故被告的行为构成侵权。以上这些案件均是以公开他人私事的方式侵害隐私权的案件,其侵害的隐私类型均属于个人私事,在侵权行为类型上均属于公开型隐私权侵权行为。对于这些行为,只要符合公开型隐私权侵权的构成要件,即可判定加害人承担隐私权侵权责任。由于这些案例难以被归类到前面的侵害类型中,故在此将其作为其他类型予以归纳。随着实践的发展,这些案例也会逐渐形成新的私事被公开的案例类型,这也是国际上隐私权保护范围扩大的通常路径。

三、对信息自主的侵害

自从 1983 年德国通过"人口普查案"(Census Act Case)创设了"个人信息自主权"以来,信息自主就是现代隐私权保护的新领域。对个人信息自主的侵害不同于传统的"公开型"和"侵入型"的隐私权侵权类型,它可能既包括公开行为又包括侵入行为,也可能既不属于"公开型"又不属于"侵入型"的隐私权侵权,同时还可能涉及对个人信息的知情权、修改权、查阅权以及删除权的侵害,因此在这里宜单独将其列出进行讨论。所谓的个人信息包括个人的身高、体重、女性三围、病历、身体缺陷、健康状况(患者隐私)、生活经历、财产状况、婚恋、家庭、社会关系、爱好、信仰、心理特征等。对这些信息的侵害是否构成隐私权侵权,则要根据信息的数据结合可能性以及案件的性质具体进行判断。侵害信息自主权的隐私权侵权行为正逐渐成为现代社会主要的隐私权侵权类型,如擅自公开他人病历,[1]未经允许泄露他人住址,[2]非法收集、利用公民个人信息等

---

〔1〕"王某霞案",一审:广东省广州市越秀区人民法院民事判决书,(2009)越法民一初字第 3678 号;二审:广东省广州市中级人民法院民事判决书,(2010)穗中法民一终字第 3132 号。张某诉上海某卫生中心案,上海市徐汇区人民法院(2011)徐民一(民)初字第 1630 号民事判决书。

〔2〕"物业公司泄露业主住址案",一审:广东省深圳市宝安区人民法院民事判决书,(2010)深宝法民一初字第 1034 号;"谭某案",一审:上海市徐汇区人民法院民事判决书,(2008)徐民一(民)初字第 5794 号,二审:上海市第一中级人民法院民事判决书,(2009)沪一中民一(民)终字第 1288 号。这里值得注意的是,在前一案例中,法院判决认为,私人住址属于个人信息,在个人不愿意公开的情况下擅自公开私人住址,构成对个人隐私权的侵害;而在后一案例中,法院则认为擅自公开私人住址的行为虽有欠妥当,但此种个人信息亦属可公开的范畴,故不构成对个人隐私权的侵害。这体现了法院在个案衡量中,根据案件性质的不同,对侵害私人住址这一个人信息的行为做出了不同的判断。

行为[1]都构成对个人信息自主权的侵害。我国《民法典》第1035条至第1039条对个人信息保护进行专门规定。由于其种类繁多,难以一一列举,故此处兹就其中两种典型的侵害信息自主的行为展开讨论,以期对将来在我国法上充分实现对个人信息的有效保护提供助益。

(一)指纹隐私的法律保护[2]

1. 问题

2012年1月1日起实施的《居民身份证法》第3条第3款规定:"公民申请领取、换领、补领居民身份证,应当登记指纹信息。"此即表明,不同意留存指纹者,公安机关得拒绝发给居民身份证,这一规定形同强制录入指纹,以作核发居民身份证之要件。2013年换发身份证即要实施,对此,公安部某人大代表在第十一届全国人民代表大会常务委员会第二十三次会议上作解释称:"在居民身份证中加入指纹信息,国家机关以及金融、电信、交通、教育、医疗等单位可以通过机读快速、准确地进行人证同一性认定,有助于维护国家安全和社会稳定,有利于提高工作效率,有效防范冒用他人居民身份证以及伪造、变更居民身份证等违法犯罪行为的发生,并在金融机构清理问题账户、落实存款实名制等方面发挥重要作用。需要说明的是,在居民身份证中登记的指纹信息,是数字化的指纹特征点,不能被还原成指纹图像,能够有效保护公民的指纹信息安全。"[3]可见,主事者不但强调身份证录入指纹之必要性,并认为录入指纹不会侵害个人隐私及在更大范围内威胁国家公共安全。但是强制录入指纹以作核发居民身份证之要件的规定实属公权力对个人隐私的重大侵害,国家机关对这一规定的解释理由是否周全备至,容有疑虑。

在信息化的时代,对个人信息的侵犯方式和手段渐趋多样化,个人信息经常面临被侵害的风险。指纹等人体生物信息的提取和留存关系公民重大隐私利益,在不当处理的情况下可能会严重侵害公民的基本权利,损及人性尊严和人格

---

[1] "周某平非法获取公民个人信息案",广东省珠海市香洲区人民法院2009-11-20精品案例。赖某某非法获取公民个人信息案,上海市浦东新区人民法院(2009)浦刑初字第2728号刑事判决书。陈某、阳某、赵某、刘某、张某等非法获取公民个人信息案,上海市普陀区人民法院(2011)普刑初字第791号刑事判决书。

[2] 参见张红:《指纹隐私保护:公、私法二元维度》,载《法学评论》2015年第1期。

[3] 参见《关于〈中华人民共和国居民身份证法修正案(草案)〉的说明——2011年10月24日在第十一届全国人民代表大会常务委员会第二十三次会议上》,载中国人大网,http://www.npc.gov.cn/wxzl/gongbao/2011-12/30/content_1686385.htm。

权利。[1] 比较法上关于指纹隐私话题的讨论并非新近才产生，[2]但自从 2001 年美国“9·11”事件之后，世界各国纷纷利用指纹等个人生物特征加强对个人的人别辨识和行踪监控，使各国学术界又重新重视起对指纹隐私问题的研究。通过检索北大法意案件数据库，包含“指纹信息”关键词案件共 3161 件，其中刑事案件 2154 件、民事案件 501 件、行政案件 404 件。从北大法意数据库搜索“个人信息”关键词，共出现案件 154445 件，其中最高人民法院公报案件 13 件。通过以上数据，可以看出包括指纹信息在内的个人信息被侵犯已经成为了我国当代社会中一个重大问题。

从现行法上看，我国法上无个人信息保护的专门立法，指纹信息是否为隐私权之客体，尚有疑问。如能将指纹信息作为隐私之一种，则可将指纹信息保护纳入现行法，但这仍需要法解释上作出妥善说明。为了应对上述种种问题，下文拟将建构指纹隐私保护之基本理论，并力求在现行法上找到解决方案。具言之，将围绕以下三个问题展开：第一，在事实层面，什么是指纹，指纹是否是隐私，其具有何种特性？第二，在法律层面，寻找指纹隐私法律保护的理论及价值基础，并且该如何通过这些保护指纹隐私？第三，在操作层面，于公法、私法领域有哪些侵害指纹隐私之行为，如何应对？

2. 从指纹到指纹隐私

(1)指纹之内涵。人类对指纹的利用由来已久，早在我国唐代，贾公彦就著文指出指纹可做人别鉴识之用。[3] 其实，更早追溯到商周时期的陶器上就有人类指纹印记留存，德国指纹学家罗伯特·海因德尔(Robert·Heindl)博士在其《指纹鉴定》(Daktyloskopie)一书中写道：“在华南，一本折叠式的书落入我手中……这本书上的指印无疑是作鉴定用的。”[4]这本商周时期的古书证明了中华指纹利用走在世界的前端。而据考证，诞生于尼罗河流域的古埃及文明更是有将指纹印于自己制作的产品之上以代商标之用的做法。[5] 指纹的传统用途

---

〔1〕 参见李震山：《论个人资料之保护》，载台湾行政法学会主编：《行政法争议问题研究》(上)，台北，五南图书出版股份有限公司 2002 年版，第 655 页。

〔2〕 比如 1955 年日本制定的《外国人登录法》第 14 条规定，在日本居留 20 日以上的外国人，在每两年申请一次居留登录更新时，有按捺指纹的义务。这一规定在日本学界引起了广泛的讨论。参见[日]池田耕平：《判决的解析》，第 23 卷第 12 号；[日]横田耕一：《外国人登记法的指纹按捺制度的合宪性》，九州大学法制学会法制研究 1989 年 56 卷 2 号。

〔3〕 参见何勤华、徐永康编：《法学新学科手册》，浙江人民出版社 1988 年版，第 371 页。

〔4〕 参见赵向欣主编：《中华指纹学》，群众出版社 1997 年版，第 3 页。

〔5〕 参见刘少聪：《新指纹学》，安徽人民出版社 1984 年版，第 7 页。

多半是用来代替签名,而系统的指纹鉴识科学研究则肇端于1982年指纹鉴识学之父英国弗朗西斯·高尔顿(SirFrancis. Galton)所著《指纹》(*Fingerprint*)一书。他在书中首次阐明了指纹鉴识学的统计学基础,以及指纹的特征、分类、建档、鉴识方式等,开启了现代指纹鉴识科学研究。[1]

指纹是人类特有的皮肤纹线形态,是典型的遗传性状。[2] 随着现代社会的不断发展以及人类认识程度的不断加深,指纹的内涵也随之不断丰富,指纹的定义不再局限于指纹本身,在内涵上逐渐有了狭义指纹与广义指纹的区分。狭义的指纹指的是人指部的皮肤花纹[3]。具言之,包括三项内容:第一,狭义指纹是指第一指节纹,人类手指通常分为三节,每一节均有指纹可供鉴定,而通常所谓之指纹是指第一指节内侧的手指纹线图案;第二,指纹纹线形同贝壳,呈圈状环绕,上有汗孔,形成各个不同之指纹图案;第三,指纹存在"阴纹""阳纹"之分,人类手指凸起的纹线称为"阳纹",反之则为"阴纹",因此我们通常所称指纹为"阴纹""阳纹"的组合图案。广义指纹是从刑事侦查领域发展而来的概念,学术界对广义指纹的解释存在三种不同的观点:第一,手纹,即人类手掌的纹线图案,包括手指第一、二、三指节纹线以及掌心纹线,同民间传统所说之手相;第二,糙纹,是指人类身体上与指纹有同样功能的部分,如足纹、趾纹等;第三,体纹,这也是为了回应当今社会发展的需求而将人类身体上所有具有类似纹线特征的皮肤纹路都称为指纹,包括手掌纹、下巴纹、膝盖纹、趾纹、额纹等。

对于指纹内涵的界定,究采广义、狭义何者更为妥当,本书认为应采狭义指纹概念。首先,就刑事侦查领域而言,虽然广义、狭义之指纹均属人体生物特征,都可以作人别辨识之用,但如膝盖纹、手腕纹等广义指纹,其采集相对于狭义之指纹而言殊为不易,为侦查犯罪效率之考虑,狭义指纹概念更为合适。其次,从比较法上来看,英美法系国家认为如以建立指纹数据资料库为目的,采广义指纹概念有违效益原则,也会增加收集难度。最后,基于实际运用中狭义指纹之运用概率远高于广义指纹,而文献所称之指纹也多指狭义指纹,因此本书亦从之。

(2)作为人别辨识工具的指纹。指纹被称为"上帝赋予的身份证",其作为最佳的人别辨识工具,具有以下几个特征:

第一,人皆有之,人各不同。作为人类生物特征的指纹,除非由于受伤或残

[1] 参见刘持平编著:《指纹的奥秘》,群众出版社2001年版,第1页;[德]罗伯特·海因德尔:《世界指纹史》,刘持平、何海龙、王京译,中国人民公安大学出版社2008年版,第2页。

[2] 参见刘持平编著:《指纹的奥秘》,群众出版社2001年版,第1页。

[3] 参见邹瑜、顾明主编:《法学大辞典》,中国政法大学出版社1991年版,第1159页。

疾等原因,每个人手指第一指节皆有特殊之纹路图案。而法国巴黎大学医学教授勃太柴研究发现,人类于50位数长的世纪才可能出现重复的指纹,故在世的人类根本没有出现相同指纹的可能。从遗传学上来说,即使拥有相同DNA的双胞胎也不存在相同的指纹。[1]

第二,损而复生,终生不变。人类手指的皮肤具有再生的能力,一般伤及表皮、真皮的伤害,经过一定时期之后都能再生,指纹形态能够恢复。人类指纹形成于胎儿在母体内9周至10周时,第17周时指纹形态就发育完成,第24周指纹细部特征亦已成型,终其一生指纹只会有纹路粗细、间距大小的差别,而其基本特征点不会再有改变。[2]

第三,触物留痕。人类的手指皮肤为糙皮,在手指皮肤上存在汗孔、汗腺,接触物体时汗液和其他物质就会附着于该物体之上,并由于汗液中存在水分与空气中的粉尘接触后就会留下痕迹,而肉眼难以察觉,但在刑事侦查等特殊情况下通过一定的技术手段就可以采集人体指纹。[3]

第四,人别辨识。根据英国政府的说明,人别辨识有三种基本要素(three basic elements of identity),分别是:生物特征之辨识(biometric identity);因出生而被赋予之辨识(attributed identity);经历之辨识(biographical identity)。指纹当属于生物特征之辨识的范畴。[4] 指纹作为人体生物特征,其直接与人身相联系,在这点上它不同于签名等其他人别鉴识手段,它在防伪、鉴别以及与人身联系紧密性上更具有优越性。当然指纹也并非唯一的具有生物特征属性的人别辨识手段,我们同时还有相貌、虹膜、DNA等生物信息人别辨识工具,但相较于这些工具,指纹仍然以其突出的优势成为最佳人别辨识方式。

(3)指纹隐私。指纹信息系指个人资料(信息),是法律所保护的重大利益。我国香港地区个人资料保护办公室在针对某一案件的处理意见中指出,指纹是识别自然人的生物特征,属"个人资料保护法"保护的个人资料。[5] 在我国司法

---

〔1〕 参见刘少聪:《新指纹学》,安徽人民出版社1984年版,第1-2页;刘持平编著:《指纹的奥秘》,群众出版社2001年版,第34页以下。

〔2〕 指纹终生不变的特征,是由人类学家韦尔克(Welker)在1856年发现的,其后经过100多年的科学检验,证明这一特征是具有严格的科学性的,参见刘持平编著:《指纹的奥秘》,群众出版社2001年版,第36页以下;刘少聪:《新指纹学》,安徽人民出版社1984年版,第3-5页。

〔3〕 参见刘少聪:《新指纹学》,安徽人民出版社1984年版,第5-6页。

〔4〕 "Identity Fraud: a Study"(UK) Cabinet Office, July 2002.

〔5〕 参见张建文:《指纹资料隐私保护的基本思考——以港澳台地区指纹资料隐私保护为视角》,载《兰州学刊》2011年第3期。

实践中也不乏法官将指纹论述为受法律保护的个人信息的案件。[1] 可见,指纹信息属受法律保护的个人信息当无疑虑。

指纹信息不但受法律保护且为人之重大敏感信息。国家建档管理指纹信息,足以证明指纹信息当属个人之敏感信息。同样,指纹本身也属于个人敏感信息的范畴。

那么,指纹信息是否为隐私?隐私之含义前文已有分析,其不仅包括传统的个人自我独处含义,还包括个人数据控制的含义,且具有开放性,能够随着社会的发展而不断延伸,个人信息理应成为隐私的一部分。由此可见,作为敏感之个人信息的指纹信息显然应当属于现代隐私的内容。

3. 指纹隐私的法律保护基础

(1)指纹隐私保护的价值基础——人格尊严。人与人之间的关系可以说是法学问题的本初,对"人"的思考,以至引发对"人"的关注,才产生了对法律规范的需求。任何法律规范背后都体现了一定的价值追求,而这种价值追求最终都落脚于对"人"的追求上。指纹隐私是个人敏感生物信息,其作为隐私权的客体,同人们与生俱来的、不可或缺的基本权利紧密相连,而追寻对指纹隐私进行法律保护的价值基础,则不可避免地指向了一个古老而永恒的主题——人格尊严。

从公元前5世纪古希腊哲学家普罗泰戈拉提出"人是衡量万物的尺度"的命题[2]到文艺复兴时期提高人的地位,以"人性"对抗"神性",再到18世纪康德提出人不是手段而是目的,人的自由意志(free will)构成了人格尊严的哲学基础,国家和他人都应当予以尊重的结论,[3]对人格尊严的讨论经历了数千年的时光。康德指出,真正的道德就是把人当作目的,无论对方是什么人,你都应该尊重他的人格和人性,而道德得以存在的前提即人的自由意志,只有把人看作一个具有自由意志的人,法官才得以判罪,法律评价(或者说道德评价)才得以存在,因而法律必须保护和尊重个人的人格。[4]

---

[1] 参见上海市浦东新区法院刑事判决书(2009)年浦刑初字第2728号,中国法律资源库2014年3月10日,http://www.lawyee.net/Case/,该判决书中称"公民个人信息一般包括……指纹……"可见司法实践是将指纹信息作为受法律保护之个人信息看待的。

[2] 参见莫纪宏主编:《宪法学》,社会科学文献出版社2004年版,第297页。

[3] Kants'gesammelte Schriften (Akademie - Ausgabe),Berlin 1900 f. f,Bd. 4,S. 440.

[4] 参见邓晓芒:《康德道德哲学详解》,载《西安交通大学学报(社会科学版)》2005年第2期。

从法律层面上来说，最早将人格尊严写入宪法的国家是德国，[1]《德国基本法》第1条第1款规定："人的尊严不受侵犯，尊重和保障人的尊严是全部国家权力的义务。"其中"人的尊严"中的"人"，实际上是从"人格主义"中脱胎而出的概念，是指在社会共同生活中为了形成"亲自承担责任"的生活而拥有的一种"人格"。[2] 因此，这里所说的"人的尊严"实际上可以类推解释为"人格尊严"，它指的是一般意义上的人基于自己的"人格"所拥有的尊严。[3] 我国关于"人格尊严"的官方译法是"personal dignity"，直译为"个人尊严"，"人的尊严"的德语原文是"Die Wurde des Menschen"，而联合国宪章中"人格尊严"的正式英文文本是"dignity of the human person"，直译为"人类尊严"。不难发现这三种语言表述存在微妙的差异，因而有学者认为我国法上所称之"人格尊严"与"人的尊严"或"人类尊严"在主体范围上是有区别的，即我国的"人格尊严"更加强调个人的独立性和差别性。[4] 但是，从"人格主义"的立场出发，我国的"人格尊严"与德国法上"人的尊严"的概念实际上是可以互换的，都可以理解为一般意义上的人基于其道德而获得的对其个人总体特性的不可侵犯、不可亵渎的精神特质。

我国《宪法》第38条规定："中华人民共和国公民的人格尊严不受侵犯。禁止用任何方法对公民进行侮辱、诽谤和诬告陷害。"这是我国宪法关于人格尊严的规范条款。宪法上的人格尊严究竟具有何种法律属性，存在两种不同观点。第一种认为人格尊严是一种基本权利，德国联邦宪法法院就曾经在其判决中指出：人格尊严条款具有基本权利的性质；[5] 第二种认为人格尊严是基本权利的核心价值，体现了宪法的本质性价值，居于整个人权保障体系的核心地位。[6]

---

〔1〕 德国巴伐利亚州在1946年州立宪法第100条规定"立法、行政及司法，应尊重人的人格尊严"。其后又在1949年，将人格尊严写入基本法。德国之所以如此重视对人格尊严的保护，是因为其经历了"二战"时期法西斯对于人格尊严的严重践踏，整个民族和国家急需重塑对个人的尊重和保护意识，因而《德国基本法》才将对"人格尊严"的保护条款放在了第1条第1款的重要位置。

〔2〕 参见[美]帕森斯：《现代社会的结构与过程》，梁向阳译，光明日报出版社1988年版，第129页。

〔3〕 从词义上来解释，"人格"是指"个人的道德品质"，"尊严"是指"可敬的身份地位"，因而"人格尊严"可以理解为，基于个人的道德而获得的身份、地位，参见中国社会科学院语言研究所词典编辑室编：《现代汉语词典》（汉英双语），外语教学与研究出版社2005年版。

〔4〕 参见马平：《宪法上的人格尊严：一个中国语境下的诠释》，载《云南大学学报（法学版）》2008年第2期。

〔5〕 BverfGE61，126（137）.

〔6〕 参见刘志刚：《人格尊严的宪法意义》，载《中国法学》2007年第1期。

本书认为,这两种观点其实并不矛盾。我国《宪法》第 38 条同时具备两种规范面向:在一种面向上,人格尊严条款是其他基本权利的价值基础,构成立宪主义宪法的“根本规范”;而在另一种面向上,人格尊严体现并表达出一种具体之基本权利——人格权,是人格权在宪法上的请求权基础。[1] 指纹隐私作为隐私权的客体,其必然被包含在人格权的概念范围之中,成为人格权这一基本权利所保护的对象。一方面,“人格尊严”为指纹隐私(准确地说是隐私权)进入宪法,成为宪法所保障的基本权利提供了途径。另一方面,更重要的是,“人格尊严”为宪法保障这一基本权利创造了价值基础。

我国《民法典》第 109 条规定:“自然人的人身自由、人格尊严受法律保护。”第 990 条第 2 款规定:“除前款规定的人格权外,自然人享有基于人身自由、人格尊严产生的其他人格权益。”《民法典》所称之“人格尊严”与宪法上的“人格尊严”含义有所不同,它只是为人格尊严获得私法保护提供了规范基础,而作为基本权利价值基础的人格尊严还要从宪法上的人格尊严中去寻找。我国《民法典》规定的人格尊严体现出公、私法两个不同层面的价值属性,指纹隐私法律保护的价值基础在于人格尊严,因此对指纹隐私的法律保护需要从公法及私法两个层面上进行考虑。

(2)指纹隐私保护的理论基础——信息自主权。信息自主权是来自德国法上的概念,德国联邦宪法法院(BVerfG)于 1983 年 12 月 15 日的“人口普查案”之判决中,基于《德国基本法》第 1 条第 1 项规定之“人性尊严”以及第 2 条第 1 项规定之“人格发展自由”创设出了一项宪法上的权利——“个人信息自主权”。该案判决称:“基本法秩序之中心点乃是人之价值及其尊严,人生为自由社会之成员于自由的自决权下活动,基本法第 2 条第 1 项和第 1 条第 1 项之一般人格权——除了特别的自由保障外——提供了对它的保护,此项权利也正基于现代化之发展及伴随而来对人格新的危险而赢得其重要性(BVerfGE 54,148[153])……基于自觉之想法所得出之个人权限,即基本上人自己决定,何时和于何种界限内公开个人生活事实。于目前及未来自动化资料处理条件下,此项权利需特别加以保护。”[2] 由此可见,个人信息自主权系基于一般人格权而推导出的,是对一

---

[1] 根据林来梵教授的观点,我国《宪法》第 38 条,由于其由句号分为前后两段,考虑到前后两段的关系,分别可以将“人格尊严”理解为其他基本权利的价值基础和宪法上的一般人格权,参见林来梵:《人的尊严与人格尊严——兼论中国宪法第 38 条的解释方案》,载《浙江社会科学》2008 年第 3 期。

[2] 参见《德国联邦宪法法院裁判选辑(一)》,萧文生译,司法周刊杂志社 1995 年版,第 288 - 384 页。

般人格权的具体化。其内涵可界定为,个人得自主决定是否以及于何时、何种界限内公开自己个人信息的权利。这一权利在当今的数字化信息处理条件下显得尤为重要,要对其进行重点保护。但判决同时指出,个人信息自主权并非毫无限制的。换言之,个人并非个人信息之绝对主人,既然人在社会中发展,则个人信息无非社会现实之反映,而不能单独与个人连结。《德国基本法》为解决个人与社会之紧张关系而形塑出一个与社群相关的,与社区结合之个人。个人原则上应因“重大之公共利益”(compelling public interest)而接受对其个人信息自主权的某些限制。

无论如何,指纹隐私作为个人生物信息的一种,属于个人敏感信息之范畴,其一旦脱离个人而被任意搜集、储存、使用、传递,都会侵害到个人的信息自主权。我国台湾地区学者继受德国法上的概念,参考“信息自主权”,将隐私权的范围扩展至对个人信息的自主决定权上,使信息隐私权吸纳个人信息自主权的权利价值,在对指纹隐私进行法律保护时,只需通过信息隐私权进行审查就已足够。但这并非说信息自主权在对指纹隐私进行保护时毫无意义,相反,其作为信息隐私权的理论来源,在保护范围以及主体范围上都要广于信息隐私权。因此,对指纹隐私进行法律保护时,信息隐私权和信息自主权是其共同的理论基础。

4. 私法上对指纹隐私之保护

(1)侵害行为

第一,非法搜集行为,是指未经本人之许可,非法搜集个人指纹信息并建立指纹数据库的行为。举例来说,在现实生活中越来越多的公司为了方便企业管理,考察员工出勤率,采用了指纹打卡的考勤方式,这实际上就属于非法搜集个人指纹隐私的行为。因为一旦需要指纹打卡考勤,就必须搜集员工的指纹信息,建立员工的指纹信息数据库,以作指纹比对之用,而这种指纹数据库一经建立,公司就能掌握每一个员工的指纹信息,甚至能够通过这种敏感的个人生物信息掌握每一个员工巨细无遗的个人生活轨迹,让员工成为毫无安全感的“透明人”。这显然严重侵害了个人的隐私利益。也许有人会说,在这种情况下实际相当于员工同意了向公司提供指纹信息,并允许公司进行使用,公司的搜集行为并不构成侵权。但事实上,公司需要按捺指纹才能上班,员工根本不可能冒着失去工作的风险而拒绝提供自己的指纹,更何况公司于搜集指纹时根本不可能告知员工指纹隐私的重要性,员工在迫不得已的情形下、在缺少对自己所提供的信息的必要认识的基础上所做的选择并非个人之真正选择,这种选择的效力实在值得怀疑。并且,公司搜集员工指纹信息无非为了方便企业管理,但一旦公司大量搜集员工指纹信息,建立指纹信息数据库,个人就失去了对自己指纹隐私的控制权,他无法控制公司将如何利用自己的指纹信息,也无法了解到公司搜集的指纹信息的保密状况如何,这显然大大侵害了个人信息自主权和信息隐私权,而这些权利作为宪法上之基本权利,仅为了方便企业管理的目的就对其进行侵害,显然不符合比例原则的要求。同样,现实中某些风景区管理处用指纹代做门票的行为也属于非法搜集指纹信息的行为。这种非法搜集行为超出了个人在按捺指纹时对指纹使用的合理预期,不属于主体授权的合理使用行为,构成对指纹隐私的侵害。

第二,恶意使用行为,这里的使用应作狭义解释,是指不包括指纹买卖、传播等行为在内的,单纯地利用客观之指纹信息的行为。因此,此处的恶意使用,是指盗用、冒用、伪造他人指纹或明知是盗用、冒用、伪造之他人指纹还予以使用以冒充他人身份的行为。举例来说,某些金融保险机构利用指纹作为自己保管的保险箱的钥匙,有人利用非法手段制作了他人指纹膜冒充他人身份,盗取了保险箱中的财物,这种行为不仅构成对个人财产权益的侵害,还构成对个人人身权益即信息隐私权(或称信息自主权)的侵害。从信息隐私权的概念来看,信息隐私权是指个人是否揭露其个人资料及在何种范围内、于何时、以何种方式、向何人揭露之决定权。侵权人未经权利人的同意非法利用他人的指纹信息,冒充他人身份,这显然侵害了权利人的对于自己指纹信息的决定权,使权利人丧失对自己指纹的控制,使个人之信息隐私处于不可预计的危险之中,构成了对权利人指纹隐私的侵害。

第三,非法买卖行为,是指未经他人许可将自己获得的他人指纹信息转卖给第三人的行为。这种行为应当包含在广义的恶意使用范围内,之所以将它单独列出,是因为买卖行为以获得利益为目的,能够形成相关的产业链条,极有可能成为最重要的侵害个人指纹隐私的行为,故其具有一定的典型性宜单独予以论述。买卖行为在现实中的表现:假如上文中的公司在搜集了自己员工的指纹信息后,将其出卖给第三人以获得利益,这就构成了对个人指纹隐私的侵害。同上文所述之恶意使用的理由一样,非法买卖行为侵犯了信息隐私权和个人信息自主权,且要买卖指纹信息,必然需要大量搜集个人指纹信息,因此,其侵害范围比恶意使用的侵害范围更大,侵害后果也极有可能更严重,故其能够单独作为侵害指纹隐私行为的一种。[1]

---

〔1〕 值得一提的是,我国《刑法修正案(七)》在第253条增加了“出售、非法提供公民个人信息罪”,因此非法买卖个人指纹信息,情节严重者也可能构成犯罪。

第四,公开散布行为,可能是这四种侵害指纹隐私行为中出现概率最低的一种,但出现概率低并不代表它不会侵害到个人权利,相反它作为侵害指纹隐私行为的一种,对个人之基本权利也有相当程度的侵害。公开散布行为是指将自己获得的他人指纹信息通过各种媒介予以公开传播的行为。例如,某甲出于取乐之目的,将自己获得的某乙的指纹图像散布到互联网上,并指出这就是某乙的指纹,此时某甲就构成对某乙指纹隐私的侵害。其理由在于:首先,这种行为会侵犯到个人的信息隐私权和信息自主权,关于这一点上文已作分析,不再赘述;其次,公开散布他人指纹,即使是出于玩笑之目的,也会给有心人提供非法搜集、使用他人指纹的机会,造成他人隐私利益的重大损失;最后,这种行为也侵害了他人的人格尊严、人格自由发展的宪法权利,因为指纹乃个人敏感之生物信息,在一定程度上能够表现个人的生物特征,个人对其有自主控制与保护的权利,未经他人同意公开散布他人指纹无异于暴露他人的个人生物特征,显然侵害了他人之人格尊严、人格自由发展的权利。但是,无论如何,公开散布行为较之其他三种侵害指纹隐私的行为来说,毕竟侵害后果较轻,发生概率也较低,因此在一般情况下仅作道德上约束即可,只有在散布规模达到一定程度时才有必要通过法律对其进行规制。

(2)保护方式

对指纹隐私的私法保护,世界各国均存在不同的保护模式。美国对于包括指纹信息在内的个人信息的保护采比较宽松的态度,其倾向于着重考虑市场效率和经济发展前景,针对指纹隐私的保护,其采取的是以隐私权为基础、以行业自律为主要手段的保护方式。我们将这种方式称为“自由主义模式”。在美国,“自律”与“自由”是携手同行的一对概念,自律是自由的另外一面,它要求个体应该自我约束并且尊重他人。因此,与其说自律是一种机制,还不如说是一种文化和习惯。[1] 美国的行业组织相当发达,其监督机制也相对完备,行业内部的自律规则具有专业性和针对性,并且其行业自律是在政府的指导和督促下进行的,已经形成了完整的机制,能够在成员自愿的基础之上发挥保护指纹隐私的作用,因此美国能够通过这种行业自律的方式来规范市场上的个人信息行为。

德国对于指纹隐私的保护则更加严格。在德国民法上并无所谓隐私之概念,相当于美国法上的 Privacy,在德国的判例学说中被称为 Privatsphare(私领域)或 Privatheit(私人性),此乃德国法上一般人格权为保护个人生活领域所为

---

〔1〕 参见齐爱民:《个人信息保护法研究》,载《河北法学》2008 年第 4 期。

的具体化。[1] 因此,德国法上对指纹隐私的保护是以一般人格权为基础,通过建立相应的监督机构来完成的,我们将这种保护模式称为"人格权保护模式"。德国颁布了专门的个人信息保护法以保护包括指纹隐私在内的各种个人信息,并且在私法领域内通过在各私法主体中设置内部资料保护专员的方式实现对各种私人机构的监督。

欧盟对于包含指纹信息在内的个人信息的保护主要体现在1995年颁布的《个人数据保护指令》中,该指令对个人信息采取了严格保护的态度。[2] 由于欧盟的保护措施最为严厉,因此我们将欧盟的保护模式称为"保护主义模式"。欧盟模式强调指纹信息的主体享有对自己之指纹信息的知情权、进入权、反对权、不受约束和获得救济权等,并且规定了侵害这些权利的救济方式,使指纹隐私被侵害之主体能够获得民事赔偿。该指令要求成员国在3年的过渡期内将指令转换为本国的国内法,各成员国也纷纷按照指令的要求对自己国内法进行了修改,[3] 而该指令仅是对成员国个人信息保护的最低限度的要求,并不排除成员国在此基础之上设置更高程度的保护。可见在欧盟各国,包括指纹隐私在内的个人信息处于严密的保护之下。

在我国私法领域进行指纹隐私保护的法律依据应当是《民法典》第1032条,该条明确规定了隐私权为受法律保护之民事权益。该法条更类似于一种宣示性的条款,虽然明确了法律保护隐私权的态度,却仍有许多隐私权保护的问题未得解决。不得不说,其对于指纹隐私法律保护而言显得尤为不足。

指纹隐私属于个人敏感之生物信息,由于这种信息的特殊性,私主体通过一定的科技手段对其进行搜集、追踪、处理,甚至能够勾勒出个人完整之人格图像,因此对它的利用要慎之又慎,这显然就需要法律对其进行特别的规制。我们并非反对使用指纹作为人别辨识或实现其他目的之工具,而是说这一工具的使用要在法律规定的范围内审慎为之。《民法典》第1034条第2款将自然人的"生物识别信息"纳入个人信息的保护范围内,指纹自然在其列。但《民法典》中的个人信息保护未区分个人敏感信息,而是采取概括式的规定方式,在指纹保护方面难免有所不足。因此,《个人信息保护法》对包括指纹信息在内的个人敏感信

---

〔1〕 参见王泽鉴:《人格权法——法释义学、比较法、案例研究》,北京大学出版社2013年版,第231页。

〔2〕 参见[德]Christopher Kuner:《欧洲数据保护法——公司遵守与管制》(第2版),旷野、杨会永等译,法律出版社2008年版,第350-382页。

〔3〕 参见[德]Christopher Kuner:《欧洲数据保护法——公司遵守与管制》(第2版),旷野、杨会永等译,法律出版社2008年版,第350-352页。

息予以特别保护，具有必要性。同时，还要加强行业自律——在线隐私联盟和隐私认证计划，按照业内制定的隐私保护规则和争议解决机制来保护个人指纹隐私利益。[1] 并且政府还可以设置信息保护专员，该专员独立于各个私主体，能够独立行使职权，以达到对私法领域包括指纹信息在内的其他各种个人信息的保护目的。

（3）指纹隐私保护之例外

前文已述，指纹由于其“人皆有之”“触物留痕”“终生不变”的特征，成为现代社会最佳的人别辨识手段之一，[2] 由于它提取方便、识人准确等优势，使得现代社会中有大量使用指纹的情形存在。[3] 对指纹隐私的保护并不能否认对指纹隐私的利用，实际上大多数私法领域内对指纹的运用都是有益无害的。因此，对指纹隐私的保护显然存在例外情形。

第一，善意使用与合理利用。这里的善意使用存在于对指纹隐私的二次使用中，所谓二次使用，是指当事人并非于权利人处获得指纹信息，而是经由他人转手后获得指纹信息并使用的行为。善意使用是二次使用人在不知其使用的指纹信息为非法所得的情况下所进行的使用。举例来说，在上述恶意使用的例子中，如该金融机构系不知此指纹为盗用、冒用他人之指纹，而利用该指纹与侵权行为人为交易者，那么该机构在法律上应得免责。此时权利主体不得向该第三方主张权利，而该第三方也需要证明自己系不知此指纹为盗用、冒用者。善意第三人免责是私法中的一项基本原则，私法领域一向保护善意第三人之合法权益，因此在对指纹隐私进行保护时，善意使用也是其例外情形。

这里所谓之合理利用，其主体应为指纹之所有者。换言之，指纹隐私之权利人自己利用自己指纹的行为不在法律规制的范围之内。例如，利用自己的指纹以代签名，或者运用指纹、掌纹进行艺术创作等行为，都是对指纹的合理利用。

第二，主体授权。这里的主体授权应当被限定在特定领域之中，比如涉及公司商业秘密的资料室、财务室之进入需要有权限者之指纹，或者特定的科研机构、实验室、军事基地等保密机关的进入需要利用指纹识别身份等。在这些情况下，主体授权成为指纹隐私保护之例外情形。这些特定机构在需要搜集他人之指纹时，必须事先告知权利主体搜集指纹之目的，以及将如何使用这些被搜集之指纹，在获得权利主体的明确同意之后才能搜集并利用这些指纹。同时，对于搜

[1] 参见梅绍祖：《个人信息保护的基础性问题研究》，载《苏州大学学报》2005 年第 2 期。

[2] 见本节第三部分之论述。

[3] 在我国农村现在还大量存在以指纹代替签名以表明个人身份的签订契约的行为。

集而来的指纹应当采取必要的保护措施,以防止他人指纹隐私的外泄和不合目的的使用。在这些特殊领域通过主体授权就可以利用他人之指纹,是因为在这些特殊情况下搜集指纹之目的往往涉及公司之核心利益或者某些重大公共利益的保护,并且权利人可以选择不进入这些敏感区域而不提供指纹,权利人拥有选择的权利使他们于此处所作之选择是其真正意志的体现,这种授权也因此是有效的。故而在这些特定的情况下,主体授权可以成为指纹隐私保护的例外情形。

5. 公法上对指纹隐私之保护

如上文所述,指纹隐私涉及的权利具有宪法上基本权利的属性。而公法领域对指纹隐私的侵害是我们研究指纹隐私保护不可回避的一个重要问题。我国2012年1月1日起实施的《居民身份证法》第3条第3款将强制录入指纹作为核发居民身份证之要件的规定引起了巨大的争议,实际上该规定属于公权力对个人隐私利益的重大侵害。为了保护隐私利益免受国家公权力的侵害,为公权力合理规制私领域提供有效的途径,从比较法上考察,有三点原则值得借鉴。这三点原则分别是:比例原则、合目的性原则和法律保留原则。只有符合这三点原则,国家公权力对宪法基本权利的限制才具有合理性。

(1)比例原则

比例原则是公法领域的帝王条款,任何公权力要进入私领域,对个人私权利进行限制,都需要通过比例原则来进行"正当性证成"。比例原则主要是通过对"手段"和"目的"之关联性的考察来检视国家行为是否具备合宪性,以达到保护人民之自由与权利目的。要在公法中合理地保护指纹隐私,当然需要运用到比例原则,这一原则并非单一的判断标准,其主要由三个子原则所构成:第一,适合性原则(Geeignetheit),这一原则指的是法律手段必须要有助于法律目的的实现,对目的的实现没有任何作用的手段将不应被采用,但手段有助于实现部分目的的,也不被认为是对该原则的违反,这一原则又被称为"合目的性原则"(手段对于目的而言是适合的);第二,必要性原则(Erforderlichkeit),这一原则指的是所使用之法律手段是实现使用该手段所欲达成之法律目的的必要手段,也就是说在实现同一法律目的有数个可行的手段时,应选择对公民权利伤害最小的手段,以达到目的为已足,超过的则为不必要,因此又称为"最小伤害原则"(手段对于目的的必要性);第三,均衡性原则(Proportionalitat),这一原则实际上是一种利益衡量规则,即只有在所实现之目的的重要性足以支撑使用某一手段的正当性时,才能使用该手段,也就是说只有在使用某一法律手段所付出的成本与所实现之法律目的获得的收益是成比例的情况下,才能说手段与目的是均衡的,该原则也被称为“狭义的比例原则”（手段与目的的均衡性）。以上三个原则共同构成完整的比例原则，只有同时符合以上三个原则，我们才能说国家行为是符合比例原则且具有合理性的。[1]

（2）合目的性原则

合目的性原则，在国际上是保护包括指纹隐私在内的个人信息的重要原则，可以说其是个人信息保护法领域内的核心内容。德国“人口普查案”判决称，国家“强迫（个人）提供涉及人身之资料，是以立法者于特定范围内且详尽确定使用目的，并且该资料对该目的而言为适合且必须为前提的”[2]。可见德国法上要求国家强制搜集涉及人身的资料时必须明确规定立法目的，并将搜集目的与使用目的进行区分，严格禁止超出目的的使用。因此，在合目的性原则中该目的实际分为“搜集目的”和“使用目的”两种，国家大规模搜集人民之指纹，不但其搜集目的必须合宪，之后对这些指纹信息的使用亦符合该目的之拘束。这是因为信息隐私权之重要意义就在于尊重和保障人民的自主选择权，而人民的自主选择建立在事先获得充分翔实的信息的基础之上，国家只有事先明确规定了立法目的及资料搜集与使用之目的范围，才尽到了对人民最低限度的告知义务，人民才得对搜集之后果有所预期和防范，只有这样方符合宪法保护人民权利之意旨。

可见国家大规模搜集个人资料，一方面需要于立法中明定搜集使用之目的，另一方面需要受该目的的拘束。经济合作与发展组织（Organization for Economic Co-operation and Development，OECD）于 1980 年颁布的《隐私保护和个人资料跨界流通指南》中明确规定：“资料搜集之目的应当明确，随后的使用亦应限制在该目的中，不得与该目的相抵触，目的若有变更亦应明确化。”可见该指南亦规定搜集个人资料须遵守“目的明确”与“目的拘束”两个原则。

《居民身份证法》于立法中既未明文指出增加强制按捺指纹规定的立法目的，也未区分录入人民指纹之搜集与使用目的，[3]仅靠一个“说明”，几句类似于宣示性的理由，就武断地加入强制按捺指纹之规定，无异于未对国家公权力进行任何限制，未给人民之指纹隐私安全提供任何保障。这种保障之缺失所导致的

---

〔1〕 参见姜昕：《比例原则释义学结构构建及反思》，载《法律科学（西北政法大学学报）》2008 年第 5 期；李建良：《基本权利理论体系之构成及其思考层次》，载《学林文化》1999 年版，第 94 页。

〔2〕 《德国联邦宪法法院裁判选辑》（一），萧文生译，司法周刊杂志社 1995 年版，第 288 – 384 页。

〔3〕 虽然有《关于〈中华人民共和国居民身份证法修正案（草案）〉的说明》存在，但该说明的法律效力如何，其是否足以代替立法来说明增加强制录入指纹之规定的目的，都尚存疑虑。

违宪瑕疵单靠“信赖政府保护信息之能力”的信心喊话或“不能因信息外流的风险而因噎废食”的道德呼吁是无法弥补的。必须明确,国家如要大规模搜集包括指纹隐私在内的国民信息,就必须受合目的性原则的严格约束。

(3)法律保留原则

法律保留原则起源于19世纪的“干涉行政”,该原则主要运用于行政法领域,系对国家行政权力的限制。法律保留原则,是指行政行为必须有法律的依据,也即行政机关只有在法律有明确规定的情况下才能作出积极的行政行为,否则就构成违法。[1]

指纹作为个人敏感信息,受到人格权、隐私权、个人信息自主权的保护,这些权利均属于宪法之基本权利,国家公权力对这些权利的限制必然要受到法律保留原则的约束。基于上文的分析,国家对指纹信息的大规模搜集需要法律之明确规定方得进行,而小规模类似于对犯罪嫌疑人的指纹搜集,则可由法律授权主管机关通过发布命令的形式进行规定。

这里介绍法律保留原则主要是为了明确法律对国家公权力的约束作用。但就强制录入指纹规定之个案而言,虽然《居民身份证法》在效力位阶上属于由全国人大常委会制定的法律,但其第3条第3款以强制录入指纹作为核发居民身份证之要件的规定,由于不符合比例原则和合目的性原则而违宪,我们显然不能因为其系法律之规定就肯定它的合理性。但是,为了更好地完善指纹隐私之公法保护体系,将法律保留原则纳入其中也是相当之必要的。

6. 结语

指纹仅存在于人们的小小十指之间,如不细心观察甚至难以发现,指纹信息也仅仅是个人信息中极小的一部分。但是,指纹这种独特的人别鉴识工具,通过现代信息技术的追踪、处理,使掌握它的主体能够勾勒出他人完整之人格图像,因此对于指纹隐私需要法律予以特别之保护。世界其他国家在处理指纹隐私保护问题时,其规范背后所体现出的现代社会关注个人生活安宁、自由以及民主的价值取向值得我们重视。指纹作为个人之敏感信息,应当受到人格权、隐私权(特别是信息隐私权)和个人信息自主权的保护,这些权利所具有的公法及私法权利的双重属性必然使指纹隐私既要在公法领域获得合理的保障,又要在私法领域能够免受来自其他私主体的非法干涉。因此,研究指纹隐私的法律保护问题,我们需要区分公、私法领域,根据其不同的特点分别进行研究。

---

〔1〕 参见黄学贤:《行政法中的法律保留原则研究》,载《中国法学》2004年第5期;应松年:《依法行政论纲》,载《中国法学》1997年第1期。

要真正实现对指纹隐私的切实保护，在理念上必须树立起国民保护自己隐私的权利意识；在立法上必须继续完善《个人信息保护法》，并对指纹隐私等个人敏感信息进行特别规定；而在现实中，世界其他国家的行业自律机制和个人资料保护专员制度等也值得我国借鉴。社会越发达人民的权利意识就会越强烈，人民权利意识的发展反过来也会促进社会管理机制的完善。我国改革开放时间还不长，现在需要的是强调对个人权利的保护，人民于何时都是国家的真正归依。因此，我们研究指纹隐私保护问题，一方面是期望能够引起理论及实务界对于该问题的重视，另一方面更是希望能够唤起人民及国家对个人隐私权的保护意识。当然指纹隐私之法律保护作为一个涉及范围广且相当复杂的问题，本书于此处之论述尚存许多不尽之处，这里仅是略述管见，以求正于方家。

（二）基因隐私的法律保护

基因信息属于人体生物信息，能够揭示人类各种身体秘密，如个人智力发育水平、健康状况、生活习惯甚至将来可能的发展等。基因信息同指纹信息一样属于个人敏感信息，是个人隐私的重要组成部分。因此，在私法上对基因信息应当通过隐私权来给予保护。[1]

在2009年我国发生了第一起“基因歧视案”[2]。2009年4月，周某、谢某、唐某参加佛山市公务员考试，3人在各自报考的部门里，笔试和面试总成绩排名均进入了前3名。但在公务员体检中3人被发现平均红细胞体积偏小，于是被要求进行复查。复查项目为地中海贫血基因分析，该检查认定3人均为地中海贫血基因携带者，因此体检最后结论为“不合格”，最终未被录用。周某等3人随后向法院起诉，认为佛山人力资源和社会保障局检测基因项目的行为违反了相关规定，要求法院判令他们3人体检合格，并按程序对其进行考察录用。该案经二审，均以原告败诉而告终。

本案涉及公务机关对公民的基因歧视问题，但该问题产生的根源在于该公务机关对3名原告进行了基因检测。本书认为，个人对自己的基因信息享有隐私权，未经本人同意其他任何主体不得对个人进行基因检测，同时在征求受检者意见时，要向受检者提供完整的检测目的、检测方法以及可能之后果等的详细资料，受检者在获得完整资讯的情况下所做的选择方为有效。故在本案中，该机关

[1] 这并不妨碍基因信息受个人信息的保护。参见秦天宝、虞楚箫：《基因隐私的法律保护限度》，载《江西社会科学》2015年第9期。

[2] 参见魏勇：《对“中国基因歧视第一案败诉”的疑问与思考》，载《医学与哲学（人文社会医学版）》2011年第8期。

违反法律规定,对参考公务员的原告3人进行公务员考试中本没有规定的基因检测,如果该行为没有征得原告等人的同意,即构成隐私权侵权,而即使其征得了原告的同意,在原告未获得基因检测的完整信息时所做的选择也是无效的。因此,本案不仅涉及基因歧视问题,同时还涉及对个人基因隐私的侵害,属于侵害个人信息自主的行为。

第六节　个人信息保护

一、个人信息概述

(一)个人信息的价值

1. 人格尊严与自由

在现代社会,几乎所有的个人行为都会留有信息痕迹——从自然人的摇篮到坟墓全过程记录。马斯洛需求理论指出,人格标识的完整性和真实性是主体受到他人尊重的基本条件。[1] 个人信息是能直接或间接识别特定自然人的信息,是现代社会自然人的人格标识之一。对个人信息的滥用导致该类人格标识的完整性受到侵犯,随着科技发展,深度伪造等技术的出现使人格标识的真实性也日益受到威胁。对个人信息的保护就是保护自然人的人格标识,也就是在保护自然人之人格。个人作为目的性存在,只有消除自然人被数据化操纵所产生的恐慌和不安,保持信息化人格与自身人格的一致性,才能有自尊地生存与生活。因此,人格尊严与自由应当是个人信息保护中所体现的首要价值。

2. 商业运用

人格权商品化流行,这与营销观念和手段的革新密切相关。凡是以消费者为导向的市场,营销的成功都建立在对其需求的准确把握之上。互联网的发展使经营者能够更加快速准确地捕捉消费者偏好,享受营销回应比率提升所带来的经济回报。

个人信息对商业环境的良态运行也至关重要。《民法典》第993条规定,民事主体可以将个人信息中的典型者,如姓名、名称、肖像等许可他人使用。在信用经济大背景下,建立健全完善社会信用体系关系到社会的经济运行,在此过程中收集大量个人信息并妥善运用是关键一环。随着社会信息化的发展,信息资

〔1〕 参见[美]亚伯拉罕·马斯洛:《动机与人格》,许金声等译,中国人民大学出版社2007年版,第31页。

源成为重要的生产要素、无形资产和社会财富，信息化与经济全球化交织，推动全球产业分工深化和经济结构调整，重塑着世界经济竞争格局。[1]

3. 公共管理

信息技术和统计学、数据分析技术的融合，使政府可以低成本收集存储更多个人信息，了解社情民意，推动科学决策和民主决策，对维护社会治安、消除矛盾发挥了积极作用。[2] 推行电子政务一直是我国信息化发展的战略重点。我国的政府数据库建设卓有成效，例如，公安部所掌握的DNA数据库、全国违法犯罪中心、人口信息管理系统、出入境信息数据库等。当然，要想进一步提高个人信息的使用水平以更好服务公共管理也需要严格遵守个人信息利用的法律标准。

通过以上对个人信息的价值的剖析可以发现，相较于隐私权的保护，个人信息保护与利用所涉及的利益主体和利益内容更加多元化、更为新颖。虽然放松甚至忽视对个人信息保护可能最大化刺激各类主体利用个人信息发挥其商业价值和公共管理价值，然而不加约束的滥用所带来的结果将是对上述核心价值，也就是人格尊严和自由的威胁。况且，在核心价值减损之后，不论是政府的公共管理还是营业者的商业效益都会受到负面影响，得不偿失。零和博弈的结局是"你死我活"，而法律中的利益衡量讲求多元价值的共赢和相和，对此有学者提出了个人信息保护价值衡量的"两头强化、三方平衡"理论，即强化对属于隐私的敏感的个人信息的保护以及强化个人一般信息的商业利用和国家因公共管理需要对其的利用，最终臻至个人、信息业者和国家三方利益的平衡。[3]

（二）个人信息的概念与特征

《民法典》第1034条第2款规定："个人信息是以电子或者其他方式记录的能够单独或者与其他信息结合识别特定自然人的各种信息，包括自然人的姓名、出生日期、身份证件号码、生物识别信息、住址、电话号码、电子邮箱、健康信息、行踪信息等。"

在《民法典》颁行之前，个人信息由其他部门法及各类规范性文件加以概括性保护，但个人信息的明确定义首现于《网络安全法》第76条第5项，其规定："个人信息，是指以电子或者其他方式记录的能够单独或者与其他信息结合识别自然人个人身份的各种信息，包括但不限于自然人的姓名、出生日期、身份证

---

〔1〕 参见中共中央办公厅、国务院办公厅《2006—2020年国家信息化发展战略》。

〔2〕 参见鲁礼新：《人口与环境简论》，黄河水利出版社2010年版，第54页。

〔3〕 参见张新宝：《从隐私到个人信息：利益再衡量的理论与制度安排》，载《中国法学》2015年第3期。

件号码、个人生物识别信息、住址、电话号码等。”《个人信息保护法》第 4 条第 1 款规定:“个人信息是以电子或者其他方式记录的与已识别或者可识别的自然人有关的各种信息,不包括匿名化处理后的信息。”结合以上表述,个人信息具有多个特征。

1. 可识别性

“信息”是内容,“个人”是“信息”指向所在。实际上,个人信息是可以表征自然人人格的各种信息之集合,是自然人人格图像的集中呈现。若有关信息不能指向特定的自然人,其无必要作为“个人信息”加以对待。因此,个人信息的核心在于“可识别性”,即能够直接或者间接地识别特定的自然人。《个人信息保护法》第 4 条在总体承袭《民法典》的相关定义之上,特别指出“匿名化处理后的信息”不再属于个人信息,此即因匿名化而失去可识别性的信息不属于“个人信息”;《民法典》第 1038 条第 1 款后半句的“未经自然人同意,不得向他人非法提供其个人信息,但是经过加工无法识别特定个人且不能复原的除外”也体现了这一点。

在认定“可识别性”的问题上,有的个人信息能够直接识别出特定自然人,如身份证件号码,有的个人信息需要与其他个人信息相结合才能识别出特定的自然人,如姓名、出生日期等。“可识别性”只是代表信息是否具有识别出特定自然人的可能,并不表示该信息能够实际发挥识别的功能,如自然人的指甲可以在特定技术下显示出自然人的 DNA 信息,从而识别特定的自然人;而自然人呼出的空气在理论上亦应带有个人的 DNA 信息,但是自此提取 DNA 信息并识别特定自然人则面临技术层面和实际操作层面的双重难题,识别的成本亦非常高昂。[1] 因此,“可识别性”的认定需要综合考虑方法上的现实性以及成本的合理性。如实践中的一起案件争议焦点在于,历史车况信息是否属于个人信息,即能否从车架号、行使数据、维保数据、碰撞数据、评价得分等识别出特定的自然人?[2]对此,从信息内容上看,历史车况信息中并无身份信息、通信联系方式等能直接识别特定自然人的信息,案涉历史车况信息仅能反映所查车辆的使用情况,其内容既不涉及具体个人,也不用于评价具体个人的行为或状态,无法关联

〔1〕 Peer J 上刊载的论文显示,裸鼹鼠释放气体中带有 DNA 信息并能够被收集并被分析,这为促进“环境 DNA”(eDNA)的研究提供了新的验证与思路。See Elizabeth L. Clare & Chloe K. Economou, Chris G. Faulkes & James D. Gilbert & Frances Bennett & Rosie Drinkwater & Joanne E. Littlefair, *eDNAir: Proof of Concept that Animal DNA can be Collected from Air Sampling*, Peer J, Vol. 9, p. 10 (2021).

〔2〕 参见广州互联网法院民事判决书,(2021)粤 0192 民初 928 号。

到车辆所有人等特定自然人;从日常经验上看,车辆可以为车主的亲友所用,因此并不能从车况信息中反推其由车主所产生。虽然历史车况信息最终可以识别出车主的身份,但是将车况信息与其他信息结合识别所需的技术门槛、经济成本、耗费时间等都较高,因而从信息重新结合识别特定自然人的成本来看,不应认定该车况信息属于某人的个人信息。

2017 年版和 2020 年版《信息安全技术　个人信息安全规范》都在附录 A 中明确了判定某项信息是否属于个人信息的两种路径,并已为所运用:如在"黄某诉腾讯科技(深圳)有限公司等隐私权、个人信息权益网络侵权责任纠纷案"[1]中,法院认为:"判定某项信息是否属于个人信息,应考虑以下两条路径:一是识别,即从信息到个人,由信息本身的特殊性识别出特定自然人;识别个人的信息既可以是单独的信息,也可以是信息组合。可识别性需要从信息特征以及信息处理方的角度结合具体场景进行判断。二是关联,即从个人到信息,如已知特定自然人,则在该特定自然人活动中产生的信息即为个人信息。符合上述两种情形之一的信息,即应判定为个人信息。该案涉及了与微信绑定的 App 的好友列表是否是个人信息的问题。以微信读书为例,微信读书准确向用户展示了共同使用应用的微信好友的昵称、头像,实际上达到了识别性标准。故而,微信读书获取的好友列表包含了可以指向信息主体的网络身份标识信息,即'从信息到个人';而自然人的微信好友列表体现了该自然人在微信上的联系人信息,属于'从个人到信息',应认定为用户的个人信息。"

2. 个人性

《民法典》第 111 条第 1 句、第 1034 条第 1 款规定:"自然人的个人信息受法律保护。"其中明确规定个人信息的主体是自然人,而不包括法人、非法人组织。在此,个人信息的具体内容,如姓名、出生日期、身份证件号码、生物识别信息、住址、电话号码、电子邮箱、健康信息、行踪信息等均指向自然人,因此个人信息针对的是特定的自然人。

比较法上,有的立法特意强调个人信息只能针对在世的自然人,如 1995 年欧盟《个人数据保护指令》中所指的是"活着的个人"(living individuals),英国 2017 年《数据保护法令》中所称的"个人数据"是指任何已识别或者可识别的在世的人相关的信息,《日本个人信息保护法》第 2 条亦强调个人信息是指活着的自然人的相关信息。由于自然人的权利能力始于出生终于死亡,死者不能作为

[1] 参见北京互联网法院民事判决书,(2019)京 0491 民初 16142 号。

个人信息的主体,但是《民法典》第994条规定了死者人格利益遭受侵害可由其近亲属请求保护的规定。以墓碑上载信息为例,其上不但包括死者的个人信息,还包括死者近亲属的个人信息。在不考虑个人信息合理使用的情况下,若死者近亲属不同意墓碑上的信息被他人收集,其有权要求他人停止记录并将已记录的信息删除。

3. 人格利益性

个人信息被规定于《民法典》人格权编中,体现了个人信息的人格利益属性。个人信息因其"可识别性"而与特定自然人紧密相连,对个人信息的认识就代表了对其所指向的特定自然人的认识。个人信息在社会实践中即表现为特定自然人的人格形象,不但是其他社会成员对该特定自然人的初始印象,还对该特定自然人今后塑造自身人格形象有着重要作用。正因如此,个人信息与自然人的人格发展存在紧密联系,自然人对个人信息的流转有着掌控的需求,因而具有人格利益性。若自然人对自己的个人信息丧失了掌控的权能,个人信息将被无序收集、流转、运用,人格尊严与人格发展将无从谈起。

在大数据时代下,个人信息的财产利益性质逐渐显现。随着商业实践的发展,个人信息与姓名、肖像一样存在商业化利用的现实需求。尤其是个人信息可以作为大数据分析的"原料",能够被用于市场需求的精准分析、产品与服务的针对性研发、营销策略的制定等,因而潜藏有巨大的商业价值。有的学者甚至认为,个人信息应当作为财产权加以保护。[1] 然而,正如姓名权、肖像权一样,个人信息仍然以体现人格利益为其底色,其所具有的财产利益并非意味着要将其作为财产权对待。在我国采取"一元模式"统一保护人格权中的精神利益与财产利益的立法背景下,个人信息上的多重利益均得以保护,《民法典》第993条即已认可人格权上财产利益,个人信息上的财产利益更是可以由《民法典》第1035条和第1036条直接保护。因此,个人信息不因其财产利益性质而作为财产权对待。

4. 载体性

《民法典》第1034条第2款强调,个人信息是以电子或者其他方式记录的具有可识别性的各种信息。与姓名、肖像等具体人格要素一样,个人信息本身并无实体存在,而是依赖于一定的载体加以呈现,此为个人信息的形式要件。[2] 无法以一定的方式记录并通过一定的载体呈现的,不能称为"个人信息"。如在录

---

〔1〕 参见刘德良:《个人信息的财产权保护》,载《法学研究》2007年第3期。
〔2〕 参见黄薇主编:《中华人民共和国民法典人格权编释义》,法律出版社2020年版,第192页。

音技术发明以前，声音无法被记录、留存，彼时自然人的声音不能发挥识别特定自然人的功能，因而不属于个人信息。

（三）个人信息的类型

1.《民法典》第1034条第2款列举的个人信息

《民法典》第1034条第2款列举自然人的姓名、出生日期、身份证件号码、生物识别信息、住址、电话号码、电子邮箱、健康信息、行踪信息作为个人信息的典型内容。

本款所称“姓名”，参照《民法典》第1017条的规定应包括笔名、艺名、网名、译名、字号、姓名和名称的简称等所谓正式姓名的通称在内。虽然作为姓名权保护对象的姓名与作为个人信息的姓名有着相同的表现，但是前者在保护的内容上主要体现在姓名与特定自然人之间的正确联系，而后者的核心在于防止个人信息识别性的实现，以避免揭露个人信息背后的主体，这主要是由于自然人在面对个人信息的收集与处理时往往居于弱势地位，因而对自然人对其个人信息所享有的利益主要强调消极的保护利益。[1] 除此之外，姓名权所保护的姓名还包括姓名选择与更改的自主、姓名文化传承与家族传承等功能与价值。

“出生日期”是指自然人出生的具体时间，可以从自然人的“身份证件号码”中推导而来。依据《民法典》第15条的规定，自然人的出生时间以出生证明记载的时间为准；没有出生证明的，以户籍登记或者其他有效身份登记记载的时间为准。有其他证据足以推翻以上记载时间的，以该证据证明的时间为准。

“身份证件号码”不仅包括居民身份证号码，还包括护照号码、驾驶证号码、社会保险号码等能够识别出特定自然人身份的证件号码。这些号码必须能够与特定的自然人对应，且这种对应关系是唯一的。《居民身份证法》第3条第2款规定：“公民身份号码是每个公民唯一的、终身不变的身份代码，由公安机关按照公民身份号码国家标准编制。”

“生物识别信息”即自然人的生物特征信息，是人类生理躯体上所反映的能够识别特定自然人的信息。从《反恐怖主义法》第50条第1款规定体现出，“肖像、指纹、虹膜图像等”属于“人体生物识别信息”。除此之外，自然人的声音、掌纹、耳廓、基因信息等也属于生物识别信息。自然人的生物识别信息，尤其是基因信息，不但涉及个人的核心人格利益，也俱与国家安全利益密切相关。[2] 根

〔1〕 参见张素华、宁园：《论姓名权与个人信息利益保护的区分》，载《河北法学》2019年第7期。

〔2〕 2015年，华大基因子公司未经许可与牛津大学开展国际合作研究，将部分中国人类遗传资源信息传递出境，被科技部行政处罚。详见国科罚〔2015〕2号行政处罚决定书。

据《生物安全法》第 53 条第 2 款及第 85 条第 8 项的规定,国家对我国人类遗传资源享有主权,其中“人类遗传资源,包括人类遗传资源材料和人类遗传资源信息。人类遗传资源材料是指含有人体基因组、基因等遗传物质的器官、组织、细胞等遗传材料。人类遗传资源信息是指利用人类遗传资源材料产生的数据等信息资料”。

“住址”是指自然人住所的地址。与《民法典》第 25 条规定的“住所”不同,自然人的住址还包括临时居住的地方,如在外出差临时下榻的酒店地址也属于自然人的个人信息。“电话号码”是指自然人的电话机号码,包括手机号码与固定电话号码。由于我国已实行电话号码的实名制登记,因此可以通过“电话号码”精确识别出特定的自然人。“电子邮箱”是指通过网络为用户提供交流的电子信息空间。由于一个自然人可以拥有多个电子邮箱,而电子邮箱也可以随账号密码的转移而为不同民事主体所使用,因此电子邮箱通常需要与其他信息结合才能识别出特定的自然人。

“健康信息”是关于自然人健康状况的信息集合。在 2019 年 12 月公布的《民法典(草案)》第 1034 条第 2 款中,并无“健康信息”的列举。受 2020 年年初暴发的新冠疫情的影响,各地政府开始推广使用载有个人健康信息的“健康码”,用于疫情的实时监测、重点筛查和有效预防,在防疫抗疫工作中成效显著。[1] 受此影响,在最终通过的《民法典》文本中,“健康信息”被列入《民法典》第 1034 条第 2 款中。

“行踪信息”是自然人活动痕迹的信息,既包括自然人在物理空间上的移动,也包括自然人在互联网上的行动,如网购记录、网页浏览记录等。通过“行踪信息”不但能够识别出特定的自然人身份,还能够知晓该自然人的行动内容,甚至通过分析该自然人长期的行踪信息还能够得出其性格、购物偏好、饮食习惯等衍生信息。

《民法典》第 1034 条第 2 款强调,个人信息是以某种方式记录的能够单独或者与其他信息结合识别特定自然人的“各种信息”。因此,除了上述典型的个人信息类型外,其他能够被某种载体所呈现的具有可识别性的信息都是个人信息,如工作经历等。

2. 敏感信息与一般信息

《民法典》第 1034 条第 2 款未对个人信息作出进一步的分类。不同类型的

〔1〕 参见宁园:《健康码运用中的个人信息保护规制》,载《法学评论》2020 年第 6 期。

个人信息对自然人的影响力度存在巨大差异,各自所蕴含的人格利益亦存有不同之处,进而不同的个人信息类型应得到不同强度的法律保护。在诸多个人信息的分类中,"敏感信息"与"一般信息"的区分具有重大的理论和实践意义。

比较法上,欧盟《个人数据保护指令》第8条明确了特殊数据的保护方式。欧盟《通用数据保护条例》(General Data Protection Regulation,GDPR)第9条第1款将信息分为一般数据和个人敏感数据,信息涉及以下一种或数种时为个人敏感信息:(1)种族或民族出身;(2)政治观点;(3)宗教/哲学信仰;(4)工会成员身份;(5)涉及健康、性生活或性取向的数据;(6)基因数据;(7)经处理可识别特定个人的生物识别数据。

早在2013年,《信息安全技术　公共及商用服务信息系统个人信息保护指南》第3.7条就明确了个人敏感信息,并将其定义为"一旦遭到泄露或修改,会对标识的个人信息主体造成不良影响的个人信息"。个人敏感信息受个人意愿和各自业务特点影响。该条进一步进行了列举,如身份证号码、手机号码、种族、政治观点、宗教信仰、基因、指纹等。第3.8条规定,除了个人敏感信息之外的个人信息是个人一般信息。2020年版《信息安全技术　个人信息安全规范》附件B认为,个人敏感信息可以通过以下角度进行判定:个人信息泄露会导致信息主体丧失对信息的控制,且会给信息主体带来重大风险;某些个人信息在授权范围外扩散,就会给信息主体带来风险;超出个人信息适用范围外就会给信息主体带来风险。《个人信息保护法》第28条第1款规定:"敏感个人信息是一旦泄露或者非法使用,容易导致自然人的人格尊严受到侵害或者人身、财产安全受到危害的个人信息,包括生物识别、宗教信仰、特定身份、医疗健康、金融账户、行踪轨迹等信息,以及不满十四周岁未成年人的个人信息。"由此可见,不同于个人信息强调的"可识别性"特征,敏感信息更多的是从其与自然人人格利益的关联,以及其遭受泄露或者滥用所造成的后果严重性角度加以界定。除了法律、法规以及其他规范性文件列示的敏感信息种类外,其他种类的敏感信息判定可以综合信息处理的情境和目的作为补充。在个案中,由特定机构来判断某个人信息是否为敏感信息。[1]

之所以要区分敏感信息与一般信息,是因为敏感信息直接与人格尊严相联系,敏感信息遭受侵害对自然人造成的损害后果相较于一般信息而言更为严重,影响自然人的人格自由发展。[2] 此外,基于敏感信息的重要性,法律对于敏感

---

〔1〕 参见胡文涛:《我国个人敏感信息界定之构想》,载《中国法学》2018年第5期。

〔2〕 参见陈甦、谢鸿飞主编:《民法典评注·人格权编》,中国法制出版社2020年版,第365页。

信息的保护强度大于一般信息。一方面,敏感信息在很大程度上与自然人的隐私信息相重叠,因此这一部分的敏感信息可以适用《民法典》第1034条第3款的规定,适用隐私权的保护规定;另一方面,《个人信息保护法》第28条至第32条为敏感个人信息的处理设置了更为严格的条件,如处理目的方面需“特定的目的和充分的必要性”、取得个人同意的特别告知义务等。

3. 私密信息与个人信息

《民法典》第1034条第3款规定:“个人信息中的私密信息,适用有关隐私权的规定;没有规定的,适用有关个人信息保护的规定。”该款表明,个人信息与私密信息存在交叉重合之处,与个人信息重合的私密信息受到隐私权和个人信息的双重保护。

作为隐私的私密信息具备隐私的特征,即自然人有意就某种事实保密的“隐”以及具有私人性质及高度人格特质的事实之“私”;作为个人信息的私密信息在前述基础上还必须具备可识别性的特征,即能够从私密信息中识别出特定的自然人。如“有个人患有性病”的信息对该患有性病的人而言属于私密信息,但并不能因此单独识别出特定的自然人,因而不是个人信息。在一起案件中,俞某的两笔线下交易信息被关联到线上交易平台。法院认为,案涉两笔交易信息均已公开,不具有私密性,因此不属于俞某的隐私权的权利范围;案涉信息是交易信息,不影响该信息同时具有可识别性,可以借此匹配到该用户的淘宝账户、天猫账户,这些信息相结合完全可以用来识别自然人的个人身份,因此属于俞某的个人信息。[1] 在另一起案件中,丁某与某店铺店主发生争执,二人在当地论坛上披露彼此的信息。丁某披露的店铺信息是干洗店依法应当向社会披露的信息,某店铺店主披露的丁某及其家人的有关信息为丁某的同学、亲戚以及与丁某认识的相关人员和相关机构通过合法渠道知晓,因此不属于隐私信息,但这些信息因具有可识别性,所以属于丁某及其家人的个人信息。[2]

作为个人信息的私密信息首先受到隐私权的保护。隐私权是一项具体人格权,其受保护程度大于个人信息。在《民法典》编纂过程中,对是否要将“个人信息”规定为一项民事权利存在争议。[3] 从现行规范上看,《民法典》未直接确认

---

〔1〕 参见北京市海淀区人民法院民事判决书,(2018)京0108民初13661号。

〔2〕 参见四川省洪雅县人民法院民事判决书,(2021)川1423民初38号。

〔3〕 参见杨立新:《个人信息:法益抑或民事权利——对〈民法总则〉第111条规定的“个人信息”之解读》,载《法学论坛》2018年第1期;张新宝:《〈民法总则〉个人信息保护条文研究》,载《中外法学》2019年第1期。个人信息权益属性的学说梳理可参见张里安、韩旭至:《大数据时代下个人信息权的私法属性》,载《法学论坛》2016年第3期。

"个人信息权",这表明个人信息尚不作为一项具体人格权,而是一项人格利益。因此,作为权利的隐私得到法律更高程度的保护。如《民法典》第 1033 条规定侵害隐私权的免责事由需经过"权利人明确同意",而第 1038 条规定个人信息的处理的免责事由则无"明确"的表述。这表明对私密信息的收集必须是明示同意的,不能采用默示同意的方法,而对个人信息的收集,不一定必须取得权利人明示的同意,默示的同意也可以。[1]

隐私权对私密信息的保护体现在不受他人侵害的消极防御,而个人信息对于私密信息的保护还包含要求更新、更正等积极主动的请求权。此外,与隐私权主要通过民法保护不同,我国个人信息的保护历程呈现"先刑后民""先公后私"的趋势,在《民法典》颁行前主要是通过公法性质的规范性文件完成的。[2] 因此,私密信息在个人信息的保护框架下受到更多法律法规的保护。当私密信息被自然人主动公开或者因遭受侵害而被动公开时,私密信息因丧失隐秘性而不属于隐私的范畴。此时,若该信息符合个人信息之"可识别性"的要求,可以作为个人信息得到保护。如在一起案例中,孙某在某校友录网站注册会员并仅对同学公开,但孙某使用某搜索引擎检索自己姓名时,其上传至某校友录网站的照片被一同显示。法院认为,孙某的姓名和带有其面目特征信息的头像照片进行关联,成为可识别为唯一特定自然人的信息,属于孙某的个人信息。孙某自行将案涉个人信息公布于某校友录网站中,主动向一定范围内的网络用户进行披露,因而并无强烈的将案涉信息作为隐私进行隐匿的意愿,客观上该信息亦未处于私密状态,故案涉信息不属于个人信息中的私密信息。该搜索引擎是否需要为其抓取孙某个人信息的行为承担民事责任,应当适用个人信息保护的相关规则予以认定。[3] 再如,前述"丁某案"中,店主披露的丁某及其家人的个人信息不能受到隐私权的保护,但是对个人信息的公开与否,个人信息主体具有支配权和决定权。店主虽然是通过合法渠道获取丁某及其家人的个人信息,但该个人信息是否向公众公开,应当征得丁某同意。店主的行为属于侵犯个人信息权的行为。

二、个人信息的处理

个人信息的保护围绕个人信息的处理展开,涵盖个人信息流转的全过程。《民法典》第 1035 条第 2 款规定:"个人信息的处理包括个人信息的收集、存储、

---

〔1〕 参见王利明:《和而不同:隐私权与个人信息的规则界分和适用》,载《法学评论》2021 年第 2 期。

〔2〕 参见王成:《个人信息民法保护的模式选择》,载《中国社会科学》2019 年第 6 期。

〔3〕 参见北京互联网法院民事判决书,(2019)京 0491 民初 10989 号。

使用、加工、传输、提供、公开等。”此外,《民法典》第 111 条还提到不得非法“买卖”个人信息,“买卖”行为也属于个人信息的处理。

(一)个人信息处理的原则和条件

《民法典》第 1035 条第 1 款规定:“处理个人信息的,应当遵循合法、正当、必要原则,不得过度处理,并符合下列条件:(一)征得该自然人或者其监护人同意,但是法律、行政法规另有规定的除外;(二)公开处理信息的规则;(三)明示处理信息的目的、方式和范围;(四)不违反法律、行政法规的规定和双方的约定。”本条规定了个人信息处理的“合法、正当、必要”三原则以及具体条件。

早在《民法典》出台前,个人信息的处理应遵循“合法、正当、必要”的原则即已见诸我国法律体系之中。2012 年全国人民代表大会常务委员会《关于加强网络信息保护的决定》第 2 条第 1 款规定:“网络服务提供者和其他企业事业单位在业务活动中收集、使用公民个人电子信息,应当遵循合法、正当、必要的原则,明示收集、使用信息的目的、方式和范围,并经被收集者同意,不得违反法律、法规的规定和双方的约定收集、使用信息。”2013 年修正的《消费者权益保护法》第 29 条第 1 款第 1 句规定:“经营者收集、使用消费者个人信息,应当遵循合法、正当、必要的原则,明示收集、使用信息的目的、方式和范围,并经消费者同意。”2017 年出台的《网络安全法》第 41 条第 1 款规定:“网络运营者收集、使用个人信息,应当遵循合法、正当、必要的原则,公开收集、使用规则,明示收集、使用信息的目的、方式和范围,并经被收集者同意。”《个人信息保护法》也于第 5 条和第 6 条具体规定了此三原则,在第 7 条规定了公开、透明的原则。比较法上,欧盟 GDPR 第 5 条亦规定有合法、公平、透明等个人数据的处理原则。由此可见,个人信息的处理原则是个人信息保护的核心内容。

1. 合法性原则

合法性原则,是指处理个人信息的活动需要符合法律的规定或者取得个人信息主体的同意。个人信息的处理活动所依据的法律除了民法外,还包括其他部门法或者单行法;除法律外,行政法规也是个人信息处理的规范依据。《民法典》第 1035 条第 1 款第 4 项即规定,处理个人信息的,不得违反法律、行政法规的规定;《个人信息保护法》第 10 条亦作此规定。此外,处理个人信息的行为还应当符合最高人民法院、最高人民检察院发布的相关司法解释的要求。[1]

个人信息作为一种民事权益,自然人有权对此自由处分。自然人同意他人

---

〔1〕 参见最高人民法院民法典贯彻实施工作领导小组主编:《中华人民共和国民法典人格权编理解与适用》,人民法院出版社 2020 年版,第 374 页。

对自己的个人信息进行处理的，法律自无不许之理。《民法典》第 1035 条第 1 款第 1 项前半句、第 1036 条第 1 项规定，处理个人信息应当征得该自然人或者其监护人同意，且无须承担民事责任。因此，个人信息主体的同意是处理个人信息的合法性来源。

在具体内容上，合法性原则主要包括处理主体的合法性以及处理过程的合法性。处理个人信息的主体只有获得法律的授权或者个人信息主体的同意，才能成为合法的个人信息处理主体。如《居民身份证法》第 3 条第 3 款规定："公民申请领取、换领、补领居民身份证，应当登记指纹信息。"第 6 条第 1 款规定："居民身份证式样由国务院公安部门制定。居民身份证由公安机关统一制作、发放。"因此，公安机关有权以收集、存储、使用、传输等方式处理公民的指纹信息。处理个人信息的过程必须符合法律的规定，包括事前取得个人信息主体的同意，将处理的目的、方法、范围等事项告知，以及保障处理过程中个人信息的安全。如《民法典》第 1035 条第 1 款第 2 项、第 3 项规定，处理个人信息的应当公开处理信息的规则，明示处理信息的目的、方式和范围。第 1038 条规定个人信息的处理者对其所处理的个人信息负有安全保障义务。如在一起案件中，贾某以及数十名家长因学费问题与李某、崔某二人开设的舞蹈培训班产生法律纠纷，贾某将其向当地社区咨询而来的李某、崔某二人的身份信息发送至维权微信群中。贾某并非取得法律授权地处理个人信息，也未征得李某和崔某的同意，因而贾某的行为不符合合法性原则，其传输、公开李某和崔某个人信息的行为构成侵权行为。[1] 在另一起案件中，程某和任某恋爱，其间共同拍摄许多合影，程某手机中也留存诸多任某的照片。二人分手后，程某将任某的照片上传至短视频平台。程某在恋爱期间拍摄了任某的照片，应视为取得任某的同意，但是程某在分手后擅自公开任某的照片，明显不符合任某的真实意思，故程某未合法处理任某的面部信息。[2]

2. 正当性原则

正当性原则，是指处理个人信息的活动必须在手段上和目的上是正当的。个人信息的处理者在处理个人信息的手段上应当符合诚信原则，尊重公序良俗。《民法典》第 1035 条第 1 款第 3 项规定，处理个人信息的应当明示处理信息的方式。这就要求个人信息的处理者应当尽量满足透明的要求，以便个人信息主体知晓自己的个人信息处理情况。如在收集个人信息时，不应采用隐蔽的方式偷

---

〔1〕 参见山东省齐河县人民法院民事判决书，(2021)鲁 1425 民初 232 号。

〔2〕 参见河南省卫辉市人民法院民事判决书，(2021)豫 0781 民初 16 号。

偷记录个人信息,或者是采用欺诈、胁迫等方式收集个人信息。

处理个人信息的目的不能逾越法律的规定,也不得超出个人信息主体的同意范围。《民法典》第 1035 条第 1 款第 3 项规定,处理个人信息的应当明示处理信息的目的和范围。例如,医院不能将其掌握的患者健康信息有偿出售给医药公司或者国外机构。又如,在一起案件中,肖某从娱乐网站上获取大量的公民个人信息,与同案犯一起利用这些个人信息从事信用卡诈骗活动。[1] 为犯罪目的收集、使用个人信息的,不具有正当性。需注意的是,当个人信息主体的同意范围违反了法律的规定,此时个人信息主体的同意不具有法律效力,处理个人信息的行为不能满足正当性原则。如即便经过允许,个人的照片、身材、健康等个人信息等也不能作为招嫖广告的内容。

3. 必要性原则

必要性原则,是指处理个人信息的活动应当限定在必要的范围内,不得将没有必要处理的个人信息纳入处理范围。具体而言,某一项具体的个人信息对于达成处理目的而言不是必需的,那么这一项具体的个人信息就是不必要的,个人信息处理者尽量不对此进行处理。如在一起案件中,田某认为,某网络用户在博客上发表博文损害自己的名誉,要求博客的运营方将该用户的个人信息提供给自己,但遭到拒绝。经查,案涉博文不构成侵犯田某名誉权的可能性非常大。既然案涉博文很可能并不构成对田某名誉权的侵犯,则披露该用户的个人信息就缺乏相应的必要性。[2] 由此,处理个人信息的必要范围应当限于为实现个人信息处理的正当目的所必需的部分,即处理个人信息的范围受到目的的限制,不能过度处理。《民法典》第 1035 条第 1 款规定:“处理个人信息……不得过度处理……”如医院在收集患者个人信息时,应当限于患者的姓名、年龄、病史及其他健康信息,而不得处理患者的情感经历、学习经历等无关信息。

在理解必要性原则时可以参考比例原则的要求。比例原则源自行政法领域,近年来在民商事领域备受推崇。实际生活中,个人信息的处理者,尤其是网络服务的提供者具有很强的掌控能力,在实际效果上相当于有“准立法权、准执法权、准司法权”。[3] 在个人信息处理的行为体系中,行政色彩浓郁,存在比例原则的适用情景与空间。具体而言,比例原则包括“适当性”、“必要性”和“均衡

---

〔1〕 参见安徽省淮南市中级人民法院刑事裁定书,(2018)皖 04 刑终 102 号。

〔2〕 参见山东省东营市中级人民法院民事判决书,(2015)东民一终字第 283 号。

〔3〕 参见许可:《网络平台规制的双重逻辑及其反思》,载《网络信息法学研究》2018 年第 1 期。

性”三项子原则，所追求的目的正是“禁止过度”。[1] 其中，“适当性”指的是法律手段必须要有助于法律目的的实现，对目的的实现没有任何作用的手段将不应被采用，但手段有助于实现部分目的的，也不被认为是对该原则的违反；“必要性”指的是所使用之法律手段是实现使用该手段所欲达成之法律目的的必要手段，也就是说，在实现同一法律目的有数个可行的手段时，应选择对公民权利伤害最小的手段，以达到目的为已足，超过的则为不必要；“均衡性”实际上是一种利益衡量规则，即只有在所实现之目的的重要性足以支撑使用某一手段的正当性时，才能使用该手段，也就是说只有在使用某一法律手段所付出的成本与所实现之法律目的获得的收益是成比例的情况下，才能说手段与目的是均衡的。实践中，消费者要求网络交易平台提供交易相对方个人信息十分常见。如在一起案件中，王某在某二手物品交易平台上交易时被骗，卖家在诱导王某点击“确认收货”后未实际发货。王某联系平台对此处理并要求平台提供卖家的信息，但平台拒绝给王某提供卖家的个人信息，建议王某报警处理，表示配合警方调查。在本案诉前调解及诉讼阶段，平台均告知王某在司法介入的情况下能够按照法律规定提供卖家的个人信息。诉讼期间，平台向法院提交了卖家的个人信息。纠纷平台要求在司法机关介入的情况下才能提供卖家的个人信息，符合平衡保护用户知情权和个人信息的法律要旨。[2]

值得注意的是，2020 年版《信息安全技术　个人信息安全规范》第 4 条对“合法、正当、必要”原则进行了细化规定，具体包括：(1) 权责一致——采取技术和其他必要的措施保障个人信息的安全，对其个人信息处理活动对个人信息主体合法权益造成的损害承担责任。(2) 目的明确——具有明确、清晰、具体的个人信息处理目的。(3) 选择同意——向个人信息主体明示个人信息处理目的、方式、范围等规则，征求其授权同意。(4) 最小必要——只处理满足个人信息主体授权同意的目的所需的最少个人信息类型和数量。目的达成后，应及时删除个人信息。(5) 公开透明——以明确、易懂和合理的方式公开处理个人信息的范围、目的、规则等，并接受外部监督。(6) 确保安全——具备与所面临的安全风险相匹配的安全能力，并采取足够的管理措施和技术手段，保护个人信息的保密性、完整性、可用性。(7) 主体参与——向个人信息主体提供能够查询、更正、删除其个人信息，以及撤回授权同意、注销账户、投诉等方法。

---

〔1〕 参见郑晓剑：《比例原则在民法上的适用及展开》，载《中国法学》2016 年第 2 期。

〔2〕 参见北京互联网法院民事判决书，(2019) 京 0491 民初 147 号。

4. 具体要求

《民法典》第 1035 条第 1 款除规定处理个人信息的原则外,还规定了处理个人信息的具体要求,即征得该自然人或者其监护人同意,但是法律、行政法规另有规定的除外,公开处理信息的规则,明示处理信息的目的、方式和范围,不违反法律、行政法规的规定和双方的约定。实际上,该款所示具体要求均以个人信息处理的正当性基础,即"个人信息自决"为基础加以规定,目的是保障个人信息主体对其个人信息的处理充分知情。因此,本款在第 1 项规定处理个人信息需征得该自然人或者其监护人同意,并在第 2 项、第 3 项中规定个人信息处理者应当公开处理信息的规则以及明示处理信息的目的、方式和范围,以此保障个人信息主体在充分了解处理活动的前提下基于自己的真实意愿作出是否同意的意思表示,维护自然人对其个人信息的自主利益。

所谓"个人信息自决"是指自然人有权自主决定其个人信息在何时、何种程度上为他人所知。自然人为保证自己的社会人格形象符合本人的意愿,需要对其个人信息向外界的披露进行控制,并且对个人信息披露后形成的记录有知情的利益。在内容上,自然人有权决定个人信息公开的内容、范围、程度、方式、时间等,并在个人信息公开后有权决定后续处理的方式,以保证个人信息的完整性和准确性。

首先,个人信息主体的同意必须是有效的。当作为个人信息主体的自然人不具有完全行为能力时,处理其个人信息应当征得其监护人同意。《民法典》第 19 条规定,8 周岁以上的未成年人可以独立实施纯获利益的民事法律行为。然而,同意他人处理自己的个人信息在法律上并不体现为未成年人只享有权利而不负担义务,因此处理个人信息并非"纯获利益的民事法律行为"。同意他人处理个人信息可能产生的后果较为复杂,即使是完全民事行为能力人亦难以准确认知其中可能的风险,因此不宜认为处理个人信息是与非完全民事行为能力人"年龄、智力"或者"智力、精神健康状况"相适应的民事法律行为。《儿童个人信息网络保护规定》第 9 条规定:"网络运营者收集、使用、转移、披露儿童个人信息的,应当以显著、清晰的方式告知儿童监护人,并应当征得儿童监护人的同意。"此处的"儿童"是指不满 14 周岁的未成年人。此外,自然人及其监护人在被欺诈、胁迫等处于意思表示不真实、不自由的情况下作出的同意不是有效的。对于自然人在作出有效的同意后是否可以撤回其所作出的同意,《民法典》并无直接规定,但是《个人信息保护法》第 15 条第 1 款第 1 句规定:"基于个人同意处理个人信息的,个人有权撤回其同意。"基于人格利益保护的价值优先性考虑,应当认可个人信息主体撤回其所作的同意,个人信息处理者应当立即删除已存储的个人信息,但是之前的处理行为仍具有法律效力。

其次,个人信息主体的同意可以是明示同意、默示同意或者以沉默的方式作出,但是沉默仅在法律规定、当事人之间的约定或者符合当事人之间的交易习惯时才能视为同意的意思表示。《民法典》并未区分敏感信息和一般信息,而是以"个人信息"统一予以保护,但基于敏感信息的重要性,法律应予以更高程度的保护。2020 年版《信息安全技术　个人信息安全规范》第 5.4 条规定,收集个人敏感信息前,应征得个人信息主体的明示同意,并应确保个人信息主体的明示同意是其在完全知情的基础上自主给出的、具体的、清晰明确的意愿表示。这意味着,自然人及其监护人只能以明示同意的方式作出同意的意思表示。《信息安全技术　个人信息安全规范》第 3.6 条对"明示同意"的具体表现作出了说明,即"个人信息主体通过书面、口头等方式主动作出纸质或电子形式的声明,或者自主作出肯定性动作,对其个人信息进行特定处理作出明确授权的行为。〔1〕自然人及其监护人的同意必须是具体的,而不能是概括的同意。《信息安全技术　个人信息安全规范》第 3.7 条指出,授权同意是指个人信息主体对其个人信息进行特定处理作出明确授权的行为。

最后,个人信息主体同意的前提在于其得到了充分的告知,只有充分了解同意所针对的内容才能作出有效的同意。《民法典》第 1035 条第 1 款第 2 项、第 3 项规定,个人信息处理者需公开处理信息的规则并明示处理信息的目的、方式和范围。"公开处理信息的规则"主要是指处理信息的一般规则,实践中常表现为服务开启前的《隐私政策》或者《用户需知》等。个人信息处理者应当主动公开处理信息的规则,并采取适当的方式使个人信息主体清楚地知晓,以便个人信息主体了解信息处理的实质。"明示处理信息的目的、方式和范围"重点在于强调"明示",即以个人信息主体能够理解的方式明确表述处理信息的目的、方式和范围,而不能一味堆砌专业术语。个人信息主体对个人信息的处理存有疑问的,个人信息处理者还应进一步解答。《个人信息保护法》第 48 条规定:"个人有权要求个人信息处理者对其个人信息处理规则进行解释说明。"因此,个人信息处理者不能仅以公示了处理信息的相关内容就主张告知义务的履行。2019 年年底出台的《App 违法违规收集使用个人信息行为认定方法》为"未公开收集使用规则"和"未明示收集使用个人信息的目的、方式和范围"的认定提供了指引:

---

〔1〕 肯定性动作包括个人信息主体主动勾选、主动点击"同意""注册""发送""拨打"、主动填写或提供等"。——笔者注

> 一、以下行为可被认定为“未公开收集使用规则”
>
> 1. 在App中没有隐私政策,或者隐私政策中没有收集使用个人信息规则;
>
> 2. 在App首次运行时未通过弹窗等明显方式提示用户阅读隐私政策等收集使用规则;
>
> 3. 隐私政策等收集使用规则难以访问,如进入App主界面后,需多于4次点击等操作才能访问到;
>
> 4. 隐私政策等收集使用规则难以阅读,如文字过小过密、颜色过淡、模糊不清,或未提供简体中文版等。
>
> 二、以下行为可被认定为“未明示收集使用个人信息的目的、方式和范围”
>
> 1. 未逐一列出App(包括委托的第三方或嵌入的第三方代码、插件)收集使用个人信息的目的、方式、范围等;
>
> 2. 收集使用个人信息的目的、方式、范围发生变化时,未以适当方式通知用户,适当方式包括更新隐私政策等收集使用规则并提醒用户阅读等;
>
> 3. 在申请打开可收集个人信息的权限,或申请收集用户身份证号、银行账号、行踪轨迹等个人敏感信息时,未同步告知用户其目的,或者目的不明确、难以理解;
>
> 4. 有关收集使用规则的内容晦涩难懂、冗长繁琐,用户难以理解,如使用大量专业术语等。

值得注意的是,实践中,个人信息处理者常常将处理信息的规则、方式、目的和范围放入《隐私政策》等文件中,通过采取“使用即同意”的方式导致同意原则被实质架空的情况十分普遍。对此,《民法典》第496条以下关于格式条款的规制规则存有适用空间。然而,《民法典》格式条款的规制方式在个人信息保护中存有不足之处。如解释上的宽泛性弊端:如何认定“合理”、是否“免除、加重、排除”相关权利和义务,需要结合具体交易进行判断;格式条款本身存在便捷交易的核心功能,让网络服务的用户就相关收集信息的内容一一作出同意的意思表示,不符合实践需要。因此,对于这一现象的破除,还有待立法与司法的进一步完善,以及政策方面的治理措施,如网络服务提供者自定规则的文本备案审查制度。[1]

（二）个人信息主体的权利

《民法典》第1035条第1款第1项、第1036条第1项都强调个人信息主体的同意对个人信息处理的重要作用，其背后是以自然人的个人信息自决权作为理论基础。个人信息的自决即个人信息主体对个人信息的控制，但是当个人信息进入处理环节后，个人信息主体无法再实力控制。因此，为保障个人信息主体知晓个人信息的处理状况，确保个人信息的处理符合预期的同意，有必要为个人信息主体设置系列辅助性权利。《民法典》第1037条规定："自然人可以依法向信息处理者查阅或者复制其个人信息；发现信息有错误的，有权提出异议并请求及时采取更正等必要措施。自然人发现信息处理者违反法律、行政法规的规定或者双方的约定处理其个人信息的，有权请求信息处理者及时删除。"本条规定了个人信息主体的查阅权、复制权、异议更正权、删除权等，实际上是自然人对于个人信息利益支配效力的细化，是人格权请求权的具体体现。[2]

《个人信息保护法》在此基础上专章规定"个人在个人信息处理活动中的权利"，构建了完备有关个人信息处理的权能体系。

1. 知情权与决定权

知情权、决定权在《民法典》第1035条处隐而未发，《个人信息保护法》第44条则将其以权利话语明确化，旗帜鲜明地确认个人对其个人信息处理的知情权与决定权。知情是决定的前提所在，应当保障个人对个人信息处理具体情况的充分知晓，已为《个人信息保护法》第14条以下所规定。

2. 查阅权与复制权

《民法典》第1037条第1款规定，个人可以依法向信息处理者查阅、复制个人信息；《个人信息保护法》第45条第1款补充了法律、行政法规规定应当保密或者不需要告知的、告知将妨碍国家机关履行法定职责的除外情形。查阅个人信息是个人之后提出复制、异议、更正或者删除的前提。《个人信息保护法》第45条第2款仅规定信息处理者应"及时"提供查阅服务，未言及查阅费用的问题。本书认为，原则上信息处理者应当无偿提供查询服务，个人没有理由承担行使此项权利的成本；但个人滥用权利的除外，此时信息处理者可以收取必要费用。就复制权而言，是指信息处理者持续、深入且大规模收集个人信息，汇集众

---

〔1〕 参见陆青：《个人信息保护中"同意"规则的规范构造》，载《武汉大学学报（哲学社会科学版）》2019年第5期。

〔2〕 参见张红：《论〈民法典〉之人格权请求权体系》，载《广东社会科学》2021年第3期。

多的个人信息。面对如此规模的个人信息集合,自然人难以一时查阅完成,而以某种形式对此加以复制能够辅助自然人查阅的进行。

3. 更正权与补充权

《民法典》第 1037 条第 1 款规定,个人可以依法就错误信息向信息处理者提出异议并要求及时更正;《个人信息保护法》第 46 条第 1 款则将“错误信息”具体化为“信息不准确或者不完整”。准确完整的个人信息反映完整的人格形象,是他人理解信息主体真实“自我”的前提;错误的人格形象可能会造成信息主体精神损害和财产损失(《个人信息保护法》第 8 条)。此时,个人可以提出异议,要求信息处理者及时采取更正、补充措施,修正或补全信息。在一起案件中,原告婚姻登记证中的姓名记载有误,但民政局拒绝更正,原告主张更正权获法院支持。[1] 个人应当就信息错误提供初步的证据证明错误信息的存在,信息处理者应就个人的身份进行核验。《信息安全技术　个人信息安全规范》第 8.7 条 a 项规定,在验证个人信息主体身份后,应及时响应个人信息主体提出的更正错误信息请求,应在 30 天内或法律法规规定的期限内作出答复及合理解释,并告知个人信息主体外部纠纷解决途径。

4. 删除权

个人可以在特定情况下请求信息处理者及时删除其个人信息。个人信息不存在实体形态,个人信息的删除更多的是指切断对个人信息的控制力。《信息安全技术　个人信息安全规范》第 3.10 条在解释“删除”时指出:“在实现日常业务功能所涉及的系统中去除个人信息的行为,使其保持不可被检索、访问的状态。”删除权的行使将导致相应个人信息处理活动停止,对信息处理者的利益可能产生较大影响,因此《个人信息保护法》第 47 条第 1 款对删除权行使的情形作出了明文规定。[2] 与《民法典》抽象性确认个人的删除权相比,《个人信息保护法》第 47 条第 1 款规定了信息处理者应当主动删除个人信息的情形。考虑到实践中一些中小数据企业存在技术障碍的现实问题,该条第 2 款规定,删除个人信息在技术上难以实现的,信息处理者应当停止除存储和采取必要安全保护措施以外的处理活动。

值得探讨的是,个人的删除权与比较法上的“被遗忘权”的关系。“被遗忘权”规定在欧盟 GDPR 第 17 条,是指个人对于网络上有关自己不恰当的、过时的、继续保留会导致其社会评价下降的信息,有权要求信息处理者删除的权利。

---

〔1〕 参见江苏省镇江市丹徒区人民法院行政判决书,(2014)徒行初字第 00002 号。

〔2〕 参见张新宝:《论个人信息权益的构造》,载《中外法学》2021 年第 5 期。

我国法院在类似案件中认为,“被遗忘权”不属于我国法定化的人格权,原告主张的“被遗忘权”未获法院支持。[1] 删除权与“被遗忘权”具有相似性,均是个人要求信息处理者删除某些个人信息的要求,但是二者在适用前提、价值基础等方面都存在较大差异。在适用前提下,《民法典》第 1037 条第 2 款与《个人信息保护法》第 47 条规定的删除权以信息处理者存在违法或者违约行为为前提,而“被遗忘权”则不以此作为必要条件;在价值基础上,“被遗忘权”产生的背景是互联网技术发展打破信息的时空界限,个人信息的永久存续使其可以通过关键词检索被他人轻易获得。为保证个人的发展特性以及现时人格形象,有些负面的、过时的、片面的信息应当及时被遗忘,避免过去存续时间较短的负面信息对个人造成持续性影响。然而,《民法典》第 1037 条第 2 款与《个人信息保护法》第 47 条的表述在文义上难以解读出“被遗忘权”背后的这种价值基础。此外,“被遗忘权”保护的利益可以通过姓名权、名誉权、隐私权、一般人格权,以及个人信息保护制度中的删除权加以解决。[2] 因此,我国法律上的删除权并非比较法上的“被遗忘权”。

5. 解释说明权、代行使权与处理机制

《个人信息保护法》第 48 条规定,个人有权要求信息处理者对其个人信息处理规则进行解释说明,如专业术语或理解上可能存在的歧义表述。虽然《民法典》第 1035 条第 1 款第 3 项以及《个人信息保护法》第 17 条已明确信息处理者的告知要求,但以上皆自信息处理者义务视角予以规范,该条则正面确认个人的解释说明权,且“个人信息处理规则”的表述在外延上更为周延,涵盖告知要求类型所未及者。

就死者个人信息的保护而言,在《民法典》第 994 条死者人格利益保护的框架下,死者近亲属有权就针对死者人格利益侵害的行为诉请保护,其理论基础在于死者近亲属与死者之间紧密的情感联系,不法行为实际侵害的是死者近亲属的人格利益。[3] 《个人信息保护法》第 49 条之“近亲属为了自身的合法、正当利益”表述显示,死者近亲属代行使权的行使基础非死者死后的某项利益,而是自身的利益,与《民法典》第 994 条立场一致。有所发展者:一是《个人信息保护

---

〔1〕 本案法官对本案的审理及“被遗忘权”的分析有专文论述。参见丁宇翔:《被遗忘权的中国情境及司法展开——从国内首例“被遗忘权案”切入》,载《法治研究》2018 年第 4 期。

〔2〕 参见丁宇翔:《被遗忘权的中国情境及司法展开——从国内首例“被遗忘权案”切入》,载《法治研究》2018 年第 4 期。

〔3〕 参见张红:《死者人格精神利益保护 :案例比较与法官造法》,载《法商研究》2010 年第 4 期。

法》第 49 条未如《民法典》第 994 条般规定死者近亲属行权的顺序,但在解释上,宜将其结合《民法典》第 994 条的顺序规定确立权利行使顺位;二是《个人信息保护法》第 49 条规定死者近亲属仅“为了自身的合法、正当利益”方可代为行使死者某些个人信息权利,较之于一般死者人格利益保护而言受有更严格的限制;三是《个人信息保护法》第 49 条明确死者生前意愿的优先性,死者近亲属应当尊重死者生前对其个人信息所作的安排。

为保障个人权利有效落实,《个人信息保护法》第 50 条要求信息处理者建立便捷的个人行使权利的申请受理和处理机制。从内容上看,本条应是信息处理者的义务,但规定在个人权利部分,意在强调个人权利的保障。具体制度的建设可以参照《信息安全技术　个人信息安全规范》第 8 条以下关于个人权利行使要点。

(三)个人信息处理者的义务与权利

为保证个人信息处理过程中的个人信息安全,《民法典》第 1038 条为个人信息处理者设定了法定义务:“信息处理者不得泄露或者篡改其收集、存储的个人信息;未经自然人同意,不得向他人非法提供其个人信息,但是经过加工无法识别特定个人且不能复原的除外。信息处理者应当采取技术措施和其他必要措施,确保其收集、存储的个人信息安全,防止信息泄露、篡改、丢失;发生或者可能发生个人信息泄露、篡改、丢失的,应当及时采取补救措施,按照规定告知自然人并向有关主管部门报告。”其中既包括针对个人信息处理者不得泄露、篡改、非法提供个人信息的义务,也包括信息处理者的信息安全保障义务。此外,个人信息处理者并不单纯肩负义务,其对于“经过加工无法识别特定个人且不能复原”的脱敏数据享有合法权益。

1. 个人信息处理者不得泄露或者篡改收集、储存的个人信息

个人信息处理者应在处理个人信息的全过程保持处理活动的合法性。“泄露”“篡改”的表述具有明显的负面色彩,表明这些使个人信息为更大范围的人知晓、降低个人信息的真实性的行为因未获得个人信息主体的同意而不具有合法性基础。因此,《民法典》第 1038 条第 1 款前半句规定,个人信息处理者负有不得泄露、篡改其收集、储存的个人信息的义务,保障个人信息的安全与真实。在《民法典》之前,部分特别法已为特定领域中的个人信息处理者设定以上义务,如《网络安全法》第 42 条、《消费者权益保护法》第 29 条、《公共图书馆法》第 43 条以及《旅游法》第 52 条等。

“泄露”指的是被动泄露,即因第三人的原因导致个人信息发生泄露,而个人信息处理者并不希望发生如此后果。《民法典》第 1038 条第 2 款规定的个人

信息处理者对信息的安全保障义务即防止被动泄露的发生。有观点认为,此处的"泄露"还包括个人信息处理者通过自己的积极行为让个人信息为第三人所知。[1] 本书认为,《民法典》第 1038 条第 1 款后半句禁止非法提供个人信息的义务即已涵盖了所谓"主动泄露"的情况,因此该款前半句的"泄露"仅指被动泄露的情况。

"篡改"指的是个人信息处理者擅自修改个人信息的内容,使个人信息失真。个人信息处理的目的是将其运用于实践,因此准确客观的个人信息是个人信息处理的必然要求,否则经过篡改的个人信息将会引发连锁不良后果,如自然人的信用评价下降、市场主体商业决策的失误等,甚至会影响国家政策的制定。因此,不仅本条直接规定个人信息处理者禁止篡改个人信息的义务,还在第 1037 条处规定有个人信息主体的查阅权、更正权等,从正反两面保障个人信息的真实性。

2. 个人信息处理者不得非法提供个人信息

正如前文所述,个人信息不具有实体存在形态,可被不同的主体掌握和利用,个人信息处理者不会因为他人对同一个人信息的处理而受到使用方面的影响。基于如此特性,个人信息可以在不同主体间进行传输而不丧失其使用效能。但与此同时,个人信息面临侵害的风险也相应增长,个人信息主体无法知晓其信息的控制主体、处理目的等。因此,个人信息处理者负有不得向他人非法提供个人信息的义务。如在一起案件中,孙某在某运营商处办理手机号,并提交了相关个人信息,此后,孙某接到电话,称因为孙某是符合条件的某运营商客户而赠送一份保险,并准确说出了孙某的个人信息。经查,赠送该保险的公司与某运营商存在合作关系,后者提供其客户的个人信息供保险公司推销业务。[2] 某运营商未经孙某的许可将其所知悉的孙某个人信息提供给他人,其行为是对孙某个人信息的侵害。

"非法提供"对应"合法提供",个人信息处理者可以在"合法"的情况下向他人提供其所收集、储存的个人信息。"合法提供"的情况首先就包括"自然人同意"。在个人信息处理中,个人信息主体的同意为个人信息处理活动提供合法性基础。其次还包括《民法典》第 1036 条列举的情形,但其中的第 1 项与"自然人同意"重合,因此仅在个人信息处理者"合理处理该自然人自行公开的或者其他已经合法公开的信息"以及"为维护公共利益或者该自然人合法权益,合理实

---

〔1〕 参见陈甦、谢鸿飞主编:《民法典评注·人格权编》,中国法制出版社 2020 年版,第 403 页。

〔2〕 参见上海市浦东新区人民法院民事判决书,(2009)浦民一(民)初字第 9737 号。

施的其他行为”时,可以向他人提供个人信息。最后若个人信息处理者向他人提供的是“经过加工无法识别特定个人且不能复原”的数据,也不具有违法性,但是严格说来,这种脱敏数据已经不具备可识别性,因而不再属于个人信息。

在认定“未经自然人的同意”上,《App 违法违规收集使用个人信息行为认定方法》第 5 条提供了指引:“1. 既未经用户同意,也未做匿名化处理,App 客户端直接向第三方提供个人信息,包括通过客户端嵌入的第三方代码、插件等方式向第三方提供个人信息;2. 既未经用户同意,也未做匿名化处理,数据传输至 App 后台服务器后,向第三方提供其收集的个人信息;3. App 接入第三方应用,未经用户同意,向第三方应用提供个人信息。”

个人信息处理者违反此项义务的,需要承担相应的民事责任,甚至是行政责任、刑事责任。民事责任无须赘言。关于行政责任,《网络安全法》第 64 条规定:“网络运营者、网络产品或者服务的提供者违反本法第二十二条第三款、第四十一条至第四十三条规定,侵害个人信息依法得到保护的权利的,由有关主管部门责令改正,可以根据情节单处或者并处警告、没收违法所得、处违法所得一倍以上十倍以下罚款,没有违法所得的,处一百万元以下罚款,对直接负责的主管人员和其他直接责任人员处一万元以上十万元以下罚款;情节严重的,并可以责令暂停相关业务、停业整顿、关闭网站、吊销相关业务许可证或者吊销营业执照。违反本法第四十四条规定,窃取或者以其他非法方式获取、非法出售或者非法向他人提供个人信息,尚不构成犯罪的,由公安机关没收违法所得,并处违法所得一倍以上十倍以下罚款,没有违法所得的,处一百万元以下罚款。”关于刑事责任,最高人民法院、最高人民检察院《关于办理侵犯公民个人信息刑事案件适用法律若干问题的解释》第 3 条规定:“向特定人提供公民个人信息,以及通过信息网络或者其他途径发布公民个人信息的,应当认定为刑法第二百五十三条之一规定的‘提供公民个人信息’。未经被收集者同意,将合法收集的公民个人信息向他人提供的,属于刑法第二百五十三条之一规定的‘提供公民个人信息’,但是经过处理无法识别特定个人且不能复原的除外。”《刑法》第 253 条之一第 1 款的侵犯公民个人信息罪规定:“违反国家有关规定,向他人出售或者提供公民个人信息,情节严重的,处三年以下有期徒刑或者拘役,并处或者单处罚金;情节特别严重的,处三年以上七年以下有期徒刑,并处罚金。”

3. 个人信息处理者的安全保障义务

个人信息处理者仅负有前述消极义务不足以保个人信息于万全。大数据时代,海量的个人信息以电子数据的形式集约式存储,一旦发生黑客攻击事件,后果不堪设想。实践中甚至多次出现黑客挟数据勒索的案例,如苹果公司生产供应链中的重要一环 Quanta Computer 曾被 REvil 窃取苹果公司开发的产品信息,其中包括正在开发的未来笔记本电脑产品的计划,REvil 要求支付高达 5000 万美元的赎金。因此,早在 2012 年全国人大常委会《关于加强网络信息保护的决定》就于第 4 条指出:"网络服务提供者和其他企业事业单位应当采取技术措施和其他必要措施,确保信息安全,防止在业务活动中收集的公民个人电子信息泄露、毁损、丢失。在发生或者可能发生信息泄露、毁损、丢失的情况时,应当立即采取补救措施。"有关要求后来被《网络安全法》第 42 条第 2 款、《电子商务法》第 30 条法定化。《民法典》第 111 条、第 1038 条第 2 款以及《个人信息保护法》第 51 条亦一般性地规定了个人信息处理者负有的信息安全保障义务。

《民法典》第 1038 条第 2 款前半句规定,个人信息处理者应当采取技术措施和其他必要措施确保个人信息的安全。《个人信息保护法》第 51 条则区分"个人信息的处理目的、处理方式、个人信息的种类以及对个人权益的影响、可能存在的安全风险等"采取必要措施确保个人信息的安全,如对于敏感信息的保护措施要强于一般信息。区分个人信息的类型给予不同程度的保护,有利于个人信息处理者将技术力量投入于重要个人信息的保护,减轻个人信息处理者的成本负担。根据《信息安全等级保护管理办法》第 7 条的规定,信息系统的安全保护分为五个等级。《网络安全法》第 21 条规定,国家实行网络安全等级保护制度。网络运营者应当按照网络安全等级保护制度的要求,履行安全保护义务,保障网络免受干扰、破坏或者未经授权的访问,防止网络数据泄露或者被窃取、篡改。

"技术措施"或者"必要措施"是指任何提升个人信息安全性的措施,但主要是信息技术手段,如采取加密手段、建立"防火墙"等。对于诸如书面记录的个人信息等非数据化的个人信息,或者未与互联网连接的数据化个人信息而言,个人信息处理者应当采取防盗、保养等手段保障存储介质的安全,如将纸质的个人信息存放于保险柜、避免存储个人信息的硬盘损坏等。此外,黑客难躲,内鬼难防。实践中,单位内部员工或离职人员利用职务或工作便利,非法获取或贩卖公民个人信息案件时有发生。[1] 因此,除了针对第三人的预防性措施外,个人信息处理者的信息安全保障义务还要针对其内部人员,如定期开展内部自查、建立完善的内部监督体系等。

---

〔1〕 参见福建省泉州市中级人民法院刑事判决书,(2019)闽 05 刑终 1898 号;陕西省宝鸡市中级人民法院刑事判决书,(2020)陕 03 刑终 326 号。

值得探讨的是,个人信息处理者的安全保障义务在性质上属于手段义务还是结果义务?手段义务和结果义务的关注重心不同,前者考察义务人是否采取了技术措施和其他必要措施,后者关注个人信息安全状态结果的实现。若认为个人信息处理者的安全保障义务属于结果义务,则只要出现个人信息泄露、篡改、丢失的情况,就意味着个人信息处理者未尽到安全保障义务。本书认为,个人信息处理者的安全保障义务在性质上属于手段义务。一方面,在侵权法上,安全保障义务一般作为手段义务而存在。从《民法典》第1198条关于安全保障义务人责任的规定来看,安全保障义务并未被作为结果义务看待,义务人只有在"未尽到安全保障义务"时才承担侵权责任。若是结果义务,则该条应取消"未尽到安全保障义务"的表述。另一方面,应当考虑被处理的个人信息类型、数量以及个人信息处理者的经济实力、技术水平等因素。法律不强人所难,只要个人信息处理者在力所能及的范围内尽到了安全保障义务,即使出现个人信息损害的后果,个人信息处理者也不应承担相关侵权责任。如在一起案件中,庞某委托鲁某在某平台为其订购机票一张,除乘机人信息填写为庞某的个人信息外,联系人信息、报销信息等其他订单信息皆填写为鲁某的个人信息。此后,庞某接到航班取消的诈骗短信,而鲁某并未接到。[1] 航空公司具有雄厚的经济实力和技术水平,应当对其控制的旅客个人信息采取更高强度的保护措施。庞某的乘客信息被泄露,说明航空公司在此存有漏洞,而本例中针对旅客个人的诈骗形式并不像是拥有较强实力的黑客团体所为,因此航空公司应当对其未尽信息安全保障义务承担相应的民事责任。

以上关于个人信息处理者安全保障义务的讨论集中体现在《个人信息保护法》第51条,该条规定:"个人信息处理者应当根据个人信息的处理目的、处理方式、个人信息的种类以及对个人权益的影响、可能存在的安全风险等,采取下列措施确保个人信息处理活动符合法律、行政法规的规定,并防止未经授权的访问以及个人信息泄露、篡改、丢失:(一)制定内部管理制度和操作规程;(二)对个人信息实行分类管理;(三)采取相应的加密、去标识化等安全技术措施;(四)合理确定个人信息处理的操作权限,并定期对从业人员进行安全教育和培训;(五)制定并组织实施个人信息安全事件应急预案;(六)法律、行政法规规定的其他措施。"

---

〔1〕 参见北京市高级人民法院民事裁定书,(2017)京民申3835号。类似案例可参见广东省深圳市中级人民法院民事判决书,(2019)粤03民终3954号;贵州省毕节市(地区)中级人民法院民事判决书,(2020)黔05民终3113号。

4. 个人信息处理者的补救和报告义务

《民法典》第 1038 条第 2 款后半句、《网络安全法》第 42 条第 2 款第 2 句规定，在发生或者可能发生个人信息泄露、毁损、丢失的情况时，应当立即采取补救措施，按照规定及时告知用户并向有关主管部门报告。

就补救义务而言，无论个人信息泄露、篡改、丢失的危险源于何处，个人信息处理者应当及时采取补救措施，防止危险的现实化或者组织损害后果的扩大，如启动应急预案。个人信息处理者的补救措施应当是充分的，即在其技术水平内最大限度地降低危险，尽量挽回损失。

就报告义务而言，当发生或者可能发生个人信息泄露、篡改、丢失时，个人信息处理者应当及时履行"双报告"义务，即向个人信息主体以及有关主管部门报告。向个人信息主体报告的目的在于，使个人信息主体知晓其个人信息面临的危险，以便个人信息主体自行采取补救措施，如及时备份个人信息；向有关主管部门报告的目的在于，使有关主管部门了解相应的情况，判断公民面临的人身财产危险程度以及其对公共利益、国家利益的威胁，从而采取相应的措施加以应对。关于"有关主管部门"，《个人信息保护法》第 60 条规定："国家网信部门负责统筹协调个人信息保护工作和相关监督管理工作。国务院有关部门依照本法和有关法律、行政法规的规定，在各自职责范围内负责个人信息保护和监督管理工作。县级以上地方人民政府有关部门的个人信息保护和监督管理职责，按照国家有关规定确定。前两款规定的部门统称为履行个人信息保护职责的部门。"在通知的内容上，《个人信息保护法》第 57 条规定个人信息处理者的通知内容应包括："（一）发生或者可能发生个人信息泄露、篡改、丢失的信息种类、原因和可能造成的危害；（二）个人信息处理者采取的补救措施和个人可以采取的减轻危害的措施；（三）个人信息处理者的联系方式。"

5. 个人信息处理者的权利

从《民法典》第 1038 条第 1 款后半句的规定内容来看，个人信息处理者对于其所控制的"经过加工无法识别特定个人且不能复原的"信息享有权利。经过加工无法识别特定个人的信息因丧失可识别性，因而不再属于个人信息。这种经过处理后的信息即成为个人信息处理者拥有的数据，可用于商业分析等多种用途，具有可观的价值。个人信息处理者对其享有数据财产权，可以自由支配这些信息，如有偿出售或者授权他人使用。需注意的是，不能简单地认为个人信息处理者对其拥有的数据享有绝对的支配权。

但是，信息技术飞速发展的过程中，信息保护与信息侵犯的技术亦处于博弈之中。对数据的“逆匿名化”得以重新还原出个人信息的原始状态,从而导致自然人能够被再识别。因此,《民法典》第 1038 条第 1 款后半句特意强调“不能复原”之要件。同样地,个人信息处理者对其掌握的个人信息“匿名化”的过程受经济实力和技术水平的限制,不能要求“匿名化”后数据在一切技术手段面前都“不能复原”,否则要求过高。

(四)国家机关、承担行政职能的法定机构及其工作人员的保密义务

国家机关、承担行政职能的法定机构及其工作人员在履行职务的过程中会接触到大量的公民个人信息,这些个人信息集合数量大、准确性高、覆盖范围广。若这些个人信息处置不当,由此产生的损害后果将难以想象。因此,《民法典》第 1039 条规定:“国家机关、承担行政职能的法定机构及其工作人员对于履行职责过程中知悉的自然人的隐私和个人信息,应当予以保密,不得泄露或者向他人非法提供。”除此之外,其他法律、法规针对各自的规制领域,对特定公权力机关的隐私和个人信息保密义务进行了规定,如《网络安全法》第 45 条、《电子商务法》第 25 条、《社会保险法》第 92 条、《国际刑事司法协助法》第 17 条、《国家情报法》第 19 条、《居民身份证法》第 6 条、《统计法》第 9 条、《护照法》第 12 条、《法官法》第 10 条、《检察官法》第 10 条、《监察法》第 18 条、《反恐怖主义法》第 48 条等。

“国家机关”包括立法机关、行政机关和司法机关;“承担行政职能的法定机构”是指法律法规授权具有行政职能的事业单位和社会组织,如知识产权局。国家机关或者承担行政职能的法定机构的工作人员在“履行职责的过程中”实施了侵害隐私和个人信息行为的,违反了《民法典》第 1039 条规定的保密义务;若其超越职责范围或是在非工作时间实施以上不法行为,应追究行为人个人的民事责任,国家机关或者承担行政职能的法定机构依照用人者责任的规定认定侵权责任。如在一起案件中,邓某以某商场为被告提起民事诉讼。某商场为证明自己的主张,向当地市场监管局提出调查申请。当地市场监管局向某商场提供了邓某在此的消费投诉记录。[1] 《消费者权益保护法》第 32 条第 1 款规定,工商行政管理部门应当依照法律、法规的规定,在各自的职责范围内,采取措施,保护消费者的合法权益,其中就包括《民法典》第 1039 条规定的保密义务。因此,当地市场监管局仅依某商场的申请就将邓某的消费投诉记录交给某商场的行为,违反了国家机关及其工作人员对公民个人信息的保密义务。

---

〔1〕 参见浙江省宁波市海曙区人民法院行政判决书,(2015)甬海行初字第 14 号。

值得注意的是,国家机关、承担行政职能的法定机构及其工作人员违反《民法典》第1039条后应承担何种性质的法律责任?《个人信息保护法》第68条第1款规定有“行政责任”,不甚全面:“国家机关不履行本法规定的个人信息保护义务的,由其上级机关或者履行个人信息保护职责的部门责令改正;对直接负责的主管人员和其他直接责任人员依法给予处分。”对此,应当区分不同情形考虑。国家机关、承担行政职能的法定机构及其工作人员在履职过程中侵害个人信息的,此时不是平等主体之间的民事法律关系,而是国家公权力的行使过程,应适用国家赔偿责任;国家机关、承担行政职能的法定机构及其工作人员从事民事活动的过程中侵害个人信息的,属于民事侵权行为,应承担侵权责任;国家机关、承担行政职能的法定机构及其工作人员侵害个人信息的行为不属于《国家赔偿法》规定的范畴或者其行为既不属于职权行使也不具有行使职权的外观,此时应单独适用《民法典》侵权责任编的规则分别对单位工作人员的责任进行认定;国家机关、承担行政职能的法定机构及其工作人员的不作为行为与第三人的作为行为共同侵害个人信息的,可以考虑国家赔偿责任与民事责任的聚合。[1]

三、侵害个人信息的民事责任

《民法典》并未专门规定侵害个人信息的民事责任,但《个人信息保护法》专章规定有“法律责任”,其中包括第69条的民事责任:“处理个人信息侵害个人信息权益造成损害,个人信息处理者不能证明自己没有过错的,应当承担损害赔偿等侵权责任。前款规定的损害赔偿责任按照个人因此受到的损失或者个人信息处理者因此获得的利益确定;个人因此受到的损失和个人信息处理者因此获得的利益难以确定的,根据实际情况确定赔偿数额。”

此外,若个人信息主体与个人信息处理者之间就个人信息处理存在约定,个人信息处理者违反当事人之间的约定处理个人信息的行为构成违约行为,个人信息主体可以请求个人信息处理者承担相应的违约责任。

(一)侵害个人信息的归责原则

《民法典》《个人信息保护法》并无侵害个人信息的归责原则的直接规定。理论上存在无过错责任、推定过错责任和过错责任等不同观点。从《民法典》的规定上看,个人信息是自然人享有的民事权益,应适用《民法典》第1165条“过错责任”的归责原则,因为按照《民法典》第1165条第2款和第1166条的规定,

[1] 参见最高人民法院民法典贯彻实施工作领导小组主编:《中华人民共和国民法典人格权编理解与适用》,人民法院出版社2020年版,第403-404页。

过错推定责任以及无过错责任的适用需以法律规定为前提。

个人信息主体依据《民法典》第1165条第1款主张过错责任的,应当承担举证责任,证明行为人主观上具有过错。然而在司法实践中,个人信息主体在面对个人信息侵权行为时往往居于弱势地位,尤其是自动化数据处理机制以及算法"黑箱"导致的信息不对称,让缺乏专业知识的个人信息主体难以完成过错的证明,进而不能得到法院的支持。[1] 因此,有的观点建议采用过错推定责任或者无过错责任。[2] 从《个人信息保护法》第69条第1款之"个人信息处理者不能证明自己没有过错的,应当承担损害赔偿等侵权责任"表述来看,《个人信息保护法》采过错推定责任的可能性较大。

(二)个人信息侵权责任

1. 侵权行为类型

《民法典》第111条规定个人信息受法律保护,任何组织或者个人不得非法收集、使用、加工、传输他人个人信息,不得非法买卖、提供或者公开他人个人信息,否则即为侵权行为。此外,《民法典》第1038条规定了个人信息处理者的安全保障义务,故个人信息处理者未尽到安全保障义务以及未及时采取补救措施、履行报告义务的消极行为亦属于侵害个人信息的侵权行为。

积极的侵权行为主要包括非法收集、利用个人信息等,违反了《民法典》第1035条的规定,如个人信息处理者擅自收集个人信息,或是超越目的、方式、范围利用个人信息。在一起案件中,某物业管理软件的特约代理商为拓展业务,与当地多家物业公司合作,将各物业公司掌握的业主信息录入某物业管理软件。[3] 有关业主并不知晓特约代理商收集起其个人信息的行为,更未作出同意的意思表示,因而特约代理商的行为属于非法收集个人信息的侵权行为;各物业公司虽然基于履行管理职责的需要合法掌握业主的个人信息,但是其擅自泄露或者说出售给他人的行为同样侵害了业主的个人信息。除此之外,非法加工、篡改、公开个人信息的行为亦属此类。

消极的侵权行为主要包括毁损、丢失个人信息,或者未尽到安全保障义务以及未及时采取补救措施、履行报告义务,违反了《民法典》第1038条的规定。例

[1] 因个人信息主体未举证证明个人信息处理者具有过错导致败诉的案例可参见北京市高级人民法院民事裁定书,(2020)京民申3967号;天津市第二中级人民法院民事判决书,(2020)津02民终4520号;江苏省高级人民法院民事裁定书,(2015)苏审二民申字第01014号。

[2] 参见陈吉栋:《个人信息的侵权救济》,载《交大法学》2019年第4期。

[3] 参见广东省深圳市南山区人民法院民事判决书,(2016)粤0305民初1754号。

如，在一起案件中，陈某谎称是刘某的妻子，要求公寓管理处打开刘某的房间让其进入，并谎称丢失物品，申请调取刘某在公寓公共区域的监控录像。[1] 公寓管理处应当妥善保管刘某的入住信息，但其对陈某未尽到合理的核实义务，致使刘某的隐私与个人信息遭受侵害。又如，在一起案件中，林某购买某航空公司机票后遭遇谎称航班取消的诈骗电话，受到经济损失。林某随后致电某航空公司，告诉对方自己因购票信息泄露遭遇诈骗，而对方仅告知林某此事与其无关，系犯罪分子所为，应当向公安机关报案。[2] 该航空公司除负有确保消费者信息安全义务外，还负有经营者在个人信息被泄露后采取补救措施的义务，然而该航空公司在林某致电告知其个人信息被泄露后，未立即采取有效措施就泄露事件对售票环节进行调查和补救，亦未积极协助林某向公安机关报案并积极向公安机关提供有关泄露渠道的线索，显然是未尽其作为个人信息处理者应尽到的补救措施的义务。

2. 损害后果与损害赔偿

个人信息是自然人的人格利益，兼具精神利益和财产利益。个人信息遭到侵害，首先，体现为自然人精神利益的损害，尤其是敏感信息遭到侵害之时。此时，个人信息主体可以依据《民法典》第 996 条或者第 1183 条的规定主张精神损害赔偿，但其应当证明自己受到“严重精神损害”。

其次，个人信息遭到侵害还体现为自然人财产利益的损失，包括直接财产损害和间接财产损害。直接财产损害是指个人信息主体因个人信息遭到侵害所直接受到的财产损失，如因个人信息泄露遭遇电信诈骗损失的财产。在一起案件中，申某通过第三方支付平台在出行网站上订购机票一张，但其后遭遇“航班取消诈骗”，犯罪嫌疑人能够准确说出申某的身份信息及订单信息，申某被骗取 11 万余元。[3] 申某的身份信息与订单信息被泄露，致使其遭遇诈骗，其损失的 11 万余元即直接财产损害。在另一起案件中，赵某委托某中介公司将自己的房屋出租，该中介公司员工宋某利用赵某的个人信息伪造了其与赵某的房屋租赁合同，以便为宋某办理居住证。后赵某的亲戚以赵某的房屋地址办理居住证，派出所以该地址已办理宋某的居住证为由拒绝。赵某在诉讼中主张经济损失 10 万元，获法院全额支持。[4] 以上两例中，赵某因其个人信息被滥用而遭受的财产

[1] 参见广东省广州市花都区人民法院民事判决书，(2019)粤 0114 民初 12286 号。

[2] 参见四川省成都市中级人民法院民事判决书，(2015)成民终字第 1634 号。

[3] 参见北京市朝阳区人民法院民事判决书，(2018)京 0105 民初 36658 号。

[4] 参见北京市朝阳区人民法院民事判决书，(2018)京 0105 民初 9840 号。

损失并不如申某明显，虽然法院最终支持了赵某主张的10万元经济损失，但赵某提出这一数字亦是自己估算的结果。对此可以适用《民法典》第1182条的规定，按照“被侵权人因此受到的损失或者侵权人因此获得的利益”、被侵权人和侵权人就赔偿数额协商的结果、“根据实际情况确定赔偿数额”的顺序确定赔偿数额。此外，最高人民法院《关于审理利用信息网络侵害人身权益民事纠纷案件适用法律若干问题的规定》第12条第2款规定：“被侵权人因人身权益受侵害造成的财产损失以及侵权人因此获得的利益难以确定的，人民法院可以根据具体案情在50万元以下的范围内确定赔偿数额。”

间接财产损害是指个人信息主体因个人信息遭受侵害而作出相应补救措施所支付的费用，如挂失银行账户的费用。最高人民法院《关于审理利用信息网络侵害人身权益民事纠纷案件适用法律若干问题的规定》第12条第1款规定：“被侵权人为制止侵权行为所支付的合理开支，可以认定为民法典第一千一百八十二条规定的财产损失。合理开支包括被侵权人或者委托代理人对侵权行为进行调查、取证的合理费用。人民法院根据当事人的请求和具体案情，可以将符合国家有关部门规定的律师费用计算在赔偿范围内。”

需要注意的是，自然人的信用信息亦属个人信息的范畴，因此《民法典》第1030条规定：“民事主体与征信机构等信用信息处理者之间的关系，适用本编有关个人信息保护的规定和其他法律、行政法规的有关规定。”如在一起案件中，某银行在办理贷款业务时，冒用孙某的名义为该笔贷款提供担保，后因贷款逾期导致孙某的个人征信出现不良记录。[1] 该银行侵害了孙某的个人信息，将孙某纳入征信不良记录，给孙某造成一定的精神痛苦和物质损失，应予赔偿。

3. 免责事由与减责事由

关于个人信息侵权责任的免责事由与减责事由，除了一般性的免责事由与减责事由外，《民法典》第1036条还规定侵害个人信息的特殊免责事由：“处理个人信息，有下列情形之一的，行为人不承担民事责任：（一）在该自然人或者其监护人同意的范围内合理实施的行为；（二）合理处理该自然人自行公开的或者其他已经合法公开的信息，但是该自然人明确拒绝或者处理该信息侵害其重大利益的除外；（三）为维护公共利益或者该自然人合法权益，合理实施的其他行为。”

首先，个人信息处理者可以《民法典》第180条“不可抗力”、第1173条“过

---

〔1〕 参见河南省平顶山市中级人民法院民事判决书，（2018）豫04民终727号。

失相抵”以及第1174条“受害人故意”等主张免除侵权责任。如在一起案件中，王某在某银行办有一张银行卡，但银行留存的手机号码是他人的。数日后，王某申请将留存的手机号码变更为自己的。之后，王某的银行卡通过第三方支付平台与其他商家进行交易，支付了十余笔金额，但王某并未在该第三方支付平台注册过账号。他人骗取王某的个人信息后利用第三方支付盗取了资金，在银行与第三方支付平台之间存在协议的情况下，银行有义务对与其有关联的第三方支付存在的安全隐患进行风险提示。王某作为完全民事行为能力人，对其个人信息的保管未尽到应尽的注意义务，法院最终按60%的比例判决由其自行承担损失。[1]

其次，个人信息处理者在自然人或者其监护人同意的范围内合理实施的行为，属于合法的个人信息处理行为，无须承担民事责任。如在一起案件中，甲公司涉案数据产品是在收集、使用其客户个人信息的基础上分析、计算、整理而来的。乙公司招揽、组织、帮助他人低价获取甲公司涉案数据产品中的数据内容并从中牟利。甲公司以乙公司的行为构成不正当竞争为由诉至法院。乙公司以甲公司收集、使用其客户个人信息的行为不合法为由提出反驳。经查，甲公司已通过网站、用户协议等载体，以法律声明、隐私权政策等方式向用户公开了涉及个人信息、非个人信息数据内容的收集、使用目的、范围和使用方式。法院指出，甲公司在处理个人信息前履行法定的告知义务，通过服务协议、法律声明及隐私权政策的形式取得了用户明示或默示的授权许可，且其原始数据均来自用户的主动提供或平台自动获取的活动痕迹等非个人信息，不存在非法渠道获取信息的行为。[2] 因此，甲公司收集、使用网络用户信息的行为符合法律规定，具有合法性、正当性和必要性。需要注意的是，个人信息处理者超出同意范围处理个人信息的，如改变处理的方式、储存的环境等，仍需承担民事责任。

再次，个人信息处理者合理处理自然人自行公开的或者其他已经合法公开的信息的行为，无须承担民事责任，但是自然人明确拒绝或者处理该信息侵害其重大利益的除外。“自然人自行公开”的个人信息，表明这些个人信息进入了公共领域，可以为不特定人所获取，他人对此处理的自然无须承担民事责任。需要强调的是，自然人的公开必须是自愿的。“其他已经合法公开的信息”主要是指特定的组织或者公权力机关为公共利益的需要公开他人个人信息的情况，如政

---

[1] 参见河南省洛阳市中级人民法院民事判决书，(2015)洛民金终字第172号。类似案件可参见北京互联网法院民事判决书，(2018)京0491民初1905号。

[2] 参见浙江省杭州市中级人民法院民事判决书，(2018)浙01民终7312号。

府公务网站的公告信息中包含的个人信息、上市公司依法对外披露的信息中所包含的部分股东的个人信息等。在一起案件中,某网站利用中国裁判文书网及其他合法公开的渠道获取各类裁判文书,向客户提供法律检索服务。某人发现载有自己个人信息的裁判文书被某网站收录,并可以为公众检索,认为该网站侵害了其个人信息。[1] 基于公开的渠道收集裁判文书后,在合法经营范围内向客户提供、公开相关的裁判文书,属于对已合法公开的个人信息的合理使用,不构成侵权。但是,根据《民法典》第1036条第2项的但书规定,自然人对自行公开的个人信息仍享有控制的权利;如果对其他已经合法公开的个人信息的处理将侵害自然人人格尊严和人格自由等重大利益的,个人信息处理者仍需要承担侵权责任。如网购平台收集合法公开的消费者个人信息实施"算法歧视",就相同商品针对不同人标注不同的购物价格,给予不同服务态度等。在此种案件类型中,有的法院指出"对于裁判文书的公开和再利用,必须要在保护个人信息等人格权益的前提下,有效协调合理利用个人信息、促进司法公开、促进数据流通和使用等多重目的,作出具有一定开放性、合乎人格利益保护趋势和数字经济产业发展趋势的判断"[2],应当在个案中对裁判文书公开及再度利用的公共利益与个人信息利益之间进行衡量。最高人民法院《关于审理利用信息网络侵害人身权益民事纠纷案件适用法律若干问题的规定》第9条规定:"网络用户或者网络服务提供者,根据国家机关依职权制作的文书和公开实施的职权行为等信息来源所发布的信息,有下列情形之一,侵害他人人身权益,被侵权人请求侵权人承担侵权责任的,人民法院应予支持:(一)网络用户或者网络服务提供者发布的信息与前述信息来源内容不符;(二)网络用户或者网络服务提供者以添加侮辱性内容、诽谤性信息、不当标题或者通过增删信息、调整结构、改变顺序等方式致人误解;(三)前述信息来源已被公开更正,但网络用户拒绝更正或者网络服务提供者不予更正;(四)前述信息来源已被公开更正,网络用户或者网络服务提供者仍然发布更正之前的信息。"

最后,个人信息处理者为维护公共利益或者该自然人合法权益合理实施的个人信息处理行为,无须承担民事责任。在大数据时代,个人信息涉及公共管理、社会治理等多方面的公共利益,为公共利益的需要适当限制自然人的个人信息具有正当性。如在新冠疫情期间,政府可以追踪确诊患者两周内的行动轨迹,以便及时寻找密切接触人群并做好检测工作,从而控制疫情。如在一起案件中,

---

[1] 参见江苏省苏州市中级人民法院民事判决书,(2020)苏05民终6904号。

[2] 参见北京市第四中级人民法院民事判决书,(2021)京04民终71号。

杨某申请廉租房,因其家庭人均居住面积不符合条件,未获批准。后杨某申请公开经适房、廉租房的分配信息及所有享受该住房住户的审查资料信息。房管局向杨某出具了书面答复,答复了有关房屋的建设、分配情况,并告知部分保障性住房人信息已经在政务信息网、房管局网站进行了公示。杨某提起诉讼,要求一并公开所有享受保障性住房人员的审查材料信息。〔1〕 申请人申请保障性住房,应视为已经同意公开其个人信息,这些审查资料信息是其能否享受保障性住房的基本条件。杨某申请公开这些信息,涉及公众利益的知情权和监督权与保障性住房申请人个人信息的冲突,此时应首先考量保障性住房的公共属性,使获得这一公共资源的公民让渡部分个人信息,既符合比例原则,又利于社会的监督和住房保障制度的良性发展。为了自然人的合法权益处理其个人信息的,具有目的上的正当性,如在自然人生命垂危时调取其既往的病史,了解其是否有基础病及过敏原,以便抢救的展开。如在一起案件中,某公司因经营不善需辞退部分员工,因无法确定部分员工是否知悉,故以公告形式在报纸上发布解除劳动合同决定,上载部分员工的姓名、身份证号码等,以便及时办理离职手续及领取经济补偿金。〔2〕 该公司公告解除劳动合同的决定,以便部分员工能够及时领取经济补偿金,是其积极履行用工单位义务的正当行为,同时保障部分员工的合法经济利益。需要强调的是,个人信息处理者的行为需具备"合理性",即在目的正当性的基础上还需要"合理实施"个人信息处理的行为,不违反个人信息处理者"合法、正当、必要"原则,如对确诊新冠肺炎疫情患者行踪信息的追踪期间不能超出病毒潜伏期的上限。

四、《个人信息保护法》与《民法典》的关系

(一)《个人信息保护法》应优先适用

在今后的个人信息保护司法实践中,《个人信息保护法》与《民法典》将共同发挥作用。《个人信息保护法》作为全面而系统规定个人信息保护的法律,其与作为民事基本法的《民法典》关系如何,对此理解将直接影响法律适用。部门法分立格局塑造了部门法划分的理论范式,当遇到公私法规范杂糅的立法时,学者习惯性地套用部门法的理论范式,将不同性质的法律规范作切割处理,分别归入各部门法范畴,彼此间并无"结构论"上的必然联系,由此产生的割裂可能无益规制目标的实现。〔3〕 本书认为,无论是何者视为个人信息保护的一般法,而将

〔1〕 参见山东省泰安市中级人民法院行政判决书,(2013)泰行终字第 42 号。
〔2〕 参见江苏省淮安市中级人民法院民事判决书,(2019)苏 08 民终 3198 号。
〔3〕 参见宋亚辉:《风险立法的公私法融合与体系化构造》,载《法商研究》2021 年第 3 期。

对方视为特别法,在司法实践中均表现为规范的适用顺序问题,有关讨论应避免陷入纯粹的关系之争,采取实用主义思路将目光聚焦于具体规范的适用问题。

《立法法》规定,同一机关制定的法律,特别规定与一般规定不一致的,适用特别规定;新的规定与旧的规定不一致的,适用新的规定。《民法典》早于《个人信息保护法》表决通过与施行。就两部法律重合的内容上看,应当优先适用《个人信息保护法》的规定。从内容上看,《民法典》构建了个人信息民事法律保护的基本框架,对个人信息的判断、个人信息处理的合法性、个人信息处理过程中的权利行使与义务履行以及信息处理者的法律责任作出原则性规定,个人信息民事纠纷的处理应遵循此思路寻求解决方案;《个人信息保护法》大致继承之,并补充大量技术性规范,为个人信息保护实践提供明确指引。可以认为,《民法典》为《个人信息保护法》提供了发展路径,并借助后者的具体规定发挥实效。[1]

在个人信息的民事保护方面,《个人信息保护法》规范具有优先适用性,如前所述;在个人信息的公法保护方面,《个人信息保护法》在此整合出一般性规定,或具体指导行为与裁判(如《个人信息保护法》第66条),或转介至其他规范(如《个人信息保护法》第71条)。概观而言,《个人信息保护法》应优先适用。

1. 调整范围

调整范围的重合是讨论两法规范适用的前提。《民法典》第2条规定民法的调整范围是平等主体之间的人身与财产关系;《个人信息保护法》第72条则将自然人因个人或者家庭事务处理个人信息以及统计、档案管理活动排除该法适用。《个人信息保护法》专门将以上情形排除适用需结合行为性质与该法内容加以理解。就"因个人或者家庭事务处理个人信息"而言,比较法上的欧盟GDPR在其"导言"第18条指出,该条例不适用于自然人在不涉及任何职业或商业的纯粹个人或家庭活动中对个人数据的处理。欧盟GDPR的表述揭示了如此规定的考量。"因个人或者家庭事务处理个人信息"不涉及任何职业或商业活动,是日常生活中平等主体之间交往互动的行为。但在个人信息保护立法中,诸如告知义务、信息安全保障义务等大量法定义务规范的设置,旨在纠正事实上存在不平等的个人与信息处理者之间的关系。日常生活中平等主体之间的交往互动不存在信息处理者利用经济、技术的优势侵害自然人个人信息权益的风险,因此无须将其纳入《个人信息保护法》的调整范围。而统计、档案管理活动在处理

---

〔1〕 参见郑维炜:《个人信息权的权利属性、法理基础与保护路径》,载《法制与社会发展》2020年第6期。

目的和手段上具有特殊性，如统计数据、档案管理是国家事务的开展的基础工作，需严格依照《统计法》《档案法》及相应条例进行处理。

虽然在逻辑上具有经济、技术优势的信息处理者与个人都属于民事主体（国家机关作为信息处理者的除外），可以适用《民法典》关于个人信息保护的规定，但《民法典》原则性的规定无法满足个人信息保护的需要。《个人信息保护法》则在《民法典》个人信息保护规范的基础上进一步细化与补充，以具有经济、技术优势的信息处理者为规制对象，设置各种法定义务与监管。因此，在涉及信息利用能力不平等的民事主体之间的信息处理行为时，《个人信息保护法》中的私法规范是《民法典》个人信息保护规范的细化与补充，应当优先适用。

2. 概念

在个人信息的权利主体方面，《民法典》第 1034 条规定个人信息的权利主体是“自然人”，《个人信息保护法》则规定为“个人”。《个人信息保护法》第 4 条规定，个人信息是符合特定条件的自然人的各种信息，因此二者之间并无实质性差别。

在个人信息处理者的定义方面，《民法典》仅以“信息处理者”表述而未具体界定，《个人信息保护法》第 73 条第 1 项将其补充界定为“在个人信息处理活动中自主决定处理目的、处理方式的组织、个人”。结合前文的分析，《民法典》中的“信息处理者”指的是形式上与信息主体个人一样，从事个人信息处理的民事主体，而在《个人信息保护法》中则指的是在经济、技术等方面具有优势的信息处理者，包括公司、国家机关。

在个人信息的定义方面，《民法典》第 1034 条与《个人信息保护法》第 4 条相比，后者采纳了“关联说”的观点导致其规定的个人信息范围要大于前者。通过“关联说”判断的个人信息不但强调了个人与信息的双向对照，而且依托个人信息的具体判断场景，将更广泛的价值因素纳入考量，进行多方面的风险评估，从而在此基础上作出价值判断与抉择。[1] 考虑到《个人信息保护法》系个人信息保护的综合性法律，对个人信息的保护措施不限于私法工具，而是包括旨在平衡主体之间的强弱地位的管制措施，因此对个人信息定义的扩大具有合理性。从基本权利的角度来看，《个人信息保护法》对个人信息范围的扩大也未突破个人信息受保护权的内在限制，更加符合宪法上个人信息受保护权的内涵。如此，相较于《民法典》而言的个人信息定义扩大部分仅在特定场景下发挥作用，两部

〔1〕 参见高秦伟：《个人信息概念之反思和重塑——立法与实践的理论起点》，载《人大法律评论》2019 年第 1 期。

法律在个人信息定义上的规定并不存在实质差异。如在侵犯公民个人信息罪中,刑法对个人信息的认定相较于民法而言,强调某些信息需凸显与个人行动自由的关联性而弱化可识别性。[1]

在个人信息处理行为的定义上,《个人信息保护法》第4条第2款在《民法典》第1035条第2款的基础上增加"删除"的具体行为方式,显然更为全面。

3. 个人信息处理

在个人信息处理的原则上,前已述及,《个人信息保护法》细化了《民法典》之"合法、正当、必要"原则的内涵并增加诚信原则与公开透明原则,对个人信息处理提出了更高的要求,更有利于个人信息的周延保护。故应优先以《个人信息保护法》的"五原则"作为个人信息处理的指导原则。在个人信息处理的具体规则上,《个人信息保护法》更为细致,应优先适用,但在若干具体问题(如撤回同意等)上应与《民法典》的规定协同适用。

需注意的是,国家机关在《个人信息保护法》中兼具履行个人信息保护职责的部门以及信息处理者的角色。在前一角色中,《个人信息保护法》为其专门规定了职责内容,如个人信息跨境提供的审查监督评估等;在后一角色中,国家机关不但要履行一般信息处理者的义务,还要符合《个人信息保护法》第二章第三节的特殊规定。

4. 法律责任

在民事责任方面,虽然《个人信息保护法》第20条第2款、第69条在责任形态、归责原则与损害赔偿数额方面作出了特别规定,但该条无法单独适用,而需与《民法典》侵权责任的规定协同适用。

在行政责任和刑事责任方面,《个人信息保护法》或直接规定了具体的责任形式(如第66条),或指引适用其他法律(如第71条)。

(二)《个人信息保护法》与《民法典》协同理解与适用

虽然《个人信息保护法》具有一般性的优先适用地位,但鉴于其在个人信息保护问题上的功能主义色彩的单行立法形式,以及考虑到避免法体系内部规范重复的要求,《个人信息保护法》在若干问题上省略了《民法典》中具有普适性规制工具的规定,因而《个人信息保护法》在这些问题上必须与《民法典》协同理解与适用。

---

[1] 参见周光权:《侵犯公民个人信息罪的行为对象》,载《清华法学》2021年第3期;案例可参见浙江省永康市人民法院刑事判决书,(2019)浙0784刑初字第461号。

1. 个人同意的撤回

如在一起案件中,刘某曾用其手机号与身份证号寄快递。后刘某同事用刘某手机号寄快递时,快递系统自动将刘某的身份证号关联。刘某得知此事后致电快递公司,要求取消二者关联储存,但未得理会。[1]

个人在作出同意处理信息的授权意思表示时往往难以预料到可能的影响与后果,此时赋予个人以撤回其先前同意的权利实有必要,也是个人对其个人信息在信息处理全过程保持自决效力的内在要求。刘某致电快递公司要求取消关联储存,即撤回此前同意的行为。《个人信息保护法》第 15 条新增个人同意撤回的规定,基于个人同意处理个人信息的,个人有权撤回其同意,且信息处理者应当提供便捷的撤回同意的方式;个人撤回同意,不影响撤回前基于个人同意已进行的个人信息处理活动的效力。个人撤回同意的意思表示作出、形式等要求,应适用《民法典》的有关规定。"撤回"之概念用于意思表示领域,指撤回意思表示至晚与被撤回的意思表示同时到达受领人处,即可阻止被撤回的意思表示生效。[2] 考虑到现代个人信息处理多于电子化场景开展,个人同意处理的意思表示瞬时可达信息处理者处,若依《民法典》第 141 条的规定,个人同意的撤回几无可能,《个人信息保护法》第 15 条即被架空。个人撤回同意,表明的是个人停止了对信息处理者处理其个人信息的授权。或许是个人信息处理合规实践中长期使用"撤回"的表述,导致《个人信息保护法》第 15 条采取了与《民法典》第 141 条相异的"撤回"含义,实则指的是"撤销",对此应特别注意。[3]

《民法典》共有两处"撤销"规范群:一处是一般意义上的民事法律行为撤销权,主要规定在总则编与合同编;另一处是规定于人格权编的特殊撤销权。《个人信息保护法》第 15 条规定的撤回权,应当结合《民法典》人格权编的撤销权规则加以理解。这是因为,一般的民事法律行为撤销权在性质上属于形成诉权,需以诉讼或申请仲裁的方式行使,同时受到除斥期间的限制;在行使效果上,被撤销的法律行为自始没有法律约束力。而人格权编的撤销权则不然,基于人格权的绝对性与优先性,人格权体系下的撤销权在行使上更为便捷,可以直接向对方

---

〔1〕 参见北京市顺义区人民法院民事判决书,(2020)京 0113 民初 16062 号。

〔2〕 参见[德]迪特尔·梅迪库斯:《德国民法总论》,邵建东译,法律出版社 2013 年版,第 224 – 225 页。

〔3〕 如《QQ 音乐隐私保护指引》"您的权利"部分第 6 条:"如您希望撤回对于 QQ 音乐授予的各项权限的授权,您可通过您设备的权限设置路径撤回相关同意。"美图秀秀 App《个人信息保护政策》第 5 部分第 2 条第 2 款:"您撤回授权的决定不会影响此前基于您的授权而开展的个人信息处理。"

行使,且不应受到除斥期间的限制(《民法典》第1006条与《人体器官移植条例》第8条);与《民法典》第1016条第2款的规定相似,人格权体系下的撤销权没有溯及既往的效力,同《个人信息保护法》第15条第2款相契合。[1]《个人信息保护法》第15条第2款特别指出,个人撤回同意,不影响已进行的个人信息处理活动之效力,即撤回同意的意思表示仅向未来生效,信息处理者应立即停止处理活动。

2. 敏感个人信息处理

《民法典》内部区分个人信息与私密信息,其中私密信息作为隐私的组成部分,适用隐私权的保护规则。《个人信息保护法》则特别规定了敏感个人信息处理规则,要求信息处理者取得个人的单独同意,甚至是书面同意。之所以如此,是因为敏感个人信息对于个人人格尊严的维护具有重要意义,法律在此设定更高要求的法定义务。在《民法典》和《个人信息保护法》对个人信息采取不同分类的背景下,如何理解私密信息和敏感个人信息之间的关系以及各自的规范适用成为重点。《个人信息保护法》特别规定敏感个人信息处理规则是为了提升信息处理者的法定义务,避免个人人格尊严遭受侵害;《民法典》区分个人信息与私密信息,更多的是基于体系上的考虑,明确各自的民事权益类型与保护方法。因此二者之间并无抵牾。具言之,敏感个人信息的规定针对的是信息处理者更高标准的处理要求,如特定的目的、充分的必要性、取得单独的同意以及严格的保护措施等,侧重于规范处理行为本身;私密信息的规定则不涉及信息处理者的行为规范问题,而是强调私密信息同时受到隐私权的保护,在民事救济上适用隐私权的责任认定标准。此外,《民法典》关于私密信息保护的规定适用于《个人信息保护法》第72条第1款所排除的"自然人因个人或者家庭事务处理个人信息"情形。

在司法实践中,首先,应当判断所涉个人信息是否属于敏感个人信息,进而适用《个人信息保护法》中敏感个人信息处理的规则考察信息处理者的处理行为是否合乎规范;其次,若信息处理者违反规定处理敏感个人信息,该行为即表征个人信息侵权责任中的违法性要件;最后,在个人信息权益遭受侵害时,应当判断个人信息是否属于私密信息,从而考虑适用《个人信息保护法》中个人信息保护规则或者《民法典》中隐私权保护规则。应该指出的是,私密信息与敏感个人信息存在大范围的重合,如个人金融信息、性取向等,但无论具体案件中涉及

---

〔1〕 参见万方:《个人信息处理中的"同意"与"同意撤回"》,载《中国法学》2021年第2期。

的是二者的重合部分，还是单独涉及其中的一种类型，都应当在个人信息处理阶段与个人信息侵权责任阶段根据其性质分别适用相应规范。如在一起案件中，王某与公司发生经济纠纷，银行配合公司调取了王某的账户交易明细。[1] 本案中的账户交易明细是王某的金融信息，属于敏感个人信息范畴，同时也是王某的私密信息。银行仅为配合"大客户"而调取他人敏感个人信息，明显不具有充足的必要性，属于违规处理敏感个人信息的行为；银行此举使王某的私密信息泄露，侵害了王某的隐私权。在法律责任方面，银行应当承担相应的行政责任与民事责任，前者适用《个人信息保护法》第 66 条以下的规定，后者则依据《民法典》人格权编与侵权责任编具体认定。

较为特殊者，《个人信息保护法》第 28 条将不满 14 周岁未成年人的个人信息纳入敏感个人信息，由此延伸出未成年人个人信息保护的问题。《民法典》以 8 周岁为分界线区分无民事行为能力人与限制民事行为能力人，并设置二者实施的民事法律行为之效力规则。《民法典》第 20 条规定，不满 8 周岁的未成年人由其法定代理人代理实施民事法律行为；第 19 条规定，8 周岁以上的未成年人实施民事法律行为由其法定代理人代理或者经其法定代理人同意、追认，但纯获利益的民事法律行为或者与其年龄、智力相适应的民事法律行为除外。然而，依据《个人信息保护法》第 31 条的规定，信息处理者处理不满 14 周岁未成年人个人信息的，应当取得未成年人的父母或者其他监护人的同意。体系解释上，结合该法第 28 条可知，立法者认为 8 周岁以上但不满 14 周岁的未成年人对其个人信息处理的同意不属于与其年龄、智力相适应的民事法律行为。而信息处理者处理 14 周岁以上未成年人个人信息时，是否需要取得未成年人法定代理人的同意，应当视所处理的未成年人个人信息的内容而定。具言之，若欲处理的个人信息亦符合《个人信息保护法》第 28 条敏感个人信息的界定，则应当适用该法第 29 条以下的规定，取得个人的单独同意甚至书面同意，且基于敏感个人信息与个人人格尊严的紧密联系，一旦遭受侵害将对个人人格利益产生严重损害后果，应认为同意处理不属于与其年龄、智力相适应的民事法律行为，需要取得未成年人法定代理人的单独同意甚至书面同意；若欲处理的个人信息只是一般的个人信息，则应当适用《民法典》的规定，判断同意处理是否属于与未成年人年龄、智力相适应的民事法律行为，同时符合《个人信息保护法》关于个人信息处理的一般规则。当然，未成年人法定代理人应当符合《民法典》第 35 条的规定，按照最

---

〔1〕 参见《演员池子账户"流水"外泄　中信银行紧急致歉》，载人民网，http://money.people.com.cn/BIG5/n1/2020/0511/c42877 - 31704069.html。

有利于被监护人的原则履行监护职责。

3. 预防保护与侵权责任

个人信息在《民法典》中被视为人格利益之一种,得适用人格权请求及人格权禁令保护的规定实现预防保护。有观点认为,在区分权利与利益的语境下,考虑到个人信息的公共性,适用构成要件宽松的预防保护措施有司法权前移、司法行政化之嫌,为信息处理者施加过大压力;同时《民法典》第 995 条、第 997 条仅规定"人格权"为适用对象,不应扩张至人格利益。[1] 本书认为,就人格权请求权而言,其为个人信息提供更为积极的保护,避免产生实质化的损害后果,对于个人信息的预防性保护而言必不可少;就人格权禁令而言,人民法院在收到人格权禁令申请后需要进行形式审查与实质审查,后者包括利益衡量要求在内的实质判断,法官应当立足个案具体情况,运用比例原则进行斟酌,确保人格权禁令的妥适性。[2] 2021 年发布的最高人民法院《关于审理使用人脸识别技术处理个人信息相关民事案件适用法律若干问题的规定》第 9 条亦规定,自然人可在符合人格权禁令要求的情况下,就信息处理者使用人脸识别技术的行为向法院申请人格权禁令。

《个人信息保护法》第 69 条规定了个人信息侵权责任的过错推定原则以及损害赔偿数额的计算方法,但在具体处理侵害个人信息民事纠纷时,该条无法作为独立的请求权基础规范,而应当结合《民法典》的规定予以适用。依据《民法典》第 1165 条第 2 款的规定,过错推定责任应由法律规定,指向《个人信息保护法》第 69 条第 1 款。在此基础上,受害人举证证明侵权行为、损害后果以及因果关系,行为人举证证明自己不存在过错、存在减免责事由。诸项证明内容是否成立,应当结合《民法典》与《个人信息保护法》的规定加以判断。例如,损害后果,若受害人主张精神损害赔偿,则其所证明的损害后果应达到《民法典》第 1183 条之"严重精神损害"的程度;又如,减免责事由的证明,《民法典》中一般减免责事由(如《民法典》第 180 条之不可抗力)与《个人信息保护法》中特别减免责事由(如《个人信息保护法》第 13 条的 7 种情形)均可适用。此外,《个人信息保护法》第 20 条第 2 款规定,信息处理者共同处理个人信息,侵害个人信息权益造成损害的,应当依法承担连带责任。本条是对责任形态的注意规定,与《民法典》第 1168 条相一致。在侵权责任是否成立的判断上,应当遵循前段的规定,即《个

---

〔1〕 参见周汉华:《平行还是交叉 个人信息保护与隐私权的关系》,载《中外法学》2021 年第 5 期。

〔2〕 参见吴英姿:《人格权禁令程序研究》,载《法律科学(西北政法大学学报)》2021 年第 3 期。

人信息保护法》第69条过错推定原则。

在责任形式上，《个人信息保护法》第69条仅明确规定损害赔偿的责任形式。因为个人信息具有人格属性，因此《民法典》中的停止侵害、排除妨碍、消除危险、赔礼道歉等责任形式亦得适用。[1]

第七节　结　　语

隐私意识根植于人类意志本源，伴随人类文明的诞生发展而来。长久以来，隐私一直都是人之所以为人而必须保有的基本权利。法律上的隐私权自正式提出至今也经历了百余年的发展，我国由于长期受到封建家长制和儒家思想的影响，奉行所谓"君子坦荡荡"，在文化上长期体现出对个人隐私的压制。新中国成立后，隐私权并未单独获得法律的承认，一直是被放在名誉权项下进行保护的。直至2010年我国《侵权责任法》施行，隐私权才正式成为受法律肯定的独立人格权。《民法典》的出台，使隐私权的概念、范围、构成要件、救济方式等问题由原本的模糊不明，变得相对清晰。本章主要通过实证分析和比较分析的方式来研究隐私权。首先梳理隐私权在我国法上的发展脉络，创造性地将我国隐私权的法律保护分为名誉权保护时期、隐私利益保护时期和隐私权保护时期，希望开篇就能够立足于我国之法律语境研究我国隐私权之发展现状和所存在的问题。其次追本溯源，研究隐私权这一法律概念的源起，并就各国法上保护隐私权的主要内容简要进行叙述。在我国法和比较法研究之后，开始对隐私权之基本理论问题展开论述，通过对隐私及隐私权的概念、内涵、范围，以及隐私权的主体、权能和权利边界等问题的论述，希望解决什么是隐私及隐私权，法律保护何种隐私的问题。在明确了隐私权的概念内涵之后，就开始对隐私权之法律保护问题进行研究，立足于民事领域，论述隐私权侵权责任的构成及其承担。最后再结合我国现有之隐私权侵权实务案例，将隐私权侵权行为分为对私领域的侵入、对私事的公开以及对信息自主的侵害三类，并对这三类侵权行为中在我国实务上尚存争议的具体案件进行分析。

个人信息是能直接或间接识别特定自然人的信息，是现代社会自然人的人格标识之一。对个人信息的保护就是保护自然人的人格标识，也就是在保护自

---

〔1〕 参见安徽省黄山市中级人民法院民事判决书，(2019)皖10民终409号；山西省运城市中级人民法院民事判决书，(2017)晋08民终2863号。

然人之人格。我国个人信息的法律保护发展历程显现出“先刑(行)后民”的特征,其中既有公法规范在监管和处罚机制上具备效率优势的原因,也有民事法律立法计划的时间因素。但我国的个人信息保护法不能够回避权利话语。[1] 直至《民法典》的出台,个人信息得以完成其设权性界定,个人信息基本法律关系的主要内容,即个人的权利与个人信息处理者的义务被大致勾画,为公法的监管补充上了合法性基础与行为边界,也为之后个人信息保护基本法律的出台奠定了大致架构。《个人信息保护法》承袭《民法典》人格权编的个人信息规范结构,在大量增设个人信息处理过程的具体要求同时,结合个人信息保护与数据治理经验,参酌比较法,将公法上的管制措施一并纳入其中,形成了完整的个人信息保护基本框架,为个人信息保护提供了强有力的法律保障。

---

〔1〕 参见周汉华:《探索激励相容的个人数据治理之道——中国个人信息保护法的立法方向》,载《法学研究》2018 年第 2 期。

参考文献

一、中文著作

1. 曾隆兴:《现代损害赔偿法论》,1988 年自版发行。
2. 曾隆兴:《详解损害赔偿法》,中国政法大学出版社 2004 年版。
3. 曾世雄:《损害赔偿法原理》,中国政法大学出版社 2001 年版。
4. 陈宝林、穆夏华:《现代法学》,重庆出版社 1990 年版。
5. 陈龙江:《人格标志上经济利益的民法保护——学说考察与理论探讨》,法律出版社 2011 年版。
6. 陈甦、谢鸿飞主编:《民法典评注 · 人格权编》,中国法制出版社 2020 年版。
7.《德国民法典》(第 4 版),陈卫佐译,法律出版社 2015 年版。
8. 陈子平:《刑法总论》,中国人民大学出版社 2009 年版。
9. 陈新民:《中华民国宪法释论》,台北,三民书局 1990 年版。
10. 程合红:《商事人格权论——人格权的经济利益内涵及其实现与保护》,中国人民大学出版社 2002 年版。
11. 崔雪丽:《美国宪法解释研究》,山东人民出版社 2011 年版。
12. 杜景林、卢谌:《德国民法典——全条文注释》(上册),中国政法大学出版社 2015 年版。
13. 冯象:《政法笔记》,江苏人民出版社 2004 年版。
14. 韩大元:《生命权的宪法逻辑》,译林出版社 2012 年版。
15. 韩德培主编:《人权的理论与实践》,武汉大学出版社 1995 年版。
16. 何勤华、徐永康编写:《法学新学科手册》,浙江人民出版社 1988 年版。
17. 何晓明:《姓名与中国文化》,人民出版社 2001 年版。
18. 何孝元:《损害赔偿之研究》,台北,商务印书馆 1982 年版。
19. 何志:《侵权责任判解研究与适用》,人民法院出版社 2009 年版。
20. 侯健:《舆论监督与名誉权问题研究》,北京大学出版社 2002 年版。
21. 胡长清:《中国民法总论》(上册),商务印书馆 1993 年版。
22. 黄立:《民法债编总论》,台北,元照出版有限公司 1999 年版。
23. 黄薇主编:《中华人民共和国民法典人格权编释义》,法律出版社 2020 年版。

24. 江平主编:《侵权行为法研究》,中国民主法制出版社 2004 年版。
25. 江平主编:《民法学》,中国政法大学出版社 2000 年版。
26. 蒋学跃:《法人制度法理研究》,法律出版社 2007 年版。
27. 蒋亚平等:《新闻失实论》(下册),中国新闻出版社 1986 年版。
28. [德]卡尔·拉伦茨:《德国民法通论》(上册),王晓晔等译,法律出版社 2013 年版。
29. 黎国智主编:《马克思主义人权理论概要》,四川大学出版社 1992 年版。
30. 李春方:《激励理论研究》,辽宁大学出版社 2004 年版。
31. 李丽峰、李岩:《人格权:从传统走向现代——理论与实务双重视角》,中国法制出版社 2007 年版。
32. 李锡鹤:《民法原理论稿》(第 2 版),法律出版社 2012 年版。
33. 李显冬:《侵权责任法经典案例释论》,法律出版社 2007 年版。
34. 李扬:《网络知识产权法》,湖南大学出版社 2002 年版。
35. 李永军:《民法总论》,中国政法大学出版社 2008 年版。
36. 李由义主编:《民法学》,北京大学出版社 1988 年版。
37. 李震山:《论个人资料之保护》,载台湾行政法学会主编:《行政法争议问题研究》(上),台北,五南图书出版股份有限公司 2002 年版。
38. 李震山:《人性尊严与人权保障》,台北,元照出版有限公司 2001 年版。
39. 栗劲、李放主编:《中华实用法学大辞典》,吉林大学出版社 1988 年版。
40. 梁慧星:《民法总论》,法律出版社 2007 年版。
41. 梁书文等编著:《审理名誉权案件司法解释理解与适用》,中国法制出版社 2001 年版。
42. 林爱珺:《舆论监督与法律保障》,暨南大学出版社 2008 年版。
43. 林秀雄:《论夫妻之称姓》,林秀雄:《家族法论集(三)》,台北,汉兴书局 1994 年版。
44. 刘持平编著:《指纹的奥秘》,群众出版社 2001 年版。
45. 刘春堂:《民商法论集(三)》,台北,元照出版有限公司 2016 年版。
46. 刘海涛、郑金雄、沈荣:《中国新闻官司二十年》,中国广播电视出版社 2007 年版。
47. 刘静:《姓名权名称权肖像权名誉权荣誉权损害赔偿》,中国民主法制出版社 2001 年版。
48. 刘少聪:《新指纹学》,安徽人民出版社 1984 年版。
49. 刘淑波主编:《民法各论》,中国政法大学出版社 2014 年版。
50. 刘心稳主编:《中国民法学研究述评》,中国政法大学出版社 1996 年版。
51. 龙显铭:《私法上人格权之保护》,中华书局 1984 年版。
52. 鲁礼新:《人口与环境简论》,黄河水利出版社 2010 年版。
53. 吕光:《大众传播与法律》,台北,商务印书馆 1985 年版。
54. 麻昌华:《侵权行为法地位研究》,中国政法大学出版社 2004 年版。

55. 马原主编:《民事审判实务》,中国经济出版社 1993 年版。
56. 马原:《中国民法教程》,人民法院出版社 1989 年版。
57. 孟勤国、张里安主编:《物权法》,湖南大学出版社 2006 年版。
58. 莫纪宏主编:《宪法学》,社会科学文献出版社 2004 年版。
59. 纳日碧力戈:《姓名论》,社会科学文献出版社 2015 年版。
60. 潘维大编著:《英美侵权行为法案例解析》,高等教育出版社 2005 年版。
61. 彭诚信:《主体性与私权制度研究——以财产、契约的历史考察为基础》,中国人民大学出版社 2005 年版。
62. 彭万林主编:《民法学》,中国政法大学出版社 1994 年版。
63. 钱大群:《唐律疏议新注》,南京师范大学出版社 2007 年版。
64. 钱杭:《血缘与地缘之间——中国历史上联宗与联宗组织》,上海社会科学院出版社 2001 年版。
65. 邱聪智:《民法总论》(上),台北,三民书局 2005 年版。
66. 邱聪智:《新订民法债编通则》(上),中国人民大学出版社 2003 年版。
67. 桑本谦:《私人之间的监控与惩罚—— 一个经济学的进路》,山东人民出版社 2005 年版。
68. 沈建峰:《一般人格权研究》,法律出版社 2012 年版。
69. 施启扬:《民法总则》,中国法制出版社 2010 年版。
70. 史尚宽:《民法总论》,台北,正大印书馆 1980 年版。
71. 史尚宽:《债法总论》,台北,荣泰印书馆股份有限公司 1954 年版。
72. 史尚宽:《债法总论》,台北,荣泰印书馆股份有限公司 1978 年版。
73. 宋献慧:《版权保护与表达自由》,知识产权出版社 2011 年版。
74. 苏永钦:《民事立法与公私法的接轨》,北京大学出版社 2005 年版。
75. 邰峻、张利平主编:《信息素养与计算机信息检索》,北京航空航天大学出版社 2011 年版。
76. 唐德华主编:《最高人民法院〈关于确定民事侵权精神损害赔偿责任若干问题的解释〉的理解与适用》,人民法院出版社 2001 年版。
77. 童庆炳:《文学理论教程》,高等教育出版社 2004 年版。
78. 屠振宇:《宪法隐私权研究—— 一项未列举基本权利的理论论证》,法律出版社 2008 年版。
79. 王伯琦:《民法债编总论》,台湾编译馆 1997 年版。
80. 王军、高建学编著:《美国侵权法》,对外经济贸易大学出版社 2007 年版。
81. 王利明:《人格权法研究》(第 3 版),中国人民大学出版社 2018 年版。
82. 王利明、杨立新、姚辉编著:《人格权法》,法律出版社 1997 年版。

83. 王利明、杨立新主编:《人格权与新闻侵权》,中国方正出版社 2010 年版。
84. 王利明主编:《民法 · 侵权责任法》,中国人民大学出版社 1993 年版。
85. 王利明主编:《人格权法新论》,吉林人民出版社 1994 年版。
86. 王利明主编:《中国民法典草案建议稿及说明》,中国法制出版社 2004 年版。
87. 王利明主编:《中国民法典学者建议稿及立法理由——人格权编 · 婚姻家庭编 · 继承编)》,法律出版社 2005 年版。
88. 王眉:《网络传播中的名誉侵权问题研究》,中国广播电视出版社 2008 年版。
89. 王世洲:《现代刑法学》,北京大学出版社 2011 年版。
90. 王卫国:《民法学》,中国政法大学出版社 2011 年版。
91. 王泽鉴:《不当得利》,北京大学出版社 2009 年版。
92. 王泽鉴:《法律思维与民法实例》,中国政法大学出版社 2001 年版。
93. 王泽鉴:《民法学说与判例研究》(二)(第 2 册),中国政法大学出版社 2009 年版。
94. 王泽鉴:《民法学说与判例研究》,北京大学出版社 2005 年版。
95. 王泽鉴:《民法学说与判例研究》(第 4 册),北京大学出版社 2009 年版。
96. 王泽鉴:《民法总则》,北京大学出版社 2009 年版。
97. 王泽鉴:《侵权行为》,北京大学出版社 2009 年版。
98. 王泽鉴:《人格权法——法释义学、比较法、案例研究》,北京大学出版社 2013 年版。
99.《北京大学法学百科全书》编委会编:《北京大学法学百科全书——民法学 商法学》,北京大学出版社 2004 年版。
100. 魏振瀛主编:《民法》,北京大学出版社、高等教育出版社 2010 年版。
101. 吴汉东:《著作权合理使用制度研究》,中国政法大学出版社 2005 年版。
102. 谢邦宇、李静堂:《民事责任》,法律出版社 1991 年版。
103. 谢怀栻:《外国民商法精要》,法律出版社 2002 年版。
104. 徐向东:《理解自由意志》,北京大学出版社 2008 年版。
105. 徐一青、张鹤仙:《姓名趣谈》,上海文艺出版社 1987 年版。
106. 杨立新、薛东方、穆沁编著:《精神损害赔偿》,人民法院出版社 1999 年版。
107. 杨立新:《民法判解研究与适用》(第 8 集),人民法院出版社 2004 年版。
108. 杨立新:《侵权法论》,人民法院出版社 2004 年版。
109. 杨立新:《侵权损害赔偿》,法律出版社 2010 年版。
110. 杨立新主编:《侵权行为法案例教程》,中国政法大学出版社 1999 年版。
111. 杨立新:《侵权行为法专论》,高等教育出版社 2005 年版。
112. 杨立新:《侵权责任法》,法律出版社 2018 年版。
113. 杨立新:《人格权法》,法律出版社 2011 年版。
114. 杨立新:《人格权法专论》,高等教育出版社 2005 年版。

115. 杨立新:《人身权法论》,人民法院出版社 2002 年版。
116. 杨立新:《特殊纠纷案件的法理分析与法律判定》,吉林人民出版社 1999 年版。
117. 杨立新主编:《中国人格权法立法报告》,知识产权出版社 2005 年版。
118. 姚辉:《人格权法论》,中国人民大学出版社 2011 年版。
119. 尹田主编:《民法学总论》,北京师范大学出版社 2010 年版。
120. 余延满:《亲属法原论》,法律出版社 2007 年版。
121. 袁冰:《数字版权》,载郑思成主编:《知识产权文丛》第 2 卷,中国政法大学出版社 1999 年版。
122. 袁雪石:《民法典人格权编释论——条文缕析、法条关联与案例评议》,中国法制出版社 2020 年版。
123. 张红:《基本权利与私法》,法律出版社 2020 年版。
124. 张红:《人格权总论》,北京大学出版社 2012 年版。
125. 张俊浩主编:《民法学原理》,中国政法大学出版社 1991 年版。
126. 张明楷:《刑法学》(第 5 版),法律出版社 2016 年版。
127. 张西明、庚长庆:《新闻侵权:从传统媒介到网络——避免与化解纠纷的实践指南》,新华出版社 2000 年版。
128. 张新宝:《名誉权的法律保护》,中国政法大学出版社 1997 年版。
129. 张新宝:《侵权责任法》,中国人民大学出版社 2010 年版。
130. 张新宝:《侵权责任法原理》,中国人民大学出版社 2005 年版。
131. 张新宝:《隐私权的法律保护》,群众出版社 2004 年版。
132. 赵向欣主编:《中华指纹学》,群众出版社 1997 年版。
133. 甄树青:《论表达自由》,社会科学文献出版社 2000 年版。
134. 郑立、王作堂:《民法学》,法律出版社 1995 年版。
135. 周辅成:《西方伦理学名著选辑》,商务印书馆 1987 年版。
136. 朱国斌:《中国宪法与政治制度》,法律出版社 1997 年版。
137. 朱景文主编:《法理学》,中国人民大学出版社 2008 年版。
138. 最高人民法院民法典贯彻实施工作领导小组主编:《中华人民共和国民法典人格权编理解与适用》,人民法院出版社 2020 年版。
139. 最高人民法院中国应用法学研究所编:《人民法院案例选》第 42 辑,人民法院出版社 2003 年版。

二、中文论文

1. 蔡庭榕:《论户籍法第 8 条授权按捺指纹争议对警察法制之启示》,载《警察法学》2005 年第 4 期。
2. 曹诗权、李政辉:《论侵害生命权在民法上的责任》,载《法学评论》1998 年第 5 期。

3. 曹新明:《现代生殖技术的民法学思考》,载《法商研究》2003 年第 4 期。
4. 曹新明:《姓名商标与姓名权客体冲突及合理避让研究》,载《甘肃政法学院学报》2019 年第 5 期。
5. 陈爱国:《浅谈姓名权的户籍立法问题》,载《山东公安专科学校学报》2004 年第 4 期。
6. 陈本寒、周平:《动物法律地位之探讨——兼析我国民事立法对动物的应有定位》,载《中国法学》2002 年第 6 期。
7. 陈吉栋:《个人信息的侵权救济》,载《交大法学》2019 年第 4 期。
8. 陈金钊:《体系思维的姿态及体系解释方法的运用》,载《山东大学学报(哲学社会科学版)》2018 年第 2 期。
9. 陈龙江:《德国民法对姓名上利益的保护及其借鉴》,载《法商研究》2008 年第 3 期。
10. 陈美玲:《亲属法上称姓问题之探讨》,载《法令月刊》第 33 卷第 3 期。
11. 陈明华、吴文志:《我国刑法中的紧急避险与被迫行为关系之多维检视》,载《法律科学(西北政法学院学报)》2006 年第 5 期。
12. 陈兴良:《刑法因果关系:从哲学回归刑法学——一个学说史的考察》,载《法学》2009 年第 7 期。
13. 陈云良:《健康权的规范构造》,载《中国法学》2019 年第 5 期。
14. 陈志武:《媒体言论的法律困境——关于新闻侵权诉讼的实证研究》,载怀效锋主编:《法院与媒体》,法律出版社 2006 年版。
15. 陈志兴:《使用自己姓名作为商标注册不得有不良影响——"刘德华"商标确权案引发的思考》,载《中华商标》2013 年第 8 期。
16. 程合红:《商事人格权——人格权的商业利用与保护》,载《政法论坛》2000 年第 5 期。
17. 崔建远:《我国〈民法总则〉的制度创新及历史意义》,载《比较法研究》2017 年第 3 期。
18. 崔连仲:《古代印度种姓制度》,载《历史研究》1977 年第 4 期。
19. 邓宏、薛惠锋:《试论信息概念的分类定义》,载《西安电子科技大学学报(社会科学版)》2002 年第 1 期。
20. 邓晓芒:《康德道德哲学详解》,载《西安交通大学学报(社会科学版)》2005 年第 2 期。
21. 刁芳远:《新型权利主张及其法定化的条件——以我国社会转型为背景》,载《北京行政学院学报》2015 年第 3 期。
22. 丁书琴、陈规划:《紧急避险在器官移植中的适用问题》,载《中国卫生法制》2005 年第 3 期。
23. 丁相顺、杜民:《姓名权与商标权法律关系的符号学分析——以"乔丹案"为分析路径》,载《上海政法学院学报(法治论丛)》2018 年第 4 期。
24. 丁颖、冀燕娜:《专门性域名争议解决机制中投诉人权益的认定》,载《知识产权》2013 年第 8 期。

25. 丁宇翔:《被遗忘权的中国情境及司法展开——从国内首例“被遗忘权案”切入》,载《法治研究》2018 年第 4 期。
26. 董炳和:《论形象权》,载《法律科学(西北政法学院学报)》1998 年第 4 期。
27. 杜秋、陈绍锋:《未成年子女姓名权的法律思考》,载《南京人口管理干部学院学报》2004 年第 2 期。
28. 杜小卫:《域名抢注及其法律规制》,载《河北法学》2008 年第 6 期。
29. 杜严勇:《论机器人权利》,载《哲学动态》2015 年第 8 期。
30. 方红:《IT 时代英美诽谤法的新发展》,载《经济师》2003 年第 9 期。
31. 方新军:《权利客体的概念及层次》,载《法学研究》2010 年第 2 期。
32. 房绍坤、张玉东:《论紧急救助情形下救助人不承担责任的条件——以〈民法总则〉第 184 条为分析对象》,载《比较法研究》2018 年第 6 期。
33. 费丞、魏仙桃:《网名作为人格要素的保护》,载《硅谷》2009 年第 8 期。
34. 冯菊萍:《隐私权探讨》,载《法学》1998 年第 11 期。
35. 冯恺:《生命损害赔偿请求权理论再思考》,载《政法论丛》2004 年第 2 期。
36. 冯晓青、谢蓉:《商标注册不得侵犯在先权利之姓名权——易建联公司与“易建联”商标注册争议纠纷案解析》,载《CHINA LAW》2012 年第 6 期。
37. 甘晓晨:《虚拟网络主体之间的名誉权纠纷——以网名为中心对一起典型案例的分析》,载《网络法律评论》2009 年第 4 期。
38. 高琨:《侵害名誉权的认定——兼评消费者言论自由与经营者名誉权保护》,载《商业文化》2007 年第 4 期。
39. 高鲲:《印度的保留政策和种姓矛盾》,载《南亚研究》1992 年第 2 期。
40. 高利红:《动物不是物,是什么?》,载梁慧星主编:《民商法论丛》第 20 卷,金桥文化出版(香港)有限公司 2001 年版。
41. 高留成:《法人制度历史探源》,载《社会科学论坛》2006 年第 2 期。
42. 葛云松:《死者生前人格利益的民法保护》,载《比较法研究》2002 年第 4 期。
43. 龚刚强:《法体系基本结构的理性基础——从法经济学视角看公私法划分和私法公法化、公法私法化》,载《法学家》2005 年第 3 期。
44. 龚向和、龚向田:《生存权的本真含义探析》,载《求索》2008 年第 3 期。
45. 关今华:《权利冲突的制约、均衡和言论自由优先配置质疑——也论〈“秋菊打官司”案、邱氏鼠药案和言论自由〉》,载《法学研究》2000 年第 3 期。
46. 郭发产:《“集体肖像权”的法律问题——析姚明与可口可乐公司肖像权纠纷案》,载《法学》2003 年第 6 期。
47. 郭军宁:《姓名的由来》,载《寻根》2007 年第 3 期。
48. 郭凌燕:《器官移植的法律思考》,载《山西财经大学学报》2002 年第 55 期。

49. 郭明瑞:《关于肖像权保护的三个问题》,载《国联民商法网刊》2012 年第 1 期。
50. 郭少飞:《"电子人"法律主体论》,载《东方法学》2018 年第 3 期。
51. 郭卫华:《论性自主利益的界定及其私法保护》,载《法商研究》2005 年第 1 期。
52. 韩大元:《中国宪法学应当关注生命权问题的研究》,载《深圳大学学报(人文社会科学版)》2004 年第 1 期。
53. 何晓明:《姓名的文化——社会功能》,载《湖北大学学报(哲学社会科学版)》2002 年第 5 期。
54. 洪波、李铁:《公众人物的判断标准、类型及其名誉权的限制》,载《当代法学》2006 年第 4 期。
55. 胡文涛:《我国个人敏感信息界定之构想》,载《中国法学》2018 年第 5 期。
56. 黄黎玲:《论法人人格权及其民法保护》,载《广西师范大学学报》2006 年第 4 期。
57. 黄泷一:《姓氏选择、公序良俗与法律解释——最高法院第 89 号指导案例与姓名权立法解释评述》,载《法治研究》2018 年第 5 期。
58. 黄明涛:《宪法上舆论监督权对名誉权侵权责任的规范影响——基于近期司法实践的考察》,载《浙江学刊》2019 年第 2 期。
59. 黄清华:《健康权再认识——论健康权的民事、社会和政治属性》,载《澳门法学》2015 年第 1 期。
60. 黄学贤:《行政法中的法律保留原则研究》,载《中国法学》2004 年第 5 期。
61. [德]霍尔斯特・埃曼:《德国法中一般人格权的概念和内涵》,载《南京大学法律评论》2000 年第 1 期。
62. 霍原:《论〈民法典〉对器官捐献自己决定权的规范回应》,载《学术交流》2017 年第 6 期。
63. 江山:《法律革命:从传统到超现代——兼谈环境资源法的法理问题》,载《比较法研究》2000 年第 1 期。
64. 姜昕:《比例原则释义学结构构建及反思》,载《法律科学》2008 年第 5 期。
65. 蒋月、林志强:《健康权观源流考》,载《学术论坛》2007 年第 4 期。
66. 解亘:《论管制规范在侵权行为法上的意义》,载《中国法学》2009 年第 2 期。
67. 柯和贵:《可得利益损失类型认定标准》,载《中国合同法论坛论文汇编》2010 年 4 月。
68. 匡敦校:《新闻名誉侵权中的新闻报道失实研究——以新闻真实性为中心》,载《法商研究》2005 年第 2 期。
69. 兰洁:《舆论监督与公众人物名誉权的冲突与平衡》,载《新闻世界》2011 年第 5 期。
70. 蓝蓝:《人格与财产二元权利体系面临的困境与突破——以"人格商品化"为视角展开》,载《法律科学》2006 年第 3 期。
71. 冷传莉:《"人格物"的司法困境与理论突围》,载《中国法学》2018 年第 5 期。

72. 李本森:《生命价值的法律与经济分析》,载《中国社会科学》2011 年第 6 期。
73. 李罡、郭自东:《不批新生儿姓"第三姓"家长告上法庭》,载《北京青年报》2003 年 6 月 14 日。
74. 李广德:《健康作为权利的展开》,载《法制与社会发展》2019 年第 3 期。
75. 李瑾:《姓名权的现实意义——由"赵 C 案"引发的思考》,载《经济与法》2010 年第 8 期。
76. 李龙亮、郭成:《社会本位——民法典的最佳选择》,载《河北法学》2002 年第 1 期。
77. 李娜玲:《关于非亲属间活体器官"交叉移植"的法律思考》,载《河北法学》2011 年第 5 期。
78. 李娜玲:《关于冷冻胚胎的法律属性和处分难题研究》,载《政法论丛》2016 年第 3 期。
79. 李锡鹤:《胎儿不应有法律上的利益——〈民法总则草案〉第 16 条质疑》,载《东方法学》2017 年第 1 期。
80. 李秀芬:《论隐私权的保护范围》,载《当代法学》2004 年第 7 期。
81. 李延枫:《论名誉权诉讼中的公共利益原则——基于对公众人物理论的反思》,载《北方法学》2020 年第 1 期。
82. 李延舜:《公共场所隐私权研究——法理、要素及类型》,载《政法论坛》2018 年第 6 期。
83. 李延舜:《论未成年人隐私权》,载《法制与社会发展》2015 年第 6 期。
84. 李拥军:《从"人可非人"到"非人可人":民事主体制度与理念的历史变迁——对法律"人"的一种解析》,载《法制与社会发展》2005 年第 2 期。
85. 李永军、项斌斌:《民法典编纂背景下姓名权与其他"人格权"的区分——兼及我国民法典人格权编的立法建议》,载《浙江工商大学学报》2019 年第 2 期。
86. 李永军:《从权利属性看人格权的法律保护》,载《法商研究》2012 年第 1 期。
87. 李永军:《论姓名权的性质与法律保护》,载《比较法研究》2012 年第 1 期。
88. 李永军:《我国〈民法总则〉第 16 条关于胎儿利益保护的质疑——基于规范的实证分析理论研究》,载《法律科学》2019 年第 2 期。
89. 李予霞、刘占斌:《我的名字谁做主——论姓名命名权的自由与限制》,载《法律适用》2009 年第 6 期。
90. 李智超、罗家德:《中国人的社会行为与关系网络特质——一个社会网的观点》,载《社会科学战线》2012 年第 1 期。
91. 梁慧星:《从近代民法到现代民法——二十世纪民法回顾》,载《中外法学》1997 年第 2 期。
92. 林来梵、朱玉霞:《错位与暗合——试论我国当下有关宪法与民法关系的四种思维倾向》,载《浙江社会科学》2007 年第 1 期。

93. 林来梵:《人的尊严与人格尊严——兼论中国宪法第 38 条的解释方案》,载《浙江社会科学》2008 年第 3 期。
94. 刘德良:《个人信息的财产权保护》,载《法学研究》2007 年第 3 期。
95. 刘粉宝:《已故名人的姓名(权)与商标权冲突的调整》,载《中华商标》2001 年第 3 期。
96. 刘福森:《自然中心主义生态伦理观的理论困境》,载《中国社会科学》1997 年第 3 期。
97. 刘国强:《谈谈姓名权"出资"的问题》,载《财务与会计》2005 年第 4 期。
98. 刘国涛:《司法实践中未出生者的民法地位》,载《河北法学》2003 年第 2 期。
99. 刘国涛:《死者生前人格利益民法保护的法理基础——读〈死者生前人格利益的民法保护〉后的再思考》,载《比较法研究》2004 年第 4 期。
100. 刘建利:《死亡的自我决定权与社会决定权——中日安乐死问题的比较研究》,载《法律科学》2013 年第 5 期。
101. 刘凯湘:《人格权的宪法意义与民法表述》,载《社会科学战线》2012 年第 2 期。
102. 刘练军:《姓名权保护的度在哪里——评上海王某诉当地派出所侵犯其姓名权案》,载《法治论丛》2011 年第 2 期。
103. 刘史丹:《隐私权的新发展——私人摄像头侵犯隐私权案件的审理思路与判断要素初探》,载《法律适用》2017 年第 12 期。
104. 刘文杰:《民法上的姓名权》,载《法学研究》2010 年第 6 期。
105. 刘向国:《生前预嘱:生命归途的绿灯》,载《人民政协报》2017 年 4 月 5 日。
106. 刘小平:《新兴权利的证成及其基础——以"安宁死亡权"为个例的分析》,载《学习与探索》2015 年第 4 期。
107. 刘引玲:《对生命权的思考》,载《法学家茶座》第 15 辑,山东人民出版社 2007 年版。
108. 刘瑛:《CISG 项下违约商誉损失赔偿实证研究》,载《理论与现代化》2011 年第 6 期。
109. 刘永光、吕静:《我国未成年人死亡赔偿制度研究》,载《贵州社会科学》2010 年第 11 期。
110. 刘远征:《论作为自己决定权的姓名权》,载《河南省政法管理干部学院学报》2011 年第 2 期。
111. 刘云生、吴昭军:《性别选择权:性质界定与法权塑造》,载《东北师大学报(哲学社会科学版)》2018 年第 2 期。
112. 刘泽刚:《宪法生命权的界限》,载《华东政法大学学报》2013 年第 3 期。
113. 刘长秋:《权利视野下的代孕及其立法规制研究》,载《河南大学学报(社会科学版)》2015 年第 4 期。
114. 刘召成:《人格权主观权利地位的确立与立法选择》,载《法学》2013 年第 6 期。
115. 刘召成:《身体权的现代变革及其法典化设计》,载《当代法学》2020 年第 2 期。
116. 刘召成:《胎儿的准人格构成》,载《法学家》2011 年第 6 期。

117. 刘志刚:《人格尊严的宪法意义》,载《中国法学》2007 年第 1 期。
118. 刘作翔:《紧急避险:解决权利冲突的制度设计及刑民案例》,载《河北法学》2014 年第 1 期。
119. 柳春光:《论侵害身体权的精神损害赔偿》,载《学术交流》2015 年第 4 期。
120. 陆青:《个人信息保护中"同意"规则的规范构造》,载《武汉大学学报(哲学社会科学版)》2019 年第 5 期。
121. 吕国强:《肖像权保护中的几个法律问题》,载《社会科学》1989 年第 7 期。
122. 吕彦:《公民肖像权若干问题探讨》,载《现代法学》1990 年第 4 期。
123. 吕燕、张异琴:《关于网上人身权保护的几个问题》,载《社会科学研究》2002 年第 1 期。
124. 麻昌华等:《论民法中的客体利益》,载《法商研究》1997 年第 2 期。
125. 马波:《制度语境与法律概念功能的界定路径分析——以在先姓名权保护为视角》,载《内蒙古社会科学(汉文版)》2014 年第 3 期。
126. 马桦、袁雪石:《"第三姓"的法律承认及规范》,载《法商研究》2007 年第 1 期。
127. 马俊驹:《从人格利益到人格要素》,载《河北法学》2006 年第 10 期。
128. 马平:《宪法上的人格尊严:一个中国语境下的诠释》,载《云南大学学报(法学版)》2008 年第 2 期。
129. 马强:《试论贞操权》,载《法律科学》2002 年第 5 期。
130. 马瑞洁:《伪书的法律责任》,载《出版广角》2005 年第 4 期。
131. 马特:《隐私语义考据及法律诠释》,载《求索》2008 年第 5 期。
132. 马一德:《商标权的行使与姓名权保护的冲突与规制》,载《中国法学》2018 年第 4 期。
133. 毛爱东:《素描模特诉作者于法无据被驳回》,载《浙江人大》2009 年第 8 期。
134. 梅绍祖:《法学前沿问题探讨——个人信息法律保护问题研究专论》,载《苏州大学学报》2005 年第 2 期。
135. 梅夏英:《民法权利客体制度的体系价值及当代反思》,载《法学家》2016 年第 6 期。
136. 孟勤国、牛彬彬:《论物质性人格权的性质与立法原则》,载《法学家》2020 年第 5 期。
137. 宁园:《健康码运用中的个人信息保护规制》,载《法学评论》2020 年第 6 期。
138. 潘华山:《公民姓名权的民法保护》,载《现代法学》1992 年第 2 期。
139. 彭诚信:《确定代孕子女监护人的现实法律路径——"全国首例代孕子女监护权案"评析》,载《法商研究》2017 年第 1 期。
140. 彭文华:《紧急避险限度的适当性标准》,载《法学》2013 年第 3 期。
141. 彭玉凌、冉伶、王蕾:《临终关怀的法哲学思考》,载《医学与哲学》2017 年 6A 期。
142. 浦增平:《肖像权保护模式的比较研究》,载《法律科学》1992 年第 4 期。

143. 齐爱民:《个人信息保护法研究》,载《河北法学》2008 年第 4 期。
144. 秦天宝、虞楚萧:《基因隐私的法律保护限度》,载《江西社会科学》2015 年第 9 期。
145. 裘石:《企业法人名誉权保护专题研讨会综述》,载《法学》2005 年第 3 期。
146. 屈茂辉、武彬:《受害人近亲属缺位的死亡赔偿法律问题》,载《法学》2008 年第 2 期。
147. 冉昊:《两大法系法律实施系统比较——财产法律的视角》,载《中国社会科学》2006 年第 1 期。
148. 阮忠良、丁晓华:《论姓名变更权的法律保护》,载《法治论丛》2005 年第 1 期。
149. 上官丕亮:《论宪法上的生命权》,载《当代法学》2007 年第 1 期。
150. 上官丕亮:《生命权宪法保障的理论基础研究》,载《环球法律评论》2007 年第 6 期。
151. 申卫星:《从生到死的民法学思考——兼论中国卫生法学研究的重要性》,载《湖南社会科学》2011 年第 2 期。
152. 申卫星:《论遗体在民法教义学体系中的地位——兼谈民法总则相关条文的立法建议》,载《法学家》2016 年第 6 期。
153. 石春玲:《死亡赔偿请求权基础研究》,载《法商研究》2005 年第 1 期。
154. 石冠彬:《姓名权行使纠纷的裁判规则及应然路径》,载《四川大学学报(哲学社会科学版)》2018 年第 3 期。
155. 司成秀:《新闻舆论监督如何避免名誉侵权》,载《青海师范大学学报(哲学社会科学版)》2008 年第 2 期。
156. 苏力:《〈秋菊打官司〉案、邱氏鼠药案和言论自由》,载《法学研究》1996 年第 3 期。
157. 苏力:《隐私侵权的法理思考——从李辉质疑文怀沙的事件切入》,载《清华法学》2019 年第 2 期。
158. 苏兆勇:《论侵害名誉权行为的认定》,载《新学术》2008 年第 2 期。
159. 隋彭生:《论肖像权的客体》,载《中国法学》2005 年第 1 期。
160. 隋彭生:《人格派生财产权初探》,载《北京航空航天大学学报(社会科学版)》2013 年 9 月。
161. 孙良国:《论人身权侵权获益赔偿的性质、功能与适用》,载《法律科学》2011 年第 4 期。
162. 孙良国:《人身权获益赔偿的构成要件及其适用——兼评〈侵权责任法草案(三审稿)〉第 20 条》,载《法学》2009 年第 12 期。
163. 孙鹏:《"生命的价值"——日本死亡损害赔偿的判例与学说》,载《中国人民大学学报》2005 年第 81 期。
164. 孙庆忠:《乡村都市化与都市村民的宗族生活——广州城中三村研究》,载《当代中国史研究》2003 年第 3 期。
165. 孙笑侠:《身体权的法理——从〈民法典〉"身体权"到新技术进逼下的人权》,载《中国法律评论》2020 年第 6 期。
166. 孙英:《名誉本位论》,载《东南大学学报(哲学社会科学版)》2007 年第 2 期。
167. 唐启光:《荣誉权质疑》,载《法学论坛(华东政法大学学报)》2004 年第 2 期。
168. 田宏杰:《立法扩张与司法限缩:刑法谦抑性的展开》,载《中国法学》2020 年第 1 期。
169. 田韶华:《论侵权责任法上可得利益损失之赔偿》,载《法商研究》2013 年第 1 期。
170. 田欣、蓝邓骏:《论肖像利益维护权的转化》,载《河北法学》2001 年第 3 期。
171. 田野、刘康:《基因编辑的良法善治:在谦抑与开放之间》,载《深圳大学学报(人文社会科学版)》2018 年第 4 期。
172. 万方:《终将被遗忘的权利——我国引入被遗忘权的思考》,载《法学评论》2016 年第 6 期。
173. 汪庆华:《名誉权、言论自由和宪法抗辩》,载《政法论坛》2008 年第 1 期。
174. 汪志刚:《生命科技时代民法中人的主体地位构造基础》,载《法学研究》2016 年第 6 期。
175. 王成:《个人信息民法保护的模式选择》,载《中国社会科学》2019 年第 6 期。
176. 王成:《侵犯肖像权之加害行为的认定及肖像权的保护原则》,载《清华法学》2008 年第 2 期。
177. 王纯明:《论隐私权的法律保护》,载《法制日报》1998 年 8 月 1 日。
178. 王歌雅:《姓名权的价值内蕴与法律规制》,载《法学杂志》2009 年第 1 期。
179. 王歌雅:《隐私保护与法治文明》,载《光明日报》2003 年 4 月 15 日。
180. 王洪平:《论胎儿的民事权利能力及权利实现机制》,载《法学论坛》2017 年第 4 期。
181. 王坤:《人格符号财产权制度的建构及其法律意义》,载《浙江社会科学》2013 年 11 月。
182. 王兰萍:《对侵犯肖像权认定的思考——兼谈〈秋菊打官司〉的官司》,载《法律科学》1995 年第 6 期。
183. 王利明:《公众人物人格权的限制与保护》,载《中美法学前沿对话——人格权法及侵权法专题研究》,中国法制出版社 2006 年版。
184. 王利明:《和而不同:隐私权与个人信息的规则界分和适用》,载《法学评论》2021 年第 2 期。
185. 王利明:《论人格权商品化》,载《法律科学》2013 年第 4 期。
186. 王利明:《民法典人格权编的亮点与创新》,载《中国法学》2020 年第 4 期。
187. 王利明:《民法总则的本土性与时代性》,载《交大法学》2017 年第 3 期。
188. 王利明:《人格权法的新发展与我国民法典人格权编的完善》,载《浙江工商大学学报》2019 年第 6 期。
189. 王利明:《人格权若干问题探讨——纪念〈民法通则〉颁布 10 周年》,载《法学》1996

年第 4 期。
190. 王利明:《人格权制度在中国民法典中的地位》,载《法学研究》2003 年第 2 期。
191. 王利明:《试论人格权的新发展》,载《法商研究》2006 年第 5 期。
192. 王龙、阚凯:《生前预嘱的立法问题研究》,载《医学与法学》2020 年第 3 期。
193. 王明革:《试论荣誉权在民法中的地位》,载《华北水利水电学院学报(社会科学版)》2008 年第 3 期。
194. 王启扬:《华赞诉美国中国项目咨询公司侵害肖像权纠纷案——兼论集体肖像中个人肖像权的法律保护》,载《人民法院报》2000 年 10 月 3 日。
195. 王迁:《"署名"三辩——兼评"安顺地戏案"等近期案例》,载《法学家》2012 年第 1 期。
196. 王迁:《DNA 指纹数据库法律问题初探——美国的纷争和启示》,载《法律科学》2002 年第 4 期。
197. 王四新:《论我国隐私权立法与实施的完善》,载《攀枝花大学学报》1997 年第 1 期。
198. 王献蜜、林建军、金颖:《高校性骚扰发生现状及性别差异研究》,载《中华女子学院学报》2019 年第 5 期。
199. 王秀哲:《隐私权概念的检讨与重构》,载《福建政法管理干部学院学报》2007 年第 2 期。
200. 王叶刚:《论侵害死者人格利益的请求权主体——兼评〈民法典〉第 994 条》,载《清华法学》2021 年第 1 期。
201. 王毅纯:《民法典人格权编对性骚扰的规制路径与规则设计》,载《河南社会科学》2019 年第 7 期。
202. 王勇:《人工智能时代的法律主体理论构造——以智能机器人为切入点》,载《理论导刊》2018 年第 2 期。
203. 王佑明:《我国法律对名誉权的保护》,载《江西法学》1993 年第 1 期。
204. 王泽鉴:《人格权保护的课题与展望(五)——人格权的性质及构造:精神利益与财产利益的保护》(上),载《台湾本土法学》第 105 期。
205. 王泽鉴:《人格权保护的课题与展望(五)——人格权的性质及构造:精神利益与财产利益的保护》(中),载《台湾本土法学》第 105 期。
206. 王泽鉴:《人格权的具体化及其保护范围:隐私权篇》(上),载《比较法研究》2008 年第 6 期。
207. 王竹、方延:《身体权学理独立过程考》,载《广州大学学报(社会科学版)》2012 年第 5 期。
208. 韦宝平、杨东升:《生前预嘱的法理阐释》,载《金陵法学评论》2013 年秋季卷。
209. 魏勇:《对中国基因歧视第一案败诉的疑问与思考》,载《医学与哲学(人文社会医学版)》2011 年第 8 期。
210. 魏振瀛:《侵害名誉权的认定》,载《中外法学》1990 年第 1 期。
211. 温世扬:《论“标表型人格权”》,载《政治与法律》2014 年第 4 期。
212. 温世扬:《我国民法典草案的完善研究》,载《政治与法律》2019 年第 3 期。
213. 温世扬:《析“人格权商品化”与“人格商品化权”》,载《法学论坛》2013 年第 5 期。
214. 吴国平:《变性人民事权益法律保护问题初探》,载《中国政法大学学报》2012 年第 4 期。
215. 吴巨洪:《肖像权保护中若干问题的研究》,载《衡阳师范学院学报》2009 年第 5 期。
216. 鲜晓、宁定一:《名誉权性质初探》,载《新余高专学报》2009 年第 1 期。
217. 肖俊:《人格权保护的罗马法传统:侵辱之诉研究》,载《比较法研究》2013 年第 1 期。
218. 肖森华:《美国姓名、肖像商业化权利保护的定性辩论——兼述公开权的艰难发展》,载《重庆工学院学报》2008 年第 6 期。
219. 肖爽:《论民法总则与私法公法化的倾向》,载《新疆师范大学学报(哲学社会科学版)》2018 年第 4 期。
220. 肖永平、张弛:《比较法视野下代孕案件的处理》,载《法学杂志》2016 年第 4 期。
221. 谢铭洋:《论网域名称的法律保护》,载《智慧财产权》2001 年第 3 期。
222. 谢晓尧:《商品化权:人格符号的利益扩张与衡平》,载《法商研究》2005 年第 3 期。
223. 谢莹、朱海林:《临终关怀本土化发展的困境与出路》,载《中国医学伦理学》2014 年第 3 期。
224. 熊静波:《利益衡量抑或要件思考——名誉权与表达自由冲突的解决之道》,载《华东政法大学学报》2011 年第 6 期。
225. 徐国栋:《出生与权利——权力冲突》,载《东方法学》2009 年第 2 期。
226. 徐国栋:《罗马法中的胎儿保佐及其现代运用》,载《东方法学》2010 年第 6 期。
227. 徐金平:《精神利益的类别和层次》,载《沧桑》2010 年第 4 期。
228. 徐俊峰:《人体画展之后的法学思考——本刊记者与张佩霖教授及部分师生座谈》,载《法学杂志》1989 年第 2 期。
229. 徐升阳:《论贞操观》,载《中国性科学》1998 年第 4 期。
230. 徐文:《反思与优化:人工智能时代法律人格赋予标准论》,载《西南民族大学学报(人文社会科学版)》2018 年第 7 期。
231. 徐武生、徐铁岩:《对户籍立法中姓名权的若干问题的思考》,载《公安大学学报》2000 年第 2 期。
232. 徐显明:《生存权论》,载《中国社会科学》1992 年第 5 期。
233. 徐昕:《论动物法律主体资格的确立——人类中心主义法理念及其消解》,载《北京科技大学学报(社会科学版)》2002 年第 2 期。

234. 许可:《网络平台规制的双重逻辑及其反思》,载《网络信息法学研究》2018 年第 1 期。
235. 许中缘、颜克云:《法人名誉权、法人人格权与我国民法典》,载《法学杂志》2016 年第 4 期。
236. 鄢斌:《UDRP 网络姓名权保护规则研究》,载《法商研究》2007 年第 2 期。
237. 严勤、施永兴:《中国临终关怀服务现状与伦理探讨》,载《生命科学》2012 年第 11 期。
238. 杨彪:《不可让与性与人格权的政治经济学:一个新的解释框架》,载《法律科学》2015 年第 1 期。
239. 杨彪:《代孕协议的可执行性问题:市场、道德与法律》,载《政法论坛》2015 年第 4 期。
240. 杨敦和:《论妨害名誉之民事责任》,载《辅仁法学》第 3 期。
241. 杨伏英:《论死者肖像权及其保护》,载《河北法学》2000 年第 2 期。
242. 杨桂芳:《试论对侵害公民肖像权案件的审理》,载《法学评论》1988 年第 1 期。
243. 杨洪逵:《单方变更未成年子女姓氏的行为无效——对一起变更姓名案的再思考》,载《人民司法》2000 年第 12 期。
244. 杨建军:《溃败的商业道德——蒙牛“诽谤门”思考》,载《热案聚焦》2010 年第 11 期。
245. 杨立新、蔡颖雯:《论商业诽谤行为及其民事法律制裁》,载《河南省政法管理干部学院学报》2004 年第 5 期。
246. 杨立新、曹艳春:《脱离人体的器官或组织的法律属性及其支配规则》,载《中国法学》2006 年第 1 期。
247. 杨立新、王海英、孙博:《人身权的延伸法律保护》,载《法学研究》1995 年第 2 期。
248. 杨立新、尹艳:《侵害肖像权及其民事责任》,载《法学研究》1994 年第 1 期。
249. 杨立新:《“速度与激情”事件引发的民法思考》,载《河北法学》2012 年第 2 期。
250. 杨立新:《“艳照门”事件的人格权和侵权法思考》,载《政治与法律》2008 年第 4 期。
251. 杨立新:《从生命健康权到生命权、身体权、健康权——〈民法典〉对物质性人格权规定的规范创新》,载《扬州大学学报(人文社会科学版)》2020 年第 3 期。
252. 杨立新:《个人信息:法益抑或民事权利——对〈民法总则〉第 111 条规定的“个人信息”之解读》,载《法学论坛》2018 年第 1 期。
253. 杨立新:《孩子能姓第三姓吗?》,载《检察日报》2003 年 6 月 18 日。
254. 杨立新:《民法典人格权编草案逻辑结构的特点与问题》,载《东方法学》2019 年第 2 期。
255. 杨立新:《一份标志人伦与情理胜诉的民事判决——人的体外胚胎权属争议案二审判决释评》,载《法律适用》2014 年第 11 期。

256. 杨丽珍:《"告知后同意":〈民法典〉第1219条第1款的解释论展开》,载《西北大学学报(哲学社会科学版)》2020年第6期。
257. 杨清望、张磊:《论人工智能的拟制法律人格》,载《湖南科技大学学报(社会科学版)》2018年第6期。
258. 杨晓霓、焦卫:《对一起变更子女姓名案的法律思考》,载《人民司法》2000年第9期。
259. 杨秀朝:《民法上正当防卫限度条件的立法与适用——兼论侵权责任法相关条款》,载《求索》2010年第9期。
260. 杨阳:《论私法公法化的逻辑本位及其限度》,载《河北学刊》2015年第6期。
261. 杨垠红:《侵权法发展的新趋向——不履行救助义务之责任》,载《美中法律评论》2005年第10期。
262. 姚辉、邱鹏:《论侵犯生命权之损害赔偿》,载《民法典·人格权法重大疑难问题研究》,中国法制出版社2007年版。
263. 姚明斌:《褪去民法权利的外衣——"荣誉权"三思》,载《中国政法大学学报》2009年第6期。
264. 姚彦吉:《论集体肖像中的个人肖像权》,载《辽宁行政学院学报》2005年第6期。
265. 姚岳绒:《身份证取得时强制性采集指纹行为的宪法分析》,载《法学》2012年第5期。
266. 叶金强:《论侵害生命之损害赔偿责任——解释论的视角》,载《环球法律评论》2011年第5期。
267. 叶名怡:《论死亡赔偿范围——以〈中华人民共和国侵权责任法〉第16、17、22条为分析重点》,载《法商研究》2010年第5期。
268. 易军:《生命权:藉论证而型塑》,载《华东政法大学学报》2012年第1期。
269. 应松年:《依法行政论纲》,载《中国法学》1997年第1期。
270. 喻军:《论政府官员隐私权及其规制——以绝对隐私、相对隐私为切入点》,载《政治与法律》2013年第5期。
271. 喻军:《以身份为核心的国家工作人员隐私权限制》,载《求索》2019年第3期。
272. 袁曾:《人工智能的有限法律人格审视》,载《东方法学》2017年第5期。
273. 袁雪石:《姓名权本质变革论》,载《法律科学》2005年第2期。
274. 臧宝清:《关于姓名权与商标权冲突有关问题的思考》,载《中华商标》2013年3月。
275. 詹森林:《自由权之侵害与非财产上之损害赔偿》,载《万国法律》1993年第70期。
276. 张保红:《论人体构成与分离部分的法律地位》,载《社会科学》2015年第6期。
277. 张瀚涛:《肖像合理使用的理论探索》,载《学术交流》2006年第2期。
278. 张恒山:《论权利本体》,载《中国法学》2018年第6期。
279. 张红:《"以营利为目的"与肖像权侵权责任认定——以案例为基础的实证研究》,载

《比较法研究》2012 年第 3 期。

280. 张红:《〈民法典各分编(草案)〉人格权编评析》,载《法学评论》2019 年第 1 期。
281. 张红:《〈侵权责任法〉对人格权保护之述评》,载《法商研究》2010 年第 6 期。
282. 张红:《不表意自由与人格权保护——以赔礼道歉民事责任为中心》,载《中国社会科学》2013 年第 7 期。
283. 张红:《错误出生的损害赔偿责任》,载《法学家》2011 年第 6 期。
284. 张红:《夫妻生育权冲突及其解决——从妻子私自堕胎引发丈夫索赔案出发》,载《咸宁学院学报》2010 年第 9 期。
285. 张红:《论一般人格权作为基本权利之保护手段》,载《法商研究》2009 年第 4 期。
286. 张红:《民法典之肖像权立法论》,载《学术研究》2019 年第 9 期。
287. 张红:《民法典之姓名权立法论》,载《河北法学》2019 年第 10 期。
288. 张红:《民法典之隐私权立法论》,载《社会科学家》2019 年第 1 期。
289. 张红:《事实陈述、意见表达与公益性言论保护——最高法院 1993 年〈名誉权问题解答〉第 8 条之检讨》,载《法律科学(西北政法大学学报)》2010 年第 3 期。
290. 张红:《死者人格精神利益保护:案例比较与法官造法》,载《法商研究》2010 年第 4 期。
291. 张红:《死者生前人格财产利益保护》,载《法学研究》2011 年第 3 期。
292. 张红:《性侵之民事责任》,载《武汉大学学报(哲学社会科学版)》2019 年第 1 期。
293. 张红:《姓名变更规范研究》,载《法学研究》2013 年第 3 期。
294. 张红:《一项新的宪法上基本权利——人格权》,载《法商研究》2012 年第 1 期。
295. 张红:《指纹隐私保护:公、私法二元维度》,载《法学评论》2015 年第 1 期。
296. 张华:《关于肖像权若干问题的再思考》,载《河北法学》1994 年第 5 期。
297. 张家勇、李霞:《论侵权损害赔偿数额的酌定——基于不正当竞争侵权案例的考察》,载《华东政法大学学报》2013 年第 3 期。
298. 张建文、贾佳:《论我国姓名变更权的法律限制问题》,载《河北法学》2011 年第 3 期。
299. 张建文:《指纹资料隐私保护的基本思考——以港澳台地区指纹资料隐私保护为视角》,载《兰州学刊》2011 年第 3 期。
300. 张晶:《肖像权及其法律保护》,载《锦州师范学院学报》2003 年第 6 期。
301. 张里安、韩旭至:《大数据时代下个人信息权的私法属性》,载《法学论坛》2016 年第 3 期。
302. 张莉:《变性人变性手术的民法基础及其法律规制》,载《福建师范大学学报(哲学社会科学版)》2012 年第 2 期。
303. 张莉:《胎儿的准人格地位及其利益保护》,载《政法论坛》2007 年第 4 期。
304. 张民安:《作为过错侵权责任构成要件的非法性与过错——我国过错侵权责任制度

应当采取的规则》,载《甘肃政法学院学报》2007 年第 4 期。
305. 张平华:《人格权的利益结构与人格权法定》,载《中国法学》2013 年第 2 期。
306. 张潜伟:《生命的价值学说的价值与死亡赔偿——兼论精神损害赔偿的计算公式》,载《河北法学》2013 年第 3 期。
307. 张群:《烧埋银与中国古代生命权侵害赔偿制度》,载范忠信、陈景良主编:《中西法律传统》第 4 卷,中国政法大学出版社 2004 年版。
308. 张若冰:《商主体名誉权与新闻报道权之利益均衡》,载《长春大学学报》2007 年第 7 期。
309. 张善斌、冯兴俊:《姓名权财产利益的法律保护》,载《法商研究》2002 年第 4 期。
310. 张善斌:《民法人格权与宪法人格权的独立与互动》,载《法学评论》2016 年第 6 期。
311. 张善斌:《人格与人格权相关问题探讨》,载《法学评论》2011 年第 6 期。
312. 张素华、宁园:《论姓名权与个人信息利益保护的区分》,载《河北法学》2019 年第 7 期。
313. 张素华:《论姓名权纠纷的裁判乱象与类型梳理》,载《四川大学学报(哲学社会科学版)》2018 年第 3 期。
314. 张新宝、康长庆:《名誉权案件审理的情况、问题及对策》,载《现代法学》1997 年第 3 期。
315. 张新宝:《〈民法总则〉个人信息保护条文研究》,载《中外法学》2019 年第 1 期。
316. 张新宝:《〈侵权责任法〉死亡赔偿制度解读》,载《中国法学》2010 年第 3 期。
317. 张新宝:《〈中国民法典·侵权行为法编草案建议稿〉理由概说》,载《私法》2002 年第 2 期。
318. 张新宝:《从隐私到个人信息:利益再衡量理论与制度安排》,载《中国法学》2015 年第 3 期。
319. 张新宝:《侵害生命、健康、身体权的民事责任探讨》,载《人民法院报》2001 年 8 月 12 日。
320. 张新宝:《侵害死亡赔偿研究》,载《法学研究》2008 年第 4 期。
321. 张学军:《论姓名的界定、特征、功能——以法律制度为中心》,载《浙江工商大学学报》2008 年第 3 期。
322. 章志远:《姓名、公序良俗与政府规制》,载《法学论坛》2010 年第 5 期。
323. 郑晓剑:《比例原则在民法上的适用及展开》,载《中国法学》2016 年第 2 期。
324. 郑晓剑:《对民事法律关系"一元客体说"的反思——兼论我国民事法律关系客体类型的应然选择》,载《现代法学》2011 年第 4 期。
325. 钟瑞栋:《"私法公法化"的反思与超越——兼论公法与私法接轨的规范配置》,载《法商研究》2013 年第 4 期。

326. 钟瑞栋:《"法人人格权"之否认——兼评我国〈民法〉草案关于"法人人格权"的相关规定》,载《厦门大学法律评论》第7辑,厦门大学出版社2004年版。
327. 周安平:《性的公权控制》,载《法学研究》2003年第5期。
328. 周利民:《论法人的精神损害赔偿》,载《政法论坛》2002年第6期。
329. 周龙杰:《法人人格权立法问题之思》,载《社会科学战线》2012年第5期。
330. 周详:《胎儿生命权的确认与刑法保护》,载《法学》2012年第8期。
331. 周永坤:《诉权法理论研究论纲》,载《中国法学》2004年第5期。
332. 周泽:《新闻官司:为何媒体都喊冤》,载《法制日报》2001年9月29日。
333. 朱妙春:《死亡人肖像权初探——鲁迅肖像权案评析》,载《法学》1998年第8期。
334. 朱晓峰:《民法典编纂视野下胎儿利益的民法规范——兼评五部民法典建议稿胎儿利益保护条款》,载《法学评论》2016年第1期。
335. 朱晔:《论人身损害赔偿请求权与继承》,载《环球法律评论》2006年第2期。
336. 朱友好:《民法典编纂视野下公众人物理论的反思与抛弃》,载《湖北社会科学》2020年第1期。

三、中文译作

1. [爱尔兰]约翰·莫里斯·凯利:《西方法律思想简史》,王笑红译,法律出版社2002年版。
2. [澳大利亚]R. P. 巴金斯·戴维斯二世:《名誉侵权责任制度研究》,罗小兰译,载张民安主编:《名誉侵权责任》,中山大学出版社2008年版。
3. [澳大利亚]曼弗雷德·诺瓦克:《民权公约评注》,毕小青、孙世彦等译,生活·读书·新知三联书店2003年版。
4. [德]克里斯蒂安·冯·巴尔:《欧洲比较侵权行为法》(下卷),焦美华译,法律出版社2001年版。
5. [德]雷炳德:《著作权法》,张恩民译,法律出版社2005年版。
6. [德]布洛克斯:《德国民法总论》,中国人民大学出版社2019年版。
7. [德]迪特尔·梅迪库斯:《德国民法总论》,邵建东译,法律出版社2013年版。
8. [德]迪特尔·梅迪库斯:《请求权基础》,陈卫佐等译,法律出版社2010年版。
9. [德]迪特尔·施瓦布:《民法导论》,郑冲译,法律出版社2006年版。
10. [德]恩斯特·卡西尔:《人论》,甘阳译,上海译文出版社2004年版。
11. [德]福克斯:《侵权行为法》(第5版),法律出版社2004年版。
12. [德]海尔穆特·库奇奥:《损害赔偿法的重新构建:欧洲经验与欧洲趋势》,朱岩译,载《法学家》2009年第3期。
13. [德]汉斯·布洛克斯、沃尔夫·迪特里希·瓦尔克:《德国民法总论》,张艳译,中国人民大学出版社2019年版。

14. [德]汉斯·哈腾鲍尔:《民法上的人》,孙宪忠译,载《环球法律评论》2001 年冬季号。
15. [德]黑格尔:《法哲学原理》,范扬、张企泰译,商务出版社 1979 年版。
16. [德]卡尔·拉伦茨:《德国民法通论》(上册),王晓晔等译,法律出版社 2013 年版。
17. [德]卡尔·拉伦茨:《法学方法论》,陈爱娥译,商务印书馆 2003 年版。
18. [德]康德:《法的形而上学原理》,沈叔平译,商务印书馆 1991 年版。
19. [德]克雷斯蒂安·冯·巴尔:《欧洲比较侵权法》(下),焦美华译,法律出版社 2001 年版。
20. [德]卡尔·拉伦茨:《德国民法通论》(上册),法律出版社 2013 年版。
21. [德]梅迪库斯:《德国民法总论》,法律出版社 2013 年版。
22. [德]托马斯·莱塞尔:《德国民法中的法人制度》,张双根译,载《中外法学》2001 年第 1 期。
23. [法]安·比尔基埃等主编:《家庭史》,袁树仁等译,生活·读书·新知三联书店 2003 年版。
24. [法]比安·施丹豪尔:《肖像权的起源:法学建构与早期图片科学法》,袁治杰译,载《法哲学与法社会学论丛》总第 18 卷,法律出版社 2013 年版。
25. [法]布封:《自然史》,沈玉友译,新世界出版社 2015 年版。
26. [法]莱翁·狄骥:《宪法论》(第 1 卷),钱克新译,商务印书馆 1962 年版。
27. [法]卢梭:《社会契约论》,何兆武译,商务印书馆 2003 年版。
28. [法]雅克·盖斯旦、吉勒·古博:《法国民法总论》,陈鹏等译,法律出版社 2004 年版。
29. [美]约翰·弗兰克·韦弗:《机器人也是人:人工智能时代的法律》,郑志峰译,台北,元照出版有限公司 2018 年版。
30. [美]阿丽塔·L. 艾伦、理查德·C. 托克音顿:《美国隐私法:学说、判例与立法》,冯建妹等编译,中国民主法制出版社 2004 年版。
31. [美]戴维·凯瑞斯:《美国言论自由的历史与现实》,载《清华法学》2002 年第 1 期。
32. [美]戴维·M. 沃克:《牛津法律大辞典》,北京社会与科技发展研究所译,光明日报出版社 1988 年版。
33. [美]汉娜·阿伦特:《人的境况》,王寅丽译,上海人民出版社 2009 年版。
34. [美]霍贝尔:《初民的法律:法的动态比较研究》,周勇译,中国社会科学出版社 1993 年版。
35. [美]理查德·A. 波斯纳:《正义、司法的经济学》,苏力译,中国政法大学出版社 2002 年版。
36. [美]罗伯特·海因德尔:《世界指纹史》,刘持平、何海龙、王京译,中国人民公安大学出版社 2008 年版。
37. [美]马斯洛:《动机与人格》(第 3 版),许金声译,中国人民大学出版社 2007 年版。

38. [美]孟罗·斯密:《欧陆法律发达史》,姚梅镇译,中国政法大学出版社 2003 年版。
39. [美]莫蒂默·艾德勒、查尔斯·范多伦:《西方思想宝库》,吉林人民出版社 1988 年版。
40. [美]纳博科夫:《文学讲稿》,申慧辉等译,生活·读书·新知三联书店 2005 年版。
41. [美]帕森斯:《现代社会的结构与过程》,梁向阳译,光明日报出版社 1988 年版。
42. [美]沃尔特·李普曼:《公众舆论》,阎克文、江红译,上海人民出版社 2002 年版。
43. [美]亚伯拉罕·马斯洛:《动机与人格》,许金声等译,中国人民大学出版社 2007 年版。
44. [日]美浓部达吉:《公法与私法》,黄冯明译,中国政法大学出版社 2003 年版。
45. [日]四宫和夫:《日本民法总则》,唐晖、钱孟珊译,台北,五南图书出版股份有限公司 1995 年版。
46. [日]五十岚清:《人格权法》,[日]铃木贤、葛敏译,北京大学出版社 2009 年版。
47. [日]星野英一:《司法中的人——以民法财产法为中心》,王闯译,载梁慧星主编:《民商法论丛》第 8 卷,法律出版社 1997 年版。
48. [日]滋贺秀三:《中国家族法原理》,张建国、李力译,法律出版社 2003 年版。
49. [以]尤瓦尔·赫拉利:《未来简史》,林俊宏译,中信出版社 2017 年版。
50. [意]彼德罗·彭梵得:《罗马法教科书》,黄风译,中国政法大学出版社 1992 年版。
51. [意]查士丁尼:《法学总论》,张企泰译,商务印书馆 1996 年版。
52. [英]A. J. M. 米尔恩:《人的权利与人的多样性——人权哲学》,夏勇、张志明译,中国大百科全书出版社 1995 年版。
53. [英]A. J. M. 米尔恩:《人权哲学》,王先恒等译,东方出版社 1991 年版。
54. [英]哈特利·迪安:《社会政策学十讲》(第 2 版),岳经纶、庄文嘉、温卓毅译,格致出版社、上海人民出版社 2015 年版。
55. [英]哈维·麦克格雷戈:《名誉侵权的损害赔偿(二)——本身可予起诉的口头诽谤和书面诽谤》,李天甲译,载张民安主编:《名誉侵权责任》,中山大学出版社 2008 年版。
56. [英]霍布斯:《利维坦》,黎思复等译,商务印书馆 1986 年版。
57. [英]霍布斯:《论公民》,应星、冯克利译,贵州人民出版社 2003 年版。
58. [英]克里斯希林:《身体与社会理论》,李康译,北京大学出版社 2010 年版。
59. [英]洛克:《政府论》(下篇),叶启芳、瞿菊农译,商务印书馆 1964 年版。
60. [英]梅因:《古代法》,沈景一译,商务印书馆 1959 年版。
61. [英]弥尔顿:《论出版自由》,吴之椿译,商务印书馆 1989 年版。
62. [英]约翰·菲尼斯:《自然法与自然权利》,董娇娇等译,中国政法大学出版社 2005 年版。

63. [英]约翰·斯图亚特·穆勒:《功利主义》,徐大建译,中国社会科学出版社 2009 年版。

64. [德]Christopher Kuner:《欧洲数据保护法——公司遵守与管制》(第 2 版),旷野、杨会永等译,法律出版社 2008 年版。

四、外文著作

1. Alan F. Westin, *Privacy and Freedom*, The Bodley Head Ltd., (1967).

2. David Price, *Defamation Law*, Procedure & Practice, Sweet & Maxwell, 1997.

3. Denis Keenan, *Smith and Keenan's English Law*, Publisher Longman.

4. Don R. Pember, *Mass Media Law*, 2003 – 2004Ed., McGraw – Hill, 2002.

5. Elizabeth L. Clare & Chloe K. Economou, Chris G. Faulkes & James D. Gilbert & Frances Bennett & Rosie Drinkwater & Joanne E. Littlefair, *eDNAir*: *Proof of Concept that Animal DNA Can be Collected from Air Sampling*, PeerJ, Vol. 9, p. 10 (2021).

6. Gavison, Ruth, *Privacy and the Limits of Law*, Yale Law Journal. A. Heldrich, A. Steiner, W. Pintens M. R. Will and W. Zeyringer, *Persons*, J. C. B. Mohr (Paul Siebeck), T. bingen and Martinus Nijhoff Publishers, 1995.

7. Horst – Peter Götting, Persönlichkeisrechte als Vermögensrechte, Tübingen, 1995, S. 85.

8. Julius C. S. Pinckaers, *From Privacy toward A New Intellectual Property Right in Persona*, Kluwer Law International, 1996.

9. Kants' gesammelte Schriften (Akademie – Ausgabe), Berlin 1900 f. f., Bd. 4, S. 440.

10. Mark F. Grady, *Proximate Cause Decoded*, 50 UCLA L. Rev. (2002).

11. Richard A. Posner, *The Economics of Justice*, Harvard University Press, 1981.

12. Robert Nilsson and Henning Sjostrom, *Thalidomide and the Power of the Drug Campanines*, *A Penguin Special*, Penguin Books Ltd., 1972.

13. Robert S. Gerstein, "*Intimacy and Privacy*", *in Philosophical Dimensions of Privacy*: *An Anthology*, Cambrige University Press, 1984.

14. Samuel D. Warren/ Louis D. Brandies, *The Right to Privacy*, 4 Harv. L. Rev. 193 (1890).

15. Carl D. Schneider, *Shame*, *Exposure*, *and Privacy*, 9, Beacon Press, 1977.

16. White v. United States, 401 U. S. 745, 763 (1971).

17. [日]呗孝一:《姓氏的变更》,载《家族法第二卷著作选集》,日本评论社 1992 年版。

18. [日]池田耕平:《判决的解析》,第 23 卷第 12 号。

19. [日]川井健:《现代不法行为法的研究》,日本评论社 1978 年版。

20. [日]床谷文雄:《战后家族法的立法现状与展望(1)》,载《坂大法学》第 44 卷 2.3 号上卷(1994 年 11 月)。

21. [日]大森政辅,《姓名权论》,载井川健主编:《日本讲座现代家族法》第1卷,日本评论社1991年版。
22. [日]德本镇:《关于企业的权利侵害责任》,一粒社1974年版。
23. [日]佃克彦:《隐私权·肖像权的法律实务》,洪文堂,平成22年第2版。
24. [日]渡边雅道:《同一性妨害与户籍订正、姓名变更》,载《判例时报》第1027号(2000年6月)。
25. [日]二宫周平:《姓名权与通称使用》,载《坂大法学》第44卷2.3号(1994年11月)。
26. [日]富田哲:《关于外国人姓名的称呼与表记——"在日韩国人姓名的日语读音判决"为契机》,载《日本の行政社会论集》第3卷3号(1991年)。
27. [日]横田耕一:《外国人登记法的指纹按捺制度的合宪性》,九州大学法制学会法制研究1989年56卷2号。
28. [日]芦部信喜:《宪法学Ⅰ(宪法总论)》,有斐阁1992年版。
29. [日]纳日碧力戈:《姓名论》,社会科学文献出版社2015年版。
30. [日]千种达夫:《姓名的变更》,载《家族法总论》,有斐阁1959年版。
31. [日]森岛昭夫:《权利侵害法讲义》,有斐阁1987年版。
32. [日]田中通裕:《姓名的法理》,载《民商法杂志》第120卷4.5号,1999年8月。
33. [日]西村信雄:《战后日本的民主化家族法》上卷,法律文化社1978年版。
34. [日]星野英一:《被正确称呼姓名的利益受到侵害的行为被判定为无违法性的事例》,载《法学教室》第95号(1988年8月)。
35. [日]斋藤博:《人格权法的研究》,一粒社1979年版。